História da Psicologia

4ª EDIÇÃO

David Hothersall
The Ohio State University

Tradução
Elaine Pepe
Eliane Fittipaldi

Revisão Técnica
Sergio Wajman
*Professor do Depto. de Psicologia Social da
Faculdade de Psicologia da PUC/SP*

AMGH Editora Ltda.
Porto Alegre
2019

Tradução do original em inglês *History of Psychology*
Copyright © 2004, 1995, 1990, 1984 de The McGraw-Hill Companies, Inc.
ISBN da obra original: 0-07-284965-7

Diretor-geral: *Adilson Pereira*
Editora de Desenvolvimento: *Ada Santos Seles*
Preparação de Texto: *Maya Indra e Maria Alice da Costa*
Imagem de Capa: *Chad Baker*
Ilustração de Capa: *Getty Images*
Editoração Eletrônica: *Printfit Soluções*

Reimpressão da obra originalmente publicada em 2006 pela Editora McGraw-Hill.

H832h   Hothersall, David.
               História da psicologia / David Hothersall ; tradução:
           Elaine Pepe, Eliane Fittipaldi ; revisão técnica: Sergio
           Wajman. – 4. ed. – Porto Alegre : AMGH, 2019.
              xii, 559 p. ; 28 cm.

            ISBN 978-85-8055-627-8

            1. Psicologia. I. Título.

                                                            CDU 159.9

Catalogação na publicação: Karin Lorien Menoncin – CRB 10/2147

Reservados todos os direitos de publicação, em língua portuguesa, à
AMGH Editora Ltda. uma parceria entre GRUPO A EDUCAÇÃO S.A e McGRAW-HILL EDUCATION.
Av. Jerônimo de Ornelas, 670 – Santana
90040-340 – Porto Alegre – RS
Fone: (51) 3027-7000   Fax: (51) 3027-7070

É proibida a duplicação ou reprodução deste volume, no todo ou em parte, sob quaisquer
formas ou por quaisquer meios (eletrônico, mecânico, gravação, fotocópia, distribuição na Web
e outros), sem permissão expressa da Editora.

Unidade São Paulo
Av. Embaixador Macedo Soares, 10.735 – Pavilhão 5 – Cond. Espace Center
Vila Anastácio – 05095-035 – São Paulo – SP
Fone: (11) 3665-1100   Fax: (11) 3667-1333

SAC 0800 703-3444 – www.grupoa.com.br

IMPRESSO NO BRASIL
PRINTED IN BRAZIL
Impresso sob demanda na Meta Brasil a pedido de Grupo A Educação.

Sobre o Autor

David Hothersall é professor emérito de Psicologia da The Ohio State University. Nascido e criado na Inglaterra, ele foi para os Estados Unidos em 1965 e cursou seu doutorado na Tennessee University em 1968. A partir de então, trabalha na The Ohio State University. Ganhador de vários prêmios como professor, incluindo o *Ohio State´s Alumni Award for Distinguished Teaching* [Prêmio pelo Ensino Eminente dos Ex-Alunos da The Ohio State University], David Hothersall ministra cursos de História da Psicologia para alunos de graduação e pós-graduação. Seus interesses, além de história da psicologia, incluem introdução da psicologia para alunos que receberam distinções. Ele escreveu inúmeros trabalhos sobre aprendizagem e memória, assim como um texto de introdução à psicologia publicado em 1984. De 1990 a 1998, foi diretor do *Honors Program* da The Ohio State University. Agora, oferece cursos sobre história da psicologia para alunos de graduação e pós-graduação na The Ohio State University e para alunos avançados de graduação da Ohio Wesleyan University.

*Para Calvin Mark David e
Mitchell Walter Ernest Meyer*

Sumário

PREFÁCIO   vii

INTRODUÇÃO   1

Capítulo 1   A Psicologia e os Antigos   13
    Avanço na Medicina: Uma Abordagem Biológica   13
    O Avanço na Matemática: A Busca da Ordem   18
    Atomismo: A Mente como Matéria   19
    Avanços na Filosofia   20
    A Importância dos Antigos   26

Capítulo 2   Os Antecedentes Filosóficos e Científicos da Psicologia   29
    O Mundo do Renascimento   30
    A Ciência Renascentista   32
    A Filosofia Renascentista   41
    A Filosofia Pós-Renascentista: O Empirismo, o Associacionismo e Inatismo   46
    Uma Voz Inatista Antagônica no Século XVII   57
    O Associacionismo do Século XVIII   59
    O Associacionismo do Século XIX   60
    Uma Voz Inatista Antagônica no Século XVIII   69
    A Importância do Renascimento e do Pós-Renascimento   71

Capítulo 3   Os Primeiros Estudos do Sistema Nervoso Central   73
    As Pesquisas Experimentais das Funções da Medula Espinhal   74
    A Fisiologia Sensorial   76
    A Frenologia   80
    Localização das Funções no Cérebro   86
    Estimulação Direta do Cérebro   94
    Evolução e Desafio   100

Capítulo 4 Wilhelm Wundt e o Surgimento da Psicologia 103
   Wilhelm Wundt (1832–1920) 103

Capítulo 5 Edward Titchener e Hugo Münsterberg 123
   Edward Bradford Titchener (1867–1927) 124
   Hugo Münsterberg (1863–1916) 138
   Titchener e Münsterberg em Retrospectiva 155

Capítulo 6 Os Psicólogos Alemães do Século XIX e do Início do Século XX 157
   A Psicofísica 157
   Hermann Ebbinghaus (1850–1909) 161
   Franz Brentano (1838–1917) 171
   Carl Stumpf (1848–1936) 173
   Oswald Külpe (1862–1915) 180
   Os Psicólogos Alemães Perdidos na História 185

Capítulo 7 A Psicologia da Gestalt na Alemanha e nos Estados Unidos 187
   As Bases Conceituais da Psicologia da Gestalt 187
   Max Wertheimer (1880–1943) e o Início da Psicologia da Gestalt 188
   Os Experimentos de Aprendizagem por Insight de Wolfgang Köhler (1887–1967) 202
   Kurt Lewin (1890–1947) e a Aplicação da Psicologia da Gestalt 208
   A Psicologia da Gestalt em Perspectiva 225

Capítulo 8 A História da Psicologia Clínica e o Desenvolvimento da Psicanálise 227
   As Primeiras Perspectivas da Doença Mental 227
   As Primeiras Instituições e "Curas" para a Doença Mental 230
   Reforma das Instituições para os Doentes Mentais 233
   Sigmund Freud (1856–1939) 251
   Conclusão 271

Capítulo 9 Darwin, Galton, Cattell, James e Hall 273
   Charles Darwin (1809–1882) 273
   Francis Galton (1822–1911) 283
   James McKeen Cattell (1860–1944) 297
   William James (1842–1910) 303
   Granville Stanley Hall (1844–1924) 315
   Conclusão 327

Capítulo 10 O Funcionalismo na University of Chicago e na Columbia University 329
   John Dewey (1859–1952) 330
   Angell e Carr: O Funcionalismo na Universityof Chicago 336

James Rowland Angell (1869–1949) 336
Harvey A. Carr (1873–1954) 338
Woodworth e Thorndike: O Funcionalismo na Columbia University 339
Robert Sessions Woodworth (1869–1962) 339
Edward Lee Thorndike (1874–1949) 347
Conclusão 356

Capítulo 11 Os Usos e Abusos Históricos dos Testes de Inteligência 359
A Craniometria de Pierre Broca 359
Alfred Binet (1857–1911) 362
Henry H. Goddard (1866–1957) 369
Lewis M. Terman (1877–1956) 382
Robert Mearns Yerkes (1876–1956) 388
Controvérsias Posteriores 398
Recentes Avanços dos Testes de Inteligência 401

Capítulo 12 A Pesquisa de Ivan Pavlov e o Behaviorismo de John B. Watson 405
Ivan Petrovich Pavlov (1849-1936) 405
O Condicionamento Antes de Pavlov 415
O Behaviorismo de John Broadus Watson (1878–1958) 418

Capítulo 13 Quatro Psicólogos Neobehavioristas 445
Edward Chace Tolman (1886–1959) 445
Edwin Ray Guthrie (1886–1959) 453
Clark Leonard Hull (1884–1952) 461
Burrhus Frederic Skinner (1904–1990) 469
O Neobehaviorismo em Retrospectiva 486

EPÍLOGO 487

REFERÊNCIAS BIBLIOGRÁFICAS 493

ÍNDICE ONOMÁSTICO 537

ÍNDICE REMISSIVO 549

Prefácio

Nesta edição, há mais revisões e ampliações do que nas edições anteriores. Elas se baseiam nos comentários feitos por professores que usaram este livro em seus cursos de História da Psicologia e, em menor número de casos, pelos alunos que assistiram às aulas. Um ponto de consenso é que a história da psicologia, tal como é delineada neste livro, nada tem de entediante e aborrecida. Ao contrário, ela é vívida e interessante, já que tantos psicólogos importantes da história eram pessoas fascinantes, às vezes polêmicas e freqüentemente instigantes. Tais reações reafirmam a abordagem biográfica da história da psicologia que decidi adotar.

Também contei com a minha experiência de lecionar cursos de História da Psicologia para os níveis de graduação e pós-graduação na The Ohio State University, assim como para alunos de graduação avançados na Ohio Wesleyan University. Os alunos desses cursos forneceram-me precioso *feedback* a respeito do texto e fizeram sugestões de material a ser acrescentado ou eliminado. Finalmente, fiz grande uso da crescente literatura da história da psicologia. Das 250 novas referências e citações nesta nova edição, 148 referem-se a teses e livros publicados de 1995 a 2002. Há, também, referências a obras publicadas em 2003. O texto reflete e inclui muito conhecimento contemporâneo sobre a história da psicologia. Publicações como o *Journal of the History of the Behavioral Sciences* e *History of Psychology* incluem artigos que contêm impressionante erudição e pesquisa em história da psicologia. O *American Psychologist* e o *Contemporary Psychology* continuam a publicar trabalhos e revisões da história da psicologia, os quais refletem o interesse de uma ampla gama de psicólogos por esse assunto. Os Arquivos de História da Psicologia Norte-Americana da Biblioteca da Akron-Bierce University e a *Newsletter for the Friends dos Arquivos de História da Psicologia Norte-Americana* dedicam-se a preservar a história da psicologia.

Esta edição de *História da Psicologia* traz maior número de quadros com textos que enfatizam as contribuições, controvérsias e relações entre a psicologia do passado e a contemporânea. Termos e expressões incomuns são definidos em todo o livro. Especial atenção foi dedicada aos contribuidores negligenciados da psicologia, especialmente às mulheres.

Minha esperança é que este livro estimule o interesse de alunos de graduação na psicologia e que reforce o compromisso dos alunos de pós-graduação com a psicologia como profissão.

AGRADECIMENTOS

Reconheço com gratidão o apoio e o interesse de Robert Tigner, Harold Kiess, Kathy Milar, Benjamin Miller, Dorothy Pace e Claudia Thompson, que escreveram ensaios, anteriormente à publicação, que foram muito úteis e construtivos. Muitos outros forneceram sugestões e comentários. Sou especialmente grato a Ludi Benjamin Jr., Raymond Fancher, George Windholz, Allen Esterson, Kevin Lanning, Donald Polzella e Todd Wiebers.

Esta edição foi preparada e escrita durante um período de transição pessoal e profissional. Sou muito grato à amizade e ao apoio dos meus colegas da The Ohio State University e da Ohio Wesleyan. Minha família tem sido uma constante fonte de apoio. Meu amor por ela é incomensurável.

David Hothersall

Introdução

QUESTÕES RECORRENTES DA PSICOLOGIA

Em 1910, apenas 30 anos depois de Wilhelm Wundt ter criado o primeiro laboratório de pesquisa em psicologia, em 1879, Hermann Ebbinghaus descreveu a psicologia como algo com "um longo passado, mas uma curta história" (Ebbinghaus, 1910, p. 9). Em comparação com as ciências já estabelecidas – a astronomia, a anatomia, a física, a química e a fisiologia –, a psicologia tem, de fato, uma "história curta". Mas, como observou Ebbinghaus, a "curta história" foi complementada por um "passado longo"; muitas das suas questões e preocupações podem ser rastreadas até o mundo Antigo do Egito, da Grécia e de Roma (Capítulo 1).

Talvez a questão mais premente em todo o "longo passado" da psicologia seja a possibilidade de haver uma ciência da mente, uma psicologia. Se for possível, como ela é definida e quais devem ser seus métodos? No século XIX, Augusto Comte negou a possibilidade de uma ciência da mente. A mente, afirmou Comte, pode estudar todos os fenômenos, menos os que lhe são próprios. Seu contemporâneo, John Stuart Mill, refutou a afirmação de Comte e propôs uma ciência da mente, um modelo das operações mentais e um método para estudar seus conteúdos (Capítulo 2). Wilhelm Wundt adotou e expandiu a posição de Mill (Capítulo 4) quando estabeleceu uma ciência da psicologia e desenvolveu métodos que permitiram que a clássica questão dos epistemologistas[1] – "como nós vemos, percebemos e conhecemos o mundo?" – fosse tratada cientificamente. Um dos triunfos da primeira geração de psicólogos foi a pesquisa de Ebbinghaus a respeito da memória humana (Capítulo 6). Ele conseguiu demonstrar que a memória pode ser estudada cientificamente e que os métodos da psicologia podem ser tão rigorosos e seus resultados tão confiáveis como os das ciências mais antigas e mais bem estabelecidas. Os resultados de Ebbinghaus não foram refutados até hoje.

No século XIX, J. B. Watson (Capítulo 12) postulou que a psicologia abandonasse a preocupação com a mente e estudasse apenas o comportamento. Sua proposta e seus métodos radicais deram origem ao *behaviorismo*; com a influência de seu sucessor, B. F. Skinner, o behaviorismo tornou-se a abordagem predominante da psicologia nos Estados Unidos. Hoje, o estudo da "mente" sob a forma de *psicologia cognitiva* está passando por um renascimento dentro da psicologia, e

---

[1] *Epistemologia*, subst. Ramo da filosofia que investiga a origem, a natureza, os métodos e os limites do conhecimento humano (*Random House Dictionary of the English Language*, p. 480).

muitas das pesquisas dos psicólogos cognitivistas têm uma semelhança espantosa com a pesquisa e as teorias desenvolvidas por Franz Brentano e Oswald Külpe (Capítulo 6) e Edward Tolman (Capítulo 13). Os psicólogos lutaram para definir tanto o assunto como os métodos da psicologia em toda a sua história. Suas lutas são descritas neste livro.

Uma segunda questão recorrente na história da psicologia e da filosofia diz respeito à natureza e ao *locus* da mente. Como veremos, os filósofos antigos tinham idéias curiosas a respeito da sede da mente. Aristóteles localizava-a no coração. Hoje, seguramente localizamos a mente no cérebro e descrevemos as funções mentais como produtos das operações cerebrais. O cérebro é considerado central. Desde o século XIX (Capítulo 3), o entendimento que os pesquisadores têm do cérebro vem progredindo muito e, atualmente, as neurociências, dentre as quais se encontra a psicologia fisiológica ou psicobiologia, contam com um grande conjunto de pesquisadores de muitas disciplinas. Talvez por causa de sua complexidade – com seus 120 bilhões de células nervosas e uma estimativa de 1 quatrilhão de potenciais conexões entre elas –, o cérebro é freqüentemente descrito como a estrutura mais complexa jamais estudada. Uma descrição completa da relação entre o cérebro e o comportamento, e entre o cérebro e a consciência ainda não se encontra ao nosso alcance.

Um problema relacionado com a filosofia e a psicologia é descobrir um modo de descrever a relação entre a mente (o cérebro) e o corpo – descobrir um modelo da relação que ambos estabelecem. Eles são separados e distintos, paralelos, interagentes ou inseparavelmente ligados? Cada uma dessas posições tem seus defensores, e suas visões continuam a influenciar modelos de interações mente–corpo. Os modelos holísticos atuais, por exemplo, nos quais a mente e o corpo são vistos como uma unidade, apresentam-se às vezes como novos e revolucionários. Mas, na verdade, esses modelos são antigos e remontam a *A Guide for the Perplexed* [O Guia dos Perplexos], livro de medicina escrito no século XII por Maimônides, e às idéias do médico grego Hipócrates, no século V a. C. (Capítulo 1).

As contribuições relativas da *natureza* (a constituição genética) e da *educação* (o meio ambiente) para o desenvolvimento e as diferenças entre os indivíduos vêm sendo debatidas interminavelmente. Aristóteles favorecia uma posição ambientalista, enfatizando a importância da *educação*. Na verdade, foi Aristóteles quem primeiro usou a duradoura metáfora da mente no nascimento como *tabula rasa* a ser preenchida pela experiência. Platão reconheceu a importância das diferenças individuais no temperamento, no caráter e na habilidade, mas acreditava que essas disposições são, em grande medida, inatas e, portanto, adotou a posição de *inatista* (Capítulo 1). Em toda a história da psicologia, essas posições *empirista* e *inatista* são recorrentes: *empirismo* nas filosofias de John Locke, James e John Stuart Mill, e nas psicologias posteriores de J. B. Watson e B. F. Skinner; *inatismo* nas filosofias de René Descartes e Emmanuel Kant e nas psicologias de Francis Galton, G. Stanley Hall e Lewis Terman. *Natureza versus educação* ainda constitui uma das preocupações mais ativamente debatidas e controvertidas dos psicólogos contemporâneos (Pinker, 2002). De fato, as divisões são tão profundas que se argumenta que o discurso racional, entre os proponentes das influências ambientais e os proponentes das genéticas no desenvolvimento da inteligência, já se tornou fora de questão (Crawford, 1979). Essa conclusão pessimista não é justificada; a pesquisa contemporânea que usa paradigmas originalmente propostos por Francis Galton (Capítulo 9) tem fornecido evidências fortes e intrigantes das contribuições da natureza e da educação.

LIÇÕES DO PASSADO DA PSICOLOGIA

Os livros didáticos de psicologia tipicamente descrevem o sucesso dos psicólogos. Já esta história da psicologia descreve tanto os sucessos como os fracassos. Muitas vezes, psicólogos eminentes ofereceram, com muita confiança e convicção, respostas a determinadas perguntas da psicologia que acabaram revelando-se erradas posteriormente. Descrever os erros do passado não é desacreditar, ridicularizar ou diminuir os psicólogos do passado, já que eles, com freqüência, responderam corretamente a outras questões; ao contrário, é tornar completa a história da psicologia e, o que é mais importante, alertar-nos para a nossa própria falibilidade. Também devemos evitar a tendência de interpretar e avaliar as contribuições dos primeiros psicólogos de acordo com os padrões do presente. Raymond Fancher (1987) rotulou essas tendências de "história liberal". Este livro não será uma história liberal da psicologia.

Em muitos casos, os nossos erros podem não ser imediatamente aparentes para nós por causa das crenças compartilhadas e das premissas de época que apóiam essas crenças. O principal historiador da psicologia, Edwin G. Boring (1957), descreveu tais influências como decorrentes do *Zeitgeist*, ou espírito da época. Um exemplo dos efeitos do *Zeitgeist* encontra-se na pesquisa de Pierre-Paul Broca. Seus estudos sobre a localização da fala no cérebro humano (Capítulo 3) ainda são considerados importantes. Mas Broca também estava convencido de que as mulheres são produtos inferiores da evolução, de que seus cérebros são significativamente menos desenvolvidos do que os dos homens e de que essa diferença no tamanho do cérebro aumenta a cada geração. Agora, sabemos que essas conclusões estavam erradas e que elas se baseavam em pesquisa feita de maneira errada ou mal realizada. Porém, como elas estavam em harmonia com as premissas e as crenças que prevaleciam na época, não foram desafiadas.

Um exemplo semelhante pode ser encontrado no início do século XX. Naquela época, havia um consenso entre os principais psicólogos, como Henry Goddard e Lewis Terman (Capítulo 11), de que os testes psicológicos existentes mediam adequadamente a inteligência básica em diversos grupos de pessoas, mesmo as que tinham diferentes características raciais, étnicas e culturais. Hoje, estamos conscientes do viés cultural inerente a muitas medidas psicológicas e lutamos para desenvolver testes "que façam justiça às culturas". Infelizmente, na época de Terman e Goddard, a validade intercultural dos testes existentes não era questionada e os resultados de diferentes grupos étnicos, culturais, nacionais e raciais eram aceitos, principalmente porque esses resultados iam ao encontro das premissas e crenças que prevaleciam a respeito desses grupos. As conseqüências dessa aplicação errônea dos testes psicológicos foram ao mesmo tempo injustas e trágicas (Capítulo 11), mas Goddard e Terman fizeram outras importantes contribuições para a psicologia. Na década de 1920, Goddard criou um dos primeiros programas suplementares para as crianças superdotadas, ao passo que Terman planejou, iniciou, apoiou e por muitos anos dirigiu um dos estudos mais respeitados que já foram realizados em psicologia, seu estudo de longo prazo das crianças geniais.

O fracasso para se questionar os resultados de pesquisa que concordam com a ideologia política e filosófica prevalecente representa um dos efeitos do *Zeitgeist*. Tendo visto como o *Zeitgeist* operou no passado, podemos ter mais consciência da sua influência na psicologia contemporânea. As influências da ideologia política, filosófica e científica que então prevaleciam nem sempre são negativas. Em muitos casos, o espírito da época – como, por exemplo, se reflete na interação de todas as ciências com a tecnologia – pode estimular novas idéias e soluções criativas para os problemas. Tal influência positiva aparece nos modelos e nas metáforas escolhidos para descrever o comportamento e a consciência. Descartes (Capítulo 2) descreveu o corpo como uma máquina semelhante às máquinas que via nos jardins franceses do século XVII. William Harvey, que viveu durante a Revolução Industrial na Inglaterra, via o coração como uma bomba cuja tarefa era impulsionar o sangue por todo o corpo. Wilhelm Wundt e Edward Titchener (Capítulos 4 e 5) puseram-se a emular a física de Newton e modelaram sua psicologia nessa ciência, esperando, não apenas adotar o rigor e a elegância dos seus métodos, mas também os seus objetivos. No início do século XX, os *behavioristas* e os *neobehavioristas* (Capítulos 12 e 13) adotaram o modelo de painel de comando do comportamento; eles acreditavam que a tarefa da psicologia era explicar as conexões entre os estímulos e as respostas comportamentais. Atualmente, os modelos computadorizados do comportamento e da consciência estão na moda, e os psicólogos se referem aos processos cognitivos em termos de processamento de informações, armazenamento, *input* e *output* e capacidade de armazenamento – termos e conceitos esses extraídos das ciências da computação. Daqui a 20 anos, esse modelo computadorizado poderá parecer fora de moda, assim como os modelos de painel de comando de estímulo e resposta parecem hoje. Porém, em toda a história, vemos que o valor desses modelos não reside na sua exatidão para descrever os fenômenos psicológicos, mas sim na sua capacidade de orientar a teorização e a pesquisa em psicologia.

Outro aspecto do passado da psicologia que esta história enfatiza é que os primeiros psicólogos fizeram pesquisas e especularam a respeito dos fenômenos psicológicos de tal forma que acabaram se revelando notavelmente preconizadoras. Às vezes gerações de psicólogos se esquecem dessas pesquisas e especulações para acabar redescobrindo-as mais tarde. No século XVII, John Locke descreveu um procedimento clínico para superar os medos excessivos (Capítulo 2) que tem uma semelhança notável com os procedimentos de dessensibilização desenvolvidos por Joseph Wolpe e outros terapeutas behavioristas contemporâneos para o tratamento de fobias. Na primeira década do século XX, Hugo Münsterberg (Capítulo 5) escreveu abundantemente a respeito da confiabilidade da memória humana e, particularmente, do testemunho ocular. Nos anos 70, pesquisas semelhantes às de Münsterberg foram novamente realizadas (Loftus, 1980). Nos anos 20, Sidney Pressey inventou as máquinas de ensinar e realizou pesquisas a respeito da sua eficácia em comparação com métodos de ensino mais tradicionais. Mas essas máquinas foram um fracasso comercial e seu trabalho foi esquecido. Nos anos 50, B. F. Skinner desenvolveu sua própria máquina de ensinar e essa aplicação atingiu uma fama considerável. O contraste entre a obscuridade das máquinas de ensinar pioneiras de Pressey e a fama que Skinner atingiu é melhor compreendido no seu contexto histórico (Benjamin, 1988).

Gustav Fechner, o pai da *psicofísica* (Capítulo 2), sabia, no século XIX, que o cérebro humano tem dois hemisférios ligados por uma faixa de fibras, o corpo caloso. Ele imaginou que, se eles fossem transeccionados ou cortados, o resultado seria dois fluxos de consciência; a mente ficaria, de fato, dividida em duas. Nas últimas décadas, o corpo caloso foi transeccionado em pacientes humanos para impedir a transmissão de ataques epilépticos de um lado do cérebro para o outro (Sperry, 1961). Os relatórios que descrevem esses pacientes com "cérebro dividido" (*split-brain*) mudaram drasticamente o nosso entendimento do cérebro e, de muitas maneiras, confirmaram as especulações de Roger Sperry. Em 1981, quase 100 anos depois da publicação do trabalho de Fechner, Sperry recebeu o prêmio Nobel de medicina por sua pesquisa pioneira a respeito das conseqüências da secção do corpo caloso.

Essas contribuições e aplicações das últimas descobertas da psicologia são de fato impressionantes, mas devemos ter cuidado para não ler, nos trabalhos dos primeiros psicólogos, mais do que realmente havia neles. Devemos entender as contribuições históricas como realmente são, em vez de enfatizar como elas souberam antecipar as descobertas posteriores.

A HISTÓRIA COMO FORÇA CENTRÍPETA OU UNIFICADORA DENTRO DA PSICOLOGIA

O primeiro encontro organizacional da American Psychological Association – APA (Associação Norte-Americana de Psicologia) foi realizado em 1892 e dela participaram 12 membros fundadores (Capítulo 9). O primeiro encontro anual da APA realizou-se em dezembro daquele ano com a participação de 18 membros. Em 1893, a Associação tinha 43 membros e um orçamento de US$ 63. Durante muitos anos, a convenção ocorreu em *campi* universitários durante os feriados de Natal. Os tempos mudaram. A convenção anual da APA realiza-se agora no centro de convenções de uma cidade importante e em grandes hotéis centrais, com a participação de 12 mil a 15 mil psicólogos.

A APA tem agora 84.400 membros, 55 divisões, um orçamento anual de US$ 40 milhões e ativos líquidos de US$ 33 milhões (Koocher, 2002). A American Psychological Association of Graduate Students – APAGS (Associação Norte-Americana dos Alunos de Pós-Graduação em Psicologia) tem 59.700 alunos afiliados, 15% dos quais são universitários. Os resultados de uma pesquisa internacional mostram que o número total de psicólogos em todo o mundo é bem maior que 500 mil.[2] Esse número quase dobrou de 1980 a 1990 (Rosenzweig, 1992). Canadá, México, Europa, África, Índia, Rússia e Japão têm um número significativo de psicólogos.

A psicologia hoje está bem-estabelecida como ciência e como profissão, e os psicólogos são proeminentes em muitas áreas da vida contemporânea. Em 1992, um psicólogo de Ohio, Ted Strickland, foi eleito para o Congresso dos Estados Unidos (De Angelis, 1993, p. 24). Em seu discurso presidencial para a APA, Raymond Fowler (1990) descreveu a psicologia como uma "disciplina-chave" que fornece uma base de conhecimento utilizada por outras disciplinas. Com seu entendimento do comportamento humano, os psicólogos estão bem posicionados para contribuir para a solução dos principais problemas sociais. Altman (1987) descreveu essas forças centrífugas dentro da psicologia como interações próximas com outras áreas, novos métodos de pesquisa e ambientes de treinamento ampliados. Ele caracterizou essas tendências como benéficas para a psicologia, mas outros são menos otimistas. Uma antiga presidente da APA, Janet Spence, perguntou: "O centro (da psicologia) se manterá?". Spence respondeu que ele pode não se manter e descreveu um "cenário apocalíptico" no qual a psicologia institucional é dizimada (Spence, 1987, p. 1.053). Em 1988, Sarason escreveu que não há mais um centro na psicologia norte-americana" (Sarason, 1988, p. 522). Philip Zimbardo, em sua série de 26 programas de televisão denominada *Discovering Psychology* [Descobrindo a Psicologia], perguntou a todos os proeminentes psicólogos que entrevistou: "O que você pensa a respeito do futuro da psicologia?" Metade respondeu que se tornaria mais fragmentada com a maior especialização; a outra metade esperava que a psicologia se tornasse mais holística e unificada (Zimbardo, 1989). Outros psicólogos são mais esperançosos quanto ao futuro de sua área. Bower (1993) considera o fato de os psicólogos fazerem coisas tão diferentes em ambientes variados mais uma fonte de força do que de fraqueza. Essa diversidade torna a psicologia uma disciplina excitante e dinâmica, com uma literatura ampla e cada vez maior. Em 2000, as 29 revistas da APA publicaram 1.653 artigos empíricos e acadêmicos (DeLeon, 2001, p. 551). Nesse mesmo ano, 68.113 registros foram lançados na PsycINFO, que cobre toda a literatura mundial na área da psicologia (DeLeon, 2001, p. 552).

Em muitos *campi* de faculdades e universidades, a psicologia é um dos bacharelados mais populares, se não o mais popular. Como resultado, nos últimos 40 anos, muitos departamentos de psicologia cresceram, tanto em função do número de ofertas de cursos de psicologia como do número de psicólogos em seu corpo docente. Cursos de história da psicologia são numerosos. Oitenta e quatro por cento das instituições de graduação e 91% dos departamentos com programas de doutorado têm um curso de história da psicologia (Fuchs e Viney, 2002, p. 7). Scott (1991) afirmou que o futuro pode não ser tão positivo para os departamentos de psicologia. De acordo com esse cenário, os departamentos de psicologia, do modo como agora estão estruturados, serão apenas uma lembrança por volta do ano 2050: a biopsicologia será ensinada nas faculdades de medicina, a psicologia cognitiva será parte das coalizões da ciência cognitiva, a psicologia social terá uma orientação mais prática e será encontrada em escolas profissionalizantes, e a psicologia clínica será uma especialidade nas faculdades de medicina (Scott, 1991, p. 976).

Uma força centrípeta que unifica a psicologia contemporânea é a história que todos os psicólogos compartilham. Essa história distingue e identifica a psicologia. Há um surpreendente grau

---

[2] O número de psicólogos é aproximadamente um doze avos do número de médicos no mundo (Rosenzweig, 1992, p. 718).

de unanimidade no que diz respeito a quem são as grandes figuras da psicologia do passado. A psicologia distingue-se na medida em que até mesmo os psicólogos mais antagonistas concordam com o fato de que Wundt fundou essa ciência. Em outras disciplinas, essa questão não está definida. Quem fundou a economia, ou a química, ou a física? Korn, Davis e Davis (1991) pediram aos 29 mais importantes historiadores da psicologia e a 93 chefes de departamento de psicologia em escolas de graduação para classificarem os 10 psicólogos mais importantes de todos os tempos. Suas classificações foram:

Classificação	Historiadores	Chefes de departamento
1	Wundt	Skinner
2	James	Freud
3	Freud	James
4	Watson	Piaget
5	Pavlov	Hall
6	Ebbinghaus	Wundt
7	Piaget	Rogers
8	Skinner	Watson
9	Binet	Pavlov
10	Fechner	Thorndike

(Korn et al., 1991, p. 790)

Ebbinghaus, Binet e Fechner encontram-se na lista dos historiadores, mas não foram classificados pelos chefes de cadeira. Hall e Thorndike foram classificados pelos chefes de cadeira, mas não pelos historiadores. Exceto Piaget e Rogers, todos esses psicólogos serão discutidos em detalhe neste livro. Eles, juntamente com Anna Freud, Kurt Lewin, Dorothea Dix, Hugo Münsterberg, Edward Tolman e muitos outros, têm seu lugar entre todos os psicólogos. Suas contribuições e as de muitos outros homens e mulheres discutidos neste livro estabeleceram e definiram a psicologia. Com eles, podemos aprender o que os psicólogos têm em comum, que unidade existe dentro da diversidade da psicologia contemporânea.

Todos os psicólogos citados pelos historiadores e pelos chefes de departamentos eram brancos e do sexo masculino. Isso não surpreende, já que, até há pouco tempo, as contribuições dos afro-americanos e das mulheres foram negligenciadas. A seguir, consideraremos alguns desses colaboradores da história da psicologia e as razões pelas quais eles foram tão desprezados.

PSICÓLOGOS AFRO-AMERICANOS NEGLIGENCIADOS

Até pouco tempo, as contribuições dos psicólogos afro-americanos foram negligenciadas. Robert Guthrie (1976) sublinhou essas contribuições. Ele também descreveu a discriminação e as dificuldades que tantos deles enfrentaram. O título do livro de Guthrie, *Even the Rat Was White* [Até o Rato Era Branco], é ao mesmo tempo excêntrico e tristemente irônico.

A carreira de Francis C. Sumner ilustra as dificuldades que os psicólogos afro-americanos enfrentaram (Bayton, 1975). Nascido em Pine Bluff, em Arkansas, em 1895, Sumner passou por várias escolas elementares, já que seus pais se mudavam de uma cidade para outra em busca de trabalho. Ele nunca freqüentou o ginásio e o colégio. Para ser admitido na Lincoln University, na Pensilvânia, exigiram que Sumner passasse por um exame escrito.

Francis Sumner (1895-1954), último à direita, segunda fileira. Um psicólogo afro-americano pioneiro que chefiou o departamento de psicologia da Howard University por 30 anos.
(El Ojo, 1923)

Ele fez o exame e formou-se em 1915, como o primeiro aluno da classe, em filosofia. Em seguida, formou-se em inglês, com segunda opção em psicologia pela Clark University. Candidatou-se aos programas de pós-graduação em psicologia na American University e na University of Illinois, mas negaram-lhe a admissão. Sumner então procurou a ajuda de G. Stanley Hall, reitor da Clark e professor de psicologia (Capítulo 9). Hall havia criado certa controvérsia na Clark, defendendo a admissão de mulheres e de estudantes minoritários de pós-graduação (Goodchild, 1996). Sumner foi aceito em 1917 com a intenção declarada de estudar "psicologia das raças". Quase imediatamente se envolveu em controvérsias. Em 1918, escreveu duas cartas para o editor da *Worcester Gazette*. Ele denunciava a opressão de afro-americanos nos Estados Unidos e rotulava a Primeira Guerra Mundial como "uma causa pobre a que servir" (Sumner, 1918, apud Sawyer, 2000, p. 130). A reação do público, dos curadores das universidades, dos professores e dos estudantes foi furiosa. Hall intimou Sumner a escrever uma carta de retratação, e ele o fez. Sumner foi convocado pelo Exército e, apesar da recomendação de Hall para que ele fosse treinado como oficial, foi enviado para a França como sargento de infantaria. Sumner sobreviveu à guerra e voltou à Clark.

Na tarde de 11 junho de 1920, Sumner defendeu com sucesso a sua dissertação *Psychoanalysis of Freud and Adler* [Psicanálise de Freud e Adler] diante de uma banca examinadora que incluía Hall e Edwin G. Boring (Capítulo 5). Ele recebeu seu título de doutor naquele verão e foi o primeiro afro-americano a doutorar-se em psicologia (Sawyer, 2000, p. 122). As estatísticas mostram a magnitude dessa realização. De 10 mil títulos de doutor concedidos pelas universidades norte-americanas entre 1876 e 1920, apenas 11 destinaram-se a afro-americanos (Spencer, 1994, p. 15). Sumner, então, ensinou psicologia na Wilberforce College, em Ohio, e na Southern University, na Louisiana. De 1921 a 1928, no West Virginia Collegiate Institute, hoje West Virginia State College, Summer ministrou todos os cursos de psicologia e de filosofia que foram oferecidos (Spencer, 1994, p. 15). Essas três instituições contratavam predominantemente afro-americanos. Sumner tinha muita consciência da discriminação e do preconceito que eles enfrentavam em muitas outras faculdades e universidades. Em dois artigos controversos publicados na *Educational Review*, Sumner propôs um sistema de educação superior segregacionista e desigual para afro-americanos e brancos. Sua justificativa para esse sistema era que "os afro-americanos tinham um nível cultural mais baixo do que os brancos" (Sumner, 1926, p. 43). O próprio Sumner era uma clara refutação dessa reivindicação, assim como muitos dos seus alunos.

Em 1928, ele aceitou os cargos de professor de psicologia e chefe de departamento da Howard University, que manteve até sua morte, em 1954. Sob a liderança de Sumner:

> Howard tornou-se a principal produtora de mestres e doutores em psicologia negros. Em meados de 1970, por exemplo, dos 300 doutores em psicologia negros, 20% tinham recebido o diploma de bacharel ou mestre em Howard. Além disso, havia mais 200 pós-graduandos negros da universidade terminando o mestrado. (Spencer, 1994, p. 19)

Dado esse recorde, Guthrie corretamente denominou Sumner "o pai dos psicólogos negros norte-americanos". Um dos mais proeminentes desses psicólogos negros norte-americanos foi Kenneth B. Clark. Sua pesquisa inovadora a respeito dos efeitos da segregação na educação de crianças negras foi citada em 1954, na decisão da Suprema Corte dos Estados Unidos a respeito do caso *Brown versus Conselho de Educação*, que declarou inconstitucional a segregação nas escolas norte-americanas. Clark lembrava-se de sua vida ter mudado quando estudava em Howard:

> Um dia, quando estava no segundo ano da faculdade, fiquei distraído na aula de Psicologia 1, olhando para fora da janela e vendo dois pássaros namorarem. Quando eles saíram voando, comecei a escutar o professor, que dizia algumas coisas muito brilhantes a respeito do comportamento humano. A partir de então, passei a escutar com muita atenção tudo o que ele dizia e decidi, "que vá para o inferno a faculdade de medicina. Esta é a disciplina que eu quero estudar". (Clark, apud Hentoff, 1982, p. 45)

O professor de Clark era Sumner. Depois de formar-se, Clark entrou para a Columbia University. Vários membros do corpo docente acreditavam que ele precisaria de "cursos de recuperação". Mas, no exame de ingresso para a pós-graduação, Clark classificou-se em primeiro lugar. Os professores, intrigados, concluíram que "Sumner deve ser um professor muito bom" (Hentoff, 1982, p. 46). Clark e sua esposa, Mamie, terminaram a pós-graduação em 1940 e foram os dois primeiros doutores em psicologia negros na Columbia. Em 1971, Kenneth Clark foi eleito o primeiro presidente afro-americano da APA. Ele é descrito como um psicólogo ativista modelo (Phillips, 2000).

Como muitos psicólogos decidem não indicar sua etnia nas pesquisas para ingresso na APA, é impossível oferecer o número atualizado daqueles que pertencem a grupos minoritários. Porém, não há dúvidas de que eles são sub-representados. Mas a APA merece crédito por haver lançado programas intensivos de recrutamento e de apoio a estudantes minoritários. Além disso, o número de cursos a respeito de psicologia intercultural, tanto no departamento de psicologia como no de estudos sobre os negros (Hicks e Ridley, 1979), evoca um otimismo cauteloso a respeito de grupos sub-representados virem a ser incluídos na psicologia.

Contribuições Negligenciadas das Mulheres à História da Psicologia

As mulheres também foram negligenciadas na história da psicologia. Enquanto as contribuições de Anna Freud, Bluma Zeigarnik, Margaret Washburn e Mary Cover Jones, entre outras, são apontadas neste livro e em muitos outros, as contribuições de muitas mulheres foram freqüentemente negligenciadas. Florence Goodenough desenvolveu o *Teste do Desenho da Figura Humana*, uma importante técnica de avaliação projetiva; Anne Anastasi foi pioneira no desenvolvimento de testes psicológicos; Maud Merrill colaborou com Lewis Terman (Capítulo 11) na importante revisão de 1937 do teste de inteligência de Binet-Stanford (escala de Binet-Simon); Loretta Bender, em 1938, aplicou os princípios da Psicologia da Gestalt (Capítulo 7) no desenvolvimento do Teste Bender-Gestalt; e Mary Henle é uma influente historiadora da psicologia, cujos relatos em primeira pessoa sobre a psicologia da Gestalt foram especialmente significativos (Henle, 1978a, 1978b).

Nos últimos anos, uma área ativa dos estudos de história tratou das contribuições negligenciadas das mulheres à psicologia (Denmark, 1980; Furumoto e Scarborough (1986). Trata-se de acadêmicos que identificaram e descreveram importantes contribuições feitas por várias psicólogas. Eles também enfatizaram a discriminação formal, aberta e encoberta, e as dificuldades que essas mulheres enfrentaram (Milar, 2000). Agnes O'Connell e Nancy Felipe Russo (1980, 1983, 1990) foram mulheres eminentes na psicologia e ambas descreveram suas contribuições. Fica evidente, nessas biografias, que muitas dessas mulheres tiveram de enfrentar, com extraordinário talento e trabalho árduo, um sexismo ostensivo.

O fracasso no reconhecimento das contribuições das mulheres é especialmente irônico, já que, durante muitas décadas, um número significativo de mulheres vem obtendo diplomas de doutorado em psicologia. Na década de 1920, 25% de todos os títulos de doutor em psicologia concedidos por universidades norte-americanas foram obtidos por mulheres. Até 1980, essa proporção havia subido para 29% (Denmark, 1980, p. 1.059). Em 1985, 34% de todos os doutorados em psicologia eram concedidos a mulheres e, em 1993, esse número subiu para 42%. Em 1991, 61% dos alunos em programas de doutoramento em psicologia em período integral eram mulheres (Denmark, 1998, p. 467). Projeções das atuais tendências indicam que, até 2010, 60% dos títulos de doutor serão obtidos por mulheres (Fowler, 1993, p. 2). Essas mudanças provocaram o medo das conseqüências da "feminização" cada vez maior da psicologia. Os papéis proeminentes e bem-sucedidos que muitas mulheres desempenharam na recente história da psicologia deveriam afastar esse temor. Janet Spence foi presidente da APA e Sandra Scarr foi um dos membros fundadores da American Psychological Society – APS (Sociedade Norte-Americana de Psicologia). Desde a sua fundação, em 1988, a APS teve sete presidentes mulheres. Quatro dos cinco candidatos à presidência da APA em 2004 eram mulheres. De 1997 a 2000, duas das nove *Distinguished Scientific Contributions to Psychology* [Contribuições Científicas Eminentes à Psicologia] e três dos 16 prêmios de *Distinguished Scientific Awards for an Early Career Contribution to Psychology* [Distinção Científica pelas Contribuições de uma Carreira Precoce à Psicologia] concedidos pela APA foram para mulheres. Em 2002, as duas pessoas que receberam o Prêmio William James, em homenagem aos membros da APS por suas significativas contribuições intelectuais à ciência da psicologia, eram mulheres; uma das duas pessoas que receberam a *James McKeen Cattell Fellow Award* [Bolsa James McKeen Cattell] era uma mulher. Em um contexto mais amplo, duas psicólogas foram reitoras de grandes universidades americanas: Judith Albino, da University of Colorado, e Judith Rodin, da Yale. Rodin, escolhida como reitora da Yale em 1993, foi a primeira mulher reitora de uma universidade da Ivy League[*] (Martin, 1994, p. 7).

Críticos feministas da psicologia chegaram ao ponto de descrever a história da psicologia como um construto social feito por e para psicólogos do sexo masculino (O'Connell e Russo, 1991). Eles também descrevem aquilo que consideram ter sido uma negligência universal das mulheres e um viés masculino universal na psicologia. O resultado, afirmam eles, tem sido a criação de "corpos de conhecimento que são cientificamente falhos – que são inexatos e irrelevantes para metade da raça humana" (Rabinovitz e Sechzer, 1993, p. 24). Essa negligência em relação às mulheres foi corrigida. Hoffman e Quinton (1996) compararam as referências a homens e mulheres em todos os textos de psicologia publicados entre 1974 e 1994 utilizando os bancos de dados *PsycLIT* e *Sociofile*. As referências a mulheres constituíram quase o dobro (240.788 ou 66%) das referências feitas aos homens (122.761 ou 34%). Hoffman e Quinton atribuíram esse foco nas mulheres ao aumento de interesse destas pela psicologia, ao aumento do número de mulheres na psicologia e ao surgimento de novas publicações receptivas à pesquisa e ao academicismo das mulheres, como, por exemplo, a *Psychology of Women Quarterly*.

---

[*] NT: Grupo das sete universidades de maior prestígio nos Estados Unidos que, desde o século XVIII, educava tradicionalmente a elite masculina norte-americana.

A Abordagem deste Livro em Relação à História da Psicologia

Em um famoso ensaio na *The Edinburgh Review*, Thomas Babington Macaulay, em 1828, definiu a história como a incansável luta entre os historiadores analistas e os historiadores contadores de histórias. A luta que Macaulay descreveu pode ser vista na história formal da psicologia. A maior parte dos livros de história da psicologia enfoca os principais sistemas teóricos da filosofia e da psicologia e nas maneiras como as duas foram conceitualmente relacionadas de uma geração de psicólogos para outra. Tal abordagem permite que o leitor entenda como os sistemas de pensamento evoluem dentro de um amplo contexto histórico. Entretanto, há um perigo à espreita nessa abordagem analítica, especialmente se ela é utilizada de maneira exclusiva: o de negligenciar os psicólogos como indivíduos. Em seu livro *Reason in History* [A Razão na História], originalmente publicado em 1837, Hegel descreveu os heróis da história como "indivíduos históricos do mundo" que "incorporam a própria verdade da sua época e do seu mundo". Esse livro descreve os heróis e heroínas hegelianos da história da psicologia. Hegel também descreveu uma "batalha pelo reconhecimento" e o intenso desejo de os seres humanos verem seu valor inerente reconhecido. Veremos esses impulsos na vida e na carreira de muitos dos psicólogos mencionados neste livro. Também veremos como as circunstâncias de suas vidas, suas experiências pessoais e, às vezes, situações improváveis deram origem a novas idéias e estimularam novas direções da pesquisa e do estudo.[3]

Durante a Primeira Guerra Mundial, Wolfgang Köhler ficou isolado em Tenerife, uma solitária ilha do Atlântico (Capítulo 7). Tenerife tinha uma colônia de chimpanzés para estudos de pesquisa, de modo que Köhler estudou a resolução de problemas e a aprendizagem por *insight* desses animais. Sua pesquisa foi muito importante para estabelecer a abordagem gestaltista da psicologia. Antes da Primeira Guerra Mundial, Franz Brentano, Carl Stumpf e Oswald Külpe (Capítulo 6) estabeleceram uma tradição ativa da pesquisa cognitivista na Alemanha. Por causa da guerra, essa pesquisa foi abandonada e suas abordagens e descobertas foram negligenciadas. Apenas nos últimos anos, foram retomados os temas da cognição nos quais aqueles psicólogos haviam sido pioneiros. O conhecimento da pesquisa cognitivista anterior permite tanto uma avaliação como uma apreciação do trabalho contemporâneo.

No caso de outros psicólogos, as circunstâncias pessoais, mais do que os acontecimentos geopolíticos, alteraram suas carreiras. J. B. Watson, o criador do behaviorismo e antigo presidente da APA, foi forçado a renunciar ao seu cargo na universidade e a exilar-se da psicologia por causa de um escândalo na sua vida particular (Capítulo 12). Seu sucessor na psicologia norte-americana foi B. F. Skinner. A reconhecida influência de Skinner na psicologia baseia-se em sua pesquisa experimental e em aplicações inovadoras do conhecimento de psicologia (Capítulo 13), mas ele também tem uma reputação e uma influência mais amplas. De fato, uma pesquisa feita em 1970 coloca Skinner entre as 100 pessoas mais importantes do mundo (Robinson, 1970). Para sua maior audiência, Skinner é o arquibehaviorista e o mestre do controle do comportamento. Esses foram os papéis que Watson havia desempenhado durante a sua breve carreira. Qual teria sido, então, o papel de Skinner se Watson se mantivesse na psicologia por toda a vida? Qualquer resposta seria especulativa, mas certamente a carreira de Skinner e talvez até mesmo as suas contribuições à psicologia teriam sido diferentes.

Esses exemplos ilustram a abordagem que este livro faz da história da psicologia. Acompanharemos o desenvolvimento de sistemas psicológicos dentro de seu contexto político e social, mas também examinaremos os efeitos dos acontecimentos na vida particular dos psicólogos.

---

[3] No brilhante e irreverente *Devil's Dictionary* [Dicionário do Diabo], um historiador é definido como "fofoqueiro de amplas proporções" (Bierce, 1958, p. 57).

Dessa maneira, poderemos examinar não apenas o contexto histórico em que esses indivíduos trabalharam, mas também o modo como as motivações pessoais, as tragédias particulares e a sorte ocasional afetaram sua obra. Ao enfocar esses aspectos individuais, teremos um retrato mais completo do *porquê* eles fizeram as contribuições que fizeram. Sigmund Freud (Capítulo 8), por exemplo, manteve sua posição de liderança do movimento psicanalítico emergente a partir de um imperativo para dominar e liderar e de um compromisso com o desenvolvimento de seu sistema teórico ou métodos de tratamento. Alfred Binet foi fortemente motivado a contribuir para a psicologia e co-desenvolveu o primeiro teste de inteligência (Capítulo 11). Sua obra foi claramente uma forma de auto-reabilitação e uma tentativa de compensar a pesquisa falha que ele fez no início de sua carreira. Clark Hull (Capítulo 13) dedicou sua vida para mostrar que, embora ele fosse um homem "que andava mancando", era tão bom quanto qualquer outro e podia fazer contribuições à psicologia capazes de "passar pelo teste do tempo". Em sua pesquisa sobre a hipnose e no seu desenvolvimento de um sistema comportamental, Hull atingiu o objetivo proposto.

Às vezes, características de personalidades fortes e dogmáticas funcionaram contra os psicólogos. Edward Titchener (Capítulo 5) fez muitas coisas para estabelecer a psicologia como ciência independente nos Estados Unidos, mas sua rígida insistência em que essa era a única psicologia verdadeira e suas críticas agressivas de todas as tentativas de aplicação do conhecimento da psicologia acabaram impedindo o desenvolvimento da psicologia. No final da carreira, Titchener abandonou completamente a área, já que ficou claro que suas esperanças de uma "psicologia pura" nunca seriam realizadas. O desapontamento de Titchener não é único entre as figuras que constam da história da psicologia. Freud foi ridicularizado quando voltou a Viena e descreveu sua concepção da hipnose e da histeria (Capítulo 8). Ivan Pavlov foi intimado por um dos maiores psicólogos da sua época, *Sir* Charles Sherrington, a abandonar suas experiências a respeito do condicionamento clássico e retornar à "fisiologia real" (Capítulo 12). Edwin Twitmyer (Capítulo 12) descreveu as experiências em condicionamento clássico na mesma época que Pavlov, mas seus relatórios foram completamente ignorados. Kurt Lewin (Capítulo 7) e Hugo Münsterberg (Capítulo 5) nunca receberam o reconhecimento dos seus contemporâneos, nem tiveram o lugar na história da psicologia que claramente mereceram, possivelmente porque eram europeus que nunca, de fato, fizeram parte da psicologia ou da sociedade norte-americana. Como a história da psicologia seria diferente, se a vida desses psicólogos tivesse sido diferente.

Neste relato *biográfico* da história da psicologia, também veremos os efeitos da boa sorte – a boa sorte de se ter um professor inspirador ou de se ler o livro certo no momento crucial da carreira. A Obra *Principles of Psychology* [Os Princípios de Psicologia] de William James (Capítulo 10) inspirou toda uma geração de psicólogos. Para outros, o feliz acidente de estar no lugar certo na hora certa fez avançar a carreira. Max Wertheimer interrompeu seus planos de férias de verão, desceu de um trem em Frankfurt e lá encontrou Wolfgang Köhler e Kurt Koffka (Capítulo 7). Juntos, eles formaram o grande triunvirato da psicologia da Gestalt. Robert Yerkes, um estudioso do comportamento animal, foi presidente da APA em 1917, quando os Estados Unidos entraram na Primeira Guerra Mundial, e então ele decidiu organizar as contribuições dos psicólogos para o esforço da guerra. Como resultado, Yerkes dirigiu um dos mais ambiciosos programas de testes psicológicos já realizados, o Programa de Testes do Exército (Capítulo 11).

Apesar desses acontecimentos aparentemente casuais, a história não é caótica, aleatória ou inteiramente casual. Todos esses psicólogos, e muitos dos outros cujas carreiras e contribuições consideraremos, foram preparados pelo intelecto, pela motivação e pela capacidade de aproveitar circunstâncias felizes. O modo como eles o fizeram nos alerta para a importância de oportunidades semelhantes em nossas próprias vidas.

Aristóteles.
(Culver Pictures)

CAPÍTULO 1

A Psicologia e os Antigos

As raízes da civilização ocidental remontam ao mundo da Grécia e da Roma Antiga. Especificamente, duas grandes áreas da investigação humana – a filosofia e a ciência natural – originaram-se das obras dos antigos pensadores gregos e romanos. Dado que a psicologia surgiu como uma disciplina independente da filosofia e adotou gradualmente os métodos das ciências, é apropriado examinarmos as bases antigas dessas duas disciplinas afins.

Dentre os primeiros relatos dos fenômenos que chamamos psicológicos, há uma série de "livros dos sonhos" assírios compostos em tábuas de argila no quinto e no sexto milênios antes de Cristo (Restak, 1988, p. 3). A Assíria foi um dos grandes impérios do mundo antigo, que no seu auge se estendeu do mar Mediterrâneo, a oeste, até o mar Cáspio, a leste, entre as atuais Armênia e Arábia. As tábuas de argila não foram projetadas para uma leitura fácil. As entradas cuneiformes na argila representavam sílabas, e não letras, e o mesmo signo freqüentemente representava dois ou mais sons diferentes. Mas as tábuas de argila tinham uma grande vantagem: elas se endureciam com o fogo, por isso sobreviveram quando ocorreu um incêndio em uma "biblioteca" (Casson, 2001). As tábuas de argila assírias descrevem sonhos relacionados à morte e à perda de dentes ou cabelo, e – o que é mais interessante, já que demonstram autoconhecimento – sonhos sobre a vergonha da descoberta da própria nudez em público. Mas o nosso conhecimento mais completo provém dos antigos mundos do Egito, da Grécia e de Roma. Neles, os médicos e filósofos antigos especularam a respeito da natureza e do *locus* da mente, da sensação e da percepção, da memória e da aprendizagem. De modo geral, os antigos nos forneceram muitas maneiras diferentes de encarar a natureza humana e de abordar os problemas da psicologia. Essas abordagens diferentes, ou orientações e paradigmas intelectuais, surgiram dos avanços que os antigos fizeram na matemática e na filosofia e de suas concepções da natureza do universo.

AVANÇOS NA MEDICINA: UMA ABORDAGEM BIOLÓGICA

Em várias épocas de sua história, a psicologia estabeleceu uma forte aliança com a medicina, a fisiologia e a neurologia. Acreditava-se que os processos e comportamentos psicológicos tinham uma base biológica. De fato, muito da "psicologia" desses períodos seria hoje considerado pertencente ao campo da medicina. Por essa razão, iniciamos com uma breve consideração da antiga medicina grega. Os médicos gregos tinham teorias a respeito do *locus* da mente e do modo como a fisiologia pode afetar o temperamento.

Os Primórdios da Medicina na Grécia

Até o período que antecedia o ano 500 a.C., a medicina grega estava nas mãos dos sacerdotes que residiam nos templos e que eram considerados detentores dos segredos de Asclépio ou Esculápio, o deus grego da medicina (Magner, 1992). Na *Ilíada*, Homero descreve Esculápio como o filho de Apólo, um guerreiro heróico e médico irrepreensível. Seus seguidores, os asclepíades, eram famosos por serem capazes de debelar a infertilidade, curar várias doenças e restaurar a saúde, especialmente nos casos de cegueira, surdez e várias formas de paralisia. Eles apregoavam que todos estavam curados, talvez porque escolhessem cuidadosamente seus pacientes. Suas técnicas eram segredos bem guardados. Um paciente que desejasse tratamento era socialmente isolado ("incubado") no templo, sendo submetido a uma série de rituais. Os sacerdotes recontavam-lhe os poderes de Esculápio, liam histórias de casos registrados nas paredes dos templos e faziam poderosas sugestões de que a cura ocorreria. Eles utilizavam drogas para aliviar as dores e fazer parar os sangramentos. No final, o paciente pagava uma quantia substancial aos sacerdotes pelos serviços prestados.

Por volta de 500 a.C., um médico grego de nome Alcmaeon começou a dissecar corpos de animais para estudar seus esqueletos, músculos e cérebros. As primeiras descrições do corpo já existiam, mas as de Alcmaeon provavelmente foram as primeiras baseadas em observações objetivas. Ele ensinou seus métodos aos alunos de uma escola de medicina que havia fundado em sua cidade natal, Croton, esperando ir contra a influência dos sacerdotes e substituir a medicina dos templos por uma abordagem racional, não-mística e observadora. Esse enfoque era de natureza holística, pois Alcmaeon acreditava que a saúde e a doença eram produtos dos respectivos equilíbrio e desequilíbrio dos sistemas corporais. Em sua visão, o calor excessivo do corpo causava a febre e o frio excessivo provocava os calafrios; a saúde, para ele, consistia no equilíbrio harmonioso dos estados corporais.

Hipócrates

O sucessor de Alcmaeon, Hipócrates, foi a figura mais importante da medicina grega durante esse período. Nascido por volta de 460 a.C., ele dizia ser ancestral de Asclépio por parte de pai e de Hércules por parte da mãe. Hipócrates recebeu sua educação básica em Cós, um dos grandes centros da medicina templária. Como Alcmaeon, ele acabou rejeitando o mistério e a superstição dos sacerdotes e fundou escola médica para ensinar uma abordagem objetiva e descomprometida da medicina. Hipócrates era tão apaixonado que foi até mesmo acusado de pôr fogo à biblioteca de medicina de Cós para erradicar as tradições da medicina concorrentes (Magner, 1992, p. 66). Hipócrates ensinava a seus alunos que toda doença resulta de causas naturais e deve ser tratada com o uso de métodos naturais. Ele insistia em que o poder de cura da natureza permite ao corpo curar a si mesmo e livrar-se da doença. Conseqüentemente, Hipócrates acreditava que a primeira responsabilidade de um médico era não interferir nesse poder de cura; o médico, em primeiro lugar, não deveria causar dano. Assim como Alcmaeon, Hipócrates adotou uma abordagem holística para a medicina. Por acreditar que o corpo devia funcionar em estado de harmonia, ele sempre prescrevia descanso, exercício, boa dieta, música e o convívio com amigos para restaurar a harmonia natural do corpo. A ênfase de Hipócrates era mais no paciente do que na doença. Sua abordagem holística da saúde e da cura tem ardentes defensores em nossa época (Cousins, 1979, 1989).

Hipócrates, que era um agudo observador, conseguiu extrair algumas conclusões extremamente acuradas de suas observações. Ele concluiu corretamente que o lado direito do corpo era controlado pelo lado esquerdo do cérebro e que o lado esquerdo do corpo era controlado pelo lado direito do cérebro. Esse *insight*, que vai contra a intuição, resultou da observação feita por Hipócrates de que o dano a um lado da cabeça freqüentemente produz a paralisia no lado oposto do corpo. Mais provas da capacidade de observação de Hipócrates podem ser encontradas nas notas de seus casos e nos procedimentos clínicos que ele detalhou em uma obra intitulada *The Art of Healing* [A Arte da Cura]. Nesse tratado, ele apresentou claras descrições da melancolia, da mania, da depressão pós-parto, das fobias, da paranóia e da histeria. Mas Hipócrates estava enganado a respeito da histeria, já que restringiu essa doença às mulheres, pensando que ela se devia à instabilidade do útero. Essa concepção errônea da histeria como doença ligada ao sexo permaneceu até que Freud a desafiou no início do século XX.

Em seu tratado *The Nature of Man* [A Natureza do Homem], Hipócrates apresentou uma teoria dos humores. Empédocles havia descrito o universo composto de quatro elementos imutáveis, mas inter-relacionados: o ar, a terra, o fogo e a água. Segundo Hipócrates, esses elementos formariam os quatro humores básicos do corpo: a bílis negra e a amarela, o sangue e a fleuma. Um desequilíbrio ou um excesso de qualquer desses humores produziria a doença ou a moléstia. A fleuma se acumularia no nariz e na garganta quando uma pessoa estivesse resfriada; quando a pele se rompesse, o sangue seria liberado; a bílis seria excretada do corpo depois de um ferimento grave. A teoria de Hipócrates dos humores influenciou o diagnóstico e o tratamento de doenças por muitos séculos. A sangria para retirar o excesso de sangue foi praticada até o século XIX. A faixa com listas vermelhas e brancas nas barbearias, que se vê ainda hoje, era originalmente o sinal de um sangrador.

Também se considerava que os humores básicos de Hipócrates afetavam o temperamento e a personalidade. Os indivíduos com muita bílis negra seriam mal-humorados, rabugentos e possivelmente melancólicos; os com muita bílis amarela seriam irascíveis, coléricos, facilmente irritadiços e talvez maníacos; os com muita fleuma seriam apáticos, tristes e preguiçosos; os com demasiado sangue seriam excessivamente alegres, felizes e otimistas. O poder de permanência dessa teoria é evidente no uso contemporâneo de palavras como *bilioso*, *fleumático* e *sangüíneo*. Como Hipócrates, também podemos indagar: "como está o humor do Sr. X hoje?"

A obra mais importante de Hipócrates, *De Morbu Sacro* [Sobre a Doença Sagrada], descrevia a temível doença da epilepsia. Na época, os ataques epiléticos eram considerados resultados da intervenção divina direta. Os homens e mulheres que eram atingidos por forças poderosas e incontroláveis durante os ataques do *grand mal* sofriam porque os deuses haviam levado sua mente embora. A crença na recompensa divina apresentava um problema nefasto: como uma pessoa poderia apaziguar um panteão de deuses e deusas, que, a qualquer momento, podiam intervir para abatê-la? Como as divindades gregas eram um grupo admiravelmente caprichoso, o problema era mesmo sério.

Essas atitudes fatalistas foram contestadas pela visão natural que Hipócrates tinha da epilepsia. A frase de abertura de *Morbu Sacro* mostra sua clara intenção de romper com esse misticismo:

> Ela [a epilepsia] não me parece ser mais divina, nem mais sagrada do que outras doenças, mas, como outras afecções, tem uma causa natural da qual se origina. Os homens crêem que ela é divina apenas porque não a entendem. Mas, se eles achassem que é divino tudo o que não podem compreender, então não haveria fim para as coisas divinas. (Hipócrates, apud Zilboorg e Henry, 1941, p. 43-44)

Hipócrates rejeitava as antigas visões da epilepsia, chamando aqueles que as mantinham de nada mais que "conjuradores, putrefatórios, embusteiros e charlatães". Ele considerava a epilepsia uma doença causada pela desarmonia do cérebro e previu que o exame do cérebro de um epilético revelaria a causa da doença dessa pessoa. Hipócrates era otimista quanto à epilepsia poder ser curada por meio de tratamentos naturais.

A teoria da sede que Hipócrates formulou ainda é considerada parcialmente correta pelos teóricos contemporâneos da motivação. Segundo essa teoria, à medida que inspiramos o ar com as membranas da mucosa da boca e da garganta, elas se tornam secas e crestadas. Essas membranas secas dão origem a certas sensações que interpretamos como o sentimento de estar com sede, portanto bebemos para aliviá-las. A teoria da boca seca acabou sendo amplamente aceita depois de ser reformulada no século XVIII por Albrecht von Haller (1747) e Pieter Jessen (1751). Mas foi apenas em 1855 que o grande fisiologista francês Claude Bernard apresentou provas que levaram os fisiologistas a questionar a suficiência da teoria da boca seca de Hipócrates. Bernard descobriu que, ao implantar diversos tubos na garganta de cavalos, de modo que a água que eles bebiam nunca alcançasse seu estômago, eles continuariam a beber grandes quantidades de água muito depois de a mucosa de sua garganta ter sido banhada com o líquido. Embora Bernard tenha demonstrado que a teoria da boca seca de Hipócrates não fornecia uma explicação completa da nossa razão para beber, ela ainda encontra ressonância na experiência diária, e sua persistência é encontrada em afirmações como "preciso de uma bebida, minha garganta está seca" e "preciso extinguir a sede".

Hipócrates, "o pai da medicina", tornou-se uma figura quase mítica, talvez até mesmo um composto das qualidades do médico ideal. Durante séculos, ele foi visto como uma autoridade em questões médicas, e hoje os estudantes que se formam em medicina pronunciam o juramento de Hipócrates. Mas Hipócrates também pode ser encarado como um antigo "pai da psicologia". Ele descreveu causas naturais das condições fisiológicas, recomendou tratamentos holísticos, apresentou as primeiras descrições claras de muitos problemas comportamentais e formulou teorias duradouras a respeito do temperamento e da motivação. Hipócrates também foi um crítico esclarecido acerca das leis que proibiam as mulheres de estudar medicina. Ele observou que as mulheres freqüentemente relutavam mais em discutir seus problemas de saúde com um homem e que apresentavam mais probabilidade de consultar-se com uma mulher.

Nosso conhecimento de Hipócrates pode ser amplamente identificado na obra de um médico grego, Galeno, que viveu cerca de 600 anos depois de Hipócrates. Como observa Daniel Robinson (1981, p. 130), Galeno não apenas manteve vivo o sistema de Hipócrates para os historiadores subseqüentes, mas também manteve a idéia da importância crítica da observação viva para os cientistas que vieram posteriormente.

Galeno: Um Vínculo com o Passado

Galeno viveu de 130 a 200 d.C. Ele deixou um grande sistema de idéias a respeito de fisiologia derivadas tanto das obras de seus predecessores como de sua própria experiência e observações. Seu sistema influenciou o pensamento da biologia até o século XVI e o início da moderna era científica. Galeno foi treinado como médico e anatomista no Museu e Instituto de Alexandria. Essa grande instituição de aprendizagem e pesquisa, com sua biblioteca de 700 mil volumes, havia sido criada em 323 a.C., depois da morte de Alexandre, o Grande (356–323 a.C.) e da divisão de seu império. O pessoal do museu incluía os matemáticos Euclides (330–275 a.C.) e Arquimedes (287–212 a.C.), assim como muitos anatomistas habilidosos, cujo conhecimento do corpo humano derivava de suas dissecações sistemáticas de cadáveres humanos. Em 169 d.C., Galeno mudou-se para Roma e assumiu o compromisso de ser médico da corte do imperador romano Marco Aurélio Antônio. Desse modo, ele teve acesso à vasta coleção de textos da Biblioteca Imperial que eram enviados a Roma de todos os cantos do Império. Acreditando que todo conhecimento derivava da sabedoria antiga, Galeno fez bom uso daqueles textos. Porém, ele também estava comprometido com a observação e a experimentação pessoal, por isso suas obras reportam tanto a sabedoria de seus predecessores como suas próprias descobertas empíricas.

Entre 165 e 175 d.C., Galeno escreveu um tratado de 17 volumes, *De Usu Partium* [Sobre a Utilidade das Partes], que descrevia a estrutura e as funções do corpo. Além de apoiar-se nos textos de anatomia, Galeno baseou-se em três linhas de evidência: aquilo que havia aprendido com os anatomistas antigos; a própria experiência clínica como cirurgião dos gladiadores de sua cidade natal, Pérgamo; e, finalmente, as dissecações de pequenos macacos, bodes, porcos, bois e possivelmente alguns cadáveres humanos, embora estas devam ter sido feitas às escondidas porque a dissecação do corpo humano era ilegal na Roma Imperial.

Apesar de não ser cristão, Galeno era um vigoroso oponente ao materialismo ateísta dos antigos atomicistas e mecanicistas. Ele achava que a crença deles, de que toda matéria resulta de meros encontros casuais entre átomos hipotéticos, era totalmente inaceitável por ignorar o que parecia ser um fato fundamental revelado por seus estudos de anatomia: a evidência do projeto divino na estrutura do corpo. Galeno enfatizou que a complexidade, a harmonia e a beleza do corpo não podiam ser um acidente. Ele afirmava ter observado que nenhuma parte do corpo humano é supérflua. Galeno notou, por exemplo, que não é por acaso que temos duas mãos. Se tivéssemos apenas uma, seríamos incapazes de fazer muitas das coisas que conseguimos facilmente realizar com duas; se tivéssemos três, uma seria supérflua. Se não tivéssemos um polegar, não poderíamos opô-lo ao indicador e, portanto, seríamos incapazes de realizar a manipulação sofisticada que nossas mãos nos permitem fazer. Como prova adicional do projeto divino, Galeno citou a impossibilidade de se conceber um substituto para qualquer parte do corpo que fizesse todas as funções normais dessa parte. Que substituto, por exemplo, poderia ser tão versátil como a mão humana?

A noção de Galeno da improbabilidade da criação sem o projeto divino vem sendo elaborada a partir de então. No século XVIII, o arcebispo de Canterbury, John Tillotson, aplicou a idéia de Galeno à criação da poesia, da prosa, dos livros e dos retratos (Bennett, 1977). Quantas vezes, perguntou Tillotson, uma pessoa precisaria pegar uma mala cheia de letras, sacudi-la vigorosamente e espalhar as letras no chão até criar um poema ou um trecho de prosa? Quantas vezes, até que as letras formassem um livro? Quantas vezes as cores teriam de ser borrifadas em uma tela antes de formar um retrato? Poemas, prosa, livros e retratos somente são formados quando a inteligência humana é aplicada; assim também, argumentou Tillotson, a inteligência divina deve ter sido aplicada na criação de seres humanos e do mundo. Essas visões perpetuaram, através das eras, a noção de Galeno a respeito de nossa natureza espiritual.

As descrições das funções do coração feitas por Galeno também refletem sua abordagem espiritual do entendimento da humanidade, assim como o seu aprendizado em Alexandria. Os anatomistas do museu notaram que o hálito de uma pessoa é quente e que o calor, em geral, caracteriza o corpo vivo, ao passo que o frio caracteriza o corpo morto. Eles pensavam que esse calor era criado pelo fogo no coração; consideravam o hálito que se via em uma manhã fria como a fumaça proveniente do fogo. Para testar sua teoria, os anatomistas do museu sacrificaram escravos e abriram-lhes o peito em busca da chama biológica. Quando não a encontraram, concluíram que o peito não havia sido aberto com rapidez suficiente, tanto que o fogo tinha tido tempo para extinguir-se. Galeno acreditava que a chama biológica do coração destilava do sangue a substância espiritual responsável pelo movimento e pela sensação: o espírito vital. Ele fracassou em reconhecer o papel do coração como uma bomba – reconhecimento esse que de fato foi adiado por uns 1.500 anos até que um inglês, William Harvey, propôs essa idéia (Capítulo 2).

Galeno também descreveu um método de "reconhecimento e cura de todas as doenças da alma" em seu tratado *On the Passions and Errors of the Soul* [Sobre as Paixões e os Erros da Alma] (Hajal, 1983). Galeno acreditava que as doenças da alma surgem das paixões, como a raiva, o medo, a tristeza, a inveja e a luxúria violenta. Essas paixões, segundo ele, eram governadas por uma força irracional dentro de nós que se recusava a obedecer à razão. Para libertar-se dessas paixões, a pessoa tinha de lutar para obter entendimento e autoconhecimento. Mas essa tarefa é difícil porque o amor próprio nos cega para os nossos erros e faz que vejamos apenas os erros dos outros. Galeno afirmava que um bom e nobre mentor-terapeuta era essencial. Ele escreveu o seguinte:

> Se [uma pessoa] deseja tornar-se boa e nobre, deve procurar alguém que a ajude desvendando todas as suas ações erradas... Porque não devemos deixar o diagnóstico dessas paixões a nós mesmos, mas devemos confiá-lo aos outros... Essa pessoa madura que é capaz de ver esses vícios deve revelar com franqueza todos os nossos erros. Em seguida, quando nos falar de alguma falta, sejamos, em primeiro lugar, gratos a ela; depois, afastemo-nos e consideremos a questão por nós mesmos; tratemos de nos censurar e de tentar eliminar a doença, não apenas até o ponto em que ela deixar de ser aparente para os outros, mas tão completamente a ponto de removermos suas raízes de nossa alma. (Galeno, apud Hajal, 1983, p. 321-322)

Esse trecho representa hoje uma descrição de um relacionamento ideal entre terapeuta e paciente ou conselheiro e cliente.

As obras de Galeno não foram suplantadas na Antigüidade e o galenismo dominou a medicina até a época do Renascimento. Até mesmo durante as grandes revoluções científicas nas décadas que se seguiram ao Renascimento, a maior parte dos textos de medicina, especialmente de anatomia, começava com um reconhecimento de Galeno. O que é mais importante, foi por meio de Galeno que conhecemos a teoria da medicina e da ciência antigas. Suas contribuições foram celebradas em 1986, no Terceiro Simpósio Galênico Internacional na Università di Pavia.

O AVANÇO NA MATEMÁTICA: A BUSCA DA ORDEM

Os antigos egípcios eram infatigáveis medidores e contadores, mas sua abordagem era prática. Para taxar as terras de maneira justa, eles precisavam de medidas exatas dos aumentos e diminuições da extensão de terra causadas pelas inundações periódicas do Nilo. A geometria e a medição da terra foram desenvolvidas para atender a essa necessidade. Além disso, os egípcios estavam preocupados com questões como a determinação dos eixos norte-sul e leste-oeste para o correto alinhamento dos templos e com as medidas e cálculos envolvidos na construção de estruturas colossais como as pirâmides. Essas foram grandes realizações, mas os gregos é que usaram as técnicas de mensuração aperfeiçoadas por legiões de geômetras e agrimensores egípcios como a base da teoria da matemática.

Para os gregos, os números eram algo mais do que uma ferramenta útil para resumir e descrever as medidas. Com eles, pela primeira vez, a matemática tornou-se mais do que uma ferramenta útil: tornou-se a linguagem da ciência e também moldou as visões de mundo dos homens e mulheres que foram educados na tradição ocidental (Grabiner, 1988, p. 220). A teoria da matemática também pôde ser usada para prever os acontecimentos futuros. Tales de Mileto representou um papel importante nesse progresso. Em 585 a.C., usando a teoria matemática, ele previu um eclipse solar. Esse feito, que inspirou medo, angariou-lhe aclamação popular, mas também fixou na mente das pessoas a idéia ainda hoje popular dos cientistas abstraídos, com a cabeça nas nuvens, incapazes de ver o chão: dizem que Tales caiu em uma vala enquanto contemplava as estrelas. Uma senhora perguntou-lhe: "como você pode saber o que está acontecendo no céu, quando não vê o que está aos seus pés?" (Turnbull, 1956, p. 81).

Um dos alunos de Tales era Pitágoras (584–495 a.C.), o matemático grego que nos legou o Teorema de Pitágoras. Não é de surpreender que Pitágoras compreendesse o poder da previsão e procurasse estendê-lo ao mundo da psicologia. Ele conseguia descrever com elegância uma relação matemática entre o mundo físico e a experiência psicológica da harmonia. Pitágoras demonstrou que, quando uma única corda esticada de um instrumento musical, como uma harpa ou um alaúde, é puxada, ela produz uma nota fundamental; quando essa corda é dividida em duas partes, quatro partes ou quaisquer partes exatas e é tocada novamente, produz notas que são harmoniosas com a nota fundamental. Quando as divisões das cordas são feitas em outros pontos diferentes das divisões exatas, as notas não são harmoniosas com a nota fundamental. Pitágoras mostrou que as notas que agradam ao ouvido humano correspondem às divisões exatas das cordas dos instrumentos. Tendo definido a relação entre o comprimento da corda de um alaúde e a experiência da harmonia musical, Pitágoras conseguiu prever a qualidade da experiência musical para qualquer combinação de cordas. Sucessos como esse levaram-no a concluir que tudo é número, que os princípios da matemática são os princípios que estão por detrás de todas as coisas.

A conclusão de Pitágoras teve um grande apelo. Suas aulas e demonstrações atraíram grandes audiências entusiasmadas, inclusive muitas mulheres que ignoravam a proibição de assistir a reuniões públicas. Seus seguidores chegaram ao ponto de organizar-se em uma sociedade secreta, a Ordem dos Pitagóricos, dedicada ao uso do seu conhecimento da matemática para entender o mundo e acabar exercendo uma influência nele.

A tradição acadêmica que rodeava Pitágoras e os gregos antigos também resultou na ciência ocidental, influenciou a filosofia ocidental e, muito mais tarde, a psicologia, quando lutava para definir-se como ciência. Os psicólogos ainda tentam "medir" os processos psicológicos complexos como a motivação, a criatividade e a inteligência. Se pudessem ser encontradas relações precisas entre esses fenômenos e os números, seria possível delinearmos leis psicológicas da mesma maneira que estabelecemos as leis físicas do universo? Seria possível prevermos o comportamento humano e os processos de pensamento com a mesma exatidão com que os antigos gregos prediziam os movimentos do céu? Os psicólogos ainda debatem essa possibilidade.

ATOMISMO: A MENTE COMO MATÉRIA

Entre os séculos VII e V a.C., os gregos se preocuparam com as teorias do cosmos, ou a cosmologia. Essa área de pesquisa resultou no materialismo, ou na posição de que o universo pode ser entendido em termos das unidades básicas do mundo material. Foi dessa tradição intelectual que Demócrito (460–370 a.C.), o grande filósofo da Trácia, desenvolveu o atomismo.

Demócrito e uma Antiga Teoria da Percepção

Demócrito pensava que as minúsculas partículas atômicas em incessante movimento eram a base de toda a matéria. Ele via o mundo como uma massa desses átomos que se conduzia sem a necessidade de forças externas. A mente humana não foi excluída desse mundo físico. Ela também era uma coleção de átomos que podiam influenciar os acontecimentos do mundo externo e ser por eles influenciada. Conseqüentemente, Demócrito considerava os conteúdos da mente, tais como eram mostrados pelos seus arranjos de átomos, como o resultado da experiência. É importante notar que essa teoria diferia substancialmente das concepções posteriores da mente, como as de Descartes, que entendia ser a mente separada do corpo e governada por leis diferentes daquelas que governam o mundo físico.

Demócrito acreditava que os objetos do mundo externo emitem feixes de átomos que se impingem na mente de quem os percebe para produzir percepções. O feixe atômico é uma representação do objeto: um objeto retangular emite um feixe retangular; um objeto circular, um feixe circular; um objeto azedo, um feixe de átomos pequenos, angulares e finos. Os ícones no cérebro representam os objetos percebidos. Somente depois que os neurocientistas fizeram descobertas relativamente recentes a respeito da anatomia funcional do cérebro e do sistema nervoso central é que essa noção de representação icônica foi completamente abandonada.

Os Paradoxos de Zenão

Segundo M. Cary e T. J. Haarhoff (1959), o problema geral da relação entre a mente e a matéria tornou-se importante à medida que os gregos começaram a questionar a confiabilidade dos sistemas sensoriais. Zenão de Eléia (495–435 a.C.) ofereceu o apoio mais forte para essa posição. Ele inventou sutis quebra-cabeças e paradoxos para demonstrar a inadequação dos sentidos, especialmente na percepção do movimento. O mais famoso dos paradoxos de Zenão está centrado em uma corrida imaginária entre Aquiles e uma tartaruga. Zenão sempre deu à tartaruga uma cabeça de vantagem; portanto, assim que Aquiles atingia o lugar em que a tartaruga havia iniciado, ela já se tinha movido para um novo ponto; assim que Aquiles atingia aquele ponto, a tartaruga se havia movido um pouco mais, e assim sucessivamente. Embora Aquiles fosse "o mais veloz de todos os homens", ele jamais ganharia a corrida. Segundo Douglas Hofstadter (1979), Zenão esperava usar esse paradoxo para mostrar que o "movimento" é impossível, e que ele só parece possível na mente. O movimento é uma ilusão da percepção.

Uma versão contemporânea de um dos paradoxos de Zenão afirma que você nunca sai da sala em que está (Rucker, 1983, p. 84). Para alcançar a porta, primeiramente você tem de cobrir a metade da distância que há entre você e a porta. Mas você ainda está na sala, portanto, para atingir a porta, você deve cobrir novamente a metade da distância remanescente, e assim sucessivamente... em uma série de movimentos de

$$1/2 + 1/4 + 1/8 + 1/16 + \ldots$$

a distância original. A solução óbvia é afirmar que a soma da série infinita é 1, assim você alcança a porta. O paradoxo é que, se você sempre cobre a metade da distância até a porta, nunca a alcança.

Os paradoxos de Zenão desafiaram a noção, perpetuada pelo atomismo e pelo materialismo, de que os processos de pensamento humano e a alma podem ser entendidos em termos das leis do mundo físico. Como afirmaram Cary e Haarhoff (1959), os pensadores gregos, sob essas novas influências, decidiram que "o homem é a medida de todas as coisas" e que, portanto, "o estudo adequado da humanidade é o do homem". Essa "tendência humanista" montou o palco para os avanços na filosofia.

AVANÇOS NA FILOSOFIA

Os três maiores filósofos que se originaram da tradição humanista foram Sócrates, seu discípulo Platão e Aristóteles. Esses grandes pensadores estabeleceram a epistemologia, o ramo da filosofia que investiga a origem, a natureza, os métodos e os limites do conhecimento humano. Eles também se preocuparam com várias questões filosóficas, inclusive a aprendizagem, a memória e a consciência.

Sócrates (469–399 a.C.)

Sócrates foi retratado na história como um grande observador e cético. Para ele, a vida não-examinada não vale a pena ser vivida. Ele buscou o conhecimento em toda parte – nas ruas, no mercado, no ginásio e no campo – questionando intensivamente as pessoas. Ele perguntava: o que é a verdade? O que é a justiça? O que é a coragem? E examinava rigorosamente as respostas, apontando falhas lógicas e o raciocínio pobre ou inadequado. Sócrates questionou cada premissa, duvidou do óbvio e ridicularizou a hipocrisia e a pretensão. Ele esperava que sua abordagem lógica e rigorosa produzisse as verdadeiras respostas para essas questões e para outras semelhantes. Sua abordagem foi a do racionalista.

Fundamental para a filosofia da educação de Sócrates era a sua crença de que a verdade não pode ser definida por uma autoridade absoluta, mas sim de que ela está escondida na mente de cada pessoa. O papel do professor é descobrir essa verdade dormente; o professor, portanto, pode ser comparado a uma parteira, que não toma parte na implantação do esperma que fertiliza o óvulo, mas é responsável por assistir o parto. Assim também, segundo Sócrates, o papel do professor não é implantar verdades na mente do aluno, mas sim dar assistência ao seu surgimento. Para facilitar a aprendizagem por meio da descoberta, Sócrates concebeu um método de ensino análogo aos seus diálogos de rua. O professor faz uma série de perguntas designadas a levar o aluno à verdade, ilustrando falhas no raciocínio do aluno. No método de Sócrates, ensinar é uma parceria entre aluno e professor, e não uma relação entre superior e subordinado. Sócrates rejeitava honorários por sua instrução e vivia uma vida simples e moderada.

Para demonstrar a força desse método, Sócrates levou um garoto sem instrução, que não tinha conhecimento de geometria, a descobrir por si o teorema de Pitágoras (Lamb, 1967, p. 303-311). Ele afirmava que não havia ensinado esse teorema ao escravo, mas que tinha facilitado que ele despontasse de um estado de dormência na mente do escravo. Um de seus contemporâneos, Antífon, tratava as pessoas que sofriam de tristeza e melancolia utilizando um diálogo socrático com perguntas e respostas. Antífon foi chamado o primeiro psicoterapeuta (Walker, 1991, p. 5).

Como resultado da força de seus argumentos, Sócrates freqüentemente conseguia desacreditar as respostas dadas às suas perguntas relativas às definições de verdade, justiça e coragem. Não é de surpreender que ele tenha feito muitos inimigos. Afinal, acreditamos saber o que é a verdade, a justiça e a coragem. É embaraçoso e aborrecido quando nos mostram que talvez não o saibamos. Seus conterrâneos acabaram se cansando do seu comportamento, de modo que, aos 70 anos, Sócrates foi acusado de sabotar a religião do Estado e de corromper a juventude. Julgado diante de 501 jurados foi considerado, por uma margem de 60 votos, culpado e condenado à morte. Sócrates aceitou o veredicto como legítimo, embora injusto, passou seus últimos minutos confortando os amigos e depois bebeu cicuta.

Platão (427–347 a.C.)

Platão era discípulo e sucessor de Sócrates. De fato, muito do que sabemos de Sócrates vem dos registros que Platão fez dos seus diálogos. Platão fundou uma academia em Atenas – uma sociedade de eruditos e estudiosos que durou 916 anos. Seu objetivo, como o de Sócrates, não era dar aos alunos um conjunto de fatos, mas sim treiná-los para enxergar por baixo da superfície das coisas, buscar a eterna realidade subjacente a tudo. Porém, essa tarefa era difícil, já que, como Zenão e Sócrates, Platão reconhecia a pouca confiabilidade da informação sensorial. O conhecimento não deriva das sensações, que às vezes são enganadoras, mas dos processos de raciocínio a respeito das sensações.

Platão enfatizou a diferença entre as sensações que derivam dos sentidos e aquelas que denominamos "Formas", as estruturas eternas que ordenam o mundo e que nos são reveladas por meio do pensamento racional. Platão considerava as Formas como supra-sensoriais, transcendentais, com uma existência independente das sensações que as constituem. As sensações se corrompem, degradam-se e morrem; elas são instáveis. As "Formas" de Platão são mais reais e permanentes. Para ilustrar essa distinção, Platão usou uma alegoria de estar em uma caverna, acorrentado de tal maneira que o que se vê dos objetos fora dela são as sombras projetadas na parede pelas chamas tremeluzentes do fogo. As sombras são análogas às sensações; as coisas reais fora da caverna são as "Formas". O nosso mundo de sensações é, para Platão, um mundo de sombras oscilantes e tremeluzentes, a respeito das quais nunca podemos ter certeza.

Para Platão, a única maneira de aumentar a exatidão do nosso conhecimento do mundo é por meio da mensuração e do raciocínio dedutivo. Ele tinha consciência das contribuições de Pitágoras e, como este último, procurava descrever o mundo usando princípios matemáticos. Na entrada do seu salão de leitura na Academia, Platão mandou inscrever as palavras: "Que ninguém destituído de geometria entre por minhas portas". Quando um de seus alunos perguntou "o que é que Deus faz?", Platão respondeu: "Deus sempre faz geometria". Platão dizia que a geometria era "o conhecimento daquilo que sempre existe" – o conhecimento das "Formas" criadas por Deus. Os geômetras humanos podiam medir a terra, mas, e quanto à psique humana? Ela também podia ser medida? Pitágoras havia demonstrado que alguns aspectos da experiência psicológica humana podiam ser medidos. Platão sugere outros. Ele reconheceu que as pessoas diferem no que diz respeito a suas capacidades, habilidades, talentos e aptidões, categorizando-as como indivíduos de ouro, prata, bronze ou ferro. A sociedade deve reconhecer essas diferenças individuais e aquilo que Platão considerava sua inevitável conseqüência: alguns devem governar, outros devem servir. Na *República*, Platão descreveu uma sociedade utópica com um sistema de governo oligárquico no qual um pequeno número de pessoas dotadas de razão superior, os Guardiães, governavam sob a autoridade de um rei filósofo. Aqueles que tinham coragem superior deveriam ser guerreiros; os que tinham um sentido superior da beleza e da harmonia seriam artistas e poetas; os que tinham pouco talento ou capacidade seriam servos e escravos. Platão acreditava que essas diferenças vinham dos deuses e que a sociedade devia selecionar e preservar tais qualidades por meio de casamentos pré-arranjados e reprodução controlada. Sua posição era abertamente *inatista* por assumir a base da hereditariedade para as características humanas e a inteligência. Mas como essas qualidades seriam mensuradas? Platão acreditava que elas estavam localizadas em diferentes partes do corpo: a razão na cabeça, a coragem no peito e o apetite no abdômen. Tratava-se de uma frenologia corporal sem o exagero de frenologias posteriores (Capítulo 3). Ao propor a avaliação das diferenças individuais pela mensuração de diferentes partes do corpo e depois designar várias tarefas às pessoas com base em seus pontos fortes psicológicos, Platão antecipou a moderna área da psicometria.

Aristóteles (385–322 a.C.)

Aristóteles, o último dos três principais filósofos gregos, pode ser acuradamente descrito mais como um cientista natural do que seus dois predecessores. Quando jovem, ele viveu em Atenas e foi um aluno dedicado de Platão por uns 20 anos. Na meia-idade, foi forçado a deixar Atenas por causa de sua posição política e passou anos viajando e trabalhando por algum tempo como tutor do jovem que mais tarde se tornaria Alexandre, o Grande. Ele voltou a Atenas com 40 anos e fundou uma escola de filosofia e ciência no Liceu. Foi durante os anos que lá passou que ele escreveu a maior parte de suas importantes obras a respeito de biologia e de psicologia.

Aristóteles nos interessa porque foi um dos primeiros filósofos gregos a complementar a dedução com uma abordagem indutiva e observadora do seu trabalho. Como mencionamos antes, Zenão apontou para a falta de confiabilidade das nossas percepções. O contemporâneo de Zenão, Tales, chamou a atenção de seu discípulo, Pitágoras, para a importância de se utilizar métodos dedutivos para descobrir a verdade. Sócrates também confiava nas provas lógicas para revelar a verdade que havia na mente de seus alunos. Finalmente, Platão dizia que nossas sensações são apenas representações imperfeitas da realidade e que não devemos confiar nelas. Em contraste com Platão, Aristóteles viu o valor da matemática, não como conhecimento fornecedor de Formas eternas, mas sim como capaz de chegar a deduções lógicas a partir de definições claras e de premissas evidentes por si. Em sua *Analítica Posterior*, Aristóteles defendia a redução de todo discurso científico aos silogismos – explicações logicamente deduzidas a partir de primeiros princípios. Sua famosa lei da alavanca não se baseou em experiências com pesos, mas derivou-se de postulados como "pesos iguais equilibram-se em distâncias iguais". Mas Aristóteles também reconheceu a importância da observação atenta. Afinal, o mundo pode não funcionar tão logicamente como Sócrates e Platão presumiam. Se não funcionar, suas conclusões, baseadas em métodos dedutivos, podem não ser inteiramente verdadeiras. Aristóteles chegou a algumas conclusões admiravelmente exatas, usando uma abordagem indutiva e observadora; porém, como veremos, seus métodos de inquisição também o levaram a algumas conclusões interessantes, mas falsas.

A partir das observações dos próprios processos cognitivos e dos processos cognitivos das outras pessoas, Aristóteles desenvolveu princípios básicos da memória humana que vêm sendo reafirmados muitas vezes na história da psicologia e que ainda são fundamentais para muitas teorias contemporâneas. Em seu tratado *De Memoria et Reminiscentia* [Sobre a Memória e a Reminiscência], Aristóteles esboçou a teoria de que a memória resulta de três processos de associação. Objetos, acontecimentos e pessoas estão ligados uns aos outros por meio de sua relativa diferença – do quanto contrastam uns com os outros. As coisas se associam se ocorrem juntas no tempo e no espaço. Esses três princípios básicos da associação – similaridade, contraste e contigüidade – foram complementados por duas outras influências importantes na força de determinada associação:

1. *Freqüência*. Aristóteles dizia que, quanto maior é a freqüência com que determinada experiência se repete, melhor ela é lembrada. Em muitas teorias da aprendizagem do século XX, um princípio central é o da relação entre o número de vezes que um hábito é reforçado e a força que ele tem.
2. *Facilidade*. Aristóteles também reconheceu que algumas associações se formam com mais facilidade do que outras e que alguns acontecimentos são mais facilmente lembrados do que outros. Os estudos modernos da aprendizagem e da memória demonstraram claramente que certas associações formam-se mais facilmente e são mais facilmente lembradas do que outras.

As lembranças são especialmente importantes porque refletem nossas experiências do mundo. As experiências, por sua vez, são responsáveis pelos conteúdos da mente; sem experiência, nossa mente seria vazia. A mente, no nascimento, tem potencial para o pensamento, mas, para que esse potencial seja realizado, o mundo deve agir sobre ela. A mente, para Aristóteles, é fornecida pela experiência, assim como um quadro-negro é preenchido com letras. Aristóteles adotou a posição de *empirista*, postulando que todas as idéias que temos, incluindo aquelas que às vezes são consideradas inatas, são o resultado da experiência. Sua posição antecipou a de John Locke e a de outros filósofos empiristas (Capítulo 2) e, por meio deles, ele influenciou a psicologia *behaviorista* materialista de John Watson (Capítulo 12). A metáfora de Aristóteles a respeito da mente como uma tábula rasa no nascimento é a primeira das muitas metáforas da mente na história da psicologia. Outras incluem a mente como um relógio gigante, um fantasma, um painel gigante de telefonia e, mais recentemente, como uma máquina de processamento de informações ou computador neural. Leary (1990) descreve estas e outras metáforas da mente e diz que elas foram especialmente importantes para a psicologia ao contribuir para a construção de teorias, novas idéias e novos conceitos, pesquisas e até mesmo aplicações práticas.

Aristóteles também desenvolveu uma análise sofisticada e influente da causação, sua teoria das causas. Para ilustrar suas concepções, Aristóteles descreveu o exame de uma estátua; sigamos seu exemplo, considerando as diferentes causas do *David* de Michelangelo.

1. Ao examinar a estátua, descobrimos que ela foi esculpida a partir de um enorme bloco de impecável mármore branco de Carrara. É uma estátua de mármore. Essa é uma descrição que Aristóteles denominava uma *causa material*.
2. Também sabemos que a estátua não é apenas um bloco de mármore, mas que tem uma essência ou forma. Essa é a *causa formal*.
3. Como a estátua chegou a assumir essa forma? Uma resposta pode ser por meio das batidas e dos golpes do martelo e do cinzel do escultor. Essa resposta descreve o que Aristóteles denominou *causa eficiente*.
4. Finalmente, ao descrever a estátua, nós a atribuímos ao escultor. É o *David* de Michelangelo. A estátua é o produto do gênio e do talento supremo de Michelangelo. É isso que Aristóteles denominava uma *causa final*.

O conceito de uma causa final representa o aspecto teleológico[1] da análise de Aristóteles, que tem uma aparência de certeza. As atribuições de propósito são inaceitáveis em ciências como a física – as maçãs não têm um propósito ao cair das árvores, nem a água ao ferver sobre uma chama. Mas, na psicologia, as explicações teleológicas e propositadas – quando usadas com precaução e discrição, como, por exemplo, por Tolman em seu Behaviorismo Proposital (Capítulo 13) – demonstraram ser úteis.

Aristóteles também tinha uma visão admirável da catarse psicológica. Em sua *Arte Poética*, ele descreveu o teatro como algo que às vezes suscita emoções capazes de ter um efeito de purgação na audiência. No século XX, Sigmund Freud faria da *catarse* um conceito central de sua teoria psicanalítica. Hoje, a visão aristotélica de *catarse* é ouvida com freqüência quando se debatem os efeitos da violência da mídia na tendência do comportamento agressivo. Algumas autoridades, juntamente com executivos da mídia, argumentam que a exposição à violência no cinema e na televisão pode ser benéfica, já que permite aos espectadores a purgação de impulsos agressivos ou hostis – uma reação *catártica*. Do outro lado do debate, autoridades igualmente proeminentes argumentam que alguns indivíduos são levados por essas representações a comportar-se de maneira agressiva, que a violência filmada é uma escola preparatória para a violência na nossa sociedade e que as conseqüências disso atingem principalmente indivíduos imaturos ou emocionalmente instáveis.

Aristóteles encarava toda a vida como a formação de uma "escada da criação", uma série contínua de gradações das formas de complexidade mais baixas para as mais altas. Ele esboçou três tipos de vida: a nutritiva (plantas), a sensível (animais) e a racional (humanos). Assim relacionado, o todo da natureza deveria ser estudado. Essa concepção de uma escala da natureza

---

[1] *Teleologia*, n. Filosofia: a doutrina de que as causas finais existem (*Random House Dictionary of the English Language* [Rhdel], p. 1.460).

(*scala naturae*) tem tido uma grande influência no pensamento biológico ao longo dos séculos. Charles Darwin, por exemplo, na formulação de sua teoria da evolução, reconheceu a influência de Aristóteles. A concepção de Aristóteles de uma escala da natureza não foi inteiramente benéfica para a psicologia, já que, às vezes, levou à crença de que todos os animais, incluindo os humanos, podem ser classificados em uma escala de dimensões unitárias, contínuas e graduadas. Lovejoy (1936) demonstrou que a noção de uma escala da natureza acabou levando a concepções mais teológicas do que científicas nas quais Deus estava no topo da escala e todas as outras criaturas eram vistas como cópias cada vez mais imperfeitas de sua perfeição. Assim, os anjos eram um pouco imperfeitos, os humanos mais imperfeitos, os macacos ainda mais imperfeitos e assim sucessivamente "escala abaixo".

Uma das mais interessantes concepções errôneas de Aristóteles diz respeito ao *locus* da mente. Conforme mencionado anteriormente, Hipócrates achava que o cérebro era a sede da sensação, da percepção e do pensamento. Colin Blakemore observa que toda prova científica proeminente no momento influencia as "intuições" quanto à sede da consciência:

> Hoje parece inconcebível que alguém possa duvidar de que a mente de uma pessoa esteja no cérebro. Para mim, minha "ipseidade" está indubitavelmente situada no meio da cabeça. Mas eu tenho certeza de que sinto isso com tanta confiança porque aceito a prova, que hoje está em moda na ciência, de que as coisas são assim. (Blakemore, 1977, p. 9)

A "prova que hoje está em moda na ciência" levou Aristóteles (o que é compreensível) a uma conclusão radicalmente diferente: o coração vivo é a sede do pensamento. Por exemplo, Aristóteles estudou o desenvolvimento do embrião da galinha e observou que o coração é um dos primeiros órgãos a se mover. Ele também observou que, ao passo que um ferimento na cabeça pode produzir um período de inconsciência, mas a pessoa freqüentemente se recupera, um ferimento no coração é invariavelmente fatal.

A afirmação de Aristóteles de que o coração, e não o cérebro, é a parte mais importante do corpo também pode ter sido influenciada pelo seu conhecimento das antigas práticas funerárias egípcias. O espírito *Ba* de um antigo egípcio não estava na cabeça, mas nas entranhas e no peito. Para preservar o corpo em sua jornada até Osíris, partes do corpo como o fígado, o estômago, os pulmões e o coração eram extraídas e embalsamadas em caixões em miniatura. Porém, não havia um recipiente para o cérebro, que provavelmente era retirado pelo nariz com uma colher durante o embalsamamento e, em seguida, destruído.

As observações atentas e o conhecimento da história do Egito não foram as únicas influências que levaram Aristóteles a escolher o coração como o *locus* da mente. Ele também pode ter sido influenciado por um modelo que se encontrava disponível para ele em sua experiência diária: a *Ágora*, o local central dos encontros públicos nas cidades gregas. Na *Ágora*, os cidadãos da cidade se encontravam para discutir e debater os acontecimentos da época, a política, o esporte, a religião e as fofocas locais. A partir dessas discussões, às vezes surgiam temas comuns. Para Aristóteles, esses temas eram análogos aos pensamentos que emergiam do coração a partir da mistura de sensações, imagens e lembranças, ou o *sensorium commune* (sede dos sentidos). A função do cérebro, em contraste, era fazer o sangue esfriar. Esse exemplo é um dos muitos que encontraremos, em toda a história da ciência e da psicologia, que demonstra como uma visão de mundo compartilhada, característica de determinado período histórico, influencia os modelos que filósofos e cientistas usam para ilustrar suas teorias.

Algumas outras concepções errôneas interessantes que resultaram da metodologia indutiva de Aristóteles referem-se às suas crenças relativas aos animais. Em seus livros *Historia Animalium* [História dos Animais] e *De Partibus Animalium* [Sobre as Partes dos Animais], Aristóteles tentou classificar os animais com base em características como o número de pernas e a presença do sangue. Ele também descreveu a locomoção animal, assim como o comportamento parental e sexual. Aristóteles forneceu um relato acurado do comportamento das abelhas forrageiras, mas, como ele confiava na observação dos outros, concluiu que as abelhas não fabricam o mel, mas o coletam nas asas quando ele cai do céu. Ele também observou que os bicos das aves engaioladas eram freqüentemente mais longos, o que de fato são, mas concluiu que o crescimento é uma punição por elas não terem sido hospitaleiras para com um hóspede em um mundo anterior.

As teorias de Aristóteles a respeito do *locus* da mente e do comportamento animal são exemplos de conclusões que resultaram da preferência pelos métodos indutivos que se teriam beneficiado da qualificação por meio de uma crítica racional. Mesmo assim, como vimos, várias contribuições decorrentes da abordagem indutiva de Aristóteles ecoam nas teorias contemporâneas da memória, da catarse e da evolução. Robinson (1989) vai mais longe e argumenta que o interesse de Aristóteles em temas da psicologia, e especialmente sua maior obra, *De Anima* [Sobre a Alma], são provas fortes de que ele tinha uma psicologia formal e, por isso, é considerado um antigo pai da psicologia.

Filosofia Pós-aristotélica

Várias diferentes escolas filosóficas floresceram por curtos períodos na Grécia pós-aristotélica. As mais interessantes, do ponto de vista da psicologia, foram a escola Estóica e a Epicurista. As duas forneceram respostas completamente diferentes para perguntas do tipo "como podemos encontrar a felicidade?" e "o que devemos fazer com nossa vida?". Ambos os grupos de filósofos tiveram o objetivo de desenvolver sistemas filosóficos abrangentes que se aplicassem aos fenômenos físicos, assim como à conduta e às preocupações políticas, sociais e morais. Os principais filósofos epicuristas foram o grego Epicuro (341–270 a.C.) e o poeta romano Lucrécio (99–55 a.C.), que afirmaram que todo o conhecimento tem origem nas sensações que estão retidas na memória. Uma visão muito semelhante seria proposta no século XVII por John Locke (Capítulo 2). Para os epicuristas, a vida humana é um breve episódio na história eterna das colisões atômicas. Sua visão da criação era estocástica ou estatística; eles afirmavam que considerar a Terra como o único mundo povoado é tão absurdo como concluir que, em todo um campo semeado de painço, apenas um grão crescerá. Para os epicuristas, o objetivo da vida era usufruir de todos os prazeres possíveis e, ao mesmo tempo, minimizar a dor e o sofrimento dos outros. Os grandes filósofos estóicos foram o grego Zenão de Cício (336–265 a.C.) e o dramaturgo romano Sêneca (4 a.C.–5 d.C.). Os estóicos acreditavam que um princípio racional (*logos*) dirige o universo e que cada pessoa tinha o dever de seguir e promover a razão, tanto na conduta pessoal como nos negócios de Estado. As paixões e as emoções deviam ser dominadas. Os estóicos influenciaram Emmanuel Kant (Capítulo 2). Em uma descrição memorável, o filósofo e psicólogo norte-americano William James (Capítulo 9) chamou essas escolas filosóficas de "mente suave" e "mente dura", respectivamente.

A IMPORTÂNCIA DOS ANTIGOS

Agora que fizemos uma breve revisão de algumas das questões concernentes aos antigos, deve ter ficado evidente que os psicólogos contemporâneos ainda estão lidando com essas questões. Como Demócrito, ainda refletimos sobre a natureza da mente, e, como Aristóteles, sobre sua localização. Tentamos descrever o comportamento e o processamento de informações em termos de leis matemáticas, assim como Pitágoras tentou definir as leis matemáticas da percepção. Como

Galeno, ruminamos a respeito da natureza da humanidade. As visões *empirista* e *inatista* dos conteúdos da mente são recorrentes na história da psicologia. É de admirar que homens como Aristóteles, Platão e Galeno estivessem familiarizados com muitas das questões contemporâneas que os psicólogos atualmente consideram.

Mas a importância dos antigos é mais profunda do que apenas essas semelhanças. Por que ainda levantamos as mesmas questões que os gregos e os romanos? É apenas por que ainda não chegamos a respostas satisfatórias? Não inteiramente. Ao contrário, é porque compartilhamos, com os antigos, uma visão de mundo semelhante, uma visão de mundo que eles definiram. As línguas européias que falamos derivam do grego e do latim. Nossos sistemas éticos surgiram da filosofia antiga. O método indutivo de Aristóteles e a abordagem dedutiva de Platão encontram-se subjacentes à ciência moderna. De fato, a importância de desenvolvermos as teorias científicas – para podermos ser capazes de prever e de controlar os acontecimentos do nosso mundo – foi primeiramente reconhecida pelos antigos.

René Descartes.
(Arquivo Bettmann)

CAPÍTULO 2

Os Antecedentes Filosóficos e Científicos da Psicologia

Quase cem anos se passaram entre o colapso final do Império Romano, no século V d.C., e o início do Renascimento. Durante muitos séculos, as sucessivas ondas de tribos bárbaras – ostrogodos, visigodos e vândalos – assolaram toda a Europa, ocupando várias partes do império, que estava encolhendo, e deixando a morte, a destruição e a devastação em seu caminho. A lei romana já não podia ser preservada, e um intercâmbio incipiente substituiu o sistema monetário romano universal. Não é possível fornecer uma data para a "queda" do Império Romano, mas, até o ano 476 d.C., havia caído o governo de Odoacro, o "rei" alemão que depôs o último imperador romano, Augusto. *Sic transit gloria mundi* (Assim passa a glória do mundo).

O início da Idade Média ou do Medievalismo, desde o início do século V até por volta do ano 1000 d.C., foi chamado antigamente de a Idade das Trevas, por causa do eclipse da civilização européia. Mas essa descrição foi desafiada por vários eruditos, inclusive Kemp (1990), que dedicou atenção especial à *psicologia medieval*. Kemp afirma que havia, de fato, uma psicologia pré-científica como parte do avanço da aprendizagem e do desenvolvimento da ciência permitido pela Igreja Católica Romana medieval. Kemp também descreve um método medieval de pesquisa que, embora respeitasse os antigos, não aceitava sua visão sem questionamento. Houve, de fato, contribuições escolásticas, técnicas e científicas, antes, durante e imediatamente após essa era. No século VII, pela primeira vez, foram usados estribos para apoiar o pé de um cavaleiro; eles permitiam que um cavalheiro montasse em um cavalo e o manobrasse com mais facilidade e que empunhasse uma arma com mais força. O século IX conheceu a publicação de uma importante biografia do imperador Carlos Magno. *Doomsday Book* [O Livro do Apocalipse] do século XI registra aproximadamente 6 mil moinhos de água operando na Bretanha. Em 1180, foi inventado o moinho de vento – invenção essa tão bem-sucedida que, em 10 anos, o Vaticano passou a cobrar impostos de todas as novas instalações de moinhos de vento.

As questões psicológicas pertenciam, com freqüência, ao domínio da religião. Santo Agostinho, o Bispo de Hipona, viveu no século IV. Para ele, Deus era a verdade suprema, e conhecer a Deus era o objetivo supremo da mente humana. Mas, e as pessoas? Como se deve entender as ações e as condutas humanas? Agostinho recomendou que as pessoas se voltassem para dentro, acreditando que a verdade reside dentro de cada uma delas. Em suas *Confessions* [Confissões], ele revelou suas emoções, seus pensamentos, suas razões e lembranças. Às vezes, suas revelações são espantosas, como quando ele ingenuamente descreve suas paixões e as tentações por uma mulher. Por esse trabalho de revelação pública, Agostinho algumas vezes foi chamado "o primeiro psicólogo moderno" (Misiak e Sexton, 1966, p. 8). O rótulo parece ser prematuro, mas as *Confissões* de Agostinho ainda despertam grande interesse por sua análise e pela descrição da psique de um homem. Outros se seguiram; no século VII, o profeta Maomé assentou firmemente a civilização islâmica, e os acadêmicos e intelectuais muçulmanos preservaram muitas das obras da Antigüidade. No século XIII, Santo Tomás de Aquino reinterpretou Aristóteles e instituiu a escolástica, a disciplina que readmitia a razão humana como complemento da fé religiosa na busca da verdade.

O século XII foi um período de renovação cultural e econômica na Europa. A população aumentou, as cidades floresceram, as classes mercantes emergiram e o feudalismo[1] enfraqueceu à medida que as guildas, os conselhos cívicos e os cabidos monásticos se organizaram. Um grande legado do período medieval é a arquitetura gótica, especialmente as magníficas catedrais da Europa. Os séculos XII e XIII viram a criação de 14 universidades, a começar pelas universidades de Bolonha e de Paris. Os acadêmicos ingleses viajavam até Paris para ouvir palestras; mas, no fim do século XII, o rei Henrique II proibiu essas viagens, de modo que os acadêmicos começaram a reunir-se em Oxford. O número de acadêmicos aumentou, e uma série de choques entre os alunos e os moradores de Oxford levou à fundação da primeira faculdade de Oxford, Merton, em 1264. A primeira faculdade de Cambridge, St. Peter's, foi fundada em 1284. Supunha-se que os alunos dessas faculdades, todos homens, vivessem uma vida escolástica, sob a supervisão de um mestre do monastério. Grande parte do ritual e do esplendor associados à vida universitária moderna, incluindo os capuzes e as becas acadêmicas usados em cerimônias de entrega de diplomas, remontam a essas primeiras universidades. Essas instituições acabaram tornando-se vitais para o desenvolvimento da ciência, mas o século seguinte ao seu estabelecimento foi uma época de terrível tumulto e discórdia. Barbara Tuchman (1979) descreveu o "calamitoso século XIV" como a época da guerra civil na Inglaterra e na França; da guerra quase contínua entre a França, a Inglaterra e a Itália; dos papas e dos reis loucos; dos cavaleiros sem lei; da debilitante cobrança de impostos; e, finalmente, dos horrores da peste negra (1348–1350), a praga que matou aproximadamente um terço da população da Europa. Esse século terrível foi seguido do renascimento da ciência, do ensino, da arte e da literatura durante os séculos XV e XVI – o Renascimento. É no mundo do Renascimento que encontramos os primeiros antecedentes científicos e filosóficos formais da psicologia.

O MUNDO DO RENASCIMENTO

O Renascimento iniciou-se em Florença, uma bela cidade murada com 70 mil pessoas às margens do rio Arno, no norte da Itália. A realização mais espetacular do Renascimento italiano foi a obra de artistas como Fra Angelico, Andrea Mantegna, Michelangelo Buonarotti e Leonardo da Vinci. Leonardo era a quintessência do homem renascentista: brilhante artista, escultor, inventor, hábil anatomista que fez o primeiro molde dos ventrículos do cérebro e ilustrador na área da Medicina, cujos desenhos de anatomia foram os primeiros a fornecer, ao observador, mais de uma perspectiva do sujeito. O desenho de anatomia mais celebrado de Leonardo, o de um embrião dentro do útero, foi tão bem-feito que acabou ilustrando textos de anatomia por centenas de anos.

A maior realização técnica do Renascimento foi a invenção da imprensa. Os primeiros manuscritos impressos haviam aparecido na China, já no século VIII d.C., mas esses livros eram

---

[1] Nas sociedades feudais, o poder social, econômico e político encontrava-se nas mãos de um pequeno número de proprietários de terras.

impressos em blocos; isto é, o gráfico esculpia os caracteres e as figuras à mão na superfície de blocos de madeira, aplicava tinta e fazia uma impressão. O British Museum tem vários desses livros e rolos de pergaminho em sua coleção. O mais velho é o *Diamond Sutra* [Sutra do Diamante], de 868 d.C., no qual Buda é interrogado quanto ao significado e à importância da vida. Esse pergaminho tem 1.067 m de comprimento com texto e figuras, incluindo uma de Buda. Ele é claramente o produto de uma indústria gráfica madura. Mas a impressão em blocos era demorada, trabalhosa e inflexível. Logo depois de 1450, após muito trabalho e muitas dificuldades técnicas e financeiras, Johannes Gutenberg desenvolveu um método de tipografia móvel fundida que podia ser usada para imprimir vários livros de maneira relativamente mais barata (Man, 2002). Em 1450, Gutenberg assinou um contrato para a "fabricação de livros", incluindo a Bíblia. Entre 1450 e 1459, ele imprimiu 185 *Bíblias de Gutenberg*, 48 das quais ainda existem. A Biblioteca do Congresso em Washington, D.C. tem, em sua coleção, uma perfeita *Bíblia de Gutenberg*. Impressa em 1455 em velino, um pergaminho de grão fino feito de pele animal, ela tem duas colunas de caracteres nítidos, claros, e 42 linhas em cada página. Adquirida por uma Lei do Congresso em 1930, a Bíblia está em exposição pública em uma unidade lacrada na Ala Leste do Prédio Thomas Jefferson da Biblioteca do Congresso.[2]

Um uso nada exemplar dessa tecnologia ocorreu quando a Igreja utilizou caracteres móveis para produzir indulgências em massa, que foram vendidas em troca da remissão dos pecados. Até o fim do século XV, as prensas de impressão haviam sido adotadas em pelo menos 13 cidades da Europa. Pela primeira vez, o conhecimento estava disponível para um número relativamente grande de pessoas, e os acadêmicos foram capazes de publicar as próprias obras e ler as obras dos outros. Em 1492, época em que Colombo viajou, 20 milhões de volumes haviam sido impressos na Europa (Foote, 1991).

O Renascimento foi a época de Nicolau Maquiavel e de William Shakespeare. Nesse período, além de literatura, foram impressos os primeiros livros de muitas áreas do conhecimento, incluindo a psicologia pré-científica. Uma variante da palavra *psicologia*, *Psichiologia*, é o título de uma obra de Marcus Marulus publicada por volta de 1520 (Brozek, 1999, p. 177). O primeiro autor a usar a palavra *psicologia* no título de um livro parece ter sido Rudolf Goeckel (Lapointe, 1970). Em 1590, ele publicou uma coleção de obras de diferentes autores a respeito da natureza da humanidade, particularmente da alma humana. O título de seu livro era *Psychologia hoc est, de Hominis Perfectione*, que pode ser literalmente traduzido como "Psicologia é isto, a respeito da perfectibilidade do homem" ou, mais livremente, como "Psicologia na melhoria do homem". Esse primeiro livro de psicologia foi um sucesso: teve três impressões antes do fim do século. O primeiro livro de psicologia em inglês foi *Psychologia; ou An Account of the Nature of the Rational Soul* [Psicologia; ou Um Relato da Natureza da Alma Racional], de John Broughton, publicado em Londres, em 1703 (Van de Kemp, 1983).

Durante o Renascimento, o conhecimento da geografia da Terra expandiu-se como nunca. Os navegadores portugueses cobriram 1.500 milhas descendo a costa da África e estabeleceram um lucrativo comércio de ouro, marfim, pimenta e escravos. As rotas de comércio mais lucrativas passavam por Constantinopla, a maior cidade da Europa medieval, em direção ao Oriente. Quando o sultão Maomé II saqueou essa cidade, em 1453, tornou-se imperativa uma rota marítima para o Oriente. A primeira viagem marítima para as Índias ocorreu em 1497, quando Vasco da Gama contornou com sucesso o Cabo da Boa Esperança. Cristóvão Colombo procurou uma rota mais curta para o Oriente saindo da Europa em direção ao Ocidente, mas, em 1492, ele acabou descobrindo

---

[2] Imagens digitais de alta resolução de cada página estão disponíveis no *website* **Octavio** da Bilbioteca do Congresso.

o Novo Mundo; e Fernão de Magalhães, em 1519, contornou o Cabo Horn, provando de uma vez por todas que a Terra é redonda e que os continentes da Ásia e da América são separados.

Essa era iluminada poderia ter dado origem à psicologia, o estudo formal dos seres humanos. Afinal, o Renascimento foi uma época de exploração, descoberta e realização artística. Leonardo fez lindos desenhos da anatomia humana, mas ninguém produziu estudos igualmente detalhados da mente nessa época. As razões para isso podem ficar evidentes ao examinarmos as reações da comunidade teológica do Renascimento ao desenvolvimento de uma ciência muito diferente – a astronomia.

A CIÊNCIA DO RENASCIMENTO

O Lugar dos Seres Humanos no Universo

Durante o Renascimento, as concepções do cosmos e do lugar que os humanos ocupam dentro dele sofreram uma drástica mudança. Essa mudança iniciou-se em 1543, quando Nicolau Copérnico (1473–1543) publicou sua visão heliocêntrica (centrada no sol) do universo. Copérnico era um famoso eclesiástico, humanista e astrônomo polonês. Depois de muitos anos de observações astronômicas, ele concluiu que a visão geocêntrica (centrada na Terra) do universo originalmente formulada por Ptolomeu no século II d.C. estava incorreta. Segundo Copérnico, é o sol, e não a Terra, que fica no centro do universo, e é em torno dele que os planetas orbitam. O nascer e o pôr-do-sol, todos os dias, dizia ele, devem-se à rotação da Terra no seu eixo, e a progressão anual das estações deve-se à revolução da Terra em torno do sol.

A visão heliocêntrica do universo não era inteiramente original para Copérnico. Já no século III a.C., Aristarco de Samos havia dito que a Terra gira em torno do sol. Na segunda metade do século XIV, Nicole D'Oresme, seguidor do franciscano inglês Guillaume D' Occam (cujo nome deu origem à lâmina de Occam – o princípio de que a explicação mais simples é a melhor), havia proposto a mesma idéia. Mas essas visões tinham sido rejeitadas, pois elas eram contrárias ao senso comum. Com certeza, diziam, essa sólida Terra não está girando pelo céu afora; qualquer pessoa que tenha olhos pode ver que o sol se move no céu todos os dias, enquanto a Terra permanece fixa. Se a Terra se movesse, então nem uma flecha atirada para cima, nem uma pedra jogada de uma torre, cairia perpendicularmente. As aves, ao voar, não cairiam por detrás da Terra em rotação? Mas, o que é mais importante, as visões heliocêntricas eram contrárias aos ensinamentos da Igreja. Como criação especial de Deus, os homens deviam ocupar uma posição privilegiada no centro do universo. Afinal, a Bíblia afirma que Deus trabalhou durante cinco dias para criar a Terra, mas despendeu um dia para o resto do universo e descansou no sétimo. Tendo criado os homens e as mulheres à sua imagem e tendo dedicado tanto tempo e cuidado à criação da Terra, certamente Deus não a colocaria em uma posição periférica, girando vertiginosamente em torno do sol. A Terra tinha de estar bem no centro do universo.

Tais argumentos eram difíceis de se contestar. Apoiados pela tradição e pela autoridade da Igreja, eles tinham a força do dogma. Opor-se a eles era heresia. Antecipando uma reação desfavorável à sua teoria, Copérnico adiou a publicação de *De Revolutionibus Coelestium Orbium* [Sobre a Revolução das Esferas Celestes] por 36 anos. De acordo com tradição, ele havia percebido isso pela primeira vez em 1543, quando estava deitado na cama. Temendo uma reação desfavorável, seu assistente, Andres Osiander, escreveu um prefácio afirmando que a Terra em rotação e revolução devia ser considerada uma hipótese, uma conveniência matemática para simplificar a descrição do movimento dos planetas.

Algumas pessoas chamaram Copérnico de o reformador da astronomia, um segundo Ptolomeu, um homem que mudou para sempre as concepções do universo. Mas sua teoria também foi inaceitável para muitas outras pessoas, especialmente para a Igreja. Seu sistema foi rotulado como absurdo e anti-religioso. Um cardeal replicou: "O Espírito Santo pretendeu ensinar-nos como ir para o céu, e não como anda o céu" (Kesten, 1945, p. 316). Copérnico havia deslocado os humanos de uma posição central para uma posição periférica no universo. Os seres humanos não eram mais a criação sagrada de Deus? Uma visão ainda mais revolucionária foi proposta posteriormente por um monge dominicano, Giordano Bruno (1548-1600), que ensinava em Roma, Genebra, Londres, Oxford e Paris, defendendo Copérnico e ampliando seu sistema. Bruno propôs a existência não apenas de um sol, mas de inúmeros sóis, não apenas de uma Terra, mas de inúmeras Terras, cada uma girando em torno de seu próprio sol e potencialmente habitada por seres sensíveis.[3] Ele descreveu um universo sem limites. Essas visões custaram a vida de Giordano Bruno. Entre as barracas do mercado do Campo dei Fiori de Roma, uma estátua marca o local em que ele foi queimado na fogueira, em 1600.

Galileu Galilei (1564-1642)

Galileu nasceu em Pisa, na Itália, no mesmo ano em que nascia William Shakespeare, na Inglaterra. Galileu fez avançar a astronomia no Renascimento e também estabeleceu as bases do método científico que ainda hoje é usado. Mas, como aluno da Universidade de Pisa, ele achou a atmosfera sufocante e pretensiosa. Em resposta à regra de que os membros da universidade deviam usar suas togas acadêmicas em todas as ocasiões, dentro e fora do campus, Galileu escreveu um poema satírico intitulado *The Wearing of the Gown* [O Uso da Toga]. Ele defendia que os membros do corpo docente, em vez de usar suas togas, deviam andar nus o tempo todo. As autoridades da universidade não acharam engraçado. Galileu partiu para Pádua e depois para Veneza.

Uma observação casual[4] feita por Hans Lippershey, um fabricante de lentes holandês, mudou a direção da carreira de Galileu. Em 1606, Lippershey observou – enquanto caminhava em sua oficina, entre prateleiras de lentes de óculos – que, quando ele olhava por uma lente convexa e uma côncava, alinhadas por acaso, a torre de uma igreja parecia estar mais próxima. Lippershey montou duas lentes a certa distância uma da outra em um tubo, de modo que a luz pudesse ser recolhida pela lente que ficava na ponta mais longínqua do tubo, e que a imagem fosse ampliada por uma lente menor, que servia de lente ocular. Ele havia construído o primeiro telescópio refletor. Galileu foi contratado para investigar a afirmação de Lippershey de haver inventado um telescópio – instrumento que permitiria a uma pessoa ver (*scope*) a certa distância (*tele*). Seus espertos patrocinadores viram que aquele dispositivo poderia ser utilizado tanto na guerra como na paz. Na guerra, um telescópio poderia ser usado para dar o alarme e repelir ataques; na paz, um comerciante, parado com um telescópio no topo de uma torre com um sino (campanário), poderia ver um navio bem longe do porto. Bandeiras com sinais secretos revelariam a carga de pimenta, temperos ou cravos-da-índia transportada pelo navio. Com esse conhecimento prévio, os especuladores poderiam ganhar muito dinheiro no Railto, um mercado de comércio no centro de Veneza. Galileu confirmou que as afirmações de Lippershey eram verdadeiras. Ele aprendeu a amolar as lentes, técnica que, em si, já era uma realização considerável. Em 1609, Galileu era

---

[3] Sensíveis, adj. Que têm o poder da percepção por meio dos sentidos (Rhdel, p. 1.300).
[4] Em inglês, *serendipity*, subst., a faculdade de fazer descobertas desejáveis por acidente. Horace Walpole assim denominou a faculdade dos heróis de um conto intitulado *The Three Princes of Serendip* (Rhdel, p. 1.302).

capaz de fazer lentes que aumentavam o fator de ampliação do seu telescópio de três para aproximadamente 30. Porém, esse instrumento maravilhoso[5] não devia ser usado apenas para satisfazer aos comerciantes e políticos de Veneza; ele podia ser usado para fazer avançar a astronomia. Assim, Galileu apontou seu telescópio para as estrelas. Pela primeira vez, ele viu "sinais extraordinários": quatro novas luas de Júpiter, que ele astutamente denominou "luas medicianas", em homenagem aos seus patrocinadores, a poderosa família dos Médici; montanhas, crateras e vales na superfície da lua, que ele registrou em uma série de aquarelas; a misteriosa via láctea de Vênus, que ele viu como incontáveis milhares de estrelas débeis; e os dois anéis de Saturno, que hoje sabemos serem os remanescentes de uma lua estilhaçada (Benson, 2002). Galileu também concluiu que Copérnico estava certo, o sol era de fato o centro do universo. O poeta John Donne escreveu o seguinte a respeito das observações de Galileu:

> E a nova filosofia põe tudo em dúvida,
> O Elemento fogo está bem extinto;
> O sol está perdido, assim como a Terra, e nenhuma capacidade do homem
> Pode direcioná-lo para onde procurá-los.*
> (Byard, 1977, p. 121)

Galileu descreveu suas observações e apresentou suas conclusões em *Sidereus Nuncius* [Mensagem das Estrelas], publicado em Veneza em 1610, menos de cem anos após a denúncia do papado por Martinho Lutero em 1517 e a Reforma que dividiu a Cristandade Ocidental nas igrejas Católica Romana e Protestante. Não era o momento de desafiar a autoridade da Igreja. Em 24 de fevereiro de 1616, a Congregação do Índex, que era o corpo de censura da Igreja, condenou o ensino do copernicanismo. Ela declarou que a Terra, e não o sol, era o centro do universo; e o poderoso cardeal Robert Bellarmine, que estava encarregado da Inquisição, instruiu Galileu firmemente a parar de defender a nova teoria (Redondi, 1987). Mas as questões que as observações de Galileu levantaram não podiam ser ignoradas. A Igreja ensinou que as estrelas haviam sido colocadas no céu noturno por Deus para ajudar a navegação humana. Mas, com seu telescópio, Galileu viu muitas novas estrelas que não podiam ser observadas a olho nu. Por que Deus as havia colocado no céu? Os cardeais eruditos responderam que elas haviam sido colocadas no céu por Deus, que sabia que o telescópio seria inventado. Mas Galileu não estava convencido. No dia 6 de agosto de 1623, o cardeal Maffeo Barberini, um amigo de Galileu, tornou-se o papa Urbano VIII. Prevendo o seu apoio e o da poderosa família Médici, Galileu sentiu-se livre para retomar sua defesa da teoria de Copérnico. Em 1632, Galileu publicou um *Dialogue on the Two Greatest Systems of the World, the Ptolemaic and the Copernican* [Diálogo sobre os Maiores Sistemas do Mundo, o Ptolomaico e o Copernicano]. Ele criou um debate hipotético a respeito dos sistemas geocêntrico e heliocêntrico. Com clareza e inteligência, os debatedores argumentaram que o sol, e não a Terra, é o centro do cosmos, e que a Terra não está parada, mas gira em torno de um eixo e faz a rotação em torno do sol. No fim do debate, os participantes concluíram que Copérnico estava certo. O papa Urbano apoiou Galileu, insistindo apenas em que o *Diálogo* deveria conter a observação de que a teoria de Copérnico era uma hipótese. Quando Galileu colocou essa observação na boca de

---

[5] Dois dos telescópios que Galileu usou estão expostos em um museu dedicado a ele no observatório astrofísico de Arcetri, perto de Florença, na Itália.

* And new Philosophy calls all in doubt,
The Element of fire is quite put out;
The sun is lost, and th'earth, and no man's wit
Can well direct him, where to look for it.

O telescópio que o astrônomo italiano Galileu utilizou em 1609 para observar o sistema solar.
(Cortesia do Departamento de Serviços Bibliotecários do American Museum of Natural History)

um dos debatedores, Simplicius, um sujeito simplório de pensamentos superficiais e capacidade limitada, seu destino foi selado.

O *Dialogue* [Diálogo] foi inserido no *Index of Prohibited Books* [Índice dos Livros Proibidos] do Vaticano e Galileu intimado a ir a Roma para ser julgado por 10 cardeais. Em 22 de junho de 1633, ele foi considerado culpado por ensinar uma doutrina julgada "absurda, falsa em sua filosofia e formalmente herética... que de modo algum pode ser provável, que já foi declarada e finalmente determinada como contrária à Divina Escritura" (sentença do julgamento de Galileu, apud Fahie, 1903, p. 315). Por razões desconhecidas, três dos 10 cardeais não assinaram a sentença de Galileu. Nesse confronto entre a observação e a autoridade, esta última triunfou. Parece provável que tenham pelo menos mostrado os instrumentos de tortura a Galileu, antes de o fazerem ajoelhar-se e assinar a seguinte abjuração:[6]

> Eu abjuro, abomino e detesto os erros e heresias cometidos e, em geral, quaisquer outros erros e seitas contrários à dita Igreja Católica; e juro que nunca mais no futuro direi ou afirmarei o que quer que seja, oralmente ou por escrito, que possa dar origem a semelhante suspeita a meu respeito. (Abjuração de Galileu, apud Fahie, 1903, p. 320)

---

[6] *Abjurar*, v. Renunciar, repudiar ou retratar, especialmente com solenidade (Rhdel, p. 3).

Galileu Galilei (1564–1642). Astrônomo e matemático renascentista, desenvolvedor do método científico.
(Biblioteca Nacional de Medicina)

Conta-se que, mesmo enquanto assinava a abjuração, Galileu murmurava *"Eppur si muove"* (mas ela se move). Galileu foi proibido de publicar; todas as cópias de seus livros que conseguiram encontrar foram queimadas, e ele foi confinado em sua *vila* em Arcetri, perto de Florença, pelo resto da vida. O poeta John Milton foi um de seus muitos visitantes. Em seus últimos anos, o homem cujas observações haviam ampliado mil vezes a visão do mundo renascentista ficou quase totalmente cego.

Em 1979, o papa João Paulo II, falando diante de uma sessão especial da Academia Pontifícia de Ciências do Vaticano, reconheceu a extraordinária contribuição de Galileu à ciência e o amargo conflito que seu caso provocou entre a Igreja e a ciência. João Paulo expressou sua esperança de "um acordo frutífero entre ... a Igreja e o mundo" (Papa João Paulo II, 1980, p. 11). Em novembro de 1992, o Papa foi ainda mais longe e reconheceu que a Igreja errou ao condenar Galileu.

Galileu também foi um experimentador pioneiro, que desenvolveu o método de controlar certos fatores (variáveis) enquanto manipulava e media outros. Em suas experiências, ele estudou a relação entre a distância de um objeto que cai e a sua velocidade. Contrariamente ao que diz o mito, ele não fez essas observações jogando objetos do alto da torre inclinada de Pisa, mas fazendo bolas rolarem em planos inclinados. Ele manipulou cuidadosamente fatores como o peso da bola e a inclinação do plano. Galileu formulou a lei da queda livre: a distância de um objeto que cai ou partir do ponto de descanso é igual ao tempo decorrido desde que ele foi solto. A velocidade é proporcional ao tempo da queda. Tão precisas eram as descrições feitas por Galileu de seus procedimentos experimentais, que um pesquisador contemporâneo, Stillman Drake, foi capaz de replicá-las com exatidão (Levere e Shea, 1990). É um enigma como Galileu calculou essas medidas precisas de tempo. Drake sugeriu que Galileu primeiramente utilizou batidas musicais e meias batidas para calcular o tempo de seus intervalos. Cantando "Adiante, soldados de Cristo" em um ritmo incisivo de aproximadamente duas notas por segundo, Drake registrou intervalos de tempo muito próximos aos que Galileu reportou (Drake, 1975, p. 101). Em experiências posteriores, Galileu usou um dispositivo semelhante a uma ampulheta, no qual líquidos fluíam de uma câmara para a outra e, depois, um medidor de tempo do tipo pêndulo que havia inventado. O controle cuidadoso e a mensuração das variáveis que Galileu realizou naquilo que denominou suas "novidades" forneceu um modelo para a experimentação nas ciências físicas e biológicas e, posteriormente, na psicologia.

Em seu *Diálogo*, Galileu predisse que a ciência e o comércio italianos seriam dominados pelos rivais do norte, a menos que se garantisse liberdade de pesquisa aos cientistas. Às margens de sua cópia do *Diálogo*, ele escreveu:

> Quanto à questão de apresentar novidades. E quem pode duvidar de que ocorrerão as piores desordens quando as mentes, criadas livres por Deus, forem obrigadas a servir a uma vontade externa? Quando nos disserem para negarmos nossos sentidos e sujeitá-los ao capricho dos outros? Quando as pessoas desprovidas de qualquer competência se tornarem juízes em relação aos especialistas e tiverem autoridade para tratá-los como bem entenderem? Essas são as novidades capazes de causar a ruína das comunidades e a subversão do Estado. (Galileu, apud Newman, 1956b, p. 733)

O apelo apaixonado de Galileu em favor da liberdade de pesquisa sem impedimentos ressoa ao longo dos séculos. Ele acreditava absolutamente no poder da razão, pois, "nas questões da ciência, a autoridade de mil pessoas não vale o raciocínio humilde de um único indivíduo" (Galileu, apud Newman, 1956b, p. 734). As condições na Itália eram abertamente hostis à abordagem científica da aquisição do conhecimento que Galileu advogava. Como ele previu, os próximos grandes avanços científicos surgiram na Alemanha e na Inglaterra, países protestantes do norte da Europa.

Duas Contribuições da Inglaterra

Isaac Newton (1642–1727) nasceu no dia de Natal, no ano em que Galileu morreu. As circunstâncias que cercam seu nascimento não podiam ser menos promissoras. A Inglaterra estava para entrar em uma sangrenta guerra civil em razão de cisões religiosas. O local onde Newton nasceu, a aldeia de Woolsthorpe em Lincolnshire, era pouco mais que um conjunto de pequenas fazendas e cabanas agrupadas perto de uma mansão senhorial. Ou Newton nasceu prematuramente, ou foi concebido antes do casamento de seus pais, em abril daquele ano. O pai, um próspero proprietário rural, morreu alguns meses antes do nascimento do filho. A mãe era da pequena nobreza. Quando Isaac tinha três anos, ela se casou com Barnabas Smith, um clérigo mais velho com boa situação financeira e que morava em uma cidade próxima. Newton foi deixado com os avós maternos. Aos 12 anos, entrou para a King's School e hospedou-se com a família do farmacêutico local. Com ele, Newton aprendeu a transcrever receitas e a fazer experiências com produtos químicos. Ele também aprendeu a fabricar e a soltar pipas, criar relógios de sol, fazer funcionar um moinho de vento em miniatura com um camundongo dentro e construir várias máquinas e instrumentos (White, 1997). Quando o psicólogo norte-americano Ernest Hilgard visitou a Trinity College, em Cambridge, em 1955, ele viu um relógio construído por Newton ainda em funcionamento (Hilgard, 1987, p. 8). O diretor da escola reconheceu o brilhantismo de Newton e pediu à mãe dele que abandonasse seus planos de fazê-lo administrar a fazenda da família. Como Newton era um fazendeiro inepto e preguiçoso, a mãe concordou em deixá-lo freqüentar Cambridge. Como aluno, acadêmico, bolsista e, em 1669, aos 26 anos, Professor Lucasiano de Matemática,[7] Newton

---

[7] Stephen Hawking – autor de *A Brief History of Time* [Uma Breve História do Tempo], livro que vendeu 9 milhões de cópias em todo o mundo, de *The Universe in a Nutshell* [O Universo em uma Casca de Noz] e de muitos outros livros e textos – é o atual Professor Lucasiano de Matemática de Cambridge.

tornou-se um grande luminar em Cambridge. Em seu busto, na capela da Trinity College, estão inscritas as seguintes palavras:

Qui genus humanum ingenis superavit

que podem ser traduzidas como "Ele ultrapassou todos os homens geniais".

Newton estava fascinado com a luz. Ela estava em toda a parte. O mesmo ocorria com as cores. Mas de onde vinham as cores expostas à luz branca? Em 1666, Newton descreveu, para a Royal Society, como havia "conseguido um prisma de vidro triangular e realizado experiências relativas ao 'fenômeno das cores'". A luz branca, ao passar pelo prisma, era refratada em suas cores componentes – vermelho brilhante, laranja, amarelo, verde, azul, índigo e violeta, projetadas na parede do estúdio de Newton. Quando ele fez os raios refratados convergirem ao passá-los por um segundo prisma, o resultado foi o branco, fenômeno esse que Newton considerou ainda mais impressionante do que o próprio espectro das cores. A demonstração de Newton de que a luz branca pode ser refratada em suas cores componentes e depois em raios individuais recombinados para produzir o branco foi uma demonstração científica definitiva do século XVII. Ela comprovava o valor da matemática como a linguagem da ciência e a força dos métodos indutivo e experimental na compreensão da natureza. Alexander Pope (1688–1744) escreveu, em seu "Epitáfio a *Sir* Isaac Newton":

> A Natureza e as leis da Natureza ficam ocultas à noite:
> Deus disse, Que se faça Newton, e tudo foi luz.*

Mas nem todas as reações foram positivas. Goethe escreveu que a análise que Newton havia feito sobre a luz "mutilaria o coração da natureza". Em seu poema *The Tables Turned* [*As Mesas Viradas*], William Wordsworth admoestou Newton:

> Ande, ande meu amigo, abandone seus livros
> Ou certamente você dobrará de tamanho.
> Ande, ande meu amigo e desanuvie o rosto
> Por que toda essa labuta e esse transtorno?**

O poema termina com esta estrofe:

> Doce é a erudição que a Natureza traz;
> Nosso intelecto intrometido
> Deforma as belas formas das coisas: –
> Nós matamos para dissecar.***

Em *Lamia*, Keats protestou, dizendo que "decompor um arco-íris" é "grampear as asas de um anjo". Em um brinde famoso, Keats propôs "Confusão para a matemática e para Newton".

---

* Nature and Nature's laws lay hid at night:
God said, Let Newton be, and all was light.
** Up, up my friend and quit your books
Or surely you'll grow double
Up, up my friend and clear your looks
Why this toil and trouble?
*** Sweet is the lore which Nature brings;
Our meddling intellect
Mis-shapes the beauteous forms of things: –
We murder to dissect.

Claramente, porém, a análise da luz feita por Newton foi um triunfo da física. Uma geração posterior de filósofos, os empiristas britânicos, tentaria fazer, em relação à consciência humana, aquilo que Newton havia feito em relação à luz; ou seja, refratar a consciência em seus elementos. Esse foi o modelo da mente que alguns membros da primeira geração de psicólogos adotou no final do século XIX.

Voltaire disse que Newton havia tido mais sorte do que qualquer outro cientista jamais teria, já que somente a um homem caberia descobrir as leis que governam o universo. A grande descoberta de Newton foi que a mesma força que impulsiona uma maçã para o chão também segura a lua em sua órbita ao redor da Terra e esta em sua órbita ao redor do sol. Essa força é a gravidade. Em seu majestoso *Principia*, publicado em 1687, quando ele tinha 45 anos, Newton descreveu um universo regulado por leis, como um mecanismo de relógio, concebido por Deus, o "Grande Relojoeiro", e compreensível por meio da matemática e da aplicação do cálculo que Newton havia inventado. O universo newtoniano, com todos os seus planetas movendo-se na mesma direção ao longo de órbitas elípticas, era regulado por leis e era previsível. Um resultado como esse, segundo Newton, não podia ter ocorrido por acaso. Ao contrário, ele havia surgido "da deliberação e do domínio de um ser inteligente e poderoso" (Newton, apud Grabiner, 1988, p. 225).

Dado o lugar seguro que Newton ocupa como uma das maiores figuras da história da ciência ocidental, é surpreendente descobrir que ele teve outra carreira posteriormente. Ele se mudou para Londres em 1696, serviu por pouco tempo como membro do Parlamento e depois foi nomeado administrador da Casa da Moeda Real. Seus deveres incluíam perseguir falsificadores, já que a falsificação era então uma ofensa sujeita a pena capital. Newton, o excêntrico matemático conhecido por riscar diagramas e equações em caminhos de cascalho, por dar aulas em salões vazios com sua roupa de dormir e por negligenciar as refeições, cumpria com suas obrigações de administrador com grande entusiasmo e eficiência. Dizem que ele enviou mais de um pobre coitado para as galés (Westfall, 1980).

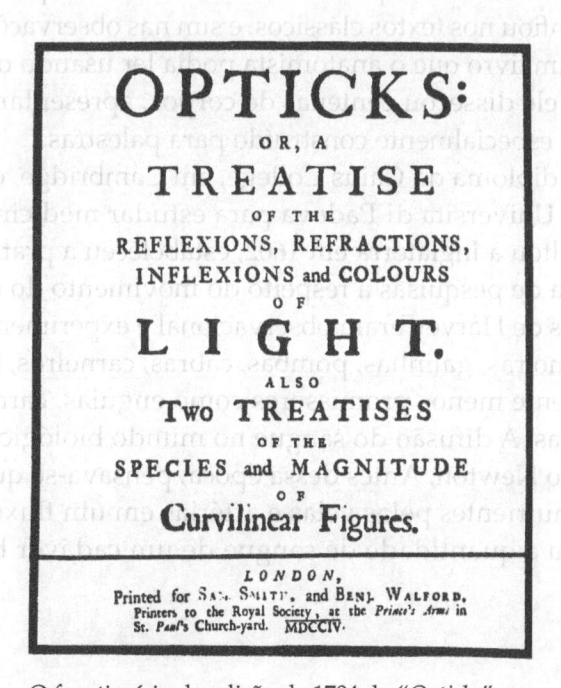

O frontispício da edição de 1704 da *"Opticks"* de *Sir* Isaac Newton.
(Extraído da capa de Science, 16 jan. 1976, v. 191, n. 4.223)

No final da vida, Newton dedicou-se à alquimia e juntou uma coleção de 138 livros a respeito desse tema. Ele buscou a *alkahest* ou *panacea*, que transmutaria os metais básicos, como o chumbo, no metal nobre que é o ouro. O estranho comportamento intermitente de Newton tem sido atribuído à exposição ao mercúrio que ele usava em sua alquimia (Klawans, 1990). Ele perdeu uma fortuna em investimentos especulativos e admitiu com tristeza: "Eu consigo calcular os movimentos dos corpos celestes, mas não a loucura das pessoas" (Malkiel, 1999, p. 45). Consagrado como Sir Isaac Newton pela rainha Anne, ele morreu em 1727 e foi enterrado na Abadia de Westminster.

No século XVIII, o astrônomo britânico Sir Edmund Halley calculou que três cometas espetaculares registrados em 1531, 1607 e 1682 eram o mesmo cometa. Usando a lei da gravidade universal de Newton para delinear sua órbita no espaço, Halley predisse que o cometa retornaria 76 anos mais tarde, em 1758, e a cada 76 anos de 1758 em diante. Halley morreu em 1742 e, portanto, não viu o reaparecimento do cometa no dia de Natal de 1758, exatamente como havia previsto. A demonstração de Halley da previsibilidade de um fenômeno físico mostrou o poder da mente humana para entender o universo por meio da aplicação das leis da ciência. Foi um triunfo daquilo que acabou sendo conhecido como a Idade da Razão. Citando um verso ruim, anônimo, do século XVII:

> Entre todos os cometas no céu
> Não há nenhum como o Cometa Halley
> Nós o vemos a olho nu
> E periodicamente.*

O Cometa Halley foi visto em 1910 e 1986.

Em 1543, Copérnico causou uma revolução na ciência com *De Revolutionibus*. No mesmo ano, uma segunda obra revolucionária foi publicada: *De Humani Corporis Fabrica Librin Septum* [O Tecido do Corpo Humano]. Seu autor foi André Vesálio (1514–1564), o maior anatomista da época. Vesálio foi considerado o sucessor de Hipócrates e Galeno, mas, o que é mais importante, ele foi um anatomista que não confiou nos textos clássicos, e sim nas observações da anatomia do corpo. Para Vesálio, o corpo era um livro que o anatomista podia ler usando os métodos da dissecação. Na Università di Padova, ele dissecou centenas de corpos, apresentando seus resultados e demonstrações em um teatro especialmente construído para palestras.

Depois de receber seu diploma da Caius College, em Cambridge, em 1597, William Harvey (1578–1657) viajou para a Università di Padova para estudar medicina e anatomia com os sucessores de Vesálio. Ele voltou à Inglaterra em 1602, estabeleceu a prática médica com sucesso e iniciou um ativo programa de pesquisas a respeito do movimento do coração e da movimentação do sangue. Os métodos de Harvey eram observacional e experimental. Ele descobriu sangue em diferentes animais como rãs, galinhas, pombas, cabras, carneiros, bois e ratos, e até mesmo em espécimes aparentemente menos promissores como enguias, caranguejos, lesmas, cobras, caramujos, vespas e moscas. A difusão do sangue no mundo biológico fascinou Harvey assim como a luz havia fascinado Newton. Antes dessa época, pensava-se que o coração "preparava" o sangue, que carregava nutrientes pelas veias e artérias em um fluxo unidirecional para fora do coração. Harvey pesou a quantidade de sangue de um cadáver humano e do cadáver de

---

* Of all the comets in the sky
There's none like Comet Halley
We see it with the naked eye
And periodically.

um carneiro. As quantidades eram comparáveis, aproximadamente dois quilos. Em seguida, ele sangrou um carneiro e mediu a quantidade de sangue que era ejetada a cada batida do coração: aproximadamente 56,7 g. Ao observar o número de batidas por minuto, 72, Harvey calculou que, em 60 minutos,

$$56,7 \times 72 \times 60 = \text{aproximadamente } 245.000 \text{ g}$$

ou

$$245.000 / 1.000 = \text{aproximadamente } 245 \text{ kg}$$

de sangue seriam expelidos pelo coração. Cálculos semelhantes para seres humanos, cães e gado mostraram que a quantidade de sangue que o coração movimentava em uma hora sempre excedia a quantidade de sangue no corpo (Magner, 1992, p. 201). A conclusão de Harvey foi que o coração não fabrica o sangue, mas sim o bombeia por todo o corpo. O coração ejeta o sangue a cada batida; o sangue flui por todo o corpo e retorna ao coração para ser ejetado novamente. Harvey adiou a publicação dessas descobertas. Ele temia que as conclusões quanto à ação do coração e ao movimento do sangue fossem tão novas e revolucionárias que toda a humanidade se tornasse sua inimiga. Finalmente publicado em 1628, o *Anatomical Treatise on the Heart and Blood in Animals* [Tratado Anatômico sobre o Coração e o Sangue nos Animais], geralmente conhecido como *De Motu Cordis* [O Movimento do Sangue], é uma das maiores obras científicas do Renascimento.

Harvey havia demonstrado que um sistema biológico podia ser estudado com o mesmo rigor experimental com que os físicos estudavam os sistemas da física. Como conseqüência, o sucesso de sua demonstração apontava o caminho para a biologia experimental. Harvey também especulava que "o sangue é a causa, não apenas da vida em geral, mas também da longevidade, do sono e da vigília, do gênio, da aptidão e da força" (Harvey, 1628, apud Miller, 1982, p. 228). No século XX, demonstrou-se que os hormônios que circulam no sangue são fatores importantes no temperamento, na cognição, na emoção e no sono. Finalmente, a pesquisa de Harvey iniciou a desmistificação do coração que acabou levando, no século XX, à aceitação pública dos transplantes de coração.

Harvey investigou muitas outras questões, inclusive o comportamento dos insetos. Essa obra se perdeu, já que a maior parte de seus manuscritos foi destruída durante a Guerra Civil na Inglaterra, quando seus aposentos foram saqueados. Porém, tamanha é a importância de Harvey que os acadêmicos interessados em sua vida e obra examinaram todos os fragmentos conhecidos de sua obra e estudaram as origens de suas idéias (Keynes, 1989; Cook, 1992, p. 262).

A FILOSOFIA RENASCENTISTA

René Descartes (1596–1650)

Além dos avanços da ciência, o progresso da filosofia renascentista forneceu uma base importante para a psicologia. À medida que os filósofos buscavam o conhecimento das coisas e suas causas, eles desenvolviam *insights* e teorias que muito influenciaram os psicólogos posteriores. René Descartes foi um importante matemático e filósofo francês durante os anos que precederam e imediatamente se seguiram ao julgamento de Galileu. Ele nasceu em 1596 em La Haye, perto de Tours. Era filho de um conselheiro do Parlamento provinciano de Brittany. A herança de sua família permitiu-lhe buscar uma vida de estudo e viagens sem ter de precisar ganhar a vida. De 1606 a 1614, Descartes estudou em uma escola jesuítica perto de Anjou. Os jesuítas, soldados de infantaria intelectuais da Igreja Católica, eram conhecidos por manterem excelentes escolas. Ele recebeu deles uma educação clássica rigorosa com forte ênfase em humanidades, matemática, religião e filosofia. Alegando ter saúde frágil, Descartes conseguiu convencer o diretor da escola de que deveria ser dispensado dos exercícios religiosos matutinos e teve permissão para ficar na cama. Durante toda a vida, Descartes acreditou que raciocinava melhor pela manhã, deitado na cama. Bertrand Russell disse que a mente de Descartes trabalhava melhor quando ele estava aquecido (Russell, 1945, p. 558), e o biógrafo de Descartes relata que permanecer na cama, para ele, havia se tornado "um hábito que manteve por toda a vida e que encarava, mais que tudo, como gerador de conforto e de proveito intelectual" (Mahaffy, 1880, p. 12). Em 1616, Descartes obteve seu diploma de bacharel e sua licença em Direito pela Université du Poitiers.

Em 1618, o contemplativo e recluso Descartes apresentou-se como voluntário para servir a um exército mercenário na Holanda. Em 10 de novembro de 1619, ele estava sozinho em uma cabana aquecida por um forno, como posteriormente relatou, quando conseguiu "conversar consigo". Descartes adormeceu e, em sonho, o "Espírito da Verdade" entrou em sua mente. Esse sonho, com a visão de um novo sistema científico e matemático, mudou sua vida. No dia seguinte, ele renunciou àquilo que considerava ser sua ociosidade anterior e resolveu dedicar-se à busca da verdade e à unificação da ciência pela força da razão. Aos 23 anos, Descartes resolveu escrever um manifesto racionalista. Seu primeiro grande sucesso foi combinar os métodos da álgebra e da geometria na geometria analítica. Ele desenvolveu métodos que permitiam que as proposições geométricas fossem traduzidas em termos algébricos, que curvas geométricas fossem descritas por equações e que a posição de um ponto fosse definida por coordenadas em duas linhas perpendiculares. Esse último *insight* veio à mente de Descartes quando ele considerava o modo de descrever matematicamente a posição exata de uma mosca em seu quarto. Em qualquer momento, a distância entre a mosca e o teto (ou o chão) e entre a mosca e duas paredes adjacentes definia a sua posição. Essas distâncias definiam as coordenadas da mosca. Conforme ela se movia, seu caminho podia ser descrito como uma série de pontos, que, por sua vez, podiam ser combinados para formar uma curva. Descartes carregou consigo as idéias da geometria analítica em muitas batalhas e desventuras antes de publicá-las, 18 anos depois, em *La Géométrie* [A Geometria]. A obra teve sucesso imediato e garantiu a reputação de Descartes como matemático. O livro, disse ele, foi escrito com uma "veia desdenhosa" e, mais do que instruir os novatos, pretendeu mostrar o que Descartes sabia. Ele concluiu sua exposição com este comentário irônico: "espero que a posteridade me julgue com gentileza, não apenas pelas coisas que expliquei, mas também pelas que intencionalmente omiti, para permitir aos outros o prazer da descoberta" (Descartes, apud Newman, 1956a, p. 237). Em ambos os aspectos, suas expectativas foram atendidas.

Descartes abandonou a França e foi para a Holanda em 1629, em busca de uma vida de solidão acadêmica. Sua necessidade de paz e quietude era tão grande que, durante os 20 anos em que esteve naquele país, ele viveu em 24 casas diferentes em 13 diferentes cidades, permitindo que apenas uns poucos amigos de confiança soubessem onde se encontrava. Apesar dessas precauções, sua fama chamou a atenção da rainha Cristina, da Suécia. Ela queria saber como viver feliz, sem com isso aborrecer a Deus. Quem estava mais qualificado para responder a essa pergunta do que o principal pensador da Europa? Em 1649, a rainha Cristina convocou Descartes para ir a Estocolmo enfeitar sua corte e atuar como seu tutor particular em filosofia e matemática. Dizem que, depois de receber essa convocação, Descartes teve um pressentimento de morte, mas não viu outra opção senão obedecer, especialmente porque Cristina enviou um navio de guerra para levá-lo à Suécia. A jovem rainha demonstrou ser uma aluna inepta e, o que era pior para um homem com o temperamento e os hábitos de Descartes, insistia em ter aulas às 5 horas da manhã. Descartes resistiu à rainha e ao inverno sueco por apenas quatro meses. Depois, morreu de pneumonia, em 11 de fevereiro de 1650. Por uma terrível ironia, o único caixão disponível era menor que Descartes, por isso sua cabeça foi separada do corpo antes do enterro e os dois jamais foram unidos novamente (Boakes, 1984).

Além de sua contribuição para a matemática, Descartes também fundou a filosofia ocidental moderna. Ele esperava construir um novo sistema filosófico radical a partir do zero – um sistema de pensamento científico, lógico. Descartes o apresentou em *Discourse on the Method of Rightly Conducting the Reason, and Seeking Truth in the Sciences* [Discurso sobre o Método de Conduzir Corretamente a Razão e Buscar a Verdade nas Ciências],[8] publicado em 1637. O *Discurso* foi seu primeiro livro. Descartes escreveu-o em francês, e não em latim, pois esperava atingir uma grande audiência. Apesar de seu título formidável, o *Discurso* é uma obra legível e informal. Acima de tudo, Descartes buscou a verdade: o conhecimento que não podia ser posto em dúvida, que era certo. Ele adotou uma atitude científica rigorosa, resolvendo seguir as regras da lógica que julgava suficientes para atingir a verdade:

> A primeira era nunca aceitar como verdadeiro nada que eu não soubesse ser evidentemente verdadeiro; isso significava evitar cuidadosamente a precipitação e o preconceito, e somente incluir, em meus julgamentos, aquilo que se apresentasse à minha mente com tanta clareza e distinção que não me desse oportunidade de duvidar. (Descartes, 1637, apud Heffernan, 1994, p. 35)

Os jesuítas que haviam educado Descartes reivindicavam com orgulho: "Dê-nos o menino e lhe daremos o homem". De fato, Descartes considerava-se devoto e sempre insistia em que suas inúmeras residências ficassem a pouca distância de uma Igreja Católica. Porém, às vezes ele duvidava da existência de Deus e acreditava que até mesmo o teísta mais apaixonado tinha dúvidas semelhantes ocasionalmente. De um ponto de vista empírico, raciocinava ele, não podemos ter absoluta certeza da existência de Deus. Essas visões eram heréticas para os teólogos católicos. As obras de Descartes, como as de Galileu, foram colocadas no *Index of Prohibited Books* [Índice dos Livros Proibidos], e os comerciantes de livros não tinham permissão para imprimi-las. Os teólogos de Utrecht, na Holanda, que naquela época estava sob o controle da Espanha católica, chegaram a levar Descartes a um tribunal para responder a acusações de que era "ateu, vagabundo e dissoluto" (Newman, 1956a, p. 236). Felizmente, as acusações foram retiradas.

Além de ter dúvidas a respeito da existência de Deus, Descartes também concluiu que a maior parte daquilo que sabia havia sido adquirida de maneira acidental, nada crítica e não confiável. Ele se encontrou em um agudo dilema existencial por duvidar e por questionar dados aparentes como a própria existência do mundo e de nós mesmos. Descartes concluiu que, em qualquer momento, a única coisa de que podia ter certeza era de estar pensando a respeito de alguma coisa. Portanto, para Descartes, a prova final da existência era seu ato de pensar: *Cogito ergo sum*[9] (penso, logo existo). Ele escreveu:

> Eu notei que, enquanto estava tentando pensar que tudo é falso, era necessário que eu, que estava pensando isso, fosse algo. E, quando observei que essa verdade, "estou pensando, portanto existo", era tão firme e certa que todas as suposições mais extravagantes dos céticos eram incapazes de abalá-la, decidi que podia aceitá-la sem escrúpulos como o primeiro princípio da filosofia que estava buscando. (Descartes, 1637, apud Cottingham et al., v. 1, 1985, p. 127)

Se pensar é a prova absoluta da nossa existência, é importante saber como e onde pensamos. Para Descartes, pensamos com nossa *res cogitans* (coisa pensante), a mente. Mas a mente é dife-

---

[8] Disponível na web.
[9] No brilhante e irreverente *Devil's Dictionary* [Dicionário do Diabo], esse famoso ditado de três palavras é expandido para: *Cogito cogito, ergo cogito sum* – Eu penso que penso, portanto, penso que sou" (Bierce, 1958, p. 21).

rente do corpo. Ela não tem dimensão, é livre e não possui substância. Em contraste, o corpo possui dimensões, é limitado e possui substância. Descartes afirmava que há um dualismo da mente e do corpo. A mente e o corpo não apenas têm características diferentes, mas, em suas funções, obedecem a leis diferentes. As ações do corpo são governadas por leis e princípios mecânicos, pois ele nada mais é que uma máquina altamente complexa. Nossos corpos são sistemas físicos auto-reguladores que desempenham muitas funções sem o envolvimento de nossa mente. Não temos uma "vontade" nossa para digerir o almoço, nem temos de pensar antes de tirar a mão do fogo. Da mesma maneira, não precisamos pensar em cada respiração ou cada batida do coração. O corpo cuida dessas funções automaticamente.

A concepção de Descartes do corpo como algo mecânico foi influenciada por suas observações de estátuas automáticas que se curvavam aos passantes, relógios com cucos que anunciavam a hora, fontes e outras "diversões" que eram populares na época, nas casas e nos jardins dos aristocratas. Uma pessoa que estivesse passeando por um desses jardins podia tropeçar em um mecanismo escondido que faria um urso mecânico pular de uma posição oculta atrás de uma cerca viva, em uma fonte que começasse a espirrar água, uma gárgula que acenasse com a cabeça ou instrumentos musicais que tocassem. Uma estátua da deusa Diana banhando-se podia retirar-se modestamente e ser defendida por Netuno agitando o tridente. Na época, essas diversões eram consideradas muito interessantes, mas Descartes estava mais impressionado com elas como modelos do corpo humano. Obviamente, o urso não pensa antes de pular, e Diana e Netuno são de pedra inanimada. Eles se comportam de maneira simples, mecânica. No *Traité de L'Homme* [Tratado do Homem] (1637), Descartes incluiu uma gravura com as figuras dos jardins reais de Saint-Germain-en-Laye e dos mecanismos que as impulsionavam.

Como a máquina do corpo funciona? Descartes acreditava que tubos ocos ou fios minúsculos no corpo continham fluidos sutis, às vezes denominados espíritos animais, destilados a partir do sangue. Esses espíritos animais seriam aquecidos e pressurizados pelo coração e fluiriam dos órgãos dos sentidos, dando origem à sensação, aos músculos e ao movimento. Eles o fariam em uma espécie de arco reflexo. No cérebro, a abertura e o fechamento de certos poros permitiria ou bloquearia a passagem dos espíritos animais. O modelo de Descartes é uma concepção do sistema nervoso como uma via hidráulica. Em termos modernos, os poros desempenhariam o papel das sinapses, e os espíritos animais, o dos impulsos nervosos.

Qual é a diferença entre o nosso corpo e as outras máquinas? A resposta de Descartes mostra a influência de Galeno. A diferença, disse ele, está na complexidade. O corpo humano, tendo sido concebido por Deus, é infinitamente mais complexo do que qualquer máquina inventada pelo homem:

> O corpo é uma máquina que, tendo sido feita pela mão de Deus, é incomparavelmente mais bem ordenada e tem em si movimentos mais maravilhosos do que qualquer uma das que possam ser inventadas pelo homem. (Descartes, 1637, apud Heffernan [1994], p. 79)

Qual é a diferença entre o corpo dos animais e o corpo dos seres humanos? Descartes achava que, enquanto o corpo dos animais era governado unicamente por princípios mecânicos, a mente humana podia controlar a abertura e o fechamento de certos poros, assim como sua orientação. Portanto, por meio do exercício da mente, os humanos podiam controlar certas ações reflexas do corpo humano. Lawrence da Arábia era capaz de manter o dedo sobre a chama de uma vela. Um artista de trapézio conseguia deixar de coçar o nariz enquanto estava atuando.

Dado que a mente controla o nosso corpo, onde é que a interação realmente ocorre? Qual é o *locus*? Descartes escolheu, para esse lugar, uma estrutura do tamanho de uma ervilha no cérebro, o *conarium*, ou glândula pineal. Nessa estrutura cerebral, dizia ele, a mente exercia suas funções "mais particularmente do que em outras partes" ("As Paixões da Alma", Artigo XXXI). Ele escolheu a glândula pineal porque acreditava que ela, diferentemente das outras estruturas cerebrais, é duplicada nos dois lados do cérebro. No entender de Descartes, uma estrutura unitária parecia ser um lugar lógico para a interação entre a mente e o corpo. Sua escolha era simplesmente um palpite, porque ele não tinha a menor idéia de como a interação poderia ocorrer ou quais eram realmente as funções da pineal. Ainda hoje, certo mistério cerca a pineal. Sabemos que ela segrega precursores de serotonina, que controlam ciclos de atividade, e que com a idade se torna cada vez mais opaca à radiografia. Por essa razão, a pineal é usada com freqüência como um ponto de referência nos raios X do cérebro.

Descartes acreditava que há duas grandes classes de idéias na mente. A primeira classe é a das idéias inatas,[10] que nascem com a pessoa e não dependem da experiência. Exemplos das idéias que Descartes considerava inatas incluem as idéias de si mesmo e de Deus; as concepções de tempo, espaço e movimento; e os axiomas geométricos. As outras idéias provêm da experiência individual e se baseiam nas lembranças de acontecimentos passados. Descartes acreditava que determinada experiência produz alterações no sistema nervoso e que essas alterações têm efeitos na mente quando ela age para se lembrar das experiências. Sua analogia para o modo como as lembranças se formam é caracteristicamente original. Descartes imaginava que a passagem dos espíritos animais por certos poros no cérebro abria esses poros e produzia uma representação duradoura do seu caminho. Ele comparou os poros a buracos feitos em um pedaço de pano perfurado por um conjunto de agulhas. Quando as agulhas são retiradas, os buracos continuam parcial ou completamente abertos; a "lembrança" das agulhas permanece. Quando a mente procura lembrar-se de algo, segundo Descartes, esse ato de volição faz que a glândula pineal se volte primeiro para um lado e depois para o outro, fazendo os espíritos fluírem para diferentes regiões do cérebro. Os rastros da lembrança nessas regiões do cérebro são estimulados, e as lembranças específicas rememoradas.

Uma última característica dos seres humanos, segundo Descartes, é que temos paixões. Essas paixões surgem do corpo, são experimentadas de maneira passiva pela mente e conduzem, sem volição adicional, a ações corporais. Descartes definiu as seis paixões primárias como admiração, amor, ódio, desejo, alegria e tristeza. Todas as outras paixões humanas são misturas das seis primárias.

De acordo com Descartes, os animais não possuem mente, por isso são incapazes da linguagem ou da autoconsciência (Radner e Radner, 1989). Por essa razão, ele fez uma firme demarcação psicológica entre seres humanos, que detêm a linguagem e a autoconsciência, e os outros animais, que não as possuem. Uma conseqüência da posição cartesiana consistia em que as dissecações de animais eram permitidas. O próprio Descartes realizou muitos desses estudos. Ele recebeu crédito pela primeira descrição da imagem da retina, publicada em 1637. Descartes extraiu o olho de um boi, recortou uma janela no fundo e colocou um pedaço de papel na abertura. Segurando o olho contra a luz, ele viu no papel uma minúscula imagem invertida de seu quarto. Essa foi a primeira demonstração da função de inversão do olho. Outras dissecações foram feitas em animais vivos sem o uso de anestesia, que somente foi desenvolvida no século XIX. Mas Descartes realizou suas dissecações sem escrúpulos morais ou éticos, por estar convencido de que os animais não tinham sentimentos. Seus gritos e uivos nada mais eram para ele do que silvos hidráulicos e vibrações de máquinas (Jaynes, 1973, p. 170).

---

[10] O *The Devil's Dictionary* comenta: "A doutrina das idéias inatas é uma das crenças mais admiráveis da filosofia, sendo em si uma idéia inata e, portanto, inacessível à refutação" (Bierce, 1958, p. 67).

A influência de Descartes na filosofia é amplamente reconhecida, mas ele também foi importante no desenvolvimento da história da psicologia.[11] Seu claro conceito do dualismo da mente e do corpo forneceu um paradigma que possui seguidores até hoje. A posição cartesiana de que diferentes princípios e leis governam as ações do corpo e as da mente tem implicações óbvias para a psicologia, a ciência da mente. Finalmente, sua distinção entre as idéias inatas e as derivadas antecipou o debate natureza *versus* cultura, uma característica proeminente de muitos sistemas psicológicos.

Julien de La Mettrie (1709-1751)

Em 1748, quase cem anos depois da morte de Descartes, Julien de La Mettrie publicou uma obra intitulada *L'Homme Machine* [O Homem Máquina], na qual ele argumentava que as pessoas são nada mais que máquinas e que suas ações podem ser explicadas exclusivamente por princípios mecânicos. Segundo La Mettrie, diferimos dos outros animais apenas na complexidade de nosso maquinário – não, como Descartes havia afirmado, porque temos mente, ou, como os teólogos acreditavam, porque temos alma. La Mettrie atacou a concepção da pessoa como animal racional, argumentando que, como os outros animais, ela é motivada unicamente pela necessidade de buscar o prazer e evitar a dor – por impulsos hedonistas.[12] Ele acreditava que diferentes graus de pensamento estavam presentes tanto nos animais como nos seres humanos, e descreveu a cognição como um *continuum*, com maiores e menores quantidades presentes nos diferentes organismos. Segundo a posição de La Mettrie, é tão incorreto dizer que os macacos e os outros animais não têm nenhuma racionalidade como afirmar que os seres humanos são perfeitamente racionais.

Mais especificamente, La Mettrie desafiou a premissa de que apenas os humanos são capazes de adquirir e de usar a linguagem simbólica. Ele previu que, caso se ensinasse a um macaco a linguagem com o mesmo cuidado e diligência que se tem para ensinar uma criança surda, o macaco daria provas claras da capacidade de usar a linguagem. Após tal treinamento, esse animal, como previa La Mettrie, "não mais seria um homem selvagem, nem um homem defectivo, mas um homem perfeito, um pequeno cavalheiro, com a mesma matéria e o mesmo músculo que temos, para pensar e aproveitar sua educação" (La Mettrie, apud Limber, 1982, p. 432). Durante mais de dois séculos, tanto as perspectivas como as sugestões de La Mettrie foram rejeitadas. A linguagem veio a ser encarada como um atributo exclusivamente humano, uma capacidade que nem mesmo os nossos parentes primatas mais próximos seriam capazes de desenvolver. Porém, pesquisas recentes da Psicologia Comparada vêm demonstrando que vários chimpanzés são capazes de adquirir a linguagem simbólica (Savage-Rumbaugh et al., 1978; Parker e Gibson, 1990).

A FILOSOFIA PÓS-RENASCENTISTA: O EMPIRISMO, O ASSOCIACIONISMO E O INATISMO

Os Primeiros Empiristas

Nos anos que se seguiram ao Renascimento, ocorreram vários avanços na filosofia que acabaram estabelecendo as bases da psicologia. Os primeiros *empiristas* – Thomas Hobbes, John Locke e George Berkeley – enfatizaram os efeitos da experiência na mente passiva. Os *associacionistas* pos-

---

[11] O interesse acadêmico em Descartes permanece alto. O ano de 1995 viu a publicação de duas biografias: *Descartes: His Life and Thought* [Descartes: Sua Vida e Seu Pensamento], de Genevieve Rodis-Lewis, e *Descartes: An Intellectual Biography* [Descartes: Uma Biografia Intelectual], de Stephen Gaukrogers.

[12] *hedonismo*, subst. A doutrina de que o prazer ou a felicidade é o bem supremo (Rhdel, p. 657).

teriores – David Hume, David Hartley e James e John Stuart Mill – consideravam o papel que a mente ativa desempenha na formação de associações, estabelecendo assim o cenário para o estudo psicológico da aprendizagem e da memória. Já os filósofos da Alemanha – Gottfried Wilhelm von Leibniz e Emmanuel Kant – perpetuaram o *inatismo*, a visão de que os conteúdos da mente são não apenas o produto da experiência, mas também influenciados por sua estrutura inata.

Thomas Hobbes (1588–1679)

Thomas Hobbes conhecia tanto Galileu como Descartes. Ele não apenas antecipou o *empirismo britânico* e foi uma grande influência no pensamento filosófico e político do século XVII, mas também estudou os conteúdos da mente e fez declarações a respeito da natureza humana que ainda hoje são citadas. A visão da natureza humana de Hobbes formou a base de suas teorias sociais e políticas referentes às origens e organização dos grupos. Por que os humanos se agruparam pela primeira vez? Depois de fazer isso, como permaneceram juntos? Como Hobbes sentia que somos basicamente animais agressivos, ele acreditava que pequenos grupos de pessoas originalmente se haviam juntado para proteger-se das agressões dos outros. Porém, a proximidade social dos membros individuais aumentou as chances de agressão interna autodestrutiva dentro do grupo. De acordo com Hobbes, a única maneira de a integridade do grupo sustentar-se era por meio de uma forte autoridade centralizada; sem essa autoridade, não haveria

> nem artes, nem letras, nem sociedade e, o pior de tudo, haveria um contínuo medo e o perigo de morte violenta, e a vida do homem solitário, pobre, sórdida, brutal e curta. (Hobbes, 1650, p. 85)

No *Leviathan* [Leviatã] (1650), Hobbes afirmou que o poder centralizado que sua análise do comportamento humano havia demonstrado ser essencial podia ser o de um monarca hereditário. Reis e rainhas disseram que haviam sido escolhidos por Deus e que estavam sujeitos apenas a Deus. Como proclamou o rei Luís XIV da França, "Deve-se homenagem aos reis; eles fazem o que querem". Hobbes considerava a monarquia essencial para qualquer sistema de governo, não por causa de qualquer direito divino dos reis, sim pela da designação de líderes sucessivos que seriam indiscutíveis, impedindo assim a possibilidade de conflito. Hobbes traduziu essas crenças em ação política, apoiando o rei Charles I na guerra civil de 1642 a 1646 contra os revolucionários de Oliver Cromwell. Os monarquistas foram derrotados em 1646; Charles I, considerado culpado de traição, foi executado em janeiro de 1649. Depois que Cromwell fundou um governo republicano, Hobbes fugiu para o exílio político na França e tornou-se tutor do futuro rei Charles II. Após a restauração da monarquia e da coroação de seu antigo aluno, em 1660, Hobbes voltou à Inglaterra e obteve um cargo no serviço diplomático.

A visão de Hobbes da natureza humana reflete-se no pensamento dos sociobiólogos contemporâneos. David Barash (1977) afirmou que é difícil para um ser humano nu e desarmado matar outro ser humano. Nós, diferentemente dos outros animais, não temos o equipamento letal necessário para essa matança. Barash argumentou que, por não termos esse equipamento, tampouco temos as inibições biológicas que outras espécies possuem em relação ao assassinato intra-específico. Hoje, com a disponibilidade de armas e armamentos que permitem o assassinato em massa a distância, encontramo-nos em uma situação de evolução mortífera.

John Locke (1632–1704)

John Locke foi o primeiro grande *empirista inglês*. Ele nasceu na aldeia rural de Wrington, em 29 de agosto de 1632. O pai, um advogado rural e pequeno proprietário, demonstrou muita ternura e afeição por seus dois filhos, mas garantiu que eles aprendessem a exercer as virtudes puritanas da sobriedade, da disciplina e do esforço. Locke foi ensinado a amar a simplicidade e a detestar o ornamento e a ostentação excessiva. Em 1647, ele entrou na Westminster School, adjacente à Abadia de Westminster em Londres, onde recebeu uma rigorosa educação clássica com ênfase em grego e latim. Além disso, Locke e seus colegas devem ter tido ciência dos graves eventos políticos que estavam ocorrendo, às vezes literalmente, do outro lado do muro do pátio da escola. Charles I foi julgado em Westminster Hall, e é possível que Locke tenha assistido à sua execução. Sabemos que um de seus contemporâneos, Samuel Pepys, assistiu à execução, pois ele registrou o acontecimento em seu diário. Tais eventos políticos devem ter afetado um menino com a inteligência e a sensibilidade de Locke, mas, apesar dessas distrações, ele era um excelente aluno, tendo sido eleito para uma bolsa de estudos júnior na Christ Church, em Oxford, em 1652. Nos 30 anos seguintes, Locke fez de Oxford o seu lar. Como aluno, ele era especialmente atraído pela pesquisa em medicina, mas embora tenha se formado médico, não se tornou um profissional porque sua prática, ocasional, nunca foi exercida com objetivo financeiro.

Locke considerava a filosofia ensinada em Oxford estéril e monótona. Embora reconhecesse que Descartes tinha uma influência liberadora em seu desenvolvimento intelectual, o puritano Locke considerava o Descartes católico com suspeitas. Especificamente, a doutrina cartesiana das idéias inatas e a concepção dos animais como autômatos eram inaceitáveis para ele. Locke também rejeitou a pura especulação como método de pesquisa. Em vez disso, sem dúvida influenciado por sua eleição como bolsista da Royal Society, ele defendeu os métodos experimentais e de observação de cientistas como Harvey e Newton. Ele havia lido o relato de Newton a respeito da demonstração do prisma de vidro triangular. A elegância e a precisão dessa demonstração serviram de modelo para a sua obra. Ainda hoje, a psicologia modela seus padrões de rigor científico na física newtoniana.

Em 1667, Locke iniciou sua associação com o lord Ashley, que mais tarde se tornou o Conde de Shaftesbury, figura política de certa importância. Locke foi conselheiro e secretário de Shaftesbury, médico da família e tutor de seu filho. Posteriormente, Shaftesbury o nomeou seu secretário de apresentações, cargo que o colocou no centro dos acontecimentos políticos. Quando a influência política de Shaftesbury diminuiu, ele foi preso na Torre de Londres. Mas Shaftesbury teve a

John Locke.
(Culver Pictures)

sorte de escapar e encontrar exílio na Holanda. Por causa de sua íntima associação com ele, Locke também temia a perseguição política e, em 1683, partiu para a Holanda, voltando à Inglaterra aos 56 anos, depois que William de Orange depôs o rei James II em 1688.

Dada a experiência de Locke, é compreensível que ele tenha tido um grande interesse na política e no governo. Um ano após retornar à Inglaterra, ele publicou sua mais importante obra política, *Two Treatises on Government* [Dois Tratados sobre o Governo] (1689/1960). Locke via o governo baseado em um contrato social entre governantes e governados. Para ele, o Estado tinha a obrigação, para com seus cidadãos, de proteger e preservar certos direitos inalienáveis: a liberdade pessoal, a igualdade perante a lei e a igualdade religiosa – embora não estivesse certo de que a igualdade devesse ser estendida aos católicos. Locke acreditava que, para se impedir a perda desses direitos, o poder do Estado devia ser limitado por meio de um sistema de verificações e balanços, o mais importante sendo a divisão do governo nos ramos Executivo, Legislativo e Judiciário. Locke acreditava que, se um governo abusava com persistência de seus poderes, este estava quebrando o contrato e minando a confiança nele depositada e, portanto, devia ser deposto. Nenhuma nação da Europa traduziu as idéias ilustradas de Locke em princípios de governo, mas elas tiveram uma reconhecida influência nos criadores da Constituição dos Estados Unidos. Quando Washington, Hamilton, Madison e Franklin se reuniram na Convenção Constitucional na Filadélfia, no verão de 1787, os *Tratados* de Locke serviram-lhes de guia.

A influência de Locke permanece ainda hoje. No verão de 1989, os estudantes chineses realizaram um ousado movimento em favor de um governo democrático na República da China. Na Praça Tiananmen de Pequim, corajosos estudantes enfrentaram tanques e tropas enviados para dispersá-los e suprimir seu movimento em favor da democracia (Zhao, 2001). Ao serem entrevistados por repórteres ocidentais, alguns deles citaram a democracia de Locke. Durante os 18 anos que passou na prisão em Robben Island, Nélson Mandela leu Locke e incluiu o *Tratado* no currículo da "universidade dos prisioneiros" que organizou (Sampson, 1999). A clara afirmação de Locke da dignidade e do valor do indivíduo e sua defesa do respeito pelos direitos humanos fundamentais refletem-se em códigos modernos de ética profissional, incluindo o *Ethical Principles of Psychologists* [Princípios Éticos dos Psicólogos]. As primeiras frases do preâmbulo ditam o "... respeito pela dignidade e o valor do indivíduo e a luta pela preservação e proteção dos direitos humanos fundamentais" (APA, 1981, p. 633).

A Filosofia da Educação de Locke

Em contraste com a crença de Hobbes de que os seres humanos são animais agressivos, Locke sustentou uma visão muito mais otimista e liberal da humanidade. Ele acreditava que o estado original da natureza humana era bom e que todas as pessoas nascem iguais no que se refere ao seu potencial, o que torna a educação fundamental. Locke afirmava que o acesso a uma boa educação devia ser disponível para todas as crianças. Suas idéias a respeito de educação foram publicadas em 1693 como *Some Thoughts Concerning Education* [Pensamentos Sobre a Educação].[13] Durante seu exílio na Holanda, Locke correspondeu-se com Edward Clark, um cavalheiro inglês que lhe escreveu pedindo conselhos a respeito da educação de seu filho de oito anos. As cartas de Locke formaram o primeiro rascunho de seu livro. Segundo Locke, as crianças tornam-se o que são por causa de suas experiências. Quando pequenas, elas são "viajantes recém-chegados em

---

[13] Grant e Tarcov publicaram, em 1996, uma edição dos *Thoughts* [Pensamentos] de Locke, obra que descreveram como "quase misteriosamente moderna" (Grant e Tarcov, 1996, p. xi).

um país estrangeiro a respeito do qual nada sabem" (Locke, 1693/1694, p. 173). No nascimento, as gavetas de sua mente estão vazias. Elas são preenchidas com a experiência.

Como *empirista*, Locke negou a existência de tendências, disposições ou medos inatos nas crianças. Por que, então, tantas crianças têm medo do escuro? Segundo ele, "se as crianças fossem deixadas sozinhas, não teriam mais medo no escuro do que em plena luz do sol; elas receberiam bem o escuro para dormir, assim como a luz do sol para brincar" (Locke, 1693/1694, p. 49). Mas freqüentemente não é isso que acontece. Se, por exemplo, uma babá tola diz a uma criança que bruxas, fantasmas e gnomos estão abrigados na noite procurando pelas crianças más, essa criança provavelmente terá medo do escuro. Da mesma maneira, Locke diz que as crianças estão acostumadas a receber sua "alimentação e seus costumes gentis" de apenas uma ou duas pessoas. Se elas forem expostas a mais pessoas, acabarão aceitando o colo de um estranho como se fosse o de um parente. Segundo Locke, as únicas coisas que tememos de maneira inata são a dor e a perda do prazer. Com a experiência, aprendemos a evitar objetos associados com uma dessas conseqüências:

> O brilho agradável e o esplendor da chama e do fogo deleita tanto as crianças que, de início, elas sempre desejam manipulá-lo. Mas quando a constante Experiência, pela Dor extraordinária a que as submete, convence-as de quanto é cruel e impiedosa, elas temem tocá-lo e cuidadosamente o evitam. (Locke, 1693/1964, p. 151)

Por que tantas crianças detestam a escola e evitam ler livros? Porque, dizia Locke, a escola e os livros estão associados com sovas e surras – práticas rotineiras em algumas salas de aulas inglesas até a metade do século XX. Assim é que os medos são adquiridos.

Locke também deu instruções explícitas a respeito do modo como "os vãos terrores podem ser removidos". Ele usou o exemplo de uma criança que temia as rãs e instruiu seus pais para tratar esse medo da seguinte maneira:

> Seu filho grita e corre quando vê uma rã; deixe que outra pessoa a segure e coloque-a no chão a uma boa distância dele; no início, acostume-o a olhar para ela e vê-la pular sem emoção; depois, a tocá-la levemente quando estiver presa na mão de outra pessoa; e assim por diante, até que ele venha a manipulá-la com a mesma confiança com que manipula uma borboleta ou um pardal. Da mesma maneira, qualquer outro terror inútil pode ser removido se houver cuidado, se você não for apressado e não forçar a criança a atingir um novo grau de segurança, até que ele seja inteiramente confirmado pelo anterior. E assim é treinado o jovem soldado para a guerra da vida. (Locke, 1693/1964, p. 151)

A visão que Locke tinha da aquisição e do tratamento dos medos é notavelmente semelhante à de John Watson (Capítulo 13), e o procedimento que Locke defendia é quase idêntico ao que Watson e sua colega, Mary Cover Jones, utilizaram para eliminar o medo que um jovem tinha de animais (Watson, 1928a). Joseph Wolpe, em *Psychotherapy by Reciprocal Inhibition* [A Psicoterapia por Inibição Recíproca] esboçou um procedimento similar de dessensibilização para o tratamento de fobias. Em um obituário para Wolpe, Rachman (2000) escreveu o seguinte acerca desse procedimento:

> Com o passar dos anos, ele foi moldado em uma das técnicas de tratamento psicológico mais práticas e eficazes e também foi completamente investigado com o propósito mais amplo de compreender a natureza do medo e da ansiedade. (Rachman, 2000, p. 432)

Esse também é um procedimento que remonta a Locke.

O *Ensaio Sobre o Entendimento Humano* de Locke

Nos anos de turbulência política, Locke continuou trabalhando no seu *Essay Concerning Human Understanding* [Ensaio Sobre o Entendimento Humano]. Essa obra, que marca o início formal do empirismo britânico, demonstrou ter grande importância na história da psicologia. A história que conta como ela foi escrita é muito instrutiva. Em seus anos de envolvimento com a política, Locke assistiu a seminários nos quais os participantes debatiam questões de filosofia, ciência e política. Freqüentemente, essas sessões terminavam com os debatedores mantendo opiniões conflitantes que pareciam impossíveis de se resolver. Locke percebeu que, antes de se fazer uma tentativa para resolver essas diferenças, deve-se descobrir as características do conhecimento e do entendimento humano, bem como estabelecer critérios para separar o conhecimento certo e o incerto. Esse exame revelou-se mais difícil do que parecia. O enorme escopo da tarefa, juntamente com as interrupções causadas pelo envolvimento político de Locke, adiaram sua conclusão até 1690, quando, aos 57 anos, ele publicou a primeira edição do *Ensaio*.

A obra de Locke foi publicada exatamente três anos depois do *Principia* de Newton (1687). Newton havia descrito um majestoso mecanismo do universo que segue um único conjunto de regras. O objetivo de Locke era encontrar um conjunto semelhante de regras para a mente humana. Ele visava a "refratar" a consciência em seus elementos básicos, assim como Newton havia refratado a luz. Depois de haver delineado os elementos básicos da consciência, Locke esperava explicar suas interações e combinações. O sistema de Locke, como o de Newton, é atomista e reducionista. Para ele, os elementos básicos da mente são as idéias, que vêm todas de uma única fonte – a experiência. Locke rejeitou a "doutrina recebida" de Descartes a respeito das idéias inatas. Em um trecho freqüentemente citado, ele afirmou:

> Suponhamos que a Mente seja, como dizemos, um Papel em branco, desprovido de Caracteres, sem quaisquer Idéias; Como ela vem a ser preenchida? De onde ela adquire todos os materiais da Razão e do Conhecimento? A isso eu respondo, em uma palavra: Da Experiência. Nela, todo o nosso Conhecimento é fundamentado; e, dela, ele acaba se derivando. (Locke, 1690/1975, p. 104)

A analogia do papel em branco sem caracteres não era original para Locke. Como mencionamos no Capítulo 1, Aristóteles havia conceptualizado a mente no nascimento como uma tábula vazia e havia enfatizado o papel da experiência. Entretanto, a afirmação de Locke é uma exposição clássica da posição empirista.

Dentro de nossa experiência, há, segundo Locke, duas fontes de idéias: as sensações, a partir do contato com os objetos "sensíveis"; e as reflexões, ou operações internas da mente. Essas duas são as "Fontes de Conhecimento, das quais provêm todas as Idéias que temos ou que podemos ter naturalmente" (Locke, 1690/1975, p. 104). Essas duas fontes de conhecimento nos fornecem informações a respeito do mundo externo (sensações) e conhecimento das operações de nossas mentes. Na presença de uma flor, vemos sua cor, cheiramos sua fragrância e sentimos seu toque. Essas sensações nos fornecem idéias da flor. Mas também podemos refletir a respeito dessa flor quando ela não está fisicamente presente, por isso temos idéias que são independentes das nossas sensações. Para Locke, a sensação e a reflexão são as *únicas* fontes de idéias da mente. Toda idéia na mente já foi, alguma vez, ou uma sensação, ou uma reflexão. Locke percebeu que nossas sensações, como os antigos gregos haviam afirmado, nem sempre são confiáveis. Ele citou o exemplo de uma pessoa que sofre de icterícia amarela para quem o mundo parece ser amarelo; essa pessoa tem falsas idéias baseadas em sensações doentias. Da mesma maneira, olhar para o mundo através de lentes coloridas produz falsas impressões. Para provar seu ponto de vista, Locke descreveu a seguinte demonstração. Pegue três tigelas de água: uma fria, outra morna e outra quente. Disponha enfileiradas sobre uma mesa. Coloque uma das mãos na água fria e a outra na água quente. Uma das mãos, naturalmente, sentirá frio, e a outra, calor; suas idéias a respeito da temperatura das duas tigelas de água estão corretas. Depois que suas mãos estiveram na água por aproximadamente 30 segundos, retire ambas e coloque-as juntas em uma tigela com água morna. As sensações serão frustrantes e confusas. Para uma das mãos, a água parecerá fria e, para a outra, quente, mas elas estão na mesma tigela de água. As sensações conflitantes dão idéias falsas (ilusórias) da temperatura da água.[14]

Segundo Locke, as idéias ou são simples ou são complexas. O mesmo objeto pode evocar muitas idéias simples diferentes – vemos ao mesmo tempo a movimentação e a cor, ou a mão sente tanto a suavidade como o calor – e essas idéias simples são associadas para formar uma idéia complexa. As idéias acabam sendo associadas como um resultado da experiência. A mente forma idéias complexas a partir de idéias simples de várias maneiras diferentes:

1. Combina várias idéias simples em uma idéia complexa.
2. Junta duas idéias simples e vê a relação entre elas.
3. Separa as idéias simples das outras idéias que as acompanham – o processo de *abstração*.

O modelo da mente humana de Locke era o de um composto químico, e parece provável que ele tenha sido influenciado pela demonstração dos elementos químicos e dos compostos químicos de Robert Boyle, químico de Oxford, 30 anos antes.

Mas quais seriam os conteúdos da mente se a nossa experiência tivesse sido restrita de algum modo e se esses processos jamais tivessem ocorrido? Em um dos trechos mais fascinantes do *Ensaio*, Locke apresentou as especulações de seu amigo, o "Versado e Valoroso Sr. Molyneux de Dublin", relativas às reações de um homem que anteriormente era cego e que repentinamente passara a enxergar, quando ele, pela primeira vez, encontrou visualmente objetos familiares. Wiliam Molyneux (1656–1698) havia escrito a Locke:

> Suponha um Homem que nasceu cego e que, agora adulto e ensinado pelo toque a distinguir entre um Cubo e uma Esfera do mesmo metal quase do mesmo tamanho, por assim dizer, seja capaz de distinguir, ao tocar um e outro, qual é o Cubo, qual é a Esfera. Imagine então que o Cubo e a Esfera são colocados sobre uma Mesa, e que o Homem Cego passa a enxergá-los. Pergunte se, antes de tocá-los, ele era capaz de distingui-los e dizer qual era o Globo, qual era o Cubo por meio da visão. A isso, o esperto e sensato Proponente responderá: Não. Pois, embora ele tivesse obtido a experiência de como um Globo e como um Cubo afetavam o seu toque, ainda assim ele não havia atingido a Experiência de que aquilo que afetava seu toque dessa ou daquela maneira deveria também afetar sua visão dessa ou daquela maneira. Ou de que um ângulo protuberante no Cubo, que pressionava sua mão de maneira desigual, devia aparecer aos seus olhos como aparecia no Cubo. (Carta de Molyneux, apud Locke, 1690/1975, p. 146)

Locke concordou com a intrigante proposição de Molyneux de que uma pessoa que nasceu cega e que passa a enxergar não é capaz de distinguir o cubo e a esfera pelo olhar durante algum tempo. Essa pessoa precisa experimentar o mundo visual antes de gerar idéias baseadas nas sensações visuais. Locke escreveu:

---

[14] Arnold, Winer e Wickens (1982) relataram que as crianças e os adultos vivenciam igualmente a ilusão da água de Locke, mas a interpretam de maneiras diversas. As crianças acreditam que há uma verdadeira diferença na temperatura da água, ao passo que os adultos geralmente reconhecem que a diferença de temperatura percebida é uma ilusão. Em um teste engenhoso, eles perguntaram a crianças e adultos o que aconteceria se a panela com água girasse 180 graus e suas mãos fossem novamente mergulhadas. As crianças responderam que a mão oposta ficaria mais quente ou mais fria; os adultos afirmaram que a alteração da orientação da panela não teria nenhum efeito (Arnold et al., 1986, p. 257).

Eu concordo com esse cavalheiro pensador, a quem tenho orgulho de denominar meu Amigo, em sua resposta a esse seu Problema, e defende a opinião de que o Homem Cego, à primeira vista, não seria capaz de dizer com certeza qual é o Globo e qual é o Cubo, apenas ao vê-los. Embora ele fosse capaz de denominá-los sem errar pelo tato e certamente distingui-los pela diferença que ele sentiu entre as Figuras. (Locke, 1690/1975, p. 146)

Ainda no século XVIII, os cirurgiões que aprenderam a remover as cataratas congênitas forneceram dramáticos testes para a proposta de Molyneux. Em 1728, um cirurgião inglês, William Chesselden (1688-1752), relatou à Royal Society suas observações a respeito de um jovem cavalheiro que havia nascido cego e cuja visão foi cirurgicamente restaurada aos 13-14 anos de idade. No início, o garoto era incapaz de nomear qualquer coisa que visse, mas aparentemente era capaz de distinguir formas e aprender seus nomes. Depois de segurar um animal, ele olhou atentamente para esse gato e disse: *Então, bichano! Virei a conhecê-lo em outro momento* (Chesselden, apud Morgan, 1977, p. 17). Vários desses casos do século XVIII foram discutidos por Denis Diderot (1713-1784) em sua "Letter on the Blind for the Benefit of Those Who See" [Carta sobre os Cegos para Uso dos que Vêem] (1749). A carta de Diderot termina com uma afirmação poética de nossa ignorância da realidade absoluta, pelo que ele foi jogado em uma masmorra em Vincennes por ordem do rei da França.

Em 1910, um cirurgião de nome Moreau resumiu suas experiências com um menino de oito anos "que nasceu cego e passou a enxergar":

Seria um erro supor que um paciente cuja visão tenha sido restaurada por intervenção cirúrgica possa daí em diante ver o mundo externo. Os olhos certamente obtiveram o poder de ver, mas o emprego desse poder, que, como um todo constitui o ato de ver, ainda deve ser adquirido desde o início. A operação em si não tem mais valor do que a de preparar os olhos para ver; a educação é a coisa mais importante. (Moreau, 1910, apud Von Senden, 1960, p. 160)

O apoio à resposta de Locke à pergunta de Molyneux pode ser encontrado no resumo feito por Maurice von Senden (1960) das experiências visuais de 65 pacientes de catarata congênita cuja visão foi restaurada. Em geral, essas pessoas não experimentam o mundo visual ordenado da pessoa que enxerga. Primeiramente, elas ficam confusas com os estímulos visuais não familiares e são capazes de identificar objetos familiares apenas pelo toque. De início, elas reagem aos espelhos como se fossem confrontadas por outra pessoa e ao espaço do espelho como se ele fosse real. As associações entre as sensações visuais e os nomes dos objetos devem ser formadas por meio da experiência. Em muitos casos, essas associações somente são formadas com muita dificuldade. Richard Gregory (1974) descreveu o caso de S. B., um senhor de 52 anos que recuperou a visão por meio de enxertos de córnea em ambos os olhos. Antes da cirurgia, esse homem inteligente, ativo e curioso trabalhava como um habilidoso maquinista. Depois, ele ficou confuso, deprimido e tornou-se incapaz de trabalhar. S. B. nunca foi capaz de ajustar-se a um mundo visual e cometeu suicídio dois anos após a cirurgia.

O sucessor imediato de Locke no empirismo inglês foi George Berkeley. Em nossa consideração da história da psicologia, encontraremos muitos alunos ou sucessores que adotaram visões mais radicais que as de seus professores ou predecessores. Isso certamente ocorreu com Berkeley, que, como se pode dizer, ultrapassou Locke.

George Berkeley (1685-1753)

George Berkeley foi uma criança brilhante e precoce. Em 1700, ele entrou na Trinity College, em Dublin, aos 15 anos, e escreveu um tratado sobre a matemática euclidiana antes dos 20 anos.

Embora tivesse sido profundamente influenciado por Locke, Berkeley desenvolveu-se intelectualmente em outra direção.

Locke escreveu sua obra mais importante, *Essay Concerning Human Understanding* [Ensaio sobre o Entendimento Humano] quando estava no final dos 50 anos; Berkeley fez suas contribuições mais importantes e mais criativas aos 20 anos. Ele tinha plena consciência dessa diferença e, com muita arrogância, perguntou como tinha sido possível que Locke tivesse escrito uma obra tão importante na avançada idade de 57 anos.

Berkeley foi um escritor formidável e vigoroso. Ele publicou suas três obras mais importantes em três anos: *An Essay Towards a New Theory of Vision* [Um Ensaio Sobre uma Nova Teoria da Visão], em 1709, *A Treatise Concerning the Principles of Human Knowledge* [Tratado Sobre os Princípios do Conhecimento Humano], em 1710, e *Three Dialogues Between Hylas and Philonous* [Três Diálogos entre Hilas e Filonous], em 1713. Berkeley apresentou uma extensão radical da filosofia de Locke, que veio a ser chamada *idealismo subjetivo* ou *imaterialismo*. Concordando com Locke, ele argumentou que todo conhecimento do mundo externo vem de uma única fonte: a experiência. Mas então Berkeley deu um passo adicional e afirmou que a própria existência do mundo externo depende da nossa percepção. A matéria, segundo Berkeley, não existe em si e por si; ela existe porque é percebida. Sua afirmação é resumida na fórmula latina *Esse est percipi* (Ser é ser percebido). Para entender a posição de Berkeley, pode-se expor seus argumentos utilizando-se um objeto familiar, uma maçã. Tanto Locke como Berkeley disseram que tudo o que conhecemos da maçã provém originalmente de nossas sensações: do que vemos, cheiramos, degustamos, sentimos e experimentamos na presença da maçã. Mas Berkeley continuou afirmando que a própria existência da maçã depende de ela ser sentida ou percebida e, mais ainda, que a existência do mundo todo depende do mesmo requisito. A "imensa estrutura" do mundo não existiria sem uma mente que a percebesse (Berkeley 1709/1820, p. 1).

Bertrand Russell captou a essência da afirmação de Berkeley no seguinte intercâmbio entre um observador cético e um idealista subjetivista:

> Você olha pela janela e observa que pode ver três casas. Você se volta para a sala e diz: "Três casas são visíveis da janela". O cético diria: "Você quer dizer que três casas *eram* visíveis". Você responde: "Mas elas não podem ter desaparecido nesse pequeno instante". Você pode olhar novamente e dizer: "Sim, elas ainda estão lá". O cético retrucaria: "Eu garanto que, quando você olhou novamente, elas estavam lá novamente, mas o que faz você pensar que elas estavam lá nesse intervalo?" Tudo o que você poderia dizer é: "Porque eu as vejo quando olho". O cético diria: "Então você deve inferir que elas são causadas pelo seu olhar. Você nunca conseguirá obter nenhuma prova contra essa visão porque não pode descobrir o que as casas parecem ser quando ninguém está olhando para elas. (Russell, 1940, p. 286)

A afirmação de que a matéria não existe sem a mente é ousada e obviamente importante para a psicologia, disciplina que foi inicialmente definida como a ciência da mente. Entretanto, as afirmações de Berkeley dão margem ao ridículo e à má interpretação porque parecem contradizer o "senso comum". Berkeley tinha consciência de que sua obra poderia suscitar uma reação como essa, portanto ele deliberadamente omitiu qualquer menção à não-existência da matéria no título, na dedicatória, no prefácio e na introdução do *Tratado*. Ele implorou ao leitor para "suspender o julgamento" até ter lido o livro como um todo. Sua esperança era de que essa noção "pegasse o leitor desprevenido", pois ele possivelmente jamais leria o livro se soubesse que continha tais paradoxos (Berkeley, 1710, apud Luce e Jessop, 1949, p. 23). Infelizmente, não foi esse o caso. Quando o *Tratado* foi publicado em Dublin (1709) e em Londres (1711), Berkeley foi acusado de selvageria, de solipsismo (a idéia filosófica de que se pode provar apenas que o eu existe) e de ter perpetrado uma "redução a um absurdo".[15] Leibniz, que estudaremos adiante neste capítulo, acusou-o de buscar notoriedade com seus paradoxos; o filósofo Samuel Johnson refutou a afirmativa de Berkeley de que a matéria não existe chutando uma pedra e sugerindo que uma experiência semelhante poderia esclarecer um pensamento tão esfarrapado na cabeça de Berkeley.

Em várias cartas (Luce e Jessop, 1949, p. 271–294), Johnson questionou a afirmação de Berkeley de que as coisas apenas existem quando são percebidas citando o exemplo do fogo. Ao acendemos o fogo e depois deixarmos a sala, nenhuma mente formada o perceberá por algum tempo; mas, quando voltarmos, muito combustível terá sido consumido. Certamente devemos concluir que o fogo continuaria queimando, isto é, que existiria durante nossa ausência. Ou considere a árvore no jardim; a árvore não continua a existir quando ele fica deserto? As aves que fazem seus ninhos nessa árvore certamente ficariam surpresas com a afirmação de que ela não continua a existir. Berkeley retrucou a uma crítica tão ingênua afirmando que o fogo continuaria queimando e a árvore continuaria existindo mesmo quando não houvesse ninguém para percebê-los porque eles continuariam sendo percebidos na mente infinita de Deus. Berkeley considerava própria a permanência do mundo material como prova da existência de Deus, prova com qual ele esperava poder contrariar o ceticismo que, a seu ver, era uma conseqüência inevitável da visão newtoniana do universo como uma máquina automática gigante e nada mais. No século XX, essa fase do seu pensamento foi apreendida com clareza no seguinte poeminha humorístico do teólogo Ronald Knox, referente a uma árvore que ficava em uma das quadras da Balliol College, em Oxford:

> Havia um jovem que dizia, Deus
> Agora não lhe parece estranho
> Que este grande castanheiro
> Simplesmente deixe de existir
> Quando não há ninguém na quadra?*

Ao qual a resposta assume a forma de carta:

> Caro Senhor,
> Na verdade, não é nada estranho
> Eu estou sempre na quadra
> E o grande castanheiro
> Nunca deixa de existir
> Na mente do Seu, atenciosamente,
> Deus.
> (Landa, 1981, p. 22)*

---

[15] *Reductio ad absurdum*. Uma redução ao absurdo; a refutação de uma proposição demonstrando-se a conclusão inevitavelmente absurda a qual ela logicamente conduziria (Rhdel, p. 1204).

* There was a young man who said, God
Now doesn't seem to you odd
That this great chestnut tree
Simply ceases to be
When there's no one about in the quad?
* Dear Sir,
It really is nota at all odd
I'm always about in the quad
And the great chestnut tree
Never ceases to be
In the mind of Yours Faithfully,
God.

A maioria dos contemporâneos de Berkeley não era nem espirituosa nem compreensiva. Suas opiniões eram encaradas como absurdas, um exercício de futilidade filosófica.

Embora o seu *Tratado* seja aberto a críticas, geralmente se reconhece que a teoria delineada por Berkeley em *An Essay Towards a New Theory of Vision* [Um Ensaio Sobre uma Nova Teoria da Visão] é um argumento excepcional no clássico debate entre o *inatismo* e o *empirismo*. O livro também pode ser considerado a primeira obra em óptica fisiológica, disciplina definida por Hermann von Helmholtz (Capítulo 3), um século e meio mais tarde. A preocupação de Berkeley, no *Ensaio*, era com a percepção visual, especialmente a questão de explicar a percepção da profundidade. Nos *Diálogos*, ele apresentou o problema:

> Todos concordam, creio eu, com o fato de que a Distância, em si mesma e de imediato, não pode ser vista. Como a distância é uma linha que se dirige longitudinalmente para o olho, ela projeta apenas um ponto no fundo do olho [retina] – ponto esse que permanece invariavelmente o mesmo, se a distância for maior ou menor. (Berkeley, 1709, 1820, v. 1, p. 237)

Mas a percepção da distância é uma habilidade que somos capazes de usar, freqüentemente de maneira admirável. Pense em brecar um carro para fazer uma parada suave diante de um semáforo ou para acompanhar um veículo mais lento. Considerando que obviamente percebemos a profundidade, como fazemos isso? A resposta de Berkeley era que aprendemos a usar certas sugestões de profundidade com a experiência. Ele descreveu várias dessas sugestões: interposição – achamos que os objetos que escondem parcial ou completamente outros objetos estão mais próximos; tamanho relativo – achamos que os objetos maiores estão mais próximos; *chiaroscuro* – as gradações de luz e sombra que os artistas usam para sugerir profundidade em seus quadros; e, finalmente, o movimento dos olhos conforme os objetos se movem em nossa direção ou para longe de nós. A descrição de Berkeley dessa última sugestão é especialmente explícita. Ele escreve:

> É certo, de acordo com a experiência, que, quando olhamos para um objeto com os dois olhos, conforme ele se aproxime ou se distancie de nós, alteramos a disposição de nossos olhos, diminuindo ou aumentando o intervalo entre as pupilas. Essa disposição ou alteração dos olhos é acompanhada por uma sensação, que, nesse caso, parece-me ser a de trazer a idéia de maior ou menor distância para dentro da mente. (Berkeley, 1709/1820, v.1, p. 241)

Se Berkeley tivesse feito testes experimentais com essa teoria da visão, como os psicólogos contemporâneos fizeram, ele teria encontrado apoio empírico para a sua teoria e também teria sido o primeiro psicólogo experimental. Em vez disso, desencorajado pelas reações freqüentemente hostis à sua obra, ele se voltou para outras preocupações. Em 1720, envolveu-se com a fundação de uma universidade no Novo Mundo, longe daquilo que considerava a decadência do Velho Mundo. Seu objetivo era "converter os norte-americanos selvagens ao Cristianismo por meio de uma faculdade a ser construída nas Summer Islands, também conhecidas como as Ilhas Bermudas" (Berkeley, 1709/1820, v. 1, p. VII). Ele usou seu charme e influência para garantir o alvará real para a universidade, que seria fornecido pelo primeiro-ministro da Inglaterra, e a promessa de uma doação de vários milhares de libras do Parlamento. Berkeley deixou a Inglaterra com grandes esperanças, para passar aquilo que ele esperava ser uma breve temporada em Newport, Rhode Island. Infelizmente, no seu caso, longe dos olhos significou longe do coração, e seu apoio se perdeu. O Parlamento renegou a promessa, assim como muitos dos seus patrocinadores. Seu projeto visionário fracassou, o que foi outra grande decepção para ele.

Ironicamente, a obra de maior sucesso de Berkeley foi um livro publicado em 1744 a respeito das propriedades curativas da água de alcatrão e de vários assuntos filosóficos que incluíam provas da existência de Deus. *Siris*, como o livro foi chamado, descrevia como a exsudação da resina do pinheiro e do abeto era capaz de curar uma grande variedade de problemas físicos. Tendo utilizado essa resina para tratar de seus próprios alimentos, Berkeley convenceu-se de que ela era benéfica. Diferentemente de muitas de suas outras publicações, esse livro foi muito lido e teve seis edições.

Berkeley viveu na América do Norte por apenas dois anos e meio, mas sempre manteve a admiração pelo Novo Mundo. Em seu testamento, ele legou sua biblioteca para a Yale University e fez uma generosa doação à Harvard College. A cidade de Berkeley, na Califórnia, leva seu nome. Ele morreu em Oxford, em 1753, e até mesmo na morte levou as pessoas a menear a cabeça e a desprezá-lo por considerá-lo excêntrico ou algo pior que isso. Berkeley acreditava que a putrefação é o único sinal infalível da morte, por isso deixou instruções específicas em seu testamento para que seu corpo não fosse banhado nem perturbado, e que fosse coberto com a mesma roupa de cama, até tornar-se repulsivo. Essas instruções pareceram extravagantes a muitas pessoas, mas hoje, perturbados em razão da grande dificuldade de definir a morte nos casos em que os sistemas de apoio à vida tornam possível prolongar a vida biológica por períodos extensos, a posição de Berkeley nos parece ser mais razoável. Acima de tudo, Berkeley era, ele mesmo, um paradoxo. Embora tivesse uma mente poderosa e original, freqüentemente era descartado como um excêntrico em quem não se podia confiar.

UMA VOZ INATISTA ANTAGÔNICA NO SÉCULO XVII

Locke e Berkeley foram vozes influentes na filosofia dos séculos XVII e XVIII, mas não as únicas; eles tinham críticos e oponentes. As vozes antagônicas mais importantes foram as de vários filósofos europeus que se consideravam sucessores *inatistas* de Descartes. Um desses homens era Gottfried Wilhelm von Leibniz.

Gottfried Wilhelm von Leibniz (1646–1716)

Leibniz era contemporâneo de Locke; os dois homens se conheciam e se correspondiam com freqüência. Leibniz, conhecido por seus escritos políticos, também foi o principal matemático da Alemanha, famoso por sua invenção do cálculo com Newton, embora este nunca tivesse aceitado o fato de que Leibniz havia concebido o cálculo independentemente de sua obra.

Leibniz considerava o *Ensaio* uma das obras mais bonitas e valiosas do período, mas também acreditava que a descrição de Locke da mente humana como uma folha em branco sem caracteres estava errada. Depois de ler um rascunho ainda não publicado do *Ensaio* de Locke em 1688, Leibniz imediatamente iniciou uma refutação, escrevendo *New Essays On Understanding* [Novos Ensaios sobre o Entendimento Humano]. Esses ensaios foram completados em 1704, ano da morte de Leibniz, mas ele reteve a publicação porque não queria criticar um morto que tanto admirava. Os ensaios somente foram publicados em 1765, quase cinqüenta anos após a morte de Leibniz.

Leibniz não aceitava o conceito *empirista* de Locke a respeito dos conteúdos da mente. Ele admitia que os animais podiam ser *empíricos*, isto é, *tabulas rasas* no nascimento e depois preenchidas com a experiência, e descreveu vários exemplos em que os animais eram claramente o produto de sua experiência: o cão maltratado por uma vara, por exemplo, vai ganir e fugir quando vir uma vara. Leibniz admitia que os seres humanos podiam ser assim *empíricos* em três quartos de suas ações, mas não em todas. Esperamos que o sol nasça amanhã, que a chuva caia do céu e que o verão venha depois da primavera por causa da experiência. Mas Leibniz acreditava que, além desse conhecimento empírico, havia verdades inatas necessárias e eternas, o um quarto *não-empírico* da mente que representa o intelecto *inato*. Locke e Berkeley haviam afirmado que não há nada no intelecto que não tenha passado primeiramente pelos sentidos. A isso, Leibniz retrucava que nada há ali, exceto o próprio intelecto. Segundo ele, o intelecto permite a razão e a ciência; ele nos dá o conhecimento de nós próprios e de Deus, e é a essência do espírito humano. Um psicólogo contemporâneo, Robert Ornstein, ao escrever a respeito da evolução da consciência, capta com brilhantismo a essência das reservas de Leibniz quanto às explicações da mente humana como *tábula rasa*:

> Para testar as idéias de Locke, fui a uma loja de material de escritório e comprei um papel para escrever e deixei-o em minha mesa por algumas semanas. E eu conversei com ele e cantei para ele. Eu lhe disse todos os tipos de coisas. Dei-lhe comida, dei-lhe água. Li para ele as obras de Descartes, dei-lhe as obras de Freud, tentei fazê-lo falar, tentei levá-lo para um passeio. Coloquei-o em meu carro para ver se ele conseguia reconhecer o oceano e a montanha. O papel foi incapaz de fazer qualquer uma dessas coisas. E qualquer pessoa, durante séculos, poderia ver que tolice é afirmar que tudo o que a mente faz são associações. (Ornstein, 1991, p. 68)

Leibniz acreditava que os filósofos empiristas cometiam um erro fundamental quando negavam a existência de idéias, verdades, disposições, hábitos e potenciais inatos.[16] Leibniz afirmou que a mente no nascimento, em vez de ser uma folha de papel em branco no qual a experiência escreve, é um bloco de mármore com veios. Os veios representam as disposições inatas da mente. A mão do escultor libera uma figura desse mármore, mas a figura estava presente antes que o cinzel fosse ao menos levantado. Portanto, assim também, as idéias estão presentes na mente no nascimento, e o papel da experiência é permitir que elas venham à tona.

Em seu livro, *The Monadology* [A Monadologia], Leibniz descreveu um sistema de mônadas – um número infinito de elementos que compõem todo ser e toda atividade. As mônadas são indestrutíveis, imutáveis e é impossível criá-las. Elas não têm partes e não podem ser formadas ou decompostas. Tanto o mundo físico como o mental eram, para Leibniz, vastos pluralismos de mônadas independentes.[17] As mônadas mentais têm diferentes níveis de atividade, de modo que há um *continuum* de consciência-inconsciência, desde eventos que são inteiramente conscientes até outros inteiramente inconscientes. Em algum ponto desse *continuum*, há uma fronteira na qual o *status* de um evento mental se altera. A idéia de Leibniz de uma fronteira da consciência acabaria representando um papel importante na psicologia, primeiramente nas pesquisas psicofísicas sobre o nível absoluto de estimulação necessária para produzir uma sensação (Fechner, Capítulo 6) e, posteriormente, na concepção de Freud da mente consciente e inconsciente (Capítulo 8).

Embora possa parecer que as mônadas têm efeito umas sobre as outras, elas não interagem, mas seguem rumos paralelos. Ao descrever o paralelismo das mônadas, Leibniz utiliza sua famosa metáfora do relógio:

> Imagine dois relógios que concordam perfeitamente. Agora, isso pode ocorrer de três maneiras. A primeira consiste em uma influência mútua; a segunda é ter um relojoeiro habilidoso ligado a eles que os regula e os mantém sempre de acordo; a terceira é construir esses dois relógios com tanta arte e exatidão, que sua harmonia futura seja assegurada. (Leibniz, 1695, apud Rand, 1912, p. 219)

---

[16] O *Devil's Dictionary* [Dicionário do Diabo] comenta: "A doutrina das idéias inatas é uma das crenças mais admiráveis da filosofia, sendo ela mesma uma idéia inata e, portanto, inacessível à contestação, embora Locke tolamente tenha suposto que ele próprio lhe tenha dado um golpe" (Bierce, 1985, p. 67-68).

[17] O *Devil's Dictionary* faz uma descrição espirituosa das características e da personalidade (!) das mônadas: "A unidade absoluta e indivisível da matéria. Segundo Leibniz, conforme parece que ele queria ser entendido, a mônada tem corpo sem massa e mente sem manifestação – Leibniz a conhece a partir do poder inato da consideração. Ele fundou para si uma teoria do universo, que a criatura suporta sem ressentimento, pois a mônada é um cavalheiro. Pequena como é, a mônada contém todo o poder e as possibilidades necessárias à sua evolução dentro de um filósofo alemão de primeira classe – no conjunto, um pequeno cavalheiro muito capaz" (Bierce, 1958, p. 88).

Leibniz acreditava que Deus havia construído o corpo e a mente humana como dois relógios paralelos, um paralelismo psicológico. Para ele, a mente era um agente ativo, e sua visão pode ser descrita como uma "psicologia ativa". Como veremos, sua posição veio a influenciar os teóricos posteriores da psicologia do "ato" (Capítulo 6). A visão de Leibniz era a de um *inatista* confesso, ou de alguém que acredita em idéias, tendências e disposições *inatas*. Encontramos o inatismo anteriormente nas filosofias de Platão, Sócrates e Descartes, e o encontraremos novamente nas psicologias de Francis Galton e Granville Stanley Hall (Capítulo 9) e Lewis Terman (Capítulo 11).

O ASSOCIACIONISMO DO SÉCULO XVIII

As idéias de David Hume e David Hartley podem ser consideradas uma transição entre as dos *empiristas britânicos* e as dos *associacionistas britânicos*. Enquanto os primeiros empiristas analisaram a mente em partes componentes, Hume e Hartley iniciaram a pesquisa das leis que descreveriam como essas partes se conectam e se fundem em *associações*.

David Hume (1711-1776)

David Hume nasceu na Escócia e foi educado na University of Edinburgo. Como aluno, ele tinha interesse na ciência da vida mental, chamada na época *filosofia pneumática*, ou seja, filosofia preocupada com as expressões da força vital que os gregos chamavam *pneuma*. Na filosofia pneumática, os seres humanos são considerados parte do mundo da natureza e, portanto, devem ser estudados pelos métodos da ciência natural. A filosofia pneumática abrange um estudo da vida mental e uma tentativa para estabelecer os princípios subjacentes às operações mentais. As duas obras mais importantes de Hume para a psicologia foram *A Treatise of Human Nature* [Um Tratado sobre a Natureza Humana] (1739) e *An Enquiry Concerning Human Understanding* [Investigação Sobre o Entendimento Humano] (1748). Esses livros tiveram pouco sucesso; eles não foram bastante populares para satisfazer a Hume, que tinha uma forte autocrítica, ou para garantir-lhe uma posição acadêmica. Por duas vezes, ele tentou obter uma cadeira de filosofia pneumática. Então, voltou-se para a política e para a diplomacia, mantendo várias posições que culminaram em sua indicação como subsecretário de Estado. Em 1716, Hume publicou uma *History of England* [História da Inglaterra], obra que foi um sucesso e tornou-o famoso – embora, é claro, não um filósofo.

No *Tratado*, Hume fez uma distinção entre impressões e idéias. Ele considerou esses dois conteúdos mentais como diferentes no grau de força ou vivacidade com que se impõem à mente. As idéias, para Hume, são cópias fracas de impressões, muitas das quais advêm das sensações. Ter sensações é quase tudo. Para Hume, *senso ergo sum* (tenho sensações, portanto existo). Segundo ele, há uma conexão causal entre as impressões e as idéias; quando elas ocorrem juntas, acabam associando-se, e a idéia acaba parecendo-se com a impressão. Hume afirmou que as idéias simples combinam-se na mente para formar idéias complexas conforme três leis ou princípios de associação: semelhança, contigüidade no tempo ou no espaço, e relações de causa e efeito.[18]

Na introdução da *Investigação*, Hume defendeu uma nova ciência da natureza humana, separada da filosofia. Como os seres humanos fazem parte do mundo da natureza e devem ser estudados utilizando-se os métodos da ciência natural, os sistemas de ética, o comportamento político, a crítica e a razão e o comportamento moral devem ser todos descritos e explicados. Todos esses foram considerados por Hume produtos naturais dos processos mentais e, portanto, abertos ao estudo científico. O ensaio de Hume teve pouco impacto em seus colegas, mas suas

---

[18] O complexo de Hume, intrincada teoria da causalidade, é freqüentemente considerado sua mais importante contribuição à filosofia. A. J. Ayers, em *Hume* (Capítulo 4), oferece um claro esboço da perspectiva de Hume a respeito da causação.

sugestões para uma nova ciência da natureza humana prepararam o caminho para que Wundt criasse uma ciência da mente mais de cem anos depois.

David Hartley (1705-1757)

A obra mais importante de David Hartley para a psicologia foi *Observations on Man* [Observações Sobre o Homem, Sua Constituição, Seu Dever e Suas Expectativas] (1749). Hartley foi treinado para ser ministro da Igreja da Escócia, mas, quando percebeu que era incapaz de aceitar determinadas doutrinas teológicas, voltou-se para a medicina. Como era de se esperar de um médico, suas orientações eram, de longe, as mais fisiológicas entre os associacionistas britânicos. Hartley dizia que tanto a mente como o corpo deviam ser estudados porque ambos estão biologicamente relacionados. Ele especificamente localizou faculdades mentais no cérebro, enfatizando que

> a perfeição de nossas faculdades mentais depende da perfeição dessa substância (a Substância do Cérebro medular branca); que todos os danos causados a ele afetam proporcionalmente as séries de idéias; e que estas não podem ser restauradas se não voltam ao seu rumo natural antes que esses danos sejam reparados. Veneno, álcool, ópio, febre, golpes no cérebro etc., tudo isso claramente afeta a mente, desordenando, em primeiro lugar, a substância medular. E as evacuações, o descanso, os remédios, o tempo etc., claramente restauram a mente para que ela volte ao seu estado anterior, revertendo os passos precedentes. (Hartley, 1749/1912, p. 317)

Algumas das observações de Hartley foram admiravelmente exatas. Ele descreveu pós-imagens, tanto para os estímulos visuais como para os auditivos: a impressão de uma vela que continua depois que a chama se apaga, a impressão de uma nota que continua depois que a corda do instrumento não é mais puxada. Por que retemos essas pós-imagens? Hartley diz que os objetos do mundo externo atuam nos nossos órgãos dos sentidos, fazendo que partículas medulares infinitamente pequenas vibrem nos nervos e depois no cérebro. Essas vibrações continuam por breves instantes depois que o estímulo não está mais presente; daí, a pós-imagem. No cérebro, as vibrações e idéias se associam quando ocorrem simultaneamente um número de vezes suficiente. Em sua *Proposition XI* [Proposta XI], Hartley descreveu esse processo de reverberação:

> Quaisquer vibrações, A, B, C etc., ao serem associadas umas com as outras um Número de Vezes suficiente, têm tanto poder em relação a a, b, c, as Vibrações correspondentes em miniatura, que quaisquer das vibrações A, quando impressas independentemente, devem ser capazes de excitar, na Mente, b, c etc., as Miniaturas do resto. (Hartley, 1749/1912, p. 325)

Para Hartley, essas *associações* eram básicas a todas as idéias, opiniões e afeições. A marca de Hartley no associacionismo tem uma base biológica não encontrada nas teorias dos seus predecessores ou nas idéias dos associacionistas que o seguiram. Ele se baseou em suas experiências clínicas como médico e biólogo; essas experiências não estavam disponíveis para outros filósofos na época. A obra de Hartley antecipou um ramo da psicologia que não foi estabelecido por mais de cem anos – a psicologia fisiológica.

O ASSOCIACIONISMO DO SÉCULO XIX

Houve três importantes associacionistas no século XIX: James Mill, seu filho – John Stuart Mill, e Alexander Bain. Seus amplos interesses incluíam muitos dos tópicos que posteriormente acabaram formando parte do campo da psicologia. Esses três homens se preocuparam com os problemas sociais e a reforma social. Os Mill, em particular, eram ativistas liberais que influenciaram a política doméstica e colonial da Inglaterra por meio de seus livros, revistas e periódicos.

James Mill (1773-1836) e John Stuart Mill (1806-1873)

John Stuart Mill iniciou sua autobiografia com a afirmação "Eu nasci em Londres, em 20 de maio de 1806, e fui o filho mais velho de James Mill, o autor de *The History of British India* [A História da Índia Britânica]" (Mill, 1873, p. 1). Nessa admirável afirmação, não há menção de sua mãe, nem ela aparece em nenhum outro lugar em sua autobiografia. Mazlish (1975) enfatizou que, nessa versão nova de uma imaculada concepção, tanto a história como o rapaz parecem ter sido produzidos apenas por James Mill. A relação entre o pai e o filho apresenta grande interesse para a psicologia.

James Mill nasceu em 1773, filho de um sapateiro de aldeia escocês. Sua orgulhosa e ambiciosa mãe dominou o início de sua vida, insistindo para que ele se dedicasse ao trabalho e ao estudo. O estudo era sua única ocupação, por isso James Mill, assim como o filho, não teve amigos na infância. Sob o patronato de *Sir* John Stuart, nome dado posteriormente a John Stuart Mill, James ingressou na University of Edinburgh a fim de estudar para o ministério presbiteriano. Licenciado como pregador em 1799, James Mill nunca encontrou uma paróquia porque, como explicou Edwin G. Boring (1957), suas congregações não conseguiam entender seus sermões. Ele passou os três anos seguintes como pregador itinerante antes de desiludir-se com a carreira religiosa e emigrar para Londres. Tendo tido o cuidado de perder o sotaque escocês, Mill rapidamente tornou-se membro de um grupo de escritores e editores ingleses. Para garantir um cargo na Companhia das Índias Orientais Britânicas, ele se pôs a escrever uma *magnum opus*, ou grande obra, a respeito da história das Índias Britânicas. Mill começou o livro em 1806, o ano em que seu primeiro filho, John Stuart, nasceu e esperava escrever a história em dois anos. Na verdade, levou 12 anos para terminá-la – os anos da infância de seu filho. Seu casamento, que havia sido feliz no início, começou a naufragar quando ele passou a ver a esposa, Harriet, como uma dona-de-casa nada inteligente e a menosprezá-la em casa e publicamente. Apesar do aparente desdém de James Mill pela mulher e do fato de ele ter sido um dos primeiros defensores do controle da natalidade, ele teve mais oito filhos. A *History* [História] de Mill, publicada em 1817, foi bem recebida e permitiu-lhe ocupar uma alta posição como empregado civil da Companhia das Índias Orientais. James Mill logo obteve segurança financeira, ficou famoso pelos seus textos e tornou-se amigo de pessoas ricas e influentes. Porém, os anos durante os quais ele escreveu o livro e educou John Stuart devem ter-lhe causado muita tensão e ansiedade.

Em seu *Essay on Government* [Ensaio sobre o Governo], publicado em 1820, James Mill apresentou um poderoso argumento em favor do governo democrático. Segundo ele, as pessoas eram motivadas pelos próprios interesses e que lutariam para atingi-los, mesmo à custa das outras, a menos que uma autoridade mais alta restringisse essas ações. Essa autoridade, para Mill, devia ser um governo democrático, eleito pelo povo e responsável perante o povo. Mas *não perante todas as pessoas*. Mill não estendia os direitos políticos às mulheres; os interesses delas deviam ser representados pelos pais ou pelos maridos. Como vemos, seu filho, John Stuart Mill, tinha idéias mais progressistas a respeito dos direitos políticos das mulheres.

Acima de qualquer outra coisa, James Mill dedicava-se à ética do trabalho árduo e incessante. Ele se via como um homem bem-sucedido, que havia vencido por si próprio. Incansavelmente, transmitiu para o filho a crença de que a pessoa que trabalha mais que as outras acabará sobressaindo a todas elas. Influenciado pela filosofia educacional de Locke, James Mill acreditava que todas as crianças nasciam iguais, com pequenas variações no seu potencial de aprendizagem. Ele achava que a mente da criança era de fato uma *tabula rasa* ou um quadro em branco, no qual os professores podiam imprimir qualquer coisa que quisessem. Como professor do filho, ele se consagrou a imprimir a maior quantidade de conhecimento possível em sua mente. Os dois dedicavam de quatro a cinco horas do dia às lições do menino. Em sua prosa caracteristicamente árida, John Stuart Mill mais tarde lembrou-se desses anos:

Uma parte considerável de quase todos os dias era empregada na instrução de seus filhos; para um deles, eu mesmo, o que quer que pensem do seu sucesso, ele teve enorme trabalho, cuidado e perseverança raramente empregados com tal propósito, no empenho de oferecer, segundo sua própria concepção, o maior grau de educação intelectual. (Mill, 1873/1961c, p. 37)

E ele realmente fez isso. James Mill encarava o filho como uma criança prodígio e esperava que ele sempre se comportasse como tal. Qualquer fracasso em obter o melhor desempenho angariava-lhe as críticas mais duras. Tão constantes eram as críticas do pai que, quando garoto, John Stuart concluiu que era de algum modo atrasado. Como começou a estudar grego aos três anos e latim aos cinco, John Stuart leu os textos clássicos nas línguas originais. Ele estudou literatura, história, matemática e política, e recebeu uma das educações mais rigorosas de que se tem conhecimento. Aos 11 anos, publicou sua primeira obra séria, um trabalho a respeito do governo de Roma que enfocava a luta entre os plebeus e os patrícios romanos. Sua clara simpatia pelos plebeus já antecipava muitas de suas obras posteriores em defesa dos direitos das pessoas comuns e em detrimento do poder da aristocracia inglesa. As cartas de infância de John Stuart Mill mostram que ele era incrivelmente precoce. Com 12 anos, seu nível de educação era provavelmente comparável ao dos pós-graduandos das melhores universidades.[19]

Apesar dessas realizações, John Stuart descobriu que sua rigorosa educação tinha aspectos negativos. Nunca lhe havia sido permitido agir como menino. Como ele não tinha colegas, nunca aprendeu a brincar. Até mesmo sua relação com os irmãos e as irmãs havia sido incomum, já que o pai o havia designado como o tutor deles aos oito anos, responsabilizando-o pelo progresso da educação desses irmãos. A ênfase sempre havia sido em trabalho árduo e fria racionalidade. Os sentimentos e as emoções eram considerados irrelevantes, e sua expressão era ativamente desencorajada. James Mill propôs-se a fazer do filho uma "máquina de raciocinar" e, ao que parece, pelo menos no que diz respeito aos primeiros 20 anos da vida do menino, teve sucesso. Aos 18 anos, John Stuart Mill descreveu a si mesmo como "uma máquina lógica, árida, dura", descrição essa que seus contemporâneos ratificaram como acurada.

Em 1823, aos 17 anos, John Stuart aceitou o cargo de escrevente, sob a direção do pai, na Companhia das Índias Orientais. Ele ficou na empresa até 1858, quando se aposentou como chefe do gabinete do examinador da correspondência com a Índia. Assim que aceitou esse cargo, a máquina fria, árida e lógica começou a desmoronar. Em 1826, ele sofreu uma grave crise caracterizada por profunda depressão, incapacidade de trabalhar e sentimentos agudos de falta de valor. Esse período de crise durou até perto de seus 20 anos, quando ele lentamente se recuperou e passou a demonstrar maior autoconsciência e reconhecimento da importância dos sentimentos e emoções. O jovem Mill viu a necessidade de reconhecer o irracional assim como o racional, de que os seres humanos são mais do que máquinas sem sentimentos. Porém, em toda a sua vida, ele foi atormentado por sentimentos de depressão.

John Stuart Mill e o Direito das Mulheres

Nos séculos XVIII e XIX, os direitos das mulheres na Grã-Bretanha e nos Estados Unidos eram muito limitados. Esperava-se que as mulheres se dedicassem à casa, à família, aos maridos e filhos. Dizia-se que esses papéis se adaptavam à sua natureza. Negócios, advocacia, política, medicina e outras atividades não-relacionadas ao lar eram para homens:

---

[19] James Mill teve um papel fundamental na fundação da University of London, que, inaugurada em 1828, foi a primeira universidade britânica aberta a todos.

John Stuart Mill.
(Arquivo Bettmann)

No século XVIII, tanto em termos sociais quanto jurídicos, a posição das mulheres era, sem dúvida, inferior à dos homens. Os sistemas jurídicos da maior parte das colônias americanas eram baseados na Common Law inglesa que negava importantes direitos às mulheres. Elas eram excluídas dos júris, não tinham permissão para votar ou processar alguém. Embora as mulheres solteiras, que precisavam de certa independência, pudessem ter propriedades, a condição legal das mulheres casadas era semelhante à das crianças e deficientes mentais. Não podiam ser donas de nada; legalmente, toda a propriedade da mulher pertencia a seu marido. Isso incluía tudo que ela herdasse ou trouxesse para o casamento, seu salário, se trabalhasse fora de casa, e até mesmo as roupas que vestia. (Klosko e Klosko, 1999, p. 1-2)

O primeiro grande trabalho de defesa dos direitos iguais foi *A Vindication of the Rights of Women* [Uma Defesa dos Direitos das Mulheres] de Mary Wollstonecraft, publicado em 1792. Wollstonecraft (1759–1797) pertencia a uma família pobre. Ela se sustentava trabalhando como governanta e costureira enquanto escrevia romances e obras de não-ficção. Morreu em 1797 com 38 anos, logo depois de dar à luz sua filha Mary W. Shelley, futura autora de *Frankenstein*. Wollstonecraft admitia que os homens tinham maior força física, mas questionava a idéia de que os homens e as mulheres possuíam naturezas diferentes. Ela acreditava em uma natureza humana comum a ambos os sexos. O modo como a natureza se manifesta depende das circunstâncias e das oportunidades, e estas devem ser iguais para homens e mulheres. Wollstonecraft escreveu: "Deixe as mulheres compartilharem os direitos e elas irão imitar as virtudes do homem; pois ela deve se desenvolver de forma mais perfeita quando estiver emancipada, ou justificar a autoridade que acorrenta um ser fraco a seu dever" (Wollstonecraft, 1792, apud Klosko e Klosko, 1999, p. 51).

John Stuart Mill aceitou e ampliou a visão de Wollstonecraft sobre os direitos das mulheres e rejeitou a posição do próprio pai. E foi muito influenciado por Harriet Taylor, um mulher bonita e jovial que ele conheceu em 1830. Ela era casada com um homem muito respeitável que considerava "muito maçante" (Neff, 1964, p. 51), mãe de dois filhos e grávida do terceiro. Para Mill, Harriet Taylor era "a pessoa mais admirável que ele havia conhecido" (Mill, 1873/1961c, p. 170). Até a morte de seu marido em 1849, Mill, Taylor e o marido dela viviam os três juntos, o que escandalizava os conhecidos vitorianos (Hayek, 1951; Kamm, 1977). No começo de 1830, Mill e Taylor trocaram trabalhos sobre casamento, divórcio, pensão para crianças de pais divorciados e os direitos e papel das mulheres. Em 1851, dois anos depois da morte do marido dela, eles se

> ### Uma Fria Máquina de Calcular
>
> Personagens que atuam com máquinas de calcular, sem emoção, são comuns na literatura. Um dos personagens mais famosos e surpreendentes é Sherlock Holmes. Seu criador, *Sir* Arthur Conan Doyle, introduziu o grande detetive por meio do Dr. Watson no primeiro parágrafo de sua aventura *A Scandal in Bohemia* [Um Escândalo na Boêmia], publicado em *The Strand Magazine* em Londres, em julho de 1891.
>
> Todas as emoções, e aquela principalmente (a emoção do amor), eram abomináveis para sua mente fria, precisa, mas admiravelmente equilibrada. Ele era, eu considero, a mais perfeita máquina de raciocínio e observação que o mundo já viu; mas como amante, ele teria se colocado em uma posição falsa; ele nunca falou das paixões mais sutis, exceto com escárnio e zombaria. Elas eram coisas admiráveis para o observador – excelentes para levantar o véu dos motivos e ações dos homens. Mas para o observador treinado admitir essas intromissões em seu próprio temperamento delicado e perfeitamente ajustado pode colocar em dúvida todos os seus resultados mentais. Uma partícula em um instrumento sensível ou uma rachadura em suas lentes poderosas não seria mais perturbador do que uma forte emoção em uma natureza como a dele. (Doyle, 1891/1976, p. 1)
>
> Mas até Holmes acabou se apaixonando por Irene Adler, uma mulher de "memória dúbia e questionável".

casaram. Harriet Taylor morreu em 1858. Como tributo à sua falecida esposa, cuja influência ele reconheceu e celebrou, John Stuart Mill publicou *The Subjection of Women* [A Submissão das Mulheres] (1869). Mill argumentava que o tratamento que a sociedade dava às mulheres sufocava sua habilidade de desenvolver plenamente seu potencial. Descrições como a que seu pai fez da natureza das mulheres eram falhas porque refletiam a condição da mulher na época, principalmente sua opressão e subordinação aos homens. As mulheres somente seriam livres se tivessem direitos iguais aos dos homens. Juntamente com *A Vindication of the Rights of Women* [Uma Defesa dos Direitos das Mulheres] (1792), de Wollstonecraft, *Women and Economics* [As Mulheres e a Economia], de Charlotte Perkins Gilman, e *The Second Sex* [O Segundo Sexo], de Simone de Beauvoir (1951), o trabalho de Mill é visto como um dos grandes marcos do movimento dos direitos sociais e políticos iguais para as mulheres (Rossi, 1970). É o único trabalho do gênero escrito por um homem.

Mill também teve oportunidade de combater crenças e provar que não era meramente um teórico na torre de marfim. Em 1865, foi eleito membro independente do Parlamento na Casa dos Comuns. No ano que precedeu à sua eleição, Mill foi solicitado a lançar um projeto de lei no Parlamento que ampliava o direito de voto às mulheres. Ele concordou em fazer isso se fosse possível colher cem assinaturas em uma petição de apoio. Em três semanas, 1.499 simpatizantes assinaram o documento. Conforme Mill havia prometido, em 1867, ele apresentou à Casa dos Comuns sua primeira emenda sobre o sufrágio feminino. Ela recebeu apenas 73 votos, mas marcou o começo do movimento para obtenção do direito de voto para as mulheres (Klosko e Klosko, 1999, p. 13). Na Inglaterra, o direito de voto foi, em 1928, finalmente estendido às mulheres com mais de 21 anos.

Nos Estados Unidos, em uma convenção em Seneca Falls, Nova York, em 1848, Elizabeth Cady Stanton liderou o clamor pelo voto feminino. Mas isso foi 72 anos antes desse direito ser concedido às mulheres norte-americanas. Finalmente, a longa luta terminou:

> E foi em agosto de 1920 que os deputados do Tennessee, depois de ficarem ruidosamente bêbados nas suítes de hospitalidade do salão de bebidas, ficaram sóbrios tempo suficiente para transformar o Tennessee no último Estado a ratificar a 19a Emenda da Constituição, concedendo o direito de voto às mulheres. (Collins, 2002, p. 12)

Depois que a 19ª Emenda foi aprovada, a sufragista norte-americana Carrie Chapman organizou a Liga das Eleitoras.

Embora sua carreira parlamentar tenha sido curta, Mill continuou a ser um dos intelectuais mais importantes de seu tempo. Ele defendeu a democracia, a liberdade de expressão e a educação para todos. Durante a Guerra Civil Norte-Americana, ele questionou a afirmação de que os brancos tinham o direito de escravizar os negros porque os brancos "nasciam mais inteligentes". Para Mill, esse era um outro exemplo da posição de descrédito de seu pai sobre a natureza humana. O Mill mais jovem acreditava que todos os indivíduos, homens e mulheres, brancos e negros, eram iguais. Mill afirmava que os defensores da escravidão estavam fazendo o trabalho do diabo (Neff, 1964, p. 32). John Stuart Mill morreu em 1873, deixando um rico legado de obras e uma forte reputação como um importante pensador liberal.

A Filosofia de James Mill e de John Stuart Mill

Como James e John Stuart Mill influenciaram o desenvolvimento da psicologia? O trabalho mais importante de James Mill em psicologia foi *Analysis of the Phenomena of the Human Mind* [Análise dos Fenômenos da Mente Humana] publicado em 1829. Ele adotou a posição conhecida de que os dois elementos básicos da mente são sensações e idéias, com as idéias sendo cópias inferiores das sensações. Aos cinco sentidos clássicos que Aristóteles havia proposto inicialmente – visão, audição, paladar, olfato e tato – Mill acrescentou o sentido do músculo do qual se originavam suas sensações (cinestesia); sensações desorganizadas como as que resultam da cócega e da coceira; e sensações do canal alimentar. Ele considerou as sensações desses outros sentidos os principais elementos da consciência.

As sensações, de acordo com James Mill, geram idéias. Em um capítulo clássico intitulado "A Associação das Idéias", Mill descreveu o processo pelo qual as sensações produzem idéias que, por sua vez, dão origem a séries ou fluxos de idéias associadas.

> Um pensamento sucede a outro pensamento; a uma idéia, segue-se outra idéia incessantemente. Se nossos sentidos estão despertos, estamos constantemente recebendo sensações, do olho, do ouvido, pelo toque, e assim por diante; mas não só sensações. Depois das sensações, as idéias são permanentemente estimuladas a partir de sensações recebidas antes; depois dessas idéias, outras idéias; e durante nossa vida, uma série desses dois estados de consciência, chamados sensações e idéias, está constantemente ocorrendo. Eu vejo um cavalo; é uma sensação. Imediatamente, penso em seu dono; isso é uma idéia. Pensar em seu dono me faz pensar em seu escritório; ele é um ministro de Estado: essa é outra idéia. A idéia do ministro de Estado me faz pensar em negócios públicos; e sou conduzido a uma série de idéias políticas. Essa é uma nova sensação. (Mill, 1829/1912, p. 463)

A descrição de Mill é linear e seqüencial. Ela apresenta uma mente basicamente passiva que convida à análise de seus elementos. Os eventos externos dão origem às sensações que são acompanhadas, na consciência, por idéias e, então, por um fluxo de idéias associadas. Por que algumas idéias são associadas? Por que elas ocorrem juntas? Por que a idéia do dono do cavalo fez Mill pensar na ocupação de seu dono? Segundo Mill, essas idéias se associavam porque muitas vezes anteriormente ele havia visto esse homem assumindo as funções de ministro de Estado. Mill reconheceu que algumas associações são mais fortes do que outras. Seus três critérios do poder das associações são permanência, certeza e facilidade. As associações permanentes são mais fortes do que as menos permanentes, as corretas são mais fortes do que as incorretas e as que se formam prontamente sem esforço são mais fortes do que aquelas que se formam com dificuldade. Quando os psicólogos posteriores começaram a investigar a aprendizagem e a memória, sua principal preocupação foram os fatores que determinam o poder de associações diferentes.

James Mill também fez a distinção entre idéias simples e complexas. As últimas eram compostas, agregadas ou o que Mill chamou de "concatenações" de idéias simples ligadas pela contigüidade. As idéias complexas, por sua vez, poderiam combinar-se com outras idéias, tanto simples quanto complexas, para formar idéias duplas, que Mill descreveu da seguinte forma:

> Alguns dos objetos mais conhecidos com os quais estamos familiarizados nos fornecem exemplos dessa união entre idéias complexas e duplas. Tijolo é uma idéia complexa, argamassa é outra idéia complexa; essas idéias, juntamente com idéias de posição e quantidade, formam minha idéia de muro. Minha idéia de tábua é complexa, minha idéia de viga é complexa, minha idéia de prego é complexa. Elas, unidas pelas mesmas idéias de posição e quantidade, constituem minha idéia dupla de piso. Da mesma forma, minhas idéias complexas de vidro, madeira e outros materiais formam minha idéia dupla de janela; e essas idéias duplas, juntas, formam minha idéia de casa que é composta de várias idéias. Quantas idéias complexas e duplas estão unidas na idéia de mobília? Quantas mais na idéia chamada de Tudo? (Mill, 1829/1912, p. 482)

Na verdade, quantas mais? Essa passagem revela algumas dificuldades desse modelo mecânico de combinação mental. O modelo precisava de revisão, o que John Stuart Mill fez em seu *System of Logic* [Sistema de Lógica] (1843) e em suas anotações para uma edição revista de *Analysis* [Análise], de autoria de seu pai, publicada em 1869. John Stuart Mill desenvolveu um modelo químico da mente no qual idéias simples se fundem ou se aglutinam para formar idéias complexas. Ele escreveu:

> Às vezes, as leis dos fenômenos da mente são semelhantes às leis da mecânica, mas às vezes também são similares às leis da química. Quando as impressões tiverem sido vivenciadas em conjunto tão freqüentemente que cada uma delas evoca pronta e instantaneamente a idéia de todo o grupo, essas idéias às vezes se fundem ou se aglutinam e não parecem várias idéias, mas apenas uma. (Mill, 1843/1875, v. 2, p. 441)

Dessa forma, Mill complementou a teoria de seu pai sobre os mecanismos mentais com uma química mental. Para John Stuart Mill, o todo associativo de uma idéia complexa é algo mais do que a soma das idéias simples que o compõe. A mente é ativa e produtiva. Assim como a água é mais do que a simples soma das propriedades do hidrogênio e do oxigênio e assim como o hidrogênio e o oxigênio podem combinar-se diferentemente de modo a produzir peróxido de hidrogênio, que é muito diferente da água, da mesma forma, a idéia complexa de uma casa é algo muito mais do que a soma de idéias simples, de tijolos, argamassa, madeira, vidro e outros materiais de construção.

A obra científica mais importante de John Stuart Mill foi *System of Logic* [Sistema de Lógica] publicado em 1843. Apesar de seu título enorme – *A System of Logic, Ratiocinative and Deductive, Being a Connected View of the Principles of Evidence and the Method of Scientific Investigations* [Um Sistema de Lógica, Raciocinativa e Dedutiva, Sendo uma Visão Relacionada dos Princípios das Provas e do Método de Investigações Científicas] – o livro foi um êxito comercial e acadêmico que garantiu a ao jovem Mill uma reputação internacional. Mill considerou esse livro aquele que esteve mais apto a escrever. Ele estava preocupado com o estudo do processo científico, ou metaciência, e com a definição das premissas subjacentes a todas as ciências, incluindo as ciências sociais – economia e psicologia. Para Mill, a psicologia foi definida como "a ciência das leis elementares da mente", uma definição adotada por Edward Titchener cerca de 60 anos antes (Capítulo 5). Contradizendo a visão de Augusto Comte[20] de que não pode haver ciência da mente, já que ela pode estudar todos os fenômenos exceto ela própria (Comte, 1855/1974), Mill argumentou que pode realmente existir

---

[20] Em um aparte irreverente, James Burke descreveu Comte como "um pensador francês interessante que pulou de uma ponte, casou-se com uma prostituta e deu início à sociologia" (Burke, 1999, p. 106).

uma ciência da mente. Ele tratou de questões que ainda hoje afligem muitos alunos de psicologia. As ações humanas são motivadas e estão sujeitas, de forma determinista, a leis psicológicas ou elas são qualitativamente diferentes dos fenômenos característicos de ciências como a física, a biologia e a química? Mill admitiu que a ciência da psicologia seria inexata, mais parecida com a meteorologia e a ciência das marés do que com a física e a química. Ele escreveu sobre a psicologia:

> Ela está muito defasada quanto ao padrão de exatidão conseguido pela astronomia; mas não há motivo para que não seja uma ciência tanto quanto é a ciência das marés ou foi a astronomia quando seus cálculos tinham apenas dominado os principais fenômenos, mas não as perturbações. (Mill, 1843/1875, v. 2, p. 433)

Mas e se a psicologia não dominar as perturbações das ações e da mente humanas? E se o comportamento humano se tornar previsível como a velocidade de queda dos objetos, a aparência dos cometas e a circulação do sangue? Mill estava consciente dos problemas éticos e morais que então surgiriam. E se, um dia, as ações humanas se tornarem tão previsíveis quanto os eclipses do sol e da lua, será possível que as pessoas mudem e controlem o curso dessas ações? Embora a psicologia esteja hoje longe da posição prevista por Mill, as perguntas que fazemos são fundamentais e controvertidas. Talvez a reação desconfortável de muitas pessoas em relação a essas perguntas sejam responsáveis, pelo menos até certo ponto, pela reação hostil a obras como *Beyond Freedom and Dignity* [O Mito da Liberdade] de B. F. Skinner (1971b, Capítulo 13). Todos gostamos de pensar que temos vontade própria e responsabilidade individual. Sugerir o contrário motiva uma reação de irritação.

John Stuart Mill viu a necessidade de criar uma subdivisão para a psicologia denominada *etologia*. Ele definiu essa área como "a teoria da influência de várias circunstâncias externas, sejam individuais, sejam sociais, na formação do caráter moral e intelectual" (Mill, 1843/1875, v. 2, p. 457). Atualmente, a palavra *etologia* refere-se ao "estudo do comportamento animal em um ambiente natural" e é associada a pesquisadores como Konrad Lorenz, Niko Tinbergen e Karl von Frisch. O significado e a abordagem modernos são muito diferentes do que Mill queria dizer.

Talvez o interesse de Mill em etologia deveu-se a experiências de sua infância. Quais seriam os efeitos dessas experiências na formação do caráter e como elas poderiam ser estudadas cientificamente? Para Mill, os métodos experimentais são básicos para qualquer ciência. Mill argumentava que o estudo dos seres humanos devia se distanciar do reino da especulação e se tornar uma ciência da observação e da experimentação para seu próprio bem. Mas a experimentação sobre a formação do caráter humano é proibida do ponto de vista ético, então, o que o psicólogo pode fazer? Em vez de manipular ativamente as variáveis para determinar seus efeitos relativos, Mill propôs uma análise de causa e efeito: o exame de algumas variáveis que ocorrem naturalmente – tais como a educação ou ausência dela – o tamanho da família ou classe social – e a formulação de generalizações sobre seu efeito. Mill acreditava que esses tipos de observação podem respaldar sua intuição de que diferentes experiências na infância geram caracteres morais distintos, embora o procedimento não perpetuaria o mal. Atualmente, os psicólogos do desenvolvimento utilizam esses procedimentos em seus estudos longitudinais sobre crianças.

Como Hobbes e Locke, Mill se interessava por problemas que afetavam o governo e, como seus predecessores do século XVIII, seus trabalhos nessa área refletiam uma visão pessoal da natureza humana. Em 1861, Mill publicou *Utilitarians and Utilitarianism* [O Utilitarismo]. Anteriormente, o amigo e patrono de seu pai, Jeremy Bentham (1748–1832), havia defendido o *hedonismo*, uma filosofia que propõe que os seres humanos são motivados apenas pelo desejo de buscar o prazer e evitar a dor. Esse ponto de vista foi criticado de forma áspera por, entre outros, Thomas Carlyle, que classificou a afirmação de Bentham de "filosofia para porcos", que poderia se aplicar às ações dos porcos, mas certamente não às dos seres humanos.[21] Mill argumentava que o hedonismo não levava em conta a solidariedade, a afeição, a compaixão, a dignidade, o amor pela beleza e muitas outras qualidades que nos tornam humanos. Em seu lugar, ele propôs o utilitarismo, uma filosofia que defendia que as ações são erradas proporcionalmente à infelicidade que causam aos outros. Essa filosofia alcançou grande popularidade no século XVIII e tem defensores até hoje.

Alexander Bain (1818-1903)

O último dos associacionistas britânicos do século XIX que analisaremos é Alexander Bain, um escocês, filho de um tecelão de Aberdeen. Sua família era pobre e, por isso, Bain abandonou os estudos aos 12 anos para trabalhar como tecelão por empreitada em uma fábrica. Ele continuou sua educação em casa, sendo autodidata em matemática e latim. No final, depois de muitas dificuldades, ele conseguiu entrar em uma faculdade, formando-se com louvor. Bain mudou-se para Londres, onde se tornou amigo de John Stuart Mill e de parte de seu círculo intelectual. Trabalhou como jornalista *freelancer* até 1860, quando, aos 42 anos, recebeu uma nomeação para a University of Aberdeen.

As obras mais importantes de Bain em psicologia foram *The Senses and the Intellect* [Os Sentidos e o Intelecto] (1855), *The Emotions and the Will* [As Emoções e a Vontade] (1859) e *Mind and Body* [Mente e Corpo] (1873). As duas primeiras foram, na verdade, uma única obra com um atraso de quatro anos entre a publicação de suas partes. A editora estava relutante em publicar a segunda parte do livro porque a primeira não havia sido um sucesso financeiro. Anos depois, os dois volumes foram muito lidos. Eles passaram por inúmeras revisões e, durante 50 anos, constituíram-se em textos-padrão de psicologia na Grã-Bretanha. Finalmente, em 1882, Bain publicou uma biografia informativa de James Mill, cuja obra e filosofia ele admirava muito.

Em janeiro de 1876, Bain lançou *Mind*,[22] a primeira publicação em psicologia. Durante muitos anos, ele teve de injetar dinheiro na publicação para garantir sua sobrevivência. Sir Francis Galton, William James (Capítulo 9) e o próprio Bain publicaram importantes trabalhos em *Mind*. A publicação também foi importante por ser uma opção aos periódicos criados, editados e dominados por Wundt e Titchener no final do século XIX. O lançamento de *Mind* foi uma contribuição considerável ao desenvolvimento da psicologia como uma disciplina independente tanto da filosofia quanto da fisiologia.

Bain estava mais próximo de ser o que nós consideraríamos um psicólogo em comparação aos filósofos e estudiosos que analisamos até o momento. Como Hartley, ele se preocupava com a formulação de explicações fisiológicas para as ações e pensamentos humanos; no entanto, ele estava longe de ser um reducionista, pois sempre considerou os dados conscientes de vital importância. Bain reconheceu a importância dos impulsos e, por isso, desenvolveu uma concepção ativa da motivação em vez de passiva. Aos cinco sentidos clássicos de Aristóteles, ele acrescentou o sentido "orgânico" que proporcionava sensações a nossos músculos e tem ligação direta com a coordenação de nossos movimentos.

---

[21] Bentham tem uma curiosa imortalidade. Em seu testamento, ele deu instruções detalhadas para a preservação e utilização de seu corpo. Depois de uma dissecação pública feita por colegas médicos, seu esqueleto deveria ser conservado, vestido e exibido com sua bengala preferida em um compartimento de vidro. Se seus amigos quisessem se lembrar dele, deveriam levá-lo às reuniões. As instruções de Bentham foram seguidas de acordo com a carta. Em 1850, seu *auto-ícone* foi apresentado para a University College da University of London. Lá, exceto durante a Segunda Guerra Mundial, ele tem sido exibido a partir de então (Marmoy, 1958). Os restos mortais de Bentham atraem centenas de visitantes. Não é surpresa ter originado inúmeras lendas e histórias. Dizem que ele assiste às reuniões do Conselho da Universidade com uma anotação na minuta: "Jeremy Bentham – presente, mas não votante."

[22] *Mind* e muitos outros periódicos estão disponíveis *on-line*.

Ao explicar as ações humanas, Bain acreditava que os hábitos são de importância vital. De acordo com ele, movimentos aleatórios – alguns deles que levam a conseqüências agradáveis e outros, a conseqüências desagradáveis – formam a base da aprendizagem. Os primeiros tendem a ser repetitivos e, assim, cria-se um hábito, enquanto os últimos ficam enfraquecidos de maneira que os hábitos não se desenvolvem. A semelhança com a lei do efeito de Thorndike (Thorndike, 1911, Capítulo 10) é clara, sendo possível traçar a conexão histórica de Bain até Thorndike. Bain influenciou um psicólogo inglês, Conwy Lloyd Morgan (1852-1936) – representante da Psicologia Comparada –, que fez experiências iniciais sobre aprendizagem e instinto em galinhas. Em 1896, Morgan foi convidado pela University of Harvard para dar uma série de Palestras Lowell para descrever sua pesquisa sobre aprendizagem por meio de tentativa e erro. Na audiência, estava um aluno, Thorndike, que pouco tempo depois começou a fazer importantes experiências sobre aprendizagem em galinhas.

Bain desconfiava da especulação e da "psicologia de poltrona". Ele salientava a importância das observações das atividades diárias tanto dos seres humanos quanto dos animais. Essas observações naturalistas iriam permitir o entendimento do comportamento humano e animal, mas Bain era a favor dos métodos experimentais e de abordagens desenvolvimentalistas. Em *Emotions and the Will* [Emoções e Vontade], ele se ocupou de problemas da psicologia aplicada: o diagnóstico do caráter por meio da compilação de histórias de casos e a possibilidade de desenvolver testes para a avaliação de habilidades e atitudes. Bain, que quando garoto havia sido forçado a atuar em um sistema brutal de trabalho por empreitada, defendia práticas de trabalho menos despóticas e, particularmente, a importância de levar as capacidades e as habilidades das pessoas em consideração ao se escolher uma atividade para elas.

UMA VOZ INATISTA ANTAGÔNICA NO SÉCULO XVIII

Assim como Locke e Berkeley tinham Leibniz como oponente na Europa, Hume, Hartley e James e John Mill tinham Emmanuel Kant como opositor. Kant representava tudo que eles não eram: subjetivista, nativista e o sucessor racionalista de Descartes e de Leibniz. O contraste entre sua filosofia e a epistemologia[23] e a dos filósofos que analisamos não podia ser maior. Kant era a nêmesis dos empíricos.

Emmanuel Kant (1724–1804)

Kant nasceu em Königsberg no leste da Prússia. Ele fez o curso secundário e universitário nessa cidade. Posteriormente foi designado para o corpo docente dessa universidade e passou o restante de sua vida em Königsberg. Apesar de sua fama, é provável que ele nunca tenha viajado mais de 65 km de distância de sua terra natal. No desenvolvimento de sua filosofia, Kant foi incentivado pelas "belas descobertas" dos empíricos ingleses, principalmente Hume, cujos livros, ele disse, "o despertaram do sono dogmático" (Kant, 1781, Introdução). Kant publicou sua *Critique of Pure Reason* [Crítica da Razão Pura] em 1781 e *Critique of Practical Reason* [Crítica da Razão Prática] em 1788. Essas obras de filosofia crítica o transformaram no principal epistemologista alemão e também serviram como contrapeso filosófico aos empiristas ingleses.

---

[23] *epistemologia*, s. Ramo da filosofia que investiga a origem da natureza, métodos e limites do conhecimento humano (Rhdel, p. 480).

Kant acreditava que os empiristas podiam estar certos ao dizer que o conhecimento decorre da experiência, mas que haviam errado totalmente ao não conseguir responder à pergunta fundamental: "Como a própria experiência é possível?". Para Kant, essa era a pergunta transcendental que deve ser respondida, e a resposta que ele apoiava era o inatismo. Kant acreditava que certas intuições ou categorias de entendimento são inatas e não dependem da experiência. Ao contrário, elas moldam nossas experiências; permitem que a experiência surta efeito. Ele chamou esse tipo de conhecimento de *a priori* (conhecido anterior) ao contrário de *a posteriori* (conhecido posterior) que decorre da experiência. Kant estabeleceu três categorias fundamentais da mente humana: cognição, afeição e conação (motivação).

Em sua *Crítica da Razão Pura*, Kant descreveu a aprendizagem de um idioma nativo como um exemplo de interação entre conhecimento *a priori* e conhecimento *a posteriori*. Aprendemos por meio da experiência de falar uma determinada língua (*a posteriori*), mas a capacidade de aprender qualquer idioma é um atributo fundamental (*a priori*) da mente humana. Kant afirmou que o erro básico que os empiristas cometeram foi enfatizar os efeitos da experiência e ignorar as categorias fundamentais da mente. Outros exemplos de conhecimento *a priori* são os conceitos de tempo e espaço. O espaço não pode ser "pensado" ou ser independente de nossa mente, pois é uma idéia fundamental necessária a todas as outras idéias. Da mesma forma, o tempo é um pré-requisito de todas as percepções e idéias. Nada pode existir sem o tempo. De acordo com Kant, a percepção do tempo futuro é um atributo humano totalmente natural. Ele enfatizou a dificuldade que temos aos pensarmos no tempo retrocedendo. É fácil imaginar alguém envelhecendo, mais difícil pensar em uma pessoa ficando mais jovem. Em suma, Kant descreveu 12 dessas intuições, incluindo causa e efeito, reciprocidade, realidade, existência e necessidade. As faculdades superiores do conhecimento foram divididas por ele em entendimento, julgamento e razão.

Os pontos de vista de Kant sobre a natureza da ciência foram influentes durante muitas décadas. De acordo com ele, as verdadeiras ciências devem começar com conceitos estabelecidos *a priori* com base apenas na razão. Além disso, as verdadeiras ciências tratam de objetos observáveis que podem ser localizados no tempo e no espaço. Elas permitem experiências sobre fenômenos que elas estudam, e uma verdadeira ciência é capaz de criar relacionamentos legítimos que podem ser descritos por meio de formulações matemáticas. Kant acreditava que a psicologia não tinha essa base conceitual racional e, portanto, falhou em ser uma verdadeira ciência no nível mais essencial. Ele considerou que a racionalidade humana era limitada e inadequada ao lidar com si própria. Kant também acreditava que era impossível para a psicologia fazer verdadeiras experiências, pois ao observar os estados mentais, ela inevitavelmente os modificaria. Os pontos de vista de Kant exerceram um poder tão grande que a primeira geração de psicólogos alemães teve de lutar para estabelecer sua ciência.

Embora Kant negasse a possibilidade de uma "verdadeira" psicologia, isto é, uma psicologia que seria tanto racional quanto experimental, ele aceitava um método legítimo: observações antropológicas do verdadeiro comportamento das pessoas. Wilhelm Wundt (Capítulo 4) dedicou as últimas décadas de sua vida à psicologia cultural ou antropológica, enquanto John Watson (Capítulo 12) defendeu uma psicologia preocupada apenas com o comportamento.

A *Crítica da Razão Prática* de Kant é uma análise de temas práticos e a formulação de um código de conduta. Para Kant, o dever é sublime, poderoso e fundamental. Ele é o *imperativo categórico* a ser obedecido e seguido sem questionamentos. Em termos práticos, devemos não apenas nos comportar para trazer o máximo de prazer para nós mesmos e os outros, mas sim cumprir a obrigação máxima do dever. Nas décadas que se seguiram à publicação dessa obra de Kant, esse conceito foi uma influência importante no comportamento social e político, tanto na Alemanha quanto na Inglaterra. Uma oração característica da Inglaterra da época da rainha Vitória era a seguinte:

Agradecemos a Deus pelo alimento
Agradecemos a Deus por essa oração
E agradecemos a Deus, acima de tudo, pelo imperativo categórico

Kant levou uma vida que foi uma síntese do autocontrole rígido e do dever. Ele nunca se casou, mas viveu com um criado. Kant acordava todos os dias no mesmo horário e se levantava imediatamente, pois acreditava que ficar na cama era sinal de preguiça e indulgência. Almoçava exatamente à uma hora e depois saía para fazer a mesma caminhada no Philosopher's Way da universidade. Foi uma figura de destaque da filosofia alemã e uma influência importante na primeira geração de psicólogos alemães.

A IMPORTÂNCIA DO RENASCIMENTO E DO PÓS-RENASCIMENTO

O Renascimento e o Pós-Renascimento deram duas importantes contribuições ao desenvolvimento da psicologia. A revolução científica no Ocidente começou com o trabalho de Galileu, Newton e Harvey, e a tradição científica que resultou dessa revolução colocou ênfase em uma determinada metodologia. Deve-se observar os fenômenos cuidadosamente e, se possível, quantificá-los; fazer previsões matemáticas sobre os efeitos de certas variáveis; e verificar essas projeções empiricamente. Esses procedimentos prometiam descobrir a verdade; eles se tornaram padrões da ciência ocidental e, desse modo, foram adotados pelos primeiros psicólogos que tentaram desenvolver uma ciência da mente.

Uma tradição científica não foi a única coisa que a psicologia herdou das eras renascentista e pós-renascentista. Ela também herdou suas bases filosóficas. René Descartes preparou o terreno para a psicologia como uma disciplina à parte de outras ciências, afirmando que a mente é independente do corpo e está sujeita a seus próprios princípios e regras, os quais seriam o domínio da ciência da psicologia. Ela também recebeu dessas eras duas grandes orientações filosóficas: o *inatismo* e o *empirismo*. Essas orientações não apenas continuam a influenciar a teoria da psicologia, mas também foram úteis na definição de uma das principais questões da psicologia: As características humanas são resultado de nossa *natureza* ou da forma como fomos criados, nossa *educação*? A partir de nosso estudo dos filósofos que defenderam ou o ponto de vista da "natureza" ou o da "educação", deve ficar evidente que as experiências políticas e a orientação teológica de uma pessoa influenciam de maneira significativa o partido que se toma nessa questão. O inatismo enfatiza as características herdadas; ele coloca menos ênfase no ambiente e, conseqüentemente, assume uma posição mais conservadora sobre o resultado esperado da experiência educacional. Essa orientação não seria consistente com a reforma social e o envolvimento político; pelo menos, foi esse o caso com os dois principais inatistas discutidos neste capítulo: Descartes e Kant.

Uma orientação empirista enfatiza o potencial similar de todos os seres humanos, a importância dos fatores ambientais para o desenvolvimento de um indivíduo e o processo educacional. O fato de ter surgido na Inglaterra durante o aparecimento do liberalismo nos séculos XVIII e XIX não constitui surpresa. Como vimos, seus principais defensores, James Mill, John Stuart Mill e Bain foram homens que se fizeram por esforço próprio e que deram ênfase à reforma social. Também não é surpreendente que essa orientação filosófica tenha florescido nos Estados Unidos e dado origem ao *behaviorismo*, uma posição que apenas agora está sendo rebatida pelas escolas de pensamento inatistas contemporâneas.

Pierre-Paul Broca. A fala, localizada no lobo frontal esquerdo, está em uma área do cérebro atualmente conhecida como área de Broca.
(Brown Brothers)

CAPÍTULO 3

Os Primeiros Estudos do Sistema Nervoso Central

Até o momento, levamos em consideração as influências amplas e gerais que o desenvolvimento da filosofia e das ciências ocidentais tiveram na psicologia. Agora, iremos nos concentrar nos avanços específicos do conhecimento do cérebro e da medula espinhal que, mais tarde, formaram as bases da psicologia fisiológica. Ao contrário das contribuições em grande parte especulativas dos filósofos abordados no Capítulo 2, muito desse novo conhecimento resultou de observações e experimentações. O desenvolvimento de procedimentos para o estudo do cérebro e da medula espinhal e a aplicação desses procedimentos, em ambientes tanto clínicos quanto experimentais, lançaram os alicerces para o entendimento das estruturas e funções do sistema nervoso. Para a psicologia, eles serviram de base para compreender as sensações, as percepções, as emoções, a linguagem e a cognição.

Apesar de nosso foco ser o século XIX, o cérebro foi estudado anteriormente essa época. Em 1507, o papa Júlio II encomendou a Michelangelo uma série de afrescos para o teto da Capela Sistina do Vaticano. Michelangelo resistiu em aceitar a encomenda. A capela era um salão imenso com a abóbada a 21 metros acima do piso de mármore. "O lugar está errado," Michelangelo reclamou, "e eu não serei o pintor" (Coughlan, 1966, p. 116). Mas as encomendas papais não podiam ser rejeitadas; então, em janeiro de 1509, Michelangelo começou o trabalho. Em outubro de 1512, os afrescos foram revelados e aclamados como uma das maiores obras-primas do Renascimento italiano. Em *A Criação de Adão*, Michelangelo capta o momento da criação (Coughlan, 1966, p. 117-123), Deus e Adão tentam se aproximar, as mãos e os dedos estendidos quase se tocam e parece que, naquele momento, a centelha da vida passa por meio de uma sinapse entre Deus e o homem. Mas essa interpretação está longe de ser correta. Adão, com certeza, está vivo. Seus olhos estão abertos, seu olhar fixamente direcionado, seus braço e mão estendidos. Frank Lynn Meshberger (1990) propôs uma interpretação alternativa fascinante. Escrevendo no *Journal of the American Medical Association*, Meshberger chama a atenção para uma terceira imagem no afresco. Essa imagem foi claramente revelada quando séculos de fuligem e sujeira foram removidos do afresco em uma limpeza recente. Rodeando Deus, temos o formato indiscutível de um cérebro humano. A imagem de Michelangelo é surpreendentemente similar às representações dos aspectos mediais do cérebro dos textos de anatomia contemporâneos. Meshberger conclui que a intenção de Michelangelo ao pintar esse cérebro em torno de Deus era mostrar que Ele está dando a Adão não a vida, mas o intelecto.

Fica claro, a partir da imagem pintada por Michelangelo que ele tinha um conhecimento detalhado de anatomia do cérebro. Esse conhecimento devia-se a seus estudos sobre anatomia. Esses estudos eram conhecidos dos contemporâneos de Michelangelo; com freqüência, ele solicitava que seus patronos lhes custeassem os estudos em troca de seu trabalho artístico. Giorgio Vasari, amigo e biógrafo de Michelangelo, descreveu um desses acordos:

> Para a igreja do Santo Espírito em Florença, Michelangelo confeccionou um crucifixo de madeira que foi colocado acima da luneta do altar maior, onde ainda está. Ele fez isso para agradar o prior, que colocou salas à sua disposição, as quais Michelangelo usava com freqüência para dissecar cadáveres com o objetivo de descobrir os segredos da anatomia. (Vasari, apud Bull, 1965, p. 332-333)

Michelangelo estava à frente de seu tempo, pois seu conhecimento do cérebro era baseado em observação. Por mais de dois séculos após ele ter pintado os afrescos da Capela Sistina, o conhecimento do cérebro era, em grande parte, especulativo. A influência de Descartes levou inevitavelmente à especulação sobre o centro da mente e o papel do cérebro no controle do pensamento e da ação. Os violentos séculos XVII e XVIII de guerra e revolução na Europa propiciaram muitas oportunidades para estudar as conseqüências do trauma no sistema nervoso central, pois os soldados tinham terríveis ferimentos de batalha na espinha dorsal e no cérebro. Aqueles que ocasionalmente sobreviviam não eram apenas tratados, mas estudados. Ações momentâneas eram observadas até depois da decapitação; as massas revolucionárias que ficavam em volta da guilhotina viam sorrisos e piscadelas e ouviam grunhidos das cabeças dos executados. Essas ações eram intencionais? O piscar dos olhos ou o sorriso eram talvez um gesto final de desafio ou desprezo? Eram perguntas instigantes, tanto para a Igreja, com sua doutrina de que a alma sai do corpo no instante da morte, quanto para os pensadores franceses que se aprofundaram no dualismo mente-corpo de Descartes.

Georges Cabanis (1757-1808), importante médico, anatomista e político francês, levou em conta essas questões e concluiu em 1795 que a consciência termina quando a cabeça e o cérebro são separados do corpo. Todo pensamento depende de um "órgão especial", o cérebro. Cabanis afirmou que as ações observadas eram reflexas e automáticas. Elas não eram mais indicativas de uma consciência ininterrupta do que o vôo de uma galinha sem cabeça em volta do pátio da fazenda. Para comprovar o que Cabanis disse, um fisiologista alemão, Theodor Bischoff (1807–1882), fez um teste macabro, até mesmo mórbido, com a cabeça de um criminoso recém-executado. Mesmo estímulos intensos, inclusive gritos da palavra *Pardon!*, não provocaram reação durante o primeiro minuto após a decapitação (Fearing, 1930, p. 152). A conclusão de Cabanis estava correta.

AS PESQUISAS EXPERIMENTAIS DAS FUNÇÕES DA MEDULA ESPINHAL

Como a medula espinhal é estruturalmente menos complexa e fisicamente mais acessível do que o cérebro, ela foi estudada em primeiro lugar. Em 1751, Robert Whytt (1714–1766), médico do rei e presidente do Royal College of Physicians, publicou *An Essay on the Vital and Involuntary Motions of Animals* [Ensaio sobre os Movimentos Vitais e Involuntários dos Animais] no qual reportou os resultados de mais de uma década de pesquisas. Seus experimentos mais importantes foram feitos com rãs decapitadas. Whytt descobriu que uma rã sem cérebro e sem medula espinhal não tinha nenhuma reação; mas por algum tempo após sua decapitação, uma rã sem cérebro e com medula espinhal reagia a um beliscão encolhendo a perna. Whytt descreveu esse resultado surpreendente:

> Quando os dedos da pata traseira de uma rã são feridos imediatamente após a decapitação, não há nenhum movimento nos músculos das pernas, nem sequer um movimento insignificante. Mas se

você beliscar os dedos do animal ou feri-los com um canivete, 10 ou 15 minutos depois da decapitação, quase todos os músculos, não apenas os das pernas e das coxas, mas também os do tronco, entram em convulsão e, às vezes, a rã se movimenta de um lugar para outro. (Whytt, 1751, reimpresso em Robinson, item 12, 1978, p. 501)

Era necessária uma medula espinhal intacta para provocar esses reflexos. De acordo com Whytt, imediatamente após a cirurgia, a intensa dor relacionada à decapitação mascara ou bloqueia os reflexos. Uma vez que essa dor se dispersa, os reflexos reaparecem. A explicação de Whytt é plausível, porém incorreta. Mas sua demonstração dos reflexos da medula foi de importância permanente. Em 1838, uma observação ainda mais surpreendente foi feita por Alfred Volkmann: certos reflexos apareciam apenas *depois* da decapitação (Macmillan, 2000a, p. 191). Foi na França e na Inglaterra, durante o início do século XIX, que foram feitos mais progressos com relação à compreensão da estrutura e da função da medula espinhal. Isso se deveu ao trabalho de muitas pessoas, mas a principal contribuição foi de François Magendie (1785–1855) (Lesch, 1984).

Desde que começou a escrever sua tese de doutorado em 1808, Magendie pensou nas áreas das fibras que entram na medula espinhal, as raízes da medula espinhal, como caminhos para dentro e para fora da própria medula (Cranefield, 1974). Inicialmente, suas conclusões sobre anatomia foram desapontadoras, pois na maior parte das espécies que ele analisou, as raízes fundiam-se antes de sair da medula e, dessa forma, só podiam ser atingidas quebrando-se a espinha. Em uma época anterior à da anestesia – o éter foi descoberto em 1847 –, esse procedimento era tremendamente doloroso e quase sempre danificava a medula espinhal. Em filhotes de cães, Magendie encontrou uma disposição anatômica diferente das raízes dorsais e ventrais dos nervos periféricos; elas se uniam fora da medula espinhal. Isso significava que as raízes da medula espinhal podiam ser expostas com relativa facilidade em filhotes de cães. Magendie cortou as raízes dorsais ou ventrais de um ou mais nervos e observou efeitos específicos. Depois do corte de uma raiz dorsal, parte do corpo não conseguia ter sensações; depois do corte de uma raiz ventral, a parte do corpo perdia o movimento. Em 1822, Magendie descreveu os resultados de vários experimentos como estes em um trabalho de três páginas, agora famoso, publicado no *Journal of Physiology and Experimental Pathology* francês. Ele concluiu: "As raízes dorsais e ventrais dos nervos que se originam da medula espinhal têm diferentes funções, com as raízes dorsais mais particularmente relacionadas com a sensação e as ventrais com o movimento" (Magendie, 1822, p. 279). A demonstração de Magendie da especificidade estrutural e funcional das raízes da medula espinhal foi comparável em sua importância para a fisiologia à pesquisa de Harvey sobre a circulação do sangue (Capítulo 2). A pesquisa experimental sistemática de Magendie deixou clara a base do arco reflexo. O modelo comportamental, com seu isolamento da sensação e do movimento, forneceu à ciência da psicologia um de seus paradigmas mais duradouros – o do estímulo e resposta.

Uma conseqüência mais imediata da publicação de Magendie foi uma disputa implacável pela prioridade da descoberta. Em 1811, um fisiologista e anatomista escocês, Charles Bell (1774–1842), publicou por conta própria um panfleto intitulado *Idea for a New Anatomy of the Brain; Submitted for the Observation of His Friends* [Idéia para a Nova Anatomia do Cérebro; Submetido para a Observação de seus Amigos], no qual especulou sobre o significado funcional de diferentes partes do cérebro e descreveu experimentos com coelhos, nos quais ele abria a medula e seccionava ou a raiz dorsal ou a ventral. Bell concluiu erroneamente que as raízes ventrais controlam o comportamento voluntário, ao passo que as raízes dorsais, o comportamento involuntário. Mas ele estava correto ao classificar as raízes ventrais como motoras. Após a publicação de 1822 de Magendie, o genro de Bell, John Shaw, questionou a prioridade de seu resultado. Como Bell havia circulado seu panfleto apenas entre amigos, Magendie não o havia lido. Quando Shaw lhe enviou um exemplar, Magendie reconheceu que Bell tinha chegado perto de descobrir as funções das raízes da medula espinhal, mas recusou-se a aceitar sua reivindicação no tocante à prioridade. Então, Bell e seus alunos começaram o que Gallistel habilmente descreveu como "uma campanha clamorosa, sem princípios, mas muito bem-sucedida para reivindicar a prioridade para o que era devidamente uma descoberta de Magendie" (Gallistel, 1981, p. 359). O sucesso dessa campanha é constatado nas referências dos livros-texto atuais à lei de Bell-Magendie. Essa atribuição é injusta para Magendie. Seus experimentos foram muito mais completos e conclusivos do que os de Bell. Suas conclusões foram claras, ao passo que as de Bell foram difusas e obscuras. Bell injustamente criticou Magendie pela crueldade de seus experimentos, alegando que seus próprios experimentos com "coelhos atordoados" eram mais humanos. Na verdade, os animais em ambos os conjuntos de experimentos devem ter sofrido muita dor. Às vezes, Bell afirmou que os experimentos de Magendie foram replicações desnecessárias dos seus. Ambas as acusações foram usadas pelos antivivisseccionistas e ainda são citadas pelos críticos das pesquisas e experimentos com animais. Finalmente, o comportamento ético de Bell está aberto a reprovação, pois há evidência histórica de que ele fez certas alterações em seus primeiros trabalhos para respaldar sua reivindicação de prioridade (Olmsted, 1943, 1944). Em outros aspectos, Bell é mais digno de admiração. Em 1815, ele serviu com grande coragem como cirurgião de campo na Batalha de Waterloo; e descreveu corretamente a *paralisia de Bell*, um enfraquecimento e paralisia de um lado do rosto, decorrente da contração do sétimo nervo cranial. Ele recebeu o título de cavaleiro em 1831 e se tornou Sir Charles Bell.

A FISIOLOGIA SENSORIAL

Embora o estudo de Bell sobre as raízes dorsais e ventrais da medula espinhal não fosse definitivo, ele estava essencialmente correto em seu argumento, apresentado em 1823, de que os nervos devem influenciar a qualidade de nossas percepções já que interferem entre eventos no mundo externo e em nossa percepção sobre estes. Bell acreditava que cada nervo impõe sua própria qualidade específica sobre o que percebemos. Essa doutrina estabelece que o mesmo estímulo produzirá diferentes sensações se atuar em nervos distintos. Como é o nervo que define a especificidade sensorial, quando um determinado nervo está ativo, resultará uma sensação apropriada. Um estímulo forte, como um golpe na cabeça, produz sensações de dor, *flashes* de luz e sons porque esses diferentes sistemas sensoriais foram todos estimulados. Essa doutrina também diz que diferentes estímulos que agem no mesmo nervo devem produzir a mesma sensação; como é o nervo que define a especificidade sensorial, o resultado é uma determinada sensação, não importando o modo como o nervo é estimulado. Assim, as sensações visuais, que em geral são resultado da estimulação do olho e do nervo óptico através da luz, podem decorrer da estimulação química e elétrica do próprio nervo ou da pressão do olho quando as pálpebras se fecham. São estímulos diferentes, mas todos produzem atividade no nervo óptico; assim, a sensação que se tem é de luz.

Essa doutrina das energias específicas dos nervos foi aperfeiçoada posteriormente pelo fisiologista alemão do século XIX, Johannes Peter Müller (1801–1858), em seu *Handbuch der Physiologie der Menschen* [Manual de Fisiologia Humana] de 1840. Müller apontou corretamente que os próprios nervos devem comunicar diferentes impressões ao cérebro, ou projetar, para diferentes partes deste, quais especificidades impor. Na época, Müller julgou impossível obter provas de ambas as afirmações. Atualmente sabemos que as áreas de projeção sensorial do cérebro definem a qualidade específica.

Hermann von Helmholtz (1821-1894)

Hermann Ludwig von Helmholtz, talvez um dos maiores fisiologistas do século XIX, foi responsável por outros avanços na fisiologia sensorial. Helmholtz, filho de um professor de alemão, nasceu em Potsdam. Aluno precoce e brilhante, ele se formou antes dos demais no curso secundário e se matriculou como bolsista em uma instituição que treinava cirurgiões para o exército prussiano. O currículo era rigoroso – 48 aulas por semana, das quais a primeira delas começava às seis horas todos os dias –, mas o esforçado Helmholtz conseguiu sair-se bem nesse regime. Ele até conseguia tempo para ir ao teatro, a recitais de Beethoven e Mozart, ler Goethe e Byron e dominar cálculo integral. Helmholtz obteve o mestrado em 1842 e, então, teve de cumprir a obrigação de servir o exército como cirurgião durante seis anos. No entanto, ele estava muito mais interessado em pesquisa do que na prática da medicina e em 1849 aceitou lecionar fisiologia na Universität Königsberg. Foi aí que começou com uma série de contribuições brilhantes à fisiologia e óptica fisiológica; uma de suas contribuições técnicas – a invenção do oftalmoscópio – permitiu, pela primeira vez, o exame da retina sob iluminação direta. Posteriormente, Helmholtz publicou os trabalhos decisivos do século XIX em acústica e óptica fisiológicas e uma teoria ainda influente sobre a visão das cores.

A Teoria Tricromática da Visão de Cores de Young-Helmholtz

Em 1801, Thomas Young (1773–1829), médico e físico inglês, propôs que a visão das cores se baseava em três diferentes tipos de fibras nervosas, que correspondiam às três cores primárias de Newton – vermelho, verde e azul. Na década de 1850, Helmholtz descobriu a teoria de Young, e com o físico inglês James Clark Maxwell, testou-a experimentalmente. Eles descobriram, como a teoria de Young havia previsto, que as pessoas podiam combinar uma luz de qualquer cor (nuança) com alguma associação de três luzes das cores primárias. Essa teoria da visão das cores ficou conhecida como *teoria tricromática da visão de cores de Young-Helmholtz*. Estudos recentes de fisiologia sobre a retina humana mostraram três tipos de *cones*, cada um deles com uma fotoquímica diferente que o torna mais sensível à luz dentro de uma das faixas das três cores primárias (Gray, 2002, p. 285). Nossa visão das cores é resultado de diferentes combinações dessas fotoquímicas. Mas a pesquisa sobre condução neural foi a contribuição mais importante de Helmholtz.

A pesquisa de Helmholtz ocorreu tendo como pano de fundo a experimentação e especulação sobre a eletricidade e o sistema nervoso. Um cientista holandês do século XVII, John Swammerdam (1637–1680), removeu um músculo, e o nervo ligado a ele, da perna de uma rã. Quando ele beliscava o nervo, o músculo se contraía. Em 1751, depois de uma longa série de experimentos que usavam preparados de nervo e músculo de rãs, Robert Whytt concluiu que "um certo poder de influência localizado no cérebro, medula e nervos ou é causa imediata da contração dos músculos dos animais ou, pelo menos, é algo necessário para que isso aconteça" (Whytt, 1751, seção 1, p. 3). O século XVIII foi a era da eletricidade e, dessa forma, tornava-se inevitável que o "certo poder de influência" de Whytt fosse considerado de natureza elétrica. Na década de 1780, um professor italiano da Università di Bologna, Luigi Galvani (1737–1798) usou uma máquina de "manipulação elétrica" para estimular – ou, como ele disse, irritar – os músculos das rãs. Galvani estava familiarizado com os experimentos de Benjamin Franklin sobre a eletricidade. Franklin (1706–1790) começou suas observações sobre os fenômenos elétricos na Filadélfia na década de 1740. Ele concluiu que todos os corpos têm uma qualidade natural relacionada a um fogo elétrico e contêm uma carga elétrica. Franklin explicou o raio como uma liberação rápida do fogo elétrico e inventou o pára-raios para desarmar as nuvens e dar proteção contra os raios. O ponto de vista de Franklin era controverso, então ele propôs uma demonstração drástica:

Uma guarita foi colocada em um prédio alto; uma vareta longa e pontuda saía pela porta e chegava a uma altura de seis ou nove metros, terminando em uma ponta. Essa ponta foi fixada no meio de uma plataforma isolada que tinha de ser mantida limpa e seca para fazer seu papel de isolador.
(Benjamin Franklin, apud Cohen, 1941, p. 134)

Franklin previu que uma sentinela em tal guarita estaria segura durante uma tempestade com raios. Os primeiros testes com a guarita foram feitos na França em maio de 1752. A sentinela saiu da guarita ilesa. Os testes foram feitos também para o rei da França e sua corte, novamente com sucesso. Demonstrações semelhantes seguiram-se na Alemanha e na Inglaterra, mas não na Rússia. Em São Petersburgo, o participante não observou todas as recomendações de segurança de Franklin e foi eletrocutado.

Em uma segunda demonstração famosa, Franklin empinou uma pipa elétrica durante tempestades com raios. Essas demonstrações apontaram de forma conclusiva que a descarga de raios é um fenômeno elétrico. Elas proporcionaram uma explicação racional para um dos fenômenos naturais mais assustadores e perigosos, bem como uma aplicação prática, o pára-raios, que salvaria vidas e propriedades.

Galvani investigou os efeitos da eletricidade que ocorrem naturalmente na contração muscular. Ele amarrou um longo arame no teto de seu laboratório até o viveiro de rãs e prendeu uma das extremidades a seus músculos. Quando uma nuvem com descarga de eletricidade passava por cima, os músculos se contraíram. Essa demonstração agradou tanto Galvani que ele a usou para divertir os convidados depois de um jantar. Galvani buscou uma fonte mais poderosa de eletricidade natural e, dessa forma, tentou capturar um raio com seu arame. Ele nunca conseguiu fazer isso, o que foi bom tanto para Galvani como para suas rãs. Ele também observou as contrações musculares quando conectou o músculo de uma rã entre diferentes metais; a prata e o ferro produziram a "reação mais veemente". Galvani descreveu os resultados desses experimentos em seu livro de 1791 *De Viribus Electritatis in Motu Muscularis Commentarius* [Comentário sobre o Papel da Eletricidade nas Contrações Musculares]. Foram impressos apenas 12 exemplares do livro, pois Galvani não conseguia pensar em mais pessoas que estivessem interessadas nesse experimento ou em sua tese de que a eletricidade é inerente à rã e possivelmente a todos os organismos vivos. Ele acreditava que a eletricidade era gerada pelo cérebro e distribuída por todo o corpo pelo sistema nervoso. Sua tese foi logo questionada, mas seu *insight* de que a atividade neural tem um componente elétrico foi importante, e os psicólogos ainda honram sua memória quando falam de reação *galvânica* da pele. Um questionamento foi feito por Alessandro Volta (1745–1827), uma das 12 pessoas que recebeu o livro de Galvani. Professor de física, Volta acreditava que a eletricidade que Galvani tinha observado não era inerente ao organismo, mas bimetálica – isto é, decorrente de um potencial ou diferença de "voltagem" entre os metais ligados à rã. Volta disse que as rãs de Galvani não tinham *gerado* eletricidade, mas *conduziram-na*.

Nos primeiros anos da década de 1840, Emil Du Bois-Reymond (1818–1896) começou seus estudos eletrofisiológicos sobre o tecido nervoso. Na época, não havia nenhum aparelho com a sensibilidade necessária para medir a atividade elétrica do sistema nervoso. Du Bois-Reymond lutou durante anos com os aparelhos que ele acabou chamando de "cruéis". Finalmente, em 1848, Du Bois-Reymond teve a grande satisfação de registrar a atividade elétrica do nervo ciático da rã. Quando colocou um fio em um nervo e outro na extremidade seccionada do nervo, ele observou o fluxo da corrente elétrica. Em seguida, tentou medir voltagens elétricas nos músculos de seus braços, mas não foi bem-sucedido por causa da alta resistência da pele. Então, Du Bois-Reymond fez uma bolha em sua pele e colocou nela um mata-borrão embebido em solução salina para facilitar a condução. A sensibilidade aumentou cerca de 30 vezes e ele conseguiu registrar atividade elétrica quando mexia o braço (Lustig e Knapp, 1996, p. 82). O impulso nervoso era um mistério antes de terem sido realizados esses experimentos. Sabia-se que uma certa oscilação percorria o nervo, mas a natureza e a velocidade dessa oscilação eram desconhecidas. Du Bois-Reymond mostrou que essa oscilação era de natureza elétrica. Seu livro de dois volumes, *Animal Electricity* [Eletricidade em Animais], resumiu o que se sabia sobre a condução elétrica do nervo e também desenvolveu uma teoria da polarização para explicar as funções neuromusculares.

Helmholtz Mede a Velocidade do Impulso Nervoso

Uma vez que ele entendeu que a oscilação que percorria o nervo era de natureza elétrica, Helmholtz pôs-se a medir sua velocidade. Primeiramente, ele dissecou o nervo motor e o músculo da perna de uma rã. Quando o nervo foi estimulado eletricamente, o músculo contraiu-se. Helmholtz também inventou o miógrafo, no qual o músculo registrava sua contração em um cilindro giratório. Esse aparelho podia registrar a latência, duração e natureza da contração. Na opinião de Helmholtz, o curto intervalo entre a estimulação do nervo e a contração do músculo era o tempo que o impulso elétrico levava para percorrer o nervo. Conhecendo esse tempo e o comprimento do nervo, ele calculou a velocidade do impulso nervoso em 25 metros por segundo. Helmholtz, então, treinou pessoas para que pressionassem um botão quando sentissem um estímulo aplicado às pernas. Os resultados variaram, mas como ele havia previsto, os tempos de reação eram mais longos para um estímulo aplicado ao dedo do pé do que à coxa. Esses experimentos foram muito significativos. Pela primeira vez, a velocidade do impulso nervoso, tanto nas rãs como nos seres humanos, havia sido medida. As primeiras estimativas haviam variado entre 2.743 metros por minuto e incríveis 17.556.000 metros por segundo. Com as observações de Helmholtz, elas foram substituídas por medições exatas e incrivelmente precisas. Atualmente, considera-se que os experimentos de Helmholtz foram um trunfo da pesquisa do século XIX. Mas as reações iniciais foram mais contidas. Os resultados parecem contrários ao senso comum: acreditamos que nossas sensações sejam imediatas, não retardadas, como as conclusões de Helmholtz sugeririam. Quando uma girafa bate sua pata, quanto tempo decorre até que ela sinta dor? A grande distância que o impulso nervoso sensorial tem de percorrer para chegar ao cérebro do animal sugere um atraso significativo. Mas a reação do animal parece instantânea. Até os contemporâneos de Helmholtz expressaram reservas. Du Bois-Reymond comentou o primeiro relato que Helmholtz fez de sua pesquisa: "Seu trabalho, digo com orgulho e pesar, é entendido e reconhecido apenas por mim. Desculpe, mas você expôs o assunto de forma tão obscura que seu relato poderia, na melhor das hipóteses, ser uma introdução à descoberta do método" (Koenigsberger, 1965, p. 64). As palestras de Helmholtz não foram melhores. Seu pai fez o seguinte comentário sobre uma delas: "Ele é tão pouco capaz de escapar de sua rigidez científica de expressão... que eu sinto muito respeito por uma audiência que poderia entendê-lo e agradecer a ele por isso" (Koenigsberger, 1965, p. 65).

Embora seu estilo possa ter sido obscuro, o trabalho de Helmholtz foi reconhecido como a jóia da coroa da pesquisa fisiológica do século XIX. Seus resultados suscitaram uma série de perguntas. Primeiramente, qual é a natureza do impulso nervoso? É exclusivamente elétrico ou tem componentes químicos? Em segundo lugar, diferentes nervos transmitem em velocidades distintas, e os nervos de pessoas diferentes transmitem em velocidades distintas? Terceiro, a velocidade do impulso nervoso depende da intensidade do estímulo? Quarto, os nervos podem ser igualmente estimuláveis continuamente? Em suas tentativas de responder a essas perguntas, os psicólogos sensoriais do século XIX fizeram grandes avanços em relação ao entendimento do sistema nervoso. Em 1882, em reconhecimento às suas contribuições, o imperador alemão elevou Helmholtz à condição de nobre, e Hermann *von* Helmholtz passou a ser seu novo nome perante a lei.

Mas e o cérebro e sua relação com a mente? Atualmente, consideramos o cérebro o órgão canônico do corpo, o centro do intelecto e da consciência. No início, o cérebro poderia parecer um candidato inexpressivo para desempenhar esse papel: o cérebro humano pesa entre 1,585 kg e 1,815 kg, parece inativo a olho nu e tem uma consistência de gelatina firme. Embora agora saibamos que o cérebro é a fonte suprema de nossas maiores realizações – sinfonias de Beethoven, *Hamlet*, a Declaração da Independência, os quadros do Impressionismo francês e a ponte Golden Gate. Mas ele também é a origem de Dachau, Belsen, Adolf Hitler e Charles Manson. Entender o cérebro é o maior desafio que enfrentamos. O século XIX testemunhou mudanças revolucionárias em concepções sobre a função do cérebro. Pela primeira vez, os cientistas estudaram o cérebro diretamente e fizeram muitos progressos em relação à compreensão de suas estruturas e funções. Ainda estamos longe de um completo entendimento, mas fizemos um grande avanço.

FRENOLOGIA

Primeiramente, devemos lidar com uma saída em falso. A frenologia[1] foi uma descrição extraordinariamente detalhada da função cerebral que recebeu grande aclamação popular no século XIX. Durante um certo tempo, a frenologia foi uma ciência (*logos*) aceita da mente (*phrenos*). Apesar de sua base empírica cuidadosamente construída, a frenologia tinha muitas falhas e atualmente é considerada, no máximo, uma pseudociência. É instrutivo fazermos uma análise do período áureo e da decadência da frenologia.

Franz Joseph Gall (1758–1828) e Johann Caspar Spurzheim (1776–1832)

A frenologia começou com o trabalho de Franz Joseph Gall. Nascido na Alemanha, filho de um pequeno comerciante e prefeito do vilarejo, Gall formou-se médico em Viena em 1785. Em Viena, fez uma carreira médica bem-sucedida, com muitos pacientes famosos, e ganhou reputação por manter um estilo de vida extravagante e indiscreto. Também foi bastante considerado pelos seus estudos em anatomia e proferia muitas palestras, às vezes cobrando taxa de admissão para suas demonstrações. Gall escreveu *A Treatise on the Philosophy of Medicine* [Tratado sobre a Filosofia da Medicina] publicado em 1791. Mas ele é lembrado atualmente por suas afirmações de que é possível saber qual a personalidade de uma pessoa a partir da aparência física, principalmente as características do crânio. Quando criança, Gall notou que alguns de seus conhecidos com boa memória também tinham olhos grandes e protuberantes. Como anatomista, ele especulou que outras características podiam estar associadas a atributos externos, então começou a fazer uma avaliação sistemática dessa idéia. Gall acreditava que medições precisas levariam a um entendimento da personalidade das pessoas. Ele visitou orfanatos, prisões e manicômios para medir ou "ler" os crânios das pessoas que moravam nessas instituições. Ao mesmo tempo, Gall organizou um grande catálogo de características mentais específicas associadas a determinadas protuberâncias na mesma área do crânio. Por exemplo, ele encontrou um número de batedores de carteiras convictos que possuíam protuberâncias na mesma área do lado do cérebro, acima da orelha. Gall concluiu que era o local do cérebro relativo à função ou poder da ganância, uma função, sem dúvida, muito bem desenvolvida nos batedores de carteira. Não satisfeito com o estudo dos crânios dos vivos, Gall também coletou amostras dos crânios de pessoas mortas. Assim, ele aumentava

---

[1] Um *site* rico em informações sobre a *História da Frenologia* é mantido por John Wyne na Biblioteca Britânica.

constantemente sua coleção de crânios a ponto de muitos vienenses especificarem em seus testamentos que "sua cabeça ficasse protegida das pesquisas do Dr. Gall".

Como resultado da medição incessante de Gall, ele desenvolveu gradualmente uma "doutrina do crânio" que resumia a grande quantidade de dados que ele reuniu. Essa doutrina afirmava que a personalidade e a inteligência podem ser reduzidas a 27 poderes ou funções, incluindo: o poder de propagar, ternura, valor, senso moral, perspicácia, um sentido de Deus, orgulho, astúcia, roubo, talento poético e o poder de ser instruído. Gall acreditava que cada um desses poderes estava localizado em uma área de superfície específica do cérebro e que o crânio envolve o cérebro tão de perto que os contornos do crânio refletem desvios na superfície do cérebro. Poderes mais desenvolvidos causam a aparição de pequenas protuberâncias no crânio; poderes menos desenvolvidos podem até originar reentrâncias. Conseqüentemente, a medição ou apalpação (exame pelo toque) do crânio pode revelar a força dos poderes subjacentes. Gall organizou os resultados em uma escala de classificação.

Gall atraiu muitos seguidores e partidários, mas também fez inimigos poderosos. A Igreja Católica rotulou seu trabalho de determinista e materialista, o que correspondia à verdade, e com implicações ateístas. Gall protestou dizendo que sua descoberta de um "órgão da religião" havia sido a prova definitiva da existência de Deus. Mas seus protestos não serviram para nada. Seus livros foram colocados no *Index of Prohibited Books* [Índice dos Livros Proibidos] da Igreja. Em 1802, o imperador austríaco Francisco I condenou as palestras de Gall sobre a estreita ligação entre cérebro e personalidade afirmando que eram "algo subversivo à religião e à moral" e o proibiu de falar em público. Gall deixou Viena e, depois de uma turnê de palestras muito bem-sucedida pela Europa, estabeleceu-se em Paris.

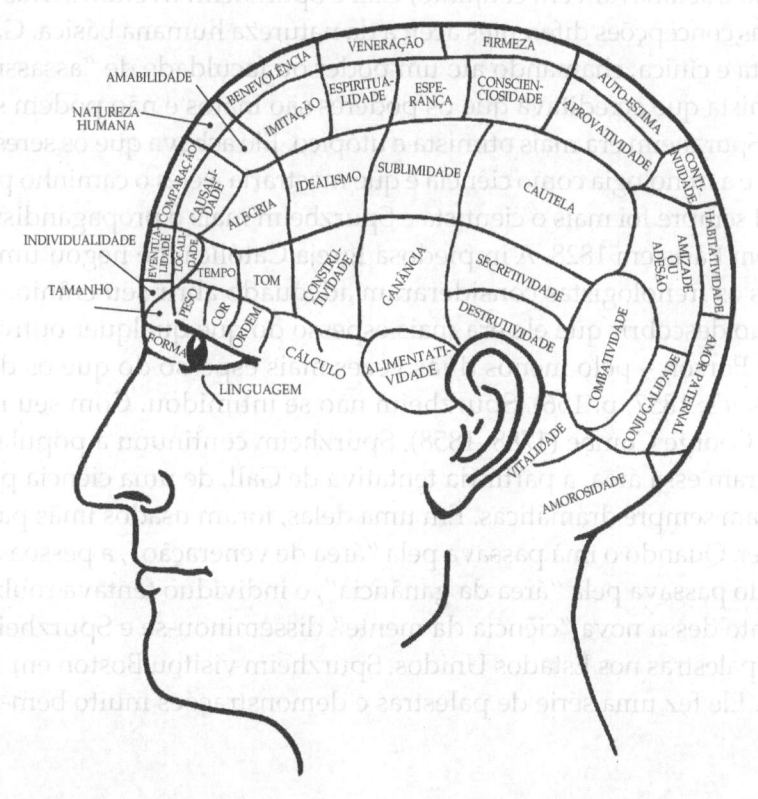

Mapa frenológico com a localização das várias faculdades mentais em áreas específicas do crânio.

Apesar da censura das autoridades eclesiásticas e civis, Gall atraiu muitos seguidores, sendo Spurzheim o mais importante deles. Spurzheim inicialmente estudou teologia e depois cursou medicina em Viena. Em 1804 ele se tornou secretário e assistente de Gall e no ano seguinte partiu de Viena com Gall. Entre 1810 e 1819, ele publicou às custas de Gall quatro volumes de *quarto*[2] e um atlas de mil ilustrações descrevendo *The Anatomy and Physiology of the Nervous System in General and the Brain in Particular, with Observations on the Possibility of Discovering the Number of Intellectual and Moral Dispositions of Men and Animals Through the Configurations of Their Heads* [Anatomia e Fisiologia do Sistema Nervoso em Geral e Cérebro em Particular, com Observações sobre a Possibilidade de Descobrir o Número de Disposições Intelectuais e Morais dos Homens e Animais através das Configurações de suas Cabeças]. Edições baratas, populares, sem as ilustrações, foram publicadas em 1822 e 1825. Seu objetivo era desenvolver um conhecimento perfeito da natureza humana com base no estudo e medição do crânio. Os frenologistas se consideravam anatomistas ou cientistas. Eles tinham total desprezo pelos filósofos e metafísicos de gabinete. Mas a lógica de seus argumentos era falha. Em um incidente infame, Richard Porson, um aclamado crítico e acadêmico clássico, morreu de apoplexia. Durante muito tempo, ele foi professor de grego na University of Cambridge e distinguiu-se por seu alto grau de erudição, exatidão e solidez de julgamento, intenso poder de concentração e memória brilhante. Depois de sua morte, seu crânio foi examinado, entretanto, como o relato de um contemporâneo mostrou, "para a consternação de todos os frenologistas, mas para o consolo de todos os pouco inteligentes, seu crânio era mais espesso do que o de qualquer outro homem já dissecado na Europa" (*Emerson´s United States Magazine*, 1857, p. 155). Dr. Gall foi consultado. Ele concordou que o caso era assombroso, mas concluiu: "Como tanto conhecimento poderia caber em tal crânio eu, na verdade, não consigo compreender; mas posso entender que, uma vez que coube, *nunca mais poderia sair*" (*Emerson´s*, 1857, p. 155).

Mesmo quando trabalhavam em conjunto, Gall e Spurzheim tiveram sérios desentendimentos decorrentes de suas concepções diferentes acerca da natureza humana básica. Gall tinha uma visão bastante pessimista e cínica, chamando até um poder ou faculdade de "assassina". Ele era muito mais um determinista que acreditava que os poderes são inatos e não podem ser modificados. O ponto de vista de Spurzheim era mais otimista e utópico. Ele achava que os seres humanos podiam ser aperfeiçoados, e a frenologia como ciência é que mostraria a eles o caminho para uma vida feliz. Entre os dois, Gall sempre foi mais o cientista e Spurzheim mais o propagandista e promotor.

Gall morreu em Paris em 1828. A impiedosa Igreja Católica lhe negou um sepultamento em solo sagrado, mas os frenologistas consideraram adequado abrir seu crânio. Os anatomistas ficaram surpresos ao descobrir que ele era mais espesso do que qualquer outro que haviam visto desde a morte de Porson – pelo menos duas vezes mais espesso do que os demais que tinham observado (*Emerson's*, 1857, p. 156). Spurzheim não se intimidou. Com seu novo colega, o frenologista escocês George Combe (1788–1858), Spurzheim continuou a popularizar a frenologia. Juntos, eles mudaram essa área, a partir da tentativa de Gall, de uma ciência para um culto. Suas demonstrações eram sempre dramáticas. Em uma delas, foram usados ímãs para "estimular" um determinado poder. Quando o ímã passava pela "área de veneração", a pessoa assumia um "ar de adoração". Quando passava pela "área da ganância", o indivíduo tentava roubar o frenologista.

O conhecimento dessa nova "ciência da mente" disseminou-se e Spurzheim e Combe foram convidados a dar palestras nos Estados Unidos. Spurzheim visitou Boston em 1832 e sua chegada foi uma sensação. Ele fez uma série de palestras e demonstrações muito bem-sucedidas em hos-

---

[2] *quarto*, s. Um livro de cerca de 24 x 31 cm, produzido dobrando-se as folhas impressas duas vezes para formar quatro folhas ou oito páginas (Rhdel, p. 1.176).

pitais e universidades e participou de formaturas em Harvard e Yale como convidado de honra. Como um observador contemporâneo declarou: "Os professores estavam apaixonados por ele" (Bakan, 1967, p. 331). Seis semanas frenéticas após sua chegada aos Estados Unidos, na fase de sua maior popularidade, Spurzheim morreu. Sua morte e funeral foram acontecimentos importantes, e o interesse em frenologia aumentou ainda mais quando uma necropsia revelou que ele possuía um cérebro compacto de 1,6 kg, cerca de 284 g maior do que a média. As pessoas não tinham certeza a respeito do que significava ter um cérebro tão pesado, mas certamente não podia ser uma coincidência.

Depois da morte de Spurzheim, Combe continuou a popularizar a frenologia. Ele foi fundamental na formação de mais de 45 sociedades de frenologia, tanto na Europa quanto nos Estados Unidos, muitas das quais continuaram a existir até o século XX. O texto sobre frenologia de autoria de Combe, *Constitution of Man* [Constituição do Homem] vendeu mais de cem mil cópias, e alguns diziam que, no século XIX, muitos lares tinham apenas três livros: a Bíblia, *Pilgrim's Progress* [O Progresso do Peregrino] e *Constitution of Man* (Young, 1985, p. 64). Combe foi eleito para a *National Academy of Natural Sciences* [Academia Nacional de Ciências Naturais] e lhe ofereceram uma cadeira na University of Michigan em filosofia mental e moral. Ele devotou sua vida à frenologia, educação e reforma das prisões e manicômios e parece ter sido dedicado e idealista com respeito a esse objetivo. Quando solicitaram a Combe para justificar a existência da escravidão com base em seus estudos científicos que haviam constatado que os crânios de pessoas negras eram "inferiores", ele recusou-se a fazê-lo e declarou que um escravo que recebeu educação poderia competir como uma pessoa livre. Ele também atacou a condição de segunda classe atribuída às mulheres – rejeitando as afirmações de que elas eram intelectual e emocionalmente inferiores aos homens. Sarah Josepha Hale, autora do conhecido verso "Mary Had a Little Lamb" [Mary tinha um Pequeno Cordeiro] e editora da *Boston's Ladies Magazine*, disse que a frenologia só ficava atrás do cristianismo como força para a elevação e melhoria da condição das mulheres. No entanto, como resultado da popularização da frenologia, o foco da disciplina logo mudou. Não era mais uma ciência empírica como Gall a havia originalmente definido.

A Frenologia como um Grande Negócio

Três norte-americanos empreendedores foram rápidos em capitalizar a moda que havia se tornado a frenologia. Orson e Lorenzo Fowler e um homem chamado Samuel Wells, que se casou com a irmã de Fowler, criaram a empresa familiar Fowler and Wells. Eles vendiam todo tipo de aparelhos e equipamentos frenológicos imagináveis, incluindo bustos e cabeças com áreas perfeitamente numeradas e marcadas com letras, bem como manuais completos sobre frenologia com instruções detalhadas para auto-análise frenológica. Nas mãos deles, a frenologia tornou-se "a ciência de assaltar o bolso por meio do couro cabeludo" (Bierce, 1958, p. 99). "Conheça a si mesmo" era o lema dos frenologistas. O *best-seller Phrenological Self-Instructor* [Auto-Instrutor Frenológico] (Fowler e Fowler, 1859) era amplamente ilustrado com "provas" da frenologia. A boa mãe possuía uma protuberância em sua área de amor materno, e a que não tinha instinto materno, uma reentrância. Aaron Burr, que matou Alexander Hamilton em um duelo, foi julgado por traição e que era bastante conhecido como um sedutor, é mostrado como uma pessoa que tem uma protuberância na área de propensão ao amor (inclinação à amorosidade). Por outro lado, a "Senhorita Modéstia" é retratada com uma depressão profunda na mesma área (Fowler e Fowler, 1859, p. 75). Fowler e Wells proferiram várias palestras e fizeram diversas turnês de divulgação, publicaram uma quantidade surpreendente de literatura especializada e abriram uma série de salões de frenologia em muitas cidades. Seu escritório em Nova York era um depósito com milhares de crânios de pessoas e animais.

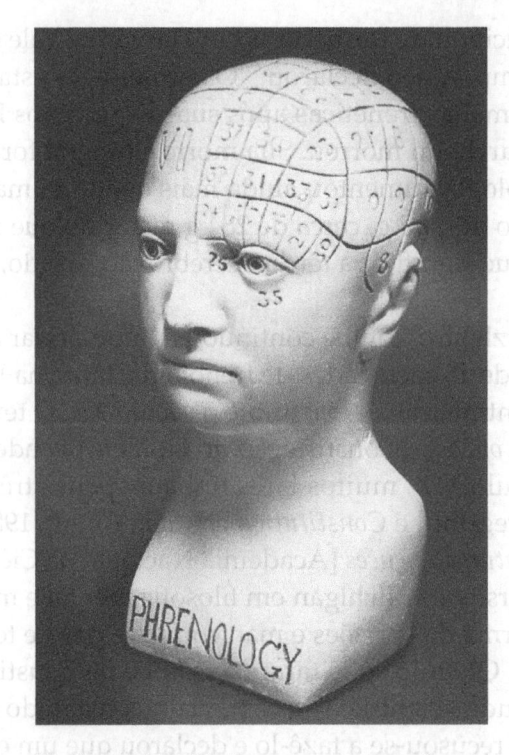

Um busto frenológico com a numeração
perfeita da localização de diferentes
faculdades.
(Leonard Lessin/Peter Arnold)

Fowler e Wells tiveram um grande impacto na cultura norte-americana naquela época. Algumas empresas norte-americanas faziam dos exames frenológicos uma condição para empregar uma pessoa; os políticos que concorriam a cargos passavam por exame frenológico e, se os resultados fossem favoráveis, eles os publicavam. Anúncios, como o exemplo a seguir tirado do *New York Sun*, apareciam nos jornais:

> Precisa-se de aprendiz – garoto forte com no máximo 15 anos, de pais alemães ou escoceses, para aprender um bom ofício, porém difícil. Obs.: será necessário trazer recomendações que comprovem suas habilidades conferidas pelos Srs. Fowler e Wells, frenologistas, Nassau Street. (Schwartz, 1986, p. 33)

Os jovens que pretendiam casar eram convencidos a consultar um frenologista para aprender as leis da seleção conjugal e descobrir com quem deviam ou não se casar. Os pintores e escultores usavam calibradores para medir os crânios de seus modelos; as mulheres eram aconselhadas a usar coques para mostrar sua nuca alta, nobre, e suas grandes faculdades domésticas, desde que essas características fossem proeminentes (Colbert, 1998, p. 180). Foram feitas leituras das cabeças de muitas figuras famosas; Walt Whitman ficou tão satisfeito com os resultados de sua análise frenológica que a publicou cinco vezes. Os termos e análises frenológicos aparecem freqüentemente na literatura do século XIX: os heróis de Charlotte Bronte têm cabeças grandes, testas altas, olhos separados um do outro, ao passo que os vilões têm cabeças estreitas, sobrancelhas salientes e olhos pequenos. Edgar Allan Poe sempre incluía regularmente conceitos frenológicos em suas obras, e diziam que Jane Eyre tinha uma área de veneração extraordinariamente grande. Em o *Cão de Baskervilles*, publicado originalmente em 1901, Sherlock Holmes encontra o Dr. James Mortimer, membro do Royal College of Surgeons e um entusiasta da frenologia:

O senhor me interessa muito, Sr. Holmes. Eu dificilmente podia esperar um crânio tão dolicocéfalo [alongado] ou tal desenvolvimento supra-orbital tão marcante. O senhor teria alguma objeção se eu passasse o dedo nesta fissura parietal? Um molde de seu crânio, até que o original esteja disponível, seria um ornamento para qualquer museu de antropologia. Não é minha intenção ser grosseiro, mas confesso que invejo seu crânio. (Doyle, 1901/1976, p. 194)

O próprio Sherlock Holmes deduziria que o dono de um chapéu grande tinha um grande intelecto. Um cético literário era Herman Melville; em Moby Dick, ele faz uma descrição frenológica, longa e divertida, da grande baleia. John Quincy Adams se perguntou: "Como dois frenologistas podiam se olhar nos olhos sem dar risada?" (Morse, 1997, p. 26). Atualmente, as descrições frenológicas persistem em referências depreciativas a "intelectuais de cabeça alongada" e "atletas de crânio espesso". Os procedimentos frenológicos de medição atingiram seu ápice em 1905 com o desenvolvimento do frenógrafo elétrico de Lavery, criado por Harry Lavery, gerente de hotel e inventor de aparelhos. Diziam que o equipamento media protuberâncias "eletricamente e com precisão científica".[3] As esperanças de Lavery de que seu aparelho revolucionasse a área de orientação vocacional não se concretizaram. Ele se tornou uma distração presente em lojas de departamento e *lobbies* de hotéis para dar uma psicografia ou leitura do caráter (Risse, 1976).

Dada sua popularidade, por que a frenologia caiu em desuso e atualmente é vista, na melhor das hipóteses, como uma pseudociência como a astrologia, a quiromancia, a alquimia e o mesmerismo? As respostas estão em suas características fundamentais e nas premissas. Primeiro, a escolha das faculdades foi indiscriminada. As tentativas de descrever as complexidades da inteligência e da personalidade humanas em termos de um número limitado de faculdades ou poderes estavam condenadas ao fracasso. Segundo, os argumentos dos frenologistas eram circulares. Por que William Teller era um ladrão e o Sr. Gosse um filantropo que deu duas fortunas? Porque Teller tinha uma protuberância na área da ganância e Gosse, uma reentrância. Como sabemos que aquela área era o centro da ganância? Porque Teller tinha uma protuberância e Gosse uma depressão naquele determinado lugar (Fowler, 1859, p. 93). Essa explicação é repetida pelo médico de Molière que explicava que o ópio produz o sono porque tem uma tendência soporífera (Young, 1970, p. 22). Terceiro, a exploração de pessoas ingênuas era inaceitável para estudantes sérios da função do cérebro e da personalidade, como provavelmente teria sido para o próprio Gall. A frenologia fez muitas pessoas ganharem dinheiro, mas nunca foi aceita como um método psicométrico válido. Quarto, a frenologia com suas previsões e explicações circulares nunca poderia ser testada e desacreditada cientificamente. Em 1857, G. H. Lewes aconselhou os frenologistas a "parar de acumular exemplos corroborativos e se concentrar em reunir exemplos *contraditórios*" (Lewes, 1857, p. 674). Mesmo quando esses exemplos contraditórios eram encontrados, os frenologistas os descartavam em vez de considerar sua validade para respaldar ou refutar suas teorias. Quando Spurzheim soube que o crânio de Descartes era muito menor do que a média na região da testa, na qual supostamente está o intelecto, ele simplesmente declarou que "talvez Descartes não tenha sido um pensador tão grandioso quanto muitos achavam" (Lewes, 1857, p. 671-672). Em uma visita a Londres em 1873, Mark Twain consultou o frenologista americano Lorenzo N. Fowler em seu escritório na Fleet Street. Ao encontrar uma cavidade na "área do humor" de Twain, Fowler concluiu que Twain "não era tão divertido quanto pensávamos" (Morse, 1997, p. 26). Por fim, muitos dos principais fisiologistas e anatomistas do século XIX, incluindo Magendie, foram críticos severos da frenologia.

---

[3] Um desses aparelhos impressionantes está em exibição no *Museum of Questionable Medical Devices in Mississippi* (*People Magazine*, 8 nov. 1999, p. 123). Os Arquivos de História da Psicologia Norte-Americana adquiriram um psicógrafo em 2002 (Ochsenhirt, 2002).

Magendie preservou com reverência o cérebro do matemático e físico francês Pierre Laplace (1749-1827). Ele convidou Spurzheim para examinar o cérebro, mas sem seu conhecimento, substituiu-o pelo cérebro de um imbecil. Spurzheim admirou o cérebro como se fosse o de Laplace (Flourens, 1864, p. 234). Em seu *Elementary Treatise on Human Physiology* [Tratado Elementar sobre a Fisiologia Humana], publicado em 1816, Magendie repudiou a frenologia como uma pseudociência assim como a necromancia.[4]

Finalmente, as críticas do principal pesquisador da função do cérebro do século XIX, Pierre Flourens, foram devastadoras. Em *An Examination of Phrenology* [Exame da Frenologia], publicado em 1843, Flourens apresentou uma crítica lógica da frenologia e citou os próprios estudos experimentais dos efeitos da remoção do tecido cerebral (ablação) no comportamento dos animais. A espessura do crânio varia de lugar para lugar e os contornos do crânio não correspondem aos contornos do cérebro; dessa forma, a premissa-chave da frenologia está errada. Os frenologistas haviam localizado a inclinação amorosa na área do cérebro que corresponde ao cerebelo. Em seus experimentos sobre ablação, Flourens descobriu que danos no cerebelo interferem com os movimentos motores, mas não com a força do impulso sexual do animal.

As críticas de Flourens à frenologia foram muito severas, mas é importante entender alguma contribuição positiva que a frenologia possa ter dado ao desenvolvimento da psicologia. Ela reforçou a crença de que o cérebro é o órgão da mente e a sugestão de que as funções mentais podem estar localizadas nele. Os frenologistas defendiam que as características psicológicas são mensuráveis e, como eles usavam escalas de classificação elaboradas para registrar os diferentes poderes de um determinado indivíduo, reforçaram o conceito da diferença individual, que se tornou o foco dos psicólogos diferenciais e teóricos da personalidade. Erna Lesky, editor de uma antologia de obras de Gall, afirmou em 1979 que Gall era o pai das ciências do comportamento, um grande incentivador da reforma social, um antropólogo criminal da estatura de Cesare Lombroso e um precursor de Charles Darwin. Essas afirmações podem ser questionadas, mas devemos admitir que os frenologistas conseguiram êxitos ocasionais. De acordo com um relato, um frenologista moderno examinou Ray Kroc quando ele tinha 4 anos e previu que ele teria uma carreira de sucesso na indústria de alimentos (Krock, 1987, p. 42). Posteriormente, Kroc criou o McDonald's e amealhou uma fortuna de US$ 450 milhões. Atualmente, o McDonald's tem 23 mil lojas em cem países.

LOCALIZAÇÃO DAS FUNÇÕES NO CÉREBRO

Estudos do Cérebro de Animais

Marie-Jean Pierre Flourens (1794-1867) foi o pesquisador mais importante das funções do cérebro em meados do século XIX. Flourens era um famoso cirurgião francês, secretário permanente da Academia Francesa de Ciências, grande oficial da Legião de Honra, deputado e professor do College of France. Um homem de muitos méritos e realizações, ele devotou sua vida a pesquisar empiricamente as funções de diferentes estruturas do cérebro. Para Flourens, o cérebro parecia harmonioso, intrincado e belo. Sem dúvida, até para um olho não treinado, ele não era uma massa homogênea, mas um conjunto de muitas partes diferentes, todas obviamente interligadas, embora distintas. Como o cérebro tem muitas estruturas diferentes, surgem perguntas: elas desempenham diferentes funções? Essa foi exatamente a pergunta a que Gall respondeu, mas a busca de Flourens por uma resposta tomou um caminho diferente.

---

[4] *necromancia* n. Suposta arte da adivinhação por meio da comunicação com os mortos (Rhdel, p. 955).

Em 1812, Jean Cesar Legallis fez a primeira localização confiável da função em uma estrutura cerebral quando identificou uma região da medula essencial para a respiração (Finger, 1994a). Flourens era um cirurgião brilhante e preciso, famoso pela elegância de seus procedimentos experimentais e testes. Um método que ele utilizava era a ablação, um procedimento experimental no qual áreas específicas do cérebro eram removidas cirurgicamente. Flourens esperava usar esse método para determinar as funções de diferentes estruturas do cérebro. Em seus experimentos, ele adotou duas diretrizes. Primeiramente, ele acreditava que as partes do cérebro a serem estudadas deveriam ser separadas e distintas do ponto de vista anatômico. Para Flourens, seis unidades do sistema nervoso central eram apropriadas para estudo: os hemisférios cerebrais, o cerebelo, os tubérculos quadrigêmeos, a medula oblongata, a medula espinhal e os próprios nervos. Em segundo lugar, a abordagem de Flourens era estudar o comportamento de um animal, fazer uma intervenção cirúrgica delicada na qual uma unidade seria removida, possibilitar que o animal se recuperasse e estudar seu comportamento novamente. Seus métodos experimentais permitiam muito mais controle e precisão do que "experiências da natureza", em que os danos ao cérebro ocorriam como resultado de um acidente, ferimento ou derrame. Flourens reconheceu que as abordagens experimental e clínica se complementam, mas sua abordagem era direta, cirúrgica e experimental. Ela ainda é um modelo para os pesquisadores contemporâneos da função do cérebro.

Flourens resumiu os resultados de suas pesquisas em um trabalho publicado em 1823. No ano seguinte, ele publicou um relato mais detalhado de seu *Experimental Research on the Properties and Functions of the Nervous System in Vertebrates* [Pesquisa Experimental sobre as Propriedades e Funções do Sistema Nervoso dos Vertebrados]. Uma segunda edição foi publicada em Paris, em 1842. Flourens apresentou várias conclusões sobre as funções das unidades básicas do cérebro. Em primeiro lugar, os lobos cerebrais eram o centro de todas as ações voluntárias. Depois de sua remoção, um animal apresentaria apenas reações reflexas – por exemplo, as pupilas dos olhos se dilatariam na presença de uma luz indistinta e se contrairiam diante de uma luz brilhante – mas apesar desses reflexos, o animal estaria funcionalmente cego. Ele não responderia a estímulos visuais. Os estímulos auditivos eram similarmente ineficientes. Depois da remoção dos lobos cerebrais, um pombo permaneceria inerte no momento que soasse uma sirene; antes da operação, diante do som da sirene, o animal voaria imediatamente. Além disso, depois da operação, o pássaro comia apenas quando o alimento era introduzido em seu bico; ele não procurava comida. Voava quando lançado ao ar e, quando deixado por conta, nada acontecia.

Flourens fez o seguinte relato do comportamento de um pombo sem lobos cerebrais:

> Ele se mantinha muito bem em posição ereta; voava quando era jogado ao ar, caminhava quando era empurrado; a íris dos olhos se mexia muito, mas ele não enxergava; ele não ouvia, não se mexia espontaneamente, quase sempre assumia a aparência de um animal que estava dormindo ou sonolento.... Quando eu o deixei por conta própria, ele permaneceu calmo e absorto; em nenhum momento, manifestou algum sinal de vontade. Em uma palavra, era um animal condenado ao sono perpétuo, sem até mesmo a faculdade de sonhar durante o sono; foi assim, quase exatamente, que ficou o pombo do qual removi os lobos cerebrais. (Flourens, 1823/1965, p. 363; também em Clarke e O'Malley, 1968, p. 484-485)

Diante desses resultados, Flourens concluiu que os lobos cerebrais são o centro da percepção – vemos e ouvimos no cérebro – e é também onde estão localizadas funções mentais superiores como memória, vontade e julgamento. Ele resumiu os resultados da seguinte forma:

> Se os lobos cerebrais são removidos, perde-se a visão, pois o animal não consegue mais ver, perde-se a vontade, pois ele não quer mais se mexer; a memória, pois ele não consegue mais se lembrar

de nada; a capacidade de julgamento, pois ele não é capaz de tomar decisões, ele se choca 20 vezes contra o mesmo objeto sem aprender como evitá-lo; ele arrastava a pata no chão quando recebia golpes em vez de fugir. (Flourens, 1823/1965, p. 363; também em Clarke e O'Malley, 1968, p. 485)

Depois da remoção do cerebelo, um animal andava com movimentos espasmódicos e descoordenados. Os pássaros com danos no cerebelo pareciam tentar voar, ao contrário dos pássaros com problemas no lobo cerebral, que pareciam não ter vontade de voar. Mas quando os pássaros com danos no cerebelo eram atirados ao ar, eles não conseguiam coordenar os movimentos necessários para permanecer voando. Flourens encontrou resultados semelhantes quando ele progressivamente causou danos no cerebelo de um cão. Como Flourens removeu seções cada vez mais profundas do cerebelo, a capacidade de o cão andar diminuiu proporcionalmente até ele não conseguir mais controlar seus movimentos. Flourens concluiu corretamente a partir desses estudos sistemáticos que o cerebelo controla e coordena as atividades motoras relacionadas aos movimentos de andar, saltar, voar e ficar de pé.

Flourens descobriu que os animais podiam sobreviver a danos aos lobos cerebrais e ao cerebelo, mas não a danos à estrutura que contém as áreas que controlam o coração, a respiração e outros sistemas que são "vitais" ou básicos para a vida. Conseqüentemente, ele chamou essa área – a medula oblongata – de "nó vital".

Até o momento, consideramos as descrições de Flourens sobre as funções das diferentes áreas ou unidades do cérebro, que ele chamou de suas *actions propres* ou ações específicas. No entanto, Flourens também enfatizou que o cérebro é um sistema interligado, integrado que funciona com um *action commune*, ou ação comum. Ele escreveu:

O sistema nervoso não é homogêneo; os lobos cerebrais não atuam da mesma forma que o cerebelo, nem o cerebelo como a medula espinhal, nem a medula espinhal como os nervos. Mas é um sistema único, todas suas partes concorrem, consentem e estão de acordo; o que as distingue é a maneira adequada e determinada de agir: o que as une é uma ação recíproca por meio de uma energia em comum. (Flourens, 1823, p. 368; também em Clarke e O'Malley, 1968, p. 485)

Para Flourens, a unidade do cérebro foi o "grande princípio" reinante. Com esse ponto de vista, Flourens antecipou os conceitos de *equipotencialidade* e de *ação em massa* de um grande estudioso da função do cérebro do século XX, Karl Lashley (Lashley, 1929). Flourens também analisou a recuperação da função depois de danos cerebrais. Ele descobriu que pequenas áreas do cérebro poderiam suportar os danos sem uma perda clara da função. Os efeitos de uma ablação dependem da quantidade de tecido removido. Algumas funções que o cérebro perdeu imediatamente após sofrer danos poderiam ser recuperadas por ele com o tempo. Flourens acreditava que essa recuperação ocorria quando certas áreas do cérebro assumiam as funções das áreas removidas. Esse tipo de recuperação da função pode ser vista em vítimas de derrame. Imediatamente depois do derrame, elas podem ficar funcionalmente devastadas, mas depois de alguns meses, muitas delas recuperam suas habilidades até determinado ponto. Essas são as semelhanças clínicas com seres humanos dos resultados que Flourens reportou.

Estudos do Cérebro Humano

Acima de tudo, Flourens acreditava que experimentos elegantemente controlados e cuidadosamente realizados são essenciais para entender a função do cérebro. A partir de seus experimentos com animais, ele concluiu que o cérebro é o órgão da mente. No entanto, a pergunta ainda permanecia: e os seres humanos? Os mesmos princípios aplicam-se ao cérebro humano? Em uma ironia da história, a conclusão de Flourens provou ser aplicável aos seres humanos por causa de terríveis conseqüências de um acidente que envolveu um membro de um grupo de construção de uma ferrovia. Seria difícil imaginar ambiente menos controlado para o estudo da função do cérebro, mas a conclusão foi a mesma.

O acidente ferroviário ocorreu às 4h30 da tarde de 13 de setembro de 1848, perto da cidadezinha de Cavendish, Vermont (Macmillan, 1986). A figura central foi um capataz do grupo da ferrovia, de 25 anos, Phineas P. Gage, um homem descrito por seus colegas como astuto, trabalhador, agradável, persistente e ativo. Ele e seus homens estavam construindo uma nova linha ferroviária e iam explodir algumas rochas. Alfred Nobel só iria inventar a dinamite duas décadas mais tarde, em 1866. Na época de Gage, as equipes usavam pólvora para explodir as rochas, um procedimento muito perigoso. Gage colocava a pólvora em um buraco escavado na rocha e a socava com uma longa barra de ferro. Distraído por uma discussão entre dois de seus homens, Gage olhou para trás. A barra de ferro bateu na rocha, gerou uma faísca e atingiu a pólvora. A barra de ferro de seis quilos, 1,17 m saiu com toda força do buraco e entrou bem abaixo do olho esquerdo de Gage. Ela atravessou seu crânio, foi pelos ares e, finalmente, caiu no chão a 46 m de distância. Gage caiu no chão por causa de uma convulsão, mas em alguns minutos recobrou a consciência e foi capaz de falar. Ele foi levado de carroça para Cavendish. Desceu da carroça sem nenhum auxílio e sentou-se na varanda da taverna onde estava alojado, esperando a chegada de um médico. Gage explicava aos passantes o que havia acontecido e, quando o doutor chegou, o recebeu com as palavras: "Doutor, aqui tem trabalho suficiente para o senhor" (Macmillan, 1986, p. 74). Os dois médicos locais que examinaram Gage acharam difícil acreditar na história, mas não havia dúvida de que o terrível projétil havia realmente atravessado sua cabeça. Havia inúmeras testemunhas oculares, os ferimentos decorrentes da penetração e saída do projétil eram claros e a barra de ferro, coberta de massa cinzenta e sangue, havia sido encontrada. Vagarosamente, Gage recuperou-se de seus ferimentos físicos e, em novembro, ele levantou da cama e saiu pela cidade. Ele estava ansioso para voltar ao trabalho, mas tragicamente não conseguiu. John Harlow, um dos dois médicos que o atendeu após o acidente, era um discípulo de Gall e, compreensivelmente, achava Gage fascinante. Ele foi hábil e cuidadoso no tratamento e manteve anotações detalhadas sobre o caso. Harlow descreveu as dificuldades de Gage:

> Seu estado físico é bom e estou inclinado a dizer que ele se recuperou... O equilíbrio ou estabilidade, por assim dizer, entre as faculdades intelectuais e as tendências animais parece ter sido destruído. Ele é indeciso, irreverente, indulgente, às vezes com a mais grosseira irreverência, o que não era seu costume, tendo pouca deferência com seus colegas, intolerante no tocante a restrições ou conselhos quando eles vão contra sua vontade, às vezes perniciosamente obstinado, embora inconstante e vacilante, criando planos que, tão logo concebidos, já são deixados de lado em favor de outros que parecem mais viáveis. Nesse aspecto, sua mente mudou radicalmente, de forma tão decisiva que seus amigos e conhecidos diziam que "não era mais o Gage". (Harlow, 1869, p. 13-14)

O ferimento no cérebro de Gage havia mudado radicalmente sua mente.

Phineas Gage era incapaz de encontrar um emprego. Seu antigo empregador o despediu por causa de seu comportamento errático, e Gage foi forçado a exibir sua barra de ferro no *Barnum's Museum* da cidade de Nova York. Em 1852, ele deixou a Nova Inglaterra por um emprego em Valparaíso, Chile, para cuidar de cavalos e dirigir carruagens puxadas com seis cavalos. Em 1860, sua saúde começou a piorar e ele voltou para os Estados Unidos. Depois de uma série de convulsões cada vez mais sérias, Gage morreu em 21 de maio de 1860 (Macmillan, 1986, p. 76). Seu crânio e a barra de ferro ainda estão em exibição no *Museum of the Harvard Medical School*. Usando tecnologia avançada de imagem tridimensional por computador, Antônio e Hanna Damasio criaram uma

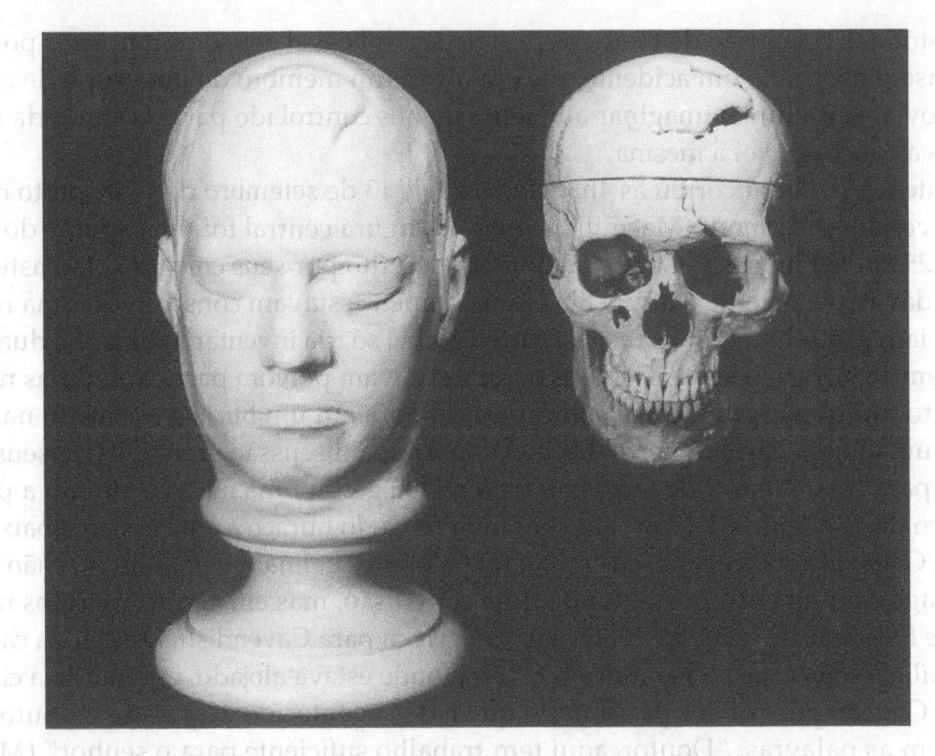

O crânio e a máscara mortuária de Gage revelam a extensão de seu ferimento.
(Warren Anatomical Museum, Harvard Medical School)

imagem do cérebro de Gage, incluindo o caminho percorrido pela barra de ferro entre os lobos frontais inferior e medial (Blakeslee, 1994). Um livro recente, *An Odd Kind of Fame: Stories of Phineas Gage* [Uma Estranha Fama: Histórias de Phineas Gage] (Macmillan, 2000b), faz uma descrição interessante do acidente de Gage e de suas conseqüências, não apenas para ele, mas para nosso entendimento do cérebro.[5] Uma placa comemorativa de Phines Gage foi descoberta em Cavendish, Vermont, em 12 de setembro de 1998, o 150º aniversário de seu acidente.

As mudanças no comportamento e na personalidade que Gage apresentou depois de seu acidente são características de pessoas com danos no lobo frontal. Essas pessoas são em geral bastante passíveis de distração, não conseguem prever as coisas, são frívolas e não apresentam uma conduta confiável. A descrição que John Harlow fez de Gage está entre os relatos clássicos das conseqüências dos danos ao lobo frontal. É compreensível que o relato que Harlow fez do caso tenha sido citado com freqüência no grande debate sobre a localização da função cerebral. Parte do cérebro de Gage havia sido destruída e sua personalidade, emoções e comportamento mudaram e ficaram irreconhecíveis. Com o relato desse caso e os estudos experimentais de Flourens, o papel do cérebro como órgão da mente foi determinado de forma indiscutível.

A Localização da Fala

A fala articulada é uma manifestação da linguagem humana. A questão sobre o papel que o cérebro desempenha na produção e compreensão da fala seria respondida no século XIX. Paradoxal-

---

[5] A Macmillan também mantém um *site* informativo sobre Phineas Gage.

> **Linguagem, o Traço Distintivo**
>
> A linguagem é talvez a faculdade humana mais importante e possivelmente a atividade mais complexa que os psicólogos estudam. Considere as seguintes características da linguagem:
>
> - A linguagem é universal. Todas as culturas e sociedades têm uma língua.
> - Estima-se que existam entre 6 mil e 6.700 línguas faladas atualmente.
> - Cerca de 6 mil línguas foram descritas, das quais 2.400 não são mais faladas.
> - No mundo apenas cerca de 600 línguas estão relativamente seguras, pois têm um mínimo de 100 mil falantes.
> - Entre 3.600 e 5.400 línguas estarão à beira da extinção no próximo século.
> - A maioria das crianças não usa a linguagem até os 2 anos de idade. Aos 3 anos, são usuários sofisticados da linguagem.
> - A complexidade da estrutura das frases e da sintaxe (gramática) surge na idade pré-escolar.
> - A linguagem produz novas combinações de idéias em nossa mente.
>
> De: Pinker, S. (1994): *The language instinct*. New York: William Morrow; e *Saving Alaska's native languages*, National Public Radio, 8 mar. 2002.

mente, as respostas vieram de um estudo cuidadoso com pacientes que tinham *perdido* de modo trágico o poder da fala. Por exemplo, Jonathan Swift, autor de *Gulliver's Travel* [As Viagens de Gulliver], sofreu um derrame e ficou incapacitado de falar um ano antes de sua morte. Ele parecia entender o que as pessoas lhe diziam e, às vezes, tinha explosões emocionais – uma vez disse para si mesmo: "Sou um idiota!" (Fancher, 1990, p. 85).

Gall testemunhou casos de perda repentina da capacidade de falar. Ele atribuiu isso ao dano ao órgão da memória verbal, localizando-o nas regiões cerebrais atrás dos olhos. Nesse caso, essa localização, baseada em observação clínica, mostrou ser correta. Um soldado que Gall examinou havia sofrido um ferimento por espada no cérebro atrás do olho esquerdo (Head, 1926, p. 9). O soldado não conseguia lembrar os nomes de objetos familiares ou de seus conhecidos, tendo se referido a um deles como "Sr. Fulano de Tal". O aluno de Gall, Jean Baptiste Bouillaud (1796–1881), um dos membros fundadores da *Phrenological Society of Paris* [Sociedade de Frenologia de Paris], fazia parte do grupo de *novos* frenologistas que rejeitavam grande parte da *antiga* frenologia. Mas casos como o do soldado convenceram Bouillaud que o cérebro realmente tem um centro de linguagem especial, distinto e independente. Em 1848, em meio a um debate acalorado sobre esse assunto, Bouillaud prometeu 500 francos a qualquer pessoa que conseguisse apresentar alguém com uma lesão grave nos lobos frontais *sem* um distúrbio da fala.

Ninguém conseguiu vencer o desafio feito por Bouillaud, e o assunto ficou pendente até os primeiros meses de 1861, quando a questão da localização da fala no cérebro foi discutida acaloradamente em uma série de reuniões da Sociedade Antropológica Francesa em Paris. Na reunião de fevereiro, o cirurgião e neurologista Pierre-Paul Broca (1824–1880), fiel a Flourens, enfatizou a ação do cérebro como um todo e criticou as tentativas de localizar tais funções como a fala. Seu adversário no debate era Ernest Auburtin (1825–1893), um cirurgião de 36 anos, aluno e genro de Bouillaud. No debate ocorrido em 4 de abril de 1861, Auburtin descreveu um caso de perda repentina da fala e desafiou aqueles que se opunham a seus pontos de vista e aos de Bouillaud sobre a localização do cérebro:

> Por muito tempo durante meu serviço com o Sr. Bouillaud, estudei um paciente chamado Bache, que tinha perdido a fala, mas entendia tudo que lhe era dito e respondia com sinais de uma forma

muito inteligente a todas as perguntas que lhe eram feitas. Esse homem, que passou vários anos no Bicêtre, agora está no Hospital para os Incuráveis. Eu o examinei recentemente de novo e sua doença progrediu; surgiu uma leve paralisia, mas sua inteligência ainda não foi afetada e a fala foi totalmente abolida. Sem dúvida, esse homem irá morrer logo. Com base nos sintomas que ele apresenta, diagnosticamos um amolecimento dos lobos anteriores. Se, na necropsia, esses lobos forem encontrados intactos, abandonarei a idéia que expus a vocês. (Auburtin, 1861, apud Clarke e O'Malley, 1968, p. 493)

Bache não resolveu o problema, mas alguns dias depois desse desafio, um homem chamado Leborgne foi transferido do Hospital Bicêtre para a unidade cirúrgica comandada por Broca. Seus sintomas eram similares aos de Bache. Ele havia perdido a fala 21 anos antes. Leborgne conseguia entender o que as pessoas diziam, resolver problemas aritméticos simples, indicando a solução correta com os dedos e apontando objetos quando lhe faziam perguntas. Como Swift, quando estava zangado, Leborgne fazia um juramento – *Sacre nom de Dieu* (Em nome de Deus) – mas a maior parte de suas vocalizações se restringiam ao som "Tan". Quando lhe faziam perguntas, ele respondia: "Tan, tan". Então, ele ficou conhecido pelo nome de Tan em todo o hospital e passou para os anais médicos como "Tan", paciente de Broca. Após examinar a laringe e o aparelho fonador de Tan, Broca constatou que ambos eram normais. Tan realmente sofria de fraqueza no lado direito do corpo, que havia evoluído para paralisia do braço e perna direitos. Sua perna gangrenou, e Broca viu que era um caso perdido. Broca convocou Auburtin para examinar Tan. Auburtin concluiu que Tan realmente se encaixava nos critérios que ele havia estabelecido em seu desafio.

Tan morreu em 17 de abril de 1861, e Broca fez uma necropsia em seu corpo imediatamente. Na parte posterior da segunda e terceira circunvoluções frontais do lobo frontal esquerdo, ele encontrou uma cavidade do tamanho de um ovo pequeno repleta de fluido. Auburtin estava certo. Naquela reunião mensal da Sociedade Antropológica, Broca apresentou o cérebro de Tan para exame, salientando que a lesão se restringia ao lobo frontal esquerdo. Ele também lançou o termo *afemia* (posteriormente denominada *afasia expressiva*) para descrever a perda da fala articulada que Tan havia sofrido. Em um relatório de três páginas sobre Tan publicado no *Anthropology Society's Bulletin*, Broca concluiu: No entanto, isso só nos permite dizer que, no presente caso, a lesão no lobo frontal era a causa da perda da fala (Broca, 1861, p. 238).

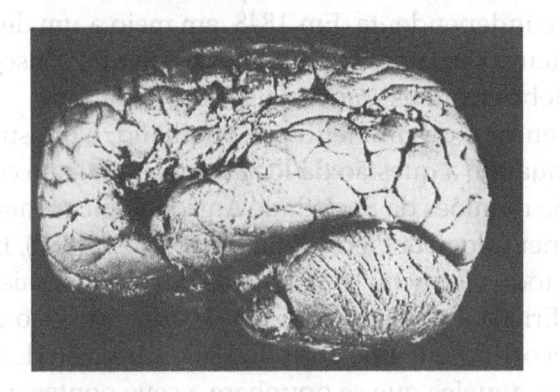

Cérebro embalsamado de Tan, o paciente afásico de Broca. A área afetada no lado inferior do lobo frontal esquerdo é agora conhecida como área de Broca.
(Cortesia do Musée Dupuytren)

Em seguida, Broca examinou um homem de 84 anos chamado LeLong que havia perdido a fala de forma repentina. Uma necropsia de seu cérebro também revelou uma lesão no lobo frontal esquerdo mais circunscrita do que a que existia no cérebro de Tan, mas na mesma área. O hemisfério direito de seu cérebro era perfeitamente normal. Head (1926) captou o grande impacto dos relatos de Broca:

> Essas conclusões produziram a maior agitação entre os médicos de Paris. Elas foram escolhidas especialmente para serem comentadas pelo Secretário da Sociedade de Anatomia em seu Relatório Anual de 1861. Bouillaud e seu genro, Auburtin, saudaram Broca como um convertido às suas doutrinas. A localização da fala tornou-se uma questão política, a escola conservadora mais antiga, assombrada pelo bicho-papão da frenologia, apegava-se ao conceito de que o cérebro "agia como um todo"; enquanto isso, os liberais e republicanos mais jovens defendiam apaixonadamente o ponto de vista de que funções diferentes eram realizadas em várias partes dos hemisférios cerebrais. Nos anos subseqüentes, cada autoridade médica tomou partido na discussão. (Head, 1926, p. 25)

Em 1863, Broca descreveu 25 pacientes afêmicos, todos com lesões no hemisfério esquerdo. Em 1865, ele apresentou casos adicionais e concluiu:

> Continuo insistindo, até que outros detalhes estejam disponíveis, que a verdadeira afemia, que é a perda da fala sem a paralisia dos órgãos da articulação e sem a destruição do intelecto, está relacionada a lesões na terceira circunvolução frontal esquerda. (Broca, 1865, apud Berker, Berker e Smith, 1986, p. 1066)

Broca estava surpreso por seus pacientes não demonstrarem sinais de dano no lobo frontal direito, o que sugeria que o centro da fala é específico do lobo frontal esquerdo, ao contrário da tese original de Bouillaud. Broca também observou lesões profundas nas circunvoluções frontais direitas em pacientes que não eram de forma alguma afêmicos. O fato de os dois lobos frontais com sua situação, seu tamanho e sua simetria idênticos terem essas funções diferentes contradizia a lei da dualidade orgânica e era para Broca um enigma sublime. Isso permanece assim até os dias de hoje.

As conclusões de Broca mudaram radicalmente o debate sobre a localização da função cerebral. Em uma revisão dos estudos do século XIX sobre afasia, Marx (1966) citou mais de 300 trabalhos. Em 1980, a publicação francesa *Revue Neurologique* dedicou um volume especial a Broca. Sua lembrança, e de seu paciente Tan, sempre serão honrados em referências à área do cérebro de Broca.

Broca considerou a linguagem articulada como a maior realização da espécie humana. Depois de localizar a função no lobo frontal esquerdo, Broca continuou a levantar hipóteses de que o hemisfério esquerdo se desenvolve mais rapidamente do que o direito e, portanto, é o mais avançado, ou o hemisfério superior (Harrington, 1987). A hipótese de Broca antecipou discussões contemporâneas sobre o lado esquerdo do cérebro, articulado e intelectual, e o lado direito, intuitivo e místico, o centro da "mente bicameral", em que a linguagem profética e visionária dos deuses pode ser ouvida (Ornstein, 1972; Jaynes, 1976).

Em 1874, Carl Wernicke (1848–1905), em seu longo estudo sobre a localização cerebral, identificou um outro tipo de afasia. A afasia de Wernicke é decorrente do dano à parte superior do lobo temporal esquerdo; a fala pode ser rápida e sem esforço e ter o ritmo e a melodia da fala normal, mas tem pouco significado. Um afásico de Wernicke poderia dizer: "Ah, claro, vá em frente, pegue qualquer coisa velha que você quiser" ou "Se eu pudesse, faria. Ah, estou escolhendo a forma errada de falar, todos os barbeiros aqui quando te param, está girando, girando, se é que você me entende" (Restak, 1988, p. 213).

Por volta de 1874, os cientistas haviam descrito o papel do cérebro na produção e compreensão da linguagem e identificado dois distúrbios de linguagem diferentes associados com danos em duas áreas distintas do lobo temporal esquerdo. De fato, foram realizados avanços.

ESTIMULAÇÃO DIRETA DO CÉREBRO

Até o momento, consideramos as conclusões extraídas a partir dos estudos das conseqüências dos danos cerebrais que se seguiam a acidentes ou doenças ou que foram produzidos experimentalmente. O século XIX também testemunhou o desenvolvimento de uma segunda técnica importante no estudo da função do cérebro: o estímulo direto do cérebro. As primeiras tentativas envolveram a "agitação" de sua superfície. Por volta de 1860, Franz von Leyden injetou uma solução de cloreto de sódio entre o crânio e a superfície do cérebro. Hans Pagenstecher fez uma série adicional de estudos, reportados em 1871, nos quais injetou uma mistura de cera branca e sebo, aquecida a 50 graus centígrados, entre o crânio e o cérebro de cães. Depois dessa injeção, os animais apresentaram perturbações, perda da função física, estupor, sonolência e coma, juntamente com desordens motoras, convulsões e paralisia. Em 1873, Fournie fez uma pequena abertura no crânio de um animal na qual injetou várias substâncias corrosivas. As injeções na massa cinzenta destruíram grupos de células cerebrais e foram associadas à perda de movimento de grupos distintos de músculos no lado oposto do corpo. No entanto, o verdadeiro progresso não se originou desses procedimentos grosseiros e, em geral, letais, mas de experimentos nos quais o cérebro foi estimulado eletricamente.

A primeira pessoa a estimular o cérebro eletricamente parece ter sido L. N. Simonoff, que em 1860 publicou um relato sobre uma operação na qual ele implantou eletrodos na base do cérebro de um animal. Depois da operação, Simonoff aplicou corrente elétrica diretamente no cérebro desse animal, sem anestesia. No entanto, as primeiras demonstrações mais importantes dos efeitos da estimulação elétrica direta do cérebro foram realizadas por Gustav Fritsch (1839–1927) e Edward Hitzig (1838–1907). Fritsch era um homem de meios independentes, cuja contribuição científica mais importante foi essa pesquisa e Hitzig era um anatomista talentoso. Apesar de servir como médico do exército no final da década de 1860, Hitzig aplicou um estímulo mecânico a uma superfície exposta do cérebro de um soldado ferido. Quando diferentes áreas do cérebro eram estimuladas, ocorriam diferentes movimentos musculares. Depois da guerra, Hitzig colaborou com Fritsch em pesquisas que utilizaram animais, estimulando primeiro o cérebro de um coelho e então conduziram um estudo sistemático dos efeitos do estímulo elétrico do cérebro de um cão. Esses famosos experimentos foram realizados em uma penteadeira no quarto da pequena casa de Fritsch em Berlim porque a Universität Berlin não tinha espaço para sua pesquisa (Haymaker, 1953, p. 138-142). Fritsch e Hitzig colocaram fios ou eletrodos na superfície do cérebro e aplicaram corrente de diferentes intensidades. Na parte anterior do córtex cerebral, uma corrente fraca produzia movimentos motores; uma corrente mais intensa produzia movimentos gerais convulsivos. Em 1870, Fritsch e Hitzig publicaram um trabalho intitulado "On the Electrical Excitability of the Cerebrum" [Sobre a Excitabilidade Elétrica do Cérebro] descrevendo os resultados da pesquisa. Eles concluíram com admirável clareza:

> Uma parte da convexidade do hemisfério do cérebro do cão é motora ... outra parte é não-motora. A parte motora em geral está mais na frente, a parte não-motora, mais atrás. Por meio de estímulos elétricos na parte motora, é possível obter contrações musculares combinadas do lado oposto do corpo. (Fritsch e Hitzig, 1870/1965, p. 81)

Fritsch e Hitzig foram capazes de localizar as áreas do cérebro que controlam cinco grupos diferentes de músculos envolvidos na extensão do pescoço, extensão e flexão da perna dianteira e o movimento da perna traseira e da face. O estímulo elétrico de um lado do cérebro sempre ocasionava movimento no lado oposto do corpo.

No Laboratório de David Ferrier

Susan Leigh Star, em seu livro *Regions of the Mind: Brain Research and the Quest for Scientific Certainty* [Regiões da Mente: Pesquisa do Cérebro e a Busca pela Certeza Científica] (1989), faz essa descrição clara da pesquisa no laboratório londrino de David Ferrier:

Ferrier tinha muitas preocupações: os macacos custavam caro, sua verba era limitada; ele não podia se dar ao luxo de ficar sem pacientes por muito tempo; e o movimento antivisseccionista estava ficando mais forte e mais poderoso politicamente. Se ele pudesse obter apenas resultados positivos antes que eles tomassem providências para fechar seu laboratório! Sua clientela estava aumentando em função da fama de seus experimentos, embora ele não tivesse tempo de sobra ou recebesse dinheiro para fazer pesquisa em fisiologia, ainda considerada uma espécie de *hobby* nos círculos médicos ingleses.

A semana tinha sido longa. O objeto de pesquisa de ontem, uma grande macaca, havia sido muito recalcitrante. Ela havia corrido de Ferrier, rosnado e arrancado os eletrodos de sua mão enquanto ele tentava aplicar a corrente galvânica no cérebro dela para testar os movimentos de seus músculos.

Mesmo quando os experimentos corriam bem, em geral era difícil dizer exatamente qual função havia sido prejudicada pelas lesões cirúrgicas ou quais partes do cérebro estavam respondendo à corrente. Os membros estavam se contraindo ou se mexendo com o estímulo elétrico? Era a paralisia decorrente da deterioração de uma área do cérebro ou era um choque decorrente da própria operação? Ferrier, em geral, não conseguia ter certeza.

Finalmente, a macaca começou a voltar da anestesia. Ferrier colocou uma bandagem no ferimento da operação e, então, sentou-se cansado e esperou que o animal recobrasse a consciência. Ele acendeu um bico de gás em uma extremidade da sala e fez um bule de chá forte.

Muitas horas depois, a macaca agarrava-se irritada aos canos de água quente, a única fonte de calor no laboratório que ficava em um porão frio. Ferrier deu para o animal um pires de chá e percebeu que ele conseguiu beber. Como um atendente do turno da noite em um hospital, ele tentou fazer um relato preciso dos sintomas exibidos pela sua cobaia, incluindo contrações e ataques epiléticos. No final da noite, Ferrier e a macaca entreolhavam-se no laboratório, bebendo suas respectivas xícaras de chá (Star, 1989, p. xi-xii).

Laboratórios em Nova York, Boston e na Itália rapidamente replicaram suas descobertas (Jefferson, 1960, p. 127). Mas o trabalho mais importante foi o de David Ferrier (1843–1928), primeiro no West Riding Lunatic Asylum, em Yorkshire, e posteriormente no Hospital para Paralíticos e Epilépticos, em Londres. Ferrier conseguiu realizar uma série de experimentos brilhantes, usando tanto estimulação quanto ablação, para localizar as funções sensoriais e motoras, com o objetivo de criar uma "frenologia científica". Seus primeiros resultados foram publicados nos Relatos Médicos do West Riding Lunatic Asylum e, então, detalhadamente, no seu consagrado *The Functions of the Brain* [As Funções do Cérebro], publicado inicialmente em 1876. Ferrier implantou eletrodos no cérebro de cães, chacais, gatos, coelhos, ratos, porcos-da-índia, pombos, rãs e peixes. Primeiramente, Ferrier estimulou os lobos frontais e ficou surpreso quando a estimulação produziu pouca resposta. Mas ele foi capaz de localizar as funções motoras e sensoriais dos cérebros dos animais. No macaco, Ferrier localizou 15 diferentes funções motoras, incluindo a elevação da perna oposta, retração do braço oposto, abertura da boca e protrusão da língua, abertura dos olhos e o aguçamento dos ouvidos. Seus resultados foram considerados o começo de uma nova era do conhecimento da função do cérebro. O próprio Ferrier afirmou ter eliminado a "dúvida e a discrepância" do passado (Ferrier, 1886, p. 222). Em 1876, Ferrier foi eleito membro da Royal Society, recebendo uma subvenção para continuar sua pesquisa. Seus resultados eram tão precisos que ele foi capaz de transferir seu mapa de localização no macaco diretamente para o cérebro humano e localizar o primeiro tumor cerebral a ser removido em uma operação neurocirúrgica (Bennett e Godlee, 1885).

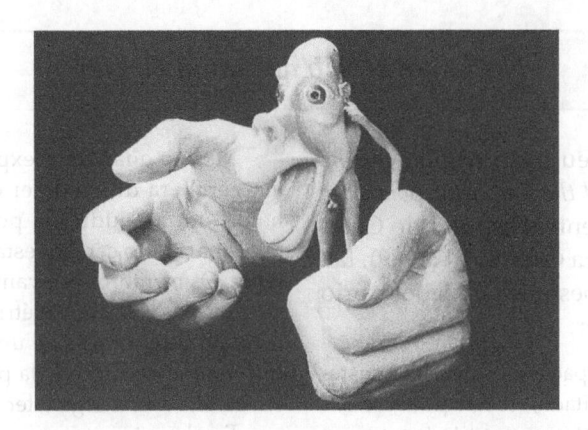

Um homúnculo sensorial, mostrando o corpo como ele é representado na projeção de áreas sensoriais do cérebro.
(The British Museum of Natural History)

Mais tarde, descobriu-se que a representação de diferentes partes do corpo no córtex motor é proporcional à função e não à massa corporal. Por exemplo, as mãos são representadas em um escala muito maior do que as costas. Esses relacionamentos são vistos com freqüência nos textos de fisiologia por meio de desenhos do *motor homunculus*, uma figura semelhante a um ser humano desenhada em proporção à representação cortical de diferentes funções. Essas figuras têm uma aparência bastante inquietante, com lábios e línguas enormes, grandes mãos e costas pequenas. Elas mostram uma representação cortical do corpo, não o corpo como estamos acostumados a ver.

E as funções sensoriais? Ferrier localizou a visão no córtex occipital, já que a estimulação da região occipital produz movimentos do globo ocular e a contração das pupilas. Os animais com um lobo occipital removido não enxergam do olho do lado oposto à ablação. A audição estava localizada no lobo temporal; Ferrier descobriu que um macaco com ablação no lobo temporal esquerdo parecia indiferente quando uma espoleta era disparada. Sem dúvida, o animal estava surdo. No final do século XIX, os sentidos somestésicos (sentidos como tato e pressão relacionados aos músculos e órgãos internos) também haviam sido localizados na região pós-central, atrás dos centros motores.

Outros avanços aconteceram a partir da contribuição do compatriota e eventual colaborador de Ferrier, John Hughlings-Jackson (1835–1911). Hughlings-Jackson era praticamente autodidata, um homem muito tímido, reservado, modesto, cuidadosamente controlado (Clarke, 1973, p. 46). Sua esposa havia sido acometida do que hoje é conhecido como epilepsia jacksoniana, na qual os ataques começam em uma parte do corpo, como a mão, e então se espalham pelo pulso, braço, cotovelo, ombro e pescoço até o rosto. Hughlings-Jackson descreveu o ataque como algo que "percorre" um caminho metódico e previsível através da geografia interna do cérebro. Ele também desenvolveu um modelo conceitual da organização do cérebro. Talvez influenciado pelos pontos de vista políticos de Thomas Hobbes (Capítulo 2) e da natureza rigidamente hierárquica da sociedade britânica de sua época (Star, 1989), Hughlings-Jackson comparou o cérebro a um governo que pode perdurar apenas suprimindo fontes menores, menos legítimas de poder e autoridade. No cérebro humano, os centros corticais mais altos dominam controlando ou inibindo os centros mais baixos, mais antigos e mais primitivos. Hughlings-Jackson acreditava que a inibição é a marca do cérebro saudável, assim como o que *não* fazemos como sociedade é a marca da civilização. Quando esse controle inibidor maior é removido, o resultado é uma anarquia comportamental, emocional e intelectual como a que Phineas Gage experimentou. Esse modelo hierárquico da organização do cérebro ainda hoje é influente.

Estimulação Elétrica do Cérebro Humano

Menos de cinco anos depois dos primeiros experimentos com animais que utilizavam a estimulação elétrica do cérebro, um experimento semelhante foi realizado em um paciente. A defasagem de tempo foi surpreendentemente curta. O Dr. Roberts Bartholow, professor de medicina clínica da *Medical College of Ohio*, em Cincinnati, observou os efeitos da estimulação elétrica do cérebro humano. Em abril de 1874, ele publicou um relatório de suas "Experimental Investigations into the Functions of the Human Brain" [Pesquisas Experimentais das Funções do Cérebro Humano] no *American Journal of the Medical Sciences*. Bartholow conhecia os primeiros experimentos com animais de Fritsch e Hitzig e de Ferrier e mencionou seus resultados na introdução de seu relatório. No entanto, ele também enfatizou que era preciso realizar investigações similares com o cérebro humano.

Tirando vantagem do que ele chamou de "oportunidade clínica", Bartholow fez essa investigação. O nome de sua paciente era Mary Rafferty. A partir das anotações do médico da família, Dr. Steeley, sobre o caso soubemos que Rafferty era empregada doméstica há 30 anos, nascida na Irlanda, mas que posteriormente foi morar em Cincinnati. Ela foi internada no Hospital do Bom Samaritano de Cincinnati em janeiro de 1874. Rafferty estava subnutrida e parecia um pouco oligofrênica. Ela havia gozado de boa saúde até 13 meses antes, quando uma pequena ferida apareceu em seu couro cabeludo. Rafferty acreditava que a ferida era decorrente do atrito causado por um pedaço de barbatana de baleia de sua peruca. Quando foi internada, seu crânio estava totalmente desgastado em uma área circular de cinco centímetros de diâmetro. Era possível ver as pulsações de seu cérebro por esse orifício.

Mary Rafferty era capaz de responder a várias perguntas corretamente e conversar de uma forma inteligente e alegre. Bartholow inseriu agulhas em seu cérebro através de um orifício no crânio. As agulhas foram isoladas, exceto as pontas, de modo que as correntes elétricas pudessem chegar a áreas localizadas no cérebro dela. As primeiras observações feitas por Bartholow foram depois da penetração da *dura-máter* (a membrana rígida que reveste o cérebro) e da estimulação do próprio cérebro. Ele descreveu os resultados da seguinte forma:

> Foram inseridas agulhas em vários pontos da *dura-máter* e no cérebro. Quando as granulações sensíveis da superfície da úlcera eram tocadas, sentia-se dor, mas quando as pontas da agulha eram colocadas na *dura-máter*, Mary declarou em resposta a várias perguntas que ela não sentia dor e certamente não indicou isso por meio de sua conduta. Nenhuma dor foi sentida na substância do cérebro propriamente dita. (Bartholow, 1874, p. 310)

No segundo e terceiro grupos de observações de Bartholow, ele inseriu agulhas nas profundezas da *dura-máter* da paciente e lobos posteriores. Quando seu lobo posterior esquerdo foi estimulado, Rafferty reagiu com contrações musculares do braço e da perna esquerdos, os músculos de seu pescoço se mexeram e sua cabeça moveu-se para a direita. Quando seu lobo posterior direito foi estimulado, sua cabeça inclinou-se para a esquerda e seu braço e perna esquerdos se esticaram. Durante a estimulação do cérebro, Rafferty queixou-se de um formigamento muito forte e incômodo nos braços e nas pernas e, em um determinado momento, agarrou a mão e a coçou com força. Apesar disso, Bartholow reportou que ela permaneceu disposta durante as observações. Apressadamente, Bartholow decidiu aumentar a potência da estimulação elétrica para produzir reações mais intensas. Ele descreveu o trágico resultado:

> Para obter reações mais claras, aumentei a potência da corrente ... Quando se fez a comunicação com as agulhas, seu rosto mostrou grande aflição e ela começou a chorar. Logo, a mão esquerda estendeu-se como se ela fosse agarrar algum objeto que estivesse à sua frente; o braço balançava por causa dos espasmos; os olhos estavam fixos com as pupilas dilatadas, os lábios ficaram azulados

e sua boca espumou; sua respiração ficou forte; ela perdeu a consciência e seu lado esquerdo contorceu-se violentamente. A convulsão durou cinco minutos e foi sucedida de coma. Ela recobrou a consciência e reclamou de fraqueza e vertigem. (Bartholow, 1874, p. 310-311)

Apesar da engenhosidade e coragem de Bartholow em fazer essa exploração e de sua honestidade em reportar os resultados poderem ser admiradas, certamente sua ética é questionável. As consequências foram desastrosas para Mary Rafferty. Três dias depois, ela ainda estava pálida e deprimida. Bartholow planejou outras sessões de estimulação do cérebro, mas o estado dela piorou rapidamente e ele foi forçado a abandonar seu plano. Rafferty tinha dificuldade em andar e se queixou de dormência e formigamento do lado direito do corpo e de tonturas frequentes. Quatro dias após as observações iniciais, ela perdeu a lucidez, teve uma convulsão seguida de paralisia do lado direito do corpo e então perdeu a consciência e morreu. Bartholow fez uma necropsia em Rafferty e examinou seu cérebro. As marcas deixadas pelos eletrodos eram claramente visíveis; eles haviam penetrado o cérebro a uma profundidade de 2,5 cm no lobo parietal esquerdo e 1,25 cm no lobo frontal posterior direito. O tecido que envolvia o cérebro não foi afetado. Bartholow publicou suas conclusões em abril de 1874, finalizando seu relato com a afirmação: "Pareceu ser mais desejável apresentar os fatos como eu os observei, sem comentários" (Bartholow, 1874, p. 313).

Infelizmente para Bartholow, seu relato gerou muitos "comentários" feitos por outros; de fato, provocou escândalo. Seus procedimentos foram considerados intoleráveis por muitos observadores, o que fez surgir em suas mentes a imagem do "cientista louco", criando robôs humanos por meio da estimulação direta do cérebro. Os protestos públicos forçaram Bartholow a abdicar de seu cargo acadêmico na universidade e no hospital. Na verdade, a reação foi tão intensa e crítica que ele se viu forçado a deixar Cincinnati.

As observações de Bartholow foram o início do que David Krech descreveu como a era do "cirurgião-pesquisador". Krech escreveu:

Com essas descobertas, estava para ter início a grande era do cirurgião-pesquisador. De agora em diante, todos os cérebros humanos expostos a tratamento médico eram um convite aberto à experimentação. E muitos outros convites foram aceitos. (Krech, 1962, p. 63)

O trecho-chave aqui é "expostos a tratamento médico". O cérebro de Rafferty não estava exposto a tratamento, embora, de acordo com os procedimentos modernos, a exposição do cérebro seja parte do tratamento. Esses procedimentos dependem de mapas ou atlas, que especificam as coordenadas tridimensionais da estrutura de um cérebro e sua localização, e de aparelhos estereotáticos que permitem que o cirurgião coloque eletrodos dentro de estruturas específicas no cérebro. O primeiro instrumento estereotático para o cérebro humano foi concebido por Aubrey Mussen por volta de 1918 (Oliver, Bertrand e Picard, 1983). Atualmente, ele está no Instituto Neurológico de Montreal – um lugar apropriado, pois foi nessa cidade que Wilder Penfield e seus colegas, a partir de 1928, fizeram mais de 400 operações em pacientes que sofriam de alguma forma de epilepsia e precisavam de intervenções cirúrgicas no cérebro. Durante essas operações, os cérebros de alguns pacientes foram estimulados com o que Penfield chamou de "correntes elétricas suaves". As reações motoras que se seguiam à estimulação podiam ser observadas e, como as operações eram feitas com anestesia local, Penfield podia obter relatos verbais de seus pacientes sobre suas experiências. Em seu livro clássico *The Cerebral Cortex of Man* [O Córtex Cerebral do Homem], publicado originalmente em 1950, Penfield e Rasmussen descreveram as áreas sensoriais e motoras em ambos os lados da fissura de Rolando, uma área na qual se localiza a fala, e áreas no lobo temporal, no qual o cérebro aparentemente armazena lembranças, alucinações, ilusões e até sonhos. A estimulação do cérebro havia realmente provado ser uma técnica poderosa para revelar os mistérios do cérebro humano.

Como o Cérebro Processa Informação:
Golgi versus Cajal e uma Síntese Moderna

No final do século XIX e começo do século XX, Camillo Golgi (1843–1926) e Ramón y Cajal (1852–1934) procuraram identificar as unidades estruturais básicas do cérebro e determinar como elas se interligam e interagem. Golgi era professor de histologia e patologia da Università di Pavia na Itália. Nos anos de 1870, Golgi, como muitos outros, estava tentando delinear as unidades estruturais do cérebro, expondo blocos de tecido neural a vários produtos químicos. Por acaso, ele descobriu uma combinação de produtos que funcionou. Quando o tecido neural endurecido com bicromato de potássio ficava imerso em uma solução de nitrato de prata a 0,5% a 1%, *algumas* células – cerca de 10% – absorviam o nitrato de prata e ficavam pretas, o que tornava seu contorno visível. A descoberta fortuita dessa "reação negra" possibilitou ver, pela primeira vez, os neurônios com seus corpos celulares, dendritos e axônios. Como a coloração marcava apenas os neurônios, Golgi concluiu que estes formavam uma rede espessamente entrelaçada ou retículo. De acordo com a doutrina reticular de Golgi, os impulsos nervosos são propagados em um processo contínuo através dos retículos ou redes de células interconectadas.

A doutrina reticular de Golgi foi fortemente contestada por Cajal, um histologista espanhol. Em um laboratório localizado em um sótão, usando um microscópio de U$$ 25 e uma caixa de *slides*, Cajal pesquisou como o impulso nervoso é conduzido através do cérebro (Cajal, 1901). Ironicamente, seu desafio estava baseado na utilização da coloração de Golgi. Cajal aplicou a técnica do bicromato de potássio/nitrato de prata ao tecido embriônico em vez de tecido neural adulto. Ele mostrou que os axônios acabam em terminais que estão em contato direto com os dendritos e corpos celulares de outros neurônios, *mas que não se tocam*. Há uma lacuna. A doutrina do neurônio de Cajal afirma que os neurônios do cérebro são unidades distintas e separadas. Ele trabalhava em suas colorações o dia inteiro e, à noite, fazia desenhos em nanquim e aquarelas para complementar seus relatórios. As descrições líricas de Cajal sobre o neurônio mostram suas sensações de espanto e admiração:

A aristocrata entre as estruturas do corpo, com seus braços gigantes estendidos como tentáculos de um polvo para as regiões na fronteira do mundo exterior, para vigiar as constantes emboscadas das forças físicas e químicas. (Cajal, apud Restak, 1984, p. 26)

Cajal proferiu a "Croonian Lecture"[*] na Royal Society em 1894. O grande neurofisiologista britânico *Sir* Charles Sherrington (1857–1952) foi seu anfitrião. A esposa de Sherrington iria descobrir que os espanhóis tiravam os lençóis da cama todos os dias e os penduravam na janela para tomar ar. Isso funcionava bem na Espanha, mas no clima úmido da Inglaterra não dava muito certo e era motivo de consternação por parte dos vizinhos. A Sra. Sherrington também descobriu que Cajal mantinha a porta de seu quarto trancada o dia inteiro. Ele estava protegendo o pequeno laboratório que havia montado para dar os toques finais nas colorações do tecido nervoso que iria apresentar na palestra. Cajal gostou de sua estada na Inglaterra. "A massa cinzenta", ele disse, "se comporta bem sob um céu nublado" (Eccles e Gibson, 1979, p. 6-10).

Em 1906, Golgi e Cajal compartilharam o Prêmio Nobel de fisiologia e medicina, pois o comitê de seleção não foi capaz de escolher entre a teoria reticular e a do neurônio. O discurso de aceitação de Golgi foi um ataque a Cajal e a teoria do neurônio, entremeado de farpas e ataques à Espanha e à cultura espanhola. Cajal tinha grande orgulho da ciência e da cultura da Espanha (Taylor, 1975, p. 273-274), portanto, as palavras de Golgi devem tê-lo ofendido. Ele teve o consolo de ver a doutrina do neurônio prevalecer e, até recentemente, considerava-se que Golgi em geral estava errado ao passo que Cajal, correto. No entanto, pesquisas recentes mostraram que, além da transmissão sináptica proposta por Cajal, o cérebro usa transmissão por volume. O meio de comunicação é o espaço preenchido por fluido entre as células do cérebro, e as mensagens neurais são sinais químicos e elétricos que viajam através desse espaço e são detectadas pelas células com o receptor apropriado (Agnati et al., 1992).

---

[*] NT: Principal palestra na área de ciências biológicas proferida anualmente na Royal Society de Londres.

Reforço à Estimulação Cerebral

Houve muitas pesquisas que utilizaram a estimulação elétrica do cérebro. Uma das conclusões mais intrigantes dessas pesquisas é que a estimulação de certas áreas do cérebro tem caráter altamente recompensador ou reforçador. Em 1924, dois pesquisadores franceses, Michel Victor Pachon e Valentin Delmas-Marsalet, identificaram uma área cortical associada à recompensa. Eles implantaram eletrodos de cobre unilateralmente em uma região subcortical dos hemisférios cerebrais, os *caudate nuclei* (núcleos caudados) em dois cães (Kenyon, 1981). A estimulação elétrica do cérebro através desses eletrodos acordaria os cães adormecidos; eles lamberiam os beiços com "evidente satisfação" e começariam a mastigar. Com estimulação prolongada, os cães levantariam e andariam. Os pesquisadores concluíram que o núcleo caudado desempenha um papel na expressão dos estados afetivos em certos movimentos automáticos. Trinta anos mais tarde, em 1954, James Olds e Peter Milner reportaram que os ratos pressionaram a barra na caixa de Skinner a índices muito altos com a estimulação intracraniana e continuaram a fazer isso até a exaustão (Olds e Milner, 1954).

EVOLUÇÃO E DESAFIO

Obviamente, fez-se um grande progresso no estudo da função do cérebro. Remontando às primeiras décadas do século XX, não é difícil entender o entusiasmo e otimismo que os pesquisadores sentiam naquela época. Duas técnicas para o estudo da função do cérebro – ablação e estimulação – foram desenvolvidas e produziram novos conhecimentos. Sherrington dedicou sua grande obra de 1906, *The Integrative Action of the Nervous System* [Uma Ação Integrativa do Sistema Nervoso], a David Ferrier, expressando sua admiração, mas também seu espanto por procedimentos inexatos produzirem resultados precisos. Até os mecanismos do cérebro que estão por trás da formação das associações pareciam a ponto de serem revelados. Por exemplo, em 1905, Baer implantou eletrodos nos córtices visuais e motores dos cães. Então, ele juntou a estimulação do córtex visual e a estimulação do córtex motor e descobriu que, depois de uma série de repetições desse procedimento, a estimulação apenas do córtex visual produzia movimentos motores que eram antes gerados pela estimulação do córtex motor. Foi estabelecida uma associação dentro do cérebro, mas era uma associação controlada com base na estimulação elétrica de áreas distintas. Talvez a base cortical da aprendizagem e da memória pudesse ser descoberta.

Os pesquisadores mais otimistas certamente devem ter pensado que, se pudessem fazer uma quantidade suficiente de experimentações cuidadosas, usando a ablação e a estimulação, os mistérios das funções do cérebro poderiam ser desvendados. Parecia apenas uma questão de tempo. No entanto, essa esperança era prematura. Um dos pesquisadores da função do cérebro mais famosos do século XX, Karl Lashley (1890–1958), concluiu em 1950 que as tentativas de localizar essas capacidades e funções psicológicas, como aprendizagem, memória e inteligência, eram baseadas em concepções muito simplificadas da função do cérebro e deviam ser deixadas de lado. Lashley passou 30 anos procurando engramas, as mudanças físicas ou químicas no cérebro que, pressupõe-se, são a base da memória. Ele fez testes com milhares de ratos, estudando sistematicamente seu cérebro e comportamento. Em 1950, Lashley revisou esse esforço prodigioso em um trabalho intitulado "Em Busca do Engrama". Ele concluiu:

> Às vezes, sinto vontade de revisar a prova da localização do traço da memória, que a conclusão necessária é que aprender simplesmente não é possível. É difícil imaginar um mecanismo que possa satisfazer as condições estabelecidas para isso. (Lashley, 1950, p. 477)

No entanto, é possível tirar uma lição importante das conclusões de Lashley. As técnicas neuropsicológicas podem não ser suficientes para entender a aprendizagem, a memória e os outros processos psicológicos. Apesar de terem sido feitos muitos progressos nesse campo nos últimos anos, ainda são necessárias uma avaliação e uma análise comportamentais, na área da psicologia. Embora a psicologia contemporânea seja muito diferente da ciência independente que Wilhelm Wundt criou no final do século XIX, é a ele que nos voltamos primeiro ao considerar a psicologia um ramo independente da ciência com seu próprio tema e, mais importante, seus métodos diferenciados de investigação.

Wilhelm Wundt.
(Biblioteca Nacional de Medicina)

CAPÍTULO 4

Wilhelm Wundt e o Surgimento da Psicologia

Apenas o psicólogo mais polêmico contestaria a afirmação de que a psicologia como ciência experimental começou com a criação do primeiro laboratório de pesquisa do mundo por Wilhelm Wundt, na Universität Leipzig, em 1879. Quem, então, foi Wundt e como ele veio a criar esse laboratório? Em seu retrato na página oposta, um Wilhelm Wundt de barba e aparência distinta olha calmamente através de óculos de armação de arame. Fotografias semelhantes aparecem em muitos livros de psicologia, com Wundt geralmente identificado como "o criador da psicologia" ou "o primeiro verdadeiro psicólogo do mundo". Portanto, é pertinente que ele seja o primeiro psicólogo que analisaremos.

WILHELM WUNDT (1832–1920)

Wilhelm Maximilian Wundt nasceu em 16 de agosto de 1832 na pequena aldeia de Neckarau, perto de Mannheim no principado alemão de Baden. Era o caçula dentre os quatro filhos de um pastor luterano. A família paterna de Wundt incluía historiadores, teólogos, economistas, geógrafos e dois presidentes da Universität Heidelberg. O lado materno da família também se destacava, tendo, entre seus membros, cientistas, médicos e administradores do governo. Alguns estudiosos concluíram que nenhuma família alemã contemporânea teve membros tão intelectualmente ativos e produtivos (Bringmann, Balance e Evans, 1975, p. 288). Seria provável que tais antecedentes familiares tão distintos teriam proporcionado ao jovem Wundt um ambiente estimulante, mas parece que ele teve uma infância solitária e, às vezes, infeliz. Quando Wundt era criança, seu irmão, oito anos mais velho, passava um bom tempo longe de casa, na escola, e os dois outros morreram ainda na infância. Durante muitos anos, a única criança com quem Wundt brincava era um garoto mais velho, um certo grau de retardado, incapaz de falar. O garoto tinha boa índole, mas Wundt sempre foi responsável por ele, e parece que nunca teve a oportunidade de aprender a brincar. Durante toda sua vida, Wundt continuou a ser uma pessoa tímida e reservada, que não gostava de encontrar estranhos, odiava viajar e evitava novas experiências.

O bisavô materno de Wundt interessou-se pessoalmente por sua educação, levando-o em viagens e excursões. Juntos, eles serviam como supervisores durante a construção da primeira estação ferroviária da área. No entanto, o bisavô de Wundt era um chefe rígido e autoritário que insistia em uma rotina diária rigorosa e absoluta precisão em tudo que faziam. Entre a idade de 8 e 12 anos, Wundt recebeu educação formal do assistente de seu pai, um jovem pastor que deu ao menino o amor e o calor humano que seus pais não puderam lhe dar. Quando o jovem mudou-se para sua própria paróquia, Wundt ficou tão aflito que lhe deram permissão para ficar junto com o pastor por um ano. Ele continuou sua educação no Ginásio Católico local.

A palavra ginásio na língua alemã às vezes causa confusão. Para os gregos antigos, ginásio era um lugar em que jovens nus – as mulheres eram excluídas – preparavam-se e participavam de competições esportivas. Em inglês, a palavra tem um sentido semelhante, exceto que homens e mulheres, minimamente vestidos, participam de atividades esportivas. Para os europeus que falam alemão, um ginásio é uma escola secundária gratuita para alunos acima de 10 anos que estejam em conformidade com os altos padrões de admissão. Os ginásios seguem um currículo rigoroso para preparar os alunos para os estudos universitários. Os professores são altamente qualificados, geralmente com doutorado, e se dedicam inteiramente ao ensino. A reputação do ginásio depende do desempenho de seus alunos nos competitivos exames de admissão à universidade (Macrae, 1992).

Para a maioria dos alunos, os ginásios proporcionavam uma excelente educação, mas não para Wundt. Por viver admitidamente "no mundo da lua", Wundt repetiu um ano ao qual, mais tarde, ele se referiu como sua "escola do sofrimento". Seu histórico escolar era tão ruim que ele foi aconselhado a se dedicar a uma profissão de respeito, como o serviço postal, que não exigia uma formação acadêmica (Diamond, 1976, p. 526). Em vez disso, o ecumênico Wundt transferiu-se para o Ginásio Luterano em Heidelberg. Lá ele se saiu melhor, formando-se em 1851.

Quando o pai de Wundt morreu em 1845, sua mãe foi forçada a sustentar a família com uma pequena pensão. A família nunca tinha sido rica, mas agora as pressões financeiras eram intensas. O histórico acadêmico de Wundt, longe de ser brilhante, não o credenciava a uma bolsa de estudos. Ele também estava indeciso sobre qual carreira seguir. Felizmente, o irmão de sua mãe, professor de anatomia do cérebro e de fisiologia na Universität Tübingen, encorajou Wundt a ingressar na universidade como estudante no curso preparatório para medicina. Wundt ficou em Tübingen justamente um ano, antes de se transferir para a Universität Heidelberg. Ele tinha pouco dinheiro, mas trabalhava muito e completou seu currículo médico em três anos em vez de quatro, economizando anuidade e despesas. Wundt formou-se com distinção e louvor em 1855 e ficou em primeiro lugar no exame do conselho estadual de medicina. Para pesquisa de sua dissertação em medicina, ele estudou a sensibilidade do tato de pacientes histéricos no Hospital Universitário de Heidelberg. Mais tarde, descreveu esses experimentos como os primeiros passos em direção a seu trabalho experimental de psicologia.

Em Heidelberg, Wundt fez pesquisa com o químico orgânico Robert Wilhelm Bunsen (1811– 1899). Bunsen teve uma carreira de destaque, mas às vezes perigosa. Ele perdeu um olho em uma explosão no laboratório e quase morreu por inalação de vapores carregados de arsênico (Asimov, 1982, p. 375). Ele também desenvolveu um método para análise de gás que teve importantes aplicações industriais. Bunsen mostrou que os fornos de carvão eram muito ineficientes. Desenvolveu formas de reciclar os gases que tornaram esses fornos mais eficientes e também reduziu o volume de gases emitidos. No final de sua carreira, Bunsen, juntamente com Gustav Kirchhoff, fez importantes pesquisas em espectroscopia.[1] Apesar dessas contribuições, Bunsen é mais conhecido por sua invenção, em 1855, do famoso queimador a gás que leva seu nome. Bunsen e Wundt estavam interessados nos efeitos da ingestão restrita de sal na composição da urina. Como eles

---

[1] *espectroscopia*, n. Ciência que trata da utilização do espectroscópio e da análise do espectro.
espectro, n. Conjunto de entidades, como ondas ou partículas de luz, ordenado de acordo com a magnitude de uma propriedade física em comum, como comprimento ou massa da onda (Rhdel, p. 1.366).

não conseguiram um voluntário para eliminar todo o sal da dieta, Wundt realizou o experimento em si próprio. Dessa forma, ele seguiu uma antiga tradição de auto-experimentação em pesquisa médica que continua até os dias de hoje: John Scott Haldane (1860–1936) e seu filho, John Burdon Sanderson Haldane (1892–1964), em seus experimentos sobre fisiologia da respiração, apresentaram centenas de desafios arriscados e prejudiciais aos seus próprios sistemas respiratórios. Outros pesquisadores, ao desenvolver agentes anestésicos, experimentaram em si próprios agentes paralisantes e potencialmente letais. Em 1986, o imunologista francês Daniel Zagurny injetou em si próprio uma vacina que ele achava que poderia combater a Aids (Altman, 1987).

O experimento de Wundt deu certo e ele publicou um trabalho que descrevia os resultados no *Journal of Practical Chemistry* (1853). Wundt teve a experiência altamente motivadora de ver seu trabalho citado na literatura. Ele decidiu seguir uma carreira acadêmica e de pesquisa.

Carreira Acadêmica Inicial de Wundt

Em 1856, Wundt passou um semestre na Universität Berlin estudando com Johannes Müller e Emil Du Bois-Reymond (Capítulo 3). Em 1857, Wundt voltou a Heidelberg como *Privatdozent* (professor) no Departamento de Fisiologia. O primeiro curso que ministrou foi de fisiologia experimental. Apenas quatro alunos fizeram o curso, o que foi uma decepção; no sistema universitário alemão, a renda de um *Privatdozent* dependia das taxas que os alunos pagavam. Wundt ministrava o curso no apartamento de sua mãe, mas era um começo. Ele trabalhava muito fazendo demonstrações para complementar e confirmar suas aulas. Wundt estava determinado a ser bem-sucedido; mas, com a sobrecarga de trabalho, ficou seriamente doente e esteve durante algum tempo em perigo de vida. Posteriormente, Wundt relembrou essa experiência de quase-morte como de "perfeita calma", sem medo. Depois de sua doença, ele se licenciou para fazer repouso nos Alpes suíços.

Em 1858, Hermann von Helmholtz (Capítulo 3) foi nomeado chefe do novo Instituto de Fisiologia da Universität Heidelberg. Ele, por sua vez, nomeou Wundt seu assistente. Wundt ficou muito satisfeito em aceitar o cargo, pois considerava Helmholtz o melhor cientista em Heidelberg e, juntamente com Müller e Du Bois-Reymond, um dos três maiores fisiologistas alemães da época. Wundt dividia um quarto com I. M. Sechenov (1829–1909), um jovem fisiologista russo que mais tarde influenciou Ivan Pavlov (Capítulo 12). Infelizmente, Wundt ficou um pouco decepcionado com o cargo, pois era obrigado a ajudar a ensinar em vez de trabalhar como assistente de pesquisa. O governo tinha acabado de aprovar uma lei que exigia que os estudantes de medicina fizessem um curso de fisiologia em laboratório, portanto, a principal função de Wundt era ensinar os fundamentos da fisiologia sensorial e os procedimentos laboratoriais. No entanto, ele conseguiu criar um novo curso em antropologia, que atualmente seria chamado de psicologia social. Wundt ofereceu o curso, que tratava da relação do indivíduo com a sociedade, pela primeira vez em 1859. Ele retomou esse assunto nas últimas décadas de sua vida e produziu um *magnum opus* (grande obra) de 10 volumes sobre o tema (Schneider, 1990).

Durante os anos que atuou como assistente de Helmholtz, Wundt também escreveu seu primeiro livro *Beiträge zur Theorie der Sinneswahrnehmung* [Contribuições para a Teoria da Percepção Sensorial] publicado em 1862. Nesse livro, Wundt discutiu as funções sensoriais, desenvolveu uma teoria sobre a percepção e, de acordo com Edward Titchener (Capítulo 5), esboçou um programa para a psicologia que ele seguiu para o resto da vida. Para Wundt, a psicologia ficava entre as ciências físicas (*Naturwissenschaften*) e as ciências sociais (*Geisteswissenschaften*). Métodos experimentais e de pesquisa comparáveis àqueles aplicados às ciências físicas foram usados para lidar com questões de psicologia. Para Wundt, essa nova ciência da psicologia tinha três principais subdivisões. Um ramo seria uma ciência indutiva, experimental. Wundt havia lido as obras de John Stuart Mill (Capítulo 2) e ficara impressionado com elas. Mas a abordagem de Mill era a de um filósofo que especula e pensa a respeito da vida mental; a de Wundt era a de um cientista que usa métodos experimentais para estudar a vida mental.

Wundt acreditava que a linguagem, os mitos, a estética, a religião e os costumes sociais são reflexo de nossos processos mentais superiores e, assim, devem ser tópicos estudados em uma segunda subdivisão da psicologia. Mas como esses processos não podem ser manipulados ou controlados, eles não poderiam ser estudados experimentalmente. Em vez disso, Wundt acreditava que eles podiam ser pesquisados através de registros históricos e de literatura e por meio de observações naturalistas.

Wundt conceitualizou um terceiro ramo da psicologia que iria integrar as conclusões empíricas da psicologia e outras ciências. A metafísica científica, como ele denominou essa subdivisão, iria, em última análise, desenvolver-se no que Wundt via como o objetivo ideal de todas as ciências: uma teoria coerente sobre o universo. Como Blumenthal (1985) demonstrou, o objetivo ideal de Wundt era estabelecer a psicologia como base ou ciência preliminar que integraria as ciências sociais e físicas.

Em 1863, justamente um ano depois da publicação de seu primeiro livro, o prolífico Wundt publicou um outro importante trabalho, de dois volumes e mil páginas, chamado *Vorlesungen über die Menschen-und Thierseele* (Lições sobre Psicologia Humana e Animal). Como o título indica, o trabalho é abrangente e cerca da metade do material continua a apresentação que Wundt fez da psicologia cultural.

Apesar de ter conseguido desenvolver seus cursos e ter tido uma chance de escrever, Wundt ficava cada vez mais insatisfeito com seu cargo no Instituto de Fisiologia. Ele demitiu-se em 1864, o que posteriormente gerou especulações de que seu relacionamento com Helmholtz havia esfriado. Um dos primeiros alunos norte-americanos de Wundt, G. Stanley Hall (Capítulo 9), reportou que Helmholtz achava que o conhecimento matemático de Wundt era inadequado e, então, o substituiu por um "homem de métodos mais rígidos e precisos e maior conhecimento matemático" (Hall, 1923, p. 206). Essa especulação não é verdadeira, pois, como o próprio Wundt salientou, Helmholtz não precisava de ajuda com matemática e escreveu muitas cartas de recomendação para seu antigo assistente durante vários anos. De qualquer forma, ao ter-se demitido do instituto, Wundt ficou sem nenhuma renda regular. Ele ainda tinha seu antigo posto na universidade (e, na verdade, havia sido promovido a professor associado), mas seu cargo não tinha salário. Wundt criou um pequeno laboratório em casa e sustentou-o e a si próprio com os *royalties* de seus livros.

Wundt tornou-se extremamente interessado em política e foi eleito presidente da Associação Educacional para os Trabalhadores de Heidelberg, um grupo idealista e socialista dedicadoa melhorar as condições dos trabalhadores. Wundt foi membro do Parlamento de Baden durante dois períodos de dois anos, mas se convenceu de que a vida política não era para ele e em 1871 voltou para a Universität Heidelberg. Lá ele ocupou o cargo de professor extraordinário durante três anos antes de aceitar um convite para a cadeira de filosofia indutiva em Zurique. Wundt ficou em Zurique por exatamente um ano, antes de ser nomeado para a cadeira de filosofia na Universität Leipzig. Essa cadeira havia ficado vaga por 10 anos porque o corpo docente não conseguiu chegar a um acordo sobre uma nomeação. O interesse de Wundt na nova psicologia e seu recente ativismo político devem ter causado alarme entre os membros mais conservadores do corpo docente de Leipzig. Com seu humor autodepreciativo característico, Wundt reportou que os professores de Leipzig haviam decidido contratá-lo e outro candidato obscuro pelo preço de um homem de distinção (Diamond, 1976, p. 527).

O Primeiro Laboratório de Psicologia Experimental

Em 1876, a Universität Leipzig forneceu a Wundt uma sala para guardar o equipamento de demonstração e os aparelhos experimentais que havia trazido de Zurique. A sala estava localizada no edifício *Konvikt*, construído em 1840 por detentos para abrigar um refeitório destinado a estudantes pobres. Em Leipzig, o primeiro curso de Wundt foi sobre fisiologia da psicologia. Ele enfatizou que esse novo ramo da ciência era objetivo e experimental. Wundt fez demonstrações e experimentos durante suas aulas, mas era incômodo transportar o equipamento do depósito para a sala de aula, portanto uma série de demonstrações era feita permanentemente em sua sala no edifício *Konvikt*. Os alunos iam lá para observar as demonstrações e até participar de ex-

Haus zum Riesen [A Casa do Gigante], construção em Heidelberg onde no verão de 1865 Wundt abrigou seu primeiro laboratório. O edifício ainda pode ser visto atualmente em frente ao Instituto de Psicologia da Universität Heidelberg.
(*Extraído de* Wundt Studies: A Centennial Celebration *[Estudos de Wundt: celebração do centenário]* (p. 342) *editado por W. G. Bringmann e R. D. Tweney, 1980. Toronto: Hogrefe*)

perimentos simples. Esse foi o início modesto do laboratório de Wundt em Leipzig. A psicologia de Wundt ia tornar-se muito mais uma ciência experimental de taquistoscópios, cronoscópios, estimuladores elétricos, pêndulos, cronômetros e instrumentos de mapeamento sensorial – uma psicologia de "instrumento de metal". Um novo aluno que se juntava ao laboratório de Wundt geralmente recebia um aparelho para usar em seus experimentos previstos ou para desenvolver e adaptá-lo para futuras pesquisas (Hilgard, 1987, p. 30). O próprio Wundt comprou a maior parte desse equipamento original, enchendo cada vez mais salas do edifício *Konvikt*. No outono de 1879, Wundt começou a realizar mais experimentos em psicologia que não faziam parte de seu curso. Como ele, mais tarde, sugeriu que esses experimentos independentes marcaram a criação formal de seu laboratório de psicologia, os historiadores em geral aceitam o ano de 1879 como a data do surgimento da psicologia como ciência experimental independente. Em 1979, a American Psychological Association autorizou a fabricação especial de uma moeda de ouro com o retrato de Wundt de um lado e a inscrição "século da ciência" do outro.

O laboratório de Leipzig foi, de fato, montado ao longo dos anos e, em 1879, o laboratório de Wundt ainda era um assunto em gestação. Ele não foi oficialmente reconhecido e listado no catálogo da Universität Leipzig até 1883. Mesmo essa medida atrasada aconteceu apenas quando Wundt ameaçou aceitar uma proposta para mudar para a Universität Breslau. Benjamin Wolman (1960, p. 11) sugeriu que a criação desse laboratório havia sido um ato de coragem de Wundt. Ele teve de enfrentar a oposição dos colegas que questionavam a legitimidade da psicologia como uma ciência experimental e sustentavam que a contínua auto-observação levaria os jovens à insanidade. Apesar dessa oposição, o laboratório de Wundt cresceu; em meados da década de 1880, ele ocupava de 8 a 10 salas.[2] Em 1893, o laboratório mudou para 11 salas em um prédio que antes era ocupado pelo departamento de ginecologia; por fim, em 1897, o Instituto de Psicologia, como foi então chamado, mudou para um novo prédio que Wundt havia destinado expressamente para pesquisa em psicologia. É irônico que alguns dos alunos mais famosos de Wundt – Cattell, Kraepelin, Münsterberg, Külpe, Titchener e Lipps – fizeram suas pesquisas no edifício *Konvikt*. O próprio Wundt fez pouca pesquisa no novo laboratório, já que nessa época seus interesses eram principalmente teóricos. O laboratório de Wundt foi destruído em um bombardeio anglo-americano em Leipzig durante a noite de 4 de dezembro de 1943.

O Sistema Teórico Wundtiano

Além dos exercícios e demonstrações no laboratório, Wundt precisava de um texto para seu curso. Em 1873, ele começou a trabalhar no livro de dois volumes *Grundzüge der Physiologischen Psychologie* [Princípios de Psicologia Fisiológica]. O livro tinha sido planejado há algum tempo. Em dezembro de 1872, Wundt o havia descrito a Wilhelm Englemann, um potencial editor, como fisiológico na medida em que usava os métodos indutivos e experimentais desse campo, mas também inovador, pois esses métodos foram aplicados às áreas não consideradas nos textos contemporâneos sobre fisiologia. O assunto do livro ficava entre a fisiologia e a filosofia. Para Wundt, *psicologia fisiológica* não tinha o mesmo significado atual: estudo da base psicológica do comportamento e da consciência. Ao contrário, para Wundt, significava uma psicologia que usava técnicas experimentais semelhantes àquelas utilizadas na fisiologia. O editor aceitou o livro de Wundt e o publicou em Leipzig em 1874. No prefácio, Wundt delineou claramente o domínio do livro:

---

[2] Um psicólogo belga, Jules-Jean Van Biervliet, foi treinado no laboratório de Wundt em 1891. Em 1892, ele publicou um relato dessa experiência, descrevendo os cursos que fez, sua pesquisa, o instrumento que usava e a biblioteca (Nicolas e Ferrand, 1999).

O livro que aqui apresento ao público é uma tentativa de demarcar um novo domínio da ciência. Estou ciente de que a questão pode ser levantada, se já é hora para tal empreendimento. A nova disciplina repousa sobre bases anatômicas e fisiológicas que, em certos aspectos, estão longe de serem sólidas; embora o tratamento experimental dos problemas psicológicos deva ser articulado de cada ponto de vista por estar em seu início. Ao mesmo tempo, a melhor forma de descobrir as lacunas que ainda restam, por nossa ignorância, sobre uma ciência em desenvolvimento é, como todos sabem, fazer uma pesquisa geral sobre seu *status* atual. (Wundt, 1874/1904, p. v)

As expressões "novo domínio da ciência", "nova disciplina", "tratamento experimental dos problemas psicológicos", e "ciência em desenvolvimento" mostram que Wundt estava, conscientemente, tentando demarcar uma nova área da ciência. Dessa forma, ele é a primeira pessoa que podemos chamar, sem reservas, de psicólogo. Os *Princípios* de Wundt foram um sucesso. O livro passou por várias revisões e ampliações em 1880, 1887 e 1893. As edições em três volumes foram publicadas em 1902–1903 e 1908–1911. Esses livros são a afirmação mais clara da psicologia experimental de Wundt e, portanto, devem ser analisados mais detalhadamente.

Primeiro, Wundt descreveu o "substrato material da vida mental," ou a anatomia e função do cérebro. Em seguida, ele descreveu o sistema nervoso e apresentou seus pontos de vista sobre as forças que estão por trás da condução nervosa. Para o estudante contemporâneo de psicologia, essas divisões são de pouco valor, pois foram substituídas por conclusões mais recentes. Então, Wundt discutiu as características das sensações; ele identificou qualidade, intensidade, extensão e duração como as quatro características fundamentais das sensações e desenvolveu uma teoria da percepção. A Parte IV é o centro psicológico do livro. Nela, Wundt definiu a psicologia como "a investigação dos processos conscientes nos modos de conexão que lhes são peculiares" (Wundt, 1874/1904, p. 2).

Os métodos reconhecidos utilizados nas ciências fisiológicas foram o modelo para os métodos aplicados na nova ciência experimental. No entanto, Wundt salientou que eles precisavam ser modificados para atender aos requisitos específicos da investigação psicológica. Ele comentou que "a psicologia adaptou os métodos fisiológicos, assim como a fisiologia adaptou métodos físicos para seus próprios fins" (Wundt, 1874/1904, p. 3). O objetivo da psicologia era o estudo dos

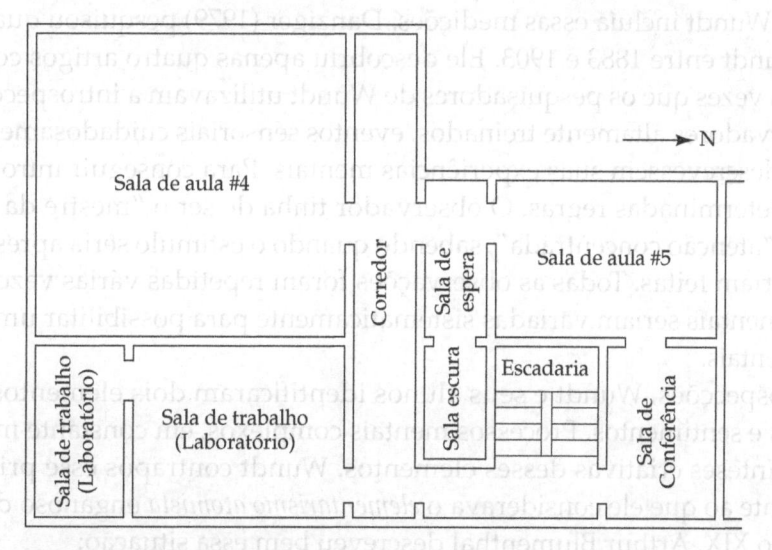

Laboratório de Wundt, em Leipzig, em 1883.
(Extraído de Wundt Studies: A Centennial Celebration *[Estudos de Wundt: celebração do centenário] (p. 151) editado por W. G. Bringmann e R. D. Tweney, 1980. Toronto: Hogrefe. Reimpressão autorizada)*

"processos conscientes" ou o que Wundt considerava parte da "experiência imediata" em oposição à "experiência mediata". Para ilustrar essa diferença, considere dois estímulos: uma folha de papel verde e um tom. Se usarmos um espectrômetro para medir o comprimento da onda de luz refletida a partir do papel, ou um espectrograma de som para medir a freqüência e intensidade do tom, não estamos estudando o papel e o tom diretamente; os instrumentos *intermedeiam* nossa experiência do papel verde e do tom. Se descrevermos os processos e experiências conscientes que temos quando os dois estímulos são apresentados – "o verdor" do papel verde e a maior ou menor intensidade do tom – estamos descrevendo nossa experiência *imediata* ou direta. De acordo com Wundt, o primeiro aspecto pertence à área da física e o segundo, à da psicologia. Os físicos tentam estudar o mundo externo sem ser parte da situação ou fenômeno que estão analisando. Os psicólogos, segundo Wundt, não estudam o mundo externo *em si*, mas os processos psicológicos pelos quais vivenciamos e observamos o mundo externo. Eles não podem eliminar a si próprios de seus objetos de estudo, já que estão analisando seus próprios processos conscientes.

Enquanto os físicos têm espectrômetros, espectrógrafos e muito outros instrumentos maravilhosos, quais técnicas de observação objetivas o psicólogo possui para estudar os processos conscientes? Uma técnica que Wundt descreveu é a *Experimentelle Selbst-beobachtung* (auto-observação experimental). *Instrospecção* foi a palavra usada com mais freqüência para descrever o método de Wundt. A escolha é infeliz, pois ela pode ser tomada para significar certa especulação de gabinete, o que certamente não era o que Wundt queria dizer. Ele repudiava essa especulação como sendo "meditação contemplativa", que leva apenas a um debate infrutífero e a auto-enganos mais grosseiros (Wundt, 1874/1904, p. 7). Em 1882, Wundt comparou, em um trabalho polêmico, os primeiros introspeccionistas ao Baron von Munchhausen, um personagem cômico do folclore alemão que salvou a si próprio da areia movediça puxando-se pelo próprio cabelo (Blumenthal, 1985, p. 29). A introspecção de Wundt era um procedimento experimental, árduo, rigidamente controlado. Ele acreditava que, assim como pouco se havia aprendido sobre os mecanismos a partir de observações casuais, acidentais de corpos em queda, pouco também se iria aprender sobre as experiências mentais humanas a partir de meditações sem controle, contemplativas.

As observações de Wundt não se limitaram a auto-relatos, mas incluíram medições objetivas, como tempos de reação e associações de palavras. Na verdade, a maior parte dos experimentos no laboratório de Wundt incluía essas medições. Danziger (1979) pesquisou quase 180 relatos do laboratório de Wundt entre 1883 e 1903. Ele descobriu apenas quatro artigos com relatos introspectivos. Todas as vezes que os pesquisadores de Wundt utilizavam a introspecção, eles apresentavam, para observadores altamente treinados, eventos sensoriais cuidadosamente controlados e pediam que eles descrevessem suas experiências mentais. Para conseguir introspecções válidas, eles impunham determinadas regras. O observador tinha de ser o "mestre da situação", isto é, em um estado de "atenção concentrada", sabendo quando o estímulo seria apresentado e quando as observações seriam feitas. Todas as observações foram repetidas várias vezes. Finalmente, as condições experimentais seriam variadas sistematicamente para possibilitar uma descrição geral dos conteúdos mentais.

Em suas introspecções, Wundt e seus alunos identificaram dois elementos básicos da vida mental: sensações e sentimentos. Processos mentais complexos, em constante mudança resultam de conexões ou sínteses criativas desses elementos. Wundt contrapôs esse princípio de síntese criativa diretamente ao que ele considerava o *elementarismo atomista* enganoso de alguns associacionistas do século XIX. Arthur Blumenthal descreveu bem essa situação:

> [Os associacionistas] dividiram os processos mentais em idéias elementares que se associavam em compostos de acordo com as descrições clássicas dos associacionistas. Wundt considerou essa

abordagem uma mera analogia primitiva com os sistemas da mecânica física e argumentou detalhadamente que esses sistemas pouco ensinam sobre as relações dos processos psicológicos. (Blumenthal, 1975, p. 1083)

Para Wundt, as sensações e os sentimentos não eram simplesmente "bolas de bilhar" que batem umas nas outras e interagem. Como John Stuart Mill (Capítulo 2), Wundt adotou um modelo de mente que enfatizava mais os princípios químicos do que os mecânicos. Para Wundt, a mente é uma força criativa, dinâmica e volitiva. Ela nunca pode ser entendida pela simples identificação de seus elementos ou de sua estrutura estática. Ao contrário, deve ser entendida por meio de uma análise de sua atividade – seus processos. Na verdade, o termo *estruturalismo*, comumente aplicado a Wundt, foi inventado posteriormente por Edward Titchener (Capítulo 5) e William James (Capítulo 9). Wundt nunca o utilizou. Em vez disso, ele deu o nome de *voluntarismo* à sua psicologia e enfatizou a diferença entre seu *voluntarismo* e o *estruturalismo* de Titchener (Blumenthal, 1979, p. 549). Blumenthal foi, em grande parte, responsável por esclarecer nossas concepções da verdadeira posição de Wundt. Ele escreveu:

> Hoje, só consigo me perguntar se Wundt tinha alguma noção do que poderia acontecer no dia em que ele escolheu a palavra "Elemento" como parte do título de um capítulo. As gerações posteriores apossaram-se da palavra com tanta paixão que elas acabaram transformando Wundt em algo quase oposto ao original. (Blumenthal, 1979, p. 549)

A conclusão notável de Blumenthal foi que Wundt não era, de fato, um *reducionista*, um *elementarista* ou um *estruturalista* – as três características que mais freqüentemente lhe são atribuídas. Wundt não definiu psicologia como a ciência da mente. Essa definição, como o termo estruturalismo, também vem de Titchener. Wundt negou que a "mente" existe para ser estudada separadamente do "corpo". Ele se opôs veementemente a dualismos mente–corpo e acreditava que a experiência mental deve ser estudada em termos tanto da mente quanto do corpo – a assim chamada resolução de duplo aspecto do problema da mente e do corpo. Finalmente, a introspecção para Wundt não era um método limitado de auto-relato, mas um conjunto de procedimentos objetivos, experimentais chamados, de forma mais precisa, de auto-observação experimental.

A Pesquisa de Wundt

Quando nos voltamos para a pesquisa de Wundt, encontramos uma situação semelhante. Em vez de realizar uma série de experimentos restrita, cansativa e amplamente irrelevante que tivesse como elo a introspecção, Wundt e seus alunos realmente fizeram pesquisa sobre vários assuntos – e, como vimos, a introspecção clássica teve pouco ou nada a ver com seus experimentos.

Felizmente, temos um excelente histórico dos experimentos que Wundt e seus alunos fizeram no laboratório de Leipzig. À medida que o número de experimentos aumentava, Wundt percebeu que precisava de alguma forma apresentar seus resultados para um público maior. Seu *Princípios* foi constantemente ampliado e revisto, mas o atraso na publicação criava a necessidade de um periódico que permitisse uma rápida divulgação dos resultados. Em 1881, Wundt criou o *Philosophische Studien* e publicou o primeiro relato do experimento de seu aluno Max Friedrich sobre a apercepção do tempo. Wundt editou o *Philosophische Studien*, a primeira publicação dedicada exclusivamente à pesquisa em psicologia até 1902. Dado o objetivo declarado de Wundt de estabelecer a psicologia como uma nova ciência independente da filosofia e da fisiologia, por que ele escolheu o nome estudos *filosóficos* em vez de estudos *psicológicos* para o seu periódico? Talvez ele esperasse manter o *status* da filosofia – ou, de forma mais prática, como Fancher (1996) sugere, ele queria evitar confusão com uma publicação anterior – *Psychological Studies* – dedicada à parapsicologia (estudo de fenômenos psíquicos como clarividência, telepatia e percepção extra-sensorial).

Edwin G. Boring (1929) e Robert Watson (1978) classificaram cerca de cem experimentos reportados em *Philosophische Studien* durante um período de 21 anos e descobriram que 50% dos estudos diziam respeito à sensação e à percepção: estudos da visão da cor e do contraste, imagem consecutiva e ilusões visuais. A percepção do tempo foi estudada fazendo os sujeitos dos experimentos estimarem os intervalos de tempo. As sensações táteis foram estudadas utilizando-se métodos psicofísicos que Ernst Weber e Gustav Fechner desenvolveram (Capítulo 6).

Cerca de 17% dos experimentos classificados mediram os tempos de reação; os sujeitos dos experimentos tinham de reagir depois de detectar ou identificar um estímulo. Os tempos de reação por identificação eram consistentemente mais longos do que para detecção; pensava-se que isso se devia ao tempo envolvido no processo de identificação depois da simples detecção do estímulo. Esses métodos e premissas parecem razoáveis, mas na virada do século eles foram considerados inadequados. Os tempos de reação observados variavam muito de pessoa para pessoa, na mesma pessoa em momentos diferentes, e de laboratório para laboratório. Os tempos de reação simplesmente não produziam medições precisas dos processos mentais que os wundtianos buscavam. No entanto, essas medições tornaram-se correntes na psicologia (Luce, 1986, p. 1).

Cerca de 10% dos experimentos de Leipzig diziam respeito à atenção. Wundt entendia que a atenção era um processo mental que criava um foco na consciência. Ele definiu *atenção* como "o estado que acompanha a clara compreensão de qualquer contexto físico e é caracterizada por um sentimento especial" (Wundt, 1902, p. 229). Os observadores em Leipzig foram treinados em suas introspecções para distinguir entre sensações e idéias no *Blickfeld* (campo de atenção) e no *Blickpunkt* (foco de atenção). Wundt chamou o processo mental que traz o conteúdo mental para o foco da atenção de *apercepção*. Atualmente, chamaríamos de *atenção seletiva*. Em 1919, um dos ex-alunos mais famosos de Wundt, Emil Kraepelin, aplicou um modelo de atenção ao pensamento das pessoas com esquizofrenia (Kraepelin, 1919). Kraepelin atribuiu certas formas de comportamento esquizofrênico à atenção reduzida, a formas altamente erráticas de atenção ou à atenção extremamente limitada e malconcentrada. Sua teoria da "atenção prejudicada" em esquizofrenia foi retomada modernamente em abordagens de processamento de informações relativas à doença (Silverman, 1964; Boer et al., 1994). As pessoas diagnosticadas com esquizofrenia têm déficit de atenção, mesmo depois de se recuperarem da doença. As crianças com propensão genética à esquizofrenia apresentam déficit de atenção semelhante ao dos adultos que são portadores da doença. Os adultos que sofrem de esquizofrenia têm dificuldade de filtrar estímulos concorrentes, portanto saem-se mal em uma tarefa que exige dividir a atenção (Gjerde, 1993). Elas também têm dificuldade de eliminar de sua memória ativa informações que distraem (Schooler et al., 1997).

Outros 10% dos experimentos em Leipzig diziam respeito aos sentimentos. Foram tocadas batidas metronômicas para os observadores que reportaram que certos padrões rítmicos eram mais agradáveis do que outros: havia uma dimensão de *agrado versus desagrado*. Os observadores também reportaram um leve sentimento de tensão quando antecipavam a próxima batida. Dessa forma, foi definida uma segunda dimensão do sentimento: *tensão versus relaxamento*. Por fim, em certas taxas metronômicas, os observadores reportaram sentimentos moderados de excitação, enquanto outros reportaram sentimentos de calma. Assim, foi identificada uma terceira dimensão do sentimento – *excitação versus calma*. Essas três dimensões foram combinadas na teoria tridimensional do sentimento de Wundt. Ele e seus alunos dedicaram-se muito para encaixar os sentimentos nessa matriz. Em geral, seus esforços não foram bem-sucedidos, mas quando as técnicas de análise de fatores tornaram-se disponíveis no século XX, os pesquisadores desenvolveram algumas abordagens para o significado e a emoção (Osgood, Suci e Tannenbaum, 1957; Schlosberg, 1954).

A História e a Utilização Contemporânea dos Tempos de Reação

Em Londres, pode-se fazer uma excursão agradável para a cidade vizinha de Greenwich velejando-se pelo rio Tâmisa. Os barcos partem do Pier de Westminster, próximo das Casas do Parlamento e do outro lado do rio, a partir da Ferris, a roda gigante mais alta do mundo, o Olho de Londres, de 137 m de altura. A viagem proporciona uma visão a partir do rio de muitos marcos de Londres. Greenwich, o local onde fica o primeiro meridiano, é uma cidade agradável à beira do rio com um lugar especial na história da psicologia. Foi lá que, em um observatório, astrônomos fizeram as primeiras observações sistemáticas das diferenças nos tempos de reação individuais.

Em 1676, foi construída uma casa em uma colina acima de Greenwich para o "observatório astronômico" da Inglaterra. *Sir* Christopher Wren, arquiteto da Catedral de Saint Paul, recebeu o encargo real de prover "o observatório com uma casa e um pouco de pompa". Até aquele momento, John Flamsteed, o primeiro astrônomo real, tinha feito suas observações na pequena torre situada na Torre de Londres. Em Greenwich, Flamsteed examinou e reexaminou o movimento das estrelas, determinando com precisão sua posição. Greenwich também se tornou o relógio oficial da nação e posteriormente do mundo. Todos os dias, uma bola era içada ao topo de um mastro do Observatório e jogada lá de cima precisamente à uma hora. Os fuzileiros navais no rio ajustariam seus cronômetros pelo "Tempo Médio de Greenwich". Atualmente, a bola do tempo ainda é jogada exatamente à uma hora.

Em 1796, no Observatório de Greenwich, Nevil Maskelyne, o quinto astrônomo real da Inglaterra, e seu assistente, um jovem chamado Kinnebrook, observavam e registravam os tempos de trânsito das estrelas entre os retículos[3] de seus telescópios. Os tempos que ele registraram às vezes divergiam em um segundo, uma diferença que Maskelyne concluiu ser devida a erro de Kinnebrook. Esse jovem desafortunado foi dispensado de seu cargo e perdeu seu lugar na história; seu nome não aparece em uma *Encyclopedia of Astronomy* [Enciclopédia de Astronomia] (Satterthwaite, 1970). Dez anos depois, um astrônomo alemão, Friedrich Bessel (1784–1846), leu um relato desse incidente em Greenwich e concluiu que Maskelyne e Kinnebrook tinham simplesmente diferido em suas observações sobre os tempos de reação. Bessel mediu os tempos de reação de muitos astrônomos e identificou diferenças individuais consistentes. Os astrônomos continuaram a criar equações pessoais que permitiam diferenças entre os observadores e, portanto, possibilitavam que eles trabalhassem juntos.

No final da década de 1860, o fisiologista holandês Franciscus Cornelius Donders (1818–1889) estudou os tempos de reação em condições controladas em laboratório. Ele usou como instrumento de tempo um mecanismo de relógio Hipp-Chronoscope[4] que registrava os milhares de segundos (Creelman, 1998). Em seu procedimento de *tempo de reação simples*, uma pessoa tinha de reagir a um estímulo com uma determinada resposta. Eu seu procedimento *de tempo de reação de escolha*, vários estímulos eram apresentados, sendo necessárias diferentes respostas para cada um – por exemplo, mão direita se a luz for vermelha e mão esquerda, se ela for azul. Por fim, em seu *tempo de reação de discriminação*, vários estímulos eram apresentados em ordem aleatória e a pessoa era solicitada a responder a apenas um deles. Donders descobriu que tempos de reação simples eram freqüentemente mais curtos do que os outros dois tipos. A subtração dos tempos de resposta simples deu a Donders uma medida do tempo que havia levado para discriminar ou escolher. Em um trabalho que é um marco, intitulado *On the Speed of Mental Processes* [Sobre a Velocidade dos Processos Mentais] (1868), Donders descreveu um modelo de estágio no qual o indivíduo primeiramente percebe o estímulo, então o classifica e, por fim, escolhe a resposta apropriada. Cada um desses estágios mentais toma tempo, portanto pressupõe-se que o tempo de reação mensurado é produto cumulativo do tempo que levou para executar cada operação mental. Esse modelo do processamento mental em estágios respaldou a utilização das medições de tempo de reação no

(continuação na página 114)

---

[3] Retículo de um telescópio é um conjunto de linhas finas, paralelas que fazem intersecção com outras em ângulos retos na objetiva do telescópio.

[4] Um Hipp-Chronoscope adquirido em 1890 está na University of Toronto Collection of Historical Instruments (Creelman, 1998).

A História e a Utilização Contemporânea dos Tempos de Reação (Continuação)

laboratório de Wundt em Leipzig. Em uma revisão histórica do desenvolvimento da psicologia cognitiva moderna, Michael Posner e Gordon Shulman (1979) descreveram Donders com um dos fundadores da psicologia cognitiva.

O primeiro aluno norte-americano de Wundt, James McKeen Cattell (Capítulo 9), descobriu que, quando os sujeitos do experimento tinham de dizer o nome de uma única letra apresentada, o tempo de reação era cerca de meio segundo. Quando uma segunda letra aparecia antes da primeira desaparecer, o tempo para se dizer o nome dela (reação) caía para um quinto de um segundo e continuava a diminuir à medida que mais letras eram acrescentadas. Cattell também descobriu que os tempos para dizer os nomes de letras ou palavras não-relacionadas eram duas vezes maiores do que para letras ou palavras relacionadas. Cattell publicou seus resultados em um relatório de 72 páginas no periódico *Philosophische Studien* em 1885 e em uma versão resumida de três páginas na revista *Mind*. Esse trabalho "The Time it Takes to See and Name Objects" [O Tempo que Leva para Ver e Dar Nome aos Objetos] (Cattell, 1886), é um clássico na história da psicologia. Cattell concluiu seu trabalho com essa afirmação confiante:

A relação da sensação com o estímulo e o tempo que os processos mentais demoravam são os dois tópicos em que a psicologia experimental alcançou os melhores resultados. Esses resultados são importantes o bastante para mostrar que aqueles que, como Kant, sustentam que a psicologia nunca pode se tornar uma ciência exata estão errados. (Cattell, 1886, p. 63)

Os últimos 30 anos ou mais têm testemunhado o surgimento da psicologia cognitiva e a predominância das abordagens de processamento de informação para o estudo da aprendizagem e da memória. Em uma série clássica de experimentos, Saul Sternberg (1966, 1969) pediu aos sujeitos dos experimentos para lembrar de um conjunto de letras e, então, pouco tempo depois, perguntou se uma determinada letra estava na série original. Os sujeitos responderam "sim" ou "não" pressionando um botão, portanto seus tempos de reação puderam ser medidos. À medida que o tamanho do conjunto original aumentava de uma para seis letras, os tempos de reação aumentavam, com cada item adicional significando cerca de 38 milissegundos

James McKeen Cattell, primeiro aluno norte-americano de Wundt e pioneiro da psicologia nos Estados Unidos.

a mais no tempo de reação. Esse resultado era previsível. O que surpreendia era que os tempos de reação para as tentativas de "sim" e "não" não eram diferentes. Isso sugeria para Sternberg que, na busca muito rápida do estoque de memória de curto prazo, todo o estoque de memória é varrido em uma busca exaustiva, mesmo depois que foi encontrada uma combinação.

Allan Collins e M. Ross Quillian (1969) propuseram que o conhecimento em semântica ou memória de longo prazo é organizado em estruturas ou redes hierárquicas. Eles previram que, quanto mais nódulos de informação devam ser percorridos para responder a uma pergunta, maior será o tempo de reação. Os sujeitos do experimento levaram muito menos tempo para responder a uma pergunta como "O canário é amarelo?" do que "O canário tem sangue quente?". Essas diferenças ocorreram, não importando se a resposta estava correta.

Greenwald e Banaji (1995) ampliaram o uso dos tempos de reação para como as pessoas se sentem sobre certos grupos de indivíduos ou suas atitudes implícitas. Os tempos de reação foram usados para calcular o grau de associação entre os conceitos-alvo, como atitudes em relação aos afro-americanos e aos brancos norte-americanos, e dimensões de avaliação como agradável/desagradável, bom/mau.

Ao estudar os sentimentos, os wundtianos também usaram o método de "comparações em pares": os sentimentos eram comparados entre si e com um sentimento-padrão de comparação. As comparações foram feitas em três dimensões que haviam se originado das primeiras observações. Além disso, mediu-se a pulsação, respiração e tensão do músculo como índices da qualidade do sentimento. Essa pesquisa precedeu a psicofisiologia atual.

Por fim, cerca de 10% dos estudos reportados em *Philosophische Studien* se concentravam em associação. Para Wundt, a *associação* era um processo de combinação em um estado passivo de atenção. Apresentava-se uma única palavra ao sujeito que era solicitado a responder também com uma única palavra. Os wundtianos registraram tanto a palavra respondida quanto sua latência. Wundt fez distinção entre associações internas com base em relações intrínsecas entre as palavras (por exemplo, "leão–animal", "lança–escudo", "vaca–leite" e "branco–preto") e conexões externas com base em relações acidentais, extrínsecas que, em geral, são produto do histórico de uma pessoa (por exemplo, "curva–acidente" e "pai–ódio"). Emil Kraepelin deu um apoio sugestivo ao significado clínico maior dessas associações. Ele descobriu que uma pessoa sob influência do álcool aumentaria o número de associações externas.

Embora Wundt coordenasse a pesquisa geral em seu laboratório de Leipzig, grande parte da supervisão no dia-a-dia ficava a cargo de seus assistentes oficiais (Boring, 1957). Quinze homens ocupavam essa posição, incluindo Cattell, de 1885 até 1886, e Oswald Külpe (Capítulo 6), de 1886 até 1893. Os alunos, em geral, trabalhavam em determinados experimentos que freqüentemente replicavam um trabalho anterior. Danziger (1985) comparou o experimento psicológico a uma instituição social em Leipzig e em laboratórios de pesquisa contemporâneos. Ele identificou diferenças notáveis nos papéis que os sujeitos dos experimentos e os experimentadores desempenham. Atualmente, uma diferença clara de poder e *status* favorece o experimentador. Os psicólogos "dirigem" os sujeitos, que em geral se inscrevem para um experimento para atender a um requisito do curso ou para receber um pequeno pagamento. O experimentador claramente está no comando, o sujeito faz aquilo que mandam e, então, recebe ou um crédito pela participação ou um pagamento. No laboratório de Wundt, o papel de sujeito experimental era considerado mais importante do que o de experimentador, já que o sujeito era a fonte de dados. Os sujeitos eram altamente treinados, membros psicologicamente sofisticados do laboratório de Leipzig. Às vezes, eles se alternavam nos papéis de sujeito e experimentador; outras vezes, o sujeito e o experimentador eram a mesma pessoa. Principalmente nos primeiros anos do laboratório, o próprio Wundt era freqüentemente o sujeito do experimento. *Sujeito* não era senão um termo usado nos relatos de Leipzig. Havia outros como *reagente, observador, participante e indivíduo em observação*. A pesquisa no laboratório de Wundt era intensa e cooperativa, conduzida em pequenos grupos. Danziger (1985) concluiu que os padrões atuais do papel nos experimentos psicológicos não advêm de Leipzig, mas dos estudos na França sobre hipnose experimental feitos por investigadores médicos como Jean Charcot (Capítulo 11).

Wundt como Conselheiro

Uma grande variedade de experimentos foi realizada em Leipzig. Esse volume de pesquisa não teria sido possível sem um grande número de alunos. Leipzig no final do século XIX era o centro da nova ciência da psicologia, e entre as contribuições mais importantes de Wundt para o desenvolvimento da psicologia estavam os alunos que ele influenciou. Antes de 1867, William James (Capítulo 9) escreveu a um amigo:

> Parece-me que talvez já tenha chegado a hora de a psicologia ser uma Ciência – algumas medições já haviam sido feitas na área que fica entre as mudanças físicas nos nervos e a aparência da consciência ... Vou estudar o que já é conhecido e talvez seja capaz de fazer algum trabalho sobre isso.

Helmholtz e um homem chamado Wundt em Heidelberg estão trabalhando nisso e espero ir até eles no verão, se sobreviver a este inverno. (James, 1867, apud Roback, 1961b, p. 76)

James sobreviveu ao inverno e passou algum tempo com Wundt. No entanto, como veremos no Capítulo 9, James logo concluiu que a psicologia de Wundt não era o que ele estava procurando. Outros alunos consideraram sua experiência em Leipzig mais proveitosa. Entre 1875 e 1919, Wundt orientou 186 teses de doutorado (Tinker, 1932). Entre elas, 72 eram sobre filosofia e o restante sobre assuntos de psicologia (Fernberger, 1933). A maioria desses alunos (136) era da Alemanha e da Áustria. Ao ler o nome deles, Samuel Fernberger (1933) reconheceu apenas 34. Por que muitos outros alunos de Wundt não ficaram famosos? Possivelmente, eles seriam mais conhecidos dos psicólogos alemães ou, talvez, como Fernberger especulou, a maioria desses doutorandos seguiu uma carreira no sistema alemão de *ginásio*. Como vimos, esse sistema enfatizava a excelência do ensino e a supervisão rígida dos alunos. A pesquisa não era estimulada ou necessária e, portanto, eles não contribuíram para a literatura da psicologia. No entanto, Wundt teve alguns alunos europeus notáveis.

Além de Emil Kraepelin, que foi mencionado, Hugo Münsterberg, cuja carreira será descrita mais detalhadamente no Capítulo 5, fez os primeiros avanços na psicologia aplicada. Entre os alunos de Wundt da França, temos Viktor Henri, que colaborou com Alfred Binet na formulação dos primeiros testes de inteligência (Capítulo 11), e B. Bourdon, que em 1896 criou o segundo laboratório francês de psicologia em Rennes. Da Rússia, Vladimir M. Bekhterev, um dos contemporâneos de Pavlov, desenvolveu uma teoria única do condicionamento e um sistema de psicologia. Os alunos de Wundt da Inglaterra incluíam o estatístico e psicometrista Charles Spearman e também Edward Titchener, responsável por levar uma versão mais aperfeiçoada do sistema wundtiano para os Estados Unidos. Esses são nomes importantes da história da psicologia, mas Hugo Eckener foi o aluno alemão mais famoso que Wundt orientou em sua tese de doutorado. Ele comandou o dirigível *Graf Zeppelin* em suas várias viagens pelo mundo, foi homenageado com duas grandes paradas na cidade Nova York e foi eleito o homem mais famoso do mundo na década de 1930 de acordo com uma pesquisa de jornal. O *New York Times* classificou Eckener como explorador da classe de Robert E. Peary, Roald Amundsen, Ernest Shackleton e Richard E. Byrd e um aviador do nível de Charles Lindbergh (Vaeth, 1958). Ele doutorou-se em 1893, sob a orientação de Wundt, com uma tese acerca dos efeitos da irritação e do aborrecimento sobre a atenção.

Dezesseis alunos dos Estados Unidos seguiram Cattell e receberam seu doutorado de Wundt. Os títulos das teses são uma evidência da diversidade da pesquisa feita no laboratório de Wundt. Entre esses alunos, temos Harry Kirke Wolfe, cuja tese de 1886 foi sobre a "Memory for Tones" [Memória dos Tons]. Wolfe criou o Departamento de Psicologia da University of Nebraska (Benjamin, 1987, 1991), Frank Angell "Studies on the Estimation Sound Intensity" [Estudos sobre a Estimativa da Intensidade do Som], Edward Scripture "Thinking and Feeling" [Pensamento e Sentimento] e Edward Pace "Spencer's Theory of Evolution" [A Teoria da Evolução de Spencer], todos completaram suas teses em 1891. Eles criaram laboratórios em Stanford, Yale, e na Catholic University, respectivamente. A primeira clínica de psicologia dos Estados Unidos foi criada em 1896 por Lightner Witmer (Capítulo 8). Ele escreveu sua tese sobre "Aesthetic Values of Varying Proportions" [Os Valores Estéticos das Proporções Variáveis] e recebeu seu título em 1892. George Stratton, criador do laboratório de psicologia da University of California (e autor de "The Perception of Changes of Pressure at Varying Rates" [A Percepção das Mudanças da Pressão a Taxas Variáveis]), e Charles Judd, criador do Departamento de Psicologia Educacional da University of Chicago e do laboratório de psicologia da New York University ("Perceptions of Space" [Percepções do Espaço]), receberam seus títulos com a orientação de Wundt em 1896. Judd também traduziu *Outline of Psychology* [Esboço de Psicologia] de Wundt para o inglês. Em 1900, Walter Scott, que criou o Departamento de Psicologia na Tufts University, recebeu seu título sob a orientação de Wundt com a tese "The Psychology of Impulses" [A Psicologia dos Impulsos]. George Arps, que chefiou durante 24 anos do Departamento de Psicologia da Ohio State University, escreveu sua tese sobre "The Increase of the Perception of Pressure" [O Aumento da Percepção da Pressão] e recebeu o título de doutor sob a orientação de Wundt em 1908.

Wundt também atraiu alunos de outros países, incluindo Índia e Japão. Blumenthal descreveu o impacto de Wundt nesses alunos:

> Em 1920, ano da morte de Wundt, seus alunos japoneses e seguidores estavam construindo uma réplica do laboratório de Leipzig na Universidade de Tóquio. Essa réplica sobreviveu à Segunda Guerra Mundial apenas para ser queimada em uma revolta estudantil durante a década de 1960. Em 1932, centenário da morte de Wundt, o indiano *Journal of Psychology* e alguns seguidores de Wundt em Calcutá produziram o maior volume comemorativo sobre ele impresso naquele ano. (Blumenthal, 1975, p. 44)

Wundt não apenas fundou a psicologia, mas também treinou um número significativo de psicólogos da primeira geração. Em 1900, havia 45 laboratórios de psicologia nos Estados Unidos, 12 dos quais tinham sido criados por alunos de Wundt com ou sem doutorado (Garvey, 1929). Quatro dos cinco primeiros psicólogos de destaque citados por Cattell em 1903 – James, Cattell, Münsterberg e Hall – haviam estudado em Leipzig com Wundt. John MacEachran, um antigo membro do corpo docente da University of Alberta, formou-se doutor com a orientação de Wundt (Arvidson, 1971). Wundt influenciou tanto a primeira geração de psicólogos que a maioria dos estudantes de psicologia provavelmente pode remontar sua linhagem histórica até ele (Boring e Boring, 1948; Granello, Hothersall e Osborne, 2000). Poucos alunos de Wundt permaneceram fiéis a seus ensinamentos e abordagem da psicologia, mas eles se formaram doutores com a orientação dele e, de diferentes maneiras, representavam a nova psicologia.

Wundt como Escritor

Durante toda sua carreira, Wundt foi um escritor prolífico. Seus primeiros três livros foram seguidos em 1880 e 1883 por dois volumes de sua *Logic* [Lógica], que teve quatro edições. Sua *Ethics* [Ética] (1896) teve cinco edições, e *Grundriss der Psychologie* [Esboço de Psicologia] (1896) teve 15. Em 1889, ele publicou seu *System der Philosophie* [Sistema de Filosofia] e, entre 1900 e 1920, publicou a obra de dez volumes *Völkerpsychologie*, que discutiremos posteriormente. Por fim, seu *Einführung in die Psychologie* [Introdução à Psicologia] saiu em 1911 e, em 1920, foi publicado *Erlebtes und Erkanntes* [Vivido e Conhecido]. A biografia completa de sua obra inclui 491 itens. Boring (1957) computou um total de 53.735 páginas publicadas, dando a Wundt um índice de publicação média em toda sua carreira de 2,2 páginas por dia ou uma palavra a cada dois minutos, dia e noite, durante 66 anos (Boring, 1957, p. 345). Com inveja de uma máquina de escrever norte-americana (Remington) de Cattell, Wundt encomendou uma para si – assim, afirmou-se que ele mais do que dobrou sua já numerosa cota de publicação (Hillix e Broyles, 1980, p. 432). O que Wundt faria com um processador de texto? Watson calculou que o leitor médio a uma taxa de 60 páginas por dia levaria aproximadamente 2,5 anos para ler toda a obra de Wundt (Watson, 1968, p. 272). Certamente essa produção fora do comum nunca será alcançada. Isso pelo menos mostra a diligência de Wundt e é particularmente impressionante quando se sabe que, na última metade de sua vida, Wundt sofreu de estrabismo no olho direito, o que tornava a escrita e a leitura difíceis.

Apesar de sua vasta produção, os trabalhos de Wundt são pouco lidos atualmente. Apenas algumas partes sem relação entre si foram traduzidas para o inglês, e seu estilo em alemão é desanimador. G. Stanley Hall descreveu o estilo de Wundt como sólido como chumbo e igualmente sem brilho; George Miller referiu-se ao gênio de Wundt como "o tipo que Thomas Edison descreveu como 1% de inspiração e 99% de transpiração" (Miller, 1962, p. 24). Em uma carta a Stumpf, James descreveu Wundt como alguém que pretendia ser "algo como um Napoleão do mundo intelectual. Infelizmente, ele nunca encontrará seu Waterloo, pois é um Napoleão sem gênio e sem uma idéia central que, se destruída, lança toda a estrutura por terra". De acordo com James, enquanto os críticos conseguiam "arrasar alguns de seus pontos de vista, nesse meio tempo, ele está escrevendo um livro sobre um assunto totalmente diferente. Corte-o como um verme e cada fragmento irá rastejar" (James, 1887, apud Perry, 1935, v. II, p. 68). Até Titchener, o aluno mais fiel de Wundt, admitiu:

> O estilo de Wundt, nos últimos anos, freqüentemente tem sido considerado difuso e obscuro. Eu não gostaria de chamá-lo de uma dessas duas coisas; mas tenho certeza de que ele é difícil. Talvez ele tenha, até em um grau um tanto quanto incomum, as características típicas do alemão científico; a falta de cuidado com as repetições verbais, as sentenças longas e complicadas, os lapsos sobre o coloquialismo e coisas semelhantes. (Titchener, 1904, apud Hillix e Marx, 1974, p. 118)

O Interesse Permanente de Wundt

O projeto que mais interessou Wundt nas últimas duas décadas de sua vida foi o seu *Völkerpsychologie* (Psicologia dos Povos), publicado em dez volumes entre 1900 e 1920. A principal obra tem sido ignorada por historiadores da psicologia. Boring (1929), em seu livro de 700 páginas *History of Experimental Psychology* [História da Psicologia Experimental], a discutiu em menos de uma página. No entanto, recentemente, muito mais atenção tem sido dada a essa obra, que foi claramente uma grande realização (Blumenthal, 1975, 1979; Schneider, 1990). Mas a pergunta continua: Por que essa obra foi tão negligenciada? A explicação de Blumenthal é que, em vez de ler Wundt diretamente, os psicólogos criaram alguns "mitos de origens" que são passados de geração para geração e que não incluem o *Völkerpsychologie*. Uma outra explicação é que muito do nosso conhecimento da história da psicologia advém do clássico de Boring, *History of Experimental Psychology* [História da Psicologia Experimental] (1929). A história pode se repetir, mas os historiadores repetem um ao outro. Boring dedicou seu livro a seu professor, Titchener, descrevendo-o como "o historiador por excelência" da psicologia experimental e ofereceu seu trabalho com "grande modéstia" como um "substituto fraco" do livro que Titchener deveria ter escrito. Boring refletiu o ponto de vista de Titchener de que as obras de Wundt sobre a psicologia cultural e étnica foram de pouca importância. Como Titchener havia dito:

> No entanto, eu quero me deter um pouco no *Völkerpsychologie* para contestar uma crença, corrente nos últimos anos e, até certo ponto, encorajada pelo próprio Wundt, que eu devo considerar baseada, na melhor das hipóteses, em uma meia verdade. Surgiu uma lenda – não posso chamá-la de outra coisa – que a psicologia social foi a primeira e mais cara paixão de Wundt e que toda sua vida até cerca de 1890 foi dedicada a tirar os intrusos do caminho para que, no final, ele pudesse voltar a ela. Em parte, o grande período de tempo dedicado ao *Völkerpsychologie* pode ser responsável; em parte, como já disse, certas declarações do próprio consentimento de Wundt; não devo aceitar essa lenda se ela decorrer do próprio consentimento de Wundt; devo desconfiar da memória de um homem velho. Eu acho que ninguém pode aceitar isso, quem conhece intimamente o curso de desenvolvimento de Wundt como seu livro retrata. (Titchener, 1921b, p. 169)

Titchener atribui a obra em dez volumes a nada mais do que a fraqueza permanente de Wundt para "assuntos de certa forma problemáticos" (Titchener, 1921b, p. 169). Em uma nota de rodapé admirável, Titchener afirma que, durante seu segundo ano como aluno de pós-graduação em Leipzig, ele "foi bem-sucedido em classificar Wundt" (1921b, p. 170). O *Völkerpsychologie* não se encaixava no compartimento que Titchener havia destinado a Wundt e, então, ele o ignorou. Como resultado, nossa percepção dos interesses de Wundt ao longo dos anos pode não ser precisa. Ao contrário das afirmações de Titchener, Wundt, durante muito tempo interessou-se por tópicos que ele achava que não podiam ser estudados experimentalmente. Wundt havia definido "psicologia cultural ou étnica" na introdução de seu primeiro livro *Beiträg zur Theorie der Sinneswahrnehmung* [Contribuições para a Teoria da Percepção Sensorial] em 1862 e continuou interessado em psicologia social ou étnica ao longo de sua carreira. *Völkerpsychologie* foi republicado em 1990 (Schneider, 1990) e com recepção favorável pela crítica (Brock, 1992, p. 380).

Blumenthal encontrou outra evidência do interesse de Wundt em um amplo leque de temas de psicologia. Em *Völkerpsychologie*, Wundt escreveu que os estudos sobre animais eram importantes porque

> o reino animal mostra uma série de evoluções mentais que podem ser vistas como antecedentes do desenvolvimento mental do homem, pois a vida mental dos animais mostra ser completa, em seus elementos e nas leis gerais que determinam a combinação dos elementos, os mesmos da vida mental do homem (Wundt, 1902, p. 308)

De maneira similar, Wundt defendeu os estudos psicológicos sobre crianças. Nesses estudos, ele descreveria o desenvolvimento de processos mentais complexos como a linguagem.

Wundt, o Homem

As opiniões sobre a personalidade de Wundt diferem. James descreveu Wundt como "o exemplo perfeito de quanto uma *mera educação* pode fazer por um homem" (ênfase no original; James, 1887, apud Perry, 1935, v. 2, p. 69). Em cartas que escreveu de Leipzig, Cattell em geral era crítico (todas em Sokal, 1981):

> O laboratório de Wundt tem uma reputação maior do que ele merece – o trabalho feito lá decididamente é amador. (Jan. 1885, p. 156)

> Fui convidado pelo professor Wundt para jantar com outros membros do laboratório. Não posso dizer que gosto dessas coisas. Não tenho reverência especial por ninguém que conheço pessoalmente e não sinto nenhuma satisfação especial em ouvir Wundt falar sobre ópera e coisas do gênero. No entanto, a Sra. Wundt é agradável e o Prof. Wundt parece gostar de mim e apreciar meu gênio fenomenal.[5] (Fev. 1885, p. 160)

Em outra carta, Cattell disse que Wundt "não era lá um grande homem" (nov. 1885). Esses comentários críticos eram injustos, pois Wundt era generoso em seu apoio a Cattell. Isso se devia provavelmente pelo menos em parte ao enfoque do trabalho de pesquisa e estudos de Wundt.

Hall (1924) fez um retrato pouco lisonjeiro de Wundt que ele encontrou em Leipzig, descrevendo-o como um "trabalhador incansável, e nós raramente o víamos fora de seu laboratório, embora lá ele passasse pouco tempo e fizesse pouco trabalho que, em sua maior parte, era realizado na sala de estudos de sua casa. Ele também me impressionou por ser bastante desajeitado com as mãos" (Hall, 1924, p. 206). Até Titchener, descreveu Wundt como "uma pessoa sem

---

[5] A auto-avaliação de Cattell ajuda a entender porquê Wundt o considerava *ganz Amerikanisch* – isto é, o estereótipo do norte-americano em sua independência e autoconfiança.

senso de humor, incansável e agressivo" (Titchener, 1921b, p. 175), mas com mais freqüência ele e outros alunos foram generosos em seus elogios a Wundt. Titchener fez um relato caloroso dos Natais que passou em Leipzig com Wundt, Sophie, sua esposa que falava inglês, e seus filhos. Titchener lembrou de Wundt da seguinte forma:

> modesto, cordial, tolerante; de forma alguma dado a monólogos; mostra lampejos freqüentes de um humor agradável, totalmente acadêmico. Não havia sinal, quando sentamos com ele em sua sala de estudos, do leão barulhento da controvérsia ou do juiz olímpico da ciência e da filosofia. (Titchener, 1912b, p. 175-176)

Involuntariamente, Cattell fez um elogio a Wundt em uma de suas cartas:

> O professor Wundt veio ver-me esta manhã. Ele ficou três quartos de hora e foi muito cordial, como sempre tem sido recentemente. Ele tratou-me muito bem, considerando o fato de eu ter chamado a atenção para os erros em seu trabalho. (Nov. 1884, apud Sokal, 1981, p. 139)

Wundt mostrou seu senso de humor ao lembrar de um exame de psicologia em que esteve presente. O professor havia criado sua própria psicologia, que ele exigia que seus alunos soubessem de cor. Durante o exame, cada pergunta referente à natureza da alma, vida, mente e corpo foi respondida pelo aluno com a mais perfeita exatidão. Quando um outro professor posteriormente perguntou a Wundt se os alunos estavam bem preparados em psicologia, ele respondeu: "Sim, na verdade, de todas aquelas perguntas, eu não conseguiria ter respondido a uma sequer" (Wundt, 1877, apud Blumenthal, 1979, p. 550). Wundt deve ter sido amável com seus alunos durante os exames, pois Anna Berliner, a única aluna de Wundt com doutorado, lembrou dele como "o mais gentil e prestativo examinador que já vi" (Berliner, 1971, p. 516).

Wundt lamentou o clima de monotonia das universidades alemãs. Como um professor ativo e motivador que, ao contrário da maioria de seus colegas, não levava material preparado, ele atraía grandes audiências de alunos da graduação de Leipzig. Ele foi um dos primeiros professores de Leipzig a usar transparências e a levar demonstrações e aparelhos experimentais para suas aulas. Como havia feito em Heidelberg, Wundt usava essas demonstrações e experimentos para complementar e servir de apoio a suas aulas. Titchener fez a seguinte descrição do estilo de aula de Wundt:

> Wundt apareceu exatamente na hora – pontualidade era essencial – vestido todo de preto e carregando um pequeno maço de anotações de aula. Ele entrou arrastando os pés de forma desajeitada e produzindo um som como se a sola dos sapatos fosse feita de madeira. Na plataforma, estava uma escrivaninha comprida onde eram feitas as demonstrações. Ele fazia alguns gestos – um dedo indicador passando pela testa, uma nova arrumação do giz – então, encarava a platéia e colocava os cotovelos no descanso para livros. Quando falava, os braços e as mãos se mexiam para cima e para baixo, apontando e fazendo sinais, de alguma forma ilustrativa misteriosa. A cabeça e o corpo ficavam rijos, e apenas as mãos se mexiam. Ele raramente consultava as poucas anotações. Quando o relógio anunciava a hora, Wundt parava e, inclinando-se um pouco, saía como entrou. (Titchener, apud Miller, 1962, p. 19-20)

Wundt ensinou mais de 24 mil alunos do curso de graduação dessa maneira. Mais tarde, na Cornell University, Titchener, no estilo de seu professor, iria entrar e sair das *suas* aulas.

Em 1889, Wundt foi reitor da Universität Leipzig e, em 1902, em reconhecimento às suas realizações e contribuições, a cidade de Leipzig lhe concedeu o título de cidadão honorário. No entanto, durante suas últimas duas décadas de vida, ele gradualmente abandonou a psicologia experimental. Wilhelm Wirth foi nomeado co-diretor do instituto de Leipzig em 1908, deixando

Wundt livre para se concentrar em seus escritos. Wundt aposentou-se da Universität Leipzig em 1917.

Wundt manteve um grande interesse pela política durante toda sua vida. Na Primeira Guerra Mundial, ele apoiou ardentemente a causa alemã com panfletos e artigos, insistindo que a Alemanha havia sido forçada a entrar em guerra porque sua existência como grande potência fora ameaçada. Ele foi um dos 93 signatários de um manifesto que proclamava a invasão da Bélgica pela Alemanha como um ato de autodefesa. Em setembro de 1914, Wundt fez um discurso na Universität Leipzig no qual de forma inflexível argumentou que a guerra se devia a uma conspiração feita pelos participantes de um "acordo amigável": Inglaterra, França e Rússia. Wundt acreditava que essas potências eram motivadas pela inveja e ciúmes, desejo de vingança e sonho de poder, respectivamente. Das três potências, Wundt via a Inglaterra, e principalmente seu falecido rei Edward VII, como a arquivilã responsável pela guerra. Wundt disse:

> Mas o principal culpado de começar esta conflagração mundial é a Inglaterra. Sem a instigação dos ingleses, sem o dinheiro inglês e a frota inglesa, teria, pelo menos, havido um contato dentro dos limites nos quais uma tentativa honrosa tivesse parecido possível. Foi a Inglaterra que transformou isso em uma guerra mundial. (Wundt, 1915, p. 11)

Depois de sua morte, o *Times* de Londres publicou que Wundt teria sido mais reverenciado se tivesse morrido antes (Cattell, 1921, p. 158). Não é surpresa Titchener ter se referido aos trabalhos e atividades de Wundt no tempo da guerra como algo que os psicólogos "podem apenas tentar esquecer" (Titchener, 1921b, p. 163).

Wundt em Perspectiva

Como Wundt começou a realizar experimentos independentemente das demonstrações em sala de aula em seu laboratório em 1879 e como ele em geral recebe o crédito pelo estabelecimento da psicologia como uma disciplina à parte da filosofia e fisiologia, a American Psychological Association escolheu 1979 como o ano de centenário da psicologia. Mas Blumenthal caracterizou Wundt como o pai da psicologia que a maior parte dos psicólogos nunca conheceram (Blumenthal, 1979). Por quê? Wundt em geral é lembrado com um defensor de uma abordagem bastante limitada da psicologia – a introspecção – e como um pesquisador restrito. Mas como vimos neste capítulo, sua psicologia era, na verdade, bastante abrangente; seu *Vorlesungen* e posteriormente *Völkerpsychologie* são testemunhos de seu interesse contínuo por uma grande variedade de assuntos que não poderiam ser estudados com uma abordagem experimental restrita e introspecção controlada. Wundt não foi meramente um *elementarista* interessado apenas na *estrutura* da mente. Essa descrição se adaptaria muito melhor a Titchener, aluno de Wundt, e é de Titchener que recebemos muitas de nossas idéias sobre Wundt. Não é de se espantar que Max Wundt, filho de Wundt, descreveu o retrato da obra de seu pai na maior parte dos textos sobre psicologia como nada mais do que uma caricatura (M. Wundt, 1944).

Wundt teve uma morte tranqüila em 31 de agosto de 1920, duas semanas depois de completar 88 anos. Como vimos, seus muitos alunos, principalmente os dos Estados Unidos, criaram laboratórios e departamentos de psicologia. Dois de seus alunos europeus, Edward Titchener e Hugo Münsterberg, também desempenharam papéis importantes no desenvolvimento inicial da psicologia nos Estados Unidos. Ironicamente, a abordagem e o trabalho de Titchener são lembrados, mas não foram seguidos por outros, ao passo que o trabalho de Münsterberg foi quase esquecido, mas suas inquietações e a abordagem que ele adotou estão sendo retomadas pelos psicólogos contemporâneos.

Edward Titchener.
(Brown Brothers)

CAPÍTULO 5

Edward Titchener e Hugo Münsterberg

Edward Titchener e Hugo Münsterberg emigraram ambos para os Estados Unidos em 1892. Cada um dirigiu um importante laboratório de psicologia: Titchener em Cornell e Münsterberg em Harvard. Eles viveram o resto de sua vidas nos Estados Unidos. Embora não tenham adquirido a cidadania norte-americana, ambos foram figuras influentes na psicologia norte-americana. Mas as semelhanças terminam aí.

As histórias da psicologia freqüentemente apresentam os sistemas psicológicos de Wundt e Titchener como semelhantes, descrevendo o *estruturalismo* de Titchener como o legítimo representante norte-americano de Wundt. Mas, de fato, suas psicologias eram tão diferentes que um historiador descreveu a de Titchener como "o espelho equivocado" da de Wundt (Leahey, 1981). A psicologia de Titchener tornou-se mais restrita e inflexível do que a de Wundt. Ele excluiu, do domínio da psicologia, tudo aquilo que não pudesse ser estudado por meio da introspecção rigidamente controlada. Conseqüentemente, dentro do sistema de Titchener, não havia espaço para a antropologia cultural de Wundt, a psicologia comparada ou a psicologia infantil. Titchener adotou apenas um aspecto da psicologia de Wundt – o estudo da sensação pela introspecção treinada –, refinou-o e transformou-o naquilo que denominou *estruturalismo*, o estudo da *estrutura* da mente consciente.

Durante duas décadas, Titchener dominou a psicologia norte-americana como nenhum outro psicólogo a partir de então. Apesar de suas abundantes publicações e do rigor de sua pesquisa experimental, seu sistema fracassou. Os textos e a pesquisa de Titchener raramente são citados nas publicações de psicologia contemporâneas e, quando o são, apenas em um contexto histórico. É fascinante considerar a ascendência, a dominância e o declínio de Titchener.

A psicologia de Münsterberg era mais ampla, mais variada e menos submissa ao rigor acadêmico que dominava tudo o que Titchener fazia. Diferentemente de Titchener, Münsterberg representou a própria vida em um grande palco, como amigo de presidentes e de *kaisers*; era uma importante figura pública, um orador controverso e um escritor popular, um homem que, ao morrer em 1916, era odiado por mais norte-americanos do que qualquer psicólogo jamais o foi. A infâmia injustificável de Münsterberg é provavelmente a razão pela qual, até pouco tempo, suas inúmeras aplicações do conhecimento da psicologia à psicoterapia e à psicologia industrial e forense vinham sendo freqüentemente ignoradas. Hoje, há maior interesse em Münsterberg e maior apreciação de suas inúmeras contribuições. Duas importantes biografias (Keller, 1979; Hale, 1980) complementam uma biografia anterior, compreensivelmente favorável, realizada pela filha de Münsterberg, Margaret (Münsterberg, 1922). Hoje, os psicólogos reconhecem as importantes contribuições de Münsterberg à psicologia aplicada (Moskowitz, 1977), avaliam o seu status de "vítima ou visionário" na história da psicologia (Landy, 1992) e descrevem sua "ascensão e queda" (Spillmann e Spillmann, 1993).

EDWARD BRADFORD TITCHENER (1867–1927)

Edward Titchener nasceu em 11 de janeiro de 1867, na antiga cidade romana de Chichester, Sussex, que fica cerca de 100 km ao sul de Londres em direção à costa do canal da Mancha. A cidade é famosa pelas suas ruínas romanas, as quais Titchener deve ter explorado quando menino. A família de Titchener fez sua árvore genealógica, que incluía professores de escola, advogados e um antigo prefeito de Chichester, até 1532. Seu pai morreu com 30 anos e a família enfrentou a insegurança financeira. Mas, Titchener era um aluno brilhante e recebeu várias bolsas de estudos, incluindo uma muito concorrida para Malvern College, uma escola pública inglesa. Malvern não estava entre "as" escolas públicas – Eton, Harrow, Winchester, Rugby, Charter-House, Westminster ou Shrewsbury –, mas forneceu-lhe uma educação excelente e cara. As escolas "públicas" inglesas são, na verdade, privadas e cobram altos honorários. No século XIX, menos de 1% de todas as crianças inglesas em idade escolar freqüentava escolas públicas. Mas as que se formavam nessas escolas, ou os "velhos garotos", compunham uma parte desproporcionalmente grande dos que entravam nas universidades britânicas, principalmente nas duas de mais prestígio: Oxford e Cambridge. A família de Titchener queria que ele fosse para Cambridge, mas ele, independente que era, escolheu a Brasenose College, em Oxford, e ingressou nessa universidade em 1885.

Em Oxford, Titchener foi um "exibicionista", ou detentor de bolsa de estudos que usava uma beca acadêmica de comprimento médio com mangas, em vez da beca mais curta e sem mangas da maior parte dos graduandos de Oxford. Essas sutis distinções e marcas de *status* foram importantes para ele em toda a sua vida. Anos mais tarde, quando o diretor da universidade de Cornell convidou-o para jantar, Titchener recusou o convite por não ter sido feito pessoalmente. Quando o diretor protestou que estava muito ocupado para essas amenidades sociais, especialmente com os novos membros do corpo docente, Titchener sugeriu que ele enviasse o convite por intermédio de seu cocheiro. O diretor concordou, e Titchener compareceu ao jantar (Boring, 1927, p. 495). Titchener invariavelmente usava sua beca de Oxford para lecionar em Cornell. A beca, dizia ele, "confere o direito de ser dogmático" (Boring, 1952, p. 31). Na década de 1960, o corredor de entrada da casa de seu filho, em Columbus, Ohio, era dominado por um retrato formal de Titchener em completo traje acadêmico.

Titchener estudou os clássicos e filosofia em Oxford, mas também apreciava os textos de Charles Darwin e Thomas H. Huxley (Capítulo 9). Quando estava no quinto ano, ele trabalhou no laboratório do psicólogo de Oxford, John Scott Burdon-Sanderson (1828–1905), realizando o que hoje se descreve como pesquisa em psicologia comparada ou etologia – estudos a respeito da coloração protetora dos ovos e da palatabilidade dos insetos (Titchener, 1889; Dewsbury, 1992). Titchener também traduziu os *Grundzüge der Psychologie* [Princípios de Psicologia Fisiológica] de Wundt para o inglês.

Titchener formou-se em 1890, aos 23 anos, com um diploma de bacharel e um profundo interesse na nova ciência da psicologia fisiológica. Mais tarde, no mesmo ano, viajou para Leipzig para estudar com Wundt. Fluente em alemão, Titchener era admirador da cultura e da sociedade alemãs e tinha ficado impressionado com a psicologia de Wundt. Ele levou sua tradução para Leipzig esperando publicá-la, mas descobriu que o prolífico Wundt estava para publicar uma nova edição. O tempo que Titchener passou em Leipzig confirmou seu compromisso com a nova ciência da psicologia. Ele recebeu um diploma de doutor sob a orientação de Wundt em 1892, com a tese "The Effects of Binocular and Monocular Stimuli" [Os Efeitos dos Estímulos Binoculares e Monoculares]. Pelo resto da vida, Titchener se considerou um verdadeiro wundtiano. É de surpreender que ele tenha passado apenas dois anos em Leipzig, mas esses anos obviamente tiveram um efeito duradouro.

Depois de se formar, Titchener trabalhou como professor de extensão de biologia em Oxford por dois meses (após ter publicado 10 trabalhos a respeito de biologia, estava qualificado para lecionar sobre o assunto). Sem dúvida, ele esperava obter um cargo regular, mas a psicologia não era ensinada em Oxford.[1] Frank Angell (1857-1939), um dos primeiros estudantes norte-americanos em Leipzig, havia recebido seu título de doutor sob a orientação de Wundt em 1891. Angell voltou aos Estados Unidos e criou um laboratório de psicologia em Cornell, com o apoio da herança de uma pessoa interessada em frenologia! Quando Angell aceitou um cargo na Stanford University, ele recomendou Titchener à Cornell.

Titchener chegou à Cornell em 1892. Depois de Oxford e Leipzig, ele deve ter achado o ambiente em Cornell estranho e hostil. O *campus* tinha uma aparência crua, inacabada (Boring, 1927). A primeira orientanda de Titchener para o doutorado em Cornell, Margaret Floy Washburn, lembrava-se da descrição de seu tempo em Cornell feita por um visitante europeu como "um ano no meio do deserto" (Washburn, 1932, p. 341). Talvez esse ambiente hostil tenha tornado Titchener ainda mais dependente de seu passado de Oxford-Leipzig do que se ele estivesse em uma universidade bem-estabelecida. Ele acabou ficando em Cornell até morrer, 35 anos depois, como "um inglês que representou a tradição da psicologia alemã nos Estados Unidos" (Boring, 1957, p. 410).

Titchener havia aceitado a psicologia de Wundt sem reservas. Em Cornell, ele modelou não apenas sua psicologia, mas também seu laboratório e seu estilo de vida com base nos de Wundt. Boring (1927) sugere que Titchener adquiriu muitos dos atributos e características de Wundt, e isso parece ter sido mesmo verdade. Mas também é verdade que ele os adquiriu do Wundt de quem se recordava e não necessariamente do verdadeiro Wundt. Entretanto, a visão que tinha de Wundt é importante para entendermos o próprio Titchener e a sua psicologia.

Versão de Titchener sobre Wundt

Uma semelhança que Titchener certamente compartilhava com Wundt era o uso de demonstrações em suas aulas. Em Cornell, elas eram produções freqüentemente elaboradas, em grande escala, e requeriam o trabalho de muitos assistentes. Titchener insistiu em lecionar as aulas elementares e as avançadas, e fez questão que o pessoal do laboratório as assistisse. Freqüentemente, Titchener, assim como Wundt, utilizava as aulas introdutórias para apresentar novas descobertas do laboratório ou novos avanços no sistema da psicologia. Titchener era um orador influente que atraía um grande número de alunos de graduação. Que reações será que eles tiveram à sua psicologia?

Assim como seu professor, Titchener era um escritor prolífico. Seus 216 trabalhos (Dallenbach, 1928) incluem seis grandes livros; o mais importante é *Experimental Psychology* [Psicologia Experimental], publicado em quatro volumes, entre 1901 e 1905. Titchener escrevia de maneira didática e certamente nunca superestimou a sofisticação de seus leitores no que diz respeito à psicologia. Como eles eram "iniciantes" nessa área e precisavam seguir uma "cartilha" ou "texto", tudo era explicado e esmiuçado.

---

[1] Boring (1957, p. 489) relatou um incidente anterior na Trinity College, em Cambridge. Em 1875, um filósofo, James Ward, propôs que a universidade criasse um laboratório de psicofísica. Um matemático de Cambridge protestou, dizendo que tal empreendimento "insultava a religião, colocando a alma humana em pares de escalas". A proposta de Ward foi rejeitada. Embora seja citado com freqüência, esse relato de Boring é hoje considerado apócrifo (Valentine, 1999, p. 205).

> ### Margareth Floy Washburn no Laboratório de Titchener em Cornell
>
> Considerando-se a época, é surpreendente que a primeira doutoranda de Titchener tenha sido uma mulher, Margareth Floy Washburn. Quem era essa pessoa admirável? Em sua autobiografia, Washburn descreveu a si mesma como uma jovem interessada em psicologia e relatou sua experiência em Cornell, fazendo uma franca avaliação de Titchener:
>
> No final do meu último ano (1890), eu tinha dois interesses dominantes, ciência e filosofia. Eles pareciam combinar-se naquilo que eu ouvia falar sobre a maravilhosa nova ciência da psicologia experimental. Quando soube do laboratório de psicologia recém-aberto em Columbia pelo Dr. Catell, que tinha chegado da matriz, o laboratório de Leipzig, um ano antes, eu decidi ser sua aluna, e meus pais alugaram uma casa em Nova York para o ano todo. Mas Columbia *jamais* admitiria uma mulher como aluna de pós-graduação: o máximo que eu poderia esperar era ser *tolerada* como *"ouvinte"*, e mesmo isso somente seria possível depois do Natal, quando os curadores se reunissem. (grifos do autor; Washburn, 1932, p. 338)
>
> Depois do Natal, Washburn foi admitida ao laboratório de Catell. Lá, Catell recebeu a afetuosa gratidão de Washburn por tratá-la como tratava seus quatro alunos do sexo masculino. Ela assistia às aulas e aos seminários e realizava pesquisas a respeito dos limiares da discriminação tátil. No final daquele ano, não havia nenhuma bolsa disponível, de modo que Catell encorajou Washburn a candidatar-se à Cornell:
>
> No outono de 1892, fui para Cornell, onde Titchener havia acabado de chegar de Oxford e Leipzig. Ele tinha 25 anos, mas parecia mais velho à primeira vista por causa de sua barba quadrada; a ilusão da idade se desvanecia ao conhecê-lo. Nada nele, naquela época, sugeria seus dois maiores dons ou o grande fracasso que teve posteriormente na vida. Os dons, em minha opinião, eram sua erudição abrangente, claramente demonstrada em seus *Instructor's Manuals of Experimental Psychology* [Manuais para o Instrutor de Psicologia Experimental], e seu gênio como orador... O fracasso que posteriormente se abateu sobre ele deveu-se ao seu isolamento de todos, menos dos subordinados, no ambiente que o cercava. Nesses primeiros anos, ele era inteiramente humano. Uma vez, ele me pediu para dar uma olhada nas provas de um livro; ao encontrar uma frase cujo sentido estava obviamente invertido, eu perguntei: "você não quer dizer isso e aquilo?" A resposta sincera foi: "é claro que sim, que burro eu sou!", resposta que, imagino, seria bem menos espon-

Assim como Wundt, Titchener definiu os problemas que seus alunos deviam estudar e ditou a metodologia que deviam utilizar, mas era ainda menos flexível quando alguém desafiava as premissas básicas de seu sistema psicológico. Com persistência, Titchener assegurava-se de que ele e seus alunos no laboratório de Cornell estavam seguindo a "verdadeira" psicologia, sem dar lugar à diversidade da *Völkerpsychologie* de seu professor. Conseqüentemente, para Titchener, mais do que para Wundt, a psicologia era uma ciência experimental, de laboratório, como um "instrumento de sopro". Ele fez um esforço considerável para construir seu laboratório e publicou vários ensaios que o descreviam como o laboratório-modelo de psicologia.

O Sistema Psicológico de Titchener: Estruturalismo

Em Cornell, Titchener ensinou aos seus alunos a psicologia experimental que recordava de Leipzig, definindo-a em um fluxo incansável de aulas, ensaios e livros. Para ele, a psicologia era "a ciência da mente" (Titchener, 1916, p. 2). Era também o estudo da mente humana normal, adulta, e não o estudo da mente de crianças, animais ou insanos. A psicologia de Titchener estava voltada para a mente generalizada, e não para a mente individual. Ele parecia jamais cansar-se de avisar aos leitores que aquilo que os psicólogos entendem por *mente* é muito diferente daquilo que entendem os leigos. A concepção que o leigo tem da mente é de algo que está dentro da cabeça que

> ### Margareth Floy Washburn no Laboratório de Titchener em Cornell (continuação)
>
> tânea alguns anos depois. Eu era sua única aluna de pós-graduação, e a psicologia experimental era tão incipiente que ele não sabia muito bem o que fazer comigo. (Washburn, 1932, p. 340)
>
> Washburn foi uma aluna de pós-graduação muito bem-sucedida. Sua tese, "On the Influence of Visual Imagery on Judgments of Tactual Distance and Direction" [Sobre a Influência da Imagem Visual nos Julgamentos de Distância e Direção], foi publicada por Wundt em *Philosophische Studien*. Esse reconhecimento da pesquisa de uma psicóloga que não era estudante de Leipzig era pouco comum. Em 1894, Washburn foi a primeira mulher norte-americana a doutorar-se em psicologia. Mas, mesmo com suas credenciais acadêmicas, era difícil encontrar um cargo na universidade. Washburn considerou até mesmo a possibilidade de ensinar psicologia em uma escola particular para moças em Nova York. Acabou encontrando uma vaga na Wells College, onde ensinou Ética e Psicologia durante seis anos. As oportunidades de pesquisa eram restritas. Em 1900, Washburn voltou para Cornell, onde realizou uma pesquisa a respeito de fenômenos visuais. Na apresentação de um seminário, ela comparou Münsterberg e Ebbinghaus favoravelmente com Wundt. Titchener criticou sua apresentação. Ninguém no seminário apoiou a posição dela por medo de Titchener. Washburn achou excitante "tirar sangue" dele (Washburn, 1932, p. 344).
>
> De 1903 a 1937, Washburn foi líder do departamento de psicologia em sua *alma mater*, Vassar. Ela dirigiu um ativo programa de pesquisa com os alunos de Vassar, e muitas das mulheres que dele participaram obtiveram diplomas avançados em psicologia. Em 1908, Washburn publicou "Animal Mind" [Mente Animal], uma pesquisa abrangente a respeito de percepção, aprendizagem e memória em várias espécies e o primeiro texto em psicologia comparada. Em suas quatro edições, o livro constituiu o texto-padrão de psicologia comparada (Dewsbury, 1992).
>
> Em 1921, Washburn foi eleita presidente da American Psychological Association, tornando-se a segunda mulher a ocupar essa posição. Em 1929, foi eleita membro da prestigiosa Sociedade de Psicólogos Experimentais.

pensa, aprende e se lembra – um modelo mental interno. Essa concepção, diz Titchener, é infrutífera. Se explicamos o pensamento, por exemplo, como algo que se deve à atividade da mente, na verdade não explicamos nada. Ainda ficamos com o problema de explicar as ações do modelo mental. Para Titchener (1916, p. 18), a psicologia, como ciência da mente, tinha uma tarefa com três desdobramentos: 1. analisar a soma total dos processos mentais, identificar seus elementos e mostrar como eles funcionam juntos; 2. descobrir as leis que determinam as conexões entre esses elementos; e 3. estudar detalhadamente as correlações da mente e do sistema nervoso. Para realizar essas tarefas, a psicologia tinha de tornar-se uma ciência experimental. Para Titchener, os experimentos em psicologia consistiam exclusivamente em "uma introspecção ou uma série de introspecções feitas em condições-padrão" (Titchener, 1902, p. xiii). A marca específica da introspecção de Titchener é, portanto, o método central, na verdade definidor, de sua psicologia.

Titchener passou a maior parte de sua carreira na primeira tarefa: determinar os elementos que formam a estrutura da mente, dissecar a consciência; e reduzir a consciência aos seus elementos mais simples e mais básicos. Inevitavelmente, ele acabou denominando sua abordagem da psicologia de *estruturalismo*. Titchener usou esse termo pela primeira vez em 1898, em um ensaio no qual contrastava "The Postulates of Structural Psychology" [Os Postulados da Psicologia Estrutural] com a abordagem dos *funcionalistas* – psicólogos como Dewey e Angell, que opunham concepções elementares da experiência humana (Capítulo 10). Porém, nem Titchener, nem os fun-

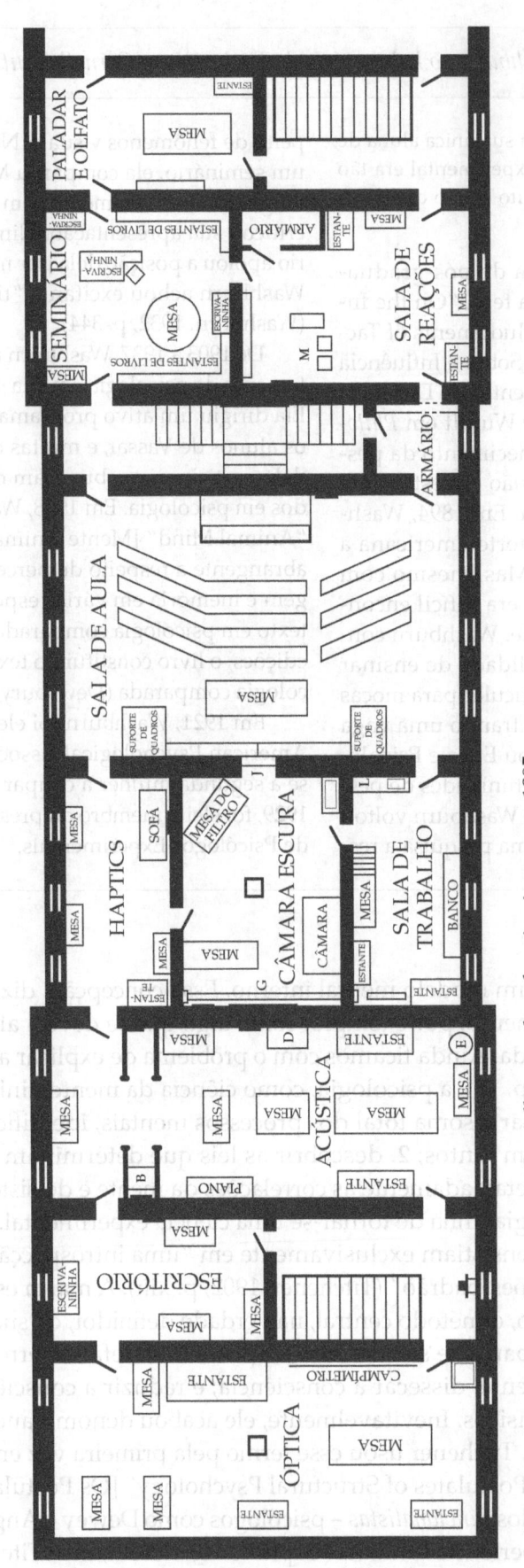

Laboratório de pesquisa de Titchener em Cornell, ocupado pela primeira vez em 1895.
(Extraído de "A Century of Psychology: From Subject to Object to Agent", W. Kessen e E. D. Cahan, 1986, American Scientist, v. 74, p. 644. Reimpressão autorizada.)

cionalistas, foram os primeiros psicólogos a usar os termos *estrutural* e *funcional*. William James utilizou-os, em 1890, para referir-se à mente humana, em seus *Principles of Psychology* [Princípios de Psicologia] (Capítulo 9).

Titchener acreditava que, para estudar a estrutura da mente, a psicologia devia proceder como todas as ciências: começar com descrições cuidadosas de seu objeto. Os processos mentais, portanto, deviam ser observados, interrogados e descritos em termos de fatos observados. A técnica de observação, naturalmente, era a introspecção – a técnica rigorosa e exigente de auto-observação desinteressada e experimental que Titchener havia aprendido com Wundt em Leipzig. Em sua dedicação à psicologia como ciência experimental rigorosa, Titchener constantemente enfatizou a dificuldade da introspecção. Ele afirmou de maneira aprovadora que, no laboratório de Wundt, nenhum observador que houvesse realizado menos de 10 mil introspecções controladas seria considerado fonte de dados adequada para relatórios publicados. Titchener insistiu em sugerir que, em Cornell, gostaria de exigir *duas vezes* esse número. Ele considerava as observações comuns, apoiadas no bom senso, desprovidas de valor, por serem freqüentemente inexatas e quase sempre envolvidas com aquilo que chamava "estímulo ao erro"; ou seja, eram descrições do evento físico em si, e não das experiências mentais resultantes do evento. Elas eram interpretações mediadas – "Eu vi uma luz verde" ou "Eu ouvi uma música agradável" – em vez de descrições da experiência imediata *per se*. Além disso, a observação objetiva é difícil, até mesmo para observadores muito treinados. As crianças, os doentes mentais e os animais eram incapazes de fornecer essas introspecções objetivas e, portanto, foram excluídos da psicologia "pura" de Titchener, assim como a maioria dos adultos comuns, cujas "introspecções de senso comum" não eram confiáveis. Titchener também estabeleceu uma clara distinção entre a introspecção feita no seu laboratório de psicologia e as mórbidas auto-absorções dos romancistas e ensaístas (Titchener, 1912, p. 433).

Parte da aura de mistério da ciência deriva de seus métodos, e Titchener queria que os métodos da psicologia fossem tão exclusivos e exigentes como os de qualquer outra ciência. Ele concordava com o comentário de Thomas Huxley: "Não há uma pessoa em cem capaz de descrever a ocorrência mais comum de um modo que sequer se aproxime da exatidão" (Huxley, apud Titchener, 1916, p. 20). Mas como se pode aprender a realizar corretamente a introspecção? Titchener era inflexível em sua crença de que não se aprende a introspecção por meio dos livros; para ele, as introspecções corretas podiam ocorrer apenas no laboratório (Titchener, 1901, v. 1, parte II, p. xix), após um longo e árduo treinamento com um mestre observador, freqüentemente o próprio Titchener. Ele confiava que, uma vez adquirida, a capacidade de introspecção nunca se perdia. Com o treinamento adequado, a introspecção se tornaria tão fluente que era improvável que a pessoa esquecesse a capacidade de introspecção, assim como ela não se esquece de como andar ou nadar (idem, ibidem). Para garantir a exatidão de seus alunos ao descrever suas experiências conscientes, Titchener treinava-os naquilo que denominava "trabalho árduo de introspecção".[2] Certas introspecções eram definidas como corretas e outras como errôneas, e a autoridade final que julgava isso era Titchener. Tal procedimento não era um método satisfatório para uma ciência. Suas fraquezas logo se tornariam aparentes.

Mas, inicialmente, as perspectivas de uma ciência rigorosa e experimental da psicologia pareciam boas. Uma década depois, Titchener permanecia otimista: "nossos alunos de pós-graduação

---

[2] Harriett Rheingold lembrava-se de ser solicitada, como aluna de Cornell, a utilizar a introspecção para descrever diferentes sensações a partir da seda e do cetim, com os olhos vendados. Rheingold achou a tarefa frustrante e concluiu que era impossível (Rheingold, 1984).

– muito mais bem treinados, é verdade, do que fomos em nossa geração – sentam-se contentes para realizar tarefas de introspecção com as quais não sonhávamos" (Titchener, 1912, p. 427). Washburn descreveu tanto o apelo desse método introspectivo como aquilo que ela e outros psicólogos acabaram percebendo como suas limitações:

> Para uma pessoa que gosta de química, a idéia de analisar introspectivamente os estados mentais até chegar a seus elementos irredutíveis era atraente, mas não se podia esquecer o conceito de James a respeito da consciência como um fluxo, e a impossibilidade de que ele seja ao mesmo tempo fluxo e mosaico. Nunca fui seguidora de Titchener quando ele desenvolveu sua elaborada e altamente refinada análise introspectiva, e nenhuma das teses que o doutor produziu em Cornell e, posteriormente, em Clark [sob a orientação de John Wallace Baird], que utilizasse esse método tinha qualquer atração para mim. (Washburn, 1932, p. 343)

Para facilitar introspecções precisas e corretas, Titchener utilizava experimentos que permitiam que as introspecções sistemáticas fossem isoladas, variadas e controladas. Os métodos experimentais da psicologia foram descritos nos quatro volumes de sua *Experimental Psychology* [Psicologia Experimental] (1901-1905). O subtítulo da obra era *A Manual of Laboratory Practice* [Um Manual das Práticas de Laboratório], e Titchener pretendia que ele fosse utilizado como um manual de exercícios de treinamento tanto para estudantes como para professores. Ele considerava que a maioria dos professores da época não estava qualificada para ensinar psicologia e, portanto, escreveu dois manuais para os alunos e dois outros, mais espessos, para os professores. Essas publicações foram os manuais-padrão dos laboratórios de psicologia por mais de 30 anos. Afirma-se que Oswald Külpe (Capítulo 6) considerava-os "as obras mais eruditas de psicologia escritas em língua inglesa" (Boring, 1957, p. 413). Segundo se afirma também, John Watson (Capítulo 12) teria admitido que "não conhecia muita coisa de psicologia experimental até que os manuais caíram em minhas mãos" (Wickens, 1980, p. 3). Boring descreveu-os como "enciclopédicos e espantosamente exatos" (Boring, 1927, p. 497). Talvez seja mesmo assim, mas, quando se examinam esses livros hoje, é de admirar o número de alunos e professores que realmente os leu, ainda na época de Titchener. Os livros de fato fornecem rigorosas instruções para se estudar os diferentes sentidos. Quanto ao sentido da visão, por exemplo, demonstrações de misturas de cores, mapeamento da sensibilidade à cor, contraste visual e pós-imagens positivas e negativas são descritos com clareza exemplar. Mas não adianta procurar tópicos como aprendizagem, memória, motivação, emoção, psicologia clínica ou psicologia do desenvolvimento. Tais omissões dificilmente são surpreendentes, dada a definição de psicologia fornecida por Titchener. Mas também faltam, nos manuais de Titchener, exemplos de introspecções corretas.

Os Elementos da Consciência

Segundo Titchener, quando as experiências imediatas são descritas corretamente, por meio da introspecção, elas consistem apenas de sensações, imagens e sentimentos. Em suas descrições dos elementos da consciência, Titchener foi influenciado pelas visões dos associacionistas britânicos (Capítulo 2). As sensações são o "tatear" do nosso mundo perceptivo; as imagens provêm de objetos que não estão fisicamente presentes – aquilo que os associacionistas britânicos chamaram *idéias*. Tanto as sensações como as imagens, segundo Titchener, têm características específicas: o "azul" de uma luz, a "altura" de um som, a "doçura" de um gosto e assim por diante. Essas características nos permitem fazer distinção entre uma sensação ou imagem e outra. As sensações e as imagens também diferem em sua intensidade e duração. A tarefa do experimentador era descrever essas características utilizando introspecções controladas.

O terceiro tipo de elementos mentais, segundo Titchener, são os sentimentos – as reações emocionais que acompanham certas experiências mentais. As sensações, as imagens e os sentimentos eram, para Titchener, os elementos fundamentais de todos os acontecimentos mentais. Segundo ele, tudo o que ocorre na consciência é passível de ser reduzido a esses três elementos. Os estados mentais complexos são sempre combinações de sensações, idéias e sentimentos: a *atenção* resulta de certas sensações e idéias que se tornam mais vívidas e distintas; o *significado* é o produto do contexto – se uma palavra específica é repetida muitas e muitas vezes, ela perde o seu significado e torna-se apenas uma fileira de sensações auditivas. O significado é aquilo que a palavra tinha antes dessa perda.

Com o passar dos anos, a psicologia de Titchener tornou-se ainda mais restrita, constituindo-se cada vez mais em uma "psicologia pura" limitada à análise introspectiva da mente humana. Ele não nutria simpatia pela tendência de seus colegas à aplicação, que era cada vez maior. Titchener chamou os testes mentais de James McKeen Cattell, Alfred Binet e Lewis Terman (Capítulo 11) de "baratos e de segunda categoria". Ernst Meumann, seu antigo colega de quarto em Leipzig e colega de Wundt no Instituto de Psicologia, havia feito estudos pioneiros em psicologia educacional, mas Titchener descartou-os como "tecnologia da educação". A obra de Münsterberg a respeito dos problemas industriais foi um exemplo infeliz de "trocar a ciência pela tecnologia" (Titchener, 1928). O estudo da doença mental não fazia parte da psicologia de Titchener, e ele sempre citava a queixa de H. G. Wells, que disse, em um de seus romances, que nenhuma alma doentia podia encontrar ajuda ou alívio nos livros de psicologia moderna. Titchener encarava essa queixa como um cumprimento. "É claro que não podem", disse ele, "porque a psicologia nos livros diz respeito à mente humana normal, adulta, e não é a ciência do conforto e da melhoria mental" (Titchener, 1916, p. 2). Com relutância, Titchener reconheceu a necessidade das diversas áreas de estudo, mas elas não faziam parte de sua psicologia. Ele agrupou a psicologia animal, a psicologia da justiça, a psicologia social e étnica, a psicologia da economia e até mesmo a psicologia das plantas como áreas de certo modo impuras e menos importantes da psicologia – impuras, claro está, porque seus sujeitos não conseguiam fazer a introspecção. Considerem-se os animais. Eles não conseguem fazer introspecção porque não utilizam a linguagem. Por que eles não falam conosco? Segundo Titchener, eles não falam "porque não têm nada a dizer... se os animais pensassem, sem dúvida poderiam usar seus órgãos vocais para falar; e, como não falam, também não podem pensar" (Titchener, 1916, p. 267). Parecia, para muitos de seus contemporâneos, que Titchener havia excluído a maior parte das áreas interessantes e significativas da psicologia, mas isso não o preocupava. Seu objetivo era uma psicologia pura preocupada com o estudo dos processos mentais, que usava a introspecção. O fato de que os outros consideravam sua abordagem restritiva e estéril simplesmente mostrava como eles precisavam de instruções e esclarecimentos. Mas o sistema de Titchener não podia durar. Sua introspecção era um método rígido e limitante, e cada vez mais psicólogos acabaram considerando a instrospecção de Titchener aquilo que um dos antigos alunos de Wundt, o psicólogo britânico Charles Spearman (1863–1945) descreveu como "uma espécie de olhar fixo interior" (Spearman, 1930, p. 332). Outros críticos apontaram que:

1. As introspecções sempre são retrospecções, com a interveniência de um período de 20 minutos entre o experimento e o relatório. Esses atrasos sugerem a possibilidade de distorção.

2. Os relatórios de introspecção da consciência parecem estar longe da consciência como é atualmente vivenciada. Eles são aborrecidos e irrelevantes, e certamente não têm nenhum valor funcional.

3. A introspecção em si é um processo consciente e, portanto, deve interferir com a consciência que tem por objetivo observar. Essa crítica sofisticada derivou de Emmanuel Kant, para quem a observação psicológica, por sua natureza, altera e distorce o estado do objeto observado. Essa crítica foi difícil de descartar, e Titchener apenas pôde apontar que "Kant não era um entusiasta do assunto da psicologia" (Titchener, 1912, p. 442). A psicologia, porém, não é a única área que enfrenta esse dilema. Em 1927, o físico Werner Heisenberg (1901–1976) formulou seu princípio de indeterminação (incerteza), que afirma que o ato de medir uma das quantidade físicas de um par em um microssistema destrói necessariamente a possibilidade de se medir a outra quantidade com qualquer grau de exatidão.

Em 1912, Knight Dunlap (1875–1949) publicou "The Case Against Introspection" [O Caso Contra a Introspecção], na *Psychological Review*. Depois de revisar os problemas metodológicos e lógicos associados à introspecção, Dunlap concluiu não haver "a menor evidência da realidade da 'introspecção' como a observação da 'consciência', e que é provavelmente melhor bani-la no momento do uso da psicologia" (Dunlap, 1912, p. 412). Desafiado por tais críticas, um dos fiéis seguidores de Titchener, John Baird, fez uma demonstração amplamente divulgada de introspecções corretas na convenção da Associação Norte-Americana de Psicologia de Yale, em 1913. Sentados no palco, diante de toda a convenção, os melhores introspectantes de Baird, do seu laboratório de Clark, foram apresentados com vários estímulos cuidadosamente controlados. Eles continuaram fornecendo relatos aborrecidos e sem significado de suas sensações, imagens e sentimentos, que não esclareceram ninguém (Blumenthal, 1985, p. 73). A demonstração foi um fracasso. Muitos anos depois, até mesmo o leal Boring foi forçado a admitir que as introspecções não tinham sido impressionantes (Boring, 1953, p. 174). Ele também reconheceu que a introspecção de Titchener "não era viável e, portanto, extinguiu-se gradativamente" (Boring, 1953a, p. 169).

O Controverso Titchener

O retrato usual de Titchener, apresentado nas histórias da psicologia, é o de uma personalidade forte e dogmática. Parece realmente que, subjacente à sua aparência autoconfiante e autocrática, havia um interior autoconfiante e autocrático. Quem além de Titchener dedicaria mais de metade da revisão de um livro a enumerar os erros cometidos pelo autor (Titchener, 1922b)? Quem além dele se referiria ao alvoroço do interesse pelo behaviorismo (Capítulo 12) e afirmaria com confiança, em 1914:

> O atual tumulto se aquietará depois que alguns ensaios críticos tiverem aparecido; e então teremos nossa perspectiva novamente. Não deprecio o behaviorismo esperando que ele seja logo colocado em seu devido lugar! Mas estou um pouco cansado dos entusiasmos não-históricos. (Titchener, 1914a, em uma carta para Robert Yerkes, apud Larson e Sullivan, 1965)

Em suas relações com psicólogos cujas visões ele considerava errôneas, e especialmente com antigos alunos que tinham seguido seu próprio caminho, Titchener podia ser áspero e inflexível. Com os 58 alunos de doutoramento que considerava leais, Titchener era caloroso e incentivador. Talvez o mais leal de todos os seus alunos fosse Boring, que fez o doutorado com ele em 1914. Boring considerava Titchener brilhante, franco, dominador e o mais próximo de um gênio que ele jamais encontrou (Stevens, 1968, p. 591). Boring era tão dedicado à sua pesquisa que, para atender a um pequeno requisito na participação em um trabalho, estudou por quatro anos a regeneração de um nervo em seu próprio antebraço, que ele havia cortado para acompanhar a volta da sensibilidade. Anos após a morte de Titchener, Boring escreveu o seguinte elogio ao seu antigo professor:

Boring (Lucy May) e Boring (Edwin Garrigues): Um Estudo de Contrastes

Lucy May Boring (1886–1996) obteve seu diploma de bacharel na Mount Holyoke College em 1908, com foco em matemática, mas havia encontrado mais estímulo em suas aulas de psicologia (Furumoto, 1998, p. 59). Seu mentor em psicologia, Samuel P. Hayes, havia obtido o doutorado com Titchener e a encorajou a estudar psicologia com Titchener. Ela entrou em Cornell em 1909 e formou-se em 1912, com tese a respeito da visão periférica das cores. Em Cornell, Lucy também encontrou seu futuro marido, Edwin G. Boring (1886–1968). Edwin Boring estudava engenharia elétrica em Cornell. Entre duas matérias optativas, ele ficou com a introdução à psicologia de Titchener e foi capturado tanto pelo assunto como pelo instrutor. Quando Titchener lhe disse "você tem o ponto de vista de um psicólogo", o compromisso de Boring com a psicologia tornou-se definitivo (Boring, 1952, p. 31). Depois de trabalhar por algum tempo como engenheiro, Boring voltou a Cornell e obteve o título de Doutor sob a orientação de Titchener em 1914. Sua pesquisa de tese consistiu em uma análise das sensações de calor, frio, pressão e dores causadas por distorção do canal alimentar.

As carreiras dos dois Boring fazem um contraste chocante e oferecem uma ilustração pungente das barreiras enfrentadas pelas mulheres. Lucy May Boring passou um ano após a obtenção de seu doutorado como assistente pós-graduada na Vassar College e um ano como instrutora na Wells College. Ela publicou um ensaio a respeito de sua tese, um relatório da aprendizagem com *paramecia*, e, em co-autoria com o marido, o capítulo de um livro a respeito da estimativa do tempo, assim como um ensaio sobre os mestres e alunos entre os psicólogos norte-americanos (Boring e Boring, 1948). Depois de obter o título de doutor, Edwin Boring foi instrutor em Cornell durante quatro anos e, de 1918 a 1919, foi o Examinador-Chefe de Psicologia e o Editor de Pesquisa do Exército dos Estados Unidos. De 1919 a 1922, foi professor de Psicologia e diretor dos Laboratórios de Psicologia da Clark University. Quando as dificuldades financeiras da Clark forçaram os laboratórios de psicologia a fechar, Boring mudou-se para Harvard, onde permaneceu pelo resto de sua carreira (1922–1957). Hilgard resumiu as contribuições de Boring à psicologia: "Apesar de certa insuficiência de suas próprias contribuições experimentais, Boring tornou-se um psicólogo excepcional por causa de seus ensaios críticos, textos históricos, serviços editoriais e outros tipos de serviço como líder na profissão de psicólogo" (Hilgard, 1987, p. 106).

Muitos dos ensaios críticos de Boring foram publicados na *American Journal of Psychology*, que ele editou desde 1920 até sua morte, em 1968. Sua *History of Experimental Psychology* [História da Psicologia Experimental] (1929) foi o texto com o qual uma geração de psicólogos aprendeu a respeito do passado da psicologia; ele também foi o primeiro editor de *Contemporary Psychology*. Essa revista incluía análises de livros que Boring insistia serem justas e objetivas. Boring usou sua coluna, "CP Speaking" ["CP Falando"] para tratar das questões enfrentadas pela psicologia. Suas colunas eram freqüentemente provocantes e sempre vívidas e bem-construídas. Com tanta proeminência, Boring era popularmente chamado "o Senhor Psicologia" (Haynie, 1984, p. 163). Lucy Boring, ao fazer uma retrospectiva de sua vida aos 97 anos de idade, disse: "apesar de ter quatro filhos, consegui manter meu interesse pela psicologia, e lia cada livro e artigo que meu marido escrevia (e dava palpites). Considero essa a minha principal contribuição" (Furumoto, 1998, p. 59).

Furumoto sagazmente percebe a diferença entre as carreiras e as contribuições dos dois Boring: "essa espantosa assimetria nos padrões de carreira de marido e mulher com treinamento e credenciais acadêmicas essencialmente idênticos estava de acordo com as expectativas e práticas da primeira parte do século XX, que ditava que as mulheres de classe média deviam escolher entre o casamento e a carreira" (Furumoto, 1998, p. 59). Lucy Boring também ilustra os inúmeros obstáculos que as mulheres tiveram de ultrapassar para ter sucesso em uma carreira acadêmica (Rossiter, 1982).

A psicologia em Cornell – pelo menos a psicologia ortodoxa que estava centralizada no laboratório – girava em torno da personalidade de E. B. Titchener e era mantida em órbita por ela. Que homem! Para mim, ele sempre havia parecido a abordagem mais próxima de um gênio do que qualquer outra pessoa com quem eu tivesse me relacionado de maneira próxima. Eu costumava observar minhas conversas com ele, esperando obter alguma inspiração com seu raciocínio que era tão melhor que o meu... ele sempre tinha pronto um conselho inesperado. Se você tinha cogumelos, ele lhe dizia como cozinhá-los. Se estava comprando carvalho para forrar um novo piso, ele imediatamente falava das vantagens do freixo. Se você estava noivo e ia casar-se, ele tinha seu conselho certo e insistente a respeito dos aspectos mais inesperados de seus problemas e, se estava em lua-de-mel, ele lhe escrevia uma carta para lembrá-lo, como fez comigo, do dia em que devia voltar ao trabalho. Ele raramente fazia distinção entre sua sabedoria e suas convicções e tampouco as escondeu. (Boring, 1952, p. 32)

Boring de fato admitiu que muitos dos hábeis estudantes de pós-graduação de Titchener achavam intolerável a dominação e interferência deste último na vida deles. Quando se rebelavam, Titchener os excomungava, e eles se viam fora de seu círculo. Contudo, Boring e sua esposa, Lucy, que também tinha obtido o doutorado com Titchener, permaneceram fiéis ao seu professor:

Bem cedo em nossa vida de casados, decidimos que aceitaríamos os "insultos" e o controle arbitrário de Titchener para reter o estímulo e o charme de sua amizade, às vezes paternal, às vezes complacente. Nunca rompi com o mestre e ainda sinto que o crédito disso é meu. (Boring, 1952, p. 33)

Ernest Hilgard faz um divertido relato a respeito da devoção de Boring a Titchener:

Uma vez, Boring foi convidado a jantar na casa de Titchener para comemorar o aniversário do professor. Depois do jantar, ofereceram-se charutos, e Boring não podia recusar naquelas circunstâncias, embora nunca tivesse fumado um charuto. A conseqüência foi que ele teve de se desculpar por causa da náusea e sair para vomitar. Ainda assim, a honra de ter sido convidado uma vez foi tão grande que, todos os anos depois disso, o aniversário de Titchener foi comemorado na casa dos Boring e seguido do charuto, com sua inevitável conseqüência. (Hilgard, 1987, p. 106)

Para completar nosso retrato de Titchener, devemos mencionar que ele foi um homem culto, com interesses variados e gostos civilizados, que falava muitas línguas, tinha uma conversa brilhante e podia ser surpreendentemente caloroso e compassivo. Após a morte de Hermann Ebbinghaus, Titchener comovidamente exprimiu seu profundo sentimento de perda (Capítulo 6). Ele também foi um dos poucos psicólogos que ficaram ao lado de Watson durante o seu período de crise e lhe deram apoio depois de sua demissão da Johns Hopkins University (Capítulo 12).

As Contribuições de Titchener

Titchener contribuiu com uma abordagem estritamente empírica para a psicologia. Edward Bissel Holt (1873–1946) descreveu-o como "o Decano da psicologia empírica dos Estados Unidos" (Holt, 1911, p. 25). A *Experimental Psychology* [Psicologia Experimental] de Titchener foi uma contribuição importante que "ajudou a acelerar a legitimização do laboratório como parte da instrução em psicologia, e, portanto, contribuiu para acelerar a separação entre a psicologia e a filosofia. E isso, para o bem ou para o mal, ajudou a tornar a psicologia o que é hoje" (Evans, 1979, p. 3).

A segunda maior contribuição de Titchener foi o papel que ele representou no desenvolvimento do *American Journal of Psychology*. G. Stanley Hall fundou essa revista em 1887 (Capítulo 9) e editou-a até 1920. Titchener foi editor associado de Hall de 1895 a 1920 e editor de 1921 a 1925. Ele subitamente renunciou em 1925 e foi substituído por um conselho editorial que incluía Ma-

Psicólogos Experimentais em Busca da Pureza

Titchener foi um dos 26 membros fundadores da APA – *American Psychological Association* [Associação Norte-Americana de Psicologia] (Capítulo 9) em 1892. Doze anos depois, em 1904, ele ficou alarmado com aquilo que considerava a tendência cada vez mais forte da APA para a aplicação. Em vez de ser uma organização de psicólogos experimentais comprometidos com o que Titchener considerava a pesquisa rigorosa em psicologia pura, a APA estava se tornando uma organização de psicólogos que aplicavam testes mentais, testes industriais e psicotécnicos. Em janeiro de 1904, ele convidou 20 psicólogos para uma reunião em Cornell, em abril do mesmo ano. Eles provinham de universidades de elite do Leste e estavam realizando pesquisas que Titchener considerava ortodoxas e verdadeiras no que diz respeito à sua visão da psicologia (Furumoto, 1988, p. 95). O grupo encontrou-se em Cornell e decidiu expandir-se até chegar a um número máximo de 50 psicólogos, os *Experimentalistas*, que seriam membros vitalícios. Nos 23 anos seguintes, eles se encontraram 23 vezes, com cinco reuniões realizadas em Cornell (Benjamin, 1977, p. 726). Titchener controlava a escolha dos membros e estabelecia as agendas de reunião, a ponto de o grupo ser sempre mencionado como os *Experimentalistas de Titchener* (Goodwin, 1985). Titchener insistia em que as mulheres não se qualificavam para ser membros. Quando foi desafiado por Christine Ladd-Franklin, uma psicóloga experimentalista que tinha feito importantes pesquisas sobre a visão das cores e era bem conhecida de Titchener, ele foi inflexível (Furumoto, 1992, p. 181). Em 1929, após a morte de Titchener, o grupo mudou de nome para *Society of Experimental Psychology* – SEP [Sociedade de Psicologia Experimental] (Pate, 2000, p. 1.141). O grupo ainda se encontra todas as primaveras. As pessoas tornam-se membros por meio de convite, e considera-se que o fato de ser membro dessa sociedade confere prestígio a um psicólogo experimental. As mulheres não são mais excluídas.

Em 1936, um grupo de jovens psicólogos experimentais ficou insatisfeito com a SEP. Os membros vitalícios mais velhos pareciam estar muito distantes de suas melhores pesquisas e o grupo parecia ser fechado e conservador. Os psicólogos mais jovens fundaram a *Psychological Round Table* (PRT) [Mesa-Redonda de Psicologia] com apenas 40 psicólogos experimentais que seriam forçados a sair aos 40 anos de idade (Hardcastle, 2000). A PRT reúne-se durante dois dias todas as primaveras e dedica-se a uma discussão rigorosa e livre de pesquisas não-publicadas. Os membros da PRT consideram-se os psicólogos experimentais mais criativos e ativos de sua geração. A adesão cuidadosamente controlada foi determinada por um comitê secreto de seis membros. Não havia registro das reuniões. Com essas características, Hardcastle rotulou a PRT como "cult", na qual a experimentação era tudo (Hardcastle, 2000, p. 344).

Os membros da PRT sabiam que seus relatórios de pesquisa seriam rigorosamente examinados em uma atmosfera sem barreiras. Muitos deles se beneficiaram com esse exame e consideraram as reuniões da PRT como destaques do seu ano acadêmico. O eminente psicólogo experimental e historiador de Stanford, Ernest Hilgard, não foi membro da PRT,[3] mas a freqüentava como convidado. Mais tarde ele se lembrou: "tive o prazer de assistir a uma das reuniões e posso atestar tanto o entusiasmo intelectual como a camaradagem" (Hilgard, 1987, p. 748). Mais uma vez, porém, essa camaradagem não se estendia às mulheres. Elas não eram aceitas como membros, nem convidadas para assistir às reuniões da PRT. Duas razões eram fornecidas para sua exclusão: "sentia-se que não havia psicólogas experimentais qualificadas no Leste e que a presença de mulheres restringiria a natureza freqüentemente barulhenta e escato-

(continuação na página 136)

---

[3] Por morar na costa Oeste, Hilgard não era elegível como membro. Um grupo de membros da PRT que se havia mudado para o Meio-Oeste fundou a *Gesellschaft fur Unendliche Versuch* – GUV [Sociedade de Pesquisa Ininterrupta] no final dos anos 50.

> ### Psicólogos Experimentais em Busca da Pureza (Continuação)
>
> lógica de muitos dos eventos, especialmente dos eventos sociais" (Benjamin, 1997, p. 544).
>
> Um exemplo disso fica evidente no título do discurso do banquete da primeira reunião, "The Spontaneous Burrowing Habits of Phallus Domesticus" [Os Hábitos de Recolhimento Espontâneo do *Phallus Domesticus*], proferido por William A. Hunt (Benjamin, 1997, p. 546). A primeira razão é mais difícil de se defender, pois havia muitas mulheres altamente qualificadas para serem membros. Além das mulheres mencionadas neste capítulo, Eleanor Gibson, de Cornell, havia obtido seu doutorado em Yale com Clark Hull (Capítulo 13), em 1938. Ela era uma pesquisadora ativa da percepção. Seus experimentos sobre "percepção visual de profundidade" e sua específica teoria do desenvolvimento da percepção representam o que há de melhor em pesquisa e teoria da psicologia (Gibson e Walk, 1960; Gibson, 1969). Ainda assim, Eleanor Gibson não foi convidada para ser membro da PRT. Tampouco podia assistir às reuniões, mesmo quando eram realizadas em Cornell e quando seu marido e co-pesquisador, James Gibson, era o anfitrião. Mais tarde, ela descreveu a PRT como "um grupo muito sexista" (Gibson, 1966). As mulheres vêm sendo admitidas desde a década de 1970.

dison Bentley, Edwin G. Boring, Karl M. Dallenbach e Margaret Floy Washburn, todos doutores que haviam sido orientados por Titchener. As contribuições de Titchener para essa revista foram volumosas e incluíam importantes relatórios empíricos e teóricos, estudos menos importantes e notas do laboratório de Cornell que descreviam pesquisas dos alunos, freqüentes resenhas de livros, reafirmações e traduções de Wundt, comentários, notas e reflexões a respeito de psicologia. Além de seus trabalhos para a revista, Titchener também escrevia livros, traduzia obras de Külpe e Wundt e publicava em outras revistas, como *Science* e *Nature*. Porém, Titchener recusava-se a publicar em determinadas revistas por pertencer aos feudos de outros editores. A publicação do *American Journal of Psychology* custava a seu proprietário, Karl Dallenbach, uma quantia considerável. Quando as despesas subiram muito, Dallenbach sugeriu a Titchener que a revista poderia veicular alguma publicidade digna, talvez de editoras ou de empresas de equipamento. Titchener ficou tão indignado com essa proposta que imediatamente renunciou a editá-la (Hilgard, 1987, p. 76). Como era de seu feitio, Titchener tentou começar a escrever para uma revista de psicologia rival, "pura", mas seus esforços foram em vão.

O *estruturalismo* era a abordagem dominante da psicologia nos Estados Unidos, mas movimentos mais recentes, mais amplos e mais flexíveis, que surgiram a partir da insatisfação com o sistema de Titchener, logo desafiaram e depois suplantaram a abordagem estruturalista. Os psicólogos que desenvolveram as abordagens mais recentes tinham o sistema de Titchener como ponto de referência, pois estavam certos que Titchener rapidamente apontaria quaisquer fraquezas. Conseqüentemente, as novas abordagens eram explícitas e bem-definidas. Como Boring escreveu em louvor a Titchener depois de sua morte:

> Não apenas foi único entre os psicólogos norte-americanos em termos de personalidade e atitude científica, mas foi também um ponto cardeal na orientação sistemática nacional. A clara oposição entre o behaviorismo e seus aliados, de um lado, e alguma coisa de outro, permanece clara apenas quando a oposição é entre o behaviorismo e Titchener, os testes mentais e Titchener, ou a psicologia aplicada e Titchener. Sua morte, portanto, cria em certo sentido um caos classificatório na psicologia sistemática norte-americana. (Boring, 1927, p. 489)

Titchener em Perspectiva

Nos últimos anos de sua vida, Titchener tornou-se cada vez mais recluso e, ao que parece, triste. Ele aderiu novamente à APA em 1910, mas não assistiu às reuniões da associação e não foi eleito para sua presidência. Mesmo quando a APA reunia-se em Cornell, em 1925, Titchener não a freqüentava. Em vez disso, ele recebia visitantes seletos em sua casa. Titchener ficou decepcionado por não ter sido escolhido *fellow* da Royal Society of London* e membro da National Academy** of the United States, e por nunca lhe ter sido oferecido o cargo acadêmico que mais desejava, a cadeira de psicologia em Oxford. Ele considerava Harvard a universidade de maior prestígio nos Estados Unidos, mas quando, em 1917, ofereceram-lhe um cargo nessa instituição, ele o recusou e permaneceu em Cornell. Durante a última década de sua vida, Titchener afastou-se tanto de meio universitário como da psicologia. Ele raramente era visto no *campus* de Cornell e tornou-se uma figura legendária. Mesmo depois de sua morte, a lenda e o mistério de Titchener permaneceram, com o auxílio, em grande parte, da exposição do seu cérebro no Departamento de Psicologia de Cornell.

Nos anos que antecederam sua morte, a psicologia estava mudando de um modo que Titchener não podia aceitar. O *funcionalismo* e o *behaviorismo* tornaram-se as abordagens dominantes da psicologia. Mas elas não eram a *sua* abordagem, e Titchener nunca se convenceu de que elas fossem sequer psicologias. Em 1925, Madison Bentley (1870–1955), um dos doutores de Titchener, admitiu que já não havia mais estruturalistas (Bentley, 1925, p. 383). Diziam que Titchener estava trabalhando em uma importante revisão e atualização de seu sistema psicológico. Embora algumas partes ocasionais tenham sido publicadas, o livro nunca apareceu; ele é o sistema final perdido de Titchener (Evans, 1972). Nesses anos, ele dedicou a maior parte do seu tempo ao estudo e à coleção de moedas antigas. Perfeccionista como sempre, aprendeu árabe e chinês para entender essas moedas (Roback, 1952, p. 188). Tornou-se especialista em numismática com uma maravilhosa coleção de moedas, mas seu afastamento da psicologia é bem claro. Até mesmo em Cornell, o efeito de Titchener no desenvolvimento subseqüente do Departamento de Psicologia foi relativamente pequeno (Ryan, 1982). Bentley foi seu sucessor como chefe do departamento em Cornell e ampliou a oferta de cursos para incluir a psicologia do anormal, a psicologia do desenvolvimento, a psicologia comparada, a psicologia jurídica e a psicologia industrial, juntamente com a estética e a linguagem. Atividades de pesquisa também foram consideravelmente ampliadas com Bentley.

Titchener morreu de um tumor cerebral em 3 de agosto de 1927, aos 60 anos. Sua psicologia havia sido formulada e fixada durante os dois anos que passara com Wundt; talvez ela também tenha sido influenciada pela percepção que ele tinha de si como um estranho em uma terra estrangeira cuja tarefa era instruir e ensinar. Ele nunca fez parte da psicologia norte-americana, mas sempre se apresentou como o representante de Wundt em Cornell. Embora Titchener tenha vivido nos Estados Unidos por 35 anos, ele sempre foi inglês, com todos os prazeres de sua origem e de seu sotaque. Apesar disso, Titchener nunca voltou à Inglaterra, nem mesmo a passeio. Por temperamento, às vezes parecia ser mais alemão do que muitos alemães e, de fato, uma vez foi considerado alemão por um aluno inglês. Como disse Keller, ele sempre foi "um inglês de nascimento, um alemão de temperamento e um norte-americano de residência" (Keller, 1937, p. 23).

---

* NT: A *Royal Society of London* é uma academia científica independente, situada no Reino Unido, e dedica-se a promover a excelência científica, desempenhando um influente papel na política científica nacional e internacional.

** NT: As *National Academies* oferecem um serviço público reunindo comitês de especialistas em todas as áreas do conhecimento científico e tecnológico. Esses especialistas oferecem serviços e *pro bono* para tratar de questões críticas do país e dar aconselhamento para o governo federal e o público.

Na época da morte de Titchener, ficou claro para todos, inclusive para ele próprio, que o seu estruturalismo havia falhado. A psicologia estava mudando e o sistema inflexível e a rígida abordagem de Titchener não conseguiam acomodar essas mudanças. Edna Heidbreder resumiu a situação:

> Se a psicologia como Titchener a interpretou não conseguiu manter-se nos Estados Unidos sob a liderança de um homem com sua habilidade; se, com o prestígio de prioridade e de uma honrosa tradição acadêmica, ela não conseguiu estabelecer-se como a base da psicologia futura, nem assimilar desenvolvimentos futuros para si – esse fato foi significativo. E ter revelado esse fato não é pouco. (Heidbreder, 1933/1961, p. 148)

Em contraste com a abordagem dada à psicologia por Titchener, a de Hugo Münsterberg foi muito mais compatível com as preocupações dos psicólogos contemporâneos. Suas idéias de pesquisa e muitas de suas descobertas estão sendo estudadas hoje, e ele foi pioneiro no desenvolvimento de importantes áreas da psicologia aplicada. Por essas razões, exploraremos detalhadamente a obra de Münsterberg, o outro aluno europeu de Wundt que emigrou para a América.

HUGO MÜNSTERBERG (1863–1916)

Hugo Münsterberg nasceu em 1863 em Danzig, que então fazia parte da Prússia e hoje é a cidade polonesa de Gdansk. Danzig foi devastada pelos bombardeios da Segunda Guerra Mundial, mas, no século XIX, a arquitetura e a localização da cidade no Báltico resultaram em sua reputação como a Veneza do Norte. O pai de Münsterberg era um proeminente comerciante de madeira internacional – a cidade de Danzig havia sido fundada séculos antes por mercadores – e sua mãe era uma artista reconhecida (Hale, 1980). Ele tinha três irmãos e teve uma vida feliz, quase idílica até os 12 anos, quando sua mãe morreu. Münsterberg, então um garoto despreocupado, passou a ser um jovem sério. Tornou-se um leitor prodigioso, escritor de poesia épica, estudante de arqueologia, leitor de grego e árabe, editor da revista da escola, violoncelista em uma orquestra amadora e ator no teatro local, tudo isso enquanto freqüentava o *Gymnasium* e seguia seu rigoroso currículo. O pai de Münsterberg morreu em 1880. Em 1882, ele se formou com distinção, juntando-se ao grupo de elite qualificado para usar o tradicional chapéu vermelho dos alunos do *Gymnasium* (Münsterberg, 1922).

Depois de passar um verão em Gênova e nos Alpes Suíços, Münsterberg entrou para a Universität Leipzig, com planos de estudar anatomia e fisiologia a fim de se preparar, ou para o estudo de medicina ou para uma carreira acadêmica em ciência. Em 1883, ele assistiu a uma série de palestras de Wundt e ficou muito impressionado (Keller, 1979); acrescentou a psicologia ao seu currículo e trabalhou como aluno de pesquisa no laboratório de Wundt, que o designou para realizar experimentos nos quais a introspecção era utilizada para analisar atividades voluntárias. As introspecções de Münsterberg convenceram-no de que a "vontade" não é representada na consciência, já que os únicos "elementos de vontade" conscientes que suas introspecções revelaram foram sensações dos músculos, tendões e juntas envolvidos em atividades voluntárias. Mais tarde, ele viria a publicar uma teoria da ação do comportamento e da consciência, alegando que as sensações musculares eram a base da percepção e da consciência. Essa visão era semelhante a uma teoria da emoção que o psicólogo norte-americano William James havia acabado de publicar (James, 1884). Mas Wundt achou que o ponto de vista de Münsterberg era incompatível com os de sua própria teoria da consciência, por isso rejeitou as descobertas de Münsterberg como produtos de sua inexperiência. Wundt então colocou-o para trabalhar em "tarefas simples"

Hugo Münsterberg.
(Culver Pictures)

(Keller, 1979). Essa foi a primeira de várias situações de tensão entre ambos. Porém, Münsterberg conseguiu terminar seu doutorado com Wundt. Sua tese de 1885, "The Doctrine of Natural Adaptation" [A Doutrina da Adaptação Natural], era um exame crítico, não-experimental, daquela doutrina biológica. Ele então transferiu-se para a Universität Heidelberg e recebeu um diploma de medicina em 1887, com uma tese a respeito da percepção visual do espaço. Mais tarde, Münsterberg recomendaria os dois diplomas como a preparação ideal para uma carreira em psicologia aplicada.

O Início da Carreira Acadêmica de Münsterberg

Em 1887, Münsterberg foi indicado *Privatdozent* na Universität Freiburg, nas condições que todos conhecemos: sem salário regular, mas com uma pequena receita proveniente dos honorários que os estudantes pagavam para fazer os cursos. Em 1888, Münsterberg publicou um pequeno livro, *Activity of the Will* [Atividade da Vontade], no qual retornava ao seu antigo interesse pela vontade e pelas atividades voluntárias. Ele reafirmou a posição que já havia formulado enquanto trabalhava no laboratório de Wundt, e uma vez mais enfrentou o ataque e a crítica de seu antigo professor, dessa vez em público. Titchener juntou-se a essa crítica, descrevendo os experimentos de Münsterberg como inexatos e incompletos. De maneira característica, Titchener concluía que "o Dr. Münsterberg tem o dom fatal de escrever com facilidade – fatal especialmente na ciência, e principalmente em uma ciência jovem, na qual a exatidão é o que há de mais necessário" (Titchener, 1891, p. 594). Uma reação muito mais positiva veio de William James, que viu o livro como um apoio à sua teoria da emoção, a teoria James-Lange (Capítulo 9). Em seus *Principles of Psychology* [Princípios de Psicologia], James referiu-se ao livro como "uma pequena obra-prima" (James, 1890, v. 2, p. 505). James planejou uma maneira de encontrar-se com o jovem no *Fisrt International Congress of Psychology* [I Congresso de Psicologia] em Paris, em 1889, e ficou impressionado com ele.

Na Universität Freiburg, Münsterberg fundou o segundo laboratório de psicologia da Alemanha. Inicialmente, esse laboratório nada mais era que um par de salas em sua casa, adaptadas com aparelhagem comprada com seu próprio dinheiro (Hale, 1980), mas era muito produtivo. Münsterberg publicou uma série de *Contributions to Experimental Psychology* [Contribuições à Psicologia

Experimental] (1889-1892), que novamente atraiu a crítica de Wundt e Titchener, mas que foi bem recebida por James. Em seus Princípios, James refere-se aos "belos exemplos de experimentos sobre o tempo de reação" de Münsterberg (1890, v. 1, p. 432) e aos "experimentos magistrais a respeito da percepção do tempo" (1890, v. 1, p. 620). Em 1891, o laboratório de Münsterberg mudou-se para a universidade. James providenciou para que um de seus alunos, Edwin B. Delabarre, trabalhasse nele. Os relatórios de Delabarre sobre pesquisas entusiasmantes confirmaram a opinião de James de que Münsterberg era um jovem promissor. A obra de Münsterberg também forneceu uma bem-vinda alternativa para a psicologia, os textos de Wundt e o assertivo Titchener.

Como veremos no Capítulo 9, em 1892 James decidiu abandonar o trabalho experimental para poder dedicar mais tempo a seus escritos e aulas de filosofia. Na época, os seguintes laboratórios de psicologia já se haviam estabelecido nos Estados Unidos:

Universidade	Data de Fundação	Fundador
Johns Hopkins	1883	G. Stanley Hall
Indiana	1887	William Lowe Bryan
Pennsylvania	1887	James McKeen Cattell
Wisconsin	1888	Joseph Jastrow
Clark	1889	Edmund Clark Sanford
Kansas	1889	Olin Templin
Nebraska	1889	Harry Kirke Wolfe
Columbia	1890	James McKeen Cattell
Iowa	1890	George T. W. Patrick
Michigan	1890	James Haydon Tufts
Catholic	1891	Edward Pace
Cornell	1891	Frank Angell
Wellesley College	1891	Mary Whiton Calkins

(Benjamin, 2000, p. 319)

É de chamar a atenção a ausência de Harvard nessa lista. James, como profissão de fé, acreditava que o laboratório de Harvard devia ser o melhor. Ele precisava de um jovem de visão para dirigir o laboratório de Harvard e garantir liderança para a psicologia norte-americana. Münsterberg era uma escolha evidente. Em fevereiro de 1892, James escreveu-lhe:

> Prezado Dr. Münsterberg,
> Caso o senhor seja convidado, concordaria em vir e assumir o Laboratório de Psicologia e a instrução superior desse tema na Harvard University por três anos, por um salário de, digamos, 3 mil dólares?

Depois dessa abertura característica, James descreveu objetivamente o cenário de sua oferta:

> Somos a melhor universidade dos Estados Unidos e temos de ser líderes em psicologia. Eu, com 50 anos de idade, e não gostando do trabalho de laboratório por natureza, acostumado que estou a ensinar filosofia à vontade, embora pudesse *tant bien que mal* [por bem ou por mal], fazer o laboratório funcionar, ainda assim certamente não sou a pessoa certa para constituir um diretor de primeira categoria para ele. Podemos conseguir homens mais jovens aqui, que seriam suficientemente seguros, mas precisamos de algo mais do que um homem seguro, precisamos de um homem genial, se possível. (Carta citada em M. Münsterberg, 1922, p. 33)

Como elementos adicionais de persuasão, James mencionou que, após três anos, talvez fosse possível assumir um cargo permanente em Harvard. Uma quantia de US$ 1.600 estaria imediatamente disponível para o laboratório, com a promessa de um apoio suplementar; dois assistentes de pesquisa trabalhariam no laboratório; e a carga máxima para lecionar de Münsterberg seria menos de seis horas por semana. Essa oferta de um cargo experimental de três anos como diretor do laboratório de psicologia de Harvard para um homem que ainda estava na faixa dos 20 anos foi extraordinária. Ela reflete tanto o prestígio de James como sua confiança em Münsterberg. Também parece provável que um motivo menos elevado era fornecer, a Harvard, uma alternativa para o laboratório de Titchener em Cornell. Mas Münsterberg hesitou. Ele amava profundamente a sua Alemanha natal, não tinha segurança quanto à vida nos Estados Unidos, conseguia ler em inglês, mas não falava nem entendia essa língua e tinha confiança em seu progresso dentro do sistema universitário alemão. Porém, depois de várias cartas de encorajamento e de uma visita pessoal de James, Münsterberg aceitou o cargo e embarcou para os Estados Unidos em agosto de 1892. James ficou encantado e descreveu seu cargo como "a melhor façanha que já fiz pela nossa Universidade" (Hale, 1980, p. 48).[4] Ao chegar a Boston de trem, ele foi recebido pelo eminente filósofo de Harvard, Josiah Royce.

Durante seus três primeiros anos em Harvard, Münsterberg, cujo inglês era ruim e que não tinha confiança em sua capacidade de falar e escrever nessa nova língua, contentou-se em concentrar-se no trabalho de laboratório e publicar seus resultados em alemão. Porém, até 1894, ele já era capaz de dar sua aula inaugural na Radcliffe College, em 1895, de debater com G. Stanley Hall (Capítulo 9) diante do Clube de Professores de Boston a respeito do lugar da psicologia na educação. Ele argumentou que a psicologia não tinha relevância para a educação, posição que acabaria alterando mais tarde, quando viesse a defender a presença de psicólogos nas escolas (Hale, 1980). Seu período experimental de três anos foi um sucesso. James descreveu com entusiasmo o laboratório de Harvard como "um recinto de delícias", enquanto Cattell, mais objetivo, reconheceu que o laboratório de Münsterberg em Harvard era "o mais importante dos Estados Unidos" (Hale, 1980, p. 49). Tanto James como o diretor de Harvard, Charles W. Eliot, encorajaram-no a ficar, mas, em 1895, Münsterberg voltou para a Universität Freiburg. Ele claramente esperava ficar na Alemanha, mas, por causa de uma combinação de pressão política, brigas acadêmicas internas e anti-semitismo, foi incapaz de garantir uma posição satisfatória na universidade alemã (Hale, 1980, p. 53). Münsterberg voltou para Harvard em 1897, consolado por Wundt, que o fez lembrar de que "afinal de contas, os Estados Unidos não são o fim do mundo" (Hale, 1980, p. 55).

Em Harvard, Münsterberg escreveu seu primeiro livro importante, publicado em alemão em 1900, *Grundzüge der Psychologie* [Princípios de Psicologia]. O livro consistia principalmente em uma reflexão a respeito do seu treinamento na Alemanha, mas Münsterberg já estava sendo influenciado por suas experiências norte-americanas, especialmente ao oferecer, em Harvard, o primeiro curso de introdução à psicologia (Fuchs, 2000, p. 492). A obra era dedicada a William James e, a partir daquele momento, Münsterberg sempre "olhou para o mundo norte-americano com olhos alemães portadores de astigmatismo de Harvard" (Münsterberg, 1922, p. 326). Em 1901, ele publicou seu primeiro livro importante em inglês, *American Traits* [Traços Americanos], e, a partir desse momento, tornou-se um escritor prolífico, com mais de 20 livros em inglês, seis em alemão

---

[4] A lealdade de Münsterberg a James revelou-se quando Witmer (Capítulo 8) publicou um comentário criticando o trabalho de James com médiuns e o seu interesse pelo espiritismo. Münsterberg ficou enfurecido e declarou que as reuniões planejadas para a APA não se realizariam em Harvard, a menos que Witmer fosse expulso (Landy, 1997). James interveio, recomendando a Münsterberg que fosse menos sensível e enfatizando sua amizade pelo aluno de Leipzig. A reunião da APA ocorreu em Harvard, como havia sido planejado (McReynolds, 1997b).

e, literalmente, centenas de artigos para periódicos, revistas e jornais (Viney, Michaels e Ganong, 1981). Münsterberg era um escritor de livros talentoso, que freqüentemente atraía o público em geral. Ele também escrevia com muita rapidez e conseguia compor um livro em menos de um mês. Porém, a maior parte de seus textos era ditada, e Münsterberg admitia com bom humor que sua secretária na verdade é quem realmente cuidava da escrita.

Em uma análise provocante, Frank Landy (1992) sugere que o estilo de escrever de Münsterberg pode ter contribuído para suas dificuldades posteriores e sua enigmática reputação científica:

1. Sua primeira grande obra em inglês foi arrasada por um crítico no periódico britânico *Mind*. Caracteristicamente, Münsterberg teve uma reação exacerbada e prometeu jamais escrever outra obra séria em inglês. Embora ele não tenha cumprido sua promessa, muitas de suas obras somente estiveram disponíveis para os psicólogos de língua inglesa em traduções.
2. Münsterberg publicou com freqüência no *Harper's*, em *The Atlantic Monthly* e no *New York Times*. Embora essas fossem publicações sérias, com um grande número de leitores, não faziam parte da literatura acadêmica e da pesquisa em psicologia.
3. Ele freqüentemente se repetia nos livros e aulas. Às vezes, ignorava as contribuições de outras pessoas e atribuía muito crédito a si mesmo.
4. Ele raramente publicava dados completos ou análises detalhadas de seus resultados, embora, em alguns casos, esses dados possam ter existido (Burtt, 1917). A falta deles fez diminuir a qualidade e a validade de suas publicações.

Psicologia Aplicada de Münsterberg

Münsterberg sempre pretendeu que sua psicologia fosse tão ampla e abrangente quanto possível. Ele não tinha paciência com abordagens restritivas como a de Titchener. Münsterberg freqüentemente descartava o *estruturalismo* de Titchener como preciso, mas não útil (Landy, 1992, p. 788). De fato, Münsterberg constantemente recusava-se a dar uma definição precisa da psicologia, já que qualquer definição implicaria restrições que ele não pretendia e não podia aceitar. Ele estava interessado em funções como a compreensão, a memória, a aprendizagem, a empatia e em ações como a busca da beleza, do amor e da fé. Münsterberg tinha uma psicologia funcionalista orientada para um propósito. Para ele, "era mais natural beber água do que analisar seus elementos químicos no laboratório" (Münsterberg, 1914, p. 14). O interesse de toda a sua vida foi aplicar o conhecimento de psicologia a serviço da humanidade, consistindo nessas aplicações que agora consideramos. Porém, é importante lembrar que Münsterberg sempre se considerou um psicólogo experimentalista. Mais tarde, ele acabaria referindo-se aos pacientes que vinham tratar-se em seu laboratório e aos seus "experimentos" em instalações industriais.

Psicologia Clínica de Münsterberg

Münsterberg teve, por muito tempo, interesse na doença mental. Ele começou a atender pacientes na Alemanha e continuou a fazê-lo nos Estados Unidos. Ele era um clínico incomum. Em vez de montar uma clínica, Münsterberg encontrava seus pacientes em seu laboratório. Ele somente aceitava pacientes que fossem de interesse científico. Das muitas centenas de pacientes que ele tratou, nenhum pagou honorários (Münsterberg, 1909, p. ix). Ele acreditava que a doença mental sempre tinha uma base fisiológica e, portanto, opunha-se a abordagens gerais ou esquemáticas de tratamento. Em primeiro lugar, fazia um diagnóstico a partir de suas observações do comportamento do paciente, de uma entrevista, o paciente respondia a suas perguntas e, com freqüência, das respostas do paciente a um teste de associação de palavras. Se ele concluísse que o caso tinha interesse científico e que o paciente não era psicótico, então fornecia o tratamento. A abordagem de Münsterberg era dirigente. Ele via a si mesmo como um agente importante da terapia e procurava impor sua vontade ao paciente. Usava sugestões diretas e auto-sugestões e encorajava o paciente a "esperar" por melhoras. Münsterberg acreditava que, para os pacientes "ficar em uma sala na qual centenas de pessoas haviam sido curadas era algo que fascinava bastante a imaginação para sugerir uma oportunidade melhor de superar a contra-idéia" (Münsterberg, 1909, p. 222). Münsterberg também contava muito com a confiança. Por exemplo: o terapeuta assegura ao paciente que este dormirá determinada noite; no próximo dia, quando eles se encontrarem, ele observará como o paciente parece estar descansado. Aquilo que Münsterberg denominava *antagonismo recíproco* era usado para ultrapassar idéias ou impulsos problemáticos. A idéia ou o impulso opostos eram "reforçados" para bloquear a expressão da idéia ou do impulso indesejado (Münsterberg, 1909, p. 218). Finalmente, Münsterberg utilizava a hipnose, mas de maneira conservadora e cuidadosa. Ele descobriu que ela era especialmente útil para facilitar a receptividade às sugestões. Seu objetivo era o alívio direto dos sintomas, e não a mudança profunda da personalidade do paciente. Em uma de suas primeiras publicações, Münsterberg procurou erradicar o medo da hipnose e a crença no olho gordo. Ele enfatizou os efeitos benéficos da hipnose nas mãos de um clínico habilidoso (Münsterberg, 1910).

Münsterberg relatou o sucesso com essas técnicas clínicas no tratamento de uma ampla gama de problemas: alcoolismo, drogadicção, alucinações, obsessões, fobias e distúrbios sexuais. Esses resultados e procedimentos foram descritos em seu livro *Psychotherapy* [Psicoterapia], escrito em seis semanas e publicado em 1909. Ele definiu a psiquiatria como o "tratamento das doenças mentais" e a psicoterapia como a "prática de tratar os doentes influenciando a vida mental" (Münsterberg, 1909, p. 1). Como tal, a psicologia era apenas uma das abordagens disponíveis para o psiquiatra, e não era apropriada para certos tipos de doenças mentais – por exemplo, as psicoses e as doenças devidas à deterioração do sistema nervoso. A voz dominante na psiquiatria na época era a de Sigmund Freud (Capítulo 8). Münsterberg, embora reconhecesse o valor da ênfase de Freud na origem traumática de alguns sintomas histéricos e na base sexual de muitos distúrbios neuróticos, não aceitava a visão de Freud a respeito da importância de determinantes inconscientes. Segundo Münsterberg, "a história da mente subconsciente pode ser contada em três palavras: não há nenhuma" (Münsterberg, 1909, p. 125). Às vezes, no entanto, ele realmente apelava para explicações inconscientes do comportamento e até mesmo recomendava a psicanálise. Uma recomendação especialmente precipitada ocorreu após um banquete na Casa Branca com o presidente Taft e a esposa. Münsterberg escreveu para o presidente que havia notado que a Sra. Taft estivera bebendo uísque. Ele presumiu que o uísque tinha sido prescrito para algum problema emocional. Münsterberg sugeriu ao presidente que o problema de sua esposa podia originar-se de impulsos reprimidos e recomendou que ela consultasse um psicólogo (Landy, 1992, p. 793).

Psychotherapy [Psicoterapia] foi escrito para um público amplo e pretendia ser uma reação contra as meias-verdades e falsas informações que cercavam a doença mental. O livro foi bem-recebido e vendeu 3 mil cópias em dois meses. Em três anos, ele passou por cinco reimpressões e continuou tendo sucesso por muitos anos. O trabalho clínico de Münsterberg, porém, produziu um episódio infeliz. Uma de suas pacientes desenvolveu uma ilusão paranóica centrada nele e ameaçou-o com uma arma quando ele estava saindo de uma palestra. Felizmente, ninguém se machucou, mas as ações jurídicas e a publicidade resultantes levaram o diretor de Harvard a aconselhar Münsterberg a abandonar o tratamento hipnótico das mulheres. Münsterberg concordou, embora tenha continuado sua pesquisa com o comportamento anormal.

Em uma série de experimentos, Münsterberg procurou as condições nas quais uma segunda personalidade, freqüentemente percebida em pacientes histéricos, vinha à tona em pessoas normais. Ele esperava que essa personalidade fosse capaz de influenciar certas ações automáticas, portanto realizou vários experimentos de escrita automática. Nesses experimentos, um sujeito ouviria atentamente uma história interessante enquanto segurava um lápis sobre um papel em branco. Alguns sujeitos escreviam algumas das palavras que ouviam, mas de maneira inconsciente e involuntária. Münsterberg acreditava que essas palavras eram um reflexo da segunda personalidade da pessoa. Depois de certa prática, alguns sujeitos, incluindo Gertrude Stein, que era então aluna da Radcliffe College, conseguiam enfocar a atenção em uma palavra que se encontrava quatro ou cinco palavras antes da que estava sendo escrita no momento. B. F. Skinner (1934/1959) descreveu esses experimentos de escrita automática de Münsterberg e o papel de Gertrude Stein como sujeito do experimento. Skinner disse que as provas da escrita automática podiam ser vistas nas obras literárias posteriores de Stein e que essa escrita pode ter sido um reflexo de sua segunda personalidade.

Início da Psicologia Forense

A partir de 1908, Münsterberg escreveu vários artigos a respeito da aplicação dos conhecimentos psicológicos em situações legais – psicologia forense. O grande interesse expresso nesses artigos e em suas próprias experiências pela observação de vários julgamentos criminais levou-o a escrever um livro que foi sucesso de vendas, *On the Witness Stand* [Na Posição da Testemunha], publicado em 1908. O livro teve várias impressões, tanto nos Estados Unidos como na Inglaterra, e a mais recente foi em 1976. Na introdução, Münsterberg criou o cenário para sua aplicação da psicologia:

> Há aproximadamente 50 laboratórios de psicologia apenas nos Estados Unidos. O homem culto padrão ainda não notou isso. Se ele por acaso ouvir falar nesses lugares, imaginará que eles servem para a cura da mente, ou para mistérios da telepatia, ou para sessões espíritas. O que mais um laboratório pode ter a ver com a mente? A alma não é, há duzentos anos, o domínio do filósofo? O que a psicologia tem a ver com baterias elétricas e máquinas intrincadas? Freqüentemente, leio perguntas como essas no rosto de amigos visitantes que vêm ao Laboratório de Psicologia de Harvard em Emerson Hall e descobrem, com surpresa, 27 salas repletas de fios elétricos, com cronoscópios e quimógrafos e taquitoscópios e ergógrafos, e um mecânico ocupado com suas tarefas. (Münsterberg, 1908, p. 3)

Nesse trecho, vemos o deleite característico de Münsterberg com os instrumentos mecânicos e os metais da psicologia como ciência de laboratório.[5] Embora seus próprios interesses fossem cada vez mais concentrados na aplicação, seu primeiro amor continuava sendo o laboratório de Harvard. Ele providenciou para que o trabalho do laboratório continuasse com Edwin Bissel Holt (1873-1946) na pesquisa com humanos e com Robert Mearns Yerkes (Capítulo 11) na pesquisa com animais. Um de seus alunos, Herbert S. Langfeld, sucedeu-o como diretor do laboratório.

Em um fascinante capítulo de *On the Witness Stand*, Münsterberg descreveu relatórios de testemunhos oculares e as muitas razões psicológicas para as desavenças entre testemunhas igualmente confiáveis que tentavam fazer o melhor para fornecer um testemunho verdadeiro e acurado. Por que esses testemunhos freqüentemente diferiam tanto? Münsterberg explicou a di-

---

[5] Uma bela e instrutiva ilustração do lugar central que a maquinaria ocupa na psicologia pode ser vista no *The Great Catalog of the C. H. Stoelting Company* [Grande Catálogo da Empresa C. H. Stoelting] (Popplestone e Tweney, 1997).

Pesquisas Contemporâneas a Respeito do Testemunho Ocular

A inovadora pesquisa contemporânea de Robert Buckhout (1974) e Elizabeth Loftus (1979) a respeito do testemunho ocular foi ao mesmo tempo metodologicamente consistente e teoricamente provocadora (Yarmey, 1979). Até 1995, havia 2 mil publicações a respeito da confiabilidade do testemunho ocular (Cutler e Penrod, 1995). Em 1999, o Departamento de Justiça dos Estados Unidos lançou *Eyewitness Evidence: A Guide for Law Enforcement* [As Provas da Testemunha Ocular: Um Guia para Reforçar a Lei], que consistia em diretrizes nacionais para a coleta e a preservação das provas testemunhais em casos de crimes (Wells et al., 2000). Os psicólogos foram fundamentais na aplicação bem-sucedida da pesquisa com testemunhas oculares em laboratório. Às vezes, os psicólogos que testemunhavam no tribunal a esse respeito viam sua autoridade e perícia desafiadas (Loftus e Ketcham, 1992). Porém, em maio de 2001, a mais alta corte do estado de Nova York percebeu que o depoimento especializado sobre a falta de confiabilidade dos relatórios de testemunhas oculares *podia* ser admitido em julgamentos (McKinley, 2001).

O papel de Münsterberg como pioneiro nessa aplicação da psicologia é claro. Em uma pesquisa exploratória feita com nove pesquisadores contemporâneos líderes na área do testemunho ocular, Kinlen e Henley descobriram que havia:

... um respeito quase universal pelas idéias de Münsterberg e por suas contribuições específicas à psicologia forense e, supreendentemente, que a maioria somente descobriu suas principais contribuições a essa área (por exemplo, *On the Witness Stand* [Na Posição da Testemunha]) depois de envolver-se com ela. (Kinlen e Henley, 1997, p. 70)

ferença entre a verdade objetiva e a verdade subjetiva: um juramento para "dizer a verdade, toda a verdade, nada mais que a verdade" não é garantia alguma da verdade objetiva. Münsterberg descreveu as ilusões para demonstrar como os nossos sentidos podem ser enganados e mostrou como as sugestões afetam as nossas percepções. Ele apontou para o fato de que a memória freqüentemente não é confiável, especialmente quando tentamos lembrar-nos dos acontecimentos de algum tempo passado. Quando um ladrão entrou em sua casa, Münsterberg testemunhou no tribunal que o homem havia entrado pela janela, mas descobriu que, na verdade, ele havia entrado por uma porta na adega. Mesmo com a melhor das intenções, as condições ideais e o pouco tempo entre um acontecimento e a lembrança que se tem dele, as recordações geralmente não são confiáveis. Para ilustrar isso, Münsterberg descreveu uma demonstração feita originalmente na Universität Berlin:

Poucos anos atrás, ocorreu uma cena desagradável em Berlim, no Seminário da Universidade ministrado pelo professor Von Liszt, um famoso criminalista. O Professor havia falado a respeito de um livro. Um dos alunos mais antigos de repente gritou: "gostaria de esclarecer a questão do ponto de vista da moralidade cristã!" Outro aluno disse: "não aceito isso!" Então o primeiro retrucou: "você me insultou!" O segundo fechou os punhos e gritou: "se você disser mais uma palavra...". O primeiro sacou um revólver. O segundo correu para cima dele como um louco. O Professor se pôs entre eles e, quando segurou o braço do rapaz, o revólver disparou. Houve um tumulto geral. (Münsterberg, 1908, p. 49-50)

Todo o incidente, de fato, havia sido encenado. Assim que a ordem foi restaurada, os alunos foram convidados a escrever um relato do que havia acontecido. Seus relatos foram drasticamente diferentes. Münsterberg encenou várias dessas "cenas estrondosas" ou "experimentos com a realidade" diante de audiências de advogados e psicólogos para demonstrar que nossas lembranças freqüentemente não são confiáveis. Quando se é solicitado a lembrar de acontecimentos algum tempo depois, especialmente sob as condições estressantes do testemunho em tribunal e com advogados concorrentes fazendo perguntas condutoras, é de esperar que haja inexatidões. Münsterberg desprezava o sistema judiciário antagonista, que ele encarava como um museu de procedimentos irracionais. Ele criticava a profissão jurídica empedernida e a obstinação dos advogados em não aceitar as descobertas da psicologia. Como era de se prever, sua linguagem destemperada levou a uma resposta explosiva dos profissionais do Direito. *On the Witness Stand* [Na Posição da Testemunha] foi denunciado como "psicologia marrom", e Münsterberg foi duramente reprovado por sua presunção ao fazer tais recomendações (apud Loh, 1981, p. 662). John Wigmore, um erudito da área do Direito, escreveu uma impiedosa sátira na qual se apresenta uma ação legal contra Münsterberg, pelos profissionais do Direito, por danos ao seu bom nome (Wigmore, 1909). Wigmore concluiu que Münsterberg havia procurado, de maneira caprichosa, prejudicar o bom nome dos advogados e que a psicologia nada tinha para oferecer à lei. Os advogados também citaram Titchener, que havia menosprezado Münsterberg como um oportunista, e seu trabalho com o Direito como uma má aplicação da psicologia (Titchener, 1914b, p. 51). Essa reação foi tão intensa que os psicólogos norte-americanos deixaram as leis em paz e a psicologia forense foi abortada (Hutchins, 1927). Notavelmente, ocorreu um hiato de cerca de 70 anos antes que os psicólogos voltassem ao tópico do testemunho ocular.

Em *On the Witness Stand* [Na Posição da Testemunha], Münsterberg incluiu um capítulo a respeito da prevenção do crime. Ele acreditava que os criminosos são produzidos e que não nascem como tal; que a sociedade cria as condições que incentivam e produzem o crime. Conseqüentemente, essas condições devem ser mudadas. Münsterberg continuou interessado no crime e nas questões jurídicas até o fim da vida. Infelizmente, a imprensa fez muito sensacionalismo em torno do seu trabalho e Münsterberg tornou-se uma figura pública controversa.

O Sensacional Münsterberg

Outra seção de *On the Witness Stand* [Na Posição da Testemunha] lida com a detecção do crime. Münsterberg definia os métodos de interrogatório como métodos de terceira categoria e brutais. Segundo ele, as alternativas psicológicas deviam substituir esses métodos bárbaros. Para detectar se uma pessoa estava mentindo, Münsterberg usava uma variação da técnica de tempo–reação em experimentos de laboratório. Ele também teve a oportunidade de usar essas técnicas no mundo real, no sensacional julgamento de Harry Orchard, um assassino confesso de 18 pessoas, entre elas um ex-governador de Idaho. Orchard acusava os líderes da Federação dos Mineiros do Oeste, incluindo o presidente do sindicato, Big Bill Haywood, de ter dirigido os assassinatos e pagado por eles. O governador havia sido oponente e crítico da mão-de-obra organizada. Orchard era testemunha de acusação no julgamento dos membros do sindicato. Sua credibilidade, que era fundamental, aparentemente estava apoiada na alegação de que ele se havia convertido à religião Adventista do Sétimo Dia e, portanto, feito as pazes com Deus. O novo governador de Idaho convidou Münsterberg para assistir ao julgamento em Boise e a testar Orchard. Na sala do tribunal, as primeiras impressões que Münsterberg teve do homem foram muito desfavoráveis. Ele tinha um "perfil brutal, vulgar e homicida" e parecia distante da conversão à religião que afirmava ter ocorrido. Münsterberg resolveu, no entanto, "não consultar suas antipatias, mas confiar em seus experimentos" (Münsterberg, 1908, p. 94).

Em sua entrevista inicial com Orchard, Münsterberg procurou impressioná-lo com seus poderes científicos. Primeiro, fez desaparecer uma moeda de cinco centavos movimentando-a no ponto cego do campo visual de Orchard; depois, mostrou-lhe várias ilusões e distorções da percepção. Quando Münsterberg achou que Orchard estava suficientemente impressionado, recitou-lhe uma lista de 50 palavras e pediu-lhe para responder a cada palavra com a primeira que lhe viesse à mente. Münsterberg registrou, para cada palavra-estímulo, a latência da reação de Orchard. Incluídas na lista, encontravam-se algumas palavras relacionadas aos crimes – "revólver", "sangue" e "perdão" – e à professada conversão religiosa de Orchard. Os tempos de reação de Orchard para as palavras "perigosas" não foram diferentes dos tempos de reação para as outras palavras. Münsterberg permaneceu em Boise por quatro dias, assistindo ao julgamento, encontrando-se com Orchard e realizando seus testes. Ele concluiu que o homem não estava tentando esconder nada, que sua conversão era sincera e que, pelo menos subjetivamente, ele estava falando a verdade. A filha de Münsterberg descreveu o que aconteceu em seguida:

> No caminho de volta para casa, o exausto Münsterberg encontrou um repórter de jornal e, em um momento de descuido, deixou escapar sua conclusão – que ele acreditava que Orchard estava falando a verdade. As manchetes dos jornais proclamaram o "veredicto" de Münsterberg, e ele foi censurado pela imprensa por interferir no julgamento, ainda que o júri estivesse afastado da enxurrada de publicidade sensacionalista. Relatos absurdos das técnicas que ele havia utilizado em suas entrevistas com Orchard apareceram na imprensa. Um jornal da Califórnia afirmou que Münsterberg havia feito uma análise frenológica da espessura e das dimensões do crânio de Orchard. O repórter terminou seu artigo com uma gracinha: "aposto dois dólares contra um que o Professor Münsterberg tem uma cabeça parecida com a de uma perfeita abóbora". (Münsterberg, 1922, p. 147)

Em *On the Witness Stand* [Na Posição da Testemunha], Münsterberg também discutiu as confissões falsas – quando as pessoas afirmam terem cometido crimes que na verdade não cometeram. Ele fez um alerta contra a aceitação dessas confissões; uma vez mais, o alerta baseou-se em uma infeliz experiência com a imprensa. Richard Ivens, um jovem aparentemente retardado de Chicago, suspeito do brutal assassinato de uma jovem dona de casa, confessou o crime após um intensivo interrogatório da polícia. Mais tarde, ele retirou a confissão e alegou um álibi, mas ainda assim foi julgado e condenado. Um neurologista de Chicago, J. Sanderson Christison, descreveu o caso a Münsterberg e pediu sua opinião a respeito do resultado. Em uma carta particular, Münsterberg respondeu que tinha certeza de que o homem era inocente, de que sua confissão era falsa e de que ele havia sido condenado injustamente. Christison publicou a carta de Münsterberg, que causou sensação. As manchetes referiram-se a Münsterberg como "O Desprezo de Harvard pelo Tribunal". A sentença de Ivens foi mantida e, com uma multidão recorde do lado de fora da prisão, ele foi executado. Münsterberg estava convencido de que uma terrível injustiça havia ocorrido.

Münsterberg também discutiu as condições sob as quais é provável que ocorram confissões falsas; o interrogatório intenso e prolongado de pessoas que têm necessidade de agradar, de pessoas que precisam obedecer a figuras de autoridade poderosas ou de pessoas profundamente deprimidas que acham que merecem ser punidas. Münsterberg discutiu o caso Ivens detalhadamente, descrevendo as condições sob as quais o homem havia feito sua confissão e o fato suspeito de que cada vez mais detalhes condenatórios do crime haviam sido fornecidos pelo suspeito durante o interrogatório.

Em 1914, Münsterberg publicou um artigo, "The Mind of the Juruyman" [A Mente do Jurado], no qual descreveu experimentos que havia feito em Harvard a respeito da tomada de decisão em grupo. Os alunos foram solicitados a fazer um julgamento sozinhos e depois tiveram a oportu-

Mentiras, Pressão Sangüínea e a Mulher Maravilha

Münsterberg tinha certeza de que movimentos oculares, respiração, batimento cardíaco, pressão sangüínea, tremor nas mãos e resistência elétrica da pele podiam medir a mentira e a fraude. Ele não tinha dúvida de que, mesmo nos casos de crimes, "a psicologia experimental pode fornecer amplamente tudo o que o tribunal exige" (Münsterberg, 1908, p. 131). Espalharam-se boatos de que ele havia desenvolvido uma maravilhosa máquina da verdade ou detector de mentiras, mas nunca houve tal máquina em seu laboratório. Um dos alunos de Münsterberg em Harvard, William Moulton Marston, afirmou ter descoberto uma resposta mentirosa específica, um aumento na pressão sangüínea sistólica. Em seu livro popular, *The Lie Detector Test* [O Teste do Detector de Mentiras], Marston escreveu que a medição da reposta mentirosa "marcava o fim da longa e fútil luta do homem para encontrar um modo de distinguir a resposta verdadeira da mentirosa" (Marston, 1938, p. 45). Essa afirmação grandiosa baseou-se na utilização, por Marston, de um esfigmomanômetro comum usado pelos médicos para medir periodicamente a pressão sangüínea durante uma entrevista ou um exame.

Marston era ávido por publicações. Ele se ofereceu para testar Bruno Hauptmann, o homem acusado de seqüestrar e assassinar o bebê dos Lindbergh, mas sua oferta foi rejeitada. Marston acreditava que suas medições também podiam ser usadas no aconselhamento de casais; a reação de uma esposa ao beijo do marido podia ser comparada com sua reação ao beijo de um estranho atraente! Anúncios publicitários da máquina de Marston e descrições de seus serviços surgiram em páginas inteiras de revistas.

Na Chicago de 1921, John A. Larson construiu uma máquina que media continuamente a pressão sangüínea, a pulsação e a respiração – o primeiro polígrafo. Ele também fez um estudo detalhado a respeito da exatidão das medidas de mentiras usando os registros do polígrafo. Larson concluiu que nenhuma resposta mentirosa era passível de ser detectada e, posteriormente, descreveu a incipiente área da poligrafia e da detecção de mentira como um pouco mais do que uma fraude (Larson, 1938). Em uma análise mordaz do livro de Marston, Fred E. Inbau, professor de Direito na Northwestern University e antigo diretor do laboratório de detecção científica de crimes da polícia de Chicago, concluiu que tal obra "pode apenas lançar o ridículo sobre esse assunto e o desrespeito sobre seu autor" (Inbau, apud Lykken, 1981, p. 28).

Um desafio ainda mais sério veio dos tribunais. O caso era *Frye versus Estados Unidos*

nidade de discuti-lo com outros alunos antes de fazerem um segundo julgamento. Quando os alunos fizeram o julgamento sozinhos, 52% estavam corretos; quando fizeram julgamentos em grupo, 78% estavam corretos. Münsterberg concluiu que o sistema de grupo de jurados para a tomada de decisões é um procedimento psicológico sólido. Infelizmente, até mesmo esse experimento provocou controvérsias, pois, quando Münsterberg repetiu o experimento com alunas da Radcliffe College, não encontrou nenhum aumento na porcentagem de decisões corretas após a discussão. Ele concluiu que as mulheres não são capazes de discussão racional em grupo e que o sistema de corpo de jurados funcionaria bem contanto que não contivesse mulheres. Essa conclusão provocou uma enxurrada de manchetes nos jornais sensacionalistas e um forte desafio das advogadas de Boston (Münsterberg, 1922, p. 435). Apesar dessa infeliz controvérsia, o experimento de Münsterberg foi um estudo pioneiro da tomada de decisões em grupo e vem sendo citado como um marco no estudo experimental da psicologia de grupos (Murphy e Kovach, 1972).

Embora a obra de Münsterberg como psicoterapeuta e psicólogo forense fosse importante para a ampliação da psicologia e às vezes controversa, ele é mais importante na história da psicologia por sua obra como psicólogo industrial.

> ### Mentiras, Pressão Sangüínea e a Mulher Maravilha (Continuação)
>
> (1923). Em novembro de 1920, um jovem negro, James Frye, foi preso em Washington, D.C. pelo assassinato de um proeminente médico branco. Após vários dias de interrogatório policial, ele confessou o crime. Poucos dias antes do julgamento, Frye repudiou sua confissão, afirmando que havia sido coagido pela promessa de metade da recompensa de mil dólares se confessasse. Marston aplicou seu teste de pressão sangüínea em Frye e concluiu que ele era inocente. A defesa fez uma petição para que Marston fosse qualificado como testemunha perita e para que seus resultados fossem aceitos como provas. O juiz que presidia o julgamento, porém, excluiu as provas de detecção de mentira porque não estavam baseadas em um princípio científico bem-estabelecido e reconhecido. As altas cortes mantiveram essa decisão e, por 50 anos, as provas do detector de mentiras foram excluídas dos tribunais norte-americanos.
>
> A decisão da corte encontra apoio nas pesquisas recentes. David Lykken tem sido um vigoroso crítico da detecção de mentiras e dos polígrafos (Lykken, 1979; 1981). Em 1983, o Escritório de Avaliação de Tecnologia do Congresso dos Estados Unidos levantou sérias dúvidas a respeito da exatidão dos testes com polígrafo
>
> (OTA, 1983; Saxe, Dougherty e Cross, 1985). Iacono e Patrick (1988) descobriram que 45% dos suspeitos inocentes eram erroneamente diagnosticados como mentirosos. Em 1988, o Congresso dos Estados Unidos baniu o uso do polígrafo na maior parte dos lugares em que era empregado.
>
> O que aconteceu com William Marston? Ele desistiu da detecção de mentiras e abandonou a psicologia. Com sua esposa, Elizabeth Holloway Marston, também psicóloga, desenvolveu uma bem-sucedida personagem de desenho animado, a Mulher Maravilha:
>
> A Mulher Maravilha foi criada no estúdio dos Marston, no subúrbio, como uma executiva intrépida de Boston disfarçada de Diana Prince, que entrava em um toalete feminino (as falas eram mais curtas naqueles dias) e ressurgia vestida com roupa vermelha, branca e azul com estampa de águia, para lutar contra o crime. Forte como um homem e amorosa como uma mulher, ela também era convenientemente patriota. (Malcolm, 1992)
>
> Durante 50 anos, em mais de 600 episódios e depois em uma série de televisão, os maus eram forçados, pelo Laço da Verdade da Mulher Maravilha, a olhar para dentro do seu coração e falar a verdade. Eles não podiam mentir!

O Início da Psicologia Industrial

Münsterberg é freqüentemente considerado o primeiro psicólogo industrial dos Estados Unidos, com *Psychology and Industrial Efficiency* [A Psicologia e a Eficácia Industrial], publicado em 1913, obra na qual "Münsterberg apresentou as primeiras formulações sistemáticas dos problemas e o escopo da psicologia industrial" (Viteles, 1932, p. vii). O livro é dividido em três seções principais. A primeira seção, sobre a seleção de trabalhadores, inclui nove capítulos a respeito do "melhor homem possível para o cargo" – como era típico na época, parece que nunca ocorreu a Münsterberg que as mulheres também podiam querer trabalhar. Os seis capítulos seguintes discutem "o melhor trabalho possível" ou os fatores que afetam a eficiência do trabalhador; e os seis capítulos finais são a respeito do "melhor efeito possível" e tratam das técnicas de marketing, vendas e publicidade.

Para que uma empresa selecionasse os melhores trabalhadores possíveis, Münsterberg recomendava que as mensurações de auto-relatos sobre interesses vocacionais fossem suplementadas com "tarefas em miniatura", que avaliavam a capacidade de um indivíduo para ocupar determinado cargo e prever o desempenho posterior. Münsterberg acreditava que, para muitas tarefas ocupacionais e industriais, era possível "miniaturizar" a situação em que o potencial empregado iria trabalhar, para desenvolver aquilo que hoje chamaríamos simulações. Nessas situações de trabalho simuladas, as capacidades dos potenciais trabalhadores podiam ser avaliadas. Como um exemplo dessa abordagem, Münsterberg citou o trabalho que foi solicitado a fazer em 1912 para os representantes de várias cidades que tinham ferrovias elevadas ou no nível da rua. Os representantes estavam preocupados com os fatores psicológicos envolvidos nos acidentes com ferrovias de rua. Münsterberg decidiu que as capacidades de desempenho do motorista ou condutor eram cruciais. Os motoristas precisavam ter atenção contínua, reações rápidas e capacidade de antecipar as futuras ações dos pedestres e de outros veículos para evitar acidentes. Münsterberg desenvolveu um jogo ou simulação em que o participante tinha de tomar uma série de decisões e produzir uma série de reações em situações semelhantes àquelas que encontraria enquanto estivesse dirigindo um trem por ruas movimentadas da cidade: um pedestre, animal ou veículo repentinamente atravessava os trilhos; um breque funcionava mal; e assim por diante. Münsterberg trabalhou com três grupos de empregados da Boston Street Railways Company: condutores veteranos, com 20 anos de profissão e um excelente histórico; homens que por pouco não haviam sido despedidos e que se tinham envolvido em colisões freqüentes; e homens com um registro de serviços mediano. Em um simples teste de tempo de reação, Münsterberg não encontrou diferenças consistentes entre os três grupos. Quando eram testados por meio do jogo ou simulação, muitos desses homens relatavam que realmente tinham a sensação de estar dirigindo um trem. Havia, porém, diferenças consistentes de desempenho nos três grupos; o grupo com um bom histórico ia constantemente melhor do que aqueles que quase haviam sido demitidos. Münsterberg estava convencido de que o teste podia ser usado como um procedimento de seleção e de que muitos homens que podiam continuar apresentando alto risco de acidente podiam ser identificados e demitidos. Ele também fez alguns trabalhos preliminares para várias empresas de navegação e para a Marinha dos Estados Unidos sobre o desenvolvimento de procedimentos de seleção de oficiais para os navios. Münsterberg acreditava que procedimentos de seleção semelhantes podiam ser desenvolvidos para várias outras ocupações.

Como um segundo exemplo do modo como a psicologia pode contribuir para a seleção de empregados, Münsterberg apresentou seu trabalho para a Companhia Telefônica da Nova Inglaterra. A companhia descobriu que, dentre as jovens que eram bem-sucedidas no treinamento como telefonistas, um terço não conseguia ter bom desempenho no cargo e, ou ia embora, ou era despedido em seis meses. Münsterberg começou observando a situação de trabalho das telefonistas. Elas faziam uma média de 225 ligações por hora, mas, nos períodos de pico, freqüentemente lidavam com 300 ligações. Ele calculou que 14 "processos psicológicos" separados estavam envolvidos no atendimento da chamada típica, especialmente memória, atenção aos detalhes, exatidão, rapidez e inteligência geral. Münsterberg desenvolveu uma série de testes para essas funções psicológicas. Nos testes de memória, as telefonistas eram solicitadas a repetir números de quatro dígitos; depois, dígitos adicionais eram acrescentados, até chegar a um máximo de 12. No teste de atenção, elas deviam marcar todos os exemplares de uma letra específica em uma página de jornal; no teste de exatidão, tinham de dividir as margens de uma página de papel em duas metades iguais; em um teste de rapidez, tinham de fazer o maior número possível de movimentos em ziguezague durante 10 segundos. Em outro teste engenhoso, medido por um metrônomo, elas deviam marcar pontos espalhados em um papel, que representavam as conexões que uma telefonista tinha de fazer em uma mesa de operação.

Münsterberg aplicou esses testes e um teste geral de inteligência a um grupo que, segundo lhe disseram, consistia de empregadas recém-contratadas. Ele comparou os resultados dos testes com o desempenho real dessas pessoas nos seus primeiros três meses de trabalho. Na verdade, a maioria das pessoas testadas *eram* empregadas recém-contratadas, mas Münsterberg não sabia que a empresa telefônica havia incluído, no grupo, várias telefonistas altamente experientes com excelentes históricos de trabalho. Münsterberg descreveu os resultados desses testes da seguinte maneira:

> Se os experimentos psicológicos tivessem apontado, como resultado, que essas pessoas tão estimadas pela companhia telefônica tinham baixa classificação nos experimentos de laboratório, isso teria tido um reflexo muito forte na confiabilidade do método laboratorial. Os resultados, ao contrário, demonstraram que as mulheres que haviam mostrado ser mais capazes no serviço prático estavam no topo de nossa lista. Ao mesmo tempo, aquelas que estavam no fim da nossa lista de classificação psicológica tinham sido consideradas inadequadas no serviço prático e, ou tinham deixado a empresa por vontade própria, ou tinham sido demitidas. (Münsterberg, 1913, p. 108-109)

A concordância entre os resultados do teste e o desempenho no trabalho não era perfeita, mas o método era promissor.

Quanto à melhoria da eficiência do trabalhador, Münsterberg tinha muito menos dados empíricos para apresentar. Ele havia estudado as condições de trabalho na General Electric e na International Harvester, na Plimpton Press, na Waltham Watch Company e em várias outras empresas. Münsterberg não concordava com a visão comum de que grande parte do trabalho na indústria moderna é caracterizada por horrível monotonia e aridez mental. Nas fábricas e instalações que visitou, ele fez questão de conversar com os trabalhadores cujos cargos pareciam ser os mais entediantes e monótonos. Freqüentemente, os empregados não os descreviam nesses termos e estavam contentes com o trabalho que faziam. Em um caso dramático, Münsterberg observou uma mulher em uma fábrica de lâmpadas elétricas cujo trabalho consistia em embrulhar as lâmpadas em lenços de papel – 13 mil unidades por dia. Ela vinha fazendo o serviço por 12 anos, e Münsterberg calculava que ela havia embrulhado 50 milhões de lâmpadas. Mas ela lhe garantia que o trabalho era "realmente interessante" e dizia que encontrava "variação constante" no modo como embrulhava cada lâmpada (Münsterberg, 1913, p. 196). Münsterberg concluiu que o julgamento das pessoas de fora quanto às tarefas que causavam tédio e frustração não era confiável e que muitas das assim chamadas profissões superiores também envolviam muita repetição entediante: o trabalho de médicos, professores e advogados está longe de não ter monotonia. Münsterberg concluiu que muitos fatores afetam a satisfação e o moral dos trabalhadores e que muitas outras pesquisas a respeito eram necessárias.

Na última seção do seu livro a respeito de psicologia industrial, Münsterberg discutiu os fatores que estimulam a demanda do consumidor e as maneiras de se aumentar a eficácia da publicidade. Em seu laboratório, Münsterberg pesquisou o efeito do tamanho e do número de repetições de um anúncio na sua "recordação". Ele estava convencido de que a publicidade podia ser um fator poderoso para estimular a demanda de produtos, mas também acreditava que ela deve ser usada de maneira responsável. Em um artigo posterior, "The Social Sins of Advertising" [Os Pecados Sociais da Publicidade], Münsterberg atacou asperamente como irresponsável a nova prática de se distribuir anúncios por todos os textos de revistas e jornais em vez de, como se fazia anteriormente, separá-los em uma seção. O debate a respeito da inserção adequada dos anúncios comerciais de televisão continua até hoje. Nos Estados Unidos, eles são distribuídos por todo o programa; na Inglaterra, no canal comercial da British Broadcasting Corporation (BBC), são separados em períodos de publicidade no início, no meio e no fim de cada programa.

Após a publicação de *Psychology and Industrial Efficiency* [A Psicologia e a Eficácia Industrial], Münsterberg continuou interessado nos problemas da indústria. Na primavera de 1913, ele se encontrou com o Presidente Woodrow Wilson e os secretários de Comércio e Mão-de-Obra para apressar a criação de um escritório do governo dedicado à pesquisa científica da aplicação da psicologia aos problemas do comércio e da indústria. Suas propostas eram bem-recebidas, embora a Primeira Guerra Mundial prejudicasse os planos práticos de sua implementação. Em geral, seu trabalho com a psicologia industrial tinha demonstrado ser de grande importância e muitas de suas preocupações e interesses são compartilhados pelos psicólogos industriais da atualidade. Um crítico contemporâneo disse a respeito do seu trabalho:

> De modo geral, o domínio que Münsterberg tinha da psicologia de negócios e da indústria era impressionante. Em dois livros e em uma série de artigos, ele estabeleceu a base de todo o desenvolvimento importante nessas áreas. Ele especificou os problemas e os objetivos, e indicou alguns dos métodos a serem usados para a psicologia pessoal, a psicologia vocacional, a psicologia da engenharia, a psicologia do consumidor e outras especializações nessas áreas... Não deve haver dúvida de que Hugo Münsterberg foi o fundador das áreas de psicologia industrial e de negócios como elas existem hoje. (Moskowitz, 1977, p. 383)

A *Business Week Magazine* também homenageou Münsterberg em uma série de artigos sobre os "Famous Firsts in Industrial Psychology" [Pioneiros Famosos na Psicologia Industrial] (Hale, 1980, p. 6).

Além de seu trabalho com a psicologia industrial, Münsterberg escreveu muito a respeito de ensino, educação e várias outras questões sociais. Embora não fumasse nem tomasse bebida alcoólica, Münsterberg opôs-se à Lei Seca e envolveu-se ativamente no debate a respeito desse assunto polêmico. Ele até tentou introduzir um pouco de leveza à controvérsia em um artigo de 1908 na *Ladies Home Journal*, chamado "The Temperance of Women" [A Abstinência das Mulheres]. Münsterberg contrastou a não-abstinência dos homens em relação ao álcool e a não-abstinência das mulheres em relação aos doces e à última moda. Uma reação indignada, como era de se prever, recebeu a publicação do artigo, especialmente quando se divulgou que Münsterberg havia solicitado e recebido apoio financeiro do magnata da cerveja, Adolphus Busch (Hale, 1980, p. 119). Münsterberg também se opôs à educação sexual nas escolas, argumentando que esse tipo de educação simplesmente estimularia o interesse pelo sexo. Ele empreendeu uma batalha durante toda a sua vida contra aquilo que denominou "psicologia ingênua" e desafiou constantemente as reivindicações dos pseudopsicólogos. Também criticou aqueles que acreditavam em ocultismo, misticismo, astrologia, transmissão de pensamentos e outras atividades mediúnicas.

Münsterberg homenageado e difamado

Honras e prêmios chegavam facilmente a Münsterberg. Um dos membros fundadores da APA, ele foi eleito presidente da entidade em 1898. Aos 29 anos, era professor de filosofia na Harvard University e, em 1899, quando tinha 36 anos, tornou-se chefe do departamento. No ano anterior, ele havia recusado a oferta de um cargo de docente na Oxford University; em 1905, recebeu a oferta da cadeira de filosofia na Universität Königsberg, cargo anteriormente ocupado por Emmanuel Kant. Münsterberg primeiramente aceitou, mas depois declinou do cargo e permaneceu em Harvard. Essas ofertas indicavam um reconhecimento impressionante de seu *status*, e dizem que Münsterberg foi um dos professores de Harvard mais bem pagos daquele tempo (Keller, 1979). Münsterberg escreveu 32 livros e 61 artigos importantes. Desempenhou papel de destaque na organização de um congresso científico realizado em conjunto com a Exposição St. Louis de 1904 e viajou para a Europa para convidar uns 150 cientistas e acadêmicos. Foi eleito presidente da APA em 1899 e da *American Philosophical Association* [Associação Filosófica Norte-Americana] em 1907. Em 1901, a Harvard University premiou-o como mestre honorário da área de artes, tornando-o assim um "filho da casa" e um "homem de Harvard". Münsterberg serviu a Harvard com lealdade por 25 anos. Ele organizou o levantamento de fundos de Emerson Hall, que abrigou o Departamento de Psicologia de Harvard por 40 anos. Fez parte do comitê de nomeação do Prêmio Nobel de fisiologia e medicina em 1906. Foi amigo dos ricos, dos famosos e dos importantes. Conheceu Andrew Carnegie, Bertrand Russell, H. G. Wells, os presidentes Theodore Roosevelt e William Howard Taft, o *kaiser* Guilherme II, estrelas de cinema de Hollywood e magnatas, e a maioria dos principais eruditos norte-americanos e europeus e dos intelectuais da época. Porém, quando morreu em 1916, Münsterberg desapareceu quase imediatamente da área da psicologia. Em certo sentido, ele literalmente desapareceu: um quadro nas escadas do Emerson Hall de Harvard mostra William James, Josiah Royce, George Herbert Palmer e uma cadeira vazia. Essa cadeira deveria ser de Münsterberg, mas sua imagem foi bloqueada após sua morte (Roback, 1952, p. 208). Por que ele se tornou um psicólogo perdido na história?

Uma resposta a essa pergunta pode ser encontrada no papel que Münsterberg atribuiu a si mesmo como porta-voz da Alemanha nos Estados Unidos e em seu interesse vitalício na melhoria das relações e no desenvolvimento de maior entendimento entre seu país nativo e seu país de adoção. Em um dos primeiros livros que escreveu em inglês, *American Traits* [Traços Norte-americanos], publicado em 1902, Münsterberg ridicularizou os falsos estereótipos que alemães e norte-americanos mantinham uns dos outros. Ele descreveu as duas sociedades, apontando para aquilo que considerava serem os pontos positivos e negativos de cada uma. Em *The Americans* [Os Norte-Americanos] (1904), ele forneceu descrições detalhadas e perspicazes da vida social, cultural, econômica, política e intelectual para um público basicamente alemão. Segundo a filha de Münsterberg, esse livro

> causou sensação entre os leitores e, o que é de certo modo admirável, despertou o interesse pela vida norte-americana. Ele até mesmo inspirou os leitores a embarcar e ver por si mesmos uma terra que tinha sido pintada com cores tão atraentes. O segredo da influência do livro não era tanto a nova informação claramente apresentada, mas o poder de convencimento do autor entusiasmado por trás de suas afirmações. (Münsterberg, 1922, p. 333)

Infelizmente, Münsterberg não teve muito sucesso na melhoria da percepção que os norte-americanos tinham da Alemanha. Em 1905, ele foi indicado por Harvard para trabalhar como professor na Universität Berlin para ali fundar um novo instituto norte-americano. O instituto era dedicado a facilitar trocas entre acadêmicos e cientistas e a estabelecer uma coleção de jornais, revistas e periódicos que refletissem a vida nos Estados Unidos. Quando Münsterberg voltou aos Estados Unidos em 1912, lutou constantemente para atenuar o sentimento dos norte-americanos contra a Alemanha. Com o início da Primeira Guerra Mundial em 1914, suas atividades tornaram-se cada vez mais impopulares, mas ele persistiu em escrever artigos e livros que apresentavam a posição da Alemanha, falando a respeito da natureza pacífica do povo alemão e argumentando em favor de um "jogo limpo". Depois que um submarino alemão afundou o *Lusitania* em maio de 1915, o que custou 1.200 vidas, incluindo a de 124 de norte-americanos, Münsterberg recebeu um grande volume de correspondência manifestando ódio. Cartas dirigidas ao "Dr. Münsterberg, Harvard", eram-lhe entregues; acusado de ser um espião alemão, ele foi censurado, condenado e repudiado até mesmo por alguns de seus colegas. Münsterberg, que se havia convertido ao protestantismo quando jovem na Alemanha, foi chamado de "um judeu muito ofensivo" pelo presidente Butler de Columbia (Winston, 1996, p. 38). Um inglês ofereceu US$ 10 milhões à Harvard University se a administração despedisse Münsterberg imediatamente. Porém, Harvard permaneceu firme. O arguto Münsterberg disse que se demitiria se o homem oferecesse US$ 5 milhões para a universidade e US$ 5 milhões para ele, mas o homem recusou. Embora o episódio tenha um toque de humor, esses foram anos terríveis para Münsterberg. Todas as coisas alemãs tornaram-se um anátema para muitos norte-americanos. A música de Wagner e de Beethoven foi banida, os negócios entre a Alemanha e os Estados Unidos foram atacados e até mesmo os cachorros *dachshund* foram considerados não-patrióticos. A pronúncia da cidade de Berlim, em Connecticut, foi alterada para ficar menos alemã (Kornfeld, 1994). Talvez o fato de Münsterberg não ter vivido para ver os Estados Unidos entrarem na Primeira Guerra Mundial, em 1917, tenha sido uma boa coisa. Os jornais da manhã de 16 de dezembro de 1916 traziam notícias de ofertas de paz, e Münsterberg disse à esposa: "Até a primavera, teremos paz". Ele saiu para dar sua aula matutina em Radcliffe, caminhou até a faculdade com um tempo muito frio e chegou exausto, mas insistiu em encontrar-se com sua turma. Münsterberg entrou na sala de aula, começou a falar e morreu, no meio de uma frase, de hemorragia cerebral maciça. A primeira e última aulas dele nos Estados Unidos foram ministradas em Radcliffe.

William McDougall

O sucessor de Münsterberg em Harvard foi o igualmente controverso psicólogo inglês William McDougall (1871–1938). Ele fundou um laboratório de psicologia na University of Londres e ensinou "filosofia moral" em Oxford (diferentemente de Londres e Cambridge, Oxford era hostil à nova psicologia). Seu livro, *Introduction to Social Psychology* [Introdução à Psicologia Social] (1908), foi uma obra importante para a criação da área da psicologia. Em *Body and Mind* [Corpo e Mente], ele esboçou um *behaviorismo intencional* que enfatizava razões e objetivos. McDougall trabalhou como médico oficial na Primeira Guerra Mundial, especializando-se no tratamento das neuroses de guerra. Em 1920, ele aceitou um convite para ocupar a cadeira de psicologia em Harvard que antes havia sido ocupada por Münsterberg.

O atraso de quatro anos para se fazer esse arranjo deveu-se ao desejo do corpo docente de evitar outro psicólogo controverso. Nisso, eles certamente falharam; McDougall cortejava a controvérsia com o seu interesse nas pesquisas sobre mediunidade, com sua escolha de uma doutrina do instinto segundo a qual listas cada vez maiores de instintos eram consideradas *explicações* para o comportamento humano, e com seu conceito de uma mente grupal. McDougall deixou Harvard em 1927 para ocupar uma cadeira de psicologia em Duke. Lá, ele fundou um *Laboratório de Parapsicologia*, sob a direção do biólogo Joseph B. Rhine (1895–1980). Esse laboratório tornou-se o maior centro mundial de pesquisa em parapsicologia, mas essa área da psicologia sempre havia sido controversa. McDougall também apoiou a *hipótese lamarckiana* de que as características adquiridas são herdadas (Capítulo 9). Ele declarou que tinha observado a herança de comportamentos adquiridos (aprendidos) em sucessivas gerações de ratos criados seletivamente. A apresentação de seus resultados no Nono Congresso Internacional de Psicologia em Yale, em 1929, enfrentou "grosseria e insolência" (Jones, 1987, p. 933) e levou Cattell a desafiar a credibilidade científica de seus resultados (Alvarado e Zingrone, 1989, p. 446).

Sempre controverso, ele próprio, McDougall foi um estridente crítico dos outros. A psicologia de Wundt era "um pântano de pedantismo, uma massa de confusão e erro, desprovida até mesmo do mérito modesto da coerência interna". Quanto a Titchener, "pode-se dizer que a psicologia experimental do tipo estritamente wundtiano morreu de anemia perniciosa sob o tratamento purgativo demasiado drástico do Dr. Titchener" (McDougall, 1932, p. 197-198). Por sua vez, McDougall foi caluniado. Por exemplo, Knight Dunlap (Capítulo 12) relatou que, em uma visita à Duke University, encontrou McDougall morrendo de câncer, o que levou Dunlap a comentar que "quanto mais cedo ele morresse, melhor seria para a psicologia" (Dunlap, apud Smith, 1989, p. 446).

TITCHENER E MÜNSTERBERG EM RETROSPECTIVA

Tanto Titchener como Münsterberg obtiveram seus títulos de doutor sob a orientação de Wundt na Universität Leipzig e logo depois emigraram para os Estados Unidos. Como vimos, a similaridade termina nesse ponto. Em suas definições de psicologia, suas abordagens e suas carreiras, eles não podiam ter sido mais diferentes. Titchener definiu a psicologia como a ciência da mente e declarou que sua tarefa era a pesquisa dos elementos básicos ou da estrutura da mente humana. Para ele, a introspecção sob condições experimentais rigidamente controladas devia ser o método mais importante, na verdade, definidor, da psicologia. Münsterberg, em contraste, sempre se recusou a definir sua psicologia, já que nenhuma definição poderia ser suficientemente inclusiva. Seu objetivo era estudar as operações ou as funções da mente: o modo como aprendemos, nos lembramos, percebemos e julgamos. Embora os experimentos de laboratório às vezes tivessem valor, Münsterberg favoreceu o trabalho fora do laboratório e a aplicação do conhecimento da psicologia em ambientes variados: a clínica psicológica, os negócios e a indústria, e os tribunais de justiça. Münsterberg é o reconhecido fundador da psicologia aplicada nos Estados Unidos (Spillmann e Spillmann, 1993). Titchener opôs-se duramente a essas aplicações, considerando-as tecnologias que não faziam parte da verdadeira ciência da psicologia.

A psicologia contemporânea reflete a influência de Münsterberg, mas pouco reflete a influência de Titchener. Hoje, não há psicólogos estruturalistas titchenerianos; de fato, não tem havido muitos por muitos anos. Em contraste, muitos dos interesses de Münsterberg ainda são mantidos por psicólogos contemporâneos. Porém, as histórias da psicologia freqüentemente enfatizam mais o papel de Titchener do que o de Münsterberg. Boring (1957), em sua clássica história da psicologia, dedicou dez vezes mais espaço a Titchener do que a Münsterberg; o índice de *The Great Psychologists from Aristotle to Freud* [Os Grandes Psicólogos de Aristóteles a Freud] (1978), de Watson, tem 23 citações de Titchener e apenas seis de Münsterberg; e Marx e Hillix, em seu *Systems and Theories of Psychology* [Sistemas e Teorias em Psicologia] (1979) dedicou muitas páginas a Titchener e nenhuma a Münsterberg. Essas apresentações mostram que Titchener continua a influenciar o modo como a história da psicologia é escrita, mas elas interpretam mal a relativa importância dos dois homens.

Hermann Ebbinghaus.
(Arquivo Bettmann)

CAPÍTULO 6

Os Psicólogos Alemães do Século XIX e do Início do Século XX

Muitos psicólogos reconhecem a herança de Wundt. Como vimos, Wundt freqüentemente recebeu crédito pela própria fundação da psicologia. Mas seu laboratório em Leipzig não deixava de ter adversários alemães, e Wundt não deixou de ter críticos alemães. Essas abordagens competitivas da "nova psicologia" do século XIX também eram experimentais, mas diferiam da abordagem de Wundt nos tópicos que enfatizavam. Em suas *psicofísicas*, Ernst Weber e Gustav Fechner fizeram mensurações precisas da sensação; Hermann Ebbinghaus estudou a memória em condições de laboratório cuidadosamente controladas; Franz Brentano, Carl Stumpf e Oswald Külpe pesquisaram os atos mentais incluindo a resolução de problemas e a atenção.

A PSICOFÍSICA

Gustav Fechner (1801–1887)

Como Wundt, Fechner era filho de um pastor, um homem de pensamento e de ação independentes que uma vez chocou sua congregação colocando uma haste de pára-raios em sua igreja. "Não é certo", perguntaram-lhe, "que o Senhor protegerá os seus?" – "Talvez", – o pastor Fechner respondeu – "mas as leis da física também devem ser respeitadas" (Boring, 1957, p. 276). Depois de uma educação de *Gymnasium*, Fechner estudou medicina na Universität Leipzig, onde permaneceu pelo resto da vida, por cerca de 70 anos. Ele obteve seu diploma de medicina em 1822, mas depois disso seus interesses voltaram-se para a física e a matemática. Até 1830, Fechner havia publicado mais de 40 obras, incluindo um artigo importante a respeito da mensuração da corrente elétrica direta. Na década seguinte, Fechner voltou-se para tópicos mais psicológicos e publicou trabalhos a respeito da visão da cor e das pós-imagens positivas – as sensações visuais que continuam depois de os estímulos visuais que as produzem não estarem mais presentes, assim como a imagem de uma lâmpada que permanece por um breve período depois que a eletricidade foi desligada. Para esses experimentos, Fechner precisava de um estímulo luminoso, por isso olhou para o sol. Ele sofreu uma lesão nos olhos, adoeceu e acabou tão deprimido que, em 1839, teve de abrir mão de seu cargo como professor de física.

Durante três anos, Fechner passou por uma crise física e psicológica, mas recuperou-se subitamente. Ele sempre encarou seu restabelecimento como o momento decisivo miraculoso de sua vida. Fechner comprometeu-se profundamente com o *Pietismo*, um movimento proeminente dentro da Igreja luterana alemã de sua época que enfatizava a piedade pessoal sobre a ortodoxia religiosa. Ele renunciou àquilo que considerava materialismo tanto do início de sua vida como de muita da ciência contemporânea. Em vez de continuar a fazer pesquisa científica, Fechner se voltou para a poesia e a metafísica. Quando considerou a questão da metafísica perene em relação à natureza da mente e da matéria, ele concluiu que as duas poderiam estar relacionadas; mas como essa relação poderia ser descrita? Ele obteve a resposta "antes que saísse da cama", na manhã de 22 de outubro de 1850 (Boring, 1961, p. 4). Fechner descreveria a relação entre o corpo e a mente, entre o material e o mental, quantificando as relações entre os mundos físico e psicológico. Ele apoiaria suas descrições na obra de seu colega em Leipzig, Ernst Weber (1795-1878), homem que Fechner generosamente chamava "o Pai da psicofísica".

Em 1834, Weber havia publicado um grande tratado em latim, *De tactu*, que descrevia seus experimentos com o toque. Weber primeiramente mediu a quantidade mínima de estimulação tátil necessária para experienciar uma sensação de toque. Os sujeitos de seu experimento não eram capazes de sentir estímulos muito fracos, mas quase sempre sentiam os intensos. Entre essas duas intensidades encontrava-se um *limen*, ou limiar, no qual os estímulos táteis são percebidos pela primeira vez – *o limiar absoluto*. Weber também pesquisou a capacidade das pessoas para discriminar entre dois pesos quando ambos estavam descansando na mão (apenas toque) e quando eram levantados (toque e esforço muscular). Os sujeitos de seus experimentos eram capazes de discernir diferenças menores no último caso e Weber acreditava que isso resultava de sensações que vinham dos músculos.

Usando compassos estesiométricos, Weber testou a capacidade de discriminar dois pontos de estimulação tátil. Quando os dois pontos estavam muito próximos, eles eram freqüentemente descritos como um ponto de estimulação; quando estavam distantes, como dois pontos de estimulação. Entre esses dois extremos da percepção, encontrava-se um limiar no qual uma sensação de toque torna-se duas ou duas tornam-se uma – o *limiar diferencial*. Weber descobriu que esse limiar variava em diferentes partes do corpo. Nas pontas dos dedos, ele tinha 0,22 cm; nos lábios, 0,30 cm; e, nas costas, 4,06 cm.

Weber também pesquisou quanto um estímulo deve mudar para que uma pessoa sinta a mudança. Primeiro, ele fazia seus sujeitos do experimento levantarem um peso-padrão. Depois, eles levantavam um segundo peso de comparação e julgavam qual era mais pesado. Os sujeitos regularmente relatavam grandes diferenças, mas pequenas diferenças freqüentemente deixavam de ser detectadas. Weber perguntava de quanto devia ser a diferença entre os dois pesos antes que ela fosse detectada com confiança. Apresentando a questão de outra maneira, qual era a *eben merklichen Unterschiede* (diferença pouco perceptível ou dpp) entre dois pesos? Weber descobriu que a dpp não era fixa, mas variada, dependendo dos pesos específicos considerados. Se o padrão era de 30 g, o peso de comparação seria de pelo menos 33 g (dpp = + 3 g) para ser julgado diferente; se o padrão era de 90 g, o peso de comparação teria de ser de pelo menos 99 g (dpp = + 9 g) para ser julgado diferente. A diferença física necessária para se detectar uma diferença psicológica variava com pesos diferentes.[1]

Weber realizou experimentos semelhantes com linhas de diferentes comprimentos e descobriu que a proporção era de aproximadamente 1/100: os sujeitos do experimento conseguiam diferenciar com segurança uma linha de 99 ml de uma linha de 100 ml; e uma linha de 198 ml de outra de 200 ml. Essa proporção ou fração foi descrita pela fórmula

---

[1] Em 1738, Daniel Bernoulli (1700-1782) havia observado que oferecer um *franco* a um pobre produz mais ganho do que 10 *francos* a um rico. Os ganhos psicológicos da riqueza (*fortuna moral*) são relativos ao *status* econômico (*fortuna física*); na economia moderna, isso é conhecido como a Lei da Utilidade Marginal Decrescente.

$$\frac{\Delta R}{R} = k,$$

onde Δ(R) é o incremento do estímulo pouco perceptível (em alemão, *Reiz*), R é a magnitude do estímulo-padrão e *k* é uma constante. As verdadeiras proporções que Weber encontrou eram 1/16 para a visão, 1/30 para a dor, 1/10 para os sons, 1/4 para o olfato e 1/3 para o paladar. Diferentes sentidos tinham diferentes proporções, mas, em todos os casos, não havia uma correspondência linear entre o mundo físico e a experiência psicológica que se tem dele.

Os resultados de Weber forneceram exatamente o tipo de descrição precisa da relação entre os mundos físico e psicológico que Fechner estava buscando. Como Weber, Fechner mediu a relação entre a força ou a magnitude de muitos tipos diferentes de estímulos e sua intensidade percebida. Ele descreveu seus resultados em *Elemente der Psychophysik* (Elementos de Psicofísica), publicado em 1860. Fechner descobriu, assim como Weber havia descoberto, que, à medida que a magnitude de um estímulo aumenta, é cada vez mais necessário um aumento de intensidade para produzir uma diferença perceptível. Por meio de uma série de passos matemáticos, Fechner transformou a proporção de Weber na fórmula

$$S = k \log R,$$

onde *S* é a sensação, *k* é uma constante e *log R* é o logaritmo da intensidade física do estímulo. Um gráfico dessa função não-linear na página 160 mostra uma relação complexa entre os mundos físico e psicológico. Considerando-se a diferença entre a relação linear mostrada pela linha sólida e a relação verdadeira representada pela linha pontilhada, cabe a pergunta: de onde vem a curvilinearidade ou o arqueamento? A resposta de Fechner foi de que vem da mente. É a mente ativa que "encurva" a função e, portanto, o arqueamento é uma medida da atividade da mente. Um processo psicológico tinha sido medido, com os resultados expressos em uma equação matemática.

Psicofísica em Perspectiva

Para muitos psicólogos do século XIX, incluindo Wundt, os experimentos de Weber e Fechner eram um modelo de pesquisa detalhada e esmerada. Eles estavam convencidos de que essa pesquisa era necessária para o desenvolvimento da nova ciência da psicologia. Porém, os críticos de Weber e Fechner afirmavam que as sensações não eram mensuráveis, que a dpp não era uma unidade de medida adequada e que a lei de Weber e a transformação logarítmica de Fechner eram inválidas. Para o psicólogo norte-americano William James (Capítulo 9), "o livro de Fechner foi o ponto de partida para um novo departamento na literatura, que seria inigualável pelas qualidades, pela eficácia e pela sutileza, mas cujo resultado psicológico exato, na modesta opinião deste autor, não é nenhum" (James, 1890, v. I, p. 534). Poucas páginas depois, James concluiu:

> Mas seria terrível se até mesmo um velho senhor tão caro como ele [Fechner] conseguisse sobrecarregar nossa Ciência para sempre com suas pacientes extravagâncias e, em um mundo tão cheio de objetos de atenção mais nutritivos, obrigar todos os futuros alunos a enfrentar as dificuldades, não apenas de suas próprias obras, mas das obras ainda mais áridas que foram escritas para refutá-las. Aqueles que desejam essa terrível literatura podem encontrá-la; ela tem um valor disciplinar... (James, 1890, v. I, p. 549)

Durante toda a sua carreira, Fechner manteve-se confiante quanto à sua abordagem da psicologia; em 1877, ele dirigiu estas desafiadoras palavras finais aos seus inúmeros críticos:

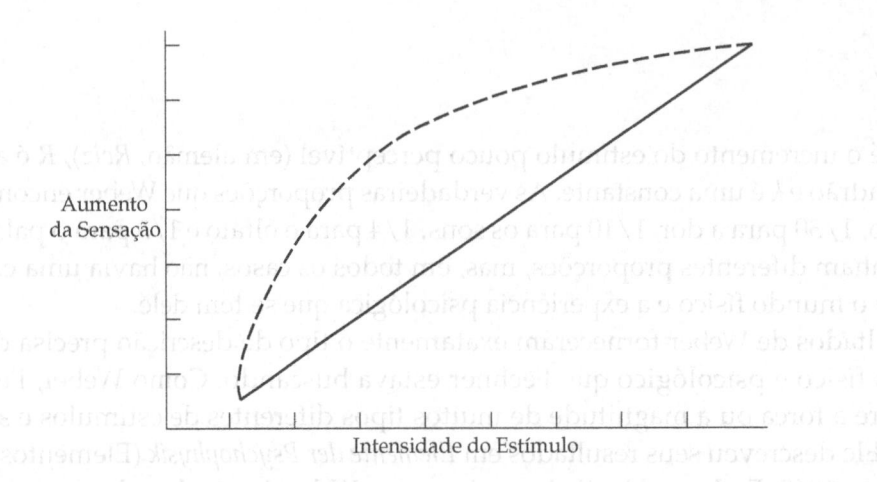

[Gráfico: Aumento da Sensação vs. Intensidade do Estímulo]

"A torre de Babel nunca foi terminada porque os trabalhadores não conseguiam atingir um entendimento do modo como deviam construí-la; o meu edifício psicofísico permanecerá em pé porque os trabalhadores nunca concordarão a respeito de como derrubá-lo" (tradução do autor; Fechner, 1877, p. 215).

Os psicólogos contemporâneos ainda utilizam técnicas psicofísicas para estudar a sensação e a percepção. Desde a época de Fechner, os testes de apreensão (sem estímulo presente) costumam ser inseridos em uma série de apresentações de estímulos para manter o sujeito do experimento alerta e atento. Os procedimentos de detecção de sinais atualmente incluem testes de apreensão para medir a sensibilidade e o viés da resposta, ou seja, a capacidade do sujeito do experimento para detectar o sinal, sua certeza de que um sinal foi detectado e qualquer preferência por uma resposta sobre outra (Hochberg, 1979). Os métodos psicofísicos também vêm sendo usados para responder a questões mais complexas de julgamento: como diferentes culturas percebem o "limiar absoluto" do comportamento criminoso? Quando as ações humanas são consideradas criminosas? Como profissões e carreiras distintas diferem em termos de *status*? Quais são as intensidades relativas dos diferentes atos hostis no conflito internacional e dos diferentes atos amigáveis na cooperação internacional? (Stevens, 1966). Um *Scenic Beauty Estimation Method* [Método de Avaliação da Beleza Cênica], baseado na psicofísica clássica, foi usado até mesmo para medir a qualidade percebida dos ambientes naturais (Daniel e Boster, 1976; Daniel, 1990). Todos os anos, os psicofísicos celebram o dia 22 de outubro, dia do aniversário do *insight* matutino de Fechner (Krueger, 1993). Eles não são muitos, mas seu entusiasmo por Fechner e seu método é grande.

Uma das especulações mais impressionantes de Fechner relativa à consciência encontrou apoio na época. Fechner sabia que o cérebro é bilateralmente simétrico e que ele tem duas metades que constituem imagens virtualmente invertidas uma da outra (Capítulo 3). Ele também sabia que há uma profunda divisão entre as duas metades, que são conectadas por uma faixa de fibras chamada *corpus callosum*. Fechner especulou que, se o *corpus callosum* fosse cortado ou "dividido", o resultado seria dois fluxos de consciência separados; a mente passaria a ser duas. Fechner acreditava que sua especulação nunca seria testada. Ele estava errado, mas que a especulação de Fechner mostrou ser correta (Gazzaniga, 1970) apenas na metade do século XX, quando Roger Sperry estudou a aprendizagem de discriminação nos gatos com cérebros divididos e, posteriormente, quando Sperry e Michael Gazzaniga trabalharam com pacientes epilépticos com um *corpus callosum* seccionado.

O trabalho de Weber e Fechner foi fundamental para o avanço do estudo da sensação e da percepção. Outros psicólogos alemães compartilharam seu interesse nesses assuntos, mas, o que é mais importante, eles procuraram estender o rigor experimental da psicofísica ao estudo de processos mentais e ações mentais como aprendizagem, memória, ideação, imaginação e julgamento. Hermann Ebbinghaus foi um dos psicólogos alemães que sofreram forte influência da abordagem de Fechner. Ele acabaria estabelecendo os pilares da pesquisa em psicologia contemporânea sobre memória e faria uma das contribuições mais duradouras à psicologia.

HERMANN EBBINGHAUS (1850-1909)

Hermann Ebbinghaus nasceu em 24 de janeiro de 1850. Era filho de um comerciante na cidade de Barmen perto de Bonn, em Rhineland, na Prússia. No *Gymnasium* local, ele recebeu uma clássica educação preparatória para os estudos universitários. Ebbinghaus entrou na Universität Boon aos 17 anos e também estudou em Berlim e Halle, universidades das quais posteriormente integraria o corpo docente. A guerra franco-prussiana interrompeu seus estudos, e Ebbinghaus serviu no exército prussiano de 1870 a 1871. Depois do serviço militar, ele voltou à Universität Boon e, em 1873, recebeu seu título de doutor com as maiores honras por sua tese a respeito da *Hartmann's Philosophy of the Unconscious* [Filosofia do Inconsciente de Hartmann]. Ele passou os anos seguintes ao serviço militar viajando pela Inglaterra e França, assistindo a aulas e seminários nas universidades e trabalhando por curtos períodos como professor e tutor particular. Certa vez, enquanto examinava uma banca parisiense de livros usados, Ebbinghaus encontrou uma cópia do *Elemente der Psychophysik* de Fechner. Cativado pela descrição da psicofísica feita por Fechner, Ebbinghaus foi tomado pela convicção de que a psicologia, assim como a psicofísica, deveria tornar-se uma ciência natural. Ele acreditava que semelhantes aos procedimentos psicofísicos objetivos de Fechner podiam ser desenvolvidos e aplicados aos processos mentais superiores. Em determinado momento, por volta de 1877, Ebbinghaus passou a desenvolver esses procedimentos para estudar o processo mental superior da memória. Muitos anos depois, quando publicou sua principal obra de psicologia, *Grundzüge der Psychologie* [Fundamentos da Psicologia] (1902), ele a dedicou a Fechner: "Ich hab' es nur von Euch" (eu devo tudo a você).

Primórdios da Carreira Acadêmica de Ebbinghaus

Em 1880, Ebbinghaus foi indicado como *Privatdozent* ou tutor particular da Universität Berlin, e lá continuou sua pesquisa sobre a memória. Embora outros já se tivessem dedicado à especulação e à reflexão a respeito da memória antes de Ebbinghaus, suas pesquisas foram as primeiras pesquisas experimentais sistemáticas (Herrmann e Chaffin, 1988). A pesquisa de Ebbinghaus foi muito original. Ele não tinha um professor com quem pudesse aprender e cujos materiais, técnicas e procedimentos pudesse utilizar. Fechner, que havia inspirado seus estudos, era um senhor de quase 80 anos, que vivia uma aposentadoria sossegada em Leipzig. Conforme a descrição do psicólogo visitante norte-americano G. Stanley Hall (Capítulo 9), Fechner era:

> Uma curiosidade. Suas pálpebras estão estranhamente debruadas e ele tem vários buracos, quadrados e redondos, recortados, sabe Deus por que, na íris de cada olho – e constitui um conjunto de estranhezas em sua pessoa e em suas maneiras. Ele esqueceu todos os detalhes de sua *Psychophysik*; e está interessado principalmente em teorizar a respeito de como os nós podem ser amarrados em tiras infindáveis e de como as palavras podem ser escritas do lado interno de duas lousas coladas uma à outra. (Hall, apud Benjamin, 1988, p. 175)

Ebbinghaus não era membro de um departamento de psicologia, nem possuía um laboratório de pesquisa ou colegas com interesses semelhantes e programas de pesquisa. Finalmente, ele não tinha acesso a um grande grupo de sujeitos para seus experimentos, por isso realizou a maior parte deles em si mesmo. Apesar dessas limitações, ele fez algumas das pesquisas mais admiráveis da história da psicologia (Roediger, 1985).

Ebbinghaus era um pesquisador meticuloso que seguia regras experimentais rigorosas. Sua primeira série de experimentos foi completada no fim de 1880, mas seu cuidado era tamanho que ele passou os quatro anos seguintes reproduzindo e ampliando essas pesquisas antes de descrever seus resultados na monografia *Über das Gedächtnis* [Sobre a Memória ou Memória: Contribuições à Psicologia Experimental], publicada em Leipzig em 1885. O manuscrito havia sido produzido em um alemão impecável e erudito. A obra foi bem recebida e o valor e a originalidade da contribuição de Ebbinghaus foram amplamente reconhecidos.[2]

Ebbinghaus logo percebeu que a familiaridade tem um poderoso efeito na aprendizagem e na memória, por isso se pôs a inventar materiais não-familiares para seus experimentos com memória. O resultado foi suas famosas sílabas sem sentido. A expressão *sílaba sem sentido* vem sendo universalmente utilizada para descrever os materiais que Ebbinghaus utilizou, mas é uma designação um pouco incorreta. Ele construiu suas sílabas permutando 19 consoantes, 11 vogais e 11 consoantes[3] na ordem consoante–vogal–consoante (Gundlach, 1986). A permutação produziu 19 x 11 x 11 = 2.299 diferentes sílabas. Alguns afirmam que Ebbinghaus eliminava sílabas que julgava terem significado. Gundlach, no entanto, assegura que ele utilizava todas as sílabas. Gundlach diz que teria sido difícil para Ebbinghaus eliminar sílabas porque, como ele era fluente em alemão, inglês e francês, e como havia estudado latim e grego, muitas delas tinham significado para ele (Gundlach, 1986, p. 469). Fazer as sílabas sem sentido foi um ato criativo; elas não haviam sido construídas antes da época de Ebbinghaus, mas a partir de então vêm sendo amplamente utilizadas nas pesquisas sobre memória. Como ele chegou a inventar a sílaba sem sentido? Em 1871, Lewis Carroll[4] publicou *Through the Looking Glass* [Alice no País do Espelho] e *What Alice Found There* [O Que Alice Encontrou Lá], com grande aprovação popular. O primeiro e o último versos de seu poema "Jabberwocky" [Jaguardarte] diz o seguinte:

> Era briluz. As lesmolisas touvas
> Roldavam e relviam nos gramilvos.
> Estavam mimsicais as pintalouvas,
> E os momirratos davam grilvos.*

---

[2] Esse manuscrito foi apresentado ao professor Bahrick da Ohio Wesleyan University pelo filho de Ebbinghaus, que era, ele próprio, professor de Filosofia. Uma cópia encontra-se na coleção Julius Ebbinghaus dos documentos históricos do autor.

[3] O número de consoantes para os finais das sílabas era menor, graças a uma peculiaridade da língua alemã.

[4] Lewis Carroll era o pseudônimo do reverendo Charles Lutwidge Dodgson (1832–1898), tutor de matemática de Oxford. Em *Alice*, vemos um cérebro de primeira categoria brincando, o que é infinitamente melhor do que um cérebro de segunda categoria trabalhando. A Rainha Vitória ficou tão encantada com o seu relato das aventuras de Alice que encomendou outros livros do mesmo autor. Mas ela não deve ter-se divertido muito ao receber as *Formulae of Plain Trogonometry* [Fórmulas da Trigonometria Pura] e *An Elementary Treatise on Determinants and Symbolic Logic* [Um Tratado Elementar dos Determinantes e da Lógica Simbólica] (Collins, 1932). Um editor contemporâneo descreveu a *Lógica Simbólica* como "um dos mais brilhantes e excêntricos livros de lógica já escritos" (Bartley, 1977, p. 3), mas os livros para crianças de Dodgson é que são muito queridos. Depois da Bíblia e de Shakespeare, Lewis Carroll é o autor mais citado e traduzido no mundo ocidental (Jenkyns, 1998, p. 38).

* NT: Tradução de Augusto de Campos.
No original:
Twas brillig, and the slithy toves
Did gyre and gimble in the wabe;
All mimsy were the borogoves,
And the mome raths outgrabe.
(Carroll, 1871; edição em miniatura, 1940, p. 22).

"Foge do Jaguadarte, o que não morre!
Garra que agarra, bocarra que urra!
Foge da ave Felfel, meu filho, e corre
Do frumioso Babassurra!"

Ele arrancou sua espada vorpal
E foi atrás do inimigo do Homundo.
Na árvora Tamtam ele afinal
Parou, um dia, sonilundo.

E enquanto estava em sussustada sesta,
Chegou o Jaguadarte, olho de fogo,
Sorrelfiflando através da floresta,
E borbulia um riso louco!

Um, dois! Um, dois! Sua espada mavorta
Vai-vem, vem-vai, para trás, para diante!
Cabeça fere, corta, e, fera morta,
Ei-lo que volta galunfante.

"Pois então tu mataste o Jaguadarte!
Vem aos meus braços, homenino meu!
Oh dia fremular! Bravooh! Bravarte!"
Ele se ria jubileu.

Era briluz. As lesmolisas touvas
Roldavam e relviam nos gramilvos.
Estavam mimsicais as pintalouvas,
E os momirratos davam grilvos.

Shakow (1930) especulou que, enquanto Ebbinghaus estava em Londres, em 1876, ele deve ter lido a famosa história para crianças que continha a paródia sem sentido da língua inglesa de Carroll. Isso lhe teria dado a idéia da sílaba sem sentido. Qualquer que seja sua gênese, as sílabas sem sentido, com sua homogeneidade e falta de familiaridade, eram ideais para os experimentos de Ebbinghaus.

Os Experimentos de Ebbinghaus

Ebbinghaus usou as sílabas sem sentido para investigar várias questões amplas. Primeiro, ele examinou a relação entre a quantidade de material a ser memorizado e o tempo e o esforço necessários para aprendê-lo segundo um critério de "domínio completo". Para fazer isso, ele lia em voz alta listas de sílabas sem sentido e as repetia, acompanhando um metrônomo.[5] Ebbinghaus registrava o número de repetições necessárias antes que ele conseguisse repetir listas com diferentes números de sílabas sem sentido perfeitamente e sem hesitação. Embora longas listas exigissem mais repetições para que o domínio ocorresse, a relação não era simples.

---

[5] Ebbinghaus não utilizou um *tambor de memória* em sua pesquisa. Esse dispositivo, baseado em um tambor quimógrafo rotativo, foi concebido por Georg Elias Müller (1850–1934) e utilizado em seus experimentos com memória na década de 1890. Ele permitia que uma lista de palavras ou de outros estímulos aparecesse por períodos fixos (Evans, 2000, p. 323). Um modelo posterior encontra-se na coleção de instrumentos históricos da University of Toronto.

Número de Sílabas sem Sentido da Lista	Número de Repetições para que Ocorresse a Primeira Reprodução Sem Erro (sem contar com ela)
7	1
12	17
16	30
24	44
36	55

(Ebbinghaus, 1885, p. 47)

Ebbinghaus também avaliou os efeitos de diferentes quantidades de aprendizagem sobre a memória. Ele utilizou listas diferentes, todas elas com 16 sílabas sem sentido, e variou o número de repetições de cada uma. Todas as listas foram então reaprendidas 24 horas depois. O tempo necessário para reaprender a lista foi registrado e está exposto na tabela a seguir:

Número de Repetições Originais	Tempo Necessário para Reaprender a Lista 24 Horas Depois (em segundos)	Tempo Economizado Resultante (em segundos)
0	1.270	—
8	1.167	103
16	1.073	192
24	975	295
32	863	407
42	697	573
53	585	685
64	454	816

(Ebbinghaus, 1885, p. 56)

A relação é clara: à medida que o número de repetições originais aumenta, diminui o tempo necessário para se reaprender a lista 24 horas depois. Dada essa forte relação negativa, pode-se indagar por que Ebbinghaus não insistiu nela, utilizando um número ainda maior de repetições. Ebbinghaus explicou isso com certa rispidez:

> Eu não investiguei essa questão aumentando o número de repetições das séries de 16 sílabas não-familiares porque, como já foi observado, com uma grande extensão de testes, o maior cansaço e certo torpor causaram complicações. (Ebbinghaus, 1885, p. 59)

Alguns experimentos não foram possíveis até mesmo para o dedicado Ebbinghaus! Entretanto, esse experimento sugere a importância da superaprendizagem. Como o conjunto prévio de resultados mostrava que uma lista de 16 sílabas sem sentido requeria umas 30 repetições para ser dominada, fica claro que várias listas do segundo experimento foram superaprendidas e essas listas é que produziram altos índices de retenção.

Em seu experimento mais conhecido, Ebbinghaus investigou os efeitos da passagem do tempo na memória. Ele aprendeu oito listas com 13 sílabas sem sentido até ser capaz de reproduzi-las perfeitamente duas vezes. Depois de variar as quantidades de tempo, ele reaprendeu as listas e depois utilizou o número de repetições necessário para reaprender, na seguinte fórmula, a calcular um "índice de retenção":

$$\frac{\text{Número de repetições originais} - \text{número de repetições de reaprendizagem}}{\text{Número de repetições originais}} \times 100$$

Assim, quanto menor o número de repetições de reaprendizagem, maior o índice de retenção calculado. Os resultados de Ebbinghaus são mostrados na tabela a seguir:

Intervalo entre a Aprendizagem Original e a Reaprendizagem	Porcentagem Retida	Porcentagem Perdida
0 minuto	100	0
20 minutos	58	42
60 minutos	44	56
9 horas	36	64
24 horas	34	66
2 dias	28	72
6 dias	25	75
31 dias	21	79

(Ebbinghaus, 1885, p. 76)

Um gráfico desses resultados, com o tempo decorrido desde a aprendizagem representada na abscissa e a porcentagem de retenções representada na coordenada, mostra como o esquecimento ocorre com o passar do tempo. A curva resultante é um clássico da psicologia registrado em muitos livros didáticos contemporâneos. Seu aspecto mais espantoso é a grande queda inicial da retenção, especialmente levando em consideração o critério de aprendizagem rigoroso adotado por Ebbinghaus. Mais de 50% do material aprendido era perdido depois de apenas 60 minutos, e 66% se perdia depois de 24 horas. Embora tal curva seja freqüentemente identificada como a curva de esquecimento de Ebbinghaus, ele não representou graficamente os resultados dessa maneira. Em vez disso, desenvolveu um modelo matemático para o esquecimento escrevendo uma equação logarítmica da função e derivando seus parâmetros pelo método dos quadrados mínimos (Roediger, 1985, p. 521). Essas técnicas estatísticas sofisticadas eram típicas de Ebbinghaus. Ele apresentou os conceitos de média e variabilidade e desenvolveu um modo de comparar o desempenho em diferentes condições, observando se a diferença entre as médias excedia aquilo que se esperava com base no erro provável.

Ebbinghaus também investigou os efeitos relativos na memória de: aprendizagem espaçada *versus* concentrada; aprendizagem da parte *versus* aprendizagem do todo; e aprendizagem ativa *versus* aprendizagem passiva. Ele descobriu que, de modo geral, a aprendizagem ativa e espaçada do material como um todo é a mais eficaz. Ele também descobriu que o material significativo, assim como o poema ou a prosa, é muito mais fácil de se aprender e de se relembrar do que o material sem sentido. Para aprender seis estrofes do *Don Juan* de Byron, ele precisou de apenas oito repetições; uma lista de sílabas sem sentido do mesmo tamanho levou de 70 a 80 repetições. Além disso, as análises internas de seus resultados indicaram que as listas aprendidas antes que ele fosse dormir eram mais retidas do que as listas aprendidas durante outras horas do dia. Essa descoberta – de que o sono retarda o esquecimento, em relação à atividade da vigília – foi confirmada cerca de 40 anos depois por Jenkins e Dallenbach (1924) em um trabalho que veio a tornar-se um clássico.

A pesquisa de Ebbinghaus foi amplamente reconhecida como uma contribuição altamente significativa para o desenvolvimento científico da psicologia. Pela primeira vez, uma função mental superior havia sido estudada experimentalmente. O principal psicólogo norte-americano, William James (Capítulo 9), considerava Ebbinghaus um dos "melhores homens" da Alemanha, opinião essa compartilhada por muitos dos colegas norte-americanos de James. Como era de se prever, a reação de Titchener foi, inicialmente, menos favorável. Em 1910, ele afirmou que "a introdução de sílabas sem sentido... no entanto, prestou certo desserviço à psicologia. Ela teve a tendência de enfatizar mais o organismo do que a mente" (Titchener, 1910, p. 414). Porém, essa foi uma das raras ocasiões em que Titchener mudou de idéia. Em 1928, ele escreveu "não é demais afirmar que o recurso às sílabas sem sentido, como meio de se estudar a associação, marca o avanço mais considerável nesse capítulo da psicologia, desde a época de Aristóteles" (Titchener, 1928, p. 125). Em um ensaio retrospectivo que marcou o centenário da publicação de *Über das Gedächtnis* [Sobre a Memória], Henry Roediger descreveu o livro como o registro de "uma das mais admiráveis realizações de pesquisa da história da psicologia" (Roediger, 1985, p. 519). Em seu ensaio, Roediger utilizou palavras como "admirável", "espantoso", e "incrível" para referir-se a Ebbinghaus e sua pesquisa sobre a memória.

O centenário de *Über das Gedächtnis* foi marcado por conferências realizadas na Universität Passau, na Alemanha, e na University Adelphi, nos Estados Unidos (Gorfein e Hoffman, 1987); por um simpósio (*"Where is Memory Research 100 Year After Ebbinghaus?"* [Como Está a Pesquisa sobre a Memória 100 Anos após Ebbinghaus?]), na reunião de 1985 da Psychonomic Society realizada em Boston; e por uma edição especial de *Journal of Experimental Psychology: Learning, Memory, and Cognition* (julho de 1985) dedicada a Ebbinghaus.

O sucesso dos experimentos de Ebbinghaus estabeleceu um paradigma para a experimentação laboratorial sobre a memória, o qual dominou a psicologia por 90 anos. Mas, nas duas últimas décadas, esse paradigma foi desafiado. Ulric Neisser (1978, 1982, 1988) afirmou que a pesquisa sobre a memória em psicologia vinha sendo muito estreitamente baseada em tarefas de laboratório artificiais. Além do mais, ele argumentou que essas tarefas não tinham validade ecológica e não forneciam informações relevantes para aspectos interessantes ou socialmente significativos da memória. Neisser repreendeu os psicólogos por seu "silêncio estrondoso" a respeito de assuntos de grande interesse para as pessoas comuns: o modo como nos lembramos de informações, argumentos ou material relevante para um problema ou uma situação específica; por que conseguimos nos lembrar de nossa cidade natal de 30 anos atrás, mas não dos compromissos de hoje à tarde? Por que os alunos se lembram da formação inicial da equipe dos Yankees de Nova York de 2001 para os jogos da World-Series e não se lembram do assunto da aula da semana passada? O principal objetivo de Neisser era encorajar os psicólogos a fazer pesquisas mais naturalistas ou ecologicamente válidas e tentar responder a perguntas práticas, cotidianas, em vez de construir teorias da memória baseadas em estudos de laboratório.

Em uma significativa série de estudos, na verdade iniciados antes do manifesto de Neisser, mas certamente alinhados com sua proposta, Harry Bahrick e seus colaboradores testaram lembranças há muito tempo estabelecidas (Bahrick et al., 1975; Bahrick, 1983, 1984). Eles descobriram que 34 anos depois de formar-se no colegial, as pessoas tinham o mesmo desempenho que os recém-formados para relacionar os nomes e rostos de seus colegas de classe. Porém, em um teste em que eram solicitados a lembrar-se dos nomes dos colegas a partir de seus retratos, os que se haviam formado há mais tempo demonstravam considerável perda de memória. Em outro cenário, as pessoas eram capazes de descrever acuradamente os pontos principais da cidade em que cresceram, mas que haviam deixado muitos anos antes. Bahrick também descobriu que uma grande parte do conteúdo semântico do espanhol aprendido na escola resiste em uma "memória indelével" por mais de 50 anos sem treino adicional, enquanto outra parte se perde dentro de três a cinco anos.

Embora essas pesquisas inovadoras sejam impressionantes, as abordagens ecológicas da memória têm seus críticos. Em um ensaio provocante, Banaji e Crowder (1989) defenderam o valor das abordagens de laboratório para o estudo da memória e concluíram que, apesar de seu "brilho superficial", a pesquisa ecológica da memória tinha entrado em "falência" (Banaji e Crowder, 1989, p. 1.192). As reações foram fortes e um debate instaurou-se (Gruneberg et al., 1991; Bahrick, 1991; Banaji e Crowder, 1991). As duas abordagens certamente têm seu valor. Como o próprio Neisser afirmou: "acredito que as futuras relações entre os estudos ecológicos e os tradicionais sejam provavelmente mais complementares do que antagônicas" (Neisser e Winograd, 1988, p. 215).

Um ano após a publicação de *Über das Gedächtnis*, Ebbinghaus foi indicado como *Professor extraordinarius* na Universität Berlin. Ele estava chegando ao topo da vida acadêmica na Alemanha, mas, paradoxalmente, embora tivesse prometido mais pesquisas acerca da memória em seu livro, decidiu não continuar com esse trabalho. Talvez, como Roediger (1985) sugeriu, Ebbinghaus se desconcentrasse com as obrigações administrativas, a edição da revista e a escrita de livros. Uma razão adicional deve ter sido que a Universität Berlin era o lar de Hermann von Helmholtz, a maior autoridade do mundo em fisiologia sensorial (Capítulo 3). Seguindo o exemplo de Helmholtz, Ebbinghaus interessou-se por fisiologia sensorial, sensação e percepção. Em 1890, Ebbinghaus e Arthur Konig fundaram o *Zeitschrift für Psychologie und Physiologie der Sinnesorgane* (revista de psicologia e fisiologia dos órgãos dos sentidos). Ebbinghaus editou a revista e, em todo caso, foi justo e tolerante para com outras visões diferentes da sua. Em 1893, ele publicou uma teoria da visão das cores, mas suas contribuições para a fisiologia sensorial não foram avaliadas como da mais alta qualidade, portanto ele não foi considerado na promoção para uma cadeira em Berlim. Ebbinghaus se transferiu para a Universität Breslau em 1894 e lá permaneceu até 1905, quando passou a integrar o quadro da Universität Halle.

Ebbinghaus Enfrenta um Problema Aplicado

Em julho de 1895, as autoridades municipais de Breslau escreveram uma carta para a Seção de Higiene da Sociedade Silesiana para a Cultura Nacional, solicitando uma justificativa para o modo como a escola alemã estava organizada. As crianças tinham, na escola, uma única sessão ininterrupta das 8h00 às 13h00. Seu cansaço e irritabilidade nervosa pareciam aumentar no decorrer do dia, o que levou as autoridades a quererem saber se um arranjo diferente na escola não seria melhor – talvez sessões matutinas e vespertinas com um intervalo ao meio-dia. A sociedade indicou um comitê para investigar essa questão e fazer recomendações. O comitê viu a necessidade de uma medida objetiva para as mudanças da capacidade mental de uma criança no decorrer do dia. H. Griesbach, um fisiologista alemão, propôs que limiares diferenciais fossem utilizados para medir o cansaço mental. Ele acreditava que esse cansaço podia comprometer a capacidade de uma criança para distinguir entre dois pontos de estimulação na pele e propôs que essa medida psicofísica fosse utilizada para se avaliar as mudanças na capacidade mental das crianças.

Griesbach mediu limiares diferenciais quando as crianças entravam na escola pela manhã e no final de cada hora de aula. Como procedimento de controle, ele também as testou nos dias livres, quando estavam em casa. Griesbach descobriu um considerável embotamento da sensibilidade que chegava ao seu máximo por volta da terceira hora do dia na escola, o que o levou a recomendar que o dia fosse dividido em dois segmentos mais curtos. O comitê, composto na maioria de médicos, ficou impressionado com as pesquisas de Griesbach, mas Ebbinghaus, que não era membro do comitê, foi menos favorável. Ele admitia que o teste havia sido bem-feito,

> ## Sir Frederick Bartlett e a Guerra dos Fantasmas
>
> Em 1932, Frederick Bartlett publicou *Remembering: A Study in Experimental and Social Psychology* [Lembrança: Um Estudo em Psicologia Experimental e Social], que Roediger descreveu como "o segundo maior livro a respeito da memória, depois de *On Memory* de Ebbinghaus" (Roediger, 1997, p. 488). Embora reconhecesse os "métodos exatos" de Ebbinghaus, Bartlett evitou aquilo que considerava a artificialidade das sílabas sem sentido. Suas pesquisas sobre memória não eram experimentos formais com variáveis independentes e dependentes, mas demonstrações controladas. Seus resultados são relatados como narrativas, e Bartlett é inflexível ao dizer que "neste livro não haverá qualquer tipo de estatística" (Bartlett, 1932, p. 9). Nas demonstrações mais freqüentemente citadas de Bartlett, os alunos do Laboratório de Psicologia Experimental da Universität Cambridge liam duas vezes a seguinte história:
>
> ### A GUERRA DOS FANTASMAS
>
> Uma noite, dois homens de Egulac desceram o rio para caçar focas e, enquanto eles estavam lá, o tempo ficou nebuloso e calmo. Então, eles ouviram gritos de guerra e pensaram: "talvez seja alguma comemoração de guerra". Os dois homens escaparam para a praia e se esconderam atrás de um tronco. Naquele momento, canoas subiam o rio e eles ouviram o barulho de remos, e viram que uma canoa vinha na direção deles. Nela havia cinco homens, que disseram:
> "O que vocês acham? Queremos levá-los conosco. Vocês vão subir o rio para guerrear contra os povos."
> Um dos jovens disse: "Eu não tenho flechas".
> "Há flechas na canoa", eles responderam.
> "Eu não vou. Posso ser morto. Meus pais não sabem onde estou".
>
> Então, um dos jovens foi, mas o outro voltou para casa. E os guerreiros continuaram subindo o rio até chegar a uma cidade do outro lado de Kalama. As pessoas desceram até a água, e começaram a lutar, e muitas foram mortas. Mas, em certo momento, o jovem ouviu um dos guerreiros gritar: "Rápido, vamos para casa: aquele índio foi atingido". Então ele pensou: "Oh, eles são fantasmas". O jovem não se sentiu mal, mas eles disseram que ele havia levado um tiro.
> Então, as canoas voltaram para Egulac, e o jovem foi para a praia onde ficava sua casa e acendeu uma fogueira. Ele contou a história a todos e disse: "Vejam só, eu acompanhei os fantasmas e fomos lutar. Muitos de nossos companheiros foram mortos e muitos daqueles que nos atacaram também. Eles disseram que fui atingido, mas não senti nada."
> O jovem contou tudo e depois calou-se. Quando o sol se levantou, ele caiu. Algo negro saiu de sua boca. Seu rosto contorceu-se. As pessoas pularam e gritaram. Ele estava morto.[6] (Bartlett, 1932, p. 65)
>
> Os alunos então reproduziram essa história depois de 15 minutos e sucessivamente a cada dois meses durante dois anos e seis meses.[7] Reproduções sucessivas mostraram histórias mais organizadas e racionais, com alguns detalhes omitidos e outros acrescentados. Temas, ou aquilo que Bartlett denominou *esquemas*,
>
> ---
> [6] Bartlett adaptou uma tradução de Franz Boas de um conto folclórico indígena norte-americano. Ele omitiu um detalhe evidente. Na tradução de Boas, no clímax da história, "algo negro saiu de sua boca e saiu sangue de seu ânus". Bartlett aparentemente sentiu que esse detalhe seria ofensivo e, portanto, omitiu-o (Roediger, 1996).
> [7] Como era comum nas demonstrações de Bartlett, os procedimentos não eram cuidadosamente controlados. Os intervalos de tempo variavam e nem todos os alunos eram testados.

mas argumentava que o seu procedimento não era adequado ao propósito – aquilo que hoje é conhecido como *validade de conteúdo* de um teste psicológico. Ebbinghaus propôs o uso de medidas exclusivamente psicológicas, e não psicofísicas, dos processos mentais de declínio de atenção e aumento de fadiga. O comitê aceitou as críticas de Ebbinghaus e encarregou-o de conceber vários testes. Ele aceitou a incumbência, mas logo ficou preocupado com a questão mais geral da natureza da inteligência.

> ### Sir Frederick Bartlett e a Guerra dos Fantasmas (Continuação)
>
> eram mantidos quando os intervalos entre as reproduções eram curtos; quando os intervalos eram mais longos, os esquemas freqüentemente mudavam. A seguinte reprodução, feita após quatro meses, ilustra as mudanças que Bartlett registrou:
>
> Dois jovens desceram o rio para caçar focas. Eles estavam escondidos atrás de uma pedra quando um barco com alguns guerreiros chegou até eles. Os guerreiros, porém, disseram que eram amigos e os convidaram para ajudá-los a encontrar um inimigo rio acima. O mais velho disse que não podia ir porque seus parentes ficariam ansiosos se ele não voltasse para casa.
>
> Então, o mais jovem foi com os guerreiros no barco.
>
> À noite, ele voltou e disse aos seus amigos que tinha lutado em uma grande batalha e que muitos haviam sido assassinados dos dois lados.
>
> Depois de acender uma fogueira, ele foi dormir. De manhã, quando o sol nasceu, ele se sentiu mal e seus vizinhos foram vê-lo. Ele lhes contou que havia sido ferido na batalha, mas que não tinha sentido dor no momento. Mas logo ele piorou. O jovem se contorceu, gritou e caiu morto no chão. Uma coisa preta saiu de sua boca.
>
> Os vizinhos disseram que ele devia ter estado em guerra com fantasmas (Bartlett, 1932, p. 75).
>
> Dois anos e meio depois, a reprodução foi ainda mais abreviada, mas o *esquema* foi mantido:
>
> Alguns guerreiros foram combater na guerra contra os fantasmas. Eles lutaram o dia todo e alguns deles foram feridos. Eles voltaram para casa à noite, carregando o seu companheiro ferido. Quando o dia chegou ao fim, ele piorou rapidamente e os aldeões reuniram-se à sua volta. Quando o sol se pôs, ele suspirou; algo negro saiu de sua boca. Ele estava morto (Bartlett, 1932, p. 75).
>
> No Método da Reprodução Repetida de Bartlett, foi criada uma cadeia de reproduções: o aluno A lê a história, depois a repete para B, que a repete para C, e assim sucessivamente. Mudanças semelhantes na memória foram observadas.
>
> Bartlett também usou materiais visuais em suas demonstrações. Em um resultado citado com freqüência, uma representação do *mulak* egípcio, figura parecida com uma coruja, altera-se em uma série de reproduções até tornar-se um gato (Bartlett, 1932, p. 180). Os resultados dessas demonstrações apoiaram a visão de Bartlett de que a memória é ativa, construtiva e individual. Ele concluiu: "se existe uma coisa na qual insisti mais do que em qualquer outra, em todas as discussões que aparecem neste livro, é que a descrição das lembranças como 'fixas e sem vida' nada mais é do que uma ficção desagradável" (Bartlett, 1932, p. 311). Admitindo as críticas das demonstrações de Bartlett por sua informalidade e falta de análise estatística dos resultados, e de seu livro, que raramente se refere a pesquisas anteriores sobre a memória, exceto para descartá-las, Roediger, no entanto, conclui:
>
> Apesar dessas possíveis críticas, o grande livro de Bartlett é um dos marcos permanentes da psicologia da memória. Suas realizações vão além de quaisquer falhas; ele poderia retrucar que é melhor estar certo do que ser preciso (Roediger, 1997, p. 492).
>
> Por suas contribuições à psicologia, Bartlett foi consagrado como *Sir* Frederick.
>
> *Fonte*: Reimpresso com permissão da Cambridge University Press. *Remembering: A Study in Experimental and Social Psychology*. Bartlett, F. C., excertos das páginas 9, 65 e 75.

Ebbinghaus via a inteligência como a capacidade geral de combinar informações, perceber relações e associações e chegar a conclusões corretas. Essa capacidade, acreditava ele, é o que distingue a pessoa excepcional em qualquer área, seja um médico que deve fazer um diagnóstico baseado em informações incompletas, seja um general que, na neblina e no terror da batalha, deve tomar decisões táticas com base em informações incertas e, às vezes, conflitantes. Ebbinghaus criou testes de analogia e completação para detectar esse tipo de capacidade de raciocínio.

Para sair-se bem nos testes de analogia, uma criança tinha de reconhecer a regra para completar a seguinte analogia:

Julho está para maio assim como sábado está para _____.

Os testes de completação implicavam levar uma criança a completar um trecho ou frase:

Coisas grandes são mais pesadas que coisas _____.

_____ são sempre mais jovens do que seus pais.

A adequação de cada completação era julgada, assim como a rapidez com que a criança fazia. Mais tarde, testes de completação como os criados por Ebbinghaus foram utilizados por Alfred Binet (Capítulo 11) quando ele desenvolveu seu primeiro teste de inteligência. Além dos dois testes de raciocínio geral, Ebbinghaus utilizou testes para medir a capacidade da criança para aritmética básica.

Ebbinghaus aplicou seus testes em crianças da escola de Breslau e comparou os pontos obtidos nos testes com os registros acadêmicos e a reputação dessas crianças. Seus testes de completação diferenciavam melhor as crianças com boas notas, notas médias e notas ruins. Ebbinghaus acreditava que esse teste media uma função combinatória fundamental para a inteligência. Embora ele tenha progredido no entendimento e na mensuração da inteligência, a questão original de como o dia escolar deveria ser organizado perdeu-se de algum modo. Hoje, muitas escolas alemãs ainda operam das 8 às 13 horas.

Ebbinghaus em Perspectiva

Ebbinghaus foi um inovador e um pioneiro; mas, diferentemente de Wundt, ele não teve seguidores e não fundou uma escola de psicologia. Sua influência na psicologia deriva de sua impressionante pesquisa experimental sobre a memória, seu trabalho pioneiro com a mensuração da inteligência e seus textos. Seus *Grundzüge* [Fundamentos] e *Abriss der Psychologie* [Sumário de Psicologia], publicados em 1902 e 1905, respectivamente, foram utilizados como textos de psicologia em todo o mundo. Quando se folheiam as edições originais desses livros, eles parecem ser formidáveis e intimidantes, mas uma inspeção mais cuidadosa mostra que Ebbinghaus tinha um estilo de prosa claro e preciso. A frase de abertura de *Abriss* (Ebbinghaus, 1910, p. 9), "A psicologia tem um longo passado, mas uma curta história", é uma descrição que deixou perplexos e fascinados muitos psicólogos interessados na história de sua ciência.

No ano de 1909, Ebbinghaus morreu subitamente de pneumonia aos 59 anos. Em um texto escrito como homenagem póstuma, Robert Woodworth (Capítulo 10) afirma: "a morte súbita do Dr. Ebbinghaus, professor de filosofia em Halle, é sentida como uma grande perda em todo o mundo, pois poucos psicólogos obtiveram uma reputação e uma simpatia tão internacionais" (Woodworth, 1909, p. 253). Em uma palestra oferecida em setembro e 1909, na Clark Conference (Capítulo 9), Titchener expressou seus sentimentos com emoção:

> Entretanto, à medida que me aproximo do assunto desta palestra, o que predomina em minha mente é um sentido de perda irreparável. Quando o telégrafo trouxe a crua notícia, em fevereiro último, de que Ebbinghaus estava morto, apenas um mês após a comemoração de seu 59º aniversário, o sentimento que prevaleceu até mesmo sobre a dor pessoal foi a indagação do que a psicologia experimental será sem ele. (Titchener, 1910, p. 404-405)

Titchener descreveu a morte de Ebbinghaus como uma "perda atroz" e previu que as obras de Ebbinghaus poderiam revelar-se tão importantes como as de Wundt. De Titchener, esse era o maior elogio possível, e suas palavras foram premonitórias. Os experimentos de Ebbinghaus sobre a memória têm um lugar seguro entre as mais importantes contribuições à psicologia.

FRANZ BRENTANO (1838-1917)

Franz Brentano nasceu em 1838 na cidade de Marienburg, no Reno alemão. Ele vinha de uma família de literatos ilustres, e seu pai era um escritor com livros publicados (Puglisi, 1924). O pai de Brentano faleceu quando ele tinha 13 anos, então ele foi criado pela mãe, uma senhora religiosa e culta, cuja ambição era que seu filho fosse ordenado padre católico. Brentano primeiro entrou na Universität Berlin, onde estudou filosofia, especialmente as obras de Aristóteles. Esses estudos provocaram uma duradoura impressão em Brentano, e em toda a sua vida ele buscou os ensinamentos dos filósofos ao considerar os assuntos de psicologia. Em 1856, ele se transferiu para a Universität München, onde foi influenciado por Johann Joseph Ignaz von Döllinger (1799-1890). Döllinger, reconhecido como um grande professor e um ilustre historiador e teólogo da igreja católica, orientou Brentano nos ensinamentos de São Tomás de Aquino. Encorajado pela mãe e inspirado pelo exemplo de Döllinger, Brentano decidiu estudar para o sacerdócio. Foi ordenado padre dominicano no verão de 1864.

Em 1866, Brentano aceitou o cargo de conferencista na Universität Würzburg, ao mesmo tempo em que continuava a viver uma vida monástica com seus irmãos dominicanos. Mas essa vida terminou quando ele publicou uma crítica acadêmica da doutrina da infalibilidade papal. Ele concluiu que, com base nas provas históricas, era impossível aceitar essa doutrina (Puglisi, 1924, p. 415). Em 1870, quando o Conselho do Vaticano reafirmou a infalibilidade papal como artigo de fé, Brentano lutou para resolver esse conflito entre a fé e a razão. Em 1872, ele deixou a ordem dominicana e demitiu-se de seu cargo acadêmico.

Contribuição de Brentano para a Psicologia

Brentano utilizou o tempo de seu intervalo forçado da vida acadêmica para escrever *Psychology from an Empirical Standpoint* [A Psicologia de um Ponto de Vista Empírico]. O sucesso do livro garantiu sua indicação como leigo para o corpo docente da Universität Wien. Brentano passou seis anos como *Professor ordinarius* em Viena. A psicologia que Brentano esboçou pretendia ser empírica por basear-se na experiência. Brentano esperava usar a experiência para construir um núcleo de verdades aceitas por todos. Sua abordagem parece ser semelhante à de seu rival, Wundt, mas com importantes distinções. Primeiro, para Brentano, a verdade e a aceitabilidade de sua psicologia tinham de ser determinadas por um exame lógico e cuidadoso. As experiências, que fornecem a base empírica da psicologia, tinham de ser analisadas de acordo com as regras e os princípios da lógica antes de poderem ser utilizadas para estabelecer o conhecimento da psicologia. A psicologia indutiva de Wundt, por sua vez, conferia uma importância central aos resultados experimentais.

Uma segunda distinção importante entre Wundt e Brentano diz respeito à capacidade de modificação de seus respectivos sistemas. Como as observações empíricas nas quais a psicologia de Brentano se baseava não mudavam e como as regras da lógica são fixas, Brentano não esperava que sua psicologia mudasse muito com o tempo. Ela era fixa em relação à psicologia de Wundt. Conseqüentemente, não causa estranheza o fato de Brentano ter decidido não escrever os três esboços adicionais da sua posição que havia originalmente planejado para depois do seu primeiro livro. Em 1874, sua psicologia estava completa. Em contraste, o prolífico Wundt constantemente revisava e expandia seus livros à medida que novas descobertas experimentais se tornavam disponíveis.

Em terceiro lugar, a psicologia de Brentano é uma *psicologia do ato*. Em vez de estudar os produtos de nossas ações mentais, ele propôs que os psicólogos deveriam estudar as próprias ações e processos mentais. As três classes fundamentais de atos mentais que Brentano propôs incluíam a ideação, o julgamento e o amor *versus* o ódio. Segundo sua análise, os atos mentais podem incluir, como seus objetos, sensações passadas, que tornam possível ter uma idéia de um objeto quando ele não está presente. A mente emprega aquilo que Brentano denominou *imaginação*, ou aquilo que Locke havia denominado *reflexão*. Do mesmo modo, é possível sentir uma emoção quando o objeto dessa emoção não está presente. No sistema de Brentano, um ato mental pode ter, como seu objeto, outro ato mental. Temos idéias a respeito de idéias, julgamentos de julgamentos e sentimentos em relação a sentimentos. Finalmente, os atos mentais podem misturar-se; um ato mental pode ter como seu objeto um ato mental de outro tipo. Quando ouvimos um som harmonioso ou vemos uma bela paisagem, sentimos prazer. O prazer, segundo Brentano, resulta dos atos mentais de ver e ouvir, e não das sensações em si.

Uma quarta distinção importante entre as psicologias de Wundt e de Brentano diz respeito à metodologia. A psicologia de Brentano não incluía a introspecção, método que ele rotulava como "observação interior". Brentano acreditava que, embora sejamos capazes de observar objetos externos, é impossível fazer observações internas da nossa própria consciência. Ele apontou para o fato de que, no calor da raiva ou nos espasmos do terror, não conseguimos observar essas emoções. Se tentamos fazê-lo, o próprio ato de observar as mudanças diminui essas emoções, ou até mesmo as destrói. Como prova adicional de que a introspecção não é um método adequado para a psicologia, Brentano citou as descrições de Wundt a respeito do longo e árduo programa de treinamento necessário para que um psicólogo se qualificasse para a introspecção; a dificuldade dessas auto-observações, e as condições rigidamente controladas, nada naturais, sob as quais a introspecção tem de ser feita. Brentano perguntou por que essas precauções e esses procedimentos extremos são necessários se as observações interiores são tão naturais como as exteriores. Com simpatia e humor, ele descreveu as dificuldades dos alunos para tentar aquilo que ele considerava o impossível:

> Conheço exemplos de jovens que desejavam dedicar-se ao estudo da psicologia e que, nos limiares da ciência, começaram a duvidar da própria capacidade. Haviam-lhes dito que a observação interior é a principal fonte de conhecimento psicológico e eles fizeram constantes tentativas nesse sentido. Mas todos esses esforços foram em vão; tudo o que eles conseguiram com seu esforço foi um enxame de idéias confusas e dor de cabeça. Por isso, eles chegaram à conclusão de que não tinham capacidade de auto-observação, o que é bem certo. Mas, na base dessa noção que lhes havia sido comunicada, eles acharam que isso significava que não tinham talento para a pesquisa em psicologia. (Brentano, 1874/1973, p. 30)

Se rejeitamos a introspecção, que métodos a psicologia pode utilizar para observar os fenômenos mentais? Brentano sugeriu que os atos mentais podem ser observados na lembrança e, portanto, podem ser estudados "calma e empiricamente". Podemos nos lembrar, por exemplo, da última vez em que ficamos com raiva e, portanto, observar os fenômenos mentais envolvidos nessa emoção. Como segundo método psicológico, Brentano propôs a imaginação. É possível fazer surgir intencionalmente vários fenômenos mentais para estudo. Além desses dois métodos, Brentano sugeriu estudos a respeito da vida mental dos animais e das crianças, assim como o exame da vida mental desordenada dos idiotas e dos insanos. Essas sugestões anteciparam as preocupações dos psicólogos adeptos da Psicologia Comparada, da Psicologia do Desenvolvimento e dos psicólogos clínicos que surgiram posteriormente.

Brentano em Perspectiva

Quase 20 anos se passaram entre a publicação da *Psychology* de Brentano e a de suas próximas obras de psicologia. Foram anos nos quais ele teve problemas de saúde, perda progressiva da visão e dificuldades pessoais depois de ter-se casado, em 1880. Os ex-padres eram proibidos de casar-se na Áustria; como reprimenda a seu casamento, Brentano foi forçado a aceitar um cargo de menor importância na Universität Wien. Em 1895, após a morte da esposa, ele demitiu-se do corpo docente dessa universidade e mudou-se para Florença. No mesmo ano, publicou três artigos de psicologia sobre as ilusões de óptica e, em 1896, participou do III Congresso Internacional de Psicologia, durante o qual apresentou um trabalho a respeito de sua doutrina da sensação. Naquela época, seus interesses estavam se tornando mais filosóficos, embora ele tenha participado do IV Congresso Internacional de Psicologia em 1905, com um trabalho sobre as características psicológicas dos sons. Quando a Itália entrou na Primeira Guerra Mundial em 1917, Brentano, que era um pacifista confesso, foi obrigado a mudar-se para a neutra Suíça. Ele morreu em Zurique, em 1917.

Como vimos, uma das razões pelas quais Brentano não é tão famoso como Wundt ou Ebbinghaus talvez seja o fato de ele não ter sido um escritor prolífico. A bibliografia de toda a sua vida consiste em apenas 38 obras, das quais apenas oito tratavam de assuntos de psicologia. Ele sempre considerou a *Psychology* o seu principal manifesto e, 40 anos após sua publicação, ainda trabalhava em uma segunda edição, que finalmente foi editada após sua morte, em 1924 (Kraus, 1924). A importância de Brentano para a história da psicologia reside não no número de suas obras publicadas nem em sua pesquisa experimental, pois ele fez muito pouco, mas em sua formulação de uma abordagem rival contemporânea à de Wundt. Sua psicologia dos *atos mentais* foi uma importante predecessora histórica das *psicologias funcionais* norte-americanas que apresentaremos no Capítulo 10. Brentano também treinou dois importantes alunos: Christian von Ehrenfels, cujo conceito da qualidade da forma (*Gesltaltqualität*) influenciou os psicólogos gestaltistas (Capítulo 7) e Carl Stumpf.

CARL STUMPF (1848–1936)

Carl Stumpf nasceu em Wiesentheid na Franconia, atualmente, Bavária, no sul da Alemanha, na Sexta-Feira Santa de 1848 e morreu no Natal de 1936. O pai de Stumpf era o médico da corte no país, e seus parentes diretos incluíam cientistas e acadêmicos. Quando menino, Stumpf demonstrou precoce talento musical: aprendeu violino aos sete anos e cinco outros instrumentos aos 10 anos, com habilidade suficiente para tocar em público. Aos 10 anos, Stumpf compôs e publicou um oratório para três vozes masculinas e, em toda a sua vida, compôs e tocou obras musicais (Ruckmick, 1937, p. 189). Na vida adulta, Stumpf se movimentava com o mesmo conforto no mundo acadêmico da psicologia e no mundo artístico da música e dos músicos. Na Universität Berlin, ele deu muito valor à sua associação com o grande fisiologista das sensações, Hermann von Helmholtz, assim como à sua amizade com o famoso violinista Joseph Joachim, que era amigo de Mendelssohn, Brahms e Schumann. Mais tarde, essa experiência com a música forneceu a Stumpf um quadro de referências para avaliar a pesquisa psicológica a respeito da percepção auditiva e especialmente da estética musical. Ela também provocou disputas com Wundt, que era orientado para a experimentação e que teve seus métodos chamados de "repelentes" por Stumpf. Wundt teve seu nome considerado tabu no Instituto de Psicologia de Berlim, de Stumpf.

Quando menino, Stumpf freqüentou aulas no *Gymnasium* antes de ingressar, aos 17 anos, na Universität Würzburg. Ele estudou estética durante um semestre e Direito durante outro semestre, este último curso a fim de preparar-se para uma carreira que lhe permitisse ganhar dinheiro, já que não podia considerar-se suficientemente talentoso para ser músico profissional. No terceiro semestre em Würzburg, ele encontrou Franz Brentano, o homem que mudaria sua vida. Brentano ensinou Stumpf, que era orientado para a arte, a pensar lógica e empiricamente. Depois de dois semestres, Brentano encorajou-o a transferir-se para a Universität Göttingen a fim de que completasse seus estudos com Rudolph Hermann Lotze (1817–1881), um teórico da percepção alemão. Embora Stumpf estudasse sob a orientação de Brentano por apenas três semestres, em toda a sua vida ele reconheceu sua dívida para com Brentano e considerou-o seu mestre. Depois de receber seu diploma em Lotze, em 1868, Stumpf voltou a Würzburg com o objetivo de preparar-se para ser padre católico. Em 1869, ingressou no seminário e estudou teologia, dando especial atenção às obras de Santo Tomás de Aquino. Quase imediatamente, a crise sobre a infalibilidade papal fez que ele abandonasse a batina preta dos seminaristas. Porém, diferentemente de Brentano, ele não deixou a Igreja e permaneceu católico praticante até 1921.

Início da Vida Acadêmica de Stumpf

Lotze deu as boas-vindas à decisão de Stumpf de deixar o seminário e providenciou para que ele voltasse a Göttingen como instrutor do Departamento de Filosofia. Lá, Stumpf encontrou Weber e Fechner, e teve a honra de servir como observador dos experimentos de ambos na área da psicologia. Weber demonstrou o mapeamento dos sentidos no braço de Stumpf e testou-o como sujeito de um experimento que envolvia a estimativa da magnitude sensorial. Naquela época, Fechner estava pesquisando o apelo visual dos retângulos com diferentes proporções. Como vimos no Capítulo 1, Pitágoras e seus seguidores acreditavam que a beleza reside em proporções simples: uma corda de alaúde dividida em 2, 4 e 8 partes exatas, e assim sucessivamente, produz notas harmoniosas; quando dividida em outros lugares, as notas são discordantes. Princípios semelhantes foram adotados para ditar outras experiências estéticas. Por isso, acreditava-se que os retângulos que tinham proporções simples da largura ao comprimento – 1:2, 2:3, 3:4, por exemplo – seriam os mais atraentes aos olhos do observador. Fechner construiu 10 retângulos com diferentes proporções da largura ao comprimento e pediu a vários observadores, inclusive a Stumpf, para escolher os "melhores" e os "piores". Os retângulos escolhidos como "melhores" pelo maior número de observadores tinham uma proporção de 0,62. Essa proporção modal cai entre 3:5 e 5:8, e não é uma proporção simples. Ela acabou sendo conhecida como a "seção áurea", ou seja, a proporção da largura do retângulo em relação ao comprimento que mais agrada o olhar. Essa abordagem cuidadosa de um problema de estética atraiu o jovem Stumpf e reforçou a lição que ele havia aprendido de Brentano, de que os atos ou funções psicológicos podem ser estudados empiricamente.

Em 1873, aos 25 anos, Stumpf voltou à Universität Würzburg, dessa vez como professor do Departamento de Filosofia. Sua volta ao lar, porém, não ocorreu sem problemas. Depois de chegar a Würzburg, Stumpf descobriu que ele *era* o Departamento de Filosofia. Com a partida forçada de Brentano, o departamento estava em uma situação difícil e Stumpf tinha de ministrar *todos* os cursos de filosofia e psicologia. Mesmo assim, durante seu primeiro ano em Würzburg, ele conseguiu completar sua principal obra de psicologia, um exame da percepção visual, especialmente da percepção de profundidade.

Stumpf propôs uma explicação *inatista* da percepção de profundidade, em contraste com as teorias empíricas de Berkeley, Helmholtz, Wundt e de seu professor, Lotze. Esses empiristas consideravam que a percepção da profundidade era uma habilidade adquirida com a experiência. Stumpf admitiu os argumentos que eles propunham, mas desenvolveu contra-argumentos em favor de

Carl Stumpf.
(Arquivo de História da Psicologia Norte-Americana)

sua posição inatista. Ele aceitava o fato de que os músculos e outras sensações associadas com os movimentos oculares, que Lotze havia chamado "sinais locais", contribuíam para a percepção da profundidade, mas, ao contrário de Lotze, achava que eles tinham importância secundária. Stumpf enfatizou, depois de tudo, que eles eram apenas locais e que algo mais devia estar envolvido. O "algo mais" era a ação interpretativa de um centro mais alto do cérebro. Além disso, Stumpf considerou o ato cognitivo da interpretação uma função inata. Ele comparou os sinais locais a endereços postais: eles são importantes, mas as cartas não são entregues se o carteiro não conhece o caminho. A concepção de Stumpf sobre percepção de profundidade comparou-se à visão de Emmanuel Kant sobre o caráter *a priori* do espaço. O livro de Stumpf foi citado como testemunho de seu jovem brilhantismo (Langfeld, 1937, p. 319) e como uma excepcional contribuição precoce ao debate entre as perspectivas *inatista* e *empirista*, debate esse que continua até os nossos dias (Gibson, 1977).

Stumpf Obtém Proeminência Acadêmica

Em 1875, Stumpf iniciou sua monumental *Tonpsychologie* (Psicologia dos Tons), obra freqüentemente considerada sua maior contribuição à psicologia. Ele seguiu a pista de Brentano e estabeleceu uma distinção entre os fenômenos e as funções mentais. Stumpf sugeriu que fenômenos como os sons, as cores e as imagens, ou são sensoriais, ou são imaginários. O estudo desses fenômenos foi por ele denominado *fenomenologia*; seu maciço *Tonpsychologie* era uma fenomenologia dos sons. A segunda classe mais importante de experiências psicológicas incluía ver, ouvir, perceber e pensar – os atos cognitivos de Brentano. Os estudos dos fenômenos sensoriais e imaginais eram, para Stumpf, "preparatórios" para a verdadeira tarefa da psicologia – o estudo dos atos ou funções psicológicas. Mas aqui encontramos um paradoxo, já que Stumpf dedicou sua vida para estudar esses fenômenos preparatórios, embora sempre se tenha considerado um psicólogo. Ao aceitar suas próprias distinções, ele era, de fato, um fenomenólogo. Independentemente de seu rótulo acadêmico, Stumpf realizou uma ampla gama de estudos das características fenomenológicas dos sons de diferentes instrumentos, dos determinantes da melodia, da fusão tonal e da consonância e dissonância dos sons. Ele também pesquisou a atenção, a análise e a comparação auditiva e estudou vários sujeitos experimentais extremamente não-afeiçoados à música, comparando suas observações e percepções a respeito da música com as de pessoas afeiçoadas a ela. Essas pesquisas foram monumentais e continuaram até o fim de sua carreira.

Em 1879, como resultado de sua obra, Stumpf foi convidado para a Universität Pratät. O primeiro volume de seu *Tonpsychologie* [Psicologia dos Tons] surgiu em 1883. Um ano depois, ele se mudou para a Universität Halle onde permaneceu até 1889, quando foi convidado para a Universität München. Finalmente, em 1894, a peregrinação acadêmica de Stumpf terminou, com sua indicação para o cargo de maior prestígio na filosofia alemã, a cadeira de filosofia da Universität Berlin. Berlim era a capital da Alemanha, o lar do *kaiser* e de sua corte, e sua universidade era uma das melhores da Europa.

De nossa perspectiva do início do século XXI, podemos indagar por que Stumpf foi indicado e não Wundt ou Ebbinghaus. Afinal, em 1894, Wundt estava bem-estabelecido como o líder da nova psicologia alemã do conteúdo mental; ele havia publicado extensivamente e havia fundado o principal laboratório de psicologia do mundo em Leipzig. A pesquisa de Ebbinghaus sobre a memória havia sido amplamente aclamada, e ele também fazia parte da Universität Berlin naquela época. Talvez ele fosse considerado demasiadamente júnior para uma cadeira em Berlim. Além disso, Ebbinghaus pode ter prejudicado sua oportunidade de obter a cadeira com as críticas que fez ao eminente metodologista de Berlim, Wilhelm Dilthey, um cético quanto à nova psicologia experimental e que acreditava que ela nunca seria uma verdadeira ciência. Ebbinghaus caracterizava Dilthey como alguém que tinha uma concepção antiquada da ciência.

Em Berlim, Stumpf também teve uma função adjunta como diretor do Instituto de Psicologia Experimental. O Instituto, iniciado por Ebbinghaus, ocupava apenas três aposentos escuros na época em que Stumpf havia sido indicado. Sob sua liderança, ele se expandiu em 1900 e ocupou o último andar de um prédio de apartamentos em Berlim, e, em 1920, mudou-se para 25 salas no antigo Palácio Imperial. Uma das grandes atrações da Universität Berlin era a sua proximidade em relação ao *kaiser*. O Instituto de Psicologia de Stumpf ocupava parte da antiga residência do *kaiser*, um local espetacular, adequado à concepção que Stumpf tinha da psicologia como uma respeitável ciência experimental.

Especialmente nos anos anteriores à Primeira Guerra Mundial, Stumpf ocupou um cargo de grande poder e influência. Ele organizou setores dentro do Instituto, dedicados a propósitos medicinais, musicais e militares, além do setor de pesquisa básica. Em 1896, encarregou-se dos preparativos do III Congresso Internacional de Psicologia, que ocorria em Munique. Stumpf presidiu ao Congresso e fez o discurso inaugural a respeito da relação entre a mente e o corpo. Ele defendeu uma posição interacionista, que contrastou com o paralelismo psicofísico mantido, na época, pela maioria dos psicólogos fisiologistas do século XIX, incluindo Wundt. Em 1899, Stumpf apresentou, pela primeira vez, sua teoria cognitivo-avaliativa da emoção como alternativa à teoria de James-Lange (Capítulo 9). Reisenzein e Schönpflug (1992) descrevem a teoria de Stumpf como uma precursora direta das teorias cognitivas contemporâneas da emoção.

O ano de 1900 foi produtivo para Stumpf. Ele fundou um arquivo com registros fonográficos de canções, músicas e dialetos nativos de todo o mundo. Missionários, viajantes e diplomatas alemães enviavam gravações para Berlim. Durante a Primeira Guerra Mundial, uma comissão conseguiu fazer gravações da língua, das canções e das músicas de milhares de prisioneiros de guerra que estavam cativos na Alemanha. Além de criar esse arquivo musical, Stumpf e um diretor de escola de Berlim fundaram, em conjunto, em 1900, a Sociedade de Psicologia Infantil. Sua entidade de pesquisa foi fundada apenas um ano após Binet ter organizado a Sociedade Livre para o Estudo Psicológico da Criança, em Paris (Capítulo 11). Ambas as sociedades apoiavam o estudo das crianças, especialmente de sua vida mental. O antigo professor de Stumpf, Brentano, também havia defendido esses estudos. Stumpf fez observações a respeito do desenvolvimento da fala em seus próprios filhos e em outras crianças, e estudou a origem dos medos infantis. Ele enfatizou a importância de se observar diretamente as crianças, em vez de se utilizar questionários, abordagem essa de que G. Stanley Hall havia sido pioneiro nos Estados Unidos e que então estava em moda (Capítulo 9). Finalmente, Stumpf estudou o desenvolvimento musical de várias crianças-prodígio, assim como de crianças com memória fenomenal.

Stumpf foi reitor da Universität Berlin de 1907 a 1908, o que representa um importante reconhecimento para um psicólogo. Aqueles anos foram uma época de turbulência política e inquietação estudantil na Alemanha. Em seu discurso inaugural, ele defendeu uma abordagem rigorosa e observadora para a aquisição do conhecimento. Desacreditou as especulações de ouvir falar e a teorização. "As teorias", disse Stumpf em sua autobiografia (1930), "vêm e vão". Ele citou, como fonte de satisfação em sua própria vida, o fato de que fazia "algumas boas observações". Paradoxalmente, Stumpf nunca realizou experimentos em larga escala. Seu modelo assemelhava-se mais ao de seu professor, Brentano, do que ao de seu adversário, Wundt.

Stumpf Estuda os Fenômenos da Sensação

Em 1903 e 1904, Stumpf envolveu-se em dois episódios famosos de desmistificação. O primeiro referia-se a um engenheiro de Praga que afirmava ter inventado uma máquina capaz de transformar fotografias de ondas sonoras em sons. Todo o corpo docente de Berlim e muitos especialistas famosos assistiram a uma demonstração aparentemente bem-sucedida. Stumpf, no entanto, estava convencido de que a demonstração havia sido fraudulenta e escreveu um artigo sarcástico desafiando a plausibilidade de tal máquina. Ninguém jamais ouviu outra palavra a respeito daquela admirável invenção.

A segunda desmistificação foi mais difícil. O fim do século XIX viu com muito interesse as habilidades mentais dos animais, interesse esse estimulado em grande parte pela *The Descent of Man* [A Descendência do Homem], de Charles Darwin (1871) (Capítulo 9). Como Darwin apresentou o argumento em defesa da conexão da vida mental dos humanos e de outros animais, os pesquisadores ansiosamente procuraram provas de raciocínio e de pensamento nos animais. Com a longa tradição européia de adestramento, cavalos inteligentes eram especialmente populares. O cavalo Muhamed fazia parte dos estábulos de Elberfeld, na Alemanha, e era treinado por seu dono, Karl Krall. Embora vendado, Muhamed era capaz de somar, subtrair, multiplicar, dividir e calcular raízes quadradas, batendo com a pata direita para indicar a resposta correta. Cientistas observadores nunca foram capazes de provar truques ou fraude.

O caso de Clever Hans, o cavalo aparentemente brilhante de Herr von Osten, era ainda mais sensacional. Von Osten era um ex-professor de matemática de primeiro e segundo graus, um diletante de frenologia, meio místico, e um homem que estava convencido de que os cavalos eram capazes de "fala interior" e, portanto, de resolver questões de matemática. Pelo que tudo indicava, Von Osten obteve sucesso ao treinar Hans para somar, subtrair, multiplicar, dividir, trabalhar com frações e até mesmo dizer as horas e acompanhar o calendário. Por exemplo, Von Osten podia perguntar a Hans: "se o oitavo dia do mês é uma terça-feira, qual é a data da sexta-feira subseqüente?" Hans indicava a resposta batendo com o casco e diminuindo a velocidade ao se aproximar do número correto. Hans também conseguia contar objetos ou pessoas. Von Osten podia perguntar: "Hans, quantas pessoas [ou quantos homens, ou quantos guarda-chuvas, ou quantas mulheres] há nesta sala?". Essas perguntas podiam ser feitas oralmente ou impressas em cartões. Von Osten exibiu Hans em toda a Alemanha, nunca cobrando entrada para suas demonstrações, mas atraindo grande interesse do público onde quer que fosse. O próprio *kaiser* Wilhelm observou Hans e uma notícia de primeira página sobre as habilidades matemáticas do cavalo apareceu no *New York Times*. Em seu prefácio para um relatório de pesquisa sobre Hans, o psicólogo norte-americano James Angell (Capítulo 10) resumiu a situação:

> Jamais foi contada uma história mais admirável de credulidade baseada no engano inconsciente e, se ela fosse oferecida como ficção, seria altamente considerada obra da imaginação. Sendo, na

Clever Hans demonstra suas "habilidades matemáticas".
(Karl Kroll, Denkende Tiere, Leipzig, 1912)

realidade, o registro de um fato sóbrio, constitui quase um milagre. Depois de ler a história do Sr. Pfungst, pode-se entender muito bem como a anestesiada e sóbria Alemanha foi lançada durante meses em um tumulto de debates jornalísticos que, pela intensidade e grau de sentimentos, encontra seu único paralelo em uma aquecida campanha política. (Angell, apud Pfungst, 1911, p. v)

Por causa do imenso interesse do público em Hans e em suas façanhas, o Conselho Alemão de Educação designou uma comissão para avaliar as declarações de Von Osten. Stumpf foi solicitado a chefiar a comissão e escolher seus membros. Ele incluiu um gerente de circo, um oficial de cavalaria, um experiente veterinário, vários professores, o diretor do Jardim Zoológico de Berlim e seu assistente, Oskar Heinroth, cujo aluno, Konrad Lorenz, ganharia o Prêmio Nobel de 1973 por seus estudos a respeito do comportamento animal. Essa comissão observou as demonstrações de Von Osten e, em setembro de 1904, emitiu um relatório concluindo que nenhum truque, nenhuma influência intencional ou ajuda do interrogador estavam envolvidos no desempenho de Hans. Eles recomendaram pesquisas adicionais para determinar quão inteligente o cavalo de fato era. Essas pesquisas foram realizadas por um dos assistentes de Stumpf do Instituto de Berlim, Oskar Pfungst (Pfungst, 1911).

Pfungst conseguiu fazer amizade com Von Osten e com Hans, o que não era pouco, já que Von Osten tinha um temperamento tirânico e ficava raivoso quando o cavalo não apresentava um bom desempenho. Hans também era mal-humorado e, às vezes, difícil de se controlar. Quando ficava frustrado, Hans tornava o pátio do estábulo um local inseguro, e Pfungst foi mordido mais de uma vez durante sua investigação. Ele testou Hans quando o interrogador sabia a resposta correta para a pergunta e também quando o interrogador não sabia a resposta correta. Pfungst escolheu um teste aparentemente simples para um cavalo com os talentos de Hans: ele imprimia números em cartões e pedia a Hans para indicar com a pata o número mostrado. Quando Von Osten fazia as perguntas "com conhecimento", 98% das respostas do cavalo eram corretas; quando as fazia "sem conhecimento", apenas 8% delas eram corretas. Claramente, o conhecimento do interrogador era crucial, mas como ele influenciava o comportamento de Hans?

Primeiramente, Pfungst investigou o papel das sugestões visuais. Hans era adornado com viseiras amplas e questionado com o interrogador em pé ou diretamente diante dele, onde Hans pudesse vê-lo, ou de lado, onde o cavalo não pudesse vê-lo. Quando o interrogador ficava de lado, Hans fazia vigorosas tentativas de vê-lo e respondia corretamente às questões apenas 6% das vezes. Quando o interrogador ficava diante de Hans, o cavalo acertava 89% das perguntas. Claramente, ele solicitava uma sugestão visual do interrogador. Com aquilo que Stumpf denominava "olhos aguçados e paciência de ferro" (Stumpf, 1930, p. 407), Pfungst conseguiu discernir que, quando o cavalo recebia um problema, o interrogador se inclinava para a frente para ver a resposta ser fornecida com a pata. Quando a resposta era correta, Pfungst observava que o interrogador fazia um leve movimento das sobrancelhas e da cabeça para cima. Quase todos os interrogadores faziam esse movimento e nenhum deles tinha consciência disso. Uma vez que essa sugestão foi identificada, Pfungst conseguiu extrair todas as respostas que queria simplesmente fazendo esse movimento para cima. Pfungst apresentou essa prova à comissão de Stumpf e, em dezembro de 1904, foi lançado um segundo relatório concluindo que o cavalo havia aprendido a atender a leves mudanças na postura corporal do interrogador enquanto batia com a pata. O caso de Clever Hans mostrou a influência crítica das sugestões e dos movimentos sutis que um observador era capaz de fornecer. Isso alertou os psicólogos para a necessidade de se controlar esses efeitos e ainda é citado nas discussões a respeito da metodologia da psicologia. Von Osten proibiu novos estudos com Hans, afirmando que a pesquisa havia falhado em obter aquilo que ele considerava ser o objetivo dela: corroborar suas declarações e teorias. Ele continuou exibindo Hans e atraindo grandes multidões entusiasmadas.

Os Últimos Anos de Stumpf

O caso de Clever Hans foi uma das investigações mais brilhantes de Stumpf, mas a maior parte de sua carreira acadêmica posterior não consistiu em pesquisas tão sensacionais e interessantes. De fato, seus últimos anos foram tristes. Com o advento da Primeira Guerra Mundial, a maioria dos jovens havia deixado o Instituto de Psicologia Experimental para servir nas forças armadas, portanto ele se tornou um lugar deserto e solitário. A guerra foi uma experiência dolorosa para Stumpf, já que ele tinha muitos amigos psicólogos ingleses, norte-americanos e russos e fora homenageado por sua participação como membro da American Academy of Sciences e do Instituto Nacional de Música de Moscou. A guerra entre sua amada Alemanha e os países aliados interrompeu essas relações profissionais. Para aumentar seu sentimento de perda, ele foi solicitado, pelo governo alemão, a organizar os psicólogos para apoiar o esforço de guerra. Parece que seu coração não estava nessa tarefa, e ele admitiu que seu trabalho teve pouco sucesso.

Stumpf aposentou-se na Universität Berlin em 1921 e foi substituído, como diretor do Instituto de Psicologia, por seu antigo aluno, Wolfgang Köhler (Capítulo 7). Os últimos 15 anos de sua vida foram uma época de grande tumulto político e social na Alemanha. O *kaiser* estava exilado e o país havia sido assolado pela inflação. Em agosto de 1922, 400 marcos compravam um dólar norte-americano; um ano depois, em agosto de 1923, a taxa de câmbio era de um milhão de marcos para um dólar (Rhodes, 1986, p. 16). Mesmo assim, um dos antigos alunos de Stumpf, Kurt Lewin (Capítulo 7), lembrava que, apesar de seus mais de 80 anos, Stumpf freqüentemente visitava o Instituto de Psicologia de Berlim para ver as máquinas e instrumentos esmerados que ele havia construído (Lewin, 1937, p. 190).

O choque da Primeira Guerra Mundial não apenas criou um sentimento de tristeza, conflito e perda pessoais para Stumpf, mas também pode ter sido uma das razões pelas quais a maior parte de sua obra se perdeu para o pensamento predominante da psicologia sensorial. Stumpf fez potencialmente grandes contribuições para as áreas da percepção auditiva e da estética, mas sua obra não foi elaborada por gerações posteriores de psicólogos, especialmente psicólogos norte-americanos, porque o contato deles com Stumpf e sua obra foi rompido. Essa infeliz situação não afetou apenas Stumpf. As idéias de outros psicólogos alemães, como Külpe e seus alunos, sofreram destino semelhante.

OSWALD KÜLPE (1862-1915)

Oswald Külpe nasceu em 1862 em uma família alemã na província báltica de Latvia. Depois de formar-se no *Gymnasium* local, Külpe entrou para a Universität Leipzig em 1881. Ele se formou em História, mas interessou-se pela psicologia depois de assistir às aulas de Wundt. Ele passou dois semestres em Leipzig e depois, por recomendação de Wundt, transferiu-se para a Universität Göttingen para estudar sob a orientação de Georg Elias Müller (1850-1934). Müller foi o sucessor de Lotze (professor de Stumpf) em Göttingen e ocupou a cadeira de psicologia da universidade por mais de 40 anos.

O professor de Külpe era ardentemente dedicado à nova psicologia experimental. O psicólogo britânico Charles Spearman, que também estudou com Müller, descreveu-o como alguém que tinha "uma visão estreita" e como um homem "que andava com cabrestos" (Spearman, 1930, p. 305). A visão de Müller pode ter sido estreita, mas o resultado de sua pesquisa era amplo. Inicialmente, ele seguiu os passos de Fechner e trabalhou na psicofísica, mas, como Ebbinghaus, acabou voltando-se para o estudo da memória. Müller iniciou a busca da sílaba sem sentido totalmente livre de associação e significado. Ele também desenvolveu procedimentos experimentais adicionais utilizando sílabas sem sentido apresentadas em tambores de memória. Müller apontou para uma fraqueza nos experimentos de Ebbinghaus; Ebbinghaus fazia uma pessoa, freqüentemente ele próprio, atuar ao mesmo tempo como experimentador e sujeito do experimento. Ele havia descoberto esse problema "incômodo" e tinha tomado precauções para evitar aquilo que denominava "a influência secreta de teorias e opiniões". Tanto quanto possível, Ebbinghaus não divulgava o resultado de seus experimentos até que eles estivessem concluídos, e sempre replicava seus resultados. Mas as críticas enérgicas de Müller eram importantes para chamar a atenção dos psicólogos experimentalistas às influências latentes do experimentador. Hoje, os psicólogos prestam muita atenção ao que eles chamam "características de demanda" dos experimentos, ou seja, às percepções que o sujeito tem das expectativas do experimentador. Müller estudou maneiras eficazes de aprender e descreveu os efeitos da interferência – o antigo aprendizado interferindo no novo aprendizado (Müller e Pilzecker, 1900). Ele também relatou experimentos nos quais a memória melhorava muito após um intervalo de dois dias, presumivelmente como resultado do maior tempo disponível para sua consolidação. Em 1897, com outro de seus alunos, Adolph Jost, Müller também descobriu que, quando duas associações têm a mesma força, a repetição fortalece ainda mais a mais nova do que a mais velha, descoberta essa conhecida como *lei de Jost*. Finalmente, Müller estudou a habilidade fenomenal dos "calculadores rápidos", indivíduos capazes de fazer cálculos grandes e volumosos quase instantaneamente. Apesar desse trabalho importante, Müller nunca foi uma figura popular. Ele aparentemente tinha um terrível temperamento e foi, com freqüência, um revisor cruel das obras alheias.

Depois de formar-se em Göttingen, Külpe voltou por pouco tempo para a Rússia, onde era considerado um professor muito bem-vindo. Porém, logo retornou à Alemanha para estudar sob a orientação de Wundt e recebeu seu título de doutor em 1887. James McKeen Cattell (Capítulo 4) havia acabado de deixar Leipzig para ir trabalhar em Cambridge, portanto Wundt indicou Külpe para tomar seu lugar e garantiu a função de Külpe como tutor particular em Leipzig. Külpe foi promovido à categoria de *Professor extraordinarius* em 1894, mas, nesse mesmo ano, mudou-se para a Universität Würzburg. Lá, Külpe e seus alunos realizaram experimentos que desafiaram as premissas fundamentais mantidas por Wundt e especialmente por Titchener. Apesar dessa aparente rivalidade, Külpe mantinha a mais cálida afeição por Wundt, sempre considerando-o seu "professor mestre", e foi ativo na publicação do *Festschrift* (antologia honrosa) de Wundt.

Como o corpo docente precisava de um texto para as palestras cada vez mais populares a respeito de psicologia que estavam sendo oferecidas pelo departamento de psicologia de Leipzig, Wundt encorajou Külpe a escrever um livro que fosse mais claro e mais simples do que o seu *Grundzüge der Psychologie*. O texto de Wundt estava na quarta edição na época, mas era longo, técnico e difícil demais para os alunos. Em resposta à solicitação de Wundt, Külpe publicou, em 1893, uma de suas principais obras, *Grundriss der Psychologie*. Sua tradução para o inglês, realizada por Titchener, intitulada *Outline of Psychology* [Esboço de Psicologia], surgiu em 1895. O livro foi dedicado "ao meu venerado professor, Wilhelm Wundt, com sincera gratidão e afeto". Ironicamente, Wundt achou o texto insatisfatório e, em 1896, publicou o seu próprio *Grundriss der Psychologie*. É sempre difícil para um aluno apresentar o ponto de vista de um professor, mas houve outras razões para a insatisfação de Wundt. O conceito de psicologia de Külpe estava começando a divergir do de Wundt.

Külpe Define uma Psicologia Experimental Geral

Ao formular sua definição de psicologia, Külpe foi influenciado pelas visões positivistas do físico Ernst Mach (1838–1916) e do filósofo Richard Avenarius (1843–1896) (Danziger, 1979). Como *positivistas*, esses filósofos afirmavam que toda a ciência baseia-se na experiência; quando cientistas naturalistas observam e registram eventos naturais, eles o fazem por meio de suas experiências sensoriais. Quando as experiências são estudadas independentemente de um sistema biológico, a ciência é a física; quando são estudadas no contexto do sistema biológico, a ciência é a psicologia. A ênfase dos positivistas era na observação; as concepções mentalistas e as atribuições de entidades mentais deviam ser evitadas. A psicologia devia fornecer descrições objetivas dos eventos mentais. Esses homens aceitaram a possibilidade de uma ciência da psicologia e respeitaram seu *status* como um ramo novo, mas válido e importante, da ciência natural. Külpe tinha por objetivo desenvolver uma psicologia geral positivista que incluiria fenômenos complexos como o pensamento, o julgamento, a lembrança e a dúvida. Apesar do sucesso de Ebbinghaus, ainda era tarefa de Külpe demonstrar que outras funções mentais superiores podiam ser estudadas experimentalmente. A pesquisa de Külpe em Würzburg forneceu essa demonstração e converteu-se em um alicerce para a psicologia cognitiva contemporânea (Humphrey, 1951).

A Pesquisa na Universität Würzburg

Külpe designou um dos prédios medievais da universidade para o seu laboratório, que era apoiado por uma doação particular. Em 1896, o laboratório estava repleto de atividade. Os resultados experimentais relatados por Würzburg desafiariam alguns dos princípios fundamentais da psicologia de Wundt e estabeleceriam uma abordagem rival para a ciência da psicologia. Aquilo que veio a ser conhecido como a "escola de Würzburg" teve seu início formal em 1901, com um artigo de dois alunos de Külpe, August Mayer (1874–1951) e Johannes Orth (1872–1949). Em uma pesquisa sobre a natureza qualitativa das associações, eles questionaram sujeitos experimentais a respeito das livre-associações que lhes vinham à mente enquanto pensavam. Esse método de questionamento ou interrogação era conhecido na Alemanha como *Ausfrage* e veio a ser amplamente utilizado em Würzburg. Os sujeitos de Mayer e Orth relataram muitos padrões e tipos de associações diferentes. As associações eram complexas e detalhadas, diferentemente daquelas relatadas por Wundt e Titchener. Elas eram mais parecidas com as descrições de Francis Galton sobre as associações que lhe vinham à mente durante suas caminhadas em Pall Mall, em Londres (Capítulo 9). Külpe estava familiarizado com a pesquisa de Galton e apresentou-a em seu *Grundriss der Psychologie*. Tais experimentos nunca teriam sido realizados em Leipzig ou Cornell.

Em 1901, um experimento relatado por Karl Marbe (1869-1953) demonstraria ainda mais claramente as características da abordagem de Würzburg. Por muitos anos, Marbe havia sido *Privatdozent* ou tutor particular em Würzburg, e substituiu Külpe como chefe do laboratório. Marbe realizou um estudo experimental sobre julgamento, no qual se pedia aos sujeitos para comparar pesos e julgá-los como mais pesados ou mais leves. Muitos experimentos com levantamento de peso haviam sido realizados antes; eles eram, afinal de contas, a principal matéria-prima dos laboratórios de psicologia. O que diferenciava esse experimento era o interesse nos próprios julgamentos. Os sujeitos de Marbe eram capazes de fazer julgamentos corretos na maior parte do tempo, porém incapazes de descrever como faziam os julgamentos. Suas introspecções não resultavam em descrições do ato mental de julgar; os julgamentos apenas vinham à sua mente. Eles, na verdade, tinham muitas sensações e produziam imagens, como Wundt havia dito que aconteceria, mas as sensações e imagens não eram os próprios julgamentos. No ato de julgar, ocorriam vários outros estados – dúvida, hesitação, busca. Esses estados foram denominados por Marbe *atitudes conscientes* (Ogden, 1911, p. 9). Eles formavam o fundo contra o qual os julgamentos eram feitos; eles assistiam aos julgamentos. A descrição de Wundt dos três elementos básicos da consciência – sensações, imagens e sentimentos – não descrevia adequadamente a experiência dos sujeitos de Marbe.

Em 1900, Külpe e um de seus alunos norte-americanos, William Lowe Bryan, realizaram alguns experimentos sobre abstração que mostraram o melhor da abordagem de Würzburg. Bryan era bem-preparado para dar assistência a esses experimentos. Depois de obter um diploma de mestre em filosofia na Indiana University (1886), ele foi para Berlim, onde serviu como sujeito para os experimentos de Ebbinghaus sobre a memória (Capshew e Hearst, 1980). Bryan então voltou para Indiana, fundou um pequeno laboratório de psicologia em 1888 e obteve seu doutorado com G. Stanley Hall na Clark University, em 1892. Depois de ensinar novamente na Indiana University, Bryan voltou à Europa em 1900 e estudou com Pierre Janet (Capítulo 8) e Alfred Binet (Capítulo 11), antes de ir trabalhar com Külpe.[8] Nos experimentos de Külpe e Bryan, apresentavam-se, aos sujeitos, cartões com sílabas sem sentido de várias cores, letras e arranjos. Cada cartão era mostrado rapidamente e pedia-se ao sujeito para observá-lo e reportar a cor, a forma ou o número de itens que nele havia. Külpe e Bryan descobriram que, com a instrução adequada, seus sujeitos abstrairiam uma característica específica e, ao mesmo tempo, permaneceriam inconscientes das outras. As sensações apenas a partir das características não bastavam para colocá-las na experiência mental do sujeito (Ogden, 1951, p. 15). Külpe e Bryan acreditavam que a abstração do elemento desejado baseava-se nos atos mentais que eles denominaram *apreensão*. Duas demonstrações simples ilustram esse fenômeno:

1. Quando mostram, a um sujeito, um arranjo aleatório de seis letras do alfabeto e seis números e lhe dizem que ele será solicitado a lembrar-se das letras, ele facilmente será capaz de fazê-lo. No entanto, ele terá dificuldade de lembrar-se de mais do que um ou dois números. A instrução fez que as letras fossem *apreendidas*.
2. Leia esta frase:

    Finished files are the result of scientific study combined with the experience of years.[*]

    Conte o número de *Fs*. A maioria das pessoas *apreende* três ou quatro *Fs*. Mas, na verdade, há cinco.

Como vimos, um dos paradigmas mais usados em Leipzig era o do tempo de reação simples. Os psicólogos de Würzburg usaram o paradigma do tempo de reação para estudar respostas vo-

---

[8] Em uma frase caracteristicamente acerba, Boring comentou que, depois de seu retorno final a Indiana, Bryan "caducou na direção da Indiana University" (Boring, 1957, p. 543).

[*] NT: Em português, "Os arquivos acabados são o resultado do estudo científico combinado com a experiência de anos".

litivas, quando os sujeitos têm de fornecer uma determinada resposta a um estímulo específico por meio de um ato da vontade. Com a prática, os tempos de reação diminuem e os sujeitos tornam-se cada vez menos capazes de reportar um ato de vontade anterior à resposta. Para começar, a reação ocorre tão rápido que simplesmente não há tempo suficiente para a introspecção. Isso cria um problema, pois de que maneira um ato volitivo poderia ocorrer, como obviamente ocorre, sem fazer parte da experiência mental do sujeito?

Outro pesquisador de Würzburg, H. J. Watts (1879-1925) tratou desse dilema. Primeiramente, ele apresentou o novo cronoscópio de Hipp, o qual permitia que os tempos de reação fossem medidos com muito mais precisão e exatidão. Era uma contribuição técnica que os wundtianos recebiam bem. O que eles não aceitavam era a sua concepção do tempo de reação em si. Watts propôs que esse tempo fosse "fracionado" em quatro fases:

1. Um período preparatório, no qual o sujeito se prepara para a apresentação do estímulo.
2. A apresentação do estímulo, na qual o sujeito percebe o estímulo.
3. O esforço pela obtenção da resposta – o ato mental do sujeito antes da resposta.
4. A resposta em si.

Watts acreditava que o ato de volição ocorre no período preparatório, quando os sujeitos aceitam a tarefa e se preparam para ela. Quando seus sujeitos faziam a introspecção durante o período preparatório, eles sempre eram capazes de descrever os atos ou pensamentos de volição. O ato de vontade estava presente em todas as reações, mas sempre na fase preparatória.

Para sua pesquisa de tese em Würzburg, Watts (1905) utilizou uma técnica de associação restrita. Os sujeitos recebiam uma palavra-estímulo e eram solicitados a fornecer sua infra-ordenada ou sua supra-ordenada. Por exemplo, para a palavra-estímulo *pássaro*, a infra-ordenada poderia ser *pardal*, e a supra-ordenada, *animal*. Os sujeitos de Watts eram capazes de responder adequadamente, com curtas reações de tempo e sem esforço mental consciente. O trabalho consciente, afirmava Watts, era feito quando as instruções eram fornecidas e o sujeito as aceitava. Watts chamava essas atitudes ou preparações mentais de "instruções". Via-se que elas estabeleciam, no sujeito, uma "tendência" para reagir de determinada maneira. Narziss Ach, assistente de Külpe em Würzburg por 15 anos, demonstrou a influência de uma tendência cognitiva nas operações mentais. Quando eram mostrados por meio de taquitoscópio os números 7 e 3 aos sujeitos de Ach, suas respostas eram quase sempre 10, embora eles não recebessem, de fato, instruções específicas para somar. Os produtos de outras operações aritméticas – 4, 21 e 2,3 – geralmente não ocorriam como respostas. Os sujeitos tinham uma "tendência" cognitiva a acrescentar, em vez de realizar outras operações aritméticas. Os psicólogos cognitivistas contemporâneos utilizam procedimentos semelhantes naquilo que Michael Posner rotulou de *Medidas Cronométricas da Mente* (Posner, 1978).

Em 1905, Narziss Ach (1871-1946) reportou uma pesquisa que usava o que ele denominava *introspecção experimental sistemática* para analisar os processos mentais pelos quais os sujeitos tomam decisões. Ach descobriu claras diferenças entre seus sujeitos que eram consistentes de um problema para outro, o que o levou a classificar seus sujeitos em diferentes "tipos de decisão". Esses experimentos lembram muito as descrições feitas por Binet (1903) sobre o raciocínio e o pensamento de suas duas filhas: a fria e concentrada Madeleine e a impulsiva e cheia de vida Alice (Capítulo 11). Quando Ach publicou seus resultados, o efeito foi uma indecorosa disputa. Binet reivindicou primazia e afirmou que o "método de Würzburg" seria melhor denominado como o "método de Paris". A primazia não era realmente importante; o que era significativo é que os estudos de Binet em Paris e os do laboratório de Külpe estavam convergindo para as mesmas descobertas (Ogden, 1911).

Conforme os anos se passaram, os experimentos realizados em Würzburg tornaram-se cada vez mais orientados para a cognição à medida que tratavam de atividades mentais complexas. Algumas dessas pesquisas mais famosas foram as de Karl Bühler. Em 1907, ele relatou os resultados de um experimento no qual faziam-se, aos sujeitos, perguntas que exigiam respostas raciocinadas, e não uma simples reação ou uma resposta do tipo sim ou não. Por exemplo, ele perguntava: "por que é que, quanto menor é o pé de uma mulher, maior é a conta dos seus sapatos?" (Bühler, 1907, p. 298). Exemplos modernos das questões no estilo de Bühler seriam: "Por que é que os orçamentos das escolas não diminuem à medida que as matrículas escolares diminuem?" ou "Por que as tampas de bueiro são redondas?", ou este quebra-cabeças divertido:

> Dois elefantes estão sentados em um tronco.
> O elefante pequeno é o filho do elefante grande,
> Mas o elefante grande
> Não é o pai do elefante pequeno.
> Como isso é possível?"[9]

O raciocínio exigido por esses problemas era o assunto da pesquisa de Bühler. Ele questionava seus sujeitos de maneira empática, mas detalhada, para fazer virem à tona os passos mentais que eles davam. Seus sujeitos diziam-lhe que as soluções geralmente lhes ocorriam sem imagens ou sensações concretas. Conseqüentemente, Bühler descreveu o raciocínio de seus sujeitos como raciocínios "sem imagens". Em 1906, um pesquisador norte-americano, Robert Woodworth, havia relatado pensamentos sem imagens, portanto a descoberta de Bühler não era original, mas tornou-se um assunto fortemente debatido entre os psicólogos de Leipzig e de Würzburg. A realidade do pensamento sem sensações e sem imagens era impossível segundo Wundt, que acreditava que todos os experimentos realizados em Würzburg, especialmente os de Bühler, eram experimentos falsos ou de brincadeira. Bühler não estava usando a introspecção corretamente, já que seus sujeitos relatavam o que havia acontecido quando eles tinham tentado resolver o problema, em vez de reportar os próprios acontecimentos mentais. Seus dados eram "altamente subjetivos" e, portanto, sujeitos ao viés e ao erro (Wundt, 1908).

Um desafio final para Wundt veio de Würzburg, em 1915, de outro visitante norte-americano do laboratório, Thomas Verner Moore. Moore era um padre ordenado que havia obtido um doutorado na Catholic University. Em Würzburg, ele estudou a relação do significado com a imagem. Moore apresentou palavras tanto por meio visual como por meio auditivo a nove sujeitos e pediu-lhes para apertar uma tecla de telégrafo assim que a palavra evocasse significado ou para levantar suas mãos da tecla quando ela evocasse uma imagem. Para todos os sujeitos, com a exceção de um deles, os significados ocorriam mais rapidamente do que as imagens. Os significados ocorriam dentro de meio segundo na média, ao passo que as imagens levavam um segundo. Moore e Külpe concluíram que o significado e a imagem são elementos distintos da experiência mental e que há, portanto, pelo menos quatro elementos independentes na consciência humana: sensação, imagem, sentimento e significado (Ogden, 1951). Depois de seu trabalho em Würzburg, Moore voltou à Catholic University, onde trabalhou, como chefe dos departamentos de psicologia e psiquiatria de 1939 a 1947. Em 1938, Moore escreveu *Cognitive Psychology* [Psicologia Cognitiva], livro que tem muito em comum com a perspectiva que surgiu 25 anos depois, no início do que tem sido chamado de a revolução cognitiva na psicologia (Knapp, 1985).

Würzburg Sob Ataque

A pesquisa em Würzburg foi criticada de maneira muito detalhada e com muita freqüência por Wundt e seus alunos. Titchener era um crítico especialmente assíduo. Külpe havia sido sênior

---

[9] Nós presumimos que o "elefante grande" é macho. O elefante grande é a mãe do pequeno.

em relação a ele no laboratório de Leipzig e parece ter retido uma atitude um pouco paternalista em relação a Titchener durante sua vida. Ogden lembrava que Külpe uma vez lhe dissera: "se eu pudesse apenas me reunir com Titchener, estou certo de que poderia fazê-lo ver aonde estamos chegando" (Ogden, 1951, p. 6). Külpe nunca conseguiu fazer isso e Titchener certamente nunca mudou de idéia. Mais de meio século depois, quando o aluno de Titchener, Edwin Boring, discutiu Külpe em sua *History of Experimental Psychology* [História da Psicologia Experimental], vemos que esses ímpetos críticos ainda vigoram. Boring descreve Külpe como um psicólogo que, "com o selo de G. E. Müller e Wundt sobre ele, começou como psicólogo de conteúdo, um pensador claro com pensamentos sucintos e um homem pronto para seguir na direção em que o experimento o conduzisse e que acabou, após as pesquisas de Würzburg, de sua escola de pensamento, entrando exatamente na área de Brentano" (Boring, 1957, p. 386).

Külpe abandonou Würzburg pela Universität Boon em 1909. Em 1913, fez sua última mudança, para a Universität München. Ele estava profundamente comprometido com uma abordagem experimental da psicologia e aceitou esses cargos apenas com a condição de que o laboratório fosse estabelecido em Bonn e de que um laboratório já existente fosse reequipado em Munique. Ele freqüentemente dizia que "a ciência era sua noiva". Porém, como Stumpf, Külpe foi um músico consumado e tinha um profundo interesse pela música, assim como por arte e literatura. Um de seus alunos norte-americanos, Robert Ogden, descreveu-o como "uma personalidade estética, vivendo em um mundo factual" (Ogden, 1951, p. 7).
A Primeira Guerra Mundial teve um efeito dramático em Külpe, assim como teve em Stumpf. Külpe tinha muitos amigos psicólogos nos países aliados, mas estava convencido de que a causa da Alemanha era justa. Com sua morte, em 1915, o programa de pesquisa em Würzburg expirou.

OS PSICÓLOGOS ALEMÃES PERDIDOS NA HISTÓRIA

Com exceção de Ebbinghaus, Weber e Fechner, muitos psicólogos alemães do fim do século XVIII e do século XIX caíram em relativa obscuridade. Como vimos, a principal razão para isso foi o fato de a Primeira Guerra Mundial ter interrompido seus trabalhos e seus contatos profissionais internacionais. Quando Hitler e os nazistas chegaram ao poder em 1933, logo ocorreu a destruição das universidades alemãs. Stumpf foi o único psicólogo alemão discutido neste capítulo que ainda estava vivo naquela época. Embora fosse um homem muito idoso, ele era profundamente consciente da situação política. Em uma de suas últimas cartas a um ex-aluno, Stumpf escreveu pateticamente que "não era um filósofo suficientemente bom para manter um total estoicismo diante das condições existentes", mas "estava se esforçando para cultivar essa atitude" (Langfeld, 1937, p. 319).

A situação política impediu a comunicação entre os psicólogos alemães e os norte-americanos. Mas, como já observamos, esses "outros" psicólogos alemães também não tiveram seus Titcheners para levar suas teorias e abordagens aos Estados Unidos. Conseqüentemente, muitas de suas idéias não foram consideradas de maneira adequada ou simplesmente se perderam. Além do mais, o desenvolvimento de outras abordagens em relação à psicologia nos Estados Unidos, como o funcionalismo e, mais tarde, o behaviorismo, serviram para deslocar a abordagem cognitiva alemã. Atualmente, psicologias cognitivistas com algumas semelhanças com a de Stumpf e Külpe estão finalmente obtendo uma posição proeminente na psicologia norte-americana (Knapp, 1986a). Se não fosse pelas duas guerras mundiais, elas poderiam ter-se desenvolvido muito antes. A única abordagem alemã do século XIX que encontrou apoio sólido nos Estados Unidos foi a dos psicólogos gestaltistas. Antes do fim da Segunda Guerra Mundial, esses homens fugiram da Alemanha nazista e encontraram refúgio nos Estados Unidos. A psicologia da Gestalt será o nosso assunto do Capítulo 7.

Kurt Lewin.
(Arquivos de História da Psicologia Norte-Americana, University Akron)

CAPÍTULO 7

A Psicologia da Gestalt na Alemanha e nos Estados Unidos

Nas primeiras décadas do século XX, a *psicologia da Gestalt* foi uma alternativa importante e um desafio ao *estruturalismo* (Capítulos 4 e 5), ao *funcionalismo* (Capítulo 10) e ao *behaviorismo* (Capítulo 12). Fundada na Alemanha por sucessores dos psicólogos discutidos no Capítulo 6, a *psicologia da Gestalt* foi para o oeste na década de 1930 e tornou-se uma importante influência no desenvolvimento da psicologia norte-americana. *Gestalt* é uma palavra alemã que significa "configuração" ou "forma". No início, os três fundadores da *psicologia da Gestalt*, Max Wertheimer, Kurt Koffka e Wolfgang Köhler, estavam interessados na percepção. Posteriormente, seus interesses ampliaram-se e incluíram aprendizagem, resolução de problemas e cognição. Kurt Lewin adotou uma abordagem gestáltica ao desenvolver uma teoria de campo inovadora, que ele e seus alunos utilizaram para tratar de uma série de tópicos e inquietações sobre desenvolvimento da criança, gerenciamento industrial, reabilitação e psicologia social. A expressão *psicologia da Gestalt* entrou para a língua inglesa, e o termo *Gestalt* é bastante utilizado pelos psicólogos, às vezes em letra minúscula.

AS BASES CONCEITUAIS DA PSICOLOGIA DA *GESTALT*

Embora nova e até radical, a *psicologia da Gestalt* não se desenvolveu isoladamente; ao contrário, surgiu a partir de teorias sobre a percepção de Ernst Mach (1838–1916) e dos experimentos de Christian von Ehrenfels (1859–1932). No Capítulo 6, vimos Mach como um filósofo positivista e constatamos sua influência sobre Oswald Külpe. Em seu livro *Analysis of Sensations* [Análise das Sensações] (1886), Mach descreveu as propriedades das formas espaciais e auditivas – quadrados, círculos e melodias simples. Como todos perceptuais, essas formas têm qualidades que as distinguem de seus elementos; as sensações são organizadas na consciência para criar qualidades da forma que podem ser novas e, até certo ponto, independentes das próprias sensações. Mach salientou que uma mesa é fonte de muitas sensações; podemos ver, tocar e possivelmente até provar seu gosto. Mas uma mesa é muito mais do que uma combinação dessas sensações. Ela tem uma "qualidade da forma" que persiste até quando as sensações mudam. Bem ou mal iluminada, nova ou velha, polida ou manchada de tinta, ela permanece a mesma. As qualidades da forma da mesa lhe dão uma permanência perceptual ou psicológica.

Von Ehrenfels (1859–1932) recebeu seu treinamento em filosofia com Alexius Meinong na Universität Gräz, na Áustria. Meinong havia sido aluno de Franz Brentano (Capítulo 6). Von

Ehrenfels deve ter sido uma pessoa interessante; ele escreveu poemas e óperas e era apaixonado por Wagner, foi amigo de Sigmund Freud (Capítulo 8) e defensor da legalização da poligamia (Heider, 1970). Ele também tinha um forte *background* musical como compositor e músico. Von Ehrenfels concordou com Mach que as melodias têm *qualidades de forma*, além das sensações distintas de cada nota que as constitui. Quando uma melodia é tocada em diferentes escalas ou por diferentes instrumentos, as diferentes notas produzem diferentes sensações, mas a melodia retém a qualidade de sua forma. Uma canção cantada por diferentes vozes permanece a mesma. Von Ehrenfels chamou essas características de *transponibilidade*. A melodia pode ser transposta para diferentes escalas, vozes ou instrumentos, mas ainda retém sua identidade. Em 1888 e 1889, Von Ehrenfels fez palestras sobre as qualidades da forma na Universität Wien e, em 1890, publicou um trabalho descrevendo-as. Um dos alunos que ouviu sua palestra e leu seu trabalho foi Max Wertheimer, um dos fundadores da psicologia da *Gestalt*.

MAX WERTHEIMER (1880-1943) E O INÍCIO DA PSICOLOGIA DA *GESTALT*

Max Wertheimer nasceu em Praga. Sua família judia o enviou para um ginásio católico, mas também lhe ensinou hebraico e a Torá. Em seu décimo aniversário, ele ganhou as obras completas de Baruch Spinoza (Ash, 1995). Talvez a insistência de Spinoza em que toda a existência é envolvida em uma substância – Deus (ou a Natureza) tenha influenciado o desenvolvimento intelectual de Wertheimer. Ele freqüentou a Universität Prag, onde estudou Direito. Então, ele se interessou por psicologia e estudou sob a orientação de Stumpf na Universität Berlin antes de fazer doutorado na Universität Würzburg com Külpe, em 1904. Sua tese foi uma revisão da pesquisa em psicologia sobre o depoimento em tribunal. No verão de 1910, Wertheimer foi da Áustria para o Reno alemão em férias. Olhando pela janela do trem, ele ficou perplexo com o movimento aparente dos postes, cercas, edifícios e até colinas e montanhas distantes. Esses objetos fixos pareciam correr juntamente com o trem. Milhões de pessoas antes dele haviam andado nos trens e presenciado esse fenômeno, mas Wertheimer o viu com outros olhos. Ele se perguntou: Por que esses objetos parecem se mover? De acordo com uma anedota que Wertheimer gostava de contar a seus alunos, ele deixou de lado seus planos de férias, desceu do trem em Frankfurt e comprou um simples *estroboscópio* em uma loja de brinquedos. Em seu quarto de hotel, usou o estroboscópio para projetar sucessivas imagens de um cavalo e de uma criança. Na taxa de projeção correta, o cavalo parecia trotar e a criança, andar. Embora esses movimentos fossem inconstantes e involuntários, eram nítidos. Muitas pessoas antes de Wertheimer tinham visto esses movimentos. O estroboscópio, com sua série de imagens montada em um cilindro que gira em um visor, era, afinal de contas, um brinquedo popular. Wertheimer procurou as origens psicológicas subjacentes desse movimento. Mais uma vez, ele se perguntou: de onde vem o movimento?

No dia seguinte, Wertheimer consultou o professor Friedrich Schumann do Instituto de Psicologia da Universität Frankfurt. Schumann (1863-1940) era doutor em Física e uma autoridade em percepção espacial. Incapaz de responder às perguntas de Wertheimer, Schumann o estimulou a tentar respondê-las por si próprio e colocou gentilmente à disposição dele seu laboratório e equipamento, inclusive um *taquistoscópio*[1] que ele havia desenvolvido. Schumann também apresentou a Wertheimer dois de seus colegas de Frankfurt, Kurt Koffka e Wolfgang Köhler. Koffka

---

[1] *taquistoscópio*, s. Aparelho para uso em exposição de estímulos visuais, como quadros, letras ou palavras, durante um período de tempo extremamente curto, geralmente um décimo de segundo (Rhdel, p. 1.446).

(1886-1941) nasceu em Berlim e cursou a universidade de mesmo nome. Ele obteve o título de doutor sob a orientação de Stumpf em 1909. Köhler (1887-1967) nasceu em Reval, nas províncias bálticas (atualmente, Tallinn, Estônia) e também obteve seu doutorado sob a tutela de Stumpf em 1909. Quando eles se conheceram, Wertheimer tinha 30 anos; Koffka e Köhler tinham 24 e 22 anos, respectivamente. Eles viriam a tornar-se o *triunvirato da psicologia da Gestalt*.

Em seu primeiro experimento em Frankfurt, Wertheimer usou o taquistoscópio de Schumann para projetar, com sucesso, uma lista branca vertical e uma lista branca horizontal sobre um fundo preto. Schumann havia reportado em 1907 que, em determinados intervalos de tempo, a lista branca parecia se mover da posição vertical para a posição horizontal. Os três sujeitos do experimento de Wertheimer[2] – Köhler, Koffka e a esposa de Koffka – descreveram exatamente essa experiência perceptiva. Um deles relatou: "rotação de cerca de 90 graus, é impossível pensar nela como uma sucessão; não é a lista branca que se move, mas o que há é simplesmente um processo de transição" (Wertheimer, 1912, apud Sahakian, 1968, p. 419). Outro sujeito relatou que a linha parecia "deitar" (Wertheimer, 1912, apud Sahakian, 1968, p. 419). Um aparente movimento havia sido observado sob condições controladas em laboratório.

Em seguida, Wertheimer emitiu luzes sucessivamente em duas aberturas estreitas em uma tela. Quando as luzes eram separadas por intervalos de 50 a 60 milissegundos, pareciam mover-se de uma posição para outra, um fenômeno que Wertheimer chamou de *fenômeno fi*. Em intervalos mais curtos, ambas as luzes pareciam contínuas; em intervalos maiores, elas eram vistas em sucessão; mas no intervalo ideal, Wertheimer relatou que "o movimento está presente incisiva e caracteristicamente em sua natureza específica; ocorre de forma clara e espontânea e é sempre observável" (Wertheimer, 1912, apud Sahakian, 1968, p. 422). Wertheimer descreveu o *fenômeno fi* como uma experiência psicológica que não pode ser reduzida a seus elementos. O movimento aparente é mais do que a soma das propriedades das luzes imóveis. Ele observou o fenômeno holisticamente em um pequeno número de pessoas. Nestes primeiros experimentos, vemos uma clara aplicação dos quatro princípios da pesquisa e da teoria da Gestalt:

1. *Pensamento holístico*: O todo sempre é mais do que a soma das partes. Esse princípio da *suprasomatividade* foi fundamental para a psicologia da *Gestalt*.
2. *Base fenomenológica*: os *fenômenos* são o tema da psicologia. A análise psicológica deve ir dos fenômenos para sua essência.
3. *Metodologia*: a psicologia da *Gestalt* faz uso de experimentos realísticos (realidade) com um pequeno número de sujeitos.
4. *Isomorfismo*: os processos psicológicos estão diretamente relacionados aos processos biológicos, principalmente cerebrais.[3]

Um experimento relatado por Vittorio Benussi (1878-1927) nos dá outro exemplo de movimento aparente, mas em uma modalidade sensorial diferente. Benussi era contemporâneo de Wertheimer, aluno de Meinong e professor na Universität Gräz. Ele descobriu que, quando dois

---

[2] Wertheimer também testou um pequeno número de pacientes neurológicos com danos no lobo occipital.
[3] Em uma tentativa malsucedida de mostrar que as percepções visuais e suas pretensas "correntes de imagens" isomórficas no cérebro podiam ser interrompidas, Köhler fez uma corrente direta passar em seu cérebro. Ele interrompeu o experimento quando "metade de seu campo visual ficou escuro. Na semana seguinte, ele estava péssimo. Sofria de terríveis dores de cabeça e temia que havia causado algum dano permanente ao seu cérebro. No final, a dor diminuiu e não houve outros efeitos maléficos" (Wallach, 1976, p. 5).

pontos na pele são estimulados em uma rápida sucessão (o intervalo é fundamental), o estímulo parece mover-se em um arco através do espaço, tocando a pele nos dois pontos de estimulação. É como se uma pulga tivesse pulado de um lugar para o outro. De acordo com Benussi, a percepção do movimento da "pulga" é um processo de duas etapas. Primeiro, sente-se o estímulo tátil e, então, ocorre um processo mental interno que resulta na percepção do movimento. Benussi chamou esse processo mental interno de produção *Gestalt*.

Georg von Bekesy (1899-1972) ganhou o Prêmio Nobel em 1961 por sua pesquisa sobre os mecanismos da audição. Em uma série posterior de experimentos, Von Bekesy colocou vibradores nos joelhos de dois sujeitos com os olhos vendados. A determinados índices de vibração, eles percebiam um ponto de vibração indo de um joelho para o outro – um *fenômeno fi tátil*. Von Bekesy também descobriu que, a determinadas taxas, os sujeitos do experimento sentiam um ponto de estimulação *entre* os joelhos. Eles tinham uma clara sensação tátil de um local espacial em que *não* havia receptores sensoriais (Pribram, 1971, p. 169).

Em 1972, dois psicólogos, Frank Geldard e Carl Sherrick, relataram um efeito semelhante ao de Benussi. Eles descobriram que, quando os estímulos elétricos e mecânicos eram aplicados em determinados intervalos de tempo a partes separadas do pulso e do braço, os sujeitos do experimento relatavam "uma progressão regular de saltos braço acima como se um coelho minúsculo estivesse pulando do pulso para o cotovelo. Se o ritmo original for mantido e o número de batidas (N) em cada ponto for reduzido, os saltos ficam mais longos; se N aumentar (até um certo limite), os saltos ficam mais curtos" (Geldard e Sherrick, 1972, p. 178).

Claramente, nos experimentos de Wertheimer e Benussi e mais recentemente para os sujeitos dos experimentos de Von Bekesy e no caso do "coelho" de Geldard e Sherrick, a *Gestalt*, ou o experimento perceptual do todo, tinha uma propriedade – o movimento – que seus componentes não possuíam. As linhas, luzes e estímulos táteis, na realidade, não se movimentavam, mas eram percebidos como tal. Em 1912, Wertheimer publicou um trabalho, *Experimentelle Studien über das Sehen von Bewegung* [Estudos Experimentais da Percepção do Movimento], relatando os resultados de seus experimentos em Frankfurt. Esse trabalho marca o início formal da psicologia da *Gestalt*.

Wertheimer, Koffka e Köhler buscavam uma psicologia mais atual, mais dinâmica do que a de Wundt e, principalmente, do que o estruturalismo de Titchener. Os psicólogos da *Gestalt* estavam insatisfeitos com o que eles consideravam ser uma condição estática, estéril e estagnada da psicologia naquela época. Posteriormente, Köhler relembrou seus pontos de vista:

> Sua psicologia [a do introspeccionista] é totalmente incapaz de satisfazer as pessoas por muito tempo. Como ele ignora as experiências da vida diária e se concentra em fatos raros que apenas um procedimento artificial pode revelar, tanto seu público profissional quanto leigo, mais cedo ou mais tarde, perde a paciência. E uma outra coisa acontecerá. Haverá psicólogos que irão acreditar em suas palavras quando ele diz que essa é a única maneira correta de lidar com a experiência. Se isso for verdade, eles dirão, o estudo da experiência com certeza pode não nos interessar. Faremos coisas mais interessantes. Estudaremos o comportamento. (Köhler, 1947, p. 85)

Ao fazer "coisas mais interessantes", Wertheimer, Köhler e Koffka realmente criaram uma psicologia nova, mais dinâmica e mais relevante. Ao delinear sua *psicologia da Gestalt*, eles buscaram apoio para a nova disciplina onde quer que pudessem encontrá-lo. Especialmente importante foi a pesquisa de um fenomenólogo dinamarquês, Edgar Rubin. Em 1915, Rubin descreveu seus experimentos com figuras ambíguas do ponto de vista perceptivo, como as apresentadas a seguir.

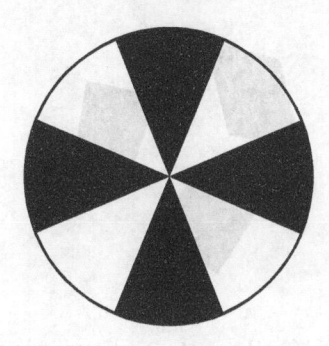

Na figura à esquerda, uma pessoa geralmente vê uma mesa ou urna (vaso) branca e, então, um pouco depois, dois perfis em negro. Portanto, a figura é descrita como o "vaso de Rubin" ou os "perfis Peter e Paul de Rubin". Na outra figura, a pessoa vê uma cruz branca ou preta. Nessas figuras, diferentes relações figura-fundo levam a percepções distintas. Essas percepções, de acordo com Rubin, surgem como todos, não como partes isoladas. As figuras demonstram que nossas percepções são ativas, dinâmicas e organizadas; não somos apenas receptores passivos de estímulos sensoriais. Os psicólogos da *Gestalt* adotaram esses pontos de vista como se fossem seus.

Os Princípios da *Gestalt* sobre a Percepção

De acordo com os psicólogos da *Gestalt*, nossas percepções do dia-a-dia são organizadas ativamente em todos coerentes. Observe o céu noturno. Há séculos, os seres humanos têm visto as estrelas no céu noturno como grupos identificados por nomes: Ursa Maior ou Cruzeiro do Sul, por exemplo. Os princípios que regem a organização dessas experiências foram delineados em três trabalhos importantes: *Perception: An Introduction to the Gestalt Theory* [Percepção: Uma Introdução à Teoria da *Gestalt*] de Koffka, publicado no *Psychological Bulletin* de 1922 e, portanto, lido por psicólogos cuja língua materna era o inglês; *An Enquiry into the Laws of the Gestalt* [Uma Investigação sobre as Leis da *Gestalt*] (1922) de Wertheimer; e *An Aspect of Gestalt Psychology* [Um Aspecto da Psicologia da *Gestalt*] (1925) de Köhler. Esses princípios incluíam:

Similaridade. Elementos iguais e semelhantes formam grupos ou todos. Ver figuras a seguir:

```
x o x o x o      o o o o o o
x o x o x o      x x x x x x
x o x o x o      o o o o o o
x o x o x o      x x x x x x
x o x o x o      o o o o o o
```

Geralmente, os Xs e os Os na série à esquerda são vistos na forma de colunas, ao passo que na série à direta, em fileiras. Agrupamos esses elementos que são similares em unidades perceptuais, nesse caso, em colunas ou fileiras.

Proximidade. Os elementos que estão próximos costumam ser agrupados. Ao olhar a seguinte figura, a maioria dos observadores percebe dois grupos de três fragmentos:

Os Xs e os Os podem facilmente ser arranjados de forma que produzam um agrupamento próximo:

```
xx  xx  xx      oo  oo  oo
xx  xx  xx      oo  oo  oo
xx  xx  xx      oo  oo  oo
xx  xx  xx      oo  oo  oo
xx  xx  xx      oo  oo  oo
xx  xx  xx      oo  oo  oo
```

A série à esquerda geralmente é percebida como três colunas duplas de Xs, ao passo que a série à direita é vista como três colunas duplas de Os. Os Xs e os Os na série seguinte são agrupados próximos uns dos outros, e assim percebemos dois quadrados:

```
xxxxx           ooooo
x   x           o   o
x   x           o   o
x   x           o   o
xxxxx           ooooo
```

Fechamento e Boas *Gestalten*. Fechamento refere-se à nossa tendência de "preencher" ou completar as partes que faltam em uma configuração, para torná-la completa do ponto de vista perceptivo. Uma figura que nos permita fazer isso facilmente é uma boa *Gestalt*. Observe estes exemplos:

Em todos os casos, as figuras são incompletas – elas não têm fechamento –, embora todas sejam vistas claramente ou como triângulos, ou como círculos. As figuras geográficas a seguir são exemplos de boas *Gestalten*. Em geral, por causa do fechamento, apenas algumas poucas linhas são suficientes para formar percepções organizadas:

A maioria das pessoas vê facilmente o cavalo no desenho de Picasso à esquerda; a figura à direita pode ser menos persuasiva. É a caricatura que Alfred Hitchcock, diretor de cinema, fez de si próprio. Para aqueles que estão familiarizados com seu perfil (Spoto, 1983), a figura claramente é vista como a essência de Hitchcock. Essas figuras são boas *Gestalten*; elas têm fechamento e equilíbrio em um grau suficiente que nenhuma mudança local poderia melhorá-las.

Nessas demonstrações, os psicólogos da *Gestalt* mostraram que as experiências perceptuais são dinâmicas, não estáticas; organizadas, não-caóticas; e previsíveis, não-erráticas. Rudolf Arnheim considerou o *insight* de que "o mundo das experiências sensoriais é composto principalmente não de coisas, mas de formas dinâmicas" o desenvolvimento mais importante da psicologia das artes no século XX (Arnheim, 1988, p. 585). Para ilustrar essa dinâmica perceptual, Arnheim descreveu as diferentes impressões que estes dois rostos simplificados causaram nos observadores:

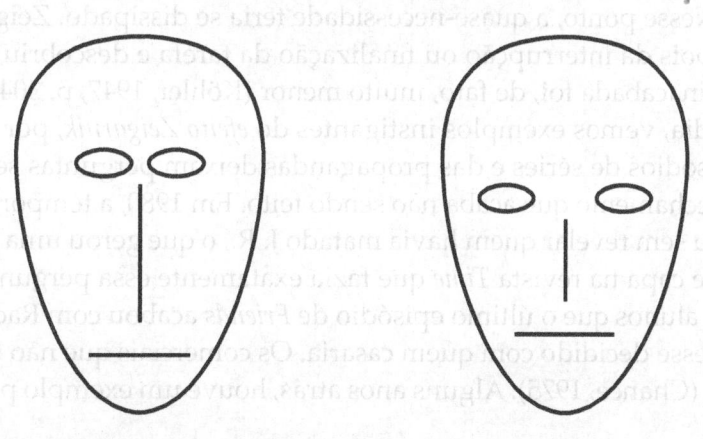

(Arnheim, 1988, p. 585, depois de Galli, 1964)

O rosto à esquerda é considerado envelhecido, triste e mesquinho; e o rosto à direita, jovem e sereno. Pequenas diferenças nas figuras levam a importantes diferenças perceptuais.

Os psicólogos da *Gestalt* acreditavam que os princípios da organização perceptiva podem ser responsáveis não somente por nossas percepções visuais, mas também por nossas percepções táteis e auditivas e por processos mentais superiores como a memória. Bluma Zeigarnik, Paul Schiller e Roy F. Street fizeram demonstrações impressionantes da generalidade desses princípios da *Gestalt*.

A Generalidade dos Princípios da *Gestalt*

Bluma Vul´Fovna Zeigarnik (1890–1990)[4] foi uma psicóloga russa que ficou conhecida entre os psicólogos ocidentais por sua descoberta do que veio a se chamar o *efeito Zeigarnik* (Bieliauskas, 1977). Zeigarnik passou algum tempo na Alemanha, trabalhando com o quarto importante psicólogo da *Gestalt*, Kurt Lewin. A gênese de seu estudo foi a observação de Lewin de que os garçons alemães conseguiam lembrar por um considerável período de tempo os detalhes da conta de um cliente. No entanto, depois que o cliente pagava a conta, os garçons geralmente não conseguiam lembrar do total. Enquanto a conta não era paga, a transação não havia sido encerrada e essa tensão facilitava a lembrança; o pagamento completava a transação, gerava o fechamento, dissipava a tensão e apagava a memória.

Para testar a validade dessa explicação, Zeigarnik (1927) realizou um experimento engenhoso. Ela forneceu aos sujeitos do experimento uma série de 18 a 22 tarefas, como copiar linhas de um livro, escrever os nomes de cidades que começavam com a letra L e fazer figuras de barro ou de palitos de fósforo. Metade das tarefas era interrompida pelo pesquisador antes de serem completadas e, portanto, não tinham um fechamento; a outra metade foi completada. Foram testados 164 sujeitos. Algumas horas depois, eles foram solicitados a listar *todas* as tarefas que conseguiam lembrar. Os sujeitos lembraram das tarefas inacabadas em uma freqüência 90% maior do que das tarefas finalizadas e também lembravam das tarefas inacabadas mais rapidamente e com menos esforço (Hartmann, 1935, p. 220).

Zeigarnik acreditava que um sujeito ao qual foi designada uma tarefa sente necessidade de completá-la. Se não lhe for permitido fazer isso, a "quase-necessidade" persiste, criando um estado de tensão que, por sua vez, facilita a lembrança daquela determinada tarefa. Essa explicação prevê que, se o teste de lembrança fosse feito 24 horas depois, seria muito mais difícil lembrar das tarefas inacabadas. Nesse ponto, a quase-necessidade teria se dissipado. Zeigarnik testou alguns sujeitos 24 horas depois da interrupção ou finalização da tarefa e descobriu que, nesse ponto, a lembrança da tarefa inacabada foi, de fato, muito menor (Köhler, 1947, p. 304).

Em nosso dia-a-dia, vemos exemplos instigantes do *efeito Zeigarnik*; por exemplo, os "finais de suspense" de episódios de séries e das propagandas deixam perguntas sem respostas ou nos preparam para um fechamento que acaba não sendo feito. Em 1980, a temporada da série de televisão *Dallas* terminou sem revelar quem havia matado J. R., o que gerou uma grande especulação e uma reportagem de capa na revista *Time* que fazia exatamente essa pergunta. Em 2002, sou informado pelos meus alunos que o último episódio de *Friends* acabou com Rachel dando à luz um bebê sem que ela tivesse decidido com quem casaria. Os comerciais que não têm um fechamento nos deixam ansiosos (Chance, 1975). Alguns anos atrás, houve um exemplo particularmente inte-

---

[4] Tamara Dembo informou a Vladimir Sloutsky que o marido de Bluma Zeigarnik apoiava o partido comunista e insistiu em sua volta para a Rússia. Posteriormente, ele foi executado em um dos expurgos de Stalin (Sloutsky, 2002). Zeigarnik teve uma longa e eminente carreira como uma das líderes da psicologia russa. Ela era professora de psicologia da University of Moscow e diretora da divisão de psicopatologia (Solso, 1987, p. 189).

ligente dessa técnica em um comercial do cigarro Salem que era veiculado na rádio e na televisão. O comercial incluía um *jingle*: "Você pode tirar Salem do país, mas [nesse momento, um sino tocava] – *blém-blém* – você não pode tirar o país de Salem". O *jingle* era repetido várias vezes e, então, o comercial terminava desta forma: "Você pode tirar Salem do país, mas – *blém-blém*..." A necessidade de completar a mensagem era irresistível. Foi uma utilização brilhante de falta de fechamento para facilitar a lembrança.

A seguir, a transcrição de outra propaganda eficaz:

(–)ingle   (–)ells*
(–)ingle   (–)ells

Seu Natal não está completo sem **J&B** [uísque]

Em um trabalho interessante, Hearst descreveu a tensão pela qual passamos durante um interminável silêncio em uma conversa. Ele também salientou que os cartógrafos medievais acrescentavam animais míticos ou que nem sequer existiam para preencher espaços em branco ou incompletos nos mapas (Hearst, 1991, p. 441).

O segundo estudo interessante da generalidade dos princípios da *Gestalt* aconteceu no Yerkes Regional Primate Center sob a liderança de Paul Schiller (1951). Ele aproveitou a habilidade de rabiscar e desenhar de um chimpanzé adulto chamado Alpha. Quando recebia *crayons* e papel, em geral Alpha desenhava. Schiller mostrou a Alpha o seguinte círculo com uma cunha em formato de torta faltando um pedaço:

Alpha preencheu o espaço em aberto e fez algumas marcas no restante da figura (Schiller, 1951, p. 106).

---

* NT: Aqui temos uma alusão a *Jingle Bell*, ou seja, o badalar dos sinos, que lembra o Natal, com iniciais J e B que formam o nome do uísque.

Quando mostraram a Alpha a seguinte série de quadrados, a maior parte dos rabiscos foi feita na área em que não havia quadrados (ibidem, p. 107). Os desenhos de Alpha eram surpreendentemente consistentes com os princípios de organização perceptual da *Gestalt*. Como os sujeitos experimentais de Zeigarnik e todos que conheciam o comercial de Salem ou como qualquer pessoa que tentou conversar com um interlocutor reservado ou sentiu a tensão de uma piada inacabada, Alpha expressou a necessidade de fechamento.

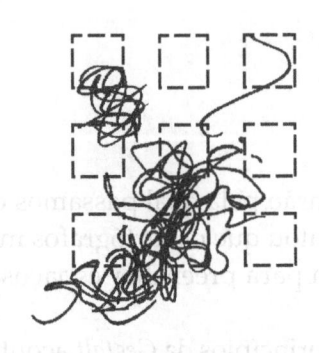

Em uma reavaliação dos desenhos de três chimpanzés, Sarah Boysen e cols. da The Ohio State University encontraram alguns espaços vazios preenchidos entre componentes totalmente separados e relataram que "alguns desenhos individuais eram tentadoramente sugestivos de marcas com a 'intenção' de completar a figura e, se fossem analisadas amostras limitadas, elas sugeririam alguns desenhos intencionais" (Boysen, Berntson e Prentice, 1987, p. 88). No entanto, o fechamento não era parte do comportamento de desenhar dos chimpanzés, possivelmente porque eles eram mais jovens do que o animal que Schiller utilizou.

O fechamento também provou ser de importância clínica. O *Teste de Completação da Gestalt* avalia a capacidade de uma pessoa perceber figuras que têm significado, como nos desenhos mostrados a seguir (Street, 1931).

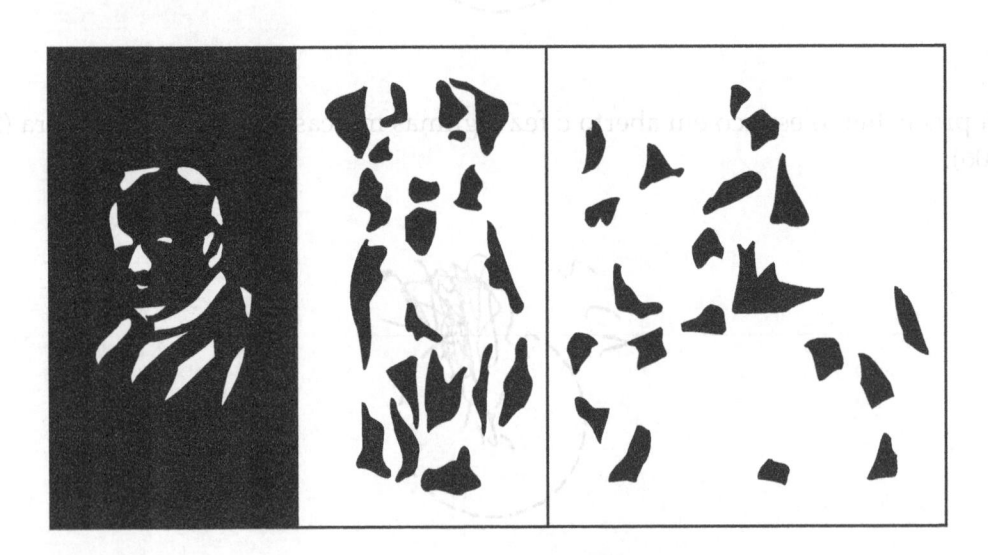

A capacidade de ver o "homem", o "cão" e o "cavalo e cavaleiro" foi utilizada para avaliar a integridade funcional do hemisfério direito do cérebro (Gur e Reivich, 1980). O baixo desempenho nos testes de fechamento perceptual foi associado ao dano no hemisfério direito (Bogen, De Zure,

Tenhouton e March, 1972). Mais recentemente, os testes de fechamento perceptual foram caracterizados como "ruídos" – isto é, são influenciados por muitos fatores – mas ainda são considerados medidas úteis da função do hemisfério direito (Wasserstein et al., 1987).

As Ilusões e Nosso Mundo Perceptual

Segundo os psicólogos da *Gestalt*, nossa tendência em organizar as percepções nos leva a um ambiente perceptual ou psicológico que geralmente é muito diferente do ambiente físico. Observe estas figuras simples:

Em ambos os casos, as linhas verticais parecem mais longas do que as linhas horizontais, mas, na realidade, elas têm o mesmo comprimento. Nesse caso, em geral, os mundos físico e psicológico não correspondem; nossa tendência em organizar as percepções nos leva a ilusões ou enganos dos sentidos. Conseqüentemente, quando reagimos ao ambiente, não estamos necessariamente reagindo à realidade física; podemos estar reagindo a uma realidade psicológica diferente. Em *Principles of Gestalt Psychology* [Princípios da Psicologia da *Gestalt*] (1935), Koffka usou uma antiga lenda germânica como uma ilustração dramática da diferença entre o que ele chamou de ambientes "geográfico" e "comportamental".

> Em uma noite de inverno, no meio de uma forte tempestade de neve, um homem a cavalo chegou a uma hospedaria, satisfeito por ter encontrado um abrigo depois de horas cavalgando por uma planície varrida pelo vento, na qual uma camada de neve havia coberto todos os caminhos e pontos de referência. O dono da hospedaria, que atendeu a porta, olhou o estranho com surpresa e perguntou de onde ele veio. O homem apontou para a direção oposta à hospedaria e o dono disse em um tom de assombro e admiração: "Você sabe que cavalgou pelo Lago de Constance?" Nesse momento, o cavaleiro caiu morto aos pés dele. (Koffka, 1935, p. 27-28)

Geograficamente, o homem havia cavalgado pelo Lago de Constance, mas do *ponto de vista comportamental* ou *perceptual*, ele havia cruzado uma planície coberta de neve. Quando soube qual era realmente seu ambiente, o choque o matou. Koffka também chamou a atenção para o fato de que, embora duas pessoas possam compartilhar o mesmo ambiente geográfico, nossos ambientes comportamentais podem ser muito diferentes.

O Destino da Psicologia da *Gestalt* na Alemanha

Esses experimentos e contribuições teóricas definiram a psicologia da *Gestalt* como a principal escola de psicologia alemã na década de 1920. Nessa época, a Alemanha era uma nação devastada pelas conseqüências da Primeira Guerra Mundial, com seus 21 milhões de vítimas dos campos de batalha. Depois da guerra, as instituições políticas, econômicas e sociais da Alemanha estavam em desordem. Em novembro de 1918, tumultos e motins espalharam-se por Berlim, levando à fuga do *kaiser* para a Holanda, ao armistício e à fundação, depois de mais tumultos sangrentos, da República de Weimar. Essa república passou por 21 mudanças de governo de 1919 até 1933, culminando com a eleição de Adolf Hitler. Berlim era uma cidade aberta, de violência e agitação febris. A fome era comum e a inflação chegava a índices difíceis de se conceber. Como foi mencionado, em agosto de 1922, 400 marcos alemães valiam 1 dólar norte-americano; em agosto de 1923, a taxa de câmbio era 1 milhão de marcos para 1 dólar; e, em novembro, era de 4,2 trilhões de marcos para 1 dólar. Os bancos procuravam contadores "bons em zeros" e pagavam saques em dinheiro por peso (Rhodes, 1986, p. 18). Mas Berlim na década de 1920 era também a cidade das peças de Berthold Brecht, de Marlene Dietrich em *O Anjo Azul* e da música de Kurt Weill. Yehudi Menuhin, com 12 anos, tocava Brahms, Beethoven e Bach em concerto junto com a Filarmônica de Berlim; Albert Einstein estava entre o público. Berlim era a cidade do primeiro arranha-céu de paredes de vidro de Ludwig Mies van der Rohe. A Universität Berlin era o centro de tudo isso e foi lá que a psicologia da *Gestalt* se desenvolveu e chegou ao auge.

Em 1922, o predomínio da abordagem gestáltica foi confirmado quando Wolfgang Köhler sucedeu Carl Stumpf como diretor do Instituto de Psicologia de Berlim. Infelizmente, o instituto teve pouco mais de uma década de excelência sob a liderança de Köhler antes que os nazistas o destruíssem. Um dos primeiros efeitos do domínio do governo alemão por parte dos nazistas foi a demissão de professores judeus das universidades e institutos de pesquisa alemães. Em 1933, 12,5% do corpo docente das universidades alemãs era composto de judeus (Kampe, 1998). Em 7 de abril de 1933, os judeus foram expulsos do serviço público, o que incluía todos os cargos acadêmicos nas universidades alemãs. No final daquele terrível ano, 196 professores, incluindo pelo menos 27 psicólogos, tinham perdido seu posto acadêmico. Nos Estados Unidos, foi organizado um Comitê de Emergência para Ajuda a Intelectuais e Cientistas Destituídos (1933–1945), que era dirigido pelo psicólogo Livingston Ferrand, diretor de Cornell. Esse comitê auxiliava acadêmicos que haviam sido vítimas da perseguição nazista a encontrar uma posição nas universidades e faculdades norte-americanas (Freeman, 1977). Entre as pessoas ajudadas estavam os físicos Enrico Fermi, que, enquanto fugia da Itália de Mussolini a caminho de Nova York, parou em Estocolmo para receber o Prêmio Nobel; Leo Szilard, com freqüência chamado de "o pai da bomba atômica"; Edward Teller, diretor do Laboratório Los Alamos, onde a primeira bomba atômica foi fabricada; John van Neumann, que projetou e construiu dois dos primeiros computadores do mundo; e Albert Einstein (Rhodes, 1986). Cinqüenta e um intelectuais refugiados da Alemanha e da Áustria encontraram abrigo acadêmico em 19 faculdades historicamente negras, principalmente no sul. Nessas faculdades, os refugiados foram bem-recebidos e muito respeitados. Mas eles também viram o preconceito racial e a discriminação que seus alunos sofriam. Eles tinham saído *da Suástica para Jim Crow** (Edgcomb, 1993).

Wertheimer foi destituído de seu cargo na universidade em 26 de abril de 1933 e expulso da Alemanha. Foi feita uma tentativa malsucedida de encontrar para ele um cargo na London School of Economics (Farr, 1996). Wertheimer emigrou para os Estados Unidos e passou a fazer parte do que veio a ficar conhecida como University in Exile at the New School for Social Research [Universidade no Exílio na Nova Escola para Pesquisa Social] na cidade de Nova York. Essa instituição progressista recebeu mais de 170 intelectuais, cientistas e suas famílias da Europa fascista, incluindo a historiadora Hannah Arendt e o antropólogo Claude Lévi-Strauss. Koffka

---

* NT: Jim Crow foi um desses apelidos pejorativos, difundidos por uma canção cômica de 1832, aplicados a qualquer negro nos Estados Unidos de então. Um equivalente ao nosso Zé Ninguém.

também emigrou para os Estados Unidos, juntando-se ao corpo docente do Smith College em 1927. Köhler foi forçado a unir-se a seus colegas.

Durante os ataques às universidades alemãs e as demissões de professores judeus, a maioria dos acadêmicos e cientistas ficou calada. Sua covardia, Köhler acreditava, contribuiu para o desprezo dos nazistas pela vida intelectual (Henle, 1978, p. 940). Muitos deles, incluindo alguns psicólogos, apoiaram os nazistas (Wyatt e Teuber, 1944). Martin Heidegger era o mais avançado e celebrado filósofo da Alemanha na década de 1930. Membro do partido nazista, apoiava ativamente Hitler e fez que fossem cumpridas obrigatoriamente leis anti-semitas (Farras, 1988). Sob a liderança de um nazista declarado, Felix Kreuger, o Instituto de Psicologia de Wundt na Universität Leipzig (Capítulo 5) tornou-se "uma célula popular, isto é, um centro de desenvolvimento para atividades ultranacionalistas" (Wyatt e Teuber, 1944, p. 232). De modo contrário, Köhler se opôs vigorosamente aos nazistas (Henle, 1978a). Clarke Crannell, um estudante norte-americano do Instituto de Psicologia de Berlim, descreveu a atmosfera em 1933:

O Reichstag* foi incendiado. Por toda Berlim, a Estrela de Davi estava sendo marcada nas vitrines das lojas e nas placas dos consultórios dos médicos cuja infelicidade era ser judeu. Um passeio na avenida *Unter der Linden* não era apreciado sem se encontrar um desfile de nazistas, um ritmo em *staccato* de suas botas para seu canto de guerra arrepiante. (Crannell, 1970, p. 267)

Em 28 de abril de 1933, Köhler escreveu um artigo de crítica ao regime para o jornal *Deutsche Allgemeine Zeitung* de Berlim, o equivalente alemão ao *New York Times*. Foi o último artigo anti-nazista a ser publicado sob o regime nazista. Esperando serem presos, Köhler e cols. passaram a noite após a publicação do artigo tocando música de câmara no Instituto. Os soldados nazistas da tropa de choque não vieram e Köhler não foi preso, provavelmente por causa de seu prestígio e reputação. Mas logo aconteceram abusos. Em novembro de 1933, foi decretado que os professores deveriam começar suas aulas com uma saudação nazista. Logo depois, Köhler deu uma aula para um público de mais de 200 pessoas, incluindo não apenas seus alunos e colegas, mas numerosos soldados nazistas e simpatizantes desse regime. Köhler começou sacudindo as mãos em uma caricatura da saudação nazista e continuou discursando sobre sua oposição ao nacional-socialismo. O público reagiu com um aplauso estrondoso, mas as autoridades ficaram indignadas (Crannell, 1970).

Em dezembro de 1933, Harvard convidou Köhler para fazer a Terceira Palestra em Memória de William James no ano seguinte, para apresentar um curso de 10 ou 12 aulas públicas e fazer um seminário de pós-graduação. Ele aceitou, mas, antes de partir, enfrentou provocações e assédios. Tropas armadas repetidamente "inspecionavam" o Instituto. Em abril de 1934, Köhler pediu demissão do cargo de diretor, mas seu pedido não foi aceito. Ele foi para Harvard em setembro de 1934. Sua aula sobre epistemologia e metafísica chamou a atenção dos filósofos de Harvard que solicitaram sua indicação para o corpo docente. Mas Boring estava particularmente desapontado por Köhler ter deixado de lado a psicologia experimental e, como chefe do Departamento de Psicologia, se opôs a essa indicação. Um dos argumentos de Boring era que Harvard havia cometido dois erros graves, em sua opinião, designando anteriormente Münsterberg e William McDougall (Capítulo 5). Boring achava que a faculdade não podia correr o risco de designar um outro psicólogo estrangeiro. Karl Lashley foi escolhido para o cargo e Köhler voltou para um futuro incerto na Alemanha.

Quando Köhler foi instruído a jurar lealdade a Hitler, ele se recusou e continuou a protestar contra a interferência nazista nos assuntos do Instituto e a exigir a readmissão de seus colegas e

---

* NT: Edifício em Berlim, sede do Parlamento alemão.

assistentes judeus. Em agosto de 1935, seu pedido de demissão foi finalmente aceito. Köhler emigrou para os Estados Unidos e aceitou o cargo de professor de psicologia na Swarthmore College. Dessa forma, em 1940, os três fundadores da *Psicologia da Gestalt*, assim como Lewin, estavam nos Estados Unidos. Infelizmente, três deles tiveram uma carreira norte-americana curta: Koffka morreu em 1941, Wertheimer em 1943 e Lewin em 1947. Apenas Köhler teve uma longa carreira nos Estados Unidos até sua morte em 1967.

Wertheimer e a Universidade no Exílio

Wertheimer era membro de um pequeno grupo de intelectuais europeus emigrados que encontrou liberdade acadêmica e refúgio do totalitarismo na *University in Exile at the New School for Social Research in New York City* [Universidade no Exílio na Nova Escola para a Pesquisa Social na cidade de Nova York]. Alvin Johnson, diretor da Nova Escola, liderou um esforço para criar a *University in Exile* [Universidade no Exílio] para vítimas da perseguição nazista. O primeiro grupo de intelectuais refugiados, incluindo Wertheimer, chegou em 1933 e começou o primeiro semestre da faculdade em outubro daquele ano. A Nova Escola foi fundada para criar a primeira universidade para adultos dos Estados Unidos. Era uma instituição que via a educação como a forma mais eficaz para transformar a sociedade e proteger a democracia. Sua missão, "Seguir a verdade, onde quer que ela conduza, independentemente das conseqüências pessoais" era muito atrativa para Wertheimer e seus colegas. Durante os sete anos que passou na Nova Escola antes de morrer, Wertheimer estudou o pensamento humano e a educação. Ele sempre teve interesse nesses assuntos e sempre dava palestras e seminários sobre pensamento criativo e educação. Em 1932, uma de suas alunas, Erika Fromm, pediu a cem cientistas e filósofos, incluindo Albert Einstein, Max Planck, Martin Heidegger, Kurt Koffka, Kurt Lewin e Sigmund Freud, que descrevessem seu modo de pensar quando desenvolveram suas teorias e idéias de pesquisa. Quarenta e um responderam à solicitação, incluindo Einstein e Freud. Em sua carta manuscrita, Einstein disse que não era capaz de descrever seu modo de pensar quando concebeu sua singular teoria da relatividade. Pensou-se que essas cartas fascinantes haviam se perdido, até que foram encontradas por acaso em 1997, traduzidas para o inglês e publicadas (Fromm, 1998). O livro de Wertheimer, *Productive Thinking* [Pensamento Produtivo], publicado postumamente em 1945 e reimpresso em 1959 em uma edição preparada por seu filho, o psicólogo Michael Wertheimer, documenta uma pequena parte do material que ele apresentou em suas palestras e seminários (Luchins e Luchins, 1970). O livro é original e provocativo, mas de difícil leitura; alguns disseram que Wertheimer era melhor palestrante e condutor de seminários do que escritor (Köhler, 1944).

Wertheimer se opôs inflexivelmente a métodos repetitivos de instrução e técnicas de resolução de problemas que davam ênfase à aplicação mecânica de princípios ou fórmulas. Ao contrário, ele recomendava uma abordagem *gestáltica* que leva em conta o problema como um todo. Para demonstrar essa abordagem, ele deu um exemplo: ensinar as crianças a encontrar a área do paralelogramo. Um professor que Wertheimer observou, ensinou seus alunos pelo método convencional.

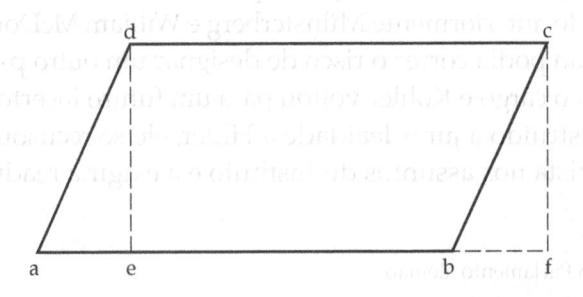

Primeiramente, os ângulos do paralelogramo foram chamados de *a, b, c* e *d*. Então, linhas perpendiculares foram ligadas a dois novos pontos: de *d* para *e* e de *c* para *f*. Em seguida, a linha da base foi estendida de *b* para *f*. Por fim, chegou-se à área do paralelogramo, multiplicando-se a base pela altura. Com esse método, os alunos foram capazes de achar a área de vários paralelogramos e o professor ficou satisfeito com o progresso deles. No entanto, Wertheimer desconfiou que as crianças haviam aprendido a aplicar o método mecanicamente, sem entender verdadeiramente a estrutura dos paralelogramos. Com a permissão do professor, Wertheimer pediu aos alunos para achar a área da seguinte figura:

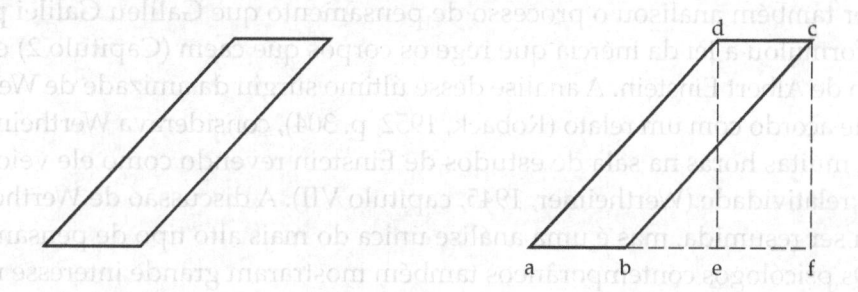

Algumas crianças perceberam que, se virassem a figura 45 graus, conseguiriam usar o método que já haviam aprendido. Muitas outras não eram tão flexíveis e ficaram confusas, protestando que o problema não era justo, pois nunca tinham visto uma figura como aquela. Elas tentaram aplicar o método que haviam aprendido, mas não tinham certeza do que constituía a base da figura. O professor disse para Wertheimer com certa indignação: "Você, sem dúvida, lhes deu uma figura estranha. Naturalmente, elas não são capazes de resolver" (Wertheimer, 1945, p. 17). No entanto, Wertheimer acreditava que o fracasso das crianças mostrava a inadequação do método de ensino. Ele sugeriu ensinar a elas a relação entre as partes do paralelogramo, a vê-lo como uma *Gestalt* e a pensar produtivamente. Wertheimer demonstrou que qualquer paralelogramo poder ser dividido em algumas partes.

Quando suas partes são reunidas novamente, elas formam um retângulo cuja área é facilmente calculada. Quando as crianças entenderam isso, não só puderam calcular a área de qualquer paralelogramo, não importando sua dimensão e altura, mas também conseguiram calcular a área de figuras até mais irregulares simplesmente percebendo que podiam dividir essas figuras complexas em figuras mais simples.

Como exemplo de pensamento produtivo espontâneo, Wertheimer contou um episódio da vida do famoso matemático Carl Friedrich Gauss (Wertheimer, 1945, p. 90). A mãe de Gauss era analfabeta e seu pai, pouco instruído, embora Gauss tenha se tornado o príncipe da matemática. Quando Gauss tinha seis anos, seu professor primário perguntou para a classe: "Qual de vocês vai ser o primeiro a somar $1 + 2 + 3 + 4 + 5 + 6 + 7 + 8 + 9 + 10$?" Enquanto seus colegas ainda estavam pensando no problema, Gauss deu a solução: 55. "Como é que você conseguiu a solução tão depressa?", perguntou o surpreso professor, não percebendo que estava lidando com um gênio da matemática. Wertheimer reconstruiu o pensamento de Gauss e decidiu que ele deve ter percebido que os números nas extremidades da série sempre somavam 11:

$1 + 10 = 11$
$2 + 9 = 11$
$3 + 8 + 11$
$4 + 7 = 11$
$5 + 6 = 11$

Há cinco conjuntos de números, portanto a soma ou o todo deve ser 5 x 11 = 55.

Wertheimer acreditava que seria possível desenvolver tal modo de pensar perceptivo e produtivo em todas as crianças, não apenas em gênios como Gauss.[5]

Wertheimer também analisou o processo de pensamento que Galileu Galilei pode ter utilizado quando formulou a lei da inércia que rege os corpos que caem (Capítulo 2) e os processos de pensamento de Albert Einstein. A análise desse último surgiu da amizade de Wertheimer com Einstein que, de acordo com um relato (Roback, 1952, p. 304), considerava Wertheimer um gênio. Eles passaram muitas horas na sala de estudos de Einstein revendo como ele veio a formular a teoria geral da relatividade (Wertheimer, 1945, capítulo VII). A discussão de Wertheimer é muito complexa para ser resumida, mas é uma análise única do mais alto tipo de pensamento criativo e produtivo. Os psicólogos contemporâneos também mostraram grande interesse na definição e mensuração da criatividade (Guilford, 1954; Flanagan, 1963; Barron, 1969). Como Wertheimer, eles com freqüência davam ênfase à flexibilidade e à inovação do pensamento produtivo – pensar em oito formas de usar uma bola de borracha, um palito de dente, um clipe de papel, um tijolo e uma régua de 30 centímetros – em vez de regras e métodos convencionais. O pensamento criativo tem sido de grande interesse dos intelectuais contemporâneos (Finke, Ward e Smith, 1992; Weber, 1993).

Wertheimer questionou os métodos tradicionais de ensinar as habilidades de resolução de problemas às crianças. Embora seu trabalho tenha sido inovador, ele não teve o impacto merecido nem sobre a psicologia da aprendizagem, nem sobre a educação. O principal impacto da psicologia da *Gestalt* resultou da pesquisa sobre a aprendizagem animal feita pelo colega mais jovem de Wertheimer, Wolfgang Köhler. Essa pesquisa gerou tanto observações diferentes sobre a aprendizagem animal quanto uma explicação teórica sobre o próprio processo. Como a aprendizagem animal era uma preocupação central dos psicólogos norte-americanos, Köhler causou uma grande impressão.

OS EXPERIMENTOS EM APRENDIZAGEM POR *INSIGHT* DE WOLFGANG KÖHLER (1887-1967)

Wolfgang Köhler obteve seu doutorado sob a orientação de Stumpf (Capítulo 6) em Berlim, em 1909, e, como vimos, foi um dos voluntários dos experimentos de Wertheimer em Frankfurt. Em

---

[5] Ainda mais impressionante é este relato sobre o gênio de Gauss aos 10 anos: "Quando Gauss tinha 10 anos, o professor do vilarejo pensou em manter a classe ocupada pedindo que os alunos escrevessem os números inteiros de um até cem e depois achassem sua soma. Momentos depois, ele ficou perplexo ao ver que o pequeno Carl em sua carteira tinha apenas um único número em sua lousa. "Aqui está", disse o garoto e, então, sentou com as mãos cruzadas enquanto o restante da classe continuava com dificuldade. No final, Carl foi o único que acertou a resposta. O menino tinha percebido imediatamente que o problema se reduzia a (1+100) + (2+99) + ... (50+51) = 50(101) = 5050" (Lyken et al., 1992, p. 1573).

O brilhantismo e criatividade de um matemático contemporâneo, Paul Erdos, são descritos em *The Man who Loved Only Numbers: The Story of Paul Erdos and the Search for Mathematical Truth* [O Homem que Só Gostava de Números; A História de Paul Erdos e a Busca da Verdade Matemática].

1913, Stumpf conseguiu que Köhler fosse nomeado diretor da Estação de Pesquisa Antropóide em Tenerife, nas Ilhas Canárias. A Academia Prussiana de Ciências o enviou para esse local para estudar as habilidades de resolução de problemas e a inteligência geral de um grupo de chimpanzés recém-capturado na África Ocidental (Köhler, 1967, apud Benjamin 1988, p. 521). Ele planejou ficar apenas alguns meses, mas por causa da deflagração da Primeira Guerra Mundial em 1914, Köhler acabou ficando isolado na ilha até 1920. Ele empregou bem seu tempo, fazendo suas famosas pesquisas sobre a aprendizagem por *insight*.

Na época, a visão predominante sobre a aprendizagem animal era a do psicólogo norte-americano Edward Lee Thorndike (Capítulo 10). Depois de estudar a aprendizagem em galinhas, macacos, cachorros e principalmente gatos, Thorndike concluiu que esta é um processo de *tentativa e erro* que depende de uma ação seletiva de recompensa e punição. No entanto, Köhler estava insatisfeito tanto com a conclusão de Thorndike quanto com as situações experimentais que ele havia escolhido. Particularmente, Köhler questionou a conclusão geral de Thorndike de que seus animais não raciocinavam, mas aprendiam mecanicamente por meio de ação seletiva de recompensa e punição. Köhler afirmou que os animais de Thorndike podiam ter sido capazes de raciocinar, mas foram incapazes de demonstrar isso nos contextos dos problemas que Thorndike havia escolhido. Talvez as caixas-problema de Thorndike tenham forçado os animais a aprender por meio de tentativa e erro, já que formas mais inteligentes de resolução de problemas não estavam disponíveis. Köhler afirmou que, em qualquer teste de níveis mais altos de raciocínio em animais, todos os elementos necessários para uma solução inteligente devem estar presentes. Assim, estabeleceu-se o debate entre a visão conexionista, de estímulo-resposta, de tentativa e erro da aprendizagem animal de Thorndike e a abordagem de Köhler – *Gestalt*, ou o que ele denominou *aprendizagem por insight*. Para provar a validade de seu ponto de vista, Köhler imaginou tarefas de resolução de problemas que permitiam que um animal percebesse os elementos da solução e chegasse a ela por meio do *insight* e não pelo método de *tentativa e erro*.

Os primeiros experimentos de Köhler foram feitos com um cão, uma galinha e uma criança. Ele acreditava que uma característica de uma resolução de problemas inteligente é a habilidade de mudar para uma solução indireta quando uma solução direta não estiver disponível. Köhler desenvolveu o *Umwege*, ou problema de desvio, no qual o acesso direto a uma meta é bloqueado e o sujeito do experimento é forçado a fazer um desvio.

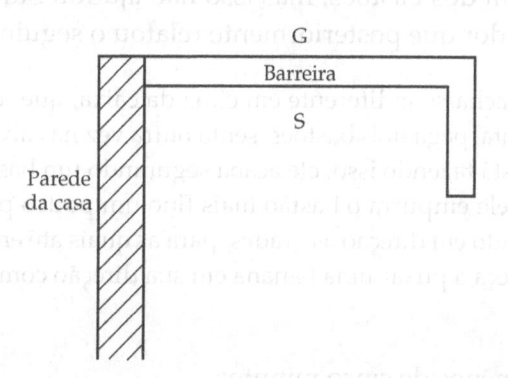

No primeiro experimento de desvio de Köhler, um cão foi colocado na posição S e a comida, na posição G. O cão contornou o desvio fácil e rapidamente até o alimento. Em seguida, uma criança de um ano foi colocada no S e sua boneca, na posição G. No início, ela tentou passar pela barreira, mas então Köhler relatou que ela "repentinamente riu de satisfação e em um movimento saiu correndo, passou pelo desvio em direção ao objetivo" (Köhler, 1925, p. 14). As galinhas que tiveram problemas de desvio se comportaram de maneira bastante diferente. Elas corriam em frente da barreira de uma maneira confusa e pouco inteligente e nunca faziam o desvio necessário. Portanto, Köhler concluiu que os cachorros e as crianças eram capazes de raciocinar quando exigido nessa situação, ao contrário das galinhas.

As situações que Köhler usou em seus experimentos com chimpanzés foram mais complexas, pois ele descobriu que eles eram animais interessantes e inteligentes. Primeiro, suspendeu uma cesta com um cacho de bananas do teto de arame do cercado em que os animais se encontravam. Os chimpanzés não conseguiam alcançar as bananas pulando – a solução direta óbvia – portanto foram obrigados a desenvolver uma forma indireta de alcançar o alimento. Um andaime em um dos lados do cercado estava bem dentro do arco da cesta que balançava. Quando os animais entraram pela primeira vez no cercado, fizeram tentativas infrutíferas de pular para alcançar a cesta, mas então um deles, Chica, "analisa tranqüilamente a situação e, de repente, vira-se em direção ao andaime, espera com os braços estendidos pela cesta e a apanha. O experimento durou cerca de um minuto" (Köhler, 1925, p. 19). Em seguida, o andaime foi removido, dificultando a solução do problema, mas outro chimpanzé, Sultan, esforçou-se para enfrentar o desafio. Ele subiu em uma viga do teto no raio de alcance das bananas quando elas passaram perto dele.

Köhler também apresentou aos animais problemas em que tinham de usar bastões como instrumentos ou ferramentas. Primeiro, ele colocou as bananas fora da jaula e fora do alcance dos chimpanzés. Alguns bastões permaneceram na jaula. Um dos animais, Tschego, foi a primeira a tentar, sem sucesso, alcançar as bananas com as mãos, mas depois de meia hora ela desistiu. Deitou tranqüilamente na jaula até que um grupo de animais mais jovens se aproximou da fruta. Então, "repentinamente, Tschego levanta, pega um bastão e habilmente puxa as bananas até que elas estejam a seu alcance" (Köhler, 1925, p. 32). Aparentemente, tudo que Tschego precisava era um pouco de motivação social. Em outra versão desse teste, o animal teve de usar um pequeno bastão para puxar um bastão mais comprido e, então, usá-lo para puxar as bananas. Mais uma vez os animais foram bem-sucedidos. Em um teste mais complicado, uma banana estava fora da jaula a uma distância que não podia ser alcançada por nenhum dos dois bastões que estavam na jaula. No entanto, se os dois bastões fossem encaixados, seu comprimento seria suficiente para alcançar a fruta. Em um determinado ponto, Köhler demonstrou a solução pondo um de seus dedos na extremidade de um dos bastões, mas isso não ajudou Sultan. Köhler, então, o deixou sob os cuidados de um tratador que posteriormente relatou o seguinte:

> Sultan, primeiramente, agacha-se indiferente em cima da caixa, que foi deixada um pouco atrás das grades; então, ele levanta, pega dois bastões, senta outra vez na caixa, brinca com eles despreocupadamente. Enquanto está fazendo isso, ele acaba segurando um bastão em cada mão de forma que ficasse em linha reta; ele empurra o bastão mais fino um pouco para dentro do bastão mais grosso, pula e já está correndo em direção às grades, para as quais até então ele estivera virado parcialmente de costas, e começa a puxar uma banana em sua direção com um bastão duplo. (Köhler, 1925, p. 127)

Toda essa seqüência levou menos de cinco minutos.

Em seguida, uma banana foi suspensa do teto, fora de alcance. Primeiro, Sultan tentou bater nela com um bastão. Então, ele arrastou uma caixa para baixo da banana, subiu nela e conseguiu derrubar a fruta. Posteriormente, Sultan e alguns outros chimpanzés construíram torres de quatro caixas. Em certa ocasião, quando a fruta estava suspensa do teto, e não havia caixas na jaula, Sultan empurrou um tratador para baixo da fruta e subiu em seus ombros para alcançá-la. Os chimpanzés também foram vistos subindo nos ombros uns dos outros ou escalando um grande poste colocado debaixo da fruta até que ela caísse. Uma das fotos de Köhler mostra Chica, a pelo menos 1 m ou 1,5 m de altura em um poste quase vertical, agarrando uma banana suspensa com uma mão e segurando a extremidade do poste com a outra.

Além de permitir que os animais avaliassem todo o problema, os experimentos de Köhler tinham várias características. Primeiro, eram realizados nos cercados domésticos ou nas jaulas dos animais. Köhler acreditava que em tais situações os animais se sentiam mais confortáveis e, portanto, era mais provável que demonstrassem um comportamento inteligente. Depois, como vimos, ele testou com freqüência seus animais na presença de outros. Köhler acreditava que essa situação era a mais natural; ele considerava anormal o comportamento dos animais testados sozinhos. Incidentalmente, esse teste em grupo também permitiu que Köhler observasse fenômenos sociais como aprendizagem por observação e imitação. E, finalmente, Köhler relatou seus resultados de forma descritiva, com pouquíssimas observações estatísticas. Ele acreditava que os aspectos mais valiosos de suas observações seriam perdidos se fossem tratados de forma abstrata, estatística.

Quase todas as observações surpreendentes de Köhler foram feitas durante os primeiros meses de 1914. Köhler passou os anos restantes em Tenerife, reproduzindo e aprofundando esses resultados. Ao fazer isso, ele causou certa consternação entre os agentes da inteligência britânica que não conseguiam acreditar que um cientista desperdiçava tanto tempo tentando descobrir como um chimpanzé aprende a pegar bananas. Eles estavam convencidos de que os relatórios dos experimentos de Köhler eram parte de um engenhoso plano de espionagem dos alemães (Gleitman, 1981, p. 138). Segundo Ronald Ley (1991), Köhler foi envolvido em um "segredo de espionagem", afirmação que foi questionada (Harris, 1991). O objetivo de Köhler era científico, não político.

Köhler relatou seus resultados primeiro em uma monografia da Academia de Ciências de Berlim em 1917 e, então, em um livro publicado na Alemanha em 1921. No entanto, seu maior impacto foi após a publicação em inglês, em 1925, de seu livro *The Mentality of Apes* [A Mentalidade dos Macacos]. Köhler chamou de aprendizagem por *insight* a atividade cognitiva que ele havia observado e disse:

> Podemos, em nossa própria experiência, distinguir nitidamente entre o tipo de comportamento que, desde o início, leva em conta a estrutura da situação e aquele que não. Somente no primeiro caso, falamos realmente em *insight* e, sem dúvida, apenas esse comportamento dos animais nos parece inteligente, o qual desde o início considera os detalhes da situação, passando então a lidar com ela em um curso único, contínuo e definido. Daí decorre esse critério de *insight*: o surgimento de uma solução completa com referências ao *layout* completo do campo. (Köhler, 1925, p. 190)

Köhler descreveu as propriedades da *aprendizagem por insight*. Em primeiro lugar, essas soluções baseiam-se em uma reestruturação perceptual do problema. O animal "vê" ou "percebe" a solução. Ela é caracterizada por uma sensação de "Ah, consegui" ou da aprendizagem do "Aha", como Arquimedes quando tomou seu famoso banho. Opostamente, *a aprendizagem por tentativa e erro* de Thorndike é lenta e gradual. Em segundo lugar, *a aprendizagem por insight* não depende de recompensas. As frutas que Köhler usava consistiam em incentivos, mas não eram responsáveis pela aprendizagem; os animais resolviam os problemas antes de terem comido a fruta. Em terceiro lugar, as soluções por *insight* são caracterizadas pela generalização ou grande quantidade de transferência positiva de um problema para outro. Os animais de Köhler tornaram-se bons nos testes ou sofisticados; uma vez que tinham resolvido um problema que envolvia uma ferramenta ou empilhar alguma coisa, podiam resolver problemas semelhantes.

As qualidades da *aprendizagem por insight* tornam-se evidentes quando os seres humanos têm problemas de *insight* para resolver. Pense em dois ciclistas que estão a 32 km de distância um do outro e que se aproximam a uma velocidade constante de 16 km por hora. Ao mesmo tempo, um pássaro pequeno, mas ativo, voa a uma velocidade constante de 24 km por hora a partir da primeira bicicleta até alcançar a roda dianteira da outra bicicleta. Então, ele instantaneamente se vira e voa até encontrar a roda da primeira bicicleta. O pássaro continua a seguir esse padrão até que os dois ciclistas se encontram. A questão é: quanto o pássaro voa antes de ser esmagado entre as duas rodas dianteiras? Poderíamos encontrar uma solução forçada, sem um *insight*, calculando a distância que o pássaro voa em cada trecho percorrido e somando essas distâncias. Poderíamos chegar a uma solução pelo *insight* observando que os ciclistas irão se encontrar exatamente uma hora depois da partida, quando cada um percorreu 16 km e, durante esse período, o pássaro, voando a 24 km por hora, percorreria 24 km. É surpreendente que até matemáticos talentosos não conseguem chegar à solução pelo *insight*. Por exemplo, quando esse problema foi apresentado a John von Neumann, um dos grandes gênios da matemática do século XX (Macrae, 1992), ele fez sua dança característica enquanto se concentrava e respondeu imediatamente "24 km". "Oh, você já tinha visto isso antes", disse a pessoa que lhe havia feito a pergunta. "Isso o quê?", perguntou o perplexo Johnny (Von Neumann). "Eu simplesmente somei as séries infinitas" (Macrae, 1992, p. 10-11).

Em 1925, Köhler foi para os Estados Unidos como professor convidado na Clark University. Ele gostava da imensidão e da beleza do país e da cordialidade de seus habitantes. Até os cães, dizem que ele falou, eram amigáveis (Henle, 1986, p. 238). Ele fez inúmeras conferências bem-sucedidas sobre resolução de problemas e aprendizagem por *insight* em chimpanzés, mas nenhuma no sul do país. Como Mary Henle explica:

> Afinal de contas, 1925 foi o ano do julgamento de Scopes no Tennessee, o famoso "julgamento do macaco", no qual um jovem professor secundário foi condenado por ensinar a teoria da evolução. Köhler ficou sabendo posteriormente que uma das melhores universidades do sul não o havia convidado a falar do seu trabalho sobre os chimpanzés porque "isso causaria muita indignação em todo o Estado". (Henle, 1986, p. 238-239)

Mentality of Apes [A Mentalidade dos Macacos] de Köhler é um livro impressionante que mostra claramente o poder dos princípios da *Gestalt* no direcionamento e organização de um programa de pesquisa. Além das descrições da aprendizagem por *insight*, o livro contém muitas observações interessantes sobre a aprendizagem da discriminação, memória e emoção nos animais. De acordo com os teóricos do estímulo-resposta, como Thorndike, um animal aprende em um experimento com discriminação a reagir a um determinado estímulo com uma resposta específica; segundo a teoria da *Gestalt*, o animal aprende a responder a uma situação de estímulo como uma *Gestalt* ou todo, principalmente no que diz respeito às relações entre os estímulos. O teste de Köhler sobre essas concepções diferentes incluiu a *transposição* de estímulos. Primeiro, uma galinha foi treinada a distinguir entre dois tons de cinza. Quando bicava um cartão cinza-escuro (II), ela sempre conseguia uma recompensa em alimento; ao bicar o cartão cinza-claro (I), ela nada recebia.

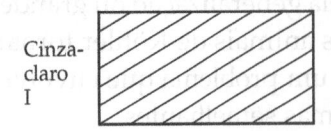

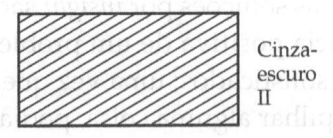

As galinhas não são os animais mais inteligentes, mas depois de 400 a 600 tentativas, elas procuravam consistentemente o cartão II e raramente o cartão I. O que exatamente a galinha aprendeu? Ela aprendeu a bicar o cartão de estímulo cinza, a teoria de estímulo-resposta (E-R), ou a examinar a relação entre os dois cartões e a reagir ao mais escuro? O teste de Köhler era engenhoso. Ele transpôs os estímulos de modo que a galinha tivesse de escolher entre o cartão cinza-escuro original (II) e um cartão preto (III).

Cinza-escuro II   Preto III

A teoria do E-R prevê que, desde que o estímulo original esteja presente, a galinha deve responder ao cartão II; a teoria da *Gestalt* prevê que a galinha deve escolher o mais escuro dos dois estímulos nessa nova situação e, então, bicar o cartão III. A maior parte das galinhas utilizadas por Köhler escolheu o cartão III no teste de *transposição*. Experimentos semelhantes com macacos e crianças utilizando-se dimensões mais complexas de estímulo, como cor e forma, geraram resultados semelhantes. Nos testes de transposição, os sujeitos do experimento invariavelmente escolhiam o novo estímulo, o que sugere que estavam reagindo a uma relação entre estímulos e ao campo como um todo e não a um estímulo isolado e específico. Um teste da suficiência de uma teoria é sua capacidade de propor demonstrações críticas. O experimento de transposição é uma demonstração impressionante da capacidade da teoria da *Gestalt* de fornecer esse teste e é também, claro, uma demonstração impressionante da engenhosidade de Köhler como pesquisador.

Uma segunda importante observação de Köhler relacionava-se à memória dos animais. Ele estava convencido de que a memória de um macaco era limitada. Em um experimento, ele cobriu um quadrado bem grande no chão com vários metros de areia. Fez algumas marcas e linhas na areia e um pequeno monte que servia de ponto de referência. Então, enquanto um macaco que estava preso observava, Köhler enterrou a comida na areia. Quando o macaco era libertado pouco tempo depois, ele imediatamente se dirigia ao local certo e desenterrava o alimento; quando o macaco era solto vários minutos depois, procurava em todos os lugares antes de encontrar o alimento. Essa conclusão sugeriu a Köhler que a memória de um macaco é limitada a eventos recentes.

Por fim, Köhler rejeitou os relatos dos empiristas sobre a emoção; eles afirmavam que as reações emocionais são adquiridas por meio da experiência (Capítulos 2 e 12). Como esses relatos podiam explicar os paroxismos de terror de seus animais quando viam pela primeira vez um animal estranho, como um camelo, passar perto de seu cercado? Em um caso, a reação de medo foi tão intensa que Köhler não conseguiu realizar os experimentos por vários dias. As reações de medo intensas também eram provocadas por brinquedos mecânicos, animais empalhados, uma cobra e uma máscara. Köhler relatou:

> Um dia, quando me aproximava da cerca, repentinamente coloquei em minha cabeça e em meu rosto uma cópia de papelão de uma máscara de um demônio da peste Cingalês (certamente um objeto assustador) e, instantaneamente, todos os chimpanzés, exceto Grande, desapareceram. Eles correram como se estivessem possuídos para dentro de uma das jaulas e, à medida que me aproximava mais, o corajoso Grande também sumiu. (Köhler, 1925, p. 322-323)

Köhler argumentou que essa reação imediata e intensa não podia ter sido aprendida, pois a máscara nunca havia sido relacionada a um castigo.[6]

As conclusões de pesquisa que ele relatou em *Mentality of Apes* [A Mentalidade dos Macacos] convenceram Köhler de que *a aprendizagem por tentativa e erro* não podia esclarecer comportamentos de resolução de problemas complexos em animais e seres humanos. Atualmente, as diferenças entre *insight* e *aprendizagem por tentativa e erro* não parecem tão claras como eram para Köhler. Mesmo em seus próprios experimentos, Köhler viu claramente que as soluções eram com freqüência precedidas por comportamentos que pareciam *aprendizagem por tentativa e erro*. Além disso, animais em tentativa e erro às vezes demonstram uma aprendizagem repentina como um *insight*. Os diferentes experimentos e interpretações de Köhler e Thorndike foram um reflexo de suas concepções sobre processos psicológicos básicos: para Köhler, *Gestalt*; para Thorndike, *funcionalismo*.

Historicamente, a psicologia da *Gestalt* foi associada com o trabalho de Wertheimer, Koffka e Köhler. Na verdade, esses três homens lançaram as bases teóricas, conceituais e empíricas dessa nova abordagem em psicologia. Um de seus colegas com uma tendência maior para a aplicação, Kurt Lewin, foi capaz de usar os conceitos e as abordagens da psicologia da *Gestalt* para tratar de questões psicológicas mais amplas sobre desenvolvimento da personalidade, eficiência do trabalhador e vários comportamentos e problemas sociais.

KURT LEWIN (1890-1947) E A APLICAÇÃO DA PSICOLOGIA DA *GESTALT*

A influência de Kurt Lewin sobre a psicologia contemporânea foi reconhecida por muitos (Stivers e Wheelan, 1986; Patnoe, 1988; Kendler, 1989). Mas até psicólogos que reconhecem a importância de seu trabalho criativo e inovador enfrentam um dilema: ninguém parece ter certeza de como pronunciar seu sobrenome. Seria *Loo-in* ou *La-veen*? Quando Lewin chegou aos Estados Unidos, adotou a pronúncia alemã, ou seja, *La-veen*. Posteriormente, ele mudou para a pronúncia norte-americana quando seus filhos se sentiram incomodados por ter de explicar a pronúncia alemã para seus amigos norte-americanos (Marrow, 1969). Para o desalento paterno, ambas as pronúncias estão corretas.

Os Primeiros Anos de Lewin

Lewin nasceu em 9 de setembro de 1890, no vilarejo de Moglino, na província prussiana de Posen, que agora faz parte da Polônia. Sua família tinha uma pequena fazenda, mas eles moravam na parte de cima da loja que possuíam. Dos quatro irmãos, ele era o segundo e o primeiro do sexo masculino. Embora tenha sido criado em uma família judia de classe média, que lhe propiciava um lar repleto de calor e afeição, isso não o protegeu da discriminação e do anti-semitismo da vida na Alemanha na virada do século. As oportunidades educacionais, sociais e ocupacionais de Lewin foram restritas. Em 1905, sua família mudou para Berlim e ele concluiu o curso secundário no *Kaiserin Augusta Gymnasium*. Até então, seu desempenho escolar não havia sido bom e ele era

---

[6] O psicólogo canadense Donald Hebb, trabalhando com chimpanzés nos Estados Unidos, ratificou as conclusões de Köhler e fez uma outra descoberta. Quando os filhotes viram modelos de cabeças humanas e de animais separadas dos corpos, eles não tiveram medo, os chimpanzés quase adultos ficaram mais agitados e a maior parte dos adultos ficou apavorada (Hebb, 1949, p. 243).

mais conhecido por seu temperamento violento. Somente durante os últimos dois anos no *Gymnasium*, sua brilhante inteligência se tornou aparente.

Depois de estudar medicina e biologia na Universität Freiburg e Universität München, Lewin transferiu-se para a Universität Berlin em 1910. O Instituto de Psicologia de Stumpf e o Departamento de Psicologia de Berlim (Capítulo 6) eram ambientes motivadores e Lewin estava fascinado com a possibilidade de uma ciência da psicologia. No entanto, ele achava muitos dos cursos do departamento na "grande tradição" da psicologia wundtiana irrelevantes e monótonos. Com muita freqüência, parecia que os psicólogos faziam estudos desconectados que nunca formavam um todo com significado. Lewin passou três anos em Berlim usando sílabas sem sentido em uma experiência de tempo de reação antes de concluir que sua pesquisa era inútil. Ele buscava uma nova psicologia, mais relevante.

Lewin era um dos alunos de um grupo ativo, preocupado com as oportunidades educacionais limitadas disponíveis para as classes trabalhadoras de Berlim, o tipo de problema que Lewin achava que os psicólogos poderiam ajudar a resolver. Com isso em mente, ele organizou uma série de cursos para trabalhadores com o intuito de ensinar habilidades básicas. As autoridades da universidade opuseram-se a esses novos cursos, por considerá-los subversivos, mas essa incipiente "universidade sem muros" foi bem-sucedida. Durante toda sua vida, Lewin manteve seu compromisso de aplicar a psicologia aos problemas sociais. Quando a Primeira Guerra Mundial começou em 1914, Lewin havia completado todos os requisitos para o doutorado e já estava para se formar. Ele se voluntariou para o exército e serviu por quatro anos nas trincheiras assassinas. Lewin recebeu a Cruz de Ferro antes de ser ferido e hospitalizado em 1918. Seu título de doutor foi conferido em 1916 com Stumpf como seu orientador, embora Lewin mais tarde tenha relembrado que Stumpf não havia discutido sua tese de doutorado uma única vez (Lewin, 1937). Mesmo assim, ele considerava Stumpf um dos dois mais importantes psicólogos alemães de seu tempo, sendo Georg Elias Müller (Capítulo 6) o outro.

As Primeiras Obras de Lewin

Embora licenciado em 1917, Lewin publicou um trabalho admirável, *The War Landscape* [Panorama da Guerra], em que descreveu a experiência de guerra de um soldado. Ele se referiu ao *espaço vital* do soldado e também usou termos como *fronteira*, *direção* e *zona*, os quais se tornaram essenciais em sua *teoria topológica*. Lewin salientou que o *espaço vital* de um soldado e o de um civil são muito diferentes. Para um civil, um caminho sombreado debaixo de alguns rochedos é um lugar ideal para um passeio ou piquenique; para um soldado, é um lugar perigoso propício a emboscadas. No contexto da paz, ações como queimar móveis ou livros para usar como combustível seriam consideradas uma barbárie, mas em tempos de guerra, são compreensíveis. Lewin também descreveu a *despersonalização* e a *desumanização* do "inimigo" como a incorporação de todo o mal.

Depois da desmobilização em 1918, Lewin retornou para o Instituto de Psicologia de Berlim como colega de Wertheimer e Köhler e como um companheiro de profissão de Koffka. Lewin achou atraente a abordagem da *Gestalt* desses dois homens, mas seus interesses profissionais enfatizavam a aplicação muito mais do que eles. Em 1919, ele publicou dois estudos sobre o trabalhador rural e da indústria nos quais retomava o tema de seu trabalho sobre o exército. Apesar das aparentes semelhanças entre os trabalhadores rurais e os da indústria – por exemplo, o árduo esforço físico diário –, Lewin afirmava que seus *espaços vitais* eram muito diferentes. O operário deve desenvolver uma habilidade especializada a ser utilizada todos os dias, ao passo que o trabalhador rural deve utilizar muitas habilidades diferentes todos os dias e em cada estação do ano.

Lewin também achava que, apesar de um operário geralmente ganhar mais dinheiro, o trabalhador rural pode sentir-se mais satisfeito. Em seu trabalho, ele também discutiu os conhecidos estudos sobre tempo e movimento do pioneiro engenheiro industrial norte-americano Frederick Winslow Taylor (1856–1915). Taylor começou seus estudos sobre os trabalhadores fabris na década de 1880. Em 1911, ele publicou *The Principles of Scientific Management* [Princípios da Administração Científica]. Taylor defendia uma abordagem de cronômetro e prancheta para a vida na fábrica, que coloca o sistema acima de tudo. Os movimentos dos operários tinham de ser cronometrados e todo o movimento desnecessário e ineficiente eliminado na busca por maior eficiência e produtividade industrial. Taylor era um grande defensor do esquema de pagamento por *tarefa* no qual os operários eram pagos com base no número de unidades produzidas. Os operários e os sindicatos se opuseram a esse esquema de trabalho, pois o consideravam uma exploração, já que o empregador controla a necessidade de trabalho. Taylor apoiava o trabalho por tarefa com relatos de trabalhadores aparentemente transformados pelos incentivos concedidos a esse tipo de esquema de trabalho. Ele também usou estereótipos étnicos inadequados, como quando rotulou um padrão de trabalhador imigrante, Schmidt, de "um tipo mentalmente preguiçoso" (Banta, 1993). Uma reação comum à abordagem de Taylor entre os trabalhadores é revelada por seu apelido, "Speedy"[*], mas seus estudos sobre tempo e movimento estiveram em moda entre os gerentes. Taylor foi descrito como "o Ross Perot ou Lee Iacocca de seu tempo" (Heller, 1993, p. A8), e Peter F. Drucker (1993) o comparou a Freud e a Darwin como um dos três criadores do mundo moderno. Lewin foi mais crítico. Em um trabalho publicado em 1920, *The Socialization of the Taylor System* [A Socialização do Sistema de Taylor], ele argumentou que trabalho é mais do que produzir com máxima eficiência. O trabalho tem *valor vital* e deve ser enriquecido e humanizado. Não vivemos para produzir, Lewin afirmava; produzimos para viver. Ele voltaria a essa área de pesquisa posteriormente quando procurou maneiras de a psicologia contribuir para o ambiente de trabalho.

Em 1921, Lewin foi nomeado *Privatdozent* na Universität Berlin e, mesmo entre uma constelação de estrelas, conseguiu atrair alunos para suas aulas e programas de pesquisa. Teve sorte, pois como *Privatdozent* a maior parte de sua renda dependia do número de alunos que fazia seus cursos. Durante toda sua vida, Lewin manteve um relacionamento próximo com seus muitos alunos. No Instituto de Psicologia de Berlim, eles formavam um grupo fechado e freqüentemente se reuniam para discussões informais no Swedish Café do outro lado da rua. Foi lá que Lewin notou que os garçons lembravam do valor das contas dos clientes até que elas fossem pagas e, então, esqueciam – observação que estimulou a pesquisa de Zeigarnik que citamos anteriormente neste capítulo. A capacidade de traduzir essas observações diárias em pesquisa importante foi característica de Lewin durante toda sua vida. No entanto, sua pesquisa sempre seguiu os princípios da *Gestalt* e foi feita dentro do modelo da teoria da *Gestalt*, pois, como ele dizia com freqüência, "Não há nada tão prático quanto uma boa teoria" (Lewin, apud Marrow, 1969, p. viii). Quais eram alguns dos conceitos teóricos de Lewin?

A Psicologia Topológica de Lewin

Lewin considerava o indivíduo um campo de energia complexo, um sistema dinâmico de necessidades e tensões que direciona as percepções e ações. O comportamento (C) é função (f) de uma pessoa (P) interagindo com o ambiente (A). Em sua fórmula

C = f(P, A)

---

[*] NT: "Rapidinho" ou "Ligeirinho".

Tamara Dembo (1902–1993): Uma Psicóloga da Gestalt na Alemanha, na Holanda e nos Estados Unidos

Tamara Dembo fez pesquisa inovadora e importante dentro do modelo de psicologia da *Gestalt* na Alemanha, Holanda e Estados Unidos. Sua última pesquisa com Lewin nos Estados Unidos é bastante conhecida, e Dembo é considerada uma das fundadoras da psicologia da reabilitação. A recente descoberta de seus arquivos pessoais mostrou a qualidade de seu trabalho inicial e nos forneceu uma informação histórica adicional sobre a psicologia da *Gestalt* (Van Der Veer, 2000).

Dembo nasceu em uma família judia russa em Baku, na Transcaucásia. Ela chegou a Berlim em 1921 para estudar matemática na Universität Berlin. Depois de assistir a uma preleção de Lewin sobre psicologia, Dembo deu ênfase a essa disciplina em seus estudos e entrou para um grupo contemporâneo de alunos de Lewin no Instituto de Psicologia de Berlim. Zeigarnik e duas outras mulheres russas eram membros do grupo. De 1925 até 1928, Dembo trabalhou com Köhler e Lewin em pesquisa que formou a base de sua tese. Seu objetivo era estudar a origem e o desenvolvimento da raiva em uma ambiente em que ela pudesse ser observada e avaliada. Van Der Veer resumiu a abordagem experimental de Dembo:

> Dembo decidiu provocar situações de raiva no laboratório. Isso foi feito apresentando problemas às pessoas que ou eram impossíveis ou muito difíceis de resolver e, às vezes, obstruindo ativamente seus esforços para chegar a uma solução. Durante o processo de resolução de problemas, os sujeitos estavam sendo observados pela pesquisadora e seu assistente. O assistente taquigrafava tudo que era dito, e a pesquisadora tomava nota de eventos globais que aconteceram. Isso resultou em protocolos de cerca de 15 páginas por sessão. Depois, os sujeitos eram questionados sobre seus sentimentos durante o experimento. (Van Der Veer, 2000, p. 112)

Dembo também propôs uma tarefa que envolvia jogar argolas: o sujeito era requisitado a atirar 10 argolas sucessivamente de uma distância de 3,5 m em uma garrafa – uma tarefa muito difícil. Os observadores ridicularizavam e depreciavam as jogadas erradas para provocar a raiva do sujeito do experimento. Dembo descreveu reações de raiva e aborrecimento: xingamentos, tentativas de fugir da situação, agressão injustificada – jogar uma argola no observador – e tentativas dos sujeitos de controlar ou esconder suas emoções. Sua análise gestaltista do comportamento deles utilizou o conceito de Lewin de que um *campo de forças ou vetores* influencia os sujeitos do experimento. Sua tese foi aprovada em 1930.

Enquanto escrevia sua tese, Dembo trabalhou no Instituto de Psicologia da Universität Gröningen, na Holanda, com F. J. J. Buytendijk (1887–1947), um fisiologista interessado na abordagem da *Gestalt* aplicada ao estudo do comportamento animal. Em Gröningen, Dembo observou o comportamento livre dos ratos em um "labirinto espaçoso" no qual duas lâminas de vidro bloqueavam parcialmente o caminho até a comida, mas permitiam que o rato a visse da área de partida. Os ratos aprenderam a andar em ziguezague contornando a lâmina. Suas observações mais interessantes aconteceram depois da remoção da primeira lâmina. Dois ratos inicialmente seguiram o curso original em ziguezague antes de pegar o caminho direto.[7] O comportamento dos ratos não era, então, uma cadeia de reações, mas uma reação à situação como um todo. Dembo também observou os ratos no que ela chamou de "parque de diversão", uma grande caixa repleta de uma variedade de objetos e dispositivos que se pressupôs ser de interesse de um rato. Finalmente, Dembo observou a aprendizagem e a resolução de problemas em pássaros e peixes.

Em 1930, ela emigrou para os Estados Unidos, unindo-se a Koffka no Smith College e, então, em 1934, a Lewin na University of Iowa.

(continuação na página 212)

---

[7] Vinte anos antes, Watson (Capítulo 12), trabalhando na University of Chicago com uma orientação teórica diferente e usando uma passarela e um labirinto, fez observações similares.

> **Tamara Dembo (1902–1993): Uma Psicóloga da Gestalt na Alemanha, na Holanda e nos Estados Unidos (Continuação)**
>
> Ela colaborou com Lewin em uma série de estudos em Psicologia da *Gestalt* com crianças pequenas, dos quais o mais conhecido foi uma pesquisa dos efeitos da frustração. Dembo deixou Iowa em 1943 e foi para a Stanford University na qual, até 1948, dirigiu projetos sobre reabilitação psicológica de pessoas que haviam ficado cegas ou perdido membros. Na adaptação dessas pessoas a uma situação de infortúnio, Dembo achou que muitas se sentiam *desvalorizadas* e *despersonalizadas*. Depois de breves estadas na New School for Social Research na cidade de Nova York e em Harvard, Dembo fez parte do corpo docente da Clark University de 1953 até 1980. Nessa universidade, ela continuou seu trabalho sobre psicologia da reabilitação (Dembo et al., 1975). Fiel à sua abordagem gestaltista, Dembo nunca subestimava o ambiente. Quando começou seu trabalho pioneiro sobre a psicologia da reabilitação, a maioria considerava uma pessoa sem pernas "deficiente". No entanto, ela dizia que era uma pessoa que não podia subir escadas. Entendia que os degraus deixavam essas pessoas em desvantagem e solicitava, com sucesso, rampas e elevadores. Ela nos ensinou a ver que as incapacidades estão no ambiente e não na pessoa. (De Rivera, 1995, p. 386)
>
> Dembo exemplifica as características da abordagem *Gestalt* em psicologia: uma ênfase em todo o campo de forças que age sobre um sujeito, pequeno número de sujeitos observados cuidadosamente e explicações dinâmicas de seu comportamento. Sua admirável carreira internacional mostrou a força de uma abordagem *Gestalt* em psicologia.

cada pessoa movimenta-se em um campo psicológico que Lewin chamou de *espaço vital*. O espaço vital inclui certas metas que têm valência tanto positiva quanto negativa. Estas, por sua vez, criam *vetores* que ou atraem ou repelem. Para representar esses conceitos, Lewin pediu emprestado da topologia uma geometria representacional não-quantitativa. Seu objetivo era desenvolver uma *psicologia topológica*. Para mostrar a separação de uma pessoa do restante do mundo, Lewin fez diagramas do espaço vital encerrado nas *curvas de Jordan* ou formas ovaladas:

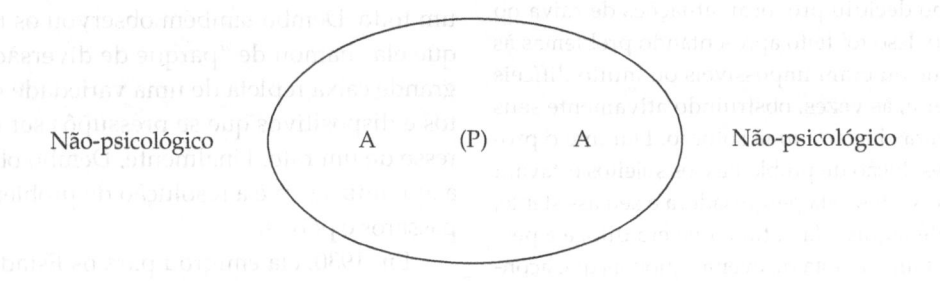

Não-psicológico   A   (P)   A   Não-psicológico

Nesse diagrama, *P* e *A* formam o espaço vital do indivíduo e a curva separa o espaço vital do restante do mundo. Os trabalhos de Lewin estão repletos de diagramas como este. Seus alunos em Berlim os conheciam como os *ovos de Lewin*, e uma geração posterior de alunos da University of Iowa os chamou de *batatas de Lewin* (Thompson, 1978). Eles simbolizavam suas tentativas de descrever a dinâmica do comportamento humano.

Lewin era um pensador altamente visual, sempre fazendo diagramas das situações da vida com giz no quadro-negro mais próximo, com papel e lápis ou, se não houvesse nada à mão, com um bastão na areia ou na neve. No inverno, Lewin costumava andar de um lado para o outro em frente de sua casa discutindo problemas ao descrever espaços vitais com seus alunos. Depois dessas discussões, a neve freqüentemente ficava coberta de diagramas topológicos. Heider lembrou de Lewin desenhando freneticamente diagramas topológicos com seu guarda-chuva na neve enquanto esperava um trem para Berlim (Harvey e Burgess, 1990, p. 177). Certa vez, em uma convenção, Lewin fez uma palestra particularmente impressionante. Um cético perguntou como ele levava em conta as complexidades das diferenças individuais nos seus diagramas de espaço vital. Lewin respondeu: "É fácil – eu simplesmente uso cores diferentes de giz" (Thompson, 1978).

A teoria e a pesquisa de Lewin primeiramente tornaram-se bastante conhecidas dos psicólogos de língua inglesa depois que J. F. Brown publicou *The Methods of Kurt Lewin in the Psychology of Action and Affection* [Métodos de Kurt Lewin na Psicologia da Ação e Afeição] no *Psychological Review* de 1929. Brown, um dos primeiros alunos norte-americanos a estudar com Lewin em Berlim, descreveu os conceitos e os experimentos de Zeigarnik e de uma série de outros alunos de Lewin. Ele enfatizou a preocupação de Lewin com atos totais ou *Gestalten*. Brown advertiu os psicólogos a não descartar Lewin por ele não ter descoberto leis psicológicas absolutas. Ao contrário, Brown escreveu que Lewin foi capaz

> de estabelecer, medir e prever energias físicas com tanta precisão quanto o físico nos primeiros tempos dos conceitos dinâmicos de sua ciência. Como todos os pioneiros, em vez de ditar leis prontas, o objetivo de Lewin era indicar direções e abrir novos caminhos para os experimentos dos quais as leis devem, por fim, se originar. (Brown, 1929, p. 220)

Também em 1929, Lewin apresentou um trabalho intitulado *The Effects of Environmental Forces* [Os Efeitos das Forças Ambientais] no IX Congresso Internacional de Psicologia na Yale University. Ele descreveu seus conceitos básicos e apresentou um filme que ilustrava sua aplicação, ao mostrar as tentativas de uma criança de 18 meses de sentar-se em um lugar marcado em uma pedra. Sem dúvida, ela não tinha certeza de que seria capaz de sentar-se no lugar designado se tirasse os olhos dele. Por isso, deu várias voltas em torno da pedra, tentando descobrir uma forma de sentar-se no lugar sem deixar de olhá-lo. Finalmente, ela colocou a cabeça entre as pernas, andou para trás e conseguiu sentar-se no lugar marcado sem tirar os olhos dele – uma solução maravilhosa decorrente de um *insight*.[8] Lewin dava a palestra em alemão, que muitos na platéia não compreendiam, mas o filme podia ser visto por todos, e ele era um palestrante tão visual com seus diagramas e ilustrações que conseguia superar a barreira da língua. Um psicólogo de Harvard, Donald MacKinnon, relembrou sua palestra: "Ele era um gênio quando se tratava de seguir as crianças com sua câmera e captar seu comportamento para ilustrar os princípios que já estava desenvolvendo. E ele dava a impressão de ser extremamente contagiante – empolgado com o que estava fazendo e com a apresentação" (MacKinnon, apud Marrow, 1969, p. 51). O psicólogo social de Harvard, Gordon Allport, assistiu à palestra de Lewin. Mais tarde, escreveu: "Para alguns psicólogos norte-americanos, o filme engenhoso foi decisivo para fazê-los rever suas próprias teorias sobre a natureza do comportamento intelectual e da aprendizagem" (Allport, 1968, p. 368).

Carl Murchison convidou Lewin a contribuir com um trabalho para o futuro *Handbook of Child Psychology* [Manual de Psicologia Infantil]. *Environmental Forces in Child Behavior and Development* [Forças Ambientais no Comportamento e Desenvolvimento Infantil] de Lewin, traduzido

---

[8] Em uma importante revisão das idéias e métodos de Lewin, Ash (1992) descreveu a criança no filme de Lewin como um menino. Isso estava errado, pois era a sobrinha da esposa de Lewin, uma menina de 18 meses chamada Hannah (Marrow, 1969, p. 49).

por Donald Adams, apareceu em 1931 no *Handbook* juntamente com trabalhos de Mary Cover Jones (Capítulo 12), Arnold Gesell (Capítulo 9), Lewis Terman (Capítulo 11) e Anna Freud (Capítulo 8). No trabalho, Lewin criticou as abordagens estatísticas do comportamento da criança e concepções sobre a "criança média". Essa criança, ele disse, era um "mito estatístico". Lewin se concentrava no comportamento de cada criança. Para ele, era muito mais útil conhecer um único caso detalhadamente do que muitos casos apenas em alguns aspectos. A totalidade, ou *Gestalt*, do espaço vital da criança deve ser estudada e, como cada espaço vital é diferente, isso requer um esforço intenso e concentrado.

De acordo com Lewin, o espaço vital de um bebê é pequeno e indiferenciado; um bebê é capaz de perceber e influenciar apenas uma pequena parte do ambiente. À medida que ele se desenvolve, o espaço vital aumenta e fica mais diferenciado. Para ilustrar essa mudança, Lewin deu o exemplo de uma boneca colocada a alguns metros de um bebê. A boneca pode ser levada ou mesmo quebrada sem qualquer protesto do bebê; as mesmas ações provocarão uma reação violenta de uma criança de 3 anos. Lewin também descreveu alguns experimentos nos quais as crianças tinham de solucionar problemas de desvio (Lewin, 1931, p. 104). Em um problema desse tipo, colocou-se chocolate do outro lado de uma barreira. A criança (C) tinha de fazer um desvio (D) pela barreira (B) para chegar ao chocolate com valência positiva (Ch).

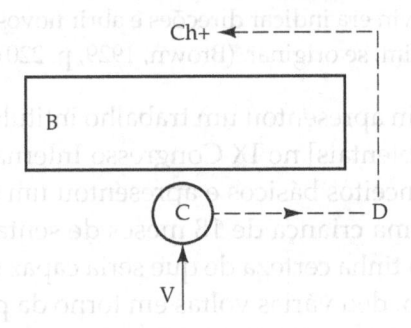

O problema é difícil porque a criança tem de movimentar-se na direção contrária ao vetor positivo (V). Em uma outra versão do problema, a criança, na verdade, precisa se movimentar na direção oposta à do vetor para conseguir o chocolate (Lewin, 1931, p. 104).

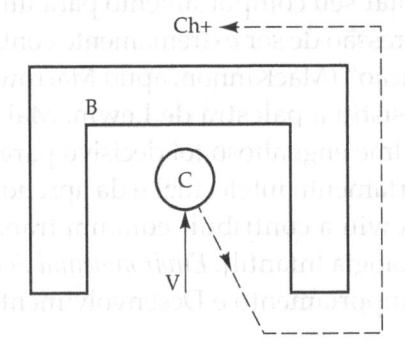

Esses problemas eram semelhantes àqueles *desvios* que Köhler havia usado e a explicação de Lewin sobre o comportamento da criança também era similar à de Köhler.

Quando a criança encontra a solução desse problema do desvio, isso acontece por causa de uma reestruturação do campo. Ocorre uma percepção da situação como um todo de tal forma que o caminho até a meta se torna um todo unitário. A parte inicial do caminho, que "objetivamente" ainda é um movimento longe da meta, perde, do ponto de vista psicológico, esse caráter e torna-se simplesmente a primeira fase de um movimento geral em direção à meta. (Lewin, 1931, p. 105)

Lewin também apresentou descrições e diagramas de grupos de forças em conflito. Ele fez o diagrama do primeiro tipo de conflito (Lewin, 1931, p. 109):

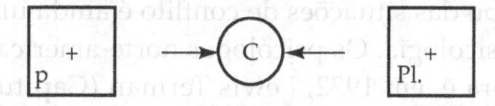

Uma criança (C) deve escolher entre brincar com os amigos (P1) e ir a um piquenique (P). Como ambas as atividades têm uma valência positiva, a escolha é feita com facilidade e o conflito é resolvido. No entanto, Lewin salientou que uma vez que essa escolha é feita, a atividade escolhida sempre parece inferior. Por exemplo, você deve decidir entre duas marcas de um produto. Quando você faz a escolha e compra uma delas, a marca rejeitada em geral lhe parecerá cada vez mais atrativa.

Lewin fez o diagrama de um segundo tipo de conflito (Lewin, 1931, p. 110):

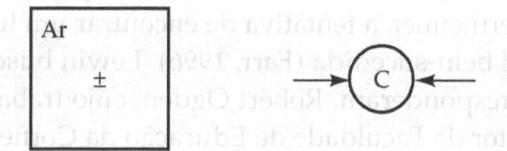

Uma criança quer subir em uma árvore (Ar), mas tem medo; os vetores de aproximação e esquiva estão simultaneamente presentes. Em geral, nessa situação, a criança se aproxima da árvore, recua e então se aproxima de novo à medida que os vetores aumentam ou diminuem. Uma criança pequena no mar pela primeira vez é um bom exemplo de alguém que passa por esse tipo de conflito. A criança corre para a água, mas então recua à medida que a onda vem em sua direção, aproxima-se de novo e, então, foge quando outra onda aparece.

Lewin fez o diagrama de um terceiro tipo de conflito (Lewin, 1931, p. 111):

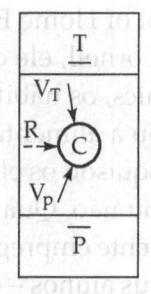

Agora, a criança está entre duas valências negativas. Um exemplo seria quando um dos pais ameaça puni-la (P) para forçá-la a fazer algo (T) que ela não quer. Agora dois vetores de esquiva são ativados simultaneamente. O resultado mais comum, de acordo com Lewin, é a "resultante lateral" dos dois vetores (R), o que leva a criança a tentar escapar do campo.

Lewin nos Estados Unidos

Environmental Forces in Child Behavior and Development [Forças Ambientais no Comportamento e Desenvolvimento Infantil] deu a Lewin a reputação de ser um pensador tão brilhante quanto criativo. Sua análise de campo das situações de conflito é ainda um ponto importante de textos contemporâneos sobre psicologia. Os psicólogos norte-americanos estavam ansiosos para aprender mais sobre sua obra e, em 1932, Lewis Terman (Capítulo 11) o levou para passar seis meses como professor convidado na Stanford University. Lewin gostou de sua estada na Califórnia e, embora fosse o mais cordial e informal dos acadêmicos – seus ex-alunos sempre se referem a ele como Kurt –, realmente gostou de ser chamado de "Professor" pela primeira vez em sua vida.

Lewin retornou para a Alemanha via Pacífico, visitou ex-alunos no Japão e Rússia e deu palestras em ambos os países. Em seu caminho de volta à Alemanha no Expresso Transiberiano, Lewin ouviu as terríveis notícias de que Hitler havia se tornado chanceler do país. Ele concluiu que não poderia viver em uma Alemanha nazista, embora como veterano condecorado na Primeira Guerra Mundial ele estivesse formalmente isento da lei nazista que obrigava a remoção dos professores judeus. Em 1933, Lewin pediu demissão da Universität Berlin, afirmando publicamente que não desejava lecionar em uma universidade que não admitisse seus filhos como alunos. Como no caso de Wertheimer, a tentativa de encontrar um lugar para Lewin na London School of Economics não foi bem-sucedida (Farr, 1996). Lewin buscou a ajuda de seus colegas norte-americanos e eles corresponderam. Robert Ogden, cujo trabalho com Külpe foi mencionado no Capítulo 6, era diretor da Faculdade de Educação da Cornell University. Ele respeitava o trabalho dos psicólogos da *Gestalt* e havia chamado Koffka para Cornell como professor convidado, além de ter arranjado para Köhler ministrar duas séries de palestras na universidade (Ryan, 1982). Lewin também tinha proferido palestras em Cornell em 1932 e Ogden admirava tanto sua pesquisa quanto suas qualidades pessoais. Ogden levou ao conhecimento de Livingston Farrand, reitor de Cornell, a situação desesperadora de Lewin. Farrand era presidente do Comitê de Emergência para Auxílio aos Intelectuais e Cientistas Alemães Banidos. Em questão, estavam os antecedentes étnicos de Lewin. Seus defensores nos Estados Unidos, incluindo Boring, argumentaram que "suas qualidades extremamente pessoais minimizavam o 'defeito' de ser judeu" (Winston, 1998, p. 35). Com o apoio do Comitê de Emergência, Ogden conseguiu designar Lewin para fazer parte do corpo docente de Cornell por dois anos, não-renováveis (1933 a 1935), com um salário anual de US$ 3 mil. Ele não foi designado para o corpo docente do Departamento de Psicologia de Cornell, mas para a School of Home Economics. Lewin deixou a Alemanha em agosto de 1933 e nunca mais voltou. Em Cornell, ele estudou um assunto de interesse de seus novos colegas da School of Home Economics, os hábitos alimentares das crianças. No entanto, ele tinha um ponto de vista único e estudou a alimentação influenciada pela *Gestalt* da situação social de uma criança. Especificamente, pesquisou os efeitos da pressão social sobre a escolha das crianças de alimentos que elas gostavam ou não. Quando chegou a Cornell, seu inglês não era bom e as dificuldades com a língua, o freqüente emprego errôneo de palavras e o uso equivocado de coloquialismos criaram situações que seus alunos – e o próprio Lewin – achavam engraçadas.

Uma de suas formas prediletas de discordar era: "Can be, but I think absolute ozzer*!" Essa frase, falada com um sotaque alemão pesado e afetado, era o *slogan* predileto de seus alunos norte-americanos (Thompson, 1978).

Durante os dois anos que Lewin passou em Cornell, os Estados Unidos estavam no auge da pior depressão econômica de sua história. Mais de 25% da mão-de-obra do país estava desempregada. Distribuição de sopa, filas para receber pão e homens vendendo maçãs na esquinas eram novas feições da vida urbana. Mas os dois anos em Cornell foram produtivos para Lewin. Ele publicou duas grandes obras, *A Dynamic Theory of Personality* [Uma Teoria Dinâmica da Personalidade], com Fritz e Grace Heider, e *Principles of Topological Psychology* [Princípios da Psicologia Topológica], com Donald Adams e Karl Zener. Ambos os livros, principalmente o último, eram obras difíceis que não receberam o reconhecimento que mereciam. A *análise topológica* de Lewin ainda é desconhecida da maioria dos psicólogos e algumas das críticas dessas obras foram negativas. Em 1935, seu contrato com a Cornell chegou ao fim e, como não havia chance de renová-lo, Lewin foi forçado a buscar outra colocação. Ele estava organizando um instituto de psicologia que esperava fundar na Hebrew University of Jerusalem e convenceu Boring, Terman, Thorndike e McDougall a fazer parte do Comitê de Patrocinadores de 1935 (Marrow, 1969, p. 83). Seu objetivo era fazer pesquisas em psicologia sobre o problema dos judeus que emigraram da Europa para a Palestina e, mais genericamente, sobre as raízes do anti-semitismo e formas de combatê-lo. Lewin não conseguiu obter o apoio financeiro suficiente e esse projeto visionário fracassou, mas ele ainda pensava em deixar os Estados Unidos para viver na Palestina. A designação de Lewin para um cargo acadêmico na Hebrew University recebeu forte oposição de Freud, que acreditava que "ele não era o homem certo para fazer uma síntese entre a psicanálise e a psicologia [acadêmica]" (Lück e Rechtien, 1989, p. 141). Felizmente, para a psicologia norte-americana, Lewin encontrou uma colocação no Centro de Pesquisa para o Bem-Estar da Criança na University of Iowa. Como essa também não era uma nomeação regular para o corpo docente para os três primeiros anos, Lewin recebeu uma subvenção da Rockfeller Foundation. Nesse estágio de sua carreira, Lewin ainda era uma "pessoa de fora" – e, na verdade, assim permaneceu toda sua vida. É uma surpresa descobrir, por exemplo, que ele nunca foi eleito presidente da American Psychological Associations.

Lewin na University of Iowa

Os primeiros anos de Lewin na cidade de Iowa foram felizes e produtivos (Ash, 1992). A Fundação Rockfeller também concedeu bolsa de estudos para Dembo e vários pós-doutorandos. Como havia feito em Berlim e Cornell, Lewin atraiu alunos rapidamente e eles também deram início a um grupo de discussão informal, o "Iowa Tuesday-at-Noon Hot Air Club". Mais uma vez, Lewin foi capaz de descobrir um tópico de pesquisa importante a partir das observações do dia-a-dia. Ele percebeu que as pessoas em restaurantes em geral desprezavam os pedaços de torta que estavam na frente do balcão para pegar os pedaços que estavam atrás. Um dos alunos de Lewin, Herbert Wright, fez os funcionários do refeitório colocarem pedaços idênticos de torta em filas ordenadas. Em geral, as pessoas ainda escolhiam os pedaços da parte de trás. Quanto mais difícil alcançar os pedaços de torta, mais atrativo parecia. Lewin concluiu que o esforço que se faz ao se tentar atingir uma meta influencia a força da valência positiva. Mesmo uma meta que é obje-

---

*NT: "Pode ser, mas eu acho o contrário". A palavra "ozzer" é uma transcrição da forma como Lewin pronunciava o termo "other".

tivamente de pouco valor pode ser atrativa, e altamente desejada, se for preciso fazer um grande esforço para atingi-la. Lewin não foi a primeira pessoa a notar isso: Napoleão uma vez disse que o segredo de seu sucesso era a descoberta de que os homens morreriam por medalhas, enquanto Groucho Marx observou que ele não se interessava em pertencer a nenhum grupo cujos padrões fossem suficientemente baixos para admiti-lo.

Lewin e seus alunos de Iowa fizeram uma série de experimentos importantes e muito citados. Barker et al. (1941) estudaram os efeitos da frustração no comportamento das crianças. A *hipótese de desdiferenciação* de Lewin previa que, sob condições de frustração, o comportamento deve tornar-se desdiferenciado e a criança deve regredir para comportamentos anteriores, mais primitivos e menos construtivos. Eles testaram crianças entre 2 e 6 anos. Primeiro, as crianças passaram 30 minutos brincando com materiais convencionais. O pesquisador classificou a brincadeira de acordo com sua construtividade. Então, o pesquisador ergueu uma tela de arame no centro da sala e estimulou as crianças a brincarem com alguns brinquedos muitos interessantes no outro lado da sala. Depois de as crianças terem ficado totalmente absortas com os novos brinquedos, o pesquisador interrompeu a brincadeira, levou-os de volta à parte original da sala, abaixou a tela e a fechou com cadeado e observou as crianças usando os brinquedos originais. Inicialmente, a maioria tentou passar pela tela ou escapar da sala. Quando essas tentativas falhavam, geralmente elas brincavam com os brinquedos convencionais, mas de uma forma muito menos construtiva. Sua idade média com relação ao modo de brincar regrediu para 17 meses. Os blocos que elas usavam para construir torres agora eram utilizados como mísseis e um telefone de brinquedo que elas usavam para fazer ligações agora era batido contra o chão; as crianças choravam, lamentavam-se e tinham acessos de raiva e algumas até chupavam o dedo. Houve um aumento de 30% nas reações hostis contra o pesquisador e uma diminuição de 34% nas tentativas cordiais de aproximação. A frustração levou tanto à regressão quanto à agressão.

Em uma outra série de experimentos importantes, Lewin e seus alunos investigaram os efeitos dos estilos de liderança autoritária e democrática no comportamento das crianças. Em um estudo, crianças de 10 anos se reuniram 11 vezes depois da escola para fazer máscaras teatrais (Lippitt, 1939). Elas foram divididas em dois grupos, nos quais Lippitt desempenhou diferentes papéis de liderança. Para um dos grupos, ele foi muito autoritário, exercendo controle total, tomando todas as decisões e impondo-as às crianças. Para o segundo grupo, ele assumiu um papel democrático, permitindo que as crianças escolhessem atividades, aceitando suas decisões e deixando a maioria decidir. Os estilos de liderança e climas sociais distintos produziram diferenças impressionantes nos dois grupos. O grupo que foi comandado de forma autoritária se envolveu muito mais em discussões e hostilidades; as crianças culparam bodes expiatórios pelos seus problemas e eram menos cordiais do que as que fizeram parte do grupo democrático.

Em um segundo experimento mais extenso, Lewin et al. (1939) organizaram quatro grupos de meninos de 10 anos. Esses meninos envolveram-se em várias atividades sob diferentes estilos de liderança adulta: autoritário e democrático como anteriormente, mas também um estilo de *laissez-faire* sob o qual os garotos tinham total liberdade, sem qualquer participação de adultos. A cada seis semanas, cada grupo de meninos tinha um líder e um estilo de liderança diferentes. Mais uma vez, uma liderança autocrática acabava originando maior agressão, tanto atos abertamente agressivos quanto mais sutis, como brincadeiras hostis; houve também um aumento brusco no comportamento agressivo quando o líder deixava a sala. A agressão também era comum no dia seguinte à transição da liderança autocrática para uma atmosfera mais livre, e alguns dos garotos mostravam-se amedrontados e perturbados quando ocorria a transição. No entanto, com uma exceção, as crianças preferiam a liderança democrática.

Em 1939, Hitler, um líder autoritário, enlouqueceu e levou a Europa a uma guerra terrível. Os resultados de Lewin, Lippitt e White confirmaram a profunda crença de Lewin nos perigos de líderes autoritários e a superioridade de sistemas democráticos de governo. Lewin disse posteriormente:

> Houve poucas experiências mais impressionantes do que ver a expressão no rosto das crianças durante o primeiro dia sob o comando de um líder autocrático. O grupo que antes havia sido cordial, aberto, cooperativo e cheio de vida tornou-se, em apenas meia hora, um ajuntamento que parecia apático, sem iniciativa. A mudança de autocracia para democracia pareceu ter levado certo tempo a mais do que da democracia para a autocracia. A autocracia é imposta sobre o indivíduo. A democracia, ele tem de aprender! (Lewin, apud Marrow, 1969, p. 127)

A Pesquisa Aplicada de Lewin

Em 1939, Lewin teve a oportunidade de retomar um interesse que tinha antes e fazer o que ele veio a chamar de *pesquisa-ação* em um ambiente industrial. Albert J. Marrow consultou Lewin sobre problemas que sua empresa havia tido na abertura de uma nova fábrica na zona rural de Virgínia. Os 300 funcionários, principalmente mulheres, eram trabalhadores esforçados, mas a gerência achava difícil treiná-los para que atingissem os padrões de produção da empresa. Mesmo depois de um programa de treinamento de 12 semanas, os operários de Virgínia eram 50% menos produtivos do que seus colegas nas fábricas do norte do país. Este era um problema na dinâmica dos operários que chamou a atenção de Lewin. Ele visitou a fábrica, consultou os gerentes e encontrou-se com os operários. Eles eram bem pagos, especialmente em comparação aos salários locais, mas a rotatividade de mão-de-obra era alta.

Lewin organizou sessões de resolução de problemas em grupo com os operários. Ele tomou conhecimento de que os padrões de produção da empresa eram considerados impossíveis de atingir. O fracasso dos operários em atingir os padrões diminuía o que Dembo havia anteriormente chamado de seu "nível de aspiração". Em experimentos de laboratório, um dos alunos de Lewin em Berlim, Ferdinand Hoppe, descobriu que o sucesso ou fracasso em uma tarefa aumenta ou diminui o nível de aspiração e que essa mudança é geral e não limitada à tarefa em si. Lewin começou sua tentativa de fazer os operários serem bem-sucedidos. Ele os organizou em pequenos grupos e permitiu que atingissem suas próprias metas de produção; cada grupo incluía, pelo menos, um trabalhador altamente qualificado para aumentar as chances de sucesso do grupo. A produção melhorou vagarosamente, assim como o moral. Eles gostavam de Lewin e eram encorajados a discutir suas sugestões antes de decidir aceitá-las ou rejeitá-las. As discussões entre Lewin com seu sotaque alemão e os trabalhadores de Virgínia com seu sotaque arrastado do sul devem ter sido maravilhosas de se ouvir. O trabalho de Lewin na Virgínia é uma demonstração impressionante de pesquisa-ação na indústria (Marrow, 1969, p. 141-152).

Durante a Segunda Guerra Mundial, Lewin teve várias oportunidades de fazer pesquisa-ação, dessa vez como parte do esforço de guerra norte-americano (Marrow, 1969, p. 153-159). Ele estava intensamente empenhado na derrota da Alemanha nazista e orgulhoso do fato de ter se tornado cidadão norte-americano em janeiro de 1940, a tempo de dar sua contribuição. Um de seus primeiros estudos foi feito em colaboração com uma antropóloga, Margaret Mead. O objetivo era aconselhar agências do governo sobre formas de alterar os hábitos alimentares dos norte-americanos levando em conta a falta de abastecimento, em tempos de guerra, de carnes frescas e os excedentes de legumes como, por exemplo, nabos. Lewin comparou a eficácia de uma palestra ou discussão em grupo para convencer os voluntários da Cruz Vermelha a preparar miúdos – coração, rim e pâncreas – em casa. Alguns voluntários compareceram a uma palestra proferida por Mead, que foi apresentada como uma nutricionista de Washington, D. C. Mead enfatizou as vantagens dos miúdos: eram mais baratos, disponíveis, nutritivos e considerados iguarias em outras culturas. Outros voluntários participaram de uma discussão em grupo na qual as mesmas informações foram apresentadas e debatidas. No final de cada sessão, os voluntários foram solicitados a indicar por meio de um sinal feito com as mãos se estavam dispostos a servir miúdos em casa. Uma pesquisa de acompanhamento realizada várias semanas depois mostrou que, apesar da palestra dinâmica de Mead, apenas 3% dos voluntários do grupo da palestra haviam comprado miúdos em comparação a 30% das pessoas que participaram do grupo de discussão (Gray, 1991, p. 539). Na análise de Lewin, a discussão foi mais eficaz porque levou a uma mudança nas normas do grupo no sentido de aceitar carnes do tipo miúdo. Uma vez que a atitude dos membros do grupo havia se modificado, o que se seguiu foi uma mudança de comportamento.

Durante os primeiros anos de guerra, Lewin também trabalhou para o Escritório de Serviços Estratégicos com propaganda, moral militar, liderança e reabilitação de soldados feridos. Durante esses anos, ele fundou a Society for the Psychological Study of Social Issues (SPSSI) [Sociedade para o Estudo Psicológico de Problemas Sociais], atuando de 1942 a 1943 como seu presidente. Desde sua criação, a SPSSI tem atuado em pesquisa e contribuído para publicações escolares com artigos sobre problemas sociais como paz, guerra, pobreza, preconceito e, mais recentemente, problemas familiares (Perlman, 1984). As freqüentes viagens de Lewin a Washington durante a época da guerra o convenceram de que sua situação em Iowa era muito limitada. Ele tinha passado nove anos produtivos no meio-oeste, mas era hora de mudar. Lewin concluiu que precisava de um instituto de pesquisa-ação independente. Com sua confiança e energia características, ele organizou o Centro de Pesquisa para Dinâmica de Grupo. Edward Tolman (Capítulo 13) convidou Lewin para fundar seu centro em Berkeley, mas apesar dos atrativos da Califórnia, Lewin o estabeleceu no *campus* da mais importante universidade tecnológica de engenharia dos Estados Unidos, Massachusetts Institute of Technology (MIT). Ele recrutou pessoal, todos com menos de 35 anos de idade, e atraiu alunos do MIT, Harvard e outras universidades da área.

Em 1945, Lewin e seu grupo decidiram trabalhar em quatro grandes programas. Primeiramente, eles procuraram encontrar formas de aumentar a produtividade em grupo e combater a conhecida tendência dos grupos em serem ineficientes e se desviarem de seus objetivos originais. Lewin não queria que nenhum de seus grupos começasse a desenhar um cavalo e acabasse com um camelo. Em segundo lugar, eles projetaram estudos de comunicação e de disseminação de boatos. Em terceiro lugar, exploraram as áreas de percepção social e relações interpessoais, juntamente com associação a um grupo e ajuste individual. Em quarto lugar, o grupo deu início a estudos sobre treinamento em liderança, que levaram à formação, em 1946, dos Laboratórios de Treinamento Nacional em Bethel, Maine, e o começo de grupos de treinamento ou grupos T. Eles eram formados para desenvolver uma liderança efetiva, abrir linhas de comunicação, combater o preconceito e atitudes destrutivas. Esses grupos foram muito usados em ambientes educacionais, de aconselhamento, industriais e clínicos.

Lewin também se envolveu na formação de um segundo importante instituto de pesquisa, a Comissão de Inter-relações Comunitárias para o Congresso Judaico-Americano. Lewin vivenciou o anti-semitismo na Alemanha e sua mãe morreu em um campo de concentração nazista. Ele esperava organizar programas para combater o preconceito racial e religioso, confrontar problemas sociais, estudá-los objetivamente e fazer sugestões para solucioná-los. A CCI, com sede na cidade de Nova York, fez importantes pesquisas, incluindo estudos de discriminação durante o processo de contratação e emprego. Na época, muitas lojas de departamento dos Estados Unidos se recusavam a contratar vendedores negros porque acreditavam que seus clientes não tolerariam isso. Dois pesquisadores da CCI, Gerhart Sanger e Emily Gilbert (1950), entrevistaram clientes em uma das poucas lojas de departamento de Nova York que empregava pessoas de ambas as raças depois que os clientes haviam sido atendidos por funcionários negros ou brancos. Eles descobriram que o preconceito com relação aos negros não tinha nenhuma influência sobre as vendas. Para a pergunta "O que você acharia se todas as lojas de departamento de Nova York contratassem vendedores negros?", 64% dos compradores e 75% das pessoas entrevistadas nas ruas responderam que aprovavam a contratação de vendedores negros. Doze entrevistados expressaram extremo preconceito e afirmaram que não comprariam em uma loja cujos vendedores fossem negros, embora cinco deles tivessem sido atendidos por vendedores negros e continuado a fazer compras naquela loja. Lewin e seus alunos descobriram que, para a maioria dos compradores, o conhecimento e a cortesia dos vendedores, não a raça, eram fundamentais. Essas descobertas foram amplamente publicadas na década de 1950 para combater a discriminação no trabalho.

Um segundo estudo da CCI pesquisou os efeitos de moradias segregadas e integradas nas atitudes raciais. Embora Lewin tenha planejado o estudo, na verdade, ele foi realizado depois de sua morte por Morton Deutsch e Mary Evans Collins (Marrow, 1969, p. 208-210). Eles entrevistaram 100 donas-de-casa brancas, 25 donas-de-casa negras e 24 adolescentes de ambos os sexos que moravam em quatro conjuntos habitacionais nas cidades de Nova York e Newark. Os conjuntos eram fisicamente idênticos, mas dois deles eram totalmente integrados e os outros dois, parcialmente segregados – isto é, seguiam um padrão de "tabuleiro de xadrez", com brancos e negros vivendo em áreas alternadas. Nos conjuntos parcialmente segregados, o preconceito com relação aos negros era maior e mais intenso do que em condomínios totalmente integrados, e os residentes brancos daqueles condomínios expressaram uma forte preferência por uma segregação ainda maior. As pessoas em condomínios mais integrados tinham um senso comunitário maior; demonstravam menos preconceitos e melhor moral. Os residentes brancos de condomínios integrados tinham orgulho da abertura que havia no lugar onde moravam e eram menos desconfiados e hostis do que as pessoas que habitavam condomínios em que havia segregação. Ao contrário da crença popular de que qualquer edifício com uma taxa de ocupação de negros superior a 50% teria problemas, os pesquisadores descobriram que, nos condomínios com uma ocupação de 70% de negros, as relações eram mais cordiais. Essas conclusões, importantes e relevantes do ponto de vista político, seriam fundamentais para o debate nas décadas de 1950 e 1960 sobre oportunidades iguais em termos de ocupação e habitação para os negros nos Estados Unidos.

Sob a liderança de Lewin, a CCI participou de um terceiro desenvolvimento educacional e social significativo. No começo da década de 1940, as universidades e faculdades norte-americanas usavam cotas de admissão que colocavam limites no número de alunos judeus que podiam se matricular. A sabedoria popular na época dizia que "você não pode tornar a boa vontade uma lei", mas como Lewin descobriu em sua pesquisa que as atitudes não podem ser alteradas por meio da mudança do comportamento, ele encorajou o American Jewish Congress a questionar o sistema de cotas. O Congress abriu um processo contra a Medical School of Columbia University, alegando discriminação nos procedimentos administrativos. O caso ganhou as primeiras páginas dos jornais, foi um grande transtorno para a universidade e forçou sua administração a abrir seus registros de admissão para inspeção. Depois da Columbia University, outras universidades revisaram seus procedimentos de admissão. A CCI também apoiou um estudo sobre o que Lewin, que nunca media palavras, chamou de *Ways of Handling a Bigot* [Maneiras de Lidar

> ## A Tradição de Lewin na Psicologia
>
> Na Universität Berlin na década de 1920, na University of Iowa na década de 1930 e começo da década de 1940 e Massachusetts Institute of Technology no restante de sua vida, Kurt Lewin conseguiu reunir grupos incrivelmente eficazes de alunos e associados de pesquisa. Em três diferentes ambientes, os grupos de psicólogos de Lewin trabalharam juntos com grande êxito. Lewin também treinou uma legião de alunos que ficou famosa. Uma análise das citações de textos da psicologia social (Perlman, 1984) mostra a força do legado de Lewin. Oito dos dez psicólogos mais citados são parte da tradição de Lewin. Uma lista de nomes dos alunos e associados de Lewin, psicólogos que ele influenciou e alunos de seus alunos inclui muitos dos principais psicólogos sociais das décadas recentes:
>
> Eliot Aronson
> Kurt Back
> Roger Barker
> Dorwin Cartwright
> John Darley
> Tamara Dembo
> Morton Deutsch
> Leon Festinger
> Neil Grunberg
> Edward E. Jones
> Harold Kelley
> Robert Krauss
> Judson Mills
> Albert Pepitone
> Lee Ross
> Stanley Schachter
> Peter Schonback
> Harold Sigall
> Jerome Singer
> John Thibaut
> Alvin Zander
> Phil Zimbardo
>
> Shelley Patnoe (1988) entrevistou todos esses psicólogos, exceto Dembo, como parte de uma história narrativa da psicologia social experimental. Patnoe pediu que eles descrevessem sua experiência de trabalho com Lewin e que refletissem sobre por que Lewin havia sido tão bem-sucedido como professor, motivador, pesquisador e teórico. As entrevistas nos fornecem muitos *insights* valiosos:
>
> 1. Fica claro que a pesquisa com Lewin era uma atividade altamente social, não o esforço solitário, isolado, do mito popular. O próprio Lewin escreveu que ele era incapaz de pensar de forma produtiva individualmente (Lewin, 1936, p. 16). Uma de suas primeiras alunas de Berlim, Anitra Karsten, relatou que trabalhar com Lewin era "uma longa discussão" (Karsten, 1978, apud Ash, 1992, p. 201). Lewin buscava ativamente uma comunhão intelectual e o estímulo dos outros.
> 2. Há ligações profundas com Lewin entre muitos psicólogos sociais importantes. Lewin tornou-se o flautista de Hamelin da psicologia social, atraindo estudantes brilhantes onde quer que trabalhasse. Embora o termo *lewiniano* provavelmente soaria engraçado para ele, aqueles que trabalharam com Lewin compartilhavam suas características e abordagem em psicologia.
> 3. O estilo de Lewin era de interdependência e cooperação. Nas três universidades, os alunos lembraram das reuniões de grupo constantes nas quais eles discutiam problemas e descobertas. Lewin descreveu essas reuniões

com um Intolerante] (Selltiz et al., 1950). Eles usaram a dramatização *(role-playing)* em uma série de peças curtas que apresentavam diferentes versões de um incidente. Em cada caso, um ator expressava uma opinião extremamente preconceituosa ou intolerante. Na primeira peça, seus comentários não eram contestados; na segunda, eram contestados de forma calma; e, na terceira, eles eram contestados de forma inflamada, com uma reação emocional e ameaçadora. Os sujeitos preferiram a resposta calma em 65% das vezes, e expressivos 80% dos presentes afirmaram que queriam ver o intolerante ser desafiado. Quando isso acontecia, o público em geral apoiava aquele que o desafiava.

Lewin morreu repentinamente de um ataque cardíaco em 1º de fevereiro de 1947, tendo trabalhado bastante até a noite de sua morte. Em um discurso em memória na convenção da APA naquele ano, Edward Tolman disse sobre ele:

A Tradição de Lewin na Psicologia (Continuação)

com o *die Quasselstrippe* (o bate-papo). Mas fica claro que elas eram muito mais do que mero bate-papo. As discussões eram abertas, centradas em tarefas, ao mesmo tempo exaustivas e estimulantes. Elas eram muito mais uma discussão entre iguais, nas quais idéias e testes empíricos eram importantes, não a posição, o *status* ou o prestígio. A atmosfera era de um "vale-tudo" intelectual ou sessão de *brainstorming*.

4. A *teoria topológica* de Lewin forneceu um modelo para discussões e para a pesquisa que se seguiu. Seu modelo teórico não era rígido ou limitado. Ele contrastava com a teoria de condicionamento e aprendizagem de outro teórico importante e "mercador de sonhos para estudantes de psicologia de Iowa, Kenneth Spence" (Capítulo 13; Kendler, 1989, p. 1.126). No entanto, a teoria de Lewin serviu para direcionar e organizar a pesquisa deles.

5. Muitos desses entrevistados lembraram claramente do entusiasmo, confiança e dedicação de Lewin. Por sua vez, muitos de seus próprios companheiros desenvolveram essas qualidades.

6. Lewin aceitava idéias não-convencionais e inovadoras. Nos seus primeiros dias em Iowa, ele teve dificuldade de entender o significado do coloquialismo "arriscar o pescoço". Mas quando conseguiu compreender, soube que era exatamente o que ele queria que seus colegas fizessem (Thompson, 1978). Como vimos, o próprio Lewin tinha um grande talento para traduzir as observações do dia-a-dia em temas importantes de pesquisas. Em geral, Lewin não era convencional. John Thibaut lembrou dele aconselhando os alunos: "Não leiam psicologia, leiam filosofia ou história ou ciência, poesia, romances, biografias – é aí que vocês encontrarão idéias. A psicologia neste ponto – irá sufocar sua imaginação" (Thibaut apud Patnoe, 1988, p. 56).

7. Lewin era capaz de integrar e conciliar abordagens diferentes e às vezes conflitantes da pesquisa básica e pesquisa-ação (aplicada). Depois de sua morte, as diferenças entre pesquisa básica e aplicada tornaram-se tão profundas que os dois grupos dividiram o Centro de Pesquisa para a Dinâmica de Grupo, mudando-se este para a University of Michigan e uma parte do grupo original de Lewin permanecendo no MIT.

O profundo respeito e afeição que muitos psicólogos famosos têm por Lewin é testemunho de suas qualidades excepcionais. O legado de Lewin e seu lugar na história da psicologia estão assegurados.

Freud, o clínico, e Lewin, o experimentalista – esses são os dois homens cujos Nomes virão antes de todos os outros na história de nossa era da psicologia. Pois foram os *insights* diferentes, mas complementares, que primeiramente fizeram da psicologia uma ciência aplicável a seres humanos reais e a uma sociedade de seres humanos. (Tolman, 1947, apud Marrow, 1969, p. ix)

Quando Heyduk e Fenigstein (1984) fizeram uma pesquisa com famosos psicólogos, descobriram que Freud e Lewin eram os mais freqüentemente citados como influências significativas para o seu desenvolvimento psicológico. Essa descoberta forneceu uma confirmação impressionante da previsão de Tolman.

A Psicologia da *Gestalt* e a *Gestalt*-terapia

Em geral, pensa-se que a *Gestalt-terapia* derivou *da psicologia da Gestalt*. No máximo, a relação entre elas é tênue. Os princípios e métodos da *Gestalt*-terapia foram primeiramente descritos em *Gestalt Therapy: Excitement and Growth in the Human Personality* [*Gestalt*-terapia: Estímulo e Crescimento na Personalidade Humana], publicado em 1951. Nenhum dos três autores – Fritz Perls, Ralph Hefferline e Paul Goodman – tinha qualquer *background* em psicologia da *Gestalt*. Perls trabalhou como neuropsiquiatra na Alemanha, Áustria, Holanda e África do Sul. Ele emigrou para os Estados Unidos no final da década de 1940, trabalhando na cidade de Nova York (Greenberg, 1997, p. 196). Hefferline, professor de psicologia da Columbia University, era um psicólogo behaviorista (skinneriano) mais conhecido pelo seu relato, em 1959, do condicionamento de fuga e esquiva de pequenos movimentos musculares do polegar (Hefferline et al., 1959). Paul Goodman era poeta, dramaturgo, escritor de livros de ficção e crítico social. Em seus últimos livros, *In and Out of the Garbage Pail* [Escarafunchando Fritz – Dentro e Fora da Lata de Lixo] (1969) e *The Gestalt Approach and Eyewitness to Therapy* [A Abordagem Gestáltica e a Testemunha Ocular da Terapia] (1973), Perls descreveu sua abordagem terapêutica como radical e convidou o leitor a "invadir" a própria "privacidade" e, por meio da "autodescoberta", observar o "*self* em ação". Perls em geral usou termos derivados da psicologia da *Gestalt* como *insight* e *fechamento*. Ele posteriormente afirmou que sua abordagem terapêutica derivava "de uma ciência que está nitidamente impregnada em nossos colegas; ela deriva de uma abordagem chamada psicologia da *Gestalt*" (Perls, 1969, p. 61).

A relação histórica que Perls alegou ter entre *psicologia da Gestalt* e a *Gestalt-terapia* tem sido a partir de então rejeitada. O próprio Perls reconheceu que nunca foi aceito pelos psicólogos da *Gestalt* e admitiu que nunca havia lido os livros deles. No entanto, dedicou um de seus livros sobre *Gestalt*-terapia a Max Wertheimer. Wertheimer não viveu para ver a dedicatória, mas Rudolf Arnheim descreveu qual teria sido a reação dele. "Vejo Max Wertheimer tendo um ataque de raiva se ele tivesse vivido para ver um dos mais influentes tratados do grupo terapêutico em questão dedicado a ele como se ele fosse o pai de tudo isso" (Arnheim, 1974, p. 570). Hefferline descreveu a *Gestalt*-terapia como "uma denominação enganosa" e lembrou que, quando um exemplar do livro antes de sua efetiva publicação foi apresentado a Köhler, ele não aceitou a idéia de que o livro era, de alguma forma, um descendente legítimo da *psicologia da Gestalt* (Knapp, 1986b, p. 54). Mary Henle, ela própria psicóloga da *Gestalt* e historiadora da psicologia, analisou a relação entre a psicologia da *Gestalt* e a *Gestalt*-terapia e concluiu:

> O que Perls fez foi pegar alguns termos da psicologia da *Gestalt*, ampliar seu significado de forma irreconhecível, combiná-los com noções – geralmente, confusas e incompatíveis – das psicologias profundas, do existencialismo e do senso comum, e chamou essa mistura de *Gestalt-terapia*. Seu trabalho não tem uma relação sólida com a psicologia da *Gestalt* científica. Para usar sua própria linguagem, Fritz Perls fez "sua coisa"; o que quer que seja, *não* é psicologia da *Gestalt*. (Henle, 1978b, p. 31)

Em 1986, Henle afirmou que "O mal-entendido mais grotesco da psicologia da *Gestalt* é a idéia de que há alguma relação com a *Gestalt*-terapia ... [Eu] declaro que não há nada em comum entre esses dois territórios" (Henle, 1986, p. 121). Greenberg (1997) fez uma avaliação menos crítica da relação histórica entre psicologia da *Gestalt* e a *Gestalt*-terapia:

> Embora não fosse claro na época, a relação tênue entre *Gestalt*-terapia e psicologia da *Gestalt*, pela adoção de seu nome (uma relação à qual Köhler se opôs) era boa do ponto de vista intelectual. Tanto a psicologia da *Gestalt* quanto a *Gestalt*-terapia estavam interessadas na percepção, e ambas estavam tentando entender a experiência consciente. Assim como a psicologia da *Gestalt* serviu de pedra fundamental para a ciência cognitiva moderna, a *Gestalt*-terapia serve de pedra fundamental para as modernas concepções dialético-construtivistas, com base experimental, em psicoterapia. (Greenberg, 1997, p. 197)[9]

---

[9] As contribuições para a psicologia clínica derivadas dos princípios da *Gestalt* e principalmente de Lewin são descritas em Stivers e Wheelan, 1986, p. 70-112.

A PSICOLOGIA DA *GESTALT* EM PERSPECTIVA

Apesar do elogio de Tolman a Lewin em 1947, a teoria de campo não recebeu nem de perto a mesma atenção que a teoria psicanalítica de Freud. Nem a psicologia da *Gestalt*, a base conceitual da teoria de campo, tornou-se a principal escola de psicologia norte-americana. Köhler sentiu que o impacto dos psicólogos da *Gestalt* foi limitado, já que eles estavam interessados principalmente na percepção, enquanto os psicólogos norte-americanos estavam interessados mais na aprendizagem (Wallach, 1976). Até certo ponto, isso é verdadeiro, já que a psicologia da *Gestalt* geralmente é apresentada dentro de um modelo de teoria da percepção. No entanto, Köhler estava, sem dúvida, interessado na aprendizagem, embora em um tipo qualitativamente diferente daquele que os psicólogos norte-americanos estavam estudando (Capítulo 11 e 12). Além disso, o livro de Wertheimer, *Productive Thinking* [Pensamento Produtivo] diz respeito totalmente ao processo de ensinar conceitos complexos a crianças e, portanto, não seria impreciso dizer que ele estava interessado na aprendizagem e também na cognição. Atualmente, com o crescente interesse pela psicologia cognitiva, a pesquisa de Köhler e de Wertheimer tornou-se relevante outra vez. Além disso, as idéias desenvolvidas pela diferente e inovadora abordagem gestáltica de Lewin ecoam em muitas pesquisas contemporâneas em psicologia social, industrial, de reabilitação e do desenvolvimento.

Sigmund Freud.
(Biblioteca Nacional de Medicina)

CAPÍTULO 8

A História da Psicologia Clínica e o Desenvolvimento da Psicanálise

Neste capítulo, passamos das tendências e evolução da psicologia experimental para a história da psicologia clínica e as contribuições de Sigmund Freud. Em uma descrição excelente das bases históricas e de pesquisa da psicologia clínica (Walker, 1991), vários autores salientaram que, embora a psicologia clínica seja uma disciplina ainda mais jovem do que a própria psicologia, suas raízes são antigas. Durante toda a história, filósofos, teólogos, padres, pastores, rabinos, xamãs, amigos e parentes tiveram de se confrontar com diversas formas de doença mental e tentaram superá-las. Referências a fobias e estados de ansiedade são encontradas nos primeiros registros da história. Hipócrates (Capítulo 1) diagnosticou e tratou manias, melancolia, paranóia e histeria. Ele desafiou a crença de que a epilepsia era uma doença sagrada ou divina, atribuindo essa crença a pessoas que não só a temiam como não a compreendiam. Mas, ele afirmava, se tudo aquilo que não compreendemos fosse rotulado de divino, então as coisas divinas seriam infinitas. Antífone, contemporâneo de Sócrates, tratou a tristeza e a melancolia com métodos socráticos. Na Bíblia, o Senhor reduz o rei Nabucodonosor da Babilônia à loucura animal (Daniel, 4:31-37). A Bíblia descreve muitos distúrbios mentais e de comportamento e até um primeiro teste de personalidade pelo qual Gideon escolheu seus soldados com base na quantidade de medo que eles diziam ter e na forma como bebiam água de um regato – com a língua ou usando as mãos (Marchman, 1993, p. 20). Santo Agostinho em suas *Confessions* [Confissões] descreveu as tentações de uma mulher e deu graças a Deus por não ser responsável pelo conteúdo de seus sonhos. O registro histórico da conscientização sobre a psicologia e a doença mental é longo e diversificado. Mas foi apenas no século XVIII que foram feitas as primeiras reformas sistemáticas no atendimento e tratamento dos doentes mentais e somente em 1896 a psicologia clínica foi instituída como parte da psicologia.

Apesar de sua breve história, a psicologia clínica agora é o centro da psicologia. De 1975 até 1980, todos os cinco presidentes da APA foram psicólogos clínicos. Em 2002, a Divisão 12, a Divisão de Psicologia Clínica da APA, era a maior delas, com mais de 700 membros. Na mente das pessoas o papel do clínico é mais freqüentemente associado à psicologia. Neste capítulo, trataremos particularmente da revolução no atendimento e tratamento dos doentes mentais que ocorreu no século XIX. Também abordaremos a vida e obra de Sigmund Freud, o fundador da psicanálise.

AS PRIMEIRAS PERSPECTIVAS DA DOENÇA MENTAL

No decorrer de grande parte da história, a difícil condição dos doentes mentais tem sido desesperadora. Embora alguns médicos gregos e romanos tivessem feito uma tentativa de entender a doença mental (Capítulo 1), o declínio da civilização greco-romana significou um retrocesso em relação aos pontos de vista mais esclarecidos de homens como Hipócrates, Antífone e Galeno. As pessoas que atualmente seriam diagnosticadas como doentes mentais eram consideradas perversas e punidas pelos seus pecados. Martinho Lutero em seu *Table Talk* (1652) descreveu os fracos de espírito como ateus, possuídos pelo demônio. Desprovidos de razão e de alma, estão permanentemente condenados. Além disso, como as pessoas com distúrbios mentais também não se comportam de forma normal, durante séculos, eram consideradas não-humanas e, por isso, sujeitas a abusos cruéis. Esses indivíduos também serviam como bodes expiatórios convenientes quando calamidades inexplicáveis, como pragas, atingiam comunidades.

Sem dúvida, delírios de grandeza, alucinações e outras patologias estão por trás do comportamento de papas, reis e tiranos "loucos" no decorrer dos séculos. A Virgem de Orleans, Joana D'Arc, ouvia vozes que inspiraram suas aventuras militares; mas após sua derrota, elas a levaram a ser julgada pelos ingleses sob a acusação de bruxaria, heresia e feitiçaria. Considerada culpada, ela foi queimada na fogueira em 1431. A equação "bruxaria e doença mental" era um aspecto trágico da vida na Idade Média e na Idade das Trevas.

Bruxaria na Europa

A obra definitiva com a descrição das características, identificação e punição das bruxas foi *Malleus Maleficarum* [O Martelo das Bruxas], publicada primeiramente no final da década de 1480. Uma incursão em um mundo assustador de sadismo e crueldade, o livro tornou-se uma incitação à tortura e assassinato em massa. Centenas de anos mais tarde, no século XIX, Carl Binz descreveu este livro:

> É um volume espesso em formato de quarto, tão irracional, tão brutal e cruel, e leva a conclusões tão terríveis que nunca antes ou desde essa época uma única combinação de aspectos aterradores foi produzida a partir da mão do homem. (Binz, 1885, p. 10)

Ironicamente, o livro foi escrito para melhorar a sociedade e proteger as pessoas da maldade e depravação das bruxas. Seus autores foram dois sacerdotes dominicanos alemães, James Sprenger e Heinrich Kramer. Antes de publicar o livro, eles obtiveram o apoio do papa em dezembro de 1484; o suporte de Maximiliano, rei de Roma em 1486; e, finalmente, o endosso dos professores de teologia da Universität Cologne em 1487. Com a aprovação papal, real e acadêmica, *Malleus Maleficarum* tornou-se um manual para a Inquisição. Zilboorg e Henry descreveram seu impacto:

> Antes de 1669, ele teve dez edições e outras nove antes que outro século tivesse decorrido. A edição de livros não era tão eficiente naquela época como é atualmente, nem a alfabetização uma característica desse período; dessa forma, 19 edições são como um testemunho imponente e incontestável não apenas da popularidade do livro, mas também da grande necessidade da época que o livro, sem dúvida, supriu. (Zilboorg e Henry, 1941, p. 152)

Uma tradução do reverendo Montague Summers foi publicada em 1928 e um *Compendium Maleficarum* [Compêndio das Bruxas], editado por Francesco Guazzo, surgiu em 1970.

O Malleus Maleficarum tinha três partes principais. A primeira parte dava provas da existência das bruxas e explicações para suas ações. As bruxas voavam depois de esfregar em seus corpos um ungüento satânico de hóstias consagradas dadas aos sapos. Os sapos são queimados e suas cinzas então misturadas com ossos triturados de um homem enforcado e o sangue de um recém-nascido para formar o ungüento. Questionar essas provas era heresia, o que era passível de punição pela total autoridade da Igreja neste mundo e no próximo. A segunda parte descrevia as características e ações das bruxas. Do ponto de vista psicológico, essa parte é a mais interessante. Fica claro a partir do texto e das evidências apresentadas nos julgamentos das bruxas acusadas que muitas delas eram doentes mentais. Descrições de delírios, alucinações, comportamento maníaco e melancólico, catatonia e paranóia eram freqüentes. Geralmente, essas descrições exatas eram baseadas em observação meticulosa, mas isso não levava a explicações precisas do comportamento. *O Malleus Maleficarum* decretava que a bruxaria se origina da luxúria carnal, que nunca é satisfeita nas mulheres e, portanto, não é surpreendente o fato de elas serem quase sempre as acusadas. Algumas mulheres, desejando ainda maior satisfação, buscavam-na no próprio diabo e eram enfeitiçadas.

A terceira parte do livro mostrava como examinar as bruxas e garantir uma confissão completa. As bruxas acusadas eram torturadas primeiramente com técnicas "mais brandas" e, então, se resistissem, com procedimentos de extrema crueldade e sadismo. Elas eram amarradas e mergulhadas em água fria; se flutuassem, seriam culpadas de possessão demoníaca e se afundassem e se afogassem, inocentes. Tendo escolhido por livre e espontânea vontade associar-se ao diabo, as mulheres tinham de confessar a bruxaria tanto na câmara de tortura quanto em um local destituído de qualquer instrumento de tortura. Essa confissão dupla constituía a prova final de culpa. Como as pessoas acreditavam que nenhum poder natural podia superar a bruxaria, o resultado mais comum dessa confissão era a morte por enforcamento, na fogueira ou por afogamento. Das primeiras décadas do século XV até meados do século XVII, entre 200 mil a 500 mil pessoas, 85% das quais mulheres jovens e adultas, foram executadas na Europa (Harris, 1975; Ben-Yehuda, 1980).

Bruxaria no Novo Mundo

A crença na demonologia e nas bruxas não se limitou à Europa, mas chegou ao Novo Mundo. Os camponeses da Nova Inglaterra vigiavam-se e ficavam em alerta contra o demônio e suas obras. Os julgamentos mais famosos sobre bruxaria nos Estados Unidos ocorreram no vilarejo de Salem (atualmente Danvers), perto de Boston, Massachusetts, em 1692. Antes dos julgamentos em Salem, as acusações de bruxaria eram comuns na Nova Inglaterra, mas os resultados dos julgamentos por bruxaria geralmente favoreciam os acusados e houve apenas cinco execuções em Massachusetts antes de 1692 (Kittredge, 1929).

A crise em Salem começou repentinamente em dezembro de 1691, quando oito garotas passaram a falar de forma desconexa, ter alucinações, atitudes estranhas, fazer gestos bizarros e ter convulsões. Os médicos foram incapazes de explicar ou curar essa doença que finalmente foi diagnosticada decorrente de feitiçaria. Primeiramente, as garotas acusaram uma escrava barbadiana que vivia em Salem e, então, a resmungona e fumadora de cachimbo Sarah Good de serem as mulheres que as tinham enfeitiçado. Um mês depois, o estado de saúde das garotas não havia melhorado e elas fizeram outras acusações contra duas mulheres virtuosas de Salem de boa posição e reputação. Seguiram-se acusações de bruxaria contra 115 habitantes do local. Elas foram julgadas sob a acusação de bruxaria na primavera e início do verão de 1692. A primeira mulher condenada como bruxa foi enforcada em junho e, em setembro, 19 homens e mulheres haviam sido condenados à força. Um homem que desafiou os magistrados e se recusou a admitir sua culpa teve seu corpo prensado por pedras até a morte. As garotas participavam dos julgamentos, testemunhando contra os acusados de bruxaria e criando um tumulto com seus comportamentos violentos e fora de controle. Os magistrados consideravam o comportamento delas no tribunal uma "prova espectral" de feitiçaria. Muitas das pessoas que elas acusaram eram cidadãos respeitáveis e honrados do vilarejo, incluindo um antigo ministro de Salem.

A loucura em Salem terminou tão repentinamente como começou e, no final de 1692, os julgamentos por bruxaria chegaram ao fim. Na primavera seguinte, o governador de Massachusetts libertou 150 acusados que haviam sido presos. As leis sobre bruxaria foram mudadas, e ela passou a ser um crime contra o qual era quase impossível instaurar processo. O que causou esse surto de loucura na comunidade de Salem? Já foram propostas várias explicações. As garotas haviam se comportado daquela forma para chamar a atenção que normalmente lhes era negada ou se vingar de pessoas de quem não gostavam. As garotas atingidas tinham poder sobre os mais velhos e sobre a comunidade em geral. Nenhum ministro, magistrado, homem ou mulher estava a salvo de suas acusações. Uma vez que as acusações começaram, as garotas não conseguiram escapar da terrível armadilha que haviam criado. Um defensor dessa tese sugeriu que as garotas de Salem "não estavam mais seriamente possuídas do que um bando de adolescentes irresponsáveis" (Starkey, 1950, p. 29). Por outro lado, alguns autores defendem que o surto deveu-se primeiro à histeria das garotas e, posteriormente, à histeria geral da comunidade.

Uma psicóloga, Linnda Caporael (1976), afirmou que o ergotismo convulsivo pode ter sido a base psicológica do comportamento das garotas. O envenenamento por ergotina é causado por um fungo que cresce em grãos úmidos, principalmente no centeio. O ácido lisérgico é um produto natural do fungo da ergotina. O ergotismo convulsivo produz sintomas que se parecem muito com aqueles exibidos pelas garotas de Salem: convulsões, sensação de estar sendo picado ou mordido, cegueira ou surdez temporária e incapacidade de falar. O centeio era o item principal na dieta da Nova Inglaterra, e Caporael descobriu que o frescor e a umidade do verão e outono de 1691 teriam sido ideais para o desenvolvimento do fungo da ergotina. Caporael considerou consistentes com sua teoria sobre o envenenamento por ergotina a distribuição geográfica das casas das garotas atingidas, seus sintomas e tempo e duração da crise. Ela foi mais além, sugerindo que o fungo pode ter sido a causa de outros surtos de bruxaria. Nicholas Spanos e Jack Gottlieb (1976) questionaram suas conclusões, alegando que as garotas estavam fingindo. No entanto, Mary Matossian (1982), após examinar os registros forenses dos julgamentos de Salem e os relatos sobre o clima e as colheitas, apoiou a conclusão de Caporael de que o surto de ergotismo pode ter sido a causa do comportamento das garotas de Salem.

AS PRIMEIRAS INSTITUIÇÕES E "CURAS" PARA A DOENÇA MENTAL

Se não eram julgadas por bruxaria, muitas pessoas retardadas e com doenças mentais antes do século XIX eram tratadas como criminosas comuns e jogadas em prisões ou trancafiadas em "torres de loucos", "casas de loucos" ou "asilos de lunáticos". Em 1330, um convento da ordem de Santa Maria de Belém tornou-se a primeira instituição para doentes mentais da Inglaterra. Em 1543, o rei Henrique VIII concedeu uma licença real para um asilo para os doentes mentais no Hospital St. Mary of Bethlehem. Essa instituição ficou conhecida pelos *cockneys** de Londres como "Old Bedlam" por meio de uma alteração do nome – de Bethlehem para Bethl´em e, finalmente, para Bedlam. O sentido atual da palavra *bedlam* – "uma cena de tumulto e confusão violentos" (Rhdel, p. 133) – descreve as condições que prevaleciam no hospital. Os pacientes eram acorrentados, chicoteados e surrados; alimentados apenas com restos de comida; recebiam purgantes e eméticos; e estavam sujeitos a sangrias. As pessoas que tomavam conta deles não eram pagas, mas recebiam pequenas gratificações mostrando os doentes que estavam sob sua responsabilidade para o en-

---

* NT: Habitantes dos bairros pobres de Londres; nome do dialeto que era falado pela classe baixa londrina.

tretenimento do público em geral. Uma visita ao Old Bedlam para ver homens e mulheres loucos era considerada um passeio agradável, conforme registrado por William Hogarth em uma pintura de uma cena de *Rake's Progress*, na qual duas senhoras elegantemente vestidas e penteadas visitam Bedlam para ver o espetáculo. Jonathan Swift em *A Tale of a Tub* mostrou o interior de Bedlam. Até 1814, 96 mil pessoas tinham pago um pêni cada uma para visitar St. Mary's (Gleitman, 1987, p. 493). Antes do século XIX, os animais selvagens eram considerados muito assustadores para que o público os visse e, portanto, eram mantidos em coleções particulares. Atualmente, os doentes mentais são segregados e os animais, exibidos nos zoológicos. Os pacientes com melancolia e depressão, cujo comportamento não rendia uma boa apresentação, eram mandados para as ruas de Londres, com emblemas que os autorizavam a pedir esmolas. Esses "Toms de Bedlam" eram famosos em Londres (Silverberg, 2001). Em *Rei Lear*, de William Shakespeare, Edgar entra "como a catástrofe da antiga comédia: minha deixa é a melancolia pérfida, com um suspiro como os de um Tom de Bedlam (Ato 1, cena 2).

Um grupo de historiadores britânicos questionou essa descrição das condições do Hospital St. Mary of Bethlehem (Bynum, Porter e Shepherd, 1985; Porter, 1987). Eles afirmam que apenas um pequeno número de pessoas vivia na instituição e que as condições não eram tão ruins como são geralmente descritas. Eles também afirmam que os internos raramente eram explorados ou molestados. Esses autores acham que a taxa de admissão era cobrada a título de esmola e não para que as pessoas pudessem apreciar o que lá se passava. Imobilização, algemas e correntes eram recursos usados apenas com doentes violentos e agressivos e quando tudo o mais havia falhado. James Norris foi preso com um grilhão de ferro no pescoço e acorrentado à parede atrás de sua cama, mas apenas depois que quatro anos de tratamentos mais brandos haviam falhado. Esses historiadores também apontam que Norris recebia livros e jornais e podia ter a companhia de um gato.

James Norris acorrentado em sua cela em Bedlam.
(Mary Evans Picture Library/Photo Researchers)

As críticas dos historiadores são realistas e, em geral, ásperas, mas em última análise não convencem. As alas do fundo destinadas aos pacientes mais violentos do Central Ohio Lunatic Asylum, inauguradas em 1877 e características das instituições norte-americanas daquela época, eram providas de barras de ferro e correntes para conter e acorrentar os internos. Essas condições eram, de fato, comuns tanto nos Estados Unidos quanto na Inglaterra. Em 1814, Ebenezer Haskell forçou sua entrada no St. Mary of Bethlehem e contou à Câmara dos Comuns inglesa o que viu:

> Nas galerias destinadas às mulheres, uma das salas laterais abrigava cerca de 10 pacientes, cada uma acorrentada por um braço ou perna na parede, a corrente apenas permitia que elas ficassem de pé perto do banco ou da estrutura fixada à parede ou sentadas nele. As pacientes eram cobertas apenas por um cobertor, que se transformava em algo parecido com um roupão, sem nada para que pudesse ser fechado na frente. Isso era tudo que cobria o corpo, os pés ficavam descalços. Em outra ala, encontrei muitas daquelas mulheres desafortunadas trancadas em celas, nuas e acorrentadas sobre a palha, com apenas um cobertor para cobri-las. Na ala masculina, na sala lateral, seis pacientes estavam acorrentados à parede, cinco deles algemados e um preso à parede pelo braço e pela perna direitos; ele fazia muito barulho; todos estavam nus, exceto pelo cobertor, camisolão ou pequena manta sobre os ombros, sem sapatos – sua nudez e sua forma de confinamento davam a essa sala a exata aparência de um canil. (Haskell, apud Roback e Kiernan, 1969, p. 192)

Em 1815, o Parlamento britânico designou um Comitê Exclusivo para investigar as condições em Bethlehem. Seu relatório documentava e expunha as condições terríveis da instituição (Andrews, 1997). Cinqüenta anos depois, Charles Dickens, em um discurso para a Newsvendors Benevolent Institution, fez um resumo dos relatos da imprensa sobre o tratamento dos doentes mentais:

> Os repórteres nos trazem relatos diários de um sistema comumente aceito e admitido em que os pobres doentes são oprimidos com correntes, jogados em cima da palha que cobre o chão, alimentados apenas a pão e água, privados de roupas, tratados de sua tremenda aflição com o chicote e exibidos periodicamente mediante cobrança de uma pequena taxa, o que torna nossos manicômios públicos um certo tipo de Zoológico Demoníaco. (Dickens, 9 maio 1865, apud Ackroyd, 1990, p. 136)

Como Dickens relatou, às vezes os internos ficavam morrendo de fome, com aumento do impacto quando a vítima era suspensa em um cesto acima de uma mesa em que todos comiam. As "curas" pela água significavam jogar mais de 100 baldes de água gelada no paciente acorrentado. Na "cura por rotação", o paciente era amarrado em uma cama ou cadeira que rodava rapidamente a uma velocidade de 100 rpm.[1] Essa técnica era popular tanto na Inglaterra quanto nos Estados Unidos. Em 1811, um médico norte-americano, Joseph Mason Cox, publicou *Practical Observations on Insanity and Some Suggestions Towards An Improved Mode of Treating Diseases of the Mind* [Observações Práticas sobre a Loucura e Algumas Sugestões Sobre um Método mais Eficiente de Tratar as Doenças Mentais]. Cox era um defensor entusiasta de práticas que envolviam movimentos como rodopiar, balançar e girar os pacientes maníacos. Ele relatou os efeitos quando essas práticas eram ministradas no escuro:

> Algumas circunvoluções [rotações] aliviam, acalmam e tranqüilizam a mente e deixam o corpo imóvel; em seguida, o paciente sentia uma certa vertigem e depois um sono bastante reparador; algo muito desejado em todos os casos de loucura, mas que se consegue com extrema dificuldade. (Cox, 1811, p. 1)

---

[1] No Museum of the History of American Psychiatry em St. Joseph´s, Missouri, há uma coleção desses equipamentos.

Embora Cox tenha descrito que alguns doentes resistiam violentamente quando colocados no balanço, ele o utilizou em inúmeros pacientes maníacos e verificou "mudanças muito surpreendentes". Em um "paciente em estado deplorável", uma única aplicação do balanço produziu "a mais completa revolução na mente, mudando todo o desencadeamento de idéias" (Cox, 1811, p. 12).

Até o século XX, pensava-se que muitas enfermidades físicas eram causadas por problemas no sangue, portanto um procedimento muito comum era tirar sangue com o auxílio de sanguessugas ou incisões venosas. Tanto os médicos quanto os cirurgiões-barbeiros executavam esses procedimentos. Na verdade, o cilindro vermelho e branco do barbeiro era originalmente o sinal de um cirurgião-barbeiro que fazia sangrias. Em 1667, um médico chamado Denis tirou 0,29 litro de sangue de um paciente que sofria de melancolia e o substituiu por 0,17 litro de sangue de bezerro. Denis relatou que a mente do paciente ficou mais clara e ele se recuperou da doença (Zilboorg e Henry, 1941, p. 275). Em St. Mary of Bethlehem, fazia-se freqüentes sangrias nos pacientes todos os anos, na primavera e no outono.

Benjamin Rush (1745–1813), pai da psiquiatria norte-americana, cuja silhueta aparece no selo da American Psychiatric Association, era um grande defensor das sangrias. Em 1793, uma grave epidemia de febre amarela assolou a Filadélfia. Mais de 4 mil pessoas morreram e, a certa altura, Rush era um dos únicos três médicos que permaneceram na cidade. Ele mostrou grande coragem ao permanecer com seus pacientes, mas os purgantes e sangrias que ele administrou, sem dúvida, mataram muitos deles. Quando o próprio Rush foi vitimado por uma febre muito alta, ele deu instruções para que seus assistentes lhe tirassem muito sangue. Eles cumpriram suas ordens e Rush quase morreu. Mas, quando ele e alguns de seus pacientes se recuperaram, Rush recordou:

> Nunca antes eu senti tão sublime alegria como agora ao contemplar o sucesso de meus remédios – a vitória sobre uma doença terrível pelo triunfo de um princípio da medicina. (Rush, apud Eisenberg, 1977, p. 1106)

O princípio de Rush derivava do sistema *brunoniano* de medicina, que pregava que a estimulação e o excitamento excessivos do sangue produzem doença tanto física quanto mental. Dessa forma, a sangria "acalmaria o sangue" dos portadores de doenças tanto físicas quanto mentais. No entanto, Rush não ficou imune a críticas. O jornalista inglês William Cobbett comparou a sangria a "uma daquelas grandes descobertas que contribuíram para o despovoamento da Terra". Rush processou-o por calúnia e Cobbett teve de pagar uma indenização de US$ 8 mil (Middleton, 1928, p. 434). Rush contribuiu decisivamente para a inauguração de uma ala destinada ao tratamento de doentes mentais no Hospital da Pensilvânia em Filadélfia. O fato de acreditar que os doentes mentais mereciam tratamento mostrava que Rush era esclarecido, mas os métodos que ele utilizava – sangria, quase-afogamento, giros e rodopios, medo e terror para que, com o choque, o doente recuperasse suas faculdades mentais – eram em geral cruéis (Fox, Miller e Miller, 1996).

REFORMA DAS INSTITUIÇÕES PARA DOENTES MENTAIS

Phillipe Pinel (1745–1826)

Pinel geralmente é descrito como o pai da psiquiatria científica. Ele era uma pessoa calada, tímida, que viveu antes, durante e depois da Revolução Francesa. Inspirado por ideais revolucionários de liberdade, igualdade e fraternidade, Pinel tinha por objetivo fazer uma revolução no atendimento e tratamento dos doentes mentais. A família de Pinel era de médicos, e ele se formou em 1773 na Université du Toulouse. Trabalhava como instrutor na universidade e fez alguns cursos complementares de medicina, história e filosofia grega enquanto estudava para obter sua segunda graduação em filosofia pela Université du Montpellier. Em seguida, trabalhou como médico, mas ficou decepcionado com o que considerava ganância, mesquinhez e intrigas de seus colegas médicos. Mudou-se para Paris e atendia a população pobre em vez da rica burguesia que ele desprezava (Reisman, 1966).

Pinel também se interessou cada vez mais pela loucura – um interesse que surgiu quando, em 1783, um amigo próximo, um jovem de 24 anos, o consultou por causa de seus problemas nervosos. O homem era estudante de advocacia em Paris apresentava períodos freqüentes de mania e depressão. Um dia, ele falava com entusiasmo sobre seus planos de seguir uma brilhante carreira jurídica e, no dia seguinte, caía em depressão profunda, tornando-se incapaz de deixar seu quarto, comer ou dormir. Pinel tentou ajudá-lo, mas em uma noite, durante um acesso de desespero, o jovem fugiu da casa de seu pai, usando apenas uma camisa, perdeu-se em uma floresta próxima e foi atacado e devorado por lobos. Esse acidente terrível comoveu Pinel profundamente. Por que ele, um médico, fora incapaz de confortar e curar esse pobre homem? Qual foi a causa desse comportamento? O que poderia ter sido feito para interromper esses ataques de loucura?

Pinel resolveu aproveitar cada oportunidade para estudar os doentes mentais. Ele consultava especialistas e lia a literatura disponível sobre insanidade. Considerava inútil grande parte das opiniões dos especialistas, mas os trabalhos de Joseph Daquin (1733–1815) repercutiram sobre ele. Daquin acreditava que a loucura era uma doença que devia ser entendida e tratada pelos métodos da ciência natural. Os doentes mentais não eram animais depravados, mas pessoas doentes que precisavam de tratamento. "Olhar para um louco e achar graça", Daquin disse, "era ser um monstro do ponto de vista moral" (Daquin, apud Zilboorg e Henry, 1941, p. 318). Pinel e Daquin tornaram-se admiradores mútuos, e quando Daquin publicou a segunda edição de *Philosophie de la Folie* [Filosofia da Loucura] em 1793, ele a dedicou a Pinel.

Com o incentivo de Daquin, Pinel começou a escrever artigos sobre a loucura e inscreveu em um concurso patrocinado pela Royal Society of Medicine um trabalho intitulado "The Best Method of Treating Patients Who Become Insane Before Old Age" [O Melhor Método de Tratar Pacientes que Enlouqueceram Antes da Velhice]. Nesse trabalho, ele afirmava que essas pessoas precisavam de um tratamento humanitário, solidariedade e orientação, não de surras, encarceramento e zombaria da qual eram vítimas. Seu trabalho recebeu menção honrosa e seu nome chamou a atenção de um dos juízes, Thouret, diretor da Faculté du Medicine de Paris. Depois da revolução, Thouret foi designado para fazer parte de um conselho que supervisionava os hospitais parisienses. Conhecedor do interesse e dos pontos de vista de Pinel sobre a loucura e a condição incerta de sua prática médica, Thouret conseguiu que ele fosse nomeado diretor do Bicêtre Asylum em Paris, no início de 1793. Originalmente uma prisão, Bicêtre havia se tornado o lar dos pobres e, então, um retiro para doentes mentais em 1660. O cargo de diretor estava longe do desejável, mas Pinel o aceitou com entusiasmo. Primeiramente, ele reviu os documentos acerca do confinamento de todos os internos e, então, inspecionou o prédio, visitando cada paciente e observando seu comportamento. Grande parte estava algemada e arqueiros patrulhavam as muralhas de Bicêtre para impedir que eles escapassem. Pinel descreveu o que viu:

> Quando assumi meu cargo naquele hospital, tudo me parecia um caos e uma confusão. Alguns dos meus pobres pacientes sofriam sob os horrores de uma melancolia profunda, sombria e sem esperanças. Outros eram furiosos e sujeitos à influência do delírio perpétuo. Alguns pareciam fazer um juízo correto de vários assuntos, mas ocasionalmente eram tomados de violentos ataques de fúria

maníaca; ao passo que aqueles de uma outra categoria mergulhavam em um estado de idiotia e imbecilidade absurdos. (Pinel, 1801, p. 1-2)

Pinel decidiu que seu primeiro ato seria eliminar as restrições físicas de muitos pacientes. Bondade e tratamento humanitário substituiriam algemas e maus-tratos. Antes de tomar essas medidas, Pinel precisava obter a permissão do Conselho Revolucionário encarregado da Comuna de Paris. Ele expôs o caso e descreveu seus planos diante do conselho e de seu presidente, um revolucionário aleijado chamado Georges Couthon. Depois que Pinel completou sua apresentação, Couthon disse: "Cidadão, você próprio deve estar louco para querer soltar estas feras", e completou sarcasticamente que o próximo passo de Pinel seria ir ao zoológico e soltar os leões e tigres (Roback e Kiernan, 1969, p. 194). Pinel insistiu e finalmente Couthon concordou em visitar Bicêtre. Suas tentativas de interrogar os pacientes resultaram apenas em xingamentos e ameaças de violência. Couthon concluiu que Pinel devia estar louco ao pensar em soltar aquelas pessoas, mas deu-lhe permissão para fazer o que achasse melhor. Couthon tinha certeza de que o próprio Pinel seria a primeira vítima de seus atos.

Geralmente, atribui-se a Pinel o crédito por ter tido a idéia de libertar os doentes mentais, mas oito anos antes Vincenzio Chiarugi baniu as correntes como meio de imobilização, na Itália. Ele acreditava que grande parte da loucura era adquirida em vez de herdada e, como tal, poderia ser tratada. A primeira atitude de Chiarugi foi criar uma administração humanitária (Gerard, 1997). Mas as medidas de Pinel foram mais abrangentes e mais bem documentadas. A atitude dramática de Pinel foi retratada em um famoso quadro de Charles Muller que mostra o médico ordenando a remoção das correntes. Esse quadro dá uma impressão até certo ponto errada, pois Pinel na realidade procedeu de uma forma cautelosa e sistemática. Começando em 1793 com um pequeno número de pacientes, ele observou cuidadosamente os efeitos da remoção das correntes. O primeiro paciente libertado era um oficial inglês que estava em Bicêtre há 40 anos, um homem cruel e violento que havia esmagado a cabeça de um guarda com suas algemas. Pinel falou com ele com cautela, perguntando se ele prometia ficar calmo e não machucar ninguém. O homem concordou e, depois que as correntes foram removidas, ele caminhou até o pátio, olhando extasiado

Phillipe Pinel ordena a remoção das correntes de um paciente em Bicêtre.
(Arquivo Bettmann)

para o céu que havia ficado sem ver todos aqueles anos. Esse paciente deixou de ser violento, ajudou a cuidar dos outros internos e foi liberado dois anos depois. Um outro homem libertado das correntes naquele dia dramático foi Charles Chevigné, um antigo soldado mantido preso por causa de sua força legendária e natureza violenta. Dez anos antes, Pinel havia visto esse homem ser levado em uma carroça pelas ruas de Paris até Bicêtre. Pinel explicou calmamente o que ia fazer e Chevigné também se tornou um novo homem. Alguns anos depois, ele salvou a vida de Pinel quando uma multidão atacou Bicêtre e capturou Pinel, acusando-o de proteger membros da burguesia, de deixar loucos perigosos à solta e até de envenenar os poços de Paris e causar uma epidemia de cólera. A multidão ia enforcar Pinel quando o gigante Chevigné apareceu para debandar a multidão e salvá-lo (Zilboorg e Henry, 1941, p. 324).

Em quatro meses, Pinel ordenou que as correntes fossem removidas de 53 pacientes e, aos poucos, a atmosfera de Bicêtre mudou. Pinel sempre observou aqueles que estavam sob seus cuidados com cautela, pois seu comportamento, ele dizia, é "o melhor manual de um médico". Seus relatos eram ricos em casos. Pinel melhorou a qualidade da alimentação dos pacientes e pôs um ponto final naquelas "curas" por meio de rotações e água, eméricos e sangrias. Pinel escreveu sobre as sangrias que "o sangue dos doentes mentais é algumas vezes tão profusamente derramado e com tão pouco discernimento que se fica na dúvida se o paciente ou seu médico tem mais direito de ser rotulado de louco" (Pinel, 1801, p. 251). Pinel também usou da imobilização mínima necessária para manter a segurança e a ordem. Ele acreditava que "um grau de liberdade, suficiente para manter a ordem, ditado não por uma natureza humana fraca, mas esclarecida e calculado para dar algum encanto à existência infeliz dos doentes mentais, contribui na maior parte dos casos para diminuir a violência dos sintomas e, em alguns, para eliminar totalmente a enfermidade" (Pinel, 1801, p. 90).

O regime de Pinel teve um efeito imediato. Em 1792, 110 pessoas foram admitidas no Bicêtre; 57 morreram no prazo de um ano. Em 1793, 95 dos 151 admitidos morreram. Nos dois primeiros anos sob a direção de Pinel, a proporção de óbitos em relação às admissões caiu para 1 em 8. Seu êxito no Bicêtre Asylum levou à sua nomeação, em 1795, de líder da La Salpêtrière, o manicômio parisiense para doentes mentais do sexo feminino. La Salpêtrière, como diz o nome, ficava localizado no local de uma antiga fábrica de pólvora (*salpêtre*, em francês, que quer dizer salitre). O edifício havia sido usado como arsenal e, então, como hospital para os pobres de Paris. Em 1795, era o maior hospital da Europa, com oito mil internos. Pinel encontrou em La Salpêtrière condições tão ruins quanto as de Bicêtre, mas agravadas pelos freqüentes abusos sexuais praticados pelos guardas contras as pacientes. Pinel começou a soltar as mulheres de La Salpêtrière da mesma forma que havia procedido com os homens de Bicêtre. Mais uma vez, ele registrou muitos casos bem-sucedidos e sua fama espalhou-se por toda a Europa. Pessoas aflitas de muitos países escreviam-lhe pedindo ajuda. Cartas endereçadas apenas a "Dr. Pinel" eram entregues a ele. Pinel tornou-se um membro respeitado dos círculos médicos e intelectuais franceses. Em uma de suas muitas palestras públicas, ele descreveu seus princípios de tratamento moral:

> Primeiramente, nenhuma crueldade, nenhuma humilhação. Use força física apenas para impedir que o paciente machuque a si próprio ou outras pessoas, mas não como castigo. Em segundo lugar, tenha um histórico o mais preciso possível do caso. Em terceiro lugar, estimule o trabalho e as relações sociais. Finalmente, o que é mais eficaz e não científico, faça o possível para entender o paciente como um ser humano individual. (Pinel, apud Karon, 1999, p. 2)

Pinel tornou-se um orador eficaz e também um tanto espirituoso. Quando o astrônomo Joseph Lalande, sabedor dos profundos sentimentos religiosos de Pinel, o ridicularizou dizendo que iria incluí-lo em uma nova edição de seu *Dictionary of Atheists* [Dicionário dos Ateus], Pinel respondeu que estava preparando uma nova edição de *Philosophy of Madnes* [Filosofia da Loucura] e certamente Lalande faria parte dela.

Pinel morreu de pneumonia em outubro de 1826, na ala em que residia em La Salpêtrière. Seu funeral foi um acontecimento grandioso ao qual compareceram ministros de estado, médicos, alunos e cientistas, mas também centenas de pessoas comuns, incluindo alguns cuja presença certamente teria significado muito para ele – antigos pacientes dos hospitais de Bicêtre e de La Salpêtrière.

O Garoto Selvagem de Aveyron

Um outro episódio da vida de Pinel provou ser de grande interesse e importância: o caso do menino selvagem de Aveyron. Solicitaram que Pinel examinasse um menino selvagem que possivelmente tinha 12 anos e havia saído dos bosques de Saint-Serin na província de Aveyron no sul da França, em 9 de janeiro de 1800. A partir dos relatos dos caçadores que o tinham visto de relance, acreditava-se que ele havia vivido nos bosques por alguns anos. O menino estava praticamente nu, coberto de cicatrizes, sujo e não falava. Aparentemente, havia sobrevivido com uma dieta de frutos do carvalho e raízes. Ele andava de quatro a maior parte do tempo e grunhia como um animal. As notícias da captura do menino selvagem causaram sensação em Paris. A recém-formada Sociedade dos Observadores do Homem conseguiu que ele fosse levado para a capital para ser estudado.

Na época, a visão que prevalecia é que a civilização havia corrompido a natureza pura dos homens e mulheres e que a vida natural é a melhor que existe. Jean-Jacques Rousseau era um defensor ativo desses pontos de vista. Em 1749, foi realizado um concurso sobre o que havia contribuído para melhorar a ética: a ciência ou as artes. Rousseau ganhou o concurso com um trabalho contendo argumentos contundentes contra a ciência, no qual afirmava que a sociedade científica moderna havia corrompido e enfraquecido a bondade e pureza inatas dos seres humanos. Em suas obras, Rousseau (Morley, 1915) descreveu que a condição natural dos homens era a harmonia e a beleza; mas esse estado natural, ele afirmava, havia sido corrompido pela civilização moderna. Essa visão foi ainda mais reforçada por relatos de exploradores europeus que entraram em contato com as sociedades aparentemente idílicas dos Mares do Sul. O garoto selvagem de Aveyron havia crescido na natureza, portanto havia grande interesse em seu comportamento. Ele era realmente o "bom selvagem"?

A resposta foi um sonoro "Não". Levado para Paris em 1800 e exibido em uma jaula, o selvagem balançava seu corpo para frente e para trás e era completamente apático. Ele foi uma grande decepção para a multidão de curiosos e para os seguidores de Rousseau:

> Uma criança suja e repulsiva, com movimentos espasmódicos e geralmente com convulsões, que se balançava para frente e para trás sem parar como certos animais na jaula, que mordia e arranhava aqueles que o contrariavam, que não mostrava nenhum tipo de afeição por aqueles que cuidavam dele e que, em suma, era indiferente a tudo e não prestava atenção em nada. (Itard, 1894, p. 4)

Depois de examiná-lo, Pinel concluiu que, longe de ser um bom selvagem, o menino era um idiota incurável. Apesar dessa conclusão, um dos assistentes de Pinel, Jean Marc Gaspard Itard (1775–1838), responsabilizou-se por cuidar do menino e tentar educá-lo. Ele lhe deu um nome, Victor, e então formulou uma hipótese de trabalho pela qual os problemas de Victor eram resultado de seu isolamento social e não de danos cerebrais ou outra condição orgânica.

Itard ocupou-se da reabilitação de Victor. Com a ajuda de Madame Guérin, Itard obteve êxito, depois de esforços verdadeiramente heróicos, e conseguiu ensiná-lo a prestar atenção, fazer seu asseio pessoal e vestir-se, comer com as mãos, participar de jogos simples, obedecer a algumas ordens e até ler e entender palavras simples. No entanto, apesar de seus esforços, Victor nunca aprendeu a falar. Às vezes, ele mostrava sinais de afeição, mas com freqüência, principalmente sob estresse, seu comportamento era errático, imprevisível e violento. Victor aprendeu distinções simples, mas quando elas ficavam mais difíceis, ele tornava-se destrutivo, mordendo e mastigando suas roupas, os lençóis e até a cadeira e a cornija da lareira. Depois de trabalhar com o menino por cinco anos, Itard renunciou à esperança de reabilitá-lo. Os antecedentes dele e as "paixões de sua adolescência" não podiam ser superadas. Victor viveu com Madame Guérin até 1828, quando morreu aos 40 anos, um meio-homem quase esquecido. Itard contou a história de Victor em *The Wild Boy of Aveyron* [O Garoto Selvagem de Aveyron]; ela foi dramatizada no filme de François Truffaut, *O Garoto Selvagem*, descrita em livros de Harlan Lane (*The Wild Boy of Aveyron*, 1976) e Roger Shattuck (*The Forbidden Experiment* [O Experimento Proibido] 1980) e mostrada em um programa da *Nova* chamado *Secret of the Wild Child* [O Segredo do Garoto Selvagem] que foi ao ar pela primeira vez em 1994.[2]

Itard considerou seu trabalho com Victor um fracasso, mas um relatório oficial da Academia Francesa de Ciências elogiou seus esforços e salientou que ele havia feito muitos progressos ao ajudar Victor. Talvez houvesse esperança para a educação corretiva de crianças classificadas como retardadas que vieram de ambientes menos carentes.

Os Esforços Corretivos de Johann Guggenbühl (1816–1863)

Em 1836, um jovem médico suíço, Johann Jacob Guggenbühl, estava viajando pelo país quando viu um "cretino de baixa estatura, aleijado, com aparência idiota" (Kanner, 1964, p. 17) rezando em um santuário à beira da estrada. Naquela época, achava-se que uma combinação de deformidade física e idiotia era endêmica em certos vales dos Alpes. Guggenbühl se perguntou se tal estado deplorável era permanente e resolveu dedicar o restante de sua vida à "cura e profilaxia do cretinismo" (Kanner, 1964, p. 221). Em uma região nos Alpes, em Abendberg, perto de Interlaken, ele criou um centro residencial e de treinamento para crianças com retardo mental.

Guggenbühl acreditava que o ar puro da montanha, a beleza dos Alpes, uma boa dieta natural, exercícios e "medicações naturais" – vitaminas, minerais e sais – iriam curar o cretinismo. No começo, seu trabalho foi aclamado como uma grande reforma, e aqueles que visitavam Abendberg relataram muitas curas comoventes. Mas, aos poucos, os céticos começaram a se perguntar quantas crianças tinham, na realidade, sido ajudadas. Boatos sobre más condições e até abusos às crianças começaram a se espalhar. O embaixador britânico na Suíça visitou Abendberg para avaliar o tratamento de algumas crianças britânicas. Ele as encontrou privadas de cuidados e a instituição em um estado de total desordem. Uma comissão oficial de investigação analisou o caso e concluiu que nenhuma criança que sofria de cretinismo havia sido curada em Abendberg. Guggenbühl foi exilado – ele havia, de algum modo, acumulado uma grande fortuna – e morreu em 1863, aos 47 anos. Um obituário lhe deu apenas o mérito "de ter efetivamente aumentado o interesse pelo atendimento aos portadores de idiotia" (Kanner, 1964, p. 29), mas Guggenbühl merece, pelo menos, um pouco mais de crédito, pois como Leo Kanner salientou:

---

[2] Duas meninas foram encontradas vivendo entre os lobos na Índia, em 1920. Amala e Kamala, como foram chamadas, rastejavam, corriam, comiam e se coçavam como lobos. Uma delas morreu logo depois de ser encontrada. A outra nunca aprendeu a falar e morreu de uma doença desconhecida quanto tinha cerca de 17 anos (Candland, 1993). Em 1970, uma menina de 13 anos que havia passado grande parte de sua vida acorrentada em uma cadeira-penico foi encontrada em Los Angeles. Ela não falava, andava ou reagia à presença de outras pessoas. Esforços para estudá-la e ajudá-la tiveram resultados dúbios e, em última análise, ruins (Rymer, 1993).

Guggenbühl deve ser reconhecido como o criador indiscutível da idéia e prática de atendimento institucional para pessoas com retardo mental. As centenas de instituições que existem atualmente derivam em linha direta de Abendberg. (Kanner, 1964, p. 30)

William Tuke (1732–1822)

O nosso próximo reformador viveu do outro lado do Canal da Mancha. Era um cavalheiro *quaker** que, à primeira vista, parece ser o mais improvável agente de mudança (Sessions e Sessions, 1971). Em 1790, William Tuke, um próspero comerciante aposentado de chá, café e cacau, ouviu uma história muito perturbadora. Amigos lhe contaram que, quando tentaram visitar um membro da seita, Hannah Mills, que havia sido internada no Lunatick Asylum na cidade próxima de York, o supervisor do manicômio não lhes dera permissão para entrar. Isso era muito inquietante porque visitar um membro da seita em aflição consistia, para eles, em um imperativo religioso. Alguns dias mais tarde, os amigos ouviram que Mills havia morrido. Eles suspeitaram de violência e pediram ajuda a Tuke, ele visitou a instituição e ficou horrorizado com o que viu. Decidiu agir.

Na época, Tuke tinha 58 anos. Sua esposa, Esther, o preveniu: "Tu tiveste muitos filhos maravilhosos de teu cérebro,[3] querido William, mas este certamente parece ser um idiota" (Sessions e Sessions, 1971, p. 55). Com o apoio da Sociedade dos Amigos (os *quakers*), que pregava que Deus mora dentro de todas as pessoas, Tuke dedicou os 30 anos restantes de sua vida a dar apoio a um lugar alternativo em que "os infelizes pudessem encontrar refúgio". Em 1796, Tuke criou, perto de York, um retiro para pessoas que sofrem de distúrbios mentais. Os *quakers* não estavam dispostos a chamar o lugar de *manicômio* e tiveram a feliz inspiração de usar a palavra *retiro*. Eles prometeram que os pacientes jamais seriam presos em grilhões, correntes ou algemas, mas teriam liberdade, respeito, bondade, boa comida, lazer, exercício, tratamento médico, apoio amigável e instrução religiosa. O retiro de York de Tuke foi criado propositadamente para assemelhar-se a uma fazenda e não a uma prisão. Não havia barras ou grades nas janelas, havia jardins e animais da fazenda no retiro (Reisman, 1966, p. 13). Os pacientes e funcionários eram sempre "a família". Tuke viveu até os 90 anos e viu seu retiro de York ser bem-sucedido e servir de modelo para outras instituições esclarecidas no tocante a abrigar e cuidar de doentes mentais. Seu filho e seu neto dedicaram suas vidas ao retiro de York (Sessions e Sessions, 1971). Ele continua a funcionar até hoje.

Um *quaker* da Filadélfia, Thomas Scattergood, visitou o retiro de York e ficou tão emocionado que "derramou algumas lágrimas" (Price, 1988, p. 29). Inspirado por seu relato, os *quakers* da Filadélfia fundaram em 1813 o primeiro hospital psiquiátrico particular dos Estados Unidos, o *Friends Asylum for the Use of Persons Deprived of the Use of Their Reason* [Asilo Amigo para Uso de Pessoas Desprovidas do Uso da Razão]. O Friends Hospital de Filadélfia ainda funciona atualmente.

Dorothea Lynde Dix (1802–1887)

Dorothea Lynde Dix foi uma criança que nasceu em um lar infeliz. Quando tinha 10 anos, o fanatismo religioso de seu pai a forçou a sair de casa e, aos 14, deu início a uma carreira em uma das únicas profissões abertas a ela, a de professora. Dix também escreveu uma série de livros populares para crianças e adolescentes. Quando sua saúde se deteriorou por causa da tuberculose,

---

* NT: Membro de seita religiosa protestante inglesa (a Sociedade dos Amigos), fundada no século XVII.
[3] Os "filhos maravilhosos do cérebro" de Tuke eram duas escolas *quackers* bem-sucedidas que ele havia fundado e seu próspero negócio.

Retiro de Connecticut para Doentes Mentais

Em dezembro de 1820, um famoso médico de Connecticut, Dr. Eli Todd (1769-1833), fez uma palestra em um encontro da Sociedade Médica do Condado de Hartford. O tema da palestra era a loucura e a dificuldade de tratar os doentes mentais em casa ou em prisões. Inspirado nos exemplos de Pinel e Tuke, Todd insistia que um retiro deveria ser criado em Hartford que não seria um hospital, prisão, cadeia ou escola, mas um lugar onde os princípios de administração moral seriam utilizados para atendimento e tratamento de doentes mentais. A sociedade médica criou um comitê para estudar a proposta e obter fundos. Seus membros estimavam que havia mais de mil pessoas com sérios problemas psiquiátricos em Connecticut precisando de cuidados e tratamento. Os membros do comitê também prometeram doações pessoais de US$ 20 mil e conseguiram que o Estado de Connecticut se comprometesse a doar US$ 5 mil (Braceland, 1972).

Em 1822, tomou-se a decisão formal de criar o Retiro de Connecticut para Doentes Mentais. Em 1823, foram adquiridos uma fazenda e suas construções, e Todd foi escolhido como o primeiro superintendente. A instituição foi inaugurada em 1824 com orações e hinos. Sessenta "apartamentos confortáveis" foram oferecidos a um custo de US$ 3 por semana para os residentes de Connecticut e US$ 4 para os que viessem de outros estados. Os primeiros dois pacientes foram um homem de 36 anos que sofria de "fanatismo" e uma jovem de 26 anos que "havia tido um colapso nervoso recentemente por sobrecarregar seu intelecto com estudos complicados" (Braceland, 1972, p. 19). Todd era um clínico astuto que forneceu um dos primeiros relatos do envenenamento pelo chumbo. Ele acreditava que as faculdades mentais de um demente são desequilibradas: na mania, a excitação prevalece; na melancolia, a inibição domina. O grande objetivo da administração moral era reequilibrar as faculdades aplicando aquelas que ainda estavam sãs às que estavam em desequilíbrio. Autocontrole era essencial. As pessoas dementes eram tratadas como seres racionais e a elas se explicavam o tratamento e os cuidados que iam receber. Tinham liberdade até o máximo grau possível. Elas eram treinadas para levar uma vida normal em harmonia com as leis naturais de Deus. Incentivava-se que a pessoa fosse internada o quanto antes e a estadia média era de seis meses. A quantidade de pacientes que procurava uma vaga no Connecticut Retreat aumentou, assim como a reputação de Todd. Em um exemplo admirável de apoio, a Assembléia Legislativa de Connecticut, na sessão de 1829-1830, autorizou que a instituição fizesse uma loteria para arrecadar fundos. Em sete anos, essa loteria arrecadou um montante líquido de US$ 40 mil (Braceland, 1972, p. 34).

Em novembro de 1833, Todd entrou em coma que o levou à morte. Os jornais e revistas médicas publicaram tributos e exaltaram seus princípios de administração moral. Todd deixou todos seus bens para o retiro. As instituições que se espelharam no modelo da que ele dirigiu estabeleceram-se em Massachusetts, Vermont e New Jersey. Essas instituições dispensavam um tratamento adequado e humano para os doentes mentais com a administração moral como sua principal diretriz. Atualmente, assim como o Instituto de Living, o Retiro de Connecticut continua a dar atendimento e tratamento tanto para crianças quanto para adultos e a fazer ampla pesquisa sobre as doenças mentais (Braceland, 1972).

ela foi forçada a desistir de lecionar em tempo integral e a aceitar uma indicação para dar aulas a prisioneiras na Casa de Correção de East Cambridge. Ela ficou horrorizada com o que viu. Muitas pessoas que, sem dúvida, tinham problemas mentais eram tratadas como criminosas comuns, confinadas em celas estreitas e frias e não gozavam nem mesmo dos mínimos privilégios de outras prisioneiras. Dix também soube que as condições dos doentes mentais eram tão ruins ou piores em outras prisões e cadeias. Durante os últimos 40 anos de sua vida, ela fez campanha por melhores condições para os doentes mentais. Viajou para todos os estados a leste de Mississippi e, embora fosse uma mulher calada, honrada e respeitável, sua tática era arrasadora. Dix tornou-se, no título de uma biografia recente, uma verdadeira *Voice for the Mad* [Voz para os Loucos] (Gollaher, 1995). Em primeiro lugar, ela reunia os fatos sobre as condições em um determinado estado e, então, de maneira inteligente e eficiente divulgava os abusos e maus-tratos que havia descoberto. Em seguida, buscava apoio do público e dos principais legisladores. Começando com Massachusetts e depois Rhode Island, Dix apresentou petições que descreviam as condições atrozes que havia presenciado. Entre 1845 e 1852, testemunhou diante dos legisladores em pelo menos 12 estados (Lightner, 1999). Em *Memorial to the United States Congress* [Petição para o Congresso dos Estados Unidos], Dix descreveu como ela havia observado

> mais de nove mil pessoas que sofriam de idiotia, epilepsia e loucura nos Estados Unidos, destituídas de cuidados e proteção adequados... presas com correntes que machucavam, curvadas debaixo de grilhões e pesadas bolas de ferro atadas a correntes, laceradas com cordas, chicoteadas com bastões e aterrorizadas com a execração e golpes cruéis; sujeitas ao escárnio e desprezo e brincadeiras de mau gosto; abandonadas às violações mais ultrajantes. (Dix, apud Sargent e Stafford, 1965, p. 276)

Dix fez campanha em Washington para garantir um projeto de lei de concessão de terras em benefício dos doentes mentais. Os estados receberiam terras federais que poderiam vender para a construção de hospitais psiquiátricos, assim como haviam feito para criar universidades estaduais com o Morrill Act de 1862. O projeto de lei proposto por Dix foi aprovado por ambas as casas do Congresso e vetado pelo presidente Franklin Pierce.

Dix sempre defendeu o tratamento humanitário e instalações adequadas para os doentes mentais e pessoas com problemas de retardo mental. Em três anos, ela visitou 18 estados e incentivou reformas na maior parte deles. Antigos hospitais foram modernizados e novos foram construídos. No total, 40 hospitais psiquiátricos nos Estados Unidos e Europa devem sua criação à Dix. Ela via os pacientes como seus filhos, visitando-os com freqüência e permanecendo ao lado

Dorothea Lynde Dix.
(Arquivo Bettmann)

deles. Durante a Guerra Civil, Dix serviu como chefe das enfermeiras, igualando-se a Florence Nightingale. Depois que a guerra acabou, ela foi à Europa para fazer uma série de palestras. Em uma audiência com a rainha Vitória, a indomável senhorita Dix admoestou-a sobre a necessidade de reformas contínuas na Inglaterra. Pode ter sido a única vez que a rainha Vitória, durante seu reinado, recebeu uma admoestação. A experiência causou tamanha impressão que a rainha designou uma comissão real para investigar as condições dos hospitais psiquiátricos britânicos. Em uma audiência com o papa Pio IX, Dix descreveu os hospitais psiquiátricos de Roma como um escândalo e uma lástima, fazendo o Papa prometer que criaria um novo hospital (Reisman, 1966). No final de sua vida, Dix escreveu que o grande e selvagem monstro da reforma havia consumido sua vida (Brown, 1998). Ela passou seu último ano como convidada de honra no Hospital Estadual de Trenton, onde morreu, em 1887. Em 1983, o Serviço Postal dos Estados Unidos emitiu um selo comemorativo em homenagem a Dorothea Dix como parte da grande série norte-americana.

Instituições Estaduais para os Doentes Mentais e Portadores de Retardo Mental nos Estados Unidos

Em 1770, a Virginia House of Burgesses, respondendo a uma solicitação do governador britânico, aprovou uma lei que garantia o apoio e manutenção de pessoas que sofriam de idiotia, loucura e outras perturbações mentais. O resultado foi a primeira instituição pública nos Estados Unidos dedicada exclusivamente ao atendimento e tratamento de doentes mentais, em Williamsburg, Virgínia, em outubro de 1773 (Zwelling, 1985). Esse local era uma prisão e uma enfermaria. As janelas tinham barras de ferro, as portas possuíam trancas e os internos eram imobilizados com bolas de ferro e camisas-de-força. O primeiro *inspetor* da instituição, James Gault, havia sido chefe da Cadeia Pública de Williamsburg. Essa instituição fechou em 1885 e foi transformada em museu para visitação pública (Turkington, 1985).

No início e em meados do século XIX, foram criados muitos manicômios e instituições estaduais de grande porte nos Estados Unidos. No começo, eles seguiam o modelo de instituições particulares como o Friends Hospital of Philadelphia e o de Connecticut. Geralmente localizados em zonas rurais, seu objetivo era oferecer tratamento moral e educação para os doentes mentais de todas as classes sociais. Algumas instituições bem administradas conseguiam um índice de cura de 50% (Dain, 1971), mas infelizmente, alguns meses após sua inauguração, essas instituições eram inundadas por um grande número de doentes mentais crônicos, muitos dos quais haviam morado durante anos em asilos para pobres, albergues, prisões e cadeias. O "tratamento moral" não era eficaz para essas pessoas, muitas das quais tinham distúrbios mentais crônicos. Além disso, era admitida uma quantidade muito grande de imigrantes e os funcionários eram totalmente despreparados para lidar com pessoas com diferentes *backgrounds* étnicos e culturais. Então, esses estados criaram grandes instituições de custódia, administradas por eles próprios. Com dificuldades financeiras depois da Guerra Civil, as verbas para essas instituições públicas eram incertas; as instalações físicas deterioraram-se e os padrões de atendimento caíram. Williams Bellis e Wellington fizeram uma reavaliação desses anos um século depois:

> Cada vez mais, a principal tarefa dos funcionários das instituições era controlar o que era visto como um comportamento diferente dos padrões e perigoso. O autoritarismo humanitário do tratamento moral foi transformado em controle autoritário rígido de pessoas das quais pouco se entendia ou se esperava. Após alguns anos de sua criação, as instituições públicas para doentes mentais haviam se tornado depósitos para tratamento de custódia das classes pobres e de imigrantes. (Williams et al., 1980, p. 57)

Sociedade dos Poetas Loucos do McLean[4] Hospital

O McLean Hospital é um hospital psiquiátrico dos Estados Unidos que se aproxima da visão de Dorothea Dix. Foi fundado em 1811 em Charlestown, Massachusetts, como departamento de psiquiatria do Massachusetts General Hospital. A mudança, em 1895, do hospital para Belmont, 16 km a oeste de Boston, permitiu que a visão de Dix fosse implementada. O hospital foi construído em um bonito *campus* de 96 ha escolhido pelo primeiro arquiteto paisagista dos Estados Unidos, Frederick Law Olmstead. Com seu *campus* bucólico, filosofia humanitária e tratamentos inovadores, o McLean atraiu a classe alta de Boston, artistas e escritores. Seus pacientes eram "loucos bem-nascidos, dignamente insanos" (Beam, 2001b). Robert Lowell, um dos poetas mais ilustres dos Estados Unidos, foi internado em 1958 quando não mais conseguia controlar seu comportamento maníaco. Seu emocionante poema *Waking in the Blue* descreve sua vida entre os "excêntricos" no McLean.

("Esta é a casa para os doentes mentais.")
Eu sorrio para Stanley, agora mergulhado nos
seus 60 anos, outrora o melhor *fullback* de Harvard
(como se tal fosse possível!),
possuindo ainda a compleição física de um garoto
  nos seus 20 anos
quando ele afunda uma vareta
com o músculo de uma foca
em sua longa banheira,
com um pouco de urina do encanamento vitoriano.
Um perfil majestoso de granito em um boné de golfe
vermelho, usado dia e noite,
ele só pensa em sua figura,
elegante à base de sorvete de frutas e *ginger ale*
– mais isolada das palavras do que uma foca.

É assim que rompe o dia no Bowditch Hall no
  McLean;
as lâmpadas encobertas revelam "Bobbie",
Porcellian'29,
uma réplica de Luís XVI
sem a peruca –
redolente e rechonchudo como um cachalote,
quando ele fanfarroneia com seu terno de aniversário
e pula nas cadeiras;
Essas figuras triunfantes de uma juventude atrofiada
  desafiadora.*

A poetisa Sylvia Plath foi internada no Hospital McLean com depressão suicida quando estava no último ano da Smith College. Seu livro *The Bell Jar* [A Redoma de Vidro] (1971) baseou-se em sua experiência no McLean. Esse curioso "McLean chique" culminou em um filme ganhador de um Oscar,** versão para o cinema das memórias de Susanna Kaysen, *Girl, Interrupted* (Beam, 2001b, p. 97). Internada aos 18 anos, Kaysen passou dois anos no McLean. Anne Sexton também fez parte dos Poetas Loucos do McLean. A doença mental a intrigava. Sua primeira coleção de poesias se chamou *To Bedlam and Part Way Back*. Sexton deu um seminário sobre poesia no McLean em 1969 e foi internada como paciente em 1973. Os poemas de sua última coleção, *The Awful Rowing Toward God*, refletem sua luta contra a depressão e a falta de autoconfiança. Ela cometeu suicídio em 1974.

Atualmente, o McLean Hospital é a maior instituição de ensino psiquiátrico da *Harvard Medical School* [Faculdade de Medicina de Harvard], com programas de tratamento para uma grande variedade de doenças mentais. Ele continua a atrair pacientes famosos, incluindo o matemático John Forbes Nash, Jr., ganhador do Prêmio Nobel de economia em 1994 e tema do filme *A Beautiful Mind* [Uma Mente Brilhante]; o cantor de *jazz* Ray Charles; e o cantor James Taylor (Brubach, 2002, p. 8). O McLean mantém o maior programa de pesquisa do mundo para um hospital particular, mas na era contemporânea do atendimento gerenciado na década de 1990, a instituição perdeu milhões de dólares por ano.

---

[4] Este material foi extraído de: Beam, A., 2001. "The Mad Poets Society". *The Atlantic Monthly*, jul.-ago. 2001, v. 288, p. 95-103; e Beam, A. (2001). *Gracefully insane:* The rise and fall of America's premier mental hospital. Nova York: Public Affaires.
* NT: Tradução livre.
** NT: O título do filme em português é *Garota, Interrompida*.

No início do século XX, Clifford W. Beers criou o movimento de higiene mental. Em 1901, fora internado no Hartford com delírios e tendências suicidas. Depois de anos de luta, ele se recuperou e, em 1906, escreveu um livro, *A Mind that Found Itself* [Uma Mente que Encontrou a Si Própria], descrevendo suas experiências. Beers buscou o apoio de muitas pessoas influentes, incluindo Theodore Roosevelt e o principal psicólogo norte-americano, William James (Capítulo 11). Ele podia citar o próprio caso para se opor ao pessimismo que em geral cercava a doença mental e os doentes mentais. Seus esforços levaram à criação da *National Commission for Mental Hygiene* [Comissão Nacional de Higiene Mental] em 1909.[5] Apesar desses esforços, o atendimento e o tratamento das doenças mentais entrou em declínio. A Grande Depressão e a Segunda Guerra Mundial diminuíram tanto o número de funcionários quanto o apoio financeiro para as instituições psiquiátricas. Em 1949, Albert Deutsch investigou mais de 20 hospitais psiquiátricos estaduais e viu

> cenas que rivalizavam com os horrores dos campos de concentração nazistas – centenas de pacientes nus amontoados em enfermarias enormes, semelhantes a celeiros, imundas, em todos os graus de deterioração, sem cuidados ou tratamento, destituídos de qualquer vestígio de decência humana, muitos em estágio de semi-inanição (Deutsch, 1949, p. 449).

Em 1949, nenhum hospital psiquiátrico estadual atendia aos padrões mínimos de funcionamento estabelecidos pela *American Psychiatric Association* [Associação Psiquiátrica Norte-Americana] (Williams et al., 1980, p. 61). Embora se tenha feito progressos a partir de então, acentuados pela criação em 1949 do *National Institute of Mental Health (NIMH)* [Instituto Nacional de Saúde Mental] e pelo Decreto sobre o *Community Mental Health Center* [Centro de Saúde Mental para a Comunidade], de 1963, uma visita a muitas instituições atuais para doentes mentais e portadores de retardo mental mostra que o avanço tem sido lento e ainda resta muito para ser feito. Um relatório descreveu o Dorothea Dix Hospital em Raleigh, Carolina do Norte, como um lugar perigoso onde "lobos e carneiros criam uma combinação inconstante, a violência crescente inclui surras e estupros e cinco pacientes são amontoados em um único quarto" (Overton, 1986). As políticas de liberação dos internos da década de 1970 levaram à alta de muitos pacientes antigos. Com muita freqüência, eles foram deixados sem supervisão e apoio adequados e simplesmente engrossaram o número de sem-tetos nas cidades (Johnson, 1990; Isaac e Armat, 1990). Na Califórnia, na década de 1980, o número de leitos em hospitais psiquiátricos caiu de 40 mil para 5 mil. Em um livro comovente, 70 autores descreveram vivamente em poesia, prosa e desenhos suas vidas em hospitais psiquiátricos e nas ruas depois de serem libertados: eles pintaram um mundo de medicações ministradas à força, abuso sexual, funcionários indiferentes e terapia eletroconvulsiva (ECT); viver nas ruas e sentir-se como pessoas cuja existência é ignorada, invisíveis; procurar comida, abrigo e representação legal; e agüentar tudo isso indefinidamente (Susko, 1991).

O Estabelecimento da Psicologia Clínica

Lightner Witmer (1867–1956) abriu a primeira clínica psicológica dos Estados Unidos na University of Pennsylvania em março de 1896 (McReynolds, 1987; Benjamin, 1996). Witmer se formou com Wilhelm Wundt e, como Titchener e Münsteberg (Capítulo 5), foi para os Estados Unidos em

---

[5] O sucessor do Comitê, a *National Mental Health Association (NMHA)*, é a mais antiga e maior organização sem fins lucrativos que trata de todos os aspectos da doença e da saúde mental. A maior honra dessa organização foi ter sido agraciada com o Prêmio Clifford W. Beers que é concedido anualmente.

Lightner Witmer, fundador da psicologia clínica nos Estados Unidos.
(Arquivos de História da Psicologia Norte-Americana)

1892. No caso de Witmer, ele estava retornando ao país e à University of Pennsylvania, onde havia estudado e sido assistente de pesquisa sob a supervisão de James McKeen Cattell. Quando Cattell trocou a Pensilvânia por Colúmbia, Witmer assumiu seu laboratório de psicologia experimental.

Embora tivesse sido treinado como psicólogo experimental, Witmer acreditava que a psicologia devia ajudar as pessoas. Particularmente, ele via a necessidade de uma área de psicologia, independente da psiquiatria, dedicada ao atendimento e tratamento de doentes mentais. Os psiquiatras e até alguns psicólogos se opuseram a essa idéia, inclusive Münsterberg (Capítulo 5), que repudiou os esforços de Witmer e insistiu que a terapia deveria permanecer dentro do campo da medicina (McReynolds, 1997b). Em 1896, um garoto de 14 anos que tinha dificuldade em soletrar foi indicado para Witmer por seu professor. O tratamento de Witmer para o garoto, conhecido pelo pseudônimo de Charles Gilman, marca o início formal da psicologia clínica. Witmer (1907) relatou que Gilman tinha uma inteligência acima da média e raciocinava e falava bem. Mas sua leitura e o soletrar eram difíceis: ele lia a palavra *was* como *saw* e tinha dificuldade de ler palavras de mais de duas letras. Witmer chamou o problema de Gilman de *amnésia visual verbal*, pois ele era incapaz de fixar as formas das palavras na memória. Tanto Witmer quanto o professor de Gilman lhe passaram bastante trabalho para corrigir o problema, trabalho pelo qual Gilman treinara para reconhecer as palavras sem ter de soletrá-las. Seus esforços deram resultado, embora o garoto nunca tenha aprendido a ler de uma forma normal. O tratamento formal de Gilman terminou em abril de 1897 e ele morreu de tuberculose em 1907.

Witmer examinou outras crianças com sérios problemas de fala ou de atraso em seu desenvolvimento. Ele utilizou técnicas de treinamento direto e aconselhamento para tentar ajudá-las. Em 1907, Witmer propôs formalmente uma nova profissão, a psicologia clínica, independente tanto da medicina quanto da educação (Witmer, 1907). Ele criou a publicação *Psychological Clinic*, para que as descrições dos casos clínicos pudesse ser publicadas. Editou essa publicação por muitos anos e ela foi um importante veículo que permitiu que os psicólogos descrevessem os casos clínicos. Em 1908, Witmer criou uma escola residência para o tratamento de crianças com retardo e perturbações mentais. Na década de 1920, um de seus alunos, Morris Viteles, começou a trabalhar no campo da orientação vocacional. Em 1921, foi criada a *Witmer School for Troubled Children* [Escola Witmer para Crianças com Perturbações] para oferecer serviços completos a crianças carentes.

Witmer também fez uma contribuição inesperada para a psicologia comparada (Burghardt, 1989). Em 1909 e 1910, ele publicou dois trabalhos no *Clinical Psychology*, descrevendo suas observações sobre um "macaco com uma mente" e "imitação inteligente e a curiosidade em um macaco." O "macaco" era na realidade um chimpanzé chamado Peter que fazia truques. Witmer testou Peter em sua clínica e ficou fascinado por ele ser tão humanizado. Quando Peter entrou na clínica, ele trocou um aperto de mão com a secretária Witmer e beijou sua mão! Peter aceitou um cigarro, riscou um fósforo e acendeu o cigarro. Ele trancou e destrancou um cadeado e aprendeu rapidamente a remover um grampo. Com um martelo, Peter colocava vários pregos em uma tábua; quando recebeu um parafuso em vez de um prego, ele deixou o martelo de lado e usou a chave de fenda. Quando perguntaram: "Onde está Peter?", ele apontava para si próprio. O desempenho de Peter era admirável. As descrições de Witmer a respeito do comportamento do macaco foram o início de descrições posteriores de macacos que faziam uso da linguagem e resolviam problemas (Parker e Gibson, 1990).

Tratamentos Radicais Físicos e Farmacológicos da Insanidade

Por causa das condições atrozes e do excesso de pacientes nas instituições para doentes mentais, "curas grandiosas e desesperadoras" que prometiam tratamento bem-sucedido para insanidade eram recebidas com entusiasmo (Valenstein, 1986). A mais desesperadora dessas curas foi a psicocirurgia. Em dezembro de 1935, Egas Moniz (1874–1955), um neurologista português treinado em La Salpêtrière, fez orifícios no crânio de um doente mental e usou um instrumento construído especialmente para cortar ou comprimir as fibras nervosas em seu caminho. Ele desenvolveu esse procedimento depois de observar um aparente efeito calmante em um chimpanzé lobotomizado (Pinel, 1990, p. 20). Moniz chamou esse procedimento de *leucotomia pré-frontal*, já que seu alvo era o lobo frontal do cérebro, e utilizava-se um *tomo* (palavra grega para "faca") para cortar ou comprimir as fibras nervosas. Quatro meses depois, Moniz apresentou os resultados de 20 dessas operações. Sete pacientes foram considerados recuperados, sete melhoraram e seis não apresentaram mudanças (Valenstein, 1986, capítulo 6). Em janeiro de 1937, Moniz relatou resultados positivos em mais 18 pacientes. Os relatos de êxito feitos por Moniz eram sempre exagerados; ele ignorava os efeitos colaterais e baseava seus relatos em dados vagos e subjetivos. No entanto, seus procedimentos foram largamente utilizados. Por seu trabalho, Moniz foi um dos ganhadores do Prêmio Nobel de Medicina em 1949. Em um desfecho irônico e trágico, Moniz foi baleado por um de seus pacientes lobotomizados e ficou paraplégico por causa de uma bala que se alojou na espinha.

Três homens foram responsáveis pela disseminação em larga escala das *lobotomias*. John Fulton, chefe do departamento de psiquiatria da Yale University, estava ansioso para demonstrar a existência de uma relação estreita entre as pesquisas em laboratório e as intervenções clínicas na doença mental. Fulton acreditava que a lobotomia se baseava em uma pesquisa laboratorial confiável e defendia sua aplicação (Pressman, 1998). Walter Freeman (1895–1927), um neuropatologista e neuropsiquiatra norte-americano, e seu colega James Watts (1904–1994) foram os principais responsáveis pela adoção em nível mundial da psicocirurgia como tratamento para a doença mental. Em 1936, no George Washington University Hospital, em Washington D.C., Freeman e Watts realizaram a primeira lobotomia frontal[6] nos Estados Unidos. Em 1950, eles haviam realizado mil lobotomias e, uma década mais tarde, os cirurgiões haviam realizado, nos Estados Unidos um montante estimado de 50 mil operações (Hilchey, 1994, p. A15). Freeman escreveu que as lobotomias "fariam dos desajustados, esquizofrênicos, homossexuais e radicais da sociedade bons cidadãos norte-americanos" (Freeman, apud Talbot, 1991, p. 4). Em 1941, Rosemary Kennedy, a irmã do futuro presidente dos Estados Unidos e de dois senadores, passou por uma lobotomia pré-frontal no St. Elizabeth's Hospital em Washington, D.C. A operação pôs fim às suas mudanças de humor irascíveis, mas também alterou sua personalidade de modo que sua ligação com a família praticamente terminou. Ela agia como uma criança e foi enviada para um convento em Wisconsin. Temendo prejudicar as aspirações políticas de seus filhos, Joseph Kennedy disse à imprensa que ela havia escolhido dedicar sua vida à ordem religiosa e estava trabalhando com crianças portadoras de retardo mental (Collier e Horowitz, 1984, p. 116).[7] Entre 1948 e 1952, os neurocirurgiões fizeram 5 mil leucotomias pré-frontais por ano nos Estados Unidos. No final, estudos controlados de longo prazo sobre os resultados dessas operações contra-indicaram sua utilização. Moniz, Fulton e Freeman haviam exagerado em muito os efeitos benéficos e minimizado os efeitos colaterais devastadores como ausência de emoção, movimentos retardados e inércia, falta de iniciativa, mudez e negativismo. Em uma conferência internacional sobre saúde mental em Viena, realizada em 1953, a lobotomia foi descrita como "a transformação de um ser humano em um vegetal", de "loucos em idiotas" e como um ato de "niilismo terapêutico" (Oserezski, apud Gerow, 1988, p. 38). Em 1970, o número de procedimentos psicocirúrgicos realizados nos Estados Unidos foi cerca de 300. Nessas operações, foram usados instrumentos esterotáxicos (Capítulo 3) para direcionar os eletrodos para partes específicas do cérebro. Antes da existência desses procedimentos, dezenas de milhares de pessoas em todo o mundo foram lobotomizadas, em geral com resultados devastadores.

Outros tratamentos físicos para doenças mentais incluíam *spas*, curas pelo repouso, terapias termais e banhos com folha de pinheiro (Sharter, 1997, p. 137). Tratamentos mais radicais envolviam a indução ao coma ou convulsões no cérebro. Com pouca justificativa teórica ou evidências a partir de pesquisa com animais, esperava-se que essas afrontas ao cérebro produzissem efeitos benéficos. Manfred Joshua Sakel, um médico vienense, afirmou, em 1933, que 88% dos esquizofrênicos que ele havia tratado melhoraram depois de voltarem de um coma induzido por insulina. Joseph Ladislau von Meduna lançou a terapia de choque usando pentilenetetrazola (metrazona) para induzir uma convulsão em 1935. A justificativa de Meduna era que, como as pessoas com epilepsia raramente sofrem de esquizofrenia, um forte ataque convulsivo poderia ser eficaz no tratamento da esquizofrenia. O método foi largamente utilizado nos Estados Unidos para tratar essa doença. O tratamento por meio da convulsão com o uso do eletrochoque (terapia eletroconvulsiva, ou ECT) foi desenvolvido pelos italianos Ugo Cerletti e Lucio Bini. Eles usaram essa técnica pela primeira vez em 1938 com pacientes esquizofrênicos, mas posteriormente descobriram que era mais eficaz para o tratamento da depressão. Em 1941, o ECT era usado em 43% das instituições mentais dos Estados Unidos.

Desses tratamentos que induziam convulsões, apenas a terapia eletroconvulsiva (ECT) continua a ser usada com alguma freqüência. A justificativa teórica para tratamentos convulsivos

---

[6] Sua técnica implicava fazer orifícios no crânio, inserir e girar uma faca para cortar as ligações entre os lobos pré-frontal e o restante do cérebro.

[7] Mais tarde, a família Kennedy e, especialmente, Eunice Shriver Kennedy, por meio da Fundação Kennedy e a Olimpíada Especial, fizeram muito para melhorar o atendimento e tratamento de pessoas com problemas mentais (Wills, 1981, p. 128).

nunca foi convincente, e há sempre uma possibilidade de causar danos cerebrais permanentes. Descobriu-se que o ECT funciona para um número considerável de pacientes com depressão que não respondem a outras terapias como medicamentos antidepressivos (Cole e Davis, 1975). Uma forma de diminuir a possibilidade de danos cerebrais é limitar a convulsão a um hemisfério cerebral, em geral o lado não dominante do cérebro, e restringir a quantidade de sessões de tratamento.

O segundo tipo de tratamento radical envolve a utilização de drogas que apresentam efeitos psicológicos. Em meados do século XX, foram desenvolvidas as drogas psicoativas que não curam, mas aliviam algumas formas de doença mental. Na década de 1950, a clorpromazina foi largamente utilizada na Europa e nos Estados Unidos para tratar esquizofrênicos, muitos dos quais conseguiram retornar ao trabalho e levar uma vida quase normal em sociedade. Mas as drogas também apresentavam problemas. As doses necessárias de clorpromazina variavam muito de acordo com o paciente; em altas doses, os pacientes desenvolviam rigidez, dificuldade de se movimentar e tremores. Arvid Carlsson, um farmacologista sueco, descobriu que a dopamina está presente em altas concentrações no *corpus striatum* (corpo estriado), uma parte do cérebro que regula o movimento. Os pacientes com Mal de Parkinson têm falta de dopamina, e a L-dopa, substância química convertida em dopamina no cérebro, é o principal tratamento para essa doença. Carlsson estudou como as drogas que combatem a esquizofrenia, como a clorpromazina, funcionam. Sua hipótese sugeriu que essas drogas bloqueiam os receptores de dopamina no cérebro. Foi relatado que as fenotiazinas, drogas que bloqueiam os receptores sinápticos no cérebro que são sensíveis à dopamina, reduzem os sintomas da esquizofrenia (Snyder, 1984). Arvid Carlsson foi um dos ganhadores do Prêmio Nobel de Medicina de 2000.[8]

Os pesquisadores sabiam que o lítio é eficaz no tratamento da depressão desde meados da década de 1960. Mas como o lítio é um sal comum que não pode ser patenteado, os grandes laboratórios farmacêuticos não estavam dispostos a investir em testes clínicos e sua aplicação generalizada foi adiada (Snyder, 1984, p. 142). Paradoxalmente, descobriu-se que o lítio é eficaz tanto no tratamento da mania quanto da depressão que caracterizam o distúrbio afetivo bipolar. Finalmente, um tipo de droga conhecido como antidepressivo tem sido muito usado há décadas. Essas drogas psicoativas causaram um enorme impacto. Em 1955, havia 560 mil pacientes em hospitais psiquiátricos nos Estados Unidos, dos quais a metade com o diagnóstico de esquizofrenia; em 1970, o número de pacientes havia diminuído para 340 mil e, em 1984, para menos de 150 mil (Rothman e Rothman, 1984).

Mesmerismo e Hipnose

O mesmerismo[9] e mais tarde a hipnose foram utilizados largamente para tratar uma variedade de doenças físicas e mentais durante os séculos XVIII e XIX. O interesse dos cientistas e médicos franceses pela hipnose remonta ao trabalho de Franz Anton Mesmer (1734–1815). Mesmer formou-se médico na prestigiada Escola Médica de Viena. Ele pertencia à classe alta, era um médico famoso e amigo de artistas e músicos, inclusive Leopold Mozart e seu filho, Wolfgang Amadeus Mozart. A tese de Mesmer em Medicina foi sobre *The Influence of the Planets on the Body* [A Influên-

---

[8] Os dois outros ganhadores foram Eric Kandel por sua pesquisa sobre a base neuroquímica da memória, e Paul Greengard por sua análise da série de etapas dentro de um neurônio depois que a dopamina estimula os receptores de dopamina da célula.

[9] *The Devil's Dictionary* define *mesmerismo* como "hipnotismo antes de ele usar boas roupas, ter uma carruagem e convidar a Incredulidade para jantar" (Bierce, 1958, p. 87).

cia dos Planetas no Corpo] (1766). Ele acreditava que os planetas geravam forças especiais que podiam ser concentradas por meio de ímãs para influenciar o corpo humano, assim como a lua influencia os oceanos por meio das marés. Ele viveu em uma época em que o magnetismo e a eletricidade eram forças misteriosas recém-introduzidas no pensamento científico (Capítulo 3). Mesmer verificou que seus pacientes às vezes entravam em transe quando ele usava um ímã que deslizava sobre seus corpos. Ele também relatou curas magnéticas de doenças e enfermidades e foi mais além a ponto de afirmar, em 1766, que nesse método magnético "a arte da cura atinge sua perfeição máxima". No entanto, seus colegas médicos rejeitaram suas afirmações e, em 1777, Mesmer foi expulso do corpo docente da Universität Wien e proibido de exercer a medicina. Ele encontrou exílio em Paris, uma cidade que

> parecia atrair e apoiar uma série de vigaristas, embusteiros e aventureiros raramente vista na história. O sucesso da ciência criara um solo fértil para quase qualquer tipo de idéia em Paris (talvez intensificado pela inquietação pré-revolucionária) e o panorama resultante era um caleidoscópio de ciência popular, bufonaria e total charlatanismo. (Hoffeld, 1980, p. 378)

Mesmer abriu uma clínica fabulosamente elegante em uma das ruas mais privilegiadas de Paris. Sua reputação espalhou-se pela cidade e dia após dia grandes multidões se reuniam. As pessoas esperavam em uma sala pouco iluminada enquanto o sócio de Mesmer, Charles D'Eslon, ele próprio um famoso médico da família real, removia uma tampa de madeira de uma grande banheira de carvalho, o *baquet*, e adicionava água e substâncias químicas para cobrir uma camada de limalha de ferro. A tampa era substituída, e varas articuladas de ferro eram inseridas em aberturas na lateral da banheira. Então, o "grande curandeiro" fazia sua entrada. Às vezes vestido de mágico, Mesmer caminhava em silêncio em torno da sala, tocando cada pessoa com uma longa vara de ferro. Em geral, quando ele olhava fixamente nos olhos de uma pessoa e dava o comando *"Dormez"* (durma), ela entrava em transe. A pessoa havia sido *mesmerizada*. Milhares de pessoas afluíam à sua clínica. A popularidade de Mesmer era enorme, mas ele não ficou imune a críticas. O clero francês jurou que Mesmer havia vendido sua alma ao diabo, ao passo que a classe médica o descrevia como um impostor, charlatão e curandeiro. Sem se intimidar, Mesmer desafiou a *Academie Français du Science* [Academia Francesa de Ciências] a escolher 20 pacientes, designar 10 deles para que ele os tratasse e os demais para que os membros dessa instituição o fizesse a fim de que os resultados fossem comparados. A proposta de Mesmer foi rejeitada.

Em 1781, a pedido da rainha Maria Antonieta, que era uma das mais ardentes seguidoras de Mesmer, o governo francês ofereceu-lhe um castelo e uma pensão vitalícia para que ele revelasse seus métodos. Mesmer recusou a proposta. Em 1784, a Academia Francesa de Ciências designou uma comissão real para investigar Mesmer e suas afirmações. A comissão incluía o embaixador norte-americano, Benjamin Franklin, famoso por suas demonstrações da eletricidade natural; Antoine Lavoisier, o descobridor do oxigênio; Joseph Guillotin, cuja invenção – a guilhotina – seria muito usada em breve, inclusive com ele, que foi executado em maio de 1784; e o astrônomo Jean Bailly. Os membros da comissão elaboraram testes sofisticados para analisar as afirmações de Mesmer (Gould, 1989); eles disseram a alguns sujeitos dos testes que objetos não-magnetizados estavam magnetizados e a outros o oposto. Mesmer alegava que o níquel tinha poderes especiais. A comissão testou um disco que ele usou e descobriu que não era níquel, mas chumbo (Tatar, 1978). Os membros da comissão não obtiveram resultados quando eles próprios foram mesmerizados; Franklin relatou que havia sido monótono (Gallo e Finger, 2000, p. 340).

Em seu relatório de agosto de 1784, a comissão condenou a prática do mesmerismo como perigosa e inútil e chamou Mesmer de místico e fanático. Além do relatório público, a comissão escreveu um relatório secreto para o rei. Ele continha informações sexuais; a comissão havia descoberto que Mesmer em geral tratava mulheres jovens e atraentes que não estavam realmente doentes, mas iam até ele por falta do que fazer e para se divertirem. Sob a influência do ímã, dizia-se que essas mulheres não tinham consciência do que estava acontecendo com elas e eram incapazes de se controlar. Sem temer as conclusões, Mesmer continuou sua prática e sua fama aumentou. No entanto, os anos seguintes foram de dificuldades. Em 1786, D'Eslon morreu enquanto estava em transe; uma peça popular, *The Modern Doctors* [Os Médicos Modernos], em cartaz em Paris, satirizava Mesmer com insinuações freqüentes sobre prática de sexo. Em 1792, ele foi forçado a deixar Paris, indo primeiramente para Londres e depois para a Alemanha. Vários anos antes de sua morte em 1815, ele voltou a Paris, mas nessa época a paixão que cercava o mesmerismo havia esfriado e ele viveu seus últimos anos praticando medicina e magnetismo em animais em Meersburg, Alemanha, às margens do Lago Constance (Gravitz, 1990).

Mesmerismo na Inglaterra

John Elliotson foi o principal seguidor de Mesmer na Inglaterra. Ele era um membro estabelecido da classe médica inglesa, ex-presidente da *Royal Medical and Surgical Society of London* [Sociedade Médica e Cirúrgica Real] de Londres e professor de Medicina da University College, uma faculdade que ele havia ajudado a fundar. Elliotson também foi um pouco radical. Ele introduziu muitas drogas novas na prática médica e foi a primeira pessoa na Inglaterra a usar o estetoscópio, um instrumento inventado em 1816 pelo médico francês René Laennec (Reiser, 1979). O interesse de Elliotson pelo mesmerismo surgiu quando ele viu demonstrações de transes induzidos e curas aparentes de várias doenças. Ele se tornou defensor do mesmerismo, fazendo demonstrações e até cirurgias com pacientes mesmerizados. Seus colegas ficaram escandalizados. Em 1837, o conselho da University College aprovou uma resolução que proibia a prática do mesmerismo no hospital. Elliotson pediu demissão e nunca mais retornou a essa universidade.

Elliotson e outros mesmeristas aparentemente alcançaram algum sucesso. Sua cura mais espetacular e mais propagada foi o caso de Harriet Martineau, uma feminista entusiasta que pensava estar morrendo de câncer. Ela foi mesmerizada com resultados surpreendentes e, no dia seguinte, conseguiu andar 24 km e escrever 15 páginas de texto sem sentir qualquer cansaço. Harriet Martineau descreveu seu caso em um artigo no *Athenaeum* de novembro de 1844, mas os críticos de Elliotson receberam até esse caso dramático com desprezo. Eles chamaram-na de histérica e repudiaram a afirmação de que ela havia sido curada de câncer (Bailey, 1981).

James Esdaile (1808–1859), um cirurgião que trabalhava na *British East Índia Company* em Calcutá, Índia, leu uma descrição da aplicação do mesmerismo feita por Elliotson na cirurgia e começou a usar esse procedimento em suas operações. Para sua surpresa e satisfação, ele descobriu que seus pacientes não apenas sobreviviam a essas operações, mas também relatavam que não tinham sentido dor. Em 1846, ele havia usado o mesmerismo em mais de 3 mil operações (Esdaile, 1846; Gravitz, 1988). Durante as operações, os pacientes de Esdaile mantinham-se relaxados e calmos. Eles ficavam menos amedrontados do que os pacientes em cirurgias convencionais, e muitos indianos consultavam Esdaile em vez de ir a cirurgiões tradicionais. No entanto, seus colegas médicos continuaram críticos e Esdaile teve dificuldade de publicar descrições de seu trabalho.

Esdaile não foi o único que obteve êxito na aplicação do mesmerismo em cirurgias. Em 1829, um médico francês, Jules Cloquet, descreveu a remoção bem-sucedida de um câncer maligno (mastectomia) em uma paciente de 69 anos que foi mesmerizada. Em 1842, um cirurgião inglês chamado James Ward amputou a perna de um paciente em transe mesmeriano. No entanto, o interesse pelo mesmerismo como procedimento anestésico diminuiu rapidamente com o desenvolvimento de agentes químicos. Em 1844, um dentista norte-americano chamado Horace Wells teve um de seus dentes extraídos enquanto estava sob a influência do óxido nitroso; em 1846, o éter foi usado pela primeira vez como anestésico geral em uma operação no Massachusetts General Hospital. A operação foi um sucesso, e Henry Bigelow, um dos cirurgiões que a assistiu, anunciou posteriormente: "Vi algo hoje que vai se espalhar pelo mundo" (Cohen e Dripps, 1970, p. 44). Em 1847, o clorofórmio foi usado para reduzir a dor do parto. De alguma forma, esses agentes anestésicos químicos pareciam mais aceitáveis do que o misterioso mesmerismo, mas nos últimos anos a hipnose passou a ser utilizada novamente como método anestésico, principalmente no caso de cirurgia dentária.

A Hipnose na Inglaterra e na França

O termo hipnose é geralmente atribuído ao médico e cirurgião inglês James Braid (1795–1860), que o utilizou em 1843.[10] Dois anos antes, em novembro de 1841, Braid, médico praticante em Manchester, Inglaterra, havia assistido a uma demonstração de um mesmerizador suíço itinerante chamado Charles La Fontaine. Braid era extremamente cético quanto às alegações dos mesmerizadores, mas observou que as pálpebras do sujeito mesmerizado ficavam pesadas, caíam e depois se fechavam. Em casa, ele tentou mesmerizar a esposa e um amigo. Eles olharam fixamente para um objeto metálico brilhante que se movia lentamente enquanto Braid sugeria que suas pálpebras estavam ficando pesadas. Ambos fecharam os olhos e entraram em transe. Com esse experimento, Braid pôs fim ao longo e cáustico debate sobre o papel do magnetismo e demonstrou a importância da fixação e da sugestão na indução de um transe. Ele concluiu que a hipnose é uma forma de sono induzida pela sugestão e um estreitamento da atenção. Em 1843, descreveu vários casos nos quais a hipnose havia aliviado a doença e o sofrimento. Braid, no entanto, sempre foi um observador empírico. Seus objetivos eram a descrição e o entendimento científicos, e não a defesa de Mesmer e Elliotson.

Os dois sucessores mais imediatos de Mesmer na França foram Ambrose-Auguste Liébault (1823–1904) e Hippolyte Bernheim (1837–1919; Capítulo 11). Em 1864, Liébault começou a praticar a hipnose em Nancy. Ele alegava ter realizado várias curas de doenças físicas e convenceu o inicialmente cético Bernheim do valor do procedimento. Com a assistência de um químico, Emil Coué, ele combinou a hipnose com drogas e Nancy tornou-se um importante centro para o tratamento da doença psicossomática. Uma segunda clínica de hipnose francesa foi aberta por Jean-Martin Charcot (1825–1893), em Paris. Foi para a clínica de Charcot que um jovem médico vienense viajou em 1885, esperando aprender a usar a hipnose no tratamento de pacientes histéricos. O nome do jovem era Sigmund Freud e suas teorias e tratamentos viriam a mudar para sempre a nossa concepção da condição humana.

SIGMUND FREUD (1856–1939)

Os Primórdios da Vida de Freud

Sigmund Freud nasceu em Freiberg, Morávia, no dia 6 de maio de 1856. Foi o primeiro filho da terceira esposa de Jacob Freud. Na época, Freiberg fazia parte do Império Austríaco; atualmente,

---

[10] No início de 1821, o francês Etienne Felix d'Henin de Cuvilliers aplicou, pela primeira vez, o prefixo *hipn-* a várias palavras para descrever o processo mesmeriano: *hipnótico, hipnotismo* e *hipnotizador* (Gravitz e Gerton, 1984, p. 109).

faz parte da República Tcheca. Freud foi educado segundo as tradições e as crenças da religião judaica; seu bisavô havia sido rabino. Embora posteriormente tenha descrito sua atitude para com a religião como "criticamente negativa", Freud sempre se considerou um judeu. Sua família tinha origem no século XIV e havia fugido de Colônia para escapar à perseguição anti-semita. O pai de Freud era comerciante de lã, um homem trabalhador, mas pobre. Em 1859, quando Freud tinha três anos, sua família mudou-se para Viena. Como os judeus austríacos somente foram emancipados em 1848, ainda havia ali muito anti-semitismo e seus primeiros anos em Viena foram difíceis do ponto de vista financeiro. Freud foi bem na escola, formou-se no segundo grau com louvor e foi recompensado pelo pai com uma viagem à Inglaterra, já que as finanças da família haviam melhorado. Freud sempre foi considerado um estudante sério com uma profunda necessidade de reconhecimento por parte do pai e de outras figuras de autoridade. Ele gostava de literatura – Shakespeare era o seu autor favorito – e tinha proficiência em alemão, francês, inglês, italiano, espanhol, hebraico, latim e grego (Jones, 1953).

A Educação de Freud

Quando criança, Freud sonhou em ser um grande general como seus heróis da infância, Aníbal e Napoleão, ou ministro de Estado como outro de seus heróis, Oliver Cromwell. Quando, porém, chegou o momento de preparar-se para uma profissão, seus sonhos foram destruídos pela dura realidade do anti-semitismo. Na Viena do fim do século XIX, as escolhas de um menino judeu eram restritas. Freud considerou seguir a carreira de advogado, mas achou as questões jurídicas aborrecedoras e, então, embora posteriormente tenha admitido que não tinha "nenhuma predileção específica pela carreira de médico" (Freud, 1935, p. 13), escolheu a medicina, entrando para a Universität Wien em 1873. O professor favorito de Freud era Franz Brentano (Capítulo 6), homem que Freud descreveu como "um sujeito danado de inteligente". Como Freud fez cinco de seus cursos, o católico Brentano levou Freud a considerar seriamente o teísmo e a crença em Deus. Mas o flerte foi breve, e Freud manteve sua posição como um ateu sem compromisso; ele se descrevia como um "judeu sem Deus" (Gay, 1989, p. 685).

Freud somente se formou em 1881. Com sua vontade e dedicação, é surpreendente que tenha levado mais três anos do que o aluno médio de medicina para obter seu diploma. O atraso foi causado por um ano de serviço militar em 1879, tempo que ele usou para traduzir e editar as obras de John Stuart Mill para o alemão (Capítulo 2) e realizar uma pesquisa em biologia sob a orientação do professor de fisiologia de Viena, Ernst Brücke. Freud fez importantes pesquisas sobre a estrutura gonadal das enguias e as células nervosas do lagostim e desenvolveu um importante método de cloreto de ouro para tratar as células nervosas. Ao todo, ele passou seis anos produtivos no instituto de pesquisas de Brücke. Freud partiu com relutância quando ficou claro que não seria indicado para ser um dos dois assistentes de pesquisa, já que, para esse cargo, haviam sido escolhidas pessoas jovens.

Freud passou os próximos três anos abrindo seu caminho profissional nos vários departamentos do Hospital Geral de Viena, o que incluía passar cinco meses na clínica psiquiátrica de Theodor Meynert (1833–1892). Meynert teve uma grande influência em Freud, que o considerava o homem mais brilhante que ele já havia conhecido. Na clínica de Meynert, Freud encontrou suas primeiras pacientes histéricas. Essa experiência foi importante, mas ainda mais importante no desenvolvimento do interesse de Freud pela histeria foi um caso que seu colega, Joseph Breuer (1859–1936), havia constatado.

Joseph Breuer e o Caso de Anna O.

Breuer era o filho de um rabino emancipado, conhecido como um liberal e progressista professor de religião (Hirschmüller, 1989). Ele era um famoso neurologista que, quando jovem pesquisador de medicina, havia descoberto que o nervo vago controla a respiração e os canais semicirculares afetam o equilíbrio. Ele estabeleceu uma clínica médica bem-sucedida em Viena. Os pacientes de Breuer incluíam a família de Franz Brentano e o compositor Johannes Brahms. Na Viena do fim do século XIX, Joseph Breuer era conhecido como o "médico do toque de ouro" por causa do seu tratamento bem-sucedido da histeria. Freud descreveu Breuer como "um homem de inteligência impressionante e 14 anos mais velho que eu. Nossas relações logo se tornaram mais íntimas e ele foi meu amigo e auxiliar em muitas ocasiões" (Freud, apud Eissler, 1978, p. 13).

De novembro de 1880 até o verão de 1882, Breuer tratou Bertha Pappenheim. Ela havia nascido em uma rica família vienense, judia ortodoxa, em 27 de fevereiro de 1859. Sua educação incluía o ensino religioso e 10 anos de ensino formal em uma escola católica particular. Lingüista talentosa, Pappenheim era proficiente em hebraico, ídiche, inglês, francês, italiano e alemão. Mas sua educação terminou quando ela tinha 16 anos, já que não havia outras oportunidades de ensino abertas para ela na Viena daquela época. Desde o verão de 1880, passou a cuidar do pai durante sua doença terminal. No outono daquele ano, Pappenheim passou a ter uma tosse forte e persistente, acompanhada por outros sintomas incapacitadores como:

> Paralisia do lado direito, do lado superior esquerdo e do pescoço; problemas de visão; surdez temporária; e consideráveis distúrbios da linguagem, incluindo a mudez, a fala incompreensível e a perda da capacidade de falar ou entender o alemão. Ela alternava entre um estado de vigília no qual ficava melancólica e ansiosa, mas normal, e um estado alternativo de consciência – que ela denominava "perda de tempo" – no qual tinha alucinações, comportava-se mal, atirava travesseiros e acusava as pessoas de lhe fazerem coisas que a deixavam desnorteada. (Kimball, 2000, p. 21)

Breuer, que era o médico da família, não conseguia encontrar uma base física para esses sintomas. Mas levou-os a sério e escutou suas queixas. A condição de Pappenheim piorava e, após a morte do pai, em abril de 1881, ela passou a receber tratamento que incluía sedativos e morfina em um sanatório.

Breuer tratou Pappenheim nos 18 meses seguintes. Ela era atraente, inteligente e articulada. Ele estava fascinado e a via uma ou até duas vezes por dia, geralmente para longas visitas que duravam várias horas. Pappenheim levou Breuer a tentar localizar o primeiro aparecimento de seus sintomas. A paralisia do braço havia surgido pela primeira vez quando ela "vira" uma cobra grande e negra na cama do pai. Ela havia tentado empurrar a cobra, mas não conseguia movimentar o braço. Sua surdez havia aparecido pela primeira vez quando ela ouvira a música de um baile do qual quisera participar, mas ao qual não pudera ir por causa de suas obrigações como enfermeira do pai. A mudez surgira pela primeira vez quando ela decidira contar ao pai que a enfermagem exigia demais dela, mas fora incapaz de fazê-lo. Lembrar-se desses episódios mexia intensamente com suas emoções. Breuer rotulou a liberação da tensão emocional como *catarse*, termo utilizado pela primeira vez por Aristóteles (Capítulo 1). Após a catarse, Pappenheim ficava calma e alegre. Ela descrevia o ato de falar sobre seus sintomas como "limpeza de chaminé"; Breuer denominava isso "cura pela palavra" [*talking cure*] (Clark, 1980, p. 102).

A esposa de Breuer ficou infeliz com o fato de ele passar tanto tempo com aquela jovem atraente. Ela insistia no término do tratamento de Pappenheim. Assim, na primavera de 1882, Breuer e Pappenheim concordaram mutuamente em terminar sua relação profissional. Diferentes relatos históricos descrevem suas reações. Jones, o biógrafo oficial de Freud, conta que Breuer foi chamado de volta no dia em que o tratamento terminou e encontrou Pappenheim com graves cãibras abdominais, fantasiando que estava tendo um filho. Segundo Jones, Breuer fugiu, nunca mais a viu e tirou férias com a esposa. Naquela viagem, sua filha mais nova foi concebida (Jones, 1953, p. 223-226). Kimball (2000) e outros historiadores concluíram que esse relato é um mito: a filha de Breuer nasceu em 11 de março de 1882, antes do término do tratamento de Pappenheim; Breuer de fato viu-a várias vezes depois, naquele ano; e a fantasia do nascimento da criança foi mencionada pela primeira vez por Freud 50 anos depois.

Em 1888, Pappenheim, que nunca se casou, mudou-se para Frankfurt com a mãe. Ela assumiu o cargo de diretora de um orfanato judeu e tornou-se líder da comunidade judaica, uma das primeiras feministas, e instituiu a profissão de assistente social. Kimball (2000) resumiu eficazmente seu lugar na história da psicanálise e da psicologia:

> Sem sua inteligência e a explicação eficaz de seu mundo de fantasias, a psicanálise teria tido um início muito diferente ou, talvez, nem tivesse nascido. Ela foi a atriz central do feminismo de sua época e foi uma grande figura no judaísmo do século XX, antes do holocausto. Ela foi capaz de comprometer-se ao máximo com a vida. Transferiu sua própria dor particular para a ação pública histórica por meio de uma integração entre sua "abençoada fantasia" e um forte sentido de dever público. (Kimball, 2000, p. 41)

Bertha Pappenheim morreu em 1936. Em 1954, o governo da Alemanha Ocidental emitiu um selo postal com seu retrato. Pappenheim, o que é fácil de se entender, era sensível a respeito de sua relação com Breuer e, durante toda a vida, ela se recusou a comentar sua doença e tratamento. Quando Breuer discutiu o caso com Freud, ele respeitou os sentimentos dela e a amizade que tinha para com a noiva de Freud e referiu-se a ela como Fraülein Anna O., nome pelo qual ela se tornou conhecida. Freud estava fascinado com seu caso e acabou discutindo-o mais tarde em Paris com o principal especialista em histeria do século XIX, Jean-Martin Charcot, que, no entanto, demonstrou pouco interesse. Anna O. e Joseph Breuer desempenharam, ambos, importantes papéis no aumento do interesse de Freud pela histeria e na formulação da psicanálise. Ela é descrita como a "mais conhecida de todos os pacientes de psicoterapia" (Hollender, 1980, p. 797).

O Uso Pessoal de Drogas por Parte de Freud

Na primavera de 1884, Freud começou a realizar experimentos com cocaína. Ele descobriu que a droga aliviava suas sensações de depressão, transformava seu mau humor em alegria e ajudava-o a trabalhar. Freud tornou-se um defensor entusiasta da droga e publicou seis ensaios nos dois anos seguintes, descrevendo seus efeitos benéficos (Bernfeld, 1953). A cocaína parecia ser uma "substância mágica" e, pela primeira vez, ele sentiu que era um "verdadeiro médico". Freud deu cocaína à irmã e enviou um pouco à noiva, Martha Bernays, "para torná-la forte e colorir suas faces com uma cor vermelha" (Jones, 1953, p. 81). O próprio Freud tomou doses cada vez maiores e teve sorte em não ficar viciado. Um de seus amigos, a quem ele prescreveu a droga, não teve a mesma sorte: Erns von Fleischl morreu cocainômano em 1891. No início, o entusiasmo de Freud pela cocaína foi amplamente compartilhado, mas, em 1885, vários casos de adicção e intoxicação envolvendo a cocaína foram relatados e um alarme espalhou-se pela comunidade médica. Como defensor da droga, Freud foi censurado e repreendido pelos colegas. No início, ele argumentou que a cocaína era perigosa quando administrada por injeção, mas não quando tomada por via oral. Na verdade, Freud havia defendido a injeção de cocaína, mas ambas as modalidades resultam em adicção (Cioffi, 1974). O crítico mais severo de Freud, Albrecht Erlenmeyer, rotulou a cocaína, juntamente com o álcool e a morfina, como "os três flagelos da humanidade". Freud ficou profundamente marcado por esse "episódio da cocaína".

Embora Freud tenha tido sorte em escapar da adicção à cocaína, ele lutou durante toda a vida uma batalha perdida contra a adicção a outra droga, a nicotina. Em 1894, quando tinha 38 anos, seu médico lhe disse que suas arritmias do coração eram causadas pelo fumo e aconselhou-o a deixar o tabaco. Ele continuou fumando muito, com freqüência 20 charutos por dia. Durante a Primeira Guerra Mundial, quando os charutos de que gostava escassearam, Freud ofereceu os bordados da esposa em troca de um suprimento. Como médico, ele estava bem consciente dos riscos que assumia e muitas vezes tentou desesperadamente parar de fumar, mas sempre sem sucesso. Quando tinha 67 anos, Freud notou feridas no palato e na mandíbula que não saravam e descobriu que estava com câncer. Ainda assim, continuou a fumar, racionalizando sua decisão com base em uma citação de Bernard Shaw que avisava: "Não tente viver para sempre, você não terá sucesso". Freud passou por uma série de 33 operações na boca, na garganta e no palato. Sua mandíbula foi quase inteiramente removida e substituída por outra, artificial, que ele chamava "o monstro". Quando estava na faixa dos 70 anos, um especialista em câncer novamente avisou-o para parar de fumar, mas Freud recusou-se a aceitar aquilo que denominava sua "sentença de nicotina" (Jones, 1957, p. 159); ele continuou fumando muito, pois, como dizia, "eu nunca consegui agüentar ter apenas uns dois charutos na cigarreira" (Freud, apud Jones, 1957, p. 121). Um pouco antes de sua morte, em 1939, Freud gracejou: "devo estar perto da morte; as pessoas pararam de me dizer que o charuto vai me matar" (Johnson, 1993, p.v). A luta de 45 anos de Freud faz dele um trágico protótipo de vício em nicotina (Brecher, 1972, p. 215).

Freud e Charcot

O ano de 1885 foi bom para Freud. Ele conseguiu ultrapassar a notoriedade do episódio da cocaína e foi indicado como *Privatdozent* da Universität Wien. Ele se candidatou a uma bolsa para estudar a histeria e a hipnose sob a orientação de Charcot em Paris. Havia muita competição por essas bolsas, e seu recebimento era freqüentemente político. Felizmente, Freud contava com o apoio de Brücke e obteve sucesso. Viajou para Paris em outubro de 1885 e lá permaneceu até fevereiro de 1886 – cinco meses que mudaram sua vida.

Jean-Martin Charcot (1825–1893) estava então no auge da fama e influência. Seu renome na medicina francesa igualava-se ao de Louis Pasteur na química. Charcot dizia-se um neuropatologista, mas era reconhecido pelas pessoas como o "maior neurologista do mundo", e sua clínica, La Salpêtrière, era considerada a "Meca da neurologia", já que os alunos a ela acorriam, vinham de muitos países (Gelfand, 2000). As grandes atrações eram as demonstrações de Charcot de fenômenos histéricos, todas as terças-feiras, e suas palestras a respeito da hipnose e da histeria. Freud assistiu às demonstrações de Charcot a respeito da indução e da remoção dos sintomas histéricos e ouviu sua afirmação de que esses sintomas estavam localizados no corpo, mas tinham origens psicológicas. Os pacientes de La Salpêtrière apresentavam anestesias do tipo "tabuleiro de damas", ou paralisias, que iam e vinham e não seguiam princípios anatômicos. Depois de apenas um mês em Paris, Freud descreveu Charcot em uma carta a sua noiva, Martha Bernays:

> Charcot, que é um dos maiores médicos e um homem cujo bom senso se aproxima do gênio, está simplesmente acabando com todos os meus propósitos e opiniões. Às vezes, saio de suas palestras como se saísse de Notre Dame, com uma idéia inteiramente nova a respeito da perfeição. Mas ele me esgota. Quando me afasto dele, não tenho mais nenhum desejo de trabalhar em minhas coisas tolas... meu cérebro fica farto como depois de uma noite no teatro. Se essa semente acabará dando algum fruto, não sei, mas o que sei é que nenhum outro ser humano jamais me afetou dessa maneira. (Freud, 14 nov. 1885, apud Freud et al., 1978, p. 114)

Jean Charcot faz uma demonstração de hipnose com sua paciente, "Wit".
(Arquivo Bettmann)

O episódio mais significativo durante o período de Freud em Paris não ocorreu na clínica Salpêtrière, nem em uma das palestras de Charcot, mas sim em uma das fabulosas festas pelas quais Charcot era famoso. Lá, Freud ouviu Charcot descrever o caso de um jovem casal; a esposa havia sido dada como inválida e o marido era impotente. Charcot afirmou categoricamente: "*Mais, dans ces pareils, c'est toujours le chose genitale, toujours, toujours, toujours, toujours*" (Mas, nesses casos, é sempre uma questão de sexo, sempre, sempre, sempre, sempre). Se era esse o caso, pensou Freud, então por que Charcot não o disse em suas palestras e escritos? Ele também estava impressionado com o fato de um neurologista de renome como Charcot ter essa visão (Clark, 1980a, capítulo 4).

Quando Freud voltou a Viena, traduziu um dos livros de Charcot e, em outubro de 1886, entregou um artigo, *On Male Hysteria* [Sobre a Histeria Masculina], à Sociedade dos Médicos Vienenses. Ele apresentou os pontos de vista de Charcot e endossou-os com entusiasmo, incluindo sua descrição dos sintomas histéricos nos homens. Quarenta anos depois, em sua autobiografia, Freud lembrou-se amargamente da reação hostil à sua apresentação. O presidente descreveu seus pontos de vista como "incríveis" e um crítico até mesmo perguntou sarcasticamente se ele tinha consciência de que a palavra *histeria* tinha origem na palavra grega *hysteron*, que significa útero. A histeria masculina foi descrita por alguns como uma impossibilidade, e Freud foi desafiado a encontrar um caso de histeria masculina em Viena. Ele conseguiu atender a esse desafio e apresentou o caso um mês depois.

Esse episódio freqüentemente é descrito como a primeira das várias ocasiões nas quais a comunidade médica rejeitou as visões de Freud. Sulloway (1979) afirma que relatos dessa recepção hostil são um mito criado pelas percepções errôneas de Freud e pela visão que seus seguidores tinham dele, como um inovador audacioso e corajoso. Segundo Sulloway, o papel de Freud como o mensageiro autodesignado de Paris era desnecessário, já que os pontos de vista de Charcot sobre a histeria eram bem famosos em Viena. Além disso, a visão que Freud tinha de Charcot era demasiadamente positiva e nada crítica. Muitas pessoas na audiência tinham uma visão mais realista de Charcot do que Freud. Além do mais, uma descrição da histeria masculina não era nova, nem revolucionária, como Freud havia sugerido, já que outros haviam previamente fornecido descrições de sintomas histéricos em homens. A antiga teoria da histeria uterina havia sido amplamente descartada e a pergunta provocadora a respeito da origem da palavra histeria havia sido feita por um membro muito antigo da sociedade. A reação geral à apresentação de Freud provavelmente não foi tão hostil como ele se lembra de ter sido. Segundo Sulloway (1979), relatórios historicamente questionáveis desse e de episódios semelhantes contribuíram para o mito de Freud como herói e revolucionário.

A Prática da Medicina de Freud em Viena

Em 1886, Freud estabeleceu um consultório médico particular na Berggasse 19, em Viena. Sua especialidade era o tratamento da histeria. No início, ele usou tratamentos convencionais – banhos de imersão, massagens, eletroterapia e cura pelo repouso – mas, em 1889, concluiu que esses procedimentos não eram eficazes. Ele voltou-se para o hipnotismo e retornou à França para estudar as técnicas de Liébault e Bernheim, da L'École Hipnose de Nancy. Freud também traduziu o livro de Bernheim de 1888, *De la Suggestion et de ses Applications à la Therapeutique* [A Respeito da Sugestão e de suas Aplicações à Terapia]. Em Viena, usou a hipnose no caso de Frau Emmy von N., uma inteligente mulher de 40 anos (Macmillan, 1979). Seu sintoma mais evidente era o hábito de interromper periodicamente uma conversa para esticar as mãos diante do rosto, que por sua vez se contorcia com horror e nojo. Ela dizia: "Fiquem quietas, não digam nada, não me toquem". Colocando-a sob hipnose, Freud descobriu que muitos de seus medos estavam relacionados a acontecimentos na infância. Alguns de seus sintomas eram aliviados pela lembrança desses acontecimentos e outros por sugestão hipnótica direta, mas Freud não considerou o caso dela bem-sucedido. Ficava cada vez mais insatisfeito com a hipnose como técnica terapêutica. Nem todos os pacientes podiam ser hipnotizados e aqueles que podiam apresentavam melhoras em graus diferentes. Alguns sintomas não eram afetados e outros eram aliviados apenas temporariamente. Freud concluiu que o seu relacionamento com cada paciente era mais importante do que qualquer das técnicas que usava. Como ele poderia melhorar esse relacionamento e encorajar os pacientes a liberar suas lembranças inibidas sem a hipnose?

Técnicas Psicanalíticas

Freud começou a instruir seus pacientes para que tentassem se lembrar de acontecimentos relacionados com a primeira aparição dos sintomas histéricos. Ele descobriu que alguns pacientes eram capazes de lembrar e descrever acontecimentos que haviam reprimido por anos. Freqüentemente, essa lembrança lhes era benéfica, assim como havia sido para Anna O. Freud começou a confiar cada vez mais em um método de associação livre no qual pedia aos pacientes para descreverem tudo o que lhes viesse à mente. Descreveu esse método como sondar as profundezas da mente humana, do mesmo modo que um arqueólogo escava uma cidade enterrada. No início, Freud referiu-se a esse procedimento como o "método de Breuer", depois como "análise psíquica" e, finalmente, como "psicanálise".

Freud implorou a Breuer para publicar uma descrição de Anna O. e sua utilização da "cura pela palavra" para produzir catarse. O cuidadoso e conservador Breuer relutava em fazê-lo. Como ele tinha uma reputação estabelecida, sua cautela é compreensível.[11] Finalmente, ele con-

---

[11] Ellenberger (1972) fornece uma análise crítica e dados adicionais a respeito do caso de Anna O.

cordou em publicar *Studien über Hysterie* [Estudos sobre a Histeria] com Freud, em 1895. Eles descreveram Anna O. e quatro outras pacientes histéricas. Ainda quando eles escreviam esse livro, seus pontos de vista começaram a divergir. Breuer acreditava que o fator crucial para o tratamento bem-sucedido da histeria era produzir a catarse. O paciente descrevia seus sintomas e o médico ouvia com cuidado e atenção. Freud aceitou a importância da catarse, mas encontrou muito mais importância na relação terapeuta-paciente. Christopher Monte aponta para o *insight* de Freud: *Beneath the Mask* [Por Baixo da Máscara] (Monte, 1980) da relação clínica, havia muito mais do que Breuer desejava ver:

> Breuer podia não saber, mas sua paciente o via, como todos os futuros pacientes de análise veriam seus terapeutas, como pai, amante, confessor, amigo, rival, vilão e herói, fundamentando as emoções para essas percepções cambiantes do terapeuta em relacionamentos anteriores com pessoas importantes em sua vida. (Monte, 1980, p. 44-45)

Freud posteriormente descreveu o processo de projetar emoções e imagens de relacionamentos anteriores no terapeuta como *transferência* e a reação do terapeuta como *contratransferência*. Anna O. havia transferido os sentimentos que tinha pelo pai para Breuer e ele, por sua vez, havia contratransferido seu amor para ela. Freud desenvolveu mais sua teoria da transferência na análise que fez de "Dora", uma jovem de 18 anos que lhe fora encaminhada pelo pai. Dora havia acusado o pai de ter um caso com a esposa de Herr K. E acusava Herr K., por sua vez, de ter uma atração sexual por ela desde que ela tinha 14 anos. Segundo Freud, o desejo intenso de Dora pelo pai havia sido transferido para Herr K.[12]

Breuer foi incapaz de aceitar a análise que Freud fez de seu relacionamento com Anna O., e a relação profissional entre os dois homens terminou. Freud lembrou-se mais tarde: "O desenvolvimento da psicanálise depois custou-me sua amizade [de Breuer]. Não foi fácil para mim pagar esse preço, mas eu não podia escapar" (Freud, apud Eissler, 1978, p. 33). Freud sempre reconheceu a influência de Breuer em suas idéias, com a primeira descrição de catarse de Breuer desempenhando um importante papel. Breuer também serviu como um importante modelo, colaborador e fonte de apoio para Freud. Por sua vez, Breuer descreveu seus sentimentos de respeito e admiração por Freud e lembrou que "ele olhava espantado para o seu intelecto elevado como uma galinha para um falcão" (Jones, 1953, capítulo XI). Depois que eles se separaram, Breuer tratou vários casos de histeria sozinho (Hirschmüller, 1987, p. 316-319). Mas nenhum desses casos teve o mesmo impacto ou a mesma importância que o de Anna O.

A Teoria da Sedução de Freud

Os anos de 1885 a 1910 foram o grande período de criatividade e descoberta de Freud. De 1887 a 1904, ele se correspondeu com freqüência com um especialista em ouvido, nariz e garganta de Berlim, Wilhelm Fliess (1858–1928). Quando a correspondência começou, Fliess estava com 29 anos e Freud, 31. Eles tinham muito em comum: ambos eram médicos judeus, muito ambiciosos, interessados no comportamento sexual. Fliess, como Freud, tinha passado algum tempo em Paris com Charcot. Freud e Fliess trocaram manuscritos e artigos e um comentou livremente o trabalho do outro. Sua correspondência fornece um registro valioso do relacionamento entre eles e do

---

[12] A análise de Dora feita por Freud e o conceito de transferência foram atacados por Lakoff e Coyne (1993) em seu livro, *Father Knows Best:* The Use and Abuse of Power in Freud's Case of "Dora" [Papai Sabe Mais: O Uso e Abuso do Poder no Caso de "Dora", de Freud].

gênio criativo de Freud.[13] Em 1937, Freud ficou espantado ao saber que Fliess havia conservado suas cartas. Ele as considerava demasiado pessoais e íntimas para serem publicadas e implorou à proprietária dessas cartas, a princesa Marie Bonaparte, que era analista, para destruí-las. Ela demonstrou força e resolução, recusando-se a fazê-lo. A correspondência completa de 284 cartas, traduzidas e editadas por Jeffrey Moussaieff Masson, foi publicada em 1985. Elas revelam um relacionamento intenso entre os dois homens. Freud refere-se a Fliess como "meu árbitro supremo" e diz que seus elogios são, para ele, como "néctar e ambrosia"; Fliess "ansiava pelos nossos encontros". Freud tinha a intenção de dar, a algum de seus dois filhos mais Novos, o nome de Wilhelm em homenagem a seu amigo, mas nasceram-lhe duas meninas (Jones, 1953, capítulo XIII).

Fliess acreditava que há dois ciclos de vida fundamentais: um ciclo masculino de 23 dias e um ciclo feminino de 28 dias que não deve ser confundido com o ciclo menstrual. Dentro de cada ciclo, há altos e baixos na vitalidade física e mental. Fliess acreditava que esses ciclos estavam relacionados ao nariz. Ele achava que tinha encontrado uma relação entre a irritação nasal e vários sintomas histéricos e irregularidades sexuais. Fliess diagnosticou essas doenças por meio do exame do nariz e da aplicação de cocaína nos "pontos genitais" no interior do nariz. Nas duas ocasiões, Freud arranjou para que Fliess operasse uma de suas pacientes histéricas, Emma Eckstein. Fliess fez mal o trabalho, deixando uma atadura de gaze na ferida. A atadura provocou uma inflamação até que outro cirurgião descobriu-a e removeu-a um mês depois (Robinson, 1984, p. 32). Freud repetidamente assegurou a Fliess que não devia sentir-se responsável pelo que havia acontecido a Eckstein e caracterizou a hemorragia nasal contínua que ela tinha como psicossomática.

De acordo com a teoria de Fliess, os humanos são inerentemente bissexuais, seus ciclos de vida se iniciam no nascimento e os acontecimentos que ocorrem no início de sua vida podem ter efeitos duradouros. Em 15 de outubro de 1895, em uma carta a Fliess, Freud esboçou sua nova teoria de que as neuroses histéricas e obsessivas resultavam exclusivamente de lembranças inconscientes do prazer sexual e da excitação na primeira infância. Freud proclamou sua grande mudança teórica: "A histeria é a conseqüência de um *choque sexual* pré-sexual" (Masson, 1985, p. 144). Em 2 de novembro de 1895, Freud contou a Fliess, de maneira triunfante, que havia encontrado um caso que apoiava sua nova teoria:

> Estou contente por ter esperado para enviar-lhe esta carta. Hoje, posso acrescentar que um dos casos ofereceu-me o que eu esperava (choque sexual – isto é, abuso infantil na histeria masculina!); e ao mesmo tempo, lidar com o material controverso reforçou minha confiança na validade de minhas construções psicológicas. Agora, estou realmente desfrutando de um momento de satisfação. (Masson, 1985, p. 149)

Essas "construções psicológicas" acabaram sendo conhecidas como a *teoria da sedução* de Freud.

Em um ensaio de janeiro de 1896, ele relatou ter 16 pacientes desse tipo; em abril de 1896, em *The Actiology of Hysteria* [A Etiologia da Histeria], apresentou 18 casos inteiramente analisados, envolvendo 12 mulheres e 6 homens, à Sociedade de Psiquiatria e Neurologia de Viena. Freud afirmou que tinha descoberto experiências de choque sexual em *todos* esses pacientes. Em menos de seis meses, ele tinha ido de sua primeira formulação da teoria da sedução a uma afirmação confiante de que os sintomas histéricos eram representações simbólicas de antigos traumas sexuais. Até mesmo Kurt Eissler, o antigo diretor dos Arquivos de Freud e seu grande defensor, tinha reservas a respeito de uma confirmação tão apressada da teoria da sedução:

---

[13] A amizade de Freud por Fliess começou a declinar por volta de 1900, e sua correspondência terminou em 1904. Masson (1985, p. 3) afirmou que a fama cada vez maior de Freud e as críticas que ele fez à teoria da periodicidade de Fliess causaram o fim da amizade.

É impressionante a velocidade com que Freud publicou a teoria da sedução. Será que, realmente, um período de menos de quatro meses bastava para levantar os dados de 18 casos que confirmavam uma teoria tão surpreendente? (Eissler, 2001, p. 137).

Allen Esterson, um estudioso independente de Freud estabelecido em Londres, havia escrito vários ensaios excelentes a respeito de Freud e sua teoria da sedução. Esterson concluiu que quatro meses não eram tempo suficiente e que

> Freud havia se deparado, em sua teoria, com o fato de que a precondição necessária da histeria e da neurose obsessiva era uma lembrança reprimida da excitação sexual na primeira infância, *antes* de ele afirmar ter revelado essas lembranças. (Esterson, 2002, p. 117)

Em seus ensaios, Freud relatou que, antes da análise, seus pacientes nada sabiam a respeito desses incidentes sexuais. Eles freqüentemente ficavam indignados e incrédulos quando tais incidentes eram revelados sob a pressão do procedimento clínico de Freud (Esterson, 2001, p. 331). Ele relatou que os perpetradores eram geralmente enfermeiras, professores, crianças mais velhas e estranhos (Makari, 1998, p. 642). A partir de dezembro de 1896, em suas cartas a Fliess, Freud implicou os pais em alguns dos casos que estava atendendo. Seduções dos pais, especialmente dos pais em relação às filhas, tornaram-se cada vez mais centrais para a teoria da sedução.

Sua palestra sobre a etiologia da histeria, de acordo com o que Freud escreveu a Fliess, "tinha recebido uma recepção gélida dos asnos" (Masson, 1985, p. 184); Richard von Krafft-Ebing, cuja *Psychopathia Sexualis* (1886) definitiva era freqüentemente citada por Freud, descreveu o trabalho deste como um "conto de fadas científico", enquanto outra pessoa rotulou-o como "psiquiatria de velhas esposas horríveis" (Clark, 1980, p. 158). As afirmações de Freud e de outros, de que sua palestra recebera uma reação fria por levantar a questão do abuso sexual das crianças, revelou-se "amplamente mitológica" (Esterson, 2002, p. 131). Os contemporâneos de Freud fizeram, de fato, críticas legítimas a seus métodos e conclusões. Os pacientes histéricos podem ter sido especialmente suscetíveis às sugestões que Freud inconscientemente oferecia. Naquela época, ele estava usando uma *técnica de pressão* quase hipnótica como "a maneira mais convincente de aplicar a sugestão com o propósito que tenho em vista" (Freud, 1895, p. 109-111; Esterson, 2002, p. 118). Além disso, o abuso sexual de crianças não era um assunto tabu. Krafft-Ebing havia documentado vários casos desse abuso e seus relatos eram famosos.

Em um ano, Freud modificou suas afirmações. Em setembro de 1897, em uma carta a Fliess, ele admitiu que não mais acreditava na teoria da sedução (Masson, 1985, p. 264). Mas não tinha a intenção de contar a mais ninguém além de Fliess que estava errado quanto à origem dos sintomas histéricos (Masson, 1985, p. 265). Foi apenas em 1905, em seu *Three Essays on the Theory of Sexuality* [Três Ensaios sobre a Teoria da Sexualidade], que Freud admitiu ter mudado de idéia. Ele reconheceu que pessoas normais podem ter tido experiências sexuais na infância. Então, nomeou as lembranças dos pacientes como "lembranças ficcionalizadas" ou "fantasias". Elas eram defesas em relação às lembranças da masturbação infantil: a sedução era agora uma auto-sedução. Em 1914, a teoria da sedução havia sucumbido ao peso de sua improbabilidade e de provas contraditórias. Ela era agora uma "idéia errada"; as lembranças eram fantasias, proteção contra as lembranças auto-eróticas. O relatório final de Freud a respeito do "episódio interessante" de sua teoria da sedução encontra-se em *New Introductory Lectures in Psychoanalysis* [Novas Conferências Introdutórias sobre Psicanálise] (1933):

> No período em que o principal interesse estava voltado para a descoberta de traumas infantis, quase todas as minhas pacientes me disseram que haviam sido seduzidas pelo pai. Fui levado a reconhecer, afinal, que esses relatos não eram verdadeiros e acabei entendendo que os sintomas histéricos são derivados de fantasias e não de ocorrências verdadeiras. Foi só mais tarde que con-

segui reconhecer, nessa fantasia de sedução pelo pai, a expressão do típico complexo de Édipo nas mulheres. (Freud, 1933, p. 120)

Embora muitas pessoas tenham aceitado o relato de Freud sobre o desenvolvimento e a modificação da teoria da sedução, outras o criticaram. Uma delas escreveu:

Neste artigo, eu quero persuadi-lo de que, exceto pela afirmação de que Freud estava praticando a medicina em Viena nos anos 1890, sua história tem tanta historicidade como a de George Washington e a cerejeira ou a do rei Alfredo e os bolos. (Cioffi, 1974, p. 172)

Com menos discernimento, mas igual veemência, outros fizeram as seguintes críticas da teoria da sedução de Freud:

- Logo em 1899, Leopold Lowenfeld relatou que tinha visto um dos pacientes de Freud: "Por acaso, um dos pacientes nos quais Freud havia utilizado o método analítico chegou a ser observado por mim. O paciente me contou com certeza que a cena sexual infantil que a análise aparentemente havia revelado era pura fantasia e que nunca havia realmente acontecido com ele" (Lowenfeld, 1899, p. 195; Schatzman, 1992, p. 35). A reação de Freud foi denominá-lo "o estúpido Lowenfeld" (Masson, 1985, p. 412).
- Freud afirmou que, em três dos seus 18 casos originais, ele tinha a confirmação independente de que seus pacientes haviam passado pela experiência de abuso sexual na primeira infância. Dada a grande dificuldade de provar essa ocorrência – que outra reação a não ser de negação poder-se-ia esperar de um pai ao ser solicitado a confirmar que havia seduzido a filha! (Cioffi, 1974) – três casos desse tipo são impressionantes. Mas Smith (1991) examinou esses casos e descobriu que a ocorrência apresentada por Freud não podia ser substanciada (Smith, 1991, p. 13-14).
- Allen Esterson[14] (1998, 2001) apresenta o argumento convincente de que, em vez de extrair suas teorias das observações clínicas, as teorias de Freud influenciaram seus relatórios clínicos.
- Os relatos dos pacientes não eram espontâneos, mas produtos da técnica clínica de Freud. Ele avisou aos pacientes que eles se lembrariam de cenas sexuais da infância e encorajou fortemente essas reproduções. O fracasso em fazê-lo foi interpretado por Freud como resistência e ele utilizou uma "técnica de pressão" para ultrapassá-la. Freud colocava a mão na testa do paciente, pedia-lhe para fechar os olhos e relatar qualquer coisa que lhe viesse à mente. A pressão da mão era aumentada se o paciente não conseguia fazê-lo ou relutava em fazê-lo (Esterson, 2001, p. 330).
- Freud reproduziu ativamente os relatos de seus pacientes. Sua técnica era um "procedimento de propulsão" segundo a qual os pacientes eram "conquistados".
- Kurt Eissler elucidou as inconsistências e incongruências nos primeiros ensaios de Freud sobre a teoria da sedução. Ele escreveu: "Os três ensaios são executados com tanto brilho, convicção e persuasão que é necessário fazer repetidamente leituras meticulosas para descobrir as contradições que eles contêm e a instabilidade de suas bases" (Eissler, 2001, p. 107).

Frank Cioffi concluiu:

Freud não caiu no erro da sedução, acreditando nas histórias de seus pacientes; ele não caiu nesse erro por ignorar o fato de que as pessoas sexualmente molestadas na infância podem, no entanto, não sucumbir à neurose; ele não caiu nesse erro por subestimar a freqüência da sedução na popu-

---

[14] Tenho o prazer de agradecer a valiosa assistência de Allen Esterson ao trazer à minha atenção não apenas sua impressionante erudição sobre a teoria da sedução de Freud, mas também as contribuições a respeito de outras pessoas.

lação geral. Freud caiu no erro da sedução por utilizar um procedimento que, até hoje, permanece a base da reconstrução psicanalítica da vida infantil; a atribuição, aos pacientes, de certas experiências infantis porque, perante o analista, eles aparentam estar vivendo dentro delas com todas as emoções apropriadas. (Cioffi, 1974, p. 174)

Com base em sua abrangente leitura de Freud, das pessoas que o apoiaram e de seus críticos, Esterson escreveu:

> Em especial, a prova documental apresentada neste artigo demonstra que os relatos de Freud a respeito de como sua descoberta das fantasias incestuosas inconscientes emergiram do episódio da teoria da sedução não retrata com precisão os acontecimentos que pretende descrever. (Esterson, 2001, p. 345)

É irônico que um dos mais famosos críticos da teoria da sedução de Freud se baseie apenas nos relatos inexatos, criando "uma nova fábula baseada nos velhos mitos" (Esterson, 1998, p. 1). Em 1984, Jeffrey Moussaieff Masson publicou *The Assault on Truth* [Atentado à Verdade – a supressão da teoria da sedução por Freud], afirmando que Freud havia negado, de maneira desonesta, sua descoberta da sedução infantil. Críticos anteriores também tinham concluído que Freud estava errado ao abandonar sua teoria de que a neurose é freqüentemente o resultado de abuso sexual na infância e que ele fez isso para aplacar a opinião pública e reabilitar sua reputação em Viena (Rush, 1980; Herman, 1981). Mas o livro campeão de vendas de Masson levou essas acusações a um público bem mais amplo. Ele argumentou que, se Freud tivesse permanecido fiel à sua teoria da sedução original, toda a história da psicanálise teria sido diferente. Em vez de explorar a vida sexual imaginária das crianças, a psicanálise teria trazido à luz os reais abusos sexuais às crianças (Crewdson, 1987). Masson descreveu as mudanças na teoria da sedução de Freud como emblemáticas de uma prática muito freqüente dos psicanalistas: explicar os males sociais, assim como o molestamento de crianças e o abuso sexual como fantasias.

Os críticos não acharam convincente a descrição, feita por Masson, da motivação de Freud e das mudanças em sua teoria da sedução:

> Embora Freud freqüentemente fosse dogmático e às vezes estivesse errado, ele era orgulhoso demais, demasiadamente acostumado com o isolamento e honesto demais para descartar uma teoria porque ela era inaceitável [para os outros]. Tudo o que conhecemos a respeito do seu caráter torna a acusação do Sr. Masson altamente improvável. (Storr, 1984, p. 35)

Depois de examinar as provas e os argumentos de Masson, Esterson concluiu:

> Jeffrey Masson produziu um relatório errôneo do episódio da teoria da sedução, o que, como diz Rycroft, demonstra "sua incapacidade de distinguir entre fatos, inferências e especulações" (Rycroft, 1991, p. 75). Seus erros resultam do seu fracasso para entender a natureza do procedimento clínico que Freud estava utilizando, sua suposição nada crítica de que as afirmações clínicas de Freud eram válidas e sua aceitação dos relatos históricos de Freud, apesar de a pesquisa erudita ter mostrado que eles não eram confiáveis. (Esterson, 1998, p. 15)

A Interpretação dos Sonhos

Durante esses anos, Freud também descobriu os sonhos como uma "via real" para o inconsciente (Jones, 1953, p. 351) e uma ferramenta valiosa para investigar a mente inconsciente. Ele fez distinção entre o conteúdo manifesto dos sonhos – os acontecimentos, situações, objetos e pessoas a respeito dos quais sonhamos – e o conteúdo latente do sonho – o significado subjacente dos elementos manifestos do sonho. Tipicamente, para Freud, o conteúdo latente representa os desejos reprimidos. Para compreender o conteúdo latente, devemos decifrar e interpretar a linguagem especial dos sonhos – daí o título de *The Interpretation of Dreams (1900)* [A Interpretação dos Sonhos de Freud]. Embora esse livro seja hoje considerado um clássico e muito lido, ele não foi um sucesso na sua primeira publicação. Depois de dois anos, apenas 351 cópias tinham sido vendidas, e levou mais de seis anos para que a primeira impressão de 600 cópias fosse vendida. Nos anos posteriores, porém, as vendas foram boas e oito edições foram publicadas enquanto Freud estava vivo. O livro influenciou muitos leitores. Hanns Sachs, um analista alemão, escreveu:

> A primeira vez em que abri o *Traumdeutung* [*Interpretação dos Sonhos*] foi o momento de destino para mim – como encontrar a *femme fatale*, apenas com um resultado decididamente mais favorável. Até aquele momento, eu havia sido um jovem que supostamente estudava Direito, mas que não estava à altura dessa suposição – um tipo bastante comum na classe média de Viena na virada do século. Quando eu terminei de ler o livro, havia encontrado a única coisa pela qual realmente valia a pena viver. (Sachs, 1944, apud Momigliano, 1987, p. 375)

The Interpretation of Dreams é o Freud mais intrigante e estimulante, e ele o considerou como a mais importante de suas obras (Clark, 1980, p. 181).

A Psicopatologia da Vida Cotidiana

Enquanto escrevia *The Interpretation of Dreams*, Freud descobriu outra "via para o inconsciente" em eventos da vida cotidiana, como lapsos na fala e na escrita, falhas temporárias de memória e erros triviais. Essas psicopatologias da vida cotidiana foram descritas em outro livro clássico publicado sob esse título em 1901. Freud deu muitos exemplos de lapsos da fala[15] que acreditava serem sintomáticos de dinâmicas inconscientes. Por exemplo, o presidente da Câmara dos Comuns do Parlamento Austríaco, esperando um debate tórrido, abriu a sessão com a seguinte declaração: "Senhores, eu noto que está presente um *quorum* completo dos membros e, portanto, declaro encerrada a sessão" (Freud, 1901, p. 77). Quando uma das pacientes de Freud voltou da visita ao tio, ele lhe perguntou como o tio estava passando. Ela respondeu: "eu não sei, agora só o vejo em *flagrante*". No dia seguinte, ela se corrigiu, explicando que tinha pretendido dizer *en passant* (Freud, 1901, p. 83). *Flagrante delicto* é um termo jurídico que significa "enquanto o crime está sendo cometido"; *en passant* significa "de passagem". Um judeu que se havia recentemente convertido ao cristianismo disse aos filhos para irem ao jardim, mas chamou-os *Juden* (judeus) em vez de *Jungen* (crianças) (Clark, 1980a, p. 206). Esses acidentes e percalços aparentemente triviais, como maridos que freqüentemente perdem as alianças ou perdem as chaves do carro antes de dirigirem para um evento importante eram, para Freud, indicativos de conflitos e desejos inconscientes.

A Teoria do Desenvolvimento da Personalidade de Freud

Na primeira década do século XX, Freud também criou sua teoria psicossexual do desenvolvimento da personalidade. Ele acreditava que todo indivíduo progride por meio de certo número

---

[15] Fenômenos verbais relacionados são "tips of the slongue ou Spoonerisms" [lapsos da fala ou sooperismos] (Gibbs, 2001), denominados a partir de William Augustus Spooner (1844–1930), que, em uma cerimônia de casamento, disse ao noivo nervoso: "Son, it is kisstomary to cuss the bride" [isto é, em lugar de dizer "Meu filho, é costume beijar a noiva", confundiu as sílabas "cus", de "customary" – costumeiro – e "kiss" – beijo –, e disse: "Meu filho é costume amaldiçoar a noiva"]. Ele também reclamou que seus alunos tinham "hissed my mystery lecture" – "assobiado a minha aula" [em vez de "missed my lecture" – "faltado à minha aula"] e "tasted the whole werm". Em um jantar da faculdade, Spooner ergueu o copo e propôs um brinde a "the queer old dean" ["o ridículo reitor", em vez de "o querido reitor", trocando a palavra "dear" por "queer"].

de estágios – oral, anal, fálico, de latência e genital – com cada estágio caracterizado por um conflito entre a gratificação dos instintos* e as limitações do mundo externo. Se a criança recebe muito pouca ou demasiada satisfação em cada estágio, ela pode não ser capaz de ir com facilidade para o estágio de desenvolvimento seguinte. Sub ou super gratificação também pode resultar em fixação ou em um investimento de uma porção de energia libidinal nesse estágio, levando, posteriormente na vida, a comportamentos que são característicos do conflito durante esse estágio específico.

Uma das idéias mais controversas no desenvolvimento da teoria da personalidade de Freud foi a do *complexo de Édipo*. Freud sugeriu que, durante o estágio fálico do desenvolvimento de um menino, ele tem desejo sexual pela mãe e hostilidade para com o pai. A resolução ocorre quando o menino experimenta o medo da castração por parte do pai e ultrapassa esse medo identificando-se com ele. Freud utilizou a expressão *complexo de Electra* para descrever a experiência de uma jovem durante o estágio fálico. Mais tarde, argumentou contra a adoção dessa expressão em seu ensaio *Female Sexuality* [Sexualidade Feminina] (Strachey, 1966, p. 194), porque ela enfatizava um desenvolvimento análogo dos dois sexos, visão que ele não podia endossar. Ele preferiu o termo *complexo de castração* para as mulheres, por acreditar que seu trauma estava concentrado no desapontamento ao descobrir que já haviam sido castradas, presumivelmente pela mãe. Além disso, Freud acreditava que o desenvolvimento das meninas, diferentemente do dos meninos, que em geral segue apenas um curso, pode seguir uma de três linhas possíveis. A primeira resulta em uma repugnância geral em relação à sexualidade. A segunda leva a menina a ter a esperança de obter um pênis e à fantasia de ser um homem. Freud sugeriu que esse "complexo de masculinidade" também pode resultar na escolha de uma orientação homossexual. Na terceira linha de desenvolvimento, a menina supera seu apego pré-edipiano à mãe e assume o pai como objeto amoroso, desenvolvendo assim um apego feminino ao pai e uma orientação sexual feminina (Strachey, 1966, p. 229-243).

Freud acreditava que sua teoria mais ampla da sexualidade, sua "estrutura da mente", era a contribuição mais importante que havia feito à psicologia. Ele concebeu a mente como algo que consiste em três estruturas separadas, mas independentes: o *id*, o *ego* e o *superego*. O *id* é completamente inconsciente e a fonte de energias e impulsos básicos; ele é o reservatório biológico que subjaz a todas as ações. O *id* opera de acordo com o "princípio do prazer", e busca gratificação e satisfação imediata. O *ego* deriva sua energia do *id*, mas é o instrumento da razão e da realidade; por isso, ele opera em termos do "princípio de realidade". Grande parte do ego é consciente e utiliza a memória, a percepção do ambiente e os hábitos para desempenhar o papel de um executivo racional. Finalmente, o *superego* incorpora padrões absolutos de moralidade e ética, e representa o papel do grande "negador e proibidor". Certas avenidas de satisfação estão fora dos limites e, portanto, o superego representa, por assim dizer, o papel da consciência.

Freud viu o *ego* como algo que serve a três senhores: ao *id*, com suas exigências de gratificação imediata e liberação da tensão; ao *superego*, com suas proibições e restrições; e ao mundo, à realidade na qual a pessoa vive. Freud às vezes comparou a relação entre o *ego* e o *id* àquela que há entre o cocheiro e seus cavalos: os cavalos fornecem a energia e o impulso, e o cocheiro fornece a direção. Na personalidade saudável, os três componentes trabalham juntos em harmonia, principalmente como resultado de um *ego* forte; na personalidade histérica ou neurótica, não. Às vezes, Freud escreve como se o *id*, o *ego* e o *superego* fossem entidades reais que moram dentro da pessoa. É importante lembrar que eles são apenas metáforas.

---

* NT: O autor utiliza o termo "instinct", cuja tradução literal é "instinto". Convém assinalar, no entanto, que Freud utilizava o termo "trieb" cuja tradução em português é "pulsão".

Freud e seus Seguidores

Com fama e importância cada vez maiores, Freud atraiu muitos seguidores, para os quais ele se via como líder, professor e profeta. A partir de 1902, um grupo de cinco homens, incluindo Freud e Alfred Adler (1870–1937), passou a encontrar-se todas as noites de quarta-feira na sala de espera de Freud, em Viena. Eles acabaram sendo conhecidos como a Sociedade Psicanalítica das Quartas-Feiras. Em 1908, esse grupo havia aumentado para 20 membros e mudado seu nome para Sociedade Psicanalítica de Viena. Quando Adler criticou a teoria sexual da histeria e da hipnose de Freud, os dois homens se afastaram. Em 1911, Adler foi forçado a sair da Sociedade Psicanalítica de Viena e levou consigo nove de seus seguidores. Ele então fundou uma escola de "psicologia do indivíduo" que enfatizava os fatores sociais e a unidade da saúde e do comportamento harmonioso (McGee, Huber e Carter, 1983). A escola de Adler da psicologia do indivíduo competia com a psicanálise ortodoxa de Freud.

Uma separação ainda mais amarga ocorreu entre Freud e Carl Jung (1875–1961). A correspondência entre os dois iniciou-se em 1906, depois que Jung enviou a Freud uma cópia de seu livro descrevendo sua pesquisa com testes de associação. Durante os sete anos seguintes, eles trocaram cartas com freqüência, das quais 360 sobreviveram (McGuire, 1974). A correspondência de Freud e Jung mostra uma clara mudança em suas relações. No início, Jung é o aluno submisso, ansioso para aprender com Freud; depois, ele é o "príncipe coroado" e o sucessor sacramentado. Sete anos mais tarde, depois que Jung mergulhou na mitologia e desenvolveu conceitos inaceitáveis para Freud, como o do inconsciente coletivo, a correspondência entre os dois terminou com esta carta tensa (McGuire, 1974, p. 94):

> Caro Professor Freud
>
> Acato o seu desejo de abandonarmos nossas relações pessoais, pois eu nunca imponho minha amizade a quem quer que seja. O senhor é o melhor juiz daquilo que esse momento significa para o senhor. O resto é silêncio...
>
> Seu, sinceramente, Jung.

Jung e seus colegas suíços foram expulsos do movimento psicanalítico em 1914.

Freud era autoritário, paternalista e dogmático. Era incapaz de tolerar desacordos ou de aceitar desafios de seus seguidores. Ele os via como seus filhos, seus discípulos, e esperava que eles aceitassem o que dizia, sem questionar. Desacordos eram atos de traição e os dissidentes eram freqüentemente difamados (Roazen, 1975). Como reação à deserção de Adler e Jung, Freud formou, em 1912, um comitê secreto de partidários leais para garantir a pureza e a ortodoxia. A fotografia de 1912 do comitê que aparece neste capítulo estava pendurada na sala de espera de Freud. Ele deu a cada homem do comitê um anel de ouro e cornalina (Grosskurth, 1991). O comitê continuou a encontrar-se em segredo para programar o rumo do movimento psicanalítico e refutar as críticas até 1927, quando fundiu-se com o conselho oficial da Associação Psicanalítica Internacional. Rank, Abraham, Ferenczi e Sachs tornaram-se psicanalistas famosos; Jones é mais conhecido por sua biografia de Freud. Max Eitingon é uma figura intrigante. Ele era um próspero homem de negócios que foi analisado por Freud e que atuou como seu secretário social de 1925 até 1937. Em uma história da polícia secreta soviética, a KGB, o historiador John J. Dziak fez a espantosa acusação de que Eitingon havia sido membro ativo da KGB em todo esse período e que estava envolvido nos expurgos e execuções stalinistas (Schwartz, 1988).

Embora não fizessem parte do círculo íntimo de Freud, as mulheres analistas atingiram altas posições dentro do movimento psicanalítico e foram teóricas bem-sucedidas e terapeutas muito consideradas (Thompson, 1987; Appiganesi e Forrester, 1992). A filha de Freud, Anna (1895–

Carl Jung.
(Henri Cartier Bresson/Magnum)

1982), foi a mais leal de seus seguidores (Young-Bruehl, 1988). Ela se formou como professora em 1915 e lecionou por seis anos. Anna Freud não freqüentou a escola de medicina, mas, em vez disso, foi tutorada pelo pai. Mais tarde, ela descreveu sua formação analítica como "totalmente irregular, se não desorganizada" (Anna Freud, apud Fine, 1985, p. 230). O relacionamento entre pai e filha foi governado pela crença de Freud de que Anna não seria como as outras meninas e também pelas expectativas vienenses dos papéis apropriados para as mulheres. Anna Freud lutou para realizar-se "como um homem", mas para "dançar e ser generosa" como uma mulher (Young-Bruehl, 1988, p. 127, 129). Ela desenvolveu técnicas psicanalíticas para crianças e métodos inovadores, como a ludoterapia (Viner, 1996). Anna Freud também criou a primeira creche em Viena. Ela dedicou sua vida ao pai, nunca se casou e agiu como sua confidente, secretária e companheira. Em 1938 ela foi com o pai para o exílio e, em 1947, fundou a Hampstead Child Therapy Clinic, em Londres. Esse centro foi amplamente apoiado por fundos norte-americanos – o que é irônico, pois dizem que Anna Freud odiava os Estados Unidos (Fine, 1985, p. 230). Uma conseqüência desse apoio financeiro foi que os estudantes norte-americanos receberam preferência no centro, e, assim, muitos deles foram treinados ali. O legado duradouro de Anna Freud é a extensão da psicanálise do pai para as crianças. Uma vez, quando um dos jovens de sua clínica perguntou-lhe quantos filhos ela tinha, Anna Freud respondeu honestamente: "Eu tenho muitos, muitos filhos" (Barlow, 1991, p. 389).

Karen Horney (1885–1952) lecionou no Instituto Psicanalítico de Berlim, do qual era membro fundadora. Em 1932, Horney ingressou no Instituto Psicanalítico de Chicago e, em 1934, tornou-se membro do Instituto Psicanalítico de Nova York (Quinn, 1987). Horney fundou a *Association for the Advancement of Psychoanalysis* [Associação para o Progresso da Psicanálise] em 1941. Entre 1922 e 1935, escreveu 14 ensaios nos quais desafiou o viés antifeminista de Freud e enfatizou as determinantes mais sociais que biológicas das diferenças entre os sexos e da "psicologia feminina". Horney foi uma poderosa crítica da visão de Freud a respeito das mulheres. Segundo ela, as mulheres invejam, não a anatomia masculina, mas as oportunidades e o poder que estão disponíveis para os homens e que, com tanta freqüência, são negados às mulheres. Horney escreveu:

> A afirmação de que metade da raça humana está descontente com o sexo que lhe foi atribuído e pode ultrapassar esse descontentamento apenas em circunstâncias favoráveis é decididamente insatisfatória. (Horney, apud Dinnage, 1987, p. 11)

Freud com membros do "Comitê". Na fileira de trás, da esquerda para a direita, estão Otto Rank, Karl Abraham, Max Eitingon e Ernest Jones. Freud senta-se na frente com Sandor Ferenczi e com Hanns Sachs à sua esquerda.
(Arquivo Bettmann)

A ênfase de Horney nos determinantes sociais das neuroses e sua rejeição de certos alicerces freudianos, como o complexo de Édipo, foram importantes modificações da teoria psicanalítica (Quinn, 1987). Outras mulheres analistas importantes foram Melanie Klein, Helene Deutsch e Marie Bonaparte (Bertin, 1982).

Reconhecimento e Sucesso

No início do século XX, a posição de Freud no mundo intelectual estava assegurada. O fato de ter sido convidado para a Clark Conference (Capítulo 9) significou o aumento de sua reputação internacional (Rosenzweig, 1992). Depois da Primeira Guerra Mundial, sua fama continuou aumentando e ele teve uma grande demanda como terapeuta. Freud atraiu inúmeros pacientes, muitos dos Estados Unidos, e pôde cobrar honorários por hora duas ou três vezes mais altos do que os de seus colegas de Viena. Mas ele admitiu que "nunca havia sido um terapeuta entusiástico" (Roazen, 1975, p. 133) e que havia se tornado terapeuta contra a minha vontade" (Roazen, 1975, p. 134). Anna Freud uma vez chamou a psicanálise "um modo estúpido de se viver" (Young-Bruehl, 1988). Freud não desejava ser o salvador da humanidade e sempre reconheceu que seu objetivo era mais entender a natureza humana do que ajudar as pessoas. "Eu prefiro dez vezes um estudante a um neurótico", dizem que ele falou (Freud, apud Momigliano, 1987, p. 376). As expectativas de Freud para a terapia eram limitadas, mas ele continuou a ver muitos pacientes porque precisava do dinheiro, queria confirmar suas especulações teóricas e pretendia manter o domínio do movimento psicanalítico por meio de suas análises dos analistas em formação.

Roazen também mostra que algumas ortodoxias freudianas nada mais são do que convenções. Freud descartava a necessidade de os analistas serem formados em medicina e não tinha em alta conta a profissão de médico. Ele acreditava que "analistas leigos" que não eram médicos podiam ter desempenho de modo bem adequado. Freud adotou a posição clássica do analista, sentando-se atrás do divã do paciente, apenas porque não gostava de ser encarado o dia todo;

Anna Freud com o pai.
(UPI/Bettmann)

ele freqüentemente analisava seus amigos e parentes e interagia socialmente com seus pacientes, comportamentos esses que os analistas posteriores consideraram tabu. A análise com Freud geralmente durava apenas algumas semanas, raramente mais que dois meses; mais tarde, ela se tornou um processo que freqüentemente leva anos. Freud também tinha um forte interesse no oculto e um baixo conceito dos Estados Unidos e dos norte-americanos. Sua filha, Anna, insistia em que as opiniões antiamericanas do pai fossem eliminadas de sua biografia autorizada (Jones, 1953), já que, nessa época, a cidade de Nova York era a capital psicanalítica do mundo. Também pode ser surpreendente descobrir com Roazen que Freud, o descobridor da sexualidade infantil, enviou seus dois filhos ao médico da família para aprenderem os fatos da vida (Roazen, 1975, p. 58).[16] Foi Freud, a maior autoridade do mundo em motivação humana, que escreveu a Marie Bonaparte que "a grande pergunta que nunca foi respondida e à qual ainda não fui capaz de responder, apesar dos meus 30 anos de pesquisa a respeito da alma feminina, é: 'O que uma mulher quer?'" (Freud, 1966, p. 244).

Freud no Exílio

Freud tragicamente subestimou o perigo apresentado pelos nazistas. Segundo seu biógrafo, Ernest Jones, ele acreditava ardentemente que os alemães conteriam o movimento nazista, pois "a nação que produziu Goethe não podia necessariamente perder-se" (Jones, 1957, v. III, p. 151). No Congresso de Psicologia de Leipzig, em 1933, a psicanálise foi rotulada como "ciência judaica" e posteriormente banida na Alemanha. O Instituto Psicanalítico de Berlim, fundado em 1921, foi fechado. Mesmo depois da ocupação nazista da Áustria em março de 1938, Freud continuou

---

[16] Dois dos netos de Freud foram proeminentes na Inglaterra. Clement Freud foi membro do Parlamento liberal e o apresentador de um programa de cozinha popular na televisão. Ele foi condecorado *Sir* Clement. Lucien Freud é um famoso pintor, cujos *close-ups* realistas e surpreendentes de nus são vendidos por preços altíssimos. Um retrato da Rainha foi menos bem-sucedido; os críticos o descreveram como alguém que fez a Rainha parecer-se com Jack Nicholson ou com um de seus cachorros Corgi.

negando a realidade do perigo. Roazen (1991) relata que Freud até mesmo apegou-se à crença irracional de que o ditador fascista italiano, Benito Mussolini, o protegeria. Em meio ao terror e ao perigo, tanto Freud como sua esposa mantiveram o senso de humor e o desinteresse. Quando os soldados nazistas chegaram à sua casa, a esposa de Freud, Martha, pediu-lhes para deixarem seus rifles no porta-guarda-chuvas, no saguão. Eles revistaram o apartamento e, quando partiram, Martha informou ao marido que tinham levado uma quantia de aproximadamente 840 dólares. "Querida", observou, Freud, "eu nunca obtive tanto assim com uma única visita" (Hofmann, 1988, p. 21). Embora Hitler e seu bando provavelmente nunca tenham lido uma palavra sequer dos livros de Freud, eles o consideravam um insulto à sua civilização e destruíram muitos dos livros da biblioteca pessoal de Freud e da biblioteca da Sociedade Psicanalítica Vienense. Os nazistas fizeram uma fogueira pública com todos os livros de psicanálise da Biblioteca Pública de Viena. Freud comentou: "que progresso estamos fazendo. Na Idade Média, eles poderiam ter-me queimado; hoje, contentam-se em queimar meus livros" (Eissler, 1978, p. 21). Freud era um homem doente na época, mas estava determinado a permanecer em Viena, pois temia que mudar de médicos encurtaria sua vida. Ele também estava atormentado com sentimentos de culpa diante da perspectiva de deixar sua terra natal como um capitão que abandona um barco que naufraga. Jones confortou-o com a história do oficial que foi soprado para a superfície pela explosão de uma caldeira quando o Titanic afundou. Quando a Comissão de Inquérito duramente lhe perguntou, "Em que momento você deixou o navio?", ele orgulhosamente respondeu: "Eu nunca deixei o navio, senhor; o navio me deixou" (Jones, 1953, v. 1, p. 294).

Depois que a Gestapo interrogou Anna Freud, ela perguntou ao pai: "Não seria melhor se todos nós nos matássemos?" Sempre analista, Freud respondeu: "Por quê? Porque eles gostariam que o fizéssemos?" (Wyden, 1992, p. 64). Finalmente, os amigos e colegas conseguiram persuadir Freud a buscar refúgio no exílio. A princesa Marie Bonaparte, uma de suas pacientes, pagou um resgate (imposto de refugiados) por sua liberação, mas, antes que ele pudesse partir, os nazistas insistiram para que assinasse uma declaração de que eles haviam tratado bem a ele e à sua família. A essa declaração, Freud acrescentou o comentário: "Posso recomendar muito bem a Gestapo a qualquer pessoa" (Clark, 1980a, p. 511). A Gestapo, ou não conseguiu perceber a ironia, ou preferiu ignorá-la. Em 1938, Freud deixou sua casa na Berggasse, 19, que havia ocupado por quase 47 anos. Um norte-americano, Sanford Gifford, aluno do Instituto Psicanalítico, descreveu a situação de Freud:

> Entendo que houve longas negociações com os nazistas a respeito de sua partida do país. A natureza exata dessas negociações, eu não conheço, mas elas finalmente se resolveram e a família recebeu a permissão para partir. Uma permissão para partir, porém, nem sempre era o que parecia ser. Em muitos casos, assim dizem, muitas pessoas proeminentes recebiam essas permissões e tinham licença para embarcar no trem que as levaria ao destino pretendido. Quando chegavam à fronteira, porém, os oficiais nazistas embarcavam no trem para verificar todas as posses que o emigrante levava consigo. Isso freqüentemente acarretava muito aborrecimento e, quase sempre, resultava na rescisão da permissão e na remoção do emigrante do trem. Esse era um perigo muito real no caso dos Freud. (Langer e Gifford, 1978, p. 44).

Sir Samuel Hoare, ministro do Interior britânico, e Cordell Hull, secretário de Estado dos Estados Unidos, usaram sua influência em favor de Freud. Até mesmo o presidente Roosevelt foi importante para pressionar os nazistas a emitir permissões para Freud e sua família (Hofmann, 1988, p. 21). O jornalista e historiador norte-americano Walter Langer apresentou-se como voluntário para acompanhá-los no trem. Na fronteira franco-alemã, os oficiais nazistas embarcaram no trem para interrogar os emigrantes. Langer ficou postado do lado de fora do compartimento dos Freud, deixando claro que ele, um norte-americano, estava de olho no comportamento dos oficiais. Algumas pessoas foram removidas do trem, mas Freud e a filha, Anna, permaneceram.

Eles chegaram em segurança a Paris, onde foram recebidos por William C. Bullitt, o embaixador dos Estados Unidos na França e antigo paciente de Freud; pela colaboradora de Freud, Marie Bonaparte; e pelo filho de Freud, Martin.[17] Algumas pessoas da família de Freud permaneceram em Viena e quatro de suas cinco irmãs foram assassinadas nos campos de concentração alemães. Depois de alguns dias em Paris, a família viajou para Londres, em 27 de setembro de 1938. Por meio das boas graças de Ernest Jones, eles encontraram refúgio em Maresfield Gardens, 20, em Hampstead. Freud havia sido escolhido para fazer parte da Royal Society em 1936. Ele também era muito conhecido do público em geral. Mais tarde, Anna Freud acabou estabelecendo sua Clínica de Terapia Infantil de Hampstead do outro lado da estrada em Maresfield Gardens, 21. Freud conseguiu participar de reuniões e seminários ocasionais na Sociedade Psicanalítica de Londres e atendeu pacientes até algumas semanas antes de morrer. Mas ele tinha muitas dores e, em 21 de setembro de 1939, lembrou ao seu médico, Max Schur, do acordo que eles tinham, de pôr fim à sua vida caso a dor se tornasse intolerável. Schur injetou-lhe três centigramas de morfina, seguida de duas outras injeções em 22 de setembro. Freud morreu às três horas da manhã de 22 de setembro de 1939 (Gay, 1998) aos 83 anos.

Os Biógrafos de Freud

Uma vasta literatura popular[18] e acadêmica é dedicada a Freud, mas ele tem tido muita sorte com seus biógrafos. Ernest Jones publicou a biografia autorizada (Jones, 1953–1957). A obra em três volumes é um retrato lisonjeiro e até mesmo heróico de Freud. Como disse um crítico a respeito da biografia de Jones, "Ela revela aos seus leitores tudo a respeito de Freud que Anna achou conveniente mandar imprimir" (Wollheim, 1988, p. 3). Paul Roazen, em 1975, enfatizou os conflitos e discordâncias que ocorreram em torno de Freud, ao passo que Frank Sulloway (1979) procurou pôr fim àquilo que considerava ser o mito histórico de Freud como vítima e herói. Ronald Clark (1980a) escreveu uma biografia detalhada de Freud, dando especial atenção aos antecedentes sociais e científicos de seu trabalho. Peter Gay (1998) apresentou Freud como um grande pensador que teve uma profunda influência no pensamento e na civilização ocidental. Todas essas constituem excelentes biografias, mas são os próprios escritos de Freud que mostram sua mente poderosa e sutil atacando os fatores imponderáveis da experiência humana.

Uma demonstração da influência contínua de Freud no pensamento e na cultura ocidental foi uma exposição intitulada *Sigmund Freud: Conflict an Cult* [Sigmund Freud: Conflito e Cultura], na Biblioteca do Congresso de Washington, D.C. A ambiciosa exposição foi extraída da coleção de mais de 28 artefatos de Freud, pertencente à *Library of Congress* [Biblioteca do Congresso], juntamente com empréstimos dos museus de Freud em Londres e Viena.

De outubro de 1998 a janeiro de 1999, na Biblioteca do Congresso, e nos dois anos seguintes, no Jewish Museum de Nova York, no Sigmund Freud Museum em Viena e no Skirball Cultural Center em Los Angeles, centenas de milhares de pessoas visitaram a exposição para aprender mais a respeito de Freud (Merkin, 1998). Ele foi apresentado como uma das figuras mais decisivas e influentes da história da cultura moderna. Embora a exposição reconheça a controvérsia que ele estimulava e tenha sido desfigurada pelos aparentemente inevitáveis "chinelos de

---

[17] A ex-esposa de Martin, Esti, e a filha deles, Sophie, permaneceram na França quando o restante da família foi para Londres. Elas viajaram de bicicleta pela França para escapar dos nazistas, voaram para Marrocos e depois para Nova York. Nos Estados Unidos, Sophie Freud foi professora universitária e escritora. Algumas de suas obras enfocam sua tia, Anna Freud (English, 2002).

[18] Freud apareceu quatro vezes na capa da revista *Time* em 1924, 1939, 1956 e 1993. Em novembro de 1993, seu retrato na capa de *Time* foi acompanhado da pergunta: "Freud Está Morto?" Ele certamente teria apreciado a ironia da pergunta.

> ### O Freud Museum
>
> A casa em que Freud passou seus últimos dias, em Maresfield Gardens, 20, Hampstead, Londres, é agora o local do excelente Freud Museum. A biblioteca do museu contém 2.500 livros que Freud levou de Viena. Eles revelam seu amplo interesse por arte, literatura, arqueologia, filosofia, história, psicologia, medicina e psicanálise. O museu também possui 15 mil páginas de documentos; 3.800 fotografias, 200 quadros e gravuras, incluindo *The Lesson of Dr. Charcot* [A Lição do Dr. Charcot], que Freud pendurava sobre o seu divã em Viena; um retrato feito por Ferdinand Schmutzer, que ele considerava o seu favorito; e um desenho em caneta e tinta de Salvador Dalí, baseado em um esboço que Dalí fez sub-repticiamente durante um encontro com Freud, em 19 de julho de 1938. Grande parte da coleção de 1.900 artefatos arqueológicos de Freud está em exibição, incluindo a figura de um sábio chinês que ficava em sua mesa e que ele cumprimentava todas as manhãs. A casa está mobiliada do modo como era quando Freud, a esposa Martha, a filha Anna, o filho Ernst, a nora Minna Bernays e a amiga de Anna, Dorothy Burlingham, moravam ali. Anna Freud morou na casa até morrer, em 1982. Conforme seus desejos, a casa transformou-se em museu e foi aberta ao público em julho de 1986. O consultório inclui o famoso divã de Freud. O museu está aberto para visitas individuais ou em grupos. Também há uma visita virtual ao Freud Museum disponível na Internet.
>
> Em minha visita ao Freud Museum, fiquei especialmente comovido com a gravação em vídeo, da BBC, de uma declaração feita por Freud em dezembro de 1938, menos de um ano antes de sua morte. Seu câncer de maxilar havia avançado para um estado incurável e obviamente doloroso. Freud fala um inglês com forte sotaque, mas correto. Ele terminou sua declaração com as seguintes palavras:
>
> Como resultado da invasão alemã, deixei meu lar em Viena e vim para a Inglaterra, onde espero terminar minha vida em liberdade.

Freud" e "canecas de Freud" à venda nas lojas de lembranças, foi de uma profundidade impressionante em seu respeito por Freud e por suas contribuições. O lugar de Freud na história parece estar assegurado.

CONCLUSÃO

Ao longo de muitos séculos, concepções demoníacas e satânicas da doença mental lentamente deram lugar ao entendimento de que as pessoas mentalmente perturbadas são doentes e precisam de cuidado e tratamento especial. À medida que esse entendimento aumentou, mudanças paralelas ocorreram nas instituições psiquiátricas. No início, essas instituições nada mais eram do que prisões bárbaras, mas, nos séculos XVIII e XIX, os esforços de reformadores esclarecidos como Pinel, Guggenbühl, Tuke e Dix levaram a reformas e ao estabelecimento de instituições relativamente esclarecidas. Infelizmente, no início do século XX, essas instituições se viram sobrecarregadas pelo grande número de pessoas nelas confiadas. Com muita freqüência, as instituições voltaram a ter uma função de pura custódia. Apenas nas últimas décadas ocorreu um progresso no cuidado e no tratamento de pessoas com doenças mentais.

Na história das abordagens sobre o tratamento da doença mental, vemos uma progressão semelhante dos procedimentos punitivos e físicos para tentativas mais esclarecidas de entender e tratar as desordens mentais. O desenvolvimento da psicanálise de Freud e as últimas modificações de seus sucessores, juntamente com o desenvolvimento de agentes psicoativos (drogas) e outras abordagens da terapia, vêm revolucionando o tratamento da doença mental.

William James.
(Brown Brothers)

CAPÍTULO 9

Darwin, Galton, Cattell, James e Hall

Os *funcionalistas* formaram a primeira importante escola de psicologia que não era alemã; eles serão discutidos no Capítulo 10. Assim como os psicólogos da *Gestalt* (Capítulo 7), os funcionalistas buscaram uma psicologia nova e mais dinâmica, mas, no seu caso, uma psicologia que estudasse as funções da mente e o valor de adaptação da consciência. Esses interesses e preocupações foram um produto do clima intelectual do século XIX, dominado por Charles Darwin.

CHARLES DARWIN (1809-1882)

O Início da Vida de Darwin

Charles Darwin foi o quinto de seis filhos e nasceu na Inglaterra em 12 de fevereiro de 1809, no mesmo dia em que Abraham Lincoln nasceu em Kentucky. A família de Darwin era rica, tinha segurança social, era bem relacionada social e intelectualmente e estava envolvida em causas progressistas como o movimento antiescravista. Seu avô, Erasmus Darwin, foi um proeminente médico com grande interesse em biologia e filosofia natural. Ele propôs, na área de *Zoonomia*, uma explicação natural para a origem e o desenvolvimento da vida. Na época em que Charles nasceu, dizem que seu pai, Robert Darwin, era o médico de província mais bem pago da Inglaterra (Fancher, 1993a, p. 1); sua mãe, Susannah, pertencia à famosa família proprietária da louça Wedgwood. A estimulante história da vida de Darwin e de sua formulação da teoria da evolução já foi contada muitas vezes: pelo próprio Darwin, em uma autobiografia editada por sua neta, Nora Barlow (Barlow, 1958); por Alan Moorehead, em uma série de artigos e um livro (Moorehead, 1969a, 1969b); em uma importante biografia feita por Ronald Clark (Clark, 1986); e por Irving Stone, em um romance campeão de vendas (Stone, 1980). A experiência fundamental da vida de Darwin foi o período de cinco anos que passou como naturalista, viajando ao redor do mundo no navio de pesquisa da Marinha Real, o *H.M.S. Beagle*. Darwin embarcou nessa viagem em 27 de dezembro de 1831, logo após receber seu diploma em Cambridge. Seu histórico acadêmico não tinha nenhuma distinção, o que levou o pai a censurá-lo, quando ele tinha 15 anos, com a infeliz caracterização e previsão: "você não se importa com nada, a não ser com a espingarda, os cachorros e a caça aos ratos, e será uma desgraça para si mesmo e para toda a sua família" (DeBeer, 1971, p. 565).

Em primeiro lugar, Darwin foi enviado pelo pai para estudar medicina na Edinburgh University. Mas, ao observar a realização de operações cirúrgicas sem anestesia, Darwin fugiu da sala de cirurgia e resolveu nunca mais voltar. Em 1828, ele entrou para o Christ's College a fim de preparar-se para ser ministro da Igreja Anglicana. Em Cambridge, Darwin foi descrito como alguém que tinha "a natureza mais plácida, despretensiosa e amigável", mas também como "um sujeito que estava sempre fazendo perguntas" (Clark, 1986, p. 15). Ele se formou em 1831 com um diploma "inferior" (de terceira classe) e vagos planos de ser pároco rural e naturalista. Darwin esperava imitar o único homem de Cambridge que admirava, o professor John Stevens Henslow (1796-1861). Henslow era um clérigo e botânico que Darwin acompanhara em tantos passeios ao campo que acabou ficando conhecido como "o homem que caminha com Henslow". Darwin gostava de estar ao ar livre no campo e de colecionar plantas e espécimes animais. Uma vez, em um passeio, ele encontrou um besouro raro, depois outro e depois um terceiro, e colocou-os na boca para mantê-los a salvo porque suas mãos estavam cheias (Clark, 1986, p. 8-9). Embora isso tenha sido uma combinação de oportunidade e circunstância feliz, Darwin recebeu um cargo de naturalista a bordo do *Beagle*. O pai opôs-se energicamente a que ele aceitasse a função e, como os pais costumam fazer, explicou suas objeções: o esquema era selvagem e tratava-se de um empreendimento inútil; a viagem seria longa e a acomodação seria a mais desconfortável possível em um navio do tipo conhecido como "esquife", em função de sua infeliz tendência para emborcar; a função havia sido oferecida a outras pessoas, inclusive Henslow, que havia demonstrado bom senso ao recusá-la; a função não era remunerada e custaria, a Darwin, a alta soma de 2 mil libras; e, finalmente, ninguém de "bom senso" recomendaria sua ida. Felizmente, Darwin conseguiu encontrar alguém como o tio, Josiah Wedgwood II, um bem-sucedido homem de negócios que não apenas recomendou que Darwin assumisse a função, mas também pagou suas despesas.

O capitão do *Beagle* era Robert Fitzroy, um religioso fiel que acreditava na exatidão histórica do relato da criação fornecido pelo livro do Gênesis, da Bíblia. Fitzroy esperava que um naturalista formado conseguisse encontrar, nas muitas terras desconhecidas do mundo a serem localizadas pelo *Beagle*, provas de que o relato bíblico era verdadeiro. Quando partiu no *Beagle*, o jovem Darwin, com 22 anos, acreditava firmemente na versão bíblica da criação. Mais tarde, ele se lembrou de que, logo no início daquela viagem, os tripulantes do navio, que eram mais mundanos, freqüentemente se riam dele quando citava a Bíblia como autoridade final e absoluta. O que Darwin viu durante a viagem de cinco anos e 40 mil milhas no *Beagle* mudou sua mente e alterou para sempre as concepções científicas, teológicas, artísticas e literárias da condição humana.

A Viagem do H.S.M. *Beagle*

Como Fitzroy havia planejado, Darwin partiu no *Beagle* e afastou-se da costa em direção aos muitos pontos de parada do navio. Como freqüentemente tinha enjôo, apreciava essas excursões e passava semanas fora do navio. Ele viajou muito pela América do Sul e também pela Austrália, Nova Zelândia, Ilhas Cocos e Maurício. Na América do Sul, Darwin viu uma abundância de novas espécies. Os marinheiros do *Beagle* apelidaram-no "o Filósofo" porque ele sempre estava fazendo perguntas. As perguntas de Darwin eram simples, mas profundas; por que, indagava ele, Deus tinha criado tantas espécies diferentes? Ele também encontrou fósseis de animais extintos muito grandes. Em um penhasco que ficava a umas 400 milhas ao sul de Buenos Aires, Darwin encontrou enormes ossos de fósseis, incluindo uma mandíbula e dentes enormes. Ele concluiu que aquilo fazia parte do esqueleto do animal antediluviano (ou anterior à inundação), o *Megatherium*. Somente mais um espécime desse animal foi encontrado. O que teria acontecido a todos os outros? Por que Deus havia permitido que os tatus gigantes, cujos fósseis Darwin

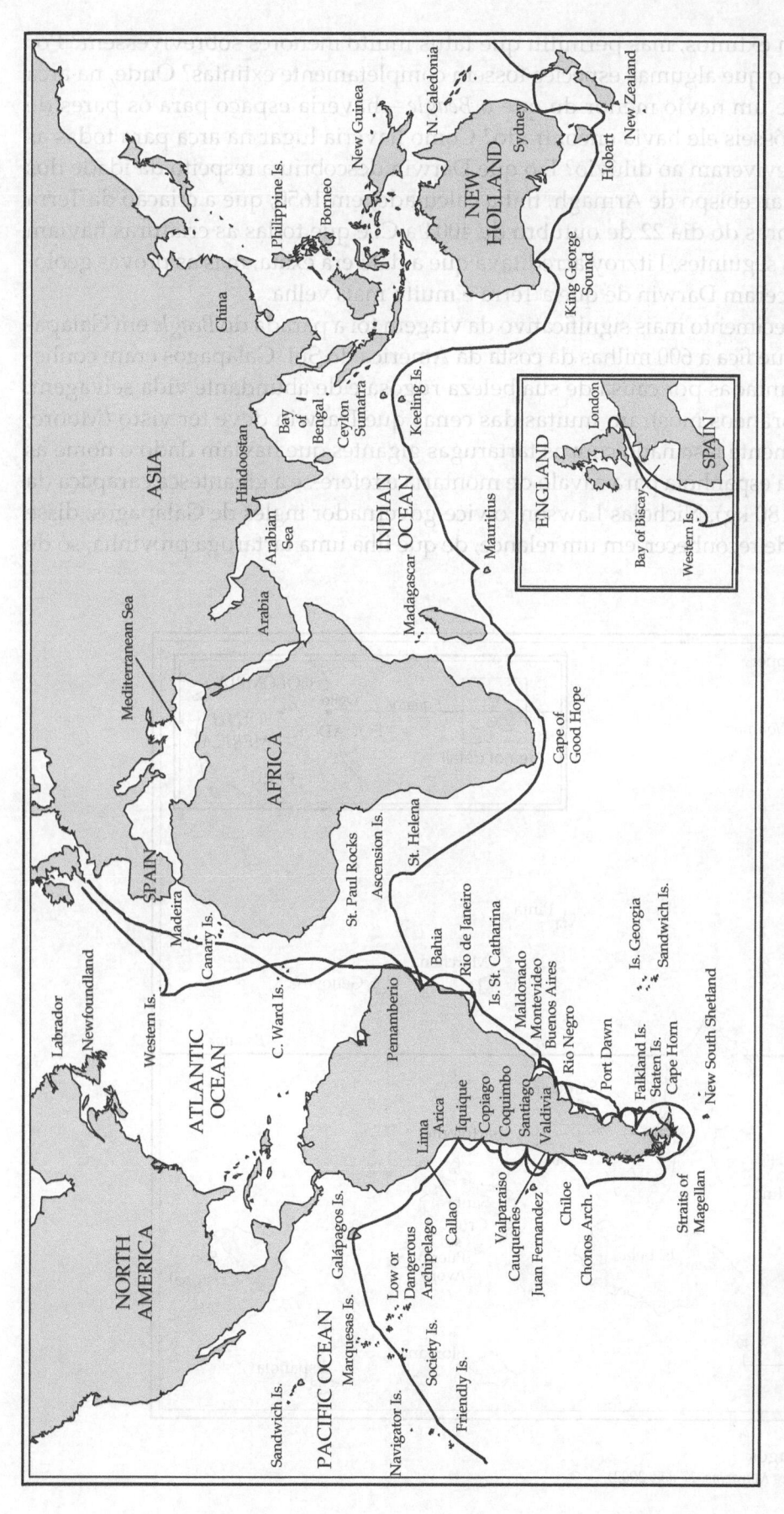

A viagem de cinco anos do H.M.S. Beagle, 1831–1836. Os nomes dos lugares estão como aparecem em *The Voyage of the Beagle* [A Viagem do Beagle]. *(Adaptado de The Voyage of the Beagle (frontispício), editado por L. Engel, 1962)*

tinha descoberto, fossem extintos, mas permitiu que tatus muito menores sobrevivessem? Por que Deus havia permitido que algumas espécies fossem completamente extintas? Onde, na arca de Noé – aparentemente um navio menor do que o *Beagle* – haveria espaço para os pares de animais grandes, cujos fósseis ele havia encontrado? Como haveria lugar na arca para todas as outras espécies que sobreviveram ao dilúvio? E o que Darwin descobriu a respeito da idade dos fósseis? James Ussher, o arcebispo de Armagh, tinha calculado, em 1650, que a criação da Terra havia começado às 21 horas do dia 22 de outubro de 4004 a.C. e que todas as criaturas haviam sido criadas nos seis dias seguintes. Fitzroy acreditava que a data era exata, mas as provas geológicas e os fósseis convenceram Darwin de que a Terra é muito mais velha.

Para Darwin, o acontecimento mais significativo da viagem foi a parada do *Beagle* em Galápagos, um grupo de ilhas que fica a 600 milhas da costa da América do Sul. Galápagos eram conhecidas como as Ilhas Encantadas por causa de sua beleza rugosa e de abundante vida selvagem. Os fotógrafos contemporâneos mostram muitas das cenas que Darwin deve ter visto (Moore, 1980). Ele ficou especialmente fascinado com as tartarugas gigantes que haviam dado o nome às ilhas (*galápago* é a palavra espanhola para cavalo de montaria e refere-se à gigantesca carapaça da centenária tartaruga de 180 kg). Nicholas Lawson, o vice-governador inglês de Galápagos, disse a Darwin que era capaz de reconhecer, em um relance, de que ilha uma tartaruga provinha, só de

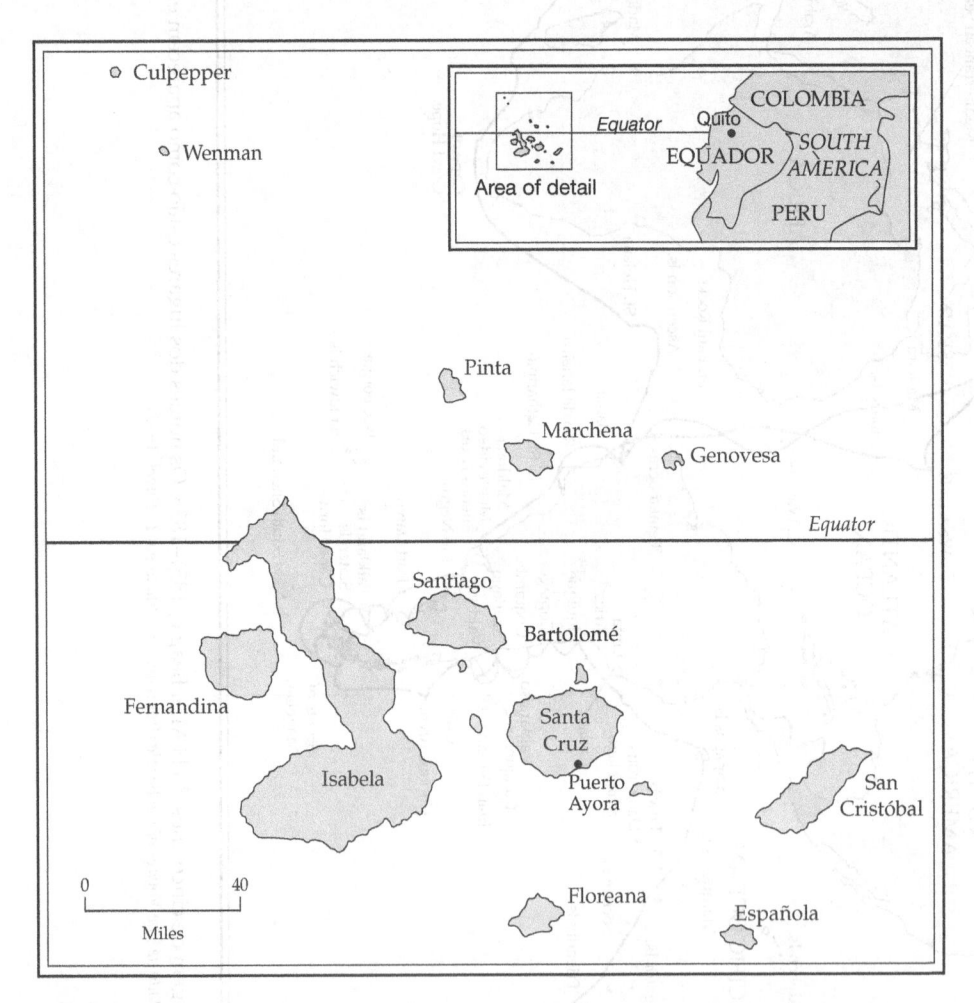

As Ilhas Galápagos
(The New York Times Magazine, 17 nov. 2002)

olhar para a sua casca. As tartarugas das ilhas, distantes apenas 50 ou 60 milhas uma da outra, eram claramente diferentes. O próprio Darwin observou 14 espécies de tentilhões em diferentes ilhas. Eles comiam alimentos diferentes e tinham diferentes bicos que lhes permitiam comer esses alimentos com facilidade. Em uma das ilhas, os tentilhões tinham bicos fortes e grossos que usavam para quebrar nozes e sementes; em outra, tinham bicos menores e alimentavam-se principalmente de insetos; em uma terceira ilha, eles tinham bicos que lhes permitiam comer principalmente frutos, bagos e flores. As fotografias tiradas por Moore, em Galápagos, das tartarugas e dos tentilhões contemporâneos, estes últimos conhecidos atualmente como tentilhões de Darwin, mostram como as diferenças são grandes.

Darwin imaginava como essas diferenças se desenvolveram. As ilhas são separadas por fortes correntes oceânicas e poderosos ventos. Talvez a vida em ilhas isoladas com diferentes suprimentos de comida tivesse forçado as diversas espécies a se transformar. Talvez as espécies não fossem fixas e imutáveis, mas capazes de adaptar-se e mudar. As mudanças devem ter ocorrido lentamente, por milhares de gerações, mas os resultados eram claros. Nesses pensamentos e especulações, vemos o início da teoria da evolução de Darwin, com suas três premissas fundamentais: que o mundo não é estático, mas está em constante mudança; que o processo de mudança é lento, mas contínuo; e que esse processo resulta em manifestações nitidamente diferentes. Muitos anos longos e difíceis se passariam antes que Darwin finalmente publicasse sua teoria da evolução.

A Teoria da Evolução de Darwin

A viagem no *Beagle* terminou em outubro de 1836. Darwin então iniciou a exigente tarefa de escrever os cinco volumes da *Zoology of the Voyage of H.M.S. Beagle* [Zoologia da Viagem do Beagle], editando seus diários para publicação e organizando a vasta coleção de espécimes que ele havia enviado do mundo todo a Londres. Ele também teve tempo para estudar e pensar mais. Durante a viagem, Darwin havia observado que as espécies conseguem adaptar-se e mudar, mas estava intrigado com o porquê de fazerem isso. Qual era o ímpeto para a adaptação e a mudança? Por que as espécies deviam evoluir? As respostas começaram a surgir depois que Darwin leu um ensaio, no *Athenaeum*, sobre *A Treatise on Man and the Development of his Faculties* [Um Tratado sobre o Homem e o Desenvolvimento de suas Faculdades], publicado em 1835 pelo cientista belga Lambert Adolphe Jaques Quetelet (1796–1874). Nesse livro, Quetelet havia resumido a visão de Thomas Robert Malthus (1766–1834) a respeito do crescimento da população, publicada anonimamente pela primeira vez em 1798 em seu *Essay on the Principle of Population as It Affects the Future Improvement of Society* [Ensaio Sobre o Princípio da População]. Em outubro de 1838, Darwin leu esse ensaio, cujo argumento central baseava-se em dois postulados que Malthus considerava evidentes por si sós: "Que o alimento é necessário para a existência do homem e que a paixão entre os sexos é necessária e se manterá quase no seu atual estado" (Malthus, 1798, p. 11). Malthus (1978, p. 13) concluía que o crescimento não-controlado da população é imensamente maior do que a capacidade da Terra para produzir subsistência, pois:

A população, quando não-controlada, aumenta em progressão geométrica:
1–2–4–8–16–32–64–128–256 . . .

Ao passo que a subsistência aumenta apenas em progressão aritmética:
1–2–3–4–5–6–7–8–9 . . .

Malthus admitia que o casamento adiado, a mortalidade infantil, as epidemias e a fome poderiam limitar temporariamente o crescimento da população. Mas, inevitavelmente, uma progressão aritmética não dá conta de uma série geométrica. Dessa forma, Malthus previu uma luta pela existência cada vez mais intensa. Darwin escreveu, em seu *Caderno*: "Depois de ler, como diversão, o que diz Malthus a respeito da população, imediatamente me ocorreu que, nessas circunstâncias, as variações favoráveis tenderiam a ser preservadas e as desfavoráveis a ser destruídas. O resultado seria a formação de uma nova espécie" (Darwin, *Vida e Cartas*, I, p. 83, apud Simpkins, 1974, p. 69). Ele chegou a pensar nessas populações cada vez maiores e nesses recursos limitados como "uma força como centenas de milhares de cunhas tentando forçar todo tipo de estrutura adaptada em falhas na economia da natureza, ou melhor, formando falhas que eliminam os mais fracos" (Darwin, 1839, apud De Beer, Rowlands e Skramovsky, 1967, p. 129). Aqui, então, estava uma resposta para as questões e o quebra-cabeça de Galápagos. Posteriormente, em *The Origin of Species* [A Origem das Espécies], Darwin escreveu:

> Será que podemos duvidar (se recordamos que o número de indivíduos que nascem é muito maior do que o dos que conseguem sobreviver) de que os indivíduos que têm alguma vantagem, ainda que pequena, sobre os outros teriam a melhor oportunidade de sobreviver e procriar sua espécie? No entanto, podemos ter certeza de que qualquer variação nociva, mesmo a menor delas, seria rigorosamente destruída. A preservação das diferenças e variações individuais favoráveis e a destruição das que são nocivas, denominei-as *Seleção Natural* ou *A Sobrevivência do Mais Forte*". (Darwin, 1859, p. 61)

A teoria de Darwin é ao mesmo tempo elegante e abrangente. O distinto biólogo Thomas Huxley, depois de ouvir seu esboço, repreendeu-se: "Como fui extremamente estúpido por não ter pensado nisso antes" (De Beer, 1971, p. 571). Números cada vez maiores de qualquer população levam a uma "batalha pela existência"; nessa batalha, apenas os animais mais aptos sobrevivem. Os animais que têm características que lhes permitem adaptar-se a determinado ambiente são, portanto, favorecidos e têm mais probabilidade de viver para passar adiante as características para sua cria. Portanto, durante muitas gerações, as espécies mudam ou evoluem. Darwin acreditava que os resultados da seleção natural seriam tão marcados como os da seleção artificial praticada pelos criadores de animais domésticos e plantas. Em 1840, Darwin comprometeu-se com essas perspectivas e até mesmo escreveu um esboço da teoria da evolução, que deu à esposa, instruindo-a a publicá-la em caso de sua morte súbita. Ele acabaria, entretanto, adiando por quase 20 anos a publicação de sua teoria. Por que teria esperado tanto?

Uma resposta é que ele estava ocupado com outras coisas. Em 1838, seu diário, *The Voyage of the Beagle* [A Viagem do Beagle], foi publicado com sucesso. Ele rapidamente teve duas impressões e uma segunda edição em 1845. Darwin escreveu em sua autobiografia: "O sucesso desse meu primeiro filho literário sempre incita mais a minha vaidade do que meus outros livros" (Darwin, 1887, apud Barlow, 1958, p. 116). Seu diário foi um sucesso popular porque, como disse o editor de uma edição moderna, "Ele é um dos maiores contos de aventura científica que já foram escritos" (Engel, 1962, p. ix). Darwin também dedicou muito tempo e esforço à organização de sua coleção de espécimes, trabalho que foi dificultado por uma doença debilitante e misteriosa. Darwin, que quando jovem fora cheio de energia e vigor, agora sofria de doenças constantes que "aniquilaram vários anos de minha vida" (Darwin, 1887, apud Barlow, 1958, p. 122). Qual foi a causa de sua má saúde? Alguns acham que foi uma manifestação psicossomática da ansiedade de Darwin quanto às conseqüências de publicar sua teoria da evolução (Colp, 1977). Saul Adler (1959) propôs outra explicação. Como especialista em doenças tropicais, ele reconheceu os sintomas de Darwin como os da *doença de Chagas*, uma doença prolongada e debilitante, endêmica das áreas da América do Sul que Darwin havia visitado quando jovem (Engel, 1962, p. xx). Na Argentina, Darwin havia sido picado por besouros Benchura, 70% dos quais são vetores do agente causador da doença de Chagas.

No verão de 1858, Darwin estava pronto para apresentar sua teoria em público, mas surgiu repentinamente mais uma razão para adiamento. Inesperadamente, em fevereiro daquele ano, Darwin recebeu uma carta de um naturalista britânico, Alfred Russel Wallace (1823–1913), pedindo-lhe para ler seu trabalho, *On the Tendency of Varieties to Depart Indefinitely from the Original Type* [Sobre a Tendência das Variedades a Afastarem-se Indefinidamente do Tipo Original]. Wallace também reconhecia a influência do ensaio de Malthus. Quando Darwin leu esse trabalho, viu que Wallace tinha esboçado uma teoria da seleção natural quase exatamente como a sua própria e que "ela era admiravelmente expressa e bem clara" (Darwin, 1887, apud Barlow, 1958, p. 122). Seu primeiro impulso generoso foi retirar-se e dar prioridade a Wallace, mas Huxley, Charles Lyell (com quem Darwin havia aprendido geologia) e Joseph Hooker, o diretor de Kew Gardens em Londres, persuadiram-no a apresentar conjuntamente sua teoria e o trabalho de Wallace no dia 1º de julho de 1858, na reunião da *Linnean Society* de Londres. Essa apresentação conjunta da teoria da evolução despertou pouco interesse. No fim de 1858, o presidente da Sociedade concluiu, em seu relatório anual, "que o ano não havia sido marcado por nenhuma daquelas descobertas impressionantes que imediatamente revolucionam, por assim dizer, a área da ciência na qual se apóiam". Um certo professor Haughton de Dublin concluiu que "tudo o que havia de novo em sua apresentação conjunta era falso e o que havia de verdade era velho" (Darwin, 1887, apud Barlow, 1958, p. 122).

Em 24 de novembro de 1859, Darwin publicou *On the Origin of Species by Means of Natural Selection, or the Preservation of Favorable Races in the Struggle for Life* [Sobre a Origem das Espécies por Meio da Seleção Natural ou a Conservação das Raças Favorecidas na Luta pela Vida]. A reação foi intensa; diz a lenda que a primeira impressão de 1.250 cópias esgotou-se no dia da publicação. De fato, todas as cópias foram encomendadas por vendedores que antecipavam uma intensa reação ao livro. Eles estavam certos, e a teoria de Darwin foi calorosamente debatida. Alguns biólogos criticaram-na como uma coleção de hipóteses não-comprováveis e impossíveis de serem testadas. Os teólogos afirmaram que, se o homem e os macacos tinham um ancestral comum, então o homem não podia mais ser visto como criado por Deus à sua imagem. Além do mais, se as espécies foram originadas pela seleção natural, isso destruía o antigo argumento galênico para a existência de Deus baseada na presença do desígnio na natureza (Capítulo 1). A reação alcançou o clímax em um famoso debate em Oxford (ver texto do boxe).

Continuidade Darwin havia apresentado um caso ressoante em favor da continuidade das espécies e colocado os seres humanos firmemente entre os animais no que diz respeito às características físicas; mas, e quanto às características psicológicas? Nós compartilhamos características comportamentais, emocionais e cognitivas com outras espécies, ou será que há uma descontinuidade entre os humanos e todos os outros animais? Em um livro posterior, *The Descent of Man* [A Descendência do Homem], Darwin afirmou que "não há diferenças fundamentais entre o homem e os mamíferos superiores no que diz respeito às faculdades mentais" (Darwin, 1871, p. 446). Esse tópico foi amplamente transmitido por Darwin aos seus seguidores: George John Romanes (1848–1894), que utilizou principalmente métodos de segunda mão; Douglas Spalding (1840–1877), um experimentalista pioneiro; e C. Lloyd Morgan (1852–1936), cujo *cânone* ou *princípio de parcimônia* tornaram-se um guia metodológico crítico: "em nenhum caso, podemos interpretar uma ação como o resultado do exercício de uma faculdade psíquica mais elevada se ela pode ser interpretada como o resultado do exercício de alguém que está mais embaixo na escala psicológica" (Morgan, 1896, p. 53). Esses três homens estavam entre os mais importantes fundadores da psicologia comparada, a divisão da psicologia que lida com comparações entre diferentes espécies (Dewsbury, 1984).

O Grande Debate de Oxford Sobre a Evolução

O primeiro grande teste público da teoria da evolução de Darwin ocorreu na reunião da *British Association for the Advancement of Science* [Associação Britânica para o Progresso da Ciência] em Oxford, em junho de 1860. O debate de domingo sobre a teoria da evolução atraiu uma audiência estimada em mil pessoas. Antes do debate, o bispo de Oxford, Samuel Wilberforce, apelidado de "Sam Ensaboado" por seus alunos irreverentes, previu que "esmagaria Darwin". Wilberforce era um debatedor e controversista de primeira categoria que tinha senso de humor. Ele estranhamente aceitou o apelido colocado pelos alunos, "... já que estava sempre na água quente e sempre saía dela com as mãos limpas" (Clark, 1986, p. 154). Darwin não assistiu ao debate, mas teve em Thomas Huxley um defensor competente. Huxley também tinha seu apelido, "o Buldogue de Darwin", graças à ferocidade com que defendia a ciência em geral e a evolução em particular (Desmond, 1997). Wilberforce acusou Darwin de exprimir opiniões sensacionalistas sem fundamento na ciência e de promover heresias contrárias às verdades divinas da Bíblia. Ele tinha alguns argumentos eficazes:

- Estava preparado para admitir a teoria da evolução de Darwin como uma hipótese de trabalho, mas não como uma explicação causal e provada.
- Instava a Igreja e os cientistas, como Darwin e Huxley, para que encontrassem um terreno comum.
- Afirmava que, quaisquer que fossem os méritos da teoria, a lacuna entre os humanos e os macacos no zoológico não podia ser preenchida.
- Sugeria que as múmias egípcias mostravam que os humanos não haviam mudado em milhares de anos.

No final de sua apresentação, Wilberforce cometeu um dos erros mais famosos da história do debate. Ele se voltou para Huxley e perguntou: "foi da parte do avô ou da avó que ele afirmou ter descendido do macaco?" Huxley voltou-se para o vizinho e sussurrou: "O Senhor o entregou em minhas mãos". Huxley iniciou sua refutação afirmando que ele tinha sido incapaz de discernir um novo fato ou argumento na apresentação do bispo. Quanto à questão dos seus ancestrais,

Mecanismo Darwin foi incapaz de explicar o mecanismo genético subjacente à mudança evolutiva. Infelizmente, alguns dos seus sucessores voltaram-se para a doutrina de Lamarck da herança de características adquiridas (Capítulo 7), aumentando assim o ritmo da mudança evolutiva. August Weismann (1834–1914) desafiou o lamarckismo e mostrou que essas características não eram herdadas. Ele cortou o rabo de centenas de camundongos, mas não encontrou prova de que suas crias, nas gerações seguintes, nasciam com rabos alterados. Weismann também enfocou o plasma do germe e os cromossomos como a base da herança. A pesquisa de Gregor Mendel (Capítulo 11) nas últimas décadas do século XIX demonstrou a herança de características físicas nas plantas. Seus resultados lançaram os fundamentos da genética moderna e forneceram um mecanismo para as mudanças evolutivas que Darwin havia descrito.

A Psicologia de Darwin *The Descent of Man (1871)* [A Descendência do Homem] e *The Expression of the Emotions in Man and Animals (1872)* [A Expressão das Emoções no Homem e nos Animais] de Darwin contêm muito material psicológico. Em *The Descent of Man*, Darwin utilizou o termo *evolução* pela primeira vez e afirmou abertamente o que apenas tinha sugerido em [A Origem das Espécies]: que os humanos são aparentados com os outros primatas. Darwin havia estudado expressões faciais associadas com diferentes emoções nos humanos, inclusive nos próprios

> ### O Grande Debate de Oxford Sobre a Evolução (Continuação)
>
> Se, então, disse eu, me perguntarem: "eu preferiria ter um macaco miserável como avô ou um homem altamente dotado pela natureza e possuidor de grandes meios e influência, mas que emprega essas faculdades e essa influência com o mero propósito de introduzir o ridículo em uma séria discussão científica" – eu afirmaria, sem hesitar, minha preferência pelo macaco". (Clark, 1986, p. 155-156)
>
> Outros se pronunciaram, incluindo Fitzroy, então Almirante, que se levantou do lugar brandindo a Bíblia acima da cabeça. A Bíblia, declarou ele, era a fonte de toda a verdade. Mas Huxley e seus aliados tinham vencido o debate. Quando ele terminou, os alunos de graduação comemoraram e, por 24 horas, Huxley achou que era o homem mais popular de Oxford. Um clérigo foi para casa tomar chá e disse à esposa que o horrível professor Huxley havia demonstrado que o homem era descendente do macaco. "Querido", exclamou a esposa, "vamos rezar para que isso não seja amplamente divulgado" (Montagu, 1977, p. 23). Outros membros do clero condenaram Huxley e exigiram desculpas. Huxley recusou-se a ceder. Wilberforce acreditava que tinha vencido em um debate justo. Ele escreveu estes versos ruins a respeito de sua experiência:
>
> ... agora, um instruído Professor, grave e sábio,
> Afirma resolutamente o que eu suponho ser mentiras;
> E, enquanto cada sábio que o ouviu cisma boquiaberto,
> Ele afirma uma orgulhosa linhagem de Macacos ancestrais.
> Ai de mim! Gritei eu, se são esses os sonhos de tal sábio,
> Salvem-me, forças, desses temas dessacralizados;
> Da ciência autodegradante livrem-me
> E do orgulho que macaqueia a humildade.*
> (Desmond, 1997, p. 280)
>
> A teoria de Darwin prevaleceu. Ela agora forma um dos fundamentos da ciência moderna (Degler, 1991).
>
> ---
> * ... now a learn'd Professor, grave and wise,
> Stoutly maintains what I suppose were lies;
> And, while each listening sage in wonder gapes,
> Claims a proud lineage of ancestral Apes.
> Alas! Cried I, if such a sage's dreams,
> Save me, ye powers, from those unhallowed themes;
> From self-degrading science keep me free,
> And from the pride that apes humility.

filhos e nos doentes mentais (Gilman, 1979). Ele utilizou fotografias e até mesmo tentou gravar os movimentos dos músculos faciais. Sua obra é uma clara antecipação da pesquisa contemporânea de Paul Ekman (1985). Darwin visitou o zôo de Londres para estudar os macacos. Ele estava especialmente interessado em suas reações aos espelhos, novamente uma antecipação clara da pesquisa contemporânea de Gordon Gallup (1982, 1991). Darwin tinha atitudes e crenças progressistas em relação ao humano. Na América do Sul, ele viu escravos e ficou horrorizado com o tratamento dado a eles. Também tinha visto as desastrosas conseqüências de um experimento social. Em uma de suas antigas viagens, Fitzroy havia levado três jovens nativos da *Terra do Fogo*, na extremidade da América do Sul, para a Inglaterra, para serem educados, cristianizados e civilizados. Na viagem do *Beagle*, esses jovens estavam sendo levados de volta ao lar para espalhar o cristianismo e a civilização para o seu povo. Quando o *Beagle* voltou, um ano depois, apenas um deles foi encontrado. Estava nu, com o cabelo embaraçado e tinha voltado aos seus costumes antigos. O experimento de Fitzroy havia falhado.

Depois de ler a respeito do desenvolvimento mental de uma criança, em um artigo de M. Taine no periódico *Mind*, Darwin revisou o registro detalhado que tinha feito 37 anos antes do desenvolvimento de seu filho, William Erasmus Darwin (1839–1914). Em julho de 1877, Darwin publicou *A Biographical Sketch of an Infant* [Um Esboço da Biografia de um Bebê], no periódico *Mind*. Para os psicólogos do desenvolvimento, o periódico fornece um rico registro das observações de uma criança por aquele que talvez seja o maior observador da natureza de todos os tempos. No século XX, o exemplo de Darwin de observar os próprios filhos foi adotado por vários observadores, desde a estudiosa do comportamento animal, Jane Goodall, que educou seu filho entre os chimpanzés da Reserva Gombe na África (Goodall, 1971), até o psicólogo do desenvolvimento cognitivo Jean Piaget, que estudou a capacidade de resolução de problemas de seus filhos (Piaget, 1954) e o psicólogo behaviorista B. F. Skinner (Capítulo 13), que usou os princípios do condicionamento operante na educação das filhas. Darwin também foi um cuidadoso observador do próprio comportamento. Ele descobriu que o seu uso de rapé era excessivo e tentou corrigir esse hábito mantendo a caixa de rapé no saguão de casa, em vez de guardá-la na sala de estudos. Infelizmente, essa tentativa foi extremamente malsucedida.

Darwin recebeu muitas honrarias e reconhecimento. Foi eleito *fellow* da Royal Society aos 29 anos, e 57 sociedades acadêmicas estrangeiras elegeram-no membro honorário ou equivalente. Mas ele nunca foi homenageado pelo governo britânico ou consagrado cavaleiro pelo soberano britânico; os elementos conservadores e reacionários da igreja anglicana eram poderosos demais para permitir esse reconhecimento. Darwin morreu na Down House,* em 19 de abril de 1882. Vinte membros do Parlamento apresentaram uma petição ao decano de Westminster para permitir seu enterro na Abadia de Westminster. O decano concordou, o que é menos incongruente do que pode parecer à primeira vista. Apesar de considerar que a palavra *agnóstico* lhe assentava melhor, Darwin nunca foi intolerante ou preconceituoso em sua visão da religião e desfrutou de amizades íntimas com pessoas religiosas. O vigário de Downe, por exemplo, foi amigo dele por toda a vida. Depois da morte de Darwin, o vigário mandou erguer uma placa comemorativa em homenagem a ele no cemitério de sua igreja. Darwin foi enterrado na Abadia de Westminster, a alguns passos do túmulo de Isaac Newton e perto de uma placa comemorativa para Alfred Wallace. Seu lar, Down House, é hoje propriedade do English Heritage** e está aberto ao público. A esplêndida casa, localizada 32 km ao sul de Londres, no condado de Kent, a uma curta caminhada da aldeia de Downe, tem muitos aposentos mobiliados como na época de Darwin. A casa também contém painéis informativos, peças da coleção de Darwin e belos jardins. Nada restou do *H.M.S. Beagle*, e seu último lugar de repouso provavelmente foi algum cemitério de navios (Thompson, 1975).

A teoria da evolução de Darwin forneceu, e ainda fornece, um modelo para todas as ciências da vida. Darwin, Freud e Einstein são os grandes "perturbadores do pensamento" na história da ciência ocidental. Ernst Mayr, um dos maiores pesquisadores do mundo em genética e teoria da evolução, afirmou que hoje a evolução deve ser considerada um fato e que não há uma única questão na biologia que possa ser adequadamente respondida sem se considerar a evolução (Mayr, 2001). Outros, como Stephen Gould, propuseram mudanças na estrutura da teoria da evolução sem desafiar sua centralidade (Gould, 2002). Para a psicologia, a teoria da evolução de Darwin suscitou questões a respeito do valor de adaptação da consciência e da contribuição da mente à adaptação e sobrevivência do homem. Essas questões tornaram-se preocupações fundamentais dos psicólogos funcionalistas. Uma expressão imediata de tais preocupações aparece nos textos e na pesquisa do segundo precursor do funcionalismo considerado neste capítulo: outro inglês do século XIX e primo de Darwin, Francis Galton.

---

* NT: Nome da casa em que Darwin morou.
** NT: Na Inglaterra, o departamento responsável pelo fornecimento de consultoria e informação em arqueologia.

FRANCIS GALTON (1822-1911)

Francis Galton foi um homem de interesses variados e diferentes talentos, que fez impressionantes contribuições para muitas áreas do conhecimento. Para os psicólogos, Galton é mais famoso pelo seu desenvolvimento dos testes mentais e por sua pesquisa a respeito da hereditariedade humana. Contudo, ele também foi um meteorologista pioneiro dos relatórios diários do tempo e mapas do tempo, e cunhou o termo *anticiclone*; estudou percepção, fazendo experimentos com fotografias estereoscópicas e desenvolveu o método de combinação de fotos, sobrepondo fotografias individuais para formar um composto que acentua seus traços comuns. Também estudou as características físicas das pessoas e percebeu que as impressões digitais são imutáveis e únicas (em determinada época, Galton teve a maior coleção de impressões digitais do mundo, mas não encontrou um único caso em que as dez impressões de dois indivíduos fossem idênticas; Thorwald, 1964).[1] Galton inventou uma máquina de teletipo; foi antropólogo e explorador. Em resumo, Galton buscou todo o conhecimento com energia e entusiasmo. Ele queria "saber o pior, assim como o melhor de tudo" (Galton, apud Newman, 1956b, p. 1170). Galton teve tamanha paixão pela ciência que esperava que, no futuro, os delegados para reuniões científicas se juntassem em uma espécie de peregrinação, unidos por sua devoção à ciência e ao avanço do conhecimento. Ele foi um dos últimos cientistas cavalheiros que combinaram profissionalismo e amadorismo (Gillham, 2001); nunca teve um compromisso acadêmico nem dirigiu um laboratório, e sua pequena biblioteca pessoal consistiu principalmente em cópias autografadas de livros de seus amigos escritores (Gridgeman, 1972, p. 266). Mas ele realmente teve um intelecto vigoroso e uma curiosidade infinita, de modo que sua casa em Londres, na rua Rutland Garden, foi o ponto de encontro favorito de acadêmicos e cientistas.

O Início da Vida de Galton

Galton nasceu em Warwickshire, perto de Birmingham, a segunda maior cidade da Inglaterra. Sua família era abastada, e fez sua fortuna durante a revolução industrial inglesa. O avô materno de Galton foi Erasmus Darwin. Sua avó paterna era uma Barclay, da família de banqueiros britânicos. Galton foi uma criança precoce que aprendeu a ler com dois anos e meio, escreveu uma carta aos quatro anos e conseguia ler qualquer livro na língua inglesa aos cinco. Terman (Capítulo 10), em seu estudo biográfico dos gênios, atribuiu a Galton um QI de 200. Aos quatro anos, Galton resumiu suas realizações nesta admirável carta ao seu tutor e à sua irmã, Adele:

> Minha querida Adele,
>
> Eu tenho quatro anos de idade e sei ler qualquer livro em inglês, sei dizer todos os substantivos, adjetivos e verbos de ação latinos, além de 52 versos de poesia latina. Sei fazer qualquer conta de adição e sei multiplicar por 2, 3, 4, 5, 6, 7, 8, ___, 10, ___. Também sei dizer a tabuada de *pences*. Leio um pouco de francês e sei ler as horas. (Galton, apud Pearson, 1914, v. 1, p. 66)

Galton originalmente escreveu os números 9 e 11 na seqüência acima. Aparentemente, ao perceber que havia sido pretensioso demais, ele apagou um numeral com um canivete e cobriu o outro com um pedaço de papel em branco (Fancher, 1985, p. 20). Apesar de tudo isso, Raymond

---

[1] Em 1880, em uma carta à revista *Nature*, um médico chamado Henry Faulds, que estava trabalhando no Japão, sugeriu pela primeira vez o uso de impressões digitais para a identificação de criminosos. Em 1901, a Scotland Yard de Londres começou a fazer isso, seguida do Departamento de Polícia de Nova York em 1906 (Cole, 2001).

Sir Francis Galton
(Brown Brothers)

Fancher, o autor de várias obras acadêmicas excelentes a respeito de Galton, acredita que sua reputação como gênio e prodígio é "substancialmente exagerada" (Fancher, 1998a, p. 102). O histórico acadêmico de Galton não teve nenhuma distinção. Matriculado aos oito anos em um internato brutalmente competitivo, ele teve um desempenho fraco, exceto em matemática. Aos 16 anos, foi colocado como aluno de medicina no Birmingham General Hospital. Robert Watson (1968) relatou que o caracteristicamente curioso Galton testou os efeitos de diferentes substâncias tomando-as ele mesmo. Sua intenção era trabalhar com a farmacopéia de A a Z, mas, naturalmente, ele parou na letra C depois de tomar óleo de cróton, um poderoso purgante. As mortes de pacientes e os exames *post-mortem* encheram-no de horror, fazendo que ele pusesse fim aos estudos de medicina e ficasse com um diploma geral de Cambridge.

Quando adulto, Galton exemplificou a máxima de Virginia Woolf de que o pensamento independente é, com freqüência, o resultado de recursos independentes. Sua herança substancial permitiu-lhe ir atrás de todos os seus interesses. O primeiro interesse profissional de Galton foi a exploração. Em 1845 e 1846, ele viajou para o Egito, o Sudão e a Síria, com a intenção de procurar a fonte do Nilo. No ano de 1850, Galton visitou uma vasta área da África do Sul Ocidental (atualmente, a Namíbia), onde penetrou mais de mil milhas no interior, mapeou e explorou a terra e fez contato com os povos indígenas: os nômades Bushmen, que viviam sob as condições áridas do deserto de Kalahari, os damara adoradores de gado, os ovambos e os hotentotes. Seu primeiro livro, *Tropical South Africa* [A África do Sul Tropical], foi publicado em 1853. Galton foi premiado com uma medalha de ouro pela Royal Geographic Society e tornou-se *fellow* da Royal Society em 1860. Embora às vezes fizesse descrições cruas e degradantes das pessoas que encontrava em suas viagens (Fancher, 1983), ele era incomum, entre os exploradores europeus do século XIX, pelo fato de não se sentir superior às pessoas que encontrava. Para alguns de seus contemporâneos, os nativos eram mais próximos dos animais que dos humanos. Entre 1810 e 1815, uma jovem de 21 anos da raça boxímane, chamada Sartje Baartman, foi exibida em Paris e Londres como a Vênus Hotentote (Gillham, 2001).[2] Um boxímane capturado em uma expedição anterior foi exibido na seção dos primatas do zôo de Londres até morrer, na virada do século (Kiley, 1987). Mas Galton

---

[2] Em abril de 2002, os restos de Baartman finalmente voltaram para a África do Sul para um enterro honroso.

ficou impressionado com o fato de as pessoas que ele encontrou se adaptarem tão bem ao seu árido ambiente desértico e serem muito mais capazes de sobreviver do que ele. Galton resolveu estudar mais essas adaptações humanas.

Depois de voltar da África à Inglaterra, Galton viu-se "com a saúde bem desgastada" (Newman, 1956b, p. 1168). Em 1855, publicou *Art of Travel* [A Arte de Viajar], com o subtítulo *Shifts and Contrivances Available in Wild Contries* [Mudanças e Artifícios Disponíveis nos Países Selvagens]. Ele esperava que o livro ajudasse os futuros viajantes, especialmente os soldados do exército inglês, a adaptar-se a climas estrangeiros. Na época, os soldados britânicos eram desoladoramente mal-equipados para o serviço nos trópicos, com seus casacos pesados de lã vermelha, e assim o aconselhamento de Galton era extremamente necessário. Seu livro foi publicado em oito edições e tornou-se um companheiro indispensável dos viajantes e exploradores do século XIX. Trata-se de uma coleção exaustiva de sugestões, máximas, planos, descrições e diagramas. Galton ensinava ao leitor como usar os materiais locais para fazer pólvora, tinta, pó para matar piolhos, conserva de carne seca, agulhas, cola e muitas outras coisas. De fato, muitos de seus conselhos eram práticos. Você precisa de um sanduíche nutritivo? Tente fazê-lo com duas fatias de pão e queijo borrifado com passas sultana. Tem de cruzar um rio profundo com um cavalo? Segure em sua cauda e jogue água no seu rosto com a mão direita para conduzi-lo para a esquerda e com a mão esquerda para virá-lo para a direita (essa sugestão é ilustrada com o desenho de um senhor de cartola cruzando um riacho). Quer descobrir mel? Apanhe uma abelha, amarre uma pena ou um fio de palha à sua perna (Galton assegura que isso pode ser feito com facilidade), solte a abelha no ar e acompanhe o seu vôo lento para a colméia. Quer fazer um burro parar de zurrar? Amarre uma pedra pesada na cauda do animal. Antes de zurrar um burro levante sua cauda. Se a cauda pesa, o burro não zurra (Middleton, 1971).

As Mensurações de Galton sobre as Diferenças Individuais

Depois de retornar à Inglaterra, Galton foi atrás de seu interesse pelas características humanas, físicas e mentais. Suas viagens produziram um fascínio pelas diferenças entre as pessoas e ele estava especialmente intrigado com o funcionamento ou as funções da mente humana. Uma das máximas favoritas de Galton era "Quando você puder, faça contas" (Newman, 1956b, p. 1.169), e ele fez contas. Nas palestras, sentava-se encarando a audiência. Galton contava o número de vezes em que as pessoas se remexiam por minuto e chegou à conclusão de que as crianças raramente ficam quietas, as pessoas de meia-idade remexem-se medianamente, ao passo que os filósofos mais velhos às vezes permanecem imóveis alguns minutos de cada vez (Newman, 1956b, p. 1.169). Ele traçou um "mapa da beleza" da Grã-Bretanha no qual as mulheres de Londres estavam em primeiro lugar e as de Aberdeen, Escócia, em último. Galton foi para o Derby inglês, mas, em vez de assistir às corridas, estudou as mudanças de feição que prevaleciam nos rostos dos espectadores conforme os cavalos se aproximavam da chegada.

Para fazer mensurações mais formais e controladas, Galton criou, em 1884, um *laboratório antropométrico* na *International Health Exhibition* [Exposição Internacional de Saúde] em Londres, "para medir, de várias maneiras, as Formas e as Faculdades Humanas" (Galton, apud Pearson, 1924, p. 359). Em um ano, ele coletou dados a respeito de 9.337 indivíduos (Johnson et al., 1985, p. 875). Em 1888, um laboratório semelhante foi criado nas galerias de ciência do South Kensington Museum. Nesses laboratórios, as pessoas de Londres podiam, em troca de quatro pences pelo primeiro exame e de três pences pelo segundo teste e pelos testes posteriores, testar sua força física e mental – o que fez, desses laboratórios, as primeiras clínicas *psicométricas* do mundo. Aproximadamente 17 mil pessoas foram testadas nos laboratórios de Galton nas décadas de 1880 e

1890. Quando elas partiam, recebiam um cartão de aparência impressionante que mostrava seus resultados. Ainda existem os registros de dados de uns 7.500 indivíduos no Laboratório Galton, em Londres, e eles foram reanalisados (Johnson et al., 1985, p. 876). Uma variedade de medidas físicas foi realizada – altura, peso, circunferência da cintura, impressões digitais e tamanho da cabeça – porque Galton acreditava firmemente que cérebros grandes e fortes poderes mentais eram acomodados por uma cabeça grande, uma grande extensão do braço e muita força, índice de movimento, acuidade visual e capacidade dos pulmões. Para medir as habilidades mentais, Galton confiou muito em medidas físicas como tempos de reação visual e auditiva e o tom audível mais alto, já que ele acreditava que há uma relação consistente entre acuidade sensorial e mental. Em 1888, ele publicou um ensaio que descrevia um método para quantificar essa correlação. Poucos anos depois, em 1895, o aluno de Galton, Karl Pearson, derivou uma fórmula que permite que essas relações sejam expressas matematicamente como um coeficiente de correlação. Galton também desenvolveu um dispositivo simples, chamado apito de Galton, que produzia uma série de assobios de freqüências diferentes. Ele testou a acuidade auditiva e descobriu uma extraordinária diminuição da acuidade para notas altas à medida que as pessoas envelhecem. A maior parte das pessoas mais velhas não tinha qualquer consciência desse declínio e Galton teve certo deleite em demonstrar isso aos mais arrogantes.

Galton também desenvolveu uma série de pesos arranjados em uma série geométrica para produzir sensações que aumentam aritmeticamente, juntamente com um conjunto de testes de discriminação de cor, gosto e tato. Uma grande proporção das famílias Quaker que ele testou não distinguia as cores. Galton comparou homens e mulheres nesses testes e concluiu que os homens têm capacidades de discriminação mais delicadas. A experiência cotidiana, afirma Galton, confirma essa conclusão:

> Os afinadores de piano são homens, e eu entendo que também o sejam os degustadores de chá e vinho, os selecionadores de lã e outros como eles. Estas últimas ocupações têm altos salários porque é da mais alta importância para um comerciante ser bem aconselhado a respeito do verdadeiro valor daquilo que ele está para comprar ou vender. Se a sensibilidade das mulheres fosse superior à dos homens, o interesse próprio dos comerciantes os levaria a empregá-las quase sempre: mas, como ocorre o contrário, a suposição oposta é provavelmente a suposição verdadeira. (Galton, 1883, p. 30)

Galton também mostrou que a maioria dos homens concorda com o fato de que as mulheres raramente reconhecem um bom vinho ou fazem uma boa xícara de chá ou café. Suas conclusões e argumentos eram definitivamente sexistas.

Além desses testes físicos, Galton fez um uso extensivo de questionários naquilo que denominou seus *estudos* e *experimentos psicométricos*. Um de seus estudos mais famosos referia-se às imagens mentais. Ele pediu às pessoas para se lembrarem de algumas cenas – por exemplo, a cena da mesa do café da manhã daquele dia – e depois responder a uma série de perguntas a respeito da iluminação, das cores, da extensão, do detalhe, da realidade e das pessoas da cena. A maioria conseguia lembrar-se de imagens mentais claras e distintas, mas, para espanto de Galton, ele descobriu que a grande maioria dos cientistas e matemáticos era incapaz de fazê-lo. Na verdade, muitos deles consideraram-no "esquisito" por pensar que seriam capazes de lembrar-se de tais cenas. Eles relataram que tais imagens mentais eram tão desconhecidas para eles como as cores o são para um cego. Galton concluiu que eles haviam sido treinados para pensar em termos amplamente abstratos. Outros, porém, eram capazes de descrever suas imagens com detalhes minuciosos, quase como se estivessem descrevendo uma cena que estivesse diante de seus olhos: jogadores de xadrez que conseguiam jogar vendados, pianistas que "liam" uma partitura mental enquanto tocavam, oradores que acompanhavam um texto mentalmente enquanto falavam e um certo Sr. Flinders Petrie, que habitualmente resolvia problemas aritméticos usando uma régua de cálculo mental. Petrie "ajustava" o cursor da régua na posição adequada e então lia as respostas das escalas. Tais imagens mentais eram raras, mas Galton acreditava que as gradações de imagens estão presentes em todas as pessoas e são, em geral, mais distintas nas mulheres do que nos homens; essa era uma das poucas coisas boas que o normalmente misógino Galton tinha a dizer a respeito das mulheres.

Galton também desenvolveu e utilizou dois tipos de testes de associação. No primeiro, pediram a um sujeito para responder com uma associação a uma palavra de estímulo. A latência de cada associação era uma medida da vivacidade da mente do sujeito. Ao estudar as origens das associações individuais, Galton descobriu que 40% delas derivavam de experiências infantis – conclusão empírica admiravelmente coerente com a ênfase de Freud na importância dos primeiros anos como determinantes do comportamento adulto (Capítulo 8). Em seu segundo teste de associação, Galton simplesmente pedia ao sujeito para permitir que a mente brincasse livremente por um breve período e depois parasse e examinasse detalhadamente as idéias que se haviam apresentado. Em um teste como esse consigo mesmo, Galton passeou por Pall Mall, uma das avenidas que mais estavam na moda em Londres, sondando tudo o que via e examinando suas associações para cada objeto (Galton, 1883, p. 185-203). Andando 400 m, ele viu 300 objetos e descobriu que eles levavam a inúmeras associações. Sua vida mental parecia rica e diversificada. Poucos dias depois, Galton repetiu o passeio e descobriu, para sua surpresa, que muitas das associações originais tornavam a ocorrer. Ele escreveu o seguinte:

> Os atores no meu palco mental eram de fato muito numerosos, mas, de maneira alguma, tão numerosos como eu havia imaginado. Eles agora pareciam ser algo assim como os atores dos teatros em que grandes procissões eram representadas, que marchavam para fora de um dos lados do palco e, dando a volta pelo fundo, voltavam pelo outro lado. (Galton, 1883, p. 188)

Galton ficou intrigado com todos os fenômenos da mente humana, incluindo a memória. Sua visão da memória era em grande parte um produto das visões dos *associacionistas britânicos* (Capítulo 2): elementos cerebrais que são excitados simultaneamente tornam-se propensos a serem lançados em um estado semelhante ao de excitação futura. Galton estudou várias técnicas para melhorar a memória: o uso de imagens concretas, a formação de séries de associações e as *mnemônicas*. Embora algumas pessoas fossem capazes de usar as mnemônicas, Galton achou-as confusas e indignas do esforço mental.

O funcionamento mental anormal, observado em seu extremo nos insanos, intrigava Galton, assim como havia intrigado Darwin. Galton passou muito tempo estudando os internos de vários manicômios, inclusive o grande Hanwell Asylum, perto de Londres. Ele observou comportamentos sexuais desordenados e descreveu delírios e alucinações – pacientes que pensavam que seus corpos eram feitos de vidro, que seus cérebros se haviam derretido ou desaparecido ou que outras pessoas haviam se apossado de suas almas (Galton, 1883, p. 67). Galton comentou a respeito da "triste segregação" (Galton, 1883, p. 67) dos insanos, de cada pessoa "caminhando sozinha enterrada nos próprios pensamentos" (Galton, 1883, p. 67). Para melhor entender o mundo mental deles, Galton decidiu fazer-se de paranóico. Ele foi tão bem-sucedido que, depois de algum tempo, "todo cavalo parecia ficar encarando, quer com orelhas levantadas ou disfarçando a espionagem" (Galton, 1883, p. 68). A estrada da sanidade para a insanidade parecia perigosamente curta. Em uma comovente descrição, Galton descreveu a sanidade como um planalto com precipícios sem cerca de nenhum lado; qualquer um de nós pode cair neles a qualquer momento. O limite entre a sanidade e a insanidade é tênue.

Galton como Estudioso da Hereditariedade

Em *Hereditary Genius* [O Gênio Hereditário], publicado pela primeira vez em 1869, com uma segunda edição em 1878, e uma edição norte-americana de 1880, Galton relatou suas investigações acerca da importância relativa da hereditariedade e das influências ambientais em nossas habilidades e capacidades. Na primeira frase do livro, ele afirmou sua posição em termos inequívocos: "proponho mostrar, neste livro, que as habilidades naturais do homem são derivadas de herança, com exatamente as mesmas limitações que têm a forma e os traços físicos de todo o mundo orgânico" (Galton, 1880, p. 1). Galton não tinha paciência com o "conto de fadas" de que os bebês nascem muito parecidos e objetava, "da maneira mais desqualificada, às pretensões de igualdade natural" (p. 14). Os humanos são intrinsecamente diferentes, e diferenças em áreas como a capacidade mental são herdadas e distribuídas em um *continuum*, com a freqüência de cada nível em conformidade com "a lei teórica muito curiosa do desvio da média" (Galton, apud Newman, 1956b, p. 1181). Adolphe Quetelet, a maior autoridade da época em estatística demográfica e social, havia proposto essa lei. O objetivo de Quetelet era criar uma ciência social numérica, uma física social, que traria ordem ao caos (Porter, 1986). Ele estudou os índices de nascimento e morte, e o de casamento e divórcio e a relação entre o crime e a pobreza. Quetelet encontrou ordem e previsibilidade nesses números. Em um trecho freqüentemente citado de seu livro, *Sur l'Homme* [Sobre o Homem], ele concluiu, de sua análise da estatística dos tribunais criminais franceses de 1826 a 1831:

> A constância com a qual os mesmos crimes se repetem todo ano com a mesma freqüência e provocam a mesma punição nas mesmas proporções é um dos fatos mais curiosos que aprendemos com as estatísticas dos tribunais; venho enfatizando isso em muitos ensaios; venho repetindo todos os anos: *Uma conta é paga com terrível regularidade; a das prisões, das galés e dos cadafalsos. Ela deve ser reduzida*. E, todos os anos, os números confirmaram minha previsão de um modo que até mesmo posso dizer: há um tributo que o homem paga com mais regularidade do que aqueles que se devem à natureza ou ao Tesouro; o tributo pago ao crime! Triste condição da raça humana! Podemos dizer de antemão quantas pessoas mancharão as mãos com o sangue dos seus semelhantes, quantos serão falsários, quantos serão envenenadores, quase da mesma maneira que podemos predizer o número de nascimentos e mortes. (Quetelet, 1835, grifo no original, apud Freudenthal, 1975, p. 237)

Quetelet também descobriu que muitas características físicas eram distribuídas nas populações de acordo com sua lei: quanto maior a distância da média, menor o número de casos. Em um regimento de 5.738 soldados escoceses, ele descobriu um tamanho médio de tórax de 1,17 m. A maior parte dos casos agrupou-se em torno da média: 1.073 soldados com peito de 99 cm e 1.079 homens com peito de 1,16 m. Nos extremos, havia três soldados com peito de 83,82 cm e um com peito de 1,22 m. Conforme a distância da média aumentava, o número de casos diminuía. Galton descobriu que muitas características físicas e comportamentais eram igualmente distribuídas: peso e altura, cor do cabelo, a distribuição de tiros em torno de um alvo e a pontuação de 200 alunos de Cambridge fazendo os exames finais para conseguir uma *nota com distinção*. Uma distribuição semelhante ocorre quando três moedas são jogadas mil vezes, e o número de *caras* registrado de cada vez é:

Número de jogadas	Freqüência
0	2
1	7
2	43
3	104

(Continuação)

Número de jogadas	Freqüência
4	204
5	251
6	221
7	113
8	49
9	5
10	1

Galton foi a primeira pessoa que propôs que as características e capacidades mentais são distribuídas de maneira semelhante. Ele sugeriu que a distribuição de uma característica mental como a inteligência resultaria naquilo que hoje denominamos uma curva normal, com a maioria das pessoas chegando perto da média e maiores desvios da média tornando-se cada vez menos freqüentes. A aplicação do modelo da curva normal tem sido de fundamental importância para muitas áreas científicas e técnicas, incluindo a psicologia.

Quetelet e Galton desenvolveram o conceito de "homem médio", como um conceito estatístico e probabilístico. Embora seja difícil prever as características físicas, sociais e mentais de qualquer indivíduo, as características de uma população são regulares e podem ser descritas estatisticamente. Galton inventou a mediana e os percentis como modos de exprimir a tendência central e as variações na distribuição de pontuações. Essa abordagem não deixou de receber críticas. Para algumas pessoas, ela era um tipo desumanizador e insuportável de *física social*. Charles Dickens descreveu pessoas como Quetelet e Galton, que lidam apenas com números e médias como "cabeças deterioradas". Mas a reação mais importante para Galton foi a de Darwin. Ele escreveu para Galton, em uma carta pessoal:

> Eu li apenas cerca de 50 páginas do seu livro... mas devo desabafar, caso contrário algo de errado ocorrerá dentro de mim. Acho que nunca li nada mais interessante e original... Eu lhe dou os parabéns por produzir aquilo que estou convencido de que será uma obra memorável (Darwin, apud Pearson, 1914, placa 1).

A previsão de Darwin estava correta, e a abordagem de Galton tem sido muito importante para todas as ciências sociais, incluindo a psicologia. Galton e seus alunos também ajudaram a desenvolver procedimentos estatísticos para a apresentação e a análise de dados.

As Famílias Eminentes de Galton

Galton reuniu dados a respeito das realizações, homenagens, prêmios, altas posições e outras marcas de qualidade intelectual de aproximadamente 200 membros de 43 famílias, incluindo a sua própria. Ele encontrou altos níveis de realização intelectual em freqüências acima do previsto nessas famílias. Em *Hereditary Genius* [O Gênio Hereditário] (1869), Galton apresentou uma lista expandida de 977 membros de 300 diferentes famílias que acreditava serem eminentes. Elas incluíam juízes, comandantes militares, figuras literárias, cientistas, poetas, músicos, pintores e acadêmicos. Como Galton calculava que a eminência era ordinariamente conquistada por uma pessoa em quatro mil na população normal, suas famílias mostraram uma concentração de eminência desproporcional. A ocorrência de níveis tão altos de realização em determinadas famílias

> ## Marcos na História da Estatística
>
> - Pierre-Simon Laplace (1749–1827) desenvolveu a teoria da probabilidade e estatísticas matemáticas (Hald, 1998).
> - Carl Friedrich Gauss (1777–1855) (Capítulo 7) formulou o método de quadrados mínimos e métodos para determinar a exatidão das observações.
> - Ernst Abbe (1840–1905) utilizou a excelência do ajustamento das distribuições normais assumidas.
> - Francis Galton introduziu os seguintes termos na estatística: *mediana, curva em forma de sino, correlação, dispersão, amplitude interquartil, regressão* e *percentil*.
> - Karl Pearson (1857–1936), aluno e primeiro biógrafo de Galton, também co-fundador e editor, por 35 anos, da principal revista de estatística, *Biometrica*, introduziu os termos *histograma, curtose, amostragem aleatória, caminhada aleatória, skewness* [coeficiente de assimetria], *desvio-padrão* e *variável estatística*. Ele também desenvolveu a fórmula para o coeficiente de correlação momento-produto (Johnson e Kotz, 1997).
> - A análise gráfica foi amplamente utilizada por psicólogos no final do século XIX. Thorndike (Capítulo 10) publicou 74 curvas de aprendizagem em sua importante monografia a respeito de aprendizagem instrumental (Thorndike, 1898a); Hall (que discutiremos neste capítulo) incluiu 25 gráficos em seu *Adolescense* [Adolescência]. Os gráficos de Hall incluíam "... vários painéis que rivalizavam com os gráficos mais sofisticados encontrados hoje na ciência" (Smith et al., 2000, p. 261).
> - Student, *pseudônimo* de W. S. Gosset (1876–1937), trabalhou para a *Guinness Brewery* [Cervejaria Guinness] em Dublin, na Irlanda, com os problemas causados pela variabilidade na cevada e no lúpulo utilizados para produzir cerveja. Quando suas descobertas foram publicadas, a política da Guinness exigia que ele utilizasse um pseudônimo; foi assim que Gosset se tornou "Student". Ele introduziu pequenas estatísticas por amostragem e o Teste *t* de Student.
> - Ronald A. Fisher (1890–1962) desenvolveu a análise de variância, análises técnicas para pequenas amostras, o conceito de hipótese nula e significação estatística/não-significação estatística mais como um *continuum* do que como uma dicotomia. As ANOVAs e os testes *t* não foram introduzidos na psicologia antes da década de 1930 e nem amplamente utilizados antes da década de 1950 (Rucci e Tweney, 1980).

era, para Galton, uma prova definitiva de que os indivíduos herdam tais habilidades. Ele também relatou que 31% dos pais nesse exemplo eram considerados eminentes, ao passo que 48% dos filhos eram assim considerados. Galton concluiu que o "gênio" é hereditário e está presente em certas famílias, e que, à medida que a proximidade da família com uma pessoa eminente diminui, também diminui a eminência.

Logo surgiram críticas às conclusões de Galton. Ironicamente, a mais reveladora veio de Alphonse de Candolle (1806–1893), cientista suíço cuja família havia sido uma das 43 estudadas por Galton (Fancher, 1983). Candolle (1873) estudou mais de 300 membros estrangeiros das Academias de Ciência Francesa e Alemã e da British Royal Society. A eleição de um estrangeiro nessas sociedades de prestígio era considerada uma verdadeira marca de distinção para um cientista. Ao estudar seu histórico, Candolle esboçou uma lista de influências ambientais favoráveis. Climas temperados produziam mais cientistas do que climas quentes; cientistas que falavam as línguas científicas dominantes – o alemão, o francês e o inglês – tinham uma vantagem; a ausência de religião oficial dogmática e autoritária que divulgasse noções preconceituosas da verdade e a presença de professores que promovessem um espírito de livre pesquisa eram importantes influências favoráveis; e, finalmente, os cientistas eminentes tendiam a ser provenientes de países com padrões de vida relativamente altos, que ofereciam bibliotecas, universidades e laboratórios – e pessoas com suficiente tempo livre para fazer uso disso tudo (Candolle, 1873, apud Fancher, 1983, p. 343-344).

As conclusões de Candolle e suas alegações de ter um conjunto de informações maior e mais complexo do que o de Galton levou este a realizar um estudo mais extensivo. A nova amostra de Galton consistia em 200 membros da Royal British Society, que foram solicitados a responder a uma longa série de perguntas a respeito de seu histórico, educação e interesses científicos. A maioria concordava com Charles Darwin, que respondeu que seu interesse na ciência era "certamente inato". Galton resumiu suas descobertas em *English Men of Science: Their Nature and Nurtere* [Homens de Ciência Ingleses: Sua Natureza e Cultura] (1874). Essa foi a primeira vez em que Galton utilizou a expressão *natureza e cultura* para descrever as influências inatas *versus* as influências do ambiente no desenvolvimento. Embora Galton admitisse que às vezes as influências do ambiente podiam aumentar ou atenuar as influências hereditárias, ele continuou insistindo na suprema importância da *natureza* e no papel dominante da hereditariedade como determinante das disposições. A metodologia de Galton pode certamente ser criticada. Ele confiou muito em auto-relatos, suplementados às vezes pelos relatos da família e dos amigos. Ele prestou pouca atenção ao fato de que seus sujeitos geralmente vinham das classes ricas e aristocráticas da Inglaterra, um grupo altamente privilegiado com as melhores oportunidades educacionais, ocupacionais e profissionais. Ele não levou em conta essas diferenças e atribuiu o desempenho desses homens, em grande parte, à sua *natureza*.

Natureza e Cultura

Em 1582, Richard Mulcaster utilizou pela primeira vez os termos *natureza* e *cultura* para descrever aquilo que considerava ser forças gêmeas no desenvolvimento da mente de uma criança (Teigen, 1984). Com *natureza*, Mulcaster queria dizer aquilo que atualmente chamamos herança genética da criança e, com *cultura*, todas as condições ambientais, incluindo a família e a escola. Uns 30 anos mais tarde, William Shakespeare utilizou esses termos de maneira semelhante em *The Tempest* [A Tempestade], na descrição que Próspero faz de Calibã:

> Um demônio, demônio ao nascer, em cuja natureza
> A cultura nunca chega a fixar-se; no qual as minhas dores,
> Humanamente consideradas, todas, todas perdidas, bem perdidas.
> (Ato IV, cena 1).*

Mas foi Galton quem popularizou esses termos e introduziu-os na psicologia, iniciando assim o debate *natureza/cultura* que continua até hoje. No capítulo "A História dos Gêmeos, Um Critério das Forças Relativas da Natureza e da Cultura" em *Inquiries into Human Faculty and Its Development* [Pesquisas sobre a Faculdade Humana e seu Desenvolvimento] (1883), Galton propôs um *método de estudo de gêmeos* para avaliar as contribuições relativas da natureza e da cultura. Seu método baseava-se na ocorrência de dois tipos diferentes de gêmeos. Os *fraternos* ou *dizigóticos* resultavam da fertilização separada de dois óvulos por dois espermas. Eles compartilhariam a

---
* A devil, a born devil, on whose nature
Nurture can never stick; on whom my pains,
Humanely taken, all, all lost, quite lost.

mesma semelhança genética como quaisquer outros irmãos e irmãs. Os *idênticos* ou *monozigóticos* resultariam quando um único *óvulo* fertilizado se dividisse e as duas metades se desenvolvessem em embriões separados. Eles seriam geneticamente idênticos. Galton coletou informações de 80 a 100 pares de gêmeos. O número é incerto, assim como o são os detalhes dos métodos que ele utilizou para compará-los. Sua conclusão de que a natureza é imensamente mais poderosa do que a cultura foi prematura, mas o método de estudo de gêmeos que ele propôs tinha-se revelado poderoso e valioso.

Galton e a Eugenia

Em toda a sua vida, Galton foi fascinado pela perspectiva da melhoria humana por meio do controle genético. Em 1901, ele publicou, em *Nature* [Natureza], um ensaio em que introduziu o termo *eugenia*, da palavra latina, *eugenes*, que significa "bem-nascido". Com o declínio do lamarckismo, a eugenia foi vista por muitas pessoas como a melhor esperança para melhorar a condição humana. Galton argumentou que "a possibilidade de melhorar uma raça ou nação depende do poder de aumentar a produtividade da melhor *raça*" (Galton, 1901, p. 663). Ele propôs que fosse feita uma tentativa sistemática de se melhorar a qualidade genética da nação por meio de:

1. incentivo ao casamento dentro de uma classe seleta de homens e mulheres;
2. incentivo ao casamento precoce entre eles;
3. fornecimento de condições saudáveis para seus filhos, incluindo boa alimentação e moradia (Galton, 1901, p. 664).

Em 1908, Galton fundou a Eugenics Society of Great Britain e, no ano seguinte, um periódico mensal, *The Eugenics Review*. Esse periódico lançou 60 volumes até que deixou de ser publicado em 1968. Galton promoveu a eugenia com entusiasmo e deixou 45 mil libras em seu testamento para a cadeira de eugenia da University of London. Degler (1991) descreve a reação entusiasmada à eugenia:

> Na véspera da Primeira Guerra Mundial, a *eugenia* era uma reforma social que estava na moda dos dois lados do Atlântico. O primeiro Congresso Internacional de Eugenia, realizado em Londres em 1912, foi presidido por Leonard Darwin, um dos filhos de Darwin, e com Winston Churchill como vice-presidente inglês, juntamente com os vice-presidentes norte-americanos: Giffort Pinchot, o famoso conservador, e Charles W. Eliot, o diretor da Harvard University. Até mesmo as socialistas Beatrice e Sydney Webb e Harold Laski consideravam-se *eugenistas*. (Degler, 1991, p. 43)

O terrível massacre da Primeira Guerra Mundial, no qual, em um dia comum de batalha nas trincheiras na Frente Ocidental, 2.533 homens de ambos os lados foram mortos, 9.121 foram feridos e 1.164 desapareceram (Manchester, 1983, p. 508), foi em si mesmo um horrível exercício de eugenia conduzido pelas grandes forças da Europa. Mas, à medida que o mundo lutava para recuperar-se dessa devastação, a eugenia parecia prometer o caminho para uma sociedade melhor. Durante as décadas de 1920 e 1930, a eugenia foi influente na Inglaterra, nos Estados Unidos e na Alemanha. As idéias e propostas da eugenia faziam parte da cultura popular. Em uma de suas visitas a Londres, Isadora Duncan (1878–1927), a bela bailarina norte-americana que anteriormente havia chocado a sociedade com suas danças de formas livres usando roupas justas e reveladoras, fez uma proposta a George Bernard Shaw (1856–1950). Ela propôs que, juntos, produzissem um bebê que, segundo os princípios da eugenia, tivesse o corpo dela e o cérebro dele. Shaw recusou com relutância o convite de Duncan, observando espirituosamente que um bebê dos dois teria a mesma probabilidade de ter o corpo *dele* e o cérebro *dela*.

Gêmeos Criados Juntos/ Gêmeos Criados Separadamente

Os gêmeos monozigóticos (idênticos) e dizigóticos (fraternos) separados logo no início da vida constituem um fascinante experimento fornecido pela natureza. Estudos desses gêmeos criados separadamente ou juntos fornecem um meio poderoso para avaliar as contribuições relativas da natureza e da cultura ao desenvolvimento. Os gêmeos criados separadamente são raros. Isso explica que, até pouco tempo atrás, apenas um pequeno número de estudos de escopo modesto tenham aparecido na literatura da psicologia. Mas, mais recentemente, dois impressionantes estudos longitudinais forneceram uma informação rica, fascinante e importante a respeito desse tipo de gêmeos.

Desde 1979, um estudo intensivo de gêmeos monozigóticos e dizigóticos separados quando bebês e criados separadamente vem sendo realizado pelo *Minnesota Center for Twin and Adoption Research MICTAR* [Centro de Pesquisa sobre Gêmeos e Adoção de Minnesota] da University of Minnesota. Thomas Bouchard, Nancy Segal, David Lykken e seus colegas estudaram mais de cem conjuntos de gêmeos ou trigêmeos criados separadamente (Bouchard, 1984; Bouchard et al., 1990; Lykken et al., 1992; McGue e Bouchard, 1998). Uma vez identificados, esses gêmeos viajam para Minnesota onde passam aproximadamente 50 horas fazendo avaliações psicológicas e fisiológicas intensivas. Dois ou mais instrumentos de teste são usados em cada âmbito psicológico principal, e examinadores distintos administram: testes de leitura, escrita e soletração; um teste de inteligência; o Teste de Stroop; a Escala Artística de Barron-Welsh; entrevistas psiquiátricas e entrevistas a respeito da vida e do histórico sexual (Cronograma de Entrevistas para Diagnóstico). Além disso, cada gêmeo passa por um teste abrangente de habilidade mental e por uma bateria de testes fisiológicos e médicos que incluem históricos médicos detalhados, eletrocardiogramas, raios X do tórax, testes de estresse do coração e exames do pulmão. Todos os gêmeos foram separados muito cedo na vida, criados separadamente durante os anos de formação e reunidos quando adultos. Em poucos casos, os gêmeos se encontraram pela primeira vez no Centro de Minnesota ou nem sequer sabiam que eram irmãos até serem reunidos. Em seus resultados, descobriu-se que cerca de 70% da variação de QI estava associada à variação genética. Nas várias medidas psicológicas de personalidade e temperamento, de interesses ocupacionais e lazer e atividades sociais, os gêmeos idênticos criados separadamente são mais ou menos tão semelhantes como os gêmeos fraternos criados juntos. Os resultados dos pesquisadores do MICTAR mostram que muitos traços psicológicos e fisiológicos são herdados.

Os pesquisadores também descobriram que gêmeos idênticos criados separadamente tendem a ser espantosamente semelhantes, não apenas na aparência e na atitude, mas também em seus hábitos idiossincráticos, gostos, estilos e históricos médicos. Dois gêmeos eram contadores de histórias, cada um com um repertório de anedotas e histórias divertidas; Bridget e Dorothy, gêmeas idênticas de 39 anos, encontraram-se pela primeira vez no MICTAR e descobriram que cada uma usava sete anéis, duas pulseiras em um dos pulsos e um relógio e uma pulseira no outro; elas também tinham escolhido os mesmos nomes para seus filhos. Mas tinham histórias de saúde dental diferentes, já que haviam sido criadas, respectivamente, por uma família inglesa de classe alta e de classe trabalhadora.

Algumas das semelhanças entre os gêmeos do MICTAR são igualmente espantosas. Por exemplo, as dos "gêmeos Jim", como eles acabaram sendo conhecidos. Jim Springer e Jim Lewis foram adotados quando bebês por diferentes famílias da classe trabalhadora de Ohio. Ambos apreciavam matemática e não gostavam de soletrar na escola; tinham se formado em direito e trabalhavam meio período como delegados; passavam férias na Flórida; e dirigiam Chevrolets. Muito se comentou a respeito de suas vidas serem marcadas por um rastro de nomes semelhantes. Os dois tinham cachorros chamados Troy; tinham se casado com mulheres

(continuação na página 294)

> ### Gêmeos Criados Juntos/ Gêmeos Criados Separadamente (Continuação)
>
> chamadas Linda e haviam se divorciado delas, casando-se pela segunda vez com mulheres chamadas Betty. Eles haviam colocado, nos filhos, os nomes de James Allan e James Alan, respectivamente. Ambos gostavam de desenho mecânico e carpintaria; tinham padrões quase idênticos de ingestão de bebida e fumo; e roíam as unhas até os dedos. Mas o que os pesquisadores acharam "impressionante" foi a semelhança de seus históricos médicos. Além de terem hemorróidas, assim como pressão sangüínea, pulsação e padrões de sono idênticos, ambos haviam engordado inexplicavelmente 4,5 kg no mesmo período de vida (Holden, 1980, p. 1324). Os pesquisadores do MICTAR acharam que essas idiossincrasias eram surpreendentemente concordantes entre gêmeos idênticos criados separadamente. Tais resultados sugerem fortemente a importância da natureza ou da variação genética nas questões humanas. Uma parte contínua da pesquisa de Minnesota é um estudo longitudinal de gêmeos idosos.
>
> Outro estudo impressionante com gêmeos é o *Swedish Adoption/Twin Study of Aging (SATSA)* [Estudo Sueco sobre Gêmeos/ Adoção de Idosos], realizado no Departamento de Higiene Ambiental do Instituto Karolinska de Estocolmo, em colaboração com o Centro de Desenvolvimento e Saúde Genética da Pennsylvania State University (Pedersen, Plomin, Nesselroade e McClearn, 1992). Essa pesquisa utiliza a mesma metodologia eficaz de gêmeos idênticos e fraternos, criados separados e juntamente:
>
> | | Idênticos | Fraternos |
> |-----------|-----------|-----------|
> | Separados | 46 pares | 100 pares |
> | Juntos | 67 pares | 89 pares |
>
> Quando foram estudados, os gêmeos suecos eram muito mais velhos do que aqueles estudados em Minnesota: sua idade média era de 65,6 anos. Todos haviam sido separados antes dos 11 anos: 52% separados no segundo aniversário e 82% aos 5 anos. Os gêmeos foram testados perto de onde moravam, com uma bateria de testes de cognição e inteligência. Calculou-se que a habilidade cognitiva geral herdada desses gêmeos era de aproximadamente 80%, mais alta até do que as estimativas que se fazem para as populações mais jovens, sugerindo maior influência dos fatores genéticos posteriormente na vida. A hereditariedade média para testes verbais, espaciais, de percepção e de memória era de 58%, 46%, 58% e 38%, respectivamente.
>
> Os resultados dessas duas importantes pesquisas mostram o poder do método de estudo de gêmeos do qual Galton foi pioneiro e também mostram que os fatores genéticos, aquilo que Galton denominou *natureza*, constituem poderosas influências nas diferenças individuais em várias características psicológicas, fisiológicas e físicas.

Na London University, a cadeira de eugenia foi ocupada, de 1912 a 1933, pelo eminente estatístico Karl Pearson. Seu sucessor foi o maior eugenista da Inglaterra, J. B. S. Haldane (1892–1964). Haldane escreveu muito a respeito da relação entre a biologia, a genética e a sociedade (Dronamraju, 1992). Em seu primeiro livro, *Daedalus, or Science and the Future* [Dédalo, ou a Ciência e o Futuro], publicado em 1923, Haldane estava entusiasmado com a eugenia. Ele descreveu a *autoridade em eugenia* como uma combinação de policial, padre e procurador, que arranjaria casamentos entre os membros adequados da sociedade. Mas Haldane mudou inteiramente seu modo de pensar e seu livro *Heredity and Politics* [Hereditariedade e Política], de 1938, foi uma coletânea de ataques à eugenia. Quando seu sucessor na University College foi escolhido, Haldane usou sua influência para garantir que um oponente da eugenia, L. S. Penrose, recebesse o cargo.

Na Inglaterra, era comum a discriminação baseada em classes na educação e no trabalho. Nos Estados Unidos, a segregação e a esterilização dos deficientes mentais, assim como as leis de imigração restritivas eram freqüentemente "justificadas" como eugenia científica (Capítulo 11). Na Alemanha, o Instituto de Antropologia, Hereditariedade Humana e Eugenia Kaiser Wilhelm foi criado em 1927 (Weindling, 1985) como um instituto nacional de eugenia. Com a ascensão dos nazistas, as deportações em massa e os assassinatos de judeus europeus e ciganos eram justificados como necessários para preservar a pureza da "raça ariana". Em 20 de janeiro de 1942, 15 oficiais superiores da Gestapo, do governo e do partido nazista, oito dos quais doutores, reuniram-se em uma conferência em um enorme palácio de estuque cinza com vista para um lago no elegante subúrbio de Berlim, Wannsee. Durante um abundante almoço regado a conhaque, eles planejaram a "solução final para a questão judaica" de Hitler. Sob a direção de Adolf Eichmann e do chefe da SS, Reinhard Heydrich, o grupo reviu os detalhes técnicos do assassinato, liquidação e extermínio dos judeus (Schmemann, 1987, p. 23; Wyden, 1992, p. 125-128; Stein, 1988). A Conferência de Wannsee levou diretamente à morte de 6 milhões de pessoas nos campos de concentração nazistas nos três anos seguintes. Assim, a eugenia acabou tendo a pior reputação possível. Haldane escreveu:

> Os resultados estarrecedores das falsas crenças na genética humana são exemplificados na história recente da Europa. Talvez a coisa mais importante que os geneticistas podem fazer para a sociedade no momento seja enfatizar quão pouco eles ainda sabem. (Haldane, 1965, p. xci)

A advertência de Haldane nem sempre foi respeitada. Em 1993, a Agência de Notícias da Nova China, que é uma agência oficial, comunicou a legislação "Sobre a Eugenia e a Proteção da Saúde", que foi submetida ao Congresso Nacional do Povo. As técnicas eugênicas de esterilização e proibição do casamento deveriam ser usadas na China para "evitar novos nascimentos de qualidade inferior e fazer subir os padrões de toda a população". O objetivo era impedir o nascimento de nada menos que 10 milhões de pessoas "inferiores" a cada ano. Com uma população de 1,2 bilhão, ou 22% da população mundial, o Congresso do Povo afirmou que tais medidas eugênicas eram vitais para o interesse nacional da China (relatório do *Washington Post*, *Columbus Dispatch*, 22 de dezembro de 1993, p. 3a). Gregory Stock, que lidera o programa de medicina, tecnologia e sociedade da UCLA'S School of Medicine, propôs, em seu livro *Redesigning Humans: Our Invisible Genetic Future* [Redesenhando os Humanos: Nosso Invisível Futuro Genético] (2002), que façamos modificações genéticas em óvulos, espermas e embriões que possam ser passados adiante para futuras gerações.

Raymond Cattell, o autor ou co-autor de umas 500 publicações em psicologia, propôs, em *Beyondism* (1987), que incentivos econômicos como redução de impostos ou pagamentos em dinheiro podem ser utilizados para encorajar as pessoas socialmente bem-sucedidas a ter famílias grandes, reduzindo ao mesmo tempo a taxa de natalidade dos pobres por meio de um *antiafrodisíaco* que ainda está para ser inventado (Cattell, 1987, p. 1). O objetivo de Cattell era fornecer "uma ajuda à evolução" (Jahoda, 1989, p. 816). Embora reconheça os abusos anteriores da eugenia, Daniel Kevles (1987) pergunta se *eugenia* deve ser sempre um nome feio. Ele argumenta que a eugenia e a conservação dos recursos naturais são propostas semelhantes. Ambos podem ser praticados tolamente de modo abusivo em relação aos direitos individuais, mas também podem ser praticados com sabedoria.

As Pesquisas de Galton sobre as Faculdades Humanas

Em 1872, Galton publicou um ensaio intitulado *Statistical Inquiries into the Efficacy of Prayer* [Pesquisas Estatísticas sobre a Eficácia da Oração], que é admirável não apenas por tratar de um assunto polêmico, mas também por sua clara defesa da importância de grupos de controle. Galton escreveu:

> Os princípios são amplos e simples. Temos de reunir casos para comparação estatística, nos quais o mesmo sujeito é minuciosamente acompanhado com vistas a duas classes semelhantes no físico, mas opostas no estado espiritual; uma classe sendo espiritual, a outra materialista. Pessoas prudentes e religiosas devem ser comparadas com pessoas prudentes e materialistas... Nós simplesmente buscamos o resultado final – se aqueles que rezam atingem seus objetivos com mais freqüência do que aqueles que não rezam, mas que vivem, em todos os outros aspectos, em circunstâncias semelhantes. (Galton, 1872, p. 126)

A inclusão dos grupos de controle tornou-se prática comum na pesquisa metodologicamente sólida realizada pelas primeiras gerações de psicólogos (Dehue, 2000).

Em seu livro intitulado *Inquiries into Human Faculty and Its Development* [Pesquisas sobre as Faculdades Humanas e o Desenvolvimento Humano], publicado originalmente em 1883 e com uma edição revista em 1907, Galton examinou várias faculdades humanas diferentes, incluindo a faculdade da oração. Considerando que tantas pessoas rezam, Galton perguntou por quê. As preces são eficazes? Elas têm algum efeito? Ele acreditava que perguntas como essas podiam ser respondidas com o uso de técnicas estatísticas. Em palavras simples, a pergunta é: as preces são atendidas ou não? Galton considerava a longevidade das pessoas pelas quais se reza publicamente e das que não têm essa sorte. Os soberanos da Inglaterra eram objeto de muita prece; toda criança inglesa em idade escolar começava cada dia na escola com uma oração pedindo a Deus que concedesse, à rainha Vitória, "vida longa e saudável". A rainha Vitória (1819–1901) morreu aos 81 anos, de modo que, no seu caso, as preces certamente pareciam ter sido eficazes. Mas isso era uma verdade geral? Galton citou um estudo do Dr. Guy, que havia comparado a longevidade dos reis e rainhas da Inglaterra com a de outros aristocratas e de pessoas da classe alta. Dr. Guy descobriu que os soberanos, com uma duração média de vida de 64 anos, eram os que menos viviam em todos esses grupos. A oração aparentemente não havia sido benéfica. Porém, Guy também descobriu que os clérigos ocupavam o segundo lugar em longevidade, apenas depois dos camponeses. Isso era porque eles passavam tanto tempo rezando? Não, disse Galton, não era por isso, mas sim como resultado da "vida fácil no campo e do costumeiro repouso da maior parte do clero" (Galton, 1883, p. 282). Galton estudou as apólices de seguros registradas no Lloyds de Londres por pessoas que claramente tinham negócios com Deus (missionários) e por pessoas que claramente não os tinham (comerciantes de escravos). Não havia provas de que as viagens dos missionários eram mais seguras. As companhias de seguros prestavam atenção na classe do navio e na experiência da tripulação, mas ignoravam completamente se o sucesso da viagem havia sido tema de orações. Isso e provas semelhantes levaram Galton a concluir que a questão da eficácia da prece ainda estava, na melhor das hipóteses, em aberto. Para fornecer uma resposta definitiva, ele propôs que o Parlamento aprovasse uma lei exigindo que todas as igrejas da Inglaterra rezassem missa apenas em domingos alternados. Ao comparar o curso da história e da riqueza da nação nas semanas que começassem com ou sem os serviços religiosos, seria feito um teste de oração. Como era de se prever, sua proposta jamais foi aceita. Em semanas alternadas, Galton rezava para um ídolo que montou em seu altar e ignorava-o inteiramente. Ele não descobriu nenhuma diferença na sua qualidade de vida. As propostas e os estudos de Galton foram muito criticados. Ele foi acusado de enfraquecer a fé das pessoas, atacar a religião e ser um farsante em áreas que não pertenciam à ciência. Essas críticas foram eficazes e é significativo que seus capítulos "Intervenção Teocrática" e "Eficácia Objetiva da Prece" tenham sido os únicos dois omitidos da segunda edição de *Inquiries* [Pesquisas].

Os Interesses de Grande Alcance de Galton

O livro *Inquiries* contém muita informação sobre animais, um dos grandes interesses de Galton. Ele testou a acuidade sensorial dos animais caminhando pelas ruas e pelo zôo de Londres com um apito escondido em sua bengala. Quando fazia soar o apito, os cachorros se voltavam e olhavam ao seu redor, e os animais no zôo freqüentemente vinham até a frente de suas jaulas. O conhecimento que Galton tinha do campo levou-o a especular a respeito do cuco. O cuco, assim como o chupim, nos Estados Unidos, põe seus ovos nos ninhos de outras aves, deixando os filhotes para serem criados pela espécie hospedeira. Por que o cuco não adota o canto e os hábitos de seus pais e de seus companheiros de ninho? Isso não acontece, segundo Galton, porque a hereditariedade das aves controla esses comportamentos.

Por suas muitas contribuições à ciência, Galton recebeu o título de Sir Francis em 1909. Ele morreu em 17 de janeiro de 1911 e permaneceu social e profissionalmente ativo até seus últimos dias. Galton era verdadeiramente um homem renascentista que viveu na era da rainha Vitória. Sua posição sobre a hereditariedade ainda é importante na psicologia contemporânea. O método biográfico e o método de estudo de gêmeos que ele desenvolveu ainda são usados para pesquisar as contribuições relativas da natureza e da cultura para o comportamento humano.

Nosso foco agora volta-se para os Estados Unidos, pois foi lá que a psicologia desenvolveu-se pela primeira vez como ciência e como profissão.

JAMES McKEEN CATTELL (1860-1944)

Já encontramos Cattell, no Capítulo 4, como um dos primeiros alunos a receber o título de doutor com Wilhelm Wundt. Em setembro de 1886, Cattell foi indicado para ocupar a posição de *fellow-commoner** em St. John's College, em Cambridge. Na Inglaterra, encontrou-se com Galton, a quem mais tarde descreveu como "o maior homem que já conheci" (Cattell, 1929, apud Sokal, p. 222). O intenso interesse de Galton pelas capacidades humanas e pelo comportamento humano muito atraíram Cattell, à medida que ele seguia seu impulso para observar e medir. Durante um estudo realizado anteriormente por intermédio de bolsa na Johns Hopkins University com G. Stanley Hall, Cattell estudou os efeitos de várias drogas, tomando-as ele mesmo, assim como Galton havia feito em Cambridge. Até aquela época, ele nunca tinha ingerido álcool, destilados, café ou tabaco – seu pai havia lhe prometido U$$ 1.000 se ele não fumasse até os 21 anos – e os efeitos foram dramáticos. Sua primeira xícara de café reduziu-lhe pulsação para 48 batidas por minuto e, quando ele tomou uma garrafa de vinho, sua escrita revelou uma mudança dramática. Sob a influência do haxixe, ele escreveu composições musicais aparentemente mais grandiosas do que as de Bach e versos mais bonitos que os de Shelley; infelizmente, seu verso acabou sendo

Na primavera,
As aves cantam.

Cattell continuou intensamente curioso a respeito do próprio comportamento e das próprias reações em toda a sua vida e nunca negligenciou uma oportunidade de coletar dados. Em seu discurso como presidente do Congresso Internacional de Psicologia (Cattell, 1929), ele apresentou gráficos que mostravam seu próprio tempo caminhando e correndo 1,5 km por dia por vários

---

* NRT: Um tipo específico de estudante em Cambridge que goza de certas prerrogativas.

A Psicologia Encontra um Lar nos Estados Unidos

As últimas décadas do século XIX conheceram avanços nos Estados Unidos que resultaram em maiores oportunidades de educação e maior apoio para a ciência e a aprendizagem. Um resultado foi que a ciência norte-americana, incluindo a psicologia, iniciou sua marcha para a posição dominante que ainda detém no mundo. Essas décadas acompanharam a catástrofe dos anos da Guerra Civil, de 1861 a 1865. Em *Trial by Fire: A People's History of the Civil War and Reconstruction* [Julgamento pelo Fogo: A História da Guerra Civil e da Reconstrução de um Povo], Page Smith escreve o seguinte:

A Guerra Civil foi um acontecimento demasiadamente vasto para se compreender, um acontecimento que, dos dois lados, simultaneamente, atingiu proporções míticas – para o sul, ele se tornou a "Causa Perdida", a história da inocência difamada, do cavalheirismo traído; para o norte, a história da traição vencida e do orgulho ufanista humilhado... Foi uma guerra necessária, uma guerra desnecessária; uma limpeza pelo fogo; uma guerra para preservar a União; uma guerra para libertar os escravos; ambos; nenhum; uma corrupção do espírito; um ato de agressão por parte do norte capitalista contra o sul agrário; e assim por diante. (Smith, 1982, p. 992)

Mas, mesmo durante os terríveis anos da Guerra, o Congresso dos Estados Unidos aprovou uma legislação progressista e de grande alcance que mudou o país para sempre. Menand (2001) enumera algumas das realizações desse Congresso na época da guerra:

Esse Congresso foi um dos mais ativos da história dos Estados Unidos. Ele apoiou a formação e a pesquisa científicas; estabeleceu o primeiro sistema de tributação nacional e criou a primeira moeda nacional significativa; tornou possível a construção das universidades públicas e o término da ferrovia transcontinental; transformou o governo federal no motor legislativo do progresso social e econômico. (Menand, 2001, p. ix-x)

A legislação para as universidades públicas passou em 1858, mas o presidente Buchanan vetou-a. Mais bem-sucedido foi o decreto patrocinado pelo senador Justin Morrill que o presidente Lincoln assinou em 2 de julho de 1862. O objetivo da legislação era tornar a educação superior disponível para todos os jovens dos Estados Unidos que tinham o desejo e a capacidade de aproveitar uma educação universitária. Nas palavras do decreto, ele tinha o objetivo de

meses, medidas das batidas do coração a cada 1,5 km de muitas corridas de 4 km, e gráficos de desempenho para aprender a datilografar e jogar *bridge*, xadrez, bilhar e tênis. As semelhanças com as de Galton são impressionantes.

Em 1888, Cattell voltou aos Estados Unidos como professor de psicologia da University of Pennsylvania. Lá, ele fundou um laboratório e usou as medidas de Galton com os alunos que faziam o curso laboratorial de psicologia. Em um ensaio intitulado *Mental Tests and Measurements* [Testes e Medidas Mentais], publicado em 1890 em *Mind*, Cattell descreveu os 10 testes seguintes e usou pela primeira vez o termo *teste mental*:

Pressão do Dinamômetro

Índice de Movimento

Áreas de Sensação

Pressão que causa Dor

Diferença de Peso Menos Observável

Tempo de Reação para o Som

Tempo para a Nomeação das Cores

> ### A Psicologia Encontra um Lar nos Estados Unidos (Continuação)
>
> promover a educação liberal e prática das classes industriais primeiramente nas áreas de agricultura e mecânica.
>
> Concessões de 30 mil acres de terreno federal a cada membro do Congresso foram feitas aos estados. O lucro com a venda das terras devia ser investido em "ações seguras que rendessem não menos do que 5%". Esses fundos financiariam novas universidades para as pessoas e pagariam suas mensalidades escolares. Nem todos os estados decidiram exercer essa opção de concessão de terras. Mas, naqueles que decidiram fazê-la, vemos atualmente universidades com as palavras *Agricultura e Mecânica (A&M)* ou *Estadual* em seus nomes. Sua herança de concessão de terrenos é exclusivamente norte-americana. Para seus alunos, as universidades que provinham da concessão de terrenos eram um caminho para uma vida melhor, para o sonho norte-americano. Um deles recorda: "As salas de aula eram nuas, as cadeiras e escrivaninhas eram do tipo mais simples que havia. Mas, para compensar isso, havia os estudantes. Nós sabíamos, como uma verdade do Evangelho, que aquela Faculdade simples era, para cada um de nós, um passaporte para uma vida superior e mais capacitada" (Jennings, 1989). Outros viam a pesquisa e a aprendizagem como a nova fronteira norte-americana, aquela que substituiria a fronteira do Oeste. Em 1893, o historiador norte-americano Frederick Jackson Turner proclamou que, em sua nova fronteira, "o tubo de testes e o microscópio eram mais necessários do que o machado e o rifle" (*Time*, 10 jun. 1996, p. 67). A primeira geração de psicólogos norte-americanos viu-se trabalhando nessa fronteira, muitos deles nas universidades com concessões de terrenos recentemente estabelecidas. Em 1929, Cattell, em seu *Presidential Adress to the Ninth International Congress of Psychology* [Discurso Presidencial para o Nono Congresso Internacional de Psicologia] de Yale, forneceu uma descrição pitoresca da psicologia 50 anos antes: "no que diz respeito aos psicólogos, os Estados Unidos eram então um paraíso, porque não havia uma alma penada lá" (Cattell, 1929, p. 335). Em contraste, Cattell considerou a psicologia nos Estados Unidos, em 1929, como inteiramente povoada.

Bissecção de uma Linha de 50 cm

Julgamento de 10 Segundos

Número de Letras Lembradas em uma Audição

Cattell observou que "a série começa com determinações mais físicas do que mentais e continua através de medidas psicofísicas até chegar a medidas mais puramente mentais"; esses testes, afirmou ele, permitiriam que a psicologia "atingisse a certeza e a exatidão das ciências físicas" (Cattell, 1890, p. 373).

Em 1891, Cattell mudou-se para a Columbia College na cidade de Nova York, como professor de psicologia experimental. Seu salário de US$ 2.500 por ano era duas vezes mais alto do que o da Pensilvânia (Sokal, 1981, p. 330). Ele fundou um laboratório e usou seus testes mentais com alunos que estavam fazendo o curso de psicologia laboratorial, aplicando em 100 voluntários da classe de calouros de cada ano; isso passou a ser conhecido como o "Teste do Calouro" ("Freshman Teste"), embora nada tivesse a ver com a admissão na universidade. Os testes de Cattell eram o apogeu das tentativas de avaliar os processos psicológicos por meio de medidas físicas. Griesbach havia feito essas tentativas anteriormente na Alemanha (Capítulo 6) e Galton havia feito o mesmo na Inglaterra. Até 1901, estava claro que esse programa de testes *antropométricos* havia fracassado. O golpe final foi dado por um dos alunos de Cattell, Clark Wissler, que utilizou as técnicas de correlação de Pearson para medir a força da relação entre a pontuação em diferentes testes (Wissler, 1901). Wissler também descobriu quase nenhuma correlação entre a pontuação em um conjunto dos testes de Cattell e qualquer outro; ele também descobriu que não havia correlação entre o desempenho acadêmico geral de um aluno e sua pontuação nos testes. Ele e muitos outros psicólogos concluíram que o que era necessário eram testes psicológicos de processos mentais complexos. Os testes desenvolvidos por Alfred Binet, Lewis Terman e muitos outros (Capítulo 11) pareciam fornecer essas medidas. Eles suplantaram as medidas antropométricas de Cattell, fazendo com que o seu método de testes fosse abandonado.

Outras Pesquisas de Cattell

Em um ensaio de 1895 publicado em *Science*, Cattell relatou os resultados de experimentos nos quais perguntava a estudantes sobre as distâncias no *campus*, o tempo que havia feito uma semana antes, as datas de acontecimentos históricos importantes e o conteúdo de uma palestra oferecida na semana anterior. As lembranças eram poucas, de um modo desconcertante. No caso da palestra, os alunos freqüentemente se lembravam de um material fantasioso e extraordinário que o palestrante não havia apresentado. Cattell concluiu que nossas lembranças são freqüentemente muito menos confiáveis do que pensamos.

Cattell também conduziu pesquisas experimentais sobre julgamentos de graduação relativa. Primeiro, ele produziu uma série de 200 tonalidades de cinza, que alterou, em etapas sutis, de preto para branco. Os alunos eram solicitados a ordená-las com base no brilho e suas classificações eram comparadas com medidas de brilho fotométricas. As classificações dos alunos e as medidas fotométricas tinham uma boa correlação. Cattell utilizou então um procedimento semelhante para estabelecer classificações relativas de cientistas. Para os psicólogos, por exemplo, Cattell (1903) primeiramente preparou uma lista de contemporâneos e depois pediu aos principais psicólogos para classificar os indivíduos enumerados. Uma coisa é classificar tonalidades de cinza, outra bem diferente é classificar os contemporâneos de uma pessoa. Discretamente, Cattell não publicou as classificações dos psicólogos até 1929, quando as disponibilizou juntamente com seu discurso presidencial no IX Congresso de Psicologia (Cattell, 1929). Seus "10 principais" psicólogos em 1903 eram:

James

Cattell

Münsterberg

Hall

Baldwin

Titchener

Royce

Ladd

Dewey

Jastrow

Cattell publicou classificações semelhantes de outros cientistas em *American Men of Science* [Homens de Ciência Norte-Americanos] (1906). Na tradição galtoniana, ele também estudou os antecedentes familiares e a educação dos homens que classificava. A conclusão de Cattell era de

> ### Psyche Cattell (1893–1989)
>
> A vida e a carreira de Psyche Cattell fornecem um exemplo comovente das muitas dificuldades enfrentadas pela primeira geração de mulheres na psicologia. Em seu caso, há uma ironia especialmente triste no fato de que a maior parte do seu trabalho foi creditado ao pai, James McKeen Cattell, ou ao não aparentado Raymond B. Cattell (Sokal, 1991, p. 72). Depois de ter sido educada em casa, Psyche Cattell primeiro trabalhou para o pai na análise estatística de seu *American Men of Science* [Homens de Ciência Norte-Americanos]. Depois de formar-se em Cornell, ela obteve o mestrado (1925) e o doutorado (1927) em Educação na Radcliffe College. Na década de 1920, Psyche Cattell utilizou dados do Harvard Growth Study para comparar medidas de inteligência e acompanhar variações da inteligência no decorrer do tempo. Sua função foi a de uma consultora de estatística, analisando dados que outros coletavam. Na década de 1930, ela desenvolveu um teste de inteligência para bebês de até três meses de idade. Seu teste foi publicado em 1940 e amplamente utilizado. De 1939 a 1963, trabalhou como funcionária e depois como diretora da Clínica de Orientação de Lancaster, em Lancaster, Pensilvânia. Lá, ela foi pioneira da educação de alta qualidade para a primeira infância. Com base em sua experiência em Lancaster e como uma das primeiras mulheres solteiras a adotar crianças, Psyche Cattell escreveu *Raising Children With Love and Limits* [Criando Filhos com Amor e com Limites], publicado em 1972. Esse livro popular foi uma reação àquilo que ela considerava a permissividade pregada pelo *best-seller* de Benjamin Spock, *Baby and Child Care* [Meu Filho, Meu Tesouro].
>
> Apesar de sua linhagem familiar, de seu histórico acadêmico diferenciado e de suas importantes contribuições, Psyche Cattell nunca obteve um cargo acadêmico. Ela foi uma das muitas psicólogas que enfrentaram discriminação e preconceito (Scarborough e Furumoto, 1987; Schiebinger, 1989).

que uma pessoa que objetivasse ser um cientista teria a melhor oportunidade se tivesse um pai professor ou clérigo; o próprio Cattell teve ambas as coisas. Considerando-se esses estudos e a herança de Galton, não é de surpreender que Cattell fosse um eugenista. Ele argumentou fortemente em favor da importância da hereditariedade e propôs que "incentivos fossem oferecidos aos melhores elementos de toda a população para se casarem entre si e ter grandes famílias" (Cattell, 1909, apud Sokal, 1971, p. 360). Cattell teve sete filhos e ofereceu US$ 1.000 a cada um se eles se casassem com filhos de professor universitário. Nenhum de seus filhos freqüentou escolas públicas, mas, em vez disso, foram educados em casa por tutores, geralmente alunos de pós-graduação de Cattell, que trabalhavam com sua supervisão. Os sete filhos de Cattell tornaram-se ou cientistas, ou editores de ciência. McKeen e Psyche Cattell seguiram o pai na psicologia.

Mais de 50 alunos obtiveram seu doutorado sob a orientação de Cattell durante os 26 anos em que ele trabalhou na Columbia University. Três dos mais conhecidos foram Edward Lee Thorndike, cujos experimentos com a aprendizagem instrumental dos gatos e cujo trabalho na educação ainda são muito citados (Capítulo 10); Robert S. Woodworth, proeminente psicólogo experimentalista que substituiu Cattell como chefe do Departamento de Psicologia em Columbia (Capítulo 10); e Edward K. Strong, famoso industrial e psicólogo vocacional que desenvolveu o *Strong Vocational Interest Test* [Strong – Inventário de Interesses Vocacionais]. Apesar da reputação de Cattell como alguém que tinha uma personalidade difícil, irritadiça e agressiva (Sokal, 1971), seus alunos lembravam-se dele com carinho e gratidão (Conklin et al., 1944). Woodworth, por exemplo, lembrava-se de Cattell como um homem em cuja casa "a campainha da porta parecia estar sempre disponível para os colegas" (Woodworth, 1944b, p. 9).

O Controverso Cattell

Em Columbia, Cattell era o maior defensor do domínio pelo corpo docente e um freqüente crítico da administração, dos curadores e do diretor de Columbia. Ele os considerava autocráticos e indignos de confiança. Sua opinião a respeito do diretor de Columbia, Nicholas Murray Butler, é ilustrada pela anedota que Cattell contou uma vez a respeito de uma de suas filhas: "Uma vez, eu incitei uma de minhas filhas a dar, a uma de suas bonecas, o nome de Sr. Diretor, com o argumento esotérico de que ela ficaria em qualquer posição em que fosse colocada" (Sokal, 1981, p. 332). Em 1917, a carreira de Cattell em Columbia chegou a um fim abrupto, quando ele foi despedido do corpo docente por sua oposição veemente ao envolvimento dos Estados Unidos na Primeira Guerra Mundial. Em maio de 1917, um de seus filhos, Owen Cattell, foi preso e condenado por distribuir panfletos em oposição ao alistamento militar. Em agosto, Cattell escreveu uma carta aberta ao Congresso apoiando o filho e protestando contra a decisão do governo de enviar recrutas para lutar na Europa. Sua carta causou uma tempestade de controvérsias. Ao anunciar a demissão de Cattell e negar sua aposentadoria, o diretor Butler de Columbia enfatizou que, com os Estados Unidos em guerra,

> Aquilo que havia sido tolerado antes torna-se intolerável agora. O que havia sido uma opinião errada anteriormente, agora é rebelião. O que havia sido tolice, agora é traição. Não há e não haverá lugar na Columbia University para qualquer pessoa que se oponha ou aconselhe a oposição ao cumprimento eficaz das leis dos Estados Unidos ou para quem atue, escreva ou fale em nome da traição. O desligamento de qualquer pessoa da Columbia University será tão rápido como a descoberta de sua ofensa. (P. Smith, 1985, v. 7, p. 551)

Cattell processou a universidade e recebeu uma indenização de US$ 42.000, mas nunca foi readmitido e nunca obteve outro cargo acadêmico. Em vez disso, ele se voltou para a publicação e a análise do empreendimento científico.

Cattell como Editor

Depois de sua demissão de Columbia, Cattell voltou-se para a edição e a publicação de livros e revistas. Em 1894, ele criou, com James Mark Baldwin, de Princeton, a *Psychological Review*. Ele editou a revista em anos alternados até 1904. Cattell também tinha uma longa associação com o periódico *Science*. Fundado em 1880, o *Science* tinha recebido apoio financeiro de Thomas Edison e Alexander Graham Bell, mas, apesar desse apoio auspicioso, perdeu vultosas somas e deixou de ser publicado em 1894 (Kohlstedt, 1980). Cattell comprou os direitos da extinta revista por US$ 25 e, em janeiro de 1895, publicou a primeira de "novas séries" da *Science*. No início de 1896, ele teve a boa sorte de realizar um furo jornalístico com um ensaio que descrevia os raios X. Wilhelm Roentgen havia descoberto os raios X em novembro de 1895 e um artigo de periódico alemão publicado em dezembro daquele ano descrevia-os. Hugo Münsterberg escreveu uma descrição da descoberta de Roentgen que Cattell publicou em *Science*, em 31 de janeiro de 1896. Os raios X eram empolgantes e controversos – o eminente físico britânico, Lorde Kelvin, havia previsto que eles acabariam sendo uma farsa – assim, a primeira descrição em língua inglesa foi um documento importante. Em 1900, Cattell fez um acordo com a *American Association for the Advancement of Science (AAAS)* [Associação Norte-Americana para o Progresso da Ciência] que tornava a *Science* a publicação oficial da associação. Cattell concordou em fornecer, a cada membro da AAAS, uma assinatura da *Science*, pela qual a entidade lhe pagaria US$ 2. O acordo foi mutuamente benéfico, pois Cattell obteve uma circulação garantida e uma fonte para a publicação de ensaios, ao passo que a AAAS conseguia atrair membros fornecendo-lhes uma assinatura da *Science*. Em 1944, a AAAS comprou os direitos da *Science* de Cattell. Quando o último pagamento foi feito, em 1954, os herdeiros de Cattell haviam recebido US$ 270.000 (Boffey, 1971). Em diferentes momentos, Cattell publicou sete periódicos, incluindo *Popular Science Monthly* [Ciência Popular Mensal], *American Men of Science* [Homens de Ciência Norte-americanos] e *The American Naturalist* [O Naturalista Norte-americano]. Ele foi o primeiro grande editor, promotor e homem de negócios nas áreas de psicologia e ciência.

O Envolvimento de Cattell com Questões Profissionais

Cattell foi um dos membros fundadores da *American Psychological Association* [Associação de Psicologia Norte-americana – APA], em 1892; membro do conselho da APA desde o início; terceiro secretário da associação, em 1894; e seu presidente, em 1895. Em 1901, foi o primeiro psicólogo a ser admitido na Academia Nacional de Ciências; foi presidente da AAAS, em 1924, e presidiu o IX Congresso Internacional de Psicologia que ocorreu em New Haven, em 1929. Em 1921, Cattell criou a *Psychological Corporation* [Corporação de Psicologia] para aplicar o conhecimento da psicologia à indústria e à educação. A corporação foi um sucesso e ainda está ativa no mercado, com testes como a *Wechsler Adult Intelligence Scale* [Escala de Inteligência Wechsler para Adultos – WAIS], a *Wechsler Intelligence Scale for Children* [Escala de Inteligência Wechsler para Crianças – WISC], o *Thematic Apperception Test* [Teste de Apercepção Temática – TAT] e o Inventário de Depressão Beck.

Cattell morreu em 1944. Sua vida profissional foi rica e diversificada, muito diferente da de seu contemporâneo, Titchener. Ele foi uma figura importante na transição da Inglaterra vitoriana de Darwin e Galton para os psicólogos norte-americanos James e Hall. Parece adequado descrever a vida e a carreira de Cattell como verdadeiramente galtonianas.

WILLIAM JAMES (1842–1910)

Durante o fim do século XIX e o começo do século XX, William James foi amplamente reconhecido como o principal psicólogo dos Estados Unidos. Na classificação de Cattell de 1903, ele era o psicólogo contemporâneo mais destacado, mas, o que é ainda mais impressionante, *todos* os classificadores de Cattell colocavam James em primeiro lugar. James também teve reputação internacional; muitos europeus o consideravam o papa da psicologia norte-americana. Quem era William James e como ele chegou a ter uma reputação tão distinta?

O Início da Vida de James

James era filho de uma família irlandesa-americana rica e culta. Ele nasceu no dia 11 de janeiro de 1842, na Astor House, o hotel mais luxuoso e agitado da cidade de Nova York. Um dos biógrafos de James, Gay Wilson Allen, descreveu seus primeiros anos como uma "infância transatlântica" (Allen, 1967, Capítulo 2). James fez uma viagem à Europa em 1843, a primeira de muitas viagens e passeios desse tipo. Freqüentou escolas nos Estados Unidos, Inglaterra, França e Suíça, encorajado pelos pais que tinham um interesse ativo na educação dos filhos. James era verdadeiramente cosmopolita, falava francês, alemão e italiano fluentemente e sentia-se inteiramente à vontade em qualquer lugar da Europa. Posteriormente, em sua vida, ele afirmou conhecer todos os psicólogos e filósofos europeus importantes.

Quando jovem, James conheceu muitas das grandes pessoas de sua época. Nos Estados Unidos, Ralph Waldo Emerson, Henry Thoreau e William Thackeray, entre outros, visitavam sua casa; na Inglaterra, Thomas Carlyle, Alfred Lord Tennyson e John Stuart Mill (Capítulo 2) eram visitas freqüentes. James cresceu em um ambiente liberal, esclarecido e estimulante. Em suas muitas idas ao exterior, a família James sempre viajou em grande estilo; em uma ida à Inglaterra, eles viveram em uma casa adjacente ao *Windsor's Great Park*, como vizinhos de parede da Duquesa de Kent e dentro do raio de visão do Castelo de Windsor da rainha. James tinha três irmãos e uma irmã, Alice, com quem mantinha nutria uma relação especialmente afetuosa. Em sua biografia de Alice James, Jean Strouse (1980) descreveu-a como uma mulher brilhante cuja família não lhe permitia construir uma carreira como escritora. Em vez disso, esperava-se que ela cumprisse com aquilo que consideravam ser seu destino: casar-se e ter filhos. Alice James foi incapaz de atender a essas exigências. Em uma comovente anotação em seu diário, ela perguntava:

> Quando as mulheres começarão a ter o primeiro vislumbre de que, acima de todas as outras lealdades, está a lealdade para com a Verdade, isto é, para consigo, e de que marido, filhos, amigos e país nada são comparados a isso. (*Diário de Alice James*, 9 nov. 1889, apud Bartlett, 1992, p. 556)

Alice James teve uma longa série de doenças caracterizadas por sérios sintomas neurastênicos[3] e morreu em 1892, aos 44 anos. Sua morte foi um golpe devastador para William James. Henry James Jr., o escritor, foi outro filho dessa extraordinária família. Diferentemente de Henry, que sempre quis ser escritor, os planos de carreira de William eram vagos. Em 1861, ele estudou arte, já que havia demonstrado talento para pintar e desenhar desde cedo. Um de seus colegas aprendizes que desenvolveu uma bem-sucedida carreira artística lembrava-se de que "James prometia ser um pintor notável, talvez até mesmo um grande pintor" (La Farge, 1910, p. 8). Mas, depois de alguns meses, ele abandonou a arte, talvez porque seu pai não aprovasse uma carreira artística, ou talvez porque tivesse problemas nos olhos. Entretanto, Leary (1992, p. 152) argumentou que a sensibilidade artística e a experiência de James foram de importância fundamental para o desenvolvimento de seu pensamento psicológico e filosófico. Em 13 de abril de 1861, o forte Sumter rendeu-se às forças confederadas. O presidente Lincoln chamou 75 mil voluntários para juntar-se às forças da União, mas James não atendeu ao chamado. Em vez disso, ele se inscreveu na Lawrence Scientific School, em Harvard. Seu primeiro estudo foi em química, mas ele odiava o assunto em si e especialmente os laboratórios associados. Ele mudou para um programa geral de história natural. Em 1865, James foi com Louis Agassiz, como assistente de pesquisa não-remunerado, para uma viagem de coleta de dados à Amazônia. Agassiz era um luminar de Harvard, biólogo, geólogo e paleontologista famoso. Fundador e diretor do Harvard's Museum of Comparative Zoology, Agassiz foi um proponente ativo da visão de que Deus havia criado todas as formas de vida como espécies separadas, imutáveis e fixas. Ele acreditava que o estudo da natureza era o estudo da obra de Deus e considerava-se o espelho de Deus no universo (Lurie, 1989). Considerava que a teoria da evolução de Darwin era errada, não-científica e sacrílega. Ele se descrevia como um homem determinado a refutar Darwin. Embora Agassiz fosse um professor genial muito amado por seus alunos, para James a expedição esteve longe do sucesso. Ele teve fortes enjôos na viagem por mar à América do Sul e desenvolveu uma grave desordem estomacal que adiou sua partida para o interior. James teve de ficar no Rio de Janeiro com a aborrecida tarefa de preservar e classificar espécimes que a expedição lhe enviava. Ele sentia muita saudade de casa

---

[3] *neurastenia*, s. Debilitação e exaustão nervosa, causada por excesso de trabalho ou prolongado estresse mental, caracterizada por vagas queixas de natureza física na ausência de causas físicas e objetivas (Rhdel, p. 960).

e, embora achasse a visão do Rio intoxicante, ainda era mais um artista do que um cientista e seu primeiro impulso era fazer esboços daquilo que via. Quando finalmente juntou-se à expedição na Amazônia, James amou a beleza e a abundância da vida vegetal e animal e achou os índios brasileiros impressionantes. Em uma carta que enviou para casa, James perguntou: "é a raça ou são as circunstâncias o que torna essas pessoas tão refinadas e bem- educadas? Nenhum cavalheiro europeu tem melhores maneiras e, no entanto, eles são camponeses" (Menand, 2001, p. 136). Mas James odiou os insetos ferozes e o clima debilitante do Brasil. Ele também ficou desiludido com Agassiz, que acabou considerando como um grande professor da observação científica, mas um homem de pontos de vista rígidos e fixos. James deixou a expedição em dezembro de 1865 e embarcou de volta para casa, convencido de que a vida de um coletor sistemático de dados não era para ele. Seus interesses eram mais especulativos – ele os caracterizou como de "peso leve" – mas eles lhe permitiram fazer contribuições mais importantes à psicologia e à filosofia.

James voltou a Harvard para estudar medicina. Mas seu abraço à medicina foi, no máximo, tépido:

> Eu abracei a profissão de médico uns dois meses atrás. Minhas primeiras impressões são de que há muita tapeação aí, e de que, com exceção da cirurgia, na qual alguma coisa positiva é às vezes realizada, um médico faz mais com o efeito moral de sua presença junto ao paciente e à família do que com qualquer outra coisa. Ele também tira dinheiro deles. (James, 1864, apud Allen, 1967, p. 98)

Em 1867 e 1868, James interrompeu seus estudos de medicina de um modo que pareceria inconcebível atualmente aos exaustos candidatos a estudar medicina ou aos alunos de medicina. Ele leu Darwin, viajou para a Europa e visitou os laboratórios de Fechner, Von Helmholtz, Wundt e Du Bois-Raymond. Recebeu o diploma de mestre em 1869 e resolveu firmemente nunca praticar a medicina – resolução essa que manteve para o resto da vida. Como estudante de medicina, James foi assolado por inúmeras doenças – dores nas costas, problemas de visão, insônia. As drogas que lhe eram prescritas ofereciam-lhe pouco alívio. Ele aprovou a citação de um antigo decano da Harvard Medical School: "Se toda a *matéria médica*, exceto apenas pelo ópio e pelo éter, do modo como são utilizados atualmente, afundasse no fundo do mar, isso seria ótimo para a humanidade e péssimo para os peixes" (Holmes, 1853, apud Allen, 1967, p. 99). James acreditava que sua doença e suas crises desgastantes de ansiedade e depressão eram psicológicas (Myers, 1986). Ele estava longe de ser o "gênio adorável" de algumas descrições. Aos 28 anos, em 1870, James registrou uma crise em seu diário e considerou o suicídio. Ele decidiu aceitar a visão de Charles Renouvier de que temos livre arbítrio desde que possamos sustentar uma idéia porque escolhemos fazê-la, quando, em vez disso, poderíamos ter outras idéias (Myers, 1986). Posteriormente rotularia afirmações como essa de "pragmáticas" e achava que elas eram muito encorajadoras. Ele registrou em seu *Diário* que havia decidido assumir que tinha livre arbítrio no sentido que lhe dava Renouvier e que seu primeiro ato de liberdade seria acreditar no livre arbítrio. Ele também resolveu que levaria a mente a sério para o resto da vida.

James Ingressa na Psicologia

Em 1872, James recebeu a oferta de um cargo como instrutor de fisiologia e anatomia em Harvard, por um salário anual de US$ 600. Melvin Maddocks descreveu Harvard daquela época como "inimaginavelmente pequena e humilde" (Maddocks, 1986, p. 140), mas, sob a direção do antigo professor de química de James, Charles William Eliot, ela estava prestes a entrar em sua era de ouro. James adiou por um ano a decisão de aceitar o cargo e então, em 1874, ofereceu seu primeiro curso em Harvard a respeito da relação entre a fisiologia e a psicologia. Ele havia feito cursos de fisiologia, mas não de psicologia, pela simples razão de que nenhum era oferecido em Harvard. Onde, então, ele aprendeu sua psicologia? Estudando a própria consciência e observando o comportamento das pessoas ao seu redor; ele era autodidata. Com suas maneiras caracteristicamente encantadoras, James uma vez recordou que a primeira aula de psicologia de que ele ouvira falar foi a primeira aula que ele próprio dera a seus alunos (Menand, 2001, p. 94). Em 1875, James utilizou US$ 300 da Corporação Harvard para fundar um laboratório de demonstração improvisado que permitia aos alunos observarem alguns dos experimentos que ele descrevia em suas aulas (Maddocks, 1986, p. 150). Seus cursos eram um sucesso e, em 1876, ele foi indicado para a categoria de professor-assistente com um salário anual de US$ 1.200.

Em 1882, James tirou uma licença de Harvard e viajou para a Europa, para renovar seus contatos com muitos psicólogos, filósofos e fisiologistas europeus. Voltando a Harvard, foi nomeado professor de filosofia em 1885 e professor de psicologia em 1889. Parece que essas promoções eram baseadas inteiramente em sua promessa evidente e em sua reputação de professor brilhante, mais do que em suas contribuições para a pesquisa. Porém, James era famoso na Europa e, em 1889, foi convidado para presidir à sessão de abertura do Congresso Internacional de Psicologia que ocorreu em Paris. Depois do congresso, James contou que tinha sido muito encorajado pela visão de 120 homens ativamente interessados em psicologia. Porém, suas opiniões a respeito de alguns desses homens e de outros que ele encontrou na Europa nem sempre eram positivas. Em uma carta a Stumpf (Capítulo 6), James (1887) descreveu Wundt como "o modelo de um professor alemão", mas como "o exemplo acabado do quanto a mera educação pode fazer por um homem". Ele descreveu Müller como "brutal" e considerava Fechner um homem cujo trabalho minucioso em psicofísica não produziria "simplesmente coisa alguma" (James, 1890, v. I, p. 534). Em uma carta ao historiador de Harvard, George Santayana, James descreveu Ebbinghaus como um dos "melhores" dentre os europeus e "o bom Stumpf, de nariz pontiagudo, o mais profundo e filosófico de todos os escritores", a quem ele muito devia (James, 1888, apud Perry, 1935, v. II, p. 60).

Os *Princípios de Psicologia* de James

A bem-sucedida carreira de James como professor em Harvard e o reconhecimento que ele recebeu na Europa aumentaram sua autoconfiança e sentimento de bem-estar. Mas ele ainda era incapaz de adquirir uma independência completa do pai. Em 1876, quando James tinha 34 anos, o pai informou-lhe que havia acabado de encontrar sua futura esposa, Alice Howe Gibbons, professora de uma escola de Boston (Allen, 1967, p. 214). Cabia a ele encontrar-se com a srta. Gibbons, cortejá-la e casar-se com ela, o que William James obedientemente fez em 1878. James foi feliz com a escolha do pai, pois sua esposa compartilhava muitos de seus interesses e era incansavelmente dedicada a ele. Umas 1.400 cartas de James para a esposa foram publicadas (Bjork, 1988). Elas mostravam a força do seu amor por Alice. Ainda em 1878, James assinou um contrato com o editor Henry Holt para escrever um livro de psicologia. James esperava escrever o livro em dois anos e iniciá-lo em sua lua-de-mel, mas ele acabou levando 12 anos para completá-lo. Para James, escrever era uma tarefa dolorosa, que exigia constantes revisões e retrabalho. Em uma carta ao seu editor que acompanhava o manuscrito final, James descreveu os *Principles* [Princípios] e a si mesmo como: "Uma massa repugnante, inflada, intumescida, inchada, hidrópica, testemunha de apenas dois fatos: primeiro, que não há algo assim como uma ciência da psicologia e segundo, que W. J. é um incapaz" (James, 1890, apud Murphy e Kovach, 1972, p. 195). Ele estava errado nas duas opiniões.

Publicado em 1890, *Principles of Psychology* [Princípios de Psicologia], em dois volumes e 1.393 páginas, foi um sucesso imediato e freqüentemente é citado como um clássico entre os clássicos.

Grande parte do texto parece ter sido escrita tão sem esforço que é difícil lembrar o grande tumulto emocional e o trabalho árduo implicado no livro. Com um olho em um grande sucesso comercial, Henry Holt, em 1892, publicou um resumo de 478 páginas, intitulado *Psychology: A Briefer Course* [Compêndio de Psicologia]. Foi um sucesso popular. Durante muitos anos, os dois livros de James foram os textos de psicologia padrão, não apenas nos Estados Unidos, mas também na Inglaterra, na França, na Itália e na Alemanha. Foram traduzidos até mesmo para o russo. Toda uma geração de psicólogos aprendeu com esses livros e referiu-se a eles como "o James" (*Principles*) e "o Jimmy" (Brief Course) (Allport, 1961, p. xiv). Ralph Barton Perry lembra-se de seu impacto:

> *Princípios de Psicologia* teve sucesso de uma forma que é incomum para um livro de ciência – ele foi muito lido, não apenas por outros psicólogos ou por alunos de psicologia, mas por pessoas que não tinham nenhuma obrigação de lê-lo. Foi lido porque era agradável ler, e foi lido por pessoas de todos os tipos, freqüentemente por causa das próprias características que o condenavam aos olhos de alguns psicólogos profissionais. Era um livro tolerante e curioso; e, como seu autor viu uma gama tão ampla de possibilidades e era tão promiscuamente hospitaleiro para com elas, quase qualquer progresso posterior em psicologia pode traçar uma linha de ancestralidade ali. (Perry, 1948, p. 196)

Em uma coletânea, *Reflections on the Principles of Psychology* [Reflexões sobre Princípios de Psicologia], publicada para comemorar o centenário do livro (Johnson e Henley, 1990), Rand Evans descreveu *Principles* como "provavelmente o tratado de psicologia mais significativo já escrito nos Estados Unidos" (Evans, 1990, p. 11). William Dember chamou o *Principles* de "uma maravilha e ainda uma fonte de prazer e desafio para os psicólogos que lutam com as questões básicas de nossa disciplina" (Dember, 1992, p. 741). Em 1990, a recém-fundada *American Psychology Society (APS)* [Sociedade Norte-Americana de Psicologia] dedicou um volume de seu periódico carro-chefe, *Psychological Science* a uma comemoração do centenário de James e dos *Principles* (Estes, 1990). Peter Gray escreveu, no prefácio de seu importante texto, *Introductory Psychology* [Introdução à Psicologia]:

> Um dos meus objetivos mais caros tem sido atingir uma pequena medida do toque pessoal que William James conferiu com tanta maestria aos *Principles of Psychology* – o livro que ainda permanece em minha mente como, de longe, a melhor introdução à psicologia já escrita. (Gray, 2002, p. xv)

A esses justos elogios, talvez seja necessário acrescentar uma advertência. Leia a psicologia em James, mas ignore o material fora de moda a respeito do cérebro e da função sensorial nos primeiros capítulos do livro.

Esses dois livros firmaram James como o principal psicólogo dos Estados Unidos. Ele também foi um palestrante magnífico, famoso por seu estilo brilhante, por suas metáforas impressionantes e por sua vívida apresentação. James se deliciava com perguntas – ele foi um dos poucos professores de Harvard, na época, que permitiu que os alunos fizessem perguntas –, e dizem que os alunos eram capazes de ver sua mente trabalhando enquanto ele estruturava as respostas. Uma das grandes alegrias do ensino universitário é acompanhar a carreira e as realizações de antigos alunos. Um dos mais famosos alunos de James foi Theodore Roosevelt. James também estava interessado em atingir a um grande público. Ele desenvolveu uma série de palestras para professores que acabou se tornando o seu livro popular, *Talks to Teachers* [Conversas com Professores], publicado em 1899. Esse é um livro prático e realista, uma coletânea deliciosamente escrita de dicas e conselhos para professores.

James não estava destinado, por temperamento ou inclinação, a ser um pesquisador; ele era um psicólogo cavalheiro. Para ele, os resultados das pesquisas de laboratório em psicologia simplesmente não correspondiam ao esforço envolvido. James descreveu o método de introspecção e a pesquisa precisa de laboratório de Wundt como "um método que exigia paciência máxima e que dificilmente poderia ter surgido em um país cujos nativos pudessem ser enfastiados". Da mesma maneira, aquilo que ele denominava o "instrumento de sopro" e a "fórmula algébrica preenchida com psicologia" de Fechner enchiam-no de horror (James, 1890, v. I, p. 549). Para James, a pesquisa de laboratório era uma ferramenta psicológica que devia ser encarada com suspeita. O seu ponto forte eram os pensamentos e os *insights*. Considerando-se esses pontos de vista, não é de surpreender que, depois do sucesso de seus livros, James tenha se retirado da pesquisa experimental e que, como vimos (Capítulo 5), tenha procurado um sucessor para liderar o laboratório de psicologia em Harvard. Em 1892 ele escolheu Hugo Münsterberg, um psicólogo alemão de 28 anos, treinado com a metodologia introspectiva ortodoxa pelo próprio mestre, Wilhelm Wundt.

O James Eclético

Durante a década de 1890, James tornou-se cada vez mais interessado na relação entre a mente e o corpo e nos fenômenos físicos. Como ele tinha uma longa história de doenças psicossomáticas, envolveu-se pessoal e profissionalmente com aquilo que se chamava "a cura da mente". Ele se interessou por essas curas com seriedade, investigando-as cientificamente e até mesmo defendendo seus defensores contra os praticantes não-ortodoxos da medicina. Isso, naturalmente, não o tornou benquisto entre seus colegas médicos. James acreditava que os psicólogos deviam estudar todo o âmbito da experiência psicológica, incluindo as experiências mediúnicas. Ele era membro fundador da American Psychical Association [Associação Paranormal Norte-Americana] e presidente da British Society for Psychical Research [Sociedade Britânica de Pesquisa Paranormal] (Pate, 2000, p. 1142). Estudou a escrita automática, a telepatia, a clarividência, as cartomantes e uma famosa médium de Boston, a Sra. Pipe. Sua conclusão foi de que, no caso da Sra. Pipe, havia certa vontade externa de comunicar-se, mas ele rejeitou muitas de suas alegações. Ao buscar os fatos nessa área tremendamente difícil da pesquisa em psicologia, James era ao mesmo tempo cético e tinha a mente aberta. Ele também estava interessado nos efeitos das experiências religiosas na consciência humana. Definiu tais experiências muito amplamente como aquelas em que algum tipo de energia flui na consciência. Tal fluxo de energia poderia ocorrer tanto nos ambientes religiosos convencionais como nos não-convencionais. Seu livro, *Varieties of Religious Experience* [As Variedades da Experiência Religiosa] (1902), foi muito popular. O editor original reimprimiu o livro 38 vezes nos 33 anos seguintes. Com pouco esforço, os críticos contemporâneos da obra localizaram mais de 29 impressões de 13 outros editores (Gorsuch e Spilka, 1987, p. 773) e o livro de James ainda hoje é usado como texto e como livro de referência. James também era fascinado pela possibilidade da vida após a morte e prometeu que, após a morte, retornaria ao mundo dos vivos se conseguisse fazê-lo.

O James Filósofo

Durante a última década de sua vida e de sua carreira, James abandonou a psicologia pela filosofia e criou a reputação de ser o filósofo mais famoso dos Estados Unidos depois de Emerson. Em *Pragmatism* [Pragmatismo] (1907) e *The Meaning of Truth* [O Significado da Verdade] (1909), apresentou uma filosofia prática, pragmática e realista que descreveu em uma carta a Theodore Flournoy, em 1907, como uma "filosofia sem tapeação" (James, 1907, apud Allen, 1967, cap. 23). Essa filosofia era adequada ao espírito da época nos Estados Unidos. Dizem que "As girafas têm o pescoço comprido – e os norte-americanos têm o pragmatismo" (Romano, 2001, p. 58).

O princípio central do pragmatismo é de que os critérios pragmáticos podem ser aplicados para estabelecer a verdade. As crenças não funcionam porque são verdadeiras; elas são verdadeiras porque funcionam. Se, para determinada pessoa, a crença em Deus funciona – isto é, se ela produz benefícios práticos em termos de felicidade, adequação pessoal e saúde psicológica – então, para essa pessoa, a existência de Deus é uma verdade pragmática. Se uma pessoa acredita que tomar banho com determinado mineral – algo que o próprio James fazia – alivia a dor nas costas e, se de fato alivia, então isso é uma verdade para essa pessoa. Porém, tais crenças ou verdades não são absolutas, nem devem ser impostas aos outros. Como o sistema de crenças de cada pessoa deve ser estabelecido com o uso de critérios pragmáticos, a filosofia pragmática é um sistema individual e relativo. O pragmatismo julga todas as crenças a partir de suas conseqüências em ação: a afirmação de que John tem 1,80 m de altura significa simplesmente que uma régua de um 30 cm pode ser colocada seis vezes em John de uma ponta a outra; essa afirmação pode ser definida operacionalmente. James acreditava que os critérios pragmáticos podiam resolver o aparentemente eterno conflito entre o racionalismo e o empirismo. Ele acreditava que os racionalistas eram intelectuais, idealistas, otimistas, religiosos, que tinham livre arbítrio – em resumo, que tinham um "espírito terno", e que os empiristas eram sensacionalistas, naturalistas, pessimistas, não-religiosos, fatalistas – em resumo, tinham um "espírito duro". James está descrevendo uma tipologia da personalidade. Tipologias como introversão/extroversão, dominante/submisso e liberal/autoritário, com suas descrições de tipos de personalidade ideais, têm sido comuns nos estudos psicológicos da personalidade. Entretanto, nenhum outro psicólogo fez uma descrição resumida tão perfeita como as caracterizações de "espírito terno" e "espírito duro" como James.

Como vimos, a obra que estabeleceu a reputação de James foi *Principles*, e é para esse livro que temos de nos voltar para considerar suas contribuições específicas ao desenvolvimento da psicologia.

O James Psicólogo

James definiu a psicologia como "a ciência da Vida Mental, tanto em seus fenômenos como em suas condições" (James, 1890, v. I, p. 1). Esses fenômenos incluíam sentimentos, desejos, cognições, hábitos, lembranças, raciocínio e decisões. James estudou-os por meio da análise introspectiva informal de sua própria experiência consciente. Ele opôs a abordagem Wundt-Titchener ao estudo da consciência e esboçou suas objeções em um ensaio vigoroso e convincente intitulado *Some Omissions of Introspective Psychology* [Algumas Omissões da Psicologia Introspectiva] (James, 1884). Segundo James, Wundt e Titchener presumiram que a consciência era uma síntese de elementos básicos e, portanto, foram em busca de seus elementos. James acreditava que essa abordagem estruturalista era desnecessariamente restritiva, estéril e artificial. Ela excluía a psicologia da maior parte dos fenômenos da consciência que James achava importantes e interessantes. Ele comparou a abordagem dos estruturalistas com a de uma pessoa que presume que uma casa é uma síntese ou aglutinação de tijolos e se põe a aprender a respeito da casa estudando cada tijolo. Como afirmou o matemático francês Jules Henri Poincare (1854–1912), uma casa é um amontoado de pedras; mas um amontoado de pedras *não* é uma casa. James propôs uma abordagem analítica que estuda as funções da consciência e analisa suas características; que estuda mais como a mente funciona do que sua estrutura. A crítica poderosa de James provocou a resposta zangada de Titchener: "A influência de James, tanto na filosofia como na psicologia, parece-me estar ficando positivamente insalubre. Sua credulidade e seus apelos à emoção são certamente o oposto do científico" (Titchener, carta de 1898 a Cattell, apud Menand, 2001, p. 370).

Para James, a característica proeminente da consciência humana é que ela se adapta; isto é, ela permite nos adaptarmos e nos ajustarmos ao nosso ambiente. A consciência também tem várias outras características (James, 1890, v. I, p. 225):

1. Ela é pessoal. Minha consciência é só minha; ela é individual, e não parte de uma consciência geral ou mente grupal. Meus pensamentos são meus, os seus são seus.
2. Ela está sempre mudando. Estamos constantemente vendo, ouvindo, raciocinando, desejando, lembrando-nos, ansiando por algo; assim, a consciência não é partida em pedaços ou *quanta* para a conveniência dos psicólogos da introspecção. Ela é um fluxo contínuo.
3. Ela é seletiva. Nascemos em um mundo que James descreveu em uma famosa metáfora como "uma grande confusão exuberante e barulhenta" (James, 1890, v. I, p. 488) na qual "os sons, as visões, os toques e as dores provavelmente formam uma exuberância de confusão não-analisada" (p. 496). Se essa confusão é analisada, a consciência torna-se seletiva.

Dadas essas características, James acreditava que as tentativas dos estruturalistas para desenvolver leis gerais ou princípios da consciência, congelar a consciência e descobrir seus elementos, estavam destinadas ao fracasso.

James fez outra grande contribuição à psicologia ao formular uma teoria da emoção. Essa teoria acabou sendo chamada a teoria James-Lange, já que o fisiologista dinamarquês Carl Lange formulou uma hipótese muito semelhante aproximadamente ao mesmo tempo. James primeiramente descreveu a teoria em um ensaio publicado em 1884 na revista *Mind*. Segundo essa teoria, o sistema nervoso faz certos ajustes inatos ou reflexos aos estímulos externos, e é a percepção dessas mudanças que constitui a emoção. Na presença da estimulação emocional, nosso batimento cardíaco aumenta, respiramos com mais rapidez, transpiramos e rotulamos a percepção dessas mudanças como "emoção". Citando exemplos famosos de James, quando vemos um urso, ocorrem certas reações psicológicas e temos medo; quando perdemos nossa fortuna, outras mudanças ocorrem e ficamos tristes. James escreveu:

> Minha teoria... é de que as mudanças corporais acompanham diretamente a percepção do fato excitante e de que nosso sentimento dessas mesmas mudanças, à medida que ocorrem, É a emoção. O senso comum diz que, se perdemos nossa fortuna, ficamos tristes e choramos; se encontramos um urso, sentimos medo e fugimos; se somos insultados por um rival, ficamos zangados e atacamos. A hipótese a ser aqui definida diz que essa ordem ou seqüência é incorreta, que um estado mental não é imediatamente induzido pelo outro, que as manifestações corporais devem interferir primeiramente e que a afirmação mais racional é a de que estamos tristes porque choramos, ficamos zangados porque atacamos, temos medo porque trememos, e não que choramos, atacamos ou tremernos porque estamos tristes, zangados ou temos medo, conforme o caso. (James, 1890, v. II, p. 449-450)

As mudanças fisiológicas são a *matéria mental* que constitui as emoções. Um corolário direto dessa visão da emoção é que, a estimulação de mudanças fisiológicas associadas com determinada emoção deveria originar a própria emoção, e James mostra que é isso que freqüentemente acontece. Dar vazão à tristeza ou à raiva torna a emoção mais intensa; soluçar torna a mágoa mais aguda; nós atingimos o clímax quando temos um ataque de raiva. Já controlar a reação fisiológica, por exemplo, contando até dez diante da provocação ou assobiando para manter a coragem, afeta por sua vez as emoções de raiva e medo. Nos dois anos que precederam a formulação dessa teoria da emoção, James havia perdido o pai e a mãe. Talvez sua consciência da própria reação a essa perda e o modo como ele conseguiu controlar sua tristeza tenham influenciado sua formulação dessa teoria.

Um modo de tentar controlar as emoções indesejadas seria aprender a controlar as mudanças fisiológicas que as acompanham, abordagem essa que muitos clínicos modernos adotaram. Assim, uma pessoa pode ser treinada para relaxar na presença de uma situação que desperta o medo, como prestar um exame, andar de elevador ou submeter-se a tratamento de radiação. Se a pessoa consegue responder às reações fisiológicas com o relaxamento, ela consegue ultrapassar o medo. Em uma abordagem ainda mais direta, as técnicas modernas de *biofeedback* podem ser usadas para se desenvolver certo controle sobre essas mudanças fisiológicas.

A teoria da emoção de James foi, e ainda é, altamente considerada pelos psicólogos, mas tem sido menos atraente para os fisiologistas. Em 1927, Walter B. Cannon (1871-1945) citou várias evidências que ele considerava conflitantes com a teoria de James-Lange. Em primeiro lugar, as emoções continuam, mesmo que a consciência das mudanças corporais internas seja reduzida ou até mesmo eliminada. Cannon citou o caso de uma mulher com o pescoço quebrado que não recebia sensações das vísceras abaixo do pescoço, mas que continuava a vivenciar uma gama completa de emoções. Em segundo lugar, muitas emoções diferentes compartilham um conjunto comum de reações viscerais. De onde vem a especificidade? Quando estamos zangados, felizes ou quando temos medo, nosso batimento cardíaco aumenta, a pressão sangüínea aumenta e assim por diante, mas essas são experiências claramente diferentes. Tentativas de associar reações corporais discretas com emoções diferentes são geralmente malsucedidas. Em terceiro lugar, os tempos de reação visceral são relativamente lentos, ao passo que as reações emocionais freqüentemente são imediatas. Como as respostas em um sistema relativamente "lerdo" podem provocar reações emocionais rápidas? Finalmente, Cannon enfatizou que, quando produzimos mudanças viscerais artificialmente – por exemplo, a adrenalina, que causa um batimento cardíaco mais rápido e reações semelhantes – as pessoas relatam que sentem "como se" tivessem medo, mas que a emoção não é "autêntica". Embora todos esses argumentos sejam válidos, a teoria de James-Lange sobreviveu. Ela ainda está presente na maior parte dos textos de introdução à psicologia, e os famosos exemplos de ver um urso e perder uma fortuna são conhecidos de muitos estudantes de psicologia. Finalmente, certas evidências contemporâneas apóiam a teoria de James-Lange. Paul Ekman e seus colegas eliciaram diferentes emoções construindo protótipos faciais e revivendo experiências emocionais passadas. A atividade do sistema nervoso autônomo não apenas distinguia as emoções positivas das negativas, mas também fazia distinção entre as emoções negativas. Seus resultados mostram uma diferenciação surpreendente das reações autônomas – uma diferenciação que é básica para a teoria da emoção de James-Lange (Ekman et al., 1983).

O capítulo mais freqüentemente citado de *Principles* foi, sem dúvida, o Capítulo IV do volume 1, a respeito do hábito. Segundo James, o sistema nervoso tem a propriedade da plasticidade e pode ser modificado pela experiência. Os hábitos se estabelecem quando se formam caminhos entre os centros nervosos no cérebro. Se um hábito requer uma série de ações A, B, C, D etc., descargas "concatenadas" ocorrem nos centros nervosos subjacentes a essas ações, e essas descargas se associam. James enfatizou que muitos hábitos bem ensaiados são realizados de um modo quase reflexo e citou com aprovação a afirmação do duque de Wellington de que o hábito é dez vezes a natureza. Assim, os soldados devem ser treinados muitas e muitas vezes para obedecer a comandos. James contou a história de um traquinas que, ao ver um veterano dispensado levar seu jantar para casa, repentinamente gritou: "Atenção !". O veterano instantaneamente abaixou as mãos e deixou cair seu carneiro com batatas na sarjeta; o hábito havia se tornado uma segunda natureza. A grande tarefa de todas as formas de educação é tornar o sistema nervoso um aliado em vez de um inimigo. Para James, o hábito é uma força difusa de grande importância:

> Assim é o enorme pêndulo da sociedade, seu agente conservador mais precioso. Ele sozinho é o que nos mantém dentro dos limites da lei e salva os filhos da fortuna das invejosas rebeliões dos

pobres. Só ele impede que as mais duras e mais repulsivas posições sociais sejam abandonadas por aqueles que foram criados para caminhar dentro dela. Ele mantém o pescador e o taifeiro no mar durante todo o inverno; mantém o mineiro em sua escuridão e prende o homem do campo em sua cabana de madeira e sua fazenda solitária durante todos os meses de neve; ele nos protege da invasão dos nativos do deserto e da zona congelada. Ele nos sentencia a todos a lutar na batalha da vida nos caminhos da nossa criação ou de nossa escolha anterior. (James, 1890, v. I, p. 121)

James acreditava que a maior parte dos hábitos é formada pela *cultura* no início da vida e que, até os 30 anos de idade, na maioria das pessoas, "fixa-se como gesso" – metáfora antiga, mas eficaz. Quando adquirimos novos hábitos, chegamos até eles com um estoque de velhos hábitos que podem bloquear ou facilitar os novos. Considerando-se essa posição, os princípios da formação e da manutenção do hábito são de central importância para a psicologia. Sua formulação viria a ser uma preocupação básica dos psicólogos por muitas décadas no século XX.

James esperava que, uma vez que os psicólogos entendessem como os hábitos são formados e mantidos, eles seriam capazes de aplicar seu conhecimento na criação de um mundo melhor, no qual as pessoas seriam treinadas no hábito de trabalhar juntas para eliminar flagelos comuns como a guerra, a pestilência, a fome e a indignidade. James apresentou seu ponto de vista em 1910, em um discurso muito aclamado em São Francisco, intitulado *The Moral Equivalent of War* [O Equivalente Moral da Guerra]. Ele reconheceu o apelo da guerra – o desafio, a excitação e a camaradagem – e o valor de virtudes marciais como a coragem, a lealdade, o auto-sacrifício e a bravura. Acreditava que as atividades cotidianas oferecem poucas saídas para essas qualidades. Embora ganhar a vida, manter um emprego ou estabelecer uma carreira e sustentar uma família requeiram coragem e tenacidade, essas ações encorajam poucas qualidades heróicas. James acreditava que as qualidades marciais não expressas se acumulam como a água atrás de uma represa até estourarem em comportamento violento e destrutivo, freqüentemente na guerra. Dado o terrível poder destrutivo da guerra do século XX, James viu a necessidade premente de um "equivalente moral da guerra" que fornecesse uma saída para esses impulsos. Ele propôs que os jovens fossem recrutados para servir à nação, não apenas como soldados, mas também para atender às necessidades da sociedade como um todo. Esse trabalho, acreditava ele, resultaria em efeitos exemplares, tanto para os pobres e desvalidos, que teriam a oportunidade de trabalhar com dignidade e aprender habilidades úteis, mas também para a "juventude dourada das classes superiores", que aprenderiam a respeito dos alicerces da sociedade e da vida difícil das outras pessoas. James descreveu seu objetivo em uma carta de setembro de 1906 para H. G. Wells: "Para curar a frouxidão moral nascida da adoração exclusiva da deusa leviana do sucesso. Isso – mais a esquálida interpretação monetária colocada na palavra sucesso – é a nossa doença nacional" (Bartlett, 1992, p. 545).

Embora seu discurso, *The Moral Equivalent of War* [O Equivalente Moral da Guerra], tenha sido o destaque acadêmico de sua época na Califórnia, James teve outra experiência memorável. Quando ele estava deixando Cambridge pela Califórnia, um colega presciente brincou: "Espero que eles o tratem com um pouquinho do terremoto enquanto você estiver por lá. Seria uma pena que você não tivesse essa experiência local" (Charles Bakewell, apud P. Smith, 1985, v. 7, p. 107). O ano de 1906 foi o do Grande Terremoto de São Francisco. Na manhã de 18 de abril de 1906, o quarto do hotel de James, em Palo Alto, começou a sacudir e a balançar, os móveis ruíram e todo o prédio se moveu. Sempre psicólogo, James relatou:

> Eis aí o terremoto de Bakewell, afinal. Ele foi aumentando e chegando ao fortíssimo em menos de meio minuto, e a sala foi sacudida como um rato por um cão *terrier*... na minha mente, tratava-se absolutamente de uma *entidade* que tinha esperado todo esse tempo, contendo sua atividade, mas

finalmente dizendo, "Agora, *vai*!" Em todo esse tempo, nenhum medo, apenas admiração pelo modo como uma casa de madeira conseguia provar sua elasticidade e diversão ao observar a vivacidade com que uma idéia tão "abstrata" como "terremoto" conseguia verificar-se na realidade sensível. (Carta de James a Fanny Morse, apud P. Smith, 1985, v. 7, p. 107)

A diversão de James transformou-se em horror quando ele viajou para São Francisco no dia seguinte e viu a cidade devastada consumida por incêndios e explosões. As ruas estavam repletas de pessoas sem casa, que o impressionaram com sua ordem e coragem. Até mesmo os criminosos tinham se tornado solenes com o desastre.

Em *Principles*, James considerou não apenas o modo como um hábito é formado, mas também uma questão relacionada a isso: como o hábito é retido ou lembrado – a questão da memória. James dedicou um capítulo de seu *Principles* à memória, que ele definiu como "conhecimento de um acontecimento ou fato no qual não andamos pensando, com a consciência adicional de que já pensamos nele ou o vivenciamos antes" (James, 1890, v. I, p. 648). A memória permite que um acontecimento ou fato ocorrido anteriormente seja restaurado na consciência após um período e, portanto, que seja lembrado, reproduzido ou evocado. A memória retém algumas de nossas experiências passadas. James acreditava que os acontecimentos e fatos deixam caminhos – vestígios ou rastros – entre os centros nervosos do cérebro. Quando esses caminhos são excitados, resulta uma lembrança específica.

James sustentou que a força da memória de uma pessoa depende da qualidade da estrutura do cérebro, característica fisiológica que não é afetada pela experiência. A experiência age no sentido de afetar o número de caminhos subjacentes a uma lembrança específica; quanto mais caminhos estão envolvidos, mais rápida e mais segura é a lembrança. Ele acreditava que era possível melhorar a memória aperfeiçoando-se os métodos habituais da pessoa para lembrar-se dos fatos, de modo a aumentar o número de caminhos do cérebro envolvidos. Associar sistematicamente fatos ou eventos pode contribuir para melhorar a memória. James ainda argumentou que tais associações podem ser possíveis com material semelhante, mas que são muito improváveis com material dessemelhante, assim como, por exemplo, a prosa inglesa e as fórmulas químicas. Seus pontos de vista contradiziam os proponentes da doutrina educacional mais freqüente na época, a doutrina da *disciplina formal*. De acordo com essa visão, podemos exercitar e desenvolver a mente para melhorar uma faculdade intelectual geral que podemos então usar em várias tarefas. O conflito entre essas diferentes visões da memória foi tão claro que estimulou James a realizar pesquisas sobre os efeitos da memorização de um tipo de material na capacidade de uma pessoa para memorizar um segundo tipo. Primeiro, James aprendeu de cor 158 versos do poema de Vítor Hugo, *Satyr* [Sátiro]. Descobriu que conseguia memorizá-los à velocidade de um verso a cada 50 segundos; em seguida, decorou todo o primeiro livro do *Paradise Lost* [Paraíso Perdido] de Mílton, e depois voltou ao *Satyr* [Sátiro] e aprendeu mais 158 versos. Nessa segunda memorização, sua velocidade de aprendizagem caiu para um verso a cada 57 segundos. James atribuiu sua dificuldade à memorização interveniente do *Paradise Lost*. Ele persuadiu alguns amigos a fazerem testes semelhantes, e seus resultados foram similares. James acabou encontrando um padre que havia desenvolvido uma capacidade muito funcional para memorizar sermões: quando jovem, ele precisava de três dias para decorar um sermão de uma hora, depois passou a precisar de dois dias; em seguida, de um; depois de meio dia e, finalmente, de uma única leitura lenta de "adesão". Porém, de modo geral, James concluiu que a doutrina da *disciplina formal* não era válida.

Apesar dessas contribuições, da reputação de James e de sua reconhecida influência no desenvolvimento da psicologia – em 1970, um grupo de mil membros da APA identificou James como a sexta influência mais importante no desenvolvimento da psicologia (Wright, 1970) –, em 2002, em uma classificação dos "principais psicólogos do século XX "baseada em citações de periódicos, citações de introdução à psicologia e uma sondagem entre 1.725 membros da *American Psychological Society*, James ocupou o 14º lugar (Dittman, 2002, p. 29). Ele continua sendo uma espécie de paradoxo. James nunca se comprometeu com a psicologia. Em uma carta a seu irmão Henry, ele exprimiu o desejo de ser conhecido mais como filósofo do que como psicólogo. Allen (1967) relatou que, quando Harvard concedeu a James o título de LL.D. doutor em leis[*] em 1903, ele temia que pudesse ser apresentado como William James, psicólogo, e ficou muito aliviado ao ser apresentado como filósofo. James não fundou uma escola de psicologia e, de fato, considerou as escolas dos outros como influências prematuras, imponderadas e prejudiciais para o desenvolvimento da psicologia. Não havia jamesianos, no sentido em que houve wundtianos e, posteriormente, freudianos, hullianos e skinnerianos. James tinha um grupo muito pequeno de alunos, mas eles incluíam pessoas como Leta Hollingsworth, James Angell, Edward Lee Thorndike e Robert Woodworth. Ele manteve bons relacionamentos com muitos de seus alunos de graduação. Quando Gertrude Stein fez um de seus cursos em Radcliff, ela se apresentou para o exame final, mas, depois de ler as perguntas, escreveu em seu livro de respostas azul: "Caro Professor James, sinto muito, mas realmente não estou com vontade de fazer um exame de filosofia hoje". Depois foi embora e, no dia seguinte, recebeu esta resposta: "Cara Srta. Stein, entendo perfeitamente como se sente. Eu freqüentemente também me sinto assim". Com a resposta, encontrava-se a nota mais alta que James já havia concedido a alguém (Maddocks, 1986, p. 150).

Em 1890, contrariamente às admoestações do diretor de Harvard, James admitiu Mary Whiton Calkins em seu programa de pós-graduação em psicologia. Trabalhando sob a orientação de James e Münsterberg em Harvard, Calkins realizou vários experimentos independentes, nos quais itens associados aos pares eram utilizados para investigar os efeitos da modalidade, da primazia, da recenticidade e da freqüência na memória. A freqüência era, de longe, a influência mais forte, mas Calkins também observou outros fenômenos básicos de memória, incluindo o efeito de atividades distrativas no efeito da recenticidade (Madigan e O'Hara, 1992). Calkins completou todos os requisitos para um doutorado em Harvard, com um desempenho superior ao de todos os candidatos do sexo masculino no exame de qualificação. James, Münsterberg e o filósofo Josiah Royce recomendaram com entusiasmo a concessão do título de doutora a Calkins, mas ele lhe foi negado. Apesar dessa decepção, ela foi indicada como professora associada na Wellesley College e, em 1898, como professora. Em 1902, declinou a oferta de um doutorado da Radcliff College. Em 1905 – o ano seguinte ao segundo mandato de James – Calkins foi eleita a primeira mulher presidente da APA (Furumoto, 1979). Ela começou a esboçar uma influente *psicologia do self*, na qual o assunto da psicologia era o *self*, e não o estudo da mente ou do comportamento (Wentworth, 1999, p. 119). Em 1930, uma petição para a universidade, feita pelos alunos formados em Harvard, para que fosse concedido o título de doutora a Calkins foi rejeitada (Madigan e O'Hara, 1992, p. 173). Ainda predominavam a discriminação e o preconceito. Harvard concedeu o primeiro título de doutora a uma mulher em 1963 (Hightower, 2002).

James não era um psicólogo pesquisador e não é lembrado por nenhuma contribuição excepcional à pesquisa. Ele era ativo nas questões profissionais da psicologia; foi presidente da APA em 1894 e novamente em 1904, mas, diferentemente de Granville Stanley Hall, o único além dele eleito presidente da APA duas vezes, não fundou nenhuma instituição de psicologia. A reputação de James repousa em seus escritos, especialmente em seus *Principles of Psychology*. Até mesmo

---

[*] NT: Em latim, *Legum Doctor* ou, em inglês, *Doctor of Laws*. Nos Estados Unidos, é quase sempre um título honorário.

com base em seus escritos, é difícil avaliar até que ponto a reputação de James deve-se ao conteúdo de sua obra e até que ponto ela se deve ao seu estilo brilhante de escrever. Assim como em suas aulas, suas metáforas e exemplos vívidos são freqüentemente muito mais lembrados do que os pontos substantivos que ilustram. O fluxo de consciência, o hábito como o grande pêndulo da sociedade, a "confusão exuberante e barulhenta" do mundo do bebê, o equivalente moral da guerra; as personalidades espírito terno e espírito duro – muitas dessas metáforas e expressões vívidas tornaram-se parte da linguagem cotidiana.

Depois de uma luta de 12 anos com um coração fraco, James morreu de ataque cardíaco no verão de 1910. Em um dos muitos tributos a ele, Bertrand Russell descreveu-o como "o mais eminente, e provavelmente o mais conhecido dos filósofos contemporâneos", e afirmou que "o alto valor de sua obra em psicologia é amplamente admitido" (Russell, 1910, apud Allen, 1967, p. 494). Hoje, poucas pessoas discordariam da opinião de Russell.

GRANVILLE STANLEY HALL (1844-1924)

G. Stanley Hall foi um influente pioneiro da psicologia norte-americana. Contemporâneo de James, ambos eram muito diferentes no que diz respeito ao *background*, à abordagem, às contribuições e aos relacionamentos com outros psicólogos (Ross, 1972; Bringmann e Early, 1992). Ao contrário de seu compatriota James, Stanley Hall nasceu em uma família de fazendeiros da Nova Inglaterra. Por parte de mãe, ele podia remontar sua ascendência a oito gerações até os signatários do Pacto de Mayflower; por parte de pai, ele podia remontar suas raízes a nove gerações até John Hall, que deixou a Inglaterra em 1630 e se estabeleceu em Massachusetts. A mãe de Hall era uma mulher devota, diligente; professora, ela nutria grande interesse no desenvolvimento das crianças, o que a levou a manter, durante anos, registros detalhados sobre o progresso obtido por elas. Talvez possamos ver no interesse de sua mãe as raízes do interesse profissional de Hall pela psicologia do desenvolvimento. O pai de Hall, que também lecionou por 10 períodos escolares em várias cidades, foi eleito para a Assembléia Legislativa estadual pelo partido "Know Nothing".* Ele serviu de 1855 a 1856, mas ganhava seu sustento basicamente como fazendeiro. Posteriormente, Hall o descreveu como o melhor dos pais e uma pessoa criativa que inventou uma máquina para plantar cenouras, mas também um homem cuja vida foi repleta de decepções.

Hall cresceu na zona rural, perto do vilarejo de Ashfield, Massachusetts, em contato com um mundo fascinante de animais e plantas – muito diferente do mundo cosmopolita da infância de James. O interesse de Hall por animais persistiu durante toda sua vida e ele sempre fez questão de ir ao zoológico em toda nova cidade que visitava. Podemos imaginar uma cena de James e Hall em uma nova cidade; James visita as galerias de arte e os museus, enquanto Hall vai ao zoológico. Em dias chuvosos, o jovem Hall ia com freqüência a Ashfield, via sapateiros, curtidores e cardadores de lã e fabricantes de selas e cestas trabalhando e ouvia às escondidas as conversas dos anciãos – conversas que ele, mais tarde, descreveu como uma das pré-escolas da psicologia. De sua herança familiar puritana, Hall manteve sua admiração pelo trabalho árduo, a crença no dever e na obrigação e um grande respeito pela educação como forma de melhorar a si próprio.

Depois de concluir os estudos em 1860, Hall, aos 16 anos, foi trabalhar como professor do vilarejo; ele ensinou alguns de seus antigos colegas de classe, meninos que em geral eram maiores e mais fortes do que ele. Em 1862, Hall se matriculou por um ano no Williston Seminary

---

* NT: Partido anticatólico, contra os imigrantes e a favor da escravidão.

G. Stanley Hall.
(Biblioteca Nacional de Medicina)

e, então, no Williams College, no qual freqüentou o curso de graduação de 1863 a 1867. Ele se saiu muito bem na Williams e, depois de se formar, entrou para o Union Theological Seminary na cidade de Nova York. Hall tinha um fascínio e um entusiasmo pela cidade grande e passava a maior parte de seu tempo explorando suas maravilhas: teatros, eventos musicais, concertos, *shows*, o visual e os sons do Harlem. Ele foi a uma sessão espírita e até pagou US$ 5 para que as protuberâncias de seu crânio fossem lidas no depósito frenológico de Fowler e Well (Capítulo 3). Com toda essa atividade, não é de estranhar que os estudos teológicos tenham sido afetados. Depois de pregar em seu exame de sermão diante do corpo docente e dos alunos do seminário, Hall foi chamado à sala do diretor para os comentários de praxe. Quando Hall entrou, o diretor Skinner ajoelhou-se e rezou para que Deus mostrasse a Hall a verdadeira luz e para que ele fosse salvo dos pecados mortais da doutrina. Então, o diretor dispensou Hall sem uma única palavra (Hall, 1924; Ross, 1972).

A Educação Profissional de Hall

Em 1869, Hall partiu para a Europa, tendo feito um empréstimo de US$ 1.000 para cobrir as despesas. Ele viajou muito, visitando universidades e ocasionalmente fazendo um curso, até mesmo com o psicólogo Du Bois-Reymond (Capítulo 3) na Universität Berlin. Hall retornou aos Estados Unidos em 1870, retomou seus estudos em teologia e se formou pelo Union Theological Seminary, mas não foi ordenado. Ele aceitou um cargo em uma grande universidade estadual do meio-oeste. Como uma última formalidade, o diretor da universidade pediu a Hall uma carta com detalhes de sua experiência no exterior e dos cursos que ele pretendia ministrar. Hall respondeu que planejava ministrar um curso que defendia as idéias evolucionistas e, sua nomeação foi abruptamente cancelada. Hall viu-se forçado a trabalhar como tutor particular para a rica família Seligman, na cidade de Nova York, antes de finalmente ser escolhido para integrar o corpo docente do Antioch College em Yellow Springs, Ohio. Nessa época, Antioch era uma esforçada faculdade Unitarista. Hall permaneceu quatros anos nessa instituição ensinando religião, retórica, literatura inglesa e filosofia. Além disso, ele oferecia cursos ocasionais para estudantes negros na Wilberforce University que ficava próxima à Antioch. Nesses anos, leu a primeira edição da *Grundzüge der*

Physiologischen Psychologie [Princípios de Psicologia Fisiológica] de Wundt e decidiu pedir demissão de seu cargo, viajar para Leipzig e estudar psicologia experimental com Wundt.

Em 1876, a caminho da Europa, Hall parou em Cambridge, Massachusetts, matriculou-se no curso de pós-graduação e aceitou o cargo de instrutor de inglês na University of Harvard, onde logo descobriu que seu trabalho envolvia fazer sabatinas orais sem fim e dar notas para os exercícios escolares dos alunos do segundo ano. No entanto, terminou seus cursos de pós-graduação com James e trabalhou no laboratório do fisiologista de Harvard, Henry Pickering Bowditch (1840–1911). Hall também trabalhou em um pequeno laboratório que James havia criado "debaixo da escada do Agassiz Museum" (Hall, 1923, p. 218). Sua tese foi sobre *The Perception of Space* [A Percepção do Espaço]. Hall reavaliou o papel dos estímulos musculares na percepção do espaço, o clássico problema que George Berkeley originalmente abordou (Capítulo 2). A tese baseou-se especialmente em pesquisa em biblioteca, mas também incluiu alguns experimentos. Em 1878, Hall recebeu o primeiro título de doutor até então concedido pelo departamento de filosofia de Harvard. Também foi o primeiro título de doutor nos Estados Unidos cuja tese se baseava em um tema psicológico (Bringmann et al., 1992, p. 284)

Em 1878, logo depois de ter conseguido seu doutorado, Hall foi para Leipzig. Jesse Seligman, seu ex-empregador generoso, pagou a viagem. Na época, o laboratório de Wundt mal estava organizado, e Hall parece ter se beneficiado mais do contato com seus colegas, incluindo Emil Kraepelin e Oswald Külpe (Capítulo 6). Ele também conheceu Gustav Fechner, na época um homem muito idoso e quase cego, mas que ainda preparava com assiduidade seu último livro sobre psicofísica. Hall passou seu segundo ano em Berlim trabalhando no laboratório de Hermann von Helmholtz em uma série de projetos de pesquisa, inclusive os que mediram a velocidade do impulso nervoso.

O Início da Carreira Acadêmica de Hall

Hall voltou para os Estados Unidos em 1880 totalmente familiarizado com a psicologia alemã, mas com uma nova noiva, com dívidas e sem perspectivas de uma nomeação acadêmica. Felizmente, o diretor Eliot de Harvard pediu que ele ministrasse uma série de 12 palestras públicas sobre educação sob os auspícios da universidade. Hall passou o verão preparando as palestras, que foram um sucesso de público. Posteriormente, recebeu um convite para fazer uma série de palestras semelhantes na recém-inaugurada Johns Hopkins University em Baltimore, as quais também não só foram um sucesso, como também renderam a Hall uma proposta para ser professor. Em 1884, ele foi nomeado para um período de cinco anos na Johns Hopkins University como professor de psicologia e de pedagogia, com um salário anual de US$ 4 mil. Opuseram-se à sua nomeação o professor de fisiologia que entendia que, ao estudar as funções sensoriais, Hall iria invadir seu território; e o professor de filosofia que questionava o fato de Hall ensinar Aristóteles e Platão em tradução inglesa.

Dan Coit Gilman, o diretor da Johns Hopkins, estava decidido a fazer de sua universidade um centro de excelência de ensino de pós-graduação nos Estados Unidos. Ele acreditava na importância da pesquisa para os alunos de pós-graduação e, portanto, criou laboratórios de pesquisa, inclusive um deles para Hall em 1883 – o primeiro laboratório formal de pesquisa em psicologia dos Estados Unidos (Hulse e Green, 1986). Uma outra inovação de Gilman foram as bolsas para os alunos de pós-graduação, as quais atraíram alguns excelentes alunos, como John Dewey (Capítulo 10) e James McKeen Cattell. Hall, como James, viu um dos seus ex-alunos do curso regular, Woodrow Wilson, ser eleito presidente dos Estados Unidos.

Hall e o *American Journal of Psychology*

Hall foi um dos grandes fundadores de departamentos, laboratórios, institutos e publicações e organizador dos psicólogos norte-americanos. Na Johns Hopkins, ele criou a primeira de suas publicações, o *American Journal of Psychology*, por causa de um mal-entendido. Em uma tarde de 1887, Hall recebeu um telefonema de um estranho rico em que ele dizia ter ouvido falar do novo departamento na universidade e que achava que ela precisava de uma revista para publicar as pesquisas. O estranho deu a Hall um cheque de US$ 500 para lançar uma publicação e deixou claro que, no futuro, haveria mais apoio financeiro. Na primeira edição da publicação, Hall prometeu no prefácio que, "na medida do possível, seriam evitadas controvérsias" (Hall, 1888, p. 4), mas ele incluiu uma crítica cética sobre a pesquisa mediúnica (Hall, 1888, p. 128-146). A partir de então, ele não recebeu mais recursos financeiros, pois espiritualismo e fenômenos psíquicos eram os principais interesses do doador. Esse revés foi um grande choque para Hall, que teve de cobrir um déficit de US$ 1.000 com suas próprias economias. O *American Journal of Psychology* foi a primeira publicação em língua inglesa a ser dedicada exclusivamente à psicologia, já que a primeira revista, *Mind*, era mais de cunho filosófico. A revista de Hall estava aberta à pesquisa de todos os psicólogos e para publicar trabalhos sobre vários tópicos, incluindo as primeiras traduções para o inglês de textos psicanalíticos de Freud e Jung. O primeiro volume incluiu trabalhos sobre cálculo de magnitudes estelares, a relação entre neurologia e psicologia, sonhos, idéias insistentes e fixas, a legibilidade de letras pequenas, paranóia e o local para onde os corvos migram no inverno. Ela refletia a grande variedade de interesses e paixões de Hall. No entanto, não era do gosto de todos os psicólogos. Cattell descreveu o trabalho editorial de Hall como uma vergonha, e um dos principais motivos de Cattell ter criado o *Psychological Review* com James Mark Baldwin era a oportunidade de oferecer uma alternativa às pessoas. Hall editou o *American Journal of Psychology* e injetou nele US$ 10.000 de seus próprios recursos antes de vendê-lo em 1921 para Titchener e Karl Dallenbach.

Hall na Clark University

Em abril de 1888, Hall foi surpreendido por um convite para assumir a diretoria de uma nova universidade a ser aberta em Worcester, 64 km a oeste de Boston – a Clark University, fundada em 1887 por Jonas Gilman Clark que, tendo feito fortuna na Califórnia com a venda de ferramentas e equipamentos para mineração, decidiu criar uma universidade em sua cidade natal baseada no modelo da Johns Hopkins. Seu objetivo era que as pessoas pudessem ter acesso ao ensino superior, o que não havia sido seu caso. A doação original de Clark foi de US$ 1 milhão. Quando Hall recebeu o convite, a universidade não tinha nem um *campus*, nem um corpo docente. Clark encarregou Hall de ir à Europa para visitar as universidades européias, discutir o conceito da nova universidade com os acadêmicos europeus e recrutar professores experientes. Hall espalhou a notícia com grande entusiasmo, visitando a maior parte dos países europeus e a Rússia. No entanto, Clark vetou as tentativas de Hall de contratar três professores europeus no primeiro de uma série de mal-entendidos e divergências.

A Clark University abriu suas portas em outubro de 1889, tendo Hall como diretor. Ela possuía cinco departamentos acadêmicos: matemática, química, biologia, física e psicologia. A fortuna de Clark era de US$ 20 milhões, mas ele subestimou o custo de criar e sustentar uma universidade. A receita das taxas pagas pelos alunos ficava aquém das despesas, uma vez que eram admitidos apenas alunos de pós-graduação, e o ensino nesse nível é sempre caro. Jonas Clark achava difícil manter um relacionamento cordial e solidário com Hall, o corpo docente, os alunos e até mesmo com os curadores. Ele abandonou a situação, não divulgando seus planos para o futuro, principalmente sobre qualquer doação que pretendesse fazer. Por fim, o *Worcester Telegram* acusou a universidade de crueldade com os animais em experiências que supostamente eram feitas no laboratório de biologia. Em 9 de março de 1890, um artigo no *Telegram* tinha sete títulos, incluindo:

Cães vivissectados
Tortura Científica na Clark University
Animais Desamparados São Mortos por Nada
Crueldade é Reduzida a uma Arte Requintada
Vítimas Mudas Sofrem sob a Crueldade de uma Faca

Os docentes da Clark foram acusados em artigos posteriores de usarem "Instrumentos Demoníacos" para torturar os animais (Dewsbury, 1990, p. 319-320). Não havia nenhum traço de evidência que respaldasse essas acusações. Depois de uma investigação oficial da *Society for the Prevention of Cruelty to Animals* [Sociedade para a Prevenção da Crueldade aos Animais], a universidade foi eximida de qualquer culpa.

Um golpe ainda mais cruel foi desfechado no fim desse primeiro ano quando Hall teve difteria, viajou para o campo a fim de se recuperar e lá recebeu a notícia de que sua esposa e filho haviam morrido em um acidente. Apesar dessas tragédias, o indomável Hall se recuperou, mas em 1892, quando as perspectivas de apoio de Jonas Clark pareciam ainda mais sombrias, o corpo docente que Hall havia recrutado pediu demissão. Os curadores da universidade deram apoio a Hall, mas no mesmo ano o diretor William Rainey Harper da University of Chicago visitou a Clark e fez propostas tentadoras para muitos membros do corpo docente, incluindo Hall. Ele se recusou a fazer parte do que chamava de "Instituição da Standard Oil" – uma referência à origem do suporte financeiro da University of Chicago – mas no final do ano acadêmico de 1892, dois terços do corpo docente e 70% dos alunos de pós-graduação da Clark foram para a University of Chicago. Em sua autobiografia, 30 anos mais tarde, a amargura de Hall com relação ao que ele chamou "ato de destruição" ainda era evidente. Ele comparou o comportamento de Harper ao de uma "governanta que entra furtivamente pela porta dos fundos para contratar empregados" (Hall, 1924, p. 296) e chamou essa debandada da maior parte do corpo docente de "hégira" (Hall, 1924, p. 296).

Nos anos seguintes, Hall e os membros remanescentes do corpo docente continuaram em seus cargos. Tendo sobrevivido ao incêndio juntos, eles eram extremamente fiéis à universidade. Durante os 21 anos seguintes, após o ataque de Harper, nenhum dos membros do corpo docente original pediu demissão. Pela primeira vez, em 1902, foram admitidos alunos para graduação, e aos poucos o panorama financeiro mudou para melhor. Hall permaneceu na Clark por 31 anos.

Apesar do caos e das incertezas desses anos, Hall continuou a exercer seu papel de fundador de instituições de psicologia. Em 1891, ele criou com seus próprios recursos financeiros o *Pedagogicial Seminary*, posteriormente *Journal of Genetic Psychology*, para publicar relatos científicos sobre crianças. Hall é considerado o "líder do movimento do estudo de crianças" (Fagan, 1992, p. 238).

Hall e a APA

Hall também foi fundamental para a fundação da APA. A primeira reunião de organização da nova associação foi realizada na sala de estudos de Hall em 8 de julho de 1892. Os psicólogos presentes, além de Hall, incluíam Fullerton, Jastrow, James, Ladd, Cattell e Baldwin (Fernberger, 1932, p. 2). Nessa reunião, 26 outros psicólogos foram convidados para serem membros fundadores da APA, incluindo Dewey, Scripture, Witmer, Wolfe, Münsterberg e Titchener (Fernberger, 1932, p. 4). Hall era, sem dúvida, o líder. Ele emitiu os convites, atuou como anfitrião e foi, como Cattell posteriormente reconheceu, "nosso Sócrates e nossa parteira" (Cattell, 1929, p. 9). A anuidade foi fixada em US$ 3. Hall foi eleito o primeiro presidente da APA e Joseph Jastrow, um psicólogo experimental atuante, o primeiro secretário. O grupo também aceitou um convite para realizar seu primeiro encontro anual na University of Pennsylvania. O encontro foi realizado em 27 de dezembro de 1892, na capela, atualmente uma sala de aula do departamento de história. Os psicólogos que compareceram ao primeiro encontro anual da APA e suas afiliações institucionais foram os seguintes:

W. H. Burnham, B. I. Gilman, E. H. Griffin, G. S. Hall, W. O. Krohn, E. C. Stanford (Clark)

W. James, H. Münsterberg, J. Nichols, J. Royce (Harvard)

J. McKeen Cattell, J. H. Hyslop (Columbia University)

E. Cowles, W. Noyes (McLean Hospital)

G. S. Fullteron, L. Witmer (University of Pennsylvania)

J. M. Baldwin, J. G. Hume (University of Toronto)

G. T. Ladd, E. W. Scripture (Yale)

E. B. Delabarre (Brown)

E. A. Pace (Catholic University)

E. B. Titchener (Cornell)

W. S. Bryan (Indiana)

G. T. W. Patrick (Iowa)

T. W. Mills (McGill)

J. Dewey (Michigan)

H. K. Wolfe (Nebraska)

A. T. Ormond (Princeton)

F. Angell (Stanford)

J. Jastrow (Wisconsin)

(Hilgard, 1987, p. 739, depois de Dennis e Boring, 1952)

O discurso presidencial de Hall de 1892 na APA, *History and Prospects of Experimental Psychology in America* [História e Perspectiva da Psicologia Experimental na América], nunca foi publicado. Mas seu entusiasmo e defesa vigorosos da psicologia ficam claros em um artigo que ele publicou em 1894:

> Ela [a psicologia] já é representada em duas das melhores instituições. Já tem uma literatura bastante significativa; várias centenas de novos experimentos-padrão. Ela estuda os instintos dos animais, do mais avançado até o mais simples. Estuda os mitos, costumes e crenças do homem primitivo. Ela se dedica ao estudo da sanidade e das doenças nervosas e já começou a lançar novos métodos e utilizar novos resultados. Ela transformou e definiu os problemas da lógica e da ética; está, aos poucos, reescrevendo a história da filosofia e, na opinião de muitos de seus seguidores ardorosos, está mostrando não apenas ser a ciência do homem tão ansiosamente aguardada e que tardou a chegar, para a qual todas as outras ciências estão contribuindo com seus melhores e mais desenvolvidos conceitos, mas também está inaugurando um período que, daqui por diante, será conhecido como a era psicológica do pensamento científico até mais do que algumas décadas recentes que foram caracterizadas pela evolução. (Hall, 1894, apud Woodworth, 1943, p. 17-18)

Nesse estágio de sua carreira, Hall se considerava um dos "seguidores ardorosos" da psicologia. Com seu entusiasmo, capacidade de organização excepcional e um estilo de aula convincente, ele conseguiu contribuir muito para o desenvolvimento da psicologia.

A criação da APA foi um marco importante, ela determinou a "maioridade" da nova disciplina, e os encontros anuais da APA davam aos psicólogos a oportunidade de apresentar e discutir seus trabalhos (Evans et al., 1992). A APA também foi a primeira sociedade especializada nos Estados Unidos a permitir que mulheres se associassem a ela (Rossiter, 1982). Em 1894, Cattell indicou Christine-Ladd Franklin (Capítulo 5) e Mary Whiton Calkins (este capítulo) para fazerem parte da APA, e ambas foram admitidas na associação (Sokal, 1992, p. 115). Nas últimas décadas, o aumento do número de associados foi notável à medida que a psicologia se desenvolveu como ciência e profissão (Capshew, 1999).

Ano	N° de Membros	Ano	N° de Membros
1892	31	1950	9.500
1900	127	1960	19.200
1910	228	1970	30.652
1920	393	1980	50.933
1930	1.113	1990	77.545
1940	3.100	2000	83.096

(Fernberger, 1943, registros de filiação à APA de 1950, 1960, 1970, 1980, 1990, 2000)

Em 1893, o orçamento da APA era de US$ 63; o orçamento atual é de aproximadamente US$ 40 milhões. Em 2000, o patrimônio líquido era de US$ 39,5 milhões; em razão de um declínio acentuado nas receitas e do valor de seus investimentos, o patrimônio líquido da APA em 2001 caiu para US$ 33,3 milhões (Koocher, 2002).

Hall como Psicólogo do Desenvolvimento

Além dessas contribuições organizacionais à psicologia, Hall fez muita pesquisa e escreveu uma série de livros importantes. Ele publicou trabalhos sobre hipnotismo, formação moral e religiosa, ilusões de óptica e medições do tempo de reação da atenção. Hall era eclético, um homem de muitos interesses que estavam sempre mudando. No entanto, para alguns, ele foi um diletante, um homem com muito entusiasmo e pouca profundidade, um eclético com seus pés firmemente ancorados no ar.

Em 1883, Hall começou seus estudos mais valiosos. Elaborou uma série de questionários para as crianças do jardim de infância de Boston. As crianças foram interrogadas a respeito de suas concepções sobre natureza, incluindo os animais, as plantas, as estrelas, o sol e a lua; os seus próprios corpos; as suas idéias sobre número; as histórias que conheciam e os jogos que gostavam; as coisas que podiam fazer; e as suas idéias sobre religião, imortalidade e morte. Hall tentou definir empiricamente "os conteúdos das mentes das crianças" (Hall, 1893). Ele descobriu que 80% dessas crianças de Boston não sabiam o que era uma colméia, ao passo que 50% não conseguiam descrever uma rã.[4] Ainda mais interessante é a narrativa que Hall fez de suas conclusões:

---

[4] Um dos meus netos, ao qual dediquei este livro, quando dissemos que íamos lavar *dois* carros, perguntou: "Vocês têm *duas* mangueiras?".

Muitas crianças de certa forma acreditam que a boneca sente frio ou pancadas, que as flores sentem dor se forem arrancadas ou queimadas ou que, no verão, quando a árvore está vigorosa, sente dor se lhe derem pancadas ou for cortada. As crianças consideradas embotadas na escola são as mais propensas a ser imaginativas e animistas. O foco dessas fantasias infantis tão ingênuas e secretas é o céu. Cerca de 34% de todas as crianças que responderam ao questionário achavam que o mundo fosse plano, e muitas disseram que ele era redondo como um dólar, enquanto o céu é como uma tigela achatada que fica sobre ele. Algumas afirmavam que o sol, à noite, desaparecia para dentro da terra ou ficava atrás de certas casas e atravessava a terra, ficava sobre ou debaixo dela para surgir de novo de dentro da água pela manhã; mas 48% diziam que à noite ele vai embora com Deus ou Ele o leva mais para cima fora do alcance dos olhos. Ele o leva para o paraíso e talvez o coloque na cama e até tire suas roupas e recoloque-as de manhã, ou, mais uma vez, ele fica debaixo das árvores, onde os anjos cuidam dele. (Hall, 1893, p. 36-37)

Em 1915, Hall e seus colegas haviam elaborado 194 questionários sobre temas como raiva, brincadeiras, choro, risada, medos, humor, afeição, orações, inveja, ciúme e sonhos. Esses questionários produziram uma riqueza de informações que Hall apresentou em seu monumental livro *Adolescence* [Adolescência] (1904) de 1.373 páginas. Hall foi o primeiro psicólogo a descrever a adolescência como um estágio distinto do ciclo de vida. Sua descrição do *Sturm und Drang* (tempestade e ímpeto) da adolescência repercutiu em vários trabalhos posteriores. Geralmente dizem que esse livro marca o início formal da psicologia infantil ou do desenvolvimento. Em 1910, Hall organizou o *Child Study Institute* [Instituto de Estudos da Criança] na Clark University, incluindo um museu pedagógico que abrigava uma coleção de objetos de todo o mundo relacionados com as crianças e sua educação.

A orientação teórica de Hall era a de um psicólogo genético e ele enfatizava a importância da genética e da evolução no desenvolvimento dos seres humanos e animais (Hall, 1911a). Ele relembrou: "Logo que a ouvi na minha juventude, acho que fiquei quase hipnotizado pela palavra *evolução*, que foi música para meus ouvidos e parecia caber melhor na minha boca do que qualquer outra" (Hall, 1924, p. 357). Hall considerava as questões psicológicas dentro de um modelo da teoria da evolução e buscava entender o valor adaptativo do comportamento e da consciência. Ele desenvolveu uma versão da *teoria da recapitulação,* que considera que a criança em desenvolvimento está *recapitulando* o desenvolvimento da espécie humana. A *teoria da recapitulação* foi formulada em 1866 por Ernst Haeckel, um anatomista alemão. Haeckel acreditava que o desenvolvimento embriológico recapitula a história do desenvolvimento da espécie; na expressão eufônica de Haeckel, "a ontogenia recapitula a filogenia" (K. S. Thompson, 1988). No desenvolvimento intra-uterino do ser humano, acreditava-se que o feto passava por estágios muito semelhantes aos dos peixes, répteis e mamíferos não primatas antes de se tornar reconhecivelmente humano. Hall estendeu a teoria de Haeckel ao desenvolvimento da criança: ela primeiramente engatinha e depois anda. As brincadeiras, a arte e o comportamento social das crianças são vistos como recapitulações de estágios anteriores do desenvolvimento humano.

Hall escreveu muitos artigos sobre crianças e adolescentes para revistas populares da época. Entre elas, podemos citar: "How and When to Be Frank with Boys" [Como e Quanto ser Franco com os Meninos] no *Ladies Home Journal*, 1907; "Must Your Children Lie?" [Seus Filhos Devem Mentir?] na *Appleton's Magazine*, 1908; "The Boy That Your Boy Plays With" [O Menino com o qual seu Filho Brinca] em *The Circle*, 1908; "The Awkward Age" [A Idade Complicada] na *Appleton's*, 1908; e "The Budding Girl" [O Desabrochar das Meninas] na *Appleton's* em 1909.

Ao tornar-se mais idoso, Hall mudou seus interesses pela terceira e última vez em sua vida. Em 1922, ele publicou uma outra grande obra, *Senescence* [Envelhecimento], que descreve a psicologia dos últimos anos de vida. O interesse pelo envelhecimento não era comum na época; o

Tempestade e Ímpeto: O Imbróglio de Hall–Mead

Hall foi o primeiro psicólogo, mas não a primeira pessoa, a descrever a adolescência como uma fase turbulenta. Aristóteles afirmou que os jovens "são inflamados pela Natureza como os bêbados pelo vinho." Sócrates caracterizou os jovens como pessoas inclinadas a "contestar seus pais" e "tiranizar seus professores". No século XVIII, Goethe e outros escritores alemães descreveram a *Sturm und Drang* [tempestade e ímpeto] da juventude (Arnett, 1999). No livro *Adolescence*, Hall descreveu a adolescência como um período de tempestade e ímpeto; um estágio do desenvolvimento no qual o jovem questiona a autoridade e o controle paternos e em geral é temperamental e inclinado a ser negligente e ter um comportamento anti-social. Ele achava que a tempestade e o ímpeto do adolescente nos Estados Unidos se deviam à urbanização e ao fracasso da família, escola e das entidades religiosas em atender às necessidades dos adolescentes (Arnett, 1999, p. 318).

Apesar dessa visão diferente, os críticos de Hall consideraram seu ponto de vista de que a tempestade e o ímpeto da adolescência eram tanto inevitáveis quanto universais. Margaret Mead, em seu livro mais vendido, *Coming of Age in Samoa* [A Adolescência em Samoa] (1928), afirmou que os jovens da ilha de Samoa no Pacífico Sul passavam pela adolescência sem estresse ou confusão. Mead não relatou nenhum comportamento adolescente que Hall havia descrito. Ela afirmava que a sociedade samoana era descontraída, livre do ponto de vista sexual, igualitária e permissiva. Mead atribuía a tempestade e o ímpeto dos adolescentes norte-americanos às forças culturais. Publicado em 16 idiomas, *Coming of Age in Samoa* tem sido, desde o início, leitura obrigatória nos cursos universitários de antropologia.

Em 1983, Derek Freeman publicou *Margaret Mead and Samoa: The Making and Unmaking of an Anthropological Myth* [Margaret Mead e Samoa: A Criação e Destruição de um Mito Antropológico]. Antropólogo australiano, Freeman tinha grande experiência de campo em Samoa e conhecia o idioma nativo. Mead havia morado 18 meses na ilha e tinha, na melhor das hipóteses, um domínio imperfeito da língua nativa. Freeman afirmou que o relato de Mead sobre a cultura e o caráter samoanos era "fundamentalmente um erro" (p. xii); Mead havia diminuído a importância da "agressão, violência e rivalidade da vida samoana e exagerado o grau de liberdade sexual das garotas adolescentes" (p. 278). Freeman relatou que os adolescentes samoanos levavam uma vida repleta de dificuldades e conflitos, assim como os jovens das sociedades ocidentais. Essas dificuldades, argumentava Freeman, têm suas raízes na biologia, exatamente como Hall havia declarado.

O livro de Freeman deu início a uma controvérsia inflamada com várias resenhas, críticas e réplicas tanto na literatura profissional – o *American Anthropologist* dedicou uma seção especial à controvérsia (dezembro de 1983) – quanto nos meios de comunicação – o *New York Times* deu destaque ao livro de Freeman em sua primeira página (31 de janeiro de 1983). O livro de Martin Orans, *Not Even Wrong: Margaret Mead, Derek Freeman and the Samoans* [Nem Menos Errados: Margaret Mead, Derek Freeman e os Samoanos] (1996), faz uma avaliação completa e justa desse imbróglio. Orans avaliou a alegação de Mead de que a adolescência em Samoa era menos estressante do que nos Estados Unidos e concluiu: "Sem dúvida, ela não possuía dados adequados de ambos os lugares para fazer tal afirmação, e suas conjeturas teóricas, embora plausíveis, são um castelo de cartas em que falta verificação" (Orans, 1996, p. 156). Freeman (1999) afirmou posteriormente que Mead havia sido vítima de um "embuste fatal" por parte dos samoanos.

trabalho de Hall foi pioneiro e, durante muitos anos, único. As crianças foram bastante estudadas pelos psicólogos, mas até muito recentemente as pessoas mais velhas mal tinham sido objeto de estudo. Por quê? Possivelmente, como Sidney Pressey especulou, "como adultos, fomos crianças e, assim, achamos que as entendemos; talvez, em nosso subconsciente, não esperamos ficar velhos e, portanto, temos menos interesse nas pessoas mais velhas" (Pressey, 1976, p. 7).

Hall e a Eugenia

Dada a posição teórica de Hall, não devemos ficar surpresos com seu interesse pela *eugenia*. Na verdade, ele foi um defensor entusiasta dos controles eugênicos e doou US$ 300 mil para a Clark University com instruções para que fosse criada a cadeira de psicologia genética (Rosenzweig, 1984). Hall acreditava firmemente em raças "superiores" e "inferiores" (Hall, 1903, 1905a, 1905b). Para ele, "as raças negras" foram um estágio anterior do desenvolvimento humano (Hall, 1906b), dependentes das raças brancas "superiores" para seu desenvolvimento e supervisão (1991c). Hall via como sua responsabilidade ensinar os estudantes negros, e mais psicólogos negros conseguiram o título de doutor sob a orientação de Hall durante as primeiras décadas do século XX do que com qualquer outro orientador (Guthrie, 1976).

Os Alunos de Hall

Hall foi o professor mais atuante dos alunos de pós-graduação nas primeiras décadas da psicologia norte-americana. Robert Watson (1968) afirmou que, até 1893, 11 dos 14 títulos de doutor em psicologia haviam sido concedidos sob a orientação de Hall. Em 1898, o número havia aumentado para 30 em 34. Hall era um professor que inspirava os alunos. Lewis Terman (Capítulo 11) declarou: "Para mim, a Clark University significou, em suma, três coisas: liberdade para trabalhar como eu quisesse, recursos bibliotecários ilimitados e o seminário noturno de Hall às segundas-feiras". Arnold Gesell obteve o título de doutor com Hall em 1906. Ele continuou os estudos sobre desenvolvimento que Hall havia começado e os resumiu em *Infant and Child in the Culture of Today* [O Bebê e a Criança na Cultura Atual] (1943) e *The First Five Years of Life* [A Criança de 0 a 5 Anos] (1954). Hall considerava os grandes temas da vida: a influência da infância, adolescência, envelhecimento, insanidade, religião, sexo, morte e imortalidade. Não é surpreendente que os alunos achavam os estudos com esse homem brilhante, de grande influência, interessantes e memoráveis.

A Conferência de Clark

Hall também organizou a primeira oportunidade para a maioria dos psicólogos norte-americanos de conhecer Sigmund Freud e assistir a uma palestra dele (Evans e Koelsch, 1985). Hall havia visto interesses sexuais nas crianças que estudou e, portanto, era mais solidário com as opiniões de Freud do que seus contemporâneos. Ele estava convencido de que "o sexo desempenha um papel importante no drama da vida" (Hall, 1924, p. 570); ele havia criado um curso semanal sobre sexo em 1904; e, em 1907, Hall foi o primeiro a propor o ensino da educação sexual nas escolas (Hall, 1911b; Ross, 1972, p. 384). Suas aulas sobre sexo atraíam um grande público entusiasta, mas foi impossível manter "os estranhos" de fora e, dessa forma, as aulas foram canceladas. Hall, conforme escreveu em sua autobiografia, acolheu as opiniões de Freud:

> A vida do ser humano tem seu lado diurno e noturno, e os mecanismos freudianos permitem-nos explorar as vastas regiões da vida psíquica no subterrâneo da consciência. Nada, desde as categorias de Aristóteles, foi mais fundo ou, em minha opinião, destina-se a ter uma influência e resultados de longo alcance. (Hall, 1924, p. 11-12)

O 20º aniversário da Clark University seria comemorado em 1909 com uma série de conferências patrocinadas pelos departamentos acadêmicos da universidade. Hall convidou dois *sábios* estrangeiros para a conferência sobre psicologia: Wundt, representando a psicologia experimental, e Freud, a psicologia clínica. Em dezembro de 1908, Hall ofereceu a Wundt a quantia de

US$ 750 e um título honorário. Wundt recusou a proposta, alegando problemas de idade, sua relutância em viajar e seu plano de participar da comemoração do aniversário da fundação da Universität Leipzig naquele ano. O biólogo Jacques Loeb (Capítulo 12), também rejeitou a proposta, alegando que já havia assumido um compromisso. Então, Hall convidou Ebbinghaus, que aceitou o convite, mas morreu no final de fevereiro de 1909. William Stern de Breslau finalmente aceitou a proposta e compareceu à conferência. O primeiro convite de Hall feito a Freud incluía uma oferta de US$ 400. Freud recusou a proposta, citando as exigências de sua prática médica e que deixaria de ganhar dinheiro caso se ausentasse de Viena na época mais movimentada do ano. Hall insistiu, com os mesmos termos oferecidos a Wundt – US$ 750 e a concessão de um título honorário. Incentivado por Jung, que viu na conferência uma oportunidade de apresentar a psicanálise nos Estados Unidos, Freud finalmente aceitou o convite (Evans e Koelsch, 1985).

Freud viajou para os Estados Unidos com dois colegas – Sandor Ferenczi, de Praga, e Carl Jung de Zurique. Antes de embarcar no navio *George Washington*, os três homens almoçaram em Bremen. Freud desmaiou durante o almoço – em decorrência, segundo ele afirmou, do vinho, mas talvez também em conseqüência da ansiedade que a presença de Jung começava a causar-lhe. Durante a travessia do Atlântico, tudo correu bem. Mais tarde, Freud recordou que ele tomou consciência, pela primeira vez, da fama crescente de Jung ao ver um grumete lendo um de seus livros. Dois outros psicanalistas, A. A. Brill e Ernst Jones, encontraram-nos no porto de Nova York e, juntos, passaram quatro dias conhecendo a cidade: Central Park, Chinatown, gueto judeu, Metropolitan Museum, Columbia University e Coney Island, onde eles fizeram um passeio pelo túnel do amor. Então, viajaram para Worcester onde Freud e Jung foram hóspedes de Hall e os outros visitantes ficaram em um hotel da cidade. Freud e Jung acharam tanto o padrão de vida quanto a Clark Universidade impressionantes.

As palestras proferidas na Conferência de Clark e as circunstâncias que cercaram a visita aos Estados Unidos foram descritas por Saul Rosenzweig em *Freud, Jung and Hall the King-Maker: The Historic Expedition to America (1909)* [Freud, Jung e o Poderoso Hall: A Expedição Histórica à América] (Rosenzweig, 1992). Quarenta psicólogos norte-americanos estavam entre as 175 pessoas que compareceram à conferência. Freud proferiu as seguintes palestras:

As origens da psicanálise, com especial referência às contribuições de Breuer e o caso de Anna O.

O fracasso da hipnose como tratamento e a necessidade de exploração ativa e consciente das memórias e história do paciente.

O uso da livre associação, da análise dos sonhos e o significado de fenômenos do dia-a-dia como lapsos verbais.

O desenvolvimento da sexualidade e, o ponto mais controvertido, a realidade e importância da sexualidade infantil.

Aspectos sociais e culturais da sexualidade.

Jung proferiu três palestras, duas sobre a técnica de associação de palavras e uma sobre problemas na vida mental de uma criança de quatro anos.

As palestras da conferência, principalmente as de Freud, foram apresentadas e discutidas nos jornais diários e em um artigo no *The Nation* (Cromer e Anderson, 1970). Freud e suas idéias receberam poucas críticas e muitos elogios. O *Boston Transcript* publicou que houve "uma reação entusiasta às palestras de Freud". Mesmo o antes implacável *Worcester Telegram* foi favorável; ele apenas lamentou que "as palestras não foram dadas em inglês para que pudessem ser entendidas por mais pessoas" (Doorley, 1982, p. 75).

O público estava ansioso e foi receptivo, mas as opiniões de Freud eram inaceitáveis para algumas pessoas. Um famoso médico, Dr. Weir Mitchell, disse que Freud era "um homem sujo e obsceno" (Doorley, 1982, p. 75). Titchener saiu da conferência prematuramente, e um decano da University Toronto escreveu: "Um leitor comum concluiria que Freud defende o amor livre, a eliminação de todas as restrições e uma volta à selvageria" (apud Jones, 1955, p. 59). Outros eram mais receptivos. James estava gravemente doente, mas se encontrou uma noite com Hall e seus convidados e assistiu às palestras proferidas em um dos dias. "Quero ver como Freud é", ele disse antes da primeira palestra. Freud declarou a respeito de seu encontro com James:

> Um outro evento nessa época que me causou uma impressão permanente foi o encontro com William James, o filósofo. Nunca esquecerei uma cena que ocorreu enquanto caminhávamos juntos. Ele parou repentinamente, me deu uma sacola que estava segurando e me pediu para ir na frente, dizendo que me alcançaria logo que seu ataque de *angina pectoris* passasse. Ele morreu dessa doença um ano depois, e eu sempre desejei poder ser tão corajoso como ele diante da morte iminente (Freud, apud Rosenzweig, 1992, p. 171).

Quando as palestras do dia terminavam, Jones lembrou que "James, com seu braço em volta do meu ombro, disse: 'O futuro da psicologia pertence a seu trabalho'." (Jones, 1955, p. 57). No entanto, James tinha algumas reservas e escreveu a um amigo:

> Eu espero que Freud e seus pupilos levem suas idéias a seu limite máximo, de modo que possamos aprender mais sobre elas. Eles não podem falhar em esclarecer a natureza humana, mas devo confessar que ele me deixou a impressão de um homem obcecado com idéias fixas. Não posso fazer nada no meu próprio caso com suas teorias sobre os sonhos e, obviamente, "simbolismo" é o método mais perigoso. (Carta de James a Theodore Flourney, 28 set. 1909, apud Rosenzweig, 1992, p. 174)

No final da conferência, os visitantes europeus receberam títulos honorários: Jung em educação e higiene social e Freud de doutor em leis da psicologia. A *Worcester Gazette* relatou que Freud foi citado como "o fundador de uma escola de psicologia [sic] já repleta de novos métodos e realizações, hoje um líder entre estudantes de psicologia [sic] do sexo e da psicoterapia e análise". (Cromer e Anderson, 1970, p. 350)

Hall conseguiu que as palestras da conferência fossem publicadas em abril de 1910 no *American Journal of Psychology*, atingindo, dessa forma, mais público. Durante alguns anos, Hall tornou-se um defensor ardoroso de Freud e da psicanálise. Uma vez, ele foi mais longe a ponto de propor a psicanálise universal. No *Educational Problems*, Hall disse sobre Freud:

> [Ele] trouxe mais unidade e *insight* sobre a verdadeira natureza e funcionamento da alma e os mecanismos da consciência do que qualquer outro de nossa geração. Isso marca o fim da antiga era e o nascimento de uma nova era. É a defesa mais triunfante da forma genética de se conceber a mente. (Hall, 1911d, v. 1, p. 445)

Posteriormente, como em geral sempre acontecia com Hall, seu entusiasmo por Freud esfriou, mas o fato de ter organizado a Conferência de Clark foi uma importante contribuição para o desenvolvimento da psicologia. Como Dorothy Ross disse nas primeiras linhas do prefácio da biografia que escreveu sobre Hall: "G. Stanley Hall é mais lembrado talvez por trazer Sigmund Freud e Carl Gustav Jung aos Estados Unidos em 1909 para proferir palestras a um grupo influente de psicólogos e intelectuais na Clark University" (Ross, 1972, p. xiii). Em 2 de outubro de 1999, a universidade fez em seu *campus* uma escultura de bronze impressionante de Freud para comemorar sua visita.

A Vida de Hall e *Confessions*

No final de sua vida, Hall parece ter ficado um homem mais amargo e desencantado. Sua autobiografia, *Life and Confessions of a Psychologist* [Vida e Confissões de um Psicólogo] (1924) é um relato excepcionalmente honesto e franco sobre sua vida, mas foi escrita em um tom amargo e defensivo. Nesse livro, ele descreve (Hall, 1924, p. 9-21) o que considerava entraves ao progresso da psicologia, incluindo a teoria de James-Lange sobre a emoção, apelidada por Hall de a "teoria do desculpe porque nós choramos"; a psicologia introspeccionista clássica de Titchener e os testes mentais (Capítulo 11); a psicofísica, descrições dos paralelismos ou interações mente–corpo, e a controvérsia entre estruturalismo e funcionalismo, tudo que Hall considerava absurdo; e o behaviorismo extremo, que ele também considerava insatisfatório (Capítulo 13). Hall foi incapaz de aceitar muitas evoluções da psicologia e ficou cada vez mais desencantado com a área, mas ainda recebeu uma última honraria. Em 1924, alguns meses antes de sua morte, ele foi reeleito presidente da APA, ficando atrás apenas de James ao assumir a presidência por duas vezes.

CONCLUSÃO

Uma preocupação comum com a função caracterizou os nomes discutidos neste capítulo. Para Darwin, diferentes estruturas e comportamentos permitem que os animais se adaptem a um determinado ambiente. Por meio da seleção natural, a freqüência dessas estruturas e comportamentos mudam, e as espécies evoluem. Galton aprofundou os estudos de Darwin de modo a estudar a consciência humana. Ele perguntou: Como funções tais como memória, formação de associações, atenção e oração funcionam? O que elas fazem? Galton tentou responder a essas perguntas por meio de observações cuidadosas dentro e fora de sua clínica de Londres. Cattell também estudou e mediu as funções mentais. Ele mensurou os tempos de reação e algumas outras reações físicas antes de concluir que, de fato, elas não forneciam as medidas das funções mentais que ele buscava. Era necessária uma outra abordagem: as medições psicológicas ou avaliações psicométricas das funções mentais. A preocupação recorrente de James era a consciência humana. Como lembramos, observamos, aprendemos, sentimos emoções e temos experiências religiosas? Com essas perguntas, James criou uma psicologia mais abrangente, mais viva, e desafiou abordagens restritivas da consciência. Hall foi o pioneiro dos estudos das crianças, adolescentes e idosos – lançando as bases para a psicologia do desenvolvimento atual que estuda todo o ciclo de vida. Hall foi um psicólogo geneticista, e suas questões fundamentais sempre diziam respeito ao valor e significado da adaptação.

Cattell e Hall criaram, editaram e contribuíram para as primeiras publicações sobre psicologia. Ambos foram atuantes na APA. Os departamentos de psicologia que eles lideraram – Cattell na Columbia University e Hall na Clark University – propiciaram um ensino de psicologia a muitos alunos. O *Principles of Psychology* [Princípios de Psicologia] de James se tornou rapidamente o livro-texto da psicologia. Gerações de alunos, alguns deles incentivados a se tornarem eles próprios psicólogos, estudaram esse clássico.

Seguindo as abordagens teóricas de Darwin e Galton, Cattell, James e Hall criaram uma abordagem funcionalista em psicologia nos Estados Unidos. Muitos de seus interesses e temas de pesquisa foram retomados pelos psicólogos funcionalistas (discutidos no próximo capítulo). Por meio deles, Cattell, James e Hall continuam a influenciar a psicologia contemporânea.

Edward Thorndike.
(Brown Brothers)

CAPÍTULO 10

O Funcionalismo na University of Chicago e na Columbia University

O *funcionalismo* foi a primeira escola norte-americana de psicologia. Embora o *estruturalismo* e a psicologia da *Gestalt* tenham sido escolas influentes nos Estados Unidos, ambas foram importadas do exterior ao passo que o funcionalismo teve origem, abordagem e caráter norte-americanos. Ao contrário do estruturalismo, cujo líder era Titchener, e da psicologia da *Gestalt*, que teve à sua frente Wertheimer, Koffka e Köhler, o funcionalismo não contou com apenas um líder ou grupo de líderes. Há até um certo questionamento se ele foi em algum momento uma escola formal da psicologia. Mas, sem dúvida, influenciou e foi importante para os psicólogos, de forma generalizada descritos como funcionalistas, apresentados neste capítulo.

O funcionalismo teve início na University of Chicago, segunda cidade dos Estados Unidos. Em meados do século XIX, Chicago era ainda um pequeno porto em um lago com uma população inferior a 100 mil habitantes. Depois da Guerra Civil, as ferrovias, fábricas e estábulos de Chicago atraíram tantos trabalhadores que sua população dobrava a cada década. Em 1896, quando o psicólogo John Dewey redigiu o trabalho que marca formalmente o início do funcionalismo, essa cidade tinha uma população superior a 1 milhão. Carl Sandburg (1878–1967) descreveu a cidade no primeiro verso de seu poema mítico "Chicago".*

> Açougueira de porcos para o Mundo,
> Fabricante de Ferramentas, Provedora de Trigo
> Agente de Ferrovias e do
> Transporte de Carga de Toda a Nação;
> Tempestuosa, rude e barulhenta,
> És a cidade dos Grandes Ombros ....
>
> (Sandburg, 1916, apud Hallwas, 1922, *Chicago Poems*, p. 3)

O objetivo do funcionalismo, fiel à cidade em que nasceu, era ser uma psicologia com grandes ombros: uma psicologia norte-americana abrangente, pragmática e útil. Primeiramente, analisaremos três psicólogos funcionalistas da University of Chicago.

---

* NT: Tradução livre.

JOHN DEWEY (1859-1952)

Os Primeiros Anos da Vida de Dewey

John Dewey foi um dos principais filósofos norte-americanos, um inovador e reformador influente na área da educação, um crítico social e um psicólogo cujas obras lançaram as bases do funcionalismo. Nascido na linda cidade de Burlington, em Vermont, em 20 de outubro de 1859, ele era o terceiro filho de uma família de classe média. Dewey cresceu em uma família e em uma sociedade que refletiam as virtudes da Nova Inglaterra: respeito pela liberdade e pelos direitos individuais, gosto pela simplicidade, desprezo pela ostentação e dedicação à democracia. Ambas as suas famílias – a paterna e a materna – tiveram como ancestrais os primeiros colonizadores da Nova Inglaterra. Embora ele tenha mudado de Vermont quando era jovem, Dewey sempre permaneceu com o espírito da Nova Inglaterra. Seus retratos o mostram como um homem duro, rígido, características que se intensificaram no decorrer de sua vida (Schilpp, 1939). Ele viveu até os 92 anos.

O pai de Dewey era dono de uma mercearia. Homem de poucas ambições, ele dizia com freqüência que esperava que um de seus filhos se tornasse mecânico. A amizade de seus clientes era mais importante para ele do que o dinheiro, e nenhum comerciante em Burlington vendeu mais mercadorias e cobrou menos contas do que ele. A iniciativa e a ambição eram características de sua esposa. Ela estava decidida a fazer que seus filhos freqüentassem a universidade, e foi o que aconteceu com todos eles.

John Dewey considerou maçantes e monótonos os anos que passou na escola pública. Ele achava que aprendia mais com seus irmãos e amigos em suas aventuras nos campos de Vermont do que na escola. Dewey se formou no curso secundário com 15 anos e entrou na University of Vermont. Lá, por força das circunstâncias, recebeu uma educação abrangente. A universidade tinha apenas 13 professores, e ele fazia pelo menos um curso com cada um deles. Em Vermont, Dewey aprendia com facilidade, achava a maior parte de seu trabalho interessante, tinha boas notas e se formou como *Phi Beta Kappa** em 1879. Sua classe de 18 alunos incluía um de seus irmãos. A prima da mãe de Dewey, diretora de uma escola secundária na Pensilvânia, o convidou para lecionar lá, e Dewey deu aulas por dois anos antes de retornar a Vermont e ensinar na escola secundária de Burlington por mais um ano. Em ambas as escolas, Dewey teve de ensinar todas as matérias. Suas experiências o convenceram da necessidade de uma reforma educacional. Na época, não havia requisitos ou políticas educacionais federais ou estaduais. Os professores eram escolhidos ou por razões políticas ou de amizade ou parentesco com as autoridades da escola; dizia-se que eles "ficavam" na escola em vez de "ensinar" na escola. Todos mantinham a disciplina por meio da força física, e as crianças eram obrigadas a sentar-se em silêncio em suas carteiras até que os professores a chamassem. A aprendizagem mecânica era a regra, e a maioria dos professores não tolerava perguntas (Schilpp, 1939).

Dewey na Johns Hopkins University e na University of Michigan

Três anos como professor foram suficientes para Dewey. Depois de ter ouvido falar sobre os planos de transformar a Johns Hopkins University em um centro de excelência em pós-graduação, ele pediu US$ 500 emprestado de uma tia e viajou para Baltimore a fim de matricular-se. A

---

* NT: Uma sociedade interuniversitária que reúne uma elite de alunos e de diplomados.

Johns Hopkins não era uma universidade cujas terras foram concedidas pelo governo (Capítulo 9). Em 1876, um financista de Baltimore, Johns Hopkins, fez uma doação de US$ 7 milhões em ações de uma companhia ferroviária para criar uma universidade com seu nome. Ele não deixou nenhuma instrução especial em seu testamento, portanto os curadores e o primeiro diretor da faculdade, Daniel Coit Gilman, tinham liberdade de traçar seu próprio curso de ação. Eles decidiram que a universidade se dedicaria à pesquisa e ao ensino de pós-graduação como um centro de aprendizagem avançada. Ela era independente tanto da Igreja quanto do Estado. Essa independência foi afirmada quando Thomas Huxley (Capítulo 9) recebeu o convite para dar a aula inaugural na universidade.

Na Johns Hopkins, Dewey estudou filosofia e psicologia, sendo esta última matéria sob a orientação de G. Stanley Hall. Woodrow Wilson e James McKeen Cattell foram dois de seus colegas; Cattell tinha a única bolsa de estudo do departamento. No final do primeiro ano, Hall recomendou a suspensão da bolsa de Cattell a fim de que ela fosse transferida para Dewey. No final do primeiro ano de Dewey, Hall recomendou que ele também não mais recebesse a bolsa em razão de seu trabalho aparentemente insatisfatório. Dewey, ao contrário de Cattell, não podia se dar ao luxo de sair; como estava perto de conseguir seu título de doutor, ele continuou e escreveu a tese intitulada *The Psychology of Kant* [A Psicologia de Kant]. Dewey doutorou-se em 1884 sob a orientação de Hall. No entanto, o relacionamento deles nunca foi muito próximo, e, alguns anos depois, quando Gilman sugeriu que Dewey fosse convidado para lecionar filosofia na Hopkins, Hall se opôs, alegando que Dewey não tinha competência para tal (Ross, 1972, p. 146).

Depois da pós-graduação, Dewey aceitou o cargo de docente no departamento de filosofia da University of Michigan com um salário anual de US$ 900. Ele passou seus primeiros anos na universidade ministrando cursos de filosofia e psicologia e escrevendo uma série de artigos e livros, inclusive *Psychology* [Psicologia], publicado em 1887. Nesse livro, Dewey tentou combinar filosofia com a nova ciência natural da psicologia, mas o livro ficou longe de ser um sucesso. Embora tenha sido utilizado em Michigan nos dez anos seguintes (Raphelson, 1973), o uso geral de seu livro como texto de psicologia chegou ao fim em 1890 com a publicação de *Principles* [Princípios] de James, que teve sua superioridade reconhecida por Dewey, o qual geralmente o descrevia como um clássico.

Em 1894, Dewey publicou um dos seus únicos estudos empíricos, uma avaliação do desenvolvimento da linguagem em duas crianças. Ele mediu a freqüência relativa do uso de palavras e descobriu que a maior parte das palavras que as crianças utilizavam era constituída por substantivos (Dewey, 1894). Os sujeitos do experimento não foram identificados, mas a idade deles e o fato de terem sido observados continuamente por determinado tempo sugeriram que se tratavam dos filhos de Dewey.

O Funcionalismo de Dewey

Em 1894, Dewey recebeu um convite para a chefia do departamento de filosofia da University of Chicago. Ela havia sido inaugurada em outubro de 1892, mas os membros do corpo docente ainda estavam sendo escolhidos. O diretor William Rainey Harper, com a ajuda de John D. Rockefeller que doou US$ 80 milhões para a universidade, conseguiu oferecer altos salários e condições atrativas (Capítulo 9). O Departamento de Filosofia de Dewey incluía tanto psicologia quanto pedagogia.[1] De Chicago, Dewey publicou o trabalho que se tornou um clássico da psicologia e que

---

[1] *pedagogia*, s. A arte e a ciência de ensinar; métodos de instrução (Rhdel, p. 1.062).

marca o início formal do funcionalismo. "The Reflex Arc Concept in Psychology" [O Conceito de Arco Reflexo na Psicologia], publicado no *Psychological Review* de 1896. Influenciado por Darwin, Dewey enfatizou no funcionalismo as funções e o valor adaptativo da mente e da consciência.

Dewey iniciou seu trabalho com uma discussão sobre a necessidade de unificar os princípios ou hipóteses da psicologia. Ele propôs o conceito de arco reflexo, que pediu emprestado à filosofia (Capítulo 3), como talvez o que estivesse mais próximo de atender a essa necessidade. No entanto, sua concepção do arco reflexo psicológico não era um amontoado de partes desconexas, atomísticas, mas uma unidade coordenada para se ver como um todo. Dewey criticou as dicotomias estímulo–resposta e sensação–idéia, por sugerirem entidades psicológicas distintas em vez de todos coordenados. Ele enfatizou que as respostas e as idéias sempre ocorrem em um contexto *funcional* e usou como exemplo uma criança que tenta alcançar a chama de uma vela. Tanto John Locke (Capítulo 2) quanto William James (James, 1890, v. 1, p. 25) haviam usado o mesmo exemplo anteriormente. De acordo com os conceitos do *estruturalismo* sobre essa situação que a decompõem em elementos de estímulo e resposta, a criança vê a chama brilhante (o estímulo), tenta alcançá-la (a resposta), sente a dor da queimadura e retira a mão (resposta). Nessa análise *elementarista*, o comportamento é considerado uma série de reações ao estímulo. Dewey argumentava que essa concepção é artificial, pois ela começa e termina em pontos arbitrários e ignora o papel dos ajustes comportamentais ao ambiente. Antes de a criança ver a chama, toda uma série de reações deve ocorrer; depois que a seqüência supostamente termina, muitas reações e outras mudanças persistem. A experiência dolorosa transforma o ato de alcançar a chama e, portanto, no futuro, a criança provavelmente não reagiria da mesma forma. Essa seqüência de comportamentos, de acordo com Dewey, não tem início com a percepção da vela ou termina com a retirada da mão. A conclusão que ele extraiu para a psicologia é que não podemos dividir o comportamento e a consciência em partes, pedaços ou elementos; devemos entendê-los em termos de seu papel em permitir que o organismo se ajuste ao ambiente. Ao tomar essa posição, Dewey concordou com William James (Capítulo 9) e claramente se opôs a Edward Titchener (Capítulo 5). A semelhança entre sua posição e a dos psicólogos da *Gestalt* (Capítulo 7) é clara.

Além disso, Dewey argumentava que qualquer concepção de comportamento como uma série de reações a estímulos ignora uma das características mais importantes de um estímulo: ele ocorre em um contexto e é percebido por um determinado indivíduo com certas características. Um barulho alto, repentino, gera reações totalmente diferentes de um acadêmico que está trabalhando em um biblioteca e de uma sentinela em patrulha. Nas duas situações, o estímulo tem "valor psicológico" diferente. Vinte anos mais tarde, Kurt Lewin deu exemplos semelhantes em sua discussão sobre os "espaços vitais" das pessoas em diferentes situações (Capítulo 7). Dewey também salientou que alguns estímulos ficam abaixo do limiar de percepção de uma determinada pessoa em um momento específico e, dessa forma, não influenciam o comportamento. Portanto, os estímulos devem ser tratados como eventos psicológicos, não simplesmente como energias físicas decorrentes do ambiente. Em uma tendência semelhante, Dewey considerou o componente final do arco reflexo psicológico muito mais do que uma reação desconexa; ele também sempre ocorre dentro de um contexto. Dessa forma, embora o conceito de Dewey sobre arco reflexo psicológico fosse muito diferente dos pontos de vista dos fisiologistas, ele ainda defendia que o modelo era útil para a psicologia.

A Visão de Dewey sobre a Educação

Dewey, influenciado pela teoria da evolução de Darwin, descreveu-se como um evolucionista democrático. Ele acreditava realmente que os Estados Unidos deviam ser uma democracia inclusiva.

Dewey aceitava as descrições de Darwin sobre recursos finitos, limitados e a luta cada vez mais acirrada pela sobrevivência, mas via a cultura, a educação e os sistemas de governo como um diferencial entre a espécie humana e as demais. As escolas são parte da cultura de uma sociedade, e Dewey acreditava que a educação é essencial para assegurar que as pessoas tenham uma oportunidade de atuar e competir com o máximo de suas habilidades pela sobrevivência. Ele se opunha aos direitos divinos, aristocracias herdadas e sistemas não democráticos de governo. Todas as pessoas devem ter chances iguais e uma forma de assegurar isso é lhes dar oportunidades iguais de educação e de trabalho. Em Chicago, quatro em cada cinco pessoas eram estrangeiras ou filhas de imigrantes. Na virada do século, os Estados Unidos eram uma terra de oportunidades em que as pessoas de talento podiam prosperar e fazer fortuna. Andrew Carnegie, filho de um pobre tecelão escocês, imigrou para os Estados Unidos em 1848. Em 1901, ele era considerado o homem mais rico do mundo. John D. Rockefeller, filho de um pequeno comerciante e mascate de "curas" do câncer, transformou a Standard Oil no "colosso de Cleveland", a maior e mais rica companhia de petróleo do mundo (Heilbroner, 1985). A essa era pertenceram também Henry Ford, Thomas Edison, os irmãos Wright e Alexander Graham Bell. Entre 1910 e 1950, o produto nacional bruto *per capita* dobrou nos Estados Unidos. Em 1913, o país produzia um terço do petróleo do mundo, mais da metade do cobre e mais de um terço do carvão. Sua produção de trigo, milho e algodão era prodigiosa (Potter, 1954). O século XX prometia ser o "século da América", mas para essa promessa se cumprir, Dewey estava convencido de que a educação era fundamental.

The School and Society [A Escola e a Sociedade] de Dewey (1899) foi um livro influente. Dewey via a psicologia como a base para uma teoria e uma prática educacional sólidas. Para ser bem-sucedido, qualquer sistema educacional deve satisfazer a quatro necessidades psicológicas básicas da criança: conversação, curiosidade, construção e expressão artística. Dewey não era um teórico na torre de marfim, mas uma pessoa que acreditava que devia testar seus pontos de vista e teorias na turbulência da sala de aula. Um dos atrativos para que aceitasse ir para a University of Chicago foi a inclusão da pedagogia no departamento de psicologia e a oportunidade de trabalhar com crianças. Dewey estava convencido de que os métodos educacionais existentes, em particular os utilizados no ensino elementar, não eram sólidos do ponto de vista psicológico. Seu objetivo era criar um tipo diferente de escola, na qual as crianças não seriam ensinadas por meio de métodos mecânicos, mas estimuladas a pensar, explorar e, conseqüentemente, aprender.

Em janeiro de 1896, com a ajuda de um pequeno grupo de pais de Chicago interessados em um tipo diferente de educação para seus filhos, Dewey criou, sob os auspícios de seu departamento, uma "escola-experimental" para 16 crianças, todas com menos de 12 anos, e com dois professores. Ele pretendia que o relacionamento entre o departamento de psicologia e de pedagogia da universidade e essa escola fosse semelhante àquele entre os departamentos de física e química e seus laboratórios. Dewey não queria que sua escola-experimental fosse uma instituição de treinamento de professores, mas um laboratório para estudar como as crianças pensam e aprendem e como ensiná-las melhor. Na University of Chicago, ela ficou conhecida como a "Escola de Dewey". A escola experimental foi um sucesso. Em 1902, ela matriculou 140 alunos e contava com 23 professores e 10 assistentes alunos de pós-graduação, servindo de modelo para escolas semelhantes, em geral criadas em *campus* de universidades. Gravadas na pedra acima das entradas da antiga escola (Dewey) da universidade no campus da The Ohio State University estão os avisos:

Louve a dúvida, pois os medíocres existem sem ela

e

Uma mente sã em um corpo são

> ### Hull House: A Ciência Social Aplicada
>
> Dewey tinha um modelo bem-sucedido para sua escola: a Hull House, fundada em 1889 por Jane Addams e sua amiga Ellen Gates Starr. Addams era uma socióloga que queria criar um laboratório para aplicar sua filosofia da sociologia. Seu laboratório ficava não em uma universidade, mas na Halsted Street no Nineteenth Ward (19º Distrito) de Chicago, uma das áreas urbanas mais problemáticas dos Estados Unidos. A área que cercava Hull House possuía nove igrejas e 250 bares. A economia de Chicago havia sido arrasada na última década do século XIX pelos seguintes motivos:
>
> - O colapso, em junho de 1893, da bolsa de Nova York e o posterior período de depressão em todo o país.
> - O fim da Exposição Columbiana Mundial realizada em Chicago para comemorar o 401º aniversário da viagem de Colombo. No verão de 1893, 27 milhões de visitantes tinham ido a Chicago. Mas quando a exposição fechou em outubro, milhares de trabalhadores engrossaram as fileiras de desempregados.
> - A greve Pullman de 1894 com a violência e os transtornos que se seguiram.
>
> A Hull House representava um refúgio para escapar dessas condições. Seu modelo era a Toynbee Hall, fundada em Londres em 1884 como uma "colônia" – isto, uma casa em uma área pobre onde os universitários, chamados de "colonizadores", moravam e trabalhavam pela reforma social. Addams e Starr visitaram Toynbee House e ficaram impressionadas. Em Chicago, sua Hull House era um refúgio para mulheres em geral vítimas de abusos, um refúgio do ambiente urbano e um centro comunitário que oferecia uma série de programas, tanto para crianças quanto para adultos. O Hull Center também se tornou um centro importante e eficaz em defesa das reformas. Ele conseguiu reputação internacional por suas intervenções sociais e se tornou parada certa de reformadores sociais e econômicos dos Estados Unidos e de outros países.
>
> Dewey fez palestras em Hull House e apoiou seus programas. Ele a via, assim como Addams, como uma aplicação da sociologia. Em sua escola, Dewey queria desenvolver programas educacionais eficazes com base em sua filosofia da educação. Essa filosofia derivou de princípios da psicologia.

Dewey também teve influência internacional, atuando como conselheiro para os governos da China e do Japão quando eles reorganizaram seus sistemas escolares. Como membro do Comitê para a amizade entre soviéticos e norte-americanos, Dewey também estudou a educação na Rússia. Após a Revolução Russa, ele aconselhou que se fosse receptivo em relação ao que considerava o experimento social mais abrangente já feito para ser apenas rotulado de bolchevique. Depois de visitar a União Soviética, ele teve sérias dúvidas quanto ao rumo do experimento soviético e, então, foi tachado de reacionário (Rucker, 1974, p. 275). Dewey atraiu muitos estudantes estrangeiros que levaram sua filosofia de ensino para seus países de origem. Tal era o prestígio de Dewey na China que o Departamento de Estado, em 1942, pediu que ele escrevesse uma mensagem a ser jogada de aviões encorajando os chineses a continuarem a resistir aos japoneses (Martin, 2003).

Dewey estava convencido de que a educação devia fortalecer o crescimento, manter a mente flexível e permitir que as crianças participassem do processo educacional. Ele se opunha totalmente a uma aprendizagem por repetição ou mecânica. Considerava provável que uma criança que aprendesse a usar apenas um martelo veria tudo como se fosse um prego. Ele acreditava que a tarefa da educação era não passar conhecimento convencional – de qualquer forma, esse conhecimento em geral não era correto – mas desenvolver uma inteligência criativa e a versatilidade.

A função do educador era não transmitir dogmas, mas incentivar o pensamento divergente. Dewey fazia todo o possível para apresentar as aulas sempre dentro de um contexto. Por exemplo, quando as crianças aprendiam aritmética básica, também aprendiam a cozinhar e a servir o almoço a cada semana. Quando preparavam as refeições, elas precisavam usar a aritmética para seguir as receitas. Essas idéias eram revolucionárias e, embora Dewey conquistasse seguidores fiéis, também tinha críticos. Sua escola recebeu apenas uma pequena verba da universidade e se mantinha quase que por meio de taxas e doações. O fato de Dewey não permitir o treinamento formal de professores na escola era um aborrecimento para alguns membros do corpo docente do departamento de educação. Infelizmente, os críticos, no final, conseguiram convencer o diretor da universidade que a escola de Dewey deveria ser absorvida pelo Teacher Institute Training do departamento de educação. Esse arranjo foi feito sem consulta ou consentimento de Dewey. Ele e seus seguidores se sentiram ultrajados e, embora tivessem lhe oferecido a diretoria da School of Education, ele recusou. Em 1904, pediu demissão do corpo docente da University of Chicago. Por meio dos esforços de seu amigo Cattell, Dewey foi trabalhar na University Columbia, onde permaneceu até o final de sua vida. Na educação, Dewey continuou a liderar o "movimento progressista", que posteriormente se tornou quase uma paródia do que Dewey pretendia que ele fosse. Nas primeiras décadas, esse movimento teve uma influência significativa sobre o sistema educacional dos Estados Unidos.

Os Últimos Anos da Vida de Dewey

Dewey foi eleito membro-fundador da APA (American Association of Psychology) em 1892 e presidente da associação em 1899. Em 1910, ele foi o quarto psicólogo eleito para a National Academy of Science. No entanto, depois de deixar Chicago, ele se voltou cada vez mais para a filosofia e para a crítica educacional e social. Dewey foi um escritor prolífico que se dirigia a pessoas de várias condições sociais. Uma lista de sua bibliografia tem 75 páginas (Schilpp, 1939). Foram escritas quatro biografias de Dewey, e até existe uma *Dewey Newsletter** que permite que os *Estudiosos de Dewey* mantenham contato. Ele foi um dos membros fundadores do primeiro sindicato dos professores na cidade de Nova York. Seu lema, "Educação para a democracia e democracia para a educação", poderia muito bem ser sua crença pessoal. Com Cattell, Dewey esteve ativamente envolvido na criação da Associação Norte-Americana de Docentes Universitários e foi seu primeiro presidente. Dewey também apoiou causas liberais como American Civil Liberties Union e Association National for the Advancement of Colored People. Aos 70 anos, interessou-se por arte; ele era tão versátil que se transformou em uma autoridade no assunto, tendo escrito livros sobre arte e estética que foram muito lidos e aclamados pela crítica. Embora considerado um dos mais importantes intelectuais dos Estados Unidos – o filósofo da América – ele era uma pessoa modesta, agradável. Um entrevistador descreveu-o aos 90 anos:

> O poder cada vez mais abrangente do pensamento de Dewey é o mais admirável de se relembrar quando se leva em conta sua origem modesta, pessoal. John Dewey tem um caráter simples, quase regional. Até hoje, ao encontrá-lo, poder-se-ia imaginá-lo falando como um camponês de Vermont, como foram sete gerações de seus antepassados. Em muitos encontros acadêmicos nos últimos 50 anos, as pessoas que vieram de longe para ver e ouvir o grande John Dewey se surpreenderam de forma agradável ao descobrir que ele não era nada além de um homem modesto, de cabelos grisa-

---

* NT: Uma espécie de boletim sobre Dewey.

lhos, ombros curvados, com uma fala arrastada de Green Mountain e um riso contido e um sorriso largo com o qual elas estiveram conversando nos últimos dez minutos. (Edman, 1970, p. 101-102)

A carreira de Dewey como psicólogo terminou em 1904, mas ele continua sendo uma figura influente na história da psicologia. Ele nunca realizou um experimento controlado, raramente conduziu estudos empíricos, nunca elaborou ou administrou um teste psicológico e certamente não fundou uma escola de psicologia. Mas Dewey foi um fundador da psicologia norte-americana, um importante inovador no campo da educação e um dos intelectuais mais celebrados de seu tempo.

ANGELL E CARR: O FUNCIONALISMO NA UNIVERSITY OF CHICAGO

Depois que Dewey instituiu o funcionalismo como uma abordagem psicológica em suas obras, outros psicólogos na University of Chicago continuaram a ampliar suas idéias. Entre eles, os principais foram James Rowland Angell e Harvey A. Carr.

JAMES ROWLAND ANGELL (1869-1949)

Quando Dewey deixou a University of Chicago, a liderança da escola do *funcionalismo* de Chicago foi assumida por seu aluno, James Rowland Angell. Os dois tinham muito em comum. Ambos nasceram em Burlington, Vermont – Angell, em 8 de maio de 1869 – e seus ancestrais haviam sido os pioneiros da Nova Inglaterra; no caso de Angell, foram os primeiros colonizadores que chegaram no Mayflower. O pai de Angell, James Burrill Angell (1829-1916), foi diretor da University of Vermont e, posteriormente, da University of Michigan. Em Michigan, Angell fez um curso de psicologia ministrado por Dewey, usando seu livro *Psychology* [Psicologia] como texto, e ficou fascinado tanto pelo curso quanto pelo professor. Ele se formou em 1890 e foi incentivado por Dewey a fazer mestrado em filosofia. Em sua autobiografia, Angell recordou os anos como aluno de Dewey e prestou a seu antigo professor o seguinte tributo: "Devo muito a John Dewey, cuja simplicidade de caráter, originalidade e vitalidade de pensamento lhe renderam a afeição e a devoção ilimitadas de milhares de alunos" (Angell, 1936, p. 6).

Em 1891, Angell entrou em Harvard, onde estudou sob a orientação de William James e do historiador George Santayana[2] e trabalhou no laboratório com Münsterberg. James o colocou para analisar uma grande quantidade de material reunido pela Sociedade Norte-Americana de Pesquisa Paranormal. Angell foi incapaz de tirar qualquer conclusão sólida sobre a realidade dos fenômenos paranormais, mas ele realmente teve a experiência de trabalhar diretamente com James. Depois de obter um segundo título de mestre em Harvard, Angell foi incentivado pelo seu primo Frank Angell a viajar para a Europa a fim de trabalhar no laboratório de Wundt. Frank Angell havia acabado de voltar de Leipzig e então deu a Angell uma carta de apresentação. Infelizmente, quando James Angell chegou a Leipzig, descobriu que o laboratório estava lotado; a única coisa que Wundt podia oferecer era uma oportunidade para que Angell assistisse às suas aulas. Angell havia lido o texto de Wundt e já estava familiarizado com sua psicologia e, então, decidiu

---

[2] George Santayana (1863-1952) foi o primeiro e principal intelectual hispano-americano. Ele escreveu várias obras acadêmicas em história e filosofia. Sua advertência, "Aqueles que não conseguem lembrar do passado estão condenados a repeti-lo" (Bartlett, 1992, p. 588) é sempre citada.

mudar. Passou algum tempo com Hermann Ebbinghaus e ficou impressionado com sua pesquisa sobre a memória, mas não com seu estilo como professor. Ele também conheceu Hermann von Helmholtz. Finalmente, Angell matriculou-se na University of Halle, onde trabalhou com Benno Erdmann e escreveu sua tese de doutorado sobre o tratamento que Kant deu à liberdade em sua *Critique of Pure Reason* [Crítica da Razão Pura] (1781) e *Critique of Practical Reason* [Crítica da Razão Prática] (1788). A tese foi aceita, contanto que fosse reescrita em um alemão mais bem elaborado. Angell planejava passar os próximos meses revisando-a, mas inesperadamente recebeu uma proposta para ocupar o cargo de instrutor de filosofia na University of Minnesota, o que exigia que ele retornasse imediatamente para começar a lecionar no trimestre de outono. Por isso, Angell receberia US$ 1.500, um forte atrativo para um jovem que estava noivo há quatro anos e ansioso por casar-se. Ele deixou de lado sua tese e viajou para Minnesota. Posteriormente, como diretor da universidade, Angell conferiu centenas de títulos de doutor, mas nunca tornou-se doutor. Em 1895, depois de um ano em Minnesota, recebeu uma proposta para ser professor-assistente no Departamento de Filosofia de Dewey na University of Chicago. Em Chicago, Angell fez carreira acadêmica até tornar-se o diretor da universidade, em 1918.

O Funcionalismo de Angell

Em 1906, Angell atuou como presidente da APA, e em seu discurso de posse *"The Province of Functional Psychology"* [O Campo da Psicologia Funcional], fez uma descrição clara de sua posição. Ele começou:

A psicologia funcional é, no momento, pouco mais do que um ponto de vista, um programa, uma ambição. Ela ganha sua vitalidade principalmente, talvez, como protesto contra a excelência exclusiva de um outro ponto de partida para o estudo da mente, e ela goza, por enquanto pelo menos, de uma força peculiar que comumente se atribui a qualquer tipo de protestantismo nos seus primeiros estágios antes de ele se tornar respeitável e ortodoxo. (Angell, 1907, p. 61)

Apesar desse começo modesto, o trabalho ilustra a percepção de Angell sobre o funcionalismo como mais do que um simples protesto contra "um outro ponto de partida para o estudo da mente", isto é, o estruturalismo. Ele via o funcionalismo como uma abordagem que diferia essencialmente do estruturalismo. Em primeiro lugar, Angell descreveu o funcionalismo como a psicologia das operações ou funções mentais, enquanto o estruturalismo é a psicologia dos elementos da mente. O funcionalismo é a psicologia do como e do porquê da consciência; o estruturalismo, a psicologia do "o quê" da consciência. O estruturalismo pergunta, "O que é a mente?", o funcionalismo pergunta, "Para que serve a mente?" Em segundo lugar, o funcionalismo descreve as operações da mente e as funções da consciência sob as condições reais de vida. A consciência é adaptativa, pois ela permite que as pessoas atuem e se adaptem às exigências de seu ambiente. Dessa forma, como a consciência faz a intermediação entre o ambiente e as necessidades do organismo, ela é ativa e muda sempre. A consciência não pode ser interrompida para uma análise de sua estrutura. De acordo com Angell, o momento da consciência chega ao fim, mas as funções mentais persistem. Portanto, a psicologia deve estudar o pensar e não os pensamentos. Em terceiro lugar, o funcionalismo pressupõe uma constante interação entre o psicológico e o físico. Não há uma verdadeira distinção entre os dois; eles são um só.

O discurso de Angell foi feito quando o funcionalismo estava no auge de sua importância e influência, um sistema maduro de psicologia. Com essa maturidade, veio a tolerância a diversas áreas da psicologia. Uma das áreas que se desenvolveram rapidamente em Chicago foi a psicologia comparada, e Angell deu apoio a essa inovação. Ele tinha total compreensão de Darwin e elaborou vários trabalhos descrevendo sua teoria da evolução e sua importância para a psicologia (Angell, 1909). Angell listou as três principais contribuições que Darwin fez para a psicologia: sua doutrina do instinto, a idéia de continuidade entre as mentes das diferentes espécies e seu estudo sobre a expressão das emoções. Angell estava interessado principalmente na evolução da inteligência e na história do instinto. Ele realizou uma série de experimentos sobre a aprendizagem de ratos em labirintos, investigando as indicações sensoriais que um rato utiliza quando caminha pelo labirinto. O aluno seu, John B. Watson (Capítulo 12), foi além na análise desse assunto. Um outro aluno de Angell, Walter S. Hunter (1889–1954), criou um teste de resposta atrasada em geral utilizado em experimentos sobre a memória animal.

Durante a Primeira Guerra Mundial, Angell atuou no Committee for the Classification of Personnel e, quando a guerra acabou, ele concentrou-se em seu trabalho administrativo na University of Chicago. Em 1919, foi eleito presidente da Carnegie Corporation e no ano seguinte se tornou diretor da Yale University. Angell atuou como conselheiro educacional para a NBC (National Broadcasting Company). Quando deixou Chicago, a chefia do departamento de psicologia passou para outro de seus alunos, Harvey A. Carr.

HARVEY A. CARR (1873–1954)

Harvey A. Carr – a inicial não é de seu nome do meio, mas foi acrescentada por ele para complementar sua assinatura – nasceu em uma fazenda de Indiana, freqüentou escolas públicas nesse Estado e, então, depois de trabalhar na fazenda da família, matriculou-se na University of Colorado com 26 anos. Após ter feito bacharelado e mestrado nessa universidade, em 1901 foi para a University of Chicago para cursar doutorado. Carr trabalhou como assistente de Watson em seus cursos de psicologia comparada e estudou com Angell. Posteriormente, ele recordou-se da personalidade de Angell:

> O intelecto aguçado e incisivo, a atitude imparcial em relação a questões controvertidas, as idiossincrasias engraçadas de maneira e de expressão, o grande senso de humor que ia de uma leviandade agradável a uma inteligência brilhante e o fluxo livre e fácil na escolha de palavras que sempre pareciam tão adequadas para o esclarecimento do tópico em discussão. (Carr, 1936, p. 75)

A tese de Carr na University of Chicago intitulava-se *A Visual Illusion of Motion During Eye-Closure* [Uma Ilusão Visual do Movimento Durante o Fechamento dos Olhos], uma linha de pesquisa que levou a estudos dos efeitos autocinéticos semelhantes aos de Max Wertheimer (Capítulo 7). Carr formou-se em 1905. Foi o terceiro título de doutor em psicologia concedido pela University of Chicago. Como não havia nenhuma vaga em aberto na universidade, ele lecionou dois anos em uma escola do Texas. Em 1908, Watson transferiu-se da University of Chicago para a Johns Hopkins, e Carr foi nomeado em seu lugar. Ele lecionava psicologia introdutória, experimental e comparada. De 1920 até 1926, Carr dirigiu o laboratório de animais que Watson havia criado. Em 1926, foi nomeado chefe do Departamento de Psicologia da universidade, cargo que ocupou até 1938. Em sua autobiografia, Carr (1936) relatou que foram conferidos 130 títulos de doutor durante a época que ele passou na universidade e que ele tinha muito contato com todos esses alunos.

Em 1927, Carr foi eleito presidente da APA. Em seu discurso de posse, "Interpretations of the Animal Mind" [Interpretações da Mente dos Animais], Carr levou em conta as provas para pressupor a existência da consciência em animais e concluiu que a única evidência positiva está na semelhança entre as reações dos seres humanos e dos animais – um critério comportamental. Ao estudar os animais, Carr foi totalmente *behaviorista*, mas ao estudar os seres humanos, ele se recusou a classificar-se como behaviorista, preferindo uma abordagem mais flexível e abrangente. Carr sempre suspeitava de posições dogmáticas e restritivas. Por exemplo, ao considerar a percepção de profundidade, ele concluiu que tanto a posição inatista quanto a empirista tinham seu valor. Embora Carr tenha sido um cientista meticuloso e preciso, também constatou que muitos trabalhos importantes sobre psicologia poderiam ser feitos sem a utilização de métodos experimentais. Os principais livros de Carr foram *Psychology: A Study of Mental Activity* [Psicologia: Um Estudo da Atividade Mental] (1925), um texto introdutório muito utilizado, e *Introduction to Visual Space Perception* [Introdução à Percepção do Espaço Visual] (1935).

Carr assumiu uma posição funcionalista madura alguns anos depois que as polêmicas e controvérsias iniciais haviam cessado. Titchener insistira que a psicologia estudava o mundo, tendo o homem sido deixado nele; a psicologia de Carr estudava "o homem deixado no mundo" (Heidbreder, 1961, p. 230). Sua psicologia abrangente estava enraizada no mundo dos temas do dia-a-dia. Em 1936, Carr terminou sua autobiografia com estas palavras: "Às vezes, eu gostaria de ter o privilégio de vislumbrar Psicologia ou Psicologias de 1990, mas talvez esteja bom assim, pois eu poderia ficar terrivelmente desapontado" (Carr, 1936, p. 82).

Carr sempre protestou contra a tentativa de lhe colocarem rótulos, mesmo o de funcionalista, pois ele considerava esses rótulos desnecessariamente restritivos. Talvez Carr não ficasse desapontado ao saber que, no começo do século XXI, o funcionalismo não mais existe como escola formal de psicologia. Mas certamente seria encorajador saber que as atitudes e a abordagem básica dos psicólogos funcionalistas são uma influência importante na psicologia contemporânea. Não seria demasiado contundente afirmar que a maioria dos psicólogos contemporâneos é funcionalista, mesmo não utilizando esse termo.

WOODWORTH E THORNDIKE: O FUNCIONALISMO NA COLUMBIA UNIVERSITY

O Departamento de Psicologia da Columbia University foi o palco em que se desenvolveu a carreira dos próximos dois psicólogos que analisaremos: Robert Woodworth e Edward Thorndike. Nenhum deles fez parte formalmente da escola funcionalista.

ROBERT SESSIONS WOODWORTH (1869-1962)

Os Primeiros Anos de Woodworth

Robert Sessions Woodworth nasceu em 17 de outubro de 1869 em Belchertown, Massachusetts. Sua família era de uma antiga linhagem da Nova Inglaterra e um de seus ancestrais, Robert Sessions, participou da Boston Tea Party. Em uma carta à sua família, Sessions fez um relato bastante objetivo do incidente histórico:

> Eu não era um daqueles encarregados de destruir o chá que se disfarçaram de índios, mas um voluntário, uma vez que os homens disfarçados eram, em sua maioria, de boa família e posição em Boston, ao passo que eu era um jovem cuja casa e família estavam em Connecticut. O grupo encarregado da tarefa e disfarçado provou ser pequeno demais para o rápido trabalho necessário, e outros jovens, nas mesmas circunstâncias que eu, uniram-se ao grupo em seus esforços.

As caixas foram puxadas por um sistema de cordas – um homem trazendo-as para frente no porão, outro colocando uma corda em volta delas e outros ainda suspendendo-as para o convés e carregando-as para a lateral do navio. As caixas eram, então, abertas, o chá jogado de lado e elas atiradas ao mar.

Tudo decorreu em perfeita ordem durante toda a operação. Embora houvesse muitas pessoas no cais, o silêncio era total – sem clamores, conversas. Nada importava, exceto o chá a bordo.

Depois de ter esvaziado o porão, o convés foi varrido, e tudo colocado em seu devido lugar. Um oficial foi solicitado a sair de sua cabine para ver que nenhum estrago havia sido feito, exceto ao mar. (Sessions, 1774/2002)

O pai de Woodworth era ministro congregacionista e sua mãe era formada na universidade e professora. Durante a infância de Woodworth, seu pai foi pastor na Nova Inglaterra, com breves passagens por Iowa e Ohio. A mãe de Woodworth era a terceira esposa de seu pai. Nasceram filhos de todos os casamentos e, portanto, Woodworth cresceu em uma família numerosa. Seu pai tinha 55 anos quando Woodworth nasceu. Era um homem severo, inflexível, que acreditava na disciplina rígida. Woodworth freqüentou a escola em Newton, Massachusetts, e se formou com a intenção de se tornar ministro. Matriculou-se na Amherst College e se formou em 1891. Seu principal trabalho no curso foi sobre religião, clássicos, ciência e história. Apenas mais tarde, ele fez um curso de psicologia. Sua vocação religiosa esmoreceu, e ele decidiu ser professor. Woodworth lecionou ciência e matemática por dois anos em um colégio e, então, se tornou professor em uma pequena faculdade em Topeka, Kansas, também por dois anos. Nesse período, ele passou por duas experiências que mudaram seus planos de carreira. Em primeiro lugar, assistiu a uma palestra de G. Stanley Hall. Woodworth ficou impressionado com a descrição que Hall fez da nova ciência da psicologia e sua ênfase na importância da descoberta por meio da pesquisa. Quando voltou para casa depois da palestra de Hall, Woodworth imprimiu a palavra PESQUISA em um cartão e o pendurou em sua escrivaninha. A segunda experiência foi a leitura de *Principles of Psychology* [Princípios de Psicologia] de James. Como muitos outros alunos de sua geração, Woodworth achou o livro fascinante.

Robert Sessions Woodworth
(Arquivos de História da Psicologia Norte-Americana, University of Akron)

Em 1895, Woodworth matriculou-se na graduação em Harvard. Ele estudou filosofia com Royce, psicologia com James e história com Santayana. Em Harvard, também conheceu Edward Lee Thorndike e Walter B. Cannon e começou uma amizade com esses dois homens que durou a vida inteira. James dirigiu a pesquisa de Woodworth sobre percepção do tempo, pensamento e linguagem. Na época, James também se interessava pelo conteúdo dos sonhos e incentivou Woodworth a manter um diário sobre seus sonhos. Os dois não conseguiram estabelecer uma correlação entre o conteúdo dos sonhos e eventos específicos que ocorriam durante o dia, mas notaram que Woodworth em geral sonhava com assuntos que haviam sido interrompidos durante o dia, uma manifestação inconsciente do efeito que Bluma Zeigarnik iria relatar 30 anos depois (Capítulo 7).

Em 1896, Woodworth formou-se bacharel pela segunda vez em Harvard, e de 1897 até 1898 foi assistente de psicologia na Faculdade de Medicina de Harvard. Ele viu os experimentos de Cannon sobre os movimentos do estômago e a fome e sobre os processos viscerais na emoção (Capítulo 9). No final de 1898, Cattell lhe ofereceu uma bolsa para fazer pós-graduação na Columbia University. A abordagem de Cattell com relação à psicologia, com sua ênfase em testes precisos das funções psicológicas, chamou a atenção de Woodworth, e ele aceitou a sua oferta. Woodworth recebeu o título de doutor sob a orientação de Cattell em 1899. Em sua pesquisa para a tese, estudou a precisão dos movimentos voluntários sob o controle de diferentes sistemas sensoriais. Ele foi à Europa em 1900 e assistiu ao II Congresso Internacional de Psicologia, no qual conheceu uma série de psicólogos europeus de renome, incluindo Hermann Ebbinghaus, Pierre Janet (Capítulo 8) e Karl Pearson (Capítulo 9).

As Primeiras Pesquisas de Woodworth

Thorndike aceitou um cargo na Columbia University em 1899. Junto com ele, Woodworth realizou uma série de experimentos sobre transferência de treinamento, isto é, os efeitos da melhora em uma função mental sobre a eficiência de outras funções. Primeiramente, Thorndike e Woodworth relataram os resultados em um trabalho apresentado na reunião da APA de dezembro de 1899 e, então, em três trabalhos publicados na *Psychological Review* de 1901. O pano de fundo para seus experimentos foi a doutrina educacional da *disciplina formal*. Com vimos ao discutirmos a pesquisa de James (Capítulo 9), essa doutrina popular pregava que era possível exercitar e disciplinar a mente. Por meio de muito trabalho e estudo das "matérias disciplinadoras", principalmente latim, grego e matemática, as fibras da mente se tornariam supostamente mais ativas, ágeis, flexíveis e poderosas. Essa doutrina muscular era largamente aceita e constituía a base de grande parte da filosofia educacional da época. A seguinte declaração feita por Joseph Payne, respeitado teórico educacional do século XIX, é representativa dos pontos de vista da época:

> Minha primeira proposição é que o estudo do latim por si só realmente disciplina as faculdades e garante, muito mais do que qualquer outra matéria que discutimos, a formação e o fortalecimento dessas qualidades mentais que nos preparam melhor para os assuntos da vida – sejam eles fazer novas aquisições mentais ou direcionar os poderes então fortalecidos e maduros para assuntos profissionais ou de qualquer outro tipo. (Payne, 1883, p. 264)

As crianças aprendiam latim, grego e outras "matérias disciplinadoras" não por seu valor intrínseco, mas para exercitar e desenvolver a mente. Infelizmente, essas crianças, em geral, aprendiam apenas a odiar essas matérias e exercitar a mente com cânticos como este:

> Latim é uma língua, tão morta como os mortos.
> Ela matou os antigos romanos e agora está nos matando!

Alguns administradores escolares questionavam o valor de matérias como latim e matemática formal e recomendavam que elas fossem retiradas do currículo. Woodworth e Thorndike procuraram resolver essa questão de forma empírica. Seus experimentos eram mais elaborados do que os de James. Primeiramente, eles estudaram funções mentais como estimativa da área e avaliação do comprimento ou peso; depois, treinaram os sujeitos do experimento ou na função testada ou em outra função; por fim, testaram os sujeitos novamente na tarefa original. Até com tarefas que pareciam superficialmente semelhantes, geralmente ocorria pouca transferência positiva e, às vezes, o efeito era negativo. Os resultados não deram suporte à doutrina da disciplina formal, pois quando a transferência positiva realmente ocorria, era com base em métodos de trabalho especificamente semelhantes. John Coover, um psicólogo de Stanford, e Frank Angell apoiavam a doutrina da disciplina formal. Eles criticaram as pesquisas de Thorndike e Woodworth dizendo que elas eram" experimentos superficiais de pouquíssimo valor" (Coover e Angell, 1907, p. 330) e chamaram a atenção para a falta de um grupo de controle igual ao grupo experimental em todos os aspectos, exceto o treinamento (Dehue, 2000, p. 266). No entanto, Woodworth e Thorndike haviam estabelecido um paradigma que foi usado em centenas de experimentos de transferência no último século.

A transferência pode ser uma forte influência em nossas vidas. Quando ela é positiva – aprender a dirigir um caminhão depois de ter aprendido a dirigir um carro – o efeito é bem-vindo. Mas quando a transferência é negativa – dirigir na Inglaterra em um lado da estrada depois de ter aprendido a dirigir nos Estados Unidos do lado oposto – o efeito pode ser desastroso, não apenas para os motoristas, mas também para os pedestres. Em sua primeira visita aos Estados Unidos, Winston Churchill desceu do meio-fio, olhou para o lado errado e foi atropelado por um carro – tudo isso depois de uma hora que havia chegado. Quando Christopher L. Sholes inventou a máquina de escrever moderna em 1867, ela possuía um mecanismo lento e, por isso, ele deliberadamente misturou as letras no teclado para impedir que se datilografasse muito rápido (Salthouse, 1984). Atualmente, nas máquinas em que é possível datilografar com mais rapidez e até mesmo no teclado do computador, ainda usamos o esquema de letras que Sholes inventou, mesmo sendo possível projetar um teclado mais eficiente. Em 1932, um educador norte-americano, August Dvorak, criou um teclado no qual todas as vogais e principais consoantes ficam agrupadas na fileira do meio. Com esse teclado, a velocidade dos datilógrafos iniciantes aumenta de 30% a 50%, mas imaginem a enorme transferência negativa a que as pessoas que datilografam em teclados convencionais seriam submetidas se tentassem utilizar o novo teclado.

Woodworth estava interessado em fisiologia e passou o ano de 1902 no laboratório de Charles Sherrington (1857–1952) na University of Liverpool, na Inglaterra, patrocinado por uma bolsa de estudo. Na época, o objetivo de Woodworth era fazer "a psicologia contribuir para uma carreira em fisiologia do cérebro e não o oposto" (Woodworth, 1932, p. 368). Sherrington lhe ofereceu um cargo em seu laboratório, assim como Cattell. Woodworth decidiu aceitar a proposta de Cattell e voltou para a Columbia University e para a psicologia. E lá ele permaneceu toda sua vida.

Os Estudos Psicométricos de Woodworth

Como vimos, Cattell havia estabelecido uma forte tradição em termos de testes psicológicos na Columbia University (Capítulo 9). Os organizadores da Exposição de St. Louis em 1904 pediram que ele fizesse testes com muitas pessoas de raças diferentes que estariam na feira. Cattell vislumbrou aí uma oportunidade valiosa de coletar dados de caráter antropológico e psicológico. Ele encarregou Woodworth do projeto e aproximadamente 1.100 pessoas foram testadas sob sua supervisão. Woodworth apresentou os resultados em seu discurso como vice-presidente da American Association for the Advancement of Science, em 1909. Woodworth assumiu uma posição extremamente sensata e imparcial sobre as diferenças raciais no desempenho do teste. Ele reconheceu que os cientistas esperam descobrir um universo metódico e, em geral, tentam criar classificações. No entanto, ele também salientou que as classificações antropológicas e psicológicas em geral são baseadas em características físicas (pele clara *versus* pele escura) ou em supostos atributos fisiológicos (cérebro grande *versus* cérebro pequeno) ou psicológicos (inteligente *versus* não inteligente). Woodworth deixou claro que essas características não são igualmente mensuráveis e, mesmo que fossem, sempre são distribuídas entre uma população. Elas variam de pessoa para pessoa na população, e essa variação individual em geral é maior do que as diferenças entre as populações. Ele enfatizou que afirmar que existem diferenças claras entre as raças pode causar uma impressão errada, pois acentua as diferenças entre as médias do grupo e ignora os altos graus de sobreposição (Woodworth, 1910).

Em St. Louis, Woodworth e seus colaboradores também utilizaram testes de acuidade sensorial. Eles descobriram que, em geral, ela é quase a mesma em diferentes raças. Eles encontraram alguns exemplos surpreendentes de visão, audição, paladar, tato e olfato aguçados, mas essas características foram identificadas em todos os grupos raciais. Quando Woodworth levou em conta a questão das diferenças raciais no quesito inteligência, previu os problemas de comparação entre os grupos raciais. Ele era pessimista quanto à possibilidade de fazer essas comparações, também criticou a maneira então popular de avaliar a inteligência de grupos de pessoas por meio do estudo das culturas. Woodworth salientou que a cultura germânica de seu tempo era comumente considerada mais avançada do que a cultura dos romanos. Isso significava que os alemães contemporâneos eram mentalmente mais avançados do que os romanos? Como na escala de tempo da evolução a distância entre romanos e alemães era pequena, seria extraordinário se tal mudança na condição mental tivesse ocorrido. Woodworth criticou aqueles que rotulavam um grupo de pessoas de mais "primitivas" ou "avançadas" do que outro. Cada grupo deve ser considerado em termos de seu *habitat*, tamanho, oportunidades de migração e costumes. As opiniões de Woodworth eram criteriosas e prudentes e é lamentável que as pessoas não tenham dado total atenção às suas advertências e avisos.

Em 1906, a APA designou um comitê para estudar os testes e medições. Woodworth participou de um subcomitê que elaborou e estudou testes específicos: de nomes de cores e de formas, de relação lógica e de habilidade de seguir instruções. Quando os Estados Unidos entraram na Primeira Guerra Mundial em 1917, a APA pediu para Woodworth que elaborasse um teste de estabilidade emocional que detectaria o potencial do soldado de desenvolver "traumas" ou "neurose de guerra". Ele reuniu uma lista de centenas de sintomas de trauma de guerra a partir de históricos de casos e os organizou em um questionário. Eram questões simples às quais se deveria responder *sim* ou *não*. Em seguida, Woodworth aplicou esse questionário em milhares de recrutas e em alguns homens que sofriam de trauma de guerra e fadiga de combate. O objetivo era desenvolver um instrumento que mostrasse a necessidade de um aconselhamento mais intenso ou ajuda psicológica para um recruta que, de outra forma, poderia passar por problemas sérios quando estivesse em combate. A guerra terminou antes que a planilha de dados pudesse ser usada de forma abrangente, mas posteriormente ela serviu de base para uma série de inventários de dados pessoais para a mensuração de neurose.

Woodworth foi um autor diligente. Ele publicou uma ampla avaliação da obra *Elements of Physiological Psychology* [Elementos da Psicologia Fisiológica] de G. T. Ladd (Ladd e Woodworth,

Babe Ruth na Columbia University[3]

No verão de 1921, Babe Ruth foi visitar o laboratório de psicologia da Columbia University. Ruth estava tendo um outro ano excepcional no New York Yankees e era reconhecido, sem sombra de dúvida, como o maior rebatedor que o beisebol já tivera. O *New York Times* o chamou de "supranormal". Durante três horas, dois psicólogos da Columbia University, Albert Johanson e Joseph Holmes, testaram as aptidões físicas e mentais de Ruth. Eles mediram:

- respiração enquanto ele rebatia a bola (medida em um pneumógrafo);
- velocidade da rebatida (conectando fios a um cronoscópio de Hipp);
- tempos de reação simples tanto a luzes quanto a sons;
- amplitude de atenção – isto é, o número de estímulos percebidos corretamente em uma rápida exposição visual;
- atenção a elementos específicos – por exemplo, vogais marcadas em uma passagem de um texto em prosa;
- capacidade em um Teste de Símbolos Digitais que substitui símbolos arbitrários por dígitos indicados;
- coordenação manual e velocidade do movimento da mão.

Os resultados de Babe Ruth eram impressionantes: quando ele estava rebatendo, segurava a respiração até que batesse na bola; estimou-se que a velocidade de sua rebatida seria suficiente para enviar uma bola a 152 m de altura; as reações visuais e auditivas de Ruth eram 20 e 10 milissegundos mais rápidas do que a média, respectivamente; sua amplitude de atenção foi considerada superior à média; os resultados referentes aos símbolos digitais ficaram na média; e a coordenação e a velocidade da mão eram 50% melhores do que a média.

A participação de Babe Ruth nesse estudo é notável. A validade dos resultados do teste foi aparentemente confirmada quando Ruth fez 59 *home runs* em 1921 – um *home run* para cada 11,8 rebatidas, um recorde na temporada. Fullerton concluiu:

O segredo da capacidade de rebater de Ruth fica claro nestes testes. Seus olhos, ouvidos, cérebro, nervos, tudo funciona mais rápido do que nas pessoas comuns. Além disso, a coordenação entre olhos, ouvidos, cérebro e músculos está muito mais próxima da perfeição do que a de um homem normal saudável. (Fuchs, 1998, p. 160)

Uma história de capa no *Popular Science Monthly* de Cattell anunciava "Os Segredos dos *Home Runs* de Babe Ruth Revelados pela Ciência". Essa afirmação era prematura, pois foi apenas nas últimas décadas do século XX que a psicologia do esporte foi reconhecida como uma área com seus próprios especialistas. O *Journal of Sport Psychology* foi criado em 1979, e a divisão de Psicologia do Exercício e do Esporte da APA, em 1986.

---

[3] Este material foi extraído de "Psychology and the Babe", de Alfred H. Fuchs, publicado em *The Journal of the History of the Behavioral Sciences*, v. 34, primavera de 1998, p. 153-165.

1911) e, depois da guerra, começou a realizar uma tarefa que duraria quase 20 anos – escrever sua monumental obra *Experimental Psychology* [Psicologia Experimental]. Esse livro foi em fim publicado em 1938 e rapidamente se tornou um texto definitivo. Publicado em uma edição revista de co-autoria de Harold Schosberg (1954), o livro ensinou psicologia experimental a milhares de alunos. Na década de 1920, Woodworth começou a trabalhar em uma história da psicologia que foi publicada em 1932 como *Contemporary Schools of Psychology* [Escolas Contemporâneas da Psicologia]. Ele apresentou as diferentes escolas da psicologia como sendo complementares; negou que qualquer das abordagens da psicologia seria *a* abordagem. Ao contrário, adotou um ponto de vista tolerante, aberto. Ao escrever esse livro, Woodworth estava em uma posição privilegiada, pois os 50 anos da história da psicologia descritos por ele representaram a época em que ele próprio atuou como psicólogo. De uma forma tranqüila, despretensiosa, tornou-se o decano da psicologia norte-americana. O último capítulo de seu livro intitulado *"The Middle of the Road"* [O Meio da Estrada], termina com essas palavras, típicas de Woodworth:

> Todas as escolas são boas, embora nenhuma seja boa o suficiente. Nenhuma delas tem a visão total da psicologia do futuro. Uma escola aponta para uma perspectiva atraente, outra escola para outra perspectiva. Todas têm elementos de vitalidade e provavelmente vieram para ficar por muito tempo. Podemos deixar de lado suas declarações negativas ao mesmo tempo em que aceitamos suas contribuições positivas para a psicologia como um todo. (Woodworth, 1948, p. 255)

Pensamentos Sem Imagens

Em 1914, Woodworth foi eleito presidente da APA. Em seu discurso de posse, ele falou sobre a questão dos pensamentos sem imagens, um assunto que ele estudou primeiramente nos experimentos para sua tese. Woodworth descobriu que alguns movimentos voluntários ocorrem sem imagens e sensações. Oswald Külpe e Alfred Binet (Capítulos 6 e 11) relataram resultados semelhantes, e Woodworth passou o verão de 1912 no laboratório de Külpe. Titchener havia criticado as alegações da existência de pensamentos sem imagens; ele sustentava que as sensações e as imagens estão sempre presentes no pensamento (Titchener, 1921c, 1922a). Woodworth estava preparado para admitir que elas estão presentes em muitos e talvez na maior parte dos pensamentos, mas não em todos: alguns pensamentos ocorrem sem sensações ou imagens. Para estudar esses pensamentos sem imagens, Woodworth ficou atento às vezes em que novas idéias lhe vinham à mente. De forma bastante neutra, ele salientou que as oportunidades de observação eram limitadas, pois os novos pensamentos não vinham à sua mente com tanta freqüência quanto ele gostaria; mas quando isso acontecia, suas introspecções não mostravam sensações e imagens. Os novos pensamentos pareciam "vir à mente" sem um conteúdo específico. Woodworth concluiu que essas novas idéias são determinadas por lembranças de experiências passadas. Woodworth descreveu um experimento que realizou em conjunto com Thorndike no qual os sujeitos deviam lembrar de uma cena, por exemplo, a frente do prédio da Suprema Corte dos Estados Unidos. A maioria das pessoas havia visto o prédio ou fotografias dele e, portanto, eram capazes de se lembrar de sua aparência. No entanto, quando se perguntou quantas colunas o pórtico do prédio tinha, elas não conseguiram dizer, a menos que as tivessem contado antes e lembrado do fato.

Nessa pesquisa, os pensamentos sem imagens (Woodworth, 1915), constatamos a boa vontade de Woodworth em usar a melhor abordagem possível. Ele nunca foi doutrinário. Às vezes, considerou as abordagens comportamentais mais apropriadas; em outras ocasiões, como no estudo dos pensamentos sem imagens, a introspecção era a melhor escolha. Ele sempre se opôs a abordagens restritas da psicologia. Aos proponentes dessas abordagens – Titchener e Watson – ele chamou de "seus bichos-papões" e jurou nunca aceitar suas "tábuas epistemológicas dos mandamentos" (Woodworth, 1932, p. 376). Ao estudar o funcionamento da mente, Woodworth constatou a necessidade de abordagens diferentes. Ele percebeu que sua abordagem intermediária corria o risco de ser chamada de "meramente eclética", firmemente ancorada no ar, mas Woodworth estava preparado para receber essa crítica.

A Psicologia da Motivação de Woodworth

Assim como os funcionalistas de Chicago, Woodworth não conseguia aceitar os conceitos mecanicistas de estímulo-resposta (E-R) sobre o comportamento. Para ele, os estímulos não levam à resposta; eles provocam a resposta, mas a forma e a energia dela podem ser independentes do estímulo. Woodworth citou como exemplo o fato de que puxar o gatilho faz a armar disparar, mas a velocidade da bala é determinada pelas características da arma e da bala e não pela força com que se puxa o gatilho. Woodworth também salientou que a mesma resposta comportamental pode decorrer de vários estímulos. Sherrington (1906) havia se referido ao "campo receptivo" de um reflexo; o reflexo de arranhar do gato pode, por exemplo, ser provocado por estímulos em muitas partes do corpo. Woodworth também chamou a atenção para o estado ou condição do organismo que recebe o estímulo. Raramente, um estímulo atinge um organismo em repouso, e sua atividade, em geral, afeta a resposta. As variáveis motivacionais são aspectos determinantes dessa atividade. Durante toda sua carreira, Woodworth chamou a atenção para os efeitos dos impulsos; na verdade, ele lançou e popularizou o termo *impulso* (*drive*). Por que fazemos uma coisa e não outra? Por que colocamos energias diferentes em atividades diferentes? Woodworth tentou responder a essas perguntas em seu livro *Dynamic Psychology* [Psicologia Dinâmica] (1918) e 40 anos depois em *Dynamics of Behavior* [Dinâmica do Comportamento] (1958). Impulsos básicos surgem das necessidades biológicas do organismo; eles incluem os impulsos por comida, água e contato sexual. Outros impulsos consistem de preparações neuromusculares para os estímulos; por exemplo, um atleta na raia é motivado a reagir quando ouve o tiro de largada. Outros impulsos podem ser ambições pessoais ou interesses profissionais. Woodworth acreditava que todos eles são influências importantes no comportamento e nos processos mentais. Ele achava que qualquer psicologia que os ignorasse seria necessariamente incompleta.

Para enfatizar a importância da motivação, Woodworth modificou a fórmula E-R, de modo a incluir o organismo (O). Sua fórmula modificada era E-O-R. Woodworth escreveu o seguinte sobre essa fórmula revista:

> O "O" incluído entre E e R deixa claro o papel indubitável do organismo vivo e ativo no processo. O "O" recebe o estímulo e produz a resposta. Essa fórmula sugere que os psicólogos não devem limitar suas investigações sobre o *input* dos estímulos e a produção das reações motoras. Eles devem se perguntar como o *input* pode produzir o resultado; eles devem observar os processos que ficam entre eles [estímulos], se possível, ou pelo menos formular hipóteses sobre eles e pensar em experimentos para testar essas hipóteses. (Woodworth, 1958, p. 31)

Woodworth também lidou com um problema inquietante que os psicólogos têm quando precisam descrever os fenômenos que estudam. O vocabulário técnico da psicologia é formado por termos como *inteligência, hábito, impulso, sentimento e emoção*, que possuem significados próprios da linguagem cotidiana. No entanto, embora os psicólogos possam querer restringir esses termos a determinados significados técnicos, em geral é difícil conseguir isso; os significados da linguagem cotidiana persistem. Ciências como a física e a química não têm essa dificuldade, pois desenvolveram seu próprio vocabulário técnico. Mas hoje, isso pode estar mudando; os físicos das partículas referem-se ao "comportamento dos átomos" e a seis *quarks* conhecidos: *up, down,* estranho, charme, *bottom* e *top*. Para não ficarem para trás, os físicos que estudam a superfluidez inventaram o "boojum" (Waldrop, 1981). Às vezes, os psicólogos recorreram a definições operacionais – inteligência é o que um teste de inteligência mede, o *impulso* da fome é o resultado de privação de comida por muitas horas – mas essas definições não são totalmente satisfatórias. Em seu discurso na APA, Woodworth sugeriu que os psicólogos pensassem em criar um vocabulário técnico. Até o termo *psicologia* parecia tão sobrecarregado de conotações de alma e psique a ponto de se tornar inútil. Woodworth propôs que ele fosse substituído pela palavra *motivologia*. Ele também fez outras duas sugestões. Em vez de *atitudes conscientes*, os psicólogos deveriam usar o termo *marbs* em homenagem a Marbe, o psicólogo que as havia estudado; e deviam se referir aos *pensamentos* como *kulps* por causa de Külpe que os havia analisado (Capítulo 6). As sugestões de Woodworth nunca foram adotadas, mas existem outros exemplos. Sílabas sem sentido deviam ser *ebbs* em homenagem a Ebbinghaus, reforçadores receberiam o nome de *burrhuses* por causa de Skinner e o teste de inteligência seria denominado *bineting* em homenagem a Binet. Por fim, impulsos certamente deveriam ser chamados de *woodworths*.

Woodworth não tinha vontade de criar ou liderar uma escola de psicologia. Ele sempre foi um homem modesto e parece ter subestimado suas muitas contribuições para a psicologia. Em sua autobiografia, ele mencionou que havia participado das atividades dos Conselhos de Pesquisa Nacional e Social, mas como era de sua personalidade não mencionou que havia sido presidente da Divisão de Antropologia e Psicologia do Conselho de Pesquisa Nacional e presidente do Conselho de Pesquisa Social. Felizmente, suas muitas contribuições foram reconhecidas e Woodworth recebeu muitas honrarias, incluindo a presidência da APA em 1914, e foi eleito para a primeira diretoria da Psychological Corporation em 1921, cargo que ocupou até 1960.

Em 1956, Woodworth recebeu a primeira medalha de ouro da *American Psychological Foundation* pelo:

> serviço notável e contínuo para o conhecimento e pesquisa da psicologia e por suas contribuições ao crescimento da psicologia por meio da publicação científica. (Poffenberger, 1962, p. 689)

Woodworth aposentou-se oficialmente da Columbia University aos 70 anos, mas continuou a lecionar até os 89 e a escrever até os 91. Ele morreu em 4 de julho de 1962.

EDWARD LEE THORNDIKE (1874-1949)

Os Primeiros Anos da Vida de Thorndike

Thorndike, Woodworth, Angell e Dewey eram todos filhos de antigas famílias da Nova Inglaterra. No caso de Edward Lee Thorndike, seus ancestrais remontavam a 1630 e incluíam fazendeiros, advogados e comerciantes. Thorndike nasceu em 31 de agosto de 1874 em Williamsburg, Massachusetts. Ele era o segundo de uma família de quatro filhos, todos com carreiras importantes na área da ciência. Sua mãe era uma dona-de-casa vitoriana determinada, seu pai, ministro metodista. As nomeações na igreja metodista do fim do século XIX eram por breves períodos que raramente superavam três anos. Portanto, Thorndike cresceu em uma sucessão de pequenas cidades da Nova Inglaterra. Ele tinha grande vontade de ser bem-sucedido na vida, achava fácil o trabalho escolar e foi um aluno brilhante. Também era terrivelmente tímido, em geral solitário e muito consciente do fato de ser "filho de um ministro". Thorndike formou-se em 1891, tendo conquistado o primeiro e o segundo lugares em todas as matérias que cursou no secundário.

Em 1891, Thorndike entrou para a Wesleyan University, que havia sido fundada pela igreja metodista, na qual seu irmão mais velho, Ashley, estudou. Thorndike tinha um histórico acadêmico brilhante e em todos os anos ganhou, pelo menos, um importante prêmio escolar. Ele também editava o jornal da universidade e jogava tênis em caráter competitivo. No entanto, era muito tímido e invejava seu irmão mais velho que, além de um aluno brilhante, era confiante e popular. Em Wesleyan, os alunos do primeiro ano tinham de estudar psicologia, um curso que Thorndike achou muito maçante. No entanto, como candidato a um prêmio acadêmico, ele precisava ler *Principles of Psychology* [Princípios de Psicologia] de James. Quarenta anos depois, Thorndike relembrou que o livro de James foi o mais interessante que ele havia lido. Quando era aluno do curso de graduação, comprou o livro, a única obra não literária que ele adquiriu, e até foi mais longe ao criticar os professores de psicologia por não utilizarem o livro como texto para o curso. Thorndike formou-se em 1895 com a distinção *Phi Beta Kappa* e a maior média em Wesleyan em 50 anos (Joncich, 1968).

Os Experimentos de Thorndike com Aprendizagem Animal em Harvard

Thorndike entrou para a Harvard University, onde planejava estudar inglês, filosofia e psicologia. Seu interesse em inglês e filosofia logo diminuiu, mas seus contatos com James fortaleceram seu interesse por psicologia. Em 1896, ele começou sua primeira pesquisa independente. Esse trabalho foi inspirado pela crença de James de que, nas demonstrações de leitura da mente, a pessoa cuja mente supostamente está sendo lida pode, de forma inconsciente, fazer movimentos faciais sutis que dão indicações para o "leitor da mente". A hipótese do experimento foi que as crianças podem ver esses movimentos sutis mais facilmente do que os adultos e, por isso, Thorndike estudou crianças de 3 a 6 anos. Ele sentava de frente para a criança e pensava em um número, letra ou objeto e ela tentava adivinhar o que ele estava pensando. Os resultados não comprovaram sua hipótese, mas o procedimento experimental incluía um detalhe importante: para cada resposta correta, a criança recebia um doce. Essa foi a primeira vez que Thorndike usou uma recompensa explícita. Embora as crianças gostassem dos experimentos, as autoridades escolares começaram a desconfiar dessa "leitura da mente" de Thorndike e se recusaram a permitir que ela continuasse. Portanto, Thorndike foi forçado a pensar em outras possibilidades de pesquisa. Em sua autobiografia, ele descreveu como começou seus experimentos com a aprendizagem em galinhas:

> Então, sugeri [a James] realizar experimentos sobre o comportamento instintivo e inteligente das galinhas, e ele aceitou. Eu mantinha esses animais e realizei experimentos com eles no meu quarto até que os protestos da senhoria foram imperativos. James tentou conseguir os poucos metros quadrados necessários para mim no laboratório e então no Agassiz Museum. Ele não foi bem-sucedido e com sua habitual bondade e dedicação aos coitados e aos aspectos excêntricos da ciência, colocou minhas galinhas no porão de sua própria casa no restante do ano. (Thorndike, 1936, p. 264)

Usando livros empilhados como paredes, Thorndike construiu alguns cercados para as galinhas. Com a ajuda de duas crianças da vizinhança, ele realizou um experimento em que uma galinha tinha de encontrar a saída do cercado para um outro cercado que continha comida, água e onde estavam outras galinhas. Primeiramente, a galinha correu para lá e para cá, piando alto e mostrando sinais claros de aflição. Depois de várias tentativas mal-sucedidas, ela finalmente achou a saída e deixou o cercado. Quando era colocada repetidamente no cercado, corria para a saída, e cada vez mais rápido. Thorndike descobriu que as galinhas haviam aprendido a escapar:

> A galinha, quando se vê sozinha e confinada, tem respostas que provavelmente a libertariam em situações semelhantes na natureza. Algumas dessas respostas levam-na a um ato bem-sucedido, e o prazer que resulta disso fica fixado nela. A ausência de prazer erradica todas as outras respostas. (Thorndike, 1911, p. 64)

Em vista do significado desses experimentos, é importante levar em conta seu contexto. Thorndike dá as seguintes razões práticas para realizá-los:

> O motivo de meus primeiros experimentos com inteligência animal foi principalmente atender aos requisitos dos cursos. Qualquer outro assunto também teria servido. Certamente, não tenho nenhum interesse especial em animais e nunca fiz um curso de biologia até meu último ano do curso de pós-graduação, quando estudei com afinco e completei uma matéria secundária para meu doutorado. (Thorndike, 1936, p. 165)

Certamente, essas considerações práticas foram importantes, mas a pergunta continua: Por que Thorndike escolheu realizar experimentos com galinhas? Na época, não havia nenhuma tradição com esse tipo de pesquisa em Harvard; qualquer influência deve ter vindo de outro lugar. Parece que uma das influências foi o trabalho de um dos seguidores britânicos de Charles Darwin, C. Lloyd Morgan (Capítulo 9). Em 1894, Morgan havia publicado *Comparative Psychology* [Psicologia Comparada], que incluía descrições de experimentos nos quais ele ensinou as galinhas a fazerem a distinção entre grãos de milhos de diferentes cores. Alguns grãos foram mergulhados na quinina para que o gosto ficasse mais amargo, outros na água com açúcar para que se tornassem mais doces. As galinhas aprenderam rapidamente a bicar apenas os grãos com gosto doce. Lloyd Morgan proferiu as Palestras Lowell em Harvard em 1896, descrevendo sua abordagem da psicologia comparada e seus experimentos com aprendizagem em galinhas. Foi justamente no primeiro ano de Thorndike em Harvard, mas ele não fez nenhuma menção sobre seu comparecimento às palestras de Morgan, embora aparentemente tenha sido isso que ocorreu. Mais tarde, ele iria citar Morgan com muita freqüência (Stam e Kalmanovitch, 1998).

Thorndike na Columbia University: Gatos em uma Caixa de Quebra-Cabeças

Apesar do sucesso dos experimentos com aprendizagem em galinhas e sua admiração por James, em 1897, Thorndike decidiu deixar Harvard. Ele queria sair da Nova Inglaterra por uma razão pessoal – a recusa da proposta de casamento que havia feito. Thorndike aceitou a bolsa de estudos oferecida por Cattell para fazer pós-graduação na Columbia University e mudou-se para Nova York, levando com ele, em uma cesta, suas duas galinhas mais treinadas. Inicialmente, ele pretendia estudar, com essas galinhas, a herança lamarckiana de características adquiridas, mas para pós-graduação, um jovem apressado logo percebeu que esse estudo levaria muito tempo e logo desistiu dele. Cattell aprovou uma extensão de sua pesquisa em Harvard sobre "a vida mental dos animais". Thorndike propôs estudar a formação de associações, estendendo os experimentos que realizou com galinhas a outras espécies. Seu plano foi aceito. No começo, ele tinha galinhas e um filhote de gato em seu apartamento – seus vizinhos pensaram que ele era treinador de animais no circo – mas depois que uma incubadora quase pegou fogo, a senhoria insistiu para que as galinhas fossem retiradas de lá. Cattell conseguiu achar algum espaço no sótão de um prédio em Colúmbia, e esse lugar passou a ser o laboratório de Thorndike. Ele comprou sete filhotes de gatos e seis gatos jovens, os sujeitos de seus experimentos mais famosos.

Thorndike construiu 15 caixas de quebra-cabeças ou caixas-problema. Um gato faminto colocado em uma caixa precisava aprender a escapar e pegar o alimento por meio de uma resposta específica, como acionar um pedal ou puxar uma corda em forma de laço. Quando ele respondia dessa forma, Thorndike liberava a entrada da caixa e permitia que o gato escapasse. Ao serem colocados nessas caixas pela primeira vez, os gatos faziam tentativas ao acaso, ou o que Thorndike chamou de comportamento de "tentativa e erro": arranhar as paredes, tentar escapar através de pequenas aberturas ou fendas, rasgar o arame, e assim por diante. No final, aparentemente por acaso, o gato achava a solução, conseguia escapar e pegar a comida. Com treinamento, o comportamento de tentativa e erro diminuía, de modo que, no final, os gatos conseguiam escapar das caixas rápida e facilmente.

Thorndike achou que a aprendizagem havia sido determinada pelo que ele chamou de *Lei do Efeito*. Ele via a caixa-problema como uma situação de estímulo na qual um gato faminto emite várias respostas. A maior parte delas resulta em " aborrecimentos", isto é, fracasso em escapar de uma caixa e obter comida e, assim, a associação ou conexão entre essas respostas e a situação de estímulo enfraquece. Um número menor de respostas leva a " satisfações", isto é, escapar da caixa e ter acesso à comida e, dessa forma, a conexão entre essas respostas e a situação de estímulo se fortalece. De acordo com Thorndike, satisfações e aborrecimentos atuam seletivamente para "fixar" certas relações entre estímulo e resposta e enfraquecer outras. As respostas que produziam satisfações tinham sua conexão com a situação "coladas" mais intensamente do que as respostas que produzem aborrecimentos, cuja conexão enfraquecia. Thorndike deu uma boa explicação para a aprendizagem que ele observou. Por mais de 40 anos, sua explicação foi fundamental para a concepção dos psicólogos sobre a aprendizagem dos animais. Tolman (Capítulo 9) observou que, "A psicologia da aprendizagem foi e ainda é principalmente uma questão de discordar de Thorndike ou tentar melhorar o mínimo em relação a ele" (Tolman, 1938, p. 11). As explicações sobre aprendizagem eram, na verdade, quase sempre uma questão de concordar ou discordar de Thorndike. Seus experimentos clássicos tinham várias outras características importantes. Primeiramente, ele incluiu apenas uma ilustração em sua monografia, descrevendo os resultados de seus experimentos (Thorndike, 1898a). Seu desenho da Caixa K mostra uma caixa hábil e meticulosamente construída que foi reproduzida em vários testes psicológicos como um exemplo do tipo de caixa que Thorndike usou. No entanto, é um exemplo enganoso. Os fotógrafos das caixas usadas por ele (Burnham, 1972) mostram que elas eram muito diferentes de seus desenhos meticulosos. Pedaços estranhos de madeira sobressaem-se em vários cantos da caixa, pregos mal colocados são visíveis e as paredes, chão e teto em geral estão todos entortados. Em geral, as caixas pareciam instáveis, montadas às pressas, e alguns rótulos mostram que eram engradados de frutas e verduras. Thorndike não gostava de ferramentas e máquinas – ele nunca aprendeu a dirigir um carro – e ficava claro que suas aptidões como carpinteiro eram limitadas. Portanto, a pesquisa de alto nível de Thorndike foi feita usando-se os instrumentos mais rudimentares. Um segundo ponto importante é que Thorndike utilizou 15 caixas diferentes em seus experimentos. Elas exigiam diferentes respostas para que o animal conseguisse escapar, e uma de suas mais importantes descobertas foi que os animais não aprendiam essas respostas com a mesma facilidade. Todos os gatos aprenderam a escapar de cinco caixas que demandavam uma única resposta: bater com a pata ou puxar uma corda, empurrar um botão, bater em uma alavanca. No entanto, quatro dos dez gatos testados em uma caixa que exigia respostas múltiplas – puxar um laço e, então, movimentar um bastão ou dois pinos – não aprenderam a escapar; cinco dos oito gatos testados em uma caixa que demandava que uma trava fosse movimentada com uma força de, pelo menos, 400 g também não obtiveram sucesso. Thorndike acreditava que os gatos tinham dificuldade em aprender a responder dessa forma para escapar, pois as respostas não eram simples e definitivas.

Thorndike também achava que, quando os gatos foram testados em algumas caixas, eles conseguiam aprender cada vez melhor como sair delas. Eles acabavam ficando "peritos nas caixas"

Caixa Z e Limites Biológicos sobre a Aprendizagem

Alguns dos resultados mais interessantes que Thorndike relatou decorreram de suas observações do comportamento dos gatos na Caixa Z, que ficava totalmente fechada, exceto por uma pequena abertura no canto esquerdo. Para escapar dessa caixa, os gatos tinham de lamber-se ou coçar-se. Em suas gaiolas originais, eles em geral apresentavam essas respostas, mas tiveram dificuldade em aprender a escapar da caixa Z. Embora, no final, todos os gatos tenham aprendido a escapar da caixa, a formação de associações foi lenta e difícil. Ao contrário das respostas regulares, coordenadas, que eles apresentaram em outras caixas, o ato de lamber e coçar se tornou instável e começou a diminuir e, no final, passou a ser um mero vestígio do que era feito antes, por exemplo, uma rápida movimentação da pata para cima e para baixo em vez de uma vigorosa coçada. Se a porta não abria imediatamente depois de lamber ou coçar, a resposta não se repetia, ao contrário das repetições vigorosas de outras respostas. Algumas respostas não eram aprendidas com facilidade.

Cinqüenta anos mais tarde, dois psicólogos – Keller e Marian Breland – inicialmente tiveram sucesso em treinar animais para diversas propagandas, atividades de entretenimento e comerciais. As galinhas foram condicionadas a "tocar" piano ou "botar" um certo número de ovos sob comando (Breland e Breland, 1951). Suas primeiras tentativas fizeram tanto sucesso que os Breland previram confiantemente que os psicólogos iriam substituir os treinadores convencionais de animais em várias situações. Dez anos depois (Breland e Breland, 1961), eles estavam muito menos confiantes. Em seus esforços contínuos para treinar animais, os Breland depararam com numerosos exemplos de comportamento inadequado. Apesar de seus esforços, os animais não puderam ser treinados para emitir certas respostas, semelhante ao que acontecera com os gatos de Thorndike na Caixa Z. Por exemplo, os Breland não conseguiram treinar uma galinha para que permanecesse imóvel para receber comida; um porco treinado para colocar "moedas" em um "cofrinho" começou a relutar, levando muito mais tempo para fixar as moedas na entrada do cofre e jogá-las nele; um guaxinim treinado para uma exibição semelhante não deixava a moeda cair no cofre, mas a esfregava na lateral do recipiente durante longos períodos de tempo. Nesses e em outros casos, o comportamento natural dos animais para obter comida interferia no desempenho do comportamento condicionado. Embora inicialmente tenha sido classificado como um relato de treinadores fracassados de animais, seu trabalho "Misbehavior of Organisms" (1961) se tornou uma das obras mais citadas na literatura sobre aprendizagem de animais (Seligman e Hager, 1972). Seus resultados são semelhantes aos de Thorndike e uma antecipação da preocupação com "os limites biológicos sobre a aprendizagem" e de resultados atuais que mostram que nem todos os comportamentos podem ser modificados prontamente da mesma forma por meio do reforço (Hinde e Stevenson-Hinde, 1973; Shettleworth, 1973).

e eram capazes de aprender novas respostas para escapar com pouca dificuldade. Eles haviam desenvolvido o que Harry Harlow (1905–1982) muitos anos depois chamou de aprender a aprender* *(learning sets)* (Harlow, 1949). Finalmente, Thorndike não observou efeitos benéficos na imitação (ver outro gato resolver o problema) ou em ser conduzido à solução do problema, em que o pesquisador mexe as patas do animal para que ele faça os movimentos necessários.

---

* NT: Também denominado associações de aprendizagem.

Todos esses resultados são clássicos, e é extraordinário que Thorndike tenha realizado os experimentos em menos de um ano. Primeiramente, ele descreveu os resultados em *"Experiments on Comparative Psychology"* [Experimentos em Psicologia Comparada], trabalho apresentado na reunião de janeiro de 1898 da New York Academy of Science e, depois, em *"Some Experiments in Animal Intelligence"* [Alguns Experimentos com Inteligência Animal], publicado em *Science* em junho de 1898. Sua tese, *An Experimental Study of the Associative Processes in Animals* [Estudo Experimental dos Processos Associativos em Animais], foi aceita pela Columbia University em 1898 e publicada como uma monografia no *Psychological Review* desse mesmo ano. Por fim, ao término de um ano notável, Thorndike descreveu seus resultados na reunião de dezembro de 1898 da APA. Sua ambição era chegar ao topo em cinco anos; ele estava a caminho de conseguir isso.[4]

Muitos psicólogos, incluindo James e Cattell, consideravam os experimentos de Thorndike um grande avanço no estudo da inteligência animal. No entanto, Thorndike também recebeu críticas que ele não deixou de considerar. Em uma carta a um amigo, ele escreveu: "Tenho algumas teorias que vão jogar as velhas autoridades no buraco" (Joncich, 1968, p. 146). Depois da reunião da APA, Thorndike escreveu para sua noiva que seu trabalho havia sido duramente criticado por um "velho carvalho" (idem, ibidem). Esse "velho carvalho" era T. Wesley Mills (1874–1915), um representante da psicologia comparada da McGill University em Montreal. No ano seguinte, Mills repetiu suas críticas sobre os experimentos de Thorndike em um longo trabalho intitulado *"The Nature of Animal Intelligence and the Methods of Investigating it"* [A Natureza da Inteligência Animal e os Métodos para Investigá-la], publicado no número de maio do *Psychological Review* (Mills, 1899). Mills criticou Thorndike por negligenciar o trabalho de pesquisadores anteriores:

> Em sua pesquisa, o Dr. Thorndike não mostrou respeito de qualquer natureza pelos colegas do passado que em geral faz os homens pararem antes de discordar radicalmente de outros, sem mencionar o fato de ter de bom grado os enviado para a fogueira da psicologia. Para o Dr. Thorndike, os representantes da psicologia comparada são rápida e simplesmente classificados – todos são loucos – a única diferença é o grau de insanidade, pois ele fala que um deles é o "mais louco" do grupo. (Mills, 1899, p. 263)

Essa negligência com o trabalho anterior foi totalmente intencional da parte de Thorndike. Ele esperava eliminar toda a estrutura da psicologia comparada e começar do zero. Ela deveria rejeitar os relatos casuais de pesquisadores como Romanes (1912) (Capítulo 9) e substituí-los por experimentos objetivos. Romanes falou muito do instinto dos cães de encontrar o caminho de casa e havia incluído relatos de cães perdidos que achavam o caminho de volta para casa depois de andar vários quilômetros, mas como Thorndike observou, "cães se perdem centenas de vezes, e ninguém nunca presta atenção nisso ou envia um relato para uma revista científica. Mas basta um encontrar o caminho de Brooklyn até Yonkers e o fato imediatamente se torna uma história popular que todo mundo fica sabendo" (Thorndike, 1898a, p. 24). O único trabalho anterior de algum valor foi o de Lloyd Morgan, o homem que Thorndike chamou de "o mais são de um grupo de insanos". Mas Morgan (1900) também havia criticado duramente as pesquisas de Thorndike, sugerindo que os gatos deveriam ser descritos como "suas vítimas" (Galef, 1998, p. 1130).

---

[4] Também em 1898, Elizabeth Moulton, a mulher que anteriormente havia recusado sua proposta de casamento, concordou em ser sua esposa.

Mills também criticou Thorndike por causa das situações que ele havia escolhido para seus experimentos. Mills salientou que "quando os animais são retirados de seu ambiente costumeiro, eles podem ficar tão confusos ou perturbados que não conseguem agir normalmente, e isso eu demonstrei experimentalmente" (Mills, 1899, p. 266). Ele afirmou que os animais de Thorndike haviam ficado em um estado de pânico e, dessa forma, não conseguiram agir de forma inteligente. Sua situação, Mills disse, era como a de "um homem vivo em um caixão" (Mills, 1899, p. 266). Seus próprios experimentos com cães em situações no campo e na fazenda mostraram que eles são capazes de um comportamento altamente inteligente. Mills afirmou que, se Thorndike tivesse observado o comportamento desses animais "... até uma pessoa tão envolvida com seus experimentos como ele, teria mudado de opinião sobre isso e outras questões" (Mills, 1899, p. 266).

Na edição de junho de 1899 do *Psychological Review*, Thorndike replicou essas críticas de forma áspera. Ele admitiu que *Sir* John Lubbock tinha utilizado um método semelhante ao dele em seus próprios experimentos com insetos e reconheceu o valor de sua contribuição (pelo menos, um outro pesquisador anterior agora era considerado bastante são). Thorndike também admitiu que, às vezes, seus animais realmente entravam em pânico e mostravam sinais de comportamento violento. No entanto, essas reações tinham ocorrido apenas nos primeiros testes e, de acordo com Thorndike, não haviam interferido na formação da associação. Os índices de aprendizagem foram semelhantes em animais que mostraram ou não esse pânico inicial. Ele relatou que seus gatos entravam nas caixas de livre e espontânea vontade repetidas vezes. Certamente, eles não teriam feito isso se estivessem tomados pelo pânico. Ele também aceitou o fato de Mills ter dito que as situações que Thorndike havia escolhido não eram naturais, mas salientou que era exatamente isso que ele havia pretendido. Seu objetivo era fazer os gatos aprenderem uma conduta nova e desconhecida; ele não queria estudar reações naturais ou instintivas. Thorndike questionou a afirmação de Mills que suas situações eram artificiais. Os gatos haviam passado grande parte de suas vidas no laboratório, portanto, para eles, a situação não era artificial; era tão natural para eles como um pátio da fazenda para um gato que vive no campo. Esse debate Thorndike–Mills tinha sua parcela de argumentos pessoais e emocionais, mas é interessante por causa da rapidez com que foi aceito e porque as questões que eles debateram têm aparecido de forma recorrente na literatura sobre aprendizagem animal.

Thorndike e a Educação

Depois de ter obtido o título de doutor, o melhor cargo que Thorndike conseguiu foi o de professor-assistente de pedagogia na College for Women da Western Reserve University em Cleveland, Ohio. Como seu irmão Ashley fazia parte do corpo docente, Thorndike foi para Cleveland com grandes esperanças, mas o ano acabou sendo de infelicidade no que ele considerou um exílio acadêmico. Thorndike sabia muito pouco sobre pedagogia e teve de passar seis semanas frenéticas familiarizando-se com a literatura sobre o assunto. A maior parte do tempo, ele estava apenas um passo à frente de seus alunos e, em sua aulas, em geral tinha de "blefar". Thorndike queria muito continuar com seus experimentos, o que ele chamava de suas "proezas", mas o *campus* não tinha instalações para pesquisa com animais. Passado um ano, ele ficou muito satisfeito em receber um telefonema de Cattell convidando-o para fazer parte do corpo docente fundador do Teachers College da Columbia University. Ele voltou para Nova York em 1899.

Thorndike permaneceu no Teachers College durante toda sua carreira acadêmica, 43 anos nos quais sua média de publicações era de 10 por ano. Muitas delas eram grandes obras. *Educational*

Psychology [Psicologia Educacional], por exemplo, publicada em 1913, tinha três volumes. Thorndike descreveu seus trabalhos como "oportunistas", pois muitos deles foram escritos como complementos de cursos que havia ministrado. Ele desconfiava da capacidade dos alunos de tomar notas precisas e, então, escrevia livros sobre o conteúdo das aulas. Sua abordagem gerou críticas. Depois da publicação de *Elements of Psychology* [Elementos de Psicologia] (1905), Titchener fez esse comentário contundente:

> O professor Thorndike acha necessário, ou rentável, publicar suas aulas logo depois que elas são dadas. O trabalho despendido nisso pode ser inteligente, original e sugestivo, mas inevitavelmente mostra sinais de preparação inadequada e de imaturidade de julgamento. (Titchener, 1905, p. 552)

No entanto, essas críticas foram um contratempo passageiro, e a carreira de Thorndike se desenvolveu rapidamente. Cattell o apoiou com entusiasmo e, em cinco anos, Thorndike foi promovido a professor e mais do que dobrou seu salário inicial. No começo, ele continuou com sua pesquisa experimental tanto em animais quanto em seres humanos. Então, Thorndike estendeu seus experimentos sobre aprendizagem em cães e também estudou a vida mental de três macacos Cebus que mantinha em seu apartamento em Nova York (Bruce, 1997, p. 879). Ele passou os verões de 1899 e 1900 na Biological Sciences Research Station em Woods Hole, Massachusetts, onde realizou um dos primeiros estudos sobre aprendizagem em peixes. Em Woods Hole, Thorndike também conheceu o renomado biólogo Jacques Loeb (1859–1924) e o jovem representante da psicologia comparada Robert Yerkes (Capítulo 11). Com o passar dos anos, o interesse de Thorndike se concentrou cada vez mais na educação. Talvez a natureza de sua origem acadêmica o tenha influenciado, pois ele dizia que costumava "cumprir minhas obrigações contratuais como professor antes de qualquer outra coisa" (Thorndike, 1936, p. 270). Mas certamente foi uma perda para a psicologia comparada o fato de Thorndike não ter continuado com suas pesquisas com animais. Ao contrário, ele dedicou seu tempo à educação, tornando-se uma autoridade em mensuração educacional e, com John Dewey, um dos líderes do movimento de educação progressiva.

As Mensurações Mentais de Thorndike

Thorndike reconheceu a realidade e importância das diferenças individuais. Ele acreditava que uma das principais tarefas da psicologia era desenvolver técnicas que permitissem a mensuração dessas diferenças. Thorndike publicou uma monografia intitulada *Heredity, Correlation, and Sex Differences in School Abilities* [Hereditariedade, Correlação e Diferenças entre os Sexos em Habilidades Escolares] em 1903, e *Introduction to the Theory of Mental and Social Measurements* [Introdução à Teoria das Mensurações Mentais e Sociais], em 1904. Ele se opôs a conceitos como os de Charles Spearman (1904) que enfatizavam a "inteligência geral". Thorndike achava que a inteligência era uma combinação de certas aptidões e habilidades específicas. Ele desenvolveu um teste de inteligência que consistia em subtestes para medir a completação de frases (C), aritmética (A), vocabulário (V) e capacidade de seguir instruções (D). Esse teste CAVD foi muito usado na Columbia University e em muitas outras instituições para medir as aptidões e habilidades dos alunos. Thorndike acreditava que esses subtestes eram capazes de medir diferentes habilidades que podiam ou não estar correlacionadas em uma determinada pessoa.

Com relação à origem das diferenças individuais, Thorndike era defensor convicto da hereditariedade (Thorndike, 1913), acreditando que os fatores genéticos são de importância capital, e a *eugenia sistemática* é a única esperança para o aperfeiçoamento da raça humana. Ele afirmava que a determinação genética das diferenças individuais em termos de inteligência deve ser aceita como um fato. Thorndike se opunha à igualdade na educação. Propunha que as diferentes oportunidades educacionais fossem dadas a crianças de diferentes níveis de habilidade, já que as escolas podem fazer muito pouco para modificar a condição intelectual da criança. Thorndike também considerava o alto nível de inteligência um recurso precioso que não deve ser desperdiçado por meio de uma instrução insatisfatória. Ele em geral usava exemplos drásticos para ilustrar seus pontos de vista. Mande um milhão de estudantes ingleses para uma viagem como aquela do navio *Beagle* e quantos, ele perguntou, fariam as descobertas de Charles Darwin? Nem mil, nem cem, nem dez, talvez nem sequer um. Com relação às suas opiniões, ele era fruto de seu tempo e também muito diferente de seu contemporâneo John Dewey.

A Pesquisa Aplicada de Thorndike

Nos primeiros anos em Teachers College, Thorndike também trabalhou em uma série de questões ligadas à indústria: elaboração de exames para candidatos a vagas na American Tobacco Company e testes de seleção para o pessoal administrativo. Durante a Primeira Guerra Mundial, ele fez grande parte da análise estatística para o *Army Testing Project* [Programa de Testes do Exército] (Capítulo 11) e trabalhou no desenvolvimento de técnicas de seleção para aviadores. Depois da guerra, Thorndike investiu vários milhares de dólares, com êxito, na Psychological Corporation de Cattell (R. M. Thorndike, 1999) e foi eleito para a diretoria como membro-fundador.

Como Cattell, Thorndike privilegiava uma abordagem precisa, quantitativa da avaliação dos fenômenos psicológicos. Com o apoio da Carnegie Corporation, ele realizou uma pesquisa sobre a qualidade de vida das cidades norte-americanas. Os resultados relativos a 310 cidades grandes foram publicados em *Your City* (1939) e os de 144 cidades menores em *One Hundred Forty-Four Smaller Cities* (1940). Thorndike reuniu uma grande quantidade de fatos sobre a população de cada cidade; suas instituições educacionais e centros de lazer; a saúde de seus habitantes e suas ocupações; os gastos *per capita* em escolas, bibliotecas e museus; a renda; o índice de criminalidade; entre outros. Esses fatos foram, então, combinados de modo a produzir uma nota G que refletia a qualidade geral de vida de uma cidade. Thorndike também combinou uma série de outros indicadores – incluindo número de alunos que se formaram no curso secundário, número de pessoas alfabetizadas, circulação na biblioteca e índices de homicídios – para chegar a uma nota P para cada cidade. Ele considerava a nota P um reflexo da inteligência, caráter e qualidades pessoais dos habitantes da cidade. Dessa forma, G representava um indicador da qualidade do ambiente e P, da qualidade genética da população.

A inspiração para uma segunda linha de pesquisa veio quando um de seus filhos achou difícil aprender a soletrar, o que fez surgir em Thorndike o interesse pelo uso das palavras. Primeiramente, ele contou a freqüência das palavras na literatura, livros-texto, Bíblia, jornais, correspondências e outros materiais escritos. A partir de 50 fontes diferentes, Thorndike (1921) compilou uma lista de dez mil palavras que ocorriam com mais freqüência. Essa lista foi ampliada em 1932 para 30 mil palavras (Thorndike, 1932). Entre as cinco mil palavras mais usadas estavam *and, apple, big, but, I, dead, man, most, near, no, now, open, pass, top* e *sister*. Thorndike também instigou os professores a se concentrar mais em ensinar as crianças a usar e soletrar essas palavras.

Em 1931, publicou um *Junior Dictionary* e, em 1940, o *Thorndike Senior-Century Dictionary*.[5] De acordo com o neto de Thorndike, Robert M. Thorndike, ele próprio professor de psicologia, um evento em particular levou seu avô a fazer esses dicionários: ele achou em um dicionário para crianças o termo *urso* definido como "quadrúpede plantígrado carnívoro" (R. M. Thorndike, 1999). Em seus dicionários, Thorndike criou uma regra – ele sempre tornava a definição da palavra mais simples do que a própria palavra. Seus dicionários fizeram muito sucesso, tendo o *Junior Dictionary* vendido mais de um milhão de exemplares. Thorndike também estava interessado na questão mais geral da aprendizagem de uma língua e formulou o que chamou de teoria do "o acaso do balbuciar" para explicar como as crianças aprendem uma determinada língua. De acordo com sua teoria, inicialmente a criança começa a balbuciar. Alguns dos sons, os pais reconhecem e recompensam. Isso é gratificante para a criança e, assim, aprende-se uma língua por meio de tentativas e acertos (Thorndike, 1913).

As Honrarias Concedidas a Thorndike

Thorndike recebeu muitas honrarias e prêmios. Em 1912, ele recusou um cargo de professor na Harvard University e, nesse mesmo ano, foi eleito presidente da APA. Em 1917, tornou-se membro da National Academy of Science e, em 1921, diretor de pesquisa do Educational Research do Teachers College. Em uma pesquisa de opinião sobre psicólogos feita por Cattell em 1921 para seu *American Men of Science*, Thorndike ficou em primeiro lugar; em 1925, o conselho de curadores da Columbia University concedeu a Thorndike a medalha de ouro Butler em reconhecimento a suas contribuições à educação; e, em 1933, ele ocupou o cargo de presidente da American Association for the Advancement of Science.

Thorndike atraiu muitos alunos. Em geral ele era gentil e generoso com eles e seus colegas. Um de seus alunos, Herbert Toops, deu o nome de Edward L. Toops a seu primeiro filho e de Thorndike Toops ao segundo (Meyer, 1983, p. 2). Outros, no entanto, o achavam agressivo, desagradável e autoritário – comportamentos que o próprio Thorndike descreveu como o "blefe" que usava para disfarçar sua timidez. Ele ganhou muito dinheiro com seus livros; em 1924, os *royalties* que recebia representavam cinco vezes seu salário de professor, e ele prosperou mesmo durante os anos da Depressão nos Estados Unidos. Sua vida como psicólogo parece ter sido muito gratificante. Thorndike se aposentou em 1940, mas seus anos de aposentadoria foram repletos de tristeza e melancolia. Ele sofria de arteriosclerose, ficou surdo e se considerava um "homem velho e cansado". Thorndike publicou quase 50 trabalhos profissionais depois de ter se aposentado, mas a alegria e satisfação não existiam mais. O hábito persistia, mas as "satisfações" haviam perdido seu valor. Thorndike morreu aos 74 anos, em 9 de agosto de 1949, de uma hemorragia cerebral maciça. Seu nome é conhecido da maioria dos psicólogos contemporâneos, mas especialmente por seus experimentos com animais no começo de sua carreira (Dewsbury, 1998).

CONCLUSÃO

A morte de Thorndike põe um ponto final em nossas considerações sobre o funcionalismo. Atualmente, o funcionalismo não existe mais como escola formal de psicologia e seria impossível apon-

---

[5] Estes dicionários são publicados atualmente como *Thorndike-Barnhart Children's Diary*, *Thorndike-Barnhart Junior Dictionary* e *Thorndike-Barnhart Student Dictionary*. Eles estão disponíveis no Amazon.com. Os leitores que os adquiriram dispensam grandes elogios a eles.

tar uma universidade como o centro da psicologia funcional. Entretanto, o ponto de vista dos funcionalistas foi muito aceito e agora faz parte do quadro de referência de quase todos os psicólogos. Paradoxalmente, embora haja poucos funcionalistas formais – caso ainda exista algum –, quase todos os psicólogos são funcionalistas, pois estão interessados nas funções mentais como adaptações e ajustes ao ambiente. Como escola formal da psicologia norte-americana, o funcionalismo foi substituído, no começo do século XX, por um movimento mais radical e agressivo – o *behaviorismo* de J. B. Watson. Antes de analisarmos a revolução behaviorista de Watson (Capítulo 12), descreveremos o desenvolvimento, utilização e abuso ocasional dos testes de inteligência durante as primeiras décadas do século XX. A história das tentativas de medir essa função da mente humana é fascinante e, às vezes, muito triste.

Alfred Binet.
(Biblioteca Nacional de Medicina)

CAPÍTULO 11

Os Usos e Abusos Históricos dos Testes de Inteligência

As décadas iniciais do século XX testemunharam as primeiras tentativas bem-sucedidas de mensurar uma determinada função da mente humana: a inteligência. À medida que um número cada vez maior de crianças entrava em escolas públicas, a necessidade de maior eficácia na educação se tornou fundamental. Além disso, as diferenças de aptidão e motivação acadêmica trouxeram à tona a necessidade de meios eficientes, objetivos e baratos de agrupar aptidões. Embora o desenvolvimento e a aplicação generalizada de testes de inteligência tenham ocorrido principalmente nos Estados Unidos, os primeiros foram criados na França, onde o interesse pela mensuração das capacidades mentais remontava a Pierre-Paul Broca.

A CRANIOMETRIA DE PIERRE BROCA

Além de seu trabalho excepcional sobre a localização da fala (Capítulo 3), Pierre-Paul Broca realizou várias medições do corpo humano, incluindo a cabeça, em uma tentativa de entender suas funções. Broca acreditava que o tamanho do cérebro é um bom indicador geral da inteligência. Ele concluiu que, em média, os homens são mais inteligentes dos que as mulheres e que essa diferença é maior nos homens e mulheres contemporâneos do que em relação a um passado distante. As conclusões de Broca foram baseadas em dois grupos de dados (Broca, apud Gould, 1978, p. 44):

1. Os resultados de suas próprias necropsias em quatro hospitais parisienses. Ele reuniu dados sobre 292 cérebros de homens e 140 cérebros de mulheres. O peso médio dos primeiros era de 1.325 kg, ao passo que o cérebro das mulheres pesava 1.144 kg, uma diferença de 181 g, ou 14%.
2. As medições das capacidades cranianas de uma série de crânios pré-históricos. Nesses crânios, Broca encontrou uma diferença de 99,5 cm^3 entre os cérebros dos homens e das mulheres a favor dos homens. Suas medições de cérebros de contemporâneos mostraram diferenças de volume que variavam de 130 a 221 cm^3. Broca concluiu que os cérebros dos povos primitivos eram menores do que os dos seres humanos da Idade Moderna e que as diferenças entre os sexos com relação ao volume do cérebro se intensificaram ao longo do tempo.

As conclusões de Broca devem ser questionadas. Ele pressupôs que os adultos maduros são mais inteligentes que as pessoas mais velhas, que os povos "primitivos" eram menos inteligentes que os povos da Idade Moderna e que os homens são mais inteligentes do que as mulheres. Cada

Testando as Diferenças Individuais na Antiga China

Os antigos testes de diferenças individuais foram desenvolvidos e utilizados 2 mil anos antes dos primeiros testes psicológicos descritos neste capítulo. Durante o fim do período Ch´in (Quin) e começo do período Han na China (200–100 d.C.), os exames eram desenvolvidos e administrados sob o patrocínio do imperador. Eles consistiam de testes escritos sobre a capacidade de ler e escrever e eram usados como base de recomendações oficiais para importantes cargos no serviço público (DuBois, 1970). Esses exames imperiais caíram em desuso, mas reapareceram na época da dinastia T´ang (618–906). Então, seguiu-se um longo processo de desenvolvimento. Bowman (1989) descreveu o resultado:

Na época da dinastia Ming (1368–1644), que era altamente desenvolvida, os exames haviam se tornado uma instituição social meticulosamente formalizada. Eles incluíam níveis diferentes de testes (municipal, regional, provincial, nacional) que eram então ainda mais diferenciados e associados à concessão de títulos formais, incluindo alguns que tinham vaga semelhança com títulos das universidades atuais. Em cada nível, o êxito significava novos títulos e acesso a mais poder no serviço público. Por longos períodos, esse sistema funcionou de forma bastante eficiente, e os intelectuais modernos acreditam que ele conseguiu assegurar um suprimento contínuo de homens talentosos das províncias para o serviço do governo nacional (Kracke, 1963), formando um grupo de poder que o imperador controlava como um contrapeso à aristocracia hereditária. (Bowman, 1989, p. 577)

A proficiência em música, arco e flecha, a habilidade em lidar com cavalos e o conhecimento de aritmética e da vida pública e privada eram testados. Mas o mais importante eram os altos níveis de aptidão verbal, especialmente na construção de argumentos elegantes e abstratos. Muitos candidatos não passavam no exame. Seus problemas se tornaram uma característica comum da vida na dinastia Ming e entraram para a literatura e histórias populares da China.

As mudanças nesses exames em um período de cerca de 500 anos prenunciaram muitos dos desdobramentos e controvérsias acerca dos testes psicológicos modernos (Capítulo 11):

Tópicos como a importância relativa da memória como uma característica da capacidade mental, o papel do conhecimento especializado, as influências da classe social no desempenho do teste, o uso dos exames para dar oportunidades de mobilidade social, recomendações pessoais como uma alternativa a exames formais em seleção de pessoal, protesto social contra a natureza dos exames, o uso de unidades geográficas na alocação de cotas de candidatos a serem aprovados e a necessidade de mensurar a resolução de problemas aplicada e o raciocínio foram todos amplamente discutidos. Os métodos para lidar com esses problemas práticos como fraude, plágio e tendência do examinador também tiveram de ser desenvolvidos. (Bowman, 1989, p. 578)

Os testes psicológicos contemporâneos originaram-se do trabalho de Francis Galton, Alfred Binet e Lewis Terman no final do século XIX e começo do século XX, mas a notável origem histórica desses testes remonta há mais de dois mil anos na antiga China.

---

uma dessas suposições não foi comprovada, mas uma vez que Broca as aceitou, parecia lógico que quaisquer diferenças que ele encontrasse nos tamanhos do cérebro desses grupos seriam um reflexo das capacidades intelectuais correspondentes. Seu raciocínio era surpreendentemente circular para um cientista de sua estatura. Por que ele não questionou suas premissas originais? A resposta pode estar em uma análise de seu contexto social. A premissa básica de Broca de que os homens eram mais inteligentes do que as mulheres era a visão que prevalecia naquela época. Vimos no Capítulo 9 a visão de Galton sobre a superioridade masculina. Esse ponto de vista também era comum na França, como fica evidente pelo seguinte ataque às mulheres, e circunstancialmente a todos os não-parisienses, de um dos líderes da psicologia francesa do século XIX, Gustave Le Bon (1841–1931):

Nas raças mais inteligentes, como entre os parisienses, há um grande número de mulheres cujo tamanho do cérebro se aproxima mais ao dos gorilas do que ao dos cérebros masculinos desenvolvidos. Essa inferioridade é tão óbvia que ninguém pode contestar em determinado momento; apenas o grau é discutível. Todos os psicólogos que estudaram a inteligência das mulheres ... reconhecem hoje que elas apresentam as formas mais inferiores de evolução humana e que estão mais próximas das crianças e dos selvagens do que de um homem civilizado adulto. Elas se destacam no que diz respeito à instabilidade, inconstâncias, ausência de pensamento e lógica e incapacidade de raciocinar. (Le Bon, apud Gould, 1978, p. 46)

Um segundo aspecto de seu ambiente cultural e intelectual pode também ter influenciado o pensamento de Broca: o surgimento da teoria da evolução de Charles Darwin. Broca foi o fundador e líder de um pequeno grupo de "livres pensadores" franceses que aceitava a teoria da evolução de Darwin: "Eu preferiria ser", Broca dizia, "um macaco transformado do que um filho degenerado de Adão" (Sagan, 1979, p. 6). Broca desenvolveu uma forma primitiva de darwinismo social para acomodar a diferença aparentemente cada vez maior no tamanho do cérebro de homens e mulheres ao longo do tempo. Ele acreditava que, por os homens estarem mais envolvidos na luta e competição pela sobrevivência e serem ativos em atender às demandas de seu ambiente e proteger sua família, foram selecionados cérebros maiores para eles. Broca achava que as mulheres eram protegidas, passivas, muito mais sedentárias e restritas à situação familiar e, portanto, não estavam sujeitas à mesma pressão da seleção.

Muitos consideraram os trabalhos de Broca jóias da ciência do século XIX. Thomas Huxley (Capítulo 9) declarou que a mera menção do nome de Broca o enchia de um sentimento de gratidão pelo que este havia realizado. O trabalho de Broca sobre o tamanho do cérebro geralmente era citado por quem se opunha à educação superior e ao direito de voto para as mulheres. Afinal de contas, se as mulheres são formas mais inferiores da evolução humana, com cérebros mais parecidos com os dos gorilas do que dos homens, por que deviam ter o direito de votar (Capítulo 2) ou cursar a universidade? Em 1776, Abigail Adams persuadiu seu marido John a fazer o Congresso analisar a questão da independência e educação das mulheres (Smith, 1976, v. 2, p. 1.809), embora apenas em meados do século XIX tenham sido criadas as primeiras universidades para mulheres e nas décadas de 1880 e 1890 as universidades estaduais passaram a ser mistas.

A batalha foi, enfim, vencida, mas depois de uma luta longa e difícil. Todas as freqüentes premissas sobre a superioridade masculina e o preconceito em relação às mulheres dificultaram o avanço. As descobertas e conclusões de Broca respaldaram esses preconceitos. E essa situação tornou-se pior porque as conclusões de Broca eram falsas.

Um moderno biólogo e historiador da ciência, Stephen Jay Gould (1978), salientou que um dos fatores mais importantes que determinam o peso do cérebro é a idade: geralmente ele diminui com a idade. As mulheres cujos cérebros Broca estudou eram mais velhas dos que os homens, mas ele não levou isso em conta ao analisar as diferenças de peso que encontrou. Quando Gould analisou novamente os dados de Broca e controlou o fator idade, descobriu que a diferença no peso do cérebro entre homens e mulheres reduziu-se de 181 para 113 g. Outras influências importantes no peso do cérebro são a *causa mortis* e o tamanho do corpo. Depois de levar em conta esses fatores, Gould concluiu:

Dessa forma, a diferença corrigida de 113 g é, sem dúvida, muito grande: a verdadeira diferença está próxima de zero e pode ser a favor tanto das mulheres quanto dos homens. E 113 g é exatamente a diferença média entre um homem de 1,62 m e outro de 1,92 m nos dados de Broca ... Elas certamente não permitem qualquer afirmação segura de que os homens tenham cérebros maiores do que as mulheres. (Gould, 1978, p. 48)

Gould também conseguiu demonstrar a não validade da afirmação de Broca de que a diferença no volume entre os cérebros dos homens e mulheres contemporâneos é maior do que nos cérebros dos tempos pré-históricos. Gould descobriu que essa afirmação era baseada apenas no estudo de sete crânios pré-históricos de homens e mulheres. Tirar conclusões com base em uma amostra tão pequena era um erro grave de julgamento de Broca.

Pierre-Paul Broca morreu em 1880. Os cérebros que ele havia estudado se tornaram parte do Musée Paul-Broca que, posteriormente, se uniu ao Museé de l' Homme em Paris. Em uma sala embolorada nos fundos do Museé de l' Homme, Carl Sagan (1979) descobriu inúmeras prateleiras de garrafas contendo cérebros humanos. Na etiqueta de um deles estava escrito "P. Broca". O cérebro de Broca havia sido preservado como parte da coleção que ele havia criado há mais de cem anos.

O verdadeiro progresso na mensuração da inteligência não se deveria à craniometria de Broca ou a tentativas como as de Galton e Cattell de usar mensurações físicas das funções mentais (Capítulo 9), mas ao trabalho de outro francês, Alfred Binet.

ALFRED BINET (1857-1911)

Os Primeiros Anos da Vida de Binet e sua Educação

A maior contribuição de Binet à psicologia foi a criação das primeiras escalas para avaliar a inteligência, as quais rapidamente suplantaram as tentativas anteriores de mensurar a inteligência usando medidas físicas e substituíram julgamentos e caracterizações subjetivas. Algumas pessoas apenas "parecem" brilhantes ou embotadas, ou talvez elas tenham o formato "certo" de cabeça (repetindo os frenologistas discutidos no Capítulo 3). No entanto, as tentativas científicas de usar esses critérios para avaliar a inteligência sempre acabaram se mostrando fúteis. Muitos indivíduos cuja profissão requer que avaliem outras pessoas – professores, diretores de pessoal, entre outros – desenvolveram suas próprias maneiras informais de avaliar a inteligência. Alguns de seus julgamentos podem estar corretos, mas eles também estão sujeitos a erros e a preconceitos e isso torna-se especificamente problemático quando esses indivíduos têm total confiança em seu julgamento. A grande contribuição de Binet foi substituir essa abordagem informal e subjetiva da inteligência por métodos padronizados, uniformes e objetivos.

Alfred Binet nasceu em Nice, França, em 11 de julho de 1857. Ele era filho único de pai médico e mãe com modestos talentos artísticos (Wolf, 1973). Seus pais se separaram quando ele era jovem e Binet foi criado pela mãe. Ele primeiramente estudou direito e, então, seguindo a tradição familiar, tornou-se médico; seus avós haviam sido médicos, assim como seu pai. Uma visita ao necrotério fez Binet desistir de seus estudos de medicina e concentrar-se em psicologia. Ele tinha uma renda independente e, portanto, conseguiu perseguir seus interesses sem a pressão de ter de ganhar seu sustento. Binet leu *Hereditary Genius* [O Gênio Hereditário] de Francis Galton (1869), *The Expression of the Emotions in Man and Animals* [A Expressão das Emoções no Homem e nos Animais] de Charles Darwin (1872) e a obra de John Stuart Mill (Capítulo 2). Ele declarou certa vez que Mill foi seu único professor de psicologia (Wolf, 1964, p. 762). Binet era um psicólogo que aprendeu sozinho na biblioteca. Esse tipo de aprendizagem adequava-se a Binet, pois ele era uma pessoa introvertida, com poucos amigos e que não gostava de conhecer pessoas. Mas esse tipo de aprendizagem privava Binet de duas vantagens de uma educação universitária – interações com outras pessoas e formação do pensamento crítico. A interação com outros alunos e com professores qualificados diminui o poder da palavra impressa e ensina o aluno a testar e avaliar idéias, abordagens e hipóteses. Na carreira de muitos psicólogos, vimos a influência de grandes professores. Em sua aprendizagem solitária, Binet privou-se dessas influências. Em poucos anos, ele iria pagar um preço muito alto por aceitar, sem críticas, os pontos de vista de outras pessoas (Wolf, 1973).

Os Primeiros Anos de Binet com Jean Charcot em La Salpêtrière

Os anos de leitura e de estudo solitários chegaram ao fim em 1883 quando o ex-colega de escola de Binet, Joseph Babinski – o homem que 13 anos mais tarde iria descobrir o reflexo infantil que leva seu nome – o apresentou a Charles Féré e este, por sua vez, apresentou Binet a seu supervisor e diretor de La Salpêtrière, Jean Charcot (Capítulo 8). Binet ficou satisfeito por ter aceito o convite de Charcot para trabalhar na clínica e lá permaneceu por sete anos na companhia de Charcot, seu mentor, e de Féré, seu colega de trabalho.

Charcot era famoso no mundo todo por suas demonstrações sobre os fenômenos neurológicos e hipnóticos. Sua clínica em La Salpêtrière era conhecida como a "Meca da neurologia e hipnose". Binet estava impressionado com a reputação de Charcot, chamava-o de "mestre" e aceitava sem questionar seus pontos de vista sobre hipnose. Charcot havia descrito três estados distintos de hipnose: letargia, sonambulismo e catalepsia. Ele também acreditava que as pessoas que podiam ser hipnotizadas tinham um sistema nervoso instável ou deteriorado. Como Charcot sabia que o sistema nervoso dessas pessoas ficava nesse estado? Ele sabia porque elas podiam ser hipnotizadas. Por que elas podiam ser hipnotizadas? Porque elas tinham um sistema nervoso instável e deteriorado. Binet nunca questionou esse raciocínio circular e aceitou os pontos de vista de Charcot incondicionalmente.

Binet e Féré usaram a hipnose em suas experiências em La Salpêtrière e afirmaram ter descoberto um novo e impressionante fenômeno a que eles denominaram *transferência*. Binet e Féré relataram que, nos pacientes hipnotizados, um ato como levantar um braço poderia ser movido ou transferido de um lado do corpo para outro pela ação de um ímã. As mulheres em geral eram os sujeitos de suas demonstrações (Winter, 1998). Em uma demonstração com a participante mais submissa, "Wit" relatou-se:

> Eles pediram para que "Wit" zombasse de um busto de Gall colocando o polegar da mão esquerda no nariz e mexendo os dedos; e ela fez isso várias vezes. No entanto, com o ímã escondido perto de seu lado direito, seus gestos com a mão esquerda diminuíram como se ela estivesse atrofiada. A mão direita tremia e a esquerda estava imóvel. "Wit" ficou irrequieta; ela olhava para o busto e o chamava de "repulsivo"; ela coçava a orelha esquerda com a mão direita e, então, imediatamente zombou do busto de Gall colocando o polegar no nariz e mexendo os outros dedos dessa mão. (Binet e Féré, 1885, apud Wolf, 1964, p. 764)

Da mesma maneira, afirmaram Binet e Féré, as sensações visuais, auditivas e táteis podiam ser transferidas de forma magnética de uma parte do corpo para outra. Eles também relataram o que chamaram polarização perceptiva e emocional. Na polarização perceptiva, a polaridade oposta de uma percepção poderia ser induzida por um ímã: uma cruz vermelha percebida de forma alucinada em um papel branco ficaria verde quando o ímã fosse colocado perto dela. Na polarização emocional, o ímã produzia uma emoção totalmente oposta: uma paciente hipnotizada, que mostrava muito medo de um pedaço de borracha que lhe haviam dito que era uma cobra, o acariciava e até demonstrava afeição pela "cobra" sob a influência do ímã. Medo e retraimento haviam sido polarizados em afeição e aproximação. Binet e Féré descreveram a transferência e a polarização como descobertas admiráveis, totalmente inesperadas, de importância capital e inexplicáveis pelas teorias neurológicas convencionais. Eles acreditavam que o campo magnético produzia os efeitos e afirmaram que estes eram tão confiáveis e facilmente demonstráveis como os fenômenos do mundo físico.

No entanto, outros pesquisadores não estavam convencidos disso. Ambrose-Auguste Liébault (1823–1904) praticava hipnose na cidade francesa de Nancy desde 1864 (Capítulo 8). Ele havia curado algumas doenças físicas usando a hipnose e aceitava a realidade de certos fenômenos físicos, mas não aqueles que Binet e Féré relataram. Em dezembro de 1885, Liébault visitou La Salpêtrière e assustou-se com o que viu. Os sujeitos dos experimentos tinham total conhecimento dos efeitos esperados e muitas das demonstrações eram feitas na mesma paciente, uma mulher atraente e submissa cujo apelido era "Wit". Na verdade, ela era a "Exibição A" de Binet e de Féré. Os experimentos, mal controlados, eram realizados sem cuidado. Liébault voltou para Nancy e tentou obter, inúmeras vezes, o efeito de transferência e de polarização em seus pacientes, mas sempre sem êxito. A diferença fundamental entre seus experimentos e os de La Salpêtrière era que seus pacientes não sabiam o que se esperava ou quando o ímã seria movimentado. Liébault estava convencido de que a sugestão em si explicava os resultados de Binet e Féré. Os pacientes deles sabiam o que se esperava e quando o efeito ia ocorrer, e eles correspondiam ao esperado. Liébault também contestou a afirmação de Charcot sobre uma ligação entre hipnose e sistemas nervosos abalados e especialmente a opinião de Charcot de que a histeria e a hipnose estão sempre associadas. Alguns dos pacientes histéricos de Liébault eram difíceis de hipnotizar; sua histeria constituía uma barreira à hipnose. No entanto, muitos pacientes fortes, robustos e obviamente sadios eram facilmente hipnotizados. Dessa forma, Liébault concluiu que a suscetibilidade à hipnose tinha pouca relação com a histeria.

Liébault, por si só, já era um adversário temível, mas o coro de críticas tornou-se mais forte em 1888 quando Hippolyte Bernheim (1840–1919), líder dos hipnotizadores em Nancy, publicou uma segunda edição de *Hypnosis and Suggestibility in Psychotherapy* [Hipnose e Sugestibilidade em Psicoterapia]. Em 1885, ele tinha viajado para Paris e, como seus colegas, ficou perturbado com o que viu. Ele acusou os pesquisadores de La Salpêtrière de cometer uma série de erros, principalmente de ignorar a influência da sugestão em suas experiências. Bernheim declarou que a transferência e a polarização não podiam ser demonstradas em pacientes que não estavam cientes dos efeitos esperados. Ele também rejeitou a ligação entre histeria e hipnose e a descrição das três formas distintas de hipnose.

Binet e Féré responderam a essas críticas com uma longa série de réplicas tensas, dogmáticas e inflexíveis. O fracasso em reproduzir esses resultados, eles diziam, devia-se à inépcia dos hipnotizadores de Nancy e à incapacidade de reproduzir as exatas condições experimentais. Binet e Féré disseram que reproduziram suas descobertas milhares de vezes sob condições cuidadosamente controladas e afirmaram com confiança que não havia possibilidade de seus resultados se deverem à sugestão. Ao contrário, os resultados eram totalmente conseqüência do poder do ímã e questioná-los significava duvidar de todos os fenômenos magnéticos, incluindo os do mundo físico. Binet e Féré até discutiram sobre a habilidade dos pesquisadores de Nancy de hipnotizar os pacientes, fazendo que Bernheim respondesse sarcasticamente que parecia que só os parisienses tinham acesso ao "hipnotismo profundo" enquanto todos os outros deviam se contentar com um "hipnotismo insignificante das províncias".

O golpe final em Binet e Féré foi desferido quando os pesquisadores de Nancy relataram que eles haviam conseguido produzir tanto a transferência quanto a polarização em pacientes que não sofriam de histeria simplesmente por meio de sugestão e sem o uso de um ímã. De uma forma ainda mais dolorosa e humilhante, Binet e Féré foram forçados a admitir que estavam errados. Em 1892, Binet escreveu um resumo angustiado de seus experimentos com hipnose em La Salpêtrière:

No início, quando aqueles estudos sobre hipnose voltaram a ocupar um lugar de destaque com M. Charcot, houve grande entusiasmo. A partir de então, podemos também admitir, o entusiasmo diminuiu; sempre se reconheceu que esses estudos apresentam uma série de razões para erro, que geralmente falseavam os resultados sem o conhecimento do pesquisador mais cuidadoso e prudente, e ninguém pode dizer que ele nunca cometeu um erro; uma das principais causas de erro contínuo ... é a sugestão, isto é, a influência do hipnotizador por meio de palavras, gestos, atitudes e até de seu silêncio. (Binet, 1892, p. 67-68)

Binet tinha apostado sua reputação nesses resultados; é possível imaginar facilmente sua humilhação em ter de admitir que eles se deviam à sugestão. É um prazer poder relatar que ele foi capaz de salvar sua carreira do naufrágio dos anos em La Salpêtrière e fazer contribuições muito importantes para a psicologia, incluindo, é claro, seus testes de inteligência. No entanto, Wolf (1973) mostrou que Binet ficou marcado por essa experiência. Seu colaborador no desenvolvimento dos testes de inteligência, Théodore Simon, lembrou que Binet nunca se referia aos anos que passou em La Salpêtrière e raramente mencionava o nome de Charcot. Sua preocupação com os efeitos da sugestão se tornou quase obsessiva. Em 1900, ele publicou uma obra de 338 páginas chamada *La Suggestibilité* [A Sugestibilidade], na qual descreveu a sugestão como "a cólera da psicologia" e freqüentemente advertia, "diga-me o que você está procurando e eu lhe direi o que você irá encontrar" (Tuddenham, 1974, p. 1.072). Suas inquietações e advertências anteciparam claramente a preocupação posterior dos psicólogos com os efeitos do experimentador (Rosenthal, 1966) e as características de demanda de experimentos psicológicos (Orne, 1962). Binet se tornou cada vez mais recluso e raramente comparecia a encontros de psicólogos. G. Stanley Hall (Capítulo 10) convidou-o para as conferências de 1899 (10º aniversário) e de 1909 da Clark University, mas Binet declinou os convites. Ele expressou o lado negro de sua personalidade escrevendo e produzindo peças góticas com temas melodramáticos de terror, assassinato e psicopatologia; quatro de seus dramas foram encenados em Paris e alcançaram um certo sucesso.

A Pesquisa de Binet sobre o Desenvolvimento Cognitivo

Binet pediu demissão da clínica de La Salpêtrière em 1890; felizmente, ele tinha uma renda independente. Seus interesses se voltaram para a família e principalmente para os estudos sobre o desenvolvimento de suas filhas, Madeleine e Alice (Varon, 1935). Naquela época, Madeleine tinha quatro anos e meio e Alice, dois anos e meio. Binet ficou intrigado com as diferenças individuais entre elas: Madeleine estava sempre muito concentrada, ao passo que Alice era mais impulsiva; Madeleine era mais calada, calma e controlada, enquanto Alice era alegre, geralmente risonha, inconstante e agitada. Em 1890, Binet publicou três trabalhos descrevendo suas observações, usando os pseudônimos Marguerite e Armande para as duas filhas. Ele declarou que as meninas reconheciam os objetos apresentados por meio de desenhos de linhas simples e eram capazes de descrever a utilização de objetos do dia-a-dia. Binet também elaborou uma série de testes sobre o raciocínio de suas filhas. Ele perguntava para Madeleine qual de duas pilhas continha mais moedas, feijões ou fichas. Binet descobriu que Madeleine julgava não pelo número de objetos, mas pelo espaço que eles ocupavam na mesa; quanto mais espaço a pilha ocupava, maior a probabilidade de Madeleine identificá-la como a que continha mais objetos. Em outro teste, Binet mostrou a Madeleine uma série de objetos conhecidos e, então, os tirou de vista. Quando mais de cinco objetos eram mostrados, retirados e então trazidos de volta um a um, ela sempre dizia que havia mais do que realmente existia. Os experimentos de Binet com suas filhas anteciparam a pesquisa de Jean Piaget em meados do século XX sobre o desenvolvimento cognitivo em crianças. A morte de Binet em 1911 privou Piaget da oportunidade de trabalhar com ele. No entanto, Piaget trabalhou em 1920 na escola-laboratório de Simon, colaborador de Binet (Elkind, 1974, p. 14). Lá, Piaget analisou as respostas "erradas" que as crianças davam com freqüência a perguntas nos testes de inteligência. Ele ficou surpreso ao descobrir que as respostas se encaixavam em padrões que diferiam de acordo com a idade das crianças. De volta ao Rousseau Institute em Genebra, Piaget dedicou sua vida ao estudo do desenvolvimento cognitivo (Gerow, 1988, p. 53).

Binet na Sorbonne

Em 1891, Binet passou a trabalhar no Laboratório de Psicologia Fisiológica na Sorbonne, sem perceber salário até 1892, quando foi nomeado diretor associado. Em 1894, ele assumiu a diretoria do laboratório. Na Sorbonne, Binet fez muitas pesquisas e publicou vários trabalhos. Podemos apenas pressupor que sua energia e dedicação à psicologia permitiam que ele fizesse isso, além do fato de que, para Binet, "um dos meus maiores prazeres é ter um pedaço de papel em branco para preencher. Eu trabalho tão naturalmente quanto uma galinha põe ovos" (Wolf, 1973, p. 34). Sua pesquisa pode ser mais bem descrita como estudos funcionalistas da psicologia individual; a percepção dos borrões; memória, imaginação e pensamento criativo e sem imagens; caligrafia; e a confiabilidade das testemunhas oculares. Ele também descreveu os temores das crianças e os efeitos do cansaço sobre os trabalhadores. Além de dirigir o laboratório da Sorbonne e fazer sua própria pesquisa prolífica, Binet atuou durante esses anos como diretor e editor-chefe de uma importante publicação francesa de psicologia, *L'Année Psychologique*, fundada em 1875. Ele solicitava e editava as contribuições das outras pessoas, publicava centenas de páginas de seus próprios escritos e até cuidava das difíceis questões de negócio relacionadas à publicação.

O Teste de Inteligência de Binet

As últimas décadas do século XIX foram um período de grande mudança na educação na França. Em 28 de março de 1882, foi aprovada uma lei que estabelecia a obrigatoriedade do ensino primário "para crianças de ambos os sexos de 6 a 14 anos" (Schneider, 1992, p. 112). O ensino universal apresentava um sério desafio: como escolher os alunos que deviam prosseguir para o próximo nível de ensino. No final daquele século, foi criado um sistema nacional de exames dedicado a selecionar e fazer triagem dos alunos para o ensino secundário e universitário e para um sistema de escola vocacional em desenvolvimento. A intensidade da seleção fica evidente a partir dos números de 1928/1929. Nesses anos, quatro milhões de estudantes franceses freqüentavam o ensino básico, 291 mil em escolas secundárias e 70 mil nas universidades. Nessa época a proporção de habitantes em relação aos estudantes universitários era de 969 para 1 na França em comparação a 290 para 1 nos Estados Unidos (Schneider, 1992, p. 129).

As autoridades educacionais do país também enfrentavam o problema do ensino de crianças "anormais" que eram incapazes de aprender na escola. Em 1899, Binet foi convidado a tornar-se membro da recém-fundada *Societé Libre pour l'Étude Psychologique de l'Enfant* [Sociedade Livre para o Estudo Psicológico da Criança]. A palavra *livre* no nome da Societé tinha grande significado, pois o grupo fundador de professores, diretores e médicos esperava libertar-se da antiga pedagogia e iniciar estudos científicos sobre as crianças. Como membro da Societé, Binet tinha acesso a crianças em escolas públicas, uma importante consideração, já que sua fama depois dos anos em La Salpêtrière fez que muitas escolas o barrassem. No mesmo ano, Théodore Simon, um jovem estudante de medicina, autonomeou-se assistente de pesquisa de Binet. Ele se tornou o mais importante colaborador de Binet, trabalhando com ele nos testes de inteligência que levam o nome de ambos.

Em 1899, os membros da Societé lançaram uma campanha para convencer o Ministério do Ensino Público da França a tomar alguma providência com relação às crianças portadoras de deficiência mental nas escolas. Em 1903, o ministério, como é comum na burocracia, nomeou uma comissão para analisar o problema. Binet e 15 outras pessoas, muitas das quais membros da Societé, foram designadas para essa *Comission for the Retarded* [Comissão para os Portadores de Retardo]. Em 1904, a comissão resolveu por unanimidade que as crianças nas escolas classificadas pelos professores como "refratárias à educação" deviam passar por um "exame médico-pedagógico" e, se consideradas passíveis de aprendizagem, colocadas em uma classe especial anexa à escola regular ou em um estabelecimento especial. Mas o que deveria ser o "exame médico-pedagógico"? Binet definiu o problema como:

> Estabelecer cientificamente as diferenças mentais e antropométricas que separam a criança normal da anormal, tornar essas diferenças exatas, mensurá-las de alguma forma, de modo que sua avaliação deixe de ser uma questão de discernimento e intuição e se torne objetiva e tangível. (Binet, 1904, p. 408)

Binet começou a medir essas diferenças. Ele descreveu seus métodos em 1903 em seu magnífico livro *Experimental Studies of Intelligence* [Estudo Experimental da Inteligência]. Ele utilizou vários testes:

1 testes de associação nos quais uma criança tinha de descrever uma idéia relacionada a 25 ou 30 palavras;
2 testes de completação de sentenças semelhantes aos que Ebbinghaus utilizou (Capítulo 6);
3 temas sobre um determinado tópico;
4 descrições de figuras e testes de memória;
5 desenho e descrição de objetos;
6 repetição de números e outros testes de memória e atenção;
7 testes de julgamento moral.

Binet e Simon desenvolveram 20 desses testes e também pesquisaram outros possíveis indicadores de inteligência e as relações entre eles. Simon escreveu sua tese sobre a craniometria e a mensuração do crânio feita por Broca, concluindo que essas mensurações eram de pouca utilidade na avaliação da inteligência. Binet e Simon também levaram em conta a grafologia ou o estudo da caligrafia, concluindo que ela possuía algum valor, mas que era preciso mais para mensurar e avaliar a inteligência.

Em 1905, Binet e Simon publicaram uma série de trabalhos em *L´Année Psychologique* descrevendo uma nova escala de mensuração da inteligência das crianças, a escala Binet-Simon de 1905. Seu primeiro trabalho mostrou o que eles descreveram como o "esboço preliminar" de um novo método para diagnosticar condições inferiores de inteligência. Eles deixaram bem claro qual era seu objetivo:

> Nosso objetivo é ser capaz de medir a capacidade intelectual de uma criança que nos é trazida para saber se ela é normal ou retardada. Portanto, devemos estudar sua condição nesse momento e somente nele. (Binet, 1905, p. 191)

Um segundo trabalho fornecia detalhes adicionais de seus métodos e dos próprios testes. A escala deveria ser aplicada sob condições controladas, que eles tomaram cuidado em especificar e cujo objetivo era medir a inteligência geral, que Binet considerava a "faculdade fundamental" para fazer julgamentos corretos, mostrar iniciativa e adaptar-se às circunstâncias. A escala de

1905 incluía 30 testes classificados em ordem de dificuldade. Cada criança passava pelo maior número de testes possível. Embora eles tenham aplicado os testes em muitas crianças em idade escolar de Paris, Binet e Simon não consideravam a escala um teste final de inteligência ou uma solução para o problema do diagnóstico de crianças retardadas. Ao contrário, ela constituía apenas um começo, um primeiro passo da investigação sobre a natureza da inteligência. Entre 1905 e 1908, Binet e Simon aplicaram os testes em um grande número de crianças em idade escolar e em um pequeno número de crianças retardadas na instituição que Simon supervisionava. Eles classificaram as crianças em ordem hierárquica com base em seu desempenho.

Em 1908, Binet e Simon criaram uma escala revista. Eles mantiveram 14 testes originais, eliminaram nove e modificaram sete; além disso, acrescentaram 33 novos testes. Os testes foram organizados por nível de idade de 3 a 13 anos. A diretriz de Binet e Simon era que uma criança devia atingir resultados de acordo com sua idade, isto é, uma criança de cinco anos de nível médio deveria atingir uma pontuação relativa a um nível mental de cinco, e assim por diante. Se a maioria, geralmente de 75% a 90% das crianças em um determinado grupo etário, passasse em um teste, ele era atribuído a esse nível de idade. É importante notar a utilização do termo *nível mental* em vez do termo mais comum *idade mental* que foi usado posteriormente. Esse último termo foi introduzido em 1911 por um psicólogo alemão, Louis William Stern (1871–1938) (Hardesty, 1976). Binet e Simon rejeitavam o conceito de idade mental, pois ele implicava algo endógeno, fixo e semelhante à idade cronológica. Eles usaram o termo nível mental para enfatizar mudança e flutuação: o nível mental de uma criança, conforme medido por seus testes, poderia mudar. Eles acreditavam que até mesmo crianças retardadas poderiam aumentar seus níveis mentais e criaram um sistema de treinamento ortopédico para as crianças retardadas que se igualava ao de Maria Montessori para crianças normais. Foi também Stern que introduziu o quociente mental como índice da idade mental em relação à idade cronológica (Stern, 1912). Uma pontuação abaixo de 1 era indicador de retardo mental e acima de 1 de inteligência superior. Quando multiplicado por 100, o quociente mental produz um quociente de inteligência (QI). Binet e Simon eram totalmente contra o conceito de QI, por considerarem que ele poderia ser enganador e até perigoso. Quando Simon, com 86 anos, então um "homem idoso, fraco, de barba, curvado, andando com passos arrastados" (Wolf, 1961, p. 245), foi entrevistado em 1959, ele descreveu com veemência o QI como "uma traição aos objetivos da escala" (Wolf, 1973, p. 203). O próprio Stern tinha uma posição de princípios quanto aos limites dos testes mentais padronizados (Lamiell, 2002).

Em livros-texto sobre diferenças individuais publicados em 1900 e 1911, Stern descreveu o método de Binet de testar como um ideal excelente, mas ressaltava que, do jeito que eram, os testes não conseguiam fazer uma caracterização abrangente do funcionamento de um determinado indivíduo. No último ano de sua vida, Stern, na época professor de psicologia na Duke University, escreveu sobre o QI calculado:

> Aquele que imagina que, ao determinar esse número, chegou à inteligência de um indivíduo de uma vez por todas, de modo que possa dispensar um estudo mais detalhado e qualitativo, pára onde a psicologia deve começar. (Stern, 1938, p. 60)

Apesar da oposição de Binet e Simon e das reservas de seu criador, o QI simples de calcular se tornou a forma-padrão de representar o desempenho com base nos testes de inteligência.

Logo depois da morte de Binet em 1911, foi publicada uma terceira revisão "ainda inacabada" da escala Binet-Simon. Ela era diferente das anteriores apenas nos detalhes. Os testes foram organizados de modo a testar níveis mentais de 3 a 15 anos, e havia cinco testes para adultos. A pontuação foi modificada para permitir que fossem dados créditos para cada teste que a criança passasse acima do ano-base, uma mudança que Binet aceitou com relutância. Ele era muito sofisticado para acreditar que a inteligência poderia ser dividida em frações de níveis mentais.

As escalas de Binet-Simon deram aos psicólogos o que eles há muito tempo procuravam: uma forma de medir a inteligência que era fácil de administrar e razoavelmente breve. As escalas alcançaram sucesso imediato. Foram distribuídas 22 mil cópias da escala de 1908 em três anos e 50 mil da revisão de 1911 em cinco anos. Quando começou a Primeira Guerra Mundial em 1914, os testes estavam sendo utilizados em, pelo menos, 12 países. Em geral, as escalas foram simplesmente traduzidas sem qualquer tentativa de aferi-las para o novo contexto. O teste de inteligência foi uma idéia cuja época havia chegado e a necessidade de utilizá-lo era irresistível. A morte de Binet aos 54 anos, em 1911, e a desorganização causada pela guerra impediram que Binet e Simon fizessem revisões posteriores das escalas, as quais certamente teriam acontecido.

Em vez de revisões cuidadosas das escalas originais, os testes de inteligência se desenvolveram de uma forma que Binet não imaginou e certamente não teria aprovado: teste em massa de um grande número de adultos e crianças. Antes do final da Primeira Guerra Mundial, 1,7 milhão de alistados no Exército dos Estados Unidos haviam sido testados; 30 meses depois de Lewis M. Terman ter introduzido o teste de Binet-Simon nos Estados Unidos, cerca de quatro milhões de crianças haviam sido testadas. O tempo decorrido entre a primeira escala de Binet-Simon de 1905 e esses programas de teste de larga escala foi muito pequeno. No entanto, antes de terminarmos nossas considerações sobre Binet, devemos mencionar dois reconhecimentos póstumos que certamente o teriam agradado. Em 1917, os membros da Sociedade Livre para o Estudo Psicológico da Criança votaram a mudança de seu nome para Societé Alfred Binet, um tributo adequado a um grande psicólogo. Em novembro de 1984, os editores da publicação *Science´84* da American Association for the Advancement of Science's escolheu o desenvolvimento dos testes de inteligência de Binet como um dos 20 principais avanços ou descobertas da ciência, tecnologia e medicina do século XX (Hammond, 1984, p. 9).

HENRY H. GODDARD (1866–1957)

Henry H. Goddard foi um dos dois homens responsáveis pela introdução das escalas de Binet-Simon nos Estados Unidos, juntamente com Lewis M. Terman. Os pais de Goddard eram *quakers* devotos, evangélicos. Goddard recebeu uma "educação supervisionada" em escolas *quakers* (Zenderland, 1998). Ele obteve o título de doutor em psicologia na Clark University em 1899, tendo sido encorajado e influenciado por G. Stanley Hall (Capítulo 9). Quando ocupava um cargo sem futuro em uma faculdade de educação da Pensilvânia, Goddard conheceu Edward Johnstone, superintendente da New Jersey Home para 230 crianças que sofriam de "deficiência mental" em Vineland, New Jersey. Em 1906, Johnstone instituiu o cargo de diretor de pesquisa em psicologia em Vineland a fim de que Goddard o ocupasse. Goddard criou então o Laboratório de Pesquisa para o Estudo da Debilidade Mental, o primeiro do gênero nos Estados Unidos (Leland, 1993). Lá, Goddard se convenceu de que, se o problema de diagnosticar a deficiência mental passaria da psiquiatria para a psicologia, era preciso suprir duas necessidades: alguém deveria definir uma forma confiável de distinguir entre crianças normais e com retardo mental e uma maneira também confiável de distinguir os diferentes níveis de capacidade mental tanto nas crianças normais quanto nas com retardo mental. Em uma visita à Europa em 1908, Goddard conheceu alguns psicólogos. Ele não conheceu Binet, mas recebeu um exemplar do teste de inteligência de Binet-Simon (Zenderland, 1998, p. 92). As escalas de Binet prometiam atender a ambas as necessidades. Goddard traduziu a escala de 1908 para o inglês e fez algumas pequenas alterações, como mudar

Henry Goddard no topo da Grande Pirâmide de Gizé.
(Arquivos de História da Psicologia Norte-Americana)

os nomes das moedas de *sous* para *cents* (centavos). No entanto, todas essas mudanças foram mínimas e, embora essas escalas sejam às vezes chamadas de revisões das escalas de Binet-Simon feitas por Goddard, é mais apropriado classificá-las como traduções.

Goddard aplicou as escalas traduzidas em 400 crianças em Vineland e em duas mil crianças nas escolas públicas de New Jersey (Goddard, 1911b). Elas atenderam aos requisitos psicométricos de Goddard. As notas das crianças de Vineland em geral estavam de acordo com os registros das instituições de ensino. As notas das crianças das escolas públicas geralmente eram muito diferentes, embora Goddard tenha descoberto que um número impressionante de alunos das escolas públicas foi testado abaixo de suas faixas etárias; ele também descobriu uma grande variedade de notas tanto nas crianças de Vineland quanto nas de escolas públicas. Goddard estava convencido do valor das escalas e, a partir daí, se tornou um defensor entusiasta dos testes de inteligência. Ele via a necessidade dos testes nas escolas públicas e começou a ministrar cursos em Vineland para treinar professores a aplicar e a dar notas aos testes. Quando surgiu a escala de Binet de 1911, Goddard imediatamente a traduziu. Até a revisão ambiciosa da escala de Binet feita por Terman em 1916, a tradução de Goddard foi o instrumento-padrão de teste nos Estados Unidos (Goddard, 1911a).

Os Kallikaks

Em 1909, o biólogo e eugenista norte-americano Charles Davenport solicitou que Johnstone e Goddard coletassem dados sobre a hereditariedade da deficiência mental. O resultado foi a pesquisa de Goddard sobre a hereditariedade da inteligência: seu estudo da família Kallikak (Goddard, 1912). Em seu livro *The Kallikak Family* [A Família Kallikak] cujo subtítulo era *A Study in the Heredity of Feeble-Mindedness* [Um Estudo sobre a Hereditariedade da Deficiência Mental], Goddard recontou a verdadeira história dessa família. O antecedente científico desse estudo da hereditariedade humana foram os experimentos sobre a hereditariedade nas plantas feitas 50 anos antes por um obscuro monge austríaco, Gregor Mendel (1822–1884). Os experimentos de Mendel haviam produzido uma revolução na biologia e deram ímpeto ao trabalho de Goddard. Mendel pertencia a uma família pobre da Áustria, entrou para uma ordem de monges para estudar e cursou a Universität Wien com o objetivo de se tornar professor. Ele prestou o exame final duas vezes, mas foi reprovado. Os examinadores consideraram seu conhecimento de ciência física adequado, mas concluíram que ele não estava apto a lecionar história natural e biologia. Um professor declarou que Mendel "não tinha *insight* e a necessária clareza de conhecimento" (Bronowsky, 1973, p. 380). Depois de não ter conseguido obter as qualificações para ser professor, a ordem o enviou para um monastério em Brno, na Morávia, agora parte da República Checa, com a tarefa de trabalhar na horta. Mendel aceitou sua incumbência de bom grado, pois as plantas e os animais sempre o fascinaram; eles se tornaram seus "filhos", e Mendel os tratava com carinho e atenção. Começando em 1856 e continuando por oito anos, Mendel realizou alguns dos mais importantes experimentos da história da biologia.

Primeiramente, Mendel cruzou camundongos selvagens com albinos para verificar qual a cor do pêlo que os camundongos híbridos teriam. Mas seus colegas monges fizeram objeção aos camundongos porque eles cheiravam mal e o bispo local considerou os experimentos de cruzamento vulgares para um monge. Mendel então se concentrou nas abelhas. Ele esperava combinar a mansidão de uma raça de abelhas italianas com a maior diligência de uma raça alemã. Lamentavelmente, esse cruzamento produziu uma colônia de abelhas híbridas altamente agressivas e improdutivas (Gould, 1982, p. 308) e, por isso, Mendel passou a trabalhar com plantas. Algum tempo depois, ele relembrou rindo entre dentes: "Passei do cruzamento de animais para o cruzamento de plantas. O bispo não sabia que as plantas têm sexo" (Henig, 2000, p. 16). Seus experimentos com plantas foram todos realizados na horta do monastério de 36 x 6 m. Mendel estudou as características da mais comum de todas as plantas da horta: a ervilha – cor da flor, sementes

Gregor Mendel
(Arquivo Bettmann)

lisas ou rugosas, verdes ou amarelas e, o mais importante, plantas altas ou anãs. Ele estudou 10 mil plantas e 300 mil ervilhas (Henig, 2000, p. 83). Os resultados dos experimentos de Mendel estabeleceram, pela primeira vez, um conjunto válido de princípios de herança genética. Para ilustrar os métodos e as conclusões de Mendel, vamos analisar seus experimentos sobre a hereditariedade da altura das plantas. Primeiramente, Mendel produziu um híbrido de plantas de ervilhas altas e baixas, inseminando artificialmente as plantas baixas a partir das altas. As ervilhas híbridas produziram sementes que então ele plantou. Os princípios genéticos vigentes previam que as plantas resultantes teriam um misto das características das plantas que lhe deram origem; isto é, elas seriam de altura média. As ervilhas de Mendel, no entanto, não tinham altura média – sua altura era superior a 1,8 m. Em seguida, ele produziu a segunda geração fertilizando as híbridas com seu próprio pólen. Suas ervilhas foram plantadas, e as plantas resultantes, medidas. Nessa geração, Mendel descobriu que a maioria das plantas era alta e uma minoria significativa constituía-se de plantas anãs com menos de 50 cm de altura. Ele supôs que a altura nas plantas de ervilhas é controlada por dois fatores, um de cada planta de origem. Atualmente, chamamos os "fatores" de Mendel de genes. Quando os dois fatores de origem eram diferentes, Mendel supôs que um seria dominante e o outro, recessivo. Sua primeira geração de ervilhas mostrou que o fator altura era dominante. No entanto, na segunda geração, uma combinação em cada quatro deveria, com base no acaso, ter feito dois fatores recessivos unirem-se e produzirem uma planta baixa. Se A representar o fator "alto" e a simbolizar o fator "baixo", sendo A dominante, então, das quatro combinações possíveis AA, Aa, aA e aa, apenas a última (aa) produz a planta baixa. Isso significa que três entre quatro plantas de ervilha devem ser altas, ou uma proporção de três para um. Entre as 1.064 plantas da segunda geração que Mendel mediu, 787 era altas e 277, baixas, uma proporção de 2,84 para 1. Ocorreram proporções similares quanto à cor das flores: o fator para as flores brancas era dominante sobre o fator para flores violetas.

Em 1856, Mendel apresentou um estudo intitulado *"Experiments on Plant Hybridization"* [Experimentos com Plantas Híbridas] em uma reunião da Sociedade para o Estudo das Ciências Naturais. O público era grande e, no início, atencioso, mas não fez perguntas, nem se engajou na discussão sobre os resultados de Mendel (Iltis, 1932, p. 179). Dez anos mais tarde, Mendel tentou novamente, publicando seus resultados no *Journal of the Brno Natural History Society*, no qual eles caíram no esquecimento instantâneo. Logo depois, a carreira de Mendel como biólogo experimental chegou ao fim quando foi eleito abade de seu monastério. Suas tarefas administrativas impediram-no de fazer pesquisas adicionais, o que provavelmente foi bom, pois seus superiores suspeitavam de sua "manipulação da natureza". Para ter certeza de que suas pesquisas não teriam efeitos heréticos, seus colegas monges queimaram todos os trabalhos e notas de pesquisa de Mendel depois de sua morte, em 1884.

O trabalho de Mendel permaneceu na obscuridade por mais de 30 anos até que foi descoberto e republicado por alguns estudiosos. Em 1902, William Bateson, um biólogo da Cambridge University, publicou *Mendel's Principles of Heredity: A Defence* [Os Princípios da Hereditariedade de Mendel: Uma Defesa]. Bateson se tornou conhecido como o "buldogue do monge" graças à ferocidade com que defendia Mendel. O botânico holandês Hugo de Vries também publicou um relato sobre os experimentos de Mendel. Em uma viagem à Alemanha, Goddard leu o relato sobre os experimentos de Mendel feito por Vries em 1900. O modelo genético de Mendel se tornou a motivação para o trabalho de Goddard sobre hereditariedade e inteligência. Ele estava convencido de que os princípios de Mendel explicariam a hereditariedade da deficiência mental. O salto entre a altura da ervilha, cor e forma da semente ou flor para algo complexo como a inteligência humana parece enorme. O próprio Mendel chegou a questionar a aplicação geral de seus resultados, mas para Goddard a possibilidade era bastante razoável. Ele estava convencido de que tanto os altos quanto os baixo níveis de inteligência eram herdados, pois havia lido os relatos de Galton sobre o gênio hereditário (Capítulo 9) e também descoberto que muitos dos irmãos e irmãs das crianças em Vineland haviam sido considerados deficientes mentais e internados. Para aprofundar esse estudo, ele procurou uma família. Goddard chamou as pessoas que encontrou de *Kallikaks*.

Em 1897, uma jovem, Deborah Kallikak, foi internada no Instituto Vineland aos oito anos. Quatorze anos mais tarde, em 1911, Deborah foi testada com a escala Binet-Simon e descobriu-se que ela tinha a idade mental de nove anos, o que levou Goddard a classificá-la como "moron",* termo que ele introduziu na psicologia e que deriva do grego *moros*, que significa "obtuso" (Burtt e Pressey, 1957).[1] Goddard descreveu Deborah como:

> Um exemplo típico de uma pessoa com alto grau de deficiência mental, a idiota, a delinqüente, o tipo de garota ou mulher que lota nossos reformatórios. Elas são instáveis, metem-se em todos os tipos de problema e dificuldades, de caráter sexual ou de outros tipos e, no entanto, já estamos acostumados a considerar seus defeitos com base no vício, ambiente ou ignorância. (Goddard, 1912, p. 11)

Goddard pesquisou os antecedentes da família de Deborah e conseguiu remontar sua ascendência até a Revolução Americana, quando um soldado de boa família, Martin Kallikak, Sr., teve uma "intimidade casual" com uma garçonete deficiente mental, o que levou ao nascimento de Martin Kallikak, Jr. Depois que a guerra acabou, Martin Sr. deixou o exército e se tornou um próspero e respeitável cidadão. Ele se casou com uma "moça direita" de uma família *quaker* e eles tiveram sete filhos – o lado "bom" da família Kallikak.

Martin Jr. também se casou e teve dez filhos – o lado "ruim" da família Kallikak. Goddard investigou os filhos de ambos os casamentos, buscando provas de sua condição mental. Ele concluiu que nenhuma criança da esposa *quaker* era anormal, ao passo que cinco filhos de Martin Jr. eram deficientes mentais. Nas gerações seguintes, a diferença entre os dois ramos da família Kallikak acentuou-se. Entre os 480 descendentes de Martin Jr., Goddard afirmou que havia 46 pessoas normais, 143 definitivamente deficientes mentais, 36 nascimentos ilegítimos, 33 pessoas imorais do ponto de vista sexual, 3 epilépticos e 24 alcoólatras. Essas pessoas eram ladrões de cavalos, indigentes, criminosos condenados, prostitutas e proprietários de casas de má reputação – ou seja, a ralé.

Os 496 descendentes do casamento com a mulher *quaker* eram muito diferentes: havia apenas três "pessoas um pouco degeneradas mentalmente", dois alcoólatras, uma pessoa sexualmente promíscua e não havia nenhum nascimento ilegítimo ou pessoas epilépticas. Nesse ramo da família, havia médicos, advogados, juízes, comerciantes, educadores e latifundiários – os pilares da sociedade. As diferenças entre os dois ramos da família não poderiam ter sido mais surpreendentes e, para Goddard, eram evidências indiscutíveis da herança da degeneração conforme as linhas clássicas de Mendel. Goddard escreveu que os Kallikaks propiciaram:

> De certo modo, um experimento natural com um ramo normal com o qual se podia comparar nosso lado ruim da família. Temos um ancestral que nos dá uma descendência de pessoas normais, que é boa em todas as gerações, com exceção de um homem que era sexualmente promíscuo e dois que cederam ao vício da bebida. Essa é nossa norma, nosso padrão, nossa demonstração do que é o sangue dos Kallikaks, quando mantido puro, ou misturado com sangue tão bom quanto

---

* NT: *Moron* significa retardado mental, idiota.
[1] Burtt (1980) lembrou que Goddard viu a palavra *moron* pela primeira vez como uma pichação em um vagão ferroviário.

o próprio. Em contraposição, temos o lado ruim, o sangue do mesmo ancestral contaminado pelo da mentalidade retardada e o sangue ruim que foi trazido para a família normal de sangue bom, primeiramente pela garota deficiente mental anônima e, depois, pela contaminação adicional de outras fontes. O biólogo não poderia planejar ou realizar um experimento mais rigoroso ou cujas conclusões seriam inevitavelmente as mesmas. (Goddard, 1912, p. 68-69)

A conclusão de Goddard de que a deficiência mental é hereditária foi amplamente citada (J. D. Smith, 1985). Os Kallikaks eram realmente diferentes, e essas diferenças foram ressaltadas pela linguagem gráfica de Goddard: Martin Jr. é chamado de "Velho Horror", e suas descrições da pobreza, licenciosidade, degradações e horror geral da vida de seus descendentes lembram um pouco Charles Dickens. Mesmo o nome escolhido por Goddard para a família era significativo. Goddard (1942) afirmou que *Kallikak* significava "o inominável", mas a palavra grega *kalos* significa "bom" e *kakos*, mau. Os Kallikaks se tornaram uma parte essencial dos textos de ciência social, com os resultados de Goddard em geral apresentados em resumos muito simplificados. Até 1955, um texto do *General Psychology* de Henry Garrett,[2] diretor do departamento de psicologia da Columbia University por 16 anos e presidente da APA em 1946, incluía uma figura resumindo os resultados de Goddard. As crianças do lado "bom" da família foram retratadas como *quakers* honrados e as crianças do lado "ruim", como pequenos demônios com chifres (Garrett, 1955, p. 65).

Embora ninguém espere atingir o grau de controle de Mendel ao estudar a hereditariedade da inteligência humana, o estudo de Goddard sobre os Kallikaks tinha falhas graves. Em 1911, ele apresentou seu estudo em uma reunião da filial de Nova York da American Association of Psychology (Benjamin, 1991). As minutas dessa reunião relatam de forma obscura que, depois da palestra de Goddard, houve considerável discussão (Hollingsworth, 1912). A pesquisa de Goddard tinha inúmeros pontos fracos em termos de metodologia e de procedimentos:

1. O estudo levou apenas dois anos, o que parece ser muito pouco para um trabalho dessa magnitude e detalhe.
2. Os assistentes de pesquisa que trabalharam com Goddard eram pessoas interessadas em problemas sociais, mas tinham pouco treinamento em pesquisa genealógica ou entrevistas. Eles eram inspirados pelo entusiasmo fervoroso de Goddard e conheciam os objetivos de seu estudo e, portanto, poderiam ter sido tendenciosos.
3. Foram feitos poucos testes objetivos com os membros da família, e as conclusões sobre a inteligência das pessoas, em geral, constituíam inferências de observações incidentais. Em muitos casos, o pesquisador não conseguia nem examinar uma pessoa que não podia ser localizada, ou que não queria colaborar ou que havia morrido. No caso dessas pessoas, os pesquisadores confiavam em relatos dos membros da família, amigos, vizinhos, conhecidos, pastores e outros indivíduos. Em outras épocas, a ocupação e a posição de uma pessoa na comunidade eram usadas para calcular sua inteligência.
4. O comportamento criminal e a deficiência mental eram freqüentemente relacionados. Se um membro da família tinha uma ficha criminal, ele era classificado como deficiente mental.
5. A premissa de Goddard de que a deficiência mental decorre de um único gene mendeliano recessivo não é plausível.
6. Por fim, embora os diferentes ambientes dos dois ramos da família tivessem sido descritos graficamente, a influência do ambiente foi bastante ignorada. Goddard foi ainda mais longe,

---

[2] Em 1954, Garrett foi o único psicólogo acadêmico a testemunhar contra a desagregação da escola na decisão da Corte Suprema dos Estados Unidos sobre *Brown vs. Board of Education*.

a ponto de descrever o ambiente dos dois ramos da família como "praticamente o mesmo". Para citar duas diferenças óbvias, os cuidados médicos e a nutrição eram muito diferentes. Essas diferenças se refletem nos números relativos à mortalidade infantil: 82 na família "ruim" e apenas 15 na família "boa".

Em 1981, Stephen Jay Gould adicionou uma outra crítica a essa lista, afirmando que Goddard havia adulterado, pelo menos, cinco fotografias mostradas em *The Kallikak Family* [A Família Kallikak], acrescentando linhas escuras grosseiras para acentuar características faciais não favoráveis dos membros do lado "ruim" da família. Um especialista em fotografia examinou as fotos e declarou:

A aspereza dá a impressão de uma fisionomia escura, de um olhar fixo, às vezes de maldade e às vezes de retardo mental. Seria difícil entender por que alguém teria feito qualquer retoque se não fosse para dar uma falsa impressão das características daqueles que foram retratados (James H. Wallace, Jr., apud Gould, 1981, p. 171).

Gould (1981, p. 171) concluiu que Goddard havia sido culpado de "desonestidade consciente". Raymond Fancher, em sua história sobre a controvérsia do QI (Fancher, 1985, p. 114), relatou que várias fotos de Goddard sobre a família Kallikak haviam sido falsificadas, mas mais recentemente ele propôs uma nova explicação intrigante (Fancher, 1987). Ele descobriu uma fotografia na imprensa de um esportista canadense da década de 1920 que havia sido retocada quase da mesma forma que as fotos dos Kallikaks. O retoque foi feito antes da publicação para evitar uma impressão de falta de expressividade; esse poderia ter sido o motivo de Goddard para o retoque e não "desonestidade consciente". Além disso, como Goddard acreditava que as pessoas com retardo mental geralmente parecem normais, seria improvável que ele tivesse retocado as fotografias de modo a fazer os Kallikaks "ruins" parecerem ainda mais depravados. (Fancher, 1987, p. 586-588). Fancher concluiu:

Agora, eu sugeriria que qualquer aspecto de "maldade", "perversidade" ou "retardo" acrescentado às fotografias dos Kallikaks fica mais por conta de quem vê do que em motivos ocultos ou desonestos de quem retocou as fotos. (Fancher, 1987, p. 588)

Finalmente, a mais importante dos Kallikaks, Deborah, é mostrada no frontispício nos Kallikaks, usando um vestido longo, branco, lendo um livro com um gato em seu colo – uma pose atraente de uma jovem surpreendente.

Esterilização Eugênica

O estudo de Goddard sobre os Kallikaks gerou uma série de estudos semelhantes a respeito dos Jukes, Hill Folk, Nams, Ismaelistas e os Zeros – famílias que supostamente apresentavam altos índices de degeneração social e intelectual. Foi relatado que essas famílias de "semente ruim" estavam se reproduzindo duas vezes mais do que o índice das famílias "normais". Embora Goddard tivesse encontrado 480 Kallikaks "ruins" e 496 Kallikaks "bons", ele não hesitou em publicar o que considerava ser uma ameaça genética ao povo norte-americano. Goddard fez parte do Comitê sobre a Hereditariedade da Deficiência Mental, que recomendava que os deficientes mentais fossem esterilizados. Ele descreveu a esterilização masculina como algo quase tão simples quanto extrair um dente. Goddard também atuou como consultor em psicologia designado pela Seção de Eugenia da Associação Norte-Americana de Reprodução para relatar métodos práticos para eliminar os "indivíduos deficientes" da população dos Estados Unidos. Esse comitê recomendou em 1914 que "as classes de deficientes fossem eliminadas da raça humana por meio da esterilização". Essas "classes de deficientes" incluíam os deficientes mentais, indigentes, criminosos, epilépticos, loucos e os portadores de deficiência congênita (Van Wagenen, 1914, p. 186-187). Essas recomendações draconianas foram feitas não por uma facção de excêntricos, mas por um comitê aconselhado por eruditos como Alexander Graham Bell; Walter B. Cannon, famoso psicólogo de Harvard (Capítulo 9); e Robert Yerkes, Edward Lee Thorndike e Lewis Terman, três dos psicólogos mais famosos da época. Essa constituía a voz autêntica do *establishment* científico, e era ouvida.

Indiana foi o primeiro Estado a aprovar a esterilização em 1907. Ele exigia a esterilização não voluntária de "criminosos incorrigíveis, idiotas, imbecis e estupradores". Durante os 21 anos seguintes, outros 20 estados iriam aprovar leis que permitiam esterilizações eugênicas (Karier, 1976, p. 345). Em 1927, uma decisão da Suprema Corte manteve a lei de esterilização. A maioria dos cientistas sociais da época considerava essas leis razoáveis e reformistas (Degler, 1991, p. 45-46); os estados "progressistas" do norte e do oeste foram os primeiros a aprová-las. Das 12 mil esterilizações nos Estados Unidos antes de 1930, 7,5 mil aconteceram na Califórnia (Scarr, 1993, p. 462). Em seguida, foi a vez dos estados do sul. Entre 1924 e 1972, foram realizadas 8,3 mil esterilizações na Virgínia.[3] Na Carolina do Norte, 7,6 mil pessoas foram esterilizadas contra sua vontade (Zitner, 2003). Muitas dessas leis permaneceram em vigor até a década de 1960, e uma pesquisa concluiu que "os números surpreenderiam nossa imaginação se soubéssemos exatamente quantos [indivíduos] haviam sido esterilizados em todo o país" (Nelson, 1980).

Relatos de esterilização apareciam regularmente nas publicações sobre psicologia das décadas de 1920 e 1930. Em geral, os artigos descreviam os resultados positivos da esterilização de pessoas "deficientes" mental e socialmente. Goddard relatou que ele não havia observado uma única conseqüência ruim depois da esterilização. Ela estava se tornando rapidamente o procedimento preferido no caso de muitos problemas mentais e sociais. Quando a lei sobre a esterilização foi aprovada na Alemanha em 1933, um editorial na publicação norte-americana *Eugenical News* elogiou o Reich por liderar "as grandes nações do mundo no reconhecimento das bases biológicas do caráter nacional" e observou que a lei "constituía um marco que representa o controle por parte das nações mais avançadas do mundo de um aspecto relevante, comparável em importância ao controle legal do casamento" (editorial apud Tucker, 1987, p. 288). O resultado final desse marco foi trágico: mais de seis milhões de pessoas seriam sistematicamente massacradas no Holocausto.

Goddard na Ellis Island

A leva de imigrantes que invadiu os Estados Unidos nas décadas anteriores e posteriores à virada do século foi considerada a segunda ameaça à integridade da saúde genética do país. A América que se descrevia como a "nação congregada" de povos de muitos países era vista a distância como a terra das oportunidades. Na virada do século, as tarifas para a travessia transatlântica ficaram repentinamente baratas, pois as empresas de navegação competiam por passageiros, assim como fazem atualmente as companhias aéreas. Na década de 1890, o preço da passagem em navio a

---

[3] Em 2002, o governador da Virgínia expressou um "profundo pesar" por uma dessas esterilizações. Raymond W. Hudlow foi cirurgicamente esterilizado por ser deficiente mental. Hudlow serviu em combate na Segunda Guerra Mundial, recebendo a Estrela de Bronze e o Coração Púrpura por sua bravura (Baskervill, 2000). Desculpas semelhantes foram pedidas pelos governadores do Oregon, onde 2,6 mil pessoas foram esterilizadas, e da Carolina do Norte e Califórnia (Zitner, 2003).

vapor na terceira classe caiu pela metade – de US$ 20 para US$ 10 (Macrae, 1992, p. 42). Os Estados Unidos estavam ao alcance de muitas pessoas, e milhões responderam ao chamado.

Ano	Nº de imigrantes para os Estados Unidos
1898	229.000
1901	497.918
1905	+1.000.000
1906-1913	1.000.000 por ano

Em 1910, a população dos Estados Unidos era de 76 milhões, dos quais 23 milhões eram estrangeiros (Smith, 1985, v. 7, cap. 8, *The Immigrants*). Um desses imigrantes recordou sua experiência na América:

> Bem, eu vim para a América, pois ouvi dizer que as ruas eram pavimentadas com ouro. Quando cheguei aqui, descobri três coisas: primeiro, as ruas não eram pavimentadas com ouro; segundo, elas eram pavimentadas com nada; terceiro, era eu que teria de pavimentá-las. (*Columbus Dispatch*, 26 set. 1999, "The Ellis Island Museum")

Para muitos desses imigrantes, os Estados Unidos cumpriram sua promessa, mas para alguns "nativos" ou "antigos" norte-americanos – isto é, pessoas cujas famílias viviam no país há mais de uma geração – a leva de imigrantes gerava temores de que o país estava sendo invadido e arruinado por pessoas degeneradas do ponto de vista social e mental. O presidente Roosevelt nomeou uma Comissão para a Imigração a fim de analisar a situação. Seus membros elaboraram

"Necessária Política de Restrição à Imigração".
Desenho do *Philadelphia Inquirer* de 1903
apoiando as leis de restrição à imigração.
(Cortesia da Biblioteca Pública de Nova York)

um relatório de 42 volumes mostrando que, além do maior número de imigrantes, houve uma clara mudança em relação aos países de origem. Antes de 1900, a maior parte vinha do norte e oeste da Europa; os imigrantes mais recentes eram do leste e sul da Europa. Eles vinham da Itália, Polônia, Lituânia, Estônia, Grécia e Turquia e também incluíam povos desconhecidos dos norte-americanos, como búlgaros, sérvios, montenegrinos, croatas e eslavos (P. Smith, 1985, v. 7, p. 127). Eles eram diferentes e sofriam o preconceito étnico e nacional. Um renomado cientista político, Frederick Jackson Turner, afirmou em 1901:

> É óbvio que a substituição de imigrantes alemães e ingleses por italianos do sul, poloneses, judeus russos e eslovacos é um prejuízo para o organismo social dos Estados Unidos. A concentração de estrangeiros em nossas grandes cidades e o aumento da criminalidade e da pobreza são atribuídos aos mais pobres. Tudo isso é decorrente dessa mudança em nossa imigração. (Turner, apud Wattenberg, 2002)[4]

Os imigrantes que conseguiram encontrar emprego eram temidos, pois se dizia que eles incentivariam a criação de sindicatos, que ameaçariam o sistema econômico norte-americano (Blum, 1978). Essas opiniões baseavam-se no preconceito e em uma visão de que a imigração era oportunista – "Estou em terra firme, então pode tirar a prancha" –, mas elas eram amplamente compartilhadas e fortes do ponto de vista político. Além disso, a maioria dos novos imigrantes era católica, o que gerava temor de que esses membros das "legiões do Papa" enfraqueceriam as religiões tradicionais nos Estados Unidos. Finalmente, dizia-se que muitos desses novos imigrantes sofriam de deficiência mental, o "refugo imprestável" da Europa desembarcando nas praias dos Estados Unidos. Com mais de dez mil imigrantes chegando todos os dias, como as "pessoas defeituosas" seriam reconhecidas e deportadas? Os inspetores da Imigração que trabalhavam na Sala de Registro ou na "Grande Sala de Julgamento" em Ellis Island classificaram milhares de pessoas como impossibilitadas de entrar nos Estados Unidos. Eles usavam o alfabeto dos obstáculos: H, para problemas do coração; Pg, para gravidez; X, para retardo mental – com um círculo em torno dele no caso de insanidade. Cerca de 2% dos imigrantes tinham seu pedido de entrada negado e eram mandados de volta para seus países (Bass, 1990, p. 91). Mas o número não era suficiente para amenizar os temores de que o país estava sendo destruído. Em 1882, o Congresso aprovou uma lei proibindo que loucos e idiotas entrassem nos Estados Unidos, mas como os agentes da Imigração iriam detectar essas pessoas entre a massa de gente que chegava todos os dias? Eram necessárias medidas adicionais para garantir que os indesejados não passassem pela porta dourada de Ellis Island.[5] Os problemas cardíacos e a gravidez podiam ser detectados pelos inspetores, mas como descobrir retardo e insanidade? Uma das possibilidades era usar testes psicológicos.

Em 1910, o comissário da Imigração convidou Goddard e Johnstone para irem à Ellis Island a fim de analisar os procedimentos de triagem de imigrantes. A primeira visita de Goddard à ilha foi decepcionante, já que uma neblina no porto havia atrasado os navios e nenhum dos cinco mil imigrantes esperados havia chegado. Goddard viu 100 pessoas que haviam chegado antes. Os imigrantes haviam passado pelas entrevistas, inspeções e exames médicos, sem receber o temido X feito a giz, que significava deportação, e estavam sendo liberados. Goddard pediu que eles

---

[4] De um documentário do Public Broadcasting System (PBS) intitulado "The First Measured Century". As transcrições estão disponíveis no site do PBS.

[5] A Ellis Island agora é um museu nacional. Em um local magnífico em uma ilha no porto de Nova York, o museu é um registro emocionante da experiência dos imigrantes. Uma narrativa fotográfica da Ellis Island aparece em um trabalho de T. A. Bass, "A New Life Begins for the Island of Hope and Tears" [Uma Nova Vida Começa para a Ilha de Esperança e Lágrimas], *Smithsonian Magazine*, jun. 1990]. A visão do horizonte de Manhattan sem o World Trade Center torna o local ainda mais doloroso.

formassem uma fila para inspeção. Após examinar a fila, escolheu um jovem do sexo masculino que ele achava ser deficiente. Com a ajuda de um intérprete, Goddard aplicou o teste de Binet. O homem obteve resultados correspondentes à idade mental de oito, aparentemente confirmando a escolha de Goddard. No entanto, o intérprete protestou que o teste era injusto, pois as perguntas eram desconhecidas. Ele argumentou que não teria conseguido respondê-las quando entrou no país. Goddard discordou totalmente. O comissário ficou impressionado com a capacidade de Goddard de identificar uma pessoa deficiente mental e fazer um teste psicológico confirmar sua escolha. Talvez outros pudessem ser treinados para fazer essa identificação. O comissário convidou-o para voltar à Ellis Island.

Goddard encarregou uma de suas assistentes de examinar os imigrantes enquanto eles passavam e ela escolheu nove deles por achá-los "deficientes". No teste de Binet, todos eles tiveram uma nota abaixo do normal. Mais uma vez, o comissário ficou impressionado e convidou Goddard e seus assistentes para voltarem por mais um período. Dessa vez, eles passaram uma semana em Ellis Island. Goddard afirmou que eles conseguiam detectar 90% de imigrantes com debilidade mental só olhando para eles. Em um pequeno número de casos, suas escolhas foram supostamente confirmadas pelos testes psicológicos. Goddard concluiu que os métodos psicológicos

> .... seriam de enorme valor no caso do problema da imigração ... Usando o método psicológico de exame, a porcentagem de imigrantes escolhida por apresentar deficiência mental seria muito maior do que atualmente. (Goddard, 1913, p. 107)

A previsão de Goddard logo se confirmou. Os inspetores da Imigração na Ellis Island começaram a utilizar "métodos psicológicos", e o número de deportações de pessoas supostamente retardadas mentais aumentou de forma significativa. Em 1913 e 1914, aconteceram 350% e 570% mais deportações, respectivamente, do que nos cinco anos anteriores (Williams, 1914). Milhares não foram admitidos nos Estados Unidos porque pareciam deficientes mentais[6] ou porque apresentaram um desempenho abaixo da média no teste de Binet.

Os funcionários da Imigração acolheram o trabalho de Goddard como uma solução científica para um aspecto do problema da imigração. Eles aumentaram a verba de Goddard e pediram que ele continuasse seu trabalho na Ellis Island. Três membros de sua equipe passaram três meses na ilha em 1914, testando 178 pessoas de um grupo de passageiros que estavam para entrar nos Estados Unidos. Por meio de intérpretes, os imigrantes passaram pelos testes de Binet e DeSanctis. No teste de DeSanctis, a pessoa precisava responder a perguntas comuns como "O que é Crisco?" e "Quem é Cristy Matthewson?". Eles olhavam uma fotografia de uma quadra de tênis sem a rede e precisavam responder o que estava faltando e tinham de encaixar formas geométricas em placas para demonstrar sua aptidão mecânica. O desempenho dos imigrantes era ruim, principalmente nos testes de Binet e DeSanctis, o que talvez não fosse surpresa, dada a dificuldade com o idioma e as diferenças culturais. Quantos húngaros usavam Crisco, acompanhavam o New York Giants ou jogavam tênis?

Goddard tirou uma conclusão muito diferente. Ele relatou que 83% dos judeus, 80% dos húngaros, 79% dos italianos e 87% dos russos testados sofriam de debilidade mental (Goddard, 1917, p. 252). Esses resultados pareciam confirmar "que uma porcentagem surpreendentemente grande

---

[6] Goddard acreditava que as pessoas inteligentes tinham um brilho no olhar e eram alertas. Alguns imigrantes que tinham conseguido permissão para ficar escreviam para que os outros trouxessem um frasco de *Belladonna* e jogassem um pouco nos olhos antes de passar pelos inspetores. *Belladonna*, palavra em italiano que significa "bela mulher", é atropina. Ela produz uma dilatação na pupila – os olhos vivos que Goddard considerava um sinal de inteligência.

de imigrantes tem um nível mental relativamente baixo" (Goddard, 1917, p. 269). As cotas de restrição à imigração foram rapidamente aprovadas, tendo as conclusões de Goddard – e de outros psicólogos que serão analisados neste capítulo – fornecido uma justificativa científica para tal. Antes de considerar esse aspecto lamentável e trágico do passado da psicologia, discorreremos sobre o final da carreira de Goddard e as contribuições de Lewis Terman para o desenvolvimento da psicologia, principalmente para os testes psicológicos.

O Trabalho de Goddard com Crianças Superdotadas

Goddard deixou Vineland em 1918 para ocupar o cargo de diretor do Bureau do Estado de Ohio de Pesquisa Juvenil. Seu salário anual de US$ 7,5 mil fazia dele o segundo funcionário público mais bem pago do Estado – atrás apenas do governador de Ohio (Zenderland, 1998, p. 303). Mas a experiência de Goddard foi infeliz. Havia dissidências internas no Bureau, os salários dos funcionários, incluindo de Goddard, foram cortados em 40%; isso resultou em pedidos de demissão em massa. Goddard saiu em 1922 para ocupar um cargo de professor de psicologia clínica e psicopatologia na The Ohio State University, onde permaneceu até sua aposentadoria em 1938. Durante esses anos, Goddard estudou crianças que se encontravam no nível oposto de capacidade mental: os superdotados intelectualmente. Os planos para a educação de crianças superdotadas foram implementados primeiramente em Los Angeles, Rochester, Nova York e Cleveland. Em Cleveland, Florence Hungerford, supervisora-geral das escolas, defendeu a existência de classes especiais para crianças brilhantes do ponto de vista intelectual. Nessas classes, as crianças teriam liberdade para explorar uma variedade de atividades de enriquecimento sob supervisão (Sumption, 1941, p. xv). Hungerford garantiu o apoio da Sra. Benjamin Patterson Bole, líder do Clube de Mulheres de Cleveland. As participantes desse clube, muitas das quais pessoas importantes na sociedade, ofereceram voluntárias e dinheiro para respaldar o programa. Elas também contrataram Goddard para trabalhar dois dias por mês como consultor em psicologia. Ele ocupou esse cargo por cinco anos. Como resultado desses esforços, na década de 1920, as escolas públicas de Cleveland tinham um dos programas mais abrangentes e progressistas para a educação de crianças superdotadas nos Estados Unidos.

O programa Cleveland teve início em outubro de 1921 na Dennison Elementary School com 25 crianças da 4ª, 5ª e 6ª séries. Identificadas por seus professores como excepcionalmente brilhantes, as crianças que conseguiam um QI de 120 nos testes de inteligência eram incluídas no programa. Em 1922, o programa incluiu classes em mais cinco escolas. Em 1941, vários milhares de crianças haviam participado (Sumption, 1941, p. v). Essas classes eram chamadas de Major Work para evitar qualquer rótulo ou tentativa de estigmatizar as crianças. Em *School Training of Gifted Children* [Treinamento Escolar para Crianças Superdotadas] (1938), Goddard descreveu o programa de Cleveland. Ele defendia o que chamava de "programa suplementar", isto é, oportunidades educacionais ampliadas para crianças superdotadas em vez de mecanismos de promoção rápida para séries mais adiantadas. Goddard acreditava que as crianças superdotadas se beneficiariam mais ao serem colocadas em classes especiais com crianças na mesma condição. Era preciso, então, fazer todos os esforços para enriquecer as experiências em sala de aula. Em seu livro, Goddard descreveu as crianças e muitas de suas atividades em detalhes. As atividades eram realmente impressionantes: produções teatrais completas, esculturas elaboradas, jogos matemáticos complexos, publicação de um jornal da escola e sempre participação igualitária de meninas e meninos. As salas de aula eram informais, sem regras de silêncio ou outros regulamentos. Foi feito um esforço persistente para mostrar às crianças a cultura e a indústria de Cleveland, na época uma cidade altamente industrializada de mais de um milhão de habitantes. Elas fizeram

Os Usos e Abusos Históricos dos Testes de Inteligência 381

> ### Henry Goddard: Um Elogio
>
> Poucos dos primeiros psicólogos norte-americanos receberam tantas críticas quanto Goddard (Fancher, 1998b, p. 473). Por causa de seu estudo inadequado sobre a família Kallikak, seu apoio às leis que restringiam a imigração para os Estados Unidos e a citação de seus pontos de vista sobre a inteligência pelos racistas, muitos críticos o censuraram. Em 1940, Knight Dunlap exultou porque o estudo que Goddard havia feito sobre os Kallikaks foi ironizado pela psicologia (Dunlap, 1940, p. 221). Quarenta anos mais tarde, Stephen Jay Gould dedicou seu livro bastante popular, *The Mismeasure of Man* [À Memória de Grammy] e do papa Joe que chegaram, lutaram e prosperaram apesar do Sr. Goddard. Gould (1981, p.160) classificou Goddard como "o hereditarista menos sutil de todos".
>
> Por que, então, uma crítica favorável? Não há dúvida de que a pesquisa e as conclusões de Goddard prejudicaram muitas pessoas. O próprio Goddard não era racista, e seu objetivo era apenas melhorar a vida dos deficientes mentais que ele estudou. Goddard era muito admirado tanto pelos alunos quanto pelos docentes da The Ohio State University durante os anos que lá permaneceu (Burtt, 1980). Sua aluna mais famosa, Deborah Kallikak, chamou-o de "querido e maravilhoso amigo" (Zenderland, 1998, p. 359). Goddard era uma pessoa modesta que freqüentemente afirmava que seu maior feito foi ter escalado o Matterhorn. Na Ohio State, ele mantinha uma foto da montanha em sua escrivaninha. Um de seus colegas, Harold Burtt, recordou-se de sua amabilidade:
>
> Goddard dirigiu nosso programa clínico até sua aposentadoria. Ele era bastante gentil e ingênuo. Os alunos se aproveitavam muito dele. Mas ele era uma pessoa extremamente agradável para se ter por perto. (Burtt, 1980)
>
> Quando Terman pediu a Goddard que fizesse um relato de sua contribuição para o Programa de Teste do Exército (que comentaremos posteriormente neste capítulo), Goddard respondeu que "Mal valia a pena mencionar. Acho que forneci alguns charutos e participei como sujeito em todos os testes que o Comitê fez". Quando consultado sobre a possibilidade de escrever sua biografia, Goddard recusou com um estranho comentário de que ele concordaria fazer apenas com o título *As Luck Would Have It* (Zenderland, 1998, p. 474). Nos seus últimos anos, Goddard honestamente reconheceu que grande parte de seu trabalho inicial foi equivocado e retratou-se de suas posições sobre a hereditariedade. Ele temia por sua reputação na história. Mas seu trabalho sobre os superdotados passa pelo teste da história: em 1998, Leila Zenderland publicou uma biografia abrangente e imparcial de Goddard. Fancher (1998b) classificou Goddard como um "biografado de sorte" e terminou sua crítica da biografia de Zenderland com essas palavras bem escolhidas:
>
> Não importam as conseqüências desastrosas de muitas das idéias que ele defendia, Goddard foi, no fundo, uma pessoa decente que – com sua combinação própria de pontos fortes e fracos – era muito mais fruto de seus amigos, da época e das circunstâncias. (Fancher, 1998b, p. 474)

excursões ao zoológico, visitas a uma galeria de arte, à sinfônica, ao jornal *Cleveland Plain Dealer*, a um posto da Guarda Costeira, às docas, a fábricas e usinas.

Ao ver as fotografias das crianças no livro de Goddard e ao ler sobre elas, ficamos imaginando o resultado do programa e o que teria acontecido com esses alunos quando eles se tornaram adultos. Foram feitas avaliações do programa Major Work em 1929 e em 1937. As crianças fizeram alguns testes de aquisição de competência e foram avaliadas suas habilidades de liderança e sociais:

> No que tange à aquisição de competência em termos de classificação nas séries, elas estão dois anos à frente das crianças normais da mesma idade cronológica. E, além disso, essas crianças estão, em geral, consideravelmente à frente na classificação nas séries para crianças de seu quociente de

inteligência. Muitos professores relatam o desenvolvimento de atitudes sociais desejáveis como cooperação, consideração pelos outros, capacidade de liderança e responsabilidade civil como resultado do programa.

Em 1939, foi elaborado um questionário para avaliar as experiências de vida desses homens e mulheres. No geral, 263 deles completaram os questionários (Sumption, 1941, caps. 4 e 5). Comparados com os alunos que freqüentaram programas escolares tradicionais, constatou-se que os que se formaram pelo Major Work participavam mais das atividades de lazer e tinham um interesse muito mais abrangente e mais sofisticado em termos de leitura. Mais alunos formados pelo Major Work freqüentaram a universidade, e o desemprego não era um problema sério para eles, uma descoberta importante em uma época de grave depressão econômica nos Estados Unidos. Esses alunos não apresentaram diferenças com relação à saúde física e mental. Um programa de melhores oportunidades para alunos talentosos havia produzido resultados positivos duradouros. A carreira de Goddard terminou, então, de uma forma positiva, contrastando profundamente com o fiasco metodológico dos Kallikaks e seu trabalho desastroso em Ellis Island.

LEWIS M. TERMAN (1877-1956)

O Início da Vida de Terman

Lewis S. Terman nasceu em uma fazenda de Indiana, em 1877. Era o décimo-primeiro de 14 filhos. Entrou para a escola com seis anos e, em seis meses, passou para a terceira série. As tarefas escolares eram fáceis para o estudioso Terman, mas, em todo o resto, sua vida não era diferente da de qualquer outro garoto que crescia na Indiana rural no fim do século XIX. Esperava-se que ele ajudasse na fazenda e que passasse o verão trabalhando o dia todo na terra até os 18 anos. Terman (1932) lembrava-se de que, ainda menino, se interessava pelas diferenças de personalidade entre seus amigos e colegas de escola. Ele também descobriu que, por meio da repetição monótona de uma expressão, conseguia perder inteiramente o sentido de identidade pessoal e a orientação no tempo e no espaço. Terman havia encontrado o seu *mantra*. Quando ele estava com 10 anos, um vendedor de livros itinerante vendeu à sua família um texto de frenologia. O vendedor passou a noite com a família, descrevendo a nova ciência da frenologia (Capítulo 3) e lendo o crânio das pessoas. Ele previu grandes coisas para Lewis Terman, cujo interesse na frenologia durou até os 15 anos de idade.

Com certo sacrifício financeiro, os pais de Terman enviaram-no à Central Normal College de Danville, Indiana, para preparar-se para uma carreira de professor primário. Terman gostou de deixar as pequenas tarefas domésticas intermináveis, o penoso arado e a rotina aborrecida da vida na fazenda. Ele se formou em 1895, lecionou em várias escolas rurais, entrou para a Indiana University e obteve o grau de Mestre em 1903. Um dos ex-alunos de Hall na pós-graduação, W. L. Bryan, apresentou Terman aos textos de Hall e à sua abordagem da psicologia (Capítulo 9). Com o apoio de Hall, Terman obteve uma bolsa de estudos para a Clark University em 1903. Ele se deliciava com a atmosfera de liberdade acadêmica da Clark: não havia matérias eletivas e secundárias, nem requisitos para os cursos ou palestras formais, não havia notas nem exames, a não ser a defesa oral da tese de doutorado. Em seu primeiro encontro, Hall deu segurança a Terman ao referir-se ao seu "esplêndido treinamento" na Indiana e ao "ótimo registro histórico" que ele havia recebido de seus ex-professores. Somente mais tarde é que Terman veio a saber que tal confiança era o artifício favorito do astucioso Hall.

Lewis Terman (1877–1956), que desenvolveu o primeiro teste de inteligência bem-sucedido dos Estados Unidos.
(Arquivos de História da Psicologia Norte-Americana)

No início, Terman trabalhou sob a orientação de Hall, mas, quando decidiu utilizar os testes mentais em sua pesquisa de tese, foi forçado a mudar de orientador. Hall desaprovava os testes mentais, por desconfiar daquilo que denominava sua "quase-exatidão". Edmund Sanford, ele próprio um doutor orientado por Hall, supervisionou a pesquisa de Terman. Em sua tese de doutorado, *Genius and Stupidity* [Gênio e Estupidez], Terman comparou sete "garotos brilhantes" e sete "garotos broncos", procurando uma explicação para sua "precocidade e burrice". Ele pós-graduou-se na Clark em 1905. Estava com tuberculose e, por isso, procurou emprego em uma região quente. Inicialmente, foi diretor de uma escola de primeiro e segundo graus em San Bernardino, na Califórnia; depois, foi professor de estudos da criança na Los Angeles Normal School, hoje California State University, em Los Angeles, onde permaneceu durante quatro anos, antes de ir lecionar na Stanford University, em 1910. Assim, o garoto da fazenda de Indiana tornou-se "membro do corpo docente da Stanford University, a universidade que eu teria escolhido antes de qualquer outra no mundo" (Terman, 1932, p. 323). Terman permaneceu em Stanford pelo resto de sua carreira, trabalhando como um dos professores e pesquisadores mais ilustres da universidade e, como diretor, ajudando a estabelecer um dos melhores departamentos de psicologia do mundo.

A Análise das Escalas de Binet-Simon Realizada por Terman

Em Stanford, Terman começou a investigar os pontos fortes e fracos do teste de inteligência de Binet-Simon, o que o levou a rever a escala original. Terman descreveu sua análise em *The Measurement of Intelligence* [A Mensuração da Inteligência] (1916). Ele fez a seguinte dedicatória do livro: "À memória de Alfred Binet: pesquisador paciente, pensador criativo, acadêmico despretensioso; devoto prolífico e inspirado da psicologia dinâmica e indutiva" (Terman, 1916, p. v). O livro é um clássico da psicologia, embora Terman tenha se supreendido com sua recepção favorável e a rápida aceitação de sua análise por parte dos psicólogos.

Ao rever a escala Binet-Simon, Terman e seus colaboradores utilizaram uma amostra-padrão de 2,3 mil pessoas: 1,7 mil crianças normais, 200 "deficientes" e superiores, e 400 adultos. A amostra de padronização de Terman foi a mais extensa e variada que se utilizou na época. Além dos itens do teste original de Binet-Simon, ela incluiu mais 10 ao conjunto dos itens potenciais dos quais foram escolhidos os itens da revisão final. Ao selecionar os itens do teste, Terman tinha por objetivo arranjar os diferentes testes de modo que a idade média mental e a cronológica de um grupo de crianças não selecionadas coincidisse: a criança média de 10 anos deveria ser testada com a idade mental de 10 anos, a criança média de 12 anos deveria ser testada com a idade mental de 12 anos e assim por diante. Terman entendia que muitos dos itens do teste da escala Binet-Simon original eram fáceis demais para os mais jovens e difíceis demais para os mais velhos, de modo que a criança média de 5 anos seria testada com mais da idade mental de 5 anos, ao passo que a criança de 12 seria testada com menos da idade mental de 12 anos. Às vezes, o QI de uma criança mostrava um súbito declínio na adolescência como um produto artificial dos próprios itens do teste. Ao rever a escala, Terman constantemente acrescentava e eliminava itens, até que ela resultou em um QI médio de 100 para grupos não selecionados de crianças de qualquer idade. Noventa testes foram incluídos na revisão final da escala Binet-Simon de Stanford em 1916. Essa revisão rapidamente tornou-se a medida-padrão da inteligência infantil. Terman considerava que seus pontos fortes eram:

1 A grande amostra de padronização de 10 mil indivíduos que viviam na área de Stanford. Embora o tamanho da amostra fosse de fato impressionante, também era muito homogêneo.
2 A utilização do QI para representar o desempenho da criança.
3 A extensa gama de idades do teste, de 5 anos até 16 anos.
4 As instruções claras, detalhadas e bem organizadas para a administração do teste. Essas instruções claras aumentaram a confiabilidade do teste quando pessoas diferentes o aplicavam em momentos diferentes.

Apesar desses pontos fortes, a dúvida quanto à validade da revisão de Terman permanece. Em que medida a escala media bem o que se esperava que medisse? Até que ponto ela fornecia uma medida exata da inteligência de uma criança? As principais crenças de Terman eram de que a inteligência era muito influenciada pela hereditariedade e de que era constante. Ele percorreu um longo caminho para avaliar a validade da escala. Terman comparou as notas atribuídas por professores ao trabalho escolar de 504 crianças com as medidas de QI dessas crianças e descobriu uma concordância bem próxima, mas, em um caso a cada 10, havia desacordo. Ele também descobriu uma correlação de 0,48 entre as estimativas de inteligência do professor e as medidas de QI, e uma boa correlação entre as notas e as medidas de QI. É de certo modo irregular que o ímpeto do desenvolvimento dos testes de inteligência tenha surgido em grande parte da insatisfação com as notas dos professores e as avaliações da inteligência e que Terman utilizasse esses mesmos critérios para avaliar a validade dos próprios testes. Porém, é fácil compreender a dificuldade de Terman, já que a seleção dos critérios de validade adequados para os testes de inteligência ainda constitui um problema até hoje.

Nos Estados Unidos, a escala Binet-Simon de 1916 continuou sendo o instrumento padrão de testes para medir a inteligência até 1937, quando Terman e seus colaboradores publicaram sua segunda revisão. Para essa análise, eles utilizaram uma amostra-padrão de 3 mil pessoas que era ao mesmo tempo grande e variada, já que incluía pessoas de todas as áreas dos Estados Unidos.

A amplitude da escala de 1937 ia dos dois anos de idade até a adolescência e abrangia quatro níveis de inteligência adulta. Duas formas comparáveis da revisão de 1937 foram disponibilizadas, permitindo que uma pessoa fosse testada duas vezes. Essa segunda revisão de Stanford também foi popular e amplamente aceita.

Os Estudos de Terman Acerca da Genialidade

Ao desenvolver suas análises de Binet-Simon, Terman testou muitas crianças com QI bastante alto – até 1921, ele havia estudado 120 crianças com alto QI. Além de descobrir que elas eram muito inteligentes, Terman acreditava que eram excepcionalmente bem ajustadas e superiores em todos os aspectos do seu caráter e comportamento. Em 1921, ele iniciou um estudo mais intensivo dessas crianças. Em sua tese de doutorado de 1905, argumentou que a psicologia devia conectar-se com a vida. Ao estudar essas crianças geniais, Terman conectou a psicologia com a vida que elas levavam, e essa conexão resultou em alguns dos dados mais importantes já coletados pelos psicólogos. Os estudos genéticos de Terman a respeito do gênio são verdadeiros clássicos da psicologia (Cravens, 1992).

Esse ambicioso estudo longitudinal começou em 1921 e recebeu uma verba de US$ 34.000 do New York Commonwealth Fund of New e uma quantia menor da Stanford University. Terman estava com cerca de 40 anos, e as crianças selecionadas tinham uma idade média de 11 anos. Ele orientou a pesquisa até sua morte, em 1956, quando seus colaboradores deram continuidade aos seus trabalhos. Até o momento, foram coletados dados de mais de oito décadas. Terman não apenas coletou dados e dirigiu o estudo, mas também forneceu-lhe apoio financeiro e manteve um contato próximo e afetuoso com os participantes. Ele pensava nas crianças como "suas crianças" muito depois que elas chegavam à idade adulta e sempre iniciava as cartas que escrevia para elas com a saudação "às minhas crianças bem-dotadas". Para Terman, elas eram especiais. As "crianças" corresponderam tanto ao seu carinho e amizade que, em 1958, quase 40 anos após o início do estudo, 95% dos membros do grupo original que estavam vivos ainda participavam dele. Alguns anos atrás, testemunhei o carinho e a afeição que uma das "crianças" de Terman sentia por ele. Curioso a respeito do alfinete de lapela de ouro em forma de cupim que a esposa de um de meus colegas sempre usava, eu lhe perguntei a respeito. Ela me disse que havia sido uma das crianças do Professor Terman, os "Térmites ou Cupins", e que tinha orgulho de usar seu alfinete. Os homens usavam alfinetes de gravata em forma de cupim.

O objetivo de Terman era realizar uma pesquisa de longa duração dos traços de personalidade, assim como das características físicas e mentais de um grande grupo de crianças bem-dotadas. Que tipo de adultos as crianças geniais se tornariam? Suas crianças bem-dotadas foram escolhidas nas escolas urbanas da Califórnia, principalmente em Los Angeles, São Francisco, Oakland, Berkeley e Alameda. Cada professor da terceira à oitava série era solicitado a indicar os três alunos mais brilhantes e também o aluno mais jovem de sua classe. Essas crianças faziam então, na própria escola, o teste de inteligência Stanford-Binet, que era aplicado por seis assistentes de Terman. As crianças com QI acima de 140 eram escolhidas para participar do estudo. Ao todo, 1.528 crianças (857 meninos e 671 meninas) foram escolhidas. O principal grupo experimental consistiu de 661 delas (354 meninos e 307 meninas). Essas foram crianças estudadas intensivamente durante toda a vida e a partir das quais Terman e seus associados extraíram suas generalizações a respeito de crianças bem-dotadas. Os outros subgrupos de crianças não selecionadas da escola elementar e do primeiro e segundo graus serviriam como grupo de controle ou de comparação. A idade cronológica média das 661 crianças do grupo de estudos principal era de 11 anos, variando de 8 a 12 anos de idade, e um pequeno número de crianças mais novas e de adolescentes estava incluído. Seu QI médio era de 151, e a gama de seus pontos de QI ia de 135 a 200; e 77 crianças tinham pontos acima de 170. Elas também tiveram pontos altos no Teste Nacional de Inteligência e em vários testes especiais que Terman havia concebido. Terman coletou informações detalhadas a respeito do seu histórico familiar, educacional, de sua psique, saúde, interesses, preocupações, caráter e personalidade, o que permitiu o primeiro retrato abrangente da criança superdotada. Essa massa de informações foi resumida em 1926, no primeiro volume de uma série de *Genetic Studies of Genius* [Estudos Genéticos do Gênio]. As crianças foram descritas como os produtos típicos de pais com histórico educacional e cultural superior; sua colocação na grade escolar foi adiantada em cerca de 14%; tipicamente, haviam aprendido a ler cedo, liam de tudo e liam bem, e desfrutavam de uma ampla gama de atividades infantis. Eram mais altas, tinham ombros mais largos e maior capacidade pulmonar do que a criança média. Claramente, o estereótipo popular da criança superdotada como um fracote doentio, um "cérebro" interessado apenas em livros, não se aplicava a essas crianças.

Terman fez seu primeiro estudo de acompanhamento em 1927 e 1928, quando a idade média das crianças era de 17 a 18 anos, e a maioria delas estava no segundo grau. Elas recebiam uma bateria de testes psicológicos, e coletavam-se biografias detalhadas de seus anos de adolescência. Essas informações foram publicadas em 1930, no volume 3 da série *The Promise of Youth* [A Promessa da Juventude] (Barks et al., 1930).[7] Os pontos dos testes das crianças haviam mudado pouco, o que as colocava entre o principal 1% da população geral; seu trabalho escolar havia sido constantemente excelente – dois terços das notas das meninas e metade das notas dos meninos no primeiro e segundo graus havia sido A. Eles continuavam a ter vários interesses e atividades e a ser excelentes em quase todos eles.

Um segundo acompanhamento foi feito em 1939 e 1940, quando a idade média dos sujeitos era de 29 a 30 anos. Eles foram testados, e foram coletadas informações a respeito do início de sua vida adulta (Terman e Oden, 1947). Seus pontos nos testes novamente os colocaram acima dos 99% da população adulta. Seu histórico escolar foi excepcional: 87% dos homens e 83% das mulheres haviam entrado na faculdade e 70% e 67%, respectivamente, haviam cursado pós-graduação. Na época, apenas 7% da população geral era de pós-graduados (Caplow et al., 2001, p. 53). Na graduação, 40% dos homens e 35% das mulheres obtiveram honras acadêmicas; 56% dos homens e 33% das mulheres continuaram com sua educação e obtiveram um ou mais graus avançados. Ao contrário do estereótipo comum, "quem amadurece cedo apodrece cedo", eles não haviam atingido o pico cedo demais e enfraquecido.

O último acompanhamento em que Terman envolveu-se diretamente ocorreu entre 1950 e 1952 (Terman e Oden, 1959). Ao contrário da crença popular no "curto-circuito" das pessoas superdotadas na meia-idade, o grupo continuou a sobressair. Dos participantes, 87% dos homens eram prestadores de serviço: advogados, médicos, engenheiros, professores de faculdade ou homens de negócio; 30% do grupo tinha uma receita acima de US$ 15.000, o que os colocava na faixa de 1% da receita mais alta dos Estados Unidos em 1954. O que é admirável para a época: 42% das mulheres ocupavam cargos de tempo integral. No meio da faixa dos 40 anos, o grupo

---

[7] O volume 2 da série foi uma investigação retrospectiva e a reconstrução dos QIs de 294 homens e 7 mulheres geniais que haviam vivido em épocas anteriores. Esse curioso estudo desenvolveu-se a partir da pesquisa de tese da aluna de Terman, Catherine Morris Cox. Na tradição galtoniana, Cox avaliou publicações, prêmios, reconhecimento e contribuições desses homens e mulheres eminentes e atribuiu-lhes pontos de QI. Terman (1917) calculava que o QI de Galton havia sido mais de 200, até mesmo mais alto do que a estimativa de Cox para John Stuart Mill (190) e substancialmente mais alto que o de Mozart (150), Jefferson, Franklin, Darwin e Galileu (145), Beethoven (135), Newton (130), Washington, Lincoln e Bach (125). Essas atribuições são, na melhor das hipóteses, curiosidades.

havia produzido milhares de ensaios científicos, 60 livros de não-ficção, 33 romances, 375 contos, 230 patentes e vários *shows* de rádio e televisão, obras de arte e composições musicais. Por trás dessas porcentagens, havia pessoas reais cujas histórias de carreira são impressionantes, não apenas pela distinção, mas também pela variedade. O grupo de superdotados de Terman incluía um colunista famoso, vários escritores, um diretor de cinema vencedor do Oscar, um artista da equipe de Walt Disney, músicos de jazz, locutores de rádio, um lingüista que dominava 15 idiomas, um fazendeiro que criava raposas, um comerciante de selos raros, um milionário do ramo imobiliário, inventores bem-sucedidos, vários juízes e o chefe de polícia de uma cidade importante. Como adultos maduros, eles haviam mantido interesses amplos e variados.

Após a morte de Terman em 1956, seus colaboradores continuaram a estudar o grupo de superdotados. Robert Sears (1908–1989) reuniu um comitê de planejamento nacional para aproveitar aquilo que era corretamente considerado uma oportunidade única para investigar a maturidade. M. H. Oden (1968) publicou o volume 5 da série de *Genetic Studies of Genius* [Estudos Genéticos dos Gênios] e realizou um acompanhamento na década de 1960, quando os homens e mulheres tinham aproximadamente 50 anos de idade. Em 1972, os homens superdotados foram estudados por Robert Sears e Lee Cronbach (Sears, 1977). Quatrocentos e oitenta e seis homens, ou 75% dos membros ainda vivos do grupo original, participaram desse acompanhamento. Em 1981, 45 homens, então septuagenários, que haviam participado do estudo de Terman, foram entrevistados na UCLA. Eles foram vistos a cada dois anos dessa época em diante (Shneidman, 1989). A maioria desses homens estava usufruindo o período mais produtivo e tranqüilo da vida:

> Para pessoas inteligentes, especialmente para as que continuaram sendo intelectualmente ativas durante toda a vida adulta, a década de 1970 pode ser um período bem "tranqüilo", sem um grande declínio significativo, quer no intelecto, quer no vocabulário ativo. Há um evidente desaceleramento, mas a senilidade cerebral não é evidente. Quando uma pessoa está com 70 anos, ela descobre que não se trata de uma idade tão "velha" quanto parecia ser quando ela era jovem. Talvez essa descoberta seja especialmente verdadeira para aquelas que continuam trabalhando, mais especialmente para aquelas que continuam, como dizem, usando o cérebro. (Shneidman, 1989, p. 692)

Um estudo semelhante das mulheres superdotadas foi feito por Pauline Sears e Ann Barbee (1977), colocando ênfase nas fontes de satisfação com a vida. Dois terços dos integrantes do grupo estavam casados, e seu índice de divórcio encontrava-se abaixo do índice do país; seus índices de mortalidade e suicídio também se situavam abaixo da média, e eles tinham um menor número de internação em hospitais. De modo geral, diziam estar contentes e satisfeitos com a vida, contrariando o estereótipo da "mulher genial atormentada" que nunca consegue ser feliz ou estar contente. Também é evidente, no entanto, que as oportunidades para muitas dessas mulheres eram bastante restritas.

Os homens e mulheres superdotados de Terman vêm sendo estudados por mais de 80 anos (Holahan e Sears, 1995). Essa é uma realização notável e um tributo à criatividade e perseverança de Terman e seus associados. Inevitavelmente, um estudo dessa magnitude tem tido seus críticos. Em primeiro lugar, a amostra foi considerada não representativa, o que era verdadeiro – havia pouquíssimos mexicanos, negros ou asiáticos, ao passo que as crianças judias estavam super-representadas; e a maioria das crianças vinha de famílias urbanas, de profissionais liberais (Vialle, 1994). Em segundo lugar, o grupo de Terman cresceu em uma época incomum, que atravessou a Grande Depressão e a Segunda Guerra Mundial. Em terceiro lugar, o simples fato de essas crianças decidirem participar desse estudo e de serem continuamente lembradas de seu brilhante *status* pode ter mudado o comportamento delas. Além disso, Terman envolveu-se ativamente na vida delas, escrevendo cartas de recomendação, fornecendo bolsas de estudo (com muita freqüência, anonimamente) e abrindo as portas do mundo acadêmico para seus "Cupins" (Shurkin, 1992). Em quarto lugar, as comparações de Terman com as crianças do grupo de controle eram limitadas. Em quinto lugar, Terman relatou os dados em todo o estudo em termos de normas ou médias do grupo, em vez de acompanhar as crianças como indivíduos. Portanto, embora o estudo fosse longitudinal por acompanhar um grupo de indivíduos por toda a vida, ele não enfocava os próprios indivíduos (Cravens, 1992, p. 187). Em sexto lugar, até mesmo as realizações dos sujeitos foram questionadas. A revista *Time* ecoou essas questões no obituário de Terman:

> Suas crianças brilhantes cresceram mais saudáveis, um pouco mais ricas e mais bem empregadas do que a criança média, mas o grupo não continha matemáticos de primeira classe, nem um diretor de universidade... não promete contribuir com nenhum Aristóteles, Newton ou Tolstoi. (*Time*, 31 dez. 1956, apud Gerow, 1988, p. 45)

Finalmente, algumas pessoas disseram que Terman construiu um "contramito" da pessoa genial super-realizadora. Apesar dessas críticas, o estudo de Terman foi uma contribuição excepcional e um exemplo do melhor tipo de pesquisa em psicologia.

A última evolução mais importante na história dos testes de inteligência ocorreu com a mobilização de 1917 das Forças Armadas para a entrada dos Estados Unidos na Primeira Guerra Mundial. O principal papel na organização da contribuição da psicologia foi o de Robert Mearns Yerkes.

ROBERT MEARNS YERKES (1876-1956)

O Início da Vida de Yerkes

Robert Mearns Yerkes nasceu em uma fazenda perto de Filadélfia em 1876. Quando crianças, tanto Yerkes como uma irmã menor contraíram escarlatina. A irmã morreu e Yerkes ficou fisicamente fraco, mas conseguiu seguir o caminho norte-americano clássico de estudar na universidade. Ele freqüentou a Ursinus College enquanto fazia trabalhos manuais para o tio, um médico, em troca de alojamento e de um salário de US$ 10 mensais. Yerkes formou-se em 1897 e entrou para a Harvard University, enquanto Hugo Münsterberg (Capítulo 5) encorajava-o a ir atrás de seus interesses na psicologia comparada. Yerkes recebeu um diploma de doutor em 1902. Como aluno de pós-graduação, teve um histórico excepcional, e portanto recebeu uma indicação para ser instrutor de psicologia comparada em Harvard. No início, tanto Yerkes como Münsterberg duvidaram se ele conseguiria aceitar o cargo; o salário era de apenas US$ 1.000 por ano, mas Yerkes não apenas o aceitou como nunca se arrependeu de sua decisão. Yerkes permaneceu em Harvard até 1917, e os anos que passou lá foram os mais frutíferos e felizes de sua vida (Yerkes, 1932/1961).

A Pesquisa Comparativa de Yerkes e as Primeiras Investigações em Psicometria

Em Harvard, Yerkes viu-se em distinta companhia. Os três grandes filósofos-psicólogos da universidade – William James (Capítulo 9), Josiah Royce e George Palmer – ainda eram membros ativos do corpo docente. Yerkes, porém, não se intimidou. Sidney Pressey, um aluno de Harvard na época, lembrava-se de que, quando Yerkes entrou para a universidade, ele se mudou para um escritório em um porão em Emerson Hall que tinha na parede um retrato formal de James, Royce e Palmer. Yerkes tirou o retrato e o substituiu pelas fotografias de três grandes macacos, dizendo: "Estes são os meus filósofos" (Pressey, 1974). Coerente com essa atitude, Yerkes iniciou seus estu-

Robert Mearns Yerkes (1876–1956), o pioneiro representante da psicologia comparada que dirigiu o Programa de Testes do Exército.
(Arquivos de História da Psicologia Norte-Americana)

dos a respeito da vida mental dos macacos em colaboração com Ada Watterson, que mais tarde se tornou sua esposa. Esses estudos culminaram, em 1929, em sua clássica publicação, *The Great Apes* [Os Grandes Macacos]. Em Harvard, Yerkes também estudou a fisiologia do sistema nervoso dos invertebrados, o problema do instinto *versus* a aquisição individual de hábitos, observações do comportamento dos camundongos dançarinos e a herança de seu porte e modo de andar e estudos sobre a ferocidade nos ratos selvagens. Entre seus colaboradores, estava Edward Thorndike (Capítulo 10). Essas foram investigações pioneiras em psicologia comparada.

Yerkes também aproveitou uma oportunidade que Ernest E. Southard, professor de neuropatologia da Harvard Medical School ofereceu, permitindo-lhe trabalhar como psicólogo no Boston State Psychopathic Hospital. Lá, conscientizou-se da necessidade de melhores métodos de exames e medidas psicológicas. Com a assistência de James Bridges e Rose Hardwick, desenvolveu uma escala de pontos para medir a capacidade intelectual, arranjando os itens do teste em ordem de dificuldade, de modo que a pontuação da pessoa que estava sendo testada dependia do número de itens anteriores (Yerkes et al., 1915). Yerkes também desenvolveu um teste de múltipla escolha de formação de conceitos. Essa experiência na formulação e na utilização de testes foi de grande valor para Yerkes quando ele orientou uma grande parte da resposta da psicologia à Primeira Guerra Mundial.

Os Testes Alfa e Beta para o Exército

Em 6 de abril de 1917, quando o presidente Woodrow Wilson assinou uma declaração de guerra e os Estados Unidos entraram na Primeira Guerra Mundial, a *Society of Experimental Psychologists* [Sociedade de Psicólogos Experimentais] estavam reunindo-se em Harvard (Capítulo 5). Yerkes organizou uma sessão especial para discutir as contribuições que os psicólogos poderiam dar ao esforço de guerra. Titchener, o presidente da reunião, pediu licença para não participar da sessão de planejamento, portanto Yerkes assumiu a cadeira. A razão explícita de Titchener era que, por ele ser britânico, sua participação seria inadequada; mas também parece provável que, como especulou John O'Donnell (1979), ele temesse que Yerkes e seus colegas se afastassem da "pura psicologia experimental" e "trocassem uma ciência por uma tecnologia" (Titchener, 1914a, p. 14). Nessa sessão de planejamento, os participantes assentiram que Yerkes, então presidente da APA, visitasse o Canadá para estudar os problemas psicológicos que os canadenses haviam tido durante os anos de guerra desde 1914 e o modo como os psicólogos poderiam contribuir para o esforço de guerra. Uma reunião da APA logo seria solicitada para se discutir a resposta dos psicólogos à emergência nacional.

Yerkes reagiu com alegria, viajando para o Canadá em 10 de abril. Lá, encontrou Carl C. Brigham, um psicólogo agregado à Comissão de Hospitais Militares Canadenses. Com Brigham como guia, Yerkes visitou Montreal, Ottawa e Toronto, encontrando-se com as autoridades canadenses e escutando suas recomendações a respeito de como os métodos psicológicos poderiam ser mais bem utilizados para selecionar e classificar recrutas. O conselho da APA reuniu-se na Filadélfia em 21 e 22 de abril e indicou um comitê de nove psicólogos, incluindo James McKeen Cattell, G. Stanley Hall, Edward Lee Thorndike, J. B. Watson e Yerkes, para estudar o papel da psicologia no esforço de guerra.

Eles decidiram concentrar-se no desenvolvimento de métodos para exames psicológicos especialmente adaptados às necessidades militares. Enfrentaram a oposição dos psiquiatras, que não queriam consentir que esses exames fossem feitos pelos psicólogos. Como concessão, os psicólogos concordaram em restringir seus exames à inteligência. A convite de Goddard, um grupo de psicólogos, incluindo Terman e Yerkes, passou duas semanas, no início de junho, no Instituto de Treinamento de Vineland, preparando testes e exames psicológicos. A partir de julho, eles experimentaram esses testes em várias instituições e depois em bases selecionadas do Exército e da Marinha. Em 9 de agosto, Yerkes foi recomendado para organizar exames psicológicos para o Exército. Com essa recomendação, um grupo de 40 psicólogos reuniu-se e começou a preparar testes para uso comum no Exército. Em 1º de outubro, os exames psicológicos se iniciaram em quatro acampamentos do exército. Em uma carta ao médico-chefe do Exército dos Estados Unidos escrita em 16 de novembro, Yerkes enfatizou os objetivos desses exames: ajudar a segregar os mentalmente incompetentes, a classificar os homens de acordo com sua capacidade mental e a selecionar os homens mais competentes para receber treinamento especial e assumir cargos de responsabilidade (Yerkes, 1921, p. 19).

Em 24 de dezembro, o médico-chefe ordenou que os exames psicológicos fossem estendidos para todo o Exército e que todos os homens recém-admitidos e alistados fossem testados. Yerkes organizou um serviço psicológico de 115 oficiais comissionados e 300 pessoas alistadas. Eles utilizaram os seguintes critérios para conceber e selecionar os testes:

1. O teste tinha de ser feito em grupo. O recrutamento da época da guerra visava transformar os 200 mil soldados profissionais do Exército anterior à guerra em uma força de três milhões e meio de soldados. Grandes contingentes ingressavam a cada dia e, portanto, os testes individuais não eram possíveis.
2. O teste visava medir a "sagacidade inata" e ser tão independente quanto possível da escolaridade.
3. O teste devia ter uma pontuação cada vez mais difícil de atingir, devia ser bastante difícil para desafiar os homens muito inteligentes, mas suficientemente fácil para os que tivessem menos capacidade de fazê-lo.

4. O teste não podia levar mais de uma hora de aplicação e tinha de ser simples para ter uma pontuação objetiva.

Em 1917, apenas 9% dos homens alistados haviam terminado o segundo grau. Nos testes preliminares, eles descobriram que aproximadamente 40% dos alistados não eram suficientemente alfabetizados para ler e seguir instruções, portanto foram criadas duas formas do teste: o Teste Alfa do Exército para os alfabetizados e o Teste Beta do Exército para os que não fossem alfabetizados, ou não falassem a língua inglesa. Ambos foram aplicados a grupos de alistados com precisão militar. O Teste Alfa do Exército continha oito testes individuais:

Acompanhamento de instruções   Problemas aritméticos
Opinião prática   Sinônimos–antônimos
Frases desarranjadas   Preenchimento de séries de números
Analogias   Informações gerais

O Teste Beta do Exército continha sete testes individuais:

Desenho de labirinto   Análise de cubos
Preenchimento de série X-O   Substituição dígito–símbolo
Verificação de números   Completação de figuras
Construções geométricas

Durante o ano de 1918, o programa de testes expandiu-se rapidamente e, até o outono, as unidades de teste estavam funcionando em 35 acampamentos do Exército em todo o país. Cinqüenta psicólogos testaram 200 mil homens por mês. Em 11 de novembro de 1918, foi assinado o armistício que pôs fim à guerra. O programa de testes psicológicos terminou oficialmente em 31 de janeiro de 1919. Até essa data, 1.726.966 homens haviam sido testados. Sob as condições mais difíceis e exigentes, Yerkes havia levado os psicólogos a se mobilizarem. Considerando-se o número de homens testados, o programa havia sido um sucesso, e as capacidades administrativa e organizacional eram claramente de primeira ordem. Os psicólogos freqüentemente descrevem o Projeto de Testes do Exército como um exemplo de como a psicologia pode responder a uma emergência nacional de maneira útil e prática. Sem dúvida, o Projeto de Testes do Exército fez avançar a carreira de muitos psicólogos. Em 1917, Yerkes foi indicado para a presidência de uma importante divisão do *National Research Council – NRC* [Conselho de Pesquisa Nacional], e James Rowland Angell foi eleito seu presidente. O NRC apoiou a construção do *Teste Nacional de Inteligência para Crianças*. Trinta meses depois de ele ser publicado, mais de quatro milhões de crianças haviam sido testadas; durante a década de 1920, ele foi aplicado a sete milhões de crianças norte-americanas em idade escolar.

A guerra e, especificamente, o Projeto de Testes do Exército também tiveram um grande impacto na psicologia. Todas as sessões da reunião da APA de dezembro de 1918, exceto uma, lidaram com problemas de guerra. Hall comentou:

A guerra havia dado à psicologia um tremendo impulso. Isso, de modo geral, é bom, porque a psicologia, que é a mais ampla e a última das ciências, não deve tentar ser demasiadamente pura... Em um sentido peculiar, o futuro do mundo depende da psicologia norte-americana. (Hall, 1919, p. 48-49)

Outros psicólogos estavam igualmente otimistas. Catell declarou, em 1922, que os anos de guerra haviam colocado a psicologia "no mapa" e, em seu discurso como presidente da APA, Terman disse:

É o método dos testes que fez a psicologia descer das nuvens e tornou-a útil aos homens; isso transformou a "ciência das trivialidades" na "ciência da engenharia humana". (Terman, 1924, p. 106)

Não foram apenas os psicólogos que ficaram impressionados. Segundo o historiador Harvey Wish, "a psicologia emergiu triunfante [da guerra] com testes práticos de todos os tipos" (Wish, apud Dennis, 1984, p. 23). Um jornalista da *Harper's* observou:

Em praticamente todas as áreas da vida, esse pequeno dispositivo inteligente [o teste mental] está sendo introduzido como um meio de se descobrir o que as pessoas não sabem e o negócio específico para o qual elas servem. (apud Dennis, 1984, p. 23-24)

O *New York Times* descreveu os testes mentais como algo que se torna um passatempo popular e difundido em toda parte. Os psicólogos não foram os únicos a conceber e a utilizar esses testes. Um dos mais publicados e controversos foi o questionário desenvolvido pelo inventor e cientista norte-americano Thomas Edison (Dennis, 1984), com 48 questões a respeito de informações gerais, que incluíam:

Que países fazem fronteira com a França?

Qual é o maior telescópio do mundo?

Quem foi Plutarco?

De onde provém a maior parte do café do mundo?

Como o couro é feito?

Por que o ferro fundido é chamado *"pig iron"*?*

Thomas Edison organizou para que várias centenas de candidatos a um emprego em suas fábricas respondessem a esse questionário. Em maio de 1921, ele anunciou, no *New York Times*, que o desempenho, no seu teste, de estudantes que haviam terminado recentemente a pós-graduação era decepcionante; eles eram incrivelmente ignorantes e pareciam não saber nada. Dado o *status* de Edison como grande gênio dos Estados Unidos, sua conclusão pesou muito. Publicaram-se artigos de jornais sensacionalistas, com reações positivas e negativas. A publicidade atraiu a atenção para os testes mentais, mas também abalou seu *status* científico e a credibilidade das conclusões que os psicólogos e outras pessoas extraíam dos testes.

Uma questão final relativa ao Programa de Testes do Exército: o que a psicologia e os psicólogos realmente fizeram pelo esforço de guerra? Franz Samelson examinou as provas e concluiu que, na melhor das hipóteses, foi "um pequeno equívoco" (Samelson, 1977, p. 274). Os psicólogos do Programa de Testes do Exército recomendaram que cerca de 7,8 mil homens (0,005%) fossem dispensados por serem mentalmente inadequados para servir nas Forças Armadas. Essa porcentagem é muito pequena, e Samelson posteriormente enfatizou que as recomendações dos psicólogos freqüentemente haviam sido ignoradas. O Exército tinha de lutar na guerra, e as recomendações de um grupo de psicólogos não importavam muito para os generais. Para os oficiais militares, a relação entre a obtenção de uma baixa pontuação nos testes e o mau desempenho dos soldados não estava estabelecida. O relatório do Exército inclui algumas cartas favoráveis dos generais comandantes dos acampamentos onde os testes foram aplicados. Porém, essas avaliações favoráveis não são convincentes, pois, se o programa de testes tivesse tido um claro sucesso,

---

* *Pig iron*, outra denominação para "ferro fundido", significa, literalmente, ferro suíno.

o Exército teria continuado a aplicá-los depois da guerra. Não foi o que ocorreu. Logo depois do armistício, os testes de inteligência do Exército chegaram ao fim.[8] Talvez a conclusão mais conservadora seja concordar com Yerkes quando ele diz que, embora o Programa de Testes do Exército pudesse ter aumentado a eficiência do Exército e economizado milhões de dólares, isso somente teria acontecido se as informações tivessem sido usadas. Na maior parte dos casos, não foram (Yerkes, 1932).

Reação ao Relatório do Exército

Os resultados do programa de testes foram apresentados na Parte 3 do relatório final a respeito do Programa de Testes do Exército em mais de 300 páginas de dados e análises bem concatenadas. Infelizmente, essas páginas foram lidas por poucos, mas citadas por muitos. A pontuação de um homem nos testes era obtida acrescentando-se pontos de subteste. Por meio de um procedimento estatístico, essa pontuação combinada era então transformada em uma idade mental. Embora quase todos os resultados fossem relatados como pontuações, os autores decidiram usar idades mentais equivalentes ao responder à pergunta: "quão inteligentes são os homens do Exército?" Eles concluíram:

> parece que a inteligência da amostra principal do recrutamento de homens brancos, quando transmutada dos exames alfa e beta para os termos da idade mental, é de 13 anos de idade (13,08). (Yerkes, 1921, p. 785)

Os pesquisadores afirmaram que 13 anos era uma estimativa razoável da idade mental da população branca como um todo. Como se havia presumido que a idade mental adulta era de 16 anos, essa descoberta foi perturbadora. As conclusões do relatório quanto à porcentagem das pessoas mentalmente deficientes na população geral exacerbaram o embaraço. O relatório do Exército utilizou o termo de Goddard, *moron*,* para descrever os adultos com idade mental abaixo de 13 anos que eram suficientemente retardados para serem incapazes de passar da 6ª série. Ele concluía:

> Se essa definição [de *morons*] for interpretada no sentido de qualquer pessoa com idade mental de menos de 13 anos, como recentemente ocorreu, então quase metade dos homens brancos recrutados (47,3%) seria composta de morons. Por isso, parece que a deficiência mental, tal como é no momento definida, ocorre com mais freqüência do que anteriormente se havia suposto. (Yerkes, 1921, p. 789)

Essas conclusões foram enterradas em um relatório de 900 páginas e meio milhão de palavras, mas elas eram tão sensacionais que os artigos de jornal e revista, assim como os livros, tornaram-nas conhecidas. É de se indagar como os veteranos reagiram. Eles haviam sido induzidos a entrar para o Exército e haviam lutado e ajudado a vencer uma guerra terrível, e agora os psicólogos diziam que a metade deles era composta de retardados.

Conclusões racistas e antidemocráticas eram parte freqüente das histórias populares. Alguns autores defendiam um sistema de quase-castas intelectuais no qual o estágio de vida de uma pessoa seria determinado por sua pontuação em um teste de inteligência. Em *Human Efficiency and*

---

[8] Quando os Estados Unidos entraram na Segunda Guerra Mundial, os psicólogos se mobilizaram novamente para desenvolver procedimentos de classificação adequados. O resultado foi o Teste de Classificação Geral do Exército (Harrell, 1992).
* NT: Conforme salientado no início deste capítulo, *moron* origina-se do grego e significa *idiota*.

Levels of Intelligence [Eficiência Humana e Níveis de Inteligência] (1920), Goddard afirmou que a idade mental média da população branca dos Estados Unidos era de 13 anos e que a da população negra era "muito mais baixa". Ele concluiu que 45 milhões de brancos tinham idade mental abaixo de 13 anos e, considerando esses números, questionou a viabilidade de uma democracia bem-sucedida nos Estados Unidos. Embora Goddard confiasse em que as pessoas de inteligência inferior geralmente se deixariam governar por pessoas de inteligência superior, ele levantou o espectro de uma revolução no estilo russo caso os "milhões de pessoas não inteligentes decidissem tomar as coisas nas mãos" (Goddard, 1920, p. 97). Como solução para esse problema, ele propôs que essas pessoas fossem privadas de direitos civis e que a democracia norte-americana fosse substituída por uma meritocracia baseada em níveis de inteligência testados.

Goddard acreditava que a igualdade era um mito, uma impossibilidade psicológica. Milhões de dólares, disse ele, haviam sido desperdiçados em tentativas fúteis de melhorar as condições dos pobres e desvalidos. Sua crença é difícil de compreender; os testes do Exército haviam encontrado correlações altas, como 0,81, entre as pontuações dos testes e os anos de escolaridade. A sociedade, recomendou Goddard, deveria aceitar diferentes níveis de inteligência como um fato fundamental. Deviam ser determinados os níveis de inteligência para as diferentes ocupações e, apenas às pessoas que se encontrassem nesses níveis, devia ser permitido exercer essas funções. Ele também recomendou que tais procedimentos fossem aplicados retroativamente; ou seja, uma vez que fosse estabelecido o nível de inteligência para uma ocupação ou profissão específica, todos os membros pertencentes a esse grupo deviam ser testados, e apenas aqueles cuja pontuação nos testes estivessem acima do nível estabelecido deviam poder continuar em sua carreira. Goddard reassegurou a seus leitores que isso não acarretaria dificuldades e que, na verdade, poderia aumentar a felicidade das pessoas, já que nada é mais desconfortável, como dizia ele, do que estar em uma profissão ou carreira para a qual a pessoa não é intelectualmente adequada.

As propostas draconianas de Goddard foram bem recebidas. Em um ensaio da *Journal of Biology*, Paul Popenoe elogiou o livro de Goddard como um "verdadeiro serviço à biologia" (Popenoe, 1921, p. 233) e endossou suas propostas. Os eugenistas e os grupos como a Race Betterman Foundation de Battle Creek, Michigan, não apenas apoiou como tornou públicas as recomendações de Goddard. Em um artigo sensacionalista, Albert Wiggam declarou que o relatório do Exército havia demonstrado que qualquer crença na igualdade entre os homens era "um grande sentimentalismo" (Wiggam, 1922, p. 645). Ele concluiu que "as pessoas das favelas fazem as favelas" (p. 646) e que os esforços para melhorar o padrão de vida e as oportunidades de educação para os desamparados são tolice, já que permitem a sobrevivência dos elementos fracos no grupo genético de uma nação. Em 1923, Carl Brigham, o psicólogo canadense que havia sido assistente de Yerkes no início do Programa de Testes do Exército, publicou *A Study of American intelligence* [Um Estudo da Inteligência Norte-Americana]. O livro tinha uma história curiosa. Charles W. Gould, eugenista e defensor da superioridade das raças "puras", havia insistido para que Brigham escrevesse o livro e havia apoiado financeiramente o projeto. Como Brigham admitiu no prefácio, Gould "leu e releu o manuscrito em todos os estágios de preparação e foi o principal responsável por todo o trabalho" (Brigham, 1923, p. vii). Brigham reanalisou os dados do Exército, dando especial atenção à inteligência dos imigrantes que iam para os Estados Unidos. Ele chegou a importantes conclusões:

1. Os testes mentais do Exército mediam, de fato, a inteligência inata.
2. A pontuação média dos recrutados nativos era mais alta que a dos não-nativos.
3. A inteligência média dos imigrantes estava declinando, como demonstra a tabela a seguir.

Período	Nº de Casos	Média da Escala Combinada (idade mental em anos)
1887-1898	764	13,82
1899-1902	771	13,55
1903-1907	1.897	12,47
1908-1912	4.287	11,74
1913-1917	3.576	11,41

(Adaptado de Brigham, 1923, p. 177)

Esse declínio constante foi atribuído à proporção cada vez maior de imigrantes dos países da Europa central e do Mediterrâneo. Brigham declarou que a idade mental desses imigrantes era consistentemente mais baixa do que a dos imigrantes nórdicos da Europa ocidental. Brigham aceitou a doutrina da superioridade nórdica originalmente proposta por Madison Grant em *The Passing of the Great Race* [A Passagem da Grande Raça] (1916). Grant era diretor da New York Zoological Society e curador do American Museum of Natural History. Seu livro foi um dos mais vendidos, com oito reimpressões em quatro edições no período de sete anos. Grant escreveu:

> Os nórdicos de todo o mundo, uma raça de soldados, marinheiros, aventureiros e exploradores, mas, acima de tudo, dirigentes, organizadores e aristocratas, fazem um forte contraste com a característica essencialmente camponesa e democrática dos alpinos. A raça nórdica é dominadora, autoconfiante e zelosa de sua liberdade pessoal, tanto no sistema político como no religioso, e, como resultado, os nórdicos são geralmente protestantes. (Grant, 1916, p. 228)

A conclusão de Brigham foi de que um influxo incontrolável de imigrantes não-nórdicos da Europa do sul e do leste faria baixar a inteligência nativa norte-americana, por isso ele recomendou que apenas aos nórdicos fosse permitido imigrar. Terman, em um discurso feito em 1923 para a Associação Nacional de Educação, afirmou ser tamanha a diferença dos índices de nascimento dos "bons" (isto é, dos europeus do norte) e dos "maus" (isto é, dos mediterrâneos, mexicanos e africanos), que, após 200 anos, um grupo original de mil pós-graduados de Harvard (presumivelmente "nórdicos") teria 50 descendentes, ao passo que um grupo original de mil italianos do sul teria 100 mil descendentes (Terman, 1924, p. 113).

Tais perspectivas racistas e antidemocráticas tinham credibilidade, já que seus autores eram membros respeitados da comunidade científica. Brigham integrava o Departamento de Psicologia da Princeton University. Seu livro continha uma apresentação de Yerkes, que dizia:

> O sr. Brigham prestou um admirável serviço à psicologia, à sociologia e, acima de tudo, a todos os legisladores, ao reexaminar e reapresentar, com uma esclarecedora discussão, os dados relativos à inteligência e à nativade que foram publicados pela primeira vez no relatório oficial dos exames psicológicos no Exército dos Estados Unidos. Ele nos leva a considerar sua confiabilidade e seu significado, pois nenhum de nós, como cidadão, pode dar-se ao luxo de ignorar a ameaça da deterioração da raça ou a relação evidente da imigração para o progresso e o bem-estar nacional. (Yerkes, prefácio a Brigham, 1923, p. vii)

A *National Origins Act* [Lei Nacional de Origens] de 1924 estabeleceu cotas de imigração baseadas na proporção de cada nacionalidade registrada no censo de 1890, isto é, antes da chegada da onda de imigrantes da Europa central e da Europa meridional. Os congressistas exprimiram a esperança de que tais restrições restaurassem a "integridade genética" dos Estados Unidos. Porém, embora as perspectivas de Goddard, Brigham e Yerkes fossem influentes, elas não deixaram de enfrentar desafios.

Os Desafios

Na década de 1920, a comunidade psicológica foi dividida na sua avaliação do Programa de Testes do Exército e em sua reação às recomendações de Goddard, Terman e Brigham (Synderman e Herrnstein, 1983). Em 1922, Horace B. English, psicólogo que também havia participado do Programa de Testes do Exército, fez a pergunta "Os Estados Unidos são retardados"? Ele respondeu que não e afirmou que as conclusões nesse sentido haviam sido baseadas em uma leitura errônea dos dados do Exército. E. G. Boring (1923) enfatizou a necessidade de dados melhores e mais adequados antes que fossem feitas recomendações legislativas como as de Brigham. Em 1923, F. N. Freeman fez uma análise de alguns dos principais especialistas na aplicação de testes mentais, incluindo Yerkes e Terman, e publicou o consenso deles de que não havia um modo lógico de julgar as habilidades mentais inatas de grupos que tinham sido criados de maneiras diferentes.

Anteriormente, Freeman (1922) havia repreendido seus colegas pela descrição que haviam feito da idade mental média da população como um todo. Essas médias, disse ele, não eram defensáveis. Freeman (1923) enfatizou que era hora de parar de falar bobagem a respeito dessas questões. Porém, o ataque mais vigoroso não veio de um psicólogo, e sim de um famoso colunista e crítico, Walter Lippmann, homem descrito por seu biógrafo como "sem dúvida, o maior jornalista da nação" (Steel, 1980, p. xvi).

Em uma série de artigos de 1922 e 1923 da *New Republic*, revista que Lippmann havia fundado e que editava, ele criticou severamente Yerkes, Terman e Brigham, suas premissas e conclusões. Lippmann era especialmente crítico em relação à premissa de que os testes de inteligência medem a inteligência inata e de que a idade mental média da população branca era de 13 anos. Ele enfatizou a importância das diferenças no ambiente de criação e nas experiências; Lippmann sentia que essas diferenças eram tão grandes que tornavam sem significado as comparações entre as diferentes classes e raças. Ele argumentou que era logicamente impossível que a inteligência do adulto médio fosse igual à de uma criança imatura:

> É praticamente impossível que uma estatística honesta demonstre que a inteligência do adulto médio de uma amostra representativa da nação seja a de uma criança imatura da mesma nação. A inteligência do adulto médio não pode ser menor do que a inteligência de uma criança imatura. (Lippmann, 1922a, p. 213)

Lippmann citou uma estimativa anterior de 16 anos baseada nos resultados de um grupo de pessoas que havia sido submetido ao teste Stanford-Binet. Assim, a inteligência média poderia ser 16 ou 13, dependendo do teste utilizado. Obviamente, não poderia ser ambas, e Lippmann argumentou que todas essas afirmações eram sem sentido.

Enquanto ele via certa utilidade potencial para os testes na administração de escolas e reconhecia a importância dos testes de Binet, censurava a obra dos psicólogos mais recentes. "Somos levados a suspeitar", escreveu ele, "que, depois desse início, a verdadeira promessa e o verdadeiro valor da investigação que Binet iniciou corre o risco de sofrer grosseira perversão por homens inaptos e preconceituosos" (Lippmann, 1922a, p. 215). Lippmann escreveu de maneira emocional e previdente ao descrever os perigos da classificação prematura de crianças em termos de inteligência:

> Se, por exemplo, tem-se a impressão de que esses testes realmente medem a inteligência, de que eles constituem uma espécie de juízo final da capacidade da criança, de que revelam cientificamente sua capacidade predestinada, então seria mil vezes melhor se todos os especialistas em testes de inteligência e seus questionários afundassem sem aviso prévio no mar de Sargaços. Basta ler as obras publicadas a respeito desse assunto, mas, mais especialmente, a obra dos popularizadores, para ver quão facilmente o teste de inteligência pode transformar-se em uma máquina

cruel, quão facilmente ele pode tornar-se, nas mãos de homens descuidados ou preconceituosos, em um método para se imprimir um permanente senso de inferioridade na alma de uma criança. (Lippmann, 1922c, p. 297)

Para Lippmann, rotular crianças com QIs ou idades mentais era algo desprezível. Ele terminou sua série de artigos com a seguinte acusação dos testes e dos especialistas em testes:

> A afirmação de que aprendemos a medir a inteligência hereditária não tem base científica. Não podemos medir a inteligência quando nunca sequer a definimos, e não podemos falar em sua base hereditária depois que ela foi fundada sem distinção com mil influências educacionais e ambientais desde a concepção até a idade escolar. A afirmação de que o Sr. Terman ou quem quer que seja está medindo a inteligência hereditária não tem mais base científica do que uma centena de outras modas, vitaminas e glândulas, e a psicanálise amadora e os cursos de correspondência a respeito do poder da vontade, e isso vai desaparecer com eles no limbo onde se encontrarão a frenologia e a quiromancia e a caracterologia e as outras ciências estúpidas. (Lippmann, 1922d, p. 10)

Quatro semanas depois, Terman (1922) respondeu aos ataques de Lippmann em um artigo publicado na *New Republic*. Sua resposta é excepcionalmente dura e repleta de veneno e sarcasmo. Fica claro que ele considerava Lippmann um leigo mal informado que não tinha o direito de questionar a base científica e as descobertas dos testes. O título de sua réplica *The Great Conspiracy: The Impulse Imperious of Intelligence Testers Psychoanalyzed and Exposed by Mr. Lippmann* [A Grande Conspiração: O Impulso Imperioso dos Especialistas em Testes de Inteligência, Psicanalizada e Exposta pelo Sr. Lippmann] – revela o tom por ele adotado. Terman afirmou que a validade dos testes psicológicos estava fora de questão e que seria inútil discuti-la. Lippmann, disse ele, foi confundido pela questão da idade mental média da população geral, embora Terman tenha admitido que havia certo desacordo entre os psicólogos a respeito de como interpretar essas descobertas. Ele parodiou a crença de Lippmann na importância do ambiente durante os primeiros quatro anos de vida no seguinte trecho feroz:

> É de se imaginar por que o Sr. Lippmann, mantendo essa crença, não sugeriu que nós descuidemos da educação superior e despejemos nossos milhões nas creches e jardins de infância. Isso porque, na verdade, os altos QIs não devem ser desprezados... E pensar que temos permitido que todos os tipos de misteriosas influências acidentais e fora de controle nas creches moldem os QIs das crianças dessa e daquela maneira, bem diante dos nossos olhos. Já é tempo de investigarmos os efeitos, no QI, dos diferentes tipos de balbucios de bebês, das diferentes versões da Mamãe Gansa e dos diferentes tipos de chupetas e alfinetes de fraldas. Se há alguma possibilidade de identificar, medir e controlar esses estimulantes e depressores de QI, podemos muito bem dar-nos ao luxo de jogar no lixo todos os outros tipos de pesquisa científica, até que a tarefa esteja completa. Uma vez resolvido esse problema, o resto dos mistérios do universo facilmente serão presas dos nossos QIs encomendados de 180 ou 200. (Terman, 1922, p. 119)

Terman continuou, sugerindo doações para o *Walter Lippmann Bureau of Nursery Research for the Enhancement of the QI* [Escritório Walter Lippmann de Pesquisa das Creches para o Destaque do QI] (Terman, 1922, p. 119). Ele foi um profeta sem pretender sê-lo. Nas últimas décadas, os psicólogos vêm estudando com freqüência os efeitos de várias experiências para o enriquecimento precoce do desempenho intelectual. Pensem no programa Head Start, por exemplo. Dada a escolha que Terman propôs entre apoiar as faculdades e apoiar as escolas de creches, Rhoda Kellogg, uma ilustre psicóloga do desenvolvimento contemporânea, respondeu que recomendaria o apoio às creches (Kellogg, 1972).

A resposta sarcástica e hostil de Terman, com suas freqüentes observações pessoais – "É evidente que o Sr. Lippmann viu o sinal vermelho; e é também evidente que ver o sinal vermelho não leva a ver com clareza" (Terman, 1922, p. 119) –, permitiu que Lippmann respondesse à altura, "A capacidade lógica do Sr. Terman é tão primitiva que ele acha esse argumento difícil de entender" (Lippmann, 1923, p. 146), e a asseverar que "um psicólogo que se ri da importância das primeiras impressões e dos primeiros hábitos é demasiado superficial para escrever a respeito de educação" (Lippmann, 1923, p. 146). Terman havia acusado Lippmann de ter um "complexo emocional" relativo a testes, complexo que Lippmann prontamente reconheceu, pois, como disse:

> Odeio o descaramento da afirmação de que, em 50 minutos, seja possível julgar e classificar a adequação predestinada de um ser humano à vida. Odeio a pretensão dessa afirmação. Odeio o abuso do método científico que ela envolve. Odeio o senso de superioridade que cria e o senso de inferioridade que impõe. (Lippmann, 1923, p. 146)

Lippmann era um mestre nesse tipo de argumentação, e o Terman que respondeu às suas acusações não parece ser o mesmo cujas obras e textos esclarecedores foram anteriormente apresentados neste capítulo. Lee Cronbach citou-o como exemplo de um acadêmico que se envolveu em controvérsia pública e que perdeu sua "compostura, clareza e juízo" (Cronbach, 1975, p. 12).

O debate Lippmann–Terman terminou e a controvérsia desapareceu. A pesquisa dos psicólogos continuou e, pelo menos em um caso notável, produziu uma mudança de mentalidade. Em 1930, Brigham publicou um ensaio discutindo os testes de inteligência de diferentes tipos de imigrantes. Ele concluiu que esses testes eram inválidos e que os resultados não tinham valor. O último parágrafo desse ensaio é uma admissão aberta e honesta do erro em sua perspectiva anterior:

> Este ensaio resumiu algumas das mais recentes descobertas a respeito de testes que mostram que os estudos comparados de vários grupos nacionais e raciais não podem ser feitos com os testes existentes e que eles mostram, especificamente, que um dos mais pretensiosos entre esses estudos comparativos de raças – o do próprio autor – não teve fundamento. (Brigham, 1930, p. 165)

CONTROVÉRSIAS POSTERIORES

A década de 1920 foi um período de grandes controvérsias a respeito dos testes mentais. É admirável que apenas 20 anos após Binet e Simon terem publicado o primeiro teste individual para crianças, quase dois milhões de homens tenham sido testados no Exército dos Estados Unidos e que sete milhões de crianças tenham sido testadas nas escolas. Os testes mentais foram uma idéia que teve a sua época, e eles foram amplamente utilizados – talvez amplamente demais e cedo demais. Por mais que os psicólogos desejassem que os resultados dos testes fossem neutros, eles não o eram. Caso tivesse havido mais tempo disponível para o desenvolvimento e a validação desses testes, os psicólogos poderiam ter ocupado uma posição melhor para responder aos seus críticos. Mas a história não espera. Escritores posteriores, influenciados pelo espírito da época, popularizaram os resultados dos testes e estimularam muitas controvérsias.

Debates e controvérsias com os testes durante a década de 1920 preconizaram debates e controvérsias semelhantes nas décadas seguintes. Nos anos 40, alguns fizeram acusações de viés social nos testes (Davis, 1949). Nos anos 50, explodiu uma controvérsia a respeito de um programa organizado na década de 1940 pelo "Senhor Psicologia Britânica", *Sir* Cyril Burt, no qual o exame de admissão [*11-plus*] era aplicado a crianças de 11 anos. Com base em sua pontuação nos testes, elas eram "encaminhadas" para escolas de comércio que preparavam os alunos para essa atividade, escolas de gramática que preparavam os alunos para seguir carreiras administrativas, ou escolas que preparavam os alunos para ingressar nas universidades e fazer carreira como profissionais liberais (Vernon, 1957). Tudo isso aos 11 anos de idade. Em grande medida por causa da inflexibilidade do "encaminhamento", o programa de admissão foi um desastre social e educacional. Neil

O Caso Cyril Burt

No meio do século XX, Cyril L. Burt (1883–1971) foi o mais proeminente psicólogo britânico. Ele sofreu forte influência das concepções hereditárias da inteligência de Galton e Pearson (Capítulo 9). Burt ocupava a cadeira de psicologia na University College da Londres University, talvez o cargo de mais prestígio da psicologia britânica. Ele foi consagrado cavaleiro como Sir Cyril em 1946 e, em 1971, recebeu o Prêmio Thorndike da American Psychological Association's por notáveis serviços à psicologia educacional.

Em 1976, cinco anos após sua morte, as manchetes dos jornais sensacionalistas proclamaram que pelo menos uma parte da obra de Burt era fraudulenta (Gillie, 1976). Ataques e contra-ataques se seguiram, com a mídia em acirrada perseguição; a fraude científica sempre constituiu uma história atraente. Em 1979, uma biografia aparentemente definitiva de Burt foi publicada por Leslie S. Hearnshaw (1907–1991), o historiador extra-oficial da psicologia britânica. Psicólogo conhecedor da obra de Burt e amigo de sua família, ele proferiu o discurso no funeral de Burt. Hearnshaw admitia ter mudado de opinião com relutância ao concluir que Burt havia perpetrado várias fraudes sérias. Particularmente preocupantes eram os resultados que Burt havia obtido a respeito dos gêmeos idênticos.

AS PROVAS RELATIVAS AOS GÊMEOS IDÊNTICOS

No início da década de 1950, Burt e seus colaboradores publicaram resultados de 21, e, posteriormente, de "mais de 30" e em seguida de 42 pares de gêmeos idênticos criados separadamente (Capítulo 9). Os coeficientes de correlação para os QIs dos gêmeos idênticos eram muito mais próximos que os dos não-idênticos criados juntos. Burt concluiu que os fatores genéticos dominavam os fatores ambientais na determinação da inteligência. Em 1956, ele relatou dados adicionais que totalizavam 53 pares de gêmeos idênticos criados separadamente. A correlação de QI para os gêmeos idênticos criados separadamente era de +0,771, número idêntico ao que ocupava o terceiro lugar decimal para as correlações que Burt havia relatado anteriormente em relação aos gêmeos anteriores. Mas essa notável invariância aparentemente passou despercebida por mais de 15 anos! Em 1972, Leon Kamin, um psicólogo de Princeton famoso por seus estudos da aprendizagem dos animais, empreendeu uma revisão completa das publicações de Burt. Kamin observou a correlação invariante e apontou-a em palestras, colóquios e depois, em 1974, em seu livro, *The Science and politics of IQ* [A Ciência e a Política do QI]. Para Kamin, uma correlação de QI tão invariante era muito improvável e lançava suspeita sobre a validade dos dados de Burt. Oliver Gillie, o correspondente de medicina do *Sunday Times*, um dos jornais mais respeitados da Inglaterra, resumiu as idéias de Kamin e acusou Burt postumamente de fraude e forjamento de dados.

Em sua biografia de Burt, Hearnshaw concluiu que muitas das provas haviam sido forjadas; Hearnshaw não havia conseguido encontrar registros de casos ou outros dados a respeito dos gêmeos. Os assistentes que presumivelmente haviam testado as crianças e que haviam sido co-autores das publicações com Burt não puderam ser encontrados. Hearnshaw também concluiu que Burt havia forjado um segundo importante conjunto de dados a respeito de QI, mobilidade social e educação. Nos dois casos, os dados eram utilizados para apoiar a posição de Burt, fortemente a favor da hereditariedade. As críticas ao livro de Hearnshaw eram geralmente favoráveis, incluindo as de Hans Eysenck e Arthur Jensen (Capítulo 9), que antigamente haviam defendido Burt e também defendiam a idéia da hereditariedade. Com essa biografia, a reputação de Burt arruinou-se. O caso Burt começou a aparecer em textos de psicologia como exemplo para prevenir a fraude científica. Um Programa da British Broadcasting Corporation de 1984, subintitulado *A History of Scientific Fraud* [Uma história de fraude científica], apresentou o caso contra Burt como comprovado.

(continuação na página 400)

O Caso Cyril Burt (Continuação)

A REABERTURA DO CASO DE BURT

Dois livros reabriram posteriormente o caso de Burt. Em *O Caso Burt* (The Burt Affair), Robert B. Joynson (1989), descreveu-o como observador desinteressado. Ele ofereceu outras explicações diferentes da fraude para a maior parte das anomalias dos dados de Burt, incluindo as correlações invariantes. Joynson acusou os detratores de Burt de assassínio de caráter e fez severas críticas à biografia de Hearnshaw. Joynson assegurou que os coeficientes de correlações invariantes eram "uma falácia de diversão" (p. 155). Ele não podia aceitar que um estatístico sofisticado como Burt tivesse forjado números tão inconsistentes. A impressionante invariância desses números constituía, para Joynson, uma prova irrefutável de que eles eram verdadeiros. Ele também apontou para o fato de que, na época de Burt, os cálculos de correlações eram trabalhosos, levavam muitas horas, portanto muito diferentes da operação de apertar botões que é hoje. Joynson admitiu a possibilidade de que as últimas correlações de Burt não tivessem sido recalculadas, mas argumentou que isso não significava fraude. Ele também atribuiu as anomalias dos dados a erros de tipografia e transcrição. Mais uma vez, Joynson concluiu que Burt havia sido descuidado, mas não fraudulento. Alguns dos dados de Burt haviam sido destruídos durante os bombardeios da blitz de Londres. O resto fora queimado logo após sua morte, segundo o conselho de profissionais que sentiram que eles eram tão desordenados a ponto de se tornarem inúteis. Ironicamente, o homem que providenciou a destruição dos arquivos de Burt colaborou posteriormente com Oliver Gillie em sua sensacional exposição de Burt (Scarr, 1991, p. 200). Joynson citou um ensaio de Charlotte Banks, antiga aluna e colega de Burt (Banks, 1983). Banks rejeitava as alegações de Hearnshaw e contava que havia conhecido os colaboradores desaparecidos. Joynson também encontrou provas da existência desses colaboradores em uma foto do grupo, nos registros dos membros da *British Psychological Society* [Sociedade de Psicologia Britânica] e na lembrança de outras pessoas.

Ronald Fletcher, um escritor cujo viés ideológico pode ser visto no título de seu primeiro livro, *Instinct in Man* [O Instinto no Homem] (Fletcher, 1966), também apoiou Burt. Em *Science, Ideology, and the Media: The Cyril Burt Scandal* [Ciência, Ideologia e a Mídia: O Escândalo Cyril Burt] (1991), Fletcher examinou a cobertura que a mídia fez do caso Burt e colocou-a em julgamento ao revisar as acusações e contra-acusações, como se faria em um tribunal de justiça. O veredicto de Fletcher foi de que a cobertura da imprensa havia sido atrozmente enviesada e unilateral, e de que ela provinha dos vieses dos repórteres e editores. Especificamente, Fletcher argumentou que o apoio que eles haviam fornecido às visões ambientalistas da natureza da inteligência haviam-nos predisposto a apoiar as críticas a Burt.

Em uma crítica favorável ao livro de Joynson em *Contemporary Psychology*, a revista de ensaios da American Psychological Association, Sandra Scarr concluiu que Burt havia sido descuidado, o que tornava seus dados inúteis; que ele podia ter-se desviado, que era abertamente a favor da hereditariedade e que certamente era arrogante, imperioso e sempre teimoso. Mas que isso não constitui prova de fraude científica. Em uma crítica detalhada, justa e equilibrada dos livros de Joynson e de Fletcher, Franz Samelson concluiu:

Eu realmente acredito que Burt inventou coisas a respeito dos gêmeos, a respeito da análise de fatores[9] e dos dados relativos a pais e filhos utilizados em seu estudo de "mobilidade social". Depois de analisar muitas publicações de Burt, encontrei demasiadas omissões em suas referências nos diferentes artigos e, definitivamente, algumas contradições claras entre o que ele escreveu em determinada época e o que, trinta anos mais tarde, afirmou ter escrito anteriormente – embora ele possa não ter sido o único a fazer isso. (Samelson, 1992, p. 230)

---

[9] Hearnshaw (1979, p. 169) havia acusado Burt de ter exagerado em seu papel de desenvolver o coeficiente de correlação e de minimizar as contribuições de Karl Pearson e Charles Spearman. Burt não era o único a exagerar suas contribuições em detrimento de outras pessoas.

(continuação na página 401)

> **O Caso Cyril Burt (Continuação)**
>
> Bert Green, em uma crítica de fundo em *Psychological Science*, a principal revista da American Psychological Society, fez a análise dos livros de Hearnshaw, Joynson e Fletcher e perguntou se o caso Burt havia sido uma revelação de fatos comprometedores ou um ataque malicioso (Green, 1992). Ele concluiu que a acusação de que Burt havia deliberadamente falsificado dados a respeito da herança da inteligência não pode ser estabelecida nem desaprovada com certeza. Mas Burt certamente publicou dados tão ruins que eles não podiam apoiar suas conclusões. Mais críticos em relação a Burt foram Mackintosh (1995), que rotulou seus resultados como "improváveis" e explicações oferecidas como "não plausíveis", e Tucker, que concluiu, após uma reconsideração detalhada de Burt, que "quase não havia dúvidas de que Burt havia cometido fraude" (Tucker, 1997, p. 145).

Kinnock, líder do Partido Trabalhista Britânico e um homem que havia sido reprovado no exame de admissão, descreveu-o como a marca de Caim colocada nas crianças da classe trabalhadora e continuou dizendo: "Quem observar uma comunidade que opera um exame de admissão seletivo não duvidará de que, na manhã em que os resultados são entregues, não há rostos de crianças sorridentes, mas rios de lágrimas em muitos lares" (Kinnock, apud Harris, 1984, p. 126).

A partir de então, o exame de admissão foi abandonado. Atualmente, os britânicos têm um único teste nacional de desempenho educacional que é aplicado aos 16 anos. Em um plano proposto, os testes de âmbito nacional ocorrem aos 7, 11, 14 e 16 anos (Bencivenga, 1987).

Na década de 1960, algumas pessoas fizeram acusações de que havia viés racial nos testes de inteligência (Williams, 1970), e Arthur Jensen fez uma pergunta provocante na *Harvard Educational Review*: "Até que ponto podemos melhorar o QI e o desempenho acadêmico?" (Jensen, 1969). A resposta de Jensen – "não muito" – e sua conclusão de que a pontuação do QI é de 60% a 90% determinada pela genética ecoou no passado e provocou um debate ainda não resolvido a respeito dos testes e da interpretação dos seus resultados. Nos anos 70, esse debate a respeito do "jensenismo" continuou ocorrendo, com troca de acusações (Herrnstein, 1971) e contra-acusações (Kamin, 1974).

RECENTES AVANÇOS NOS TESTES DE INTELIGÊNCIA

A abordagem psicométrica-correlacional continua dominando a mensuração da inteligência (Carroll, 1993), mas várias abordagens recentes baseiam-se na revolução cognitiva da psicologia (Gardner, 1985). A inteligência pode ser facilmente vista como um construto cognitivo, assim como pode ser vista como um construto de traços. Mais concretamente, os pesquisadores cognitivo-experimentais da inteligência estudam agora as estruturas do conhecimento declarativas e processuais subjacentes ao comportamento inteligente, incluindo o desempenho nos itens dos testes de inteligência. Earl Hunt, Robert Sternberg e Howard Gardner são três psicólogos contemporâneos que vêm propondo diferentes perspectivas cognitivas a respeito da inteligência.

Hunt é um dos que desenvolveram uma abordagem da inteligência denominada *abordagem dos correlatos cognitivos* (Hunt, 1978; Pellegrino e Glaser, 1979). Essa abordagem correlaciona a pontuação em tarefas cognitivas (por exemplo, exploração da memória ou combinação de letras), geralmente expressas em termos de tempo de resposta (Capítulo 4), com a pontuação das medidas psicométricas-padrões da capacidade cognitiva. As correlações resultantes são utilizadas para inferir os componentes da inteligência, embora a magnitude das associações observadas flutue. Hunt e seus colaboradores vêm estudando extensivamente a "mecânica" da capacidade verbal, utilizando formatos de grupo extremos (pessoas com pontuação alta ou baixa em medidas de capacidade verbal padronizadas) e procedendo de acordo com a premissa de que as diferenças individuais nas representações e operações cognitivas compreendem o cerne da inteligência.

Sternberg é o principal proponente da *abordagem de componentes cognitivos*, tendo dedicado 20 anos ao estudo programático da inteligência utilizando métodos cognitivos. Em pesquisas mais antigas, Sternberg (1977) estudou o desempenho nos itens de analogia na fórmula W : X :: ? : ? (W está para X assim como ? está para ?). Suas análises sugeriram que o desempenho nos itens de analogia podia ser decomposto nos seguintes estágios ou seqüências dos processos cognitivos: (a) codificação, (b) inferência, (c) mapeamento, (d) aplicação, (e) justificativa e (f) preparação da resposta. Ele foi até mesmo capaz de calcular a proporção do tempo de resposta observado associado com cada um desses subprocessos e descobriu que a codificação leva aproximadamente metade de todo o tempo de resposta. A partir dessa base, Sternberg (1985) propôs uma teoria triádica da inteligência com fatores contextuais (ambientais), experienciais (aprendizagem) e componenciais (cognitivos). Os componentes específicos que ele identificou incluem metacomponentes, componentes de aquisição do conhecimento e componentes de desempenho. Os primeiros são rotinas de execução que invocam, recebem e integram informações resultantes dos processos de nível inferior (por exemplo, comparações perceptuais, exploração da memória). Os componentes de aquisição do conhecimento são sistemas que permitem aprender com o ambiente. Os componentes de desempenho estão envolvidos na organização e produção da resposta.

O modelo de Gardner (1983) para conceber a inteligência baseia-se em um ensaio de literatura para o *Project on Human Potential* [Projeto sobre o Potencial Humano]. O modelo resultante é remanescente dos primeiros debates entre Spearman e Thurstone que dizem respeito à generalidade ou multiplicidade da inteligência. Spearman afirmava que *g* era unitário ou monárquico, ao passo que Thurstone garantia que a inteligência compreende múltiplos fatores (ou é *oligárquica*, na terminologia de Spearman). Gardner (1983) denomina sua abordagem a teoria das inteligências múltiplas. Ela consiste em nove estruturas divididas em independentes do objeto, dependentes do objeto e categorias pessoais. As estruturas *independentes do objeto* são lingüísticas e musicais, sendo estas últimas as primeiras a aparecer durante o desenvolvimento. As estruturas *dependentes do objeto* são lógico-matemáticas, espaciais, corporal-cinestésicas e naturalistas, com dependência relacionada aos sistemas simbólicos, ao ambiente interno proprioceptivo e ao ambiente externo. Em último lugar, as estruturas *pessoais* incluem a intrapessoal (eu), a interpessoal (outros) e a existencial. Outro aspecto esclarecedor da teoria de Gardner é o fôlego das provas citadas para apoiá-la. São incluídos estudos a respeito dos danos cerebrais (gerais e localizados), das mudanças no desenvolvimento e da semiótica (Gardner, 2001).

A perspectiva que o modelo cognitivo fornece permitiu avanços teóricos, mas os problemas pragmáticos da mensuração permanecem. Especificamente, há poucas alternativas para testes padronizados aplicados a grupos, embora a administração computadorizada e a pontuação tenham certa possibilidade de progredir no futuro. A inteligência é um construto com inúmeros correlatos comportamentais que têm implicações importantes para o mundo real (Schmidt e Hunter, 1993). Por causa das famosas diferenças dos grupos nos testes de habilidade padronizados (Jensen, 1980), há pressão de interesses especiais que levam a controvérsias públicas quanto a "cotas" para membros de determinados grupos e "normas de diversidade".* Os testes de inteligência têm um passado controvertido, permanecem controvertidos até hoje e sem dúvida permanecerão assim por muitos anos ainda.

---

* NT: Em inglês, *race-norming*, a prática de se aplicar, a cada candidato a um emprego, o mesmo teste de habilidades, mas graduar o teste de maneiras diferentes, conforme a raça do candidato.

A Curva de Bell Revisitada

O livro *The Bell Curve* [A Curva de Bell] (1994) é provavelmente o mais controverso já publicado na história da psicologia. Seus autores foram Richard Herrnstein, professor de psicologia em Harvard e ex-aluno de Skinner (Capítulo 13), mais conhecido por sua pesquisa a respeito do condicionamento operante; e Charles Murray, cientista político do American Enterprise Institute. O subtítulo do livro, *Intelligence and Class Structure in American Life* [A Inteligência e a Estrutura de Classes na Vida Norte-Americana], preconizou a controvérsia que o livro estimularia. Herrnstein e Murray, conscientes dessas profecias, escreveram no prefácio:

Não somos indiferentes ao modo como este livro, interpretado erroneamente, pode causar danos. Nós nos preocupamos com isso a partir do dia em que nos pusemos a trabalhar. Mas não pode haver um verdadeiro avanço na resolução dos problemas dos Estados Unidos se eles não são percebidos, como hoje ocorre. Que coisas boas podem advir de se compreender a relação entre a inteligência, a estrutura social e a política pública? Poucas coisas boas podem advir sem isso. (Herrnstein e Murray, 1994, p. xxiii)

Em 552 páginas de texto, sete apêndices e mais de 100 páginas de notas, esses autores afirmam que as pessoas diferem na inteligência e que a inteligência tem um efeito poderoso no modo como as pessoas se saem na vida. Eles ainda argumentam que há diferenças de capacidade intelectual entre os grupos e que essas diferenças vêm resultando no surgimento de uma "elite cognitiva" nos Estados Unidos. Finalmente, Murray e Herrnstein prevêem que, no século XXI, as diferenças de inteligência – ou, de modo mais geral, da habilidade cognitiva – levarão inevitavelmente à maior estratificação das sociedades modernas.

Em novembro de 1994, em resposta a *A Curva de Bell*, o Board of Scientific Affairs of the American Psychological Association [Conselho de Questões Científicas da Associação Norte-Americana de Psicologia] criou uma força-tarefa para examinar as conclusões do livro e dos dados em que ele estava apoiado. O presidente era Ulric Neisser e 10 psicólogos participavam como membros. Em fevereiro de 1996, eles apresentaram seu relatório, *Intelligence: Knowns and Unknowns* [Inteligência: O que Sabemos e o que Desconhecemos], com as seguintes palavras:

No outono de 1994, a publicação do livro de Herrnstein e Murray, *A Curva de Bell*, estimulou um novo círculo de debates a respeito do significado das pontuações dos testes de inteligência. O debate foi caracterizado por fortes afirmações e fortes sentimentos. Infelizmente, essas afirmações revelam, com freqüência, sérias incompreensões daquilo que vem (e daquilo que não vem) sendo demonstrado pela pesquisa científica nessa área. Embora muito hoje se conheça, as questões permanecem complexas e, em muitos casos, ainda não foram resolvidas. Outro aspecto infeliz do debate foi que muitos participantes pouco se esforçaram para distinguir as questões científicas das políticas. (Neisser et al., 1996, p. 77)

Seu relatório tratou de cinco questões importantes:
- Quais são as conceptualizações significativas da inteligência?
- O que significam as pontuações dos testes de inteligência, o que eles prevêem e em que medida fazem boas previsões?
- Por que os indivíduos diferem em termos de inteligência? (Sua discussão implica fatores genéticos e ambientais).
- Os grupos étnicos revelam diferentes padrões de desempenho nos testes de inteligência? Se isso acontece, o que poderia explicar essas diferenças?
- Que questões científicas estão atualmente sem resolução?

Após uma consideração geral de cada uma dessas perguntas e das provas relevantes, os autores concluem:

Em uma área na qual tantas questões não estão resolvidas e em que tantas perguntas encontram-se sem resposta, o tom confiante que caracterizou a maior parte do debate a respeito desses assuntos é claramente descabido. O estudo da inteligência não precisa de afirmações e recriminações politizadas; ele precisa de auto-restrição, reflexão e muito mais pesquisa. As questões que permanecem em aberto são social e cientificamente importantes. Não há razão para se achar que elas são irrespondíveis, mas encontrar as respostas exigirá um esforço compartilhado e sustentado, assim como o empenho de recursos científicos substanciais. Apenas um empenho assim é o que recomendamos fortemente. (Neisser et al., 1996, p. 97)

John Watson.
(Culver Pictures)

CAPÍTULO 12

A Pesquisa de Ivan Pavlov e o Behaviorismo de John B. Watson

Em sua pesquisa, realizada antes, durante e depois da Revolução Russa de 1917, Pavlov estabeleceu os paradigmas do condicionamento clássico e declarou resultados que são básicos para o entendimento da aprendizagem (Roscorla, 1988). Pavlov tinha amplos interesses em pesquisa. Sem ter planejado isso, ele se tornou uma importante influência no desenvolvimento histórico da psicologia. Nos Estados Unidos, Watson também envolveu-se em uma revolução, mas, no seu caso, foi uma revolução dentro da psicologia que ele iniciou e liderou. Embora sua carreira na psicologia tenha sido relativamente curta, a revolução *behaviorista* de Watson teve grande influência no desenvolvimento da psicologia, especialmente nos Estados Unidos.

IVAN PETROVICH PAVLOV (1849-1936)

O Início da Vida de Pavlov

Pavlov nasceu em 14 de setembro de 1849, na pequena cidade de Ryazan, na Rússia central. Era filho de uma família de clérigos (Babkin, 1949; Asratyan, 1953): sua mãe era filha de um sacerdote ortodoxo russo; o avô paterno de Pavlov havia sido o sacristão da aldeia, e seu pai era um padre paroquial em um dos distritos mais pobres de Ryazan. Na Rússia do século XIX, os clérigos formavam uma classe separada de "russos puros". Pavlov tinha orgulho de sua herança familiar e foi intensamente patriótico durante toda a vida. Ele era o mais velho de uma família de 11 filhos, seis dos quais morreram cedo. Quando menino, freqüentou a escola local e, depois, um seminário eclesiástico. Leu dois livros que o fizeram abandonar seus planos de entrar para o sacerdócio: *Origin of Species* [A Origem das Espécies], de Charles Darwin (1859), e *Reflexes of Brain* [Reflexos do Cérebro], de Ivan Mikhailovich Sechenov (posteriormente, falaremos mais a respeito da influência do livro de Sechenov). Pavlov sempre reconheceu a influência de Darwin e tinha uma admiração extática, quase mística, por ele. Nos últimos anos de sua vida, quando organizou uma estação de pesquisa em Koltushi, fora de Leningrado, estabeleceu-a em uma grande propriedade do Estado chamada a "Down Soviética" em homenagem à casa de campo de Darwin.

Pavlov deixou o seminário, em 1870, sem ter-se tornado padre. Em seguida, entrou para a Faculdade de Ciências Naturais da University of St. Petersburg. A Rússia do século XIX era uma sociedade amplamente agrária, e a maioria de sua população era composta por camponeses analfabetos. Uma grande porcentagem das pessoas educadas e cultas morava em São Petersburgo, e a cidade constituía-se no centro da vida intelectual, social e artística. O czar Nicholas II mantinha a corte ali, e o Museu de Arte Hermitage, na cidade, era famoso em todo o mundo. Aleksandr Borodin, compositor da ópera *Príncipe Igor*, residia na cidade. Além de ser um famoso compositor, ele também era professor de bioquímica na universidade. Dimitry Mendeleyev (1834-1907), que criou a tabela periódica dos elementos, era professor de química em São Petersburgo. O irmão de Pavlov, Dimitri, trabalhava no laboratório de Mendeleyev.

I. M. Sechenov (1829-1905) era professor de fisiologia. Ele havia estudado com o maior fisiologista francês do século XIX, Claude Bernard (Capítulo 3). No laboratório de Bernard, em Paris, Sechenov havia demonstrado que um cristal de sal ou uma corrente elétrica aplicada à ponta da espinha dorsal de uma rã inibe os reflexos da espinha. O experimento de Sechenov era uma demonstração clássica de que um centro superior de atividade inibia um centro inferior. Esse modelo hierárquico da atividade nervosa foi fundamental para as teorias de Pavlov. Em seu livro, *Reflexes of the Brain* [Reflexos do Cérebro], editado em 1866 – a publicação foi adiada porque as autoridades eclesiásticas temiam que a obra, escrita com clareza, fosse lida pelo público e viesse a prejudicar a fé de muitas pessoas –, Sechenov argumentou que todos os atos físicos são reflexos que resultam de uma combinação da excitação com a inibição. A chave para o conhecimento da psique humana seria o entendimento dos reflexos do cérebro:

> A nova psicologia terá como base, em vez das filosofações cochichadas pela voz enganosa da consciência, fatos positivos ou pontos de partida que possam ser verificados a qualquer momento por experimentos. E é somente a fisiologia que poderá fazer isso, pois somente ela detém a chave para a análise verdadeiramente científica dos fenômenos psíquicos. (Sechenov, 1866, apud Frolov, 1938, p. 6)

Pavlov adotou essa perspectiva como sua.

As Primeiras Pesquisas de Pavlov

Pavlov formou-se, em 1875, na área de ciências naturais. Ele tinha um histórico brilhante como estudante de pesquisa e recebeu uma medalha de ouro por sua pesquisa sobre os nervos pancreáticos. Foi indicado para a Academia Militar de São Petersburgo e para o Instituto Veterinário. Em 1878, S. P. Botkin, outro luminar de São Petersburgo e professor de medicina interna, convidou Pavlov para assumir um laboratório recém-aberto de medicina experimental. Botkin era famoso por sua teoria do *nervismo*, que postulava que o sistema nervoso regula a maior parte das funções corporais. Botkin acreditava que a maior parte das doenças resultava da falha do sistema nervoso para adaptar o organismo às exigências da vida; essas falhas geralmente eram decorrentes, afirmava ele, de uma reação excessiva ao estresse e às ameaças. Botkin também acreditava que toda vida compartilha de elementos comuns – por exemplo, proteínas básicas – e que diferentes formas de vida distinguem-se por sua organização específica desses elementos. Botkin ensinava uma abordagem científica da medicina e da biologia que começava nos níveis mais simples de organização e funcionava em direção aos mais complexos. Essa era a abordagem que Pavlov adotaria em suas pesquisas.

O laboratório que Botkin providenciou era um pouco mais que um barracão no jardim da clínica médica. Era pobre e mal-equipado, mas, nele, Pavlov fez importantes pesquisas referentes aos nervos cardíacos. Conseguiu demonstrar que os nervos cardíacos são capazes, não apenas de aumentar e diminuir as batidas do coração, como também de aumentar e diminuir a força de cada batida. Eles têm, portanto, função dupla. Pavlov recebeu o título de mestre em 1883, e sua pesquisa a respeito do coração foi reconhecida com uma segunda medalha de ouro. E então, ele passou três anos trabalhando na Alemanha. Os quatro anos que se seguiram ao seu retorno à Rússia foram tempos difíceis. Suas candidaturas a várias posições acadêmicas foram rejeitadas, e Pavlov foi forçado a viver com dificuldades. Freqüentemente, ele e a família tinham pouca comida, e às vezes, não havia aquecimento no apartamento durante o inverno russo. Ainda assim, continuou lutando para prosseguir com sua pesquisa, muitas vezes mantendo animais para experimentos em seu apartamento. Certa vez, enquanto estudava a transformação das crisálidas em borboletas, os insetos morreram de frio. Quando a esposa reclamou de sua pobreza, ele respondeu: "Oh, deixe-me em paz, por favor. Um verdadeiro infortúnio ocorreu. Todas as minhas borboletas morreram, e você está se preocupando com alguma ninharia tola" (Babkin, 1949, p. 26).

Esses anos difíceis terminaram quando Pavlov foi indicado para ocupar a cadeira de farmacologia na Academia Militar de São Petersburgo. Em 1891, ele organizou o Instituto de Medicina Experimental de São Petersburgo, onde realizou suas pesquisas nos 40 anos seguintes. Babkin (1949) lembrava-se de que, ao ver o laboratório de Pavlov em 1901, teve a impressão de um lugar insignificante. No entanto, essa aparência era enganosa, pois a pesquisa de Pavlov sobre os processos digestivos, realizada nesse laboratório, acabaria lhe angariando o Prêmio Nobel de 1904. Em 1895, foi indicado para trabalhar como professor de fisiologia da University of Saint Petersburg; em 1901, foi eleito membro correspondente da Academia de Ciências Russa, e, em 1907, tornou-se membro integral, ou acadêmico. Pavlov havia alcançado o pináculo da vida acadêmica e científica, mas não sem ter lutado muito.

Os Experimentos de Pavlov com o Condicionamento[1]

Em suas pesquisas, Pavlov constantemente procurava encontrar "janelas" para o funcionamento dos sistemas fisiológicos – cardíaco, digestivo e cortical. Métodos agudos de vivissecção ocorreram, porém, freqüentemente, eles pareciam destruir os mecanismos inerentes do corpo, atrapalhando o objetivo de Pavlov de observar os sistemas vivos. Ele desenvolveu procedimentos cirúrgicos rigorosos moldados com base naqueles que eram utilizados nos seres humanos; seus cães passavam por quatro salas de preparação para a cirurgia antes de uma operação. Nenhum caso de infecção ocorreu em seu laboratório, e isso naquela época em que não havia antibióticos. Pavlov era um cirurgião habilidoso que nunca perdeu um animal na cirurgia. Seu primeiro grande sucesso ocorreu em 1888, quando ele isolou o coração de um mamífero em funcionamento. Pela primeira vez a ação do coração podia ser observada diretamente.

Em sua busca por uma janela para o sistema digestivo, Pavlov desenvolveu uma operação na qual um "estômago em miniatura" era isolado do resto do órgão em uma bolsa, de modo que ele podia observar a atividade glandular no estômago do cão sem a contaminação da comida que estava sendo digerida. Muitos pesquisadores antes de Pavlov haviam tentado desenvolver essa bolsa. Na Alemanha, Pavlov havia estudado os procedimentos de operação de R. Heidenhain em Breslau, mas as tentativas de Heidenhain não haviam sido bem-sucedidas. Pavlov também, inicialmente, encontrou muitas dificuldades. Suas primeiras 19 operações fracassaram, entretanto, no vigésimo animal, ele isolou um estômago em miniatura em uma bolsa. E acabou tornando-se tão habilidoso por fazer essa "bolsa de Pavlov" que a cirurgia freqüentemente terminava antes

---

[1] Windholz (1989a) fornece uma descrição detalhada da descoberta de Pavlov dos princípios de reforçamento, extinção, generalização e diferenciação dos reflexos condicionados. Windholz demonstrou, de maneira convincente, que o desenvolvimento desses paradigmas pavlovianos não era uma busca muito sistemática.

que os observadores percebessem que havia começado. Com uma pequena parte do estômago do lado de fora, Pavlov tinha uma janela para o sistema digestivo. Ele estudou a composição dos sucos gástricos quando os cachorros comiam diferentes tipos de comida e quando o esôfago era prejudicado de modo que a comida não lhes chegava ao estômago. Nessas condições de alimentação simuladas, o cão fazia o que Pavlov chamava uma "refeição fictícia", embora os sucos gástricos começassem a fluir algum tempo depois que o animal começava a comer. Esse reflexo gástrico ocorria sem a presença de alimento no estômago; ele era induzido por um centro superior no sistema nervoso. Pavlov denominou-o "reflexo físico".

Pavlov coletou sucos gástricos de fístulas arrolhadas (tubos) implantadas na parede da bolsa. Seus cães produziam até 20 litros de puros sucos gástricos por dia; Pavlov referiu-se ao seu laboratório como uma "fábrica de suco gástrico". O engenhoso Pavlov vendia seu suco para pessoas que tinham problemas digestivos como auxiliar para a digestão, e essa venda representava metade do orçamento de pesquisa anual do laboratório (Babkin, 1949, p. 69). Como o suco tinha um gosto ruim e era de valor terapêutico duvidoso, ele deve ter sido um grande vendedor.

Pavlov relatou seus resultados em *Lectures on the Work of the Digestive Glands* [Conferências sobre a Atividade das Glândulas Digestivas], trabalho publicado em 1897, e em um ensaio que foi apresentado no Congresso Internacional de Medicina em Madri, na Espanha, em 28 de abril de 1903. Esses relatórios tiveram muito sucesso e valeram-lhe uma reputação internacional, assim como o Prêmio Nobel de Medicina em 1904. Sem dúvida, a audiência para o discurso de Pavlov como laureado do Nobel esperava que ele descrevesse seus experimentos com a digestão. Em vez disso, Pavlov descreveu aquilo que havia observado através de sua última janela: "reflexos físicos". Desde 1891, Pavlov e seus alunos começaram a prestar a atenção nos sucos gástricos e na saliva dos cães que eram segregados quando não estavam se alimentando. Inicialmente, essas reações nada mais eram do que "aborrecimentos" que interferiam com seus estudos da digestão (Anokhin, 1971, p. 48), mas, depois, Pavlov começou a estudá-las de maneira mais sistemática. Em 1891, Georgi S. Ovsianitskii, em sua tese de doutorado, investigou a reação das glândulas salivares a vários estímulos (Windholz, 1986, p. 141). O método de Ovsianitskii envolvia o bombeamento de soro nas glândulas salivares e a observação do fluxo do duto salivar. Para simplificar os experimentos, eram implantadas fístulas nas glândulas salivares dos animais, permitindo que a saliva fosse coletada. Freqüentemente, os animais salivavam quando viam mas não comiam o alimento, quando viam uma tigela que continha a comida, ou até mesmo quando ouviam os passos do pessoal do laboratório que os alimentava. Como esses não eram os estímulos apropriados para a salivação, Pavlov (1897) referiu-se a eles como "estímulos psíquicos".

Pavlov acreditava que o estudo desses estímulos e das reações que eles provocavam esclareceria os segredos dos hemisférios cerebrais. As outras pessoas não se convenceram disso, e alguns dos seus colegas fisiologistas consideraram esses experimentos como semicientíficos, na melhor das hipóteses. O grande fisiologista inglês Charles Sherrington uma vez aconselhou Pavlov a voltar para a verdadeira fisiologia, embora mais tarde tenha reconhecido a importância de sua pesquisa (Sherrington, 1941, p. 286).

Em seus experimentos, Pavlov (1927) utilizou vários estímulos a serem condicionados, ou estímulos condicionados – ou *conditioned stimuli* (CS): metrônomos, campainhas e estímulos táteis e térmicos.[2] Ele se deslocou para isolar seus animais de todos os estímulos, a não ser os que estavam sendo estudados. Pavlov concebeu um laboratório especial, sua "Torre do Silêncio",

---

[2] Muitos livros didáticos informam que Pavlov utilizou uma campainha como CS, mas isso está em discussão. Catania (1994) afirma que Pavlov nunca fez isso; Thomas (1997) afirma que ele fez.

com as paredes isoladas por 60 cm de grama e testou seus cães em quartos duplos isolados dos experimentadores. Um CS era apresentado antes que o cão fosse alimentado. Depois de várias dessas ocorrências, Pavlov observou que o estímulo, por si só, provocava a salivação. Ele denominou essa resposta de reflexo condicionado (CR ou *conditioned reflex*). Pavlov havia estabelecido um procedimento no qual vários estímulos adquirem o poder de provocar respostas reflexas. Campainhas, metrônomos e estímulos táteis e térmicos normalmente não provocam a salivação; somente depois do condicionamento é que eles têm o poder de fazê-lo.

Em 1906, Nadezhda A. Kashereninova Pavlov observou que, assim que um CR se estabelecia para um CS, outro estímulo semelhante, que não havia sido combinado com o alimento, também podia provocar a resposta (Windholz, 1989a). Um cachorro condicionado a responder a um metrônomo a 90 batidas por minuto (bpm) também produzia CRs para o som dos metrônomos a 100 e 80 bpm. Um cachorro condicionado a responder a um estímulo tátil no meio da perna também respondia a estímulos em outros pontos da perna. O CR tinha se generalizado do CS original para estímulos semelhantes. A intensidade da resposta diminuía a distância do CS original aumentado. Essa resposta generalizada ao estímulo graduado é o gradiente de generalização.

A pesquisa de Pavlov demonstrou que reflexos condicionados secundários também podiam ser estabelecidos. Uma vez que um CR havia sido formado, um novo estímulo fazia par com o estímulo fisiologicamente apropriado, a comida.

Em 1902, o colaborador de Pavlov, Ivan P. Tolochinov, descobriu que, se um CS era apresentado repetidas vezes sem comida, por exemplo, o reflexo condicionado (CR) se enfraquecia, processo esse que ele denominou *extinção* (Windholz, 1989a). Tolochinov descobriu que esse procedimento podia ser utilizado em conjunção com o reforçamento para treinar um cão a discriminar os estímulos. Se a comida sempre acompanhava um metrônomo de 100 b.p.m. (CS+) e nunca um metrônomo de 60 bpm. (CS-), um cão segregaria pouca ou nenhuma saliva para CS- e uma quantidade copiosa para CS+. Pavlov acreditava que os dois estímulos produziam, ou a excitação, ou a inibição no córtex. Às vezes, os efeitos dessa inibição eram óbvios. Quando CS- era apresentado muitas vezes, alguns cães ficavam sonolentos e acabavam caindo em um "profundo sono com roncos". Quando CS+ era apresentado novamente, era necessário "encorajar o cachorro" antes que ele respondesse. O sono também era observado quando longos intervalos separavam o CS e a comida durante o condicionamento.

Howard Liddell, um aluno norte-americano que estava trabalhando no laboratório de Pavlov, realizou uma fascinante variação desse procedimento de discriminação (Liddell, apud Lorenz, 1969, apud Pribram, 1969; detalhes adicionais em Gantt, 1975). Liddell condicionou um cachorro para discriminar entre metrônomos de aceleração (CS+) e desaceleração (CS-). Assim que o animal aprendia essa discriminação, Liddell libertava-o do arreio de condicionamento. Quando o CS+ era apresentado, o cachorro corria até o metrônomo, latia, gania e implorava; quando o CS- de desaceleração era apresentado, o cachorro colocava a pata no pêndulo e parecia tentar acelerar seu movimento para trás e para a frente.

Pavlov também testou os limites dessa capacidade dos seus cães para discriminar os estímulos. Ele descobriu que eles não conseguiam discriminar as cores e, portanto, concluiu que não as enxergavam. Um cão treinado para discriminar metrônomos de diferentes ritmos salivava para um deles a 82 bpm – discriminação sofisticada. Discriminações igualmente refinadas foram condicionadas entre diferentes estímulos térmicos e táteis e entre rodas que giravam no sentido horário ou no sentido anti-horário. Algumas discriminações, porém, eram difíceis demais para os cães. A mudança radical em seu comportamento nesses momentos levou Pavlov a interessar-se por "neuroses experimentais".

Ivan Pavlov com alunos e assistentes de pesquisa em seu laboratório. O cachorro está de pé em um "arreio de Pavlov" para os experimentos de condicionamento.
(Arquivo Bettmann)

A Pesquisa de Pavlov a Respeito das Neuroses

Em 1921, uma das alunas de Pavlov, Nataliia R. Shenger-Krestovnikova,[3] treinou um cachorro para distinguir um círculo de uma elipse. No início, as figuras eram muito diferentes e o animal facilmente aprendeu a distinção. Depois, a elipse foi se tornando cada vez mais circular. O cachorro finalmente conseguiu distinguir um círculo de uma elipse com eixos em uma proporção de 8:7, o que significava uma discriminação bem exata. Porém, quando Shenger-Krestovnikova mudou a proporção para 9:8, ela constatou uma drástica mudança no comportamento do cão:

> Todo o comportamento do animal sofreu uma abrupta mudança. Ele, que antes era quieto, começou a gritar no arreio, ficou se contorcendo, arrebentou com os dentes o dispositivo para o estímulo mecânico da pele e mordeu os tubos que conectavam a sala onde ele ficava com o observador, comportamento esse que nunca havia ocorrido antes. Ao ser levado para a sala de experimentação, o cachorro passou a latir violentamente, o que também contrariava seus hábitos; em resumo, ele apresentou todos os sintomas de neurose aguda. (Pavlov, 1927, p. 291)

Um segundo incidente confirmou o interesse de Pavlov pelos comportamentos neuróticos. Em setembro de 1924, uma grande inundação atingiu Leningrado (o novo nome de São Petersburgo). A água formou uma armadilha para os cães de Pavlov em seus canis, e muitos deles tiveram de nadar para manter a cabeça para fora. Depois de serem resgatados, os cães se juntaram em pequenos grupos sem morder, rosnar ou brincar como costumavam fazer. O trauma de quase se afogar aparentemente havia inibido esses comportamentos. Quando voltaram ao aparelho de condicionamento, alguns dos animais demonstraram profundas mudanças de comportamento. Seus CRs eram erráticos e rompiam-se com facilidade, e eles estavam profundamente sensíveis a certos estímulos, especialmente à visão e ao som da água. Quando uma mera gota de água entrou

---

[3] No início de sua carreira, Pavlov opôs-se à admissão de mulheres ao seu laboratório. Mas, em 1905, ele mudou de posição e, no final, havia pelo menos 20 mulheres entre os pavlovianos (Windsholz, 1990, p. 66).

na sala de experimentos, um dos cães ficou perturbado e lutou para escapar do arreio de condicionamento. A água era um estímulo extremamente poderoso de agitação (Gantt, 1973).

Uma linha de pesquisa relacionada com essa foi realizada por Mariia K. Petrova e começou em 1925 (Windholz, 1989b, p. 495-496). Petrova utilizava dois cães, um muito agitado e o outro extraordinariamente quieto. A neurose experimental foi gerada ao se apresentarem simultaneamente comida e um choque elétrico. A resposta defensiva ao choque competia com a resposta de abordagem à comida, criando um conflito. As distinções condicionadas estabelecidas se romperam. Petrova tentou tratar a neurose administrando brometo de sódio. O cão agitado melhorou, mas o outro, não. Acreditava-se que o brometo havia fortalecido o processo inibidor no cachorro agitado e, portanto, havia restaurado o equilíbrio entre excitação e inibição. No cão quieto, o brometo havia evidentemente aumentado a inibição, criando um desequilíbrio ainda maior entre os dois processos.

Pavlov ficou tão impressionado com esses comportamentos neuróticos de estresse e conflito induzidos que, aos 75 anos, decidiu estudar os distúrbios clínicos dos seres humanos. Ele passou grande parte da última década de sua vida tentando aplicar as lições que havia aprendido em seus experimentos de condicionamento com os cães para entender as causas dos distúrbios psicológicos humanos. Uma das principais apresentações de Pavlov, um discurso para o Congresso Internacional de Neurologia em Londres, em julho de 1935, foi sobre neuroses e psicoses.

As Perspectivas de Pavlov a Respeito das Diferenças Individuais

No início de seus experimentos com condicionamento, Pavlov descobriu grandes diferenças individuais entre os animais com relação à velocidade e à força do condicionamento. Alguns cães eram condicionados rapidamente, outros, de modo lento em alguns, o condicionamento se extinguia rapidamente; em outros, de forma lenta. Da mesma maneira, alguns cães generalizavam livremente o condicionamento; outros, com grande dificuldade; alguns eram resistentes à neurose experimental; outros, não. Pavlov concluiu que os cães diferem quanto à força, ao equilíbrio e à estabilidade dos processos de excitação e inibição do sistema nervoso. Ao descrever os resultados de suas pesquisas, Pavlov prestou muita atenção nas diferenças individuais. Ele nunca fez a média dos resultados de vários cães, mas sempre relatou os vários resultados de animais isolados (Eysenck, 1983, p. 117).

Pavlov descreveu quatro tipos "básicos" de cães, utilizando a antiga tipologia de Hipócrates (Capítulo 1) (Pavlov, 1928):

1. Os cães *sangüíneos* eram fortes, vivazes e ativos. Eles eram rapidamente condicionados, aprendiam a fazer distinções com facilidade e generalizavam muito. Tinham uma "abordagem, profissional calma" para os experimentos de condicionamento e eram excelentes animais para experimentos. Pavlov acreditava que a excitação e a inibição estavam em equilíbrio em seu sistema nervoso.
2. Os cães *melancólicos* eram lentos e deprimidos. Demoravam para ser condicionados e revelavam pouca generalização e capacidade de distinção. A inibição parecia ser dominante neles.
3. Os cães *coléricos* eram instáveis e impetuosos. Eram condicionados rapidamente e generalizavam muito, mas tinham dificuldade com as discriminações e mostravam ter pouca resistência à neurose experimental. Pavlov acreditava que a excitação era excessiva no seu sistema nervoso.
4. Os cães *fleumáticos* eram inertes e indolentes. Demoravam para ser condicionados e demonstravam pouca generalização, no entanto, eram resistentes à neurose experimental. Pavlov acreditava que, nesses cães, a inibição era dominante.

Embora Pavlov achasse que os tipos *sangüíneo* e *melancólico* eram os mais comuns, todos os cães eram diferentes. Ele acreditava que essas diferenças eram, em grande parte, determinadas pela genética, mas não ignorava as influências ambientais, ou aquilo que denominava a "educação" que os cães haviam recebido no início da vida. Pavlov criou ninhadas em duas condições diferentes: (1) liberdade quase total, com muitos e variados contatos com outros cães e seres humanos, e (2) isolamento em gaiolas individuais com o menor contato possível. Ao fim de três meses, os "prisioneiros", como Pavlov chamava os cães isolados, tinham medo de tudo e tinham um reflexo de orientação muito forte que era difícil de extinguir em comparação com os dos cães criados na outra condição. Porém, os "prisioneiros" se habituavam com mais facilidade ao isolamento em uma sala de experimento à prova de som (Giurgea, 1985, p. 9). Essa pesquisa foi uma clara precursora das investigações de Donald Hebb, Robert Melzak e Mark Rosenzweig a respeito dos efeitos do ambiente de privação e do ambiente fértil no comportamento e na química do cérebro.

O Fim da Vida de Pavlov

Pavlov viveu antes, durante e depois da Revolução Bolchevista. Antes de 1917, era um liberal moderado, mas tinha pouco interesse por política. Inicialmente, era hostil aos bolchevistas; uma vez, ele disse sobre a revolução:

> É a maior infelicidade sustentada pela Rússia... Se aquilo que os bolchevistas estão fazendo com a Rússia é um experimento, para esse experimento eu lamentaria por fornecer até mesmo uma rã. (Pavlov, apud Babkin, 1949, p. 161)

Pavlov tinha uma razão pessoal para justificar sua animosidade em relação ao novo regime. Ele havia depositado seu Prêmio Nobel de 73 mil rublos de ouro em um banco de São Petersburgo. Após a revolução, os bolchevistas liquidaram os ativos do banco e Pavlov perdeu seu dinheiro. Apesar da hostilidade dele, os bolchevistas o adularam e apoiaram. Eles consideravam sua pesquisa uma prova de que as pessoas podiam ser condicionadas para servir à revolução proletária em todo o mundo. Em 1921, um decreto com a assinatura de Lenin dizia o seguinte:

> Considerando os serviços excepcionais do acadêmico I. P. Pavlov, que têm enorme significado para os trabalhadores do mundo todo, a Assembléia dos Comissários do Povo decidiu:
>
> 1. Formar um comitê para criar, assim que possível, as condições mais favoráveis para salvaguardar a obra científica do acadêmico Pavlov e de seus colaboradores.
> 2. Instruir a editora do governo para imprimir, na melhor editora da República, uma *édition de luxe* da obra científica produzida pelo acadêmico Pavlov e seus colaboradores.
> 3. Instruir o Comitê de Provisões para os Trabalhadores para fornecer ao acadêmico Pavlov e sua esposa rações especiais iguais, em conteúdo calórico, a duas rações acadêmicas.
> 4. Instruir o Petrosoviet para assegurar ao professor Pavlov e sua esposa o uso perpétuo do apartamento por eles ocupado e de mobiliá-lo, bem como ao laboratório de Pavlov, com a máxima conveniência (Decreto da Assembléia dos Comissários do Povo, 24 jan. 1921, apud Babkin, 1949, p. 165).

Assim que esse decreto foi publicado, a fome se abateu sobre a União Soviética. Pavlov recusou-se a aceitar rações extras, a menos que seus colaboradores e os animais do laboratório fossem alimentados adequadamente. Quando as autoridades se recusaram a fazê-lo, ele rejeitou os alimentos extras e passou a cultivar um jardim próximo ao seu laboratório. Em 1923, Pavlov estava tão infeliz com o novo regime que solicitou permissão para abandonar a Rússia permanentemente. Ele tinha amigos tanto na Inglaterra como nos Estados Unidos e esperava transferir seu laboratório para um desses dois países. A permissão foi negada, mas concederam-lhe autorização para visitar os Estados Unidos nesse ano. Sua visita foi frustrada pela perda de US$ 2.000 na cidade de Nova York, como relatou *O New York Times*:

> Ele [Pavlov] e seu filho [Vladimir] mal haviam tomado assento no trem na Grand Central Station quando três homens se lançaram sobre o senhor e roubaram-lhe a carteira que continha todos os seus fundos, US$ 2.000. O carregador e o filho tentaram alcançá-los mas não tiveram sucesso, e o senhor e seu filho deixaram o trem perplexos quanto ao que fazer nesse aperto. Eles finalmente entraram em contato com o Dr. P. A. Levere do Rockefeller Institute e, a partir daí, são hóspedes do instituto. (*New York Times*, 13 jul. 1923, p. 3, apud Thomas, 1997, p. 118)

Na segunda visita de Pavlov aos Estados Unidos, ele assistiu ao Congresso Internacional de Psicologia de 1929 na Yale University. Pavlov estava com 80 anos, frágil e com a cabeça branca, mas apresentou um ensaio vigoroso denominado "Brief Sketch of the Highest Nervous Activity" [Breve Esboço da Maior Atividade Nervosa], que resume seus experimentos e resultados. Ele falou em russo, com um tradutor, e sua palestra teve uma calorosa acolhida. A psicóloga Edna Heidbreder, que estava na audiência, lembra-se:

> Pavlov parecia estar falando com muito entusiasmo, e a audiência empática irrompia em fortes aplausos sem esperar pela tradução. Quando a tradução chegava, o trecho aplaudido revelava-se uma descrição de algum aparelho utilizado no laboratório de Pavlov. (Heidbreder, apud Duncan, 1980, p. 3)

Durante a conferência, Robert Yerkes (Capítulo 11) mostrou a Pavlov o Centro de Primatas de Yale. Infelizmente, um dos chimpanzés cumprimentou o distinto visitante com um banho de "material" lançado do andar das gaiolas. O sempre lógico Pavlov, notando que era a única pessoa no grupo que usava barba, perguntou: "Como você condiciona o chimpanzé para atirar apenas nas pessoas que usam barba?" (Fletcher, 1980).

Em 1927, o regime soviético expulsou os filhos de padres das faculdades de medicina. Pavlov condenou essa ação, afirmando que, se tais alunos fossem expulsos, ele também, que era filho de padre, teria de demitir-se. Apesar dessa oposição, o regime apoiou sua pesquisa e Pavlov tornou-se mais tolerante. No XV Congresso Internacional de Fisiologistas, ocorrido em Moscou, em 1935, os oficiais soviéticos louvaram Pavlov como "o maior fisiologista do mundo e um brilhante exemplo do triunfo da ciência soviética" (Asratyan, 1953). Em seu discurso de boas-vindas aos delegados, Pavlov disse:

> Nós, diretores das instituições científicas, ficamos realmente desconfortáveis e alarmados quando nos perguntamos se devemos justificar todos os recursos que o governo coloca à nossa disposição. Como vocês sabem, eu sou um pesquisador da cabeça aos pés. Toda a minha vida tem sido dedicada à experimentação. Nosso governo também é um pesquisador, mas em uma categoria incomparavelmente mais alta. Eu desejo apaixonadamente viver para ver completo esse experimento social histórico. (Babkin, 1949, p. 162)

Por que Pavlov mudou seu ponto de vista político para acomodar o novo regime? Dois de seus biógrafos soviéticos, Aleksel Frolov (1938) e Ezras Asratyan (1953), explicaram a mudança de Pavlov com base na ideologia. Mais convincente é a explicação de Boris Babkin (1949); ele atribuiu a mudança ao intenso patriotismo de Pavlov ao seu medo da Alemanha. Pavlov era intensamente antigermânico; em 1927, ele recusou-se até mesmo a permitir que um cirurgião alemão retirasse as pedras de sua vesícula. Quando Hitler ascendeu ao poder na Alemanha, em 1933, Pavlov, juntamente com a maioria dos intelectuais e cientistas soviéticos, considerou a Alemanha uma terrível ameaça ao seu país. Eles apoiaram o único governo que tinham, o bolchevista.

A Pesquisa Diversificada de Pavlov

Os experimentos de Pavlov com condicionamento são conhecidos de todos os estudantes de psicologia e são, pelo menos vagamente, familiares ao público em geral. Porém, não foram esses os experimentos pelos quais ele recebeu o Prêmio Nobel. Pavlov tinha vários interesses na vida. Entre 1897 e 1936, pelo menos 146 associados e alunos, 20 dos quais eram mulheres, trabalharam em seu laboratório (Windholz, 1989b, p. 495). Um filme documentário, *Scenes from Pavlov's Laboratory* [Cenas do Laboratório de Pavlov] (Stagner, 1972),[4] mostra Pavlov e seus alunos engajados em ampla gama de atividades de pesquisa além dos experimentos de condicionamento com os cachorros; estudos comparados do comportamento de peixes, aves e tartarugas; estudos de campo a respeito do comportamento animal e humano; e estudos bem-feitos acerca da resolução de problemas por parte dos chimpanzés. A pesquisa de Pavlov sobre os chimpanzés, embora não seja muito conhecida, é fascinante (Windholz, 1984). Em 1933, ele recebeu de presente dois chimpanzés de Paris. Nos três anos seguintes, os animais ficaram hospedados na estação de pesquisa de Koltushi, onde receberam considerável liberdade para perambular pelos campos, parques e floresta. O trabalho experimental com eles era realizado por P. K. Denisov, mas dirigido por Pavlov. Os pesquisadores deram, aos dois chimpanzés, tarefas que exigiam que eles ultrapassassem várias dificuldades para alcançar comida: abrir uma caixa trancada apagando uma barreira de fogo colocada no caminho, construir uma pirâmide de caixas para alcançar comida pendurada no teto e desempenhar outras tarefas que exigiam uma combinação dessas ações (Windholz, 1984, p. 26). Pavlov conhecia os experimentos de Wolfgang Köhler a respeito da resolução de problemas com chimpanzés (Capítulo 7) e havia visitado o laboratório de Köhler em Berlim. De algum modo, seus experimentos eram semelhantes, mas ele rejeitava a explicação de Köhler de aprendizagem por *insight*. Pavlov tinha mais simpatia pela descrição de aprendizagem por tentativa e erro de Edward Thorndike (Capítulo 10). Ele acreditava que seus animais estavam acumulando "experiência prática", que usavam para resolver problemas. Além dessa pesquisa com animais, Pavlov, como vimos, dedicou a última década de sua vida à pesquisa clínica.

O Acadêmico Pavlov

Pavlov, segundo ele mesmo, tinha uma "paixão pela ciência". Entalhada em pedra, na entrada de seu novo laboratório em Koltushi, havia a advertência: "Observação – Observação". No gramado, Pavlov pessoalmente erigia bustos de seus três heróis da ciência: Mendel, Darwin e Sechenov. Ele era demasiadamente exato, inteiramente dedicado à ciência e um pouco indefeso fora de seu laboratório. Pavlov nunca foi capaz de dominar tabelas de horário de trens e não podia viajar sozinho. Como exemplo da dedicação e das prioridades de Pavlov, Horsley Gantt (1975) recordou seu incidente durante a Revolução Bolchevista:

> Pavlov havia planejado para que alguns experimentos fossem realizados com um assistente. Eles estavam marcados para as 9 horas da manhã e, como era seu costume, Pavlov caminhou 5 km de casa até o laboratório, chegando exatamente às 9 horas. Para seu extremo aborrecimento, o assistente chegou 10 minutos atrasado. Pavlov criticou, zangado, o jovem, que explicou: "Mas, Professor, há uma revolução ocorrendo, com tiroteios nas ruas!" Pavlov retrucou: "Que raios de diferença faz uma revolução quando se tem trabalho no laboratório. Da próxima vez que houver uma revolução, levante-se mais cedo!" (Gantt, 1975)

---

[4] Pavlov dirigiu esse admirável filme mostrado pela primeira vez no XIV Congresso Internacional de Fisiologia em Roma, em 1932. Uma reprodução de 90 minutos da versão original e um resumo de 45 minutos adequado ao uso em sala de aula estão disponíveis nos Arquivos de História da Psicologia Norte-Americana, na University de Akron.

Pavlov perguntou a um potencial colaborador, I. V. Zavadskii, quanto tempo ele planejava passar no laboratório. Zavadskii respondeu: "o tempo que for necessário", e foi aceito imediatamente (Windholz, 1990, p. 65). Obviamente, Pavlov era um severo mestre de tarefas. "A felicidade não é nada", dizia ele com freqüência, "os cães significam tudo" (Gerow, 1988, p. 3). Pavlov mandou erguer uma estátua ao cão nos jardins do Instituto de Medicina Experimental de Leningrado, perto da Torre do Silêncio. Dos quatro lados, na estátua, há baixos-relevos mostrando cenas do seu laboratório. Ele também tinha a mais redentora das qualidades humanas, o senso de humor. Uma vez, as demonstrações apresentadas por seu assistente, L. A. Orbeli, fracassaram horrivelmente durante uma das palestras de Pavlov. Pavlov ficou tão zangado que criticou Orbeli publicamente que se demitiu. Naquela noite, Pavlov, já laureado com o Nobel, foi à casa de Orbeli e lhe disse: "Eu não posso aceitar sua demissão. Você é o meu melhor assistente. Façamos um acordo: você me deixa gritar, não presta atenção e faz o seu trabalho" (Giurgea, 1985, p. 8). Orbeli trabalhou com Pavlov pelo resto da vida e substituiu-o como diretor do Instituto. Quando Orbeli se recusou a apoiar o dogma pseudocientífico de T. D. Lysenko, acerca da herança de características adquiridas, angariou a inimizade de Stalin e foi punido por uma Sessão Científica Conjunta da Academia de Ciências da URSS em 1950 (Windholz, 1997). Forçado a desculpar-se por seus erros e por desviar-se de Pavlov, Orbeli nunca se recuperou dessa experiência traumática. Ele morreu em 1958.

Outro colaborador não agüentou o comportamento insultuoso e opressivo de Pavlov e pediu para ser liberado de suas obrigações cirúrgicas. Pavlov respondeu que seu comportamento abusivo era apenas um hábito e que devia ser tratado como o cheiro dos cachorros, o que significava que não havia, nele, nenhuma razão suficiente para que o colaborador deixasse o laboratório (Windholz, 1990, p. 68). Quando Pavlov visitou a Cambridge University para receber um título de doutor em ciências, os irreverentes alunos de graduação presentearam-no com um cachorro de brinquedo enfeitado com fístulas de vidro. Pavlov ficou deliciado e manteve o cachorro em sua escrivaninha quando voltou à União Soviética (Frolov, 1938). A vida toda, ele gostou de trabalho árduo e de atividades atléticas – eles lhe deram, disse ele, "felicidade muscular" (Gantt, 1973, p. 135). Aos 86 anos, Pavlov afirmou que precisava de mais 15 anos para completar sua pesquisa. Ele trabalhou até quatro dias antes de morrer de pneumonia, em 27 de fevereiro de 1936, e dizem que tomou notas a respeito das próprias reações nas horas antes de morrer. Pavlov recebeu um funeral elegante, com todas as honras, como herói do Estado Soviético. Em 1949, o governo soviético marcou o centenário de seu nascimento com dois selos comemorativos.

O CONDICIONAMENTO ANTES DE PAVLOV

As Primeiras Descrições do Condicionamento

O lugar de Pavlov na história da psicologia está assegurado, mas também é verdade que as descrições do condicionamento precedem sua obra. Weston Bousfield (1955) chamou a atenção para uma descrição explícita do condicionamento feita pelo dramaturgo espanhol do século XVII, Lope de Vega. Em sua peça, *The Chaplain of the Virgin* [O Capelão da Virgem], Lope de Vega descreveu a engenhosa solução de um monge para um sério problema comportamental:

> Santo Ildefonso costumava repreender-me e punir-me muitas vezes. Ele me fazia sentar no chão descoberto e comer com os gatos do monastério. Aqueles gatos eram tão tratantes que tiravam vantagem da minha penitência. Eles me levavam à loucura quando roubavam meus bocados preferidos. Não adiantava espantá-los. Mas eu descobri um jeito de dar conta daquelas bestas para

poder usufruir de minhas refeições quando estava sendo punido. Eu os colocava todos em um saco e, na noite negra como piche, levava-os para baixo de um arco. Primeiro, eu tossia e depois, imediatamente, espancava os gatos. Eles ganiam e guinchavam como um órgão de tubos infernal. Eu fazia uma pausa por algum tempo e depois repetia a operação – primeiro, uma tosse e depois, uma surra. Finalmente, observei que, mesmo sem eu bater neles, as bestas gemiam e ganiam como o próprio diabo quando eu tossia. Então, eu os soltava. Depois disso, quando eu tinha de comer no chão, dava uma olhada em volta. Se algum animal se aproximasse da minha comida, tudo o que eu tinha de fazer era tossir, e como aquele gato fugia! (Bousfield, 1955, p. 828)

Mark Rosenzweig (1959) deu outros exemplos de descrições de condicionamento anteriores a Pavlov. Em um livro didático de fisiologia publicado em meados do século XVIII, Albrecht von Haller observou que a fome basta para provocar o fluxo de saliva. Em 1751, Robert Whytt (Capítulo 3) escreveu, em seu *Ensaio sobre os Movimentos Voluntários e Involuntários dos Animais*:

> Portanto, a visão, ou até mesmo a lembrança, de boa comida causa um fluxo incomum de saliva na boca de uma pessoa com fome; e a visão de um limão cortado produz o mesmo efeito em muitas pessoas. (Whytt, 1763, p. 280)

Em 1803, C. Dumas observou que a saliva copiosa freqüentemente é segregada nos momentos em que estamos acostumados a comer. Ele denominou essas secreções *hábitos*. Em 1852, F. Bidder e C. Schmidt relataram que a visão da comida ou até mesmo o pensamento em comida podia causar a salivação. James Ward, em um artigo de 1878 da *Enciclopédia Britânica*, explicou que, enquanto a boca do cachorro se enche de água diante da comida, a boca dos *gourmets* humanos se enche de água quando eles pensam em comida. Claude Bernard, em 1872, fez um experimento no qual o duto da parótida de um cavalo foi exposto de modo que a saliva pudesse ser coletada. Bernard descobriu que, se ele repetidamente acenasse com a mão diante da cara do cavalo antes que este fosse alimentado, só o movimento de sua mão acabava provocando um copioso fluxo de saliva (Rosenzweig, 1959).

Os Experimentos de Edwin B. Twitmyer com o Condicionamento

Além desses relatos, em 1902 o psicólogo Edwin B. Twitmyer forneceu uma descrição explícita do condicionamento nos humanos. Em sua pesquisa de doutorado orientada por Lightner Witmer (Capítulo 8) na University of Pennsylvania, Twitmyer planejava estudar os efeitos da tensão dos músculos na magnitude do reflexo rotular (patelar) nos humanos. Ele usou uma campainha como sinal preparatório para avisar os sujeitos do experimento que os martelos iam bater nos seus tendões patelares. Certo dia, enquanto ajustava seus aparelhos, Twitmyer acidentalmente tocou a campainha sem bater o martelo. Para sua grande surpresa, o sujeito do experimento contraiu o joelho. Twitmyer descreveu o evento da seguinte maneira:

> Durante o ajuste dos aparelhos para um grupo de experimentos anteriores com um sujeito (Sujeito A), observou-se que um chute decidido de ambas as pernas seguiu-se a um toque de campainha que ocorreu sem a costumeira batida dos martelos nos tendões. (Twitmyer, 1902, apud Twitmyer, 1974, p. 1.059)

Quando questionado, o sujeito relatou que tinha tido consciência do reflexo dos joelhos, mas que esse reflexo fora involuntário e subjetivamente idêntico às reações provocadas pelos martelos. Os reflexos patelares haviam resultado de um estímulo diferente do comum. Twitmyer percebeu a importância dessa observação e fez muitos testes com seis outros sujeitos. Após muitas apresentações da campainha, seguidas 150 milissegundos depois pelo estímulo do tendão patelar – o número variava entre 150 e 238 pares em diferentes sujeitos –, somente a campainha provocava o reflexo. A forma das respostas à campainha era idêntica à das respostas ocorridas quando o tendão patelar era estimulado. Quando os sujeitos tentavam inibir suas respostas à campainha, eram incapazes de fazê-lo. Twitmyer escreveu:

> Os resultados desses experimentos confirmam a opinião de que a ocorrência do chute sem o golpe nos tendões não pode ser explicada como mero movimento acidental por parte dos sujeitos. Ao contrário, o fenômeno ocorre com suficiente freqüência e regularidade para exigir uma pesquisa a respeito de sua natureza. (Twitmyer, 1902, apud Twitmyer, 1974, p. 1.061)

Twitmyer prometeu fazer essa pesquisa, mas nunca a fez. Por que não, e por que sua obra tem sido tão negligenciada?

Ocasionalmente, Twitmyer é descrito como o exemplo de uma pessoa que fez uma importante descoberta sem apreciar sua importância. Essas descrições são injustas para com ele. Seu relato do fenômeno de condicionamento foi explícito, e não há dúvida de que ele entendia a importância dessa descoberta. Porém, sua dissertação foi publicada em caráter privado e, portanto, não foi muito lida. Twitmyer apresentou um ensaio sobre sua pesquisa na reunião de 1904 da APA. Seu título, "Knee-Jerks Without Stimulation of the Patellar Tendon" [Reflexos Patelares Sem o Estímulo do Tendão Patelar] devia ter alertado os participantes, mas infelizmente isso não ocorreu. Ele leu seu ensaio no fim de uma longa sessão matinal em que havia ocorrido muita discussão a respeito dos ensaios anteriores. Quando chegou a vez de Twitmyer, já havia passado, há muito, a hora do almoço. Ao fim de sua apresentação, William James (Capítulo 9), presidente da sessão, descreveu o resultado de Twitmyer como "outro exemplo interessante de aprendizagem" (Dallenbach, 1959, p. 636). Ele perguntou se havia comentários ou perguntas e, como não havia nada, suspendeu a sessão. Muitos anos mais tarde, Karl Dallenbach escreveu uma eloqüente apreciação de Twitmyer:

> Seu relatório, embora apresentado diante da elite da psicologia norte-americana, caiu morto. Nenhum de seus ouvintes o comentou após a apresentação. O ensaio mais importante, como hoje sabemos, dessa e de muitas outras sessões da Associação que se seguiram foi acompanhado de – para Twitmyer – um silêncio embaraçoso! Um bom presidente, depois de abrir a apresentação para discussão, teria feito a primeira pergunta, especialmente no caso de um jovem que fazia seu primeiro relatório, para diminuir a reticência da audiência e iniciar a discussão. Se James tivesse feito isso, a reação da audiência poderia ter sido diferente. Se Twitmyer tivesse recebido um mínimo de encorajamento, teria continuado com sua pesquisa. Se ele tivesse feito isso, o "condicionamento" poderia ter tido seu início efetivo nos Estados Unidos, e não na Rússia. "De todas as palavras tristes... as mais tristes... [são:] poderia ter acontecido!" (Dallenbach, 1959, p. 636)

As palavras de Dallenbach são compassivas, mas sua atribuição de prioridade a Twitmyer é incorreta. Como vimos, Pavlov e seus alunos haviam começado sua pesquisa em 1891, mais de uma década antes de Twitmyer (Windholz, 1986). O próprio Twitmyer nunca reivindicou a prioridade, porém sempre se lembrou desse experimento com desapontamento e até mesmo com desânimo (Irwin, 1943, p. 452). Desencorajado, ele se voltou para outros interesses, especialmente o diagnóstico e o tratamento dos problemas da fala. Ele se juntou ao pessoal da clínica psicológica da University of Pennsylvania e, em 1914, tornou-se diretor da clínica da fala na universidade.

Como vimos, a reação à descrição do condicionamento feita por Pavlov foi muito diferente. Pavlov falou com a autoridade de um laureado Nobel; Twitmyer nunca mais realizou outro experimento a respeito do condicionamento. O contraste não podia ser mais impressionante. Porém, a pesquisa de Twitmyer era de alta qualidade, e ele foi uma grande vítima das circunstâncias. Em

1974, recebeu o merecido reconhecimento quando a *Journal of Experimental Psychology* reimprimiu sua dissertação de 1902.

O BEHAVIORISMO DE JOHN BROADUS WATSON (1878-1958)

De todas as escolas de psicologia consideradas neste livro, nenhuma está mais intimamente associada com o nome de uma pessoa como o *behaviorismo* está com o de John B. Watson. Watson definiu o behaviorismo, estabeleceu seu tema e seus métodos de pesquisa e, por uma década importante, foi *o* behaviorismo norte-americano. Ele teve uma vida de muito sucesso e de realizações brilhantes, mas também de tragédia pessoal e profissional. John Watson esperava provocar uma revolução na psicologia e conseguiu. Ele tinha o objetivo de substituir as preocupações anteriores acerca da estrutura e das funções da consciência pelo estudo do comportamento. O tema de seu behaviorismo era o estudo objetivo do comportamento, e não o estudo introspectivo da consciência. Os objetivos do behaviorismo de Watson eram a observação, a previsão e o controle do comportamento dos humanos e dos outros animais. Os princípios do condicionamento de Pavlov forneceram uma importante fundação para a abordagem behaviorista de Watson.

O Início da Vida de Watson

Watson nasceu perto de Greenville, na Carolina do Sul, em janeiro de 1878, e era o quarto de seis filhos. Sua mãe, Emma Watson, era uma mulher piedosa que aderiu rigorosamente às proibições fundamentalistas contra a bebida, o fumo e a dança. Ela obrigou o filho a fazer seu voto muito cedo para ser ministro (Creelan, 1974). Em uma apreciação de Watson escrita após sua morte, Robert Woodworth (Capítulo 10) descreveu o pai de Watson, Pickens Watson, como um "fazendeiro que estava bem de vida". A descrição de Woodworth era caracteristicamente gentil, mas não acurada. O pai de Watson era, de fato, um homem que nunca havia estado bem de vida, um homem violento de reputação insossa e notória. Em 1891, quando Watson tinha 13 anos, Pickens abandonou a família para ir viver com duas índias nos arrabaldes de Greenville. Watson nunca perdoou o pai. Muitos anos mais tarde, quando ele era rico e famoso e o pai estava na faixa dos 80 anos, recusou-se a vê-lo (Cohen, 1979).

Quando jovem, Watson freqüentou escolas rurais em Reedy River e White Horse, cidadezinhas de uma região do Piemonte de Carolina que estava enfrentando o declínio agrícola, a expansão industrial e a luta racial (Buckley, 1989). Em 1890, sua mãe vendeu a fazenda da família e mudou-se com os filhos para Traveler's Rest, mais perto de Greenville, onde ele freqüentou o primeiro e o segundo graus. Em sua autobiografia, Watson (1936) se lembrava desses anos de escola com "poucas recordações agradáveis" e descrevia a si mesmo como preguiçoso, insubordinado, mau e violento. Ele era, de fato, um mau aluno, metido em constantes encrencas com a escola e as autoridades civis. Foi preso duas vezes, uma delas por atirar com uma arma ilegalmente e outra por empreender uma luta racial,[5] atividade que ele se lembra por constituir um de seus passatempos favoritos. Com esse histórico de delinqüência juvenil, nada de bom se esperava do jovem Watson, contudo, ele queria desesperadamente freqüentar a faculdade. Durante toda a vida, enfrentou aquilo que ele denominava "as pequenas dificuldades da vida" de maneira realista. Ele

---

[5] A prisão de um rapaz branco por luta racial indica que o comportamento de Watson deve ter sido extremado, até mesmo para o sul rural no fim do século XIX (Kornfeld, 1994).

percebeu que seu histórico acadêmico acabava com qualquer oportunidade de admissão regular na faculdade, portanto deu o extraordinário passo de arranjar uma entrevista pessoal com o diretor da Furman College, de Greenville. Talvez por causa da influência das conexões que sua mãe mantinha na igreja (Karier, 1986, p. 115), a audaciosa solicitação de Watson para ser admitido foi bem-sucedida, e ele entrou para a Furman em 1894, como um "calouro" de apenas 16 anos. Na época, a Furman estava lentamente desenvolvendo o apoio da comunidade de negócios local, mas ainda tinha estreitas ligações com os batistas do sul. Watson anunciou a intenção de estudar para o ministério batista. Logo, porém, qualquer vocação religiosa que ele viesse a ter enfraqueceu-se. No clássico caminho norte-americano, Watson trabalhou durante a faculdade, mantendo vários empregos como serviçal, inclusive como zelador do laboratório de química. Em sua autobiografia, fez um retrato pálido de seus anos em Furman, dizendo que a vida da faculdade era pouco atraente, que sua educação não tinha tido valor e que ele teve poucos amigos e não era sociável. Na verdade, era um estudante que se distinguia com honras, e muitas mulheres o viam como um jovem bonito e atraente. Muitos anos depois, uma senhora, minha conhecida, descreveu Watson como o psicólogo mais bonito que ela já tinha visto. Em Furman, Watson decidiu por uma carga horária completa, que englobava estudos da Bíblia, grego, latim, matemática e filosofia, que incluía psicologia. Embora seu histórico acadêmico fosse bom, em sua autobiografia ele deu pouca importância ao seu desempenho, relatando que, no último ano, foi o único aluno capaz de passar no exame de grego, mas apenas porque tinha estudado muito horas antes do exame, mantendo-se acordado com um litro de xarope de Coca-Cola.[6] Ele também afirmou ter passado nas outras matérias porque conseguia manipular os professores para praticamente escreverem seus exames para ele (Watson, 1936).

A matéria de que Watson mais gostava era a psicologia nos cursos de filosofia. Ele teve a sorte de ter Gordon B. Moore como professor. Moore havia passado um sabático* na University of Chicago em 1898 e estava atualizado com a evolução da psicologia. Ele apresentou, a Watson, as obras de Wilhelm Wundt, Edward Titchener, William James e dos funcionalistas de Chicago. Apesar de seu respeito por Moore, Watson, com seus modos intransigentes, conseguiu aborrecê-lo. Um dia, Moore ameaçou reprovar qualquer aluno que entregasse um trabalho com as páginas em ordem inversa. No último ano, Watson testou a ameaça de Moore e, coerente com sua palavra, ele o reprovou. Watson teve de ficar mais um ano na Furman. Ele se formou em 1899, com um diploma de Mestre. Watson descreveu suas emoções quando Moore reprovou-o:

> [Eu] então tomei uma resolução de adolescente: que eu o levaria a me procurar para fazer pesquisa algum dia. Imaginem a minha surpresa e verdadeira tristeza quando, no segundo ano de minha estada em Hopkins, recebi uma carta dele pedindo-me para vir ser aluno de pesquisa. Antes que pudéssemos fazer os arranjos, sua visão falhou e ele morreu poucos anos depois. (Watson, 1936, p. 272)

Depois de formar-se, Watson lecionou por um ano no "Instituto Batesburg", o nome que ele inventou para uma escola de uma única sala em Greenville (Cohen, 1979, p. 19). Seu salário era de US$ 25 por mês. A escola não apenas tinha uma única sala, mas também um único professor, um

---

[6] Quinze anos mais tarde, o governo federal arquivou um processo contra a Coca-Cola Company por incluir um ingrediente nocivo à saúde, a cafeína. Um psicólogo chamado Harry Hollingsworth recebeu um contrato da empresa para investigar os efeitos da cafeína no comportamento. Os resultados de sua pioneira pesquisa psicofarmacológica não influenciaram a decisão do júri, mas o juiz, a mídia e outros cientistas reconheceram a pesquisa por seu sofisticado projeto experimental e proclamaram-na superior aos métodos subjetivos e não comprovados dos médicos investigadores (Benjamin et al., 1991).
* NRT: Licença remunerada concedida a professores universitários a cada sete anos.

zelador e um empregado para pequenos consertos – e Watson era tudo isso. Ele era um professor talentoso, popular com as crianças e capaz de ensinar de uma maneira vívida e interessante. Para as aulas de biologia, treinou um casal de ratos para fazer truques – foi seu primeiro encontro com os animais que acabariam figurando de maneira tão proeminente no início de sua carreira como psicólogo. Entretanto, o ensino era apenas uma diversão temporária, pois ele percebeu que necessitava de mais instrução em uma "verdadeira universidade". Moore havia se mudado para a University of Chicago e o encorajava a apresentar um pedido de admissão como aluno de pós-graduação. Watson fez pessoalmente uma petição ao diretor, William Rainey Harper (Capítulo 9), para obter uma bolsa de estudos de pós-graduação para freqüentar a universidade. Foi aceito e, em 1900, viajou para Chicago com US$ 50 no bolso e vagos planos de estudar filosofia e, possivelmente, psicologia. Oito anos depois, Watson deixou Chicago para assumir a cadeira de psicologia na Johns Hopkins University, em Baltimore. Nessa época, já havia adquirido uma reputação em todo o país como representante da psicologia comparada, o que constituía uma façanha verdadeiramente admirável para um rapaz de Greenville. Dizem que:

O Hall da Fama é alto e largo
A sala de espera está repleta
Mas algumas pessoas entram pela porta que diz *Empurre*
E outras pela porta que diz *Puxe*.

Naturalmente, Watson usou a porta em que estava inscrito *empurre*. Ele era um legítimo norte-americano que se fez sozinho, determinado a fazer um nome como psicólogo.

Watson na University of Chicago

Em Chicago, Watson primeiramente se formou em filosofia, tendo feito cursos com Moore e John Dewey (Capítulo 10). Porém, logo percebeu que a filosofia não era para ele:

Eu passei nos exames, mas não havia nenhum brilho ali. Eu obtive alguma coisa com a escola dos filósofos britânicos – principalmente com Hume, um pouquinho com Kant e, é estranho dizer, menos com John Dewey do que com todos os outros. Nunca entendi a respeito do que ele estava falando então, e, infelizmente para mim, ainda não sei. (Watson, 1936, p. 274)

Quase 30 anos depois de assistir a esses cursos, Watson acabaria descrevendo a perspectiva que Dewey tinha da educação como uma "doutrina de mistério" (Watson, 1928b). O estímulo que faltava ao desenvolvimento intelectual de Watson foi fornecido por James Rowland Angell (Capítulo 10), que pareceu ser, para Watson, o "verdadeiro psicólogo" que ele procurava e o modelo do profissional erudito que esperava tornar-se.

Em Chicago, Watson trabalhou arduamente e sustentou-se com vários empregos: garçom de pensão para pagar por seu alojamento e alimentação, zelador do Departamento de Psicologia e guarda do laboratório de animais do neurologista Henry H. Donaldson (1857–1938). Estava sempre com pouco dinheiro e, em muitas semanas, sobreviveu com US$ 6 ou menos. No laboratório de Donaldson, Watson não apenas cuidava dos ratos, mas também aprendia alguns procedimentos de testes neurológicos e fisiológicos. Ele ficou devendo muito a Angell e Donaldson e, mais tarde, dedicou-lhes seu livro, *Behavior* [Comportamento] (1914). Watson também estudou biologia e fisiologia sob a orientação de Jacques Loeb (1859–1924). Loeb era uma autoridade em *tropismos*, reações de orientação não aprendidas em direção de um estímulo ou para longe dele. Algumas plantas orientam-se para o sol, em uma resposta *heliotrópica*; alguns insetos arrastam-se parede acima, em um *geotropismo* negativo para longe da terra e de sua gravidade; outras espécies arrastam-se parede abaixo, em um *geotropismo* positivo. Loeb acreditava que o comportamento de muitos animais, e até mesmo de alguns humanos, consiste nessas respostas mecânicas, crença que Watson viria a aceitar e a elaborar mais.

As Primeiras Pesquisas de Watson

A pesquisa de dissertação de Watson foi orientada conjuntamente por Angell e Donaldson. Começando em 1901, Watson investigou a relação entre a complexidade cada vez maior do comportamento dos ratos em crescimento e o desenvolvimento de seu sistema nervoso. Ele treinava ratos de diferentes idades para correr em volta de uma caixa, atravessar uma prancha ou percorrer um labirinto. Os ratos com 12 dias conseguiam aprender a encontrar seu caminho em volta de uma caixa ou atravessar uma prancha para alcançar sua mãe, mas, no labirinto, eles se enrolavam e punham-se a dormir. Os mais velhos aprendiam bem a atravessar labirintos com muitas entradas e saídas. Watson concluiu que há uma mudança significativa na "vida psíquica" dos ratos por volta dos 24 dias.

Na segunda fase de sua pesquisa, Watson investigou a relação entre essa mudança da inteligência e as mudanças do cérebro. Ratos com 1 a 30 dias eram sacrificados e seus cérebros, examinados. Em ratos com 24 dias, Watson observou um grande aumento do número de fibras medulares no córtex. Ele sugeriu que isso poderia ser a base neurológica para o desempenho mais complexo dos ratos mais velhos. Os experimentos de Watson foram bem e suas conclusões foram importantes, porém sua pesquisa era muito exigente. Watson estava muito sozinho, sem contar com publicações estabelecidas a respeito de técnicas experimentais às quais recorrer. Ele mesmo construiu seus aparelhos, conduziu os experimentos e até mesmo dividiu sua comida com os ratos. Quando eles encontravam a saída do labirinto, Watson dava-lhes um pedaço de pão molhado no leite; quando não a encontravam, ele geralmente comia o pão e tomava o leite. Ele gostava de trabalhar com os ratos e sentia que entendia o comportamento deles; eles eram "companheirinhos brilhantes e inteligentes", freqüentemente "brincalhões", mas, às vezes, "a imagem do desencorajamento" (Watson, 1903). É difícil para as pessoas que não são "aficionadas em ratos" entender como esses animais podem ser interessantes e atraentes. Para os não-iniciados, eles são animais malcheirosos e maus, entretanto, depois de conhecê-los melhor, muitas pessoas descobrem, como Watson descobriu, que o comportamento deles pode ser fascinante. Até 1965, o rato era o animal-padrão na pesquisa em psicologia, especialmente na aprendizagem (Logan, 1999).

No outono de 1902, Watson teve um grave colapso psicológico. Seus hábitos de trabalho compulsivos, assim como o seu baixo nível de subsistência acarretaram sérias conseqüências. Ele se viu avassalado por sentimentos de depressão, inutilidade e ansiedade. Watson havia tido medo do escuro a vida toda e agora achava quase impossível dormir. Muitas vezes, caminhava 13 ou 16 quilômetros pelas ruas de Chicago nas primeiras horas da manhã. Foi forçado a abandonar a universidade para recuperar-se. Recuperou-se em um mês, mas seu colapso foi uma experiência assustadora, e ele resolveu "observar seus passos" (Watson, 1936, p. 274). Ele completou sua tese, *Animal Education: An Experimental Study of the Psychical Development of the White Rat, Correlated with the Growth of Its Nervous System* [A Educação dos Animais: Um Estudo Experimental do Desenvolvimento Psíquico dos Ratos Brancos, Relacionado com o Desenvolvimento do Seu Sistema Nervoso], em 1903, e o recém-independente Departamento de Psicologia da University of Chicago concedeu-lhe seu primeiro título de doutor. Aos 25 anos, Watson era o mais jovem doutor que Chicago já havia formado.

Watson esperava que sua pesquisa chamasse a atenção dos psicólogos fora da University of Chicago, assim, arranjou a publicação de sua tese. A publicação por essa Universidade custou-lhe US$ 350, naquela época uma quantia considerável. Ele a pediu emprestada a Donaldson. Sua disposição para endividar-se a fim de publicar a tese demonstra sua auto-confiança e a crença na importância de sua pesquisa. Críticas da *Animal Education* [Educação dos Animais] nas revistas de psicologia e de interesse geral foram-lhe favoráveis,[7] seus experimentos foram descritos como meticulosos e valiosos (Yerkes, 1904, p. 71). Uma crítica de *The Nation* disse que seu trabalho era "um passo definitivo para o avanço de nosso conhecimento da correlação entre a estrutura cerebral e a função psíquica" (Staff, 1904, p. 435).

Watson recebeu a oferta de vários cargos acadêmicos, um com Donaldson no departamento de neurologia da University of Chicago e um em psicologia na University of Cincinnati. Angell não queria que Watson abandonasse nem a psicologia, nem Chicago, por isso ofereceu-lhe um cargo em psicologia na Universidade de Chicago. Watson aceitou a oferta de Angell. Se tivesse aceitado a oferta de Donaldson ou o cargo de Cincinnati, sua carreira e talvez a história da psicologia teriam sido diferentes. A primeira responsabilidade de Watson como professor envolvia cursos de psicologia experimental. Ele os oferecia de maneira convencional, usando os manuais de Titchener (Capítulo 5) e treinando os alunos para analisar os conteúdos de suas mentes utilizando a introspecção. Entretanto, nunca esteve confortável com os métodos de Titchener e sentia-se mais à vontade com os animais do que com os seres humanos, por essa razão, estudava o comportamento dos ratos em um laboratório no porão do prédio da psicologia. Sua pesquisa ali foi muito importante para definir sua abordagem da psicologia e, ironicamente, para abalar a abordagem estruturalista que ele estava ensinando no laboratório humano, um andar acima. Seus ratos não podiam falar; não podiam fazer introspecção para descrever o conteúdo de sua mente; o que eles podiam fazer era comportar-se. Já em 1904, Watson começou a pensar que a psicologia devia preocupar-se mais com o comportamento do que com a mente. Ele concluiu que podia "descobrir, observando o comportamento deles, tudo o que os outros alunos estão descobrindo ao usar observadores humanos" (Watson, 1936, p. 276). A reação de seus instrutores não foi encorajadora. Quando ele apresentou essa abordagem a Angell, a rejeição foi forte. "O homem", disse Angell, "não é um mero animal, mas um ser pensante". Angell nunca mudou essa sua convicção de que a tarefa da psicologia é estudar as funções da mente. Quando Watson esboçou sua posição behaviorista em 1913, Angell rejeitou essa perspectiva como "louca" e "ignorante". Muitos anos depois, ele descreveu o behaviorismo de Watson como tendo se "desenvolvido de uma maneira um tanto extravagante" (Angell, 1936, p. 26).

Watson era um pesquisador engenhoso e habilidoso com os animais. Seus livros e ensaios freqüentemente incluem desenhos e fotografias dos aparelhos que ele projetou e construiu, alguns dos quais poderiam ser utilizados em um laboratório moderno de psicologia comparada. Assim, começou estudando o comportamento dos ratos em labirintos. Willard S. Small havia apresentado o labirinto para a psicologia norte-americana em 1899. Ele acreditava que o labirinto era um aparelho ideal para os ratos porque apelava para a sua propensão de entrar em passagens tortuosas" (Small, 1900–1901, p. 208). Seu dispositivo original foi modelado com base em um labirinto

---

[7] Em sua biografia de Watson, Cohen (1979) relata uma importante exceção às críticas, que em geral lhe foram favoráveis. "*Life* [a revista] apossou-se da história, estimulada pelos zangados antivivisseccionistas, e expôs Watson ao ridículo. Ele foi criticado pela imprensa e caricaturado em histórias em quadrinhos como assassino de ratos bebês. E tudo isso para quê? Para ver como os animais conseguiam aprender a andar em um labirinto" (Cohen, 1979, p. 36). Entretanto, Dewsbury (1990, p. 320) relata que, ao pesquisar os documentos relevantes, ele não conseguiu documentar o incidente da revista *Life* e que Cohen não foi capaz de fornecer referências relevantes.

de jardim que o rei Henrique VIII havia construído no palácio de Hampton Court, perto de Londres. Small colocou um rato faminto no ponto de partida e deu-lhe um pedaço de comida quando ele alcançou o centro do labirinto. Originalmente, havia planejado utilizar ratos selvagens nesses experimentos acerca da aprendizagem no labirinto, mas teve aquilo que denominou "consideráveis dificuldades" com eles e, em vez disso, voltou-se para os ratos de laboratório. Small acreditava que o "antropomorfismo restrito era saudável" e, portanto, suas descrições das ações dos ratos no labirinto eram freqüentemente mentalistas e subjetivas. Por exemplo, Small relatou que, em muitos casos, a escolha que um rato fazia do caminho correto "era acompanhada de um abanar de rabo e de um abandono geral que dizia 'eu dei com a trilha certa'" (Small, 1900–1901, p. 213). Os representantes da psicologia comparada, incluindo Watson, criticavam essas descrições, porém Small merece crédito por introduzir o labirinto na pesquisa em psicologia e, assim, fornecer aos psicólogos um dispositivo para estudar a aprendizagem dos animais.

Watson treinou quatro ratos para correr através de uma miniatura do "labirinto de Hampton Court" em busca de comida. Inicialmente, eles levavam 30 minutos, mas, depois de 30 tentativas de treinamento, precisavam de menos de dez segundos. Após passar algum tempo perambulando pelo labirinto de Hampton Court em uma inútil busca da saída, eu achei o desempenho dos ratos de Watson impressionante. Watson então fez a pergunta óbvia: "Como eles fazem isso"? Primeiro, ele treinou os ratos para percorrer o labirinto à luz do dia; depois que eles haviam aprendido isso, testou-os no escuro. Seu desempenho não se alterou. Outros ratos treinados no escuro corriam igualmente bem à luz do dia. Em seguida, Watson cegou cirurgicamente os ratos treinados. Logo após a operação, houve uma pequena queda de desempenho, seguida de rápida recuperação. Watson concluiu que a visão não era importante para o comportamento dos ratos dentro do labirinto.

Depois, Watson investigou a importância do olfato. Quando os ratos aprenderam a andar no labirinto, ele o lavou e até o ferveu para remover pistas olfativas. O desempenho dos ratos não se alterou. Os ratos anósmicos, ou seja, incapazes de sentir cheiros, aprenderam a caminhar pelo labirinto rapidamente e cometendo poucos erros. Os ratos surdos e aqueles cujo bigode havia sido cortado corriam tão bem pelo labirinto como os animais que estavam inteiros. Um rato que ele tornou cego, anósmico, surdo e sem bigodes ainda era capaz de correr pelo labirinto. Watson relatou que "Nenhuma dessas subtrações de dados sensoriais impediu as respostas normais dos animais que já haviam aprendido a atravessar o labirinto nem reduziu o tempo da aprendizagem" (Watson, 1907, p. 212). Apenas quando o labirinto foi girado, o desempenho dos ratos mudou. Watson concluiu que as pistas cinestésicas ou sensações musculares eram as mais importantes. Com Harvey A. Carr (Capítulo 11), ele projetou um engenhoso dispositivo para demonstrar o papel que essas pistas desempenham (Carr e Watson, 1908). Esse labirinto podia ser encompridado ou encurtado sem que fosse alterada a seqüência das curvas. Os ratos treinados em um labirinto eram testados no outro. Os animais treinados no labirinto mais longo freqüentemente batiam com a cabeça nas paredes nos pontos em que uma mudança era exigida; os animais treinados no labirinto mais curto faziam a curva antes de alcançar o ponto de escolha. Da mesma maneira, os ratos treinados no caminho curto ou no longo, quando testados no outro, hesitavam e paravam na metade do caminho, aparentemente buscando comida, ou passavam correndo pela comida. Seus músculos haviam "aprendido" o labirinto ou o caminho. Esses eram experimentos elegantes e, muitos anos depois, Watson admitiu que "pensar a respeito deles ainda provocava uma emoção" (Watson, 1936, p. 276). Pesquisadores posteriores treinaram ratos para correr ou nadar através de labirintos, puxaram-nos em carrinhos ou carregaram gatos nos braços com eles, mas nenhum desses engenhosos experimentos ultrapassou os de Watson e Carr. Porém, esses experimentos provocaram uma reação irada dos antivivisseccionistas.

A Reação Antivivisseccionista

Watson relatou os resultados de sua pesquisa na *Psychological Review* e na reunião anual da AAAS na cidade de Nova York, de 27 a 29 de dezembro de 1906. Temendo uma reação hostil da imprensa, ele não queria apresentar seus resultados em Nova York, mas Angell obrigou-o a fazê-lo. Os temores de Watson tinham fundamento. Em 30 de dezembro de 1906, o *New York Times* fez uma reportagem acerca de sua pesquisa com o título:

> Vivissecção Descrita: Professor Watson Conta Como
> Privou um Rato de seus Sentidos para Testar uma Teoria

Em artigos subseqüentes, Watson foi rotulado como torturador, e alguns escritores levantaram a possibilidade de processá-lo por crueldade para com os animais (Dewsbury, 1990, p. 320). O antivivisseccionista *Journal of Zoophily* condenou Watson e afirmou, sem nenhuma base em fatos reais, que ele planejava fazer experimentos semelhantes com macacos e seres humanos. Um de seus quadrinhos mostrava um cientista louco inteiramente consciente, amarrado a uma mesa de operações, cercado de ratos que alegremente faziam furos para remover "ar quente" do seu cérebro e preparavam-se para serrar suas orelhas, pernas e braços (originalmente publicados em 1907, reproduzidos por Dewsbury, 1990, p. 321). O diretor da University of Chicago foi colocado sob pressão para pôr fim a esse tipo de pesquisa na instituição. Ele encaminhou a questão à cadeira do departamento de psicologia. Angell defendeu Watson e observou que as operações haviam sido feitas com anestesia e assepsia, que todos os animais se haviam recuperado e que todos eles tinham um apetite prodigioso e brincavam alegremente com seus companheiros (Angell, 1907, p. 3). O encontro de Watson com os vivisseccionistas mostrou a intensidade das reações à pesquisa com animais, especificamente ao trabalho invasivo. Essas reações têm uma longa história e continuam até hoje (Dewsbury, 1990).

O Campo de Estudos de Watson Acerca do Comportamento Animal

Enquanto estava na University of Chicago, Watson iniciou o campo de estudos das andorinhas-do-mar pretas nas Ilhas Tortuga, que ficam a 120 km a oeste de Key West, Flórida, no Golfo do México (Todd e Morris, 1986). Ele passou lá os verões de 1907, 1910 e 1913, fazendo observações naturalistas do comportamento das gaivotas, especialmente a troca de sinais que ocorre quando um pai ou mãe que procura comida volta ao ninho para alimentar o filhote. As jovens gaivotas tocam o bico do pai ou da mãe, e o adulto então regurgita o alimento para que elas comam. Watson também estudou o reconhecimento do ovo, pintando alguns dos ovos ou substituindo-os por ovos falsos. Ele descobriu que as aves aceitam tanto os ovos pintados como os falsos, e que a colocação de um ovo no ninho vazio de uma andorinha-do-mar provoca ampla gama de comportamentos de incubação no pássaro. Para estudar seu comportamento em relação ao lar, Watson enviou pássaros em barcos para fora da ilha em todas as direções. Ele também observou que as andorinhas com a idade de três dias corriam para ele e respondiam aos seus "pi, pi". O *Chicago Sun Times* descreveu a pesquisa de Watson em um artigo intitulado (Dewsbury, 1990, p. 320):

> Homem Nu da University of Chicago Ouve as Aves Falarem

O próprio Watson comentou: "As aves criaram um forte apego por mim. Elas me seguem por toda a sala. Está ficando cada vez mais difícil mantê-las em uma caixa" (Watson, 1908, p. 240).

As observações de Watson anteciparam os relatórios posteriores de Konrad Lorenz a respeito daquilo que ele denominou *imprinting* (Lorenz, 1935). Em geral, os estudos de Watson são mais bem descritos como estudos etológicos do comportamento instintivo. Essa descrição é, de certo modo, irônica, já que, para etologistas contemporâneos como Lorenz e Niko Tinbergen, Watson freqüentemente parecia um arquiambientalista, e ele e outros representantes da psicologia comparada foram criticados como "ratomórficos", ou seja, pessoas que não tinham familiaridade com nenhum outro animal a não ser com os ratos de laboratório. Em 1950, Lorenz afirmou: "Se J. B. Watson tivesse apenas uma vez criado uma ave bebê isoladamente, ele nunca teria afirmado que todos os padrões de comportamento complicados eram condicionados" (Lorenz, 1950, p. 233). Claramente, ninguém teria feito essa crítica a Watson no início de sua carreira. Na University of Chicago, Watson também realizou experimentos de laboratório e de campo com macacos, galinhas, cachorros, gatos, rãs e peixes. Sua psicologia era verdadeiramente uma psicologia comparada.

Watson na Johns Hopkins University

Os anos que Watson passou em Chicago foram felizes, tanto na vida pessoal como na profissional. Em 1904, ele se casou com uma ex-aluna, Mary Ickes, a filha do ex-secretário do Interior, Harold Ickes. Os Watsons tiveram dois filhos, Mary e John. Em uma carta, Watson escreveu sobre seu filho, John: "Um bebê é mais divertido em cada centímetro quadrado do que todos os ratos e rãs da criação" (Watson, apud Cohen, 1979, p. 38). Profissionalmente, Watson havia estabelecido um laboratório de psicologia comparada voltado para a pesquisa com animais que continuou com Carr depois que ele deixou Chicago. Em 1907, James Mark Baldwin (1861-1934), chefe do Departamento de Filosofia e de Psicologia da Johns Hopkins University ofereceu-lhe um cargo de professor-assistente em sua universidade. Tanto o salário de US$ 2.500 por ano como o cargo eram mais altos do que os que Watson tinha em Chicago. Angell fez uma contra-oferta, acenando para Watson com o cargo de professor-assistente eleito. O salário era mais baixo, mas Watson decidiu permanecer em Chicago. No ano seguinte, Baldwin fez-lhe uma oferta ainda melhor – a cadeira de psicologia na Johns Hopkins com um salário de US$ 3.500 por ano. Angell não conseguiu cobrir essa oferta, e Watson não pôde recusar.[8] Ele partiu com relutância:

> Eu odiei abandonar o laboratório da University of Chicago e o Sr. Angell. Tenho certeza de que não teria ido se eles me tivessem oferecido até mesmo um cargo de professor associado. Eu tinha várias pesquisas em andamento. Tinha preparado os cabos do laboratório com minhas próprias mãos, construído suas divisões, os pátios dos animais e muitos aparelhos. (Watson, 1936, p. 275)

Watson tinha 29 anos e havia percorrido um longo caminho em um pouquíssimo tempo. Doze anos mais tarde, sua carreira acadêmica viria a ter um fim dramático e abrupto.

Um grande escândalo envolvendo Baldwin ocorreu na Johns Hopkins logo após a chegada de Watson:

> Em 6 de março de 1909, ele [Baldwin] foi indicado pelo prefeito de Baltimore para fazer parte do Conselho da Escola. No dia 11, pediram-lhe para demitir-se da universidade e deixar a cidade...

---

[8] Watson pode ter inflacionado a oferta de salários na Hopkins. A cópia de um telegrama de 2 de março de 1908, nos arquivos da Biblioteca Eisenhower da Johns Hopkins, enviado de Watson para Baldwin, afirma que Watson aceita o cargo da Hopkins por um salário de US$ 3.000 (Kornfeld, 1994).

No verão de 1908, Baldwin havia sido preso em uma batida policial em uma "casa de prostituição para negros". Ele deu um nome falso ao policial e a acusação acabou sendo retirada; embora [Ira] Remsen [diretor da Johns Hopkins] tivesse informações a respeito do assunto, ele não fez nenhum esforço para dar-lhe acompanhamento. Apenas quando a indicação para o Conselho da Escola foi anunciada, aqueles que conheciam o segredo acharam que deviam agir. (Pauly, 1979, p. 38)

O diretor Remsen exigiu a demissão de Baldwin, e ele partiu para o México. Uma misteriosa nota no *Psychological Bulletin* de 1909 dizia: "Professor Baldwin demitiu-se de seu cargo na Johns Hopkins University. Ele foi aconselhado a dar à sua voz um repouso prolongado das aulas contínuas" (p. 256).

Anteriormente, Baldwin havia sido escolhido para presidir o Congresso Internacional de Psicologia que estava para ocorrer, mas sua indicação foi retirada. Ele viveu o resto de sua vida no México e em Paris, como um exilado da psicologia.[9] A partida de Baldwin afetou Watson de várias maneiras. Em primeiro lugar, ele perdeu o apoio e a orientação de Baldwin. Não tinha mais um superior no departamento e, portanto, estava livre para fazer o que quisesse e para orientar o departamento de psicologia na direção que escolhesse. Em segundo, ele herdou de Baldwin a função de editor da *Psychological Review*. Tinha agora liberdade para publicar seus pontos de vista no periódico que editava. Em terceiro lugar, ele havia testemunhado em primeira mão as conseqüências desastrosas para a carreira do comportamento que a Johns Hopkins considerava imoral ou antiético. Essa lição, ele não a aprendeu, e dez anos depois seria forçado a demitir-se da universidade por questões morais.

Nos seus primeiros anos na Johns Hopkins, Watson começou a pensar cada vez mais a respeito da psicologia e de sua primeira perspectiva de que ela deveria ser uma ciência do comportamento. Agora, não havia Angell para discutir essas idéias com ele nem Baldwin para criticá-las. Watson convenceu-se de que descrever o comportamento sem referir-se à consciência era a única maneira de a psicologia tornar-se uma verdadeira ciência. Em 1910, a *Harper's Magazine* pagou a Watson US$ 75 por um artigo intitulado "A Nova Ciência do Comportamento Animal". Em 1913, Cattell convidou Watson para fazer uma série de palestras na Columbia University. As palestras atraíram grandes audiências e foram bem recebidas. Nesse mesmo ano, Watson publicou, na *Psychological Review*, um esboço detalhado de sua visão – seu manifesto behaviorista.[10]

O Manifesto Behaviorista de Watson[11]

O forte parágrafo de abertura de "A Psicologia Como É Vista por um Behaviorista" não deixava dúvidas quanto às intenções de Watson:

> A psicologia como é vista por um behaviorista é um ramo puramente experimental e objetivo da ciência natural. Seu objetivo teórico consiste na previsão e no controle do comportamento. A introspecção não faz nenhuma parte essencial de seus métodos nem o valor científico de seus dados depende da prontidão com que eles se deixam interpretar em termos da consciência. O behaviorista, em seus esforços para obter um esquema unitário da reação animal, não reconhece nenhuma

---

[9] Antes de seu exílio, Baldwin era um homem de considerável status e poder. Sua psicologia genética era bem considerada; na análise dos psicólogos proeminentes feita por Cattell (1903), ele se classificou como o quinto mais importante contribuinte para a pesquisa em psicologia, na frente de psicólogos notáveis como Dewey e Titchener; seu cargo na Johns Hopkins possibilitava-lhe ter grande influência (Broughton, 1981).
[10] *Manifesto*, subst. Declaração pública de intenções, opiniões, objetivos ou motivos (Rhdel, p. 872).
[11] Reimpresso em Watson, J. B., 1994. "A psicologia como é vista por um behaviorista". *Psychological Review*, v. 101, p. 248-253.

linha divisória entre o homem e as bestas. O comportamento do homem, com todo o seu refinamento e complexidade, forma apenas uma parte do esquema total de investigação do behaviorista. (Watson, 1913, p. 158)

O desafio que esse manifesto behaviorista apresentava era explícito. Watson pretendia forçar os psicólogos a escolher entre o behaviorismo e as concepções mais antigas da psicologia. Não podia haver meio-termo. Antes de Wundt, argumentou Watson, *não* havia psicologia; depois de Wundt, tem havido apenas confusão, controvérsia e conflito. Watson podia fazer a psicologia sair da escuridão.

Em "A Psicologia Como É Vista por um Behaviorista", Watson desenvolveu os seguintes pontos. Primeiro, ele afirmou que a psicologia havia evidentemente fracassado, nos seus cinqüenta estranhos anos de existência, para desenvolver-se como uma ciência natural indiscutível. Esse fracasso, afirmou Watson, havia sido causado pela concentração, quer na estrutura, quer nas funções da consciência. Esses dois elementos haviam se revelado igualmente improdutivos, pois não havia dois psicólogos que concordassem com uma definição da consciência ou que especificassem os métodos a serem usados em seu estudo. A *consciência*, para Watson, não era nem um termo definível, nem um conceito utilizável. Nas abordagens tanto dos estruturalistas como dos funcionalistas, Watson encontrou apenas confusão, portanto rejeitou-as. Sua nova psicologia behaviorista abandonaria a "ilusão" de que a consciência é um assunto adequado ao estudo. Como dizem os gracejadores, "Depois de perder a alma para Darwin, a psicologia agora perdeu a mente para Watson". Um segundo argumento que Watson desenvolveu foi que, como a consciência não podia ser estudada, não havia necessidade de introspecção, método que ele acreditava ter impedido o desenvolvimento da psicologia como ciência. A introspecção levava apenas ao infindável argumento e debate a respeito de "pseudoquestões" como a natureza da atenção e da apreensão, os tempos de reação sensorial e motor, o pensamento sem imagens e o erro de estímulo. Apenas o apelo a autoridades como Titchener podia resolver disputas como essas, e Watson não era alguém que aceitasse as visões de uma autoridade desse tipo. Ele acreditava apaixonadamente que a introspecção era um método falho e incompleto. Com muita freqüência, os introspeccionistas eram criticados como maltreinados ou incompetentes, se seus relatórios não coincidiam com os de seus professores. Watson argumentou, em vez disso, que o próprio método era defeituoso. Portanto, os psicólogos deviam substituir a introspecção por métodos objetivos, experimentais, comparáveis àqueles utilizados pela outras ciências. Senão, predizia ele, os psicólogos em 200 anos ainda estariam engajados nas mesma disputas e argumentos fúteis.

Um terceiro ponto que Watson levantou era que a psicologia não era mais a ciência da *mente* e não tinha mais uso para a introspecção. O que, então, os psicólogos deveriam fazer? A resposta de Watson era direta e simples: "Eles devem estudar o comportamento" (Watson, 1913, p. 159). A psicologia devia tornar-se a ciência do comportamento, com seus objetivos de observar, prever e controlar o comportamento. Ela devia estudar tanto o comportamento dos animais como o comportamento humano, pois Watson considerava o comportamento dos animais como diretamente relevante para entender o dos humanos. Ele não via nenhuma linha divisória entre o comportamento humano e o dos outros animais. Um rato correndo em um labirinto, uma gaivota construindo um ninho, uma criança brincando, um professor dando aula, um homem de negócios vendendo um produto e um político fazendo um discurso estão todos se comportando e, como tal, fornecem o trigo para o moinho do behaviorista. Tendo enfatizado sua posição, Watson terminou seu ensaio com o seguinte apelo para o padrão do behaviorismo:

O que precisamos fazer é começar a trabalhar com a psicologia, tornando o comportamento, e não a consciência, o ponto objetivo do nosso ataque. Certamente, há bastante problemas no controle do comportamento para nos manter a todos trabalhando muitas vidas sem sequer nos permitirmos o tempo de pensar na consciência como tal. Uma vez lançado o empreendimento, nos veremos, em pouquíssimo tempo, tão divorciados de uma psicologia introspectiva como a psicologia dos tempos atuais está divorciada da psicologia das faculdades. (Watson, 1913, p. 176)

Ação e Reação

O behaviorismo de Watson era radical, mas não era sem precedentes. Outros psicólogos compartilhavam sua insatisfação com os "velhos deuses" da introspecção, da consciência, da sensação e da imagem. Entre eles, encontrava-se o colega de Watson na Hopkins, Knight Dunlap, que havia publicado *A Case History in Scientific Method* [O Caso Contra a Introspecção] na *Psychological Review*, um ano antes do manifesto behaviorista de Watson (Dunlap, 1912) (Capítulo 5). A crítica de Dunlap foi eclipsada pela estrela ascendente de Watson. Em sua autobiografia, Dunlap conjeturava que talvez tivesse sido cauteloso demais em sua crítica e que, portanto, não havia obtido o impacto de Watson (Dunlap, 1932).[12] Hoje, Dunlap é pouco conhecido da maioria dos psicólogos (Kornfeld, 1991).

Cada vez mais, os psicólogos, cansados das velhas disputas que freqüentemente pareciam sem vida e cheias de sombras, responderam ao chamado de Watson para juntar-se ao behaviorismo. Sua abordagem parecia ser atraente, vital, dinâmica, repleta de promessas e bem-adequada à vida nos Estados Unidos nas primeiras décadas do novo século. Embora seja exagerada a reclamação de Boring, de que "por um tempo na década de 1920, parecia que todos os Estados Unidos haviam-se tornado behavioristas" (Boring, 1957, p. 645), o behaviorismo de Watson realmente teve um grande apelo. Sua definição da psicologia como "a ciência do comportamento" havia sido proposta por William McDougall (Capítulo 7) em 1905 e por Walter B. Pillsbury em 1911, mas essa proposta havia tido pouco impacto. Watson tinha uma personalidade e um estilo agressivo, e queria criar uma revolução na psicologia. Ele era um radical com uma proposta clara, simples e inequívoca de mudança. As ações fortes freqüentemente provocam fortes reações, e as reações a Watson logo chegaram. Uma delas veio de uma fonte previsível – Edward Titchener.

Titchener defendeu os estudos introspectivos da consciência e apontou para o fato de que a psicologia ainda era uma ciência jovem que, de fato, havia progredido. Watson, retrucou Titchener, era impaciente demais. Seu behaviorismo era "ridiculamente bruto" e não fazia parte da psicologia, já que não estudava a mente; em vez disso, era uma tecnologia utilizada para controlar e manipular o comportamento. Titchener escreveu a Yerkes: "Watson é o tipo de homem, creio eu, que nunca deveria confiar em si mesmo para escrever sobre questões gerais, mas que deveria ater-se ao seu trabalho concreto. Ele não tem conhecimento histórico nem a força do raciocínio contínuo no âmbito dos conceitos" (Titchener, apud Karier, 1986, p. 129). Apesar dessa crítica, Watson permaneceu em termos cordiais com Titchener durante toda a sua vida (Larson e Sullivan, 1965). A crítica de Titchener a Watson pode realmente ter estimulado o apoio para a posição behaviorista, já que nenhum psicólogo gosta que lhe digamos o que pode ou não fazer. Outros psicólogos, incluindo Cattell, McDougall, Woodworth, Thorndike, Münsterberg e Angell, atacaram as propostas de Watson como demasiado extremadas, mas ele permaneceu fiel à sua posição behaviorista.

---

[12] A reação pessoal de Dunlap a Watson reflete-se no conselho que ele supostamente deu a suas duas filhas: que, quando Watson entrasse na sala, elas saíssem imediatamente (Wickens, 1980)!

O Behaviorismo em Ação

Tendo afirmado sua posição, Watson tinha de mostrar que o behaviorismo era de fato viável, que era possível ter uma ciência do comportamento sem recorrer à consciência e à mente. Durante os dez anos seguintes, Watson trabalhou assiduamente para validar sua reivindicação.

Em 1909, Robert Yerkes e Sergius Morgulis publicaram um ensaio intitulado "O Método de Pawlow na Psicologia Animal" (grafia original de Pavlov), no *Psychological Bulletin* (Yerkes e Morgulis, 1909). O artigo descrevia os experimentos de Pavlov com o condicionamento das respostas glandulares dos cachorros. Esse ensaio apresentou a pesquisa de Pavlov aos psicólogos norte-americanos e descrevia detalhadamente seus métodos e as leis dos reflexos condicionados. Nesse mesmo ano, Yerkes mudou-se para a Johns Hopkins Medical School, onde continuou com seus experimentos a respeito das respostas glandulares condicionadas dos cachorros. Ele e Watson tornaram-se bons amigos. No início, Watson acreditava que o método de condicionamento de Pavlov tinha aplicabilidade limitada. Em *Behavior: An Introduction to Comparative Psychology* [Comportamento: Uma Introdução à Psicologia Comparada] (1914), ele forneceu uma descrição detalhada do "método de secreção salivar de Pawlow" [sic], mas questionou sua utilidade geral. Watson enfatizava que, embora os cachorros se adaptassem bem a esse tipo de experimento, o método não podia ser utilizado com aves, peixes, répteis ou primatas. Mais tarde, sob a pressão dos eventos e circunstâncias, Watson acabaria mudando seu comportamento, senão sua idéia.

Outro homem que Watson encontrou na Johns Hopkins também influenciou sua carreira. Karl S. Lashley (1890–1958) inscreveu-se como aluno de pós-graduação em 1912 e obteve um doutorado em zoologia, com segunda opção em psicologia, sob a orientação de Watson. Lashley e Watson trabalharam com ampla gama de comportamentos comparados: a construção do lar entre os pombos, a imitação nos papagaios, a visão da cor nas galinhas, os efeitos da estricnina e da cafeína na aprendizagem dos ratos, a destreza nos macacos e a aquisição das habilidades nos seres humanos. Entretanto, do ponto de vista de Watson, a pesquisa mais importante dos dois teve a ver com a natureza do pensamento. Em seu ensaio de 1913, Watson havia considerado como um behaviorista podia estudar o pensamento e o ato de pensar. Como os eventos mentais não são diretamente observáveis, como podemos estudá-los? A resposta de Watson era caracteristicamente direta e simples. O pensamento nada mais é que a fala subvocal, e essa atividade pode ser associada com "leves contrações da musculatura envolvida na fala" (Watson, 1913, p. 174). Se essas "leves contrações" dos sistemas de músculos da fala pudessem ser observadas e registradas, o pensamento seria acessível ao behaviorista. Watson acreditava que a relação entre esses registros e o pensamento seriam semelhantes à relação entre um registro fonográfico e um concerto sinfônico. Fazer esses registros seria um triunfo para o behaviorismo e representaria um grande golpe para as abordagens introspectivas do pensamento.

Em 1915, Watson foi eleito presidente da APA. Em seu discurso presidencial, ele planejava reafirmar suas idéias acerca da natureza do pensamento e mostrar registros de movimentos sutis da língua e da laringe associados com o pensamento. Ele sempre havia sido um pesquisador adepto da tecnologia e tinha a certeza de que poderia fazer tais registros. Ele e Lashley passaram o verão de 1915 tentando fazê-los, mas seus esforços não tiveram sucesso. Eles continuaram tentando nos meses de outono, porém ainda sem sucesso. Para piorar o estado de infelicidade de Watson, sua esposa ficou gravemente enferma e, durante esses meses, ele teve de cuidar dela para que voltasse a ficar boa. Por mais desesperadamente que Watson e Lashley tentassem registrar as "leves contrações", eles fracassavam. Apenas duas semanas antes do discurso agendado, Watson, por sugestão de Lashley, finalmente abandonou a tentativa e mudou o título do discurso para "O Lugar do Reflexo Condicionado na Psicologia" (Watson, 1916). Ele disse à audiência que, tendo rejeitado a introspecção, sentia-se responsável por sugerir um novo método para a psicologia. Sem mencionar a fala subvocal ou suas tentativas malsucedidas para registrar as leves contrações que ele acreditava acompanharem o pensamento, Watson descreveu o reflexo condicionado como uma técnica experimental objetiva que continha grandes promessas. Descreveu também os experimentos de condicionamento que ele e Lashley haviam feito com seres humanos, cachorros e corujas. Watson mostrou fotografias de um cachorro e de uma coruja descansando confortavelmente no aparelho condicionador. Ele previu que o método do reflexo condicionado ocuparia um "lugar muito importante" entre os métodos da psicologia e se revelaria uma técnica de "ampla generalidade". Como conclusão, Watson admitiu ter "um viés em favor desse método".

A partir desse momento, o reflexo condicionado teve uma posição central no behaviorismo de Watson. Foi difícil, mas o desembaraçado Watson tinha ultrapassado outra das "pequenas dificuldades da vida". Em 1920, ele voltou à questão: "O pensamento é meramente uma ação dos mecanismos da linguagem?" (Watson, 1920). Como lhe era característico, ele afirmou com segurança:

> Antes de tentar definir melhor, neste simpósio, a posição do behaviorista a respeito do pensamento, pareceria melhor discutir por um momento algumas das afirmações que o behaviorista já fez. Antes de apresentar qualquer argumento, acho que podemos dizer que ele nunca manteve a posição de que o pensamento é meramente a ação dos mecanismos da linguagem. Possivelmente, a minha própria maneira solta de escrever pode ter conferido certo colorido a essa visão". (Watson, 1920, p. 87)

Watson e a Primeira Guerra Mundial

Quando os Estados Unidos entraram na Primeira Guerra Mundial, em 1917, Watson tentou alistar-se como oficial de linha, mas foi recusado por causa de sua miopia. Em vez disso, o Comitê de Classificação do Pessoal do Exército deu-lhe a tarefa de organizar e dirigir os conselhos que selecionavam os candidatos a treinamento de pilotos. As autoridades militares estavam especialmente interessadas em classificar a resistência dos pretendentes a aviadores em condições de redução de oxigênio semelhantes àquelas que podiam ser encontradas durante o vôo. Watson concebeu vários testes perceptuais e motores que eram aplicados em condições de asfixia progressiva. Contudo, em sua opinião, eles não deram em nada e eram inúteis como mecanismos de seleção. Ele também questionou o valor do teste de rotação, um grande favorito dos militares. Esse teste, acreditavam eles, era capaz de medir os sentidos críticos de equilíbrio. Entretanto, acrobatas de circo, artistas do trapézio e pilotos bem-sucedidos marcaram pontos abaixo do critério de seleção estabelecido para os pretendentes a aviadores. Watson convenceu-se de que o teste era inválido e escreveu um relatório exprimindo sua opinião. Ele quase foi à corte marcial por isso, e, daí em diante, seu histórico militar passou a conter a anotação de que "não tinha permissão de servir ao país em sua capacidade científica, mas devia ser enviado para a linha de combate" (Cohen, 1979, p. 110). Felizmente, a guerra acabou antes que ele fosse transferido, e Watson terminou aquilo que denominou seu "pesadelo no Exército", voltando à Johns Hopkins.

A Pesquisa de Watson com Crianças

Em 1916, Watson iniciou sua pesquisa com crianças na Clínica Psiquiátrica Henry Phipps, em Baltimore. Adolf Meyer (1866–1950), o primeiro professor de psiquiatria da Johns Hopkins e o diretor fundador da Clínica Phipps, defendia uma abordagem psicobiológica da doença mental.

Ele simpatizava com o behaviorismo de Watson e convidou-o a criar um laboratório de pesquisa para o estudo do desenvolvimento infantil. Watson estava há muito tempo interessado no comportamento das crianças. Na Phipps, ele iniciou uma série de estudos de recém-nascidos que continuou depois que a guerra terminou. Na época, 40 a 50 bebês nasciam no Hospital da Johns Hopkins University todos os meses. Watson e seus alunos observavam os recém-nascidos enquanto eles estavam no hospital e acompanhavam um pequeno número deles depois que iam para casa. Ao todo, Watson estudou mais de 500 bebês.

Primeiro, os pesquisadores observavam o reflexo e as reações emocionais de um bebê. O recém-nascido parecia ter vários reflexos: espirrar, soluçar, bocejar, tossir, agarrar, engolir e sugar. Além dessas respostas reflexas, Watson acreditava que era possível distinguir três tipos principais de resposta emocional no recém-nascido humano: medo, raiva e amor. Cada uma dessas emoções básicas era eliciada por um conjunto restrito de estímulos: medo de um barulho alto repentino; raiva por ter os movimentos restringidos; amor pelas carícias e mimos. Cada emoção era caracterizada por um conjunto específico de respostas. Essas emoções neonatais iam ao encontro do modelo de comportamento de Watson: estímulos específicos eliciavam respostas específicas de maneira confiável e previsível.

Watson também descobriu que muitos estímulos que freqüentemente se acreditava eliciar reações de medo "inatas" eram ineficazes. Seus bebês não mostraram nenhum medo do escuro ou do fogo nem medo de animais como cobras, ratos ou cachorros. De fato, esses estímulos muitas vezes eliciavam curiosidade e investigação amigável. Por que, então, tantas crianças mais velhas tinham medo do escuro, do fogo, de cobras, ratos e cachorros? Porque, respondeu Watson, elas tinham aprendido isso. Em um ensaio de 1917, ele primeiramente sugeriu que o condicionamento era capaz de transferir as três reações emocionais básicas para uma gama de estímulos (Watson e Morgan, 1917). Em outras palavras, o medo pode ser aprendido. O próprio Watson sentira medo do escuro a vida toda, medo este que às vezes era tão forte que ele somente podia dormir em um quarto iluminado. Ele associou esse medo a uma enfermeira de Greenville que lhe havia dito que o demônio anda por aí à noite procurando os menininhos maus. O próprio Watson então forneceu uma dramática confirmação de que era verdadeira a previsão de John Locke: "Deixe apenas que uma enfermeira tola..." (Capítulo 2). No verão de 1919–1920, Watson fez um teste direto para ver se o medo podia ser condicionado em um bebê humano. Esse foi o experimento com "Albert B." ou o "Pequeno Albert", um dos experimentos mais conhecidos da história da psicologia.[13]

Watson e Albert B.

Watson e sua colega, Rosalie Rayner, uma aluna de Vassar, escolheram Albert B. por causa de seu temperamento impassível. Ele era o filho de 11 meses de uma das enfermeiras do hospital, um menino feliz e saudável que tinha vivido o tempo todo no hospital e, portanto, não tinha

---

[13] O experimento de Watson e Rayner é às vezes descrito como a primeira demonstração bem-sucedida de condicionamento em um bebê humano. Essa descrição é incorreta. Windholz e Lamal (1986) relatam três tentativas anteriores. Em 1907, um alemão, Heinrich Bogen, realizou experimentos de condicionamento clássico com crianças. Mas os experimentos mais impressionantes foram os do russo N. I. Krasnogorskii. Em 1907 e 1908, no hospital pediátrico de São Petersburgo, Krasnogorskii utilizou os métodos de Pavlov com crianças pequenas para demonstrar a aquisição e a extinção de uma resposta condicionada, da generalização, da discriminação e do condicionamento de traço. Em 1908, uma norte-americana, Florence Mateer, usou procedimentos de condicionamento com 50 crianças de 12 meses a 7 anos. Apesar da prioridade e da importância desses relatórios, nenhum deles chegou perto de ter o impacto do relatório de Watson e Rayner.

medo da situação de teste. Albert tinha poucos medos e reagia com amigável curiosidade à visão de um rato, um cachorro, um coelho, um macaco e até mesmo do fogo. Porém, ele realmente demonstrou uma reação de medo intensa quando bateram com uma barra de metal por trás de sua cabeça. Watson e Rayner decidiram condicionar o medo de ratos brancos em Albert. Eles lhe mostraram um rato branco e, assim que ele tentou alcançar o rato, eles bateram com uma barra de ferro. Depois de sete pareamentos entre o rato e o barulho alto produzido pela batida com a barra de ferro, Albert chorou e engatinhou para longe quando viu o rato, mesmo sem a ocorrência do barulho. Watson e Rayner tinham condicionado um forte medo em um bebê humano.

Cinco dias depois, eles mostraram a Albert o rato, um conjunto de blocos de madeira, um coelho, um cachorro de pelo curto, um casaco de pele de foca, um pacote com bolas brancas de algodão, as cabeças de Watson e seus assistentes e uma máscara de Papai Noel com barba. Ele demonstrou uma forte resposta de medo ao rato, ao coelho, ao cachorro, ao algodão e ao casaco de pele de foca. A resposta de Albert à cabeça de Watson e às bolas de algodão ainda era negativa, mas mais leve; porém ele brincou alegremente com os blocos. O medo condicionado havia se generalizado para vários objetos brancos e peludos que tinham alguma semelhança com o rato. Cinco dias depois, Albert demonstrou uma reação tão leve ao rato, que Watson e Rayner decidiram "atualizar a reação", apresentando-o mais uma vez com o barulho forte. Além disso, eles emparelharam o rato e o cachorro com o ruído. Trinta e um dias depois, Albert foi testado pela última vez e demonstrou ter medo da máscara de Papai Noel, do casaco de pele de foca, do rato, do coelho e do cachorro. Nessa época, a mãe de Albert retirou-o do hospital e ele nunca mais foi testado.

Um dos exemplos citados com mais freqüência nos livros didáticos, o estudo de Albert B. também vem sendo tema de muita distorção e deturpação.[14] Em primeiro lugar, embora esse experimento seja geralmente apresentado como uma ilustração do condicionamento clássico ou pavloviano do medo, ele claramente tinha, a partir da descrição de Watson, um forte componente de punição. Quando Albert tentava pegar o rato, seguia-se um forte ruído – um típico procedimento de punição. Em segundo, depois do relatório de Watson e Rayner, vários pesquisadores tentaram reproduzir seus resultados (English, 1929; Valentine, 1930; Bregman, 1934). Embora esses pesquisadores não tenham encontrado provas de que os medos podem ser condicionados do modo como Watson e Rayner haviam descrito, seus resultados raramente são mencionados nos textos de psicologia. Em terceiro, Ben Harris (1979) enfatizou que nenhum detalhe do experimento original deixou de ser deturpado e distorcido: a idade de Albert, assim como os objetos e a intensidade do seu medo haviam mudado; a gama de generalização foi estendida, por escritores imaginativos, de modo a incluir todos os animais peludos, um casaco de peles, a barba de um homem, um gato, um filhote de cachorro, a gola de pele que supostamente a mãe de Albert usava e até mesmo um ursinho de pelúcia. Algumas vezes, a história recebia um final feliz, em que o medo de Albert era removido ou descondicionado. Alguns escritores imaginativos até mesmo forneceram descrições detalhadas dos procedimentos de recondicionamento – procedimentos que de fato nunca ocorreram (Gilovich, 1991, p. 90). Além disso, os relatórios nunca mencionam uma informação significativa: Watson e Rayner sabiam que a mãe de Albert estava planejando removê-lo do hospital várias semanas antes da partida e, no entanto, nada fizeram para ajudá-lo a superar seu medo. Os relatos desse experimento nos livros didáticos basearam-se mais no mito que na realidade.

---

[14] O ensaio de Watson e Rayner (1920) no *Journal of Experimental Psychology*, "Reações Emocionais Condicionadas" foi reimpresso em 2000 no *American Psychologist*, v. 55, p. 313-317.

O experimento de Watson e Rayner com Albert logo se tornou amplamente conhecido. Watson considerava seus resultados como uma demonstração conclusiva de que os medos podem ser condicionados e continuou argumentando que a maior parte deles é adquirida dessa maneira. As descrições gráficas do comportamento de Albert garantiram muita publicidade:

> No momento em que o rato foi mostrado, o bebê começou a chorar. Quase no mesmo instante, ele se virou bruscamente para a esquerda, caiu para o lado esquerdo, levantou-se de quatro e começou a engatinhar para longe, tão rápido que foi difícil segurá-lo antes que ele alcançasse a ponta da mesa. (Watson e Rayner, 1920, p. 3)

Watson e Rayner utilizaram seus resultados para atacar Freud e ridicularizar a análise dos sonhos (Rilling, 2000), em sua paródia de mau gosto na conclusão do ensaio:

> Daqui a 20 anos, os freudianos, a menos que mudem suas hipóteses, ao analisarem o medo que Albert tem do casaco de pele de foca – presumindo que ele chegue à análise a essa altura – provavelmente extrairão dele o relato de um sonho que, segundo sua análise, mostrará que Albert, aos 3 anos, tentou brincar com os pelos púbicos de sua mãe e foi violentamente repreendido por isso. (Watson e Rayner, 1920, p. 14)

Posteriormente, os procedimentos de condicionamento como o de Watson e Rayner foram retratados em termos sensacionalistas no romance de Aldous Huxley de 1932, *Brave New World* [Admirável Mundo Novo], na *Animal Fram* [Revolução dos Bichos] de George Orwell (1946) e na *A Clock-work Orange* [Laranja Mecânica] de Anthony Burgess (1963).

A Separação entre Watson e a Psicologia

Em 1920, a carreira de Watson estava indo bem. O experimento com o pequeno Albert havia confirmado seu ponto de vista de que os medos são adquiridos por meio do condicionamento. Em 1919, ele havia publicado um livro importante, *Psychology from the Standpoint of a Behaviorist* [A Psicologia do Ponto de Vista de um Behaviorista]. Preocupado com a possibilidade de Watson mudar-se para outra universidade, o reitor da Johns Hopkins ofereceu-lhe um generoso aumento de salário. Muitos psicólogos mais jovens achavam o seu behaviorismo atraente. Mary Cover Jones, dentre eles, lembra-se:

> Como estudantes de pós-graduação da Columbia University, meu marido, Harold E. Jones, e eu, assim como outros membros de nosso grupo de estudantes, estávamos entre aqueles a quem Watson havia "vendido" o seu behaviorismo. Eu ainda posso me lembrar do entusiasmo com que recebemos *Psychology from the Standpoint of a Behaviorist*. Ele sacudiu as bases da psicologia tradicional criada na Europa, e nós lhe demos as boas-vindas. Isso foi em 1919; ele mostrava o caminho que ia de uma psicologia de gabinete até a ação e a reforma, e, portanto, foi saudado como uma panacéia. (Jones, 1974, p. 582)

Apesar desse sucesso, 1920 também trouxe o fim da carreira acadêmica de Watson. Os detalhes desse triste e perturbador episódio mais parecem o roteiro de uma novela de televisão moderna do que a biografia de um cientista (Cohen, 1979).

Durante seu casamento, Watson teve casos com muitas mulheres,[15] mas acabou apaixonando-se por sua assistente de pesquisa, Rosalie Rayner. Watson tornou públicos os seus sentimentos e

---

[15] Em um ensaio lido na convenção de 1988 da APA, John Burnham, respeitado historiador de psicologia e editor do *Journal of the History of the Behavioral Sciences*, relatou a vida colorida de Watson e concluiu que, em sua vida sexual, Watson "pode ter sido um dos maiores amantes de todos os tempos".

escreveu muitas cartas apaixonadas a Rayner. Sua esposa, Mary Ickes Watson, obteve essas cartas fingindo estar doente durante uma visita aos pais de Rayner, pedindo para deitar-se por alguns minutos e usando o tempo em que estava sozinha para dar uma busca no quarto de Rayner. Apesar desse artifício desesperado, seu motivo era nobre: Mary estava tentando salvar seu casamento e esperava que, quando Watson soubesse que ela estava com as cartas, "ela seria capaz de persuadi-lo a voltar" (Cohen, 1979, p. 149). Seu erro foi ter mostrado as cartas ao irmão, John Ickes, um tipo mercenário que então pediu dinheiro a Watson e à família de Rayner, que era uma família social e politicamente proeminente de Baltimore. Quando eles se recusaram a pagar-lhe, as cartas misteriosamente caíram nas mãos do reitor Goodnow da Johns Hopkins. Com o apoio do corpo docente sênior, que incluía Adolf Meyer, Goodnow concluiu que Watson havia atraído a desgraça para si, para a Johns Hopkins e para a ciência e exigiu sua demissão. Watson obedeceu respeitosamente. Em uma carta a Meyer, ele insistia em dizer: "tanto a psicologia como a universidade podiam viver sem mim"; e afirmava em confidência que conseguiria encontrar um emprego: "que não seja tão ruim como criar galinhas ou plantar repolhos" (Watson, 1920, apud Buckley, 1982, p. 211).

Infelizmente, a publicidade sensacionalista que cercou o divórcio subseqüente tornou impossível para Watson encontrar outro cargo acadêmico. Os jornais relataram os testemunhos no tribunal com detalhes melodramáticos e retrataram Watson como o mestre behaviorista que havia seduzido sua linda assistente de pesquisa e traído a esposa e os filhos. O julgamento no tribunal possibilitou a Watson um grave ataque verbal, o que lhe valeu o rótulo, entre outras coisas, de "especialista em mau comportamento". O divórcio foi concedido em 24 de dezembro de 1921, e Watson casou-se com Rayner dez dias depois. Muitos dos amigos e colegas de Watson, com a exceção – talvez surpreendente – de Yerkes e Titchener, abandonaram-no. Em uma carta a Yerkes, Titchener escreveu:

> Eu sinto terrivelmente pelos filhos de Watson, assim como sinto pelo próprio Watson; temo que ele terá de desaparecer por cinco ou dez anos se quiser de fato um dia voltar à psicologia. O que me deixa indignado é que A. Meyer e a clínica em geral não tenham utilizado suas artimanhas para manter W. na linha. Eles são tão lamentavelmente apegados à teoria – na qual, afinal de contas, são apenas uns bebês em termos de lógica – que se esquecem de que o negócio do psiquiatra é prevenir e curar. Um pequeno conselho decente (já que W. é intrinsecamente uma pessoa muito decente e eminentemente popular) teria impedido a tragédia familiar. E são as crianças que mais sofrem. (Titchener, apud Leys e Evans, 1990, p. 105)

Watson resolveu ir trabalhar no comércio. Em *Psychology from the Standpoint of a Behaviorist* [A Psicologia do Ponto de Vista de um Behaviorista], ele havia afirmado que a capacidade de um behaviorista para prever e controlar o comportamento lhe permitiria fazer importantes contribuições para a indústria e os negócios. Agora, ele estava prestes a testar suas afirmações. Seu amigo, William I. Thomas, um sociólogo que havia sido demitido da University of Chicago por acusações de inconveniência sexual, apresentou-o a Stanley Resor, diretor da agência de publicidade J. Walter Thompson, na cidade de Nova York. O objetivo de Resor era tornar sua agência uma "universidade de publicidade", de modo que Watson era uma boa presa. Resor ofereceu a Watson o excelente salário de US$ 10 por ano, mas insistiu em que ele aprendesse a respeito do negócio de publicidade a partir do zero, trabalhando no campo.

A primeira atribuição de Watson foi fazer uma análise do mercado de botas de borracha ao longo do rio Mississippi. Ele ia de cidade em cidade perguntando às pessoas que marca de botas de borracha elas usavam e por quê. Em seguida, sondava as mercearias nas cidades grandes, tentando persuadi-las a estocar e vender café Yuban. Watson referia-se à sua ingrata tarefa como

"Yubanizar" e admitia ter sido "posto porta afora com bastante freqüência" (Watson, 1936, p. 279). Ele estava determinado a ter sucesso, mas andar por aí fazendo inspeções deve ter sido uma tarefa deprimente. Resor também arranjou para que Watson trabalhasse temporariamente (por dois meses) como balconista na Macy's, de modo a poder observar em primeira mão o comportamento do consumidor. Mais tarde, alguns psicólogos acadêmicos criticaram Watson por vender-se para o comércio. É de imaginar quantos de seus críticos, ao encontrar-se nessa situação, teriam a força para sair-se tão bem como ele.

Lentamente, Watson começou a entender a publicidade. Ele descobriu que: "O consumidor é, para o fabricante, as lojas de departamento e as agências de publicidade, aquilo que a rã verde é para o psicólogo" (Buckley, 1982, p. 212). O behaviorismo parecia perfeitamente adequado para prever e controlar o comportamento do consumidor. Antes, Watson havia "vendido" o behaviorismo aos psicólogos; agora, ele utilizaria o behaviorismo para vender produtos. Watson tornou-se um executivo de publicidade inovador e criativo. Ele foi a primeira pessoa a utilizar detalhadas análises demográficas dos públicos-alvo e a oferecer amostras grátis em troca do preenchimento de questionários. Em suas campanhas publicitárias, ele enfatizou mais o estilo que a substância e insistiu em que a função da publicidade era tornar as pessoas razoavelmente insatisfeitas com aquilo que já possuíam. Fez uso em larga escala de testemunhos e apelo a autoridades: a rainha Vitória Eugênia da Espanha e a rainha Maria da Romênia[16] endossaram o Creme de Beleza e Hidratante Pond's para ele. Watson também tentou manipular os motivos e emoções do consumidor. Em uma campanha do talco para bebês da Johnson & Johnson, dirigida às mães de primeira viagem, Watson enfatizou a pureza e a limpeza do produto, e os perigos da sujeira e da doença. Watson também dirigiu uma bem-sucedida campanha de publicidade que mudou a imagem dos vendedores de seguro de vida, de "arautos da morte" para "suportes da vida". Nos anúncios dos primeiros desodorantes para as axilas, Watson enfatizou a higiene pessoal. Às vezes, as manipulações das emoções dos consumidores eram ostensivas. Em um anúncio da Companhia de Papéis Scott, Watson concebeu a fotografia de uma equipe cirúrgica em ação com a legenda "E o problema começou com um papel higiênico grosseiro". Em um experimento cuidadosamente controlado, ele descobriu que 90% dos fumantes eram incapazes de discriminar uma marca de cigarros de outra, por isso usou *slogans* publicitários como "Eu andaria um quilômetro e meio para encontrar um Camel", a fim de estimular a fidelidade à marca nos consumidores. Para aumentar as vendas do café Maxwell House, Watson popularizou a hora do cafezinho e encorajou sua adoção com o *slogan* "Ofereça a si mesmo um intervalo para café e obtenha o que o café oferece a você".[17] Até 1952, 80% de empresas pesquisadas haviam instituído intervalos para café; a inovação de Watson havia se tornado uma característica da vida norte-americana (Pendergrast, 2000). Ele também foi um dos primeiros publicitários a utilizar o rádio com eficácia.

Obviamente, Watson foi um executivo de publicidade bem-sucedido. Ele recebia um salário muito alto – perto de US$ 70 mil em 1930 – e usufruía os privilégios dos executivos, porém sempre sentiu falta da psicologia. Em um trecho comovente de sua autobiografia, ele escreveu a respeito dos seus anos na publicidade: "Eu comecei a aprender que olhar para o crescimento da curva de vendas de um novo produto pode ser tão emocionante como olhar para a curva de aprendiza-

---

[16] A atriz Mariette Hartley, neta de Watson, lembrava-se de que a rainha Maria enviara seu neto a Watson para que fosse recondicionado com "as qualidades de um rei" (Hartley, 1991, p. 17).

[17] Em 1902, a Barcolo Manufacturing Company em Buffalo, Nova York, começou a oferecer, aos empregados, intervalos para café no meio da manhã e no meio da tarde (Stamberg, 2002). Essa inovação não foi adotada por outras empresas.

gem dos animais e dos homens" (Watson, 1936, p. 280). Talvez, mas parece que, pelo menos até cerca de 1930, se Watson tivesse podido trocar as curvas de vendas de cremes de beleza, café e desodorante pelas curvas de aprendizagem no laboratório de uma importante universidade, ele de boa vontade o teria feito. Nenhuma oportunidade desse tipo lhe foi oferecida.

Durante as décadas de 1920 e 1930, Watson publicou livros e artigos de psicologia para o público em geral. Ele também tinha uma grande demanda como palestrante, tanto em pessoa como na rádio. Watson tornou-se "o primeiro psicólogo *pop* para a classe média que rapidamente se expandia, assumindo o papel antes exercido pelo padre em uma sociedade mais rural" (Buckley, 1982, p. 217). Watson também queria continuar a pesquisa que havia iniciado com crianças na Johns Hopkins. Em 1923, ele obteve uma bolsa da Laura Spellman Foundation para sua pesquisa. Com a assistência de Mary Cover Jones e Harold Jones, ele conseguiu estudar várias crianças com 3 meses a 7 anos. Uma das pesquisas mais importantes acerca da superação do medo infantil havia sido iniciada por Mary Cover Jones (Mussen e Eichorn, 1988, p. 818). Depois de ouvir a palestra de Watson sobre o Pequeno Albert e do desenvolvimento do medo por meio do condicionamento, ela discutiu com Watson a idéia de eliminar os medos "surgidos no lar" usando métodos de condicionamento. Watson encorajou-a e, juntos, eles trabalharam na superação dos medos de Peter B.

Superando Medos: O Caso de Peter

Watson e Jones estudaram várias maneiras possíveis de superar os medos. Em geral, simplesmente permitir a uma criança não encontrar o objeto temido por longos períodos era um procedimento ineficaz. Uma garotinha ficou mais de dois meses sem ver um temido coelho, mas caiu no choro assim que viu o animal novamente. Em um método de organização verbal, as crianças eram encorajadas a conversar a respeito de seus medos, porém esse método também se mostrara ineficaz. Em um método de imitação social, uma criança que temia um objeto específico encontrava outra criança que não tinha medo desse objeto. No entanto, ver essa criança brincar com o objeto temido não eliminava o medo da primeira criança. O método mais eficaz para superar o medo era o condicionamento direto. Usando as anotações de Mary Cover Jones a respeito do caso (Jones, 1924a, 1924b), Watson descreveu Peter da seguinte maneira:

> Peter era uma criança viva e ativa de aproximadamente 3 anos. Ele era bem-ajustado às situações da vida comum, exceto pela sua organização do medo. Ele tinha medo de ratos brancos, coelhos, casacos de pele, penas, lã de algodão, rãs, peixes e brinquedos mecânicos. A partir da descrição dos medos de Peter, você poderia pensar que ele era simplesmente Albert B. mais velho. Você apenas deve lembrar-se de que os medos de Peter eram "surgidos no lar", e não experimentalmente produzidos como os de Albert. Os medos de Peter eram muito mais pronunciados. (Watson, 1928a, p. 62)

Quando um rato foi levado à sala, Peter gritou e caiu de costas. Então Jones apresentou-lhe Barbara, uma criança que segurava o rato sem medo, mas Peter recusava-se a sair de sua cadeira. Ele parecia ter ainda mais medo de um coelho. Em sete dias de tratamento, Peter já brincava com três crianças que não tinham medo de coelhos. Peter progredia de um "grande medo" para uma "tranqüila indiferença" e, com as outras crianças, conseguia até mesmo acariciar as costas do coelho. Seu tratamento foi então interrompido por dois meses, quando ele foi hospitalizado com febre escarlate. Quando Peter deixou o hospital com uma ama-de-leite, um grande cachorro pulou em cima deles, assustando a ambos. Jones descreveu o confronto do cachorrão com um adulto que demonstrava medo como uma situação terrível, "contra a qual o nosso treinamento não podia tê-lo fortalecido" (Jones, 1924a, p. 312). Foi nesse ponto que Jones começou o "condicionamento direto".

Peter sentava-se em um cadeirão; assim que se punha a almoçar seu leite com biscoitos ou a fazer um lanche de que gostava ou a comer um doce, um coelho engaiolado era trazido até a sala e colocado no chão a três metros e meio de distância dele. Eles tomavam cuidado para não perturbar a refeição de Peter. No dia seguinte, o coelho era levado para um pouco mais perto e, nos dias seguintes, a mesma rotina era seguida, com o devido cuidado para nunca provocar o medo de Peter. Finalmente, o coelho fora da gaiola pôde ser colocado em sua mesa, e Peter comeu com uma das mãos enquanto acariciava a coelho com a outra. Descobriu-se que seus medos de lã de algodão, casaco de peles e penas também haviam sido eliminados, e que suas reações para com os ratos e outros animais também haviam melhorado muito. Peter voltou para casa para enfrentar um ambiente difícil, mas Watson e Jones mantiveram contato com ele e relataram que ele continuava a gostar de coelhos e que freqüentemente se aproximava deles e brincava com eles.

O caso de Peter vem sendo freqüentemente citado como um clássico no desenvolvimento das técnicas behavioristas para tratar dos medos ou fobias (Eysenck, 1960). Vale a pena observar a semelhança entre a técnica de Watson e Jones e a técnica sugerida por John Locke (Capítulo 2) para superar o "vão terror das rãs". Esses procedimentos de descondicionamento ou dessensibilização são amplamente utilizados hoje em tratamentos behavioristas de medos e fobias (Wolpe, 1958, 1973). Porém, outros aspectos do tratamento de Peter e a interpretação do seu caso foram negligenciados (Kornfeld, 1989). Com freqüência, os escritores deixam até mesmo de mencionar os sete primeiros períodos de imitação social do tratamento. Essas sessões claramente lembram a aprendizagem social por meio da modelagem ou imitação (Bandura e Walters, 1963). Jones também reconheceu o papel da imitação no fortalecimento do medo de Peter quando ele e a enfermeira assustada se confrontaram com o cachorro.

As Idéias de Watson sobre Natureza *versus* Cultura

Os fundamentos da posição behaviorista de Watson mudaram pouco com o passar dos anos, porém, ele, na verdade, modificou alguns de seus pontos de vista. Sua concepção acerca dos papéis relativos da *natureza* e da *cultura* na determinação do comportamento é um bom exemplo dessa mudança. Watson é freqüentemente considerado um arquiambientalista, um defensor ardente da cultura e do controle ambiental do comportamento. Isso certamente seria válido para o Watson posterior, especialmente considerando-se seus textos populares das décadas de 20 e 30, mas não é válido para sua posição anterior. Em seu livro de 1914, *Behavior: An Introduction to Comparative Psychology* [Comportamento: Uma Introdução à Psicologia Comparada], Watson descreveu os instintos como influências importantes no comportamento dos animais. Ele enfatizou a longa e muitas vezes confusa história do termo *instinto* tal como é utilizado em psicologia, entretanto, concluiu que, "apesar de seu passado, o termo é curto, útil e conveniente" (Watson, 1914, p. 106). Watson acreditava, na época, que grande parte do comportamento animal era mais bem descrito como instintivo, ou como "respostas inatas que se desdobram em série com a estimulação adequada" (Watson, 1914, p. 106). Watson às vezes havia presenciado esses comportamentos instintivos em seus estudos dos pássaros nas Ilhas Tortuga.

Na época em que ele publicou *Psychology from the Standpoint of a Behaviorist* [A Psicologia do Ponto de Vista de um Behaviorista] (1919), sua posição havia mudado. O livro lida quase exclusivamente com o comportamento humano e, embora Watson tenha descrito uma longa lista de comportamentos humanos afetados pelo instinto – caça, luta, cuidados maternos, gregarismo, imitação, manipulação e brincadeira – a maior parte desses comportamentos são "realmente consolidações dos instintos e do hábito" (Watson, 1919, p. 282). Em *Behaviorismo* (1924), a ascendência do hábito é total. Watson incluiu dois capítulos com o título provocativo, *Are There Any Instincts?* [Será que Há Instintos?] (Capítulos 5 e 6). Sua resposta era que os instintos não existem e os hábitos são dominantes. Somos agressivos porque aprendemos a comportar-nos dessa maneira; para diminuir o comportamento agressivo, os pais devem aprender a cuidar de sua cria, e as crianças têm de aprender até mesmo como brincar. O modo como os humanos formam esses hábitos tornou-se uma questão central para o behaviorismo de Watson; os psicólogos que seguiam essa linha realizaram milhares de experimentos a respeito da formação do hábito. Normalmente, esses experimentos eram feitos com ratos, levando algumas pessoas a concluir que os mágicos e os psicólogos têm muita coisa em comum:

> Os mágicos extraem coelhos da cartola.
> Os psicólogos extraem os hábitos dos ratos!*

A partir de 1924, o termo *instinto* não ocupava mais lugar na psicologia de Watson: ele havia abandonado os instintos. Além disso, rejeitou as concepções anteriores das capacidades, talentos, habilidades, tendências e vocações herdadas. O ambiente era tudo, de modo que Watson foi levado a apresentar o seu desafio freqüentemente citado:

> Dêem-me uma dúzia de bebês saudáveis, bem-formados, e meu próprio mundo específico para criá-los, e eu garanto escolher qualquer um ao acaso e treiná-lo para tornar-se qualquer tipo de especialista que quiser – médico, advogado, artista, comerciante, chefe e, sim, até mesmo mendigo e ladrão, independentemente de talento, inclinação, tendência, habilidade, vocação e raça de seus ancestrais. (Watson, 1924, p. 82)

Desse modo, o behaviorismo prometeu um mundo refeito, livre do passado, no qual as pessoas podiam ser condicionadas a comportar-se de maneiras aceitáveis. A questão relativa a quem decide que comportamentos são ou não aceitáveis e quais pessoas se tornam médicos, advogados, artistas e até mesmo mendigos nunca preocupou Watson. Ele tinha fé em sua visão de uma nova utopia behaviorista. Mas e quanto ao próprio desafio? Considerando-se uma dúzia de bebês saudáveis e o controle de sua cultura, será que Watson teria mesmo conseguido comprovar sua bravata? Watson admitiu que tinha ido além dos fatos e, embora considerasse manter laboratórios de bebês na pré-escola, ele nunca foi capaz de provar suas teorias. O mais perto que chegou desses esquemas foi nos vários experimentos que fez com os próprios filhos, levando Rosalie Rayner a escrever um caprichoso artigo intitulado "Eu sou a Mãe dos Filhos do Behaviorista" (Rayner, 1930). Os dois filhos de Watson e Rayner acharam a vida adulta difícil. Logo após a morte de Watson, seu filho Jimmy começou a fazer psicanálise e Billy, alcoólatra crônico, cometeu suicídio poucos anos depois (Cohen, 1979).

O Ambientalismo de Watson

Havia muitas razões para Watson ter mudado para uma posição ambientalista. Em primeiro lugar, sua modificação da pesquisa animal para a humana influenciou essa mudança. Os compor-

---

* NT: No original, esse trecho consiste em um trocadilho:
Magicians pull rabbits out of hats.
Psychologists pull habits out of rats!

Johnny, o Cavalheiro, e Jimmie, o Bobo

Em 1930, Myrtle B. McGraw (1899-1988) foi indicada como diretora associada do Normal Child Development Study at Babies Hospital, do Columbia Presbyterian Medical Center, na cidade de Nova York (Lipsitt, 1990, p. 977). Como aluna da Columbia, McGraw havia conhecido Watson e estava familiarizada com suas idéias acerca do desenvolvimento dos bebês. O ambientalismo extremado de Watson opunha-se frontalmente à posição de Arnold Gesell, doutor de Hall, que enfatizava a maturação como o conceito mais importante da psicologia experimental. Gesell afirmava que os bebês se desenvolvem por meio de uma série de estágios previsíveis e ordenados. Para Gesell, os estágios físicos e psicológicos governavam todos os aspectos do desenvolvimento.

Nesse cenário de teorias do desenvolvimento concorrentes, McGraw iniciou, em 1932, um experimento com os gêmeos Woods – Johnny e Jimmy. Seu objetivo era determinar se ela conseguia alterar a seqüência e a duração dos estágios do desenvolvimento. Um dos gêmeos, Johnny, era estimulado a fazer várias atividades; o outro, Jimmy, era deixado totalmente à vontade, exceto pelos cuidados rotineiros. Os irmãos gêmeos foram levados pela primeira vez à clínica de McGraw quando tinham 20 dias. Eles ficavam na clínica cinco dias por semana, cerca de sete horas por dia. Durante 22 meses, Johnny era estimulado todos os dias em intervalos de duas horas para engajar-se em uma série de atividades, incluindo nadar, mergulhar, agarrar e suspender objetos, locomover-se em pé, sentar direito, subir escadas e patinar. Jimmy não recebia nenhuma estimulação especial, apenas os cuidados de rotina na clínica.

Os primeiros relatos de McGraw e um filme que ela distribuiu enfatizaram a precocidade de Johnny e a superioridade de suas realizações. Com 15 meses, ele andava em patins; aos 19 meses, escalava rampas íngremes, mergulhava em uma piscina e nadava quatro metros e meio com o rosto na água. Jimmy não fazia nada dessas coisas e se tornava cada vez mais mal-humorado e temperamental. Finalmente, as restrições impostas a ele foram abandonadas ao fim de 22 meses. Jimmy então recebeu dois meses e meio de exercício e treinamento intensivo. Em seu livro de 1935, *Growth: A Study of Johnny and Jimmy* [Crescimento: Um Estudo de Johnny e Jimmy], McGraw relatou que, após o período de treinamento intensivo de Jimmy, as diferenças de desempenho motor entre os dois gêmeos eram notadamente reduzidas. Johnny então mostrou ter pouca vantagem. Dennis (1989) resumiu os resultados:

> Embora as tentativas de ensinar Jimmy aos 22 meses ainda mostrassem que Johnny tinha certa vantagem, McGraw concluiu que o desempenho de uma criança cujas atividades haviam sido restritas podia posteriormente aproximar-se das realizações de uma criança que antes havia recebido estimulação especial. Da mesma maneira, quando, aos 24 meses e meio, os gêmeos foram submetidos a exercícios em atividades especialmente novas para eles, como construção de ferramentas e pauzinhos múltiplos, Johnny novamente evidenciou pouca vantagem caso suas realizações fossem medidas com base nos resultados finais. E, aos 25 meses e meio, quando se observou o efeito da ausência de prática por um mês na retenção de desempenhos adquiridos anteriormente por eles, Johnny demonstrou uma deterioração clara, embora temporária, em praticamente todas as áreas, enquanto Jimmy teve seu melhor desempenho nas situações em que havia sido previamente exercitado. (Dennis, 1989, p. 362)

Aos 26 meses, os gêmeos voltaram a ter uma vida normal e o estudo essencialmente terminou, embora acompanhamentos intermitentes tenham sido feitos nos quatro anos seguintes. Os resultados finais dos dois gêmeos eram muito semelhantes.

COBERTURA DE IMPRENSA PARA JOHNNY E JIMMY

O experimento de McGraw ocorreu no contexto de intenso interesse da mídia pelos bebês e seu desenvolvimento. As perspectivas concorrentes

(continuação na página 440)

> ## Johnny, o Cavalheiro, e Jimmie, o Bobo (Continuação)
>
> e muito divulgadas de Watson e Gesell, o trágico seqüestro do bebê dos Lindbergh em 1932, o nascimento dos quíntuplos Dionne em 1934 e o contínuo interesse pela natureza e pela cultura, tudo isso contribuiu para estimular o interesse público. A mídia reagiu com entusiasmo. No início, a cobertura foi positiva, porém, com exagerada freqüência. O *Literary Digest*, em uma reportagem intitulada "Johnny é um Cavalheiro, mas Jimmy é um Bobo", afirmava que McGraw havia demonstrado que o desenvolvimento de uma criança podia ser acelerado com treinamento adequado. A *Parent's Magazine* indagava se tais técnicas não nos permitiriam produzir uma raça de super-homens. A *Newsweek* previa um futuro brilhante para Johnny, entretanto, esperava que Jimmy estragasse sua vida. O *New York Times* relatou que John Dewey havia se referido ao experimento de McGraw como comparável, em importância para a psicologia, aos experimentos de Faraday na física (Dennis, 1989, p. 361). Mas, com os relatos posteriores da pequena diferença entre os gêmeos, a cobertura da mídia tornou-se hostil e crítica, embora ainda exagerada. O *New York Times* enfatizou as realizações do gêmeo não treinado e descreveu o estudo como uma demonstração do fracasso do behaviorismo. Johnny, alegaram, havia sido condicionado segundo o melhor conhecimento que a psicologia tinha a oferecer, enquanto Jimmy simplesmente tinha seguido o seu caminho. Agora, os dois gêmeos eram quase iguais. Em grande parte da cobertura da imprensa, os escritores obviamente se deliciavam com aquilo que encaravam como fracasso e perda de autoridade da psicologia. Eles também tinham tendência de torcer para o gêmeo prejudicado, Jimmy, e de comemorar suas realizações.
>
> Esse incidente, entre outros, teve um efeito negativo na percepção que o público tinha da psicologia (Benjamin, 1986). John Burnham (1987) afirma que a popularização da ciência e as excessivas reivindicações feitas por alguns cientistas, inclusive Watson, haviam levado ao desencanto e à predominância da superstição em relação à ciência. A própria McGraw, embora no início buscasse a cobertura da imprensa e a achasse bem-vinda, chegou a arrepender-se do modo como a mídia descreveu o seu trabalho e seus resultados. Parece justo dar-lhe a última palavra a respeito de Johnny e Jimmy:
>
> Todos os tipos de interpretação desse estudo, feitos por todos os tipos de pessoas, exceto pela pesquisadora, deram a impressão geral de um "truque" que, de certo modo, teve a intenção de tornar uma criança "inteligente". Esse não foi um estudo acerca da inteligência; ele não foi nenhuma das coisas popularmente supostas. (McGraw, 1942, p. 22)
>
> Mais de 40 anos depois, McGraw procurou os "erros pessoais e profissionais no desenvolvimento infantil" e concluiu:
>
> Se essa confissão pode ajudar a educar, e se os jovens pesquisadores reconhecerem o valor da admissão do erro ou da opinião errônea, o processo de crescer, nesta sociedade, pode ser reparado. (McGraw, 1985, p. 170)
>
> McGraw havia sido demasiadamente crítica para consigo e não tinha nada a confessar (Dalton e Bergenn, 1995).

tamentos instintivos eram muito menos aparentes nos seres humanos que nos animais e quando Watson pesquisou certos medos e tendências, como a preferência de usar uma das mãos em vez da outra, que os psicólogos haviam anteriormente atribuído a instintos ou predileções inatas, ele descobriu que a aprendizagem e o hábito estavam envolvidos no processo. Em segundo, um estoque cada vez maior de atividades humanas havia sido explicado como instintivo. Em geral, essas explicações eram circulares: Por que há muitas guerras? Porque os seres humanos são instintivamente agressivos e territoriais. Como sabemos que os seres humanos têm esses instintos? Porque houve muitas guerras. Essas explicações não esclareciam nada, portanto Watson concluiu que a melhor posição da psicologia era negar que esses instintos existiam. Em terceiro, os cientistas que faziam pesquisas com animais questionavam se alguns comportamentos descritos como instintivos eram, de fato, instintos. Começando com um trabalho intitulado "Giving Up Instincts in Psychology" que ele escreveu como sênior em Berkeley (Li, 1989), Zing-Yang Kuo (1898–1970) publicou uma série de críticas ao conceito de instinto na psicologia (Kuo, 1921, 1924, 1930). Kuo estudou com a orientação de Edward Tolman (Capítulo 13) na University of California e, então, voltou para a China, onde introduziu o behaviorismo e fez importantes contribuições à psicologia e à embriologia (Gottlieb, 1972). As conclusões de Kuo foram de que muitos comportamentos antes descritos como instintos eram, na realidade, hábitos adquiridos e que é possível ter uma "psicologia sem hereditariedade". Em seus experimentos mais famosos, Kuo criou filhotes de gatos e ratos novos juntos e filhotes de gatos e pássaros juntos. Quando adultos, esses animais não apenas se toleravam, mas até mostravam alguma afeição. Os gatos nunca mataram os ratos, e os pássaros criados com os filhotes de gatos andavam pelo laboratório nas costas dos gatos. Os assim chamados instintos dos gatos para matar ratos e pássaros nunca se manifestaram. Esses resultados provaram conclusivamente para Watson que todos os comportamentos, inclusive muitas ações antes consideradas instintivas, eram, na verdade, aprendidos. Uma quarta razão para a mudança de pensamento de Watson é que o processo de formação de hábitos podia ser estudado, enquanto os instintos são parte da composição genética de um animal e não podiam ser estudados diretamente. Por todas essas razões, Watson se tornou mais e mais um ambientalista.

Zing-Yang Kuo (1898–1970).
(De Zing-Yang Kuo, *Journal of Comparative and Physiological Psychology*, Associação Norte-Americana de Psicologia)

Behaviorismo e os Cuidados com a Criança

Em 1928, Watson, com a ajuda de Rosalie Rayner, publicou um livro sobre cuidados com a criança intitulado *Psychological Care of the Infant and Child* [Cuidados Psicológicos do Bebê e da Criança]. Depois de um mês de sua publicação, ele havia vendido mais de 100 mil exemplares e se tornado um *best-seller* controvertido. De várias maneiras, o livro parece uma vingança de Watson e de Rayner. A dedicatória do livro, "Para a primeira mãe que educa uma criança feliz," parecia calculada para deixar muitos leitores com raiva. O livro é um manual de comportamento rígido, dogmático sobre a educação das crianças. O amor e o afeto paternos são minimizados. A seguinte passagem é característica do tom do livro:

> Há uma forma sensata de tratar as crianças. Trate-as como se elas fossem jovens adultos. Vista-as, banhe-as com cuidado e prudência. Seu comportamento deve sempre ser objetivo e gentilmente firme. Nunca as abrace ou as beije, nunca as deixe sentar em seu colo. Se você precisar, beije-as na testa quando elas lhe disserem boa-noite. Dê um aperto de mão de manhã. Faça-lhes um afago na cabeça quando elas transformarem uma tarefa difícil em um trabalho excepcional. (Watson, 1928a, p. 81-82)

Para muitos leitores, esse livro significou o behaviorismo perdendo o juízo; e mesmo Watson e Rayner não seguiam esses procedimentos rígidos com seus próprios filhos. Posteriormente, Mary Cover Jones escreveria o seguinte sobre *Psychological Care*:

> É por causa deste livro que uma geração de mães, inclusive a minha, criticou Watson severamente. Ele próprio citou uma mãe, uma "querida senhora", que disse, "Graças a Deus, meus filhos estão criados, e eu tive a oportunidade de desfrutá-los antes de conhecê-lo". (Jones, 1974, p. 582)

Watson se tornou bastante defensivo sobre o livro e, posteriormente, admitiu:

> *Psychological Care of Infant and Child* foi outro livro do qual me arrependo, não por causa de sua forma incompleta, mas porque eu não sabia o suficiente para escrever o livro e queria escrevê-lo. Acho que tinha o direito de publicá-lo, incompleto como está, já que planejei nunca retomar o trabalho acadêmico. (Watson, 1936, p. 280)

Uma visão muito diferente das crianças e como elas devem ser criadas foi apresentada por Benjamin Spock em *The Common Sense Book of Baby and Child Care* [Livro do Senso Comum dos Cuidados do Bebê e da Criança] (1943). Em 1945, o título foi mudado para *Baby and Child Care* [Meu Filho, Meu Tesouro]. Esse manual, publicado em várias edições, vendeu 25 milhões de exemplares em todo o mundo.

Os Últimos Anos da Vida de Watson

Depois de 1930, Watson envolveu-se pouco com psicologia. Ele não leu ou contribuiu para periódicos sobre psicologia, raramente se reunia com psicólogos acadêmicos e se tornou o homem esquecido da psicologia. Viveu com sua família em uma propriedade de 40 acres perto de Weston, Connecticut e se tornou, como seu filho Billy disse, "suburbanizado". Criou animais, construiu um celeiro esplêndido e ganhou muito dinheiro com sua carreira na propaganda. Deixou a agência J. Walter Thompson em 1935 e passou os últimos dez anos de sua carreira na William Esty & Company. Rayner contraiu uma febre tropical nas Índias Ocidentais e morreu em 1935. Watson aposentou-se em 1945 e passava o tempo cuidando de seus animais e fazendo *putts** em seu jardim.

---

* NT: *Putt* é uma tacada leve na bola de golfe para tentar colocá-la no buraco.

No final de sua vida, Watson recebeu dois reconhecimentos especiais. Em primeiro lugar, Gustav Bergmann publicou uma avaliação positiva das contribuições de Watson para a psicologia. Ele descreveu Watson como o segundo psicólogo mais importante na história da psicologia, ficando apenas atrás de Freud, e concluiu:

> Não tenho a menor dúvida de que, com toda a luz e toda a sombra, ele é uma figura de grande importância. A psicologia lhe deve muito. Seu lugar na história de nossa civilização é considerável e seguro. Homens como ele são extremamente raros. Devemos aceitá-los e apreciá-los por aquilo que são. (Bergmann, 1956, p. 276)

Apesar dessa opinião, Bergmann classificou a concepção de ciência de Watson como "tola", sua filosofia social como "deplorável" e grande parte de sua filosofia geral como um "absurdo patente". Quarenta anos antes, esses comentários teriam produzido uma resposta forte de Watson; em 1957, a resposta foi um silêncio suburbano. Nesse mesmo ano, Watson recebeu a medalha de ouro da APA por suas contribuições à psicologia. Viajou para a cidade de Nova York para assistir à convenção da APA e aceitou o prêmio, mas no último minuto ele próprio estava tão dominado pela ansiedade que enviou o filho Billy em seu lugar. No entanto, ficou profundamente emocionado com o prêmio e a seguinte citação:

> Para John B. Watson, cujo trabalho foi um dos fatores determinantes vitais da forma e substância da moderna psicologia. Ele deu início a uma revolução no pensamento psicológico e suas obras foram o ponto de partida para a continuação de uma pesquisa frutífera. (Karier, 1986, p. 148)

Quando uma nova impressão de *Behaviorism* [Behaviorismo] foi publicada em 1958, Watson a dedicou "em gratidão" aos membros da APA. Ele morreu em 25 de setembro de 1958.

Um último reconhecimento póstumo foi particularmente apropriado. Em abril de 1979, um simpósio em Furman celebrou o centenário de nascimento de Watson. Duas mil pessoas compareceram, sendo B. F. Skinner o palestrante de destaque. Os laboratórios de psicologia em Furman receberam o nome de Watson.

Até que ponto a história teria sido diferente se Watson tivesse seguido uma carreira acadêmica completa? Podemos apenas especular, mas certamente com seu brilhantismo, criatividade e personalidade agressiva, suas contribuições teriam sido importantes. Talvez seu behaviorismo teria amadurecido e se tornado mais do gosto dos psicólogos que discutiremos no Capítulo 13.

Edward Tolman.
(Arquivos de História da Psicologia Norte-Americana, University of Akron)

CAPÍTULO 13

Quatro Psicólogos Neobehavioristas

Com seu fundador, John Watson, exilado da psicologia, poder-se-ia esperar que a importância e influência do *behaviorismo* diminuíssem. Mas não foi isso o que aconteceu. Os psicólogos *neobehavioristas* deste capítulo modificaram e ampliaram o behaviorismo de Watson, porém eles aceitaram sua rejeição da consciência, sua definição de psicologia como "ciência do comportamento" e sua insistência em dados objetivos, que pudessem ser observáveis – seu *behaviorismo metodológico*. As abordagens desses psicólogos dominaram a psicologia de 1940 até 1970. No entanto, os neobehavioristas nunca foram uma pequena escola unificada da psicologia, e logo surgiram diferentes abordagens do estudo do comportamento. Um tema em comum foi a preocupação com o nível de análise comportamental a ser utilizado. A abordagem deveria ser *molar* – isto é, relativa a ações intencionais e à cognição; ou *molecular* – uma busca por uma unidade de análise comportamental semelhante ao arco reflexo dos fisiologistas? Os quatro psicólogos que analisaremos neste capítulo – Edward Chace Tolman, Edwin Ray Guthrie, Clark Leonard Hull e B. F. Skinner – todos formularam abordagens neobehavioristas da psicologia que trataram dessa questão, com algumas semelhanças, mas muitas diferenças. Essas diferenças deram vitalidade e ímpeto ao movimento behaviorista na psicologia norte-americana e levaram a um período extremamente produtivo da teoria e pesquisa comportamental (Jenkins, 1979).

EDWARD CHACE TOLMAN (1886–1959)

Os Primeiros Anos de Tolman

Edward Chace Tolman nasceu em Newton, Massachussets em 1886, terceiro filho e segundo menino de uma família de classe alta da Nova Inglaterra. Seu pai era presidente de uma empresa de manufatura e que acreditava firmemente na ética puritana do trabalho árduo e esforço constante. Um dos lemas prediletos do velho Tolman era "Cuide dos Negócios". A mãe de Tolman tinha ascendência *quaker*. Era uma pessoa gentil e afetuosa que gostava muito de seus filhos e tentava passar para eles os valores dos *quakers* de vida simples e pensamento elevado. Tolman freqüentou excelentes escolas públicas em Newton e, assim como seu irmão mais velho, Richard Tolman, entrou para o Massachusetts Institute of Technology (MIT). Em sua autobiografia, Tolman explicou que escolheu o MIT por causa de pressão da família. Seu pai havia pertencido à primeira classe de formandos e era um curador da universidade.

Tolman concentrou seus estudos em eletroquímica e formou-se bacharel em 1911. Durante seu último ano, ele leu um livro que mudou sua vida e a de muitas pessoas, *Principles of Psychology* [Princípios de Psicologia], de William James (Capítulo 9).[1] Tolman sempre se interessou pelo "o que fazia as pessoas funcionarem". Ele achou a psicologia de James cativante e decidiu abandonar a física, a química e a matemática para estudar psicologia e filosofia. E, como admitiu em sua autobiografia, outra razão para mudar foi a relutância de competir com seu irmão que havia se formado no MIT e começou rapidamente uma carreira promissora como físico e químico teórico. A carreira de Richard Tolman culminou com seu trabalho como colega de Robert Oppenheimer no projeto da bomba atômica em Los Alamos (Rhodes, 1986).

No verão depois de sua graduação, Edward Toman matriculou-se em Harvard e fez um curso de filosofia e um de psicologia com Robert Yerkes (Capítulo 11). Ele gostou de ambos os cursos, porém decidiu que "não tinha cérebro suficiente para se tornar filósofo" (Tolman, 1952, p. 323). Então, matriculou-se na pós-graduação do departamento de psicologia de Harvard. A dedicação de Tolman à psicologia nunca esmoreceu durante toda sua vida. Em Harvard, ele trabalhou no laboratório de Hugo Münsterberg. Como vimos no Capítulo 5, em 1911, os interesses de Münsterberg concentravam-se em questões aplicadas, e ele deixou a direção de seu laboratório para seu assistente, Herbert S. Langfeld. No entanto, Münsterberg fazia questão de assistir às reuniões nas quais os alunos apresentavam e discutiam sua pesquisa.

Invariavelmente, Münsterberg dava início a essas reuniões com um breve discurso descrevendo a introspecção como o método da psicologia; então, os alunos e assistentes de pesquisa descreviam seus experimentos nos quais a introspecção raramente era usada. Para a mente prática de Tolman, algo estava claramente errado. Se, como Münsterberg alegava, a introspecção era realmente *o* método psicológico, por que ele raramente era utilizado em seu laboratório? Tolman também estava preocupado porque, se Münsterberg estivesse correto, ele e outros alunos de pós-graduação seriam aconselhados a transferir-se para a Cornell University, onde a introspecção lhes poderia ser ensinada pelo próprio mestre, Edward Titchener (Capítulo 5). Como seus alunos de pós-graduação não mostraram nenhuma inclinação para mudar para Cornell, Tolman concluiu que algo estava errado. Felizmente, ele se matriculou no segundo curso com Yerkes que o ajudou a resolver esse dilema. Yerkes utilizava no curso o texto de Watson *Behavior: An Introduction to Comparative Psychology* [Comportamento: Uma Introdução à Psicologia Comparada] publicado recentemente (Capítulo 12) e defendia a definição de Watson de psicologia como uma ciência do comportamento que não precisava de introspecção. Quando Tolman considerou o trabalho que ele e outros estavam fazendo no laboratório de Münsterberg, concluiu que a definição de Watson fazia sentido.

No final do primeiro ano de seus estudos de pós-graduação, Tolman foi para a Alemanha a fim de preparar-se para seu exame de idioma em alemão para o doutorado. Ele passou um mês com Kurt Koffka na University of Giessen, onde foi apresentado à psicologia da *Gestalt*. Como vimos no Capítulo 7, em 1912, a psicologia da *Gestalt* era cheia de vigor e de empolgação. Tolman ficou impressionado, embora ele, mais tarde, tenha se lembrado de que havia apenas compreendido vagamente o que era a psicologia da *Gestalt*. No entanto, os psicólogos gestaltistas causaram uma impressão definitiva nele e, dez anos depois, em 1923, Tolman voltou a Giessen

---

[1] Em um trabalho divertido publicado no *Journal of Polymorphous Perversity*, W. Scott Terry (1984) descreveu 12 Prescrições para Alcançar a Fama na História da Psicologia. Uma delas era ler o *Principles of Psychology* de William James. Outras que podem parecer familiares aos leitores deste livro são ser aluno de pós-graduação de Wundt, ter um colapso nervoso, ser o primeiro a fazer alguma coisa ou ser psicólogo experimental.

para aprender mais sobre sua abordagem da psicologia. Os pontos de vista de Kurt Lewin tiveram influência especial em sua decisão e Tolman sempre reconheceu sua dívida com Lewin e os psicólogos da *Gestalt*.

A pesquisa de tese de Tolman dizia respeito à memória de sílabas sem sentido aprendidas na presença de odores agradáveis e desagradáveis. Ele obteve o título de doutor em 1915 e, então, lecionou como instrutor na Northwestern University por três anos. Durante esse período, publicou seus primeiros trabalhos de pesquisa sobre problemas convencionais do pensamento sem imagem, inibição retroativa e tempos de associação para palavras agradáveis e desagradáveis. Ele se lembrou posteriormente de que, "naquela época, o ponto de vista behaviorista ainda não havia entrado" no seu sangue (Tolman, 1952, p. 329). Em 1918, a Northwestern passou por uma crise por causa dos tempos de guerra, reduzindo o número de cargos para professores. Tolman perdeu seu posto porque, como lhe disseram, ele era um mau professor; mas Tolman sempre acreditou que a verdadeira razão havia sido suas atividades pacifistas e contra a guerra. De qualquer forma, Tolman foi demitido e teve sorte por ter encontrado um cargo na University of California em Berkeley. Ele achou a Califórnia e a liberdade do oeste imediatamente atrativos. Tolman acreditava que Berkeley propiciava um ambiente acadêmico ideal e permaneceu fiel à University of California pelos restantes 40 anos de sua vida.

O Behaviorismo Cognitivo de Tolman

Ratos com Capacidade Cognitiva Aprendendo no Labirinto Um produto da nova sensação de liberdade de Tolman foi a resolução de romper com a psicologia tradicional e explorar o behaviorismo. Em Berkeley, ele criou um novo curso sobre psicologia comparada que ministrou tendo o livro de Watson como texto. Tolman também comprou alguns ratos, construiu uma série de labirintos e começou a estudar a aprendizagem dos ratos no labirinto. Logo se convenceu de que os relatos sobre a aprendizagem em labirintos que davam ênfase à fixação ou à ausência de fixação mecânica das relações entre estímulos e respostas não descreviam adequadamente o comportamento que ele estava observando. Parecia haver mais no comportamento de seus ratos do que serem atiçados para a frente e para trás por estímulos, recompensas e castigos. Longe de se comportarem de maneira mecânica e irracional, os ratos pareciam se comportar com inteligência e propósito. Eles queriam certas coisas e aprendiam como alcançá-las. Tolman tratou a aprendizagem no labirinto como um fenômeno molar cognitivo e acreditava que seus ratos aprendiam o padrão ou a disposição geral do labirinto, o que Tolman iria chamar *mapa cognitivo* do labirinto (Tolman, 1948).

Propósito e cognição se tornaram as principais preocupações do *behaviorismo molar* de Tolman. Watson os havia excluído, uma exclusão que Tolman considerou um grave erro. Sua meta era criar um behaviorismo "sensato" com base em observações objetivas do comportamento, mas incluindo uma análise do propósito e da cognição. Tolman descreveu seus pontos de vista em vários trabalhos publicados na década de 1920 (Tolman, 1922, 1923, 1926) e, então, em seu celebrado livro *Purposive Behavior in Animals and Men* [Comportamento Intencional nos Animais e Homens], publicado em 1932. Apesar do título, ele dedicou grande parte do livro a descrições e análises do comportamento dos ratos nos labirintos e, com um fino senso de humor, ao "MNA" – *Mus norvegicus albinus*, o rato branco.

Tolman começou o livro com um forte ataque às psicologias mentalistas e apoio à abordagem behaviorista. A psicologia, afirmava ele, devia ser uma ciência objetiva do comportamento e se concentrar no comportamento molar como:

Um rato correndo em um labirinto; um gato saindo de uma caixa de quebra-cabeças; um homem em seu carro indo para casa jantar; uma criança fugindo de um estranho; uma mulher lavando ou batendo papo ao telefone; um aluno marcando a resposta em uma folha de teste mental; um psicólogo recitando uma lista de sílabas sem sentido; meu amigo e eu conversando sobre nossos pensamentos e sentimentos – esses são comportamentos (*qua molar*). (Tolmam, 1932, p. 8)

Essas ações molares, de acordo com Tolman, são intencionais, direcionadas para objetivos e cognitivas. Um rato em um labirinto aprende não apenas que existirá uma recompensa na caixa, mas que determinada recompensa estará lá. Recompensas diferentes têm valores diferentes e influenciam o comportamento de forma diferente. Em uma demonstração experimental desses efeitos, um dos alunos de Tolman, R. Simmons, fez grupos de ratos, que estavam com o mesmo nível de fome, correrem por um labirinto em direção a diferentes tipos de recompensa. Os ratos que tinham como recompensa pão e leite corriam mais depressa que aqueles que iriam receber sementes de girassol. Os ratos que seriam simplesmente retirados da caixa depois que alcançassem a saída corriam mais devagar que todos os outros. Certas recompensas eram mais "desejadas" que outras. Essas recompensas agiam como "determinantes imanentes" da corrida no labirinto (Simmons, 1924).

Tolman e seus alunos também conseguiram demonstrar que os ratos aprendiam a esperar determinada recompensa e ficavam desapontados quando descobriam uma recompensa menos desejada. Falar em "desapontamento" quando se trata de ratos correndo em um labirinto parece uma heresia behaviorista, entretanto, em uma série simples de experimentos, Tolman observou comportamentos que ele considerou uma indicação clara dessas reações. Quando os ratos que haviam sido treinados para receber uma recompensa altamente desejada encontravam uma recompensa inferior em tentativas posteriores, eles corriam mais devagar e cometiam mais erros. Da mesma forma, os ratos treinados primeiramente com uma recompensa menos desejada melhoraram seu desempenho quando se colocou no lugar uma recompensa mais interessante (Elliott, 1928). Para Tolman, essa mudança de comportamento depois das substituições constituía uma prova clara e objetiva de que os ratos haviam adquirido expectativas específicas e tinham ficado "desapontados" ou "alegres" quando elas não se cumpriam.

Os experimentos de Otto Tinklepaugh também mostraram essas expectativas específicas em macacos. De 1925 até 1927, Tinklepaugh trabalhou com Wolfgang Köhler (Capítulo 7) antes de se unir a Tolman em Berkeley. Com um orçamento de pesquisa de US$ 50, ele realizou experimentos com memória nos quais uma banana foi colocada debaixo de um entre dois recipientes que podiam ser vistos por um macaco preso. Até aí, o experimento era muito semelhante àqueles realizados por Köhler em Tenerife (Capítulo 7); a diferença era que no experimento de Tinklepaugh, o pesquisador, sem que o macaco tivesse visto, colocou uma folha de alface no lugar da banana. Quando o macaco foi solto:

Ele salta da cadeira e corre para o recipiente certo e o agarra. E estende a mão para pegar o alimento. Porém, abaixa a mão até o chão sem tocá-lo. Olha a alface, mas (apesar de faminto) não a toca. Olha em volta do recipiente e também atrás da mesa. Ele o levanta e procura embaixo e em volta dele. E pega o recipiente e o examina dentro e fora. De vez em quando, voltava-se para os observadores presentes na sala e emitia sons que mostravam aparente raiva. (Tinklepaugh, 1928, p. 224)

Tolman acreditava que, até um behaviorista convicto que visse o comportamento do macaco seria forçado a concordar que ele havia "esperado" achar a banana e ficou "desapontado" em encontrar a alface.

Aprendizagem Latente Mas e se, no início, os animais não encontrassem nenhuma recompensa e depois a encontrassem? Eles ficariam "surpresos" e mudariam seu comportamento? Hugh Blodgett relatou o primeiro de uma série de experimentos usando esse paradigma em 1929. Três grupos de ratos foram treinados para correr por um labirinto de seis unidades. Eles podiam fazer uma tentativa por dia. O Grupo 1 – o grupo de controle – foi alimentado depois de chegar à caixa. O Grupo 2, o primeiro grupo experimental, não recebeu comida nos primeiros seis dias de treinamento, mas, no sétimo dia, encontraram comida na caixa, e assim sucessivamente até o final do experimento. O Grupo 3, o segundo grupo experimental, correu sem receber comida por dois dias, encontrou comida na caixa no terceiro dia e assim sucessivamente até o final do experimento. Ambos os grupos experimentais cometeram um número muito menor de erros ao correr pelo labirinto no dia seguinte à mudança nas condições experimentais, ou seja, do não-recebimento para o recebimento da recompensa, e esse melhor desempenho continuou até o final do experimento. Claramente, os ratos haviam aprendido como era o labirinto durante as tentativas iniciais sem recompensa e conseguiram usar seu mapa cognitivo do labirinto quando os pesquisadores incluíram recompensas no experimento.

Tolman denominou essa aprendizagem inicial durante as tentativas sem recompensas *aprendizagem latente* e afirmou que ela permeia as experiências do dia-a-dia das pessoas (Tolman, 1932, p. 343). Dirigimos ou andamos pelo mesmo caminho todos os dias e, ao fazermos isso, aprendemos a localização das lojas, parques, bancos, pontos de ônibus e outras coisas, todavia, essa aprendizagem é latente. É somente quando necessitamos achar um determinado parque, loja ou ponto de ônibus e, conseguimos, que essa aprendizagem se torna manifesta. O relato de Tolman sobre a aprendizagem latente em ratos incentivou várias pesquisas. Embora tenha provocado algumas controvérsias, vários pesquisadores relataram evidências de que os ratos, de fato, aprendem quando não há recompensas (Thistlethwaite, 1951). O fenômeno é confiável e sólido. A aprendizagem latente desafia a premissa de que a aprendizagem pode ocorrer apenas com reforçamento. Alguns teóricos da aprendizagem pela lei do efeito reagiram a esse questionamento afirmando que algum tipo de reforçamento deve ter estado presente durante as tentativas iniciais sem recompensa. Como eles acreditavam que o reforçamento era necessário para a aprendizagem e como os ratos na aprendizagem latente, sem dúvida, aprendem, essa afirmação fez-se necessária. Mas qual era o reforço? Alguns postularam que a diminuição da curiosidade do rato em relação ao labirinto ou uma sensação reforçadora de liberdade decorrente de terem sido retirados da caixa poderia ter sido "minimamente reforçada" e, dessa forma, havia dado suporte à aprendizagem durante as tentativas iniciais. Não consideraremos aqui os detalhes dessas afirmações, mas notamos que, ao postular um impulso "maior" de curiosidade e sentimento de liberdade, os teóricos da lei do efeito estavam, sem dúvida, ampliando sua posição, assim como Tolman esperava que eles o fizessem.

Os Experimentos de Tolman com Aprendizagem por *Insight* Em *Purposive Behavior* [Comportamento Intencional], Tolman também relatou os resultados de um experimento brilhante com *aprendizagem por insight* em ratos. Tolman estava familiarizado com os experimentos de Köhler sobre a aprendizagem por *insight* dos macacos (Capítulo 7) e fez comentários favoráveis sobre eles. Seu objetivo era mostrar comportamentos semelhantes em ratos que aprendem no labirinto. Com C. H. Honzik, Tolman realizou um experimento usando um labirinto elevado que tinha caminhos sem paredes laterais, de modo que um rato pudesse enxergar o labirinto de qualquer ponto. O labirinto tinha três caminhos de diferentes comprimentos do ponto de partida até a caixa, porém, eles levavam a um único caminho em comum. Primeiramente, Tolman e Honzik deixaram que os ratos explorassem o labirinto. Então, os ratos não eram alimentados e aprendiam rapidamente a pegar o caminho mais curto e mais direto até a comida. Eles se comportavam de acordo com o que Tolman chamou *lei do menor esforço*; isto é, tendo como escolher entre vários caminhos até uma recompensa, os animais em geral escolhem aquele que exige o menor esforço. Em seguida, foi colocada uma barreira para bloquear o caminho mais curto, no entanto, os outros dois caminhos ficaram livres. Quando os ratos chegavam à barreira, eles voltavam e pegavam o próximo caminho mais curto que estava desobstruído. Por fim, uma segunda barreira foi colocada, bloqueando ambos os caminhos. Depois de encontrarem essa barreira, os ratos imediatamente se dirigiam para o único caminho não-bloqueado. Tolman acreditava que seus ratos haviam demonstrado *insight*. Ele acreditava que os ratos haviam aprendido um mapa cognitivo do labirinto que não era apenas um *strip map** restrito de determinado caminho até o objetivo, mas um mapa completo do labirinto como um todo. Ao encontrarem um caminho até o objetivo bloqueado, os ratos foram capazes de usar os mapas cognitivos ao escolherem o próximo caminho mais curto desbloqueado. Esse experimento foi realmente uma demonstração engenhosa da aprendizagem por *insight* por parte dos ratos.

Aprendizagem espacial *versus* aprendizagem respondente   Tolman foi eleito presidente da APA em 1937. Em seu discurso de posse "The Determiners of Behavior at a Choice Point" [Os Fatores Determinantes do Comportamento em um Ponto de Escolha], ele descreveu outros experimentos projetados para ilustrar o comportamento cognitivo e intencional nos ratos. Em um dos experimentos, Tolman usou esse simples mecanismo em uma sala com alguns pontos de referência em destaque:

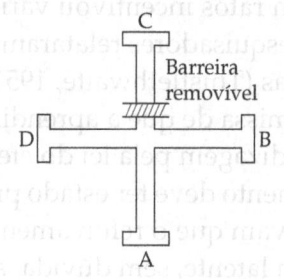

A corresponde à caixa de partida e B, à caixa de chegada. Um rato faminto aprendeu rapidamente a correr sem hesitar até B, mas, na verdade, o que ele havia aprendido? Uma possível resposta é que o rato havia aprendido a emitir uma *resposta* específica – virar à direita – porque essa resposta o conduzia ao alimento. Tolman preferia uma explicação diferente. Ele acreditava que o rato havia desenvolvido um mapa cognitivo do labirinto em que havia marcado o *lugar* da recompensa. Com apenas os resultados da aprendizagem inicial, não há provas que favoreçam uma resposta ou outra. Os partidários de Tolman ou, como às vezes eles se denominavam, "tolmaníacos", fizeram um teste engenhoso. Quando o rato havia aprendido a correr de A para B, ele começava de C. Isso exigiria um comportamento diferente no ponto de escolha. A hipótese do E-R prevê que o rato deveria emitir a resposta aprendida – isto é, virar à direita e, assim, chegar a D; a teoria do mapa cognitivo prevê que o rato iria recorrer a seu mapa cognitivo, localizar o lugar marcado da recompensa e ir até ela, atingindo, assim, o ponto B. No teste, a maior parte dos ratos chegou até B, o que levou Tolman a concluir que, ao conhecerem o labirinto, os ratos haviam ad-

---

* NT: *Strip maps* seriam rotas aprendidas, onde cada ponto, de forma seqüencial, é associado a uma resposta apropriada, sem um componente estrutural que assegure a flexibilidade de não seguir um padrão fixo de rota.

quirido uma representação espacial do labirinto como um todo – um mapa cognitivo, em vez de respostas específicas a estímulos individuais dentro do labirinto.

Um segundo método de avaliar aprendizagem respondente *versus* aprendizagem espacial foi determinar qual tipo de rato aprendia mais facilmente. Tolman, Ritchie e Kalish (1946), construíram o labirinto elevado mostrado no seguinte diagrama:

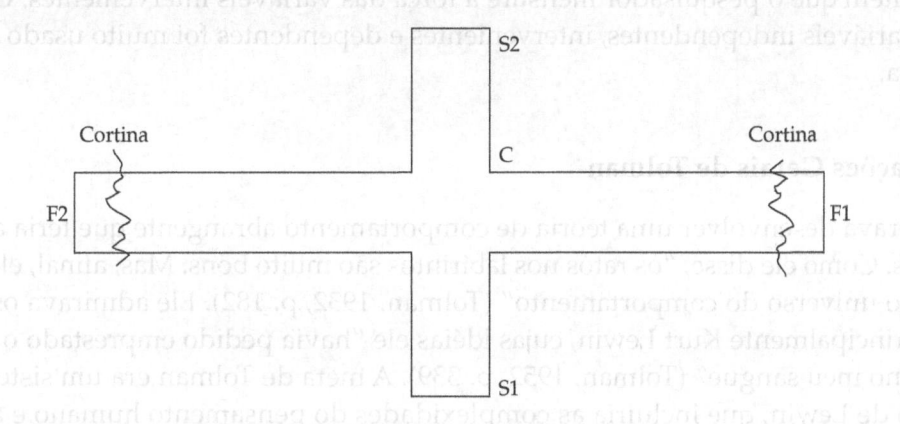

```
            S2
    Cortina      Cortina
 F2            C           F1
            S1
```

Os ratos que aprenderam de forma respondente começaram aleatoriamente de S1 e S2, mas sempre encontravam comida virando à direita; os ratos que aprenderam o lugar também começaram aleatoriamente de S1 ou S2, porém sempre encontravam a comida no mesmo lugar. Todos os oitos ratos do grupo que aprendeu de forma respondente conseguiram correr para o lugar correto em oito tentativas. Nenhum dos ratos que aprendeu de forma respondente conseguiu isso rapidamente, e cinco deles não conseguiram depois de 22 tentativas.

Nos pontos de escolha, os ratos de Tolman em geral vacilavam, olhando para a frente e para trás para os caminhos alternativos antes de fazer uma escolha. Tolman descreveu o comportamento deles como "tentativa e erro vicariante" (Vicarious Trial and Error – VTE). De acordo com Tolman, "a veteezação", como ficou conhecida, reflete a "busca por estímulo" do rato e pelas "instruções" do pesquisador. Isso é parte da tentativa do animal de aprender "o que leva a que" em determinada situação (Tolman, 1932, Capítulo XIII).

O Modelo Teórico de Tolman

Embora essas pesquisas tenham sido importantes, elas são apenas uma pequena amostra de um programa de pesquisa que Tolman dirigiu. Ele publicou mais de cem trabalhos e dois livros descrevendo sua pesquisa e teoria do comportamento. Em "The Determiners of Behavior at a Choice Point" [Determinantes do Comportamento em um Ponto de Escolha] (Tolman, 1938), ele descreveu três tipos de variáveis que influenciam o comportamento; independentes, intervenientes e dependentes. As variáveis independentes referem-se às condições do experimento que o pesquisador pode manipular, como o programa de manutenção do animal, o tipo de objetivo desejado, os tipos e modos dos estímulos oferecidos, as respostas exigidas e o número e distribuição de tentativas. Cada uma dessas variáveis independentes, por sua vez, influencia uma variável interveniente: exigência, apetite, diferenciação, habilidade motora e suposições e tendências, respectivamente. Tolman relatou os estudos experimentais das relações entre essas variáveis independentes e intervenientes.

Um segundo tipo de variáveis independentes refere-se ao indivíduo, incluindo qualidades como hereditariedade, idade, treinamento prévio e estados endócrinos ou tóxicos especiais. Na maior parte dos experimentos, os psicólogos tentam controlar essas variáveis o máximo possível, por exemplo, usando grandes grupos de animais-padrão, com idade de 90 até 120 dias, sem treinamento prévio e sem estados endócrinos ou tóxicos especiais.

Por fim, os psicólogos analisam as diversas variáveis dependentes: a velocidade da corrida no labirinto, o número de erros, o número de VTEs nos pontos de escolha. Essas variáveis dependentes permitem que o pesquisador mensure a força das variáveis intervenientes. O modelo de Tolman de variáveis independentes, intervenientes e dependentes foi muito usado na pesquisa em psicologia.

As Preocupações Gerais de Tolman

Tolman esperava desenvolver uma teoria de comportamento abrangente que teria ampla gama de aplicações. Como ele disse, "os ratos nos labirintos são muito bons. Mas, afinal, eles não constituem todo o universo do comportamento" (Tolman, 1932, p. 182). Ele admirava os psicólogos da *Gestalt*, principalmente Kurt Lewin, cujas idéias ele "havia pedido emprestado o tempo todo e absorvido no meu sangue" (Tolman, 1952, p. 339). A meta de Tolman era um sistema psicológico, como o de Lewin, que incluiria as complexidades do pensamento humano e a motivação juntamente com problemas sociais como agressão e guerra. Ele esperava por alguma coisa mais do que "psicologia dos corredores de ratos". Os capítulos na segunda parte de *Purposive Behavior* discutem a concepção inovadora, a fala, a sensação, percepção e imagem, sentimento e emoção e personalidade e incluem algumas conclusões de filósofos e psicólogos. Em um trabalho intitulado "Psychological Man" [O Homem Psicológico] escrito em 1941, durante a Segunda Guerra Mundial, Tolman discutiu os impulsos humanos para a agressão e os motivos que levam às guerras. Seu trabalho começa com esta passagem comovente:

> A humanidade está atravessando uma época de loucura. As forças sociais cujo poder não entendemos ou, se entendemos, não tivemos capacidade de controlar, nos levaram para dentro de um redemoinho escuro. (Tolman, 1941, p. 205)

Tolman considerou a questão do que os psicológicos poderiam dizer e fazer nessa época terrível. Um ano depois, em 1942, ele publicou *Drives Toward War* [Impulsos para a Guerra]. Nesse livro, ele combinou seus próprios conceitos e certas idéias freudianas e as usou para tentar entender os impulsos humanos que levam à devastação causada pela guerra. Tolman também considerou fenômenos clínicos como agressão, fixação e agressão deslocada para exogrupos e tentou explicá-los usando os conceitos que havia desenvolvido em sua pesquisa com animais.

Várias vezes em sua longa carreira, Tolman apoiou causas que ele acreditava serem importantes. Talvez a mais dramática tenha sido seu apoio aos colegas, principalmente os membros mais jovens do corpo docente, durante o período que veio a ser conhecido como o "ano do juramento" (Stewart, 1950) na University of California. Em 1949, os membros do conselho da universidade decidiram que, além do juramento tradicional de lealdade ao estado da Califórnia, os funcionários da universidade deveriam fazer um juramento sobre uma cláusula adicional que dizia: "Eu juro que não sou membro do Partido Comunista ou sob qualquer juramento, ou parte de qualquer acordo ou sob qualquer compromisso que esteja em conflito com minha obrigação para com este juramento". Os membros do corpo docente foram instruídos a "assinar ou sair". Tolman recusou-se a assinar. Ele salientou que teria sido relativamente mais fácil para ele "sair", mas muito difícil para as pessoas mais jovens que estavam começando a carreira. Tolman escolheu ficar e liderar a oposição que levou os membros do conselho a desistirem do juramento em 1950. A decisão dos membros do conselho da universidade da Califórnia de conferir um título honorário de doutor em Leis para Tolman em 1959 reconheceu sua integridade nessa luta.

Tolman escrevia com humor e graça. Na literatura sobre psicologia, às vezes cansativa, seu estilo se sobressai. Embora ele tenha se dedicado à psicologia e à análise científica do comportamento, nunca levou muito a sério a si próprio e a seus experimentos. Tolman tinha um talento para *neologismos*, e muitas das expressões que ele inventou são agora parte da terminologia da psicologia: expectativa-gestáltica de sinal, relações signo-significado, mapa cognitivo, prontidão meios-fim, discriminanda e manipulanda e talvez o mais pitoresco de todos, *schematic sowbug*, um termo que Tolman usou ao prever o VTE na aprendizagem da discriminação (Tolman, 1939).

Tolman recebeu muitas homenagens e prêmios. Ele foi presidente da APA em 1937 e da Sociedade de Lewin para o Estudo Psicológico de Problemas Sociais, em 1940. Era membro da Sociedade dos Psicólogos Experimentais e da Academia Nacional de Ciências. Em 1957, a APA lhe concedeu um prêmio por suas contribuições científicas notáveis. Os comentários que ele fez ao receber esse prêmio são característicos de sua abordagem modesta:

> Isto é realmente tudo que tenho a dizer. Não é um relato muito brilhante; mas eu realmente quero deixar claro que foi divertido realizar esses experimentos, embora eles tenham tomado muito tempo e os resultados, quando os obtínhamos, insistiam em ser inadequados, confusos e um tanto quanto fracos. De qualquer forma, eles nos deram uma bela chance de especular sobre os modelos de vetores, e isso também foi divertido. No entanto, se esses experimentos ou esses modelos vão, em última análise, ter qualquer importância que venha abalar o mundo parece duvidoso... Mas tal como está, estou preso a esses tipos de dados e de modelos e pretendo continuar brincando com eles... Em suma, vamos nos divertir e não haverá momentos de tédio. (Tolman, 1957, apud Crutchfield, 1961, p. 141)

Tolman liberou o behaviorismo dos limites metodológicos e teóricos que Watson havia imposto. Seu uso desses conceitos como propósito e intenção e os paradigmas experimentais engenhosos imaginados em seu laboratório, ampliaram a abordagem behaviorista. Durante alguns anos depois de sua morte, a reputação de Tolman decaiu, porém, nas últimas duas décadas, vários psicólogos interessados em aprendizagem e comportamento aplicaram conceitos cognitivos como memória operacional e de longa duração, representações internas, linguagem e pensamento (Smith, 1982). Os relatos contemporâneos da aprendizagem não vêem mais os animais como passivos, sistemas mecânicos, mas de uma forma tolmaniana, como seres ativos, que adquirem e processam informações. Hoje a cognição não é mais o oximoro[2] que já foi, e as formulações cognitivas que foram incorporadas aos conceitos e premissas de Tolman são fundamentais para a psicologia da aprendizagem animal.

EDWIN RAY GUTHRIE (1886–1959)

Os Primeiros Anos de Guthrie

William McDougall (1933), o psicólogo britânico expatriado, classificou os behavioristas em tipos: "os rígidos, os quase behavioristas e os intencionais". Watson foi o mais rígido dos behavioristas, e Tolman e o próprio McDougall foram intencionais, enquanto Guthrie foi um "quase"-behavio-

---

[2] Oximoro, s. Uma figura de linguagem através da qual uma locução produz um efeito por uma aparente contradição, como em "bondade cruel" ou "diminuir a pressa" (Rhdel, p. 1033).

rista ou talvez o de mais bom senso. Edwin Ray Guthrie nasceu em Lincoln, Nebraska, em 1886, o mais velho entre cinco filhos. Seu pai gerenciava uma loja de pianos e sua mãe havia sido professora primária. Guthrie foi uma criança precoce. Ele mostrou seu talento acadêmico cedo e na oitava série lia os livros de Darwin. No curso secundário, sua tese sênior foi tão bem-elaborada e escrita que o diretor do curso, H. K. Wolfe, o entrevistou para ter certeza de que ele não havia plagiado o conteúdo. Ficou comprovado que esse não era o caso, e Guthrie se formou com um histórico escolar brilhante.

Em 1903, Guthrie entrou para a University of Nebraska, onde se formou em matemática. Ele também fez vários cursos de filosofia e apenas um curso de psicologia geral que a universidade oferecia. Guthrie formou-se em 1907, com distinção *Phi Beta Kappa* e continuou seus estudos como aluno de pós-graduação em Nebraska. Obteve o título de mestre em filosofia ao mesmo tempo em que fazia alguns cursos de pós-graduação em matemática e psicologia. No curso de pesquisa com Thaddeus Bolton, ele passou o inverno medindo os limites da percepção da "dualidade", uma experiência psicológica que satisfez para sempre o interesse de Guthrie nessa área da psicologia. Felizmente, ele também fez uma série de cursos de psicologia com seu ex-diretor do curso secundário, H. K. Wolfe, que foram mais interessantes. Wolfe obteve seu doutorado sob a orientação de Wilhelm Wundt em 1886, voltou para os Estados Unidos em 1889 e assumiu o cargo de diretor do departamento de filosofia da University of Nebraska. Além de filosofia, Wolfe ensinava psicologia geral, educacional e experimental. Ele também criou um laboratório de psicologia que procurava constantemente equipar e melhorar (Benjamin e Bertelson, 1975). Em 1897, Wolfe foi acusado de não cooperar e de se intrometer nos assuntos de outros departamentos. Seu contrato com a universidade foi rescindido. Apesar das petições dos alunos e dos protestos em massa em seu nome, ele foi forçado a deixar a universidade. Wolfe passou os oito anos seguintes como diretor de uma série de escolas, inclusive a de Guthrie. Em 1906, um novo chanceler da universidade convidou Wolfe para integrar novamente o corpo docente. Ele era um professor inspirador, e o departamento de psicologia que ele criou em Nebraska teve a honra de ver mais alunos seus se tornarem presidentes da APA do que qualquer outra faculdade ou universidade (Benjamin e Bertelson, 1975). Guthrie foi um dos muitos presidentes da APA de Nebraska. Mais de 50 anos depois, ele reconheceu sua "boa sorte de ser seu único aluno [de Wolfe]" (Guthrie,

Edwin R. Guthrie.
(Arquivos de História da Psicologia Norte-Americana, University of Akron)

1959, p. 160). Durante seus três anos como aluno de pós-graduação em Nebraska, Guthrie também lecionou matemática na escola secundária de Lincoln.

Em 1910, Guthrie entrou para a University of Pennsylvania como *fellow** de pós-graduação no departamento de filosofia. Durante as férias do fim do ano, ele compareceu ao encontro anual da Associação Filosófica Americana e ouviu um filósofo, Edgar Arthur Singer, fazer uma palestra intitulada "Mind as an Observable Object" [A Mente como um Objeto Observável]. Vinte e cinco anos mais tarde, Guthrie se lembrou de que a palestra de Singer havia sido o "acontecimento mais motivador de sua vida acadêmica (Guthrie, 1935, p. vii). O que chamou seu interesse foi a afirmação de Singer de que é possível estudar a mente de forma objetiva dentro da estrutura da ciência. Singer era membro do corpo docente do departamento de filosofia da University of Pennsylvania e assim Guthrie foi capaz de obter seu doutorado com ele. A tese de Guthrie foi na área de lógica simbólica e abordava os paradoxos de Bertrand Russell – isto é, as proposições cuja verdade implicam sua falsidade ou cuja falsidade implicam sua verdade; por exemplo, "Todas as generalizações são inválidas." Guthrie obteve seu doutorado em 1912, mas seu interesse em filosofia diminuiu. Exercícios filosóficos como os de Bertrand Russell e Alfred North Whitehead em seu *Principia Mathematica* requeriam "400 páginas para chegar à conclusão de que um mais um é igual a dois e que cada passo intermediário poderia ser questionado e necessitaria de mais provas e que os passos dessas provas adicionais também iriam requerer mais...." (Guthrie, 1959, p. 161). Esses exercícios fizeram Guthrie duvidar de que a dedução por si só poderia levar a um entendimento da mente humana.

Depois de conseguir seu doutorado, Guthrie lecionou matemática em uma escola da Filadélfia por três anos antes de aceitar o cargo de instrutor de filosofia na University of Washington. Ele permaneceu nessa instituição de 1914 até sua aposentadoria em 1956, transferindo-se para o departamento de psicologia em 1919 e sendo nomeado professor em 1928, reitor do curso de pós-graduação em 1943 e principal executivo da universidade em 1947. Esses cargos administrativos, sem dúvida, restringiram suas contribuições à psicologia. No entanto, sua voz foi importante entre os neobehavioristas.

Aprendizagem Por Meio de Contigüidade

A contribuição mais importante de Guthrie à psicologia foi sua teoria da aprendizagem ou o que ele chamou, com sua modéstia característica, seu "ponto de vista" ou "rudimentos" de um sistema de aprendizagem. Ele apresentou seu ponto de vista em dois importantes trabalhos teóricos em 1930 e 1934; em seu livro mais conhecido, *The Psychology of Learning* [A Psicologia da Aprendizagem], publicado em 1935; e um seu terceiro trabalho teórico em 1940. A visão de Guthrie sobre a aprendizagem era concisa e simples: toda aprendizagem é baseada na contigüidade entre estímulos e respostas. "Os estímulos que acompanham uma resposta costumam, em sua recorrência, evocar aquela resposta" (Guthrie, 1930, p. 412). Em *The Psychology of Learning* [A Psicologia da Aprendizagem], Guthrie colocou esse princípio de contigüidade em palavras semelhantes: "Uma combinação de estímulos que acompanharam o desejo de um movimento em sua recorrência costuma ser seguida por esse movimento" (Guthrie, 1935, p. 26). Os últimos movimentos em uma situação serão repetidos quando a situação ocorrer novamente. O princípio de contigüidade é adequado e simples, principalmente em contraposição aos relatos com-

---

* NT: *Fellow* é um aluno que, por distinguir-se entre os demais pelo seu histórico acadêmico, recebe ajuda financeira de um departamento da universidade para lecionar ou fazer pesquisa.

plexos da aprendizagem que outros neobehavioristas propuseram. Até a visão de Tolman sobre a aprendizagem se tornou cada vez mais complexa. Em um de suas últimas declarações (1959), ele dedicou muitas páginas a diagramas complexos mostrando várias interações e relações entre variáveis independentes, intervenientes e dependentes. Como veremos posteriormente neste capítulo, a teoria da aprendizagem de Clark Leonard Hull também se tornou muito complexa, e B. F. Skinner foi co-autor de um livro de 750 páginas descrevendo os efeitos dos esquemas de reforçamento, apenas um aspecto de sua abordagem operante. O princípio de associação por meio da contigüidade remonta a Aristóteles (Capítulo 1). Os empíricos ingleses James Mill, Alexander Bain e David Hartley (Capítulo 2) forneceram uma explicação completa desse princípio. Guthrie acreditava que uma explanação geral da aprendizagem poderia ser baseada nesse antigo princípio.

À primeira vista, o princípio de associação por meio da contigüidade de Guthrie parece inadequado como explicação para a aprendizagem. E os efeitos da recompensa e do castigo? E a prática? E o esquecimento e os experimentos de Pavlov sobre o condicionamento de traço temporal? Nesses experimentos, minutos separavam o estímulo condicionado do incondicionado, mas os cachorros davam respostas condicionadas aos estímulos condicionados. Como não havia contigüidade temporal entre o estímulo condicionado e o estímulo incondicionado, como isso podia acontecer? À primeira vista, essas perguntas eram um sério desafio para Guthrie, contudo, ele conseguiu responder a todas elas. Pense primeiro em sua análise dos efeitos da recompensa e do castigo. Guthrie não discordava da "visão popular e aceita" de que a recompensa e o castigo influenciam a aprendizagem. O que ele discutia era a opinião de Thorndike de que eles agiam para fixar ou eliminar os hábitos. De acordo com Guthrie, um gato em uma caixa de quebra-cabeças aprende a escapar porque essa resposta tira o animal da situação de estímulo da caixa e, dessa forma, preserva uma associação entre o estímulo e a resposta de fuga. A comida não ajuda a fixar ou fortalecer a relação estímulo-resposta; ao contrário, ela protege uma associação que já está formada. Em outras palavras, a comida não leva à aprendizagem; ela protege contra a "desaprendizagem". Guthrie disse:

> O fato de encontrar o alimento não intensifica um aspecto prévio do comportamento, mas impede que esse aspecto seja desaprendido. Toda a situação e a ação do animal são tão modificadas pelo alimento que a situação antes do alimento é protegida de novas associações. (Guthrie, 1940, p. 144)

Para Guthrie, a função real da recompensa é tirar um animal de determinada situação de estímulo e, dessa forma, impedi-lo de desaprender uma associação que já foi formada. O papel da recompensa é manter a resposta "fiel" ao estímulo.

Mas e o castigo? Certamente os castigos e as punições produzem aprendizagem. As respostas que levam a essas conseqüências negativas são em geral suprimidas. Guthrie concorda que realmente elas são:

> Sentar em tachinhas não desestimula a aprendizagem. Isso encoraja alguém a aprender a fazer algo mais do que apenas sentar. Não é a sensação causada pelo castigo, mas a ação específica causada pelo castigo, que determina o que será aprendido. (Guthrie, 1935, p. 158)

Castigos eliciam ações, e são essas ações que são aprendidas:

> O animal em uma grade eletrificada, um menino descalço em um piso quente, um homem sentado em um prego têm como objetivo simplesmente escapar da intensa estimulação que causa tensão geral e desconforto, assim como movimentos específicos. (Guthrie, 1935, p. 165)

Quando esses "estímulos de manutenção" são eliminados, há contigüidade entre o estímulo e a resposta. Quando eles ocorrem, a resposta acontece novamente. A aprendizagem acontece por contigüidade, mas nesse caso com estímulos aversivos.

Outro fato estabelecido refere-se aos efeitos da prática. Guthrie reconheceu que tanto a pesquisa psicológica quanto as experiências do dia-a-dia mostram que a prática realmente produz melhor desempenho. Como isso pode acontecer, já que deve haver contigüidade na primeira ocasião em que uma resposta ocorrer e, dessa forma, aprendizagem imediata independente da prática? Ao responder a esse questionamento, Guthrie fez uma distinção entre *movimentos* e *ações* (Guthrie, 1940). Ele salientou que nossa linguagem do dia-a-dia em geral refere-se a ações – guiamos um barco, jantamos, cavalgamos, tocamos piano, atiramos uma bola de basquete – e a seus resultados e não aos movimentos que as constituem. Certamente todos as ações melhoram com a prática. Vemos uma diferença clara entre um mestre e um aprendiz, um jogador de basquete profissional e um jogador de fim de semana e assim por diante. Porém essa diferença, de acordo com Guthrie, é uma conseqüência do aperfeiçoamento dos vários movimentos que compõem essas ações complexas. São os movimentos que aperfeiçoamos com a prática e cuja associação com o estímulo é estabelecida. O iniciante reage de forma desajeitada, incerta, ineficiente; o experiente de forma fácil, certa e eficiente. Suas ações podem ser semelhantes – ambos tocam piano ou atiram a bola de basquete – mas seus movimentos são muito diferentes. A prática influencia esses movimentos.

E o esquecimento? Guthrie explicou que o esquecimento é causado pela formação de novas associações por meio da contigüidade. Se não houvesse novas associações, não haveria esquecimento. Ele declarou que "a aprendizagem não desaparece em decorrência de um mero lapso de tempo, mas apenas quando este inclui uma nova aprendizagem que apaga a anterior" (Guthrie, 1935, p. 117). Guthrie citou os resultados de Pavlov mostrando que uma resposta condicionada em geral permaneceria por muitas semanas sem enfraquecer de forma que se pudesse notar. Ele argumentou que essas respostas condicionadas são estáveis porque o animal em condições experimentais não encontra o estímulo condicionado na sua vida diária e, assim, a associação fica protegida. Guthrie previu que se os cães de Pavlov tivessem encontrado estímulos condicionados em sua vida diária, o esquecimento (extinção) teria sido muito mais rápido. Ele também usou os resultados de um experimento de John Jenkins e Karl Dalenbach (1924) sobre os efeitos do sono na memória. Esses autores descobriram que o material aprendido imediatamente antes de uma pessoa pegar no sono é retido com mais facilidade do que o que ela aprendeu e se manteve desperta. O sono, Guthrie disse, impediu aprendizagem de novas associações e, assim, as antigas foram preservadas. Por fim, Guthrie citou a experiência corriqueira de colocar os patins quando começa o inverno. Geralmente, as pessoas acham que patinar é fácil, mesmo que muitos meses tenham se passado desde a última vez que se patinou. De acordo com Guthrie, os movimentos envolvidos na patinação no gelo são únicos e, por essa razão, não são recondicionados por nossas atividades durante o verão.

O desafio final à visão de contigüidade de Guthrie sobre a aprendizagem parece o mais sério à primeira vista. Como ele poderia explicar o condicionamento de traço? Pavlov descobriu que as respostas condicionadas podem ser estabelecidas e mantidas até mesmo quando um estímulo condicionado precede o incondicionado em um longo intervalo de tempo, às vezes minutos. Guthrie argumentou que, quando um estímulo condicionado como um sino ou campainha é apresentado, o cachorro responde a ele prestando atenção e a resposta de prestar atenção continua quando o sino não está mais tocando; isto é, a resposta de prestar atenção persiste através do intervalo de traço. Guthrie escreveu:

Quando o sino toca, o cachorro reage "prestando atenção", o que implica uma série de movimentos, mudar a postura, mexer a cabeça, levantar as orelhas e coisas do tipo. Quando as glândulas salivares começam a secretar, os estímulos decorrentes não são fornecidos pelo sino, mas por essas respostas ao sino. (Guthrie, 1930, p. 418)

A análise de Guthrie desses resultados levou Pavlov a escrever "The Reply of a Physiologist to Psychologists" [Uma Resposta de um Fisiologista aos Psicólogos] (Pavlov, 1932), o único trabalho que ele publicou em uma revista norte-americana de psicologia.

Ao longo de quase metade do trabalho, Pavlov refutou de forma bastante crítica o que Guthrie havia dito. Primeiramente, Pavlov comparou a abordagem de Guthrie, na qual o reflexo condicionado é utilizado para ilustrar um princípio de aprendizagem, com sua própria, na qual o reflexo condicionado é um fenômeno que deve ser analisado e reduzido à sua base fisiológica. Em segundo lugar, com referência à análise de Guthrie sobre o condicionamento temporal, Pavlov relatou que a "resposta de prestar atenção" que Guthrie havia descrito é parte da "reação de orientação", que desaparece rapidamente. Dessa forma, Guthrie havia postulado uma reação que não existia como base do condicionamento temporal. Em vez de entrar em uma série de respostas ativas, substitutas, Pavlov disse que durante os longos intervalos de traço e de atraso entre o estímulo condicionado e o incondicionado, um cachorro ficava, em geral:

... completamente indiferente e quieto no primeiro período de ação do estímulo condicionado; ou até (o que não é raro de acontecer), imediatamente quando o estímulo começa, ele fica sonolento e às vezes cai abruptamente no sono, com relaxamento da musculatura. (Pavlov, 1932, p. 95)

Onde, então, perguntou Pavlov, estavam os estímulos substitutos produzidos pelo movimento para os quais havia ocorrido condicionamento como Guthrie afirmou? De acordo com Pavlov, o condicionamento de traço e o condicionamento por meio de atraso são baseados na inibição ativa e central do reflexo condicionado. Guthrie, ele disse, fez um "uso incorreto" dos fatos do condicionamento. Fica claro pelo tom da resposta de Pavlov que Guthrie o irritou. Talvez essa reação não seja surpreendente, pois, de um lado, Guthrie havia afirmado que as explicações de Pavlov sobre condicionamento por meio de atraso pressupunham "latências misteriosas no sistema nervoso" (Guthrie, 1930, p. 418).

Guthrie, como Tolman, tinha um talento para inventar expressões descritivas. Ele chamou a explicação de Thorndike para os efeitos das recompensas retardadas "ressaca cerebral"; os ratos de Tolman que veteezavam no ponto de escolha foram descritos como estando "perdidos em pensamento". Guthrie também usou muitas histórias para ilustrar os conceitos:

Em uma cidade da costa do Pacífico, alguns cachorros morreram por causa de envenenamento por estricnina. Foram encontrados pedaços envenenados de carne na vizinhança. Vários donos de cachorros começaram a treinar os animais a não comer alimentos achados ao acaso, espalhando muitos pedaços de carne às quais foram fixadas pequenas ratoeiras do tipo muito comum com molas. (Guthrie, 1935, p. 21)

Os cachorros rapidamente desenvolveram uma "atitude de desdém à carne achada ao acaso" como resultado, concluiu Guthrie, da contigüidade quase perfeita entre comer e ação da ratoeira (Guthrie, 1935, p. 21).

Uma jovem mãe uma vez perguntou a Guthrie como ela podia ensinar sua filha a não jogar o casaco no chão quando chegasse em casa. Ele aconselhou-a a insistir que a garota colocasse o casaco de novo, saísse de casa, voltasse, tirasse o casaco e o pendurasse. Dessa forma, a contigüidade entre chegar a casa e pendurar o casaco seria preservada e o hábito seria formado. A mãe contou a Guthrie o sucesso que obteve com esse procedimento. Guthrie também relatou o exemplo de "dois meninos camponeses que viveram antes da utilização de carros na zona rural cujas tardes de sexta-feira ficavam comprometidas por causa da visita regular do pastor, de cujo cavalo eles tinham de tirar os arreios, limpar, alimentar e lavar e, então, pôr os arreios novamente antes que o pastor fosse embora (Guthrie, 1935, p. 48). Para preservar suas tardes de sexta-feira, os dois garotos treinaram o cavalo novamente. Um deles ficava atrás do animal e gritava "Pára", enquanto o outro cutucava o cavalo com um forcado. Guthrie relatou que os meninos ficaram "bastante satisfeitos com os resultados". Quando o pastor dizia "Pára", o cavalo arremessava-se para a frente, e os meninos foram capazes de aproveitar suas tardes de sexta-feira sem serem mais importunados pela visita do pastor (Guthrie, 1935, p. 48). Guthrie também descreveu como perdigueiros nervosos podem ser treinados descarregando-se uma pistola a uma grande distância, vagarosamente se aproximando e, então, usando uma pistola mais barulhenta. Ele também citou diferentes métodos de "domar cavalos". Um método, preferido pelos militares, é treinar o cavalo primeiro com uma coberta leve, então com uma saca, depois com uma saca com um pouco de areia e, em seguida, com mais areia até que o cavalo carregue uma sela e finalmente o cavaleiro. Em todos os casos, os movimentos são associados a estímulos por meio de contigüidade. Guthrie considerou que o hábito de fumar é composto de vários movimentos. Muitos estímulos se tornaram sinais para fumar: o fato de ver e sentir o odor do tabaco, terminar uma refeição e sentar para trabalhar, entre outros. Para uma pessoa parar de fumar, esses estímulos devem ser associados com novos movimentos. Os hábitos podem ser eliminados, por exemplo, comendo-se uma maçã depois do jantar ou mascando chiclete enquanto se trabalha (Guthrie, 1935, Capítulo XI).

As frases, histórias e descrições têm um encanto inegável, mas não substituem os resultados de experimentos. Guthrie estava bastante ciente dessa deficiência e, em uma ocasião, começou a resolver a questão. Do outono de 1936 até a primavera de 1939, ele e seu colega, George P. Horton, fizeram um estudo intensivo sobre a aprendizagem por contigüidade em gatos. Naquela época, Guthrie tinha 50 anos e inúmeras responsabilidades administrativas, mas ele passava o final da tarde no viveiro do departamento de psicologia tomando notas enquanto Horton testava os gatos. Eles apresentaram seus resultados primeiramente em um filme pelo Arquivo Psicológico de Cinema em 1938 e, então, na monografia "Cats in a Puzzle Box" [Gatos em uma Caixa de Quebra-Cabeças], publicada em 1946. Como o título sugere, eles usaram uma caixa de quebra-cabeças e registraram aproximadamente 800 respostas de fuga. Uma característica distinta de seu equipamento era uma barra ou vareta vertical estreita, cerca de 30 centímetros afastada da entrada da caixa. Quando o gato empurrava ou esfregava-se contra a vareta, a porta da frente se abria e o gato escapava. No momento em que a barra se movimentava, uma câmera fotografava o gato, registrando, assim, permanentemente seu comportamento no momento da fuga. Uma vez que eles haviam montado esse equipamento, conseguiram se perguntar: "O comportamento do gato na caixa de quebra-cabeças vai, em qualquer ponto, contra o princípio de associação por meio da contigüidade?" (Guthrie e Horton, 1946, p. 1).

Como a caixa abria logo que a vareta se movia, o princípio da contigüidade previa que os gatos aprenderiam determinado movimento, captado pela câmera. Qualquer gato deveria ter um comportamento bastante estereotipado de tentativa para tentativa. A resposta de cada gato no momento de sair da caixa era realmente bastante estereotipada, conforme mostra o gato K:

Na primeira tentativa, ele atingiu a vareta depois de cerca de quatro segundos enquanto se virava na caixa. Isso foi repetido depois de 13 e 17 segundos nas duas tentativas seguintes. Na quarta tentativa, o gato repetiu o movimento, mas o mecanismo não funcionou e ele andou em volta da vareta, batendo nela com seu ombro esquerdo. Na quinta tentativa, na primeira vez que o gato se virou, não conseguiu fazer o mecanismo funcionar e ele continuou tentando, batendo na vareta com sua pata traseira. Nas tentativas 6, 7, 9, 10, 11 e 12, ao repetir o movimento de virar, ele conseguiu escapar da caixa (Guthrie e Horton, 1946, p. 27).

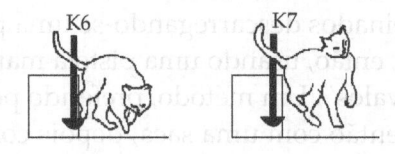

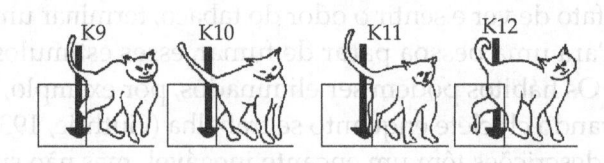

Outras respostas desse e de outros gatos incluíram esfregar-se na vareta e inclinar-se sobre ela quando passavam perto. Os gatos haviam aprendido respostas contíguas com a fuga da caixa.

Em 1979, Bruce Moore e Susan Stuttard sugeriram que as respostas estereotipadas que Guthrie e Horton tinham observado poderiam, de fato, ter sido parte do cumprimento típico dos gatos para os seres humanos, ou seja, a reação de esfregar-se ou roçar-se que os gatos haviam redirecionado para a vareta na caixa. Em uma reprodução do experimento anterior, eles descobriram que os gatos se aproximavam e se esfregavam na vareta quando conseguiam ver os observadores, porém não o faziam quando os observadores estavam escondidos. A explicação de Guthrie pode ter sido incorreta, contudo seu experimento continua sendo um estudo clássico sobre a aprendizagem animal.

Os Interesses Clínicos de Guthrie

Em 1938, Guthrie publicou *The Psychology of Human Conflict* [A Psicologia do Conflito Humano], um reflexo de seu interesse antigo pela psicologia clínica. Ele havia lido e estudado as obras de Sigmund Freud quando era aluno de pós-graduação e ministrou um curso sobre psicologia do ajustamento por muitos anos. Com sua esposa, Guthrie traduziu os *Principles of Psychotheraphy* [Princípios de Psicoterapia] (1903) de Pierre Janet, em 1924. Ele achou os pontos de vista de Janet, especialmente sua idéia sobre o inconsciente, muito mais interessantes do que o "apelo às trevas" de Freud (Guthrie, 1948, p. 65). Guthrie também preferiu a idéia de Janet de *força mental* para a qual ele considerou as explicações de Freud pseudofisiológicas. Janet acreditava que essa força mental difere em intensidade em pessoas distintas e também aumenta e diminui em momentos diferentes. Quando ela se exaure por intermédio de uma série de crises que acontecem na vida, é provável que se desenvolvam sintomas neuróticos. Se a *força mental* puder ser recuperada, os sintomas neuróticos diminuirão. A idéia de Janet dos seres humanos como sistemas de energia com um equilíbrio delicado atraíram Guthrie. Em 1903, Janet havia publicado as primeiras descrições detalhadas da bulimia (Pope, Hudson e Mialet, 1985). Depois da morte de Janet, Guthrie declarou que sua contribuição à psicologia havia sido maior que a de Wundt e criticou os psicólogos por ignorar sua obra (Guthrie, 1948).

Durante a Segunda Guerra Mundial, Guthrie serviu como consultor civil em inteligência militar e no Bureau de Informação da Guerra. Em 1945, ele foi eleito presidente da APA. Depois da guerra, voltou para a University of Washington e dedicou grande parte de seu tempo a tarefas administrativas. No entanto, achou tempo para ser co-autor de *Educational Psychology* [Psicologia da Educação] (1950) e para escrever *The State University: Its Function and Future* (1959). Em 1958, a Fundação Norte-Americana de Psicologia lhe concedeu a medalha de ouro por suas contribuições à psicologia. Guthrie morreu de um ataque cardíaco em 1959, com 73 anos, e foi lembrado como um intelectual espirituoso e gentil que não foi apenas sábio, mas sempre tinha uma forma perspicaz de expressar sua sabedoria" (Sheffield, 1959, p. 642).

CLARK LEONARD HULL (1884-1952)

Os Primeiros Anos da Vida de Hull

Clark Leonard Hull nasceu em uma fazenda perto de Akron, Nova York, em maio de 1884. Freqüentou uma escola rural com apenas uma sala, fez todos os cursos disponíveis, lecionou lá por um ano e, então, entrou para a Alma Academy. Mesmo quando menino, Hull tinha grande vontade de vencer, ser bem-sucedido e ser mais que um "obscuro empregado", como ele era quando arrumava empregos ocasionais para conseguir terminar o curso secundário. Os diários de Hull sobre esses anos têm referências freqüentes a longos períodos de trabalho e estudo e a seu intenso desejo de ser bem-sucedido. Essa anotação de 2 de maio de 1903 é característica:

> Trabalhei o dia inteiro. Tive notas ruins em latim durante três meses seguidos. Decidi que vou tirar 92 ou mais no próximo mês. Vou me dedicar até eu ter um colapso se não conseguir. Vou começar hoje à noite. Isso será um teste para ver se tenho poder de superar obstáculos muito difíceis. Noventa e dois ou ter um colapso. Fiz isso uma vez e posso fazer de novo. (Hull, 1962, p. 811)

Sua dedicação e seu alto nível de aspiração tiveram seu preço. Hull tinha excesso de autocrítica e, depois da prova de latim, ficou muito desapontado porque tirou apenas "91,5". As pressões financeiras o forçaram a interromper seu curso secundário e a trabalhar um ano como aprendiz de engenheiro de mineração em Hibbing, Minnesota. Ele voltou para a Alma Academy e conseguiu se formar, mas então sofreu um grave ataque de febre tifóide que o deixou fraco fisicamente e retardou sua entrada na faculdade por um ano.

Em Alma College, Hull estudou engenharia de mineração, contudo, um grave ataque de poliomielite no final do segundo ano deixou uma perna paralisada e descartou uma carreira como engenheiro de mineração. Hull decidiu estudar ou religião ou psicologia, escolhendo finalmente essa última porque sentia que ela permitiria tanto trabalho teórico quanto prático com equipamentos. Para economizar dinheiro para sua educação, Hull lecionou em uma escola por dois anos depois da doença, antes de entrar para a University of Michigan a fim de completar seus estudos. Aos 27 anos, recém-casado e tendo superado sérias dificuldades, Hull era mais maduro e dedicado, mas também mais tímido e reservado que a média dos alunos. Ele atribuía essas características a seu forte desejo de superar os efeitos da poliomielite e mostrar para o mundo que, embora fosse um homem "que andava com uma bengala, era bom como qualquer outro".

Clark L. Hull.
(Arquivos de História da Psicologia Norte-Americana, University of Akron)

Em Michigan, os interesses de Hull voltaram-se cada vez mais para a psicologia. Ele se formou bacharel em 1913 e, mais uma vez, lecionou por um ano, dessa vez em uma escola normal[3] em Kentucky para economizar para a pós-graduação. Ele foi aceito na University of Wisconsin como aluno de pós-graduação e nomeado assistente de pesquisa de Joseph Jastrow. Jastrow obteve o doutorado sob a orientação de G. Stanley Hall (Capítulo 9) e foi um psicólogo experimental atuante. No entanto, ao selecionar seus alunos de pós-graduação, Jastrow, em geral, escolhia pessoas que sabiam trabalhar com ferro e engenheiros talentosos; com sua ajuda, ele acrescentou à sua casa uma sala exótica em estilo mouro (Meyer, 1978). Dessa forma, o *background* de Hull pode ter influenciado em sua escolha. De qualquer maneira, Hull ficou satisfeito por ter conseguido o posto, pois seu caminho até a pós-graduação havia sido longo e árduo. A persistência, perseverança e insistência o caracterizaram durante toda sua vida (Spence, 1952).

Em Wisconsin, o compromisso de Hull com a psicologia, principalmente com a psicologia experimental, se firmou. Em 1916, ele escreveu em seu diário:

> Parece quase certo agora que serei puramente um psicólogo e que minha carreira vai se desenvolver na atmosfera livre de uma grande universidade. Quem bom que isso esteja definido, pois agora não vou precisar desperdiçar energia preparando-me para um trabalho que nunca farei. (Hull, 1962, p. 814)

Em sua pesquisa de tese, Hull usou caracteres chineses complexos para os quais os sujeitos do experimento aprenderam respostas específicas. Sua tese "Quantitative Aspects of the Evolution of Concepts" [Aspectos Quantitativos da Evolução dos Conceitos], que demonstrou o desenvolvimento e a utilização de conceitos, acabou por ser muito citada na literatura psicológica. Hull foi reconhecido como um pesquisador criativo e imaginativo. Ele obteve o doutorado em 1918, quanto tinha 34 anos e, então, aceitou o cargo de instrutor em Wisconsin.

---

[3] *Escola normal*, n. Uma escola com um curso de dois anos para pessoas formadas no secundário com o objetivo de treiná-las para ser professoras (Rhdel, p. 983).

A Pesquisa de Hull sobre o Teste de Aptidão

Quase imediatamente, Hull começou a primeira das três fases distintas de sua carreira de pesquisa: seu trabalho sobre teste de aptidão. Em Wisconsin, foi designado para ministrar um curso de testes psicológicos. Conhecendo quase nada do assunto, ele leu a literatura disponível e ficou surpreso com o que considerou a pobreza da área e principalmente a fraqueza das tentativas de validar os diferentes testes de aptidão. Em sua maneira caracteristicamente perfeita, Hull começou a desenvolver conhecimento científico sobre testes de aptidão e até a elaborar um "teste universal de aptidão". Posteriormente, ele percebeu que esse último objetivo não era realista, mas seu trabalho nessa área o levou a seu primeiro livro *Aptitude Testing* [Teste de Aptidão], publicado em 1928.

Em sua tentativa de validar diversos testes, Hull fez uso intenso de correlações entre as pontuações dos testes e o desempenho. O tédio de calcular os coeficientes de correlação com tabelas, e ainda por cima, à mão, o levou a criar uma máquina de correlação que as calcularia automaticamente. Ele era um funileiro, inventor e mecânico perfeito que gostava de projetar e construir máquinas. Um papel perfurado fornecia os dados para a máquina que poderia ser programada para fazer correlações e outras operações. Embora muitas pessoas duvidassem que essa máquina pudesse ser projetada ou até funcionar, a máquina de Hull realmente calculava as correlações. Atualmente, quando usamos as calculadoras eletrônicas portáteis e computadores de mesa, o feito de Hull pode não parecer expressivo. No entanto, na época, era um feito extraordinário, e a máquina de Hull está agora em exibição no Smithsonian Museum em Washington, D. C. Seu livro sobre teste de aptidão foi bem recebido, entretanto, Hull concluiu que era necessário um estudo em larga escala com milhares de trabalhadores. Embora esse estudo fosse possível em uma grande cidade, não era factível em Madison, Wisconsin e, por isso, Hull decidiu pôr um ponto final em seu trabalho sobre teste de aptidão. Ele se concentrou em seu segundo grande interesse de pesquisa: a hipnose e a sugestão. Estudou hipnose primeiramente em Wisconsin e, então, em Yale, depois de se mudar para essa universidade em 1929.

A Pesquisa de Hull sobre Hipnose e Sugestão

Mais uma vez, esse interesse surgiu a partir de um curso ministrado por Hull. Em suas aulas para alunos pré-médicos, ele discutiu hipnose e descobriu que seus alunos estavam fascinados. Hull ficou interessado em hipnose e principalmente no papel que a sugestão desempenha nas curas médicas. Jastrow também estava interessado em hipnose, pois havia investigado fenômenos mediúnicos. Um cético declarado, Jastrow se divertia em expor como charlatães e impostores os videntes, adivinhadores, clarividentes e pessoas que liam a sorte que visitavam Madison. Hull compareceu a uma sessão espírita e ficou impressionado com o ardor e o entusiasmo dos participantes e a intensidade de sua crença de que haviam se comunicado com o "outro lado". No entanto, fiel a seu mentor Jastrow, Hull concluiu que tudo era baseado em truques e sugestão.

Depois de rever a literatura sobre hipnose (Capítulo 8), Hull concluiu que essa área também se encontrava em um "estado deplorável" (Hull, 1933, p. ix) e precisava de pesquisas objetivas. Ele começou sua pesquisa esperando fazer "uma centena, ou pelo menos, 99 estudos sistemáticos e empíricos" e publicou 32 trabalhos e um livro sobre hipnose (Hull, 1933, Prefácio). Hull estava consciente dos perigos e armadilhas do estudo da hipnose e dos muitos casos anteriores de erro, engano e até fraude (Capítulo 11). Ele estava determinado a evitar os "experimentos de baixo nível" (Hull, 1933, p. 16) do passado e foi bem-sucedido nisso. Descreveu os resultados e os pontos de vista teóricos sobre hipnose em seu segundo livro, *Hypnosis and Suggestibility: An Expe-*

rimental Approach [Hipnose e Sugestão: Uma Abordagem Experimental], publicado em 1933. Ele descreveu os fenômenos e experimentos hipnóticos nos quais foram usados instrumentos para registrar as respostas psicológicas durante o transe hipnótico e técnicas descritas como fixação e sugestão direta, que foram usadas para induzir o transe. Hull acreditava que a suscetibilidade à hipnose, em vez de ser característica de certas pessoas, é um traço que tem uma distribuição normal na população como um todo. Sua pesquisa mostrou que as mulheres eram apenas um pouco mais suscetíveis que os homens. As crianças, relativamente mais suscetíveis que os adultos. Em geral, as pessoas normais de inteligência média eram os melhores sujeitos para os experimentos com hipnose. Hull encontrou poucas provas de uma relação entre muita e pouca inteligência, vários traços de caráter, neuroses ou psicoses e suscetibilidade à hipnose. Ele concluiu que a suscetibilidade hipnótica era menos especial e restrita do que os primeiros psicólogos tinham pensado.

Hull também descobriu que a hipnose não facilitava a lembrança das memórias recentes. Os sujeitos tinham menos probabilidade de lembrar-se dos detalhes de um evento recente sob hipnose do que em um estado normal de vigília. No entanto, ele descobriu que a hipnose permitia que os sujeitos relembrassem da infância e tivessem outras lembranças antigas. Descobriu que as sugestões pós-hipnóticas, uma demonstração predileta dos hipnotizadores que fazem encenação, eram relativamente ineficazes. Hull concluiu que a melhor descrição de hipnose é um estado de hipersugestão.

A característica mais importante de todas essas conclusões era de que elas se baseavam em provas objetivas e experimentais. Quando *Hypnosis and Suggestibility* foi publicado, os críticos elogiaram a abordagem científica de Hull e como ele havia aberto a hipnose e a sugestão para a investigação experimental. Aproximadamente 30 anos depois, Hilgard, um importante pesquisador contemporâneo sobre hipnose, disse acerca do livro de Hull, "Ele ainda permanece um modelo de clareza e objetividade na abordagem para o que continua até hoje a ser uma questão enigmática e não resolvida" (Hilgard, 1961, p. xv). Quase 60 anos depois da publicação do livro, Roger Page concluiu:

> Em resumo, o trabalho pioneiro de Hull merece reconhecimento considerável não apenas por colocar o estudo da hipnose sobre uma base sólida, mas também por contribuir de várias formas para nosso entendimento atual da hipnose. (Page, 1992, p. 183)

Atualmente *Hypnosis and Suggestibility* ainda é utilizado nos cursos universitários sobre hipnose. Apesar de sua excelência, a pesquisa de Hull teve uma conseqüência ruim. Uma mulher que foi hipnotizada por ele processou Hull e a Yale University, onde o experimento havia sido realizado, alegando que ele havia lhe causado um colapso nervoso. O processo foi resolvido no tribunal, porém as autoridades da universidade instruíram Hull a pôr fim à sua pesquisa sobre hipnose.

O Sistema de Comportamento de Hull

Embora o trabalho de Hull sobre teste de aptidão e hipnose tenha sido de importância inquestionável, sua contribuição mais significativa para a psicologia foi a tentativa de desenvolver um sistema de comportamento abrangente. Essa terceira fase de sua carreira de pesquisa começou em Wisconsin e continuou depois que ele se mudou para Yale em 1929. James Angell (Capítulo 10), diretor de Yale, incumbiu Hull de fortalecer o Instituto de Psicologia de Yale, que logo se tornou o Instituto de Relações Humanas. Quando Hull se mudou de Wisconsin para Yale, confidenciou em seu diário que havia "se desprendido das associações de 15 anos para começar de novo" sua vida científica (Hull, 1962, p. 826).

Em Yale, Hull começou a pensar seriamente em escrever um relato behaviorista da psicologia. No verão de 1930, ele foi convidado para dar uma palestra sobre teste de aptidão em Harvard, onde adquiriu exemplares de *Principia*, de Isaac Newton, e *Principia Mathematica*, de Bertrand Russell e Alfred North Whitehead. Ao contrário de Guthrie, Hull descobriu que essas obras eram um modelo para o tipo de sistema psicológico que ele esperava desenvolver. De volta a Yale, começou um estudo sério das obras de epistemologistas e filósofos clássicos; Demócrito (Capítulo 1), Thomas Hobbes, John Locke, David Hume, Immanuel Kant e Gottfried Wilhelm von Leibnitz (Capítulo 2). Naquela época, Hull estava na casa dos 40, um professor de Yale e um homem com uma sólida reputação em psicologia; mas em vez de descansar sobre os louros da vitória, ele começou esse estudo, uma série longa e rigorosa de estudos experimentais e trabalho sobre o sistema de comportamento, que preencheu o restante de sua vida. Hull freqüentemente era perturbado por presságios de morte prematura e pela sensação de que não havia tempo suficiente para realizar o que ele queria fazer. Ele se convenceu de que, depois dos 50, não seria mais capaz de fazer as contribuições para a psicologia que ele esperava. Sua convicção de que o tempo estava se esgotando alimentou seu impulso compulsivo pelo trabalho e por resultados.

Hull apoiava o *behaviorismo* de John Watson e concordava que a psicologia deveria ser uma ciência do comportamento. Ele também tinha ficado impressionado com *Conditioned Reflexes* [Reflexos Condicionados] de Ivan Pavlov (1927; Capítulo 12) e achou os experimentos de Pavlov admiráveis pelo cuidado que ele teve ao conduzi-los e pela precisão dos resultados. Uma terceira influência veio da inserção do organismo (O) entre o estímulo (E) e a resposta (R), que formam E-O-R de Robert Woodworth (1918) (Capítulo 10). Um dos alunos mais influentes de Hull, Kenneth Spence, descreveu o sistema de Hull como uma "elaboração hercúlea dessa fórmula E-O-R" (Spence, 1952, p. 646).

O primeiro grande estudo teórico de Hull sobre aprendizagem foi publicado em 1929. Em "A Functional Interpretation of the Conditioned Reflex" [Uma Interpretação Funcional do Reflexo Condicionado], Hull descreveu o reflexo condicionado como "um mecanismo automático de tentativa e erro que media de forma cega e lindamente a adaptação do organismo a um ambiente complexo" (Hull, 1929, p. 498). Com seu *background* em engenharia e fascinação por máquinas e equipamentos, Hull ficou intrigado com a idéia do organismo humano como uma máquina. Em *Principles of Behavior* [Princípios do Comportamento] (1943), ele recomendou como "uma profilaxia contra o subjetivismo antropomórfico" o mecanismo de olhar "de vez em quando o organismo em funcionamento como um robô totalmente auto-suficiente, construído de materiais tão diferentes de nós mesmos quanto possível" (Hull, 1943, p. 27). Hull esperava que um dia fosse capaz de desenhar e construir uma máquina de comportamento que se equiparasse ao sucesso de sua máquina de correlação. Ele nunca conseguiu fazer isso, mas essa visão mecanicista do comportamento permeou seu sistema comportamental. Hull via o reflexo condicionado como um mecanismo que permite que um organismo reaja às exigências do ambiente. Ele tentou estender os princípios do condicionamento clássico a situações instrumentais de tentativa e erro, isto é, criar uma teoria de fator único da aprendizagem. Descobriu que isso era difícil; depois de reler Thorndike, ele concluiu que era impossível. Em vez disso, aceitou o princípio de reforçamento com base na diminuição do impulso, que havia desenvolvido a partir dos estudos do condicionamento instrumental, como um segundo fator na aprendizagem. A partir de então, Hull se tornou uma teórico da lei do efeito ou reforçamento, embora ainda empregasse os conceitos de Pavlov.

Em 1936, Hull foi eleito presidente da APA. Para seu discurso de posse, ele planejou originalmente apresentar um "Prospectus for Psychology Based Upon Habit" [Prospecto para a Psicologia com Base no Hábito]. Mas, ele chamou seu discurso de "Mind, Mechanism, and Adaptive Behavior" [Mente, Mecanismo e Comportamento Adaptativo] e apresentou pela primeira vez para o público de psicólogos seu sistema organizado e dedutivo (Hull, 1937). Hull acreditava que uma teoria geral sólida do comportamento era vital para a psicologia. Ele estava convencido de que a forma mais eficaz para que a psicologia progredisse como uma ciência experimental era formar uma teoria bem-desenvolvida que serviria como um modelo para pesquisa. Essa teoria não apenas integraria e organizaria os resultados experimentais, como também indicaria a direção da futura pesquisa. Ela serviria como a *Principia* da psicologia. Como seu modelo, Hull usou os sistemas teóricos empregando um conjunto de postulados explicitamente definidos a partir dos quais um pesquisador poderia deduzir e testar certos teoremas por meio da experimentação. Esses sistemas haviam funcionado bem na física. Hull descreveu-se como "dócil para os dados" e viu a necessidade de revisão constante do sistema de comportamento à medida que suas previsões eram testadas e confirmadas ou refutadas. Ele considerou seu sistema de comportamento apenas um primeiro passo, mas foi a tentativa mais ambiciosa de construir um sistema formal que já vimos.

A Teoria de Aprendizagem de Hull

Como parte de seu discurso de posse, Hull preparou e distribuiu um conjunto de folhas mimeografadas contendo seus primeiros postulados, definições e teoremas derivados. Cada derivação terminava com um Q.E.D.[4] das evidências matemáticas, uma indicação do rigor com o qual Hull esperava proceder. Esse sistema foi ampliado e desenvolvido em seu importante livro *Principles of Behavior* [Princípios do Comportamento], publicado em 1943. Os *Princípios* representam Hull no que ele tem de mais fácil leitura, e por mais de duas décadas foi um dos trabalhos mais citados na psicologia. O livro vendeu consistentemente desde sua publicação até meados da década de 1960, e o auge das vendas aconteceu em 1949. De 1946 até sua morte em 1952, a saúde de Hull deteriorou-se e ele sofria de dores no peito cada vez mais freqüentes e fortes. Mesmo assim, durante esses seis anos, ele conseguiu escrever *Essentials of Behavior* [Princípios Básicos do Comportamento] e *A Behavior System* [Um Sistema de Comportamento], publicados postumamente (1952a).

O sistema final de Hull consistia em 17 postulados e 17 corolários. O postulado central referia-se à força do hábito (S^HR) em relação ao número de vezes que o hábito era reforçado (N):

> A força do hábito, a tendência de um traço de estímulo a evocar uma resposta correspondente, aumenta como função do crescimento positivo do número de tentativas, desde que elas sejam uniformemente espaçadas, ocorra reforçamento em cada tentativa e tudo o mais permaneça constante. (Parafraseado de Hull, 1943, p. 114, apud Hilgard, 1956, p. 131)

Reforçamentos sucessivos contribuem para intensificar os hábitos e fortalecê-los. No entanto, a força do hábito é uma variável interveniente no sistema de Hull e não pode ser mensurada diretamente. Ela combina-se com outras variáveis intervenientes relativas ao nível do impulso (D), intensidade do estímulo (V) e valor do incentivo da recompensa (K) em uma função multiplicativa para produzir um valor para o potencial de resposta (S^ER):

$$S^ER = S^HR \times D \times V \times K$$

S^ER, então, combina-se com outras variáveis intervenientes S^OR e L para determinar o valor das variáveis de saída dependentes – latência da resposta, amplitude da resposta e número de respostas não reforçadas antes da extinção.

---

[4] Q.E.D., s. Em latim, *quod erat demonstrandum* – como queríamos demonstrar (usado geralmente em evidências matemáticas) (Rhdel, p. 1.173).

Outros postulados de Hull relacionam a força do hábito à natureza e quantidade do agente reforçador, o tempo entre a resposta e o reforço e a relação temporal entre estímulo condicionado e reflexo condicionado. Hull mostrou que teoremas podiam ser derivados de cada um desses postulados e, então, testados experimentalmente. O trabalho da psicologia era analisar as interações entre as variáveis do sistema em situações que fossem tão simples quanto possível. Hull pretendia que seu sistema fosse o mais geral possível e bem-sucedido tanto em prever a amplitude de uma resposta galvânica da pele em seres humanos quanto a pressão na alavanca feita pelos ratos. Ele liderou um extenso programa de pesquisa experimental sobre condicionamento clássico e instrumental usando tanto sujeitos humanos quanto animais. Hull estava aberto a testes críticos de seu sistema, embora ele realmente gostasse de apostar *milkshakes* em seu resultado. Um de seus ex-alunos, Carl Hovland, lembrou-se que Hull tinha

> Uma habilidade fora do comum para deixar seus alunos tão envolvidos com seus problemas de pesquisa que eles continuavam a fazer pesquisas relacionadas quando assumiam cargos em outras instituições e, logo, tinham seus próprios alunos realizando pesquisas semelhantes. Havia um grande número de alunos entusiastas da quarta e quinta gerações em todo o país. (Hovland, 1952, p. 349)

Esses alunos usavam uma linguagem psicológica própria e até hoje não é incomum ouvir referências ao "S subscrito, H sobrescrito, R subscrito" e os efeitos multiplicativos do "grande D" em suas discussões. Hull também atraiu estudantes de vários outros países, principalmente do Japão. Os estudantes japoneses se formaram com Hull em Yale, voltaram para seu país e criaram uma escola hulliana de psicologia japonesa. O resultado foi que, na década de 1950 e começo da década de 1960, os periódicos japoneses de psicologia continham vários artigos "hullianos" relatando estudos experimentais sobre as interações entre as variáveis "hullianas". Quando tudo o mais falhava, Hull lamentavelmente admitia que ele em geral fazia uma previsão especialmente exata que levaria várias pessoas a correr para seus laboratórios para provar que ele estava errado.

O Sistema de Hull: Uma Avaliação

Hull, sem dúvida, fez uma tentativa ambiciosa e sofisticada de desenvolver um sistema geral de comportamento, mas ele foi bem-sucedido? Certamente foi em termos de seu valor heurístico em incentivar as pesquisas. Em seu obituário para Hull, Kenneth Spence salientou que, de 1941 até 1950, aproximadamente 40% de todos relatos experimentais no *Journal of Experimental Psychology* e *Journal of Comparative and Physiological Psychology*, duas publicações de prestígio da APA, faziam referência a Hull (Spence, 1952, p. 641). Nas áreas de aprendizagem e motivação, Spence descobriu que as citações aumentaram 70%, mais que o dobro em relação a outro teórico do comportamento. Da mesma forma, Harry Ruja (1956) registrou a freqüência das citações de psicólogos em três das maiores publicações da psicologia experimental de 1949 até 1952. Hull foi, sem dúvida, o psicólogo citado mais freqüentemente, seguido de Spence, Hovland, Hilgard e Neal Miller, todos ex-alunos de Hull ou colaboradores próximos. O sistema de comportamento e a teoria de aprendizagem de Hull tiveram um grande impacto.

No entanto, Hull não ficou imune a críticas. Contudo, alguns questionaram a gama limitada de situações experimentais que Hull utilizou, alegando que possivelmente elas não poderiam formar a base de um sistema ou teoria geral do comportamento. Em defesa de Hull, ele usou os melhores materiais disponíveis no desenvolvimento de seu sistema, qualquer que fosse a fonte e sem importar quais seus limites. Dessa forma, o postulado II refere-se ao condicionamento da pálpebra, o postulado X à resposta galvânica condicionada da pele, o postulado IV à pressão que os ratos fazem na alavanca e à amplitude da resposta galvânica da pele, o postulado VII às respostas de corrida dos ratos e assim por diante.

Uma segunda crítica refere-se às situações artificiais e limitadas que Hull utilizou para testar seu sistema. Como um psicólogo que não estudou as pessoas em situações fora do laboratório podia esperar desenvolver um sistema geral de comportamento? Esses críticos, sustentava Hull, entendiam mal o processo da ciência. Assim como os físicos usam as condições pouco práticas e artificiais da câmara de vácuo e os biólogos, o ambiente controlado do tubo de ensaio, os psicólogos que estudam o comportamento devem começar com situações artificiais e controladas. Hull esperava progredir para situações de aprendizagem mais complexas e, no final, para ampla gama de problemas humanos. Ele nunca conseguiu fazer isso, embora seus alunos John Dollard e Neal Miller tenham feito uma tentativa. Em 1950, eles publicaram *Personality and Psychotherapy* [Personalidade e Psicoterapia], em que tentaram integrar a psicanálise de Freud com a teoria da aprendizagem de Hull. Eles trataram os conceitos de Freud de transferência como um caso de generalização de estímulo, conflitos reprimidos como aqueles que o paciente é incapaz de classificar e desajustes, como resultado de conflitos entre hábitos incompatíveis e impulsos.

Outros críticos argumentaram que, embora o sistema de Hull tivesse sido muito bem-sucedido em prever o comportamento de grupos de ratos, estava longe de prever o comportamento de cada animal individualmente. Considere o postulado IV, com base na pressão na alavanca feita pelos ratos e a amplitude da resposta galvânica da pele. A curva teórica de Hull para o aumento da força do hábito com reforçamentos sucessivos correspondia aos relatos de Stanley Williams (1938) e C. Theodore Perin (1942). Os resultados deles mostraram que os grupos de ratos que recebiam um número maior de reforços para pressionar a alavanca emitiam um número maior de respostas em extinção. No entanto, quando se considera o comportamento de cada animal nesses experimentos, os resultados de Williams mostram que os dois animais que emitiram o maior número de respostas em extinção eram, na verdade, o grupo que recebeu a menor quantidade de reforço (Williams, 1938, p. 512); quatro ratos que receberam o maior número de reforços emitiram o menor número de respostas em extinção; Da mesma forma, nos resultados de Perin os dois ratos que emitiram o maior número de respostas em extinção estavam no grupo que recebeu apenas 30 reforços, enquanto três animais do grupo que recebeu 70 reforços não emitiram uma única resposta em extinção (Perin, 1942, p. 99). Embora a teoria de Hull tivesse conseguido prever o comportamento de grupos de animais, era menos eficaz para prever o comportamento de indivíduos.

Finalmente, houve psicólogos com B. F. Skinner em primeiro plano, que questionaram a possibilidade e até a utilidade de um sistema geral de comportamento. A posição de Skinner será analisada mais detalhadamente ainda neste capítulo.

A ascensão e a queda da teoria de Hull em termos de influência ficam evidentes pela contagem das citações nos trabalhos publicados no *Journal of Experimental Psychology* que faziam referência a Hull e a seu aluno mais famoso, Kenneth Spence (Guttman, 1977, p. 321).

Ano	Porcentagem
1940	4
1950	39
1960	24
1970	4

O que, então, podemos concluir sobre o sistema de comportamento de Hull? Talvez tenha sido um fracasso grandioso – grandioso em sua ambição e no programa rigoroso de pesquisa experimental que ele estimulava, mas um fracasso no qual o objetivo de um sistema de comportamento abrangente não foi atingido e pode, de fato, ser impossível. Os dias das teorias ambiciosas como as de Hull passaram. Talvez um fracasso grandioso seja um julgamento muito severo; uma avaliação mais justa seria o que Hilgard escreveu sobre Hull:

> Devemos reconhecer que o sistema de Hull, para sua época, foi o melhor – não necessariamente o mais próximo da realidade da psicologia, não necessariamente aquele cujas generalizações tinham maior probabilidade de resistir ao tempo –, mas o que foi extremamente bem detalhado, com o esforço mais consciente de ser quantitativo do começo ao fim e, em todos os pontos, firmemente relacionado com os testes empíricos. (Hilgard, 1956, p. 182)

As contribuições de Hull foram reconhecidas por seus contemporâneos. Além de chegar à presidência da APA, ele foi eleito para a Academia Nacional de Ciências, em 1936 e em 1945 recebeu a Medalha Warren da Sociedade dos Psicólogos Experimentais em reconhecimento a seu "desenvolvimento meticuloso de uma teoria sistemática do comportamento".

Hull morreu de um ataque cardíaco em maio de 1952, apenas algumas semanas antes de sua aposentadoria da Yale University. Ele havia trabalhado muito em seu sistema de comportamento até pouco tempo antes de sua doença final.

BURRHUS FREDERIC SKINNER (1904-1990)

Por mais de três décadas, de 1945 até 1975, B. F. Skinner foi o psicólogo mais conhecido no mundo. Em 1970, uma amostra aleatória de mil membros da APA classificou Skinner como a mais importante influência na psicologia contemporânea (Wright, 1970). Nesse mesmo ano, outra pesquisa incluiu Skinner entre as "100 pessoas mais importantes do mundo atualmente" (Robinson, 1970). Uma pesquisa de 1971 na Johns Hopkins University, realizada com professores de psicologia e alunos de pós-graduação, descobriu que Skinner era o cientista social cujo trabalho eles mais respeitavam. Hilgard escreveu, "Há poucas dúvidas de que B. F. Skinner, ou Fred, como seus amigos o conheciam, tornou-se extremamente influente e certamente o psicólogo norte-americano mais conhecido de sua geração" (Hilgard, 1996, p. ix). Rae Goodell (1975) fez uma pesquisa com universitários sobre o reconhecimento de nomes de cientistas: 82% dos alunos identificaram Skinner corretamente, que ficou na frente de qualquer cientista, superou figuras ilustres como Margaret Mead (81%), Jonas Salk (78%), Linus Pauling (50%) e James D. Watson (15%). Eugene Garfield (1978) descobriu que Skinner era um dos autores mais citados nas ciências sociais. Além da extensa obra de Skinner – 12 grandes livros, vários trabalhos e uma autobiografia de vários volumes –, havia muitas obras sobre ele, algumas favoráveis (Evans, 1968; Wiener, 1996), algumas desfavoráveis (Machan, 1974) e algumas que ficavam entre as duas posições (Carpenter, 1974). Finalmente, há três publicações voltadas para a abordagem skinneriana da psicologia: *Journal of the Experimental Analysis of Behavior*, criado em 1958, com a maior circulação entre todas as publicações dedicadas ao estudo da aprendizagem; *Journal of Applied Behavior Analysis*, publicado primeiramente em 1968 e a segunda publicação mais lida sobre aplicações de psicologia (Laties, 1987; Lattal, 1992); e *Behavior Analyst*, a publicação da Associação de Analistas do Comportamento.

Como porta-voz moderno do *behaviorismo radical*, Skinner se tornou conhecido por seus livros e escritos populares, aparições em *talk shows* e programas da TV como *Nova*, palestras públicas, debates e discussões. Ele era um defensor articulado, eficaz e às vezes divertido de suas posições.

B. F. Skinner.
(James R. Holland/Stock, Boston)

Skinner, chamado "anarquista benigno" por um de seus biógrafos (Wiener, 1996), era intransigente e controvertido: "Agora, apresento o diabo", disse um professor de Harvard introduzindo Skinner para sua classe como palestrante convidado no final da década de 40 (Gerow, 1988, p. 73). Em sua primeira aparição na televisão, o entrevistador colocou o dilema hipotético de Montaigne para Skinner: "Se o senhor tivesse de escolher, queimaria seus filhos ou seus livros?" Ele respondeu que queimaria seus filhos porque ele acreditava que "sua contribuição para o futuro seria maior por meio de seus livros do que de seus genes". Essa resposta provocou uma reação previsivelmente exagerada, muita controvérsia e muitos convites para futuras aparições na TV. Ela também gerou este comentário irônico de uma de suas duas filhas, Julie S. Vargas, também psicóloga: "Skinner criou a análise do comportamento e eu. Não tenho certeza qual ele considera a grande contribuição" (Vargas, 1984). Depois da publicação de seu livro de 1971 *Beyond Freedom and Dignity* [O Mito da Liberdade], Skinner foi descrito pelo então vice-presidente dos Estados Unidos, Spiro T. Agnew, como um "radical extremo que ataca os verdadeiros preceitos nos quais a sociedade norte-americana está baseada e um defensor da cirurgia radical na psique nacional" (Hall, 1972, p. 68). O teólogo Richard L. Rubenstein descreveu o mesmo livro como "menos probabilidade de ser um plano para a Era Dourada do que para a teoria e prática do inferno" (Rubenstein, 1971, p. 53). Ele calculou que 80% das críticas de *Beyond Freedom* foram desfavoráveis. Em setembro de 1971, Skinner alcançou seu auge como figura na mídia quando apareceu na capa da revista *Time*. A manchete da *Time*, "B. F. Skinner Diz que Não Podemos nos Dar ao Luxo da Liberdade", foi calculada para causar controvérsia, e conseguiu (Skinner, 1971a). Felizmente, Skinner sobreviveu à fama e à notoriedade; como ele disse em uma entrevista em 1972, "Meu chapéu ainda serve" (Hall, 1972, p. 68).

Os Primeiros Anos da Vida de Skinner

Skinner nasceu em Susquehanna, Pensilvânia, em 20 de março de 1904. Em sua autobiografia, fez um relato behaviorista detalhado e fascinante de seus primeiros anos. Seu pai, William Skinner, era um advogado de uma pequena cidade que almejava um cargo político. Sua política republicana conservadora não atraía os eleitores da classe trabalhadora de Susquehanna e ele perdeu todas as campanhas para as eleições. Sua mãe dedicou a vida à família e ao serviço comunitário.

Skinner teve um irmão mais novo que morreu aos 16 anos. Ele freqüentou a Hamilton College no interior de Nova York e esperava se tornar um escritor ou poeta. Fez apenas um curso de psicologia cujo professor foi William Squires, que havia se titulado como doutor sob a orientação de Wundt em Leipzig. A única coisa que Skinner se lembrava do curso era a demonstração de Squires do limite de discriminação de dois pontos. Skinner formou-se em 1926 com a distinção *Phi Beta Kappa*. Quando ainda estava no curso de graduação, ele escrevia regularmente para as publicações estudantis, às vezes com o pseudônimo do Sir Burrhus de Beerus. Em uma conferência de escritores, ele conheceu Carl Sandburg e Robert Frost. Frost ofereceu-se para ler seu trabalho, e Skinner enviou-lhe três contos sérios. Frost respondeu com uma carta cordial, amável, comentando as "delicadezas de observação" e terminando com, "Você vale duas vezes mais do que qualquer um em prosa que li este ano" (Skinner, 1976, p. 249). Esse elogio reforçou muito a ambição de Skinner de se tornar um escritor, e ele resolveu passar o ano depois de sua formatura testando suas habilidades. Ele fez tudo certo – construiu um "estúdio de escritor", assinou revistas literárias, leu as grandes obras e até fumou cachimbo – mas sem nenhum proveito. No final desse "ano negro", Skinner concluiu que não tinha nada a dizer e mudou seus planos de carreira.

O *Behaviorismo* de Watson tinha acabado de ser publicado e estava sendo criticado nas revistas literárias que Skinner recebia. Em *Dial*, Bertrand Russell descreveu o livro como "extremamente impressionante" (Russell, 1927, apud Skinner, 1979, p. 10); em 1927, ele disse sobre a abordagem de Watson em seu *Outline of Philosophy* [Panorama da Filosofia]: "Acho que ele contém mais verdade do que a maioria das pessoas supõe, e eu o vejo como desejável para desenvolver o método behaviorista o máximo possível" (Russell, 1927, apud Russell, 1960, p. 3). Mais tarde, Russell mudou de opinião sobre o behaviorismo de Watson (Russell, 1951), porém na época seu elogio foi convincente para Skinner, pois Russell há muito era seu filósofo predileto. O estudo do comportamento atraía Skinner, que gostava de observar o comportamento dos animais na zona rural de Susquehanna e das pessoas na cidade. Talvez o estudo do comportamento daria uma carreira. Skinner comprou os livros de Watson e as obras de Russell sobre filosofia. Leu todos os de Watson e alguns de Russell, mas não as três últimas, nas quais Russell se dedicou a refutar o behaviorismo. Muitos anos mais tarde, Skinner agradeceu Russell por incluí-lo em suas críticas e filosofia ao behaviorismo: "Santo Deus," Russel respondeu, "Eu pensei que eles haviam destruído o behaviorismo" (Skinner, 1976, p. 224).

Mais ou menos na mesma época em que Russell analisou o livro de Watson, H. G. Wells fazia a crítica do livro *Conditioned Reflexes* [Reflexos Condicionados] de Ivan Pavloff (sic) no *New York Times*. Wells classificou o livro de "difícil de ler, mas de grande importância" e disse que ele dava uma idéia clara do funcionamento do cérebro. Skinner leu o livro de Pavlov e decidiu que seu futuro estava na psicologia, principalmente no estudo do condicionamento. Ele se candidatou a uma vaga na Harvard University e foi aceito. No entanto, antes de se matricular como aluno de pósgraduação, Skinner teve mais uma breve experiência na vida como artista, vivendo em Greenwich Village e em Paris. Então, ele foi para Harvard e começou sua carreira como psicólogo.

A Formação de Skinner em Psicologia

Skinner achava a maior parte de seus cursos em Harvard tediosos, desinteressantes e incompatíveis com seu interesse crescente no comportamento. O ex-aluno de Titchener, Edwin G. Boring, era diretor do laboratório de Harvard. Skinner achava a psicologia estruturalista especialmente desinteressante nas aulas e livros de Boring. Ele não conseguia aceitar a recusa de Boring em reconhecer a possibilidade de uma ciência do comportamento e, mais tarde, lembrou-se de que leu *Physical Dimensions of Consciousness* [Dimensões Físicas da Consciência] para estimulá-lo a fazer esforços maiores. Skinner encontrou mais reforço em dois lugares: primeiramente, em um seminário com Walter S. Hunter, doutor formado em Chicago que havia trabalhado com Watson, no qual ele discutiu seus experimentos com reação retardada na memória animal; e, em segundo lugar, em cursos no departamento de biologia com W. J. Crozier; Crozier havia sido aluno de Jacques Loeb (Capítulo 12) cujo livro sobre *tropismos* Skinner tinha lido. Skinner trabalhou no laboratório de Crozier. Sua primeira pesquisa publicada foi sobre formigas que andavam em uma superfície inclinada – um *geotropismo negativo*. Dois outros aspectos dos dias de Skinner como aluno em Harvard mostraram ser de grande importância. Em primeiro lugar, ele conheceu Fred. S. Keller e eles se tornaram amigos e colegas por muito tempo. Em segundo, em 1929, o Congresso Internacional de Fisiologia foi realizado na Harvard Medical School. Skinner assistiu à palestra de Pavlov, que ele achou impressionante. Também conseguiu um retrato autografado de Pavlov, que pendurou em cima de sua escrivaninha.

Durante os oitos anos que passou em Harvard, primeiro como aluno de pós-graduação e depois fazendo pós-doutorado e finalmente de 1933 até 1936 como *junior fellow* na prestigiosa Sociedade de *Fellows* de Harvard, Skinner estabeleceu e desenvolveu sua abordagem para o estudo do comportamento e se tornou cada vez mais um behaviorista convicto. Para sua tese, decidiu identificar uma unidade de análise comportamental. Influenciado tanto por Ivan Pavlov quanto por Charles Sherrington, ele identificou o reflexo como essa unidade. Descreveu a tarefa da psicologia como dividir o comportamento em reflexos e pensar em medidas de sua força e das variáveis que os influenciam. Crozier, chefe do departamento de biologia, foi o presidente da banca da tese de Skinner, embora Boring formalmente ocupasse esse cargo. Boring fez objeção à abordagem a-histórica de Skinner da psicologia, o que ele considerou a má qualidade da redação de Skinner, seus argumentos superficiais e a linguagem floreada. Skinner resistiu, e o resultado foi um embate intelectual entre ambos (Coleman, 1985). A autoconfiança de Skinner, alguns diriam arrogância, é impressionante. Quando Gordon Allport pediu para que ele, durante o exame da tese descrevesse algumas objeções ao behaviorismo, Skinner recusou-se a admitir uma sequer (Skinner, 1979, p. 75). No entanto, passou no exame oral e recebeu o título de doutor em 1931.

O Condicionamento Operante de Skinner

Em Harvard, Skinner desenvolveu o aparelho que a maioria dos psicólogos, que seguiram a liderança de Hull e seus alunos, chama a "caixa de Skinner",[5] mas que o próprio Skinner sempre denominou "aparelho de condicionamento operante". Nos primeiros experimentos de Skinner, um animal faminto colocado no aparelho, primeiro um rato e depois um pombo, emite uma reposta arbitrária – no caso do rato, pressionar uma alavanca; no caso do pombo, bicar um disco ou uma chave iluminada – e é reforçado por fazer isso. O rato ou o pombo emite a resposta, o alimento é liberado e a probabilidade da resposta aumenta. O animal *opera* em seu ambiente para produzir uma recompensa em forma de alimento; daí o termo *condicionamento operante*, inventado por Keller e, mais tarde, adotado por Skinner.

O procedimento de Skinner tinha algumas semelhanças com o *condicionamento instrumental* de Thorndike (Capítulo 10), e Skinner em geral reconheceu que sua contribuição tinha de levar Thorndike e a lei do efeito a sério. Mas, há diferenças entre os dois, a mais importante delas é que nos experimentos de Thorndike tanto o sujeito quanto o experimentador controlavam a taxa de

---

[5] *caixa de Skinner*, s. Um dispositivo de teste semelhante a uma caixa usada em experimentos de aprendizagem animal, principalmente em condicionamento operante (Rhdel, p. 1.336).

respostas, enquanto no aparelho de Skinner, somente o sujeito tinha o controle. No condicionamento instrumental de Thorndike, a latência da resposta do gato e o intervalo entre as tentativas que o experimentador seleciona determinam quantas respostas os gatos podem emitir por hora; no condicionamento operante de Skinner, a taxa de respostas está totalmente sob o controle do animal. A taxa de respostas tornou-se rapidamente o dado básico dos experimentos com condicionamento operante de Skinner.

O desenvolvimento do aparelho de condicionamento operante de Skinner e sua utilização da taxa de respostas foram passos importantes em direção ao objetivo de uma análise experimental do comportamento. Como Skinner chegou a esses passos? Em seu artigo "A Case History in Scientific Method" [Um Caso Histórico em Metodologia Científica] (1956), Skinner descreveu esses passos. Originalmente, ele começou a estudar a habituação a um novo estímulo usando uma resposta de corrida em seus ratos jovens. Skinner desenvolveu o que ele chamou "quatro princípios da prática científica": quando você se depara com alguma coisa interessante, deixa tudo o mais de lado e a estuda; algumas formas de fazer pesquisa são mais fáceis que outras; algumas pessoas têm sorte; e os aparelhos, principalmente os complicados, se quebram – Skinner desenvolveu seu aparelho por meio da perseverança, boa sorte e alguns acidentes. No aparelho, o animal aprendia bem diante de seus olhos, e a taxa de respostas refletia essa aprendizagem.

Skinner, então, estudou a extinção. Quando ele desligava o fornecedor de alimento, de modo que ao pressionar a alavanca o animal não recebia comida, a taxa de respostas diminuía de forma sistemática. Ele também conseguiu estudar a recuperação espontânea e o recondicionamento, bem como os efeitos da privação e da saciedade. Em todos os casos, as mudanças na taxa de resposta eram sistemáticas e previsíveis. Operações específicas levavam a resultados previsíveis. O comportamento podia ser previsto e controlado com precisão.

Em 1936, Skinner juntou-se ao corpo docente da University of Minnesota com um salário de US$ 1,9 mil, tendo sido altamente recomendado por Boring. Em Minnesota, ele publicou seu clássico *The Behavior of Organisms* [O Comportamento dos Organismos] em 1938. A editora, Appleton-Century-Crofts, que já tinha um contrato com Hull para seu *Principles*, ficou em dúvida inicialmente sobre "outro livro sobre ratos" (Skinner, 1979, p. 214). Outra dificuldade foi que Skinner queria incluir mais ilustrações do que o orçamento permitia. Uma crítica favorável antes da publicação feita por Tolman, que previu que o livro "terá sempre um lugar importante na história da psicologia" (Skinner, 1979, p. 211), e uma doação de US$ 500 de Harvard possibilitaram a publicação. No livro, Skinner descreveu seu sistema *operante* de comportamento, no qual as conseqüências das respostas são cruciais. As respostas seguidas de resultados positivos – por exemplo, oferecer comida a um animal faminto ou fuga ou a chance de evitar levar um choque elétrico – são reforçadas, e a taxa de respostas aumenta; respostas seguidas de resultados negativos – como eliminar a comida ou dar um choque – são punidas, e a taxa de respostas diminui. Skinner também descreveu experimentos com extinção, recuperação espontânea, recondicionamento, aprendizagem da discriminação e os efeitos dos impulsos. Em uma crítica retrospectiva 50 anos depois, Travis Thompson descreveu *The Behavior of Organisms* como "um entre alguns livros que mudaram a cara da psicologia moderna" (T. Thompson, 1988, p. 397). A pesquisa de Skinner sumariada é um exemplo do que Thomas Kuhn (1970) chamou de *mudança de paradigma*. Pela primeira vez, o comportamento de animais individuais foi objeto de análise intensiva, dinâmica e de controle.

Sessenta anos depois, *The Behavior of Organisms* ainda é uma obra citada com freqüência, mas, nos anos que se seguiram à sua publicação, não foi muito lida. A maioria dos psicólogos interessados em aprendizagem animal estava esperando ansiosamente a publicação do "grande livro" de Hull, seu *Principles of Behavior* [Princípios do Comportamento] e apenas 800 exemplares de *The*

Behavior of Organisms [O Comportamento dos Organismos] foram impressos. Oitenta exemplares foram vendidos nos primeiros quatro anos. Em 1946, apenas 548 exemplares haviam sido vendidos. Quatro principais críticas se destacaram. Em primeiro lugar, alguns críticos argumentaram que o título em si, *The Behavior of Organisms*, era inadequado e até pretensioso para um livro que tratava exclusivamente de ratos pressionando alavancas. Em segundo, eles acusaram Skinner de deixar de lado as obras de outros autores sobre aprendizagem e motivação, um crítica que foi, até certo ponto, merecida. Em terceiro, alguns críticos alegaram que o livro tratava de uma gama de comportamento restrito, limitado e artificial. Em quarto, faltava ao livro o "enriquecimento das estatísticas", pois descrevia o comportamento de apenas um pequeno número de sujeitos. Essa crítica também era merecida, pois a análise estatística não interessava a Skinner; seu objetivo era prever e controlar o comportamento dos organismos individuais. Seu ponto de vista sobre esse assunto nunca mudou. Em 1984, Skinner comentou de forma rude que dois importantes teóricos da aprendizagem da matemática, Bush e Mosteller, haviam desperdiçado "grande quantidade de matemática impecável em grande quantidade de dados pecáveis" (Skinner, 1984, p. 124). Ele tinha sido bem-sucedido em especificar e mensurar uma unidade funcional de comportamento, o operante, que era para Skinner um tipo de comportamento que tinha uma relação sistemática com os efeitos do ambiente.

Esquemas de Reforçamento

Na década de 1940, Skinner começou sua pesquisa dos efeitos de diferentes esquemas de reforçamento. Esses experimentos provaram ser de grande importância. Elas começaram por acaso, conforme Skinner relembrou:

> Estava eu em uma tarde de sexta-feira com apenas algumas bolinhas na mão e não queria passar parte do final de semana fazendo mais. Se eu reforçasse apenas uma resposta ocasional, meu suprimento duraria muitos dias. (Skinner, 1979, p. 97)

Skinner começou a reforçar apenas algumas das respostas. Ele descobriu que o reforço intermitente mantinha a freqüência da resposta; na verdade, os animais respondiam mais freqüentemente do que quando cada resposta produzia reforçamento. Skinner e seus alunos continuaram a dirigir um programa maciço de pesquisa sobre os efeitos dos esquemas de reforçamento. Ferster e Skinner descreveram seu trabalho no monumental *Schedules of Reinforcement* [Esquemas de Reforçamento] (1957), uma obra que contém milhares de registros de respostas. Esses esquemas têm efeitos previsíveis e confiáveis sobre a taxa de respostas e provaram ser uma ferramenta básica na análise experimental do comportamento. O número de acionamentos da alavanca por parte dos ratos e de bicadas dos pombos que Skinner inspirou foi impressionante. A pesquisa sobre esquemas de reforçamento mostrou ser uma importante contribuição para a psicologia e é a pesquisa da qual o próprio Skinner mais se orgulhava. Quando perguntado, em 1967, quais de suas contribuições à psicologia ele escolheria como a mais importante, Skinner respondeu que, "Seria toda a questão das contingências de reforçamento organizada pelos esquemas de reforçamento... Eu acho que é minha contribuição científica básica" (Skinner, apud Hall, 1967, p. 107).

Controle do Comportamento

Em um trabalho intitulado "How to Teach Animals" [Como Ensinar Animais], publicado em 1951, Skinner descreveu o que ele denominou *modelagem*. Quando se treina um pombo para bicar

O Condicionamento Operante e os Primeiros Vôos Espaciais com Animais

Animais treinados por meio das técnicas de condicionamento operante que Skinner desenvolveu fizeram vôos ao espaço, mas não os primeiros vôos (Rohles, 1992). Em 4 de outubro de 1957, os russos lançaram o Sputnik I. Essa palavra em russo quer dizer "viajante companheiro". Esse primeiro satélite era uma esfera de alumínio de 58 centímetros de diâmetro, pesando 83 quilos e que carregava dois radiotransmissores. Seus sinais característicos "bip-bip" podiam ser ouvidos em todo o mundo. O Sputnik I orbitou a Terra 15 vezes a 29 mil km/hora por três meses. Dois anos antes, um grupo de psicólogos informou o Conselho Nacional de Segurança dos efeitos potencialmente graves do sucesso dos soviéticos sobre a opinião pública norte-americana (Launius, 1994, p. 25). No início, a Administração Eisenhower tentou diminuir a magnitude do êxito soviético. O presidente Eisenhower comentou que "o satélite russo não tinha aumentado sua apreensão nem um pouquinho" (Shelton, 1968, p. 54); o secretário de Defesa chamou o Sputnik de um "pedaço de aço inútil"; um dos assistentes do presidente Eisenhower garantiu que os Estados Unidos não estavam interessados em envolver-se em um "jogo de basquete no espaço sideral"; e um conselheiro da Casa Branca referiu-se ao satélite russo como "uma bugiganga idiota no céu" (Halberstam, 1993, p. 624-625). Porém a ameaça à segurança norte-americana e o desafio percebido à superioridade tecnológica do Ocidente eram óbvios. Apenas um mês depois, os soviéticos lançaram o Sputnik II. Era seis vezes maior e levava uma pequena cadela, Laika (ladrar em russo). Fotos enviadas para a Terra e transmitidas para o mundo inteiro mostravam Laika no espaço. Esse feito e o progresso aparentemente rápido do programa espacial soviético não podiam ser deixados de lado. O presidente Eisenhower, segundo dizem, foi até o seu assessor em assuntos científicos e perguntou com raiva, "Que tipo de pessoas treinariam aquela cadela?" Quando ele soube que eram psicólogos, Eisenhower ordenou, "Arrume alguns psicólogos e mande-os treinarem alguns animais americanos!" (Meyer, 1993).

Em novembro de 1957, uma recém-formada Divisão de Ambientes Desconhecidos foi criada na Base da Força Aérea Wright Patterson em Dayton, Ohio. Essa divisão era comandada pelo psicólogo Frederick H. Rohles, Jr. (Rohles, 1992). Os psicólogos que trabalhavam na unidade propuseram que, antes de os astronautas norte-americanos viajarem para o espaço, era essencial que os animais fossem submetidos aos rigores do vôo espacial. Esses vôos de teste determinariam se os animais poderiam sobreviver à viagem e se conseguiriam executar tarefas aprendidas durante o vôo. Em uma conferência de planejamento de quatro dias em 1958 na University of Virgínia, uma delegação de três psicólogos – Rohles, Charles Ferster e Donald R. Meyer, um especialista em aprendizagem e comportamento de primatas – recomendou que se fizesse "uma série progressiva de experimentos, começando com comportamento extremamente simples em ratos, evoluindo para tarefas mais complicadas com macacos e culminando com tarefas complexas para chimpanzés (Banghart, 1958, p. 6). Deveriam ser usados os procedimentos de condicionamento operante, principalmente esquemas de reforçamento, paradigmas de controle de estímulo e medidas de tempo de reação.

Em uma competição acirrada pela corrida espacial entre Estados Unidos e União Soviética, não foram usados ratos e os macacos foram treinados primeiro. Em 13 de dezembro de 1958, um macaco-esquilo de 450 g chamado Gordo fez um vôo a uma altitude de 96 km; em 28 de maio de 1959, Baker, uma fêmea de macaco-esquilo de 300 g e Able, um macaco Rhesus macho de 220 g, atingiram um altitude de 482 km e ficaram nove minutos sem gravidade. Os dois animais foram recuperados vivos depois do vôo, a primeira vez que um programa espacial havia conseguido esse feito.[6]

---

[6] O vôo de Baker e Able é comemorado em uma exibição no Smithsonian Air and Space Museum em Washington, D. C.

(continuação na página 476)

O Condicionamento Operante e os Primeiros Vôos Espaciais com Animais (Continuação)

Em dezembro de 1959 e janeiro de 1960, dois macacos Rhesus, Sam e Miss Sam, fizeram vôos suborbitais. Esses macacos haviam sido treinados para evitar choques elétricos programados, pressionando uma barra durante toda a decolagem, o vôo e o resgate. Então, decidiu-se que, como parte do Programa do Projeto Mercúrio, os chimpanzés seriam treinados para vôos espaciais. Mais uma vez, os psicólogos com formação em psicologia comparada foram importantes no treinamento desses animais. O chimpanzé Ham fez um vôo suborbital de 19 minutos em 31 de janeiro de 1961, pressionando barras para evitar choques programados. Ham se saiu bem e recebeu apenas dois choques durante o vôo de 18 minutos. Em uma conferência de imprensa, na manhã do vôo de Ham, perguntaram sobre o vôo ao presidente Kennedy. Demonstrando seu refinado humor, ele respondeu, "O chimpanzé que vai voar para o espaço decolou às 10h18 esta manhã. Ele diz que tudo está perfeito e funcionando bem" (Wolfinger, 1994). Depois de ser resgatado no Oceano Atlântico, um helicóptero levou a cápsula de Ham para o navio de regaste. Quando a cápsula foi aberta, Ham recebeu uma maçã e uma laranja. Quando ele estendeu a mão pedindo mais fruta, o gesto foi interpretado como um cumprimento. Uma foto na *Life* e na *National Geographic* mostrando Ham com os braços graciosamente cruzados, esperando para ser liberado da cápsula, mostrou ser uma benção da propaganda para o programa espacial norte-americano. Depois de seu vôo, Ham viveu no Zoológico Nacional em Washington, D. C., onde se tornou uma atração por muitos anos.

Em 29 de novembro de 1961, um segundo chimpanzé condicionado de forma operante, Enos, deu duas voltas em torno da Terra. Ele pressionou uma barra tanto para receber comida quanto água em dois esquemas de reforçamento e resolveu problemas de discriminação para evitar choques. Seu desempenho foi excelente. Depois de cair no oceano, a cápsula de Enos ficou boiando 40 minutos antes de ser resgatada com sucesso. De acordo com um relatório da Nasa, quando foi libertado da cápsula, "Enos pulou de alegria e correu em volta do tombadilho do navio de resgate, dando as mãos entusiasticamente para a equipe de resgate" (Nasa, 1999). Os vôos de Ham e Enos mostraram, sem dúvida, que os primatas podiam sobreviver à viagem ao espaço e cumprir tarefas cognitivas complexas. Eles foram precursores importantes dos vôos espaciais de sete astronautas da Mercúrio e seus sucessores. Fazendo uma retrospectiva da experiência, Rohles escreveu:

> Os vôos do seres humanos dependeram do sucesso desses primeiros vôos de animais, mas o mais importante era que eles serviram como marcos para a psicologia comparada. Fazendo uma retrospectiva desses programas, posso apenas dizer que Skinner estava lá. Cada técnica, esquema e dispositivo de programação e gravação remontam a ele e a seus alunos. (Rohles, 1992, p. 1.533)

Depois de séculos em que os animais foram usados na guerra – pombos treinados para guiar mísseis e detectar instalações inimigas, golfinhos carregando explosivos para os portos inimigos, cães usados para detecção de minas e vigilância, os sons dos animais da selva usados para detectar a presença de um inimigo (Lubow, 1977) – esses macacos e chimpanzés, treinados pelos psicólogos, contribuíram para a exploração pacífica do espaço.

---

uma chave para obter comida, o pássaro recebe reforço primeiramente olhando para a parede da frente da câmara, então caminhando em direção a ela, levantando a cabeça e, finalmente, bicando. Gradualmente, o pombo é *modelado* por meio de reforçamento para emitir a resposta. Não apenas bicar a chave, mas também comportamentos como escolher uma carta de um baralho ou bicar as teclas de um piano podem ser modelados. Assim como o escultor molda a argila, a modelagem permite que o psicólogo modele o comportamento.

A modelagem é um procedimento eficiente para estabelecer e mudar o comportamento e certamente não é coincidência que Skinner escolheu chamar o segundo volume de sua autobiografia *The Shaping of a Behaviorist* [A Modelagem de um Behaviorista] (1979). Skinner se tornou conhecido por suas demonstrações engenhosas da modelagem. Em Minnesota, ele modelou a conduta de um rato para jogar uma bolinha de gude em um buraco. O jornal estudantil publicou uma história sobre o rato que eles chamaram Plínio, o Velho, e os jornais locais e a revista *Life* fizeram uma reportagem sobre "o rato que jogava basquete" de Skinner. Em outra demonstração, Skinner modelou a conduta de dois pombos a "jogar pingue-pongue". Os pássaros ficavam cada um em um lado da mesa e bicavam a bola com força para ela fosse de um lado para o outro. O espetáculo de dois pássaros "jogando pingue-pongue" deixou o público curioso. Em sua demonstração mais ambiciosa do poder da modelagem, o *Projeto Orcon*, Skinner teve o que chamou a "idéia maluca" de treinar pombos em simuladores para agir como guias de mísseis ou sistemas de controle orgânico, daí o acrônimo *Orcon* (*organic control*) (Skinner, 1960). Embora os pombos não cometessem falhas nos simuladores, Skinner nunca foi capaz de convencer as autoridades militares de que seu comportamento era confiável. Dois de seus colaboradores no Projeto Orcon, Keller e Marian Breland, ficaram tão impressionados com o resultado que criaram uma empresa, a Animal Behavior Entreprises, para treinar animais para exibição em propagandas usando os princípios operantes. Eles tiveram êxitos (Breland e Breland, 1951) e também fracassos (Breland e Breland, 1961), porém as técnicas de reforçamento imediato, modelagem e controle de esquemas são agora comuns no treinamento de animais em contextos comerciais e de entretenimento (Pryor, 1977). Depois da morte de Keller Breland em 1965, Marian Breland passou a fazer *seminários de condicionamento operante*, eventos de cinco dias divididos entre palestras sobre os princípios operantes do controle do comportamento e treinamento prático de animais (Wiebers, 2002).

Em 1945, Skinner deixou a University of Minnesota para ocupar o cargo de diretor do departamento de psicologia da Indiana University. Ele descobriu rapidamente que não tinha nem talento nem paciência para administrar uma universidade e desistiu um ano depois. Skinner ficou apenas três anos em Indiana, quando Boring lhe ofereceu um cargo de alto nível hierárquico no departamento de psicologia de Harvard. Seu salário era de US$ 10 mil, com financiamento para pesquisa garantido por cinco anos. Ele estava então com 44 anos e "próximo do auge de sua força e vitalidade intelectuais e com uma reputação e um *status* que abriram muitas portas para ele" (Wiener, 1996, p. 115). Skinner permaneceu em Harvard até o final de sua carreira e viveu em Cambridge até o final de sua vida.

A Utopia de Skinner

Skinner passou o verão de 1945 escrevendo um romance utópico, *Walden Two*. Ele descreveu uma comunidade imaginária na qual os princípios operantes de controle de comportamento são utilizados para formar uma sociedade harmoniosa e feliz. A comunidade de *Walden Two* fica em uma terra bonita e generosa, uma versão idealizada do vale do rio Susquehanna da juventude de Skinner. A comunidade tem trabalhadores felizes e produtivos e crianças bem comportadas cujo treinamento ético e moral está completo com 16 anos. O padrão de vida é tão alto que os membros da comunidade passam seu tempo livre tocando as Missas de Bach, jogando xadrez e tendo discussões acadêmicas. É uma comunidade em que os Dez Mandamentos foram traduzidos em programas explícitos de controle de comportamento – na verdade, uma utopia skinneriana.

As descrições de utopias existem em abundância na literatura ocidental, começando com Platão (Capítulo 1). Em sua *A República*, Platão descreveu uma pequena cidade-Estado na qual a cultura e o individualismo de Atenas eram combinados com a disciplina de Esparta. Um pequeno grupo de filósofos, a nata do sistema educacional, comandaria o Estado. Outras pessoas seriam escolhidas para desempenhar diferentes funções de acordo com suas faculdades e talentos. Sob o domínio de um reino de filósofos, *sub homine* (sob o homem), homens e mulheres encontrariam a felicidade e a satisfação.

Em *A Cidade de Deus* (426 d.C.), Santo Agostinho descreveu a suprema utopia, o paraíso cristão. Lá, encontra-se a felicidade na visão de Deus, *sub deo* (sob Deus), mas apenas depois da morte e somente para um grupo seleto.

Em seu livro *Utopia* (1517), sir Thomas More descreveu os infortúnios e horrores da vida na Inglaterra de seu tempo: crime, pobreza, castigos cruéis, distinções de classe terríveis e uma corte licenciosa. Sua solução era um sistema justo e íntegro de lei codificada, uma sociedade que funcionasse *sub lege* (sob a lei).

Jean-Jacques Rousseau, em *Contrato Social* (1762), descreveu uma utopia muito diferente. Inspirado por sociedades aparentemente idílicas do Pacífico Sul, descritas pelos primeiros exploradores europeus dessa região encantadora, Rousseau idealizou uma sociedade na qual os seres humanos encontram a felicidade voltando-se para a natureza, vivendo *sub natura* (sob a natureza). A humanidade somente encontraria a felicidade vivendo em harmonia com a natureza e a lei natural.

Admirável Mundo Novo (1932) de Aldous Huxley é uma sátira que nos previne sobre a ameaça que representa a psicologia, o condicionamento. Huxley via as técnicas de condicionamento como uma ameaça à liberdade humana e escreveu esse livro para chamar a atenção para os perigos de uma sociedade *sub psychologia* (sob a psicologia).

O objetivo de Skinner ao escrever *Walden Two* era descrever uma sociedade *sub operando* (sob o condicionamento operante). O líder da comunidade é o personagem Frazier, e com ele como *alter ego*, Skinner foi capaz de dizer coisas sobre possibilidades e técnicas de controle de comportamento que não estava preparado para dizer naquela época:

> Eu tenho apenas uma característica importante, Burris, sou teimoso. Tenho apenas uma idéia em minha vida – uma verdadeira *idée fixe*... para colocar a coisa da forma mais objetiva possível, a idéia de fazer do jeito que eu quero. "Controle" expressa isso, eu acho. O controle do comportamento humano, Burris. Em meus primeiros tempos como experimentador, havia um frenético e egoístico desejo de dominar. Lembro-me da raiva que costumava sentir quando uma previsão não dava certo. Eu podia ter gritado para os sujeitos de meus experimentos, "Se comportem, caramba"! "Se comportem como deveriam!" No final, percebi que os sujeitos estavam sempre certos. Eles sempre se comportavam como deveriam. Era eu que estava errado. Eu tinha feito uma previsão errada. (Skinner, 1948, p. 288-289)

Skinner descreveu uma comunidade tão bem-sucedida que o inicialmente indeciso Burris pede demissão da universidade e se junta a Frazier em *Walden Two* no final do livro. Juntos, eles sonham em fundar outras comunidades ao estilo de *Walden Two* e até assumir o controle de todo o país. De fato, foi criada uma única comunidade e seu sucesso foi apenas modesto (Kinkade, 1973).

Skinner escreveu *Walden Two*, como ele descreveu, "enlouquecidamente", em apenas sete semanas. Várias editoras rejeitaram o livro antes de sua publicação em 1948. Muitas das primeiras críticas foram desfavoráveis:

> A única coisa que tenho certeza de que gosto em *Walden Two* é o rádio – *Herald Tribune*

> Uma receita deprimentemente séria para uma arregimentação comunitária, como se o autor tivesse lido *Admirável Mundo Novo* de Aldous Huxley e não tivesse entendido – *Time*

> Um insulto a um nome, uma corrupção de um impulso... tal triunfo do *mortmain*, ou da mão morta, nunca foi imaginado desde os dias de Esparta – *Life*

No começo, as vendas do livro foram decepcionantes, no entanto nas décadas de 1950 e 1970, com o interesse crescente em estilos de vida alternativos e na contracultura, *Walden Two* se tornou um *best-seller*, principalmente nos *campi* das universidades. Skinner mantinha um registro preciso das vendas do livro em seu escritório. Em decorrência de muitos anos de vendas ruins, a curva esteve perto da abscissa; mas, então, ela subiu rapidamente com um total de vendas que superou dois milhões de exemplares.

A Pesquisa Aplicada de Skinner

Depois do nascimento de sua filha Deborah, Skinner começou a pensar seriamente sobre que tipo de ambiente um típico lar suburbano ofereceria para se criar um filho. Ele concluiu que estava longe do ideal. A criança fica irrequieta e recebe atenção e, dessa forma, a inquietação aumenta; a criança explora um objeto brilhante, atrativo que por acaso é um vaso caro e é castigada por fazer isso; a criança exige constantemente de seus pais que não conseguem responder como gostariam. Skinner começou a imaginar um ambiente melhor para sua filha. Começou analisando suas necessidades. A primeira era calor. Em vez de embrulhá-la em um monte de roupas e cobrir seu berço com cobertores, Skinner construiu um pequeno compartimento, bem aquecido, no qual Debbie vivia. Uma criança deve também ser protegida de doenças. Skinner acreditava que a maior parte das doenças da infância é causada por vírus transmitidos pelo ar, então o ar que entrava no compartimento de Debbie passava por uma série de filtros. Liberdade de excesso de roupas e a presença de brinquedos interessantes incentivavam Debbie a se exercitar e brincar. Skinner garantiu que sua necessidade de contato e interação social fosse satisfeita deixando que ela ficasse algum tempo todos os dias fora do compartimento e recebesse toda a atenção de seus pais.

Em outubro de 1945, o *Ladies Home Journal* publicou um artigo ilustrado descrevendo esse dispositivo e a experiência que Skinner e sua esposa tiveram ao criar sua filha nele por dois anos e meio. Ali estava um behaviorista que havia seguido o desafio de Watson, "Me dê uma dúzia de crianças saudáveis..." (Capítulo 12) e exerceu grande controle sobre o ambiente de sua própria filha. O artigo relatava que Debbie era uma criança feliz e saudável que não havia chorado por seis meses, exceto quando recebeu vacinas. Os fotógrafos mostraram uma Debbie obviamente feliz brincando sem roupas no seu compartimento. Jornais, rádio e a *Pathé News* publicaram histórias sobre esse novo dispositivo, e Skinner recebeu cartas de centenas de pais atormentados perguntando onde poderiam comprar um. No entanto, algumas pessoas estavam previsivelmente indignadas. O título do artigo, "Baby in a Box" [Bebê em uma Caixa], mostrava imagens de um isolamento social e um ambiente semelhante a uma gaiola. Skinner foi acusado de privar Debbie de qualquer vida social e do amor e afeição dos pais, de tratá-la como um de seus ratos ou pombos. Um crítico disse que a única vez que os seres humanos deveriam ser colocados em uma caixa é quando estivessem mortos. Uma mãe que havia usado a caixa com seus gêmeos chegou a uma conclusão mais prática. "A caixa", disse ela, "é uma benção para as mães porque você lava menos roupa e dá menos banhos" (Gerow, 1988, p. 45). Além de ganhar notoriedade, o dispositivo para bebês foi um problema financeiro. Skinner investiu US$ 500 na empresa para construir essas "Heir Conditioners" e seu sócio, o homem que devia fabricar os dispositivos desapareceu com o dinheiro e o depósito de possíveis compradores. No entanto, alguns *air-cribs*,[*] como os dispositivos passaram a ser chamados, foram construídos, e 130 bebês foram criados neles sem efeitos maléficos (Skinner, 1979, p. 293-317). Por muitos anos, circularam rumores de

---

[*] NT: Berços de ar ou berços climatizados, porque eram imunes a germes.

que a filha de Skinner havia sido permanente e negativamente afetada pela experiência vivida e que até tinha ficado psicótica. Felizmente, não era verdade. Deborah Skinner se formou com distinção *Phi Beta Kappa* pelo Radcliffe College e se tornou uma artista de sucesso. Fazendo uma retrospectiva de sua experiência como o "bebê na caixa", ela comentou, "Não foi realmente um experimento psicológico, mas o que você poderia chamar de uma experiência de felicidade por meio da saúde. Acho que fui um bebê muito feliz. A maior parte das críticas sobre a caixa foi feita por pessoas que não entendem o que ela era" (D. Skinner, citado em 1971, p. 51). A outra filha de Skinner, Julie Vargas, que não foi criada no *air-crib*, decidiu criar suas duas filhas no dispositivo.

As próximas inovações de Skinner surgiram de suas observações do comportamento do professor e das crianças na sala de aula do quarto ano de sua filha. Ele estava incomodado com o que considerava "mentes sendo destruídas". Parecia que pouco se aprendia e esse pouco parecia para Skinner ocorrer apesar e não por causa do reforçamento em sala de aula. Com tantas crianças na classe, o professor era incapaz de atender cada um de imediato e, por isso mesmo, muitos comportamentos que deviam ser reforçados não o eram. As crianças trabalhavam principalmente para evitar eventos aversivos ameaçadores: o desagrado do professor, a zombaria dos colegas de classe, as notas ruins ou uma visita à sala do diretor. Os reforçadores positivos eram raros e, quando administrados, geralmente era feito com atraso. A pesquisa de Skinner com animais havia mostrado que os reforçadores liberados com atraso são ineficazes e, portanto, essas tentativas bem-intencionadas de ministrar reforçadores positivos provavelmente eram ineficazes. Outro problema era que o professor tinha de apresentar informação no mesmo ritmo para todos os alunos. Para alguns, o ritmo era muito rápido, para outros era claramente muito lento; mas todos tinham de prosseguir juntos. Para Skinner, a sala de aula, com seus procedimentos de controle aversivo, reforçadores positivos escassos e atrasados, falta de atenção individual e progressão padronizada, parecia um ambiente garantido para produzir dificuldades de aprendizagem. Skinner escreveu:

> A condição da escola média é uma questão de preocupação generalizada. As crianças simplesmente não aprendem aritmética rápido ou bem. Nem o resultado é simplesmente incompetência. Os sujeitos nos quais as técnicas modernas menos funcionam são aqueles nos quais o fracasso é mais evidente, e no mesmo rastro da incompetência cada vez maior vêm as ansiedades, incertezas e agressões que, por sua vez, apresentam outros problemas na escola. (Skinner, 1954, apud Skinner, 1961, p. 151)

O que poderia ser feito para remediar essa situação? A solução de Skinner foi o desenvolvimento das máquinas de ensinar.

No início, foram desenvolvidas máquinas de ensino inovadoras na década de 1920 por Sidney L. Pressey.[7] Mas seu trabalho estava à frente de seu tempo, e suas máquinas não foram usadas de forma abrangente além do *campus* da The Ohio State University. (Benjamin, 1988). Skinner elaborou um sistema de ensino baseado nos princípios operantes do controle do comportamento

---

[7] Skinner não estava ciente do trabalho de Pressey. Boring em sua *History of Experimental Psychology* [História da Psicologia Experimental] atribuiu a invenção da máquina de ensinar a Skinner. A Comissão de Patentes dos Estados Unidos emitiu duas patentes para Pressey para *Máquinas para Teste de Inteligência* em 4 de março de 1930 e uma patente para um *Mecanismo de Exame* em 27 de dezembro de 1932. Em 1954, Pressey enviou para Skinner exemplares de seus trabalhos sobre máquinas de ensinar publicados em 1926 e 1932 e também cópias de suas patentes. Ambos se comportaram de forma elogiável. Skinner reconheceu a prioridade e a importância do trabalho de Pressey; Pressey deu suporte ao interesse de Skinner em trazer de volta as máquinas de ensinar por parte de Skinner. As patentes de Pressey estão nos Arquivos de História da Psicologia Norte-Americana na University of Akron. Em 1963, uma das máquinas de ensinar de Pressey foi incluída permanentemente no acervo do Smithsonian Institution in Washington, D. C.

estabelecidos em sua pesquisa animal. Primeiramente, o reforçamento seria imediato. A criança saberia imediatamente se sua resposta foi correta ou incorreta. Em segundo lugar, a criança progrediria no seu próprio ritmo, avançando apenas quando o material estivesse totalmente entendido. Em terceiro, o material a ser aprendido seria apresentado em pequenas etapas, com informações adicionais introduzidas quando a criança cometesse um erro. O aprendizado seria modelado por meio de um programa de instrução cuidadosamente elaborado.

A aprendizagem programada com máquinas de ensinar e textos programados tem sido usada de forma abrangente nas escolas, faculdades e universidades não apenas nos Estados Unidos, mas também em mais de 72 países em todo o mundo (Unesco, 1973). Há, pelo menos, uma dúzia de publicações voltadas para a instrução programada e muitos livros sobre o assunto. A qualidade dos programas é fundamental para esse tipo de instrução. Embora tenham sido elaborados alguns programas excelentes, parece que se tem dado mais atenção para as máquinas e equipamentos do que para a qualidade dos programa em si. Embora Skinner (1961) previsse que a instrução programada poderia ser usada para ensinar comportamentos complexos, como cálculo, composição musical, compreensão da Bíblia, solução de problemas pessoais e até pensar, suas esperanças não se concretizaram. A instrução programada tem sido usada com sucesso para ensinar ortografia e aritmética básica nas escolas e até os princípios da análise experimental do comportamento de Skinner em faculdades (Holland e Skinner, 1961), porém os programas que ensinam muitos outros tópicos não foram tão bem-sucedidos. Mas as máquinas de ensinar e as técnicas de instrução programada de Skinner foram uma inovação importante. Atualmente seu sistema de comportamento é bastante ensinado aos professores. Ensinar é visto como "gerenciamento das contingências de reforçamento", os professores e alunos são incentivados a estabelecer "metas de comportamento", o comportamento em sala de aula é "modelado" e os professores usam constantemente os sistemas de "economia de fichas" com base em reforçadores condicionados e *time-outs* (pausas), nos quais a criança não é exposta a todos os estímulos e reforçadores por um breve período. O impacto de Skinner na educação tem sido grande.

A Modificação do Comportamento de Skinner

Skinner também incentivou abordagens inovadoras para modelar o comportamento de pessoas que sofriam de doenças mentais. Seu interesse no comportamento de pessoas diagnosticadas como neuróticas ou psicóticas começou em 1932, quando ele explorou a possibilidade de modelar a conduta de pacientes psicóticos do Hospital Worcester State em Massachusetts a pressionar alavancas para vários reforçadores. Esse projeto nunca foi implementado mas, em 1948, Paul Fuller, um aluno de pós-graduação da Indiana University, treinou um "idiota vegetativo" a emitir uma resposta operante. Esse garoto de 18 anos estava internado há muito tempo e foi diagnosticado como portador de deficiência mental grave. Ele ficava de costas sem se mexer, nunca emitia um som e não comia ou bebia. Fuller modelou sua conduta para que levantasse a mão direita, usando leite injetado em sua boca como reforçador. Depois de quatro sessões de condicionamento, o jovem levantava o braço consistentemente três ou quatro vezes por minuto. Apesar da conclusão dos médicos de que ele era incapaz de aprender qualquer coisa, o jovem, sem dúvida, aprendeu a dar essa resposta operante. Fuller (1949) declarou que se o tempo tivesse permitido, ele teria sido capaz de modelar outras respostas, na verdade, estabelecer uma repertório comportamental nessa pessoa.

Incentivado pelo sucesso de Fuller, Skinner voltou sua atenção para o diagnóstico e tratamento de doenças mentais. Os pontos de vista de Freud eram influentes na época (Capítulo 8), mas Skinner achou os conceitos e o tratamento de Freud inaceitáveis. Eles eram baseados, dizia ele, em "ficções explanatórias" como id, ego e superego; repressão; e catarse. Skinner também questionou a eficácia da psicanálise como procedimento terapêutico. Ele recomendou uma nova abordagem: observar o comportamento do paciente e, então, tentar mudá-lo por meio de contingências apropriadas de reforçamento. Skinner acreditava que muitos comportamentos aparentemente bizarros podiam, de fato, ser respostas sistemáticas mantidas por fortes reforçadores. Eliminar essas contingências inadequadas de reforçamento e substituir o reforço para respostas adaptativas eram os dois objetivos dos procedimentos de tratamento desenvolvidos por Skinner.

Em Harvard, dois de seus alunos de pós-graduação, Ogden S. Lindsley e Nathan H. Azrin, foram os pioneiros no que veio a ser conhecido como *modificação do comportamento*. Com Skinner, Lindsley criou estações de pressão de alavanca no Boston Metropolitan State Hospital, onde os pacientes psicóticos pressionavam alavancas para obter reforçadores como doces e cigarros. Seu comportamento era metódico e previsível. Depois de se formar em Harvard, Azrin criou um programa de modificação do comportamento no Anna State Hospital no sul de Illinois. Lá, Teodoro Ayllon (1963) modificou o comportamento de uma mulher psicótica com um histórico de nove anos escondendo toalhas. Toda vez que ela roubava ou escondia uma toalha, as enfermeiras estavam instruídas a lhe dar mais toalhas. Após quatro semanas, a mulher tinha 650 toalhas em seu quarto. Ela então começou a removê-las e a resistir a receber mais. Esse procedimento de saciação havia mudado claramente o valor reforçador da toalha. Ayllon e Azrin estabeleceram programas de gestão comportamental para alas inteiras de pacientes em 1968 publicaram *The Token Economy* [A Economia de Fichas], descrevendo seus procedimentos.

Skinner começou a referir-se a si próprio não como psicólogo, mas como analista comportamental (Wiener, 1996, p. 100). Os modificadores de comportamento mostraram-se bem-sucedidos em controlar uma série de comportamentos, incluindo fumar, comer em excesso, timidez, problemas de fala e autismo (Ulrich et al., 1966; Bellack, Hersen e Kazdin, 1982). Em 1982, 852 mil crianças com retardo mental participaram de programas de educação especial nos Estados Unidos (Scheerenberger, 1983), a grande maioria deles com base nos princípios de controle e gestão comportamental de Skinner (Gaylord-Ross e Holvoet, 1985). Grande parte dos programas residenciais para pessoas com retardo mental emprega princípios operantes como parte-padrão do tratamento. Há agora bem mais de 24 publicações em inglês voltadas para a modificação do comportamento e muitas outras em línguas estrangeiras; uma divisão da APA (Divisão 25) para os psicólogos "skinnerianos"; e várias associações internacionais para modificação do comportamento. Thompson (1988) afirmou:

> É possível encontrar intervenções para os problemas humanos com base nos princípios operantes de Auckland, Nova Zelândia, até Reykjavik, Islândia, Roma, Itália, como também em cada estado dos Estados Unidos. (T. Thompson, 1988, p. 399)

Apesar de suas notáveis realizações, vários críticos vêem a modificação do comportamento com uma tentativa insensível e até cruel de manipular e controlar. Eles argumentam que os pacientes foram privados de seus direitos básicos à boa alimentação, exercício e roupas de cama limpas para que esses itens pudessem ser usados como reforçadores. Em geral, esses críticos questionam uma grande variedade de técnicas, incluindo choque eletroconvulsivo, terapia aversiva, isolamento e procedimentos punitivos, rotulado-os de "modificação de comportamento". Os protestos constantes de Skinner de que o termo se refere apenas a técnicas que usam aplicação sistemática de reforçadores positivos não valeram de nada. Diante desse coro de críticas, a modificação do comportamento pode agora ser utilizada apenas sob condições cuidadosamente controladas e supervisionadas.

Aplicações Industriais da Modificação do Comportamento

Skinner sempre comentou sobre a semelhança entre certos esquemas de reforçamento e os regimes de pagamento usados nos negócios e na indústria. Os reforços para trabalho por empreitada se parecem aos esquemas de reforçamento de razão e os esquemas de pagamento semanal, aos reforços em intervalo. Às vezes, as semelhanças são surpreendentes. Assim como um animal que recebeu um reforço em um esquema de intervalo fixo (geralmente faz uma pausa antes de, pouco a pouco, aumentar a taxa de respostas, os trabalhadores pagos às sextas-feiras em geral apresentam "a tristeza da segunda de manhã" e certa relutância em trabalhar na segunda-feira. Foram feitas algumas tentativas de aplicar os princípios de controle operante de Skinner a vários ambientes industriais e empresariais, em geral com um sucesso surpreendente (Feeney, 1973). Outras aplicações notáveis incluem o uso de princípios de reforçamento para impedir acidentes industriais (Fox et al., 1987) e o desenvolvimento de programas de *frequent flyer* das companhias aéreas – um forma de economia de fichas – que originalmente foi criada para aumentar a fidelidade de um cliente a determinada companhia aérea, mas teve o efeito de aumentar as viagens aéreas de 20% para 35% (T. Thompson, 1988, p. 399).

Os Últimos Anos de Skinner

Skinner se aposentou como Harvard's Edgar Pierce Professor of Psychology em 1974. Ele continuou a caminhar cerca de três quilômetros de sua casa em Cambridge até sua sala no William James Hall em Harvard. Lá, ele respondia a cartas, recebia visitantes, muitos do exterior, e às vezes dirigia pesquisa e se reunia com estudantes de pós-graduação (Fowler, 1990, p. 1.203). Skinner escreveu sua autobiografia (Skinner, 1976, 1979, 1983) e editou uma coleção retrospectiva de seus trabalhos (Skinner, 1987). Ele mantinha registros meticulosos do índice de citação de suas obras na literatura em psicologia. Em 1989, ele percebeu que, pela primeira vez, seu índice de citação havia superado o de Freud (Lattal, 1992, p. 1.269). Skinner continuou a contribuir com trabalhos inovadores e controvertidos para a literatura da psicologia (Skinner, 1989). Em 1980, Robert Epstein, Robert Lanza e Skinner responderam aos relatos de comunicação simbólica entre chimpanzés com uma demonstração experimental de comunicação simbólica entre pombos condicionados de forma operante que excentricamente imitavam Jack e Jill.* Na convenção de 1982 da APA, Skinner apresentou um relato behaviorista formal de seu próprio comportamento enquanto envelhecia, um relato que mais tarde foi transformado em um livro chamado *Enjoy Old Age* [Viva Bem a Velhice – Aprendendo a Programar Sua Vida] (1983) que ele escreveu juntamente com Margaret Vaughan. Skinner tinha muito pouco a falar sobre perda, medo de morrer ou o significado da vida. Ao contrário, o livro foi um programa de autogestão do comportamento para os mais velhos:

> Pendure um guarda-chuva em uma maçaneta acessível se houver previsão de chuva; dessa forma, ele não será esquecido.
>
> Leia pornografia para ampliar e animar a vida sexual.
>
> Prepare novos truques para divertir seus netos quando eles o visitam.
>
> Planeje o ambiente de forma que você não se aborreça com o inevitável declínio da visão, audição, força física e paciência.
>
> Corra o risco de ter o desprezo de seus contemporâneos mais jovens admitindo livremente que você lê histórias de detetives e assiste a novelas.

---

* NT: Jack e Jill é uma rima infantil.

James McConnell: Planárias, Ficção Científica, Modificação do Comportamento e o Unabomber

Na década de 1960, James McConnell foi uma das personalidades públicas mais excêntricas e controvertidas da psicologia (Rilling, 1996). Sua fama inicial deveu-se a experimentos com aprendizagem em invertebrados. McConnell afirmou que planárias (vermes de corpo achatado), que nunca haviam se submetido a experimentos anteriormente, apresentavam uma resposta condicionada mais rapidamente quando alimentadas com partes do corpo de planárias treinadas. No entanto, os experimentos de McConnell careciam de controle para pseudocondicionamento, sensibilização e viés do experimentador. Os críticos de McConnell incluíam seu orientador na pós-graduação, o representante da psicologia comparada M. E. Bitterman (1975). Tentativas de outros pesquisadores em reproduzir os resultados de transferência de memória não foram bem-sucedidas (Travis, 1980). A verba para seu programa de pesquisa foi cortada, mas McConnell não se deixava abater. Em 1974, ele escreveu um livro-texto de psicologia introdutória, *Understanding Human Behavior* [Compreendendo o Comportamento Humano]. Entre uma coleção cada vez maior de textos introdutórios, o livro de McConnell era inovador, pois em cada capítulo ele contava uma breve história de ficção científica. É dos textos introdutórios mais vendidos de todos já publicados. Os instrutores que não adotavam o texto de McConnell em suas aulas, o usavam como material para suas palestras.

Em 1959, McConnell criou o *The Worm Runner's Digest* como uma alternativa da contracultura ao *Journal of Comparative and Physiological Psychology*. Além de relatos de pesquisa, muitos das quais referentes a experimentos de transferência de memória, o *Digest* incluía artigos cômicos, comentários e sátiras atacando e ridicularizando o *establishment* da psicologia. Isso tudo vinha de um psicólogo que, até o fracasso dos experimentos com as planárias, havia recebido uma generosa verba federal e que havia dirigido um laboratório de pesquisa na University of Michigan. O *Digest* deixou de ser publicado em 1979, mas durante 20 anos era leitura obrigatória para psicólogos experimentais e da psicologia comparada e principalmente para alunos de pós-graduação.

Em seguida, McConnell voltou-se para a modificação do comportamento. Ele não era um praticante, mas um defensor entusiasta do controle do comportamento de criminosos. Seus artigos na imprensa popular e na *Esquire* e *Psychology Today* eram mais propaganda que conclusões confiáveis com base em pesquisa. Rilling (1996) descreve o resultado inevitável:

Depois do fracasso do projeto das planárias, McConnell acabou sendo um propagador da modificação de comportamento de B. F. Skinner. Um engenheiro do comportamento poderia "garantir" que um prisioneiro adequadamente retreinado nunca cometeria um crime. Em última análise, McConnell se tornou melhor em publicidade do que em oferecer contribuições originais para a ciência. (Rilling, 1996, p. 597)

A defesa que McConnell fazia da modificação do comportamento chamou a atenção de Theodore (Ted) Kaczynski, mais tarde conhecido como Unabomber. Entre 1975 e 1995, quando foi preso, o Unabomber se vingou da ciência e da tecnologia, enviando bombas pelo correio para executivos das empresas de alta tecnologia e para cientistas de pesquisa acadêmica. Em 15 de novembro de 1985, McConnell foi vítima de uma tentativa de assassinato por parte do Unabomber. Um de seus assistentes de pesquisa ficou ferido depois de abrir um pacote enviado para o laboratório de McConnell e a audição de McConnell ficou afetada pelo estouro da bomba. Em janeiro de 1998, Kaczynski aceitou um acordo e foi condenado à prisão perpétua.

A carreira de Skinner foi longa e notável, repleta de prêmios, honrarias e realizações: eleição para a Sociedade de Psicólogos Experimentais no começo da década de 1940 e recebimento da prestigiosa Medalha Warren da Sociedade em 1942, presidência da Associação de Psicologia do Meio-Oeste em 1949 e da Sociedade Pavloviana em 1966. Skinner recebeu o Prêmio por Contribuição Notável à Ciência em 1958, a Medalha de Ouro da Fundação Americana de Psicologia, em 1971 e o Prêmio de Humanista do Ano da Associação Humanista Americana, em 1972. No entanto, nunca foi eleito presidente da APA.

Em 10 de agosto de 1990, na 98ª Convenção Anual da APA em Boston, Skinner recebeu a Medalha de Ouro e uma citação por contribuições vitalícias excepcionais para a psicologia. É a única pessoa que recebeu esse prêmio na história da APA. Enfraquecido pela leucemia, Skinner fez um discurso na convenção e trabalhou em uma versão manuscrita de seu discurso até uma noite antes de sua morte, em 18 de agosto de 1990. Seu trabalho "Can Psychology Be a Science of Mind?" [A Psicologia Pode Ser uma Ciência da Mente?] foi publicado na edição de novembro de 1990 da *American Psychologist*. Sua resposta à pergunta do título foi um amargo "não", pois ele classificou a psicologia cognitiva como o criacionismo da psicologia. Mais de 50 obituários apareceram em publicações sobre psicologia e na mídia. A *American Psychologist* dedicou toda uma edição a *Reflections on B. F. Skinner and Psychology* (novembro de 1992). Em um tributo editorial a Skinner, Raymond D. Fowler escreveu:

> A perda desse cientista ilustre é atenuada apenas pela compreensão de nossa boa sorte em tê-lo como uma pessoa que contribuiu brilhantemente para a psicologia durante 63 anos, mais da metade da história da disciplina. Ninguém pode negar que ele imprimiu uma marca permanente na psicologia. A *American Psychologist* se despede dele com admiração e afeição. (Fowler, 1990, p. 1203)

B. F. Skinner na convenção anual da Associação
Norte-Americana de Psicologia, 10 de agosto de 1990,
sua última aparição pública.
(Ellen Shub)

O NEOBEHAVIORISMO EM RETROSPECTIVA

O que podemos concluir sobre esses quatro psicólogos neobehavioristas? Eles compartilharam a definição da psicologia como ciência do comportamento, mas havia muitas diferenças entre eles. Dos quatro, a importância e influência de Guthrie foram as que permaneceram mais estáveis. Ele tem sido considerado um teórico interessante da aprendizagem cujo *princípio da contigüidade* fornece uma explicação eficiente para o comportamento. O *behaviorismo intencional* de Tolman teve um período de popularidade; porém com o surgimento de Hull e Skinner e suas abordagens declaradamente mecanicistas do behaviorismo, a visão de Tolman foi obscurecida. No entanto, na década de 1970, a posição de Tolman chamou cada vez mais a atenção dos psicólogos interessados no pensamento e na solução de problemas. Para esses psicólogos cognitivos, os experimentos e conceitos de Tolman são de grande valor e interesse.

Os números citados anteriormente neste capítulo mostraram como a teoria de Hull sobre a aprendizagem e o sistema de comportamento dominaram claramente a literatura sobre a aprendizagem. Mas, mais recentemente, a influência de Hull tem diminuído. Skinner também teve um grande impacto sobre a psicologia. No entanto, a contagem das citações de sua obra no *Journal of Experimental Psychology* e em muitas outras publicações convencionais sobre psicologia mostrou um impacto muito menor do que o de Hull. O impacto de Skinner tem sido maior fora dessas publicações convencionais de psicologia, em geral em periódicos como *Journal of the Experimental Analysis of Behavior* e *Journal of Applied Behavior Analysis*, que foram criados explicitamente para publicar pesquisas "skinnerianas". Perto do final de sua vida, Skinner concentrou-se em assuntos filosóficos e sociais. Sua morte trouxe um grande reconhecimento de suas muitas contribuições para a psicologia. Parece que provavelmente a influência e a importância de Skinner permanecerão por muitos anos e, dos quatro neobehavioristas analisados neste capítulo, os legados de Skinner e Tolman serão os mais duradouros.

Epílogo

Este livro reviu o desenvolvimento da psicologia desde suas raízes na Antigüidade, passando pela filosofia, e dos grandes avanços na psicologia e outras ciências da vida nos séculos XVII, XVIII e XIX, até o surgimento da psicologia como uma ciência independente no final do século XIX, com Wilhelm Wundt. Desde essa época, muitos psicólogos fizeram parte da "breve história" da psicologia. Ao analisar alguns deles, dei ênfase não apenas às suas contribuições teóricas, empíricas e práticas à psicologia, mas também às suas vidas e carreiras, êxitos e fracassos, triunfos e frustrações. Conseqüentemente, essa foi uma história biográfica da psicologia.

Qual é a situação atual da psicologia? Em 1892, William James terminou seu livro *Psychology* [Psicologia] com uma consideração sobre a psicologia de sua época e chegou a uma conclusão pessimista. Segundo James, a psicologia era:

> Uma seqüência de fatos brutos, um pouco de tagarelice e uma disputa de opiniões; uma classificação e generalização em um mero nível descritivo; uma forte idéia preconcebida de que temos estados da mente e que nosso cérebro os condiciona; mas nenhuma lei como a física nos apresenta, nem sequer uma proposição da qual possamos deduzir casualmente qualquer conseqüência. Nem sequer sabemos que termos tomariam essas leis elementares se as tivéssemos. Isso não é uma ciência, é apenas a esperança de uma ciência. (James, 1892, p. 468)

Mais de 100 anos depois, a psicologia faz jus às críticas de James? A esperança de uma verdadeira ciência da psicologia se concretizou ou realmente ainda temos pouco mais do que um amontoado de conversa e opiniões? No final de sua carreira, James ficou ainda mais pessimista quanto à situação e às perspectivas da psicologia. Ela ainda tem muitos críticos que questionam não apenas a realidade, mas a perspectiva de uma verdadeira ciência da psicologia. No entanto, há uma psicologia contemporânea que é interessante, importante e auspiciosa. Têm-se feito progressos, certos fenômenos psicológicos agora já são compreendidos e já foram estabelecidas algumas leis do comportamento.

O conhecimento da estrutura e das funções do sistema nervoso e das bases biológicas dos fenômenos psicológicos avançou rapidamente. A pesquisa pioneira de Pierre Flourens, Pierre-Paul Broca, Gustav Fritsch, Eduard Hitzig e até de Roberts Bartholow demonstrou que o cérebro pode ser estudado e que algumas funções podem ser compreendidas. O livro *Brain Mechanisms and Intelligence* [Mecanismos do Cérebro e Inteligência], publicado em 1929, direcionou o modelo de pensamento e a pesquisa de uma geração de psicólogos fisiológicos. O livro *The Organization of Behavior* [Organização do Comportamento] (1949) serviu de ponte entre a psicologia e as neurociências que se desenvolviam rapidamente e um modelo para os efeitos da experiência no cérebro. Trabalhando no laboratório de Hebb em 1954, James Olds e Peter Milner identificaram os "centros do prazer" no cérebro, uma descoberta altamente significativa e inesperada. David Hubel e Thorsten Wiesel, em 1969, descreveram as relações precisas entre a atividade da célula cortical e os fenômenos perceptivos, enquanto a pesquisa de Roger Sperry sobre os sujeitos com "cérebro dividido" demonstrou as diferentes funções psicológicas dos dois hemisférios do cérebro (Sperry, 1961). Por sua pesquisa, Hubel, Wiesel e Sperry compartilharam o Prêmio Nobel de Medicina. A descoberta, em meados da década de 1970, de substâncias endógenas semelhantes à morfina (as endorfinas) nos fez entender melhor a dor e até mesmo o prazer (Snyder, 1977). Em 2000, Eric Kandel compartilhou o Prêmio Nobel de Psicologia e medicina por sua pesquisa sobre o papel dos neurotransmissores.

A década de 1990 foi consagrada pelo congresso e proclamada pelo presidente como a "década do cérebro". As neurociências, incluindo a psicologia, dedicaram-se a uma abordagem interdisciplinar para entender as relações entre o cérebro, o comportamento e a cognição, possivelmente o maior desafio que a humanidade já enfrentou. As neurociências são uma das áreas da pesquisa e da prática que mais crescem. Foram feitos progressos impressionantes. A tomografia por emissão de pósitrons (PET) e outras técnicas diretas de imagem do cérebro permitem que os pesquisadores estudem o funcionamento do cérebro diretamente; novos medicamentos propiciaram tratamentos eficazes para doenças mentais e para traços de personalidade como timidez, impulsividade e dificuldade de se concentrar. O antidepressivo Prozac agora é tão largamente utilizado que já foi descrito como tendo sua própria "cultura" (Cowley, 1994) e registra vendas mundiais de US$ 1,5 bilhão por ano. Segundo uma previsão, a maior parte das novas drogas psicoativas não se destina a pacientes, e sim a pessoas que sentem necessidade de melhorar a memória, a inteligência ou a concentração ou alterar o humor (Restak, 1994).

O desenvolvimento de drogas psicoativas levou a um intenso debate sobre quem deve prescrevê-las. Historicamente, os privilégios de prescrição se restringiam aos médicos. Recentemente, tem havido um interesse cada vez maior entre alguns psicólogos em conseguir o direito de prescrição. Em 1990, o Conselho de Representantes da APA aprovou por 118 a 2 a criação de uma força-tarefa para que obtenha os privilégios de prescrição para os psicólogos. Os membros do conselho enfatizaram que esse avanço possibilitaria uma qualidade de vida melhor para as pessoas idosas, moradores de rua e habitantes da zona rural e promoveria o desenvolvimento de melhores tratamentos para a saúde da mulher (DeLeon, Fox e Graham, 1991, p. 384). Existem leis estendendo os privilégios de prescrição aos psicólogos em vários estados, incluindo o Havaí. Em 1989, o Departamento de Defesa dos Estados Unidos autorizou um projeto de demonstração e treinamento em que os psicólogos militares seriam treinados e autorizados a prescrever certas drogas e medicações psicoativas.

Muitos médicos e psiquiatras questionam o treinamento e a competência dos psicólogos para prescrever drogas. Alguns psicólogos também são contra os direitos de prescrição a seus colegas. Kingsbury (1987), que é tanto psicólogo clínico quanto psiquiatra, detalhou as várias razões para mal-entendidos e conflito entre psicólogos e psiquiatras. Embora o próprio Kingsbury, como psiquiatra, prescreva drogas, ele opõe-se aos direitos de prescrição para os psicólogos (Kingsbury, 1992). Ele prevê que essa medida levará inevitavelmente ao domínio dos psicólogos pelos psiquiatras. May e Belsky (1992) argumentam que os privilégios de prescrição iriam levar ainda mais a uma "medicalização" da psicologia e à inevitável depreciação da contribuição diferenciada que os psicólogos têm dado. É claro que forças profissionais e econômicas estão influenciando esse debate. O resultado fará muito para definir o futuro papel dos psicólogos e a relação entre a psiquiatria e a psicologia nas próximas décadas.

Embora ainda não tenham sido desenvolvidos tratamentos bem-sucedidos para quatro milhões de norte-americanos que sofrem do mal de Alzheimer, já se conseguiu avançar no entendimento das bases biológicas dessa doença debilitante. Mas já se obteve mais progressos em relação a outras doenças neurológicas debilitantes. A edição da publicação *Cell* de 26 de março de 1993, em um trabalho de 58 autores, incluindo a psicóloga Nancy S. Wexler, anunciou a base genética da doença de Huntington (DH). A DH é uma doença genética neurodegenerativa decorrente da atrofia das células cerebrais no gânglio basal. Ela afeta o humor, a cognição e o controle motor. As vítimas estão tragicamente conscientes de seu declínio fatal, que pode durar até 20 anos. Em 1979, Wexler começou a busca pelo gene da DH em uma numerosa família venezuelana de quase 200 pessoas afetadas pela doença. Conseguiu-se remontar a origem da doença a uma mulher da família. Os membros do Grupo de Pesquisa Colaborativo de Wexler conseguiram identificar e isolar o gene causador da doença. Embora ainda não se tenha descoberto uma cura para a DH, já existe um teste para fazer o diagnóstico ou mesmo prever a doença antes do surgimento dos sintomas ou até em um exame pré-natal. A própria Wexler, cuja mãe sofria da doença, tem 50% de chances de desenvolver a DH. Ela escolheu não divulgar sua decisão de fazer ou não o teste. Sua situação é um exemplo comovente dos dilemas que se tornarão cada vez mais comuns à medida que a ciência avançar.

A psicocirurgia ainda tem seus defensores (Rodgers, 1992), no entanto, uma abordagem mais promissora é considerar uma variedade de possíveis intervenções neurocirúrgicas e relacionadas no caso de problemas psicológicos e psiquiátricos. Os psicólogos desempenharão papel fundamental nos testes desses procedimentos e no monitoramento de sua aplicação.

Procedimentos estatísticos desenvolvidos recentemente permitem a análise e a interpretação de dados psicológicos de uma forma que era impossível 20 anos atrás. Por exemplo, foram usadas técnicas de análise fatorial para avaliar massas de dados relacionadas à personalidade e ao intelecto humanos e desenvolver descrições dos traços de personalidade e modelos de inteligência com base empírica. Raymond B. Cattell, um dos defensores contemporâneos dessa abordagem, prevê que as descrições fatoriais da personalidade permitirão prognósticos mais exatos do comportamento. A abordagem estatística de Cattell da personalidade pode ser remontada até sir Francis Galton no século XIX, embora as técnicas de Cattell sejam incomparavelmente mais poderosas do que qualquer coisa que Galton tinha disponível em sua época (Cattell, 1965; Catell e Kline, 1977). Essa abordagem das complexidades da personalidade impressionaria James? Podemos apenas especular, mas talvez ele a teria visto como uma forma de testar suas próprias descrições de tipos de personalidade espírito terno e espírito duro.

Os instrumentos eletrônicos atuais possibilitam apresentações precisas dos estímulos, registros exatos das respostas comportamentais, gravações detalhadas das atividades do sistema nervoso e métodos impressionantes de aquisição, armazenamento e análise de dados. James confessou-se horrorizado com a psicologia dos "instrumentos de metal" de sua época, porém, certamente, até ele ficaria impressionado com os aparelhos, equipamento e técnicas encontrados em um laboratório moderno de psicologia. Os computadores nos permitem implementar análises estatísticas complexas e desenvolver modelos causais de processos psicológicos que antes eram impossíveis.

Os computadores também mudaram muitos conceitos dos psicólogos sobre os fenômenos psicológicos. Os modelos de painel de comando das relações de estímulo e resposta que os primeiros behavioristas propuseram foram suplantados pelos modelos computadorizados e por um ponto de vista do processamento de informações relativo à aquisição, armazenamento e recuperação de informações. *The Sciences of the Artificial* [A Ciência do Artificial] de Herbert Simon (1969) descreveu os problemas psicológicos usando analogias com o computador. Posteriormente, Simon e seus colegas estudaram a inteligência artificial. Seus programas permitiam que os computadores resolvessem problemas, lembrassem e até raciocinassem (Newell e Simon, 1972). Em 1979, Simon ganhou o Prêmio Nobel por sua pesquisa em economia, mas hoje ele é mais conhecido como cientista cognitivo. Recente pesquisa que contou com a colaboração entre psicólogos e cientistas das áreas de computação e informação levou ao desenvolvimento de sistemas de inteligência especialistas (Solso e Massaro, 1995). Foram aplicados modelos de rede neural a áreas que variam do funcionamento de uma sinapse até a essência da consciência (Wang, 1993). As leis da Gestalt sobre a percepção foram utilizadas para prover coerência ao input necessária para o reconhecimento dos padrões da rede neural (Rock e Palmer, 1990).

A cognição foi recolocada em uma posição central na psicologia, um desdobramento que James certamente teria aprovado. Em sua época, a psicologia cognitiva estava sendo desenvolvida ativamente pelos psicólogos da escola de Würzburg. O impacto causado pela Primeira Guerra Mundial e a revolução behaviorista de John B. Watson diminuíram o impacto desses primeiros psicólogos cognitivistas como Franz Brentano e Carl Stumpf. Durante duas a três décadas, o behaviorismo dominou a psicologia e, sucessor de Watson, B. F. Skinner, continua a ter grande influência na psicologia contemporânea. No entanto, nas últimas décadas, o interesse pela psicologia cognitiva renasceu, levando ao que foi chamado revolução cognitiva da psicologia (Lachman, Lachman e Butterfeld, 1979). O psicológico britânico Donald Broadbent desenvolveu um modelo de atenção humana que levou a um produtivo programa de pesquisa (Broadbent, 1958). Nos Estados Unidos, George Miller, Eugene Galanter e Karl Pribram defenderam uma nova psicologia cognitiva que estudaria planos, imagens e outros processos mentais (Miller, Galanter e Pribram, 1960). A década de 1960 também testemunhou a conclusão influente de Noam Chomsky de que a estrutura da linguagem é inata (Chomsky, 1965) e os estudos detalhados do imaginário mental (Paivio, 1969), memória de curto prazo (Sternberg, 1966) e processos organizacionais na memória (Mandler, 1967; Bower, 1970). Finalmente, as descobertas na lingüística, ciência da computação e inteligência artificial tiveram grande influência na psicologia. Atualmente, a psicologia cognitiva é uma das áreas mais dinâmicas e interessantes da psicologia. O psicólogo Daniel Kahneman compartilhou o Prêmio Nobel de Economia de 2002. Ele foi citado pela Real Academia Sueca de Ciências "por ter integrado os *insights* da pesquisa à ciência econômica, principalmente com relação ao julgamento e tomada de decisão sob incerteza". (*APS Observer*, 2002). A pesquisa de Kahneman demonstrou como as decisões das pessoas podem sistematicamente afastar-se do que a teoria econômica prevê.

A atual psicologia do desenvolvimento é muito diferente da que foi criada por G. Stanley Hall, embora sua influência ainda seja importante. Os catálogos de Hall sobre o desenvolvimento infantil mostraram ser de valor permanente, pois seu aluno Arnold Gesell (1954) os aperfeiçoou e ampliou, levando às mensurações do desenvolvimento da inteligência. Essa abordagem normativa do desenvolvimento foi revolucionada pelo trabalho de Jean Piaget (1954) que usou observações cuidadosas e testes inovadores de pensamento para estimular três décadas de pesquisa sobre o desenvolvimento da cognição e da moral. Outro campo em que Hall foi pioneiro, o estudo do envelhecimento, voltou recentemente a ter destaque e se torna a área mais importante da psicologia contemporânea à medida que a população envelhece. Atualmente, a abordagem do ciclo de vida em psicologia do desenvolvimento é um legado de Hall.

A psicologia social e industrial também tem-se desenvolvido rapidamente desde a época de James. Os experimentos de Kurt Lewin sobre comportamento social encontram um reflexo contemporâneo nos estudos de Stanley Milgram (1963, 1974) sobre a submissão à autoridade. Os experimentos de Milgram demonstraram a facilidade surpreendente com que as pessoas podem ser direcionadas a agir de forma destrutiva por uma autoridade reconhecida. Essa pesquisa sobre obediência trouxe fama mundial para Milgram, mas também originou críticas por ter feito a pesquisa e por usar de fraude em pesquisa psicológica (Blass, 1996). Também provocativas foram as pesquisas de Bibb Latané e John Darley (1970) sobre o "espectador que não reage" e a simulação dramática da experiência de prisão feita por Zimbardo, Haney e Banks (1973). Essas pesquisas desafiaram nossas expectativas sobre o comportamento humano e apresentaram questões complexas. A pesquisa pioneira de Hugo Münsterberg na indústria e nos negócios lançou as bases para a psicologia industrial e organizacional, que atualmente são aplicações importantes e reconhecidas da psicologia. Houve também progressos em outras áreas da psicologia. Em psicologia clínica, por exemplo, poucos duvidariam que a década de 1980 foi uma época melhor para as pessoas portadoras de debilidade mental do que os anos 1880 ou até os anos 1930.

No entanto, ainda há muito o que fazer em todas as áreas da psicologia, e alguns críticos questionam se os psicólogos vão algum dia fazer o progresso necessário. Eles consideram a psicologia uma ciência "vaga" ou até uma "pseudociência". A pesquisa psicológica foi em algumas épocas ignorada ou ridicularizada como uma perda de tempo e dinheiro. Na maior parte dos casos, uma análise criteriosa da pesquisa em si, principalmente de seu contexto histórico, mostrou que ela é séria e importante (Atkinson, 1977). Até os laureados com o Prêmio Nobel de Psicologia não conseguiram impressionar esses críticos. Os prêmios, eles alegam, foram concedidos para fisiologistas (Hubel e Wiesel), um neurocirurgião (Sperry), um economista (Simon) e um fisiologista (Kandel) em vez de quatro psicólogos. Nesse aspecto, na verdade, a história se repete, pois o homem geralmente considerado o primeiro ganhador do Prêmio Nobel de Psicologia, Ivan Pavlov, sempre se considerou um fisiologista. Embora seja preciso admitir que o número de leis psicológicas ainda seja pequeno, nossa avaliação da história dessa ciência mostra o progresso que ela tem feito.

Os psicólogos continuam a ter um interesse ativo na história de sua área. As pesquisas e conhecimento recentes enfatizaram as importantes contribuições para a história da psicologia das mulheres e membros de grupos minoritários (Milar, 2000; Guthrie, 1976). Podemos aprender muito com os esforços desses grupos minoritários. Em muitas faculdades e universidades, a psicologia é escolhida como um campo importante de estudo por muitos alunos. Em geral, um curso sobre história da psicologia é parte central do currículo de graduação.

Um aspecto da psicologia contemporânea que, sem dúvida, surpreenderia James é seu tamanho. Depois de décadas de crescimento lento, o número de psicólogos aumentou muito, e há atualmente cerca de 84.400 membros da APA e um número menor, mas ainda significativo, de psicólogos no exterior. A convenção anual da APA é realizada em uma grande cidade, em geral em mais de um hotel ou centro de convenção, com mais de 15 mil inscritos e um programa de mais de 500 páginas. Por sua vez, James conhecia todos os psicólogos importantes de sua época pessoalmente (Dewsbury, 2000). Hoje, nenhum psicólogo pode fazer tal afirmação e são poucos os privilegiados que conhecem até mesmo a maioria dos psicólogos de sua própria área de especialização. Há atualmente 51 divisões da APA, mais divisões do que o número de psicólogos que compareceram ao primeiro encontro da associação em 1892. Essas divisões foram formadas para atender a necessidades de especialização dos membros da associação, o que eles fazem claramente em reuniões que organizam e nos periódicos que publicam. Porém, com essa maior especialização, vem o perigo de que a psicologia possa se dividir em muitas facções concorrentes e dadas a discussões. Esse perigo tornou-se aparente na década de 1980 quando um conflito cada vez maior surgiu em virtude da estrutura e das prioridades da Associação Norte-Americana de Psicologia. Os membros da APA que favoreciam uma abordagem acadêmica/científica achavam que a APA havia traído sua herança e se tornado irrelevante para suas preocupações, pois a entidade enfatizava cada vez mais a prática da psicologia. Eles achavam que a APA defendia os praticantes da psicologia. O conflito se tornou uma luta política séria e destrutiva que fez que muitos psicólogos se sentissem divididos, abatidos e pessimistas sobre o futuro da área. Surgiu uma organização alternativa à APA, a Sociedade Norte-Americana de Psicologia (APS), que foi fundada em 1988 com 450 membros fundadores. Eles se descreveram como "psicólogos orientados cientificamente, interessados no avanço da psicologia científica e sua representação como ciência em nível nacional." Seu objetivo era "fazer avançar a disciplina científica da psicologia e sua representação como uma ciência e deixar de lado a psicologia de interesse público".[1] Cinco mil psicólogos se afiliaram à APS depois de seis meses de sua fundação. Com um objetivo declarado de recrutar 20 mil associados, a APS era vista por alguns como uma ameaça à APA e à própria psicologia. Com as duas entidades rivais, quem editaria, publicaria e controlaria os periódicos da APA, o cerne da própria psicologia? Muitos psicólogos se sentiram obrigados a escolher entre as duas entidades, enquanto outros preferiram se filiar a ambas e um número menor se retirou das duas.

A APS tem registrado um crescimento admirável; ela conta atualmente com 12 mil membros e aumentou sua meta para 25 mil (Brewer, 1994, p. 10). A sociedade publica dois periódicos excelentes, *Current Directions in Psychological Science* e *Psychological Science*. Ironicamente, à medida que a APS cresceu, ela perdeu uma de suas características distintas – seu tamanho relativamente pequeno. O número de psicólogos que comparece à convenção anual da APS tem aumentado a cada ano. Administrar esse crescimento e permanecer fiel a seus princípios e a seu objetivo serão grandes desafios para a APS. Ela também influenciou a associação a grupos como a Psychonomic Science, que se dedica exclusivamente à psicologia como ciência. Contudo, à medida que a APS amadureceu e foi aceita por grande parte dos membros da APA, há sinais positivos de que as duas entidades encontraram uma forma de funcionamento que permita que trabalhem juntas para o avanço da psicologia tanto como ciência quanto como profissão.

Finalmente, surgem algumas tendências claras de uma análise da história da psicologia. Uma análise empírica das publicações em quatro importantes periódicos (*American Psychologist*, *Annual Review of Psychology*, *Psychological Bulletin* e *Psychological Review*), dissertações e citações de 1950 até 1997 detectou as seguintes tendências:

- A pesquisa psicanalítica foi praticamente ignorada pela psicologia científica tradicional nas últimas décadas, representando de 1% a 2% do material publicado.

- A psicologia comportamental, depois de um período de domínio relativo de 1950 até 1979, representando mais de 9% dos temas publicados, perdeu importância nas últimas décadas e agora representa 3% do material publicado.

- A psicologia cognitiva tem mantido uma trajetória ascendente constante, passando de 2% na década de 1950 para 18% de 1995 até 1997.

- A neurociência apresentou apenas um modesto crescimento na tendência atual em psicologia, apesar da evidência clara de seu notável crescimento, conforme se reflete em publicações de diversos outros periódicos (Robins, Gosling e Craik, 1999, p. 117; Gray, 2002, p. 21).

Essas tendências mostram que a psicologia é uma área dinâmica. Ela é também uma profissão respeitável. Se esta *História da Psicologia* motivar qualquer aluno a estudar psicologia e pensar em seguir a carreira de psicólogo, terá valido a pena ter escrito este livro.

---

[1] Ver o site da American Psychological Society (APS).

Referências Bibliográficas

ABRAMS, R. *Electroconvulsive therapy*. Nova York: Oxford University Press, 1988.
ACKROYD, P. *Charles Dickens*. Nova York: Harper & Collins, 1990.
ADLER, S. Darwin's illness. *Nature*, v. 184, 1959. p. 1102–1103.
AGNATI, L. F., BJELKE, B.; FUXE, K. Volume transmission in the brain. *American Scientist*, v. 80, 1992. p. 362–373.
ALLEN, G. W. *William James*: A biography. Nova York: Viking, 1967.
ALLPORT, G. *Introduction to William James/Psychology*: The briefer course. Nova York: Harper & Row, 1961.
_____. The genius of Kurt Lewin. In: ALLPORT, G. (Ed.). *The person in psychology:Selected essays*. Boston: Beacon Press, 1968. p. 360–370.
ALTMAN, I. Centripetal and centrifugal trends in psychology. *American Psychologist*, v. 42,1987. p. 1058–1069.
ALTMAN, L. K. *Who goes first?* Nova York: Random House,1987.
ALVARADO, C. S.; ZINGRONE, N. L. William McDougall, Lamarkism and psychical research. *American Psychologist*,v. 44, 1989. p. 446–447.
AMERICAN PSYCHOLOGICAL ASSOCIATION. Ethical principles of psychologists.*American Psychologist*,v. 36,1981. p. 633–638.
AMERICAN PSYCHOLOGICAL SOCIETY OBSERVER, nov. 2002.
ANDREWS, J. *The history of Bedlam*. Londres: Routledge, 1997.
ANGELL, J. R. The province of functional psychology. *Psychological Review*, v. 14, 1907. p. 61–91.
_____. Letter to H. P. Judson, January 17. University of Chicago Library, Chicago, IL, 1907.
_____. The influence of Darwin. *Psychological Review*,v. 16,1909. p. 152–169.
_____. Preface to Clever Hans by O. Pfungst. Nova York: Henry Holt, 1911.
_____. James Rowland Angell. In: MURCHISON (Ed.). *A history of psychology in autobiography*, v. 3, p. 1–38, 1936. Worcester, MA: Clark University Press,
ANOKHIN, P. K. Three giants of Soviet psychology. *Psychology Today*, mar. 1971. p. 43–78.
APPIGANESI, L.; FORRESTER, J. *Freud's women*. Londres: Weidenfeld & Nicholson, 1992.
ARNETT, J. J. Adolescent storm and stress reconsidered. *American Psychologist*, v. 54, 1999. p. 317–326.
ARNHEIM, R. "Gestalt" misapplied. *Contemporary Psychology*, v. 19, 1974. p. 57.
_____. Visual dynamics. *American Scientist*, v. 76, 1988. p. 585–591.
ARNOLD, K. D.; WINER, G. A.; WICKENS, D. D. Veridical and nonveridical interpretations to perceived temperature differences by children and adults. *Bulletin of the Psychonomic Society*, v. 20, 1982. p. 237–238.
ARVIDSON, R. M. More about Wundt's doctorate students. *American Psychologist*, v. 26, 1971. p. 516.
ASH, M. G. Cultural contexts and scientific change in psychology. *American Psychologist*, v. 47, 1992. p. 198–207.

ASH, M. G. *Gestalt psychology in German culture, 1890–1967*: Holism and the quest for objectivity. Nova York: Cambridge University Press, 1995.

ASIMOV, I. *Asimov's biographical encyclopedia of science and technology*. 2. ed. rev. Nova York: Doubleday & Co., 1982. p. 374–375.

ASRATYAN, E. A. *I. P. Pavlov*: His life and work. Moscow: Foreign Languages Publishing House, 1953.

ATKINSON, R. C. Reflections on psychology's past and concerns about its future. *American Psychologist*, mar. 1977. p. 205–210.

AYLLON, T. Intensive treatment of psychotic behavior by stimulus satiation and food reinforcement. *Behavior Research and Therapy*, v. 1, 1963. p. 53–61.

AYLLON, T.; AZRIN, N. *The token economy*: A motivational system for therapy. Nova York: Appleton-Century-Crofts, 1968.

BABKIN, B. P. *Pavlov*: A biography. Chicago: University of Chicago Press, 1949.

BAHRICK, H. P. The cognitive map of a city –50 years of learning and memory.
In: BOWER, G. (Ed.). *The psychology of learning and memory*. Nova York: Academic Press, 1983

BAHRICK, H. P. Semantic memory content in permastore: Fifty years of memory for Spanish learned in school. *Journal of Experimental Psychology*: General, v. 113, 1984. p. 1–29.

_____. A speedy recovery from bankruptcy for ecological memory research. *American Psychologist*, v. 46, 1991. p. 76–77.

BAHRICK, H. P.; BAHRICK, P. O.; WITTLINGER, R. P. Fifty years of memory for names and faces: A cross-sectional approach. *Journal of Experimental Psychology*:
General, v. 104, *1975*. p. 54–75.

BAILEY, B. Freud's forerunner: Franz Anton Mesmer. *Historical Review*, set. 1981. p. 71–75.

BAIN, A. *The senses and the intellect*. Londres: Parker, 1855.

_____. *The emotions and the will*. 3. ed. Nova York: Appleton-Century- Crofts, 1859/1875.

BAIN, A. *Mind and body*. Nova York: Appleton, 1873.

BAKAN, D. Is phrenology foolish? In *Readings in Psychology Today*. Del Mar, CA: CRM. 1967. p. 328–335.

BALDWIN, J. M. Types of reaction. *Psychological Review*, v. 2, 1895. p. 259–273.

BANAJI, M. R.; CROWDER, R. G. The bankruptcy of everyday memory. *American Psychologist*, v. 44, 1989. p. 1185–1193.

BANAJI, M. R.; CROWDER, R. G. Some everyday thoughts on ecologically valid methods. *American Psychologist*, v. 46, 1991. p. 78–79.

BANDURA, A.; WALTERS, R. H. *Social learning and personality development*. Nova York: Holt, Rinehart & Winston, 1963.

BANGHART, F. W. (Ed.). *Biological payloads in space flight*. ASTIA Document N. AD 204 761; USAF Research and Development Command Report N. 1958. p. 58–58, Charlottesville, VA.

BANKS, C. Professor Cyril Burt: Selected reminiscences. *Association of Educational Psychologists Journal*, v. 6, 1983. p. 21–42.

BANTA, M. *Taylored lives*: Narrative productions in the age of Taylor, Veblen, and Ford. Chicago: University of Chicago Press, 1993.

BARASH, D. P. *Sociobiology and behavior*. Nova York: Elsevier, 1977.

BARKER, R.; DEMBO, T.; LEWIN, K. *Frustration and regression*: An experiment with young children. Iowa City: University of Iowa Press, 1941.

BARKS, A., JENSEN, D.; TERMAN, L. M. *Genetic studies of genius*: The promise of youth. Stanford, CA: Stanford University Press, 1930. v. 3.

BARLOW, D. H. (Ed.). Diagnoses, dimensions, and DSM-IV: The science of classification [Edição Especial]. *Journal of Abnormal Psychology*, v. 100, 1991. p. 243–412.

BARLOW, N. (Ed.). *The autobiography of Charles Darwin, 1958*. Londres: Collins, p. 1809–1882.

BARRON, F. *Creative person and creative process*. Nova York: Holt, Rinehart & Winston, 1969.

BARTHOLOW, R. Experimental investigations into the functions of the human brain. *American Journal of the Medical Sciences*, v. 67, 1874. p. 305–313.

BARTLETT, F. C. *Remembering*: A study in experimental and social psychology. Londres: Cambridge University Press, 1932.
BARTLETT, J. *Bartlett's familiar quotations*. 16. ed. Justin Kaplan. Boston: Little, Brown, 1992.
BARTLEY, W. *Lewis Carroll's symbolic logic*. Nova York: Crown Publishers, 1977.
BASKERVILL, B. Virginia honors heroic WWII service by man it sterilized. *Columbus Dispatch*, 2 maio 2002 Associated Press Report, 2002
BASS, T. A. A new life begins for the island of hope and fears. *Smithsonian*, jun. 1990. p. 89–97.
BAYTON, J. A. Francis Sumner, Max Meeney, and the training of black psychologists. *American Psychologist*, v. 30, 1975. p. 185–186.
BEAM, A. The mad poets society. *Atlantic Monthly*, jul./ago. 2001, v. 288, 2001a. p. 95–103.
_____. *Gracefully insane*: The rise and fall of America's premier mental hospital. Nova York: Public Affairs, 2001b.
BEERS, C. W. *A mind that found itself*. Nova York: Longmans Green, 1908.
BELL, C. Idea of a new anatomy of the brain: Submitted for the observation of his friends. In: HERRNSTEIN, R. J.; BORING, E. G. (Eds.). *A source book in the history of psychology*. Cambridge, MA: Harvard University Press, 1965. p. 23–26. (Trabalho original publicado em 1811.)
BELLACK, A. S.; HERSEN, M.; KAZDIN, A. E. (Eds.). *International handbook of behavior modification and therapy*. Nova York: Plenum, 1982.
BENCIVENGA, J. Britain's conservative secretary has radical plans. *Christian Science Monitor*, 30 nov. 1987. p. 19.
BENJAMIN, JR., L. T., Why don't they understand us? A history of psychology's public image. *American Psychologist*, v. 41, 1986. p. 941–946.
_____. A teacher is forever: The legacy of Harry Kirke Wolfe (1858–1918). *Teaching of Psychology*, v. 14,1987. p. 68–74.
_____. A history of teaching machines. *American Psychologist*, v. 43, 1988. p. 703–712.
_____. A history of the Nova York branch of the American Psychological Association, 1903–1935. *American Psychologist*, v. 46, 1991. p. 1003–1011.
_____. The founding of the *American Psychologist*: The professional journal that wasn't. *American Psychologist*, v. 51, 1996. p. 8–12.
_____. The origin of psychological species: History of the beginnings of APA divisions. *American Psychologist*, v. 52, 1997. p. 725–732.
_____. The psychology laboratory at the turn of the 20th century. *American Psychologist*, v. 55, 2000. p. 318–321.
BENJAMIN, L. T., JR.; BERTELSON, A. D. The early Nebraska psychological laboratory, 1889–1930: Nursery for presidents of the American Psychological Association. *Journal of the History of the Behavioral Sciences*, v. 11, 1975. p. 142–148.
BENJAMIN, JR., L. T. et al. Wundt's American doctoral students. *American Psychologist*, v. 47, 1992. p. 123–131.
BENJAMIN, JR., L. T.; ROGERS, A. M.; ROSENBAUM, A. Coca-Cola, caffeine and mental deficiency: Harry Hollingsworth and the Chattanooga trial of 1911. *Journal of the History of the Behavioral Sciences*, v. 27, 1991. p. 42–55.
BENJAMIN, JR., L. T.; CAMPBELL, C.; LUTTRELL, J.; HOLTZ, C. Between Psoriasis and Ptarmigon: American encyclopedia portrayals of psychology, 1880–1940. *Review of General Psychology*, v. 1, 1997. p. 5–18.
BENNETT, A. H.; GODLEE, R. J. Case of cerebral tumor. *Medico-Chirurgical Transactions* v. 68, 1885. p. 243–275.
BENNETT, W. R. How artificial is intelligence? *American Scientist*, v. 65, 1977. p. 674–702.
BENSON, M. A space in time. *Atlantic Monthly*, v. 289, jul./ago. 2002. p. 92–109.
BENTLEY, M. The psychologies called "structural": Historical derivation. In: MURCHISON, C. (Ed.). *Psychologies of 1925*. Worcester, MA: Clark University Press. 1925. p. 383–393.
BEN-YEHUDA, N. The European witch craze. *American Journal of Sociology*, v. 86, 1980. p. 1–31.

BERGMANN, G. The contribution of John B. Watson. *Psychological Review*, v. 63, 1956. p. 265–276.
BERKELEY, G. *The works of George Berkeley*. Londres: Richard Priestley. 1709/1820. 3 v.
_____. *The works of George Berkeley*. 10 v. LUCE, A. A.; JESSOP, T. E. (Eds.). Londres: Thomas Nelson. 1949–1957.
BERKER, E. A.; BERKER, A. H.; SMITH, A. Translation of Broca's 1865 report. Localization of speech in the third left frontal convolution. *Archives of Neurology*, v. 43, 1986. p. 1065–1072.
BERLINER, A. Letter to Professor F. Wesley of Portland State University. In: ARVIDSON, R. M. More about Wundt's doctorate students. *American Psychologist*, v. 26, 1971. p. 516.
BERNARD, C. *Introduction of the study of experimental medicine*. Nova York: Dover, 1957. (Trabalho original publicado em 1865.)
BERNFELD, S. Freud's studies on cocaine, 1884–1887. *Journal of the American Psychoanalytic Association*, v. 1, 1953. p. 581–613.
BERNHEIM, H. *Hypnosis and suggestibility in psychotherapy*. New Hyde Park, NY: University Books, 1964. (Trabalho original publicado em 1865.)
BERTIN, C. *Marie Bonaparte*: A life. San Diego: Harcourt Brace Jovanovich, 1982.
BIELIAUSKAS, V. J. Mental health care in the USSR. *American Psychologist*, v. 32, 1977. p. 376–379.
BIERCE, A. *The devil's dictionary*. Nova York: Dover, 1958.
BINET, A. *Les altérations de la personnalité*. Paris: Alcan, 1892.
_____. *L'étude expérimentale de l'intelligence*. Paris: Schleicher Frères, 1903.
_____. Commission des anormaux. *Bulletin de la Société Libre pour l'Étude Psychologique de l'Enfant*, v. 15, 1904. p. 406–408.
_____. New methods for the diagnosis of the intellectual level of subnormals. *L'Annee Psychologique*, v. 12, 1905. p. 221–244.
_____. Nouvelles recherches sur la mesure du niveau intellectuel chez les enfants d'école. *L'Année Psychologique*, v. 17, 1911. p. 145–201.
BINET, A.; SIMON, T. Méthodes nouvelles pour le diagnostic du niveau intellectual des anormaux. *L'Année Psychologique*, v. 11, 1905. p. 191–244.
BINGHAM, W. V. Psychological services in the United States Army. *Journal of Consulting Psychology*, v. 5, 1941. p. 221–224.
BINZ, C. *Doktor Johann*. Bonn: Weyer, 1885.
BITTERMAN, M. E. Critical commentary. In: Corning, W. C.; Dyal, J. A.; A. O. D., Willows (Eds.). *Invertebrate learning*. Nova York: Plenum. v. 3, 1975. p. 139–145.
BJORK, D. W. *William James*: The center of his vision. Nova York: Columbia University Press, 1988.
BLAKEMORE, C. *Mechanics of the mind*. Cambridge, Inglaterra: Cambridge University Press, 1977.
BLAKESLEE, S. Old accident points to the brain's moral center. *New York Times*, 24 maio 1994. p. B5–B8.
BLASS, T. Experimental investigation and controversy: The life and work of Stanley Milgram. *The General Psychologist*, 1996. p. 47–55.
BLODGETT, H. C. The effect of the introduction of reward upon the maze performance of rats. *University of California Publications in Psychology*, v. 4, 1929. p. 113–134.
BLUM, T. *Pseudoscience and mental ability*. Nova York: Monthly Review Press, 1978.
BLUMENTHAL, A. L. A reappraisal of Wilhelm Wundt. *American Psychologist*, v. 30, 1975. p. 1081–1088.
_____. The founding father we never knew. *Contemporary Psychology*, v. 24, 1979. p. 547–550.
_____. Wilhelm Wundt: Psychology as the propaedutic science. In: BUXTON, C. E. (Ed.). *Points of view in the modern history of psychology*. Nova York: Academic Press, 1985. p. 19–50.
BOAKES, R. *From Darwin to behaviorism*: Psychology and the minds of animals. Cambridge, Inglaterra: Cambridge University Press, 1984.
BOER, J. A.; WESTENBERG, H. G. M.; PRAAG, H. M. (Eds.). *Advances in the neurobiology of schizophrenia*. Chichester: Wiley, 1994.
BOFFEY, P. M. American Association for the Advancement of Science: Facing the question of what it should be and do. *Science*, 30 abr. 1971. p. 453–458.

BOGEN, J. E. et al. The other side of the brain: The A/P ratio. *Bulletin of the Los Angeles Neurological Society,* v. 37, 1972. p. 49–61.

BORING, E. G. Facts and fancies of immigration. *New Republic,* 25 abr. 1923. p. 245–246.

_____. Edward Bradford Titchener, 1867–1927. *American Journal of Psychology,* v. 38, 1927. p. 489–506.

_____. Edward Garrigues Boring. In: MURCHISON, C. (Ed.). *A history of psychology in autobiography.* Nova York: Russell & Russell, v. 4 1952. p. 27–52.

_____. A history of introspection. *Psychological Bulletin,* v. 50, 1953a. p. 169–189.

_____. John Dewey, 1859–1952. *American Journal of Psychology,* v. 66, 1953b. p. 145–147.

_____. *A history of experimental psychology.* 1. ed., 1929; 2. ed., 1957. Nova York: Appleton-Century-Crofts, 1929/1957.

_____. Fechner: Inadvertent founder of psychophysics. *Psychometrika,* v. 26, 1961. p. 3–8.

BORING, M. D.; BORING, E. G. Masters and pupils among the American psychologists. *American Journal of Psychology,* v. 61, 1948. p. 527–534.

BOUCHARD, JR., T. J. Twins reared together and apart: What they tell us about human heredity. In: FOX, S. W. (Ed.). *The chemical and biological bases of individuality.* Nova York: Plenum, 1984. p. 147–178.

BOUCHARD, JR., T. J. et al. Sources of human psychological differences: The Minnesota study of twins reared apart. *Science,* v. 250, 1990. p. 223–250.

BOUSFIELD, W. A. Lope de Vega on early conditioning. *American Psychologist,* v. 10, 1955. p. 828.

BOWER, G. H. Organizational factors in memory. *Cognitive Psychology,* v. 1, 1970. p. 18–46.

_____. The fragmentation of psychology? *American Psychologist,* v. 48, 1993. p. 905–907.

BOWMAN, M. L. Testing individual differences in ancient China. *American Psychologist,* v. 44, 1989. p. 576–578.

BOYSEN, S. T.; BERNTSON, G. G.; PRENTICE, J. Simian scribbles: A reappraisal of drawing in the chimpanzee. *Journal of Comparative Psychology,* v. 101, 1987. p. 82–89.

BRACELAND, F. J. *The Institute of Living*: The Hartford retreat. Hartford, CT: The Institute of Living, 1972.

BRAID, J. *Neuropynology*: Or the rationale of nervous sleep considered in relation to animal magnetism. Londres: Churchill, 1843.

BRECHER, E. M. *Licit and illicit drugs.* Nova York: Consumers Union, 1972.

BREGMAN, E. D. An attempt to modify the emotional attitudes of infants by the conditioned response technique. *Journal of Genetic Psychology,* v. 45, 1934. p. 169–198.

BRELAND, K.; BRELAND, M. A field of applied animal psychology. *American Psychologist,* v. 6, 1951. p. 202–204.

_____. The misbehavior of organisms. *American Psychologist,* v. 16, 1961. p. 681–684.

BRENTANO, F. *Psychology from an empirical standpoint.* McALISTER, L. L. (Ed.). Nova York: Humanities Press, 1874/1973.

BREWER, M. Growing up with APS: The *next* five years. *APS Observer,* jan. 1994. p. 2/p. 10.

BRIGHAM, C. C. *A study of American intelligence.* Princeton, NJ: Princeton University Press, 1923.

_____. Intelligence tests of immigrant groups. *Psychological Review,* v. 37, 1930. p. 158–165.

BRILL, A. A. *The basic writings of Sigmund Freud.* Nova York: Random House, 1938.

BRINGMANN, W. G. Wundt's lab . . . humble but functioning. *American Psychological Association Monitor,* set./out. 1979. p. 13.

BRINGMANN, W. G.; BALANCE, W. D. G., EVANS, R. B. Wilhelm Wundt (1832–1920): A brief biographical sketch. *Journal of the History of the Behavioral Sciences,* v. 11, 1975. p. 287–297.

BRINGMANN, W. G.; TWENEY, R. D. (Eds.). *Wundt studies.* Toronto: C. J. Hofgrefe, 1980.

BRINGMANN, W. G.; BRINGMANN, M. W.; EARLY, C. E. G. Stanley Hall and the history of psychology. *American Psychologist,* v. 47, 1992. p. 281–289.

BROADBENT, D. E. *Perception and communication.* Nova York: Pergamon, 1958.

BROCA, P. Remarques sur le siège de la faculté language articule; Suives d'une observation d'aphémie. *Bulletin de Societe Anatomique,* v. 6, 1861. p. 330–357.

BROCK, A. Review of Christine M. Schneider's *Wilhelm Wundt's volkerpsychologie. Contemporary Psychology,* v. 37, 1992. p. 380.

BRONOWSKI, J. *The ascent of man.* Boston: Little, Brown, 1879/1973.
BROUGHTON, J. M. The genetic psychology of James Mark Baldwin. *American Psychologist*, v. 36, 1981. p. 396–407.
BROWN, J. F. The methods of Kurt Lewin in the psychology of action and affection. *Psychological Review*, v. 36, 1929. p. 200–221.
BROWN, T. J. *Dorothea Dix*: New England reformer. Cambridge, MA: Harvard University Press, 1998.
BROZEK, J. From "Psichologia" to "Psychologiae": A graphically documented archival study across three centuries. *Journal of the History of the Behavioral Sciences*, v. 35, 1999. p. 177–180.
BRUBACH, H. The thoroughbred crazies. *The New York Times Book Review*, 24 fev. 2002. p. 8.
BRUCE, D. Puzzling over animal intelligence: A retrospective review. *Contemporary Psychology*, v. 42, 1997. p. 879–882.
BUCKHOUT, R. Eyewitness testimony. *Scientific American*, v. 231, 1974. p. 23–31.
BUCKLEY, K. W. The selling of a psychologist: John Broadus Watson and the application of behavioral techniques to advertising. *Journal of the History of the Behavioral Sciences*, v. 18, 1982. p. 207–221.
_____. *Mechanical man*: John Broadus Watson and the beginnings of behaviorism. Nova York: The Guilford Press, 1989.
BÜHLER, K. Tatsachen und Probleme zu einer Psychologie der Denkvorgänge: I. Über Gedanken. *Archiv der Psychologie*, v. 9, 1907. p. 297–305.
BULL, G. *Lives of the artists.* Middlesex, Inglaterra: Penguin Classics, 1965.
BURGHARDT, G. M. Witmer on comparative psychology. *American Psychologist*, v. 44, 1989. p. 447.
BURKE, J. Connections: Entente cordiale. *Scientific American*, maio 1999. p. 106–107.
BURKS, B. S.; JENSEN, D. W.; TERMAN, L. M. *Genetic studies of genius.* The promise of youth: Follow-up studies of a thousand gifted children. Stanford, CA: Stanford University Press, 1930. v. 3.
BURNHAM, J. C. Thorndike's puzzle boxes. *Journal of the History of the Behavioral Sciences*, v. 78, 1972. p. 159–167.
_____. *How superstition won and science lost.* New Brunswick, NJ: Rutgers University Press, 1987.
BURTT, H. E. Professor Münsterberg's vocational tests. *Journal of Applied Psychology*, v. 1, 1917. p. 201–213.
_____. Seventy-five years of psychology at the Ohio State University, maio; *videotape lecture*, 1980.
BURTT, H. E.; PRESSEY, S. L. Henry Herbert Goddard, 1866–1957. *American Journal of Psychology*, v. 70, 1957. p. 656–657.
BYARD, M. M. Poetic responses to the Copernican revolution. *Scientific American*, v. 236, 1977. p. 121–129.
BYNUM, W. F.; PORTER, R.; SHEPHERD, M. (Eds.). *The anatomy of madness*: Essays in the history of psychiatry. Nova York: Tavistock, 1985. v. 2.
CAJAL, RAMON Y. *Recollections of my life.* Trad.E. Horne Craigie; Juan Cuno. Cambridge, MA: MIT Press, 1901.
CANDLAND, D. K. *Feral children and clever animals*: Reflections on human nature. Oxford, Inglaterra: Oxford University Press, 1993.
CANDOLLE, A. DE. *Histoire des sciences et des savants depuis deux siècles.* Genebra: Georg, 1873.
CANNON, W. B. The James Lange theory of emotions: A critical examination and an alteration. *American Journal of Psychology*, v. 39, 1927. p. 106–124.
CAPLOW, T.; HICKS, L.; WATTENBERG, B. J. *The first measured century.* Washington, DC: The American Enterprise Institute Press, 2001.
CAPORAEL, L. Ergotism: The Satan loosed in Salem? *Science*, v. 192, 1976. p. 21–26.
CAPSHEW, J. H. *Psychologists on the march*: Science, practice and professional identity in America, 1929–1969. Nova York: Cambridge University Press, 1999.
CAPSHEW, J. H.; HEARST, E. Psychology at Indiana University from Bryan to Skinner. *Psychological Record*, v. 30, 1980. p. 319–342.
CARPENTER, F. *The Skinner primer*: Behind freedom and dignity. Nova York: The Free Press, 1974.
CARR, H. A. *Psychology*: A study of mental activity. Nova York: Longmans Green, 1925.
_____. *An introduction to visual space perception.* Nova York: Longmans Green, 1935.

CARR, H. A. Harvey A. Carr. In: MURCHISON, C. (Ed.). *A history of psychology in autobiography* .Worcester, MA: Clark University Press, v. 3, 1936. p. 69-82.

CARR, H. A.; WATSON, J. B. Orientation in the white rat. *Journal of Comparative Neurology and Psychology*, v. 18, 1908. p. 27-44.

CARROLL, J. B. *Human cognitive abilities*. Cambridge, Inglaterra: Cambridge University Press, 1993.

CARROLL, L. *Through the looking-glass* (1. ed. 1871; ed. miniatura, 1940). Londres: Macmillan, 1871/1940.

CARY, M.; HAARHOFF, T. J. *Life and thought in the Greek and Roman world*. Londres: Methuen, 1959.

CASSON, L. *Libraries in the ancient world*. New Haven: Yale University Press, 2001.

CATANIA, A. C. Query: Did Pavlov really ring a bell? *Psychology Newsletter*, 7 jul. 1994.

CATTELL, J. M. The time it takes to see and name objects. *Mind*, v. 11, 1886. p. 63-65.

_____. Mental tests and measurements. *Mind*, v. 15, 1890. p. 373-381.

_____. Measurements of the accuracy of recollection. *Science*, v. 2, 1895. p. 761-766.

_____. Statistics of American psychologists. *American Journal of Psychology*, v. 14, 1903. p. 310-328.

_____. *American men of science*. Nova York: Science Press, 1906.

_____. The school and the family. *Popular Science Monthly*, v. 74, 1909. p. 84-95.

_____. In memory of Wilhelm Wundt. *Psychological Review*, 28, 1921. p. 155-159.

_____. Psychology in America (Address of the president of the Ninth International Congress of Psychology). *Science*, v. 70, 1929. p. 335-347.

_____. The founding of the Association. *Psychological Review*, v. 50, 1943. p. 61-64.

CATTELL, R. B. *The scientific analysis of personality*. Chicago: Aldine, 1965.

_____. *Beyondism*. Nova York: Praeger, 1987.

CATTELL, R. B.; KLINE, P. *The scientific analysis of personality and motivation*. Nova York: Academic Press, 1977.

CHANCE, P. Ads without answers make the brain itch. *Psychology Today*, nov. 1975. p. 78.

CHOMSKY, N. *Analysis of the theory of syntax*. Cambridge, MA: MIT Press, 1965.

CIOFFI, F. Was Freud a liar? *The Listener*, 7 fev. 1974. p. 172-174.

CLARK, R. W. *Freud*: The man and the cause – A biography. Nova York: Random House, 1980a.

_____. Freud's sortie to America. *American Heritage*, v. 31, 1980b. p. 34-43.

_____. *The survival of Charles Darwin*. Nova York: Avon, 1986.

CLARKE, E. John Hughlings Jackson. In: GILLISPIE, C. C. (Ed.). *Dictionary of scientific biography* . Nova York: Charles Scribner's. v. VII, 1973. p. 46-50.

CLARKE, E.; O'MALLEY, C. D. *The human brain and spinal cord*. Berkeley, CA: University of California Press, 1969.

COHEN, I. B. Benjamin Franklin. In: GILLISPIE, C. C. (Ed.). *Dictionary of scientific biography*. Nova York: Charles Scribner's Sons. v. V, 1972. p. 129-139.

COHEN, D. *J. B. Watson*: The founder of behaviorism. Londres: Routledge & Kegan Paul, 1979.

COHEN, P. J.; DRIPPS, R. D. History and theories of general anesthesia. In: GOODMAN, L. S.; GILMAN, A. (Eds.). *The pharmacology and bases of therapeutics* . Nova York: Macmillan. 4. ed. 1970. p. 42-48.

COLBERT, C. *A measure of perfection*: Phrenology and the fine arts in America. Chapel Hill: University of North Carolina Press, 1998.

COLE, J. O.; DAVIS, J. M. Antidepressant drugs. In: FREEDMAN, A. M. et al. (Eds.). *Comprehensive textbook of psychiatry*. Baltimore: Williams & Wilkins. v. 2, 1975. p. 1941-1956.

COLE, S. A. *Suspect identities*: A history of fingerprinting and criminal identification. Cambridge, MA: Harvard University Press, 2001.

COLEMAN, S. R. When historians disagree: B. F. Skinner and E. G. Boring, 1930. *Psychological Record*, v. 35, 1985. p. 301-314.

COLLIER, P.; HOROWITZ, D. *The Kennedys*: An American drama. Nova York: Summit Books, 1984.

COLLINS, A. M.; QUILLIAN, M. R. Retrieval time from semantic memory. *Journal of Verbal Learning and Verbal Behavior*, v. 8, 1969. p. 240-247.

COLLINS, G. Women's suffrage: How Febb Burn and her son, Harry, saved the day. *The New York Times*, 28 jul. 2002. Editorial Observer, p. 12.

COLLINS, N. Alice with the 15,000-pound look. *News Chronicle*, 25 jan. 1932.
COLP, R., JR. *To be an invalid*: The illness of Charles Darwin. Chicago: University of Chicago Press, 1977.
CONKLIN, E. G. et al. G. James McKeen Cattell – In memoriam. *Science*, v. 99, 1944. p. 151–165.
COOK, H. J. Review of a bibliography of the writings of Dr. William Harvey, 1578–1657, *Journal of the History of the Behavioral Sciences*, v. 28, 1992. p. 261–262.
COOVER, J. E.; ANGELL, F. General practice effect of special exercise. *American Journal of Psychology*, v. 18, 1907. p. 328–340.
COTTINGHAM, J.; STOOTHOFF, R.; MURDOCH, D. *The philosophical writings of Descartes*, v. 1. Cambridge, Inglaterra: Cambridge University Press, 1985.
COUGHLAN, R. (Ed.). *The world of Michelangelo, 1475–1564*. Nova York: Time Incorporated, 1966.
COUSINS, N. *Anatomy of an illness*. Nova York: Norton, 1979.
_____. *Head first*. Nova York: Penguin Books, 1989.
COWLEY, G. The culture of Prozak. *Newsweek*, 7 fev. 1994. p. 41.
COX, C. M. Genetic studies of genius: v. 2. *The early mental traits of three hundred geniuses*. Stanford, CA: Stanford University Press, 1926.
COX, J. M. *Practical observations on insanity*. Filadélfia: Thomas Dobson. National Library of Medicine, Washington, D.C. Microfilm N. 25459, Reel, 1811. p. 60–41.
CRANEFIELD, P. F. *The way in and the way out*: François Magendie, Charles Bell, and the roots of the spinal nerves. Mount Kisco, NY: Futura, 1974.
CRANNELL, C. W. Wolfgang Köhler. *Journal of the History of the Behavioral Sciences*, v. 6, 1970. p. 267–268.
CRAVENS, H. A scientific project locked in time: The Terman genetic studies of genius, 1920s–1950s. *American Psychologist*, v. 47, 1992. p. 183–189.
CRAWFORD, C. George Washington, Abraham Lincoln, and Arthur Jensen: Are they compatible? *American Psychologist*, v. 34, 1979. p. 664–672.
CREELAN, P. G. Watsonian behaviorism and the Calvinist conscience. *Journal of the History of the Behavioral Sciences*, v. 10, 1974. p. 95–118.
CREELMAN, C. D. A museum of psychological apparatus on the worldwide web: The Toronto collection of historical instruments. *History of Psychology*, v. 1, 1998. p. 169–170.
CREWDSON, J. *By silence betrayed*. Boston: Little, Brown, 1987.
CROMER, W.; ANDERSON, P. A. Freud's visit to America: Newspaper coverage. *Journal of the History of the Behavioral Sciences*, v. 6, 1970. p. 349–353.
CRONBACH, L. Five decades of public controversy over mental testing. *American Psychologist*, v. 30, 1975. p. 1–14.
CRUTCHFIELD, R. S. Edward Chace Tolman, 1886–1959. *American Journal of Psychology*, v. 74, 1961. p. 135–141.
CUTLER, B. L.; PENROD, S. D. *Mistaken identification*: The eyewitness, psychology, and the law. Nova York: Cambridge University Press, 1995.
DAIN, N. *Disordered minds*: The first century of Eastern State Hospital in Williamsburg, Virginia. Williamsburg, VA: Colonial Williamsburg Foundation, 1971.
DALLENBACH, K. M. Bibliography of the writings of Edward Bradford Titchener, 1917–1927. *American Journal of Psychology*, v. 40, 1928. p. 121–125.
_____. Twitmyer and the conditioned response. *American Journal of Psychology*, v. 72, 1959. p. 633–638.
DALTON, T. C.; BERGENN, V. W. (Eds.). *Beyond heredity and environment*: Myrtle McGraw and the maturation controversy. Boulder, CO: Westview Press, 1995.
DANIEL, T. C. Measuring the quality of the natural environment: A psychological approach. *American Psychologist*, v. 45, 1990. p. 633–637.
DANIEL, T. C.; BOSTER, R. S. Measuring landscape esthetics: The scenic beauty estimation method. USDA Forest Service Research Paper (167). Ft. Collins, CO: Rocky Mountain Forest and Range Experiment Station, 1976.
DANZIGER, K. The positivist repudiation of Wundt. *Journal of the History of the Behavioral Sciences*, v. 15, 1979. p. 205–230.

DANZIGER, K. The origins of the psychological experiment as a social institution. *American Psychologist*, v. 40, 1985. p. 133–140.
DARWIN, C. *Origin of species*. 6. ed. Nova York: Hurst, 1859/1899.
_____. *The voyage of the Beagle*. ENGEL, L. (Ed.). Nova York: Anchor, 1962. (Trabalho original publicado em 1839.)
_____. *The descent of man*. Londres: John Murray, 1871.
_____. *The expression of the emotions in man and animals*. Londres: John Murray, 1872.
_____. A biographical sketch of an infant. *Mind*, jul. 1877, p. 258–294.
_____. *Autobiography*. BARLOW, N. (Ed.). Londres: Collins, 1958.
DAVIS, A. Poor people have brains, too. *Phi Delta Kappa*, v. 30, 1949. p. 294–295.
DE ANGELIS, T. *APA Monitor*, fev. 1993. p. 5.
DE BEER, G. Darwin. In: GILLISPIE, C. C. (Ed.). *Dictionary of scientific biography*. Nova York: Charles Scribner's Sons, 1971. v. III, p. 565–577.
DE BEER, G.; ROWLANDS, M. J.; SKRAMOVSKY, B. M. (Ed.). *Darwin's notebooks*. Londres: British Museum Natural Historical Series, 1967.
DEGLER, C. N. *In search of human nature*: The decline and revival of Darwinism. Oxford, Inglaterra: Oxford University Press, 1991.
DEHUE, T. From deception trials to control reagents: The introduction of the control group about a century ago. *American Psychologist*, v. 55, 2000. p. 264–268.
DeLEON, P. APA Annual Report: The direction of psychology. *American Psychologist*, v. 56, 2001. p. 539–558.
DeLEON, P. H.; FOX, R. E.; GRAHAM, S. R. Prescription privileges: Psychology's next frontier. *American Psychologist*, v. 46, 1991. p. 384–393.
DEMBER, W. N. William James lives. *Contemporary Psychology*, v. 37, 1992. p. 741–742.
DEMBO, T.; LEVITON, G.; WRIGHT, B. Adjustment to misfortune: A problem of social psychological rehabilitation. *Rehabilitation Psychology*, v. 22, 1975. p. iii–100.
DENMARK, F. L. Psyche: From rocking the cradle to rocking the boat. *American Psychologist*, v. 35, 1980. p. 1057–1065.
_____. Women and psychology: An interactive perspective. *American Psychologist*, v. 53, 1998. p. 465–473.
DENNIS, P. M. The Edison questionnaire. *Journal of the History of the Behavioral Sciences*, v. 20, 1984. p. 23–37.
_____. "Johnny's a gentleman, but Jimmie's a mug". Press coverage during the 1930s of Myrtle McGraw's study of Johnny and Jimmie Woods. *Journal of the History of the Behavioral Sciences*, v. 25, 1989. p. 356–370.
DENNIS, W.; BORING, E. G. The founding of the American Psychological Association. *American Psychologist*, v. 7, 1952. p. 95–97.
DE RIVERA, J. Tamara Dembo (1902–1993). *American Psychologist*, v. 50, 1995. p. 386.
DESCARTES, R. *Discourse on the method of conducting one's reason well and of seeking the truth in the sciences*. G. Heffernan (Trad. e Ed.). South Bend, IN: University of Notre Dame Press, 1637/1994.
_____. *Treatise on man*. Trad. T. S. Hall. Cambridge, MA: Harvard University Press, 1637/1972.
DESMOND, A. *Huxley*: From devil's disciple to evolution's high priest. Nova York: Addison-Wesley, 1977
DEUTSCH, A. *The mentally ill in America*. Nova York: Columbia University Press, 1949.
_____. *Psychology*. Nova York: Harper & Brothers, 1886.
_____. The psychology of infant language. *Psychological Review*, v. 1, 1894. p. 63–66.
_____. The reflex arc concept in psychology. *Psychological Review*, v. 3, 1896. p. 359–370.
_____. *The school and society*. Chicago: University of Chicago Press, 1899/1990.
DEWSBURY, D. A. *Comparative psychology in the twentieth century*. Stroudsburg, PA: Hutchinson Ross, 1984.
_____. Early interactions between animal psychologists and animal activists and the founding of the APA committee on precautions in animal experimentation. *American Psychologist*, v. 45, 1990. p. 315–327.
_____. Triumph and tribulation in the history of American comparative psychology. *Journal of Comparative Psychology*, v. 106, 1992. p. 3–19.

DEWSBURY, D. A. Celebrating E. L. Thorndike a century after *Animal Intelligence. American Psychologist*, v. 53, 1998. p. 1121–1124.

_____. Introduction: Snapshots of psychology circa 1900. *American Psychologist*, v. 55, 2000. p. 255–259.

DIAMOND, SOLOMON. Wilhelm Wundt. In: GILLISPIE, C. C. (Ed.), *Dictionary of scientific Biography*. Nova York: Charles Scribner's Sons. v. XIV, 1976. p. 526–529.

DICKENS, C. Speech to the Newsvendors Benevolent Association. In: ACKROYD, P. (1990). *Dickens*. Nova York: Harper Collins, 9 maio 1865.

DIDEROT, D. *Diderot interpreter of nature*: Selected writings. Nova York: International Publishers, 1747/1943.

DINNAGE, R. Against the master and his men. *The New York Times Book Review*, 29 nov. 1987. p. 10–11.

DITTMAN, M. Study ranks the top twentieth-century psychologists. *Monitor on Psychology*, v. 33, 2002. p. 28–29.

DOLLARD, J.; MILLER, N. E. *Personality and psychotherapy*. Nova York: McGraw-Hill. 1950.

DOORLEY, L. When Freud came to Worcester. *Yankee*, dez. 1982. p. 75–77, 139–145.

DORFMAN, D. D. The Cyril Burt question: New findings. *Science*, 29 set. 1978. p. 1.117.

DOTY, R. W. Electrical stimulation of the brain in behavioral context. *Annual Review of Psychology*, v. 20, 1969. p. 289–320.

DOYLE, A. C. *The illustrated Sherlock Holmes treasury*. Nova York: Avenel Books, 1891/1976.

DRAKE, S. The role of music in Galileo's experiments. *Scientific American*, v. 232, 1975. p. 98–104.

DRONAMRAJU, K. R. (Ed.). *Selected papers of J. B. S. Haldane*. Nova York: Garland Publishing, 1992.

DRUCKER, P. F. *Post-capitalist society*. Nova York: Harper Business, 1993.

DUBOIS, P. H. *The history of psychological testing*. Boston: Allyn & Bacon, 1970.

DUNBAR, R. Mendel's peas and fuzzy logic. *New Scientist*, ago.1984. p. 38.

DUNCAN, C. P. A note on the 1929 International Congress of Psychology. *Journal of the History of the Behavioral Sciences*, v. 16, 1980. p. 1–5.

DUNLAP, K. The case against introspection. *Psychological Review*, v. 19, 1912. p. 404–413.

_____. Are there any instincts? *Journal of Abnormal Psychology*, v. 14, 1919–1920. p. 35–50.

_____. Autobiography. In: MURCHISON, C. (Ed.) *A history of psychology in autobiography*. Worcester, MA: Clark University Press. v. 2, 1932. p. 35–61.

_____. Antidotes for superstitions concerning human heredity. *Scientific Monthly*, v. 51, 1940. p. 3.

EBBINGHAUS, H. *Memory*: A contribution to experimental psychology. Trad. H. A. Ruger; C. E. Bussenius. Nova York: Teachers College, Columbia University, 1885/1913.

_____. *Grundzüge der Psychologie*. Leipzig: Veit, 1902.

_____. *Abriss der Psychologie*. Leipzig: Veit, 1910.

ECCLES, J. C.; GIBSON, W. C. *Sherrington: His life and thought*. Nova York: Springer International, 1979.

EDGCOMB, G. S. *From Swastika to Jim Crow*: Refugee scholars at black colleges. Malabar, FL: Krieger, 1993

EDMAN, I. John Dewey: America's philosopher attains an alert 90. In: SELIGMAN, B. B. (Ed.). *Molders of modern thought*. Chicago: Quadrangle. 1970. p. 99–106.

EISENBERG, L. The social imperatives of medical research. *Science*, v. 198, 1977. p. 1105–1110.

EISSLER, K. R. Biographical sketch of Sigmund Freud. In: FREUD, E.; FREUD, L.; Grubrich-Smiltis, I. (Eds.). *Sigmund Freud*: His life in pictures and words. Nova York: Harcourt Brace Jovanovich, 1978.

_____. *Freud and the seduction theory*: A brief love affair. Madison, CT: International Universities Press, 2001.

EKMAN, P. *Telling lies*. Nova York: Norton, 1985.

EKMAN, P.; LEVENSON, R. W.; FRIESEN, W. V. Autonomic nervous activity distinguishes among emotions. *Science*, v. 221, 1983. p. 1.208–1.210.

ELKIND, D. *Children and adolescents*: Interpretive essays on Jean Piaget. Londres: Oxford University Press, 1974.

ELLENBERGER, H. The story of Anna O: A critical review with new data. *Journal of the History of the Behavioral Sciences*, v. 8, 1972. p. 267–279.

ELLIOTT, M. H. The effect of change of reward on the maze performance of rats. *University of California Publications in Psychology*, v. 4, 1928. p. 19-30.
EMERSON'S UNITED STATES MAGAZINE, v. V, n. 38, ago. 1857.
ENGEL, L. (Ed.). *The voyage of the Beagle by Charles Darwin*. Garden City, NY: Anchor, 1962.
ENGLISH, B. Sophie Freud diverges from path of famous grandfather. *Columbus Dispatch*, 9 jan. 2002. p. G1/G2.
ENGLISH, H. B. Three cases of the "conditioned fear response", *Journal of Abnormal and Social Psychology*, v. 34, 1929. p. 221-225.
EPSTEIN, R.; LANZA, R. P.; SKINNER, B. F. Symbolic communication between two pigeons. *Science*, v. 207, 1980. p. 543-545.
ESDAILE, J. *Mesmerism in India and its practical application in surgery and medicine*. Nova York: Arno, 1846/1976.
ESTERSON, A. Jeffrey Masson and Freud's seduction theory: A new fable based on old myths. *History of the Human Sciences*, v. 11, 1998. p. 1-21.
_____. The mythologizing of psychoanalytic history: Deception and selfdeception in Freud's accounts of the seduction theory episode. *History of Psychiatry*, v. XII, 2001. p. 329-352.
_____. The myth of Freud's ostracism by the medical community in 1896-1905: Jeffrey Masson's assault on truth. *History of Psychology*, v. 5, 2002. p. 115-134.
ESTES, W. K. (Ed.). A PS symposium celebrates the centennial of publication of William James' Principles of psychology. *Psychological Science*, v. 1, maio 1990. p. 1.
EVANS, R. B. *B. F. Skinner*: The man and his ideas. Nova York: Dutton, 1968.
_____. E. B. Titchener and his lost system. *Journal of the History of the Behavioral Sciences*, v. 8, 1972. p. 168-180.
_____. Manual labors: Titchener's contribution. *American Psychological Association Monitor*, maio 1979. p. 3.
_____. William James and his *Principles*. In: M. G., JOHNSON; T. B., HENLEY (Eds.). Reflections on *The Principles of Psychology*. Hillsdale, NJ: Lawrence Erlbaum, 1990. p. 11-31.
_____. Psychological instruments at the turn of the century. *American Psychologist*, v. 55, 2000. p. 322-325.
EVANS, R. B.; STAUDT-SEXTON, V.; CADWALLADER, T. C. (Eds.). *100 years of the APA*: A historical perspective. Washington, DC: American Psychological Association, 1992.
EVANS, R. B.; KOELSCH, W. A. Psychoanalysis arrives in America. *American Psychologist*, v. 40, 1985. p. 942-948.
EYSENCK, H. J. *Behavior therapy and the neuroses*. Londres: Pergamon, 1960.
_____. Foreword to *The subnormal mind* by Cyril Burt. Londres: Oxford University Press, 1977.
_____. *The structure and measurement of intelligence*. Nova York: Springer, 1979.
_____. The social application of Pavlovian theories. *Pavlovian Journal of Biological Science*, v. 18, 1983. p. 117-125.
FAGAN, T. K. Compulsory schooling, child study, clinical psychology, and special education. *American Psychologist*, v. 47, 1992. p. 236-243.
FAHIE, J. J. *Galileo*: His life and work. Londres: John Murray, 1903.
FANCHER, R. E. Alphonse De Candolle, Francis Galton, and the early history of the nature-nurture controversy. *Journal of the History of the Behavioral Sciences*, v. 19, 1983. p. 341-352.
_____. *The intelligence men: Makers of the IQ controversy*. Nova York: Norton, 1985.
_____. Henry Goddard and the Kallikak family photographs. *American Psychologist*, v. 42, 1987. p. 585-590.
_____. *Pioneers of psychology*. 2. ed. Nova York: Norton, 1990.
_____. Francis Galton and the Darwins. *General Psychologist*, v. 29, 1993a. p. 1-5.
_____. Francis Galton's African ethnography and its role in the development of his psychology. *British Journal of the History of Science*, v. 16, 1993b. p. 67-790.
_____. *Pioneers of psychology*. Nova York: Norton, 1996.
_____. Biography and psychodynamic theory: Some lessons from the life of Sir Francis Galton. *History of Psychology*, v. 2, 1998a. p. 99-115.

FANCHER, R. E. A lucky biographee. *Contemporary Psychology*, v. 43, 1998b . p. 472–474.
FARR, R. M. *The roots of modern social psychology*. Oxford: Blackwell, 1996.
FARRAS, V. *Heidegger et le Nazisme*. Paris: Editions Verdier, 1988.
FEARING, F. *Reflex action*: A study in the history of physiological psychology. Baltimore: Williams & Wilkins, 1930.
FECHNER, G. F. Elements of psychophysics. In: RAND, B. (Ed.). *The classical psychologists*. Boston: Houghton Mifflin, 1912. p. 562–572. (Trabalho original publicado em 1860.)
_____. *In Sachen der Psychophysik*. Leipzig: Breitkopf und Härtel, 1877.
FEENEY, E. L. At Emery Air Freight: Positive reinforcement boosts performance. *Organizational Dynamics*, v. 1, 973. p. 41–50.
FELDMAN, S. Wundt's psychology. *American Journal of Psychology*, v. 44, 1932. p. 615–629.
FERNBERGER, S. W. The APA: A historical summary, 1892–1930. *Psychological Bulletin*, v. 29, 1932. p. 1–89.
_____. Wundt's doctorate students. *Psychological Bulletin*, v. 30, 1933. p. 80–83.
_____. The American Psychological Association, 1892–1942. *Psychological Review*, v. 50, 1943. p. 33–60.
FERRIER, D. *The functions of the brain*. 2. ed. Londres: Smith, Elder, 1886.
FERSTER, C. B.; SKINNER, B. F. *Schedules of reinforcement*. Nova York: Appleton-Century-Crofts, 1957.
FINAN, S. L. Review of *The Behavior of Organisms. Journal of General Psychology*, v. 22, 1940. p. 441–447.
FINE, R. Anna Freud (1895–1982). *American Psychologist*, v. 40, 1985. p. 230–232.
FINGER, S. *Origins of neuroscience*: A history of explorations into brain function. Nova York: Oxford University Press, 1994a.
_____. History of neuropsychology. In: ZAIDEL, D. W. (Ed.). *Neuropsychology*. San Diego, CA.: Academic Press, 1994b. p. 1–28.
FINKE, R. A.; WARD, T. B.; SMITH, S. M. *Creative cognition*: Theory, research and applications. Cambridge, MA.: MIT Press, 1992.
FLANAGAN, J. C. The definition and measurement of ingenuity. In: TAYLOR; F. Barron (Eds.). *Scientific creativity*: Its recognition and development, Nova York: Wiley, 1963. p. 89–98.
FLETCHER, F. Reminiscences of Yerkes. Palestra não publicada, na The Ohio State University, abr. 1980.
FLETCHER, R. *Instinct in man*. Nova York: Schocken Books, 1966.
_____. *Science Ideology, and the media*: The Cyril Burt scandal. New Brunswick, NJ: Transaction Publishers, 1991.
FLOURENS, P. Recherches expérimentales sur les propriétés et les functions du système nerveux dans les animaux vertébrés. In: HERRNSTEIN, R. J.; BORING, E. G. (Eds.). *A source book in the history of psychology*. Cambridge, MA: Harvard University Press, 1823/1965. p. 220–223.
FOOTE, T. Where Columbus was coming from. *Smithsonian*, dez. 1991, v. 22, 1991. p. 28–41.
FOWLER, O. S.; FOWLER, L. N. *New illustrated self-instructor in phrenology and physiology*. Nova York: Fowler & Wells, 1859.
FOWLER, R. D. In memoriam: Burrhus Frederic Skinner, 1904–1990. *American Psychologist*, v. 45, 1990. p. 1203.
_____. Report of the Treasurer. *APA Monitor*, out. 1993. p. 2.
FOX, D. K.; HOPKINS, B. L.; ANGER, L. W. The long-term effects of a token economy on safety performance in open-pit mining. *Journal of Applied Behavior Analysis*, v. 20, 1987. p. 215–224.
FOX, C. G.; MILLER, G. L.; MILLER, J. C. (Ed.). *Benjamin Rush, M.D.*: A bibliographic guide. Westport, CT: Greenwood Press, 1996.
FRANKLIN, B. *Benjamin Franklin's Experiments*. Cambridge, MA: Harvard University Press, 1941.
FREEMAN, D. *Margaret Mead and* Samoa: The making and unmaking of an anthropological myth. Cambridge, MA: Harvard University Press, 1983.
FREEMAN, F. N. The mental age of adults. *Journal of Educational Research*, v. 6, 1922. p. 441–444.
_____. Areferendum of psychologists. *Century Illustrated Magazine*, v. 107, 1923. p. 237–245.
FREEMAN, F. S. The beginnings of Gestalt psychology in the United States. *Journal of the History of the Behavioral Sciences*, v. 13, 1977. p. 352–353.

FREUD, E.; FREUD, L.; GRUBRICH-SIMILTIS, I. (Eds.). *Sigmund Freud*: His life in pictures and words. Nova York: Harcourt Brace Jovanovich, 1978.

FREUD, S. *An outline of psychoanalysis*. Trad. e Ed. James Strachey. Nova York: Norton, 1895.

_____. The psychopathology of everyday life. In: BRILL, A. A (Ed.). *The basic writings of Sigmund Freud*. Nova York: Macmillan, 1901. p. 35–178.

FREUD, S. Three essays on the theory of sexuality. In: STRACHEY, J. (Ed.). *The standard edition of the complete psychological works of Sigmund Freud*. Londres: Hogarth Press, 1905.

_____. New introductory lectures in psychoanalysis. In: STRACHEY, J. (Ed.). *The standard edition of the complete psychological works of Sigmund Freud*. Londres: Hogarth Press, 1933.

_____. *An autobiographical study*. Trad. STRACHEY, J. Londres: Hogarth, 1935.

_____. *Collected papers of Sigmund Freud*. E. Jones; J. Riviere; J. Strachey, A. Strachey (Eds.). Nova York: Basic Books, 1959. 5 v.

_____. *The interpretation of dreams*. STRACHEY, J. (Ed.). Nova York: Science Editions. (Trabalho original publicado em 1900) 1961.

_____. *The complete introductory lectures on psychoanalysis*. STRACHEY, J. (Trad e Ed.). Nova York: Norton, 1966.

FREUDENTHAL, H. Lambert-Adolphe-Jacques Quetelet. In: GILLISPIE, C. C. (Ed.). *Dictionary of scientific biography*. Nova York: Charles Scribner's Sons, v. XI, 1975. p. 236–238.

FRITSCH, G.; HITZIG, E. Electrical stimulation in the brain. In: HERRNSTEIN, R. J.; BORING, E. G. (Eds.). *A sourcebook in the history of psychology* (excerpt 48). Cambridge, MA: Harvard University Press, 1870/1965.

FROLOV, Y. P. *Pavlov and his school*. Londres: Kegan, Paul, Trench, Trubner, 1938.

FROMM, E. Lost and found a half century later: Letters by Freud and Einstein. *American Psychologist*, v. 53, 1998. p. 1195–1198.

FRYE V. UNITED STATES. 293 F. 1013 (D. C. Cir.), 1923.

FUCHS, A. H. Psychology and "the Babe". *Journal of the History of the Behavioral Sciences*, v. 34, 1998. p. 153–165.

_____. Teaching the introductory course in psychology circa 1900. *American Psychologist*, v. 55, 2000. p. 492–495.

FUCHS, A. H.; VINEY, W. The course in the history of psychology: Present status and future concerns. *History of Psychology*, v. 5, 2002. p. 3–15.

FULLER, P. R. Operant conditioning of a vegetative human organism. *American Journal of Psychology*, v. 62, 1949. p. 587–590.

FURUMOTO, L. Mary Whiton Calkins (1863–1930): Fourteenth president of the American Psychological Association. *Journal of the History of the Behavioral Sciences*, v. 15, 1979. p. 346–356.

_____. Shared knowledge: The experimentalists, 1904–1929. In: J. G, MORAWSKI (Ed.). *The rise of experimentation in American psychology*. New Haven, CT: Yale University Press, 1988. p. 94–113.

_____. Joining separate spheres: Christine Ladd-Franklin, Womanscientist (1847–1930). *American Psychologist*, v. 47, 1992. p. 175–182.

_____. Lucy May Boring (1886–1996). *American Psychologist*, v. 53, 1998. p. 59.

FURUMOTO, L.; SCARBOROUGH, E. Placing women in the history of psychology: The first American women psychologists. *American Psychologist*, v. 41, 1986. p. 35–42.

GALEF, B. G., JR. Edward Thorndike: Revolutionary psychologist, ambiguous biologist. *American Psychologist*, v. 53, 1998. p. 1128–1134.

GALEN. *On the usefulness of the parts of the body*. Trad. M. T. May. Ithaca, NY: Cornell University Press, 1968.

GALILEI, GALILEO. *Sidereus nuncius*. Veneza: T. Baglionum, 1610.

_____. Dialogue concerning the two great systems of the world. In: KNICKERBOCKER, W. S. (Ed.). *Classics of modern science*. Nova York: Appleton-Century-Crofts, 1927. p. 36–45. (Trabalho original publicado em 1632.)

GALL, F. J. On phrenology, the localization of the functions of the brain. In: HERRNSTEIN, R. J.; BORING, E. G.. (Eds.). *A source book in the history of psychology*. Cambridge, MA: Harvard University Press, 1965. p. 211–220. (Trabalho original publicado em 1825.)

GALLISTEL, C. R. Bell, Magendie, and the proposals to restrict the use of animals in neurobehavioral research. *American Psychologist*, v. 36, 1981. p. 357–360.

GALLO, D. A.; FINGER, S. The power of a musical instrument. Franklin, the Mozarts, Mesmer, and the Glass Armonica. *History of Psychology*, v. 3, 2000. p. 326–343.

GALLUP, JR., G. G. Self-awareness and the emergence of mind in primates. *American Journal of Primatology*, v. 2, 1982. p. 237–248.

_____. Toward a comparative psychology of self-awareness: Species limitations and cognitive consequences. In: GOETHALS, G. P., STRAUSS, J. (Eds.). *The self*: An interdisciplinary approach. Nova York: Springer-Verlag, 1991. p. 121–135.

GALTON, F. Statistical inquiries into the efficacy of prayer. *Fortnightly Review*, v. 12, 1872/1972. p. 124–135.

_____. *English men of science*: Their nature and nurture. Londres: Macmillan, 1874.

_____. Psychometric experiments. *Brain*, v. 2, 1879/1970. p. 148–162. Reimpresso em CROVITZ, H. F. (Ed.). Galton's walk. Nova York: Harper & Row, 1879/1970. p. 24–35.

_____. *Hereditary genius*. 2. ed. norte-americana. Nova York: D. Appleton, 1869/1880.

_____. *Inquiries into human faculty and its development*. 2. ed. Nova York: Dutton, 1883/1907.

_____. The possible improvement of the human breed under the existing conditions of law and sentiment. *Nature*, 31 out. 1901. p. 659–665.

GANTT, W. H. Reminiscences of Pavlov. *Journal of the Experimental Analysis of Behavior*, v. 20, 1973. p. 131–136.

_____. Unpublished lecture on Pavlov given at The Ohio State University, 25 abr. 1975.

GARDNER, H. *Frames of mind*. Nova York: Basic Books, 1983.

_____. *The mind's new science*. Nova York: Basic Books, 1985.

_____. *Intelligence reframed*: Multiple intelligence in the 21st century. Nova York: Basic Books, 1999.

_____. *MI: Intelligence, understanding and the mind*. Los Angeles: Into the Classroom Media, 2001.

GARFIELD, E. The 300 most-cited authors. *Current Contents*, v. 28, 1978. p. 5–17.

GARRETT, H. E. *Great experiments in psychology*. 3. ed. Nova York: Appleton-Century-Crofts, 1951.

_____. *General psychology*. Nova York: American Book Co, 1955.

GARVEY, C. R. List of American psychological laboratories. *Psychological Bulletin*, v. 26, 1929. p. 652–660.

GAY, P. *Freud*: A life for our time. Nova York: Norton, 1998.

GAYLORD-ROSS, R. J.; HOLVOET, S. H. *Strategies for educating students with severe handicaps*. Boston: Little, Brown, 1985.

GAZZANIGA, M. S. *The bisected brain*. Nova York: Appleton-Century-Crofts. 1970.

GELDARD, F. A.; SHERRICK, C. E. The cutaneous "rabbit": A perceptual illusion. *Science*, v. 178, 1972. p. 178–179.

GELFAND, T. Neurologist or psychiatrist? The public and private domains of Jean-Martin Charcot. *Journal of the History of the Behavioral Sciences*, v. 36, 2000. p. 215–229.

GERARD, D. L. Chiarugi and Pinel considered: Soul's brain/person's mind. *Journal of the History of the Behavioral Sciences*, v. 33, 1997. p. 381–403.

GEROW, J. R. (Ed.). *Time*: Psychology 1923–1988. Nova York: Time, 1988.

GESELL, A. *The first five years of life*. Londres: Methuen, 1954.

GESELL, A.; ILG, F. L. *Infant and child in the culture of today*. Londres: Hamish Hamilton, 1943.

GIBBS, R. S. Tips of the slongue: The enduring legacy of W. A. Spooner. *Journal of Polymorphous Perversity*, v. 18, 2001. p. 9–11.

GIBSON, E. J. Comunicação pessoal em Hardcastle (2000), 1966. p. 359.

_____. *Principles of perceptual learning and its development*. Englewood Cliffs, NJ: Prentice-Hall, 1969.

GIBSON, E. J. How perception really develops: A view from outside the network. In: La BERGE, D. L.; SAMUELS, S. J. S. (Eds.). *Basic processes in reading*: Perception and comprehension. Hillsdale, NJ: Lawrence Erlbaum. 1977. p. 155–173.
GIBSON, E. J.; WALK, R. D. The visual cliff. *Scientific American*, abr. 1960. p. 64–71.
GILLHAM, N. W. *A life of Sir Francis Galton*: From African exploration to the birth of eugenics. Nova York: Oxford University Press, 2001.
GILLIE, O. Pioneer of IQ faked his research findings. *Sunday Times of London*, 24 out. 1976. p. 1–2.
GILMAN, S. L. Darwin sees the insane. *Journal of the History of the Behavioral Sciences*, v. 15, 1979. p. 253–262.
GILOVICH. T. *How we know what isn't so*: The fallibility of human reason in everyday life. Nova York: The Free Press, 1991.
GIURGEA, C. E. On facts and ideologies in the Pavlovian saga. *Pavlovian Journal of Biological Science*, v. 20, 1985. p. 7–10.
GJERDE. P. F. Attentional capacity, dysfunction, and arousal in schizophrenics. *Psychological Bulletin*, v. 93, 1993. p. 57–72.
GLEITMAN, H. *Basic psychology*. Nova York: Norton, 1981.
_____. *Psychology*. Nova York: Norton, 1987.
GODDARD, H. H. *The Binet-Simon measuring scale for intelligence*. Eed. rev. Vineland, NJ: Training School, 1911a.
_____. Two thousand normal children measured by the Binet measuring scale of intelligence. *Pedagogical Seminary*, v. 18, 1911b. p. 232–259.
_____. *The Kallikak family*: A study in the heredity of feeble-mindedness. Nova York: Macmillan, 1912.
_____. The Binet tests in relation to immigration. *Journal of Psychoasthenics*, v. 18, 1913. p. 105–107.
_____. Mental tests and the immigrant. *Journal of Delinquency*, v. 2, 1917. p. 243–277.
_____. *Human efficiency and levels of intelligence*. Princeton, NJ: Princeton University Press, 1920.
_____. *School training for gifted children*. Yonkers-on-Hudson, NY: World Book, 1938.
_____. In defense of the Kallikak study. *Science*, v. 95, 1942. p. 574–576.
GOLLAHER, D. *Voice for the mad*: The life of Dorothea Dix. Nova York: Free Press, 1995.
GOODALL, J. *In the shadow of man*. Boston: Houghton Mifflin, 1971.
GOODCHILD, L. F. G. Stanley Hall and the study of higher education. *Review of Higher Education*, v. 20, 1996. p. 69–99.
GOODELL, R. The visible scientists. Dissertação de doutorado não publicada, Stanford University. Referida em *American Psychological Association Monitor*, ago. 1975. p. 1.
GOODMAN, E. Margaret Floy Washburn: "A complete psychologist". *American Psychological Association Monitor*, dez. 1979. p. 3.
GOODWIN, J. On the origins of Titchener's experimentalists. *Journal of the History of the Behavioral Sciences*, v. 21, 1985. p. 383–389.
GORFEIN, D. S.; HOFFMAN, R. R. (Eds.). *Memory and learning*: The Ebbinghaus Centennial Conference. Hillsdale, NJ: Erlbaum, 1987.
GORSUCH, R. L.; SPILKA, B. Retrospective review of "The Varieties" in historical and contemporary contexts. *Contemporary Psychology*, v. 32, 1987. p. 773–778.
GOTTLIEB, G. Zing-Yang Kuo: Radical scientific philosopher and innovative experimentalist (1898–1970). *Journal of Comparative and Physiological Psychology*, v. 80, 1972. p. 1–10.
GOULD, J. L. *Ethology*: The mechanisms and evolution of behavior. Nova York: Norton. 1982.
GOULD, S. J. Women's brains. *Natural History*, out. 1978. p. 44–50.
_____. *The mismeasure of man*. Nova York: Norton, 1981.
_____. The chain of reason vs. the chain of thumbs. *Natural History*, v. 7, 1989. p. 12–21.
_____. *The structure of evolutionary theory*. Cambridge, MA.: Harvard University Press, 2002.
GRABINER, J. V. The centrality of mathematics in the history of western thought. *Mathematics Magazine*, v. 61, 1988. p. 220–230.
GRANELLO, D. H.; HOTHERSALL, D.; OSBORNE, A. L. The academic genogram: Teaching for the future by learning from the past. *Counselor Education and Supervision*, v. 39, 2000. p. 177–1188.

GRANT, M. *The passing of the great race, or the racial basis of European history*. Nova York: Scribner's, 1916.
GRANT, R. W.; TARCOV, N. (Eds.). *John Locke*: Some thoughts concerning education and the conduct of the understanding. Indianápolis: Hackett Publishing Company, 1996.
GRAVITZ, M. A. Early uses of hypnosis as surgical anesthesia. *American Journal of Clinical Hypnosis*, v. 30, 1988. p. 201-208.
_____. Comunicação pessoal. 19 out. 1990.
_____. GERTON, M. I. Origins of the term *hypnotism* prior to Braid. *American Journal of Clinical Hypnosis*, 1984. p. 107-110. v. 27.
GRAY, P. *Psychology*. Nova York: Worth, 1991.
_____. *Psychology*. 4. ed. Nova York: Worth, 2002.
GREEN, B. F. Exposé or smear? The Burt affair. *Psychological Science*, v. 3, 1992. p. 328-331.
GREENBERG, L. Gestalt therapy: A rough diamond. *Contemporary Psychology*, v. 42, 1997. p. 196-198.
GREENWALD, A. G.; BANAJI, M. R. Implicit social cognition: Attitudes, selfesteem and stereotypes. *Psychological Review*, v. 102, 1995. p. 4-27.
GREGORY, R. L. *Concepts and mechanisms of perception*. Londres: Duckworth, 1974.
GRIDGEMAN, N. T. Francis Galton. In: GILLISPIE, C. C. (Ed.). *Dictionary of scientific biography*. Nova York: Charles Scribner's Sons. v. V, 1972. p. 265-267.
GROSSKURTH, P. *The secret ring*: Freud's inner circle and the politics of psychoanalysis. Nova York: Addison-Wesley, 1991.
GRUNEBERG, M. M.; MORRIS, P. E.; SYKES, R. N. The obituary on everyday memory and its practical applications is premature. *American Psychologist*, v. 46, 1991. p. 74-76.
GUILFORD, J. P. *A factor analytical study across the domains of reasoning, creativity and evaluation*: I. Hypothesis and description of tests: Reports from the psychological laboratory. Los Angeles: University of Southern California Press, 1954.
GUNDLACH, H. U. K. Ebbinghaus, nonsense syllables, and three letter words. *Contemporary Psychology*, v. 31, 1986. p. 469-470.
GUR, R. C.; REIVICH, M. Cognitive task effects on hemispheric blood flow in humans: Evidence for individual differences in hemispheric activation. *Brain and Language*, v. 9, 1980. p. 78-92.
GUTHRIE, E. R. Conditioning as a principle of learning. *Psychological Review*, v. 37, 1930. p. 412-428.
_____. Pavlov's theory of conditioning. *Psychological Review*, v. 41, 1934. p. 199-206.
_____. *The psychology of learning*. Nova York: Harper & Brothers, 1935.
_____. *The psychology of human conflict*. Nova York: Harper, 1938.
_____. Association and the law of effect. *Psychological Review*, v. 47, 1940. p. 127-148.
_____. Pierre Janet, 1859-1947. *Psychological Review*, v. 55, 1948. p. 65-66.
_____. Association by contiguity. In: KOCH, S. (Ed.). *Psychology*: A study of a science. Nova York: McGraw-Hill. v. 2, 1959. p. 158-195.
_____. HORTON, G. P. *Cats in a puzzle box*. Nova York: Rinehart & Co, 1946.
GUTHRIE, R. V. *Even the rat was white*: A historical view of psychology. Nova York: Harper & Row, 1976.
GUTTMAN, N. On Skinner and Hull: A reminiscence and projection. *American Psychologist*, v. 32, 1977. p. 321-328.
HAJAL, F. Galen's ethical psychotherapy: Its influence on a medieval near-Eastern physician. *Journal of the History of Medicine and Allied Sciences*, v. 38, 1983. p. 320-333.
HALBERSTAM, D. *The fifties*. Nova York: Villard Books, 1993.
HALD, A. *A history of mathematical statistics from 1750 to 1930*. Nova York: Wiley, 1998.
HALDANE, J. B. S. *Daedalus or science and the future*. Londres: Kegan Paul, Trench, Trubner, 1923.
_____. The implications of genetics for human society. Proceedings of the XI International Congress of Genetics, The Hague. In: *Genetics Today*. Oxford: Pergamon Press, 1965.
HALE, M., JR. *Human science and order*: Hugo Münsterberg and the origins of applied psychology. Filadélfia: Temple University Press, 1980.
HALL, E. Will success spoil B. F. Skinner? *Psychology Today*, nov. 1972. p. 65-72, 130.
HALL, G. S. The muscular perception of space. *Mind*, v. 3, 1878. p. 433-450.

HALL, G. S. *The contents of children's minds on entering school*. Nova York: Kellogg, 1893.
_____. The relations between higher and lower races. *Proceedings of the Massachusetts Historical Society*, v. 17, 1903. p. 4-13.
_____. *Adolescence*: Its psychology and its relation to physiology, anthropology, sociology, sex, crime, religion and education. Nova York: Appleton, 1904.
_____. The Negro question. *Proceedings of the Massachusetts Historical Society*, v. 19, 1905a. p. 95-107.
_____. The Negro in Africa and America. *Pedagogical Seminary*, v. 12, 1905b. p. 350-368.
_____. *Youth*. Nova York: Appleton, 1906a.
_____. Undeveloped races in contact with civilization. *Washington University Association Bulletin*, v. 4, 1906b. p. 145-150.
_____. Eugenics: Its ideals and what it is going to do. *Religious Education*, v. 6, 1911a. p. 152-159.
_____. The teaching of sex in schools and colleges. *American Society for Sanitary and Moral Prophylaxis*, v. 2, 1911b. p. 1-19.
_____. The problem of dependent races. *29th Annual Mohonk Conference Report*, 1911c.
_____. *Educational problems*. Nova York: Appleton, 1911d. 2 v.
_____. Some possible effects of the war on American psychology. *Psychological Bulletin*, v. 16, 1919. p. 48-49.
_____. *Senescence*: The last half of life. Nova York: Appleton, 1922.
_____. *Life and confessions of a psychologist*. Nova York: Appleton, 1924.
HALL, M. H. An interview with "Mr. Behaviorist" B. F. Skinner. *Psychology Today*, set. 1967. p. 20.
HALLER, A. VON. *Primae lineae physiologiae*. Göttingen: Vandenhoeck, 1747.
HALLWAS, J. E. (Ed.). *Carl Sandburg*. Urbana: University of Illinois Press, 1992.
HAMMOND, A. The choosing of the 20. *Science*, v. 84, 1984. p. 5, 9.
HARDCASTLE, G. The cult of experiment: The Psychological Round Table, 1936-1941. *History of Psychology*, v. 3, 2000. p. 344-370.
HARDESTY, F. P. Louis William Stern: A new view of the Hamburg years. *Annals of the New York Academy of Science*, v. 270, 1976. p. 31-44.
HARLOW, H. F. The formation of learning sets. *Psychological Review*, v. 56, 1949. p. 51-65.
HARLOW, J. M. *Recovery from the passage of an iron bar through the head*. Boston: Clapp, 1869.
HARRELL, T. W. Some history of the Army General Classification Test. *Journal of Applied Psychology*, v. 77, 1992. p. 875-878.
HARRINGTON, A. *Medicine, mind, and the double brain*. Princeton, NJ: Princeton University Press, 1987.
HARRIS, B. Whatever happened to Little Albert? *American Psychologist*, v. 34, 1979. p. 151-160.
_____. Review of Ronald Ley's "A whisper of espionage". *Contemporary Psychology*, v. 36, 1991. p. 727.
HARRIS, M. *Cows, pigs, wars, and witches* – The riddle of culture. Nova York: Vintage, 1975.
HARRIS, R. *The making of Neil Kinnock*. Londres: Faber, 1984.
HARTLEY, D. Observations on man. In: RAND, B. (Ed.). *The classical psychologists*. Boston: Houghton Mifflin, 1749/1912. p. 313-330.
HARTLEY, M. *Breaking the silence*. Nova York: G. P. Putnam's Sons, 1991.
HARTMANN, G. W. *Gestalt psychology*. Nova York: Ronald Press, 1935.
HARVEY, J. H.; BURGESS, M. L. Review of S. Patnoe, A narrative history of experimental social psychology: The Lewin legacy. *Contemporary Psychology*, v. 35, 1990. p. 176-177.
HAYEK, F. A. *J. S. Mill and Harriet Taylor*: Their friendship and subsequent marriage. Londres: Routledge & Kegan Paul, 1951.
HAYMAKER, W. (Ed.). *The founders of neurology*: One hundred and thirty-three biographical sketches. Springfield, IL: Charles C. Thomas, 1953.
HAYNIE, N. A. Boring, Edwin G. (1886-1968). In: CORSINI, R. J. (Ed.). *Encyclopedia of psychology*. Nova York: John Wiley & Sons, 1984. v. 1.
HAYS, R. Psychology of the scientist: III. Introduction to "Passages from the idea books of Clark L. Hull". *Perceptual and Motor Skills*, v. 15, 1962. p. 803-806.

HEAD, H. *Aphasia and kindred disorders of speech.* Cambridge, Inglaterra: Cambridge University Press, 1926.
HEARNSHAW, L. S. *Cyril Burt*: Psychologist. Ithaca, NY: Cornell University Press, 1979.
_____. *A short history of British psychology.* Londres: Methuen, 1964.
HEARST, E. Psychology and nothing. *American Scientist,* v. 79, 1991. p. 432–443.
HEBB, D. O. *The organization of behavior*: A neuropsychological theory. Nova York: Wiley, 1949.
_____. Karl Spencer Lashley, 1890–1958. *American Journal of Psychology,* v. 72, 1959. p. 142–150.
HEFFERLINE, R. F.; KEENAN, B.; HARFORD, R. A. Escape and avoidance conditioning in human subjects without their observations of the response. *Science,* v. 130, 1959. p. 1338–1339.
HEFFERNAN, G. (Trad. e Ed.). Descartes, R. *Discourse on the method of conducting one's reason well and of seeking the truth in the sciences.* South Bend, IN: University of Notre Dame Press, 1632/1994.
HEIDBREDER, E. *Seven psychologies.* Nova York: Appleton-Century-Crofts, 1933/1961.
HEIDER, F. Gestalt theory: Early history and reminiscences. *Journal of the History of the Behavioral Sciences,* v. 6, 1970. p. 131–139.
HEILBRONER, R. L. Carnegie and Rockefeller. In *A sense of history*: The best writings from the pages of American Heritage. Nova York: Houghton-Mifflin. 1985. p. 430–460.
HELLER, S. Taking Taylor's measure. *The Chronicle of Higher Education,* 31 jul. 1993. p. A8–A13.
HENIG, R. M *The monk in the garden*: The lost and found genius of Gregor Mendel, the father of genetics. Boston: Houghton Mifflin, 2000.
HENLE, M. One man against the Nazis – Wolfgang Köhler. *American Psychologist,* v. 33, 1978a. p. 939–944.
_____. Gestalt psychology and gestalt therapy. *Journal of the History of the Behavioral Sciences,* v. 14, 1978b. p. 23–32.
_____. *1879 and all that.* Nova York: Columbia University Press, 1986.
HENTOFF, N. The integrationist. *The New Yorker,* 23 ago. 1982. p. 37–73.
HERMAN, J. L. *Father-daughter incest.* Cambridge, MA: Harvard University Press, 1981.
HERRMANN, D. J.; CHAFFIN, R. (Eds.). *Memory in historical perspective*: The literature before Ebbinghaus. Nova York: Springer-Verlag, 1988.
HERRNSTEIN, R. J. I. Q. *Atlantic Monthly,* 228, 1971. p. 43–64.
HERRNSTEIN, R. J.; BORING, E. G. (Eds.). *A source book in the history of psychology.* Cambridge, MA: Harvard University Press, 1965.
HERRNSTEIN, R. J.; MURRAY, C. *The bell curve*: Intelligence and class structure in American life. Nova York: The Free Press, 1994.
HEYDUK, R. G.; FENIGSTEIN, A. Influential works and authors in psychology: A survey of eminent psychologists. *American Psychologist,* v. 39, 1984. p. 556–559.
HICKS, L. H.; RIDLEY, S. R. Black studies in psychology. *American Psychologist,* v. 34, 1979. p. 597–602.
HIGHTOWER, M. Personal communication to Roger Tigner. Citado com permissão, 2002.
HILCHEY, T. Obituary: Dr. James Watts. *The New York Times,* 11 nov. 1994. p. A 15.
HILGARD, E. R. *Theories of learning.* 2. ed. Nova York: Appleton-Century-Crofts, 1956.
_____. Introduction to a new edition of C. L. Hull, *Hypnosis and suggestibility.* Nova York: Appleton-Century-Crofts, 1961.
_____. *Psychology in America*: A historical survey. Nova York: Harcourt Brace Jovanovich, 1987.
_____. Foreword. In: WIENER, D. N. *B. F. Skinner*: Benign anarchist. Boston: Allyn & Bacon, 1996.
HILLIX, W. A.; BROYLES, J. W. The family trees of American psychologists. In: BRINGMANN, W. G.; TWENEY, R. D. (Eds.). *Wundt studies.* Toronto: Hogrefe, 1980. p. 422–434.
HILLIX, W. A.; MARX, M. H. *Systems and theories in psychology*: A reader. Nova York: West, 1974.
HINDE, R. A.; STEVENSON-HINDE, J. *Constraints on learning.* Nova York: Academic Press, 1973.
HIPPOCRATES. Concerning the sacred disease. In: HUTCHINS, R. M. (Ed.). *Great books of the Western world.* The writings of Hippocrates. Chicago: Encyclopaedia Britannica, 1952. v. 10.
HIRSCHMÜLLER, A. *The life and work of Josef Breuer*: Physiology and psychoanalysis. Nova York: New York University Press, 1989.
HOBBES, T. *Leviathan, or the matter, forme and power of commonwealth, ecclesiasticall and civill.* Londres: A. Crooke, 1650.

HOBBES, T. Human nature. In: PETERS, R. S. (Ed.). *Body and citizen*. Nova York: Collier, 1951. p. 182–244. (Trabalho original publicado em 1650.)
HOCHBERG, J. Sensation and perception. In: HEARST, E. (Ed.). *The first century of experimental Psychology*. Hillside, NJ: Lawrence Erlbaum. 1979. p. 89–142.
HOFFELD, D. R. Mesmer's failure: Sex, politics, personality and the Zeitgeist. *Journal of the History of the Behavioral Sciences*, v. 16, 1980. p. 377–386.
HOFFMAN, C. D.; QUINTON, W. J. References on women and men in the literature (1974–1994): An archival CD-ROM search. *American Psychologist*, v. 51, 1996. p. 1336–1338.
HOFFMAN, P. *The man who loved only numbers*: The story of Paul Erdos and the search for mathematical truth. Nova York: Hyperion, 1998.
_____. Freud's Vienna begins at Berggasse 19. *The New York Times*, 27 mar. 1988. p. 21.
HOFSTADTER, D. R. *Gödel, Escher, Bach*: An eternal golden braid. Nova York: Basic Books, 1979.
HOLAHAN, C. K.; SEARS, R. R. *The gifted group in later maturity*. Stanford, CA: Stanford University Press, 1995.
HOLDEN, C. Identical twins reared apart. *Science*, v. 207, 1980. p. 1323–1326.
HOLLAND, J. G.; SKINNER, B. F. *The analysis of behavior*. Nova York: McGraw-Hill, 1961.
HOLLENDER, M. H. The case of Anna O.: A reformulation. *American Journal of Psychiatry*, v. 137, 1980. p. 787–800.
HOLLINGSWORTH, H. L. The New York branch of the American Psychological Association. *Journal of Philosophy, Psychology, and Scientific Method*, v. 9, 1912. p. 234–238.
HOLT, E. B. *Founders of modern psychology*. Nova York: Appleton, 1911.
HOVLAND, C. I. Clark Leonard Hull, 1884–1952. *Psychological Review*, v. 59, 1952. p. 347–350.
HUBEL, D. H.; WIESEL, T. N. Receptive fields and functional architecture in two nonstriate visual areas (18 and 19) of the cat. *Journal of Neurophysiology*, v. 28, 1969. p. 229–289.
HULL, C. L. *Aptitude testing*. Yonkers-on-Hudson, NY: World Book, 1928.
_____. A functional interpretation of the conditioned reflex. *Psychological Review*, v. 36, 1929. p. 498–511.
_____. *Hypnosis and suggestibility*: An Experimental Approach. Nova York: Appleton-Century-Crofts, 1933.
_____. Mind, mechanism and adaptive behavior. *Psychological Review*, v. 44, 1937. p. 1–32.
_____. *Principles of behavior*. Nova York: Appleton-Century-Crofts, 1943.
_____. *Essentials of behavior*. New Haven, CT: Yale University Press, 1951.
_____. *A behavior system*. New Haven, CT: Yale University Press, 1952.
_____. Psychology of the scientist: IV. Passages from the "idea books" of Clark L. Hull. *Perceptual and Motor Skills*, v. 15, 1962. p. 807–882.
_____. Clark Leonard Hull. In: BORING, E. G. (Ed.), *A history of psychology in Autobiography*. Nova York: Russell & Russell, 1968. v. 4, p. 143–162. (Trabalho original publicado em 1952.)
HULSE, S. H.; GREEN, B. F. (Eds.). *One hundred years of psychological research in America*: G. Stanley Hall and the Johns Hopkins tradition. Baltimore, MD: Johns Hopkins University Press, 1986.
HUME, D. *A treatise of human nature*. Londres: Dent. 1911. 2 v. (Trabalho original publicado em 1739–1740.).
_____. *An enquiry concerning human understanding*. Londres: Dent, 1748. HUMPHREY, G. *Thinking*. Londres: Methuen, 1951.
HUNT, E. Mechanics of verbal ability. *Psychological Review*, v. 85, 1978. p. 109–130.
HUTCHINS, J. The value of psychology to the lawyer. *Yale Law Review*, v. 16, 1927. p. 678.
IACONO, W. G.; PATRICK, C. J. Assessing deception: Polygraph techniques. In: ROGERS, R. (Ed.). *Clinical assessment of malingering and deception*. Nova York: Guilford, 1988. p. 205–233.
ILTIS, H. *Life of Mendel*. Trad. E. Paul; C. Paul. Nova York: Norton, 1932.
IRWIN, F. W. Edwin Burket Twitmyer, 1873–1943. *American Journal of Psychology*, v. 56, 1943. p. 451–453.
ISAAC, R. J.; ARMAT, V. C. *Madness in the streets*: How psychiatry and the law abandoned the mentally ill. Nova York: Free Press, 1990.

ITARD, J. M. G. *The wild boy of Aveyron.* Nova York: Appleton-Century-Crofts, 1894/1962.
JAHODA, M. A helping hand to evolution? *Contemporary Psychology*, v. 34, 1989. p. 816–817.
JAMES, W. On some omissions of introspective psychology. *Mind*, v. 9, 1884. p. 1–2b.
_____. Letter to Carl Stumpf. In: PERRY, R. B. *The thought and character of William James.* Boston: Little, Brown. v. 2, 1887/1935. p. 68–71.
_____. *The principles of psychology.* Nova York: Henry Holt, 1890. 2 v.
_____. *Psychology*: A briefer course. Nova York: Henry Holt, 1892.
_____. *Talks to teachers on psychology and to students on some of life's ideals.* Nova York: Henry Holt, 1899.
_____. *Varieties of religious experience.* Nova York: Longmans, Green, 1902.
_____. *Pragmatism.* Nova York: Longmans, Green, 1907.
_____. *The meaning of truth*: A sequel to pragmatism. Nova York: Longmans, Green, 1909.
_____. *The moral equivalent of war.* Nova York: Association for International Conciliation, 1910.
JANET, P. *Les obsessions et la psychasthénie.* Paris: Alcan, 1903.
JASTROW, J. American psychology in the '80's and '90's. *Psychological Review*, v. 50, 1943. p. 65–67.
JAYNES, J. The problem of animate motion in the seventeenth century. In: HENLE, M.; JAYNES, J.; SULLIVAN, J. J. (Eds.). *Historical conceptions of psychology.* Nova York: Springer. 1973. p. 166–179.
JAYNES, J. *The origin of consciousness and the breakdown of the bicameral mind.* Boston: Houghton Mifflin, 1976.
JEFFERSON, G. *Selected papers.* Londres: Pitman, 1960.
JENKINS, H. M. Animal learning and behavior theory. In: HEARST, E. (Ed.). *The first century of experimental psychology.* Hillsdale, NJ: Lawrence Erlbaum Associates, 1979.
JENKINS, J. G.; DALLENBACH, K. M. Oblivence during sleep and waking. *American Journal of Psychology*, v. 35, 1924. p. 605–612.
JENKYNS, R. Phallus in wonderland. *The New Republic*, 26 out. 1998. p. 38–41.
JENNINGS, E. Land-grant tradition shapes character goals. Remarks to The Ohio State University Board of Trustees, 7 abr., 1989.
JENSEN, A. R. How much can we boost IQ and educational achievement? *Harvard Educational Review*, v. 39, 1969. p. 1–23.
_____. *Bias in mental testing.* Nova York: Free Press, 1980.
JESSEN, P. C. *De siti.* Dissertação – Jena University, 1751.
JOHNSON, A. B. *Out of Bedlam*: The truth about deinstitutionalization. Nova York: Basic Books, 1990.
JOHNSON, D. F. Cultivating the field of psychology: Psychological journals at the turn of the century and beyond. *American Psychologist*, v. 55, 2000. p. 1144–1147.
JOHNSON, M. G.; HENLEY, T. B. (Eds.). *Reflections of the principles of psychology*: William James after a century. Hillsdale, NJ: Erlbaum, 1990.
JOHNSON, N. L.; KOTZ, S. (Eds.). *Leading personalities in statistical sciences.* Nova York: Wiley, 1997.
JOHNSON, R. C. et al. Galton's data a century later. *American Psychologist*, v. 40, 1985. p. 875–892.
JOHNSON, T. *Hysteria.* Londres: Reed Consumer Books, 1993.
JONCICH, G. *The sane positivist*: A biography of Edward Lee Thorndike. Middletown, CT: Wesleyan University Press, 1968.
JONES, E. *The life and work of Sigmund Freud.* Nova York: Basic Books, 1953/1955/1957. 3 v.
JONES, M. C. The elimination of children's fears. *Journal of Experimental Psychology*, v. 7, 1924a . p. 383–390.
_____. A laboratory study of fear: The case of Peter. *Pedagogical Seminary*, v. 31, 1924b. p. 308–315.
JONES, M. C. Albert, Peter, and John B. Watson. *American Psychologist*, v. 29, 1974. p. 581–583.
JONES, R. A. Psychology, history and the press. *American Psychologist*, v. 42, 1987. p. 931–940.
JOYNSON, R. B. *The Burt affair.* Londres: Routledge, 1989.
KAMIN, L. J. *The science and politics of IQ.* Potomac, MD: Lawrence Erlbaum, 1974.
KAMM, J. *John Stuart Mill in love.* Londres: Gordon & Cremonesi, 1977.
KAMPE, N. *Studenten und Judenfrage in Deutschen Kaiserreich.* Goettingen: Vanderhoeck & Rupnecht, 1998.
KANNER, L. *A history of the care and study of the mentally retarded.* Springfield, IL: Charles C. Thomas, 1964.

KANT, I. Critique of practical reason. Trad. T. K. Abbott. In: RAND, B. *Modern classical philosophers*. Boston: Houghton Mifflin, 1788/1908a. p. 457–485.

_____. Critique of pure reason. Trad. J. Watson. In: RAND, B. *Modern classical philosophers*. Boston: Houghton Mifflin, 1781/1908b. p. 376–456.

_____. On the a priori nature of space. Trad. J. Watson. In: HERRNSTEIN, R.; BORING, E. G. (Eds.), *A source book in the history of psychology*. Cambridge, MA: Harvard University Press, 1781/1965. p. 132–135.

KARIER, C. J. *Testing for order and control in the corporate liberal state*. Nova York: Pantheon, 1976.

_____. J. *Scientists of the mind*. Urbana: University of Illinois Press, 1986.

KARON, B. P. The tragedy of schizophrenia. *The General Psychologist*, v. 34, 1999. p. 1–12.

KARSTEN, A. Interview with M. G. Ash. In: ASH, M. G. (1992). Cultural contexts and scientific change in psychology: Kurt Lewin in Iowa. *American Psychologist*, v. 47, 1978. p. 198–207.

KELLER, F. S. *The definition of psychology*. Nova York: Appleton-Century-Crofts, 1937.

KELLER, P. *States of belonging*: German-American intellectuals and the First World War. Cambridge, MA: Harvard University Press, 1979.

KELLOGG, R. Interview on development (Film, CRM), 1972.

KEMP, S. *Medieval psychology*. Nova York: Greenwood Press, 1990.

KENDLER, H. The Iowa tradition. *American Psychologist*, v. 44, 1989. p. 1124–1132.

KENYON, J. Brain stimulation and affective behavior: A note on an early demonstration of a "reward center." *Journal of the History of the Behavioral Sciences*, v. 17, 1981. p. 174–175.

KESSEN, W.; CATHAN, E. D. A century of psychology: From subject to object to agent. *American Scientist*, v. 74, 1986. p. 640–649.

KESTEN, H. *Copernicus and his world*. Nova York: Roy, 1945.

KEVLES, D. J. *In the name of eugenics*: Genetics and the uses of human heredity. Nova York: Knopf, 1987.

KEYNES, G. *A bibliography of the writings of Dr. William Harvey, 1578–1657*. 3. ed. Londres: St. Paul's Bibliographies, 1989.

KILEY, S. An unheard cry for freedom. *The Times of London*, 30 nov. 1987. p. 15.

KIMBALL, M. M. From "Anna O" to Bertha Pappenheim: Transforming private pain into public action. *History of Psychology*, v. 3, 2000. p. 20–43.

KINGSBURY, F. A. A history of the department of psychology at the University of Chicago. *Psychological Bulletin*, v. 43, 1946. p. 259–271.

KINGSBURY, S. J. Psychiatry and psychology: The wall. *Archives of General Psychiatry*, v. 44, 1978. p. 391.

_____. Some effects of prescribing privileges. *Professional Psychology*: Research and Practice, v. 23, 1992. p. 3–5.

KINKADE, K. *AWalden Two experiment*: The first five years of Twin Oaks Community. Nova York: Morrow, 1973.

KINLEN, T. J.; HENLEY, T. B. Hugo Münsterberg and modern forensic psychology. *History of Psychology Newsletter*, v. 29, 1997. p. 70–72.

KITTREDGE, G. L. *Witchcraft in old and New England*. Cambridge, MA: Harvard University Press, 1929.

KLAWANS, H. L. *Newton's madness*: Further tales of clinical neurology. Nova York: Harper & Row, 1990.

KLOSKO, G.; KLOSKO, M. G. *The struggle for women's rights*. Upper Saddle River, NJ: Prentice Hall, 1999.

KNAPP, T. J. Contributions to the history of psychology: T. V. Moore and his "Cognitive Psychology" of 1939. *Psychological Reports*, v. 357, 1985. p. 1311–1316.

_____. The emergence of cognitive psychology in the latter half of the twentieth century. In: KNAPP, T. J.; Robertson , L. C. (Eds.). *Approaches in cognition*: Contrasts and controversies. Hillsdale, NJ: Lawrence Erlbaum, 1986a. p. 13–15.

_____. Ralph Franklin Hefferline: The Gestalt therapist among the Skinnerians or the Skinnerian among the Gestalt therapists? *Journal of the History of the Behavioral Sciences*, v. 22, 1986b. p. 49–60.

KOCH, H. L. Harvey A. Carr, 1873–1954. *Psychological Review*, v. 62, 1955. p. 81–82.

KOENIGSBERGER, L. *Hermann von Helmholtz*. Trad. F. A. Welby. Nova York: Dover, 1965.

KOFFKA, K. Perception: An introduction to the Gestalt theories. *Psychological Bulletin*, v. 19, 1922. p. 531–585.

KOFFKA, K. *Principles of Gestalt psychology*. Nova York: Harcourt, Brace, 1935.
KÖHLER, W. An aspect of gestalt psychology. In: MURCHISON, C. (Ed.). *Psychologies of 1925*. Worcester, MA: Clark University Press, 1925. p. 163-195.
_____. *The mentality of apes*. Trad. E. Winter. Nova York: Harcourt, Brace, 1925.
_____. Max Wertheimer, 1880-1943. *Psychological Review*, v. 51, 1944. p. 143-146.
_____. *Gestalt psychology*. Nova York: Liveright, 1947.
_____. Gestalt psychology. In: BENJAMIN, Jr., L. T. (Ed.). (1988). *A history of psychology: Original sources and contemporary research*. Nova York: McGraw-Hill. 1967. p. 520-527.
KOHLSTEDT, S. D. Science: The struggle for survival, 1880-1894. *Science*, v. 209, 1980. p. 33-42.
KOOCHER, G. P. Treasurer's report, 2001. *American Psychologist*, v. 57, 2002. p. 505-511.
KORN, J. H.; DAVIS, R.; DAVIS, S. F. Historians' and chairpersons' judgments of eminence among psychologists. *American Psychologist*, v. 46, 1991. p. 789-792.
KORNFELD, A. D. Mary Cover Jones and the Peter case: Social learning versus conditioning. *Journal of Anxiety Disorders*, v. 3, 1989. p. 187-195.
_____. Contributions to the history of psychology: Achievement, eminence and histories of psychology: The case of Knight Dunlap. *Psychological Reports*, v. 68, 1991. p. 368-370.
_____. Comunicação pessoal, 1994.
KRACKE, E. A. Religion, family, and individual in the examination system. In: MENZEL, J. M. (Ed.). *The Chinese civil service*: Careers open to talent. Boston: D. S. Heath, 1963. p. 67-75.
KRAEPELIN, E. *Dementia praecox and paraphrenia*. Trad. R. M. Barclay. Chicago: Chicago Medical Book, 1919.
KRANTZ, D. L. The Baldwin-Titchener controversy. In: KRANTZ, D. L. (Ed.). *Schools of psychology*. Nova York: Appleton-Century-Crofts, 1969. p. 1-19.
KRAUS, O. *Franz Brentano*. Munich: Beck.,1924.
KRECH, D. Introduction to a new edition of Tolman's Purposive behavior in animals and men. Nova York: Appleton-Century-Crofts, 1961.
_____. Cortical localization of function. In: POSTMAN, L. (Ed.). *Psychology in the making*. Nova York: Knopf, 1962. p. 31-72.
KROC, R. *Grinding it out*: The making of McDonald's. Nova York: St. Martin's Press, 1987.
KRUEGER, L. E. Comunicação pessoal, 1993.
KUHN, T. S. *The structure of scientific revolutions*. 2. ed. Chicago: University of Chicago Press, 1970.
KÜLPE, O. *Outlines of psychology*. Trad. E. B. Titchener. Nova York: Macmillan, 1895. (Trabalho original publicado em 1893.)
KUO, Z. Y. Giving up instincts in psychology. *Journal of Philosophy*, v. 18, 1921. p. 645-664.
_____. A psychology without heredity. *Psychological Review*, v. 31, 1924. p. 427-448.
_____. The genesis of the cat's responses to the rat. *Journal of Comparative Psychology*, v. 11, 1930. p. 1-35.
LACHMAN, R.; LACHMAN, J. L.; BUTTERFIELD, E. C. *Cognitive psychology and information processing*. Hillsdale, NJ: Lawrence Erlbaum, 1979.
LADD, G. T.; WOODWORTH, R. S. *Elements of physiological psychology*. Nova York: Scribner's, 1911.
LA FARGE, J. A new side of Prof. James. *The New York Times*, 2 set. 1910. p. 8.
LA FERLA, R. Where the upper crust crumbled politely. *The New York Times*, 28 jul. 2002, seção 9, p. 1-2.
LAKOFF, R. T.; COYNE, J. C. *Father knows best*: The use and abuse of power in Freud's case of Dora (Athene, n. 36). Nova York: Teachers College Press, 1993.
LAMB, W. R. M. *The works of Plato*. Cambridge, MA: Harvard University Press, 1967. v. 2
LAMETTRIE, J. O. DE. *L'Homme machine*. Chicago: Open Court, 1927. (Trabalho original piblicado em 1748.)
LAMIELL, J. T. Personal communication, 2002.
LANDA, L. Phenomena, comment and notes. *Smithsonian*, v. 12, 1981. p. 22.
LANDY, F. J. Hugo Münsterberg: Victim or visionary? *Journal of Applied Psychology*, v. 77, 1992. p. 787-802.
_____. Witmer, James and Münsterberg. *American Psychologist*, v. 52, 1997. p. 275.

LANE, H. *The wild boy of Aveyron*. Cambridge, MA: Harvard University Press, 1976.
LANGER, W. C.; GIFFORD, S. An American analyst in Vienna during the Anschluss, 1936–1938. *Journal of the History of the Behavioral Sciences*, v. 14, 1978. p. 37–54.
LANGFELD, H. S. Carl Stumpf, 1848–1936. *American Journal of Psychology*, v. 49, 1937. p. 316–320.
LAPOINTE, F. H. Origin and evolution of the term "psychology". *American Psychologist*, v. 25, 1970. p. 640–646.
LARSON, C. A.; SULLIVAN, J. J. Watson's relation to Titchener. *Journal of the History of the Behavioral Sciences*, v. 1, 1965. p. 338–354.
LARSON, J. A. The lie detector polygraph: Its history and development. *Journal of the Michigan State Medical Society*, v. 37, 1938. p. 893–897.
LASHLEY, K. S. *Brain mechanisms and intelligence*. Chicago: University of Chicago Press, 1929.
_____. In search of the engram. In: *Society of Experimental Biology Symposium No. 4: Physiological mechanisms in animal behavior*. Nova York: Cambridge University Press, 1950. p. 454–482.
LATANÉ, B.; DARLEY, J. M. *The unresponsive bystander*: Why doesn't he help? Nova York: Appleton-Century-Crofts, 1970.
LATIES, V. G. Society for the experimental analysis of behavior: The first thirty years (1957–1987). *Journal of the Experimental Analysis of Behavior*, v. 48, 1987. p. 495–512.
LATTAL, K. A. B. F. Skinner and psychology: Introduction to the special issue. *American Psychologist*, v. 47, 1992. p. 1269–1272.
LAUNIUS, R. D. *NASA*: A history of the United States civil space program. Malabar, FL: Krieger Publishing, 1994.
LEAHEY, T. H. The mistaken mirror: On Wundt's and Titchener's psychologies. *Journal of the History of the Behavioral Sciences*, v. 17, 1981. p. 273–282.
LEARY, D. E. William James and the art of human understanding. *American Psychologist*, v. 47, 1992. p. 152–160.
LEARY, D. E. (Ed.). *Metaphors in the history of psychology*. Cambridge, Inglaterra: Cambridge University Press, 1990.
LEIBNIZ, G. W. VON. Philosophical works. In: RAND, B. (Ed.). *The Classical Psychologists*. Boston: Houghton Mifflin, 1912. p. 208–228.
LELAND, H. Comunicação pessoal. 1993.
LESCH, J. F. *Science and medicine in France*: The emergence of experimental physiology, 1790–1855. Cambridge, MA: Harvard University Press, 1984.
LESKY, E. (Ed.). *Writings of Franz Joseph Gall*. Berna: Hans Huber, 1979.
LEVERE, T. H.; SHEA, W. R. (Eds.). *Nature, experiment and the sciences*: Essays on Galileo and the history of science in honor of Stillman Drake. Boston: Academic Publishers, 1990.
LEWES, GEORGE H. Phrenology in France. *Blackwood's Edinburgh Magazine*, v. 82, 1857. p. 665–674.
LEWIN, K. *The socialization of the Taylor system*. Berlim-Fichtenau: Verlag Gesellschaft und Erziehung, 1920.
_____. Environmental forces in child behavior and development. Trad. D. K. Adams. In: MURCHISON, C. (Ed.). *A handbook of child psychology*. Worcester, MA: Clark University Press, 1931. p. 94–127.
_____. *A dynamic theory of personality*. Nova York: McGraw-Hill, 1935.
_____. *Principles of topological psychology*. Nova York: McGraw-Hill, 1936.
_____. Carl Stumpf. *Psychological Review*, v. 44, 1937. p. 189–194.
LEWIN, K.; LIPPITT, R.; WHITE, R. K. Patterns of aggressive behavior in experimentally created "social climates". *Journal of Social Psychology*, v. 10, 1939. p. 271–299.
LEY, R. *A whisper of espionage*. Garden City Park, NY: Aveny, 1991.
LEYS, R.; EVANS, R. B. (Eds.). *Defining American psychology*: The correspondence between Adolf Meyer and Edward Bradford Titchener. Baltimore. MD: Johns Hopkins University Press, 1990.
LI, FAN. Personal communication, 1989.
LIDDELL, H. Comunicação pessoal de Konrad Lorenz, 1951, citada por K. Lorenz. In: PRIBRAM, K. H. (Ed.), *On the biology of learning*. Nova York: Harcourt, Brace and World. 1969. p. 13–93.

LIGHTNER, D. L. *Asylum, prison, and poorhouse*: The writings and reform work of Dorothea Dix in Illinois. Carbondale: Southern Illinois Press, 1999.

LIMBER, J. What can chimps tell us about the origin of language? In: KUCZAJ, S. (Ed.). *Language development*. Language, thought and culture. Hillsdale, NJ: Lawrence Erlbaum. 1982. p. 429–469. v. 2.

LIPPITT, R. An experimental study of authoritarian and democratic group atmospheres. *University of Iowa Studies in Child Welfare*, v. 16, n. 3, 1939. p. 43–195.

LIPPMANN, W. The mental age of Americans. *New Republic*, v. 32, 1922a. p. 213–215.

_____. The reliability of intelligence tests. *New Republic*, v. 32, 1922b. p. 275–277.

_____. The abuse of tests. *New Republic*, v. 32, 1922c. p. 297–298.

_____. A future for tests. *New Republic*, v. 33, 1922d. p. 9–10.

_____. The great confusion. *New Republic*, v. 34, 1923. p. 145–146.

LIPSITT, L. P. Myrtle B. McGraw (1899–1988). *American Psychologist*, v. 45, 1990. p. 977.

LOCKE, J. *Two treatises on government*. Cambridge, Inglaterra: Cambridge University Press, 1689/1960.

LOCKE, J. *Some thoughts concerning education*. GARFORTH, F. W. (Ed.). Woodbury, NY: Barron's Educational Series, 1693/1964.

LOCKE, J. *An essay concerning human understanding*. NIDDITCH, P. (Ed.). Oxford: Clarendon Press, 1690/1975.

LOFTUS, E. *Memory*. Reading, MA: Addison-Wesley, 1980.

LOFTUS, E. F. *Eyewitness testimony*. Cambridge, MA: Harvard University Press, 1979.

LOFTUS, E. F.; KETCHAM, K. *Witness for the defense*: The accused, the eyewitness, and the expert. Nova York: St. Martin's Press, 1991.

LOGAN, C. A. The altered rationale for the choice of a standard animal in experimental psychology. *History of Psychology*, v. 2, 1999. p. 3–24.

LOH, W. D. Psycholegal research: Past and present. *Michigan Law Review*, v. 79, 1981. p. 659–707.

LORENZ, K. Der Kumpan in der Umwelt des Vogels. *Journal of Ornithology*, v. 83, 1935. p. 137–213, 289–413.

_____. The comparative method in studying innate behavior patterns. *Symposium of the Society for Experimental Biology*, v. 4, 1950. p. 221–268.

LORENZ, K. Z. Innate bases of learning. In: PRIBRAM, K. H. (Ed.). *On the biology of learning*. Nova York: Harcourt, Brace & World. 1969. p. 13–94.

LOVEJOY, A. O. *The great chain of being*. Cambridge, MA: Harvard University Press, 1936.

LÖWENFELD, L. *Sexualleben und nervenleiden*: Die nervosen storungen sexuellen ursprungs (Sexual life and nervous disease: The nervous disturbances of sexual origin). 2. ed. Wiesbaden, Alemanha: J. F. Bergmann, 1899.

LUBOW, R. E. *The war animals*. Garden City, NY: Doubleday. LUCE, A. A.; JESSOP, T. E. (Eds.). (1949–1957). *The works of George Berkeley* Londres: Thomas Nelson, 1977. v. 10.

LUCE, R. D. *Response times and their role in inferring elementary mental organization*. Nova York: Oxford University Press, 1986.

LUCHINS, A. S.; LUCHINS, E. H. *Wertheimer's seminars revisited*: Problem solving and thinking. Albany, NY: Faculty-Student Associates, SUNY at Albany. 1970. v. 3.

LÜCK, H. E.; RECHTIEN, W. Freud und Lewin. Historische methode und "Hier und Jezt". In: NITZSCHKE, B. (Ed.). *Freud und die Akademische Psychologie*. Munique: Psychologie Verlags Union. 1989. p. 137–159.

LURIE, E. *Louis Agassiz*: A life in science. Baltimore: Johns Hopkins University Press, 1989.

LUSTIG, H. S.; KNAPP, R. B. Controlling computers with neural signals. *Scientific American*, v. 273, 1996. p. 82–87.

LUTHER, M. *Table talk*. SMITH, P. (Ed.). Nova York: Columbia University Press, 1652/1907.

LYKKEN, D. T. The detection of deception. *Psychological Bulletin*, v. 86, 1979. p. 47–53.

_____. *A tremor in the blood*: Uses and abuses of the lie detector. Nova York: McGraw-Hill, 1981.

LYKKEN, D. T. et al. Emergenesis: Genetic traits that may not run in families. *American Psychologist*, v. 47, 1992. p. 1.565–1.577.

MACH, E. *Analysis of sensations.* La Salle, IL: Open Court, 1886/1914.
MACHAN, T. R. *The pseudoscience of B. F. Skinner.* New Rochelle, NY: Arlington House, 1974.
MACKINTOSH, N. J. (Ed.). *Cyril Burt*: Fraud or framed? Oxford: Oxford University Press, 1995.
MACMILLAN, M. B. Delboeuf and Janet as influences on Freud's treatment of Emmy von N. *Journal of the History of the Behavioral Sciences,* v. 15, 1979. p. 299–309.
_____. A wonderful journey through skull and brains: The travels of Mr. Gage's tamping iron. *Brain and Cognition,* v. 5, 1986. p. 67–107.
_____. Nineteenth-century inhibitory theories of thinking: Bain, Ferrier, Freud (and Phineas Gage). *History of Psychology,* v. 3, 2000a. p. 187–217.
_____. *An odd kind of fame*: Stories of Phineas Gage. Cambridge, MA: MIT Press, 2000b.
MACRAE, N. *John von Neumann.* Nova York: Pantheon Books, 1992.
MADDOCKS, M. Harvard was once unimaginably small and humble. *Smithsonian,* v. 16, 1986. p. 140–160.
MADIGAN, S.;O'HARA, R. Short-term memory at the turn of the century. *American Psychologist,* v. 47, 1992. p. 170–174.
MAGENDIE, F. Experiences sur les fonctions des racines des nerfs rachidiens. *Journal de Physiologie Expérimentale et Pathologique,* v. 2, 1822. p. 276–279.
MAGNER, L. N. *A history of medicine.* Nova York: Marcel Dekker, 1992.
MAHAFFY, J. P. *Descartes.* Londres: W. Blackwood, 1880.
MAKARI, G. M. Between sensation and libido: Sigmund Freud's masturbation hypotheses and the realignment of his etiologic thinking. *Bulletin of the History of Medicine,* v. 72, 1998. p. 638–662.
MALCOLM, A. H. The mind behind the match for the man of steel. *The New York Times,* 18 fev. 1992.
MALKIEL, B. G. *A random walk down Wall Street.* Nova York: Norton & Company, 1999.
MALTHUS, T. R. *An essay on population, as it affects the future improvement of society.* Londres: J. Murray, Publishers, 1798.
MAN, J. *Gutenberg*: How one man remade the world. Nova York: Wiley, 2002.
MANCHESTER, W. *The last lion*: Winston Spencer Churchill. Boston: Little, Brown, 1983.
MANDLER, G. Organization and memory. In: SPENCE, K. W.; SPENCE, J. T (Eds.). *The psychology of learning and motivation.* Nova York: Academic Press, v. 1, 1967. p. 327–372.
MARCHMAN, J. N. Clinical psychology in its historical context. *Contemporary Psychology,* v. 38, 1993. p. 20–21.
MARMOY, C. F. A. The "auto-icon" of Jeremy Bentham of University College, London. *Medical History,* v. 2, 1958. p. 77–86.
MARROW, A. J. *The practical theorist*: The life and work of Kurt Lewin. Nova York: Basic Books, 1969.
MARSTON, W. M. *The lie detector test.* Nova York: Richard R. Smith, 1938.
MARTIN, J. *The education of John Dewey.* Nova York: Columbia University Press, 2003.
MARTIN, S. *APA Monitor,* fev. 1994. p. 7.
MARX, M. H.; HILLIX, W. A. *Systems and theories of psychology.* 3. ed. Nova York: McGraw-Hill, 1979.
MARX, O. Aphasia studies and language theory in the 19th century. *Bulletin of the History of Medicine,* v. 40, 1966. p. 328–349.
MASSON, J. M. *The assault on truth*: Freud's suppression of the seduction theory. Nova York: Farrar, Straus & Giroux, 1984.
_____. *The complete letters of Sigmund Freud to Wilhelm Fliess, 1887–1904.*
_____. (Trad. e Ed.). Cambridge, MA.: Harvard University Press, 1985.
MATOSSIAN, M. K. Ergot and the Salem witchcraft affair. *American Scientist,* v. 70, 1982. p. 355–357.
MAY, M. T. *Galen on the usefulness of the parts of the body.* Ithaca, NY: Cornell University Press.,1968.
MAYR, E. *What evolution is.* Nova York: Basic Books, 2001.
MAY, W. T.; BELSKY, J. Response to "Prescription privileges: Psychology's next frontier?" *American Psychologist,* v. 47, 1992. p. 427.
MAZLISH, B. *James and John Stuart Mill*: Father and son in the nineteenth century. Nova York: Basic Books, 1975.

MCCONNELL, J. V. *Understanding human behavior.* (1. ed. 1974, 6. ed. 1989). Nova York: Holt, Rinehart & Winston, 1989.

MCDOUGALL, W. *Physiological psychology.* Nova York: Macmillan, 1905.

_____. *Psychology: The study of behavior.* Londres: Williams & Norgate, 1912.

_____. Autobiography. In: MURCHISON, C. *History of psychology in autobiography.* Worcester, MA: Clark University Press, v. 1, 1930. p. 191-223.

_____. Experimental psychology and psychological experiment. *Character & Personality*, v. 1, 1932. p. 195-213.

_____. *The energies of men.* Nova York: Scribner's, 1933.

MCGEE, V. J.; HUBER, R. J.; CARTER, C. L. Similarities between Confucius and Adler. *Individual Psychology*, v. 39, 1983. p. 237-246.

MCGRAW, M. B. *Growth*: A study of Johnny and Jimmy. Nova York: Appleton Century Co, 1935.

_____. Johnny and Jimmy. *New York Times Magazine*, 19 abr., 1942, sec. 7, p. 22.

_____. Professional and personal blunders in child development. *Psychological Record*, v. 35, 1985. p. 165-170.

McGUE, M.; BOUCHARD, JR., T. J. Genetic and environmental influences on human behavioral differences. *Annual Review of Neuroscience*, v. 21, 1998. p. 1-24.

McGUIRE, W. (Ed.). *The Freud/Jung letters.* Princeton, NJ: Princeton University Press. Excerpts in *Psychology Today*, fev. 1974. p. 37-42, 86-94.

McKINLEY, JR., J. C. Nova York court opens door to data on eyewitness fallibility. *New York Times*, 9 maio 2001.

McKINNEY, F. Functionalism at Chicago: Memories of a graduate student, 1929-1931. *Journal of the History of the Behavioral Sciences*, v. 14, 1978. p. 142-148.

McREYNOLDS, P. Lightner Witmer: Little-known founder of clinical psychology. *American Psychologist*, v. 42, 1987. p. 849-858.

_____. *Lightner Witmer*: His life and times. Washington, DC: American Psychological Association, 1997a.

_____. A note on Witmer, Viteles, James and Münsterberg. *American Psychologist*, v. 52, 1997b. p. 275-276.

MEAD, M. *Coming of age in Samoa.* Nova York: Morrow, 1928.

MENAND, L. *The metaphysical club*: A story of ideas in America. Nova York: Straus & Giroux, 2001.

MERKIN, D. Freud rising. *New Yorker*, nov. 1998. p. 50-55.

MERLAN, P. Brentano and Freud: A sequel. *Journal of the History of Ideas*, v. 10, 1949. p. 451.

MESHBERGER, F. L. An interpretation of Michelangelo's Creation of Adam based on neuroanatomy. *Journal of the American Medical Association*, v. 264, n. 14, 1990. p. 1837-1841.

MEYER, D. R. Unpublished lecture on the history of psychology, The Ohio State University, 1978.

_____. How to read Hearst. Unpublished lecture notes, Ohio State University, 1983.

_____. Comunicação pessoal, 1993.

MIDDLETON, D. *Sir Francis Galton's Art of Travel.* Harrisburg, PA: Stackpole, 1971.

MIDDLETON, W. S. Benjamin Rush. *Annals of Medical History*, v. 10, 1928. p. 434.

MILAR. K. S. The first generation of women psychologists and the psychology of women. *American Psychologist*, v. 55, 2000. p. 616-619.

MILGRAM, S. Behavioral study of obedience. *Journal of Abnormal and Social Psychology*, v. 67, 1963. p. 371-378.

_____. *Obedience to authority*: An experimental view. Nova York: Harper & Row, 1974.

MILL, J. *A history of British India.* (Clássicos da Hisória da Literatura Inglesa). THOMAS, W. (Ed.). Chicago: University of Chicago Press, 1817/1975.

_____. *Essays on government, jurisprudence, etc.* Londres J. Innes, 1825.

_____. Analysis of the phenomena of the human mind. In: RAND, B. (Ed.). *The classical psychologists.* Boston: Houghton Mifflin. 1829/1912. p. 463-482.

MILL, J. S. *A system of logic.* 9. ed.. Londres: Longmans, Green, Reader & Dyer, 1843/1875. 2 v.

MILL, J. S. *Essays on liberty*. Nova York: P. F. Collier, 1909. (Trabalho original publicado em 1859.)

_____. *The utilitarians and utilitarianism*. Garden City, NY: Doubleday, 1961a. (Trabalho original publicado em 1861.)

_____. *Auguste Comte and positivism*. Ann Arbor: University of Michigan Press, 1961b. (Trabalho original publicado em 1865.)

_____. *The early draft of John Stuart Mill's Autobiography*. STILLINGER, J. (Ed.). Urbana, IL: University of Illinois Press, 1873/1961c.

MILLER, G. A. *Psychology*: The science of mental life. Nova York: Harper & Row, 1962.

_____. The test. *Science* v. 84, n. 5, 1984. p. 55–57.

MILLER, G. A., GALANTER, E.; PRIBRAM, K. *Plans and the structure of behavior*. Nova York: Holt, 1960.

MILLER, J. *The body in question*. Nova York: Vintage, 1982.

MILLS, W. The nature of animal intelligence and the methods of investigating it. *Psychological Review*, v. 6, 1899. p. 262–274.

MINTZ, A. An eighteenth century attempt at an experimental psychology. *Journal of General Psychology*, v. 50, 1954. p. 63–77.

MISIAK, H.; SEXTON, V. S. *History of psychology*. Nova York: Grune & Stratton, 1966.

MISIAK, H.; STAUDT, V. M. *Catholics in psychology: A historical survey*. Nova York: McGraw-Hill, 1934.

MOMIGLIANO, L. N. A spell in Vienna – But was Freud a Freudian? *International Review of Psychoanalysis*, v. 14, 1987. p. 373–389.

MONTAGU, A. Review of *Origins*: What new discoveries reveal about the emergence of our species and its possible future. *Saturday Review*, 11 dez. 1977. p. 23–25.

MONTE, C. F. *Beneath the mask*. 2 ed. Nova York: Holt, Rinehart & Winston, 1980.

MOORE, B. R.; STUTTARD, S. Dr. Guthrie and felis domesticus: Or, tripping over the cat. *Science*, v. 205, 1979. p. 1031–1033.

MOORE, T. DE R. *Galápagos*: Islands lost in time. Nova York: Studio/Viking, 1980.

MOOREHEAD, A. *Darwin and the Beagle*. Nova York: Harper & Row, 1969a.

_____. Annals of discovery: The Beagle II. *The New Yorker*, 6 set. 1969b. p. 41–95.

MORE, T. *Utopia*. Trad. . K. Marshall. Nova York: Washington Square Press, 1965. (Trabalho original publicado em 1517.)

MORGAN, C. L. *Introduction to comparative psychology*. Londres: Scott, 1896.

MORGAN, M. J. *Molyneux's question*. Nova York: Cambridge University Press, 1977.

MORLEY, J. *Rousseau*. Londres: Macmillan, 1915.

MORSE, M. Facing a bumpy history: The much maligned theory of phrenology gets a tip of the hat from modern neuroscience. *Smithsonian Magazine*, out. 1997. 24–31.

MOSKOWITZ, M. J. Hugo Münsterberg: A study of applied psychology. *American Psychologist*, v. 32, 1977. p. 824–842.

MUELLER, C. G. Some origins of psychology as a science. *Annual Review of Psychology*, v. 58, 1979. p. 249–251.

MUELLER, J. *Handbuch der Physiologie der Menschen*. Coblenz: J. Holscher, 1840.

_____. Elements of physiology. In: RAND, B. (Ed.). *The classical psychologists*. Boston: Houghton Mifflin, 1912. p. 330–344.

MÜLLER, G. E.; PILZECKER, A. Experimentelle Beiträge zur Lehre von Gedächtniss. *Zeitschrift für Psychologie und Physiologie der Sinnesorgane*, v. 1, 1900. p. 1–288.

MÜNSTERBERG, H. *On the witness stand*. Nova York: Clark Boardman, 1908.

_____. *Psychotherapy*. Nova York: Moffat, Yard, 1909.

_____. *Subconscious phenomena*. Boston: R. G. Badger, 1910.

_____. *Psychology and industrial efficiency*. Nova York: Houghton Mifflin, 1913.

MÜNSTERBERG, M. *Hugo Münsterberg*: His life and work. Nova York: D. Appleton, 1922.

MURPHY, G.; KOVACH, J. K. *Historical introduction to psychology*. 3. ed. Nova York: Harcourt Brace Jovanovic, 1972.

MUSSEN, P.; EICHORN, D. Mary Cover Jones (1896–1987). *American Psychologist*, v. 43, 1988. p. 818.
MYERS, G. E. *William James*: His life and thought. New Haven, CT: Yale University Press, 1986.
NEFF, E. *Carlyle and Mill*: An introduction to Victorian thought. Nova York: Octagon Books. 1964.
NEISSER, U. Memory: What are the important questions? In: GRUNEBERG, M. M.; MORRIS, P. E.; SYKES, R. N. (Eds.). *Practical aspects of memory*. Londres: Academic Press, 1978. p. 3–24.
_____. (Ed.). *Memory observed*: Remembering in natural contexts. Nova York: Freeman, 1982.
_____. Time present and time past. In: GRUNEBERG, M. M.; MORRIS, P. E.; SYKES, R. N. (Eds.). *Practical aspects of memory*. Current research and issues. Chichester, Inglaterra: Wiley, 1988. p. 545–560. v. 2.
NEISSER, U. et al. Intelligence: Knowns and unknowns. *American Psychologist*, v. 51, 1996. p. 77–101.
NEISSER, U.; WINOGRAD, E. (Eds). *Remembering reconsidered*: Ecological and traditional approaches to the study of memory. Nova York: Cambridge University Press, 1988.
NELSON, K. R. Wire service reports, 23 fev. 1980.
NEWELL, A.; SIMON, H. A. *Human problem solving*. Englewood Cliffs, NJ: Prentice-Hall, 1972.
NEWMAN, J. R. Descartes and analytical geometry. In: NEWMAN, J. R. (Ed.). *The world of mathematics*. Nova York: Simon & Schuster, v. 1, 1956a. p. 235–237.
_____. Commentary on Sir Francis Galton. In: NEWMAN, J. R. (Ed.). *The world of mathematics*. Nova York: Simon & Schuster, v. 2, 1956b. p. 1167–1172.
NEWTON, I. *Philosophiae naturalis principia mathematica*. Londres: W. Dawson, 1687.
NICOLAS, S.; FERRAND, L. Wundt's laboratory in Leipzig. *History of Psychology*, v. 2, 1999. p. 194–203.
NOVA Secret of the wild child. Originally broadcast, 18 out. 1994.
OCHSENHIRT, S. Psycograph gets new home at AHAP. *Newsletter for the Friends of the Archives of the History of American Psychology*, inverno 2002. p. 8.
O'CONNELL, A. N.; RUSSO, N. F. Eminent women in psychology: Models of achievement [Edição Especial]. *Psychology of Women Quarterly*, v. 5, n. 1, 1980.
O'CONNELL, A. N.; RUSSO, N. F. (Eds.). *Models of achievement*: Reflections of eminent women in psychology. Nova York: Columbia University Press, 1983.
_____. *Models of achievement*: Reflections of eminent women in psychology. Hillsdale, NJ: Lawrence Erlbaum, 1988. v. 2.
_____. *Women in psychology*: A bibliographic sourcebook. Nova York: Greenwood Press, 1990.
O'CONNELL, A.; RUSSO, N. F. Overview: Women's heritage in psychology: Origins, development and future directions. *Psychology of Women Quarterly*, v. 15, 1991. p. 496–504.
ODEN, M. H. The fulfillment of promise: 40-year follow-up of the Termna gifted group. *Genetic Psychology Monographs*, v. 77, 1968. p. 3–93.
O'DONNELL, J. M. The crisis of experimentalism in the 1920s: E. G. Boring and his uses of history. *American Psychologist*, v. 34, 1979. p. 289–295.
OFFICE OF TECHNOLOGY ASSESSMENT, UNITED STATES CONGRESS. *Scientific validity of polygraph testing*: A research review and evaluation. Report N. OTA-TM-H-15. Washington, DC: Government Printing Office, 1983.
OGDEN, R. M. Imageless thought: Résumé and critique. *Psychological Bulletin*, v. 8, 1911. p. 183–197.
_____. Oswald Külpe and the Würzburg school. *American Journal of Psychology*, v. 64, 1951. p. 4–19.
OLDS, J. M.; MILNER, P. M. Positive reinforcement produced by electrical stimulation of septal area and other regions of rat brain. *Journal of Comparative and Physiological Psychology*, v. 47, 1954. p. 419–427.
OLIVIER, A.; BERTRAND, G.; PICARD, C. Discovery of the first human stereotactic instrument. *Applied Neurophysiology*, v. 46, 1983. p. 84–91.
OLMSTED, J. M. D. The aftermath of Charles Bell's famous "idea". *Bulletin of the History of Medicine*, v. 14, 1943. p. 341–351.
_____. *François Magendie*. Nova York: Schuman, 1944.
ORANS, M. *Not even wrong*: Margaret Mead, Derek Freeman, and the Samoans. Novato, CA.: Chandler & Sharp, 1996.

ORNE, M. T. On the social psychology of the psychological experiment with particular reference to demand characteristics and their implications. *American Psychologist*, v. 17, 1962. p. 776–783.

ORNSTEIN, R. *The psychology of consciousness*. Nova York: W. H. Freeman, 1972.

_____. *The evolution of consciousness*: Of Darwin, Freud, and Cranial Five: The origins of the way we think. Englewood Cliffs, NJ: Prentice-Hall, 1991.

OSGOOD, C.; SUCI, G.; TANNENBAUM, P. *The measurement of meaning*. Urbana: University of Illinois Press, 1957.

OVERTON, S. Inside Dix: "Wolves and lambs" create a volatile mix at Dix. *Raleigh News and Observer*, 7 set. 1986. p. 1, 32A, 33A.

PAGE, R. Clark Hull and his role in the study of hypnosis. *American Journal of Clinical Hypnosis*, v. 34, 1992. p. 178–184.

PAIVIO, A. Mental imagery in associative learning and memory. *Psychological Review*, v. 76, 1969. p. 241–263.

PARKER, S. T.; GIBSON, K. R. (Eds.). *Language and intelligence in animals*: Developmental perspectives. Cambridge, Inglaterra: Cambridge University Press, 1990.

PASSINGHAM, R. E. Brain size and intelligence in man. *Brain, Behavior and Evolution*, v. 16, 1979. p. 253–270.

PASTORE, N. The army intelligence tests and Walter Lippmann. *Journal of the History of the Behavioral Sciences*, v. 14, 1978. p. 316–372.

PATE, J. L. Psychological organizations in the United States. *American Psychologist*, v. 55, 2000. p. 1.139–1.143.

PATNOE, S. *A narrative history of experimental social psychology: The Lewin tradition*. Nova York: Springer-Verlag, 1988.

PAULY, P. J. Psychology at Hopkins: Its rise and fall and rise and fall and. . . . *Johns Hopkins Magazine*, v. 30, 1979. p. 36–41.

PAVLOV, I. P. *Lectures on the work of the digestive glands*. Trad. W. H. Thompson. Londres: Charles Griffin, 1897/1902.

_____. *Lectures on conditioned reflexes*. Trad. W. H. Gantt. Nova York: International, 1927/1928.

_____. The reply of a physiologist to psychologists. *Psychological Review*, v. 39, 1932. p. 91–127.

_____. *Conditioned reflexes*. Ed. rev. G. V. Anrep (Trad. e Ed.). Nova York: Dover, 1960. (Trabalho original publicado em 1927.)

PAYNE, J. *Lectures on the science and art of education*. Boston: Willard Small, 1883.

PEARSON, K. *The life, letters and labours of Francis Galton*. Cambridge: Cambridge University Press, 1914–1930. 3 v.

PEDERSEN, N. L. et al. A quantitative genetic analysis of cognitive abilities during the second half of the life span. *Psychological Science*, v. 3, 1992. p. 346–353.

PELLEGRINO, J. W.; GLASER, R. Cognitive correlates and components in the analysis of individual differences. In: STERNBERG, R. J.; DETTERMAN, D. K. (Eds.). *Human intelligence*: Perspectives on its theory and measurement. Hillsdale, NJ: Ablex, 1979.

PENDERGRAST, M. *Uncommon grounds*: The history of coffee and how it transformed our world. Nova York: Basic Books, 2000.

PENFIELD, W.; RASMUSSEN, A. T. *The cerebral cortex of man*. Nova York: Macmillan, 1950.

PERIN, C. T. Behavior potentiality as a joint function of the amount of training and the degree of hunger at the time of extinction. *Journal of Experimental Psychology*, v. 30, 1942. p. 93–113.

PERLMAN, D. Recent developments in personality and social psychology: A citation analysis. *Personality and Social Psychology Bulletin*, v. 10, 1984. p. 493–501.

_____. SPSSI's publication history: Some facts and reflections. *Journal of Social Issues*, v. 42, 1986. p. 89–113.

PERLS, F. *In and out the garbage pail*. Nova York: Bantam, 1969.

_____. *The Gestalt approach and eyewitness to therapy*. Ben Lomond, CA: Science and Behavior Books, 1973.

PERLS, F.; HEFFERLINE, R. F.; GOODMAN, P. *Gestalt therapy*. Nova York: Dell, 1951.

PERRY, R. B. *The thought and character of William James*. Boston: Little, Brown. 1935. v. 2.

PERRY, R. B. *The thought and character of William James*: Briefer version. Cambridge, MA: Harvard University Press, 1948.
PFUNGST, O. *Clever Hans*. Nova York: Henry Holt, 1911.
PHILLIPS, L. Recontextualizing Kenneth B. Clark: An Afrocentric perspective on the paradoxical legacy of a model psychologist-activist. *History of Psychology*, v. 3, 2000. p. 142-167.
PIAGET, J. *The origins of intelligence in children*. Nova York: International Universities Press, 1954.
PILLSBURY, W. B. Harvey A. Carr, 1873-1954. *American Journal of Psychology*, v. 68, 1955. p. 149-151.
PINEL, J. P. J. *Biopsychology*. Boston: Allyn & Bacon, 1990.
PINEL, P. A treatise on insanity. *Academy of Medicine, The History of Medicine Series*. Nova York: Hafner, 1801/1962.
PINKER, S. *The language instinct*. Nova York: William Morrow and Company, Inc, 1994.
_____. *The blank slate*: The modern denial of human nature. Nova York: Viking Press, 2002.
PLATO. *The Republic of Plato*. ADAM, J. (Ed.). Cambridge: Cambridge University Press, 1902.
POFFENBERGER, A. T. Robert Sessions Woodworth, 1869-1962. *American Journal of Psychology*, v. 75, 1962. p. 677-689.
POPE, JR., H. G.; HUDSON, J. I.; MIALET, J. P. Bulimia in the late nineteenth century: The observations of Pierre Janet. *Psychological Medicine*, v. 15, 1985. p. 739-743.
POPE JOHN PAUL II. *Science*, v. 80, n. 3, 1980. p. 11.
POPENOE, P. Review of Goddard's *Human efficiency and levels of intelligence*. *Journal of Heredity*, v. 12, 1921. p. 231-236.
POPPLESTONE, J. A.; TWENEY, R. D. (Eds.). *The great catalog of the C. H. Stoelting Company, 1930-1937*. Delmar, Nova York: Scholars Facsimiles and Reprints, 1997.
PORTER, R. *Mind-forg'd manacles*: A history of madness in England from the Restoration to the Regency. Cambridge, MA: Harvard University Press, 1987.
_____. *Madness*: A brief history. Nova York: Oxford University Press, 2002.
PORTER, T. M. *The rise of statistical thinking, 1820-1900*. Princeton, NJ: Princeton University Press, 1986.
POSNER, M. I. *Chronometric explorations of the mind*. Hillsdale, NJ: Lawrence Erlbaum, 1978.
POSNER, M. I.; SHULMAN, G. Cognitive science. In: HEARST, E. (Ed.). *The first century of experimental psychology*. Hillsdale, NJ.: Erlbaum, 1979. p. 370-406.
POTTER, D. M. *People of plenty*: Economic abundance and the American character. Chicago: University of Chicago Press, 1954.
PRESSEY, S. L. Reminiscences of Harvard. Unpublished lecture at The Ohio State University, 1974.
_____. An afternoon with Sidney Pressey. Unpublished transcript of a lecture at Ohio State University, 1976
PRESSMAN, J. *Last resort*: Psychosurgery and the limits of medicine. Nova York: Cambridge University Press, 1998.
PRIBRAM, K. *Languages of the brain*: Experimental paradoxes and principles in neuropsychology. Englewood Cliffs, NJ: Prentice Hall, 1971.
PRIBRAM, K. H. (Ed.). *On the biology of learning*. Nova York: Harcourt, Brace & World, 1969.
PRICE, D. M. For 175 years: Treating the mentally ill with dignity at a Philadelphia hospital. *The New York Times*, 17 abr. 1988. p. 29.
PRICE, H. L.; DRIPPS, R. D. General anesthetics. In: GOODMAN, L. S.; GILMAN, A. (Eds.). *The pharmacological basis of therapeutics*. Nova York: Macmillan, 4th ed, 1970. p. 79-92
PRYOR, K. Orchestra conductors would make good porpoise trainers. *Psychology Today*, fev. 1977. p. 61-64.
PUGLISI, M. Franz Brentano: A biographical sketch. *American Journal of Psychology*, v. 35, 1924. p. 414-419.
QUETELET, L. A. *A treatise on man and the development of his facultie*. Trad. R. Knox. Nova York: Burt Franklin, 1835/1968.
QUINN, S. *A mind of her own*: The life of Karen Horney. Nova York: Summit, 1987.
RABINOVITZ, V. C.; SECHZER, J. A. Feminist perspectives on research methods. In: DENMARK, F. L.; PALUDI, M. A. (Eds.). *Psychology of women*: A handbook of issues and theories. Westport, CT.: Greenwood, 1993. p. 23-66.

RACHMAN, S. Joseph Wolpe (1915-1997). *American Psychologist*, v. 55, 2000. p. 431-432.
RADNER, D.; RADNER, M. *Animal consciousness*. Buffalo, NY: Prometheus Books, 1989.
RAND, B. *Modern classical philosophers*. Nova York: Houghton Mifflin, 1908.
_____. *The classical psychologists*. Nova York: Houghton Mifflin, 1912.
RANDOM HOUSE DICTIONARY OF THE ENGLISH LANGUAGE. STEIN, J. (Editor-chefe). Nova York: Random House, 1967.
RAPHELSON, A. C. The pre-Chicago association of the early functionalists. *Journal of the History of the Behavioral Sciences*, v. 9, 1973. p. 115-122.
RAYNER, R. I am the mother of the behaviorist's sons. *McCall's*, 1930.
REDONDI, P. *Galileo, heretic*. Princeton, NJ: Princeton University Press, 1987.
REISENZEIN, R.; SCHÖNPFLUG, W. Stumpf's cognitive-evaluative theory of emotion. *American Psychologist*, v. 47, 1992. p. 34-45.
REISER, S. J. The medical influence of the stethoscope. *Scientific American*, v. 240, 1979. p. 148-156.
REISMAN, J. M. *The development of clinical psychology*. Nova York: Appleton- Century-Crofts, 1966.
RESTAK, R. M. *The brain*. Nova York: Bantam Books, 1984. _____. *The mind*. Nova York: Bantam Books, 1988.
RHEINGOLD, H. Comunicação pessoal por Dr. Jan Swartzentruber, out. citada com permissão, 1984.
RHODES, R. *The making of the atomic bomb*. Nova York: Simon & Schuster, 1986.
RILEY, S. *An unheard cry for freedom*. The Times of London, 30 nov. 1987. p. 15.
RILLING, M. The mystery of the vanished citations: James McConnell's forgotten 1960s quest for planarian learning, a biochemical engram and celebrity. *American Psychologist*, v. 51, 1996. p. 589-598.
_____. John Watson's paradoxical struggle to explain Freud. *American Psychologist*, v. 55, 2000. p. 301-312.
ROAZEN, P. *Freud and his followers*. Nova York: Knopf, 1975.
_____. Psychoanalytic ethics: Edoardo Weiss, Freud, and Mussolini. *Journal of the History of the Behavioral Sciences*, v. 27, 1991. p. 366-374.
ROBACK, A. A. *History of American psychology*. Nova York: Library Publishers, 1952.
_____. *History of psychology and psychiatry*. Nova York: Philosophical Library, 1961a.
_____. (Ed.). Ebbinghaus: Pioneer in memory. In *History of psychology and psychiatry*. Nova York: Philosophical Library, 1961b. p. 82-83.
ROBACK, A. A.; KIERNAN, T. *Pictorial history of psychology and psychiatry*. Nova York: Philosophical Library, 1969.
ROBINS, R. W.; GOSLING, S. D.; CRAIK, K. H. An empirical analysis of trends in psychology. *American Psychologist*, v. 54, 1999. p. 117-128.
ROBINSON, D. B. *The 100 most important people in the world today*. Nova York: Putnam, 1970.
ROBINSON, D. N. *An intellectual history of psychology*. 1.ed., 1976; 2. ed., 1981. Nova York: Macmillan. 1976/1981.
_____. (Ed.). *Significant contributions to the history of psychology*, v. 1, 1978. p. 1750-1920. Series E, Washington, DC: University Publications of America.
_____. *Aristotle's psychology*. Nova York: Columbia University Press, 1989.
ROBINSON, P. Freud's last laugh. *New Republic*, 12 mar. 1984. p. 29-33.
ROCK, I.; PALMER, S. The legacy of Gestalt psychology. *Scientific American*, v. 63, 1990. p. 84-90.
RODGERS, H. L. Remembering Ebbinghaus. *Contemporary Psychology*, v. 30, 1985. p. 519-523.
RODGERS, J. E. *Psychosurgery*: Damaging the brain to save the mind. Nova York: Harper Collins, 1992.
ROEDIGER, H. L. Remembering Ebbinghaus. *Contemporary Psychology*, v. 30, 1985. p. 519-523.
_____. Memory illusions. *Journal of Memory and Language*, v. 35, 1996. p. 76-100.
_____. Remembering. *Contemporary Psychology*, v. 42, 1997. p. 488-492.
ROHLES, JR., F. H., Orbital bar pressing: A historical note on Skinner and the chimpanzees in space. *American Psychologist*, v. 47, 1992. p. 1531-1533.
ROMANES, G. J. *Animal intelligence*. Nova York: Appleton, 1912.
ROMANO, C. The uncertainty principals. *The Nation*, 11 jun. 2001. p. 56-60.

ROOT-BERNSTEIN, R. S. Mendel and methodology. *History of Science*, v. 21, 1983. p. 275–295.
ROSCORLA, R. A. Pavlovian conditioning: It's not what you think it is. *American Psychologist*, v. 43, 1988. p. 151–160.
ROSENTHAL, R. *Experimenter effects in behavioral research*. Nova York: Appleton-Century-Crofts, 1966.
ROSENZWEIG, M. R. Salivary conditioning before Pavlov. *American Journal of Psychology*, v. 72, 1959. p. 628–633.
ROSENZWEIG, S. Hail to Hall. *American Psychological Association Monitor*, mar. 1984. p. 5–6.
_____. *Freud, Jung, and Hall the king-maker*: The historic expedition to America (1909). Seattle: Hogrefe & Huber, 1992.
ROSS, D. *G. Stanley Hall*: The psychologist as prophet. Chicago: University of Chicago Press, 1972.
ROSSI, A. S. *Essays on sex equality by John Stuart Mill and Harriet Taylor*. Chicago: University of Chicago Press, 1970.
ROSSITER, M. W. *Women scientists in America*: Struggles and strategies to 1940. Baltimore, MD: Johns Hopkins University Press, 1982.
ROTHMAN, D. J.; ROTHMAN, S. M. *The Willowbrook wars*: A decade of struggle for social change. Nova York: Harper & Row, 1984.
RUBENSTEIN, R. Citado em *Time*, 20 set. 1971. p. 53.
RUBIN, E. *Experimental psychologica*. Copenhagen: Enjer Munksgaard, 1949.
RUCCI, A. J.; TWEENEY, R. D. Analysis of variance and the "second discipline" of scientific psychology: A historical account. *Psychological Bulletin*, v. 87, 1980. p. 166–184.
RUCKER, D. Dewey. In: GARRATY, J. A. (Ed.). *Encyclopedia of American Biography*. Nova York: Harper & Row, 1974. p. 274–276.
RUCKER, R. *Infinity and the mind*. Nova York: Bantam Books, 1983.
RUCKMICK, C. A. Carl Stumpf. *Psychological Bulletin*, v. 34, 1937. p. 187–190.
RUJA, H. Productive psychologists. *American Psychologist*, v. 11, 1956. p. 148–149.
RUSH, B. *Medical inquiries and observations upon the diseases of the mind*. Filadélfia: Kimber & Richardson, 1812.
RUSH, F. *The best kept secret: Sexual abuse of children*. Englewood Cliffs, Nova York: McGraw-Hill, 1980.
RUSSELL, B. *Inquiry into the meaning of truth*. Londres: George Allen & Unwin, 1940.
_____. *A history of western philosophy*. Nova York: Simon & Schuster, 1945.
_____. *The autobiography of Bertrand Russell (1914–1944)*. Boston: Little, Brown, 1951.
_____. *An outline of philosophy*. Nova York: World, 1927/1960.
RYAN, T. A. Psychology at Cornell after Titchener: Madison Bentley to Robert Macleod, 1928–1948. *Journal of the History of the Behavioral Sciences*, v. 18, 1982. p. 347–369.
RYCROFT, C. *Masson's assault on Freud*. Londres: Hogarth Press, 1991. p. 71–81.
RYMER, R. *Genie*: An abused child's flight from silence. Nova York: HarperCollins, 1993.
SAFIRE, W. Moral clarity. *The New York Times Magazine*, 12 maio, seção 6, 2002. p. 24.
SAGAN, C. *Broca's brain*. Nova York: Random House, 1979.
SAHAKIAN, W. S. (Ed.). *History of psychology*. Itaska, IL: Peacock, 1968.
SALTHOUSE, T. A. The skill of typing. *Scientific American*, v. 250, 1984. p. 128–135.
SAMELSON, F. World War I intelligence testing and the development of psychology. *Journal of the History of the Behavioral Sciences*, v. 13, 1977. p. 274–282.
_____. Rescuing the reputation of Sir Cyril [Burt]. *Journal of the History of the Behavioral Sciences*, v. 28, 1992. p. 221–233.
SAMPSON, A. *Mandela*: The authorized biography. Nova York: Knopf, 2000.
SANDBURG, C. Chicago poems. In: HALLWAS, J. E. (Ed.). 1992. *Carl Sandburg*. Urbana: University of Illinois Press, 1916.
SANGER, G.; GILBERT, E. Consumer reactions to the integration of Negro sales personnel. *International Journal of Attitude and Opinion Research*, v. 4, 1950. p. 57–76.
SARASON, S. B. *The making of an American psychologist*. San Francisco: Jossey-Bass, 1988.

SARGENT, S. S.; STAFFORD, K. R. *Basic teachings of the great psychologists*. ed. rev. Garden City, NY: Doubleday, 1965.
SATTERTHWAITE, G. *Encyclopedia of astronomy*. Londres: Hamlyn Publishing, 1970.
SAVAGE-RUMBAUGH, E. S.; RUMBAUGH, D. M.; BOYSEN, S. Symbolic communication between two chimpanzees. *Science*, v. 201, 1978. p. 641-644.
SAWYER, T. F. Francis Cecil Sumner: His views and influence on African-American higher education. *History of Psychology*, v. 3, 2000. p. 122-141.
SAXE, L.; DOUGHERTY, D.; CROSS, T. P. The validity of polygraph tests: Scientific analysis and public policy. *American Psychologist*, v. 40, 1985. p. 355-366.
SCARBOROUGH, E.; FURUMOTO, L. *Untold lives*: The first generation of women psychologists. Nova York: Columbia University Press, 1987.
SCARR, S. Three cheers for behavior genetics: Winning the war and losing our identity. *Behavior Genetics*, v. 17, 1987. p. 219-228.
_____. Sir Cyril Burt reconsidered: The science and politics of British psychology. *Contemporary Psychology*, v. 36, 1991. p. 200-201.
_____. Ebbs and flows of evolution in psychology. *Contemporary Psychology*, v. 38, 1993. p. 458-462.
SCHATZMAN, M. Freud: Who seduced whom? *New Scientist*, v. 21, mar. 1992. p. 34-37.
SCHEERENBERGER, R. C. *History of mental retardation*. Baltimore, MD: Paul H. Brooks, 1983a.
_____. *Public residential services for the mentally retarded*. Madison, WI: National Association of Superintendents of Public Residential Facilities for the Mentally Retarded, 1983b.
SCHIEBINGER, L. *The mind has no sex? Women in the origins of modern science*. Cambridge, MA: Harvard University Press, 1989.
SCHILLER, P. H. Figural preferences in the drawings of a chimpanzee. *Journal of Comparative and Physiological Psychology*, v. 44, 1951. p. 101-111.
SCHILPP, P. A. (Ed.). *The philosophy of John Dewey*. Nova York: Tudor, 1939.
SCHLOSBERG, H. Three dimensions of emotion. *Psychological Review*, v. 61, 1954. p. 81-88.
SCHMEMANN, S. Eighty-five minutes that scarred history. *The New York Times*, 22 nov. 1987. p. 23.
SCHMIDT, F. L.; HUNTER, J. E. *Methods of meta-analysis*. Newbury Park, CA: Sage, 1993.
SCHNEIDER, C. M. *Wilhelm Wundt's Volkerpsychologie*. Bonn: Bouvier, 1990.
SCHNEIDER, W. H. After Binet: French intelligence testing, 1900-1950. *Journal of the History of the Behavioral Sciences*, v. 28, 1992. p. 111-132.
SCHOOLER, C. et al. A time course analysis of Stroop interference and facilitation: Comparing normal individuals and individuals with schizophrenia. *Journal of Experimental Psychology*: General, v. 126, 1997. p. 19-36.
SCHWARTZ, S. *Classic studies in psychology*. Palo Alto, CA: Mayfield, 1986.
_____. Intellectuals and assassins Annals of Stalin's killerati. *The New York Times Book Review*, 24 jan. 1988. p. 3.
SCOTT, T. R. A personal view of the future of psychology departments. *American Psychologist*, v. 46, 1991. p. 975-976.
SEARS, P. S.; BARBEE, A. H. Career and life satisfactions among Terman's gifted women. In: STANLEY, J. C.; GEORGE, W. C. SOLANO, C. H. (Eds.). *The gifted and the creative*: A fifty-year perspective. Baltimore, MD: Johns Hopkins University Press, 1977. p. 28-65.
SEARS, R. M. Sources of life satisfactions of the Terman gifted men. *American Psychologist*, v. 32, 1977. p. 119-128.
SELIGMAN, M. E. P.; HAGER, J. L. (Eds.). *Biological boundaries of learning*. Nova York: Appleton-Century-Crofts, 1972.
SELLTIZ, C. et al. The acceptability of answers to anti-Semitic remarks. *International Journal of Opinion and Attitude Research*, v. 4, 1950. p. 353-390.
SENDEN, M. VON. *Space and sight*: The perception of space and shape in the congenitally blind before and after operation. Nova York: Free Press, 1960.

SESSIONS, R. *Maryland with pride*. Baltimore, MD: New Pride Site, 1774/2002.
SESSIONS, W. K.; SESSIONS, M. *The Tukes of York*. Londres: Home Services Committee, 1971.
SHAKESPEARE, W. King Lear. In: ERVINE, St. John (Ed.). *The complete works of William Shakespeare*. Londres: Literary Press, 1923. p. 1026–1064.
_____. The Tempest. In: ERVINE, St. John (Ed.). *The complete works of William Shakespeare*. Londres: Literary Press, 1923. p. 1–24.
SHAKOW, D. Hermann Ebbinghaus. *American Journal of Psychology*, v. 42, 1930. p. 505–518.
SHARTER, E. *A history of psychiatry*: From the era of the asylum to the age of Prozac. Nova York: Wiley, 1997.
SHATTUCK, R. *The forbidden experiment*. Nova York: Farrar, Straus & Giroux, 1980.
SHEFFIELD, F. D. Edwin Ray Guthrie, 1886–1959. *American Journal of Psychology*, v. 72, 1959. p. 642–650.
SHELTON, W. R. *Soviet space exploration*: The first decade. Nova York: Washington Square Press, 1968.
SHERRINGTON, C. S. *The integrative action of the nervous system*. New Haven, CT: Yale University Press, 1906.
_____. *Man and his nature*. Nova York: Macmillan, 1941.
SHETTLEWORTH, S. J. Food reinforcement and the organization of behavior in golden hamsters. In: HINDE, R.; STEVENSON-HINDE, J. (Eds.). *Constraints on learning*. Nova York: Academic Press, 1973. p. 243–263.
SHNEIDMAN, E. The Indian summer of life. *American Psychologist*, v. 44, 1989. p. 684–694.
SHURKIN, J. N. *Terman's kids*: The groundbreaking study of how the gifted grow up. Boston: Little, Brown, 1992.
SILVERBERG, R. *Tom 'o Bedlam*. Nova York: Olmstead Press, 2001.
SILVERMAN, J. The problem of attention in research and theory in schizophrenia. *Psychological Review*, v. 71, 1964. p. 352–379.
SIMMONS, R. The relative effectiveness of certain incentives on animal learning. *Comparative Psychology Monographs*, v. 2, n. 7, 1924.
SIMON, H. A. *The sciences of the artificial*. Cambridge, MA: MIT Press, 1969.
SIMPKINS, D. M. Malthus, Thomas Robert. In: GILLISPIE, C. C. (Ed.). *Dictionary of scientific biography*. Nova York: Charles Scribner's Sons, v. IX, 1974. p. 67–71.
SKINNER, B. F. *Walden two*. Nova York: Macmillan, 1948.
_____. How to teach animals. *Scientific American*, v. 185, 1951. p. 26–29.
_____. Has Gertrude Stein a secret? In: B. F. Skinner. *Cumulative record*. Nova York: Appleton-Century-Crofts, 1959. p. 261–271. (Trabalho original publicado em 1934.)
_____. A case history in scientific method. In: KOCH, S. (Ed.). *Psychology*: A study of a science. Nova York: McGraw-Hill, 1956/1959. p. 359–379. v. 2.
_____. Pigeons in a pelican. *American Psychologist*, v. 15, 1960. p. 28–37.
_____. *Cumulative record*. Ed. ampliada. Nova York: Appleton-Century-Crofts, 1961.
_____. B. F. Skinner says: "We can't afford freedom". *Time*, 20 set. 1971a. p. 47–53.
_____. *Beyond freedom and dignity*. Nova York: Knopf, 1971b.
_____. *Particulars of my life*. Nova York: Knopf, 1976.
_____. *The shaping of a behaviorist*. Nova York: Knopf, 1979.
_____. *A matter of consequences*. Nova York: Knopf, 1984.
_____. *Upon further reflection*. Englewood Cliffs, NJ: Prentice-Hall, 1987.
_____. The origins of cognitive thought. *American Psychologist*, v. 44, 1989. p. 13–18.
_____. Can psychology be a science of the mind? *American Psychologist*, v. 45, 1990. p. 1206–1210.
SKINNER, B. F.; VAUGHAN, M. *Enjoy old age*. Nova York: Knopf, 1983.
SKINNER, D. Citado em *Time*, 20 set. 1971. p. 51.
SLOUTSKY, V. Comunicação pessoal, 2002.
SMALL, W. S. Experimental study of the mental processes of the rat, II. *American Journal of Psychology*, v. 12, 1901–1902. p. 206–239.

SMITH, D. L. *Hidden conversations*: An introduction to communicative psychoanalysis. Nova York: Routledge, 1991.

SMITH, J. D. *Minds made feeble*: The myth and legacy of the Kallikaks. Rockville, MD: Aspen Systems, 1985.

SMITH, L. D. Purpose and cognition: The limits of neorealist influence on Tolman's psychology. *Behaviorism*, v. 10, 1982. p. 151–163.

SMITH, L. D. et al. Psychology without values: Data analysis at the turn of the 19th century. *American Psychologist*, v. 55, 2000. p. 260–263.

SMITH, M. B. Comment on the "The case of William McDougall." *American Psychologist*, v. 44, 1989. p. 446.

SMITH, P. *A new age now begins*. Nova York: McGraw-Hill, 1976. v. 2

_____. *Trial by fire*: A people's history of the Civil War and Reconstruction. Nova York: McGraw-Hill, 1982. v. 5

_____. *America enters the new world*. Nova York: McGraw-Hill, 1985. v. 7

SNYDER, S. H. Opiate receptors and internal opiates. *Scientific American*, v. 236, 1977. p. 44–56.

_____. Medicated minds. *Science*, v. 84, n. 5, 1984. p. 141–142.

SNYDERMAN, M.; HERRNSTEIN, R. J. Intelligence tests and the Immigration Act of 1924. *American Psychologist*, v. 38, 1983. p. 986–995.

SOKAL, M. M. The unpublished autobiography of James McKeen Cattell. *American Psychologist*, v. 26, 1971. p. 626–635.

_____. Science and James McKeen Cattell, 1894–1945. *Science*, v. 209, 1980. p. 43–52.

_____. *An education in psychology*: James McKeen Cattell's journal and letters from Germany and England, 1880–1888. Cambridge, MA: MIT Press, 1981.

_____. Psyche Cattell (1893–1989). *American Psychologist*, v. 46, 1991. p. 72.

_____. Origin and early years of the American Psychological Association, 1890–1906. *American Psychologist*, v. 47, 1992. p. 111–122.

SOLSO, R. L. Reply to Bierschenk. *American Psychologist*, v. 42, 1987. p. 189.

SOLSO, R. L.; MASSARO, D. W. (Eds.). *The science of the mind*: 2001 and beyond. Nova York: Oxford University Press, 1995.

SPANOS, N. P.; GOTTLIEB, J. Ergotism and the Salem village witch trials. *Science*, v. 194, 1976. p. 1390–1394.

SPEARMAN, C. "General intelligence" objectively determined and measured. *American Journal of Psychology*, v. 15, 1904. p. 201–292.

_____. Spearman. In: MURCHISON, C. (Ed.). *A history of psychology in autobiography*. Nova York: Russell & Russell, v. I, 1930/1961. p. 299–333.

SPENCE, J. T. Centrifugal versus centripetal tendencies in psychology. *American Psychologist*, v. 42, 1987. p. 1052–1054.

SPENCE, K. W. Clark Leonard Hull: 1884–1952. *American Journal of Psychology*, v. 65, 1952. p. 639–646.

SPENCER, J. *Recollections and reflections*: A history of the West Virginia College psychology department, 1872–1992. Institute, WV: Graphic Arts Production Center, 1994.

SPERRY, R. W. Cerebral organization and behavior. *Science*, v. 133, 1961. p. 1749–1757.

SPILLMANN, J.; SPILLMANN, L. The rise and fall of Hugo Münsterberg. *Journal of the History and Systems of Psychology*, v. 29, 1993. p. 322–338.

SPOTO, D. *The dark side of genius*: The life of Alfred Hitchcock. Nova York: Ballantine, 1983.

STAFF. Review of *Animal Education*. *The Athenaeum*, v. 3988, 1904. p. 435.

STAGNER, R. *Scenes from Pavlov's laboratory* [Film]. Shown at the Forty-Fourth Annual Meeting of the Midwestern Psychological Association, Cleveland, Ohio, 1972.

STAM, H. J.; KALMANOVITCH, T. E. L. Thorndike and the origins of animal psychology: On the nature of the animal in psychology. *American Psychologist*, v. 53, 1998. p. 1135–1144.

STAMBERG, S. Present at the creation: The coffee break. National Public Radio Morning Edition, 2 dez. 2002.

STAR, S. L. *Regions of the mind*: Brain research and the quest for scientific certainty. Stanford, CA: Stanford University Press, 1989.
STARKEY, M. L. *The devil in Massachusetts*. Nova York: Knopf, 1950.
STEEL, R. *Walter Lippmann and the American century*. Nova York: Atlantic-Little, Brown, 1980.
STEIN, G. J. Biological science and the roots of Nazism. *American Scientist*, v. 76, 1988. p. 50–58.
STERN, L. W. Die psychologischen Methoden der Intelligenzprüfung. In: SCHULMANN, F. (Ed.). *Bericht über den V. Kongress für experimentelle Psychologie*. Leipzig: A. Barth, 1912. p. 1–102.
STERN, W. *General psychology from the personalistic standpoint*. Nova York: MacMillan Co, 1938.
STERNBERG, R. L. *Intelligence, information processing, and analogical reasoning*. Hillsdale, NJ: Erlbaum, 1977.
_____. *Beyond IQ*: A triarchic theory of human intelligence. Nova York: Cambridge University Press, 1985.
STERNBERG, S. High-speed scanning in human memory. *Science*, v. 153, 1966. p. 652–654.
_____. The discoveries of processing stages: Extensions of Donders's method. *Acta Psychologica*, v. 30, 1969. p. 276–315.
_____. Memory scanning: New findings and current controversies. *Quarterly Journal of Experimental Psychology*, v. 27, 1975. p. 1–32.
STEVENS, L. A. *Explorers of the brain*. Nova York: Knopf, 1971.
STEVENS, S. S. A metric for the social consensus. *Science*, v. 151, 1966. p. 530–541.
_____. Edward Garrigues Boring: 1886–1968. *American Journal of Psychology*, v. 81, 1968. p. 589–606.
STEWART, G. R. *The year of the oath*. Garden City, NY: Country Life Press, 1950.
STIVERS, E.; WHEELAN, S. (Eds.). *The Lewin legacy*. Nova York: Springer-Verlag, 1986.
STOCK, G. *Redesigning humans*: Our inevitable genetic future. Nova York: Houghton-Mifflin, 2002.
STONE, I. *The origin*: A biographical novel of Charles Darwin. STONE, J. (Ed.). Nova York: Doubleday, 1980.
STOOKEY, B. A note on the early history of cerebral localization. *Bulletin of the New York Academy of Science*, v. 30, 1954. p. 559–578.
_____. Jean Baptiste Bouillaud and Ernest Auburtin: Early studies on cerebral localization and the speech center. *Journal of the American Medical Association*, v. 184, 1963. p. 1024–1029.
STORR, A. Did Freud have clay feet? *The New York Times Book Review*, 1984. p. 3.
STRACHEY, J. *Editor's introduction to Freud's The Interpretation of Dreams*. Nova York: Science Editions, Inc. 1966. p. xi–xxii.
STREET, R. F. *A Gestalt completion test*. Nova York: Teachers College, Columbia University, 1931.
STROUSE, J. *A biography of Alice James*. Nova York: Houghton Mifflin, 1980.
STUMP, C. Autobiography. In: MURCHISON, C. (Ed.). *A history of psychology in autobiography*. Nova York: Russell & Russell, v. 1 1930/1961. p. 389–441.
SULLOWAY, J. *Freud, biologist of the mind*: Beyond the psychoanalytic legend. Nova York: Basic Books, 1979.
SUMNER, F. C. Philosophy of Negro education. *Educational Review*, v. 71, 1926. p. 42–45.
SUMPTION, M. R. *Three hundred gifted children*. Nova York: World Book, 1941.
SUSKO, M. A. (Ed.). *Cry of the invisible*: Writings from the homeless and survivors of psychiatric hospitals. Baltimore, MD: Conservatory Press, 1991.
TALBOT, M. *The holographic universe*. Nova York: HarperCollins Publishers, 1991.
TATAR, M. M. *Spellbound*: Studies on mesmerism and literature. Princeton, NJ: Princeton University Press, 1978.
TAYLOR, D. W. Ramón Y Cajal. In: GILLISPIE, C. C. (Ed.). *Dictionary of scientific biography*. Nova York: Charles Scribner's Sons, v. XI, 1975. p. 273–276.
TECHNICAL WORKING GROUP FOR EYEWITNESS TESTIMONY Eyewitness evidence: A guide for law enforcement [Booklet]. Washington, D.C.: Department of Justice, Office of Justice Programs, 1999.
TEIGEN, K. H. A note on the origin of the terms "nature" and "nurture": Not Shakespeare and Galton, but Mulcaster. *Journal of the History of the Behavioral Sciences*, v. 20, 1984. p. 363–364.
TELLEGEN, A. et al. Personality similarity in twins reared apart and together. *Journal of Personality and Social Psychology*, v. 54, 1988. p. 1031–1039.

TERMAN, L. M. *The measurement of intelligence*. Nova York: Houghton Mifflin, 1916.
_____. The intelligence quotient of Francis Galton in childhood. *American Journal of Psychology*, v. 28, 1917. p. 209–215.
_____. The great conspiracy. *New Republic*, v. 33, 1922. p. 116–120.
_____. The mental test as a psychological method (1923 American Psychological Association presidential address). *Psychological Review*, v. 31, 1924. p. 93–117.
_____. *Genetic studies of genius*: Mental and physical traits of a thousand gifted children. Stanford, CA: Stanford University Press, 1926. v. 1.
_____. Trails to psychology. In: MURCHISON, C. (Ed.). *A history of psychology in autobiography*. Worcester, MA: Clark University Press. v. 2, 1932. p. 297–332.
TERMAN, L. M.; ODEN, M. H. *Genetic studies of genius:* The gifted child grows up. Stanford, CA: Stanford University Press, 1947. v. 4.
_____. *Genetic studies of genius*: The gifted group at midlife. Stanford, CA: Stanford University Press, 1959. v. 5.
TERRY, W. S. Prescriptions for fame in the history of psychology. *Journal of Polymorphous Perversity*, v. 1, 1984. p. 15–17.
THIBAUT, J. Interview with Shelley Patnoe. In: PATNOE, S. (1988), *A narrative history of experimental social psychology*. Nova York: Springer-Verlag, 1988.
THISTLETHWAITE, D. Acritical review of latent learning and related experiments. *Psychological Bulletin*, v. 48, 1951. p. 97–129.
THOMAS, R. K. Correcting some Pavloviana regarding "Pavlov's bell" and Pavlov's "mugging". *American Journal of Psychology*, v. 110, 1997. p. 115–125.
THOMPSON, G. Memories of Kurt Lewin at the University of Iowa. Unpublished lecture, Ohio State University, 1978.
_____. H. M. S. Beagle, 1820–1870. *American Scientist*, v. 63, 1975. p. 664–672.
THOMPSON, K. S. Ontogeny and phylogeny recapitulated. *American Scientist*, v. 76, 1988. p. 273–275.
THOMPSON, N. L. Early women psychoanalysts. *International Review of Psychoanalysis*, v. 14, 1987. p. 391–407.
THOMPSON, T. Retrospective review: Benedictus behavior analysis: B. F. Skinner's *magnum opus* at fifty. *Contemporary Psychology*, v. 33, 1988. p. 397–402.
THORNDIKE, E. L. Animal intelligence [Monograph supplement]. *Psychological Review*, v. 2, n. 8, 1898a.
_____. Some experiments in animal intelligence. *Science*, v. 8, 1898b. p. 818–824.
_____. A reply to "The nature of animal intelligence and the methods of investigating it." *Psychological Review*, v. 6, 1899. p. 412–420.
_____. *The principles of teaching*: Based on psychology. Nova York: A. G. Seiler, 1906.
_____. *Animal intelligence*. Nova York: Macmillan, 1911.
_____. *Educational psychology*. Nova York: Teachers College, Columbia University. 1913. v. 3.
_____. *The teacher's word book*. Nova York: Columbia University Press, 1921.
_____. *A teacher's word book of the twenty thousand words found most frequently and widely in general reading for children and young people*. Nova York: Teachers College Bureau of Publications, 1931.
_____. *A teacher's word book of the twenty thousand words found most frequently and widely in general reading for children and young people*. Nova York: Columbia University Press, 1932.
_____. Edward Lee Thorndike. In: MURCHISON, C. (Ed.). *A history of psychology in autobiography*. Worcester, MA: Clark University Press, v. 3, 1936. p. 263–270.
_____. *Your city*. Nova York: Harcourt, Brace, 1939.
_____. *One hundred forty-four smaller cities*. Nova York: Harcourt, Brace, 1940.
_____. WOODWORTH, R. S. The influence of special training on general ability. Paper presented at the eighth annual meeting of the American Psychological Association, Yale University, 1899. Summary in *Psychological Review*, v. 7, 1899/1900. p. 140–141.
THORNDIKE, E. L.; WOODWORTH, R. S. The influence of improvement in one mental function upon the efficiency of other functions, I. *Psychological Review*, v. 8, 1901. p. 247–261.

THORNDIKE, R. M. Comunicação pessoal, 1999.
THORWALD, J. *The century of the detective*. Nova York: Harcourt, Brace & World, 1964.
TINKER, M. A. Wundt's doctorate students and their theses, 1875–1920. *American Journal of Psychology*, v. 44, 1932. p. 630–637.
TINKLEPAUGH, O. L. An experimental study of representative factors in monkeys. *Journal of Comparative Psychology*, v. 8, 1928. p. 197–236.
TITCHENER, E. B. Protective coloration of eggs. *Nature*, v. 41, 1889. p. 129–130.
_____. Dr. Münsterberg and his experimental psychology. *Mind*, v. 16, 1891. p. 594–598.
_____. Postulates of a structural psychology. *Philosophical Review*, v. 7, 1898. p. 449–465.
_____. Structural and functional psychology. *Philosophical Review*, v. 8, 1899. p. 290–299.
_____. *Experimental psychology*. Nova York: Macmillan, 1901–1905.
_____. Review of Thorndike's Elements of psychology. *Mind*, v. 56, 1905. p. 552–554.
_____. The past decade in experimental psychology. *American Journal of Psychology*, v. 21, 1910. p. 404–421.
_____. Prologema to a study of introspection. *American Journal of Psychology*, v. 23, 1912. p. 427–448.
_____. On "Psychology as the behaviorist sees it." *Proceedings of the American Philosophical Society*, v. 53, 1914a. p. 1–17.
_____. Psychology: Science or technology? *Popular Science Monthly*, v. 39, 1914b. p. 51.
_____. *A beginner's psychology*. Nova York: Macmillan, 1916.
_____. Brentano and Wundt: Empirical experimental psychology. *American Journal of Psychology*, v. 32, 1921a. p. 108–120.
_____. Wilhelm Wundt. *American Journal of Psychology*, v. 32, 1921b. p. 161–178.
_____. Functional psychology and the psychology of act, I. *American Journal of Psychology*, v. 32, 1921c. p. 519.
_____. Functional psychology and the psychology of act, II. *American Journal of Psychology*, v. 33, 1922a. p. 43–83.
_____. [Book review]. *American Journal of Psychology*, v. 33, 1922b. p. 150–152.
_____. *A textbook of psychology*. Nova York: Macmillan, 1928.
TODD, J. T.; MORRIS, E. K. The early research of John B. Watson: Before the behavioral revolution. *Behavior Analyst*, v. 9, 1986. p. 71–78.
TOLMAN, E. C. A new formula for behaviorism. *Psychological Review*, v. 29, 1922. p. 44–53.
_____. The nature of instinct. *Psychological Bulletin*, v. 20, 1923. p. 200–216.
_____. A behaviorist theory of ideas. *Psychological Review*, v. 33, 1926. p. 352–369.
_____. *Purposive behavior in animals and men*. Nova York: Century, 1932.
_____. The determiners of behavior at a choice point. *Psychological Review*, v. 45, 1938. p. 1–41.
_____. Prediction of vicarious trial and error by means of the schematic sowbug. *Psychological Review*, v. 46, 1939. p. 318–336.
_____. Psychological man. *Journal of Social Psychology*, v. 13, 1941. p. 205–218.
_____. *Drives toward war*. Nova York: Appleton-Century-Crofts, 1942.
_____. Cognitive maps in rats and men. *Psychological Review*, v. 55, 1948. p. 189–208.
_____. Edward Chase Tolman. In: BORING, E. G. et al. (Eds.), *A history of psychology in autobiography*. Worcester, MA: Clark University Press, v. 4, 1952. p. 323–339.
_____. *Behavior and psychological man*. Berkeley: University of California Press, 1958.
_____. Principles of purposive behavior. In: KOCH, S. (Ed.). *Psychology*: A study of a science. Nova York: McGraw-Hill, v. 2, 1959. p. 92–157.
TOLMAN, E. C.; RITCHIE, B. F.; KALISH, D. Studies in spatial learning: II. Place learning versus response learning. *Journal of Experimental Psychology*, v. 36, 1946. p. 221–229.
TRAVIS, D. On the construction of creativity: The "memory transfer" phenomenon and the importance of being earnest. In: K. D. Knorr, *Scientific investigation, sociology of the sciences*. Boston: D. Reidel, v. IV, 1980. p. 165–193.
TUCHMAN, B. W. *A distant mirror: The calamitous fourteenth century*. Nova York: Ballantine, 1979.

TUCKER, W. H. The Kallikaks revisited: A trip worth taking. *Contemporary Psychology*, v. 32, 1987. p. 288.
_____. Reconsidering Burt: Beyond a reasonable doubt. *Journal of the History of the Behavioral Sciences*, v. 33, 1997. p.145-162.
TUDDENHAM, R. D. Fame and oblivion. *Science*, v. 183, 1974. p. 1071-1072.
TUKE, D. H. *The insane in the United States and Canada*. Londres: Paul, Trench, 1885.
TURKINGTON, C. First mental hospital in colonies restored at Williamsburg. *American Psychological Association Monitor*, v. 16, 1985. p. 38.
TURNBULL, H. W. The great mathematicians. In: NEWMAN, J. R. (Ed.). *The world of mathematics*. Nova York: Simon & Schuster, v. 1, 1956. p. 75-168.
TWITMYER, E. B. A study of the knee-jerk. Dissertação (Doutorado) – University of Pennsylvania. Republicado em *Journal of Experimental Psychology*, v. 103, 1902/1974. p. 1047-1066.
TWITMYER, E. B. Knee-jerks without stimulation of the patellar tendon. *Psychological Bulletin*, v. 2, 1905. p. 43-44.
ULRICH, R.; STACHNIK, T.; MABRY, J. (Eds.). *Control of human behavior*. Glenview, IL: Scott, Foresman, 1966. 2 v.
UNESCO. *International directory of programmed instruction*. Paris: UNESCO, 1973.
VAETH, J. G. *Graf Zeppelin*. Nova York: Harper, 1958.
VALENSTEIN, E. S. *Great and desperate cures*: The rise and decline of psychosurgery and other radical treatments for mental illness. Nova York: Basic Books, 1986.
VALENTINE, C. W. The innate bases of fear. *Journal of Genetic Psychology*, v. 37, 1930. p. 394-420.
VALENTINE, E. R. The founding of the psychological laboratory, University College, Londres. *History of Psychology*, v. 2, 1999. p. 204-218.
VAN DE KEMP, H. A note on the term "psychology" in English titles: Predecessors of Rauch. *Journal of the History of the Behavioral Sciences*, v. 19, 1983. p. 185.
VAN DER VEER, R. Tamara Dembo's European years: Working with Lewin and Buytendijk. *Journal of the History of the Behavioral Sciences*, v. 36, 2000. p. 109-126.
VAN WAGENEN, B. Surgical sterilization as a eugenic measure. *Journal of Psychoasthenics*, v. 18, 1914. p. 185-196.
VARGAS, J. S. Behavior analysis and microcomputer instruction. Unpublished Vance W. Cotter memorial address, The Ohio State University, 9 nov. 1984.
VARON, E. J. *The development of Alfred Binet's psychology*. Princeton: Psychological Review Company, 1935.
VENEZKY, R. L. Research on reading processes: A historical perspective. *American Psychologist*, v. 32, 1977. p. 339-345.
VERNON, P. E. *Secondary school selection*. Londres: Methuen, 1957.
VIALLE, W. Termanal science: The work of Lewis Terman revisited. *Roeper Review*, v. 17, 1994. p. 32-38.
VINER, R. Melanie Klein and Anna Freud: The discourse and the early dispute. *Journal of the History of the Behavioral Sciences*, v. 32, 1996. p. 4-15.
VINEY, W.; MICHAELS, T.; GANONG, A. A note on the history of psychology in magazines. *Journal of the History of the Behavioral Sciences*, v. 17, 1981. p. 270-272.
VITELES, M. *Industrial psychology*. Nova York: Norton, 1932.
WALDROP, M. M. Let us now praise famous boojums. *Science*, v. 212, 1981. p. 1378.
WALKER, C. EUGENE. (Ed.). *Clinical psychology*: Historical and research foundations. Nova York: Plenum Press, 1991.
WALLACH, H. Empiricist was a dirty word. *Swarthmore College Bulletin*, v. 83, 1976. p. 1-5.
WANG, DE L. Expert intelligence systems and their applications: Pattern recognition. *Neural Networks in Perspective*, ago. 1993. p. 52-60.
WASHBURN, M. F. *The animal mind*. Chicago: University of Chicago Press, 1903.
_____. Some recollections. In: MURCHISON, C. (Ed.). *A history of psychology in autobiography*. Worcester, MA: Clark University Press, v. 2, 1932. p. 333-358.
WASSERSTEIN, J. Et al. In search of closure: Subjective contour illusions, Gestalt completion tests and implications. *Brain and Cognition*, v. 6, 1987. p 1-14.

WATSON, J. B. *Animal education.* Chicago: University of Chicago Press, 1903.

_____. Kinaesthetic and organic sensations: Their role in the reactions of the white rat to the maze [Monograph supplement]. *Psychological Review*, v. 4, 1907. p. 211-212.

_____. The behavior of noddy and sooty terns. *Publications of the Carnegie Institution*, v. 2, 1908. p. 187-255.

_____. The new science of animal behavior. *Harper's*, mar. 1910 p. 346-353.

_____. Psychology as the behaviorist sees it. *Psychological Review*, v. 20, 1913. p. 158-177.

_____. *Behavior*: An introduction to comparative psychology. Nova York: Henry Holt, 1914.

_____. The place of the conditioned reflex in psychology (American Psychological Association presidential address, 1915). *Psychological Review*, v. 23, 1915. p. 89-116.

WATSON, J. B. *Psychology from the standpoint of a behaviorist.* Filadélfia: Lippincott, 1919.

_____. Is thinking merely the action of language mechanisms? *British Journal of Psychology*, v. 11, 1920. p. 87-104.

_____. *Behaviorism.* Nova York: Norton, 1924.

_____. *Psychological care of infant and child.* Nova York: Norton, 1928a.

_____. *The ways of behaviorism.* Nova York: Harper & Brothers, 1928b.

_____. John Broadus Watson. In: MURCHISON, C. (Ed.). *A history of psychology in autobiography.* Nova York: Russell & Russell, v. 3, 1936. p. 271-281.

WATSON, J. B.; MORGAN, J. J. B. Emotional reactions and psychological experimentation. *American Journal of Psychology*, v. 28, 1917. p. 163-174.

WATSON, J. B.; RAYNER, R. Conditioned emotional reactions. *Journal of Experimental Psychology*, v. 3, 1920. p. 1-14. Reimpresso em *American Psychologist*, v. 55, p. 313-317.

WATSON, R. I. *The great psychologists from Aristotle to Freud.* 1. ed. 1968; 4. ed. 1978. Nova York: Lippincott, 1968/1978.

WATTS, H. J. Experimentelle Beiträge zu einer Theorie des Denken. *Archiv für die Gesamte Psychologie*, v. 4, 1905. p. 289-436.

WEBER, R. J. *Forks, phonographs and hot air balloons*: A field guide to inventive thinking. Nova York: Oxford University Press, 1993.

WEINDLING, P. Weimar eugenics: The Kaiser Wilhelm Institute for Anthropology, human heredity, and eugenics in social context. *Annals of Science*, v. 42, 1985. p. 303-318.

WELLS, G. L. et al. From the laboratory to the police station: A successful application of eyewitness research. *American Psychologist*, v. 55, 2000. p. 581-598.

WENTWORTH, P. A. The moral of her story: Exploring the philosophical and religious commitments in Mary Whiton Calkin's self-psychology. *History of Psychology*, v. 2, 1999. p. 119-131.

WERTHEIMER, M. Experimentelle Studien über das Sehen von Bewegung. *Zeitschrift der Psychologie*, v. 61, 1912/1968. p. 161-265. p. 418-422. Extraído de SAHAKIAN, W. S. (Ed.). *History of psychology.* Itaska, IL: Peacock.

_____. *Productive thinking.* Edição ampliada. WERTHEIMER, M. (Ed.). Nova York: Harper & Row, 1945/1959.

WESTFALL, R. S. *Newton at rest*: A biography of Isaac Newton. Nova York: Cambridge University Press, 1980.

WHITE, M. *Isaac Newton: The last sorcerer.* Reading, MA: Addison-Wesley, 1997.

WHYTT, R. An essay on the vital and other involuntary motions of animals. Edinburgh: Hamilton, Balfour & Neill. Reimpressão ROBINSON, D. N. (Ed.). (1978). *Significant contributions to the history of psychology, 1750-1920.* Series E, v. 1. Washington, DC: University Publications of America, 1763/1768.

WICKENS, C. The University of Chicago department of psychology from the point of view of an undergraduate. Memórias não publicadas, 1980.

WIEBERS, T. Personal communication, 2002.

WIENER, D. N. *B. F. Skinner: Benign anarchist.* Boston: Allyn & Bacon, 1996.

WIGGAM, A. The new decalogue of science. *Century Magazine*, v. 103, 1922. p. 643-650.

WIGMORE, J. Professor Münsterberg and the psychology of testimony: Being a report of the case of *Cokestone vs. Münsterberg*. *Illinois Law Review*, v. 3, 1909. p. 412–413.

WILLIAMS, D. H.; BELLIS, E. C.; WELLINGTON, S. W. Deinstitutionalization and social policy: Historical perspectives and present dilemmas. *American Journal of Orthopsychiatry*, v. 50, 1980. p. 54–64.

WILLIAMS, L. L. The medical examination of mentally defective aliens: Its scope and limitations. *American Journal of Insanity*, v. 71, 1914. p. 257–268.

WILLIAMS, R. L. Black pride, academic relevance, and individual achievement. *Counseling Psychologist*, v. 2, 1970. p. 18–22.

WILLIAMS, S. B. Resistance to extinction as a function of the number of reinforcements. *Journal of Experimental Psychology*, v. 23, 1938. p. 506–522.

WILLS, G. *The Kennedy imprisonment*. Boston: Little, Brown & Company, 1981.

WINDHOLZ, G. Pavlov vs. Köhler: Pavlov's little-known primate research. *Pavlovian Journal of Biological Science*, v. 19, 1984. p. 23–31.

_____. A comparative analysis of the conditioned reflex: Discoveries of Pavlov and Twitmyer, and the birth of a paradigm. *Pavlovian Journal of Biological Science*, v. 21, 1986. p. 141–147.

_____. The discovery of the principles of reinforcement, extinction, generalization, and differentiation of conditional reflexes in Pavlov's laboratories. *Pavlovian Journal of Biological Science*, abr.-jun., 1989a. p. 35–42.

_____. Three researchers in Pavlov's laboratories. *NWSA Journal*, 1, 1989b . p. 491–496.

_____. Pavlov and the Pavlovians in the laboratory. *Journal of the History of the Behavioral Sciences*, v. 26, 1990. p. 64–74.

_____. The 1950 joint scientific session: Pavlovians as the accusers and the accused. *Journal of the History of the Behavioral Sciences*, v. 33, 1997. p. 61–81.

WINDHOLZ, G.; LAMAL, P. A. Pavlov and the concept of association. *Pavlovian Journal of Biological Science*, v. 21, 1986a . p.12–15.

_____. Priority in the classical conditioning of children. *Teaching of Psychology*, v. 13, 1986b . p. 192–195.

WINSTON, A. S. "As his name indicates": R. S. Woodworth's letters of reference and employment for Jewish psychologists in the 1930s. *Journal of the History of the Behavioral Sciences*, v. 32, 1996. p. 30–43.

_____. "The defects of his race": E. G. Boring and anti-Semitism in American psychology, 1923–1953. *History of Psychology*, v. 1, 1998. p. 27–51.

WINTER, A. *Mesmerized*: Powers of the mind in Victorian Britain. Chicago: University of Chicago Press, 1998.

WISSLER, C. The correlation of mental and physical tests. *Psychological Review Monograph Supplements*, v. 3, no. 6. 1901.

WITMER, L. A case of chronic bad spelling: Amnesia visualis verbalis, due to arrest of postnatal development. *Psychological Clinic*, v. 1, 1907. p. 1–9.

WOLF, E. Review of *The Behavior of organisms*. *Journal of Genetic Psychology*, v. 54, 1939. p. 475–479.

WOLF, T. H. An individual who made a difference. *American Psychologist*, v. 16, 1961.. p. 5–248.

_____. Alfred Binet: A time of crisis. *American Psychologist*, v. 19, 1964. p. 762–771.

_____. *Alfred Binet*. Chicago: University of Chicago Press, 1973.

WOLFINGER, K. (Producer and Director). *Moon shot*: The inside story of Project Apollo. Turner Broadcasting System Catalog # 3144. Difundido originalmente em 11 jul. e 13 jul. 1994.

WOLFLE, D. The reorganized American Psychological Association. *American Psychologist*, v. 1, 1946. p. 3–6.

WOLLHEIM, R. The mighty father. *The New York Times Book Review*, 24 abr. 1988. p. 3.

WOLLSTONECRAFT, M. *A vindication of the rights of women*. Nova York: Humboldt Publishing Company, 1792/1891.

WOLMAN, B. B. *Contemporary theories and systems in psychology*. Nova York: Harper & Row, 1960.

WOLPE, J. *Psychotherapy by reciprocal inhibition*. Stanford, CA.: Stanford University Press, 1958.

WOLPE, J. *The practice of behavior therapy.* 2. ed. Nova York: Pergamon, 1973.
WOODWORTH, R. S. Hermann Ebbinghaus. *Journal of Philosophy,* v. 6, 1909. p. 253–256.
_____. Racial differences in mental traits. *Science,* v. 31, 1910. p. 171–186.
_____. A revision of imageless thought. *Psychological Review,* v. 22, 1915. p. 1–27.
_____. *Dynamic psychology.* Nova York: Columbia University Press, 1918.
_____. Dynamic psychology. In: MURCHISON, C. (Ed.), *Psychologies of 1925.* Worcester, MA: Clark University Press, 1927. p. 110–126.
_____. Robert S. Woodworth. In: MURCHISON, C. (Ed.). *A history of psychology in autobiography.* Nova York: Russell & Russell, v. 2, 1932/1961. p. 359–380.
_____. *Experimental psychology.* Nova York: Holt, 1938.
_____. The adolescence of American psychology. *Psychological Review,* v. 50, 1943. p. 10–32.
_____. Some personal characteristics. *Scientific Monthly,* v. 58, 1944a. p. 14–15.
_____. James Mckeen Cattell, 1860–1944. *Psychological Review,* v. 51, 1944b. p. 1–10.
_____. *Contemporary schools of psychology.* (1. ed., 1931; ed. rev. 1948). Nova York: Ronald Press, 1931/1948.
_____. *Dynamics of behavior.* Nova York: Holt, 1958.
WRIGHT, G. D. A further note on ranking the important psychologists. *American Psychologist,* v. 25, 1970. p. 650–651.
WUNDT, M. *Die Wurzeln der deutschen Philosophie in Stamm und Rasse.* Berlim: Junker und Dunnhaupt, 1944.
WUNDT, W. *Outline of psychology.* Trad. C. Judd. Leipzig: Wilhelm Engelmann. 1902.
_____. *Principles of physiological psychology.* 5. ed. TITCHENER, E. (Ed.). Nova York: Macmillan, 1874/1904. (Trabalho original publicado em 1874.)
_____. Kritiche Nachlese zur Ausfrage Methode. *Archiv für die gesamte Psychologie,* v. 11, 1908. p. 445–459.
_____. *An introduction to psychology.* 2. ed. Nova York: Macmillan, 1912.
_____. Concerning true war. Address at the University of Leipzig, 1914. Reimpresso em *Oxford Pamphlets on the War,* n. XII. Oxford: Oxford University Press, 1914/1915.
WYATT, F.; TEUBER, H. L. German psychology under the Nazi system, 1933–1940. *Psychological Review,* v. 51, 1944. p. 229–247.
WYDEN, P. *Stella.* Nova York: Simon & Schuster, 1992.
YARMEY, A. D. *The psychology of eyewitness testimony.* Nova York: The Free Press, 1979.
YERKES, R. M. Animal education. *Journal of Comparative Neurology and Psychology,* v. 14, 1904. p. 70–71.
_____. Literary notices [Review of Animal education]. *Journal of Comparative Neurology and Psychology,* v. 14, 1904. p. 70–71.
_____. (Ed.). Psychological examining in the United States Army. *Memoirs of the National Academy of Sciences,* v. 15, 1921. p. 1–890.
_____. Early days of comparative psychology. *Psychological Review,* v. 50, 1943. p. 74–76.
_____. Psychobiologist. In: MURCHISON, C. (Ed.). *A history of psychology in autobiography.* Nova York: Russell & Russell, v. 2, 1932/1961. p. 381–407.
YERKES, R. M.; BRIDGES, J. W.; HARDWICK, R. S. *A point scale for measuring mental ability.* Baltimore: Warwick & York, 1915.
YERKES, R. M.; MORGULIS, S. The method of Pawlow [sic] in animal psychology. *Psychological Review,* v. 6, 1909. p. 257–273.
YOUNG, R. M. *Darwin's metaphor:* Nature's place in Victorian culture. Nova York: Cambridge University Press, 1985.
YOUNG, ROBERT M. *Mind, brain and adaptation in the nineteenth century.* Oxford, Inglaterra: Clarendon Press, 1970.
YOUNG-BRUEHL, E. *Anna Freud: A biography.* Nova York: Summit Books, 1988.
ZEIGARNIK, B. Über Behalten von erledigten und unerledigten Handlungen. *Psychologische Forschung,* v. 9, 1927. p. 1–85.

ZENDERLAND, L. *Measuring minds: Henry Herbert Goddard and the origins of American intelligence testing*. Nova York: Cambridge University Press, 1998.
ZHAO, D. *The power of Tiananmen*. Chicago: The University of Chicago Press, 2001.
ZILBOORG, G.; HENRY, G. W. *A history of medical psychology*. Nova York: Norton, 1941.
ZIMBARDO, P. *Discovering psychology*. Washington, DC: Annenberg-Corporation for Public Broadcasting, 1989.
ZIMBARDO, P. G.; HANEY, C.; BANKS, W. C. A Pirandellian prison. *The New York Times Magazine*, 8 abr. 1973. p. 38–60.
ZITNER, A. Probe, not apology, sought on California sterilizations. *Columbus Dispatch*, 17 mar. 2003. p. A5.
ZOLA-MORGAN, S. Localization of brain function: The legacy of Franz Joseph Gall. *Annual Review of Neuroscience*, v. 18, 1995. p. 359–383.
ZUSNE, L. *Names in the history of psychology*: A biographical source book. Washington, DC: Halstead/Wiley, 1975.
ZWELLING, S. S. *Quest for a cure*: The public hospital in Williamsburg, Virginia, 1773–1885. Williamsburg, VA: The Colonial Williamsburg Foundation, 1985.

Índice Onomástico

Números em **negrito** indicam fotografias; n representa nota.

Abbe, Ernst, 290
Abraham, Karl, 265–267
Ackroyd, P., 232
Adams, Abigail, 361
Adams, Donald, 214–217
Adams, John, 85
Adams, John Quincy, 85
Addams, Jane, 334
Adler, Alfred, 265
Adler, Irene, 64
Adler, Saul, 278
Agassiz, Louis, 304
Agnati, L. F., 99
Agnew, Spiro, T., 470
"Albert B.", 432–433
Alcmaeon, 4
Alexandre, o Grande, 16, 26
Allen, Gay Wilson, 303–306
Allport, Gordon, 213–472
Altman, I., 5
Altman, L. K., 105
Alvarado, C. S., 154
Amala (criança lobo), 238
Anastasi, Anne, 8
Anderson, P. A., 325–326
Andrews, J., 232
Angell, Frank, 127, 140, 116, 125, 320–336
Angell, James Burrill, 314–336
Angell, James Rowland, 177–178, 420–421, 422–424, 337–338, 425, 428, 464
"Anna O.", 253–254, 258–325
Anne, Rainha Ana, 440
Anokhin, P. K., 408
Antífon, 21, 228
Appiganesi, L., 265
Aquino, Santo Tomás de, 30, 171
Arquimedes, 16
Arendt, Hannah, 198
Aristarco de Samos, 32
Aristóteles, 2, **12**, 20, 21, 22, 26–27, 155, 171, 253–388

Armat, V. C., 244
Arnett, J. J., 323
Arnheim, Rudolf, 193, 224
Arnold, K. D., 52n14
Aronson, Eliot, 222
Arps, George, 116–117
Asclépio, 14
Ash, M. G., 188, 222–213
Ash, Narziss, 217
Ashley, Lord Anthony, 48, 347
Asimov, I., 104
Asratyan, Ezras A., 405–413
Atkinson, R. C., 491
Auburtin, Ernest, 91, 92
Augostinho de Hippona, 29, 30, 478
Avenarius, Richard, 181
Ayer, A. J., 59n18
Ayllon, Teodoro, 482
Azrin, Nathan H., 482

Baartman, Sartje, 284
Babinski, Joseph, 362
Babkin, Boris P., 405– 408, 412–413
Bach, J. S., 386, 477
Back, Kurt, 222
Baer, A., 100
Bahrick, H. P., 166n2
Bahrick, P. O., 162
Bailly, Jean, 249, 250
Bain, Alexander, 68, 69, 71, 456
Baird, John, 32, 130, 132
Bakan, D., 83
Bakewell, Charles, 313
Balance, W. D. G., 103
Baldwin, James Mark, 300, 302, 317, 319, 320, 425, 426
Banaji, M. R., 114, 167
Bandura, A., 437
Banghart, F. W., 475
Banks, Charlotte, 400

Banks, W. C., 491
Banta, M., 210
Barash, David P., 47
Barbee, Ann H., 383
Barberini, Maffeo (Papa Urbano VIII), 34
Barker, Roger, 222
Barlow, Nora, 266, 273, 278, 279
Barron, F., 202
Bartholow, Roberts, 97, 98, 487
Bartlett, Frederick, 168, 169
Bartlett, J., 304, 312
Bartley, W., 162n4
Bass, T.A., 378
Bateson, William, 372–378
Bayton, J. A., 6
Beam, A., 242
Beauvoir, Simone de, 64
Beers, Clifford W., 243
Bekesy, Georg von, 190
Bekhterev, Vladimir M., 116
Bell, Alexander Graham, 302, 333, 376
Bell, Charles, 76
Bellack, A. S., 482
Bellarmine, Robert, 34
Bellis, E. C., 244
Belsky, J., 488
Ben-Yehuda, N., 229
Bencivenga, J., 401
Bender, Loretta, 8
Benjamin, L. T., Jr., 116, 135, 136, 140, 136, 161, 203, 244, 419, 440, 454
Bennett, A. H., 95
Bennett, W. R., 17
Bentham, Jeremy, 67
Bentley, Madison, 134, 136, 137
Benussi, Vittorio, 189
Bergenn, V. W., 440
Bergmann, Gustav, 443
Berkeley, George, 46, 174, 317
Berker, A. H., 93

537

Berker, E. A., 93
Berliner, Anna, 120
Bernard, Claude, 16, 406, 415
Bernays, Martha, 254, 255
Bernfeld, S., 254
Bernheim, Hippolyte, 251, 364
Bernoulli, Daniel, 158n1
Berntson, G. G., 196
Bertelson, A. D., 454
Bertin, C., 267
Bertrand, G., 98
Bessel, Friedrich, 113
Bidder, F., 416
Bieliauskas, V. J., 194
Bierce, A., 10n3, 43n9, 45n10, 58n16–17, 83n9
Binet, Alfred, 116, 131, 170, **358**, 360, 362–396
Binet, Madeleine e Alice, 365
Bini, Lucio, 241
Binz, Carl, 228
Bischoff, Theodor, 74
Bitterman, M. E., 484
Bjork, D. W., 306
Blakemore, Colin, 25
Blakeslee, S., 90
Blass, T., 49
Blodgett, Hugh, 449
Blum, T., 378
Blumenthal, Arthur L., 106, 110, 111, 106, 116, 117, 119, 120, 127, 132
Boakes, R., 43
Boas, Franz, 186n6
Boer, J. A., 112
Boffey, P. M., 303
Bogen, Heinrich, 431n13
Bogen, J. E., 196
Bole, Benjamin Patterson, 380
Bolton, Thaddeus, 454
Bonaparte, Marie, 267, 270
Boring, Edwin Garrigues, 3, 7, 61, 112, 115, 117, 118, 124, 125, 130, 132–134, 136, 1555, 157, 158, 182, 185, 217, 199, 320, 396, 427, 471–472
Boring, Lucy M., 133–134
Boring, M. D., 117, 118, 124, 125
Borodin, Aleksandr, 406
Boster, R. S., 160
Botkin, S. P., 404
Bouchard, Thomas J., Jr., 293
Bouillaud, Jean Baptiste, 91, 93
Bourdon, B., 161
Bousfield, Weston A., 415
Bowditch, Henry P., 317
Bower, G. H., 490
Bowman, M. L., 360
Boyle, Robert, 52
Boysen, S., 196
Braceland, E. J., 240

Brahms, Johannes, 253
Braid, James, 251
Brecher, E. M., 255
Bregman, E. D., 432
Breland, Keller, 477
Breland, Marian, 351, 477
Brentano, Franz, 2, 10, 157, 171, 172, 173, 174, 175, 176, 187, 252, 253
Breuer, Josef, 253, 254, 258, 325
Brewer, M. B., 492
Bridges, James, W., 389
Brigham, Carl C., 389, 394, 395
Brill, A. A., 325
Bringmann, M. W., 315, 317
Broadbent, Donald E., 490
Broca, Pierre-Paul, 3, **92**, 93
Brock, A., 359, 361–487
Bronowski, J., 371
Bronte, Charlotte, 84
Broughton, J. M., 426n9
Broughton, John, 31
Brown, A., 242
Brown, J. F., 213
Broyles, J. W., 117
Brozek, J., 31
Brubach, H., 243
Bruce, D., 354
Brücke, Ernst, 252
Bruno, Giordano, 33
Bryan, W. S., 320
Bryan, William Lowe, 140, 182
Buckhout, Robert, 145
Buckley, K. W., 418, 434–435
Bühler, Karl, 183–184
Bull, G., 74
Bullitt, William C., 270
Bunsen, Robert Wilhelm von, 104
Burdon-Sanderson, John Scott, 105, 124
Burgess, Anthony, 433
Burgess, M. L., 213
Burghardt, G. M., 246
Burke, James, 66n20
Burnham, John C., 320, 433, 440
Burnham, W. H., 350
Burr, Aaron, 83
Burt, Cyril, 398, 399, 400
Burtt, H. E., 142, 373, 381
Busch, Adolphus, 152
Bush, Robert R., 474
Butler, Nicholas Murray, 302
Butterfeld, E. C., 490
Buytendijk, F. J. J., 211
Bynum, W. F., 231

Cabanis, Pierre, 74
Cadwallader, T. C., 321
Cahan, E. D., 128
Cajal, Santiago Ramon y, 99
Calkins, Mary Whiton, 140, 314, 321

Candland, D. K., 238n2
Candolle, Alphonse de, 209, 291
Cannon, Walter B., 311–376
Caplow, T., 386
Caporael, L., 230–233
Capshew, J. H., 182, 321
Carlsson, Arvid, 248
Carlyle, Thomas, 67, 304
Carnegie, Andrew, 153, 333
Carpenter, F., 469
Carr, A. Harvey, 336–339, 423
Carroll, John, 401
Carroll, Lewis, 162n4
Carter, C. L., 265
Cartwright, Dorwin, 222
Cary, M., 20
Casson, L., 13
Catania, A.C., 4408n2
Catt, Carrie Chapman, 71
Cattell, James McKeen, **114**, 116, 117, 119, 121, 126, 131, 140, 141, 154, 245, 275, 293, 309, 319, 320, 326, 335, 341, 349, 354, 356, 362, 390, 391
Cattell, Owen, 302
Cattell, Psyche, 301, 302, 303
Cattell, Raymond B., 295, 297, 298, 299, 300, 489
Cerletti, Ugo, 247
Chaffin, R., 161
Chance, P., 194
Charcot, Jean Martin, 115, 255, **256**, 254, 271, 363, 364, 365
Charles, Ray, 243
Charles I, Rei da Inglaterra, 47, 48
Chesselden, William, 53
Chevigné, Charles, 236
Chiarugi, Vincenzio, 235
Chomsky, Noam, 490
Cristina, Rainha da Suécia, 42
Christison, H. Sanderson, 147
Churchill, Winston, 292, 342
Cioffi, F., 254, 261, 262
Clark, Jonas Gilman, 317, 318
Clark, Kenneth B., 8, 130, 132
Clark, Mamie, 8
Clark, Ronald W., 253, 256, 260, 263, 270, 273, 274, 280, 281
Clarke, E., 49, 87, 88, 92, 96
Cloquet, Jules, 250
Cobbett, William, 233
Cohen, D., 418, 422, 425, 430, 433, 434, 438
Cohen, I. B., 78
Cohen, P. J., 251
Colbert, C., 84
Cole, J.O., 248, 283n1
Cole, R. E., 285
Coleman, S. R., 472
Collier, O., 247
Collins, Allan, 114

Collins, G., 64
Collins, Mary Evans, 221
Collins, N., 162n4
Colp, R., Jr., 278
Colombo, Cristóvão, 31, 32
Combe, George, 82–83
Comte, Augusto, 1, 66
Conklin, E. G., 301
Cook, H. J., 41
Coover, John, 342
Copérnico, Nicolau, 32–33, 34
Cottingham, J., 43
Coué, Emil, 251
Coughlan, R., 73
Cousins, Norman, 14
Couthon, Georges, 235
Cowles, E., 320
Cowley, G., 488
Cox, Catherine Morris, 386n7
Cox, Joseph Mason, 232
Coyne, J. C., 258n12
Craik, K. H., 492
Cranefield, P. F., 75
Crannel, Clarke W., 199
Cravens, H., 385
Crawford, C., 2
Creelan, P. G., 418
Creelman, C. D., 113
Crewdson, J., 262
Cromer, W., 325, 326
Cronbach, Lee, 87, 398
Cross, T. P., 149
Crowder, R. G., 167
Crozier, W. J., 472
Crutchfield, R. S., 453
Cutler, B. L., 145
Cylke, V. A., 290

Dain, N., 242
Dalí, Salvador, 271
Dallenbach, Karl M., 125, 136, 165, 317, 417
Dalton, T. C., 440
Damasio, Antonio e Hanna, 90
Daniel, T. C., 160
Danziger, K., 110, 115, 181
Daquin, Joseph, 234
Darley, John M., 222, 491
Darwin, Charles, 25, 86, 124, 177, 273, 274, 275, 278, 279, 280, 281, 282, 287, 291, 292, 293, 298, 303, 304, 317, 326, 355, 362, 405, 414, 426
Darwin, Erasmus, 273, 274
Darwin, Leonard, 292
Darwin, Robert, 273
Darwin, Susannah, 373
Darwin, William Erasmus, 281
Davenport, Charles, 370
Davis, A., 398

Davis, J. M., 248
Davis, R., 6
Davis, S.F., 6
De Angelis, T., 5
DeBeer, G., 273, 277
DeLeon, R.E., 488
De Rivera, J., 212
De Vries, Hugo, 372
De Zure, R., 196
Degler, C. N., 281, 292, 376
Dehue, T., 296, 342
Delabarre, Edwin B., 140, 320
DeLeon, P., 5
Delmas-Marsalet, Valentin, 100
Dember, William, 307
Dembo, Tamara, 211, 212–222
Demócrito, 19, 26
Denisov, P. K., 414
Denmark, F. L., 9
Dennis, P. M., 439–440
Dennis, W., 320
Descartes, René, 2, 3, 19, 28, 41–46, 48, 51, 59, 69, 71, 74
D'Eslon, Charles, 250
Desmond, A., 280–281
Deutsch, Albert, 244
Deutsch, Helene, 267
Deutsch, Morton, 222
Dewey, John, 127, 300, 317, 319, 320, 336, 354, 355, 377, 426, 440
Dewsbury, D.A., 124, 127, 279, 336
d'Henin de Cuvillers, Etienne Felix, 251n10
Diamond, S., 104, 106
Dickens, Charles, 232, 289, 374
Diderot, Denis, 53
Dilthey, Wilhelm, 176
Dionne quintuplets, 440
Dittman, M., 314
Dix, Dorothea Lynde, 6, 239, 241, 242
Dodgson, Charles Lutwidge, 162
Dollard, John, 468
Donaldson, Henry H., 420, 421, 422
Donders, Franciscus, C., 113, 114
Donne, John, 34
Doorley, L., 325, 326
Dougherty, D., 149
Doyle, Sir Arthur Conan, 64, 85
Drake, Stillman, 36
Dripps, R. D., 251
Dronamraju, K. R., 294
Drucker, Peter F., 210
Du Bois-Reymond, Emil, 78, 79, 105, 305, 316, 360
DuBois, P. H., 360
Dumas, C., 415
Duncan, Isadora, 292
Duncan C. P., 413
Dunlap, Knight, 132, 380, 427

Dvorak, August, 342
Dziak, John J., 265

Early, C. E., 315
Ebbinghaus, Hermann, 1, 6, **156**, 157, 161–176, 180, 182, 325, 337, 376
Ebbinghaus, Julius, 162n2
Eccles, J. C., 99
Eckener, Hugo, 116
Eckstein, Emma, 259
Edgcomb, G.S., 198
Edison, Thomas, 333, 392
Edman, I., 336
Edward VII, Rei da Inglaterra, 121
Eichmann, Adolf, 295
Eichorn, D., 436
Einstein, Albert, 202, 282
Eisenberg, L., 233
Eisenhower, Dwight, 475
Eissler, K. R., 261, 253, 260, 269
Eitingon, Max, 265, **267**
Ekman, Paul, 281, 311
Eliot, Charles William, 141
Elkind, D., 366
Ellenberger, H., 257
Elliotson, John, 251
Elliott, M. H., 448
Emerson, Ralph Waldo, 304, 308
"Emmy von N.", 257
Empédocles, 15
Engel, L., 278
Englemann, Wilhelm, 108
English, B., 270
English, Horace B., 396, 432
Epicuro, 26
Epstein, Robert, 483
Erdmann, Benno, 337
Erdos, Paul, 202n5
Esdaile, James, 250
Esterson, Allen, 260, 261, 262
Estes, W. K., 307
Evans, R. B., 103, 134, 137, 307, 324, 325, 434, 469
Eysenck, Hans J., 399, 411, 437

Fagan, T. K., 319
Fahie, J. J., 35
Família Kallikak, 370, 373, 381
Fancher, Raymond E., 3, 91, 243
Farr, R. M., 216
Farras, V., 199
Faulds, Henry, 283n1
Fearing, F., 74
Fechner, Gustav, 4, 58, 112, 155, 157, 158, 159, 160, 161, 166, 170, 174, 180, 181, 184, 185, 305, 317
Feeney, E.L., 483
Fenigstein, A., 223
Féré, Charles, 363, 364

Ferenczi, Sandor, 265, **267**, 325
Fermi, Enrico, 198
Fernberger, Samuel W., 16, 116, 319
Ferrand, L., 108n2
Ferrand, Livingston, 198
Ferrier, David, 95–96, 100
Ferster, Charles B., **474**, 475
Festinger, Leon, 222
Fine, R., 266
Finke, R. A., 202
Frisch, Karl von, 67
Fisher, Ronald A., 290
Fitzroy, Robert, 374, 381
Flamsteed, John, 113
Flanagan, J.C., 202
Fleischl, Ernst von, 254
Fletcher, F., 413
Fletcher, Ronald, 400, 401
Fliess, Wilhelm, 258, 259
Flourens, Marie-Jean Pierre, 86–90
Flournoy, Theodore, 326
Foote, T., 31
Ford, Henry, 333
Forrester, J., 265
Fowler, Lorenzo N., 83, **84**, 85
Fowler, Orson S., 83, **84**, 85
Fowler, Raymond D., 9, 483, 485
Fox, C. G., 233
Fox, D. K., 483
Fox, R. E., 488
Francis I, Imperador da Áustria, 81
Franklin, Benjamin, 49, 77, 249, 386
Freeman, Derek, 321
Freeman, F. S., 198
Freeman, Walter, 246, 247
Freud, Anna, 6, 8, 155, 214, 265, **268**
Freud, Clement, 268n16
Freud, Ernst, 271
Freud, Esti, 270n17
Freud, Jacob, 251
Freud, Lucien, 271n16
Freud, Martha Bernays, 254
Freud, Martin, 270
Freud, Sigmund, 6, 11, 24, 143, 198, 200, 210, **226**, 227, 251–271, 460, 317, 324, 325, 326
Freud, Sophie, 282
Freudenthal, H., 288
Friedrich, Max, 111
Fritsch, Gustav, 94, 97, 487
Frolov, I. P., 415
Fromm, Erika, 200
Frost, Robert, 471
Frye, James, 149
Fuchs, Alfred H., 5, 334n3
Fuller, Paul R., 481
Fullerton, G. S., 319
Fulton, John, 246–247
Furumoto, L., 9, 133, 135, 301, 314

Gage, Phineas P., 89–90, 96
Galanter, Eugene, 490
Galef, B. G., Jr., 352
Galeno, 16–18, 27
Galilei, Galileu, 33–37, **36**, 386
Gall, Franz Joseph, 80–83, 86
Galli, 193
Gallistel, C. R., 76
Gallup, Gordon, 281
Galton, Adele, 283
Galton, Sir Francis, 2, 59, 68, 181, 275, 282–287, 294, 296, 303, 326, 399
Galvani, Luigi, 77–78
Ganong, A., 142
Gantt, W. Horsley, 409, 414–415
Gardner, Howard, 401–402
Garfield, Eugene, 469
Garrett, Henry E., 374
Garvey, C. R., 117
Gaukrogers, Stephen, 46n11
Gault, James, 242
Gauss, Carl Friedrich, 202
Gay, Peter, 252, 270, 307
Gaylord-Ross, R. J., 482
Gazzaniga, Michael, 160
Geldard, Frank A., 190
Gelfand, T., 255
Gerard, D. L., 235
Gerow, J. R., 247, 366, 388, 415, 479
Gerton, M. L., 251
Gesell, Arnold, 214, 324, 439–440, 490
Gibbons, Alice, 306
Gibbs, R. S., 263n15
Gibson, Eleanor, 136
Gibson, James, 136
Gibson, K. R., 46, 246
Gibson, W. C., 99
Gifford, Sanford, 269
Gilbert, Emily, 221
Gillham, N. W., 283–284
Gillie, Oliver, 399–400
Gilman, B.I., 320
Gilman, Charlotte Perkins, 64
Gilman, Daniel Coit, 281, 317, 331
Gilovich, T., 432
Giurgea, C. E., 412, 415
Gjerde, P. F., 112
Glaser, R., 401
Gleitman, H., 231–232
Goddard, Henry H., 3, 369–**370**, 373–374, 379–381, 393–394
Godlee, R. J., 95
Goeckel, Rudolf, 31
Goethe, Johann Wolfgang von, 38, 323
Golgi, Camillo, 99
Good, Sarah, 229
Goodall, Jane, 282
Goodchild, L.F., 7
Goodell, Rae, 469

Goodenough, Florence, 8
Goodman, Paul, 224
Goodnow, Ira, 434
Gorfein, D. S., 166
Gorsuch, R. L., 308
Gosling, S. D., 492
Gosset, W. S., 290
Gottlieb, G., 441
Gottlieb, Jack, 230
Gould, Charles W., 394
Gould, J. L., 361
Gould, Stephen Jay, 280, 282, 361–362, 375
Grabiner, J. V., 18, 39
Graham, S. R., 488
Granello, D. H., 117
Grant, Madison, 394
Grant, R. W., 49n13
Gravitz, M. A., 250–251
Gray, P., 77, 220, 251, 492
Green, Bert F., 317, 401
Greenberg, L., 224
Greengard, Paul, 248n8
Greenwald, A. G., 114
Gregory, Richard L., 53
Gridgeman, N.T., 283
Griesbach, H., 167–168
Griffin, E. H., 320
Grosskurth, P., 265
Grunberg, Neil, 222
Gruneberg, M. M., 167
Guazzo, Francesco, 228
Guerin, Madame, 237
Guggenbühl, Johann Jacob, 238–239
Guilford, J. P., 202
Guillaume de Occham, 32
Guillotin, Joseph, 249
Gundlach, H. U. K., 162
Gur, R. C., 196
Gutenberg, Johannes, 31
Guthrie, Edwin Ray, **454**, 486, 491
Guthrie, Robert V., 6, 8, 324
Guttmann, Norman, 468
Guy, Dr., 296

Haarhoff, T. J., 20
Haeckel, Ernst, 322
Hager, J. L., 335
Hajal, F., 17–18
Halberstam, D., 475
Haldane, John Burdon Sanderson, 105, 294–295
Haldane, John Scott, 105
Hale, M., Jr., 123, 138–139, 141, 152
Hale, Sarah Josepha, 83
Hall, E., 388, 391
Hall, Granville Stanley, 2, 6, 7, 59, 106, 117–119, 134, 140–141, 153–154, 161, 176, 182, 275, 293, 297, 300–303, 314–327, 382–383, 390, 462, 470, 474

Índice Onomástico **541**

Hall, John, 315
Hall, M. H., 474
Haller, Albrecht von, 16
Halley, Sir Edmund, 40
Hallwas, J. E., 329
Hamilton, Alexander, 49, 83
Hammond, A., 369
Haney, C., 491
Hardcastle, G., 135
Hardesty, F. P., 368
Hardwick, Rose S., 389
Harlow, Harry F., 351
Harlow, John M., 89, 90
Harper, William Rainey, 319, 331, 419
Harrell, T. W., 393n8
Harrington, A., 93
Harris, Ben, 432
Harris, M., 229
Harris, R., 401
Hartley, David, 47, 59, 60, 68, 456
Hartley, Mariette, 435n16
Hartmann, G. W., 194
Harvey, J. H., 213, 392
Harvey, William, 3, 17, 40–41, 69
Haskell, Ebenezer, 232
Haughton, Professor, 279
Hauptmann, Bruno, 148
Hawking, Stephen, 37n7
Hayek, F. A., 63
Hayes, Samuel P., 133
Haymaker, W., 94
Haynie, N. A., 133
Haywood, "Big Bill", 146
Head, H., 91, 93
Hearnshaw, Leslie S., 399–401
Hearst, E., 182, 195
Hebb, Donald O., 208n6, 412, 488
Hefferline, Ralph Franklin, 224
Heffernan, G., 43, 44
Hegel, Georg Wilhelm Friedrich, 10
Heidbreder, Edna, 138, 413
Heidegger, Martin, 199–200
Heidenhain, R., 407
Heider, Fritz, 188, 213
Heider, Grace, 217
Heilbroner, R. L., 333
Heinroth, Oskar, 178
Heisenberg, Werner, 132
Heller, S., 210
Henig, R. M., 371–372
Henle, Mary, 8, 199, 206, 224
Henley, T. B., 145, 307
Henri, Viktor, 116
Henry, G. W., 15, 228, 233–234, 236
Henrique II, Rei da Inglaterra, 30
Henrique VIII, Rei da Inglaterra, 314, 423
Henslow, John Stevens, 274
Hentoff, N., 8
Herman, J. L., 262

Herrmann, D. J., 161
Herrnstein, Richard J., 396, 403
Hersen, M., 482
Heydrich, Reinhard, 295
Heyduk, R. G., 223
Hicks, L. H., 8
Hightower, M., 314
Hilchey, T., 247
Hilgard, Ernest R., 37, 108, 133–136, 320, 464, 466–467, 469,
Hillix, W. A., 118
Hinde, R. A., 351
Hipócrates, 2, 14–16, 25, 227–228
Hirschmüller, A., 253, 258
Hitchcock, Alfred, 193
Hitler, Adolf, 185, 197–199, 216, 269, 413
Hitzig, Eduard, 94, 97, 487
Hoare, Samuel, 269
Hobbes, Thomas, 46–47, 67, 96, 465
Hochberg, J., 160
Hoffeld, D. R., 249
Hoffman, C. D., 9
Hoffman, R. R., 166
Hofstadter, Douglas R., 20
Hogarth, William, 231
Holahan, C. K., 387
Holden, C., 294
Holland, J. G., 481
Hollander, M. H., 254
Hollingsworth, H. L., 374
Hollingsworth, Harry, 419
Hollingsworth, Leta, 314
Holmes, Joseph, 334
Holmes, Oliver Wendell, 305
Holt, Edwin Bissell, 134
Holt, Henry, 307
Holvoet, S. H., 482
Homero, 14
Honzik, C. H., 449
Hooker, Joseph, 279
Hopkins, B. L., 434, 436
Hopkins, Johns, 317, 331
Hoppe, Ferdinand, 219
Horney, Karen, 266
Horowitz, D., 247
Horton, George P., 459–460
Hothersall, D., 117
Hovland, Carl, 467
Hubel, David H., 488, 491
Hudlow, Raymond W., 376n3
Hudson, J.I., 461
Hughlings-Jackson, John, 96
Hugo, Victor, 313
Hull, Clark Leonard, 11, 136, **462**, 467–469, 463, 486
Hull, Cordell, 269
Hulse, S.H., 317
Hume, David, 47, 59–60, 69, 465

Hume, J.G., 320
Humphrey, G., 181
Hunt, Earl, 401
Hunt, W. A., 136
Hunter, J. E., 402
Hunter, Walter S., 338, 472
Hutchins, J., 146
Huxley, Aldous, 432, 478, 489
Huxley, Thomas Henry, 124, 129, 278, 280–281, 331, 361
Hyslop, J. H., 320

Iacono, W. G., 149
Ickes, Harold, 425
Ickes, John, 425, 434
Ickes, Mary,
Joseph, 171
Iltis, H., 372
Inbau, Fred E., 148
Irwin, F. W., 417
Isaac, R. J., 244
Itard, Jean Marc Gaspard, 237
Ivens, Richard, 147

Jahoda, M., 295
James, Alice, 304
James, Henry, Jr., 307
James, William, 6, 11, 26, 68, 115–116, 119, 129, 138–139, 153, 159, 166, 199, 244, 272, 275, 300, 303–306, 308–315, 317, 319–320, 340–342, 326–327, 388, 417, 419, 446, 487
James II, Rei da Inglaterra, 49
Janet, Pierre, 341, 460
Jastrow, Joseph, 140, 300, 320, 463
Jaynes, J., 45, 93
Jefferson, G., 95, 386
Jenkins, John G., 445, 457
Jenkyns, R., 162n4, 165
Jennings, E., 299
Jensen, Arthur R., 401–402
Jessen, Pieter C., 16
Jessop, T. E., 54–55
Joachim, Joseph, 173
Joana D'Arc, 228
Johanson, Albert, 344
João Paulo II, Papa, 36
Johnson, A. B., 255
Johnson, M. C., 307
Johnson, N. L., 290
Johnson, R. C., 286
Johnson, Samuel, 55
Johnson, T., 307
Johnstone, Edward, 370, 378
Joncich, G., 348
Jones, Edward E., 222
Jones, Ernest, 253–255, 259, 262, 268–269, 325
Jones, Harold E., 433, 437

Jones, Mary Cover, 8, 50, 154, 433–434
Jones, R. A., 154
Jost, Adolph, 180
Joynson, Robert B., 400–401
Judd, Charles, 116
Júlio II, Papa, 73
Jung, Carl Gustav, 317–318, 325–326

Kaczynski, Theodore, 484
Kahneman, Daniel, 490
Kalish, D., 451
Kalmanovitch, T., 349
Kamala (crianças lobos), 168
Kamin, Leon J., 399
Kamm, J., 63
Kampe, N., 198
Kandel, Eric, 488, 491
Kanner, Leon, 238
Kant, Emmanuel, 2, 47, 71, 132, 152, 175, 331, 337, 465
Karier, C. J., 376, 419, 428, 443
Karon, B. P., 236
Karsten, A., 222
Kaysen, Susanna, 243
Kazdin, A. E., 482
Keats, John, 38
Keller, Fred S., 137–138, 472, 477
Keller, P., 123,
Kelley, Harold, 222
Kellogg, Rhoda, 397
Kelvin, William Thomson, 332
Kemp, S., 29
Kendler, H., 223
Kennedy, Eunice Shriver, 247n7
Kennedy, John F., 476
Kennedy, Joseph, 247
Kennedy, Rosemary, 247
Kenyon, J., 100
Kessen, W., 128
Kesten, H., 33
Ketcham, K., 145
Kevles, Daniel J., 295
Keynes, G., 41
Kiernan, T., 232, 235
Kiley, S., 284
Kimball, M. M., 253
Kingsbury, S. J., 488
Kinkade, K., 478
Kinlen, T. J., 145
Kinnock, Neil, 401
Kirchhoff, Gustav, 104
Kittredge, G. L., 229
Klawans, H. L., 40
Klein, Melanie, 267
Kline, P., 489
Klosko, G., 63, 64
Klosko, M. G., 63, 64
Knapp, R. B., 79
Knapp, T. H., 184, 224

Knox, Ronald, 55
Koelsch, W. A., 325
Koenigsberger, L., 79
Koffka, Kurt, 187–188, 190–191, 194, 197, 208–209, 211, 214, 216, 329
Köhler, Wolfgang, 10, 11, 179, 187–190, 198–199, 202–209, 329, 414, 448
Kohlstedt, S. D., 302
Konig, Arthur, 167
Koocher, G. P., 321
Korn, J. H., 6
Kornfeld, A. D., 154, 418n5, 425n8, 427, 438
Kotz, S., 290
Kovach, J. K., 148, 306
Kraepelin, Emil, 108, 112, 115, 116,
Krafft-Ebing, Richard von, 260
Kramer, Heinrich, 228
Krasnogorskii, N. I., 431n13
Kraus, O., 173
Krech, David, 98
Kroc, Ray, 86
Krohn, W. O., 320
Kroll, Karl, 178
Krueger, Felix, 199
Krueger, L. E., 160
Kuhn, Thomas S., 473
Külpe, Oswald, 2, 10, 108, 115, 130, 157, 180–185, 187–188, 216, 317, 345
Kuo, Zing-Yang, **441**

La Farge, J., 304
La Fontaine, Charles, 251
La Mettrie, Julien O. de, 46
Lachman, J. L., 490
Lachman, R., 490
Ladd, G. T., 300, 319–320, 343
Ladd-Franklin, Christine, 321
Laennec, René, 250
Lalande, Joseph, 259
Lamarck, Jean-Baptiste, 280
Lamb, W. R. M., 21
Lamiell, J. T., 368
Landa, L., 55
Landy, F. J., 124, 141, 142
Lane, Harlan, 238
Lange, Carl, 310
Langer, Walter, 269
Langfeld, Herbert S., 175, 185, 446
Lanza, Robert P., 483
Laplace, Pierre-Simon, 86, 290
Lapointe, F. H., 31
Larson, C. A., 132, 428
Larson, John A., 148
Lashley, Karl S., 88, 100, 199, 429, 430
Laski, Harold, 292
Latané, B., 491
Laties, V. G., 469
Lattal, K. A., 469, 483

Launius, R.D., 475
Lavery, Harry, 85
Lavoisier, Antoine, 249
Lawson, Nicholas, 275
Le Bon, Gustave, 360–361
Leahey, T. H., 123
Leary, D. E., 24, 304
Legallis, Jean Cesar, 87
Leibniz, Gottfried Wilhelm von, 47, 57–59, 465
Leland, H., 369
Lenin, V. I., 412
Leonardo da Vinci, 30, 32
Lesch, J. F., 75
Lesky, Erna, 86
Levenson, R. W., 311
Levere, P. A., 413
Levere, T. H., 36
Lévi-Strauss, Claude, 198
Lewes, G. H., 85
Lewin, Kurt, 6, 11, 179, **186**–187, 194, 200, 208–219, 332, **447**, **452**, 490
Lewis, Jim, 293
Ley, Ronald, 205
Leyden, Franz von, 94
Leys, R., 434
Li, Fan, 441
Liddell, Howard, 409
Liébault, Ambrose-Auguste, 251, 364
Lightner, D. L., 244
Limber, J., 46
Lincoln, Abraham, 273, 298, 386
Lindbergh baby, 148, 440
Lindsley, Ogden S., 482
Lippershey, Hans, 33
Lippitt, R., 218–219
Lippmann, Walter, 396–398
Lipsitt, L. P., 439
Locke, John, 2, 4, 23, 26, 46, **48**, 47–53, 54, 57, 61,67, 172,332,431, 437, 465
Loeb, Jacques, 420, 325, 472
Loftus, Elizabeth, 145
Logan, C. A., 421
Loh, W. D., 146
Lombroso, Casare, 86
Lorenz, Konrad Z., 67, 178, 409, 425
Lotze, Rudolph Hermann, 174, 180
Luís XIV, Rei da França, 47
Lovejoy, A. O., 25
Lowell, Robert, 243
Lowenfeld, Leopold, 261
Lubbock, John, 352
Lubow, R. E., 476
Luce, A. A., 54–55
Luce, R. D., 112
Luchins, A. S., 200
Luchins, E. H., 200
Lück, H. E., 217
Lucrécio, 26

Lurie, E., 304
Lustig, H. S., 79
Lutero, Martinho, 34, 228
Lyell, Charles, 279
Lykken, D. I., 148, 149, 293
Lysenko, T. D., 415

Macaulay, Thomas Babington, 10
MacEachran, John, 117
Mach, Ernst, 187, 197
Machan, T. R., 469
Maquiavel, Nicolau, 31
MacKinnon, Donald, 213
Mackintosh, N. J., 401
Macmillan, M. B., 75, 89, 90n5, 257
Macrae, N., 206
Maddocks, Melvin, 305, 314
Madigan, S., 319
Madison, James, 49
Magalhães, Fernão, 32
Magendie, François, 75–76, 85–86
Magner, L. N., 14, 41
Mahaffy, J. P., 42
Maimonides, 2
Makari, G. M., 260
Malcolm, A. H., 149
Malkiel, B. G., 40
Malthus, Thomas, 276
Man, J., 31
Manchester, W., 292
Mandela, Nelson, 49
Mandler, G., 490
March, J. F., 197
Marchman, J. N., 227
Marco Aurélio Antônio, 16
Marcus Marulus, 31
Maria, Rainha da Romênia, 435
Maria Antonieta, Rainha da França, 249
Marmoy, C. F. A., 68n21
Marrow, Albert J., 208, 210, 213, 217, 219, 221, 223
Marston, Elizabeth Holloway, 149
Marston, William Moulton, 148, 149
Martin, J., 270, 334
Martineau, Harriet, 250
Marx, C., 93
Marx, Groucho, 218
Marx, M. H., 118
Maskelyne, Nevil, 113
Massaro, D. W., 490
Masson, Jeffrey Moussaieff, 259, 261, 262
Mateer, Florence, 431
Matossian, Mary K., 230
Maximilian, Rei de Roma, 228
Maxwell, James Clark, 77
May, W. T., 488
Mayer, A., 181
McClearn, G. E., 294
McConnell, James, 484

McDougall, William, 155, 157, 199, 427, 453
McGee, V. J., 265
McGraw, Myrtle B., 439–440
McGue, M., 293
McGuire, W., 265
McKinley, J. C., Jr., 145
McReynolds, P., 141n4, 245
Mead, Margaret, 219–220, 469
Família Médici, 34
Meduna, Joseph Ladislau von, 247
Meinong, Alexius, 187, 189
Melville, Herman, 85
Melzak, Robert, 412
Menand, L., 305, 309
Mendel, Gregor, 280, **371**–**373**, 414
Mendeleyev, Dimitry, 406
Merkin, D., 270
Merrill, Maud, 8
Meshberger, Frank Lynn, 73
Mesmer, Franz Anton, 248, 250
Meumann, Ernst, 131
Meyer, Adolf, 430, 432
Meyer, Donald R., 356, 462, 475
Meynert, Theodor, 252
Mialet, J. P., 461
Michaels, T., 142
Michelangelo Buonarotti, 24, 73–74
Middleton, W. S., 285
Milar, K. S., 9, 491
Milgram, Stanley, 490
Mill, Harriet Taylor, 63
Mill, James, 2, 47, 60–62, 62n19
Mill, John Stuart, 1, 2, 47, 60–68, **63**, 106, 111, 252, 304, 362, 386
Miller, G. L., 233
Miller, George A., 118, 120, 490
Miller, J., 41
Miller, J. C., 239
Miller, Neal E., 467, 468
Mills, Hannah, 239
Mills, Judson, 222
Mills, T. Wesley, 320, 351, 353
Milner, Peter M., 100, 488
Milton, John, 36, 313
Misiak, H., 30
Maomé II, de Constantinopla, 31
Maomé (profeta), 30
Molière, 85
Molyneux, William, 52–53
Momigliano, L. N., 267
Moniz, Egas, 246–247
Montagu, A., 281
Montaigne, Michel E. de, 470
Monte, Christopher, 258
Montessori, Maria, 368
Moore, Bruce R., 460
Moore, C. F., 276
Moore, Gordon B., 419–420

Moore, Thomas Verner, 184
Moorehead, Alan, 273
More, Thomas, 478
Morgan, Conwy Lloyd, 69, 279, 349, 352
Morgan, J. J. B., 431
Morgan, M. J., 53
Morgulis, Sergius, 429
Morley, J., 237
Morrill, Justin, 298
Morris, E. K., 424
Morse, Fanny, 313
Morse, M., 85
Moskowitz, M. J., 124, 152
Mosteller, Frederick, 473
Moulton, Elizabeth, 352n4
Mozart, Leopold, 248
Mozart, Wolfgang Amadeus, 248
Mulcaster, Richard, 291
Muller, Charles, 235
Müller, Georg Elias, 163n4, 180, 185, 209
Müller, Johannes Peter, 76, 105
Munsterberg, Hugo, 4, 6, 11, 108, 116, 117, 121, 123–124, 138–155, 180, 185, 199, 244, 300, 302, 308, 314, 319, 320, 336, 388, 428, 446, 491
Münsterberg, Margaret, 123
Murchison, Carl, 235
Murphy, G., 148, 306
Murray, Charles, 402
Mussen, Aubrey, 98
Mussen, P., 436
Mussolini, Benito, 269
Myers, G. E., 305

Napoleon Bonaparte, 218
Nash, John Forbes, Jr., 243
Nabuconodosor, Rei da Babilônia, 227
Neff, E., 63, 65
Neisser, Ulric, 166, 167, 402
Nelson, K. R., 376
Nesselroade, J. R., 294
Newell, A., 490
Newman, J. R., 37, 42, 43, 198, 206, 283, 285, 288
Newton, Sir Isaac, 37–40, 51, 282
Nicholas II, Czar da Rússia, 406
Nichols, J., 320
Nicolas, S., 108n2
Nightengale, Florence, 242
Nobel, Alfred, 89
Norris, James, 231
Noyes, W., 320

D'Occam, Guillaume de, 31
O'Connell, Agnes, 9
Oden, M. H., 386
O'Donnell, John M., 390
Ogden, Robert M., 182–185, 216
O'Hara, R., 314

Olds, James M., 100, 488
Olmstead, Frederick Law, 243
Olmsted, J. M. D., 76
O'Malley, C. D., 87, 88, 92
Oppenheimer, Robert, 446
Oran, Martin, 323
Orange, William de, 49
Orbeli, L. A., 415
Orchard, Harry, 146–147
D'Oresme, Nicole, 32
Ormond, A. T., 320
Orne, M. T., 365
Ornstein, R., 58, 93
Orth, J., 181
Orwell, George, 433
Osborne, A. L., 117
Oserezski, N., 247
Osgood, C., 112
Osiander, Andres, 32
Overton, S., 244
Ovsianitskii, Georgi S., 408

Pace, E. A., 320
Pace, Edward, 116, 140
Pachon, Michel Victor, 100
Page, R., 464
Pagenstecher, Hans, 94
Paivio, A., 490
Palmer, George, 157, 388, 490
Palmer, S., 153, 388
Pappenheim, Bertha, 253
Parker, S.T., 46, 246
Pasteur, Louis, 255
Pate, J. L., 308
Patnoe, S., 208, 222, 223
Patrick, C. J., 149
Patrick, George T. W., 140, 320
Pauling, Linus, 469
Pauly, P. J., 426
Pavlov, Ivan Petrovich, 11, 105, 406, 408, 410, 412, 413, 427, 429, 431, 441, 443, 456, 458, 465, 491
Pavlov, Nadezhda A., 409
Kashereninova, 406
Pavlov, Vladimir, 409
Payne, Joseph, 341
Pearson, Karl, 283, 285, 286, 289, 290, 294, 341, 399, 400
Pedersen, N. L., 294
Pellegrino, J. W., 401
Pendergrast, M., 435
Penfield, Wilder, 98
Penrod, S. D., 145
Penrose, L. S., 294
Pepitone, Albert, 222
Pepys, Samuel, 48
Perin, C. Theodore, 468
Perlman, D., 220–222
Perls, Fritz, 217, 224

Perry, Ralph Barton, 118, 119, 306, 307
"Peter B.", 436–437
Petrie, Flinders, 287
Petrova, Mariya K., 411
Pfungst, Oskar, 178–179
Phillips, L., 8
Piaget, Jean, 6, 355–356, 490
Picard, C., 98
Picasso, 193
Pierce, Franklin, 241
Pillsbury, Walter B., 427
Pilzecker, A., 180
Pinchot, Gifford, 292
Pinel, J., 234
Pinel, Phillipe, 233, 235, 236
Pinker, S., 2, 91
Pio IX, Papa, 242
Planck, Max, 200
Plath, Sylvia, 243
Platão, 2, 20, 21–22, 27, 59
Plomin, R., 294
Poe, Edgar Allan, 84
Poffenberger, A. T., 347
Poincare, Jules Henri, 309
Pope, Alexander, 38
Pope, H. G., Jr., 461
Popenoe, Paul, 394
Popplestone, J. A., 144n5
Porson, Richard, 82
Porter, R., 288
Porter, T. M., 333
Posner, Michael I., 114, 183
Potter, D. M., 333
Prentice, J., 196
Pressey, Sidney L., 4, 323, 373, 388
Pressman, J., 246
Pribram, Karl H., 490
Price, D. M., 239
Pryor, K., 477
Ptolomeu, 32
Puglisi, M., 171
Pitágoras, 18–19, 23, 174

Quetelet, Lambert Adolphe, 277, 288–289
Quillan, M. Ross, 114
Quinn, S., 266, 267
Quinton, W. J., 9

Rabinovitz, V. C., 9
Rachman, S., 50
Radner, D., 45
Radner, M., 45
Rafferty, Mary, 97–98
Rand, B., 58
Rank, Otto, 265, 267
Raphelson, A. C., 331
Rasmussen, A. T., 98
Rayner, Rosalie, 431–434, 442
Rechtien, W., 217

Redondi, P., 34
Reisenzein, R., 176
Reiser, S. J., 250
Reisman, J. M., 234, 239
Reivich, M., 196
Remsen, Ira, 426
Renouvier, Charles, 305
Resor, Stanley, 434–435
Restak, R. M., 13, 93, 488
Rheingold, Harriet, 129
Rhine, Joseph B., 152
Rhodes, R., 179, 446
Ridley, S. R., 8
Rilling, M., 433, 484
Risse, 85
Ritchie, B. F., 451
Roazen, Paul, 265, 267–268, 270
Roback, A. A., 116, 137, 153, 232, 235
Robins, R. W., 492
Robinson, D. B., 10
Robinson, D. N., 26, 75
Robinson, Daniel, 16
Rock, L., 490
Rockefeller, John D., 331, 333
Rodgers, J. E., 489
Rodin, Judith, 9
Rodis-Lewis, Genevieve, 46n11
Roediger, Henry L., 162, 165–169
Roentgen, Wilhelm, 302
Rogers, Carl, 6
Rohles, Frederick H., Jr., 475, 476
Romanes, George John, 279, 351
Romano, C., 308
Roosevelt, Franklin D., 269
Roosevelt, Theodore, 153, 307, 376
Roscorla, R. A., 405
Rosenthal, R., 365
Rosenzweig, M. R., 5n2, 412, 415, 325–326
Rosenzweig, Saul, 267, 325
Ross, Dorothy, 315–316, 324, 326, 331
Ross, Lee, 222
Rossiter, M. W., 133, 321
Rothman, D. J., 248
Rousseau, Jean-Jacques, 237, 478
Rowlands, M. J., 278
Royce, Josiah, 141, 153, 300, 320, 341, 388
Rubenstein, Richard L., 470
Rubin, Edgar, 190
Rucci, A. J., 290
Rucci, Tweney, 290
Rucker, D., 334
Rucker, R., 20
Ruckmick, C. A., 173
Ruja, Harry, 467
Rush, Benjamin, 233
Rush, F., 262
Russell, Bertrand, 42, 54, 153, 315, 455–456, 471
Russo, Nancy Felipe, 9

Ruth, Babe, 344
Ryan, T. A., 137
Rycroft, C., 262
Rymer, R., 238

Sachs, Hanns, 263
Sagan, Carl, 361-362
Sahakian, W. S., 189
Salk, Jonas, 469
Salthouse, T. A., 342
Sampson, A., 49
Samuelson, Franz, 392, 400
Sandburg, Carl, 329, 471
Sanford, Edmund Clark, 140, 383
Sanger, Gerhart, 221
Santayana, George, 341
Sarason, S. B., 5-6
Sargent, S. S., 241
Satterthwaite, G., 113
Savage-Rumbaugh, E. S., 46
Sawyer, T. F., 7
Saxe, L., 149
Scarborough, E., 301
Scarr, Sandra, 9, 400
Scattergood, Thomas, 239
Schachter, Stanley, 222
Schatzman, M., 261
Scheerenberger, R. C., 482
Schiebinger, L., 301
Schiller, Paul H., 196
Schilpp, P. A., 330, 335
Schlosberg, Harold, 344
Schmemann, S., 295
Schmidt, C., 416
Schmidt, F. L., 402
Schmutzer, Ferdinand, 271
Schneider, C. M., 105
Schneider, W. H., 366
Schonback, Peter, 222
Schönpflug, W., 176
Schooler, C., 112
Schumann, Friedrich, 189
Schur, Max, 270
Schwartz, S., 84, 265
Scopes, John, 228
Scott, T. R., 5
Scott, Walter, 116-117
Scripture, Edward W., 319-320
Sears, Pauline S., 387
Sears, R. R., 387
Sears, Robert M., 387
Sechenov, Ivan Mikhailovich, 105, 405, 406, 414
Sechzer, J. A., 9
Segal, N. L., 293
Seligman, Jesse, 317
Seligman, M. E. P., 316, 351
Selltiz, C., 222
Sêneca, 26

Sessions, M., 239
Sessions, Robert, 239-240
Sexton, Anne, 243
Sexton, V. S., 30
Shaftesbury, Conde de, 48
Shakespeare, William, 33, 231
Shakow, D., 163
Sharter, E., 247
Shattuck, Roger, 238
Shaw, George Bernard, 255, 292
Shaw, John, 75
Shea, W. R., 36
Sheffield, F. D., 461
Shelley, Mary Wollstonecraft, 63
Shelton, W. R., 475
Shenger-Krestovnikova, Nataliia R., 410
Shepherd, M., 231
Sherrick, Carl E., 190
Sherrington, Charles Sir, 11, 99, 100, 342, 346, 408, 472
Shettleworth, S. J., 351
Shneidman, E., 387
Sholes, Christopher L., 342
Shulman, Gordon, 114
Shurkin, J. N., 388
Sigall, Harold, 222
Silverberg, R., 231
Silverman, J., 112
Simmons, R., 448
Simon, Herbert A., 489-490
Simon, Théodore, 365, 367-369
Simonoff, L. N., 94
Simplicius, 35
Singer, Edgar Arthur, 455
Singer, Jerome, 222
Skinner, Burrhus Frederick, 1, 4, 6, 10, 67, 144, 316, 443, 445, 456, 468-470, 472-474, 477, 480, **485**
Skinner, Deborah, 402, 480
Skramovsky, B.M., 278
Sloutsky, Vladimir, 194
Small, Willard S., 422-423
Smith, A., 93
Smith, Barnabas, 37
Smith, D. L., 261
Smith, J. D., 361
Smith, L. D., 402, 453
Smith, M. B., 173
Smith, P., 302, 312-313, 371, 377-378
Smith, Page, 298
Smith, S. M., 202
Snyder, S. H., 248, 488
Sócrates, 20, 21, 23, 59, 227
Sokal, 297, 299-302, 321, 323,
Solso, R. L., 194, 490
Southard, Ernest E., 389
Spalding, Douglas, 279
Spanos, Nicholas P., 230
Spearman, Charles, 16, 131, 180, 354, 400, 402

Spence, Janet, 5
Spence, Kenneth W., 223, 465, 467
Sperry, Roger W., 4, 160, 491, 488
Spilka, B., 308
Spillmann, J., 124, 155
Spillmann, L., 124
Spinoza, Baruch, 188
Spock, Benjamin, 301
Spooner, William Augustus, 263n15
Spoto, D., 193
Sprenger, Johann, 228
Springer, Jim, 293
Spurzheim, Johann Caspar, 80-83
Squires, William, 471
Stanford, K. R., 135, 342
Stagner, R., 414
Stalin, Joseph, 194n4, 415
Stam, H. J., 349
Stamberg, S., 435
Stanford, E. C., 385
Stanton, Elizabeth Cady, 64
Star, Susan Leigh, 95, 96
Starkey, M. L., 230
Starr, Ellen Gates, 334
Steel, R., 396
Stein, G. J., 314
Stein, Gertrude, 144, 295
Stern, Louis William, 368
Sternberg, Robert, 435, 401, 402
Sternberg, Saul, 114, 490
Stevens, S. S., 132
Stevenson-Hinde, J., 351
Stewart, G. R., 452
Stivers, E., 160
Stock, Gregory, 295
Stone, Irving, 273
Storr, A., 262
Strachey, J., 264
Stratten, George, 116
Street, Roy F., 194, 196
Strickland, Ted, 5
Strong, Edward K., 301
Strouse, J., 304
Stumpf, Carl, 10, 118, 157, **173**-180, 185, 209, 306, 490
Stuttard, Susan, 460
Suci, G., 112
Sullivan, J. J., 132, 428
Sulloway, Frank, 256, 270
Summers, Montague, 228
Sumner, Francis C., 6, 7-8
Sumption, M. R., 380, 382
Susko, M. A., 244
Swammerdam, John, 77
Swift, Jonathan, 92
Szilard, Leo,

Taft, William Howard,
Taine, M., 281

Talbot, M., 247
Tannenbaum, P., 112
Tarcov, N., 49n13
Tatar, M. M., 249
Taylor, D. W., 99
Taylor, Frederick Winslow, 210
Taylor, Harriet, 63
Taylor, James, 243
Teigen, K. H., 291
Tellegen, A., 293
Templin, Olin, 140
Tenhouton, W. D., 197
Tennyson, Alfred Lord, 304
Terman, Lewis M., 2, 3, 8, 131, 214, 216, 324, 360, 370, 376, 382–387, 390, 394, 396
Terry, W. Scott, 446n1
Teuber, H. L., 119
Thackeray, William, 304
Tales de Mileto, 18
Thibaut, John, 222
Thistlehtwaite, D., 449
Thomas, R. K., 408
Thomas, William I., 413, 434
Thompson, G., 212, 217
Thompson, K. S., 322
Thompson, Travis, 473, 482, 483
Thoreau, Henry David, 304
Thorndike, Ashley, 399
Thorndike, Edward Lee, 6, 69, 205, 206, 208, 290, 314, 326, **328**, 341, 342, 345, 348–354, 367, 389, 390, 414, 428, 456, 458, 465, 472, 473
Thorwald, J., 283
Thurstone, Louis Leon, 402
Tillotson, John, 17
Tinbergen, Niko, 67
Tinker, M. A., 116
Tinklepaugh, Otto L., 448
Titchener, Edward Bradford, 3, 11, 105, 108, 111, 118–136, 137, 138, 139, 140, 141, 142, 146, 190, 244, 300, 303, 309, 317, 319, 320, 329, 332, 339, 345, 419, 422, 426–428, 434, **444**, 446, 447, 448, 449, 450, 451, 452, 453, 458, 471
Todd, Eli, 240
Todd, J. T., 424
Tolman, Edward Chace, 2, 6, 24, 220, 223, 225, 350, 445, 473
Tolman, Richard, 445–446
Tolochinov, Ivan P., 409
Toops, Herbert, 356
Travis, D., 484
Truffaut, François, 238
Tuchman, Barbara W., 30
Tucker, W. H., 376, 401
Tuddenham, R. D., 365
Tufts, James Haydon, 140
Tuke, William, 239–240

Turkington, C., 242
Turnbull, H. W., 18
Turner, Frederick Jackson, 299, 378
Twain, Mark, 85
Tweney, R. D., 107, 290
Twitmyer, Edwin B., 11, 416, 417

Ulrich, R., 482
Urbano VIII, Papa, 34
Ussher, James, 276

Vaeth, J. G., 116
Valenstein, E. S., 246
Valentine, C. W., 432
Valentine, E. R., 125
Van Biervliet, Jules-Jean, 108n2
Van de Kemp, H., 31
Van Der Veer, R., 211
Van Wagenen, B., 376
Vargas, Julie S., 470
Varon, E. J., 365
Vasari, Giorgio, 74
Vasco da Gama, 31
Vaughan, Margaret, 483
Vega, Lope de, 415
Vernon, P. E., 398
Vialle, W., 387
Victor (o menino selvagem de Aveyron), 237
Vitória, Rainha da Inglaterra, 242n4
Vitória Eugênia, Rainha da Espanha, 70, 296
Viney, W., 5
Viteles, Morris, 149, 246
Volkmann, Alfred, 75
Volta, Alessandro, 78
Voltaire, 39
Von Ehrenfels, Christian, 173, 187, 188
Von Helmholtz, Hermann Ludwig, 56, 77–80, 167
Von Neumann, John, 198, 206
Von Osten, Herr, 177–179
Von Senden, Maurice, 53

Waldrop, M. M., 346
Walk, R. D., 136
Walker, C. Eugene, 227
Wallace, Alfred Russell, 279–288
Wallach, H., 189–225
Walters, R. H., 437
Wang, De L., 490
Ward, James, 118, 125, 250
Ward, T. B., 202
Washburn, Margaret Floy, 8, 123, 125, 126, 127, 130, 136
Washington, George, 49
Wasserstein, J., 197
Watson, Billy, 431–433
Watson, Emma, 430

Watson, James D., 438, 469, 471
Watson, Jimmy, 438
Watson, John Broadus "J. B.", 1–2, 10, 23, 50, 155, 211, 337, 357, 390, **404**, 405, 415, 418, 420, 422, 424, 426, 441, 443, 445, 446, 453, 456
Watson, Mary e John (crianças), 434
Watson, Mary Ickes, 420, 460
Watson, Pickens, 418
Watson, Robert, 112, 130, 134, 284, 324
Watts, H. J., 183
Wattenberg, 378
Wattenberg, B. J., 378
Watterson, Ada, 389
Watts, James, 146
Webb, Beatrice, 292
Webb, Sydney, 292
Weber, Ernst, 112, 158, 159, 174
Weindling, P., 295
Weismann, August, 280
Wellington, Primeiro Duque de, 311
Wellington, S. W., 242
Wells, G. L.,
Wells, H. G., 131, 153, 313, 471
Wells, Horace, 251
Wells, Samuel, 83, 84, 145
Wentworth, P. A., 314
Wernicke, Carl, 93
Wertheimer, Max, **187**, 188–202, 208, 224, 225, 216, 338, 339
Wertheimer, Michael, 200
Westfall, R. S., 39
Wexler, Nancy S., 489
White, M., 37
White, R. K., 219
Whitehead, Alfred North, 455
Whitman, Walt, 84
Whytt, Robert, 74–75, 77
Wickens, C., 428n12
Wickens, D. D., 52n14, 130
Wiebers, T., 477
Wiener, D.N., 469, 470, 473, 482
Wiesel, Thorsten N., 488, 491
Wiggam, Albert, 394
Wigmore, J., 146
Wilberforce, Samuel, 280, 281
Wilhelm II, *Kaiser* da Alemanha, 101
William de Orange, 49
Williams, D. H., 153
Williams, L. L., 379
Williams, R. L., 341
Williams, Stanley B., 462
Wilson, Woodrow, 152, 317, 331, 389
Windholz, G., 408, 409, 410, 411, 414, 415, 417n13
Winer, G. A., 52n14
Winograd, E., 167
Winston, A. S., 154
Winter, A., 363

Wirth, Wilhelm, 120
Wish, Harvey, 392
Wissler, Clark, 299
Witmer, Lightner, 141, 246, 319
Wittlinger, R. P., 417, 320
Wolf, T. H., 362, 363, 365, 368
Wolfe, Harry Kirke, 362, 363, 366, 368
Wolfinger, K., 116, 140, 319, 320, 454, 476
Wollheim, R., 476
Wollstonecraft, Mary, 279
Wolman, Benjamin B., 63, 64
Wolpe, Joseph, 4, 50
Woodworth, Robert Sessions, 170, 184, 314, 339, 340, 341, 342, 343, 345, 346, 347, 418, 428, 465
Woolf, Virgínia, 284
Wordsworth, William, 38
Wren, Sir Christopher, 112

Wright, B., 217
Wright, G. D., 469
Wright, Herbert, 217
Wundt, Max, 121
Wundt, Wilhelm Maximilian, 1, 3, 6, 68, 70, 111, **102**, 114–141, 154, 155, 157, 158, 159, 170, 171, 172, 173, 176, 177, 180, 181, 184, 244, **245**, 297, 305, 308, 309, 317, 324, 325, 336, 419, 427, 446, 454, 461, 461, 470, 487
Wyatt, F., 199
Wyden, P., 295

Yarmey, A. D., 145
Yerkes, Robert Mearns, 11, 144, 354, 388, **389**, 390, 391, 394, 395, 396, 413, 428, 429, 446
Young, Robert M., 83, 85

Young, Thomas, 77
Young-Bruehl, E., 266
Yven, S., 385

Zagurny, Daniel, 105
Zander, Alvin, 222
Zavadskii, I. V., 415
Zeigarnik, Bluma Vul'Fovna, 8, 194–196, 341
Zenderland, L., 369, 380, 381
Zener, Karl, 217
Zenão de Cício, 26
Zenão de Eléia, 20, 23
Zhao, D., 49
Zilboorg, G., 15, 233–234, 236
Zimbardo, Phil G., 5, 222, 491
Zingrone, N. L., 154
Zwelling, S. S., 242

Índice Remissivo

As entradas com a letra "n" indicam "nota"

A Arte da Cura, (Hipócrates), 15
A Biographical Sketch of an Infant (Darwin), 282
"A Case History in Scientific Method" (Skinner), 517
A Commentary on the Role of Electricity in Muscular Contractions (Galvani), 78
A Expressão das Emoções no Homem e nos Animais (Darwin), 281–282, 362
"A Functional Interpretation of the Conditioned Reflex" (Hull), 465
A Interpretação dos Sonhos (Freud), 262–263
A Mind that Found Itself (Beers), 244
A Origem das Espécies (Darwin), 277, 278–280
"A Psicologia Como é Vista por um Behaviorista" (Watson), 426
A República (Platão), 22, 477–478
A Study of American Intelligence Um Estudo da Inteligência Norte-Americana] (Brigham), 394–395
A Tale of Tub (Swift), 231
A Treatise Concerning the Principles of Human Knowledge (Berkeley), 54–55
A Treatise of Human Nature (Hume), 59
A Treatise on Man and the Development of His Faculties (Quetelet), 279
A Treatise on the Philosophy of Medicine (Gall), 80
A Vindication of the Rights of Women (Wollstonecraft), 63, 64
AAAS (American Association for the Advancement of Science – Associação Norte-Americana para o Progresso da Ciência), 302
Abordagem baseada no tempo de vida, 491
Abordagem biológica, 10–11, 13–18, 227, 487–488

Abriss der Psychologie (Ebbinghaus), 170
Abstração de idéias, 52
Activity of the Will (Münsterberg), 139
Admirável Mundo Novo (Huxley), 478
Adolescence (Hall), 322
Adolescência, 322
Afasia para Wernicke, 93
Afasia, para Broca, 91–93
"Albert B.", o caso de 431–433, 435–436
Alquimia, 40
Alzheimer, doença de, 489
Ambientais, influências, (ver Natureza e Sociedade)
American Anthropologist, 323
American Journal of Psychology, 134, 136, 318, 326
American Journal of the Medical Sciences, 97
American Men of Science (Cattell), 300, 301, 356
American Psychological Association of Graduate Students (APAGS), 5
American Psychological Society (APS), 9, 307, 401, 492
American Psychologist, 485, 492
American Psychology Association – APA (Associação Norte-Americana de Psicologia)
aumento do número de membros, 5, 321, 491
condicionamento, 416–418
discursos presidenciais, 320, 337, 338, 345, 391, 430, 450
Divisão Clínica da, 227
fundação, 319–321
introspecção, 131–132
James e, 314
membros fundadores da, 319, 321
Münsterberg e, 152–154
organizações rivais, 9, 337, 492
presidência minoritária da, 8–9, 127, 314

programa de testes do Exército, 389, 390
reconhecimentos especiais, 108, 121, 443, 453, 461, 469, 485
status atual, 4–5, 492
Titchener e, 135–136
American Traits (Münsterberg), 141, 153
Amnésia visual verbal, 245
An Aspect of Gestalt Psychology (Köhler), 191
An Enquiry Into the Laws of the Gestalt (Wertheimer), 191
An Essays on the Vital/Voluntary and Involuntary Motions of Animals (Ensaio sobre os Movimentos Voluntários e Involuntários dos Animais (Whytt), 74, 416
An Examination of Phrenology (Flourens), 86
An Experimental Study of the Associative Processes in Animals (Thorndike), 352
An Odd Kind of Fame: Stories of Phineas Gage (Macmillan), 90
Análise comportamental molar *versus* molecular, 445, 447–448
Análise estatística, 285–289, 489
Análise estatística, 285–289, 489
Analogias, 169, 170
Analysis of Sensations (Mach), 187
Analysis of the Phenomena of the Human Mind (James Mill), 65–66
Anestesia, 250–251
Animais e comportamento dos animais macacos, 195–196, 203–205, 414, 447–449, 520–521
aprendizagem por meio de contigüidade, 457–460
aves, 203–204, 206, 277, 348–352, 424–425, 447
behaviorismo cognitivo, 447–451

cães, 203–204, 352–353, 206, 407–410,
    415, 457–458, 475–476
cavalos, 177–179, 459
condicionamento operante, 472–477
continuidade da espécie, 279, 337–338
crítica de Thorndike, 352–353
crueldade para com os, 318–319, 424
diferenças individuais, 411–412, 468
emoções nos, 207
empírico, 57
estudos sobre a medula espinhal,
    primeiros, 76
estudos sobre o cérebro dos, 87–88,
    94–96, 99–100
exploração do espaço, 475–476
gatos em caixas de quebra-cabeças,
    349–351, 456, 459–460
Gestalt, 195–197, 203–208
instinto, 438
interesse de Galton nos, 297
linguagem, 45–46
mau comportamento, 351
memória, 207, 338
para Aristóteles, 25–26
para Descartes, 45–46, 48
para Freud, 252
Pavlov, a respeito dos, 407–409, 414, 458
Pensamento, 131
planária, de McConnell, 484
ratos, 338, 421–425, 447–451, 468,
    472–474, 477
sistemas nervosos das rãs, 75, 78–79
Watson, a respeito dos, 421–425
Wundt, a respeito dos, 119–120
Animal Education (Watson), 421–422
Animal Electricity (Du Bois-Reymond), 79
Animal Mind (Washburn), 127
"Anna O.", o caso, 253–254, 257–258
Annual Review of Psychology, 492
Antagonismo recíproco, 143
APAGS (*ver* Associação Norte-Americana
    de Alunos de Pós-graduação em
    Psicologia – American Psychological
    Association of Graduate Students), 5
Apercepção, 112
Appleton's Magazine, 322
Apreensão como ato mental, 182
Aprendendo por meio da contigüidade,
    455–460, 486
Aprendizagem e resolução de problemas
    abordagens da Gestalt, 200–208,
    214–216
    aprendizagem por contigüidade,
        455–460, 486
    aprendizagem por *insight*, 10,
        202–208, 449
    aprendizagem programada, 481
    condicionamento operante, 472–477
    discriminação, 206

do labirinto, pelos ratos, 370, 422–423,
    447–451
espacial *versus* respondente, 450
latente, 449
memória, 162–167, 188
para Hull, 466–468
para Külpe, 182–185
para Pavlov, 414
para Thorndike, 348–353
Aprendizagem espacial, 450–451
Aprendizagem latente, 449
Aprendizagem na caixa Z, 351
Aprendizagem por *insight*, 10,
    02–208, 449
"Aprendizagem por tentativa e erro
    vicariante", (VTE), 450–453, 458
Aprendizagem por tentativa e erro,
    202–203, 205, 208, 349–350, 414,
    450–451
Aprendizagem programada, 481
Aprendizagem respondente, 450–451
Aptitude Testing (Hull), 463
Arco reflexo, 332
Arte poética (Aristóteles), 24
As Luck Would Have It (Zenderland), 381
As Viagens de Gulliver (Swift), 91
Asclepíades, 14
Associação de Analistas do
    Comportamento, 469
Associação Filosófica
    Norte-Americana, 153
Associação livre, para Freud, 257
Associação Norte-Americana dos
    Professores Universitários
    (American Associations of University
    Professors), 335
Associação Paranormal
    Norte-Americana, 308
Associação Psiquiátrica
    Norte-Americana, 232, 244
Associacionismo, 46–47, 59–69, 287
Associações
    aprendizagem por meio de
        contigüidade, 457–460
    formação no cérebro, 100
    formação nos gatos, 350–352
    para Aristóteles, 23–24
    para Galton, 181, 287
    para Wundt, 115
Astronomia, 32–41, 113
Atenção seletiva, 112
Atenção, 112–113, 131
Athenaeum, 250, 277
Atividades volitivas, em estudos de
    tempo de reação, 182–183
Atividades voluntárias, 139
Atomismo e os Antigos, 16–17, 19–20, 26
Atos, para Guthrie, 456–457
Audição, 96, 286

Ausfrage, método de, 181
Auto-observação, 110
Banco de dados *PsycLIT*, 9
Banco de dados Sociofile, 9
Bedlam, 230
Behavior Analyst, 469
*Behavior: An Introduction to Comparative
    Psychology* (Watson), 420, 429,
    437, 446
Behaviorism [Behaviorismo]
    (Watson), 438, 471
Behaviorismo "intencional", 154,
    453–454, 485
Behaviorismo cognitivo, 447–451
Behaviorismo radical, 469
Behaviorismo
    ação/reação no, 428
    medos, condicionamento dos, 430–433,
        436–437
    modelo de painel de comando, 3
    na educação, 480–481
    natureza e cultura, 437–441
    para Aristóteles, 23–24
    para Carr, 338–339
    para Russell e Wells, 471
    para Titchener, 132, 137
    para Tolman, 446–447
    para Watson, 418–443
    tendências atuais do, 490, 492
    viabilidade, 429, 430
Beiträge Zur Theorie der Sinnesuahnehmung
    (Wundt), 105, 119
Berços de ar ou berços climatizados,
    de Skinner, 479–480
Berkeley, George, 53–57
Beyond Freedom and Dignity
    (Skinner), 67, 470
Beyondism (Cattell), 295
Binet-Simon, escalas, 368–371, 379,
    383–358
Boas Gestalten, princípios das 192–194
Body and Mind (McDougall), 154
Brain Mechanisms and Intelligence
    (Lashley), 487
Bruxaria, 228–230
Caixa de Skinner, 473
Caixas de quebra-cabeças, gatos em,
    349–352, 456, 459–460
Campo de forças, de Lewin, 211
Características de demanda, 180
Catarse, 24, 253, 258
Causa eficiente, para Aristóteles, 24
Causa final, para Aristóteles, 24
Causa formal, para Aristóteles, 24
Causa material, Aristóteles, 24
Causa, 24, 67
CAVD, teste, 354
CCI (Comission on Community
    Interrelations – Comissão de
    Inter-relações Comunitárias), 220–221

Cegueira, experiência de restauração da visão, 52-53
Cell, 489
Cenas do Laboratório de Pavlov (filme), 414
Centrípetas/centrífugas, forças na história da psicologia, 4-11
Centro de Pesquisa sobre Gêmeos e Adoção de Minnesota (MICTAR – Minnesota Center for Twin and Adoption Research), 293-294
Cérebro, 80-100
  avanços da criação de imagens, 488
  cérebro dividido (split-brain), 4, 160, 488
  dano ao lobo frontal, 89-90
  estimulação direta, 94-100
  estudos em animais, 86-88, 94-96, 100
  estudos em humanos, 88-94, 97-100
  frenologia, 80-86
  glândula pineal, 45
  lobotomia, 246-247
  localização da função, 86-94
  natureza da mente, 2
  para Aristóteles, 25
  para Broca, 91-94, 359-362
  para Gould, 361-362
  para Hartley, 60
  para Hipócrates, 14-15
  reflexos, 333, 405
  tamanho do, 359-362
  testes de fechamento perceptual, 197
Chagas, doença de, 278
China, 30, 49, 360
Cidade de Deus (Santo Agostinho), 478
Cidades, para Thorndike, 355
Ciência e psicologia alemã, 76-83, 94-95, 102-121, 157-185
Ciência e psicologia inglesa, 37-41, 76-80, 94-96
Ciência e Psicologia Norte-Americana, 77, 88-101, 123-155
Ciência
  alemã, 76-83, 93-95, 102-121, 157-185
  da mente, 1-2
  e matemática, 18-19
  francesa, 86-88, 90-94, 100
  inglesa, 37-41, 77-78, 94-96
  italiana, 29-31, 32-38, 77, 98-99
  norte-americana, 88-91, 97, 123-155
  renascentista, 32-41
Clark University, 318-319, 324-326
Clinical Psychology, 246
Cognitive Psychology (Moore), 184
Columbia University, 8, 339-357
Coming of Age in Somoa (Mead), 323
Comissão e Inter-relações Comunitárias (CCI – Commission on Community Interrelations), 220-221
Comparative Psychology (Morgan), 349

Compendium Maleficarum (Guazzo), 228-229
Complexo de castração, 264
Complexo de Édipo, 264, 267
Comportamental, sistema de Hull, 464-469
Comportamento, modificação do, 481-482
Concatenações de idéias, 66
Conceito de estímulo-resposta (E-R)
  aprendizagem por contigüidade, 456-460
  arco reflexo, 332
  avanços na mensuração do, 489-490
  condicionamento, de Pavlov, 408-410
  gatos em caixas de quebra-cabeças, 349-352, 456, 459-460
  mapas cognitivos, 447-451
  psicologia da motivação, 346-347
  sistema de comportamento e teoria da aprendizagem, de Hull, 464-469
  versus teoria da Gestalt, 206-207
Condicionamento clássico, 11
Condicionamento de traços, 457-458
Condicionamento instrumental, 349-353, 472
Condicionamento operante, para Skinner, 472-481
  aprendizagem programada, 481
  esquemas de reforçamento, 474
  ideal utópico, 477-479
  modelagem, 476, 477
  modificação do comportamento, 481-483, 484
  pesquisa aplicada, 479-481
  primeiros vôos espaciais, 475-476
  uso industrial, 483
Condicionamento por meio de atraso, 458
Condicionamento temporal, 458
Condicionamento
  clássico, 11
  dos medos, 431-433
  instrumental, 349-353, 472
  para Pavlov, 406-410, 428, 458
  para Watson, 428-430
  recompensas, 100, 348, 448-449, 456
  reflexos patelares, 416-418
  resposta condicionada, 417
  teoria do comportamento e da aprendizagem, 464, 469
Confissões (Santo Agostinho), 29-30, 49
Congresso Judaico-americano, 220-221
Conhecimento e idéias, 45, 46, 51-52, 54, 59-60, 65-67, 131
Consciência
  atitudes da, para Marbe, 182
  funcional *versus* estrutural, 337
  para Fechner, 160-161
  para James, 309

  para Leibniz, 58
  para Titchener, 130-132, 428
  para Watson, 426-427
Conselho de Pesquisa Nacional (NRC- National Research Council), 391
Considerações raciais
  atitudes em relação a, 220-221
  habitação, para Lewin, 221
  para Woodworth, 342-343
  pontos de vista de Hall a respeito das, 324
  psicólogos negros, 6-8
  visões antidemocráticas da inteligência, 393
Constitution of Man (Combe), 83
Contemporary Psychology, 133, 400
Contemporary Schools of Psychology (Woodworth), 344
Conteúdo latente dos sonhos, 263
Contrato Social (Rousseau), 478
Contrato social, para Locke, 49
Contratransferência, 258
Contribuições das minorias para a psicologia, 6-9, 491
Contributions to Experimental Psychology (Münsterberg), 139
Coração, 17, 25, 40
Cornell University, 123, 125-129
Corpo e mente (*ver* relação mente e corpo)
Cosmologia, 19, 32-33, 39
Craniometria, 359-362
Crianças
  abordagem gestáltica das, 211, 213-216, 218
  adolescência, 322-324
  berços de ar [berços climatizados], 479-481
  catálogos de desenvolvimento das, 490
  condicionamento, para Watson, 430-433
  criação e educação dos filhos, para Watson, 438-442
  crianças superdotadas, 3, 283, 380-382, 385-388
  desenvolvimento cognitivo, 365-366
  estilos de liderança, 218-219
  garoto selvagem de Aveyron, 237-238
  observações das, 176-177, 282, 365, 490
  para Darwin, 281-282
  para Freud, 259-264
  para Hall, 321-324
  para Lewin, 213-216, 218
  retardo mental, 238-239, 366-369
  testes de inteligência, 366-369, 383-385, 391, 396-398
  Wundt, a respeito do estudo das, 119
Criatividade e Gestalt, 202
Crítica da Razão Pura/Razão Prática (Kant), 69, 70, 337

Cronoscópio de Hipp, 183
Cultura
Cura pela palavra (ver Psicanálise)
Current Directions in Psychological Science, 492
Daedalus (Haldane), 294
De Anima (Aristóteles), 26
De Humani Corporis Fabrica Librin Septum (Vesálio), 40
De la Suggestion et de ses Applications à la Therapeutique (Bernheim), 257
De Memória et Reminiscentia (Aristóteles), 23
De Morbu Sacro (Hipócrates), 15
De Moto Cordis (Harvey), 41
De Revolutionibus Coelestium Orbium (Copérnico), 32, 40
De tactu (Weber), 158
De Usu Partium (Galeno), 17
Decreto sobre o Centro de Saúde Mental para a Comunidade – Community Mental Health Center (1963), 244
Dedutiva, abordagem, Platão, 22
DeSanctis, teste, 379
Desdiferenciação, hipótese da, 218
Desinstitucionalização, 244
Dessensibilização, 50, 438
Detecção de sinais, 160
Deus, 43, 55, 58–59, 309
Deutsche Allgemeine Zeitung, 199
Dever, Kant a respeito do, 71
Dewey, Estudiosos de (Dewey Scholars), 335
DH (Doença de Huntington – Huntington's Disease), 489
Dial, 471
Diálogo a Respeito dos Dois Maiores Sistemas do Mundo, o Ptolomaico e o Copernicano (Galileu), 34–37
Diamond Sutra, 31
Dicionário do Diabo (Bierce), 10n3, 43n9, 45n10, 58n16–17
Dicionários de Thorndike, 356
Dictionary of Atheists (Pinel), 236–237
Diferença pouco perceptível (dpp), 158
Diferenças individuais
  Comportamento dos animais, 410–411, 468
  Inteligência, 401–403
  para Adler, 265
  para o Funcionalismo, 366
  para Thorndike, 354–355
  Testes chineses a respeito das, 360
Disciplina formal, doutrina da, 313, 341–342
Discurso sobre o Método de Conduzir Corretamente a Razão e Buscar a Verdade nas Ciências Descartes), 42–43
Dissecações, 14, 16, 40, 45

Doença mental (*ver* Psicologia clínica e doença mental),
  imagens mentais, 286–287, 490
Doença psicossomática, 251, 253–254, 255–257
"Dora", o caso, 258
Doutrina da disciplina formal, 313, 341–342
Doutrina da infalibilidade do Papa, 171, 174
Doutrina da superioridade nórdica, 395
Doutrina das energias nervosas específicas, 76
Doutrina de energias nervosas específicas, 76–77
dpp (diferença pouco perceptível), 158
Drives Toward War (Tolman), 452
Drogas psicoativas, 248, 488–489
Drogas
  ergotina e bruxaria, 229–230
  para Catell, 297
  privilégios de prescrever receitas, 488–489
  psicoativas, 248
  utilização por Freud, 254–255
Economia de fichas na educação, 481
ECT (electroconvulsive therapy), terapia eletroconvulsiva, 244, 247
Educação inglesa, 124–125
Educação
  concessão de terrenos para funcionamento de universidades, 298–299
  crianças superdotadas, 380–382
  doutrina da disciplina formal, 313, 341–342
  Gestalt, visão da, 200–202
  Gymnasium, 104, 138, 161, 185, 189
  inglesa, 124–125
  inteligência, aplicação de testes de, 366–370
  John Stuart Mill, 61–62
  para Dewey, 332–334
  para Lippmann, 396–397
  para Locke, 49–50
  para portadores de deficiência mental, 367–368
  para Wundt, 103–105
  Skinner, 4, 480
  Sócrates, abordagem de, 21
  superdotação, 3, 283, 380–382, 385–388
Educational Problems (Hall), 326
Educational Psychology (Guthrie e Powers), 461
Educational Psychology, 354–355
Educational Review, 7
Egípcias, práticas de enterro, 25
Ego, 264
Einführung in die Psychologie (Wundt), 117
Electra, complexo de, 264

Elementarismo, 110, 121, 332
Elementary Treatise on Human Physiology (Magendie), 86
Elementos de Psicofísica (*Elemente der Psychophysik*) (Fechner), 159, 161
Elements of Psychology (Thorndike), 354
Eletricidade e o corpo, 76–79, 94–100
Eletroconvulsiva, terapia (ECT – electroconvulsive therapy), 244, 247
Ellis Island, imigrantes, 376–380
Em busca do Engrania (Lashley), 100
Emerson´s United States Magazine, 82
"Emmy von N.", o caso de, 257
Emoções e sentimentos
  e consciência, 130–131
  em animais, 207
  James-Lange, teoria de, 139, 176, 309–312, 327
  medo, 4, 50, 430–433, 436–437
  para Darwin, 281–282
  para Wundt, 111, 114–115, 150
  polarização das, 363–364
  teoria cognitivo-avaliativa, 176
Empirismo
  definição de, 47, 71
  os Antigos, 2, 23
  século XIX, 65–67
  século XVII, 47–53
  século XVIII, 53–57
  versus inatismo, 56, 53–58, 70, 71, 175
English Men of Science: Their Nature and Nurture (Galton), 291
Engramas, 100
Enjoying Old Age (Skinner), 483
Ensaio sobre o Entendimento Humano (Locke), 51–53, 57
Ensaio sobre o Princípio da População (Malthus), 277, 279
Ensaio Sobre uma Nova Teoria da Visão (Berkeley), 54, 56
Ensino (ver Educação)
Envelhecimento, Hall a respeito do, 490
"Environmental Forces in Child Behavior and Development" (Lewin), 213–214, 216
Epicuristas, filósofos, 26
Epilepsia, 15, 96, 160, 227
Epistemologia, 1n1
"Epitáfio a *Sir* Isaac Newton" (Pope), 38
Equipotencialidade, 88
Ergotismo, teoria do, na bruxaria, 230
Escada da criação, Aristóteles, 24
Escala Binet-Stanford, 8, 384, 396
Escala da natureza, de Aristóteles, 24–25
Escola experimental, de Dewey, 333
Escolas (ver Educação)
Escolástica, 30
Escrita automática, 144
Escritório de Avaliação de Tecnologia, 149

Espaço vital, 332
Espectroscopia, 104
Espíritos dos animais, 44, 45
Esquecimento, 165, 457
Esquemas de reforçamento, 474, 483
Esquemas, de Bartlett, 169
Esquizofrenia, 112, 247
Essay on Government (James Mill), 61
Essentials of Behavior (Hull), 466
Esterilização, eugênica, 375-376
Estilos de liderança, 218-219
Estímulo físico, de Pavlov, 407-409
Estroboscópio, 188
Estruturalismo
  para Angell e James, 311
  para Dewey, 332
  para Skinner, 472
  para Titchener, 111, 123, 126-130, 134-137, 332
  para Watson, 422, 426-427
  versus voluntarismo de Wundt 111, 121
Estudo sobre Adoção/ Envelhecimento de Gêmeos na Suécia (SATSA – Swedish Adoption/Twin Study of Aging) 294
Estudos com gêmeos, 291-293, 399-400
Estudos psicométricos, 285-289, 489-490
Estudos sobre ablação, 87-88
Ethical Principles of Psychologists (APA), 49
Ethics (Wundt), 117
Etologia, 67, 424-425
"Eu sou a Mãe dos Filhos do Behaviorista" (Rayner), 438
Eugenia, 292, 294-295, 301, 324, 355, 375-376
Eugenical News, 376
Even the Rat Was White (Guthrie), 6
Evolução, 273-282, 322, 337
Experiência, 23, 50, 57-58, 70, 109-111, 311-312
Experimentação, psicológica, primeira, 37-39, 48, 103-121, 107-108
Experimental Investigations into the Functions of the Human Brain (Bartholow), 97
Experimental Psychology, 344
Experimental Psychology: A Manual of Laboratory Practice (Titchener), 130, 134
Experimental Research on the Properties and Functions of the Nervous System in Vertebrates (Flourens), 87
Experimentalistas, 133-136
"Experimentelle Studien über das Sehenvon Bewegung" (Wertheimer), 190
Experimentos com abstração, 182
Experimentos com discriminação, 206, 409
Experimentos com levantamento de peso, 158-159, 182
Experimentos com medula espinhal, 74-76, 86-87
Exposição de St. Louis (1904), 342-343
Extinção, respostas de, 409-410, 457, 468, 472
Eyewitness Evidence: A Guide for Law Enforcement (Departamento de Justiça dos Estados Unidos), 145
Faculdade de Cambridge, 30, 37
Fala subvocal, teoria da, 429
Fala, subvocal, teoria da, 429
Famílias eminentes, 289-291
Famílias
  educação e criação de filhos, para Watson, 442
  eminentes, para Galton, 289-290
  estudos com gêmeos, 293-294, 399-400
  oligofrênicas, 370-375
Fechamento, visão da Gestalt, 192-197
Fêmeas (*ver* Mulheres)
Fenômeno fi, 189
Fenomenologia, 175
Fenômenos físicos, 308, 336
Figuras ambíguas, 190-191
Filosofia alemã, 57-59, 69-71
Filosofia inglesa, 47-61, 74-76
Filosofia pneumática, 59
Filosofia
  associacionismo, 46, 59-69, 287
  os Antigos, 21-27
  pós-renascentista, 46-59, 71
  pragmatismo, 308
  Renascimento, 41-46
  século XIX, 60-69
  século XVII, 47-53, 57-59
  século XVIII, 59-71
  século XX, 2, 370-376
Filosofia, ciência e psicologia francesa, 41-46, 86-88, 91-104, 100
Filósofos estóicos, 26
Fisiologia sensorial, 76-80
Fisiologia, 56, 60, 76-80, 108-110, 407-410, 421-425
  sensorial, 76-80
Fobias, abordagem comportamental, 4
Força Mental, de Janet, 460
"Formas", conceito de Platão das, 22
Frankenstein (Shelley), 63
Frenologia, 22, 80-86, 382
Freud, Jung, and Hall the King-Maker (Rosenzwerg), 325
Friends Hospital (Asilo), Filadélfia, 239, 242
Filosofia
  associacionismo, 46, 59-69, 287
  os Antigos, 21-27
  pós-renascentista, 46-59, 71
  pragmatismo, 308
  Renascimento, 41-46
  século XIX, 60-69
  século XVII, 47-53, 57-59
  século XVIII, 59-71
  século XX, 2, 370-376
Galápagos, Ilhas, 276-277
Garoto selvagem de Aveyron, 237-238
Genetic Studies of Genius (Termam), 387
Genética e hereditariedade
  características adquiridas, 280
  doença de Huntington (HD – Huntington's Disease), 489
  estudos com famílias, 370-375
  imigrantes e eugenia, 375-380, 394, 395
  para Mendel, 371-372
Gênio, estudos a respeito do, 283, 385-388
Gestalt Therapy, (Perls), 223-224
Gestalt Therapy: Excitement and Growth in the Human Personality (Perls, Hefferline e Goodman), 223-224
Gestalt, psicologia da, 187-225
  animais, aplicação em, 196, 203-208
  aprendizagem por insight, 202-208
  base conceitual, 187-188
  como terapia, 223-224
  destino da, na Alemanha, 197-200
  e a educação, 200-203
  em perspectiva, 225
  generalidade da, 194-197
  para Bender, 8
  para Dembo, 211
  para Henle, 8
  para Koffka, 11, 446
  para Köhler, 10, 11, 203-208
  para Lewin, 208-224
  para Tolman, 446
  para Wertheimer, 11, 188-202
  percepção e ilusão, 191-197
  Universidade no Exílio pós-nazismo, 200-202
  versus outras abordagens, 135-136, 332
Ginásio alemão (Gymnasium), 104, 111, 138, 161
Grécia (*ver* Os Antigos)
Growth: A Study of Johnny and Jimmy (McGraw), 439
Grundriss der Psychologie (Wundt), 117
Grundzüge der Psychologie (Ebbinghaus), 161, 170
Grundzüge der Physiologischen Psychologie (Wundt), 108-109, 124, 181, 317
Grundzüge der Physiologischen Psycologie, 343
Grundzüge der Psychologie (Münsterberg), 141
Guia dos Perplexos (Maimonides), 2
H.M.S. Beagle, 273-279, 281, 282

Hábitos e a criação de hábitos, 69, 311–313, 416, 438, 466–468, 473
Handbook of Child Psychology (vários autores), 213
Handbuch der Physiologie der Menschen (Miller), 76
Harmonia, para Pitágoras, 19
Harper's Magazine, 142, 392, 425
Harvard University, 123, 140–143
Hedonismo, 46, 67
Heliocêntrico, universo, 32
Hemisférios cerebrais, (*ver* Cérebro)
Herald Tribune, 478
Herança (*ver* Genética e hereditariedade)
Hereditárias (*ver* Inatismo)
Hereditariedade (*ver* Genética e hereditariedade)
Hereditary Genius [O Gênio Hereditário] (Galton), 288, 289, 362
Heredity and Politics (Haldane), 294
Heredity, Correlation, and Sex Differences in School Abilities (Thorndike), 354
Hipnose
  para Charcot e Binet, 363–364
  para Charcot, Freud e Breuer, 255, 257
  para Hull, 463–434
  para Münsterberg, 142–144
  primeiros usos da, 248–249, 251
  sugestão, 260–261, 364–365, 463–464
Hipótese lamarckiana, 154–155
Histeria, 15, 252–254, 256–260, 364
História dos Animais (Aristóteles), 25
History of England (Hume), 59
History of Experimental Psychology (E.G. Boring), 118, 134, 185
Holísitca, abordagem, 14, 210
Homunculus, 96
Hospital Bicêtre, Paris, 234, 237
Hospital McLean, 243
Hospital St. Mary of Bethlehem (Old Bedlam), 230–233
"How to Teach Animals" (Skinner), 474
Howard University, 7–8
Hull House, Chicago, 334
Human Efficiency and Levels of Intelligence [Eficiência Humana e Níveis de Inteligência] (Goddard), 394
Hume, David, 59–60
Humores, 15, 450
Huntington, doença de (DH – Huntington's Disease), 489
Hypnosis and Suggestibility (Hull), 463–464
Hypnosis and Suggestibility in Psychotherapy [Hipnose e Sugestibilidade em Psicoterapia] (Bernheim), 364
Id, 264
Idade e tamanho do cérebro, 361
Idade mental, 368, 384, 393, 397

Idea for a New Anatomy of the Brain (Bell), 75
Idealismo subjetivo, Berkeley, 54
Idéias complexas, 52, 66
Idéias duplas, 66
Idéias e conhecimento, 45, 48, 51–52, 59–60, 65–66, 130
Idéias simples, 52, 66
Idiotas, 373, 393
Ilíada, (Homero), 14
Ilusões, 197
Imagem por PET 488
Imagens, 60, 130, 184, 286–287, 490
Imaginação, 172
Imaterialismo, 54
Imigrantes, triagem, 376–379, 394, 435
Imperativo categórico, 70
Imprensa, invenção da, 30–31
Impressões digitais, Galton, 283
Impressões, para Hume, 59
Impulsos, para Woodworth, 346
In and Out of the Garbage Pail (Perls), 224
Inatismo
  definição de, 47, 59, 71
  os Antigos, 2, 21–22
  século XIX, 287–289
  século XVII, 41–46, 57–59
  século XVIII, 69–71
  século XX, 370–376
  versus empirismo, 56, 57–58, 69–70, 71
Indeterminação, princípio da de Heinseberg, 131
Index of Prohibited Books, 35, 43, 81
Indutiva, abordagem, de Aristóteles, 23, 26–27
Infant and Child in the Culture of Today (Gesell), 324
Inquiries into Human Faculty and Its Development (Galton), 291, 296
Insanidade (*ver* Psicologia clínica e doença mental)
Instinct in Man [O Instinto no Homem] (Fletcher), 400
Instinto, 437
Instituições para doentes mentais, 230–244
Instituições psiquiátricas, 230–244
Institute Technology of Massachusetts (MIT), 222–223, 445
Instituto Abendberg, Suíça, 238
Instituto Nacional de Saúde Mental (NIMH – National Institute of Mental Health), 244
Instructor's Manual of Experimental Psychology (Cattell), 126
Inteligência geral, 354
Inteligência:
  análise estatística, 488–489
  das crianças, 366–369, 383–385, 391, 396–398

dos animais, 203, 206–207, 228, 348–353, 475–476
inteligências múltiplas, para Gardner, 401–402
mapas cognitivos, 447–451
modelo cognitivo, 401–403
para Binet e Simon, 366–369
possibilidade de se herdar, 370–371, 372–375
superdotação, 3, 283, 380–382, 385–388
tamanho do cérebro, 359–362
visões antidemocráticas, 393–395
Inteligências múltiplas, 401–402
"Interpretations of the Animal Mind" (Carr), 338
Intervenientes, variáveis, 451, 455
Introduction to Social Psychology (McDougall), 154
Introduction to the Theory of Mental and Social Measurements (Spearman), 354
Introductory Psychology (Gray), 307
Introspecção, 110, 127, 129–130, 172, 427–428, 446
Inventário de Interesses Vocacionais de Strong 301
Investigação Sobre o Entendimento Humano (Hume), 59–60
Isomorfismo e Gestalt, 189
Italiana, ciência e psicologia, 30–31, 32–37, 77–79, 98
James-Lange, teoria da emoção, 139, 176, 309–312, 327
Japonesa, psicologia "hulliana", 467
Johns Hopkins University, 317–318, 425–426, 429–430, 632–633
Jordan, curvas de, 212
Journal of Applied Behavior Analysis, 469, 486
Journal of Biology, 394
Journal of Comparative and Physiological Psychology, 484
Journal of Experimental Psychology, 166, 418, 467, 468, 486
Journal of Genetic Psychology, 319
Journal of Physiology and Experimental Pathology, 75
Journal of Practical Chemistry, 105
Journal of the American Medical Association, 73
Journal of the Brno Natural History Society, 372
Journal of the Experimental Analysis of Behavior, 469, 486
Journal of Zoophily, 424
L' Année Psychologique, 366–367
L' Homme Machine (La Mettrie), 46
La Géométrie (Descartes), 42
La Salpêtrière, hospital, Paris, 236–237, 255, 363–365

Labirintos, ratos em, 338, 422–423, 447–451
Ladies Home Journal, 322, 479
Lamia (Keats), 38
Learning sets, para Harlow, 351
Lectures on the Human and Animal Mind (Wundt), 106
Lectures on the Work of the Digestive Glands (Pavlov), 408
Lei da contigüidade, 455–460, 486
Lei de Jost, 180
Lei do menor esforço, 450
Letter on the Blind for the Benefit of Those Who See (Diderot), 53
Leviathan (Hobbes), 47
Liderança autoritária, 218–219
Liderança democrática, 218
Life and Confessions of a Psychologist (Hall), 327
Life, 476, 477, 478
Limiar Absoluto, 158, 160
Limiar de discriminação entre dois pontos, 158–159, 167–170
Limiares, tácteis 158
Linguagem, 45, 46, 90–94, 331, 355–356, 429, 490
Linnean Society, 279
Livro do Apocalipse, 29
"Livros dos sonhos" dos assírios, 13
"Livros dos sonhos", dos assírios, 13
Lobo frontal, danos, 89–90, 92–94
Lobotomia,
Localização da fala no cérebro, 90–94
Localização da função da medula espinhal 74–76
Logic (Wundt), 117
Luz, para Newton, 38–39
Magnetismo 249, 363–364
Major Work, Cleveland, 380–382
Malleus Maleficaraum (Sprenger e Kramer), 228–229
Manifesto behaviorista, de Watson, 426–427
Mapas cognitivos, 447–451
Máquina de correlação, 463
Margaret Mead and Samoa: The Making and Unmaking of an Anthropological Myth (Freeman), 323
Matemática, 18–19, 42, 201–202
Matéria, para Berkeley, 54, 55
Média, 288–289, 290
Medicação (ver Drogas)
Medicina brunoniana, 233
Medicina, antiga, 13–18
Medo, 4, 50, 431–433, 436–437
Memória
  atenção, 112, 131, 490
  das planárias de McCornnell, 484
  e sono, 165, 457
  efeito Zeigarnik 194, 341
  em animais, 207–208, 338
  esquecimento, 165, 457
  falta de confiabilidade, 145–148
  Guerra dos Fantasmas, 168–169
  músculo, e aprendizagem no labirinto, 423–424
  para Aristóteles, 23–24, 25–26
  para Brentano, 171–173
  para Descartes, 45
  para Ebbinghaus, 1, 161–167
  para Galton, 287
  para James, 312–313
  para Müller, 180–181
  processos organizacionais, 490
  tempo de reação, 113–114
  testemunho ocular, 4, 144–148
Mendel's Principles of Heredity: a Defense [Os Princípios da Hereditariedade de Mendel: Uma Defesa] (Mendel), 372
Mente
  conceito de Freud, 263–264
  das crianças, para Hall, 321–322
  filosofia pneumática, 59
  modelos químicos da, 52, 66
  natureza e *locus* da, 2
  para Aristóteles, 23, 24–27
  para Demócrito, 19–20
  para Descartes, 43–45, 46
  para Guthrie, 455
  para Hartley, 60
  para Hume, 59–60
  para Leibniz, 57–59
  para Locke, 51–53
  para Titchener, 126–127
  para Watson, 428
  psicologia como ciência da, 1
  Woodworth, 345
Mesmerismo, 248–251
Metafísica, 105–106, 158–159, 308, 369
  MICTAR (Minnesota Center for Twin and Adoption Research – Centro de Pesquisa sobre Gêmeos e Adoções de Minnesota), 293–294
  "O Método de Pavlov [sic] na Psicologia Animal" (Yerkes e Morgulis), 429
Metáfora do relógio, 39, 58–59
Meu Filho, Meu Tesouro (Spock), 301, 442
Mind and Body (Bain), 68
Mind, 68, 114, 142, 318
"Mind, Mechanism, and Adaptive Behavior" (Hull), 465–466
"Misbehavior of Organisms" (Breland & Breland), 351
MIT (Institute Techonologic of Massachusetts), 222–223, 445
Mnemônica, 287
Modelagem do comportamento 474, 477, 481
Modelo de painel de comando do comportamento, 3
Modelos computadorizados da psicologia, 3–4, 489–491
Modelos mecânicos, 3, 44, 62–63, 64, 465
Modelos químicos da mente, 52, 66
Mônadas, 58
Morrill Act (1862), 241
Movimento, aparente, 188
Movimentos, para Guthrie, 457–458
Mudança de paradigma, 473–474
Mulheres
  como bruxas, 228–229
  como juradas, 148
  contribuições das, 8–9, 491
  direitos das, 62–65
  em Hull House, 334
  em psicanálise, 265–267
  feminilização da psicologia, 9
  filiação à APA, 321
  para Galton, 287
  superdotadas, 386–387
  tamanho do cérebro e inteligência, 359–362
  títulos de doutorado concedidos, 9, 314
  visão de Hipócrates sobre as, 15–19
Músculos, 76, 424–425, 429
Nancy, França, e a hipnose, 251, 257, 362–365
National Academy of Science, 335, 356, 453
National Origins Act [Lei Nacional de Origens] (1924), 395
National Research Council – NRC (Conselho de Pesquisa Nacional), 391
Nature, 292
Natureza e cultura
  debate atual a respeito de, 2–3
  estudos com gêmeos, 292–294, 399–400
  experiência, 23, 49–50, 57–58, 70, 109–111, 311–313
  Gestalt, 197
  importância do Renascimento 71
  para Candolle, 291
  para Galton, 2, 290–291, 297
  para Watson, 437–441
Natureza humana, para Hobbes, 47
Negros (*ver* considerações raciais)
Neobehaviorismo, 445–492
  de Hull 461–469
  de Skinner, 469–485
  Intencional 447–453, 486
  modelo do painel de comando, 3
  princípio de contigüidade, 453–461, 486
  versus behaviorismo, 445
  visão do, 486
Nervismo, para Botkin 406
Neuroses, 410–411, 461
New Essays on Understanding (Leibniz), 57

New Introductory Lectures in Psychoanalysis (Freud), 260
New Republic, 396-397
New York Times, 142, 177, 344, 392, 413, 424, 471
NIMH (National Institute of Mental Health – Instituto Nacional de Saúde Mental), 244
Nível mental, para Binet, 368-369
Not Even Wrong: Margaret Mead, Derek Freeman and the Samoans (Oran), 323
O Caso Brut [*The Burt Affair*] (Joynson), 400
Observations on Man (Hartley), 60
Old Bedlam (Hospital St. Mary of Bethlehem), 230-233
"On Male Hysteria" (Freud), 256
On the Passions and Errors of the Soul (Galeno), 17-18
"On the Speed of Mental Processes" (Donders), 113
On the Tendency of Varieties to Depart Indefinitely from the Original Type (Wallace), 279
On the Witness Stand (Münsterberg), no 144-148
One Hundred Forty-Four Smaller Cities (Thorndike), 355
Óptica, 33-35, 43, 56
Oração, para Galton, 296
Orcon, projeto, 477
Organismo, estímulo-resposta, 346
Os Antigos, 12-27
 abordagem biológica, 13-18, 227
 atomismo, 17, 19-20, 26
 filosofia, 20-26
 "livros dos sonhos" dos assírios, 13
 importância matemática, 18-19
 natureza/*locus* da mente, 2
 testes chineses, 360
Outline of Philosophy (Russell), 471
Outline of Psychology (Külpe, com Titchener), 181
Outline of Psychology (Wundt), 116
Pagamento por índice de peças, 210
Paixões, teorias das, 17-18, 29, 30, 45, 52-53
 para Blood, Harvey, 40-41
Paradoxos, 20, 455
Paralelogramo, área do, 221-222
Parapsicologia, 154-155
Parcimônia, princípio de, 279
Pedagogical Seminary, 319
Pensamento sem imagens, 184, 345
Pensamento, 43-44, 131, 181-182, 200-202, 345
Pensar (*ver* Pensamento)
Percepção (*ver* Sensação e percepção)

Percepção de profundidade, 56, 174, 339
Perception: An Introduction to the Gestalt Theory (Koffka), 191
Peridiocidade, para Fliess, 259
Personalidade, 11, 263-264, 489-490
Personality and Psychotherapy (Dollard & Miller), 468
Pesquisa (*ver* tópicos específicos)
Pesquisa sobre obediência, de Milgram, 490
Pesquisa-ação, 219
Pessoas com cérebro dividido, 4, 160, 487-488
"Peter B.", o caso, 436-437
Philosophie de la Folie (Pinel) 234, 236
Philosophische Studien (Wundt), 111-112, 115, 127
Phrenological Self-Instructor (Fowler & Fowler), 83
Physical Dimensions of Consciousness, (Boring), 471
Poetas, Hospital McLean, 243
Polarização, perceptiva e emocional, 363-365
Posições cartesianas, 45-46
Pós-imagens, 60
Positivismo, 181
Posterior Analytics (Aristóteles), 23
Postulados no sistema comportamental de Hull, 464-469
Potencial de resposta, 466-467
Practical Observations on Insanity and Some Suggestions Towards An Improved Mode of Treating Diseases of the Mind (Cox), 232
Pragmatism (James), 308
Prática, efeitos da, 456-458
Prêmios Nobel, 407, 415, 490-491
Primeira Guerra Mundial
Primeira Guerra Mundial
 Cattell, 302
 como interrupção, 10, 490
 desenvolvimento de testes, 11, 343, 369, 389-395, 431
 Külpe, 185
 Lewin, 209
 Münsterberg, 153-154
 para Wundt, 121
 Stumpf, 179-180
 Sumner, 7-8
 Watson, 431
Principia (Newton), 39, 51
Principia Mathematica (Russell e Whitehead), 455, 465
Princípio da similaridade, Gestalt, 191
Principles of Behavior (Hull), 465, 473
Principles of Gestalt Psychology (Koffka), 197
Principles of Psychology (James), 11, 129, 139, 306-308, 311, 312-314, 327, 331, 340, 348, 446, 487

Principles of Psychotherapy (Janet), 460-461
Principles of Topological Psychology (Lewin), 217
Privilégios de prescrever receitas, 488
Problemas de desvio como abordagem da Gestalt, 203-204, 214-215
Processamento de informações, modelo cognitivo de, 489
Productive Thinking (Wertheimer), 200, 225
Programa de Testes do Exército, 11, 343, 369, 389-390-395, 430
Programa suplementar, na educação dos superdotados, 380
Project on Human Potential [Projeto Sobre o Potencial Humano], 402
Projeto divino, 17, 25, 32, 39, 43, 58-59
Projeto Orcon, 477
Proporções do retângulo, 174
"Prospectus for Psychology Based Upon Habit" (Hull), 465
Proximidade, princípio da, 191-192
PRT (Psychological Round Table), 135
Pseudociência, psicologia como, 491
Psicanálise, 251-254
 "Anna O.", 253-254
 Conferência na Clark University, 324-326
 Freud, 251-271
 interpretação dos sonhos, 262-263
 movimento, 265-267
 personalidade, 263-264
 psicopatologia da vida cotidiana, 263
 técnicas, 257-258
 tendências atuais da, 492
 teoria da sedução, de Freud, 258-262
Psichiologia (Marcus Marulus), 31
Psicocirurgia, 246-247, 488
Psicofísica, 4-5
Psicógrafo, 85n3
Psicologia (*ver* tópicos específicos)
Psicologia clínica e doença mental, 227-271
 bruxaria, 228-230
 mesmerismo e hipnose, 248-251
 modificação do comportamento, 481-484
 para Darwin, 281-282, 287
 para Galton, 287-288
 para Guthrie, 460-461
 para Münsterberg, 142-144
 para os Antigos, 13-18, 227
 para Titchener, 130-132
 primeiras instituições e tratamentos, 230-233
 psicanálise, 251-271
 reforma institucional, 233-244
 surgimento da, 244-246
 tratamento radical, 246-249
 versus psiquiatria, 245

Psicologia cognitiva
  behaviorismo cognitivo, 447-451
  de Binet, 365-366
  em Würzburg, 182-184
  modelo cognitivo da
    inteligência, 401-403
  modelo de processamento de
    informações, 490
  na Alemanha antes da Primeira
    Guerra Mundial, 10
  revivescência, 2, 536-537, 539
  tempo de reação, 112-114
Psicologia Comparada, 388-389
Psicologia da Motivação, 346-347
Psicologia da reabilitação, 212
Psicologia de grupo, 148-149, 468, 490
*Psicologia Dinâmica / Dinâmica do
  Comportamento* (Woodworth), 346
Psicologia do ato mental, 172-173
Psicologia do ato, 172-173
Psicologia do crime, 146-148
Psicologia do desenvolvimento, 490
  (*ver também* Crianças)
Psicologia do esporte, 344
Psicologia do Self, 314
Psicologia fisiológica, 60, 108-111
Psicologia forense, 144-148
  Júris, 147-148
Psicologia industrial, 148-152, 210,
  219-223, 482, 490
Psicologia na perícia forense, 144-148
Psicologia pura, 131-132, 135
Psicologia social, 105, 490
Psicologia topológica, 209, 212-216, 217
Psicologia, antecedentes filosóficos
  e científicos, 28-71
  ciência renascentista, 32-41
  filosofia pós-renascentista, 46-59, 71
  filosofia renascentista, 41-46
  Idade Média, 29-30
  mundo e cultura
    renascentista, 30-32, 71
  século dezoito, 59-71
Psicologia, introdução à história da, 1-13
  abordagens em, 10-11
  ciência da mente, 1-2
  história da psicologia, 4-6
  lições do passado, 2-4
  minorias negligenciadas na, 7-9
  natureza e *locus* da mente, 2
  para Ebbinghaus, 1
  pseudociência, psicologia
    como, 490-492
  psicólogos mais importantes, 6-7
  questões recorrentes, 1-2
Psicólogos afro-americanos, 6,8
Psicólogos negros, 6-8
Psiquiatria *versus* psicologia
  clínica, 245, 488-489

"Psychoanalysis of Freud and Adler"
  (Sumner), 7
Psychologia hot est, de Hominis Perfectione
  (Goeckel), 31
*Psychologia; ou, An Account of the Nature
  of Rational Soul* (Broughton), 31
Psychological Bulletin, 191, 426, 492
Psychological Care of the Infant and Child
  (Watson e Rayner), 442
Psychological Clinic, 245
Psychological Corporation (Corporação
  de Psicologia), 303
Psychological Review, 132, 213, 318, 332,
  341, 352, 353, 424, 426, 492
Psychological Round Table (PRT), 135
Psychological Science, 401
Psychology and Industrial Efficiency
  (Münsterberg), 149, 152
Psychology from an Empirical Standpoint
  (Brentano), 171, 173
*Psychology from the Standpoint of a
  Behaviorist* (Watson), 433-434
Psychology of Women Quarterly, 9
Psychology: A Briefer Course
  (James), 307
Psychopathia Sexualis (Krafft-Ebing), 260
Psychotherapy (Münsterberg), 143
Psychotherapy by Reciprocal Inhibition
  (Wolpe), 50
PsycINFO, 5
Publicidade, 151,194-195,434-436
Punição, para Guthrie, 456
Purposive Behavior in Animals and Men
  (Tolman), 447, 449, 452
"Purposive Behavior" (Tolman), 452
QI (Quociente de Inteligência), 368,
  385-386, 397, 399-401
Qualidade da forma, 187-188
Queda livre, para Galileu, 36
Quociente de inteligência (QI), 368,
  385-386, 397, 399-401
Raising Children with Love and Limits
  (Cattell, P.), 301
Rake's Progress (quadro de Hogarth), 231
Ranking de psicólogos, 117, 300, 301, 426
Razão, 36-37, 43
Reason in History (Hegel), 10
Recompensas,
*Redesigning Humans: Our Invisible Genetic
  Future* (Stock), 295
Reducionismo, 111
Reflections on B. F. Skinner and Psychology
  em *American Psychologist*, 485
Reflections on the Principles of Psychology
  (Johnson & Henley), 307
Reflexão e idéias, 51, 172
Reflexes of the Brain (Sechenov), 405-406
Reflexo patelar, 417
Reflexos Condicionados (Pavlov), 465, 471

Reflexos, condicionamento dos
  estudos sobre a medula espinhal, 74-76
  para Hull, 464-467
  para Pavlov, 408-409, 458
  para Watson, 429-431
  patelares, 417
Reforçamento
  condicionamento operante, 456, 474,
    477, 482
  em educação, 481
  estimulação do cérebro, 100
  indivíduo *versus* grupo, 468
  recompensas, 100, 348, 447-449, 456
Reforma das instituições, 233-246
*Regions of the Mind: Brain Research and the
  Quest for Scientific Certainty* (Star), 95
Relação Mente-Corpo
  desafio do modelo para a, 2
  para Descartes, 43, 46, 74
  para Fechner, 157-159
  para James, 310-311
  para Leibniz, 58-59
  para Stumpf, 176
Religião
  bruxaria, 228-230
  Deus, 43, 55, 56, 57, 59, 309
  Europa protestante, 37-46
  Igreja Católica, 29-30, 32-37, 81,
    171, 174, 228
  islamismo e ciência, 32
  nazistas e cientistas judeus, 197-200,
    216-217, 268-270
  Pietismo, de Fechner, 157
  projeto divino, 16-18, 24-25, 32, 39,
    43, 58-59
  quakers, 239
*Remembering: A Study in Experimental
  and Social Psychology* (Bartlett), 168
Renascimento, 30-46, 71
Repetição e memória, 164-165, 186
Resolução de problemas (ver
  Aprendizagem e resolução de
  problemas)
Retardo mental
  conclusões do relatório do exército, 393
  educação em caso de, 366-368
  esterilização, 375-376
  herança familiar do, 370-375
  imigrante, 378-380
  modificação do
    comportamento, 481-482
  tratamento de Guggenbühl 238-239
Retiro de Connecticut para Doentes
  Mentais (Institute of Living), 240
Retiro de York, Inglaterra, 239
Revue Neurologique, 93
Salem, Massachusetts, bruxas, 229-230
Sangria, 233, 236

SATSA (Swedish Adoption/Twin Study of Aging- Estudo Sueco sobre Gêmeos/ Envelhecimento de Gêmeos na Suécia), 294
Scenic Beauty Estimation Method, 160
Schedules of Reinforcement (Fester e Skinner), 474
School Training of Gifted Children (Goddard), 380
Science, 300, 302, 352, 369
Science, Ideology, and the Media (Fletcher), 400
Segunda Guerra Mundial (ver Guerra Mundial, Segunda)
Segunda Guerra Mundial
  impacto nos cientistas, 185, 197–200, 216–217, 267–268
  reação de Tolman à, 452
  The Worm Runner's Digest, 484
  trabalho de Lewin durante, 218–221
Seleção natural, 278–280
Sensação e percepção
  acuidade, para Galton, 286
  audição, 175
  e idéias, 51, 65–66
  fisiologia sensorial, 76–80
  ilusões, 197
  localização no cérebro, 96
  movimento, aparente, 188–190
  para Berkeley, 54–57
  para Brentano, 172
  para Demócrito, 19–20
  para Ebbinghaus, 167
  para James Mill, 65–66
  para Leibniz, 57–58
  para Locke, 51–53
  para Platão, 21–22
  para Stumpf, 174–175
  para Titchener, 130
  para Wundt, 111–112
  percepção de profundidade, 56, 174–175, 339
  polarização emocional, 363–364
  psicofísica, 157–161, 488
  toque, 158–159, 190
  visão, 52–53
Shelley, Mary Wollstonecraft, 63
Sidereus Nuncius (Galileu), 34
Sigmund Freud Museum, Viena, 270
Significado, 131, 184
Sílabas sem sentido, 162–167, 180–183
Sílabas, sem sentido, 162–167, 199–202, 432
Silogismos, de Aristóteles, 23
Sinais locais e percepção de profundidade, 174
Siris (Berkeley), 56
Sistema de salivação, 407–409, 416
Sistema digestivo, para Pavlov, 407–409
Sistema nervoso

Sistema nervoso central, 72–101
  desafio no estudo do, 100–101, 487–488, 492
  estudo russo, 405–406
  fisiologia sensorial, 76–80
  frenologia, 80–86
  James, e a experiência, 311
  localização da função da medula espinhal, 74–76
  velocidade do impulso nervoso, 88–89
Sistemas de cotas, admissão em faculdades, 221–222
"Sobre a Excitabilidade Elétrica do Cérebro" (Fritsch e Hitzig), 94
Sobre as Partes dos Animais (Aristóteles), 25
Sociedade de Psicologia Infantil, 176
Sociedade de Psicólogos Experimentais (SEP – Society of Experimental Psychologists) 135–136
Sociedade Norte-Americana de Pesquisa Paranormal, 336
Sociedade Norte-Americana de Psicologia (American Psychological Society), 9, 307, 401, 492
Sociedade para o Estudo Psicológico de Problemas Sociais (Society for the Psychological Study of Social Issues – SPSSI), 220
Societé Libre pour l' Étude Psychologique de l' Enfant (Sociedade Livre para o Estudo Psicológico da Criança, em Paris), 176, 366, 369
Society for the Psychological Study of Social Issues (Sociedade para o Estudo Psicológico de Problemas Sociais), 220
Society of Experimental Psychologists (Sociedade de Psicólogos Experimentais), 135–136
"Some Omissions of Introspective Psychology" (James), 309
Some Thoughts Concerning Education (Locke), 49–50
Sonhos, 262–263, 341
Sono e memória, 165, 457
Sorbonne, Binet na, 366
Statistical Inquiries into the Efficacy of Prayer (Galton), 295–296
Sturm und Drang (Tempestade e ímpeto) da adolescência, 322–323
Sugestão, hipnótica, 260–261, 364–365, 463–464
Sujeito, como termo, 115
Superdotação, 3, 283, 380–382, 385–388
Superego, 264
Supra-somatividade e Gestalt, 189
Sur l' Homme (Quetelet), 288
System of Logic (John Stuart Mill), 66
Systems and Theories of Psychology (Marx e Hillix), 155

Table Talk (Lutero), 228
Talks to Teachers (James), 307
Tambor de memória, 163n5, 180
Taquistoscópio, 188
Taxas de resposta, condicionamento operante, 472–474
Teclas da máquina de escrever, 342
Tempo
  intervalo em educação, 481
  passagem do, e memória, 164–165
  percepção do, 112
  tempo e movimento, 209–211
  tempos de reação, 112–114, 182–183
Tempos de reação, 112, 113–114, 182–183
Tenerife, estudos de Köhler sobre, 10, 202–206, 448
Teologia e Aristóteles, 24
Teoria cognitivo-avaliativa da emoção, 176
Teoria da lei do efeito, 350, 449, 473
Teoria da recapitulação, 322
Teoria da Sedução, de Freud, 258–262
Teoria tridimensional do sentimento, de Wundt, 115
Teorias sexuais, de Freud, 258–259, 263–264
Teste Bender-Gestalt, 8
Teste de Preenchimento das Lacunas da Gestalt, 196
"Teste do Calouro" ("Freshman Test"), 299
Teste do Desenho da Figura Humana, 8
Teste mental, de Cattell, 298
Teste Nacional de Inteligência para Crianças, 391
Testemunho ocular, 4, 144–147
Testes antropométricos, 285
Testes de apreensão, 160
Testes de completação, 170
Testes de polígrafo, 148–149
Testes e aplicação de testes, psicológicos, 359–403
  analogias e completação, 170
  atitude de Hull, 463
  avanços recentes, 398–403
  Binet-Simon, 364–371
  craniometria, 359, 362
  de crianças, 366–369, 383–385, 396–398
  de imigrantes, 378–379
  de Woodworth, 342–345
  e Cattell, 297–298, 303
  em psicologia industrial, 151
  laboratórios de Galton, 285, 287
  para Titchener, 130–131
  programa de testes do Exército, 11, 343–344, 368–369, 389–395, 430–431
  realizados pelas primeiras psicólogas, 8
  revisão de Goddard, 370–371, 373–382
  revisão de Terman, 383–388
  teste CAVD, de Thorndike, 354
  teste de Completação da Gestalt, 196

teste DeSanctis, 379
testes de completação, 170, 196
viés cultural em, 3
The Assault on Truth, (Masson), 262
The Atlantic Monthly, 142
The Behavior of Organisms (Skinner), 473
The Bell Curve [A Curva de Bell] (Hernstein & Murray), 403
"The Best Method of Treating Patients Who Become Insane Before Old Age" (Pinel), 234
"The Case Against Introspection" [O Caso Contra a Instrospecção] (Dunlap), 132-428
The Cerebral Cortex of Man (Penfield and Rasmussen), 98
The Chaplain of the Virgin [O Capelão da Virgem] (de Vega), 415
The Common Sense Book of Baby and Child Care (Spock), 442
The Descent of Man (Darwin), 177, 280
"The Determiners of Behavior at a Choice Point" (Tolman), 450, 451
The Edinburgh Review, 10
The Emotion and the Will (Bain), 68, 69
The Eugenics Review, 292
The First Five Years of Life (Gesell), 324
The Functions of the Brain (Ferrier)
The Gestalt Approach and Eyewitness to Therapy (Perls), 224
The Great Psychologists from Aristotle to Freud (Watson), 155
The History of British Índia (James Mill), 61
The Influence of the Planets in the Body (Mesmer), 248
The Integrative Action of the Nervous System (Sherrington), 100
The Kallikak Family (Goddard), 370-371, 373-375, 381
The Lie Detector Test (Marston), 148
The Meaning of Truth (James), 308
The Measurement of Intelligence [A Mensuração da Inteligência] (Terman), 383
The Mentality of Apes (Köhler), 205-208
The Mismeasure of Man [À Memória de Grammy] (Gould), 381
The Monadology (Leibniz), 58
The Moral Equivalent of War (James), 312
The Nation, 325, 422
"The Nature of Animal Intelligence and the Methods of Investigating It" (T. W. Mills), 352
The Nature of Man (Hipócrates), 15
The Organization of Behavior (Hebb), 487
The Passing of the Great Race [A Passagem da Grande Raça] (Grant), 395
The Perception of Space (Hall), 317
"The Place of the Conditioned Reflex in Psychology" [O Lugar do Reflexo Condicionado na Psicologia] (Watson), 429

"The Postulates os Structural Psychology" (Titchener), 127
The Principles of Scientific Management (Taylor), 210
The Province of Functional Psychology (Angell), 337
The Psychology of Human Conflict (Guthrie), 460
The Psychology of Kant (Dewey), 331
The Psychology of Learning (Guthrie), 455
"The Reflex Arc Concept in Psychology" (Dewey), 332
"The Reply of a Physiologist to Psychologists" (Pavlov), 458
The School and Society (Dewey), 333
The Science and Politics of IQ (Kamin), 399
The Second Sex (Beauvoir), 64
The Senses and the Intellect (Bain), 68-69
The Shaping of a Behaviorist (Skinner), 477
The State University: Its Function and Future (Guthrie), 461
The Subjection of Women (John Stuart Mill), 64
The Tables Turned (Wordsworth), 38
"The Time it Takes to See and Name Objects" (Cattell), 114
The Token Economy (Ayllon e Azrin), 482
The Voyage of the Beagle (Darwin), 278
The War Landscape (Lewin), 209
The Wearing of the Gown (Galileu) 33-37
Three Dialogues Between Hylas and Philonous (Berkeley), 54
Three Essays on the Theory of Sexuality (Freud), 260
Time, 470, 478
Tomada de decisão, 148, 183, 218, 491
Tonpsychologie (Stumpf) 176
Toque, 158-159, 190, 286
Toynbee Hall, Londres, 334
Trabalho que descreve os raios X, 302
Traité de L' Homme (Descartes), 44
Transferência, 258
Transferência, 342, 363-364
Transmissão sináptica e neurônios, 99
Transposição, 188, 206-207
Tratamento convulsivo para as doenças mentais, 244, 247-248
Tratamento de doenças mentais (ver tópicos específicos),
Trial by Fire: A People´s History of the Civil War and Reconstruction (Smith, P.), 298
Tropical South Africa (Galton), 284
Tropismos, 420, 472
Two Treatises on Government (Locke), 49
Über das Gedächtnis (Ebbinghaus), 162, 166-167
Uma Teoria Dinâmica da Personalidade (Lewin), 217
Understanding Human Behavior (McConnell), 484

Unidades de ação no cérebro, 88
Universidade de Würzburg, 181-185
Universität Heidelberg, 105-107, 120, 139
Universität Leipzig, 107-121, 124, 138, 157
University in Exile at New School for Social Research (Universidade no Exílio na Nova Escola para Pesquisa Social), 198, 200-202
University of Chicago e funcionalismo, 329-339
University Oxford, 30, 48, 279-280
Universo e cosmologia, 19, 32-33, 39
Universo geocêntrico, 32-33
UniverstätIowa, 217-219, 222
Uso da palavra, Thorndike, 355-356
Utilitarians and Utilitarianism (John Stuart Mill), 67
Utopia (More), 478
Utopias, descrição das, 477-479
Validade de conteúdo, 168
Variáveis dependentes, 451, 455
Variáveis independentes, 451, 455, 498
Variáveis, de Tolman, 451-452, 455
Varieties of Religious Experience (James), 308
Vetores, campo de, 211, 212
Vibrações e idéias, Hartley, 60
Viés cultural em testes, 3, 379
Viés, cultural, teste, 379-380
Visão
  fisiologia sensorial, 76-80
  localização no cérebro, 96
  óptica, 33-34, 39, 55-56
  para Wundt, 111-112
  percepção de profundidade, 56, 174-175, 339
  restauração, experiência da, 52-53
  teste de Galton, 286
Visões Antidemocráticas da Inteligência, 393-395
Voice for the Mind (Gollaher), 241
Völkerpsychologie, de Wundt, 117-119, 121, 126
Voluntarismo, 111
Vontade, atos da, 139, 183,
VTE (aprendizagem por tentativa e erro vicariante), 451-453, 458
Walden Two (Skinner), 477-479
Women and Economics (Gilman), 64
Worcester Gazette, 7
Your City (Thorndike), 355
Zeigarnik, efeito, 195, 341
Zeitgeist, 3
Zeitschrift für Psychologie und Physiologie der Sinnesorgane Organs, 167
Zoology of the Voyage of H.M.S. Beagle (Darwin), 277
Zoonomia (Darwin, E.), 273